Die Richtlinie über die Arbeitnehmerbeteiligung in der Europäischen Aktiengesellschaft (SE) und ihre Umsetzung in das deutsche Recht

AF821101

Studien zum Arbeitsrecht und zur Arbeitsrechtsvergleichung

Herausgegeben von Manfred Weiss und Spiros Simitis

Band 14

PETER LANG
Frankfurt am Main · Berlin · Bern · Bruxelles · New York · Oxford · Wien

Volker Güntzel

Die Richtlinie über die Arbeitnehmerbeteiligung in der Europäischen Aktiengesellschaft (SE) und ihre Umsetzung in das deutsche Recht

PETER LANG
Europäischer Verlag der Wissenschaften

Bibliografische Information Der Deutschen Bibliothek
Die Deutsche Bibliothek verzeichnet diese Publikation in der Deutschen Nationalbibliografie; detaillierte bibliografische Daten sind im Internet über <http://dnb.ddb.de> abrufbar.

Zugl.: Frankfurt (Main), Univ., Diss., 2005

D 30
ISSN 1615-4606
ISBN 3-631-55213-0

© Peter Lang GmbH
Europäischer Verlag der Wissenschaften
Frankfurt am Main 2006
Alle Rechte vorbehalten.

Das Werk einschließlich aller seiner Teile ist urheberrechtlich geschützt. Jede Verwertung außerhalb der engen Grenzen des Urheberrechtsgesetzes ist ohne Zustimmung des Verlages unzulässig und strafbar. Das gilt insbesondere für Vervielfältigungen, Übersetzungen, Mikroverfilmungen und die Einspeicherung und Verarbeitung in elektronischen Systemen.

www.peterlang.de

Meinen Eltern

Vorwort

Die Arbeit hat im Wintersemester 2005/06 dem Fachbereich Rechtswissenschaft der Johann Wolfgang Goethe-Universität Frankfurt a.M. als Dissertation vorgelegen. Rechtsprechung und Literatur sind bis Januar 2006 berücksichtigt.

Mein Dank gilt an erster Stelle meinem wissenschaftlichen Lehrer, Herrn Universitätsprofessor Dr. Christoph Weber. Dieser hat mich während meiner Zeit als wissenschaftlicher Mitarbeiter an seinem Lehrstuhl für Bürgerliches Recht und Arbeitsrecht der Julius-Maximilians-Universität Würzburg in das wissenschaftliche Arbeiten eingeführt, mir den zum Gelingen dieser Schrift erforderlichen Freiraum gewährt und so zum Entstehen dieser Untersuchung wesentlich beigetragen. An die vierjährige Assistentenzeit werde ich immer sehr gerne zurückdenken.

Besonders danken möchte ich auch meinem Doktorvater, Herrn Universitätsprofessor Dr. Dr. h.c. Weiss für die Anregung zu dem Thema der Dissertation und zur Aufnahme in die Schriftenreihe „Studien zum Arbeitsrecht und zur Arbeitsrechtsvergleichung".

Herrn Universitätsprofessor Dr. Dr. h.c. mult. Spiros Simitis bin ich für die Übernahme und zügige Erstellung des Zweitgutachtens verbunden.

Maßgeblich zum Gelingen meiner Arbeit trug mein Vater, Herr Hilmar Güntzel, bei, der mein gesamtes Werk Korrektur gelesen hat. Diesbezüglich danke ich auch herzlich meiner Schwester, Frau Katrin Güntzel, sowie Frau Anna Gerhardt, Herrn Söhnke Leupolt, Herrn Peter Schuler und Herrn Markus Walter.

Mein Dank gebührt zudem Herrn Dr. Andreas Nadler, der mich zur Anfertigung dieser Arbeit ermutigt hat. Ferner möchte ich Frau Karin Schmiedel danken, die mir bei der Formatierung behilflich war.

Vor allem aber danke ich von ganzem Herzen meinen Eltern. Ohne ihre stete und umfassende Unterstützung während des Studiums und im Promotionsverfahren hätte die vorliegende Dissertation nicht entstehen können.

Ihnen ist die vorliegende Arbeit daher gewidmet.

Würzburg, im Februar 2006 — Volker Güntzel

Inhaltsübersicht

Teil 5 Ausblick

Teil 6 Zusammenfassung der Ergebnisse

Inhaltsverzeichnis

Abkürzungsverzeichnis

a.A.	anderer Ansicht
ABl. EG	Amtsblatt der Europäischen Gemeinschaften
Abs.	Absatz
AcP	Archiv für civilistische Praxis (Zeitschrift)
AentRL	Richtlinie vom 16.12.1996 über die Entsendung von Arbeitnehmern im Rahmen der Erbringung von Dienstleistungen
a.F.	alte Fassung
AG	Aktiengesellschaft oder Die Aktiengesellschaft (Zeitschrift)
AktG	Aktiengesetz
Alt.	Alternative
An. EBR-RL	Anhang zur EBR-RL
An. SE-RL	Anhang zur SE-RL
AnwBl	Anwaltsblatt (Zeitschrift)
AP	Arbeitsrechtliche Praxis
ArbGG	Arbeitsgerichtsgesetz
ArbRB	Der Arbeits-Rechts-Berater (Zeitschrift)
ArbSchRL	Richtlinie vom 12.06.1989 über die Durchführung von Maßnahmen zur Verbesserung der Sicherheit und des Gesundheitsschutzes der Arbeitnehmer bei der Arbeit
ArbuR	Arbeit und Recht (Zeitschrift)
ArbVG	österreichisches Arbeitsverfassungsgesetz
Art.	Artikel
ASP	Abkommen über die Sozialpolitik
Aufl.	Auflage
ausf.	ausführlich
AWD	Außenwirtschaftsdienst (Zeitschrift; seit 1975: RIW)
BAG	Bundesarbeitsgericht
BArbBl	Bundesarbeitsblatt
BB	Der Betriebs-Berater (Zeitschrift)
BB-Special	Der Betriebs-Berater-Special (Zeitschrift)
BDI	Bundesverband der deutschen Industrie
BefristungsRL	Richtlinie vom 28.06.1999 zu der EGB-UNICE-CEEP-Rahmenvereinbarung über befristete Arbeitsverträge
BetrÜbergRL	Richtlinie vom 12.03.2001 zur Angleichung der Rechtsvorschriften der Mitgliedstaaten über die Wahrung von Ansprüchen der Arbeitnehmer beim Übergang von Unternehmen, Betrieben oder Unternehmens- oder Betriebsteilen
BetrVG 1952	Betriebsverfassungsgesetz vom 11.10.1952
BetrVG	Betriebsverfassungsgesetz

BGB	Bürgerliches Gesetzbuch
BGH	Bundesgerichtshof
BGHZ	Entscheidungen des Bundesgerichtshofs in Zivilsachen
BR-Drucks.	Bundsratsdrucksache
Buchst.	Buchstabe
BT-Drucks.	Bundestagsdrucksache
BVerfG	Bundesverfassungsgericht
BVerfGE	Entscheidungen des Bundesverfassungsgerichts
BVG	besonderes Verhandlungsgremium
BW	Burgerlijk Wetboek (niederländisches Bürgerliches Gesetzbuch)
bzw.	beziehungsweise
C.Com.	Code de Commerce vom 15.05.2001 (französisches Handelsgesetzbuch einschließlich des Aktienrechts)
CEO	Chief Executive Officer
CLMR	Common Market Law Report (Zeitschrift)
DAV	Deutscher Anwaltverein
d.h.	das heißt
DB	Der Betrieb (Zeitschrift)
DCorpGovK	Deutscher Corporate Governance Kodex
ders.	derselbe
dies.	dieselbe oder dieselben
DiskE	Diskussionsentwurf eines Gesetzes zur Einführung der Europäischen Gesellschaft vom 28.02.2003
DJT	Deutscher Juristentag
DÖV	Die öffentliche Verwaltung (Zeitschrift)
DrittelbG	Gesetz über die Drittelbeteiligung der Arbeitnehmer im Aufsichtsrat
DStR	Deutsches Steuerrecht (Zeitschrift)
EBLR	European Business Law Review (Zeitschrift)
EBRG	Europäisches Betriebsräte-Gesetz
EBR-RL	Richtlinie vom 22.09.1994 über die Einsetzung eines europäischen Betriebsrats oder die Schaffung eines Verfahrens zur Unterrichtung und Anhörung der Arbeitnehmer in gemeinschaftsweit operierenden Unternehmen und Unternehmensgruppen
Ecolex	Fachzeitschrift für Wirtschaftsrecht
EEA	Einheitliche Europäische Akte
EG	Europäische Gemeinschaft(en) oder Vertrag über die Europäischen Gemeinschaften
EGB	Europäischer Gewerkschaftsbund
ElternUrlRL	Richtlinie vom 03.06.1996 zu der von UNICE, CEEP und EGB geschlossenen Rahmenvereinbarung über Elternurlaub

EMRK	Konvention zum Schutze der Menschenrechte und Grundfreiheiten vom 04.11.1950
EP	Europäisches Parlament
EU	Europäische Union
EuGH	Gerichtshof der Europäischen Gemeinschaft
EuLF	The European Legal Forum (Zeitschrift)
EuR	Europarecht (Zeitschrift)
EuroAS	Informationsdienst europäisches Arbeits- und Sozialrecht (Zeitschrift)
EUV	Vertrag über die Europäische Union
EuZW	Europäische Zeitschrift für Wirtschaftsrecht
EWGV	Vertrag zur Gründung der Europäischen Wirtschaftsgemeinschaft (bis zum 01.11.1993)
EWR	Europäischer Wirtschaftsraum
EWS	Europäisches Wirtschafts- & Steuerrecht (Zeitschrift)
EzA	Entscheidungssammlung zum Arbeitsrecht
f.	folgende
FAZ	Frankfurter Allgemeine Zeitung
ff.	fortfolgende
FIW-Schriftenreihe	Schriftenreihe, herausgegeben vom Forschungsinstitut für Wirtschaftsverfassung und Wettbewerb e.V.
Frankfurt a.M.	Frankfurt am Main
FS	Festschrift
Fusions-E	Entwurf einer Richtlinie vom 18.11.2003 über die Verschmelzung von Kapitalgesellschaften aus verschiedenen Mitgliedstaaten
Fusions-RL	Richtlinie vom 26.10.2005 über die Verschmelzung von Kapitalgesellschaften aus verschiedenen Mitgliedstaaten
gem.	gemäß
GG	Grundgesetz für die Bundesrepublik Deutschland
GK-BetrVG	Gemeinschaftskommentar zum Betriebsverfassungsgesetz
GmbH	Gesellschaft mit beschränkter Haftung
GmbHG	Gesetz betreffend die Gesellschaft mit beschränkter Haftung
GmbHR	GmbH-Rundschau (Zeitschrift)
Hdb.	Handbuch
HGB	Handelsgesetzbuch
Hrsg.	Herausgeber
HS	Halbsatz
IG BCE	Industriegewerkschaft Bergbau, Chemie, Energie
ILJ	Industrial Law Journal (Zeitschrift)

InsSchRL	Richtlinie vom 20.10.1980 über den Schutz der Arbeitnehmer bei Zahlungsunfähigkeit des Arbeitgebers
IPrax	Praxis des internationalen Privat- und Verfahrensrechts (Zeitschrift)
i.S.d.	im Sinne des oder im Sinne der
i.V.m.	in Verbindung mit
JR	Juristische Rundschau (Zeitschrift)
JURA	Juristische Ausbildung (Zeitschrift)
JuS	Juristische Schulung (Zeitschrift)
JZ	Juristenzeitung (Zeitschrift)
Kap.	Kapitel
KG	Kommanditgesellschaft
KJ	Kritische Justiz (Zeitschrift)
KOM	Dokumente der EG-Kommission
MassEntlRL	Richtlinie vom 20.07.1998 zur Angleichung der Rechtsvorschriften über Massenentlassungen
MitbestG	Gesetz über die Mitbestimmung der Arbeitnehmer
Montan-MitBestErgG	Gesetz zur Ergänzung des Gesetzes über die Mitbestimmung der Arbeitnehmer in den Aufsichtsräten und Vorständen der Unternehmen des Bergbaus und der Eisen und Stahl erzeugenden Industrie
Montan-MitbestG	Gesetz über die Mitbestimmung der Arbeitnehmer in den Aufsichtsräten und Vorständen der Unternehmen des Bergbaus und der Eisen und Stahl erzeugenden Industrie
NachwRL	Richtlinie vom 14.10.1991 über die Pflicht des Arbeitgebers zur Unterrichtung des Arbeitnehmers über die für seinen Arbeitsvertrag oder sein Arbeitsverhältnis geltenden Bedingungen
n.F.	neue Fassung
NJW	Neue Juristische Wochenschrift (Zeitschrift)
NotBZ	Zeitschrift für die notarielle Beratungs- und Beurkundungspraxis
NotRV	Schriften der deutschen Notarrechtlichen Vereinigung e.V.
Nr.	Nummer
NV	Naamloze Vennootschap (niederländische Aktiengesellschaft)
NZA	Neue Zeitschrift für Arbeits- und Sozialrecht
NZG	Neue Zeitschrift für Gesellschaftsrecht
PDG	Président Directeur Général
Plc	Public limited company (engl./irische Aktiengesellschaft)
RabelsZ	Zeitschrift für ausländisches und internationales Privatrecht, begr. v. Rabel
RdA	Recht der Arbeit (Zeitschrift)

RIW	Recht der internationalen Wirtschaft (Zeitschrift; bis 1975: AWD)
RL	Richtlinie
RL-Entwurf 1989	Vorschlag für eine Richtlinie vom 25.08.1989 zur Ergänzung des SE-Statuts hinsichtlich der Stellung der Arbeitnehmer
RL-Entwurf 1991	Geänderter Vorschlag für eine Richtlinie vom 06.05.1991 zur Ergänzung des SE-Statuts hinsichtlich der Stellung der Arbeitnehmer
RL-Entwurf A	Vorschlag unter österreichischer Ratspräsidentschaft für eine Richtlinie zur Ergänzung des SE-Statuts hinsichtlich der Stellung der Arbeitnehmer
RL-Entwurf D	Vorschlag unter deutscher Ratspräsidentschaft für eine Richtlinie zur Ergänzung des SE-Statuts hinsichtlich der Stellung der Arbeitnehmer
RL-Entwurf GB	Vorschlag unter britischer Ratspräsidentschaft für eine Richtlinie zur Ergänzung des SE-Statuts hinsichtlich der Stellung der Arbeitnehmer
Rn.	Randnummer
Rs.	Rechtssache
Rspr.	Rechtsprechung
S.	Satz oder Seite
SA	Société anonyme (französische oder luxemburgische Aktiengesellschaft)
SCE	Europäische Genossenschaft
SCE-RL	Richtlinie vom 22.07.2003 zur Ergänzung des Statuts der Europäischen Genossenschaft hinsichtlich der Beteiligung der Arbeitnehmer
SE	Societas Europaea (Europäische Aktiengesellschaft)
SEAG	SE-Ausführungsgesetz = Gesetz zur Ausführung der Verordnung über das Statut der Europäischen Gesellschaft (SE)
SEAG-Entwurf	Referentenentwurf eines Gesetzes zur Einführung der Europäischen Gesellschaft (SEEG) vom 05.04.2004
SEBG	SE-Beteiligungsgesetz = Gesetz über die Beteiligung der Arbeitnehmer in einer Europäischen Gesellschaft
SEEG	Gesetz zur Einführung der Europäischen Gesellschaft vom 22.12.2004
SE-RL	Richtlinie vom 08.10.2001 zur Ergänzung des Statuts der Europäischen Gesellschaft hinsichtlich der Beteiligung der Arbeitnehmer
SE-VO	Verordnung vom 08.10.2001 über das Statut der Europäische Gesellschaft (SE)
Sitzverlegungs-E	Vorschlag für eine Vierzehnte Richtlinie des Europäischen Parlaments und des Rates vom 22.04.1997 über die Verlegung des Sitzes einer Gesellschaft in einen anderen Mitgliedstaat mit Wechsel des für die Gesellschaft maßgebenden Rechts
Slg.	Amtliche Sammlung der Entscheidungen des EuGH
SprAuG	Gesetz über Sprecherausschüsse der leitenden Angestellten
Spstr.	Spiegelstrich

Struktur-RLE 1983	Geänderter Vorschlag einer fünften Richtlinie vom 19.08.1983 über die Struktur der Aktiengesellschaft sowie die Befugnisse und Verpflichtungen ihrer Organe
stv.	stellvertretend
SZW/RSDA	Schweizerische Zeitschrift für Wirtschaftsrecht/Revue suisse de droit des affaires
TeilzeitRL	Richtlinie vom 15.12.1997 zu der von UNICE, CEEP und EGB geschlossenen Rahmenvereinbarung über Teilzeitarbeit
TransPuG	Gesetz zur weiteren Reform des Aktien- und Bilanzrechts, zu Transparenz und Publizität
u.a.	unter anderem
UA-RL	Richtlinie vom 11.03.2002 zur Festlegung eines allgemeinen Rahmens für die Unterrichtung und Anhörung der Arbeitnehmer in der Europäischen Gesellschaft
UmwG	Umwandlungsgesetz
Unterabs.	Unterabsatz
U.S.	United States
v.	von/vom
vgl.	vergleiche
VO-Entwurf 1970	Vorschlag einer Verordnung vom 30.06.1970 über das Statut für europäische Aktiengesellschaften
VO-Entwurf 1975	Geänderter Vorschlag einer Verordnung vom 30.04.1975 über das Statut für Europäische Aktiengesellschaften
VO-Entwurf 1989	Vorschlag für eine Verordnung vom 25.08.1989 über das Statut der Europäischen Aktiengesellschaft
VO-Entwurf 1991	Geänderter Vorschlag für eine Verordnung vom 16.05.1991 über das Statut der Europäischen Aktiengesellschaft
Vorbem.	Vorbemerkung
WM	Zeitschrift für Wirtschafts- und Bankrecht, Wertpapier-Mitteilungen
WSA	Wirtschafts- und Sozialausschuss der Europäischen Gemeinschaft
WSI-Mitteilungen	Monatszeitschrift des Wirtschafts- und Sozialwissenschaftlichen Instituts in der Hans-Böckler-Stiftung
z.B.	zum Beispiel
ZESAR	Zeitschrift für europäisches Sozial- und Arbeitsrecht
ZEuP	Zeitschrift für Europäisches Privatrecht
ZfA	Zeitschrift für Arbeitsrecht
ZfRV	Zeitschrift für Rechtsvergleichung, internationales Privatrecht und Europarecht
ZGR	Zeitschrift für Unternehmens- und Gesellschaftsrecht

ZHR	Zeitschrift für das gesamte Handelsrecht und Wirtschaftsrecht
Ziff.	Ziffer
ZIP	Zeitschrift für Wirtschaftsrecht
ZP	Zusatzprotokoll zur EMRK
ZVglRWiss	Zeitschrift für vergleichende Rechtswissenschaft

Teil 1 Einführung

Am 31.12.1992 wurde der Europäische Binnenmarkt verwirklicht, der durch den Beitritt von zehn weiteren Staaten am 01.05.2004 zu einem Wirtschaftsraum mit beinahe 450 Millionen Einwohnern erweitert wurde.[1] Die Grundfreiheiten des EG-Vertrages gewährleisten in diesem Europäischen Binnenraum laut Art. 14 Abs. 2 EG *„den freien Verkehr von Waren, Personen, Dienstleistungen und Kapital"*. Während die Menschen nahezu ungehindert von diesen Grundfreiheiten Gebrauch machen können, stellt sich die Situation bei den Gesellschaften anders dar. Unternehmen können sich bislang nur in beschränktem Maße grenzüberschreitend organisieren, zusammenschließen oder eine Sitzverlegung vornehmen.[2]

Der europäische Gesetzgeber versuchte zwar neben der punktuellen Angleichung des einzelstaatlichen nationalen Gesellschaftsrechts anhand von Richtlinien auch neue europäische Gesellschaftsformen mittels Einheitsrechts zu schaffen,[3] doch obwohl sich die Europäische Kommission seit mehr als 30 Jahren um die Schaffung einer Europäischen Aktiengesellschaft[4] bzw. *„Societas Europaea"*[5] als supranationaler Rechtsform bemühte, scheiterten ihre Vorschläge stets an den unüberbrückbar erscheinenden Gegensätzen innerhalb der Mitgliedstaaten.

Während die Bildung der *DaimlerChrysler AG* im Jahre 1998 relativ problemlos bewerkstelligt wurde[6], zeigt die Errichtung der *Aventis SA* durch den Zusammenschluss der *Hoechst AG* und der *Rhône-Poulenc SA* im Jahre 1999 eindrucksvoll die Schwierigkeiten auf, die sich bislang für Gesellschaften aus den Mitgliedstaaten bei solchen Projekten ergaben. Nach dem deutschen und französischen Recht war weder eine grenzüberschreitende Verschmelzung, noch eine grenzüberschreitende Sitzverlegung mit anschließender innerstaatlicher Fusion

---

1 Diese Zahlen entsprechen den Angaben des Auswärtigen Amtes, abgerufen im Internet unter *http://www.auswaertiges-amt.de/www/de/eu_politik/vertiefung/erweiterung_html* am 09.02.2004.

2 *Theisen/Wenz*, in: *Theisen/Wenz* (Hrsg.), Die Europäische Aktiengesellschaft, S. 1, 25 f.

3 *Schwarz*, Europäisches Gesellschaftsrecht, 1. Teil A I., Rn. 3.

4 Die Bezeichnung ist allerdings nicht ganz einheitlich, da es sich nach den Überschriften der SE-VO und SE-RL um eine Europäische *„Gesellschaft"* handelt und es nach dem jeweiligen Art. 1 beider Regelwerke um die Europäische *„Aktiengesellschaft"* geht; vgl. *Kuhn*, in: *Jannott/Frodermann* (Hrsg.), Handbuch der Europäischen Aktiengesellschaft, 2. Kap. III 1, Rn. 37, Fn. 49; *Wißmann*, FS Wiedemann (2002), S. 685, 687, Fn. 7.

5 Im Rahmen der Entwürfe für ein Statut einer Europäischen Aktiengesellschaft wird vielfach diese lateinische Bezeichnung verwendet.

6 Vgl. *Baums*, FS Zöllner (1998), S. 65 ff.; 77; *Schwark*, AG 2004, 173, 175.

möglich.[7] Außerdem stand eine supranationale Gesellschaftsform nicht zur Verfügung.[8] Um dennoch das Vorhaben verwirklichen zu können, unterbreitete die *Rhône-Poulenc SA* allen Aktionären der *Hoechst AG* das Angebot, ihre Aktien in Anteile an *Rhône-Poulenc* umtauschen zu können. Damit wurde erreicht, dass die *Hoechst AG* nicht als selbstständige juristische Person erlosch, sondern als Tochtergesellschaft bzw. Zwischenholding der *Rhône-Poulenc SA* weiterhin bestand. Die *Rhône-Poulenc SA* stellte die Konzernobergesellschaft dar und wurde in die *Aventis SA* mit Sitz in Straßburg umgewandelt.[9]

Neben dieser gesellschaftsrechtlichen Konstruktion waren aber noch weitere Schwierigkeiten zu bewältigen, die auch bei den Streitigkeiten um die Schaffung eines SE-Statuts eine bedeutende Rolle spielten und gerade im Hinblick auf das Thema der vorliegenden Arbeit interessant sind. Zum einen stellte sich die Frage nach der Organisationsverfassung, da in der *Rhône-Poulenc SA* das monistische und in der *Hoechst AG* das dualistische System bestand.[10] Obwohl die nun geschaffene *Aventis SA* ihren Sitz in Straßburg und damit auf französischem Boden hatte, wurde sie mit dem dualistischen Verwaltungssystem ausgestattet. Dies war möglich, da in Frankreich, im Gegensatz zum deutschen Recht, den dortigen Aktiengesellschaften ein Wahlrecht zwischen der monistischen und der dualistischen Organisationsstruktur zusteht.[11] Zum anderen hatte dieser Zusammenschluss Folgen für die unternehmerische Mitbestimmung. Aus diesem Grund hatten die Arbeitnehmervertreter im Aufsichtsrat der *Hoechst AG* in einer Stellungnahme Bedenken gegen eine Verlegung des Firmensitzes der *Aventis SA* nach Straßburg geäußert und eine Orientierung der Mitbestimmung am deutschen Modell gefordert.[12] Der Vorstand der *Hoechst AG* sicherte daraufhin die Bildung einer gemeinsamen Kommission unter Beteiligung der Arbeitnehmervertreter im Aufsichtsrat der *Hoechst AG* und unter Einbeziehung der *IG BCE*

---

7 Hierzu *Hoffmann*, der die gesellschaftsrechtlichen Problemstellungen eingehend untersucht; vgl. *Hoffmann*, NZG 1999, 1077, 1078 ff.

8 Im ursprünglichen Gründungsmodell der *Aventis SA* sollte zunächst ein *„merger of equals"* erfolgen und nach erfolgreicher Installation eines SE-Statuts eine Verschmelzung der Muttergesellschaften stattfinden; *Petri*, in: *von Rosen* (Hrsg.), Die Europa AG, S. 95, 96 f.

9 Vgl. ausführlich hierzu Bericht über den Unternehmenszusammenschluss, S. 62 ff.; *Hoffmann*, NZG 1999, 1077 f.; *Petri*, in: *von Rosen* (Hrsg.), Die Europa AG, S. 95, 97 f., 103 ff.; *Wenz*, AG 2003, 185, 188 f.

10 *Hoffmann*, NZG 1999, 1077, 1078; *Petri*, in: *von Rosen* (Hrsg.), Die Europa AG, S. 95, 101; Bericht über den Unternehmenszusammenschluss, Vertrag über den Unternehmenszusammenschluss, § 1 3.4 f., S. 138.

11 *Hoffmann*, NZG 1999, 1077, 1078. Vgl. unten S. 128 f.

12 Vgl. Stellungnahme der Arbeitnehmerseite zu den Abstimmungen im Aufsichtsrat der Hoechst AG v. 09.12.1998, abgerufen im Internet unter *www.archiv.hoechst.de/special/0112_de* am 07.02.2004.

zu, in der eine Partizipation von Arbeitnehmervertretern im Aufsichtsrat der *Aventis SA* erarbeitet werden sollte.[13]

Tatsächlich wurde, aus rein rechtlicher Sicht, die in der *Hoechst AG* aufgrund des MitbestG bestehende Mitwirkung der Arbeitnehmer nicht verändert, da der *„Vollzug des Umtauschangebots das Mitbestimmungssystem bei der Hoechst AG unberührt (ließ)"*[14]. Die *Hoechst AG* blieb als juristische Person bestehen, und ihr neuer Status als Konzernuntergesellschaft schadete nicht, da sie gem. § 5 Abs. 3 MitbestG weiterhin als herrschendes Unternehmen galt.[15] Allerdings hat die Konzernobergesellschaft ihren Sitz in Frankreich, so dass das Mitbestimmungsregime in der *Aventis SA*, das sich nach dem Gesellschaftsstatut und daher nach dem Sitz der Gesellschaft richtet,[16] dem französischen Recht unterliegt. Folglich ist der Ansicht im Schrifttum zuzustimmen, wonach in tatsächlicher Hinsicht sehr wohl eine Beeinträchtigung der unternehmerischen Mitbestimmung für die Arbeitnehmer stattgefunden habe.[17] Es kann davon ausgegangen werden, dass zumindest die den Gesamtkonzern betreffenden Entscheidungen nicht im Aufsichtsrat der *Hoechst AG* sondern in den Gremien der *Aventis SA* getroffen werden. Im dortigen Aufsichtsrat wird aber das in der *Hoechst AG* bestehende Mitbestimmungsniveau nicht erreicht.

Nach der Durchführung des Umtauschangebots waren im zehnköpfigen Aufsichtsrat der *Aventis SA* zunächst überhaupt keine Arbeitnehmervertreter vorhanden,[18] doch wurde aufgrund von Verhandlungen zwischen dem Vorstand der *Aventis SA* und den deutschen und französischen Gewerkschaften sowie den europäischen Sozialpartnern eine Mitbestimmung auf freiwilliger Basis eingerichtet.[19] Allerdings darf nach französischem Recht die Zahl der Arbeitnehmervertreter nicht mehr als ein Drittel der Zahl der Vertreter der Anteilseignerseite

---

13 Vgl. Vorstandsposition zur Mitbestimmung bei der Aventis SA v. 15.07.1999; abgerufen im Internet unter *www.archiv.hoechst.de/special/0112_de* am 07.02.2004.
Auch im Bericht über den Unternehmenszusammenschluss der *Hoechst AG* wird erklärt, dass dem Aufsichtsrat der *Aventis SA* zunächst keine Arbeitnehmervertreter angehören würden, jedoch die Einrichtung eines Ausschusses geplant sei, der die Möglichkeit der freiwilligen Installation einer Arbeitnehmerrepräsentation im Aufsichtsrat prüfen solle; Bericht über den Unternehmenszusammenschluss, S. 82.

14 Bericht über den Unternehmenszusammenschluss, S. 90.

15 *Hoffmann*, NZG 1999, 1077, 1084.

16 Vgl. stv. *Heinze*, ZGR 1999, 54, 59.

17 *Hoffmann*, NZG 1999, 1077, 1084 f.

18 Vgl. Bericht über den Unternehmenszusammenschluss, S. 82.

19 Vgl. Pressemitteilung der Aventis S A v. 08.05.2001, abgerufen im Internet unter *www.aventis.com/main/attachments/0519548896946481473.pdf* am 05.02.2004.
Die Verhandlungen führte auf der Seite der Arbeitnehmer eine Arbeitsgruppe, die sich auf französischer Seite aus Vertretern der fünf in der *Rhône-Poulenc* vertretenen Gewerkschaften und auf deutscher Seite aus drei Mitgliedern des Hoechst-Aufsichtsrats zusammensetzte; *Betz*, BB-Special 1/2005, 28, 29.

betragen. Problematisch war weiterhin, dass nur bei den in der Gesellschaft oder deren inländischen Konzerngesellschaften beschäftigten Arbeitnehmern eine Berechtigung zur Wahl dieser Vertreter bestand. Demzufolge könnten die in Deutschland beschäftigten Arbeitnehmer nur dann einen eigenen Vertreter im Aufsichtsrat stellen, wenn dieser von den französischen Arbeitnehmern gewählt würde.[20] Daher wählte die Hauptversammlung am 21.05.2001 zwei französische und zwei deutsche Gewerkschaftsmitglieder in den Aufsichtsrat.[21] Diese sollten mit denselben Rechten und Pflichten ausgestattet sein wie die anderen Mitglieder. Zwar wurden folglich auch die deutschen Arbeitnehmer einbezogen, doch bleibt die Regelung hinter dem in der *Hoechst AG* anwendbaren MitbestG zurück. Etwas anderes hätte sich wohl ergeben, wenn zum Zeitpunkt des Zusammenschlusses das Statut für die SE bereits bestanden hätte. Im Vertrag über den Zusammenschluss wurde immerhin ausdrücklich vereinbart, dass die *Aventis SA* alle wirtschaftlichen Möglichkeiten zur Umwandlung in eine SE prüfen werde, sobald diese Gesellschaftsform zur Verfügung stehe.[22] Die Tatsache, dass diese Anstrengungen selbst nach bereits erfolgreich vollzogener Fusion in Angriff genommen werden sollten, zeigt die Bedeutung, die einer SE zugemessen wird.[23]

Mittlerweile hat diese Konstellation auch deswegen an Brisanz gewonnen, weil der Aventis-Konzern im Jahr 2004 durch die französische Konkurrenz *Sanofi-Synthélabo* übernommen wurde. In diesem Zusammenhang stellt sich die Frage, ob die gesellschaftsrechtliche Gestaltung andere Folgen für die Arbeitnehmerbeteiligung gehabt hätte, wenn es sich bei der *Aventis SA* um eine Europäische Aktiengesellschaft gehandelt hätte. Anhand dieser Probleme wird ersichtlich, warum die Schaffung eines SE-Statuts über einen solch langen Zeitraum immer wieder in Angriff genommen wurde. Erst durch eine Abkehr von früheren Harmonisierungsstrategien der Kommission und eine Aufspaltung in eine Verordnung[24] und eine Richtlinie[25] gelang im Jahre 2000 der Durchbruch für dieses Projekt.

---

20 *Hoffmann*, NZG 1999, 1077, 1085.

21 Vgl. Pressemitteilung der Aventis S A v. 08.05.2001, abgerufen im Internet unter *www.aventis.com/main/attachments/8019317689454625372.pdf* am 05.02.2004; *Petri*, in *von Rosen* (Hrsg.), Die Europa AG, S. 95, 103.

22 Bericht über den Unternehmenszusammenschluss, Vertrag über den Unternehmenszusammenschluss, § 1 3.11, S. 133 f.; Bericht über den Unternehmenszusammenschluss, S. 59.
Vgl. dazu die Ausführungen von *Perlitz/Schulze/Brellochs*, die darstellen, wie die Gründung der *Aventis SA* bei bereits in Kraft getretenem SE-Statut hätte erfolgen können; *Perlitz/Schulze/Brellochs*, Strategische Optionen der Societas Europaea (SE), S. 51 ff.

23 *Hommelhoff/Teichmann*, SZW/RSDA 2002, 1, 2.

24 Verordnung (EG) Nr. 2157/2001 des Rates vom 08.10.2001 über das Statut der Europäischen Gesellschaft (SE), ABl. EG Nr. L 294/1.

Der in Nizza geschlossene Kompromiss wird ganz unterschiedlich bewertet. Einerseits wurde er begrüßt, da der *„dreißigjährige Krieg"* beigelegt sei,[26] das Ende einer schier *„unendlichen Geschichte"* vorliege[27] und das *„Flaggschiff des europäischen Gesellschaftsrechts"*[28] den sicheren Hafen des Gemeinschaftsgesetzgebers endlich erreicht habe.[29] Andererseits erntete die Verabschiedung von Verordnung und Richtlinie harsche Kritik, da die SE-RL als *„eine europa- und ordnungspolitische Missgeburt"*[30] bezeichnet wurde.

§ 1 Ausgangslage der Untersuchung

Am 8.10.2004 ist die Verordnung zur Europäischen Aktiengesellschaft in Kraft getreten, bis zu diesem Zeitpunkt hätte die SE-RL in deutsches Recht umgewandelt werden müssen. Am 29.12.2004 ist schließlich mit über zweimonatiger Verspätung das deutsche Umsetzungsgesetz SEEG in Kraft getreten. Die Verabschiedung von SE-VO und SE-RL führte, wie zu Zeiten früherer Vorschläge der Kommission, zu einer Vielzahl von Veröffentlichungen. Während anfangs meist nur die Regelungen und der Aufbau der SE-VO bzw. SE-RL dargestellt wurden, wurden im Laufe der Zeit mehr und mehr Probleme aufgeworfen und diskutiert. Auch die bereits im Vorfeld veröffentlichten Entwürfe zum SEEG und das SEEG selbst haben Anlass zu zahlreichen Stellungnahmen und Aufsätzen im Schrifttum gegeben, die sich kritisch mit den Vorschriften auseinandersetzen.

Mittlerweile sind zwar einige Dissertationen zum SE-Statut erschienen[31], allerdings behandeln sie die SE-RL teilweise nur am Rande[32] bzw. berücksichtigen aufgrund ihres frühen Erscheinens nur die Literatur bis zum Ende des Jahres 2001.[33] Daher liegt es in der Natur der Sache, dass diese Arbeiten viele der im Rahmen der SE-RL bestehenden Probleme nicht diskutieren und sich zumeist

---

25 Richtlinie 2001/86/EG des Rates vom 08.10.2001 zur Ergänzung des Statuts der Europäischen Gesellschaft hinsichtlich der Beteiligung der Arbeitnehmer, ABl. EG Nr. L 294/22.

26 *Schwarz*, ZIP 2001, 1847.

27 *Kleinsorge/Neye*, BArbBl 2001, 5.

28 *Hopt*, ZIP 1998, 96, 99.

29 *Schwarz*, ZIP 2001, 1847, 1861.

30 *Wiesner*, ZIP 2001, 397, 398.

31 Vgl. zur SE-VO stv. *Brandt*, Die Hauptversammlung der Europäischen Aktiengesellschaft (SE); *Scheifele*, Die Gründung der Europäischen Aktiengesellschaft (SE). Zur SE-RL sind bis zum jetzigen Zeitpunkt drei Dissertationen erschienen: *Kuffner*, Die Beteiligung der Arbeitnehmer in der Europäischen Aktiengesellschaft; *Lambach*, Die Beteiligung der Arbeitnehmer in der Europäischen Gesellschaft (SE); *Mävers*, Die Mitbestimmung der Arbeitnehmer in der Europäischen Aktiengesellschaft.

32 So behandelt die Dissertation von *Mävers* weitgehend allein die historische Entwicklung der SE und geht erst am Ende kurz auf die aktuelle SE-RL ein.

33 Vgl. *Kuffner*, Die Beteiligung der Arbeitnehmer in der Europäischen Aktiengesellschaft; *Lambach*, Die Beteiligung der Arbeitnehmer in der Europäischen Gesellschaft (SE).

auf eine Darstellung der jeweiligen Regelungen sowie ihren Vergleich mit den Vorschriften der EBR-RL[34] und dem EBRG beschränken. Auch eine Behandlung des Gesetzes zur Implementierung der SE-RL in das deutsche Recht musste späteren Arbeiten vorbehalten bleiben.

Gegenstand dieser Untersuchung ist folglich insbesondere die umfassende Darstellung der zahlreichen Unklarheiten und Fragen, die sich aufgrund des komplizierten Regelwerks der SE-VO und der SE-RL stellen. Ferner werden diesbezüglich Diskussions- und Lösungsansätze aufgezeigt. Des Weiteren wird analysiert, ob und inwieweit der deutsche Gesetzgeber vertretbare Lösungen für diese Probleme gefunden bzw. die SE-RL ordnungsgemäß umgesetzt hat. Schließlich wird ein Ausblick dahingehend erarbeitet, welche Folgen die in der SE-RL geregelte Arbeitnehmerbeteiligung auf europäischer und nationaler Ebene für die Partizipation der Arbeitnehmer zeitigen kann.

§ 2 Begriffsbestimmungen und Auslegung

Um Missverständnissen bei den nachfolgenden Darstellungen vorzubeugen, ist zunächst eine Erläuterung der am häufigsten verwendeten Begriffe vorzunehmen. Auch wird kurz in die Thematik der Auslegung einer Richtlinie eingeführt, da diese für die Lösung vieler Streitigkeiten und Unklarheiten im Rahmen der SE-RL erforderlich ist.

A. Europäische Aktiengesellschaft

Die **Europäische Aktiengesellschaft** stellt eine Handelsgesellschaft des Privatrechts in Form einer Aktiengesellschaft dar, die auf der Grundlage des europäischen Rechts geschaffen werden soll und den Unternehmen neben den bisherigen Gesellschaftsformen nationalen Rechts zur Verfügung steht.[35] Es handelt sich daher um eine supranationale Gesellschaft.[36]

B. Statut der Europäischen Aktiengesellschaft

Unter dem **Statut der Europäischen Aktiengesellschaft** ist nicht die Satzung einer Gesellschaft im deutschen Sinn des Wortes zu verstehen, sondern der Inbegriff der Regelungen für eine bestimmte Organisation.[37] Der Ausdruck **Statut**

---

34 Richtlinie 94/45/EG des Rates über die Einsetzung eines Europäischen Betriebsrats oder die Schaffung eines Verfahrens zur Unterrichtung und Anhörung der Arbeitnehmer in gemeinschaftsweit operierenden Unternehmen und Unternehmensgruppen, ABl. EG Nr. L 294/22. Geändert durch Richtlinie 97/74/ EG vom 15.12.1997, ABl. EG Nr. L 10/22.

35 *Mävers*, Die Mitbestimmung der Arbeitnehmer, S. 31.

36 Dies wird allerdings aufgrund der Konzeption der SE-VO bezweifelt; *Lächler/Oplustil*, NZG 2005, 381, 382.

37 *Geßler*, BB 1967, 381, 382.

bezeichnet im vorliegenden Fall somit das Gesetz, welches die rechtliche Ordnung der Europäischen Aktiengesellschaft regelt.[38]

C. Monistisches und dualistisches System

Das monistische und das dualistische System stellen die zwei verschiedenen Modelle der Organisationsverfassung in Aktiengesellschaften dar. Hinsichtlich der SE besteht ein Wahlrecht, welches dieser beiden Organisationsmodelle installiert werden soll.[39] Während eine solche Option auch in einigen Mitgliedstaaten, wie zum Beispiel Frankreich, den Niederlanden, Dänemark und Schweden, vorhanden ist,[40] haben sich die meisten Mitgliedstaaten für eines der beiden Systeme entschieden. In Deutschland steht allein die dualistische Verwaltungsform mit Vorstand und Aufsichtsrat zur Verfügung.

Daher wird kurz in die wesentlichen Begrifflichkeiten des monistischen Systems eingeführt, die von der englischen Sprache geprägt sind. Während das dualistische Modell die Unternehmensführung und deren Überwachung zwei verschiedenen Organen zuweist, obliegt dies in der monistischen Form dem Verwaltungsrat bzw. *„board"* allein. Es besteht also grundsätzlich keine vollständige personelle und funktionale Trennung zwischen zwei Organen.[41] Allerdings existieren aufgrund der großen Gestaltungsvielfalt dieses Modells[42] verschiedene Ausformungen. So erfolgt im board häufig, vergleichbar mit § 76 Abs. 1 AktG, nur noch die Leitung des Unternehmens, während die laufende Geschäftsführung i.S.d. § 77 AktG durch sog. *„executives"* oder *„officers"* wahrgenommen wird.[43] Zum Teil wird auch eine Aufteilung des boards in eine Gruppe von mit der Leitung und Geschäftsführung betrauten executives und in eine Gruppe von mit deren Kontrolle befassten *„non-executives"* vorgenommen.[44] Schließlich existiert die Gestaltungsform, dass die Kontrolle der Geschäftsführung nicht mehr durch das board, sondern durch Ausschüsse erfolgt.[45] Hinsichtlich dieser Ausprägungen wird von einer Ansicht im Schrifttum die Annäherung an das dualistische System vertreten, da zumindest in problematischen Fällen auch in der

---

38 *von Caemmerer*, Entwurf einer europäischen Gesellschaftsform, S. 54.

39 Vgl. unten S. 121 ff.

40 *Ficker*, Die europäische Entwicklung, S. 305.

41 *Kort*, in: Kölner Kommentar zum AktG, Vor § 76 Rn. 2.

42 Vgl. in Bezug auf eine SE hierzu bereits *von Werder*, der allerdings den VO-Entwurf 1991 behandelt; *von Werder*, RIW 1997, 304, 308. Vgl. allgemein zu den verschiedenen Strukturierungsoptionen im U.S.-amerikanischen board-System *Minuth*, Führungssysteme der SE, S. 60 ff.

43 *Kort*, in: Kölner Kommentar zum AktG, Vor § 76 Rn. 2.

44 *Kort*, in: Kölner Kommentar zum AktG, Vor § 76 Rn. 2.

45 *Leyens*, RabelsZ 67 (2003), 57, 73 f.; Münch. Hdb. GesR IV/*Wiesner*, § 19, Rn. 4.

monistischen Struktur Geschäftsführung und Kontrolle voneinander getrennt würden.[46]

D. Beteiligung der Arbeitnehmer

Der Begriff der Arbeitnehmerbeteiligung ist der zentrale Begriff in der SE-RL, wobei die Bestimmung des Wesens der Arbeitnehmermitbestimmung enorme Schwierigkeiten bereitete und immer noch bereit.[47] Dies zeigt sich bereits an den Problemen, die der Begriff der Mitbestimmung bei der Übersetzung in oder aus fremden Sprachen verursacht.[48] So existieren zum Beispiel im Englischen oder Französischen jeweils mehrere Vokabeln, die einerseits bestimmte Ausprägungen von Mitbestimmung bezeichnen können, andererseits aber auch als Oberbegriffe für Arbeitnehmerbeteiligung verwendet werden.[49] Während in der Bundesrepublik Deutschland und anderen Mitgliedstaaten der EG zwischen der betrieblichen und der unternehmerischen Mitbestimmung differenziert wird, wird in anderen Mitgliedstaaten eine solche Unterscheidung nicht vorgenommen.[50]

Wird aufgrund dieser in Deutschland üblichen Aufteilung die Mitbestimmung auf Unternehmensebene innerhalb der EG betrachtet, so ist eine *„institutionell-organisatorisch"*[51] sehr unterschiedliche Realisierung zu erkennen.[52] Greift man aus diesen Formen das international am häufigsten verwirklichte Repräsentationsmodell heraus, so bestehen die drei Parameter *„Art des Unternehmensorgans"*, *„Zusammensetzung dieses Organs"* und *„Befugnisse dieses Organs"*, deren Variation wiederum zu großen Unterschieden innerhalb der Mitgliedstaaten geführt hat.[53] Solche Differenzen sind aber nicht nur zwischen den Mitgliedstaaten entstanden, sondern es existieren zum Beispiel in der Bundesrepublik

---

46 Vgl. stv. *Götz, J.*, in: *Baums/Cahn* (Hrsg.), Die Europäische Aktiengesellschaft, S. 152, 159, Fn. 16; *Hopt*, ZGR 2000, 779, 784 ff.; Münch. Hdb. GesR IV/*Wiesner*, § 19, Rn. 4. Dagegen kommt *Davies* zu dem Ergebnis, dass die These der Konvergenz beider Systeme zumindest stark zu relativieren ist; vgl. *Davies*, ZGR 2001, 268, 283 ff. Zustimmend *Leyens*, RabelsZ 67 (2003), 57, 96.

47 So bezeichnet *Hopt* den Begriff der Mitbestimmung als *„schillernd"*; *Hopt*, ZfA 1982, 207, 211. *Staehelin* geht von einer *„babylonischen Begriffsverwirrung"* aus; *Staehelin*, Mitbestimmung in Europa, S. 31.

48 *Figge*, Mitbestimmung auf Unternehmensebene, S. 71; *Staehelin*, Mitbestimmung in Europa, S. 31.

49 *Figge*, Mitbestimmung auf Unternehmensebene, S. 71.

50 *Mävers*, Die Mitbestimmung der Arbeitnehmer, S. 34.

51 *Hopt*, ZfA 1982, 207, 212.

52 Nach Ansicht von *Hopt* bestehen sechs Grundmodelle der Mitbestimmung auf Unternehmensebene; *Hopt*, ZfA 1982, 207, 212. Vgl. ausführlich zu den einzelnen Regelungen in den verschiedenen Mitgliedstaaten bei *Figge*, Mitbestimmung auf Unternehmensebene, S. 71 ff.; *Mävers*, Die Mitbestimmung der Arbeitnehmer, S. 36 ff.

53 *Hopt*, ZfA 1982, 207, 217 f.

Deutschland gleich mehrere Versionen dieses Repräsentationsmodells in vier verschiedenen Gesetzen nebeneinander.[54]

Um zu verdeutlichen, welche Facetten der Arbeitnehmerbeteiligung von der SE-RL geregelt werden, werden die Begriffsbestimmungen der SE-RL bereits hier behandelt. Der Begriff **Beteiligung der Arbeitnehmer** wird in **Art. 2 Buchst. h SE-RL** definiert:

> *„Für die Zwecke dieser Richtlinie bezeichnet der Ausdruck „Beteiligung der Arbeitnehmer" jedes Verfahren – einschließlich der Unterrichtung, der Anhörung und der Mitbestimmung –, durch das die Vertreter der Arbeitnehmer auf die Beschlussfassung innerhalb der Gesellschaft Einfluss nehmen können".*

Die zentrale Bedeutung der Beteiligung der Arbeitnehmer wird bereits dadurch deutlich, dass ihre Bestimmung ungefähr die Hälfte des gesamten Art. 2 SE-RL einnimmt. Aus der Verwendung von *„einschließlich"* in Art. 2 Buchst. h SE-RL folgt, dass auch über die genannten Formen der Unterrichtung, Anhörung und Mitbestimmung hinausgehende Möglichkeiten in Betracht kommen. Folglich können weitere Beteiligungsformen ausgehandelt[55] und beispielsweise tarifvertragliche Vereinbarungen geschlossen werden.

Anhand der folgenden Begriffsbestimmungen in Art. 2 Buchst. i bis k SE-RL wird ersichtlich, dass in der SE-RL, ähnlich wie im deutschen Recht[56], grundsätzlich zwischen zwei Beteiligungsebenen unterschieden wird, nämlich der betrieblichen Ebene mit der Unterrichtung und Anhörung der Arbeitnehmer und der unternehmerischen Ebene mit der Mitbestimmung der Arbeitnehmer.[57]

I. Beteiligung der Arbeitnehmer auf betrieblicher Ebene

Unter dem Verfahren der **Unterrichtung** ist gem. **Art. 2 Buchst. i SE-RL**

> *„die Unterrichtung des Organs zur Vertretung der Arbeitnehmer und/oder der Arbeitnehmervertreter durch das zuständige Organ der SE über Angelegenheiten, die die SE selbst oder eine ihrer Tochtergesellschaften oder einen ihrer Betriebe in einem anderen Mitgliedstaat betreffen oder die über die Befugnisse der Entscheidungsorgane auf der Ebene des einzelnen Mitgliedstaats hinausgehen, wobei Zeitpunkt, Form und Inhalt der Unterrichtung den Arbeitnehmervertretern eine eingehende Prüfung der möglichen Auswirkungen und gegebenenfalls die Vorbereitung von Anhörungen mit dem zuständigen Organ der SE ermöglichen müssen",*

zu verstehen.

---

54 *Hopt*, ZfA 1982, 207, 218.

55 *Bungert/Beier*, EWS 2002, 1, 4.

56 *Kienast*, in: *Jannott/Frodermann* (Hrsg.), Handbuch der Europäischen Aktiengesellschaft, 13. Kap. II 1.5 Rn. 40.

57 *Kleinsorge*, RdA 2002, 343, 347.
Eine andere Auffassung vertritt hier wohl *Köstler*, da dieser sich dagegen ausspricht, eine Unterscheidung zwischen unternehmerischer und betrieblicher Mitbestimmung im Rahmen der Europäischen Aktiengesellschaft vorzunehmen; *Köstler*, in: *Theisen/Wenz* (Hrsg.), Die Europäische Aktiengesellschaft, S. 331, 336.

Bei der Unterrichtung handelt es sich demnach um ein Informationsrecht für die Arbeitnehmer und/oder Arbeitnehmervertreter über Angelegenheiten, die grenzüberschreitenden Charakter haben. Dabei muss das zuständige Organ der SE diese Auskunft so rechtzeitig und ausführlich erteilen, dass die Arbeitnehmervertreter mögliche Auswirkungen prüfen und unter Umständen Anhörungen vorbereiten können.

Die **Anhörung** wird gem. **Art. 2 Buchst. j SE-RL** definiert als

> *„die Einrichtung eines Dialogs und eines Meinungsaustauschs zwischen dem Organ zur Vertretung der Arbeitnehmer und/oder den Arbeitnehmervertretern und dem zuständigen Organ der SE, wobei Zeitpunkt, Form und Inhalt der Anhörung den Arbeitnehmervertretern auf der Grundlage der erfolgten Unterrichtung eine Stellungnahme zu den geplanten Maßnahmen des zuständigen Organs ermöglichen müssen, die im Rahmen des Entscheidungsprozesses innerhalb der SE berücksichtigt werden kann".*

Eine solche Begriffsbestimmung findet sich auch in Art. 2 Abs. 1 Buchst. f EBR-RL, so dass die diesbezüglichen Ausführungen auf die SE-RL übertragen werden können. Es handelt sich folglich um eine *„Konsultation"* im Sinne einer Beratung.[58] Auch die Anhörung hat so zu erfolgen, dass die von der Arbeitnehmerseite abzugebende Stellungnahme zu den geplanten Maßnahmen im unternehmerischen Entscheidungsprozess berücksichtigt werden kann.

Bei den in beiden Vorschriften genannten *„Arbeitnehmervertretern"* handelt es sich gem. **Art. 2 Buchst. e SE-RL** um *„die nach den Rechtsvorschriften und/oder den Gepflogenheiten der einzelnen Mitgliedstaaten vorgesehenen Vertreter der Arbeitnehmer"*. Die Regelungen über die Unterrichtung und Anhörung sind stark an die Systematik der EBR-RL angelehnt[59], waren vergleichsweise wenig umstritten[60] und sind weitgehend unproblematisch.[61]

II. Beteiligung der Arbeitnehmer auf unternehmerischer Ebene

Die **Mitbestimmung**, das heißt die Beteiligung der Arbeitnehmer auf unternehmerischer Ebene, ist in **Art. 2 Buchst. k SE-RL** definiert und streng von der grenzüberschreitenden Information und Konsultation zu trennen. Es handelt sich demnach um

---

58 *Blanke*, EBRG, Einleitung Rn. 16.

59 *Weiss*, NZA 2003, 177, 182.

60 *Weber*, FS 600 Jahre Würzburger Juristenfakultät (2002), S. 189, 205.

61 Unklarheit besteht im Rahmen der Definition der Unterrichtung allerdings dahingehend, was unter den dort genannten *„Entscheidungsorgane(n)"* zu verstehen ist. So wird einerseits vertreten, dass es sich hierbei wohl nur um *„die örtlichen Vertretungsinstanzen"* handeln solle; *Höland*, Mitbestimmung in Europa, S. 67. Allerdings nimmt der Autor hier nur zu Ziffer 73 Davignon-Bericht Stellung. Demnach soll sich *„die Zuständigkeit der Arbeitnehmervertretung (...) auf Fragen, die über die Befugnisse der örtlichen Entscheidungsinstanzen hinausgehen"*, erstrecken.
Andererseits wird ausgeführt, dass hiervon auch *„unternehmensleitende Instanzen"* umfasst seien; *Kuffner*, Beteiligung der Arbeitnehmer, S. 111.

„die Einflussnahme des Organs zur Vertretung der Arbeitnehmer und/oder der Arbeitnehmervertreter auf die Angelegenheiten einer Gesellschaft durch

- *die Wahrnehmung des Rechts, einen Teil der Mitglieder des Aufsichts- oder des Verwaltungsorgans der Gesellschaft zu wählen oder zu bestellen, oder*
- *die Wahrnehmung des Rechts, die Bestellung eines Teils der oder aller Mitglieder des Aufsichts- oder des Verwaltungsorgans der Gesellschaft zu empfehlen und/oder abzulehnen".*

Aufgrund der Ähnlichkeiten zur deutschen bzw. niederländischen Form der Mitbestimmung und in Anlehnung an die früheren Entwürfe wird die erste Variante als *„Repräsentationsmodell"* und die zweite Ausgestaltung als *„Kooptationsmodell"* bezeichnet.[62] Am 01.10.2004 ist in den Niederlanden allerdings ein neues Mitbestimmungssystem in Kraft getreten. Anstelle eines bloßen Empfehlungsrechts darf der Betriebsrat nun Kandidaten für bis zu einem Drittel der Sitze im Aufsichtsrat nominieren. Im Prinzip ist der Aufsichtsrat zur Aufnahme dieser von der Arbeitnehmerseite benannten Mitglieder verpflichtet.[63] Trotz dieser Änderungen wird die Mitbestimmungsvariante des Art. 2 Buchst. k 2. Spstr. SE-RL in dieser Arbeit behandelt. Zumindest im Verhandlungsverfahren kann dieses Modell durch eine Vereinbarung in eine SE eingeführt werden. Nimmt diese SE anschließend an der Gründung einer weiteren SE teil, stellen sich die gleichen Probleme wie bei erstmaliger Schaffung einer SE mit Beteiligung einer niederländischen Aktiengesellschaft vor der Reform der dortigen Arbeitnehmermitbestimmung.

Anders als bei den Regelungen über die Unterrichtung und Anhörung, für deren Gestaltung die Bestimmungen der EBR-RL verwendet werden konnten, fehlte es bei der unternehmerischen Mitbestimmung an einem europäischen Vorbild. Gleichwohl sind auch hier zumindest in struktureller Hinsicht Parallelen zur EBR-RL zu erkennen.[64]

E. Auslegung des europäischen Sekundärrechts

Aufgrund der teilweise unklaren Formulierungen und Regelungslücken in der SE-VO und SE-RL spielt die Auslegung dieser beiden Regelwerke eine große

---

62 Vgl. stv. *Reichert/Brandes*, ZGR 2003, 767, 778, 786.
Bei der Kooptation handelt es sich aber nicht um das in Art. 2 Buchst. k SE-RL genannte Vorschlags- oder Ablehnungsrecht des oder der Betriebsräte, sondern um die Besonderheit, dass der Aufsichtsrat selbst seine neuen Mitglieder wählt; vgl. *Timmerman/Spanjaard*, in: *Baums/Ulmer* (Hrsg.), Unternehmens-Mitbestimmung, S. 75, 85 f. Aus Gründen der leichteren Abgrenzung soll die Form des Art. 2 Buchst. k 2. Spstr. SE-RL dennoch weiterhin Kooptationsmodell genannt werden.

63 *Timmerman/Spanjaard*, in: *Baums/Ulmer* (Hrsg.), Unternehmens-Mitbestimmung, S. 75, 92 f.; *van het Kaar*, The Dutch system of enterprise-level workers' participation, S. 3, unter *www.seeurope-network.org/homepages/seeurope/countries/thenetherlands.html* am 12.08.2005 abgerufen.

64 *Kleinsorge*, RdA 2002, 343, 348.

Rolle. Da bereits ausführliche Darstellungen der Auslegungsmethodik des Gemeinschaftsrechts und der SE-VO existieren[65], werden vor allem die einzelnen Besonderheiten bezüglich der SE-RL behandelt. Grundsätzlich erfolgt zwar auch diese Interpretation nach der in Deutschland und in anderen Mitgliedstaaten üblichen Einteilung in wörtliche, historische, systematische und teleologische Auslegung[66], doch müssen bei jedem Schritt die Besonderheiten des Gemeinschaftsrechts Berücksichtigung finden.[67] So werden zum einen diese Auslegungskriterien anders als im deutschen Recht gewichtet,[68] zum anderen bestehen gemeinschaftsrechtliche Besonderheiten wie der *„effet utile“*[69].

I. Wörtliche Auslegung

Bei der Auslegung des Wortlauts ist von einer *„autonom-gemeinschaftsrechtlichen Begriffsbildung“*[70] auszugehen und die Sprachenvielfalt in der Europäischen Union zu berücksichtigen. Aufgrund der Notwendigkeit einer einheitlichen Auslegung darf daher der Wortlaut einer Bestimmung nicht in einer Sprache allein betrachtet werden, sondern es sind die Fassungen in den verschiedenen Amtssprachen zu untersuchen.[71] Anders als im deutschen Recht erfährt die grammatikalische Auslegung im europäischen Recht keine vergleichbare Gewichtung.[72] Dies liegt unter anderem an den mittlerweile 20 Amtssprachen[73] und den damit einhergehenden Unstimmigkeiten zwischen den einzelnen Sprachfassungen.[74] Um diese Problematik einzugrenzen, ist die Grenze zwi-

---

65 Vgl. u.a. *Bleckmann*, NJW 1982, 1177 ff.; *Brandt*, Die Hauptversammlung der SE, S. 10 ff.; *Grundmann/Riesenhuber*, JuS 2001, 529 ff.; *Lind*, Die Europäische Aktiengesellschaft, S. 37 ff.; *Scheifele*, Die Gründung der SE, S. 64 ff.; *Schwarz*, Europäisches Gesellschaftsrecht, 2. Teil A IV., Rn. 77 ff. Vgl. auch *Maul*, Die faktisch abhängige SE, S. 15 ff., allerdings zum VO-Entwurf 1991.

66 *Grundmann/Riesenhuber*, JuS 2001, 529; *Schwarz*, Europäisches Gesellschaftsrecht, 2. Teil A. IV. 1., Rn. 78.

67 *Teichmann*, ZGR 2002, 383, 403.

68 *Casper*, FS Ulmer (2003), S. 51, 54; *Scheifele*, Die Gründung der SE, S. 64.

69 *Brandt*, Die Hauptversammlung der SE, S. 17 ff; *Lutter*, JZ 1992, 593, 598.

70 *Grundmann/Riesenhuber*, JuS 2001, 529.

71 *Bleckmann*, NJW 1982, 1177, 1180. In dieser Arbeit erfolgt allerdings eine Beschränkung auf die Sprachen Deutsch, Englisch und Französisch.

72 *Casper*, FS Ulmer (2003), S. 51, 55.

73 Während für das Primärrecht mit dem Irischen sogar 21 verschiedene Sprachen gelten, zählt die irische Sprache nicht zu den Amtssprachen der Gemeinschaft; *Colneric*, ZEuP 2005, 225, 226.

74 Angeführt werden unzureichende Abstimmungen, Übersetzungsfehler und Bedeutungsunterschiede in den einzelnen Sprachfassungen; vgl. ausführlich *Brandt*, Die Hauptversammlung der SE, S. 12 f.

schen wörtlicher und systematischer Auslegung im Gemeinschaftsrecht fließend.[75]

II. Historische Auslegung

Die historische Auslegung spielt im allgemeinen Sekundärrecht[76] und, aufgrund der langwierigen Entwicklungsgeschichte sowie zahlreicher Vorschläge und Entwürfe zum Statut einer Europäischen Aktiengesellschaft, gerade im Hinblick auf die SE-VO eine bedeutende Rolle.[77] Dies kann erst Recht auf die SE-RL übertragen werden. Für die historische Auslegung werden in der Regel die verschiedenen Vorentwürfe mit ihren Erwägungsgründen, die amtlichen Begründungen sowie Stellungnahmen der Gemeinschaftsorgane herangezogen, soweit sie der Allgemeinheit zugänglich sind.[78] Dagegen wird unveröffentlichtes Material, auch wenn es dem EuGH vorliegt, überwiegend als unverwertbar angesehen.[79] Dennoch finden die nach dem Davignon-Bericht erstellten nicht amtlich veröffentlichen Entwürfe der verschiedenen Ratspräsidentschaften[80] in der vorliegenden Arbeit Berücksichtigung, da gerade anhand dieser Vorschläge der Kompromisscharakter der SE-RL und damit deren endgültige Fassung verständlich wird.

Darüber hinaus ist zu beachten, dass grundsätzlich nur die Meinungsäußerungen der Gemeinschaftsorgane, von deren Zustimmung die Wirksamkeit des konkreten Rechtsakts abhängt, einzubeziehen sind. Daher sind Äußerungen von Organen, die im Rahmen des Gesetzgebungsverfahrens lediglich anzuhören sind, oder von der Kommission, die nur das Initiativrecht innehat, grundsätzlich unbeachtlich. Etwas anderes gilt, wenn diese Vorschläge, Wünsche und Vorstellungen von den Gesetzgebungsorganen aufgegriffen wurden. Bleiben sie dagegen unberücksichtigt, kann unter Umständen das *„e contrario"*-Argument angeführt werden.[81]

III. Systematische Auslegung

Im Rahmen der systematischen Auslegung erfolgt die Interpretation einer Vorschrift unter Berücksichtigung ihrer Stellung in der Rechtsordnung, das heißt der Einordnung nach äußeren Gesichtspunkten in die Verfassung, Verordnungen

---

75 *Weber*, in: *von der Groeben/Schwarze* (Hrsg.), Kommentar zum EU-/EG-Vertrag, Art. 314 EG, Rn. 15.

76 Vgl. zur historischen Auslegung im Primär- und Sekundärrecht stv. *Bleckmann*, NJW 1982, 1177, 1178; *Lutter*, JZ 1992, 593, 599 ff.; *Maul*, Die faktisch abhängige SE, S. 18 f.

77 *Scheifele*, Die Gründung der SE, S. 64 f.; *Teichmann*, ZGR 2002, 383, 404. Im Ergebnis ebenso *Casper*, FS Ulmer (2003), S. 51, 56.

78 *Lutter*, JZ 1992, 593, 599 ff.; *Maul*, Die faktisch abhängige SE, S. 18 ff.

79 *Bleckmann*, NJW 1982, 1177, 1178 f.; *Lutter*, JZ 1992, 593, 600.

80 Vgl. ausführlich unten S. 60 ff.

81 Vgl. zum Ganzen *Grundmann/Riesenhuber*, JuS 2001, 529, 530.

und Richtlinien sowie deren weitere Einteilung in Bücher, Teile, Abschnitte, Artikel und Absätze. Dabei ist für die Auslegung eines Wortes der Satzzusammenhang und für die Interpretation eines Satzes der Textzusammenhang von Bedeutung.[82] Es findet auch ein Vergleich mit anderen europäischen Rechtsakten statt[83], wobei im Rahmen der SE-RL aufgrund sich teilweise überschneidender Regelungsbereiche insbesondere die EBR-RL, die UA-RL[84] und die SCE-RL[85] herangezogen werden können.

IV. Teleologische Auslegung

Bei der teleologischen Auslegung ist zu prüfen, welches Ziel und welcher Zweck hinter der jeweiligen Regelung stehen.[86] Dabei lassen gerade die Erwägungsgründe in der SE-RL die mit diesem Regelwerk verfolgten Prinzipien erkennen. Zu berücksichtigen ist dabei aber auch, dass anhand der Auslegung die Funktionsfähigkeit der SE als supranationaler Gesellschaft zu gewährleisten ist.[87]

§ 3 Gang der Untersuchung

Im folgenden **zweiten Teil** wird die Entstehungsgeschichte der SE-RL und der SE-VO dargestellt. Zwar erfolgte dies bereits in vielen Arbeiten mehr oder weniger ausführlich,[88] doch ist zumindest ein Überblick über diesen langwierigen Prozess für das Verständnis der aktuellen Ausgestaltung des Regelwerks erforderlich. Erst bei einer Berücksichtigung der zahlreichen, vorhergehenden Vorschläge und Stellungnahmen wird der heutige Inhalt der SE-VO und der SE-RL mit seinem Kompromisscharakter verständlich. Aus den verschiedenen vorgeschlagenen Modellen der in die SE zu integrierenden Arbeitnehmermitbestimmung lassen sich bereits Hinweise dahingehend entnehmen, mit welchen For-

---

82 Vgl. zum Ganzen *Grundmann/Riesenhuber*, JuS 2001, 529, 531.

83 *Scheifele*, Die Gründung der SE, S. 64.

84 Richtlinie 2002/14/EG des Europäischen Parlaments und des Rates vom 11.03.2002 zur Festlegung eines allgemeinen Rahmens für die Unterrichtung und Anhörung der Arbeitnehmer in der Europäischen Gemeinschaft, ABl. EG Nr. L 80/29.

85 Richtlinie 2003/72/ EG des Rates vom 22.07.2003 zur Ergänzung des Statuts der Europäischen Genossenschaft hinsichtlich der Beteiligung der Arbeitnehmer, ABl. EG Nr. L 207/25.

86 *Lutter*, JZ 1992, 593, 602 f.; *Schwarz*, Europäisches Gesellschaftsrecht, 2. Teil A IV. 1. d), Rn. 83.

87 *Brandt*, Die Hauptversammlung der SE, S. 15; *Casper*, FS Ulmer (2003), S. 51, 55; *Scheifele*, Die Gründung der SE, S. 65; *Spindler*, in: *Lutter/Hommelhoff* (Hrsg.), Die Europäische Gesellschaft, S. 223, 225; *Teichmann*, ZGR 2002, 383, 405 f.

88 Vgl. die Dissertation von *Mävers*, der auf über 400 Seiten die Entstehungsgeschichte gerade hinsichtlich der Mitbestimmung der Arbeitnehmer ausführlich darstellt. Auch in den Arbeiten von *Kuffner* und *Lambach* findet sich die Behandlung der historischen Entwicklung des SE-Statuts.

men bei der Vereinbarung von Arbeitnehmerpartizipation gerechnet werden kann. Des Weiteren können den vorherigen Entwürfen zum Teil auch Denk- bzw. Lösungsansätze zu aktuellen Problemen der Regelwerke entnommen werden. Die Entwicklungsgeschichte ist ferner für die Auslegung von Bedeutung, denn anhand der Entstehung werden auch die Beweggründe erkennbar. Erst die Analyse der erarbeiteten Kompromisse, der eingebrachten Stellungnahmen und der geführten Diskussionen erlaubt einen Rückschluss auf die mit den Regelungen verfolgten Absichten.[89] Interessant an der historischen Betrachtung ist schließlich, inwieweit gerade das deutsche System der Arbeitnehmerbeteiligung den Inhalt der erarbeiteten Vorschläge prägte.

Einen Schwerpunkt der Untersuchung wird der anschließende **dritte Teil** bilden, da dort die Regelungen der SE-VO, soweit sie die Beteiligung der Arbeitnehmer betreffen, und der SE-RL systematisch dargestellt und erläutert werden. Obwohl die Arbeitnehmerpartizipation explizit in der SE-RL geregelt wurde, werden zunächst Teilbereiche der SE-VO behandelt, da die Richtlinie häufig auf die Verordnung verweist und zwischen der Verordnung und der Richtlinie zahlreiche Verknüpfungen bestehen.[90] Zudem haben einige Regelungen in der SE-VO, wie die Frage nach dem monistischen oder dem dualistischen Organisationssystem, Auswirkungen auf die Mitbestimmung in einer SE, sodass auch diesbezüglich eine Untersuchung erforderlich ist. Anschließend wird die SE-RL behandelt, wobei gerade hier viele Unklarheiten und Fragen bestehen, die teilweise bereits im Schrifttum aufgegriffen werden. Diese problematischen Formulierungen und Regelungslücken werden aufgezeigt und mit Lösungsansätzen versehen. Zur Veranschaulichung und Präzisierung wird zum Teil mit Beispielen gearbeitet.

Im **vierten Teil** der Arbeit werden die für die Arbeitnehmerbeteiligung relevanten Vorschriften des SEAG und die Umsetzung der SE-RL in das SEBG untersucht. Besonders problematisiert werden dabei die Bereiche, in denen der Gesetzgeber vom Wortlaut der SE-RL abgewichen ist bzw. von den Ermächtigungen und Regelungsoptionen in der SE-RL Gebrauch gemacht hat.

Anschließend erfolgt im **fünften Teil** ein kurzer Ausblick auf die Folgen, die die Vorschriften über die Arbeitnehmerbeteiligung im SE-Statut für die Partizipationsformen auf gemeinschaftlicher und einzelstaatlicher Ebene herbeiführen können. Schließlich findet sich im **sechsten Teil** eine Zusammenfassung der problematischen und umstrittenen Bereiche.

---

89 Je weiter aber die Konzepte für das Statut einer SE zurückliegen, desto weniger können sie für eine Auslegung herangezogen werden, da sich die Zielsetzungen, Methoden und Formulierungen im Laufe der Zeit stark verändert haben.

90 Vgl. Art. 1 Abs. 4; Art. 8 Abs. 2 Buchst. c; Art. 12 Abs. 2 bis 4; Art. 23 Abs. 2; Art. 26 Abs. 3; Art. 32 Abs. 6; Art. 37 Abs. 8; Art. 40 Abs. 2; Art. 43 Abs. 2 und 3; Art. 50 Abs. 3 und Art. 52 Buchst. b SE-VO.

Teil 2 Historische Entwicklung

Der Darstellung der historischen Entwicklung ist voranzustellen, dass die Bezeichnung der vorgeschlagenen Gesellschaftsform gerade zu Beginn der einsetzenden Diskussion uneinheitlich war. So ist von einer *„Handelsgesellschaft europäischen Typs“*[1], von der *„Schaffung einer europäischen Handelsgesellschaft“*[2] und der *„Europäischen Aktiengesellschaft“*[3] die Rede. Im Rahmen der folgenden Darstellung findet diesbezüglich aber keine Differenzierung statt, sondern die unterschiedlichen Begrifflichkeiten werden als Synonyme für die Europäische Aktiengesellschaft angesehen.[4]

Die Entstehungsgeschichte des Statuts einer SE lässt sich in zweifacher Hinsicht in drei Stadien untergliedern. Zum einen kann sie zeitlich in die Abschnitte bis 1970, 1970 bis 1985 und 1985 bis 2001 eingeteilt werden.[5] Zum anderen wurde die Entwicklung von drei unterschiedlichen Strategien der Kommission, der Harmonisierung *„auf der Basis nationaler Modelle der Unternehmensmitbestimmung“*[6], der Harmonisierung *„auf der Basis verschiedener Optionsmodelle“*[7] und der Harmonisierung *„im Wege der Prozeduralisierung“*[8], geprägt.

---

1 Diese Bezeichnung wird beispielsweise auf dem internationalen Kongress der Pariser Anwaltschaft im Juni 1960 und in der Note der französischen Regierung im Jahre 1965 verwendet.

2 Diesen Begriff gebraucht z.B. die Kommission der EWG in ihrer Denkschrift vom 22.04.1966.

3 *Sanders* spricht zwar in seiner Antrittsvorlesung vom 22.10.1959 bereits von einer *„europäischen Aktiengesellschaft“*, aber erst mit dem Verordnungsvorschlag von 1970 entsteht diesbezüglich eine einheitliche Terminologie, da nun der Diskurs unter diesem Begriff stattfindet.

4 Nach Ansicht *Geßlers* ist der unterschiedlichen Bezeichnung der *„Handelsgesellschaft europäischen Typs“* und der *„europäischen Handelsgesellschaft“* entscheidende Bedeutung beizumessen; vgl. *Geßler*, BB 1967, 381, 382 und 386 f. Auch *Bärmann* differenziert zwischen den Begriffen der *„Handelsgesellschaft europäischen Rechts“* und der *„Handelsgesellschaft europäischen Typs“*; vgl. *Bärmann*, Europäische Integration, S. 143 f.
Nach Auffassung von *Mävers* spielt dagegen die unterschiedliche Begrifflichkeit keine große Rolle, da die Mehrheit die Bezeichnung *„europäische Handelsgesellschaft“* benutzt habe, ohne über Unterschiede im Einzelnen nachzudenken. Von dem Gebrauch des Begriffs *„Europäische Aktiengesellschaft“* sei nur teilweise abgesehen worden, um eine Diskussion über die konkrete Art der noch zu gestaltenden Rechtsform nicht vorwegzunehmen; vgl. *Mävers*, Die Mitbestimmung der Arbeitnehmer, S. 90.

5 Nach Auffassung *Lutters* ist zwar ebenfalls eine Gliederung in drei Phasen vorzunehmen, er teilt diese aber in die Zeit von 1960 bis 1982, 1985 bis 1995 und November 1996 bis Oktober 2001 ein; vgl. *Lutter*, BB 2002, 1 ff.

6 *Schmidt, M.*, Das Arbeitsrecht der Europäischen Gemeinschaft, IV. I. 1., Rn. 2.

7 *Schmidt, M.*, Das Arbeitsrecht der Europäischen Gemeinschaft, IV. I. 2., Rn. 5.

Eingebettet ist die Entstehung des Statuts einer SE in eine von vier verschiedenen Entwicklungslinien, in die die gemeinschaftsrechtlichen Bestrebungen für den Aufbau eines Systems der Arbeitnehmerbeteiligung nach Rechtsqualität und Wirkung grundsätzlich gegliedert werden können.[9] Die Ausarbeitung des Statuts einer SE fällt, zusammen mit den Vorschlägen von Statuten für den Europäischen Verein, für die Europäische Genossenschaft und für die Europäische Gegenseitigkeitsgesellschaft, in die Entwicklungslinie der Schaffung einer einheitlichen Rechtsform durch Verordnung.[10] Aber auch die Entwicklungslinie der Rechtsangleichung durch gesellschaftsrechtliche Richtlinien[11] hat zum Teil die Regelungsentwürfe für eine Arbeitnehmerbeteiligung im Rahmen des Statuts einer SE geprägt. Schließlich ist die Etablierung einer Unterrichtung und Anhörung der Arbeitnehmer auf europäischer Ebene durch Richtlinien[12] darzustellen, denn diese hat ebenfalls die Vorgehensweise bei der Entwicklung einer Arbeitnehmerbeteiligung im Rahmen der SE beeinflusst. Dagegen bleibt die Entwicklungslinie der Schaffung von Richtlinien mit gegenstandsbezogener Arbeitnehmerbeteiligung[13] außer Betracht, da diese Vorhaben zur Regelung bestimmter Konstellationen geschaffen wurden und damit außerhalb der Problematik der SE stehen.[14]

§ 1 Entwicklung bis 1970

Die Entwicklung bis 1970 ist vor allem geprägt von den Vorstößen einzelner Wissenschaftler oder Mitgliedstaaten in Richtung einer einheitlichen länderübergreifenden Gesellschaftsform. Erst als auch die Kommission Mitte der 1960er Jahre begann, Initiative in diesem Bereich zu entwickeln, erhielt die Idee eines SE-Statuts eine wirklich europäische Dimension.

---

8 *Weiss*, FS Stahlhacke (1995), S. 657, 671.

9 *Höland*, Mitbestimmung in Europa, S. 25.

10 *Höland*, Mitbestimmung in Europa, S. 25 ff.
Vgl. ausführlich zu diesen Entwürfen *Schwarz*, Europäisches Gesellschaftsrecht, 4. Teil D, Rn. 1223 ff.

11 *Höland*, Mitbestimmung in Europa, S. 44 ff.

12 *Höland*, Mitbestimmung in Europa, S. 55 ff.

13 *Höland*, Mitbestimmung in Europa, S. 51 ff.

14 Nicht behandelt wird daher beispielsweise die Entwicklung der Richtlinie 98/59/EG des Rates vom 20.07.1998 zur Angleichung der Rechtsvorschriften über Massenentlassungen, ABl. EG Nr. L 225/16. Ebenso ausgespart wird die Entstehung der Richtlinie 2001/23/EG des Rates vom 12.03.2001 zur Angleichung der Rechtsvorschriften der Mitgliedstaaten über die Wahrung von Ansprüchen der Arbeitnehmer beim Übergang von Unternehmen, Betrieben oder Unternehmens- oder Betriebsteilen, ABl. EG Nr. L 82/16.

A. 34. Deutscher Juristentag in Köln im Jahre 1926

In Deutschland begann die Diskussion um die Schaffung einer *„überstaatlichen AG“*[15] auf dem 34. Deutschen Juristentag in Köln.[16] Dort wurde der Beschluss gefasst, dass die Bildung einer wahlweise neben den innerstaatlichen Gesellschaftsformen verfügbaren überstaatlichen Organisationsform angeregt werden sollte.[17]

B. Entwürfe des Europarats

Bereits 1949 erarbeitete der im selben Jahr gegründete Europarat einen Entwurf und im Jahre 1952 eine Empfehlung.[18] Diese Arbeiten können als Vorläufer für die Idee einer europäischen Gesellschaftsform angesehen werden.[19] Allerdings ging es bei diesen Bemühungen nicht um die Schaffung einer supranationalen europäischen Rechtsform,[20] denn sie beruhten auf der Basis staatsrechtlicher Vereinbarungen.[21] Zudem betraf die Empfehlung von 1952 nur behördlich zugelassene, private Gesellschaften, die bestimmte öffentliche Zwecke verfolgten.[22]

C. Gründung international organisierter Gesellschaften durch Staatsverträge

Vor allem zwischen 1955 und 1959 wurden verschiedene internationale Gesellschaften in Europa geschaffen.[23] Allerdings handelte es sich hierbei lediglich um isolierte Gründungen für bestimmte Einzelzwecke, die durch Staatsverträge zwischen souveränen Staaten herbeigeführt wurden.[24]

D. Vorschläge von Thibièrge und Sanders

Im Juni 1959 regte der französische Notar *Thibièrge* auf dem Kongress des französischen Notariats die Schaffung einer *„société par action de type européen“*,

---

15 *Duden*, RabelsZ 27 (1962/63), 89, 91.

16 *Netta*, Das Recht der verbundenen Unternehmen, S. 1, Fn. 4; *Wenz*, Die Societas Europaea, S. 10.

17 *Netta*, Das Recht der verbundenen Unternehmen, S. 1, Fn. 4; *Wenz*, Die Societas Europaea, S. 10.
Allerdings wurde bis zum Ende des Zweiten Weltkriegs der Gedanke an die Schaffung einer internationalen Gesellschaftsform nicht mehr weiterverfolgt; *Duden*, RabelsZ 27 (1962/63), 90, 91.

18 *Duden*, RabelsZ 27 (1962/63), 90, 91.

19 *Wenz*, Die Societas Europaea, S. 10.

20 *Mävers*, Die Mitbestimmung der Arbeitnehmer, S. 87.

21 *Bärmann*, AcP 156 (1957), 156, 158.

22 *von Caemmerer*, FS Kronstein (1967), S. 172, 176; *Sanders*, AWD 1960, 1, 2.
Da aber durch diese Erteilung von Vorrechten eine Diskriminierung nationaler Gesellschaften drohte, wurden diese Vorschläge seitdem nicht weiterverfolgt; *Reinkensmeier*, Die Organisation der Geschäftsführung, S. 6; *Sanders*, AWD 1960, 1, 2.

23 Vgl. hierzu ausführlicher die Darstellung bei *Duden*, RabelsZ 27 (1962/63), 90, 96 f.

24 *Wenz*, Die Societas Europaea, S. 11.

das heißt einer Aktiengesellschaft europäischen Typs, an.[25] Am 22.10.1959 widmete sich der niederländische Universitätsprofessor *Pieter Sanders* anlässlich einer Veranstaltung an der Niederländischen Wirtschaftshochschule dem gleichen Thema und stellte seine Antrittsvorlesung unter den Titel *„Auf dem Weg zu einer europäischen Aktiengesellschaft?"*.[26] Zwar entwickelte *Sanders* in dieser Rede kein Statut für eine Europäische Aktiengesellschaft, sondern problematisierte nur einzelne Bereiche, wie zum Beispiel die Organisationsverfassung. Da er aber ausführlich auf die Vor- und Nachteile eines solchen Vorhabens einging, wird angenommen, dass durch diese Antrittsrede der entscheidende Anstoß zur Schaffung einer einheitlichen europäischen Rechtsform gegeben worden seien.[27]

E. Initiativen einzelner Mitgliedstaaten

Zu Beginn der 1960er Jahre fanden zahlreiche sowohl von der Praxis als auch von der Wissenschaft organisierte Veranstaltungen statt, in denen über eine Europäische Handelsgesellschaft diskutiert wurde.[28]

I. Kongress der Pariser Anwaltschaft im Jahre 1960

Im Juni 1960 veranstaltete die Pariser Anwaltschaft einen internationalen Kongress[29], bei dem alle damaligen Mitgliedstaaten[30] vertreten waren und die Probleme bei der Schaffung einer *„Handelsgesellschaft Europäischen Typs"*[31]diskutiert wurden. Ergebnis war die Ausarbeitung eines allgemeinen Statuts für eine neue Gesellschaftsform, das von den europäischen Staaten durch einen mehrseitigen Staatsvertrag angenommen und durch gleichartige nationale Gesetze in das jeweilige mitgliedstaatliche Recht übernommen werden sollte.[32] Bemerkenswert ist in diesem Zusammenhang die belgische Stellungnahme, denn dort findet sich der Einwand, dass auch die Frage der Mitbestimmung einer Klärung bedürfe.[33]

---

25 *Merkt*, BB 1992, 652.

26 *Sanders*, AWD 1960, 1.

27 *Duden*, RabelsZ 27 (1962/63), 89, 99: *„Sanders hat durch seinen Vortrag die Geister in Bewegung gebracht."* Ebenso *Mävers*, Die Mitbestimmung der Arbeitnehmer, S. 89. Demzufolge begrüßte die Kommission in einer Stellungnahme vom 01.12.1959 die Reflexionen von *Sanders* als wertvollen Beitrag zu der einsetzenden Debatte um die Schaffung einer europäischen Gesellschaftsform; *Skaupy*, AG 1966, 13, 20.

28 *Mävers*, Die Mitbestimmung der Arbeitnehmer, S. 90.

29 *Bärmann*, AcP 160 (1961), 97.

30 Die Europäische Wirtschaftsgemeinschaft bestand zu diesem Zeitpunkt aus den sechs Staaten Frankreich, Italien, Belgien, Holland, Luxemburg und der Bundesrepublik Deutschland.

31 *Geßler*, BB 1967, 381, 382, 386.

32 *Mävers*, Die Mitbestimmung der Arbeitnehmer, S. 90 f.

33 *Bärmann*, AcP 160 (1961), 97, 105.

Damit taucht zum ersten Mal der Gedanke auf, dass auch Regelungen zur Beteiligung der Arbeitnehmer einbezogen werden sollten.[34]

II. Tagung der Gesellschaft für Rechtsvergleichung im Jahre 1961

Von deutscher Seite aus beschäftigte man sich mit dem Thema der Europäischen Aktiengesellschaft Ende Juli 1961 auf der Trierer Tagung der Gesellschaft für Rechtsvergleichung.[35] Einerseits wurden zahlreiche Konflikte, die aus den unterschiedlichen nationalen Rechtsordnungen folgten, dargestellt. Andererseits wurde vorgeschlagen, besonders problematische Fragen, wie zum Beispiel die Mitbestimmungsproblematik, aus dem Statut auszuklammern, um sie einheitlich zu regeln.[36]

III. Weitere Initiativen aus Frankreich

Im Gegensatz zu den anderen europäischen Mitgliedstaaten wurde der Gedanke an eine europäische Gesellschaftsform in Frankreich durch weitere Initiativen vorwärts getrieben. So legte der französische Industrieverband im Jahre 1962 den *„Entwurf eines Statuts für europäische Gesellschaften"* vor, der aus 194 Artikeln bestand.[37]

Von besonderer Bedeutung erscheint der Vorstoß der französischen Regierung im März 1965, als sie der Kommission eine Note überreichte, in der die Schaffung einer Europäischen Handelsgesellschaft durch Abschluss eines Übereinkommens unter den Mitgliedstaaten vorgeschlagen wurde.[38] Bezüglich der Mitbestimmung war vorgesehen, dass die Mitgliedstaaten ihre besonderen Regeln aufrechterhalten konnten.[39] Insgesamt rief dieser Vorstoß zahlreiche positive Stellungnahmen hervor.[40] Anlass für dieses Echo war wohl auch, dass sich aufgrund der spektakulären amerikanischen Unternehmenskäufe[41] und der rechtli-

---

34 Die Vorschläge dieses Kongresses führten aber zu keinem nennenswerten Erfolg, da zum einen die Vertreter der europäischen Industrie, abgesehen von der französischen Wirtschaft, ein wirtschaftliches Bedürfnis für eine solche Organisationsform verneinten und zum anderen wiederum eine Diskriminierung nationaler Gesellschaften befürchtet wurde; *Geßler*, BB 1967, 381, 382; *Mävers*, Die Mitbestimmung der Arbeitnehmer, S. 91.

35 *von Caemmerer*, grundsätzlich Entwurf einer europäischen Gesellschaftsform, S. 54 ff., 56.

36 *Mävers*, Die Mitbestimmung der Arbeitnehmer, S. 92.

37 Vgl. *Skaupy*, AG 1966, 13, 21, der den Inhalt dieses Entwurf eingehend erläutert.

38 *von Caemmerer*, FS Kronstein (1967), S. 172, 177; *van der Groeben*, AG 1967, 95, 97; *Pipkorn*, ZHR 137 (1973), 35, 49; *Skaupy*, AG 1966, 13, 20 f.

39 Diese Initiative sorgte für Skepsis, da insbesondere im Hinblick auf das Mitbestimmungsrecht ein Angriff auf die Niederlassung großer Unternehmen in Deutschland befürchtet wurde; *Bärmann*, Europäische Integration, S. 154.

40 Vgl. ausführlich zu den verschiedenen Stellungnahmen *Bärmann*, Europäische Integration, S. 154 f.

41 *Skaupy*, AG 1966, 13, 20.

chen Probleme beim europäischen Zusammenschluss von *Agfa* und *Gevaert*[42] ein Bedarf an einer einheitlichen europäischen Gesellschaftsform gezeigt hatte. Dieser Vorschlag trieb die Arbeiten auf Gemeinschaftsebene entscheidend voran, da die Kommission im Anschluss daran tätig wurde.[43]

F. Denkschrift der Kommission von 1966

Die Kommission nahm die Note positiv auf und erarbeitete eine Denkschrift, die am 22.04.1966 dem Ministerrat übersandt wurde.[44] In diesem Schreiben trat die Kommission für die Schaffung einer europäischen Handelsgesellschaft ein und sah dies als Teil der Verwirklichung eines gemeinsamen europäischen Marktes an.[45]

G. Vorentwurf für ein Statut der Europäischen Aktiengesellschaft von Sanders

Noch während die Kommission an der Erstellung ihrer Denkschrift arbeitete, beauftragte sie im Januar 1966 Professor *Sanders* mit der Ausarbeitung eines Vorentwurfs des Statuts für eine Europäische Handelsgesellschaft.[46] Hierbei sollte ihm eine Kommission von Sachverständigen, bestehend aus je einem Vertreter der fünf übrigen Mitgliedstaaten, beratend zur Seite stehen.[47] Bereits im Dezember 1966 wurde ein detaillierter Vorentwurf[48] mit ca. 200 Paragraphen vorgelegt.[49] Als Organisationsform einer SE war allein das dualistische System vorgesehen und die Beteiligung der Arbeitnehmer wurde nur hinsichtlich der unternehmerischen Mitbestimmung behandelt. In diesem Bereich waren zum einen eine eigenständige umfassende Behandlung der Mitbestimmung im Statut und zum anderen eine Vorschrift zur Abstimmung mit den bestehenden nationalen Regelungen enthalten.[50] Die verschiedenen Alternativen reichten vom Fehlen

---

42 *Reinkensmeier*, Die Organisation der Geschäftsführung, S. 6. Vgl. ausführlich *Hofmann*, Mitbestimmung der Arbeitnehmer in der Europäischen Gemeinschaft, S. 101 ff.

43 *Mävers*, Die Mitbestimmung der Arbeitnehmer, S. 93.

44 *von Caemmerer*, FS Kronstein (1967), S. 172, 177; *von der Groeben*, AG 1967, 95, 97; *Hauschild*, in: *von Caemmerer* (Hrsg.), Europäische Handelsgesellschaft, S. 81, 83 f.

45 *Wenz*, Die Societas Europaea, S. 12.

46 *von Caemmerer*, Entwurf einer Europäischen Gesellschaftsform, S. 54 ff., 59.

47 *von Caemmerer*, Entwurf einer Europäischen Gesellschaftsform, S. 54 ff., 59; *Pipkorn*, ZHR 137 (1973), 35, 49.

48 Vorentwurf eines Statuts für europäische Aktiengesellschaften, veröffentlicht in EWG-Kommission, Generaldirektion Wettbewerb, Dezember 1966, Az.: 11000/IV/67; Studie Nr. 6, Reihe Wettbewerb, 1967; zitiert nach *Bärmann*, Europäische Integration im Gesellschaftsrecht, S. 160, Fn. 424. Vgl. ausführlich zu den mitbestimmungsrechtlichen Lösungen in diesem Entwurf *Hauschild*, in: *von Caemmerer* (Hrsg.), Europäische Handelsgesellschaft, S. 81, 93 ff.

49 *Mävers*, Die Mitbestimmung der Arbeitnehmer, S. 96.

50 *Kolvenbach*, DB 1986, 2023.

jeglicher Mitbestimmung über die Einführung des deutschen oder französischen Partizipationssystems bis hin zur Schaffung eines eigenen Mitbestimmungsorgans.[51]

Dieser Vorentwurf ist aufgrund der dort eingebrachten Grundprinzipien aus Sicht der weiteren Entwicklung als *„sehr vorausschauend"*[52] anzuerkennen. So wurden bereits verschiedene Schwellenwerte und die Möglichkeit zur Vornahme einer Vereinbarung[53] vorgeschlagen. Des Weiteren sah er ein zusätzliches Mitbestimmungsorgan vor, wie es teilweise in der heutigen Diskussion in Deutschland über die Reform der Mitbestimmung mit der Einrichtung eines Konsultationsrats gefordert wird.[54]

§ 2 Entwicklung von 1970 bis 1985

Der anschließende Zeitraum von 1970 bis 1985 wird dadurch charakterisiert, dass eine *„Harmonisierung auf der Basis nationaler Modelle der Unternehmensmitbestimmung"*[55] angestrebt wurde, wobei dem deutschen Recht eine tragende Rolle zukam.[56]

A. Verordnungsentwürfe von 1970 und 1975

Obwohl zwischen den Vorschlägen von 1970 und 1975 und dem aktuellen SE-Statut große Unterschiede bestehen, haben sie doch seine Entwicklung geprägt. Anders als in den bisher erarbeiteten Konzepten sollte das Statut einer SE nun nicht als Abkommen zwischen den Mitgliedstaaten, sondern als Verordnung in Kraft gesetzt werden.[57] Ferner dienten diese Entwürfe als Steinbruch, aus dem spätere Vorschläge der Kommission ihr Material entnahmen.[58]

---

51 Vgl. ausführlich zu den Mitbestimmungsmodellen bei *Bärmann*, Europäische Integration im Gesellschaftsrecht, S. 165 ff.; *Hofmann*, Mitbestimmung der Arbeitnehmer in der Europäischen Gemeinschaft, S. 146 ff; *Mävers*, Die Mitbestimmung der Arbeitnehmer, S. 98 ff.

52 *Mävers*, Die Mitbestimmung der Arbeitnehmer, S. 105.

53 Den Gedanken einer Vereinbarungslösung baute *Lyon-Caen* in seinem Gutachten mit dem Titel *„Beitrag zu den Möglichkeiten der Vertretungen der Interessen der Arbeitnehmer in der Europäischen Aktiengesellschaft"* weiter aus und schlug eine Regelung dieser Problematik im Wege von Verträgen zwischen den Sozialpartnern vor; *Bärmann*, Europäische Integration im Gesellschaftsrecht, S. 172 ff.

54 Vgl. Berliner Netzwerk *„Corporate Governance"*, 12 Thesen zur *„Modernisierung der Mitbestimmung"*, abgedruckt in AG 2004, 200 f.; *Kirchner*, AG 2004, 197 ff; *Säcker*, AG 2004, 180 ff.; *von Werder*, AG 2004, 166 ff.

55 *Schmidt, M.*, Das Arbeitsrecht der Europäischen Gemeinschaft, IV. I. 1., Rn. 2.

56 *Wißmann*, RdA 1992, 320, 321.

57 *Bayer, Wilhelm*, RabelsZ 35 (1971), 201, 214 f.

58 *Pipkorn*, RdA 1992,120, 123.

I. Verordnungsentwurf von 1970

Der von Sanders und der Sachverständigengruppe erarbeitete Vorentwurf diente als Grundlage[59] des Verordnungsvorschlags über das Statut einer Europäischen Aktiengesellschaft, den die Kommission dem Ministerrat am 30.06.1970 vorlegte.[60]

1. Inhalt

Der Entwurf bestand aus einem vollständigen und abschließenden Regelwerk für eine SE, da in insgesamt 284 Artikeln alle Bereiche des Aktienrechts abgedeckt und die Anwendung nationalen Rechts ausgeschlossen wurde.[61] Anders als im jetzigen Statut stand die Gründungsform der Umwandlung nicht zur Verfügung und allein Gesellschaften in Form einer nationalen Aktiengesellschaft, nicht aber beispielsweise einer GmbH, konnten an einer SE-Gründung teilnehmen.

a) Rechtsgrundlage

Gestützt wurde der Verordnungsvorschlag auf Art. 235 EWGV (jetzt Art. 308 EG), doch war dies bereits zum damaligen Zeitpunkt umstritten.[62]

b) Organisationssystem

Als Organisationsverfassung war allein das dualistische System mit geschäftsführendem Vorstand und Aufsichtsrat vorgesehen.

c) Beteiligung der Arbeitnehmer

Zudem war bereits in diesem Entwurf das gesellschaftsrechtliche Anliegen der Schaffung einer SE mit dem Problem der Mitbestimmung der Arbeitnehmer verknüpft worden. Nach Ansicht der Kommission konnte aufgrund der starken Unterschiede in den Mitgliedstaaten die Regelung dieser Frage nicht den einzelstaatlichen Regelungen überlassen werden.[63]

---

59 *Wolff*, AG 1970, 247.

60 Vorschlag einer Verordnung (EWG) des Rates über das Statut für europäische Aktiengesellschaften vom 30.06.1970, ABl. EG Nr. C 124 v. 10.10.1970 = KOM (70) 150 endg. = Bulletin der EG, Sonderbeilage 8/70 = BT-Drucks. VI/1109.
Vgl. zu diesem Vorschlag *Göke*, Die Europäische Aktiengesellschaft, S. 80 ff.; *Hofmann*, Die Mitbestimmung der Arbeitnehmer in der Europäischen Gemeinschaft, S. 184 ff.; *Lambach*, Die Beteiligung der Arbeitnehmer in der SE, S. 45 ff.; *Nagels/Sorge*, Industrielle Demokratie in Europa, S. 15 ff., *Mävers*, Die Mitbestimmung der Arbeitnehmer, S. 107 ff.; *Mertens*, JR 1970, 321, 324 ff.

61 *Mävers*, Die Mitbestimmung der Arbeitnehmer, S. 107.

62 Vgl. stv. *Nagels/Sorge*, Industrielle Demokratie in Europa, S. 16; *Mertens*, JR 1970, 321, 324 f.; *Pipkorn*, ZHR 137 (1973), 35, 54 ff; *Ulmer*, in: Probleme moderner Unternehmensführung, S. 259, 261 ff.

63 *Fuchs/Marhold*, Europäisches Arbeitsrecht, 2. Teil III B 2 a, S. 168 f.; *Kolvenbach*, DB 1986, 2023.

Insgesamt umfasste das Statut die drei rechtlichen Instrumente der Bildung eines Betriebsrates und eines Konzernbetriebsrates, der Vertretung der Arbeitnehmer im Aufsichtsrat und der Möglichkeit des Abschlusses europäischer Tarifverträge, um die Durchsetzung von Arbeitnehmerrechten zu gewährleisten.[64] Diese verschiedenen Bereiche wurden sehr detailliert geregelt und optional nebeneinander gestellt.[65]

aa) Bildung eines Europäischen Betriebsrats

Der Anwendungsbereich der Vorschriften über einen EBR war bereits auf grenzüberschreitende Tatbestände beschränkt. Die nationalen Regelungen über die Vertretung der Arbeitnehmer auf betrieblicher Ebene sollten grundsätzlich unberührt bleiben.[66] Die vorgesehenen Informations-, Konsultations- und Zustimmungsrechte waren vergleichbar mit den Kompetenzen, die gem. §§ 56 ff. BetrVG 1952 den deutschen Betriebsräten zustanden.[67] Die Befugnisse des EBR blieben zwar gerade beim Mitbestimmungsrecht hinter denen des deutschen BetrVG zurück,[68] doch gingen sie weit über die Vorschriften der aktuellen EBR-RL und SE-RL hinaus.

bb) Vertretung der Arbeitnehmer im Aufsichtsrat

Die Vorschriften zur Vertretung der Arbeitnehmer im Aufsichtsrat waren weitgehend vom deutschen Mitbestimmungssystem als dem auf diesem Gebiet am weitesten entwickelten nationalen Recht geprägt[69] und lehnten sich dabei in erster Linie an das deutsche BetrVG 1952 an.[70] So war nach dem Vorbild von §76 BetrVG 1952 (jetzt § 4 DrittelbG) vorgesehen, dass den Arbeitnehmern ein Drittel der Aufsichtsratssitze zustehen sollte, wobei durch die Satzung auch eine stärkere Arbeitnehmerbeteiligung vereinbart werden konnte.[71] Es bestand aber auch die Möglichkeit der Abwahl jeglicher Mitbestimmung durch mindestens zwei Drittel der Arbeitnehmer der SE. Die Repräsentation der Arbeitnehmer im Aufsichtsrat gestaltete sich folglich innerhalb dieser Parameter relativ flexibel.[72]

---

64 *Wunsch-Semmler*, Entwicklungslinien, S. 53.

65 *Heinze*, AG 1997, 289, 290.

66 *Mävers*, Die Mitbestimmung der Arbeitnehmer, S. 110.

67 *Bayer, Wilhelm*, RabelsZ 35 (1971), 201, 223.

68 *Wolff*, AG 1970, 247, 250.

69 *Herfs-Röttgen*, NZA 2001, 424.

70 *Pipkorn*, RdA 1992, 120, 123.

71 Da diese Ausweitungsmöglichkeit nicht begrenzt war, bestand sogar die Möglichkeit einer Erweiterung der Anzahl der Arbeitnehmervertreter über die Parität hinaus; *Walther*, AG 1972, 99, 104. Dies ist im deutschen Recht nicht zulässig; *Wolff*, AG 1970, 247, 250. Während der Verordnungsvorschlag zudem regelte, dass sich unter den Arbeitnehmervertretern zumindest eine Person befinden musste, die nicht in einer Betriebsstätte der Europäischen Aktiengesellschaft beschäftigt ist, wurde in Deutschland gerade der umgekehrte Weg eingeschlagen; *Wolff*, AG 1970, 247, 250.

72 *Bayer, Wilhelm*, RabelsZ 35 (1971), 201, 223.

Den Mitgliedern der Arbeitnehmerseite im Aufsichtsrat wurden Kontroll- und Zustimmungsrechte zugestanden, die sie neben den Befugnissen der nationalen Arbeitnehmervertreter ausüben sollten. Anders als in der jetzigen SE-VO bestand ein strikter Katalog der zustimmungsbedürftigen Geschäfte und es fehlte an einem diesbezüglichen Letztentscheidungsrecht der Anteilseignerseite.[73] Bereits geregelt war, dass die Arbeitnehmervertreter dieselben Rechte und Pflichten wie die übrigen Aufsichtsratsmitglieder besaßen.

2. Fazit

Dieser Verordnungsvorschlag der Kommission war durch drei Grundentscheidungen geprägt: Die Einheitlichkeit der Regelung, die alleinige Festlegung der dualistischen Organisationsform und die Einarbeitung der Arbeitnehmervertretung in das Regelwerk.[74] Gerade dies verursachte aber lebhafte Diskussionen und führte zu zahlreichen Stellungnahmen.[75] Kritisiert wurde einerseits die alleinige Berücksichtigung der dualistischen Organisationsstruktur[76] und andererseits die Regelung der Arbeitnehmerpartizipation.[77] Gerade der Bereich der Arbeitnehmerbeteiligung hatte aufgrund unterschiedlicher Entwicklungen und differierender politischer Prioritätensetzung in den Mitgliedstaaten eine äußerst verschiedene Ausgestaltung erfahren[78], die durch die einseitige Orientierung am deutschen System nicht berücksichtigt wurde.

II. Verordnungsentwurf von 1975

Im ersten Halbjahr 1975[79] legte die Kommission dem Rat einen geänderten Verordnungsentwurf über das Statut der SE[80] vor, der im Wesentlichen eine überar-

---

73 *Walther/Wiesner*, GmbHR 1975, 247, 251.

74 *Höland*, Mitbestimmung in Europa, S. 27.

75 Nach Angabe *Pipkorns* wurden über 60 Stellungnahmen abgegeben; vgl. *Pipkorn*, AG 1975, 318, 319. Zu einigen dieser Stellungnahmen bei *Hofmann*, Mitbestimmung der Arbeitnehmer in der Europäischen Gemeinschaft, S. 212 ff. und *Nagels/Sorge*, Industrielle Demokratie in Europa, S. 174 ff.

76 *Ficker*, Die europäische Entwicklung, S. 299.

77 *Weiss* spricht hier von einem *„Geburtsfehler"*; vgl. *Weiss*, FS Stahlhacke (1995), S. 657, 663.

78 *Walther*, AG 1972, 99, 103.

79 Hinsichtlich des genauen Datums bestehen unterschiedliche Angaben; vgl. u.a. *Kuffner*, Beteiligung der Arbeitnehmer, S. 132; *Mävers*, Die Mitbestimmung der Arbeitnehmer, S. 132.

80 Vorschlag einer Verordnung des Rates über das Statut für Europäische Aktiengesellschaften (Von der Kommission gemäß Artikel 149 Absatz 2 des EWG-Vertrags dem Rat vorgelegter geänderter Vorschlag), KOM (75) 150 endg. = Bulletin der EG, Beilage 4/75 = BR-Drucks. 372/75, in der auch die Erläuterungen der Kommission zu den einzelnen Artikeln dargestellt werden.
Vgl. zu diesem geänderten Vorschlag *Hofmann*, Die Mitbestimmung der Arbeitnehmer in der Europäischen Gemeinschaft, S. 249 ff.; *Lambach*, Die Beteiligung der Arbeitneh-

beitete Fassung von 1970 darstellte. Mit diesem Kodifikationsvorschlag erreichte das legislatorische Bemühen um eine autonom ausgestaltete, in sich geschlossene Regelung der SE seinen Höhepunkt, da sich der Umfang aufgrund von Änderungen und des Anfügens weiterer Anhänge noch einmal vergrößert hatte. Die drei den vorangegangenen Entwurf bestimmenden Strukturprinzipien der Einheitlichkeit, der dualistischen Organisationsverfassung und der Integration der Arbeitnehmerbeteiligung wurden beibehalten.[81]

Auch dieser Vorschlag war auf Art. 235 EWGV gestützt und schloss den Gründungsfall der Umwandlung aus. Allerdings wurde bei der Gründung einer Tochter-SE die alleinige Beschränkung auf die Form der Aktiengesellschaft aufgehoben. Eine wesentliche Neuerung war die Gewährleistung von Mitwirkungsrechten der Arbeitnehmer im Falle der Gründung einer Verschmelzungs-SE oder einer Holding-SE im Rahmen eines Einigungsverfahrens.[82] Während viele Vorschriften im Grundsatz unangetastet blieben,[83] war gerade der Bereich der Mitbestimmung von den umfangreichsten Änderungen betroffen.[84] Wie beim Entwurf von 1970 kam den deutschen Regelungen zur Mitbestimmung[85] und Betriebsverfassung[86] ein wesentlicher Einfluss zu, wobei aber auch das 1971 in den Niederlanden in Kraft getretene Kooptationssystem übernommen wurde.[87]

1. Bildung eines Europäischen Betriebsrats

Die Vorschriften hinsichtlich des Europäischen Betriebsrats und des Konzernbetriebsrats wurden grundsätzlich beibehalten, präzisiert und einzelne Rechte ausgedehnt.[88] Ausdrücklich wurde nun die Bildung eines EBR von der Erreichung eines bestimmten Schwellenwertes abhängig gemacht.[89] Seine Zuständigkeit wurde auf Angelegenheiten begrenzt, die nicht lokal geregelt werden konnten.[90]

---

mer in der SE, S. 61 ff.; *Lutter* (Hrsg.), Die Europäische Aktiengesellschaft; *Mävers*, Die Mitbestimmung der Arbeitnehmer, S. 132 ff.; *Pipkorn*, AG 1975, 318 ff.; *Walther/Wiesner*, GmbHR 1975, 247 ff. und 265 ff.; *Wunsch-Semmler*, Entwicklungslinien, S. 55 ff., S. 75 ff.

81 Vgl. zum Ganzen *Höland*, Mitbestimmung in Europa, S. 30.

82 *Barz/Lutter*, in: *Lutter* (Hrsg.), Die Europäische Aktiengesellschaft, S. 17, 30 f., 33; *Würdinger*, DB 1975, 1301.

83 *Mävers*, Die Mitbestimmung der Arbeitnehmer, S. 133.

84 Vgl. *Staehelin*, der sein Erstaunen darüber äußert, dass die Mitbestimmungsrechte noch erweitert worden seien; *Staehelin*, Mitbestimmung in Europa, S. 423 ff.

85 *Blank*, ArbuR 1993, 229, 231. Vgl. zu den Unterschieden zum deutschen Recht *Pipkorn*, AG 1975, 318, 322 f.

86 *Würdinger*, DB 1975, 1301 f.

87 *Kolvenbach*, DB 1983, 2023, 2024.

88 *Figge*, Mitbestimmung auf Unternehmensebene, S. 189. Vgl. ausführlich *Gitter/Heinze*, in: *Lutter* (Hrsg.), Die Europäische Aktiengesellschaft, S. 405 ff.

89 *Mävers*, Die Mitbestimmung der Arbeitnehmer, S. 135 f.

90 *Wunsch-Semmler*, Entwicklungslinien, S. 55.

Die Informations-, Anhörungs-, und Mitentscheidungsrechte des EBR wurden noch einmal erweitert.

2. Vertretung der Arbeitnehmer im Aufsichtsrat

Vorgesehen waren nun eine drittelparitätische Besetzung des aus mindestens neun Mitgliedern bestehenden Aufsichtsrats und eine Mischung aus Repräsentations- und Kooptationsmodell.[91] Ein Drittel der Sitze stellten die Repräsentanten der Anteilseigner, ein weiteres Drittel entfiel auf die Arbeitnehmervertreter, und die übrigen Vertreter wurden von beiden Seiten mit Zweidrittelmehrheit gewählt. Anders als nach § 4 Abs. 1 S. 2 Buchst. b Montan-MitbestG bzw. § 5 Abs. 1 Buchst. c Montan-MitBestErgG setzte sich die neutrale Gruppe[92] in der Regel aus drei, fünf oder sogar sieben Mitgliedern zusammen.[93] Für eine gänzliche Ablehnung der Arbeitnehmervertretung im Aufsichtsrat genügte jetzt eine einfache Mehrheit der Arbeitnehmer.

Die Rechte und Aufgaben entsprachen größtenteils den Regelungen im Entwurf von 1970. Auskunfts- und Einsichtsrechte des Aufsichtsrats wurden dahingehend erweitert, dass bereits ein Drittel der Aufsichtsratsmitglieder diese Rechte geltend machen konnte.[94] Beibehalten wurde die explizite gesetzliche Regelung der zustimmungspflichtigen Tätigkeiten und damit der Unterschied zum deutschen Recht.[95] Neu geschaffen wurde eine Sicherung der unternehmerischen Mitbestimmung im Fall einer Umwandlung der bestehenden SE, bei der Aufnahme einer SE durch eine Gesellschaft nationalen Rechts oder der Verschmelzung durch Neugründung einer nationalen Aktiengesellschaft.[96] Es findet sich hier somit erstmals die Berücksichtigung struktureller Änderungen einer bereits gegründeten SE.

---

91 *Wunsch-Semmler*, Entwicklungslinien, S. 56. Vgl. ausführlich *Mertens*, in: *Lutter* (Hrsg.), Die Europäische Aktiengesellschaft, S. 115, 116 ff.

92 Von Neutralität kann deswegen gesprochen werden, da nur solche Personen vorgeschlagen werden konnten, die allgemeine Interessen vertraten, die nötige Sachkunde besaßen und nicht in unmittelbarer Abhängigkeit von den Interessen der Aktionäre oder der Arbeitnehmer sowie ihrer jeweiligen Organisationen standen.

93 *Pipkorn*, AG 1975, 318, 323.

94 Im Ergebnis erfolgte eine Anpassung an die drittelparitätische Zusammensetzung des Aufsichtsrats; *Mävers*, Die Mitbestimmung der Arbeitnehmer, S. 140.

95 *Pipkorn*, AG 1975, 318, 322. Der Kreis der zustimmungsbedürftigen Geschäfte konnte nicht durch den Aufsichtsrat selbst, sondern nur durch Satzung erweitert werden.

96 *Pipkorn*, AG 1975, 318, 325. Bei Vorliegen einer solchen Konstellation musste die Mehrheit der Arbeitnehmervertreter im Aufsichtsrat der SE der Umwandlung oder Verschmelzung zustimmen, wenn die Arbeitnehmer in den Organen der Aktiengesellschaft nationalen Rechts nicht in einer mit der Beteiligung in der SE gleichwertigen Weise vertreten waren.

3. Fazit

Der überarbeitete Verordnungsvorschlag von 1975 brachte gerade im Bereich der Arbeitnehmerbeteiligung einige bedeutende Modifizierungen,[97] da zum Beispiel die Berücksichtigung struktureller Änderungen vorgesehen und die Abwahl jeglicher Mitbestimmung durch die Arbeitnehmer, im Gegensatz zur SE-RL, weit einfacher möglich war.[98] Allerdings führte die Reduzierung der Anteilseignerquote im Aufsichtsrat auf ein Drittel der Sitze zu Kritik.[99]

III. Ergebnis

Die Verordnungsvorschläge von 1970 und 1975 waren sehr umfangreich und sahen eine einheitliche Kodifizierung des gesamten Rechts der SE vor, da die Kommission zu diesem Zeitpunkt noch einen Gesellschaftstyp schaffen wollte, der einem einheitlichen und in allen Mitgliedstaaten unmittelbar anwendbaren Recht unterworfen war.[100] Wegen der unterschiedlichen aktien- und mitbestimmungsrechtlichen Regelungen in den Mitgliedstaaten hatte eine derartig weitreichende Vereinheitlichung jedoch keine Aussicht auf Erfolg.[101] Die Beratungen im Ministerrat wurden diesbezüglich 1982 eingestellt.[102]

Anhand der Diskussion dieser Vorschläge wurde deutlich, dass eine für alle Mitgliedstaaten akzeptable Regelung der Arbeitnehmermitwirkung das Hauptproblem bei der Schaffung eines SE-Statuts war. Folglich wurde die Beteiligung der Arbeitnehmer zum zentralen Thema der weiteren Beratungen und die späteren Entwürfe der Kommission zum SE-Statut brachten vor allem Änderungen auf diesem Gebiet.[103]

B. Schaffung von Rechtsangleichungsrichtlinien im Gesellschaftsrecht

Bereits parallel zu den Bemühungen zur Schaffung einer SE versuchte die Kommission in den 1960er Jahren die verschiedenen Bereiche des nationalen Gesellschaftsrechts zu harmonisieren.[104] Obwohl zwischen diesen gesellschaftsrechtlichen Bestrebungen und der Schaffung eines SE-Statuts keine rechtliche Verbindung existierte, waren sie politisch eng mit den Entwürfen einer SE verknüpft. Die Kommission hat die Lösung des Problems der Arbeitnehmerbeteiligung in-

---

97 *Pipkorn*, AG 1975, 318, 325.

98 Ebenso *Kuffner*, Beteiligung der Arbeitnehmer, S. 16.

99 Nach Ansicht von *Walther* und *Wiesner* stellte diese Verminderung der Eigentümerrechte einen Verstoß gegen die Verfassungen wohl aller Mitgliedstaaten dar; *Walther/Wiesner*, GmbHR 1975, 247, 252.

100 *Kolvenbach*, NZA 1998, 1323, 1324.

101 *Trojan-Limmer*, RIW 1991, 1010, 1011.

102 *Gleichmann*, AG 1988, 159, 164.

103 *Kolvenbach*, NZA 1998, 1323, 1324.

104 Vgl. zum Ganzen *Schwarz*, Europäisches Gesellschaftsrecht, 1. Teil B II. 2., Rn. 35.

soweit vorangetrieben, als sie, sobald eines dieser beiden Vorhaben stillstand, versuchte, das jeweils andere mit neuen Vorschlägen vorwärts zu bringen.[105]

I. Erster Vorschlag einer Fünften gesellschaftsrechtlichen Richtlinie von 1972

Daher waren die Vorarbeiten für den Entwurf der Kommission zu einer Fünften gesellschaftsrechtlichen Richtlinie, der sog. *„Strukturrichtlinie"*[106], Anfang der 1970er Jahre eng mit den Diskussionen um das Statut für eine Europäische Aktiengesellschaft verknüpft.[107]

1. Inhalt

Am 9.10.1972 legte die Kommission dem Rat einen Entwurf[108] vor, dessen Ziel die Koordination der mitgliedstaatlichen Gesetze hinsichtlich der Struktur der Aktiengesellschaft sowie der Rechte und Pflichten ihrer Organe war.[109] Dieser auf Art. 54 Abs. 3 Buchst. g EWGV (jetzt Art. 44 Abs. 2 Buchst. g EG) gestützte Vorschlag beinhaltete unter anderem die Regelung des Organisationssystems und der Arbeitnehmerbeteiligung, sodass eine vergleichbare Problematik zu den Vorschlägen für das Statut einer SE entstand.

a) Organisationssystem

In Übereinstimmung mit den Verordnungsentwürfen zur SE von 1970 und 1975 wurde allein die dualistische Verwaltungsstruktur zur Verfügung gestellt.

b) Beteiligung der Arbeitnehmer

Dagegen gab es bezüglich der Arbeitnehmerbeteiligung Unterschiede. So war die Einführung der Mitbestimmung im Aufsichtsrat von einem Schwellenwert abhängig. Die Aufgaben und Befugnisse wurden nicht in gleichem Maße detailliert wie in den Vorschlägen zur SE festgelegt, sondern in einigen Bereichen blieb die genaue Ausgestaltung den Mitgliedstaaten im Rahmen der Umsetzung der Richtlinie vorbehalten. Insgesamt waren sie aber nach Art, Ausgestaltung und Umfang vergleichbar.[110] Darüber hinaus wurden zwei verschiedene Verfah-

---

105 Vgl. zum Ganzen *Wißmann*, RdA 1992, 320, 321.

106 Vgl. stv. *Kolvenbach*, 1983, 2235.

107 *Kolvenbach*, DB 1983, 2235.

108 Vorschlag einer Fünften Richtlinie zur Koordinierung der Schutzbestimmungen, die in den Mitgliedstaaten den Gesellschaften im Sinne des Artikels 58 Absatz 2 des Vertrages im Interesse der Gesellschafter sowie Dritter hinsichtlich der Struktur der Aktiengesellschaft sowie der Befugnisse und Verpflichtungen ihrer Organe vorgeschrieben sind, vom 09.10.1972, ABl. EG Nr. C 131 v. 13.12.1972 = KOM (72) 887 endg. = Bulletin der EG, Beilage 7/72 zum EG-Bulletin = BT-Drucks. 7/363. Vgl. zu diesem Vorschlag ausführlich bei *Hofmann*, Mitbestimmung der Arbeitnehmer in der Europäischen Gemeinschaft, S. 283 ff.; *Mävers*, Die Mitbestimmung der Arbeitnehmer, S. 147 ff.

109 *Schwarz*, Europäisches Gesellschaftsrecht, 3. Teil C I. 1. a), Rn. 706.

110 *Mävers*, Die Mitbestimmung der Arbeitnehmer, S. 153.

ren, das sog. *„Repräsentationsmodell"* und das *„Kooptationsmodell"*[111], für die Wahl der Mitglieder des Aufsichtsrats zur Verfügung gestellt. Die Mitgliedstaaten konnten wählen, ob sie ersteres Verfahren einführten, welches sich im Wesentlichen nach dem deutschen Recht gem. §§ 76 ff. BetrVG 1952 (jetzt DrittelbG) richtete,[112] oder ob sie für das andere Modell optierten, das das gerade in den Niederlanden entstandene System umsetzte.[113] Während diese beiden Optionen demnach nebeneinander bestanden, vermischte der Vorschlag zur SE von 1975 das deutsche und das niederländische Verfahren miteinander.

2. Fazit

Zwar waren die Regelungen bezüglich der Mitbestimmung aufgrund der Einbettung in eine Richtlinie flexibler als die Verordnungsvorschläge von 1970 und 1975 gestaltet.[114] Doch sah sich dieser Vorschlag nicht nur den gleichen Diskussionen wie die Entwürfe zum SE-Statut ausgesetzt,[115] sondern es kamen weitere Kritikpunkte hinzu. Bereits die Verwendung von Art. 53 Abs. 3 Buchst. g EWGV als Rechtsgrundlage für eine *„Europäisierung der Mitbestimmung"*[116] war umstritten,[117] zumal nun auch die Problematik der Gleichwertigkeit beider Modelle aufgeworfen wurde. Vor allem von Vertretern Großbritanniens wurde beanstandet, dass die dort vorhandenen Einflussmöglichkeiten der Arbeitnehmer durch Kollektivverhandlungen keine Berücksichtigung gefunden hätten.[118] Um

---

111 *Hopt*, ZfA 1982, 207, 208; *Schmidt, M.*, Das Arbeitsrecht der Europäischen Gemeinschaft, IV. I. 1., Rn. 3.

112 Vorgesehen war, dass mindestens ein Drittel der Mitglieder des Aufsichtsorgans unter Beteiligung der Arbeitnehmer bestellt werden sollte, wobei dem nationalen Gesetzgeber bei der Gestaltung dieser Beteiligung weitgehend freie Hand gelassen wurde; *Niessen*, ZGR 1973, 218, 221.

113 Im Rahmen dieses *„niederländischen Modells"* sollte mindestens ein Drittel der Aufsichtsratsmitglieder auf Vorschlag der Arbeitnehmer oder deren Vertreter bestellt werden; *Niessen*, ZGR 1973, 218, 220 f.

114 *Niessen*, ZGR 1973, 218, 220 f.

115 Auch hier wurde das Bestreben der Kommission, ausschließlich das dualistische System einzuführen und in starker Anlehnung an die deutsche und niederländische Art der Mitbestimmung gewisse Mindestgarantien für die Beteiligung der Arbeitnehmer am Entscheidungsprozess der Gesellschaft zu stellen, kritisiert; vgl. *Kolvenbach*, DB 1983, 2235; *Müller, Hans-Peter*, DB 1977, 1883; *Westermann*, RabelsZ 48 (1984), 123, 161. Des Weiteren wurde vorgebracht, dass der Entwurf der Kommission, insbesondere bei der Organisationsstruktur und der Mitbestimmung, zu wenig Rücksicht auf gewachsene Traditionen, soziale Verhältnisse und die verschiedenen Systeme der Beziehungen zwischen Unternehmen und Arbeitnehmern in den Mitgliedstaaten nehme; *Kolvenbach*, DB 1983, 2235, 2236.

116 *Sonnenberger*, AG 1974, 1, 3.

117 *Däubler*, CMLR 1977, 457, 462 ff.

118 *Pipkorn*, ZGR 1985, 567, 572.

dieser Kritik zu begegnen und ihre Beweggründe ausführlicher zu erläutern, legte die Kommission im Jahre 1975 ihr sog. „*Grünbuch*“[119] vor.[120]

II. Geänderter Vorschlag einer Fünften gesellschaftsrechtlichen Richtlinie von 1983

Nachdem zahlreiche Stellungnahmen ergangen waren, übermittelte die Kommission dem Rat am 19.08.1983 ihren geänderten Vorschlag für eine fünfte gesellschaftsrechtliche Richtlinie[121]. Diesem Entwurf kommt aufgrund seiner tief greifenden Änderungen im Bereich der Organisationsstruktur und der Mitbestimmung eine Schlüsselrolle zu,[122] da viele Elemente in die späteren Vorschläge der Kommission zu einem SE-Statut übernommen wurden.[123]

1. Inhalt

Bestand bei dem Entwurf von 1972 nur eine Optionsmöglichkeit zwischen zwei verschiedenen Verfahren der Arbeitnehmerpartizipation, so wurde nun die Auswahl für die Mitgliedstaaten vervielfältigt. Durch diese Herabsetzung der Harmonisierungsdichte sollte die Verabschiedung der Richtlinie erleichtert werden.[124]

a) Organisationssystem

Dies betraf zum einen die Organisationsstruktur, da nun das monistische System als Alternative neben die dualistische Struktur gestellt wurde. Für die Mitgliedstaaten bestand die Möglichkeit, sich entweder für eine dieser beiden Formen zu entscheiden oder eine Wahlmöglichkeit zwischen diesen beiden Strukturen zuzulassen. Nach der Vorstellung der Kommission sollte das monistische System durch die Übernahme dualistischer Elemente in seiner Funktionsweise an das dualistische System angeglichen werden.[125] Dies erfolgte durch die explizite Aufteilung des Verwaltungsorgans in geschäftsführende Mitglieder und in, mit deren Aufsicht betraute, nicht geschäftsführende Mitglieder.[126]

---

119 Mitbestimmung der Arbeitnehmer und Struktur der Aktiengesellschaften in der Europäischen Gemeinschaft, Bulletin der EG, Beilage 8/75; KOM (75) 570 endg. Vgl. unten S. 37 f.

120 *Kolvenbach*, DB 1983, 2235.

121 Geänderter Vorschlag einer Fünften Richtlinie nach Artikel 54 Absatz 3 Buchstabe g des EWG-Vertrags über die Struktur der Aktiengesellschaft sowie die Befugnisse und Verpflichtungen ihrer Organe vom 19.08.1983; ABl. EG Nr. C 240 v. 09.09.1983, KOM (83) 185 endg. = Bulletin der EG, Beilage 6/83 = BT-Drucks. 10/467.
Vgl. ausführlich zu diesem Vorschlag *Eyles*, Das Niederlassungsrecht, S. 207 ff.; *Mävers*, Die Mitbestimmung der Arbeitnehmer, S. 169 ff.

122 *Kolvenbach*, DB 1986, 2023, 2024.

123 *Figge*, Mitbestimmung auf Unternehmensebene, S. 122.

124 *Finken/Weitbrecht*, ZIP 1990, 959, 963.

125 *Kolvenbach*, DB 1983, 2235, 2240.

126 Vgl. Art. 21a Abs. 1 Buchst. a Struktur-RLE 1983.

b) Beteiligung der Arbeitnehmer

Zum anderen wurden nun vier Mitbestimmungsmodelle konzipiert, aus denen die Mitgliedstaaten auswählen konnten. Darüber hinaus konnten die Mitgliedstaaten bestimmen, dass eine solche Form der Arbeitnehmerbeteiligung nicht einzuführen war, wenn sich die Mehrheit der Arbeitnehmer der Gesellschaft dagegen ausgesprochen hatte. Außerdem wurden die Schwellenwerte für eine zwingende Einführung der Mitbestimmung erhöht.

aa) Beteiligung im dualistischen System

Das sog. *„deutsche Modell"*[127] sah im dualistischen System eine Spannbreite der Beteiligung der Arbeitnehmervertreter im Aufsichtsrat von mindestens einem Drittel bis zu höchstens der Hälfte der Mitglieder vor. Die Mitgliedstaaten konnten ferner regeln, dass bis zu ein Drittel der Aufsichtratsmitglieder auf eine andere Weise als von der Hauptversammlung oder den Arbeitnehmern bestellt werden konnte. In Fällen der paritätischen Besetzung wurde in Anlehnung an das MitbestG ein Letztentscheidungsrecht der Anteilseignerseite eingeführt.[128] Dieses Modell war somit von der zu diesem Zeitpunkt in Deutschland bestehenden unternehmerischen Mitbestimmung geprägt und in ähnlicher Form bereits im ursprünglichen Entwurf der Strukturrichtlinie[129] und dem VO-Entwurf 1975 enthalten. Auch fanden die durch das MitbestG in Deutschland eingetretenen Veränderungen Berücksichtigung, doch ließ der Entwurf aufgrund seiner weit gefassten Formulierungen auch wesentlich schwächere Mitbestimmungsformen als nach deutschem Recht zu.[130]

Das sog. *„niederländische Modell"* sah eine Bestellung der Mitglieder des Aufsichtsrats durch Kooptation vor und übernahm das niederländische Modell nahezu wörtlich.[131] Als dritte Option stellte der Entwurf ein gesondertes Arbeitnehmervertretungsorgan zur Verfügung, das neben den anderen Organen bestehen sollte. Allerdings wurden diesem Organ vor allem Informations- und Konsultationsrechte eingeräumt und keine Mitentscheidungsrechte zugestanden. In Deutschland ist die wirtschaftliche Partizipation gem. §§ 106 ff. BetrVG durch den Wirtschaftsausschuss bzw. bei Betriebsänderungen gem. §§ 111 ff. BetrVG durch den Betriebsrat selbst damit vergleichbar.[132] Als vierte Möglichkeit sah der Entwurf vor, dass die Arbeitnehmerbeteiligung durch den Abschluss von Tarifverträgen ausgehandelt werden konnte. Der Verhandlungsrahmen der Parteien

---

127 *Westermann*, RabelsZ 48 (1984), 123, 166.

128 *Kolvenbach*, DB 1983, 2235, 2238.

129 Im Vergleich zum deutschen Modell im ersten Entwurf einer Strukturrichtlinie wurde durch die Einführung einer Höchstgrenze und eines Letztentscheidungsrechts die Arbeitnehmerbeteiligung allerdings vermindert; *Höland*, Mitbestimmung in Europa, S. 49.

130 *Figge*, Mitbestimmung auf Unternehmensebene, S. 125.

131 *Kolvenbach*, DB 1983, 2235, 2238.

132 Vgl. die Ausführungen von *Figge*, Mitbestimmung auf Unternehmensebene, S. 128 f.

war aber eingeschränkt, da zumindest eine Beteiligung der Arbeitnehmer auf dem Standard der drei anderen vorgeschlagenen Modelle festgelegt werden musste.[133] Sollte der Tarifvertrag nicht innerhalb eines Jahres abgeschlossen worden sein, waren die Mitgliedstaaten zur Einführung eines der anderen Systeme verpflichtet.[134]

bb) Beteiligung im monistischen System

Im monistischen System wurden hinsichtlich der Mitbestimmung weitgehend die für die dualistische Struktur vorgesehenen Regelungen übernommen, was durch die Aufgabenteilung zwischen geschäftsführenden und nicht geschäftsführenden Mitgliedern erreicht wurde. Diese spiegelte die Trennung von Vorstand und Aufsichtsrat im dualistischen System wider,[135] sodass auch die Aufgaben und Befugnisse der Arbeitnehmervertreter denen des dualistischen Systems angeglichen werden konnten. Allerdings wurden nicht alle vier Mitbestimmungssysteme zur Auswahl gestellt, sondern das Kooptationsmodell vom Anwendungsbereich ausgenommen, da Komplikationen befürchtet wurden.[136]

2. Fazit

Die Reaktionen und Stellungnahmen der europäischen Institutionen, der Mitgliedstaaten und der nationalen Organisationen fielen wiederum verhalten bis ablehnend aus.[137] Vor allem diskutiert wurde an diesem Richtlinienentwurf das Problem der Gleichwertigkeit der verschiedenen Variationsmöglichkeiten. So wurde sowohl die Möglichkeit der Abwahl jeglicher Partizipation als auch die Option für vier verschiedene Mitbestimmungsmodelle in Frage gestellt.[138] Auf der einen Seite lehnten einige Mitgliedstaaten obligatorische gesetzliche Vorschriften für die Arbeitnehmerbeteiligung ab und forderten vertragliche Regelungen, während auf der anderen Seite Mitgliedstaaten gerade zwingende Bestimmungen für notwendig erachteten.[139]

Bemerkenswert ist aber zum einen, dass bereits eine Aufteilung in geschäftsführende und nicht geschäftsführende Direktoren im monistischen System vorgesehen war, auf die bei der aktuellen Gestaltung der Mitbestimmung im Verwaltungsrat wieder zurückgegriffen wird.[140] Zum anderen bestand eine, wenn auch

---

133 *Figge*, Mitbestimmung auf Unternehmensebene, S. 129.

134 Eine vergleichbare Gestaltungsmöglichkeit ist im deutschen Recht nicht vorgesehen.

135 *Kolvenbach*, DB 1983, 2235, 2240.

136 *Kolvenbach*, DB 1983, 2235, 2240.

137 *Mävers*, Die Mitbestimmung der Arbeitnehmer, S. 176.

138 *Figge*, Mitbestimmung auf Unternehmensebene, S. 132 ff.; *Ganske*, DB 1985, 581, 583.

139 *Gleichmann*, AG 1988, 159, 161.

140 Vgl. unten S. 352 ff.

eingeschränkte, Möglichkeit der Einführung von Arbeitnehmerpartizipation durch eine Vereinbarung.[141]

III. Vorschlag einer Zehnten gesellschaftlichen Richtlinie von 1985

Auch der Vorschlag einer ebenfalls auf Art. 54 Abs. 3 Buchst. g EWGV gestützten Zehnten gesellschaftlichen Richtlinie vom 14.01.1985[142], der die grenzüberschreitende Verschmelzung von Aktiengesellschaften innerhalb der EG regelte, beinhaltete eine Regelung zur unternehmerischen Partizipation. Dies erschien notwendig, da bei einer solchen Fusion verschiedenen Mitbestimmungssystemen unterliegende nationale Gesellschaften mitwirken, sodass Probleme bezüglich einer Absicherung der Arbeitnehmerbeteiligung entstehen können.[143] Die Mitgliedstaaten erhielten durch eine *„Bestandsschutzklausel"*[144] die Berechtigung zur Nichtanwendung der Richtlinie, wenn durch die Verschmelzung die Voraussetzungen für die Vertretung der Arbeitnehmer in den Unternehmensorganen wegfielen.[145] Als Folge hätten Mitgliedstaaten mit bestehenden mitbestimmungsrechtlichen Vorschriften die bei ihnen ansässigen Gesellschaften in der Rolle der übertragenden Gesellschaft von der grenzüberschreitenden Verschmelzung ausschließen können.[146]

Auch dieser Richtlinienentwurf stieß gerade im Hinblick auf diesen *„Nichtanwendungsvorbehalt"*[147] auf starke Kritik.[148] So wurde insbesondere beanstandet, dass einerseits bei Wahrnehmung des Vorbehalts durch einen Mitgliedstaat eine Einschränkung des Wettbewerbs für nationale Gesellschaften entstünde und an-

---

141 Die weiteren Änderungsvorschläge für eine Fünfte gesellschaftsrechtliche Richtlinie Ende 1990 und 1991 bedürfen hier keiner Erörterung, da die die Beteiligung der Arbeitnehmer betreffenden Regelungen unverändert blieben; vgl. *Höland*, Mitbestimmung in Europa, S. 49.

142 Vorschlag einer Zehnten Richtlinie des Rates nach Artikel 54 Absatz 3 Buchstabe g) EWG-Vertrag über die grenzüberschreitende Verschmelzung von Aktiengesellschaften vom 14.01.1985, ABl. EG Nr. C 23 v. 25.01.1985 = KOM (84) 727 endg. = Bulletin der EG, Beilage 3/85, mit Erläuterungen = BT-Drucks. 10/2856. Vgl. ausführlich zu diesem Vorschlag *Figge*, Mitbestimmung auf Unternehmensebene, S. 154 ff.; *Schwarz*, Europäisches Gesellschaftsrecht, 3. Teil C IV. 1., Rn. 841 ff.

143 *Figge*, Mitbestimmung auf Unternehmensebene, S. 154. So wurde befürchtet, dass sich deutsche Unternehmen durch Verschmelzung mit mitbestimmungsfreien ausländischen Gesellschaften der Mitbestimmung entziehen könnten; *Wißmann*, RdA 1992, 320, 321.

144 *Däubler*, DB 1988, 1850, 1853.

145 Diese Option sollte bis zur Umsetzung der Fünften gesellschaftsrechtlichen Richtlinie bestehen.

146 *Däubler*, DB 1988, 1850, 1853. Deutsche Unternehmen hätten folglich nur als übernehmende Gesellschaft an einer solchen Verschmelzung beteiligt sein können; *Figge*, Mitbestimmung auf Unternehmensebene, S. 159.

147 *Ganske*, DB 1985,581, 583.

148 Vgl. ausführlich zu den verschiedenen Stellungnahmen *Kolvenbach*, DB 1986, 1973, 1975 f.

dererseits bei Nichtausübung der Verlust der Mitbestimmung drohe.[149] Daher verhinderten die ungelösten Fragen der unternehmerischen Mitbestimmung auch hier den Erfolg dieses Vorhabens.[150]

IV. Weitere gesellschaftsrechtliche Richtlinienentwürfe mit Mitbestimmungsbezug

Ferner gab es noch zwei weitere Entwürfe gesellschaftsrechtlicher Richtlinien, die die Problematik der unternehmerischen Mitbestimmung tangierten.

Die Kommission erarbeitete 1974/75 und 1984[151] jeweils Vorentwürfe einer Neunten gesellschaftsrechtlichen Richtlinie zur Harmonisierung des Konzernrechts.[152] Die beiden Initiativen haben allerdings dieses Vorstadium nie überschritten, da bereits innerhalb der Kommission keine Einigung über einen Richtlinienvorschlag zustande kam.[153] Einzelne Vorschriften des Vorentwurfs von 1984 bezogen sich auf die Mitbestimmungsproblematik, da die unternehmerischen Mitwirkungsrechte der Arbeitnehmer aus den Tochtergesellschaften trotz deren Eingliederung in einen Konzern beibehalten werden sollten.[154] Auch diese Regelungen wurden kritisiert, weil der vorgesehene Schutz sogar über das geltende deutsche Mitbestimmungssystem hinausging und eine Vermischung von Fragen des Konzernrechts und der Arbeitnehmerbeteiligung vorlag.

Schließlich spielte die Mitbestimmung im Rahmen der Initiative für eine Richtlinie[155], die bestimmte grenzüberschreitende Vorgänge, wie beispielsweise Fusi-

---

149 *Ganske*, DB 1985, 581, 583.

150 *Finken/Weitbrecht*, ZIP 1990, 959, 963; *Hasselbach*, NZG 1999, 291, 292.

151 Vorschlag für eine Neunte Richtlinie auf der Grundlage von Artikel 54 Absatz 3 Buchstabe g) des EWG-Vertrages über die Verbindungen zwischen Unternehmen insbesondere über Konzerne, Az III/1639/84, abgedruckt in ZGR 1985, 446 ff. Vgl. ausführlich zum zweiten Vorentwurf *Schwarz*, Europäisches Gesellschaftsrecht, 3. Teil C VI. 2. c), Rn. 902 ff.

152 *Schwarz*, Europäisches Gesellschaftsrecht, 3. Teil C VI. 2. a) aa), Rn. 889.

153 *Schwarz*, Europäisches Gesellschaftsrecht, 3. Teil C VI. 2. a) cc), Rn. 891.

154 So wurde versucht, die Belange der Arbeitnehmer aus den Tochterunternehmen nicht nur durch besondere Kompetenz- und Informationsbestimmungen, sondern vor allem durch spezielle Antragsrechte für die Arbeitnehmervertreter zu schützen; *Hommelhoff*, FS Fleck (1988), S. 125, 128. Darüber hinaus sollte ein Tochterunternehmen mit bestehender unternehmerischer Mitbestimmung auch bei einer wiederholten Weisung durch das herrschende Unternehmen dieser unter gewissen Umständen nicht Folge leisten müssen, um die Aushöhlung der Mitwirkungsrechte der Arbeitnehmer in der abhängigen Gesellschaft durch dieses Weisungsrecht zu verhindern; *Schwarz*, Europäisches Gesellschaftsrecht, 3. Teil C VI. 2. a) dd), Rn. 905 f.

155 Richtlinie 90/434/EWG des Rates über das gemeinsame Steuersystem für Fusionen, Spaltungen, die Einbringung von Unternehmensteilen und den Austausch von Anteilen, die Gesellschaften verschiedener Mitgliedstaaten betreffen, vom 23.07.1990, ABl. EG Nr. L 225 vom 20.08.1990. Vgl. zu dieser Richtlinie ausführlich *Knobbe-Keuk*, DB 1991, 298 ff.

onen, durch Beseitigung steuerlicher Hindernisse entlastete, eine Rolle. Da hier, ebenso wie bei der Zehnten gesellschaftsrechtlichen Richtlinie, aufgrund der Verschmelzung von Unternehmen eine Einbuße an Mitbestimmung drohte[156], wurde eine Regelung zur Protektion dieser Partizipationsform eingeführt.[157] Zwar wurde diese Vorschrift im Rahmen eines steuerlichen Regelungswerks als ein *„Systembruch per se"*[158] und ein *„wahres Danaergeschenk"*[159] bezeichnet, dennoch wurde sie im Gegensatz zu den anderen dargestellten gesellschaftsrechtlichen Harmonisierungsbestrebungen am 23.07.1990 vom Rat verabschiedet.

C. Grünbuch der Kommission von 1975

Die Kommission begann neben der Schaffung von Verordnungs- und Richtlinienvorschlägen mit einer weiteren Initiative, die den Problemkreis der Arbeitnehmerbeteiligung betraf. Nachdem ihre Aktivitäten zur Schaffung eines SE-Statuts und einer Strukturrichtlinie vor allem im Bereich der Organisationsstruktur und der Arbeitnehmerbeteiligung Kritik hervorgerufen hatte, veröffentlichte sie im November 1975 ein Grünbuch mit dem Titel *„Mitbestimmung der Arbeitnehmer und Struktur der Aktiengesellschaften in der Europäischen Gemeinschaft"*[160].

D. Vorschläge einer Richtlinie über die Unterrichtung und Anhörung der Arbeitnehmer von 1980 und 1983

Auf der Ebene der betrieblichen Arbeitnehmerbeteiligung legte die Kommission dem Rat im Oktober 1980[161] einen Vorschlag für eine Richtlinie über die Unterrichtung und Anhörung der Arbeitnehmer[162], die sog. *„Vredeling-Richtlinie"*[163],

---

156 Vgl. *Heinze*, ZGR 1999, 54 ff.

157 *Wißmann*, RdA 1992, 320, 322. So konnte der jeweilige nationale Gesetzgeber von der steuerlichen Entlastung die Vorgänge ausnehmen, die bei einem an dem Vorgang beteiligten oder an ihm nicht beteiligten Unternehmen zum Wegfall der Voraussetzungen der bisher angewandten Mitbestimmung führten.

158 *Thömmes*, ZGR 1994, 75, 85.

159 *Lutter*, ZGR 1994, 87, 91.

160 KOM (75) 570 endg. = Bulletin der EG, Beilage 8/75. Vgl. ausführlich zu diesem Grünbuch *Mävers*, Die Mitbestimmung der Arbeitnehmer, S. 157 ff.

161 Es bestehen diesbezüglich im Schrifttum unterschiedliche Datumsangaben; vgl. u.a. *Birk*, Unterrichtung und Anhörung der Arbeitnehmer; S. 33; *Nowak*, Die EWG-Richtlinie, S. 42, *Wunsch-Semmler*, Entwicklungslinien, S. 63.

162 Vorschlag der Kommission für eine Richtlinie des Rates über die Unterrichtung und Anhörung der Arbeitnehmer von Unternehmen mit komplexer, insbesondere transnationaler Struktur, ABl. EG Nr. C 297 v. 15.11.1980 = KOM (80) 423 endg. = Bulletin der EG, Beilage 3/80, dort abgedruckt mit Erläuterungen = RdA 1981, 171 ff.

Vgl. ausführlich zum Inhalt des Richtlinienentwurfs *Kolvenbach*, DB 1982, 1457 ff.

vor. Der Grund für diese Initiative lag in dem Bedürfnis, die Rechte der Arbeitnehmer gegenüber der steigenden Anzahl von sog. multi- oder transnationalen Großkonzernen abzusichern.[164] Es ging folglich um Bereiche, die in Deutschland auf nationaler Ebene bereits durch die mögliche Bildung von Gesamt- und Konzernbetriebsräten geregelt worden waren.[165] Solche einzelstaatlichen Strukturen sollten unberührt bleiben und den bestehenden Arbeitnehmervertretungen zusätzliche, ausdrücklich auf die betriebliche Ebene beschränkte Informations- und Konsultationsrechte zur Verfügung gestellt werden.[166]

Vorgesehen war ein Anwendungsbereich, der auch reine Binnensachverhalte ohne grenzüberschreitenden Bezug einschloss.[167] Unerheblich war die gesellschaftsrechtliche Form der Unternehmen, und auch Tendenzbetriebe waren umfasst.[168] Der Katalog der Informationspflichten entsprach der Aufzählung in dem VO-Entwurf 1975.[169] Nach ihrer Unterrichtung durch die Leitungen der Tochterunternehmen erhielten die Arbeitnehmervertreter die Gelegenheit zu einer Stellungnahme. Des Weiteren konnten die Unternehmensleitung und die Arbeitnehmervertreter eine Vereinbarung über die Einrichtung eines Arbeitnehmervertretungsorgans, das etwa mit dem Gesamt- oder Konzernbetriebsrat im deutschen Recht oder dem Konzernbetriebsrat nach den Entwürfen eines SE-Statuts von 1970 und 1975 vergleichbar war, schließen.[170] Auch dieser Richtlinienentwurf rief zahlreiche Stellungnahmen hervor[171] und stieß auf Kritik.[172]

Im Juli 1983[173] reichte die Kommission einen geänderten Vorschlag[174] ein. Dieser wies gegenüber dem ursprünglichen Entwurf teilweise erhebliche Unter-

---

163 Bei dem Holländer *Henk Vredeling* handelte es sich um den damals für soziale Fragen zuständigen Kommissar, auf dessen Vorschlag hin die Kommission die Ausarbeitung dieses Richtlinienentwurfs anordnete; vgl. *Kolvenbach*, DB 1982, 1457.

164 *Figge*, Mitbestimmung auf Unternehmensebene, S. 167.

165 *Pipkorn*, ZGR 1985, 567, 577.

166 *Figge*, Mitbestimmung auf Unternehmensebene, S. 169.

167 *Birk*, Unterrichtung und Anhörung der Arbeitnehmer, S. 35.

168 *Nowak*, Die EWG-Richtlinie, S. 43.

169 *Kolvenbach*, DB 1982, 1457, 1459.

170 *Figge*, Mitbestimmung auf Unternehmensebene, S. 170.

171 Ausführlich zu diesen Stellungnahmen vgl. *Kolvenbach*, DB 1982, 1457 ff.; *Nowak*, Die EWG-Richtlinie, S. 43 ff.

172 *Pipkorn*, ZGR 1985, 567.

173 Es bestehen diesbezüglich im Schrifttum unterschiedliche Datumsangaben; vgl. u.a. *Kolvenbach*, DB 1986, 1973, 1977; *Nowak*, Die EWG-Richtlinie, S. 46.

174 Geänderter Vorschlag der Kommission für eine Richtlinie des Rates über die Unterrichtung und Anhörung der Arbeitnehmer von Unternehmen mit komplexer, insbesondere transnationaler Struktur, ABl. EG Nr. C 217/3 v. 12.08.1983; KOM (83) 292 endg.
Vgl. zu diesem Vorschlag ausführlich *Göke*, Die Europäische Aktiengesellschaft, S. 33 ff.

schiede auf.[175] Im Rahmen der Informationsrechte gab es eine Reihe von Änderungen, da die Informationen nun nur noch mindestens einmal im Jahr vorzulegen waren und zwischen allgemeinen und spezifischen Informationen unterschieden wurde.[176] Der Katalog der Informationspflichten wurde verkleinert und die Unternehmensleitung durfte jetzt geheime Informationen von der Unterrichtung ausnehmen. Vorgesehen war nun auch eine Regelung für Tendenzunternehmen, die § 118 BetrVG zum Vorbild hatte.[177]

Trotz der Abschwächungen und Änderungen gegenüber dem ersten Richtlinienvorschlag rief auch diese Initiative der Kommission Kritik hervor.[178] Problematisiert wurden insbesondere die enthaltenen Geheimschutzvorschriften, die Überschneidungen mit bestehenden Regelungen in einzelnen Mitgliedstaaten[179], die fehlende Festlegung einheitlicher Gremien der Arbeitnehmervertreter[180] und die praktische Umsetzung der festgelegten Pflichten[181]. Deshalb beschloss der Rat im Juni 1986, die Beratungen vorläufig zu unterbrechen.[182]

Diese Richtlinienentwürfe sind im Hinblick auf die Entwicklung des SE-Statuts dennoch in zweierlei Hinsicht interessant. Zum einen finden sich auch in der SE-RL Regelungen zur grenzüberschreitenden Unterrichtung und Anhörung der Arbeitnehmer. Zum anderen stellt die Vredeling-Richtlinie den Vorläufer für die EBR-RL dar,[183] die gerade auch der SE-RL zu ihrem Durchbruch verhalf.[184]

E. Ergebnis

Obwohl die Kommission mit erheblichen Anstrengungen zahlreiche Anläufe unternahm, schien das Projekt der Schaffung eines SE-Statuts Anfang der 1980er Jahre zum Erliegen gekommen zu sein. Auch der Versuch, die Problematik der Organisationsstruktur und der Arbeitnehmerbeteiligung über Richtlinien zu vereinheitlichen, war gescheitert. Aufgrund der unterschiedlichen Auffassungen der Mitgliedstaaten gerade auf dem Gebiet der Mitbestimmung konnte hier keine Einigung erfolgen.[185]

---

175 *Pipkorn*, ZGR 1985, 567, 579.
176 *Hanau*, RdA 1984, 157, 158.
177 *Nowak*, Die EWG-Richtlinie, S. 99.
178 Vgl. ausführlich zu den verschiedenen Stellungnahmen *Kolvenbach*, DB 1986, 1973, 1977 ff.
179 *Figge*, Mitbestimmung auf Unternehmensebene, S. 171; vgl. ausführlich zu Problemen im deutschen Recht *Lehmann*, RdA 1984, 160, 162 ff.
180 *Figge*, Mitbestimmung auf Unternehmensebene, S. 171.
181 *Lehmann*, RdA 1984, 160, 162 f.
182 *Kolvenbach*, DB 1986, 1973, 1978.
183 *Wunsch-Semmler*, Entwicklungslinien, S. 63.
184 *Roth, C.*, EuLF 2000, 396.
185 *Mävers*, Die Mitbestimmung der Arbeitnehmer, S. 185.

§ 3 Entwicklung von 1985 bis 2001

Die Tatsache, dass die Entwicklung eines Statuts für eine SE zum Stillstand gekommen war, bedeutete aber nicht, dass die Kommission dieses Vorhaben aufgegeben hatte.[186]

A. Entwicklung auf europäischer Ebene im Vorfeld der Entwürfe eines SE-Statuts von 1989 und 1991

So finden sich immer wieder in Stellungnahmen und Vorschlägen der Kommission Bezugnahmen auf dieses Projekt,[187] und seine Verwirklichung wurde in den Zeitplan weiterer unternehmensrechtlicher Harmonisierungsbestrebungen eingearbeitet.[188]

I. Weißbuch der Kommission über die Vollendung des Binnenmarktes von 1985

Nachdem 1985 eine neue Kommission eingesetzt worden war, erarbeitete sie noch im gleichen Jahr ein Weißbuch mit dem Titel *„Vollendung des Binnenmarktes – Weißbuch der Kommission an den Europäischen Rat"*[189]. Inhalt dieses Weißbuches war ein umfassender Maßnahmenkatalog, dessen Umsetzung die Vollendung des Binnenmarktes bewerkstelligen sollte. In der Schaffung eines SE-Statuts wurde dabei eine wesentliche Voraussetzung für die Realisation des Binnenmarktes gesehen.[190] Die Kommission entwickelte dabei eine neue Strategie der Rechtsangleichung, da sie sich von der bisher erstrebten flächendeckenden Harmonisierung durch inhaltliche Anpassung der nationalen Rechtssysteme abwandte. Stattdessen trat sie nun für das realistischere Ziel einer Harmonisierung auf der Basis von unterschiedlichen, aber gleichwertigen nationalen Rechtsbestimmungen und deren gegenseitiger Anerkennung ein.[191]

II. Einheitliche Europäische Akte

Durch das Vertragswerk der am 28.02.1986 verabschiedeten Einheitlichen Europäischen Akte wurde die schrittweise Verwirklichung eines europäischen Binnenmarktes bis zum 31.12.1992 als Vertragsziel aufgenommen. Um die Einhaltung dieses Zeitrahmens zu gewährleisten, wurden zahlreiche Verfahrensvorschriften in den EWGV eingearbeitet, um eine flexiblere Vorgehensweise bei

---

186 *Figge*, Mitbestimmung auf Unternehmensebene, S. 193.

187 *Mävers*, Die Mitbestimmung der Arbeitnehmer, S. 186.

188 *Figge*, Mitbestimmung auf Unternehmensebene, S. 193.

189 Vollendung des Binnenmarktes – Weißbuch der Kommission an den Europäischen Rat, KOM (85) 310 endg. = Bulletin der EG 6/1985 = BR-Drucks. 289/85.

190 *Kohlhepp*, RIW 1989, 88.

191 Vgl. zum Ganzen *Hayder*, RabelsZ 53 (1989), 622, 632; *Schmidt, M.*, Das Arbeitsrecht der Europäischen Gemeinschaft, IV. I. 2., Rn. 5; *Schwarz*, Europäisches Gesellschaftsrecht, 1. Teil B IV., Rn. 38.

der Verwirklichung des europäischen Integrationsprozesses zu ermöglichen.[192] Die in der EEA vorgenommene Erklärung zur Verwirklichung des Binnenmarktes gab der Harmonisierung des Gesellschaftsrechts einen neuerlichen Anstoß.[193]

III. Memorandum der Kommission von 1988

Nachdem die zuständigen Organe aufgefordert worden waren, das Projekt der Schaffung einer Gesellschaft europäischen Rechts voranzutreiben, reagierte die Kommission. Im Juli 1988 übermittelte sie dem Parlament, dem Rat und den Sozialpartnern ein Memorandum über ein Statut für die Europäische Aktiengesellschaft[194] mit der Aufforderung, dazu Stellung zu nehmen.

Da die Kommission auch weiterhin eine Regelung der Arbeitnehmermitbestimmung im Statut der SE vorzuschlagen gedachte, stellte sie zunächst die ihrer Ansicht nach theoretisch bestehenden Regelungsmöglichkeiten nebeneinander und bewertete sie anschließend. Den Ausgangspunkt ihrer Überlegungen bildete das bereits in dem Entwurf von 1975 verwendete Repräsentationsmodell, das aufgrund seines hohen Niveaus aber keine Konsensfähigkeit besaß. Als weitere Option wurde die Übernahme der Mitbestimmungsvorschriften des jeweiligen Sitzstaates genannt. Doch auch sie wurde verworfen, da die SE von dem jeweiligen einzelstaatlichen Rechtssystem unabhängig sein sollte. Ferner wurde die Gefahr einer Abwanderung von Unternehmen in Mitgliedstaaten mit geringer ausgeprägten Mitbestimmungsregelungen gesehen. Aus diesen Gründen favorisierte die Kommission den dritten Weg der Einführung von Mitbestimmung, wie er in dem geänderten Vorschlag einer Fünften gesellschaftsrechtlichen Richtlinie bereits vorgesehen worden war. In Bezug auf die Information und Konsultation der Arbeitnehmer sprach sich die Kommission nun gegen die Aufnahme weitergehender Regelungen in das Statut selbst aus und wollte die Klärung solcher Rechtsfragen dem sozialen Dialog überlassen.

Dieses Memorandum stieß, wie die Verordnungsentwürfe von 1970 und 1975, auf große Resonanz und regte zu zahlreichen Stellungnahmen an.[195] Zwar fand

---

192 *Mävers*, Die Mitbestimmung der Arbeitnehmer, S. 187. Für die späteren Entwürfe eines SE-Statuts war besonders die Einführung von Art. 100 a EWGV (jetzt Art. 95 EG) von Bedeutung, der ein vereinfachtes Beschlussverfahren zur Angleichung von Rechtsvorschriften vorsah.

193 *Raiser*, FS Steindorff (1990), S. 201.

194 Binnenmarkt und industrielle Zusammenarbeit. Statut für die Europäische Aktiengesellschaft. Memorandum der Kommission v. 08.06.1988, KOM (88) 320 endg. = Bulletin der EG, Beilage 3/88 = BR-Drucks. 392/88. Vgl. zu diesem Memorandum *Göke*, Die Europäische Aktiengesellschaft, S. 92 f.; *Kolvenbach*, DB 1988, 1837 ff.; Mävers, Die Mitbestimmung der Arbeitnehmer, S. 190 ff.

195 Vgl. zu den ergangenen Stellungnahmen *Kolvenbach*, DB 1989, 1957 ff.; *Wiesner*, AG-Report 1989, R 2 f.; sowie ausführlich *Mävers*, Die Mitbestimmung der Arbeitnehmer, S. 195 ff.

es grundsätzlich ein positives Echo, dennoch wurden die Vorschläge zur Regelung der Mitbestimmungsfrage wiederum kritisiert.[196]

B. Vorschläge für ein SE- Statut von 1989 und 1991

Der Zweck des Memorandums, die Diskussion über die Schaffung eines SE-Statuts wieder zu beleben, erfüllte sich schnell. Bereits Mitte November 1988 wurde die Kommission vom Rat aufgefordert, einen neuen Verordnungsvorschlag auszuarbeiten.[197]

I. Entwurf eines SE-Statuts von 1989

Diesem Appell leistete die Kommission relativ zügig Folge und übermittelte am 25.08.1989 einen erneuten Entwurf, der zum einen aus einem Verordnungsvorschlag über das Statut der SE[198] und zum anderen aus einem Richtlinienvorschlag über die Stellung der Arbeitnehmer in der SE[199] bestand.

1. Inhalt

Zwar blieb das Grundkonzept der SE von einer Handelsgesellschaft mit eigener Rechtspersönlichkeit, deren Rechtsbeziehungen möglichst umfassend geregelt werden sollten, unverändert.[200] Doch wurden inhaltlich vor allem in dreierlei Hinsicht Modifikationen vorgenommen. Der Umfang wurde verringert, sowohl das monistische als auch das dualistische Organisationssystem zugelassen und die Vorschriften zur unternehmerischen Mitbestimmung der Arbeitnehmer in eine Richtlinie ausgelagert.[201] Damit setzte die Kommission den von ihr seit dem

---

In der Stellungnahme des Europäischen Parlaments wurde erstmals in der Frage der Rechtsgrundlage eine Aufspaltung des Statuts in eine auf Art. 100 a EWGV beruhende Verordnung und in eine auf Art. 54 Abs. 3 Buchst. g EWGV basierende Richtlinie vorgeschlagen.

196 Da das von der Kommission favorisierte Optionenmodell grundsätzlich die bereits in dem Struktur-RLE 1983 vorgeschlagenen Wahlmöglichkeiten enthielt, sah es sich auch vergleichbaren Angriffen ausgesetzt.

197 *Wiesner*, AG-Report 1989, R 2.

198 Vorschlag für eine Verordnung (EWG) des Rates über das Statut der Europäischen Aktiengesellschaft vom 25.08.1989, ABl. EG Nr. C 263 v. 16.10.1989, KOM (89) 268 endg. = Bulletin der EG, Beilage 5/89 = BT-Drucks. 11/5427 = AG 1990, 111 ff. Vgl. ausführlich zu diesem Vorschlag *Eyles*, Das Niederlassungsrecht, S. 236 ff.; *Hanika*, Die Beteiligung der Arbeitnehmer im Aufsichtsrat, S. 293 ff.

199 Vorschlag für eine Richtlinie des Rates zur Ergänzung des SE-Statuts hinsichtlich der Stellung der Arbeitnehmer vom 25.08.1989, ABl. EG Nr. C 263 v. 16.10.1989, KOM (89) 268 endg. = BT-Drucks. 11/5427 = AG 1990, 128 f. Vgl. ausführlich zu diesem Vorschlag *Hanika*, Die Beteiligung der Arbeitnehmer im Aufsichtsrat, S. 305 ff.; *Lambach*, Die Beteiligung in der SE, S. 73 ff.; *Mävers*, Die Mitbestimmung der Arbeitnehmer, S. 207 ff.

200 *Hauschka*, EuZW 1990, 181.

201 *Höland*, Mitbestimmung in Europa, S. 37.

Struktur-RLE 1983 eingeschlagenen Strategiewechsel zu einer *„Harmonisierung auf der Basis verschiedener Optionsmodelle"*[202] fort.

Die Verminderung des Regelungsumfangs auf noch 137 Artikel im Verordnungsvorschlag und 13 Artikel im Richtlinienentwurf bewerkstelligte die Kommission im Wesentlichen durch Verweisungen und die Ausklammerung nicht konsensfähiger Inhalte. So sah sie in vielen Bereichen des Statuts von direkten Regelungen ab und arbeitete mit Bezugnahmen, das heißt, sie verwies entweder auf bereits durch Richtlinien harmonisierte Bereiche oder auf nationales Recht der Mitgliedstaaten.[203] Zudem verzichtete sie insbesondere in problematischen Gebieten, wie dem Konzern- und Betriebsverfassungsrecht, gänzlich auf eine Regelung.[204] Die Umwandlung war weiterhin als Gründungsart ausgeschlossen, und lediglich an der Errichtung einer Tochter-SE konnten andere Gesellschaftsformen als die jeweiligen nationalen Aktiengesellschaften teilnehmen.

a) Rechtsgrundlage

Während die bisherigen Verordnungsvorschläge auf Art. 235 EWGV (jetzt Art. 308 EG) als Rechtsgrundlage zurückgriffen, basierte der Verordnungsentwurf nun auf dem durch die EEA eingeführten Art. 100 a EWGV (jetzt Art. 95 EG). Aufgrund des Verweises auf das Mitentscheidungsverfahren in Art. 189 b EWGV (jetzt Art. 251 EG) erforderte ein Beschluss des Rates nun keine Einstimmigkeit mehr, sondern es reichte eine qualifizierte Mehrheit aus. Der Richtlinienentwurf wurde auf Art. 54 Abs. 3 Buchst. g EWG-Vertrag (jetzt Art. 44 Abs. 2 Buchst. g EG) gestützt, der für die Beschlussfassung ebenfalls diese Mehrheit genügen ließ.[205] Zwar handelte es sich bei dem Verordnungs- und Richtlinienvorschlag somit um auf unterschiedlichen Rechtsgrundlagen beruhende formell getrennte Entwürfe, doch sollten diese beiden Regelungskomplexe zusammengehören.[206] Auch das aktuelle SE-Statut beruht auf diesen bei-

---

202 *Schmidt, M.*, Das Arbeitsrecht der Europäischen Gemeinschaft, IV. I. 2., Rn. 5.

203 *Kallmeyer*, AG 1990, 103.

204 *Lutter*, AG 1990, S. 413 ff., 415; *Schwarz*, Europäisches Gesellschaftsrecht, 4. Teil C I. 2., Rn. 1088.

205 Zwar wird in den Ausführungen der Kommission nur Art. 54 EWGV genannt, doch aufgrund der anschließenden Erläuterungen kann davon ausgegangen werden, dass Art. 54 Abs. 3 Buchst. g EWGV gemeint war; vgl. *Figge*, Mitbestimmung auf Unternehmensebene, S. 207; *Wahlers*, AG 1990, 448, 450.

206 So wurde sowohl in der Verordnung als auch in der Richtlinie festgestellt, dass die Richtlinie eine Ergänzung der Verordnung darstellt. Auch fand sich bereits im Titel des RL-Entwurfs 1989 der Wortlaut *„zur Ergänzung des SE-Statuts"*. Zudem sollten beide Regelungswerke zum gleichen Zeitpunkt anwendbar sein. Schließlich konnte die Gründung einer SE nur in einem Mitgliedstaat, der bereits die Richtlinie zur Regelung der Stellung der Arbeitnehmer in innerstaatliches Recht umgesetzt hatte, erfolgen. Nach Ansicht *Wahlers* führte dies zur untrennbaren Ergänzung der Verordnung durch die Richtlinie und zu

den Regelungsinstrumenten, und für ihre einheitliche Anwendung wird ebenfalls über *„Klammerklauseln“*[207] gesorgt.

b) Organisationssystem

Nachdem bereits im geänderten Entwurf der Strukturrichtlinie die einseitige Orientierung auf die Einführung des dualistischen Systems aufgegeben worden war, ging die Kommission mit ihrem VO-Entwurf 1989 diesbezüglich noch einen Schritt weiter. Während nämlich im Struktur-RLE 1983 die Mitgliedstaaten noch die Möglichkeit hatten, sich für die Einführung entweder des monistischen oder des dualistischen System zu entscheiden, wurde diese Einschränkungsoption gestrichen.

Die dualistische Struktur entsprach grundsätzlich dem aus dem deutschen Aktienrecht bekannten Modell. Ebenso wie im Struktur-RLE 1983 wurde das Bestreben der Kommission, das monistische System an das dualistische Modell anzupassen, deutlich. Dies zeigte sich bereits dadurch, dass jede Organisationsverfassung nur mit wenigen spezifischen Vorschriften gekennzeichnet und im Übrigen für beide Strukturen gemeinsame Regelungen verwendet wurden.[208] Bei den Vorschriften zum monistischen System findet sich, wie in der aktuellen SE-VO, bereits eine Aufgabenverteilung innerhalb des Verwaltungsorgans. So wurde die Geschäftsführung bestimmten Mitgliedern überlassen, die ihrerseits von den restlichen Mitgliedern überwacht und kontrolliert werden sollten. Um das Funktionieren dieses Modells zu gewährleisten, war, ebenso wie im deutschen SEAG, geregelt, dass die Anzahl der nicht geschäftsführenden Mitglieder die Zahl der geschäftsführenden Mitglieder überwiegen musste.

c) Beteiligung der Arbeitnehmer

Inhaltlich lehnte sich die Kommission an ihr seit dem Grünbuch von 1975 verfolgtes Konzept des *„Optionenmodells“*[209] an. Demnach bestand die Wahlmöglichkeit zwischen dem Repräsentationsmodell bzw. deutschen Modell, dem Kooptationsmodell bzw. niederländischen Modell, dem Arbeitnehmervertretungsmodell bzw. französischen Modell und dem Vereinbarungsmodell bzw. schwe-

---

einer so weitgehende Einheit, als ob die Vorschriften in der Richtlinie unmittelbar Inhalt der Verordnung wären; *Wahlers*, AG 1990, 448, 455.

Daher wurde überwiegend vertreten, dass die formelle Trennung in zwei selbständige Rechtsakte nicht darüber hinweghelfen könne, dass die Regelungen über die Beteiligung der Arbeitnehmer und damit über deren Rechte und Interessen durch diese Klammertechnik in die Verordnung eingeführt würden; vgl. u.a. *Figge*, Mitbestimmung auf Unternehmensebene, S. 223 f.; *Leupold*, Die Europäische Aktiengesellschaft, S. 11 f., *Lutter*, AG 1990, 413, 415; *von Maydell*, AG 1990, 442, 445; *Wahlers*, AG 1990, 448, 454 f.

207 *Höland*, Mitbestimmung in Europa, S. 38.

208 *Raiser*, FS Steindorff (1990), S. 201, 204.

209 *von Maydell*, AG 1990, 442, 445. Dieses Konzept wird auch als *„Optionsmodell“* bezeichnet; vgl. *Dreher*, EuZW 1990, 476.

dischen Modell.[210] Die Modellauswahl erfolgte durch eine Vereinbarung zwischen den Leitungs- oder Verwaltungsorganen der Gründungsgesellschaften und den Arbeitnehmervertretern dieser Gesellschaften. Im Falle ihres Scheiterns konnten die Leitungs- bzw. Verwaltungsorgane im Sinne eines *„Letztentscheidungsrecht(s) der Geschäftsführung“*[211] alleine das Modell festsetzen.[212] Anders als bei dem Struktur-RLE 1983 oblag die Auswahl der Mitbestimmungsform folglich nicht mehr den Mitgliedstaaten, sondern den Organen der Gesellschaften und ihren Arbeitnehmern. Allerdings konnten die Mitgliedstaaten diese Wahlfreiheit einschränken, da sie die Auswahl begrenzen oder sogar nur ein Modell für Europäische Aktiengesellschaften mit Sitz in ihrem jeweiligen Hoheitsgebiet zulassen konnten. Zudem sollten sie die Modalitäten der Anwendung der einzelnen Modelle regeln.

Eine Vorschrift, in der die Option der Abwahl der Mitbestimmung durch die Arbeitnehmer vorgesehen war, gab es nicht. Zusammen mit der Tatsache, dass die Gründung einer SE erst nach erfolgter Wahl eines Modells fortgesetzt werden konnte, wurde gewährleistet, dass keine SE ohne Mitbestimmung entstehen konnte. Schließlich erfolgte eine noch weiter gehende Gleichstellung von monistischer und dualistischer Struktur als in dem Struktur-RLE 1983, da nun beide Systeme innerhalb der gleichen Artikel behandelt wurden.

aa) Repräsentationsmodell

Nach dem Repräsentationsmodell konnten die Mitglieder des Aufsichts- bzw. Verwaltungsorgans mindestens zu einem Drittel und höchstens zur Hälfte von den Arbeitnehmern oder ihren Vertretern bestellt werden. Anders als im geänderten Entwurf der Strukturrichtlinie war aber für den Fall, dass im Aufsichts- oder Verwaltungsorgan eine paritätische Besetzung bestand, kein Letztentscheidungsrecht der Anteilseigner vorgesehen. Ein weiterer wesentlicher Unterschied

---

210 Die Anzahl der zur Verfügung gestellten Modelle ist strittig, da von drei bzw. vier verschiedenen Optionsmöglichkeiten ausgegangen wird. Der Richtlinienentwurf selbst gibt hierüber keinen Aufschluss.
Nach einer Ansicht im Schrifttum handelt es sich nur um drei Formen, da jeder der Art. 3 bis 5 RL-Entwurf 1989 eine unterschiedliche Option darstelle; vgl. *Däubler*, KJ 1990, 14, 15; *Dreher*, EuZW 1990, 476.
Nach anderer Auffassung in der Literatur bestehen aber vier verschiedene Varianten, da in Art. 4 RL-Entwurf 1989 kein einheitliches Modell dargestellt werde, sondern neben dem Repräsentations- auch ein Kooptationsmodell bestehe, vgl. u.a. *Figge*, Mitbestimmung auf Unternehmensebene, S. 210 und 212; *Heinze*, ZGR 2002, 66, 68; *Mävers*, Die Mitbestimmung der Arbeitnehmer, S. 215; *von Maydell*, AG 1990, 442, 445. Im Ergebnis ebenso *Kolvenbach*, DB 1989, 1957, 1960. Im Folgenden wird aufgrund der überzeugenden Ausführungen dieser Ansicht und auch aus Gründen einer übersichtlichen und exakten Darstellung von vier Modellen ausgegangen.

211 *Figge*, Mitbestimmung auf Unternehmensebene, S. 215.

212 Ohne eine solche Regelung hätten die Arbeitnehmer durch die Verweigerung einer Vereinbarung die Gründung einer SE verhindern können.

bestand darin, dass der Struktur-RLE 1983 im monistischen System lediglich eine Beteiligung der Arbeitnehmer an der Besetzung der nicht geschäftsführenden Verwaltungsorgansitze vorsah, während nach dem Wortlaut des RL-Entwurfs 1989 eine Repräsentation der Arbeitnehmer in der Höhe von bis zur Hälfte der Sitze des gesamten Verwaltungsorgans möglich war. Im Schrifttum wurde gefolgert, dass es sich dabei um ein Redaktionsversehen handeln müsse.[213] Somit bestand bereits zu diesem Zeitpunkt die auch im Rahmen des SEAG diskutierte Problematik der Integration der paritätischen Mitbestimmung in das monistische System.

bb) Kooptationsmodell

Als zweite Auswahlmöglichkeit konnten die Mitglieder des Aufsichts- oder Verwaltungsorgans durch Kooptation bestellt werden. Auch hier bestand wiederum ein Unterschied zu dem im Struktur-RLE 1983 geregelten Modell, da dort noch die Kooptation für das monistische System ausgeschlossen worden war.

cc) Arbeitnehmervertretungsmodell

Als weitere Option war das Modell eines besonderen, separat neben den anderweitigen Organen der Gesellschaft bestehenden Arbeitnehmervertretungsorgans geregelt. In diesem Bereich bestanden nur in wenigen nicht relevanten Details Unterschiede zum Struktur-RLE 1983.[214]

dd) Vereinbarungsmodell

Schließlich bestand die Möglichkeit, andere als die bisher genannten Mitbestimmungsmodelle im Wege einer Vereinbarung zwischen den Leitungs- oder Verwaltungsorganen der Gründungsgesellschaften und deren Arbeitnehmern bzw. Vertretern festzulegen. Bei den Verhandlungen konnten Sachverständige auf Kosten der Gründungsgesellschaften hinzugezogen werden. Des Weiteren war bereits eine Art Auffangregelung vorgesehen, da im Falle des Scheiterns der Verhandlungen bzw. bei Vorliegen eines entsprechenden Beschlusses der Parteien ein vom Sitzstaat festzulegendes Standardmodell Anwendung finden sollte. Es hatte sich nach der fortschrittlichsten Praxis dieses Staates zu richten und den Arbeitnehmern zumindest Informations- und Konsultationsrechte zu ge-

---

213 Als Begründung führt *Figge* aus, dass dies bei paritätischer Besetzung zu einem zahlenmäßigen Übergewicht von Arbeitnehmervertretern in der Gruppe der nicht geschäftsführenden Mitglieder führe, da die Arbeitnehmer einerseits nur diesem Teil des Verwaltungsorgans angehören könnten, andererseits aber ihr Anteil sich nach der Gesamtzahl der Mitglieder des gesamten Verwaltungsorgans bestimme. Die Dominanz der Arbeitnehmer in dieser Gruppe sei daher von der Anzahl der geschäftsführenden Mitglieder abhängig. Im Ergebnis entspräche dies funktional einem mehrheitlich von Arbeitnehmervertretern besetzten Aufsichtsrat; *Figge*, Mitbestimmung auf Unternehmensebene, S. 211.

214 *Figge*, Mitbestimmung auf Unternehmensebene, S. 213.

währleisten. Von seiner Grundkonzeption entsprachen die Regelungen dem Struktur-RLE 1983, da auch hier die Verhandlungsfreiheit eingeschränkt wurde, um ein mit den anderen Modellen vergleichbares Mindestmaß an Mitbestimmung zu sichern.[215] Unterschiede zwischen beiden Entwürfen ergaben sich im Fall des Scheiterns der Verhandlungen[216] und bei Ablauf des Zeitraums, für den die Vereinbarung gültig war.[217]

ee) Aufgaben und Befugnisse der Arbeitnehmervertreter

Innerhalb der Aufgaben und Befugnisse der Arbeitnehmervertreter im Rahmen des Repräsentations- und Kooptationsmodells[218] war weiterhin ein Katalog von zustimmungspflichtigen Tätigkeiten geregelt. Dagegen sah das Arbeitnehmervertretungsmodell lediglich dem deutschen und niederländischen Modell entsprechende Unterrichtungs- und Anhörungsrechte im Sinne einer Überwachung vor, doch fehlte es an Zustimmungs- und damit echten Mitwirkungsrechten.[219] Da im Rahmen des Vereinbarungsmodells zumindest die Informations- und Konsultationsrechte des französischen Modells festzulegen waren, entsprachen sich diese Befugnisse. Es fehlte aber ebenso eine Einbeziehung der zustimmungspflichtigen Tätigkeiten.[220]

Die Wahl der Arbeitnehmervertreter der SE wurde einheitlich für alle Beteiligungsmodelle geregelt. Diese Vorschriften enthielten nur die Grundsätze der Proportionalität sowie der Allgemeinheit der Wahl und überließen die Wahlmodalitäten den Mitgliedstaaten.

ff) Betriebliche Vertretung der Arbeitnehmer

Anders als in den Entwürfen von 1970 und 1975 verzichtete die Kommission auf die Regelung einer europaweiten Vertretung der Arbeitnehmer auf betrieblicher Ebene, sondern diese sollte sich nach den Gesetzen oder der jeweiligen Praxis in den Mitgliedstaaten richten.

---

215 *Figge*, Mitbestimmung auf Unternehmensebene, S. 214.

216 Während im Struktur-RLE 1983 den Mitgliedstaaten die Wahl eines Ersatzmodells aus den anderen in dem Entwurf festgeschriebenen Modellen gestattet wurde, sah der RL-Entwurf 1989 die Anwendung eines nationalen Standardmodells vor; *Figge*, Mitbestimmung auf Unternehmensebene, S. 214.

217 Während nach dem Struktur-RLE 1983 ein Standardmodell einzuführen war, war im RL-Entwurf 1989 die Weitergeltung des bereits ausgehandelten Modells geregelt; *Figge*, Mitbestimmung auf Unternehmensebene, S. 214.

218 Zwar fehlten eigenständige Vorschriften für das niederländische Modell, doch kann aufgrund der Stellung dieses Modells im RL-Entwurf 1989 davon ausgegangen werden, dass es unter die Regelungen zum deutschen Modell fallen sollte; *Mävers*, Die Mitbestimmung der Arbeitnehmer, S. 221.

219 *Lambach*, Die Beteiligung in der SE, S. 85; *Mävers*, Die Mitbestimmung der Arbeitnehmer, S. 221 f.

220 *Lambach*, Die Beteiligung in der SE, S. 88; *Mävers*, Die Mitbestimmung der Arbeitnehmer, S. 222.

2. Fazit

Wie die vorherigen Entwürfe der Kommission führte der Vorschlag von 1989 zu zahlreichen Stellungnahmen und einer lebhaften Diskussion gerade auch über die geregelten Optionen zur Organisationsstruktur und zur Mitbestimmung. Dabei wurden viele Bereiche aufgegriffen, die auch in der heutigen Diskussion um das SE-Statut eine große Rolle spielen. Bereits die Aufspaltung des Statuts in zwei eigenständige Teile und die hierbei gewählten Rechtsgrundlagen sorgten für heftige Kritik.[221] Darüber hinaus wurde beanstandet, dass keine vollständige Kompatibilität zwischen den beiden Struktursystemen und den verschiedenen Mitbestimmungsmodellen bestehe.[222] Bei der Frage der Mitbestimmung wurde eine Vielzahl von Problemkreisen erörtert, die das gesamte Spektrum von der vorgeschlagenen Grundkonzeption bis zu einzelnen speziellen Punkten abdeckten. Größter Diskussionspunkt war die Regelung der Mitbestimmung durch verschiedene Modelle, da es den Optionen an der erforderlichen Gleichwertigkeit fehle.[223] Die neue Harmonisierungsstrategie werde zu einem weiteren Verlust von Einheitlichkeit[224] sowie noch größeren Unterschieden im Mitbestimmungsniveau zwischen den einzelnen Mitgliedstaaten[225] führen. Dabei kamen auch die heute vorgebrachten Schlagworte der *„Flucht aus der Mitbestimmung"* und des *„Delaware-Effekts"*[226] auf. Ferner wurde die Aufzählung von gesetzlich zwin-

---

[221] Vgl. u. a. *Grote*, Das neue Statut der Europäischen Aktiengesellschaft, S. 29 ff. Diese Kritik wird ausführlich bei der Darstellung der möglichen Rechtsgrundlagen für die SE-RL behandelt; vgl. unten S. 69 ff.

[222] *Figge*, Mitbestimmung auf Unternehmensebene, S. 228.; *Mävers*, Die Mitbestimmung der Arbeitnehmer, S. 245.

[223] Vgl. stv. *Kolvenbach*, FS Heinsius (1991), S. 379, 389 ff.

[224] *Wiesner* nennt hier als Beispiel den deutschen Gesetzgeber, der innerhalb des sog. deutschen Modells die drittelparitätische Mitbestimmung im Aufsichtsrat nach dem BetrVG 1952, die paritätische Besetzung mit Letztentscheidungsrecht der Anteilseigner nach dem MitbestG oder die Verteilung nach dem Montan-MitbestG vorsehen, sowie das niederländische Kooptationsmodell, eine paritätische Mitbestimmung in einem besonderen Arbeitnehmerorgan oder anderweitige Varianten aufgrund der Verhandlungsmöglichkeit einführen könne; vgl. *Wiesner*, AG-Report 1989, R 307, R 308.

[225] Die Vertreter dieser Ansicht gehen davon aus, dass jedenfalls die Mitgliedstaaten mit einem höheren Mitbestimmungsstandard die Wahl der Mitbestimmungsformen begrenzen bzw. ein einziges Modell vorschreiben würden, um sicherzustellen, dass Europäische Aktiengesellschaften mit Sitz in ihrem Hoheitsgebiet das für nationale Aktiengesellschaften geltende Mitbestimmungsniveau einhielten; vgl. *Raiser*, FS Steindorff (1990), S. 201, 213. Zustimmend *Mävers*, Die Mitbestimmung der Arbeitnehmer, S. 246 f.

[226] In dem US-Staat Delaware besteht eine liberale gesellschaftsrechtliche Gesetzgebung, sodass er auf amerikanische Unternehmen eine hohe Anziehungskraft als Sitzstaat ausübt; vgl. *von Werder*, RIW 1997, 304, 310, Fn. 30. Daher wird diese Bezeichnung verwendet, wenn Staaten aufgrund ihrer geringen gesellschaftsrechtlichen Regelungsdichte als Gründungsstaaten von den Unternehmen bevorzugt werden; vgl. *Finken/Weitbrecht*, ZIP 1990, 959; *Timmermans*, RabelsZ 48 (1984), 1, 14.

genden Zustimmungsvorbehalten gänzlich abgelehnt[227] und das Fehlen von Regelungen über die betriebliche Partizipation negativ beurteilt.[228]

II. Vorschlag zu einem Statut der Europäischen Aktiengesellschaft von 1991

Auf der Grundlage der dem Entwurf von 1989 folgenden Stellungnahmen und Diskussionen legte die Kommission am 16.05.1991 eine überarbeitete Version vor, die wiederum aus einem Verordnungsvorschlag über das Statut der SE[229] und einem Richtlinienvorschlag über die Stellung der Arbeitnehmer in der SE[230] bestand.

1. Inhalt

Neben der äußeren Form mit der Aufteilung des Regelwerks hielt die Kommission auch an der inhaltlichen Grundkonzeption der Vorschläge von 1989 fest.[231] Die Möglichkeit der Beteiligung an der Gründung einer SE wurde allerdings wesentlich erweitert und damit der aktuellen SE-VO angeglichen, da nun auch eine GmbH Zugang zu den Gründungsformen der Holding-SE und Tochter-SE erhielt, die Gründung durch Umwandlung aufgenommen und der Grundsatz der Mehrstaatlichkeit aufgeweicht wurde.[232]

a) Rechtsgrundlage

Trotz der Kritik an den gewählten Rechtsgrundlagen für den Verordnungs- und Richtlinienvorschlag von 1989 wurden diese beibehalten.

---

[227] *Kallmeyer*, AG 1990, 103, 105.

[228] *Hanika*, Die Beteiligung der Arbeitnehmer im Aufsichtsrat, S. 332; *Kolvenbach*, FS Heinsius (1991), S. 379, 392.

[229] Geänderter Vorschlag für eine Verordnung (EWG) des Rates über das Statut der Europäischen Aktiengesellschaft vom 16.05.1991, ABl. EG Nr. C 176 v. 08.07.1991 = KOM (91) 174 endg. = BT-Drucks. 12/1004, dort sind die Erläuterungen der Kommission zu den einzelnen Artikeln des Vorschlags abgedruckt. Vgl. ausführlich zu diesem Vorschlag *Schwarz*, Europäisches Gesellschaftsrecht, 4. Teil C II., Rn. 1092 ff.; *Schwarz/Lösler*, NotBZ 2001, 117, 118 ff.

[230] Geänderter Vorschlag für eine Richtlinie des Rates zur Ergänzung des SE-Statuts hinsichtlich der Stellung der Arbeitnehmer vom 06.05.1991, ABl. EG Nr. C 138 v. 29.05.1991, KOM (91) 174 endg. = BT-Drucks. 12/1004, dort sind die Erläuterungen der Kommission zu den einzelnen Artikeln des Vorschlags abgedruckt. Vgl. ausführlich zu diesem Vorschlag *Göke*, Die Europäische Aktiengesellschaft, S. 96 ff.; *Lambach*, Die Beteiligung in der SE, S. 99 ff.; *Mävers*, Die Mitbestimmung der Arbeitnehmer, S. 252 ff.

[231] Insgesamt war die Anzahl der Artikel von Verordnungs- und Richtlinienvorschlag zwar formell gleich geblieben, doch wurden insbesondere in dem Verordnungsentwurf deutlich mehr Artikel bzw. Absätze gestrichen als hinzugefügt. So weist *Merkt* darauf hin, dass in dem Verordnungsentwurf 28 Artikel gestrichen und von den verbleibenden Artikeln weitere 38 Absätze aufgehoben worden seien; vgl. *Merkt*, BB 1992, 652, 654.

[232] *Trojan-Limmer*, RIW 1991, 1010, 1011.

b) Organisationsstruktur

Hinsichtlich der Verwaltungsstruktur bestand weiterhin das Grundprinzip der Wahlfreiheit zwischen dem monistischen und dem dualistischen System, doch wurde diese Optionsmöglichkeit eingeschränkt. Wie bei dem Struktur-RLE 1983 war nun vorgesehen, dass die Mitgliedstaaten den Europäischen Aktiengesellschaften mit Sitz in ihrem Hoheitsgebiet eine der beiden Organisationsverfassungen verbindlich vorschreiben konnten.

c) Beteiligung der Arbeitnehmer

Auch im Bereich der Arbeitnehmerbeteiligung wurde an der Grundkonzeption festgehalten und nur in wenigen Bereichen Modifikationen vorgenommen. Bei der Mitbestimmung der Arbeitnehmer auf Unternehmensebene behielt die Kommission ihre Wahlfreiheit zwischen vier Partizipationsmodellen bei. An dem Grundsatz, dass die Auswahl durch eine Vereinbarung durchgeführt werden sollte, wurde ebenfalls festgehalten. Allerdings wurde das Verfahren für die Verhandlungen näher ausgestaltet und Neuerungen im Falle des Scheiterns einer Vereinbarung eingeführt. Bei einer solchen Konstellation bestand kein alleiniges Letztentscheidungsrecht der Leitungs- oder Verwaltungsorgane mehr, sondern nun waren die Arbeitnehmervertreter und die Hauptversammlung zu beteiligen.[233] Die Mitgliedstaaten konnten aber weiterhin die Modalitäten zur Anwendung der Mitbestimmungsmodelle und die Einschränkung des Wahlrechts dieser Modelle festlegen.

aa) Repräsentationsmodell

Beim Repräsentationsmodell wurde eine wesentliche Änderung vorgenommen, da die Kommission nun den Forderungen nach einem Letztentscheidungsrecht der Anteilseigner nachgekommen war. So war nun geregelt, dass nur ein Mitglied der Hauptversammlung zum Vorsitzenden des Aufsichts- bzw. Verwaltungsorgans gewählt werden konnte. Bei Stimmengleichheit sollte dann dessen Stimme den Ausschlag geben. Durch diese Vorschrift erfolgte eine Angleichung an den Struktur-RLE 1983 und die Übernahme des Letztentscheidungsrechts aus dem MitbestG. Diese Regelung findet sich auch in der aktuellen SE-VO.

bb) Kooptationsmodell

Als zweite Option war vorgesehen, dass die Mitglieder des Aufsichts- oder Verwaltungsorgans durch Kooptation bestellt werden konnten. Anhand weiterer Änderungen erfolgte eine Angleichung an die Struktur-RLE 1983 und die beinahe vollständige Übernahme des niederländischen Mitbestimmungsmodells.[234]

---

233 Dabei wurde den Arbeitnehmervertretern die Möglichkeit zugestanden, in einer schriftlichen Stellungnahme darzulegen, inwieweit durch die Gründung einer SE die Interessen der Arbeitnehmer beeinträchtigt zu werden drohten und durch welche Maßnahmen dies verhindert werden könnte.

234 *Mävers*, Die Mitbestimmung der Arbeitnehmer, S. 257.

cc) Arbeitnehmervertretungsmodell

Auch das Modell eines besonderen, separat neben den anderweitigen Organen der Gesellschaft bestehenden Arbeitnehmervertretungsorgans bestand mit einigen Änderungen weiter.[235]

dd) Vereinbarungsmodell

Schließlich wurde die Möglichkeit beibehalten, andere als die bisher genannten Mitbestimmungsmodelle im Wege einer Vereinbarung festzulegen. Allerdings wurde eine bedeutsame Änderung für das im Falle des Scheiterns der Verhandlungen bzw. aufgrund eines entsprechenden Beschlusses geltende Standardmodell vorgenommen. Dieses musste nun nicht mehr der am weitest fortgeschrittenen einzelstaatlichen Praxis entsprechen, sondern es reichte bereits die Gewährleistung des Mindestniveaus an den vorgeschriebenen Informations- und Konsultationsrechten aus.

ee) Aufgaben und Befugnisse der Arbeitnehmervertreter

Die Kommission versuchte aufgrund der starken Kritik, die Aufgaben und Befugnisse der Arbeitnehmervertreter innerhalb der verschiedenen Mitbestimmungsmodelle einander anzugleichen. So nahm sie beim Arbeitnehmervertretungsmodell eine Ausweitung der Informations- und Anhörungsrechte vor, um eine Angleichung an die Befugnisse des Repräsentations- und Kooptationsmodells zu erreichen. Auch im Rahmen der zustimmungspflichtigen Tätigkeiten sah die Kommission nun eine Aufwertung vor, da diese erst dann durchgeführt werden durften, wenn das separate Organ vom Leitungs- oder Verwaltungsorgan unterrichtet und gehört worden war. Allerdings blieb diese Regelung weiter hinter einem Mitentscheidungsrecht in Form eines Zustimmungsvorbehalts zurück.[236] Auch beim Vereinbarungsmodell reagierte die Kommission mit einer Anhebung der Unterrichtungs- und Anhörungsrechte und der Einbeziehung zustimmungspflichtiger Tätigkeiten in diesen Bereich.[237] Zudem erfolgte eine Erweiterung der Befugnisse der Arbeitnehmervertreter, da dem Leitungs- oder Verwaltungsorgan der SE die Zurückhaltung bestimmter Informationen nicht mehr gestattet wurde.[238]

Bei den Vorschriften über die Wahl der Arbeitnehmervertreter der SE nahm die Kommission eine Präzisierung bestimmter grundlegender Begriffe vor, indem

---

235 So wurde die Bestimmung, wonach Einzelheiten zur Anzahl der Mitglieder sowie ihrer Wahl oder Bestellung in der Satzung im Einvernehmen mit den Arbeitnehmervertretern festgelegt werden sollten, ersatzlos aufgehoben.

236 *Lambach*, Die Beteiligung in der SE, S. 112; *Mävers*, Die Mitbestimmung der Arbeitnehmer, S. 261.

237 *Mävers*, Die Mitbestimmung der Arbeitnehmer, S. 260 f.

238 Andererseits wurden auch Rechte aufgehoben, da unter anderem die Möglichkeit der Hinzuziehung von Sachverständigen auf Kosten der Gründungsgesellschaften entfiel.

nun die Beachtung des Repräsentations- und Proportionalitätsgrundsatzes angeordnet wurde.[239]

ff) Betriebliche Vertretung der Arbeitnehmer
Die Kommission sah weiterhin von einer eigenständigen Regelung der betrieblichen Arbeitnehmerbeteiligung in dem SE-Statut ab.

2. Fazit
Im Vergleich zu der Resonanz auf die vorherigen Initiativen der Kommission führte der Entwurf von 1991 zu weit weniger Stellungnahmen und Diskussionen.[240] Die Hoffnung der Kommission schien darauf gerichtet, die Vorbehalte einzelner Mitgliedstaaten durch eine Mehrheitsentscheidung im Rat überwinden zu können.[241] Im Anschluss an die Erarbeitung dieses Verordnungs- und Richtlinienentwurfs von 1991 war ein Zeitplan für die Verwirklichung dieses Vorhabens vorgesehen, der angesichts der bestehenden Kritikpunkte als *„viel zu optimistisch“*[242] zu beurteilen war.

III. Ergebnis
In den beiden Entwürfen von 1989 und 1991 spiegeln sich bereits sämtliche Probleme und Streitpunkte wieder, der auch die jetzige SE-VO und SE-RL unterliegen. Vor allem im VO-Entwurf 1991 bestand bereits eine ähnliche Normenpyramide wie in Art. 9 SE-VO, die zur Problematik der Feststellung und Ausfüllung von Regelungslücken führte.[243] Ebenso wie in der jetzigen SE-VO war eine Wahlmöglichkeit zwischen dualistischem und monistischem System vorgesehen, wobei allerdings noch eine ausdrückliche Einschränkungsoption für die Mitgliedstaaten bestand.[244] Des Weiteren wurde im VO-Entwurf 1991 die

---

239 So waren die Arbeitnehmervertreter aus allen Mitgliedstaaten zu wählen, in denen sich Betriebe der SE befinden, und die Anzahl dieser Personen musste anteilig so weit wie möglich der Anzahl der von ihnen vertretenen Arbeitnehmer entsprechen.

240 *Mävers*, Die Mitbestimmung der Arbeitnehmer, S. 262.

241 *Lutter*, AG 1990, 413, 415.

242 *Mävers*, Die Mitbestimmung der Arbeitnehmer, S. 271. So sollte die Verordnung nach der Umsetzung der Richtlinie bis Ende des Jahres 1992 bereits am 01.01.1993 in Kraft treten; *Merkt*, BB 1992, 652, 653.

243 Vgl. zum VO-Entwurf 1989 *Grote*, Das neue Statut der Europäischen Aktiengesellschaft, S. 57 ff.; zum VO-Entwurf 1991 *Jaeger, C.*, Die Europäische Aktiengesellschaft, S. 23 ff. und *Maul*, Die faktisch abhängige SE, S. 13 ff.

244 Dies rief die Befürchtung hervor, dass sich die einzelstaatlichen Gesetzgeber allein für die bereits in ihrem Recht bestehenden Organisationssysteme entscheiden würden; *Hauschka*, EuZW 1992, 147, 148.
Zudem bestand Streit, inwiefern die beiden Systeme aufgrund der für das monistische System vorgesehenen Trennung zwischen geschäftsführenden und nicht geschäftsführenden Mitgliedern im Verwaltungsrat gleichwertig waren; vgl. hierzu *Leupold*, Die Europäische Aktiengesellschaft, S. 206 f.; *Nonnenmacher*, Arbeitnehmermitbestimmung auf Unternehmensebene, S. 192 f.; *Raiser*, FS Steindorff (1990), S. 201, 210. Dabei geht

Eintragung der SE ebenfalls von einer vorherigen Entscheidung zur Mitbestimmung abhängig gemacht.
Auf der nächsten Stufe boten die Vorschläge immerhin die Wahl zwischen vier verschiedenen Beteiligungsmodellen, wobei die vierte Variante eine Verhandlungslösung mit der Vorstufe einer Auffangregelung beinhaltete. Insgesamt reichte die Spanne der Einflussmöglichkeiten der Arbeitnehmer in etwa von der deutschen Montanmitbestimmung bis zu lediglich vierteljährlichen Informationen der Belegschaft auf Betriebsversammlungen.[245] Bereits die Streitigkeiten über die verschieden ausgestalteten Befugnisse der Arbeitnehmervertreter zeigen auch ein im Rahmen der SE-RL bestehendes Problem, da mit der alleinigen quantitativen Absicherung der Mitbestimmung die qualitative Minderung dieser Partizipationsform nicht verhindert werden kann.

C. Entwicklung in der Zeit von 1991 bis 1995

Bereits ein Jahr nach Vorlage der geänderten Vorschläge zu einem SE-Statut war diese Initiative der Kommission vor allem aufgrund der Mitbestimmungsproblematik gescheitert.[246] Allerdings waren im Zuge dieses Projekts weitere Entwürfe zu gemeinschaftsrechtlichen Gesellschaftsformen erarbeitet worden. Ferner intensivierte die Kommission wieder ihre Bemühungen um eine Harmonisierung im Bereich der Unterrichtung und Anhörung der Arbeitnehmer.

I. Vorschläge für Europäische Vereine, Europäische Genossenschaften und Europäische Gegenseitigkeitsgesellschaften

Am 5.03.1992 legte die Kommission Entwürfe für ein Statut des Europäischen Vereins, ein Statut der Europäischen Genossenschaft und ein Statut der Europäischen Gegenseitigkeitsgesellschaft vor. Entsprechend dem neuen im Rahmen der SE verwendeten Rechtsetzungsmuster bestanden diese drei Initiativen der Kommission jeweils aus einem Verordnungs- und einem Richtlinienvorschlag.[247] Auch hier waren die Richtlinienentwürfe zur Ergänzung vorgesehen und enthielten Vorschriften zur *„Rolle der Arbeitnehmer"*. Nachdem das Europäische Parlament und der WSA ihre Stellungnahmen abgegeben hatten, legte die Kommission am 6.07.1991 erneut die drei geänderten Vorschläge[248] gemein-

---

Nonnenmacher davon aus, dass aufgrund der Vorschrift des Art. 66 Abs. 2 S. 1 VO-Entwurf 1991 ein geschäftsführendes Verwaltungsratsmitglied kein Stimmrecht bei Beschlüssen des Verwaltungsorgans, die die Kontrolle des Unternehmens betreffen, besitze; *Nonnenmacher*, Arbeitnehmermitbestimmung auf Unternehmensebene, S. 192. Auf diese Problematik hat der deutsche Gesetzgeber nun in § 35 Abs. 3 SEAG reagiert.

245 *Blank*, ArbuR 1993, 229, 233.

246 *Mävers*, Die Mitbestimmung der Arbeitnehmer, S. 272.

247 *Höland*, Mitbestimmung in Europa, S. 39.

248 Geänderter Vorschlag für eine Verordnung (EWG) des Rates über das Statut des Europäischen Vereins; Geänderter Vorschlag für eine Verordnung (EWG) des Rates über das Statut der Europäischen Genossenschaft; Geänderter Vorschlag für eine Verordnung

sam vor. Gegenüber dieser Initiative genoss die Fertigstellung eines SE-Statuts aber Priorität, sodass auch diese Vorschläge von der Lösung der Mitbestimmungsfrage abhängig waren.[249]

II. Richtlinie über die Einsetzung eines Europäischen Betriebsrats

Parallel zu ihren Anstrengungen zur Schaffung eines SE-Status verfolgte die Kommission 1990 erneut die Idee der Arbeitnehmermitwirkung in multinationalen Unternehmen,[250] da sie durch die Verabschiedung der zwar rechtlich unverbindlichen, aber politisch durchaus wichtigen Gemeinschaftscharta der sozialen Grundrechte der Arbeitnehmer im Jahre 1989 neuen Mut geschöpft hatte.[251] Die Initiativen der Kommission scheiterten aber an der fehlenden Zustimmung Großbritanniens.[252]

Eine Lösung dieser Problematik ermöglichten erst die Vereinbarungen von Maastricht, da dort auch ein Protokoll über die Sozialpolitik erstellt wurde. In diesem Protokoll wurde ein neuer Kompetenzrahmen entwickelt,[253] und die Mitgliedstaaten wurden zur Übertragung von Rechtsetzungsbefugnissen durch den Abschluss eines Abkommens ermächtigt.[254] Nachdem der Vertrag von Maastricht am 01.11.1993 in Kraft getreten war, setzte die Kommission zunächst das in Art. 3 ASP (jetzt Art. 138 EG) geregelte Anhörungsverfahren der Sozialpartner in Gang.[255] Als dieses Verfahren scheiterte, legte die Kommission dem Ministerrat im April 1994 einen erneut überarbeiteten Richtlinienentwurf vor.[256]

(EWG) des Rates über das Statut der Europäischen Gegenseitigkeitsgesellschaft vom 06.07.1993, ABl. EG Nr. C 236 v. 31.08.1993, KOM (93) 252 endg.

Vgl. zu den Verordnungsentwürfen ausführlich *Schwarz*, Europäisches Gesellschaftsrecht, 4. Teil D II., Rn. 1238 ff. Vgl. zu den Richtlinienentwürfen *Göke*, Die Europäische Aktiengesellschaft, S. 68 ff.

249 *Schwarz*, Europäisches Gesellschaftsrecht, 4. Teil D I. 5., Rn. 1237.
Folgerichtig wurde nach dem SE-Statut mittlerweile auch ein Statut zur Europäischen Genossenschaft verabschiedet, dass beinahe identisch mit der SE-VO und SE-RL ist.

250 *Schmidt, M.*, Das Arbeitsrecht der Europäischen Gemeinschaft, IV. I. 3., Rn. 6.

251 *Weiss*, FS Stahlhacke (1995), S. 657, 667.

252 *Fuchs/Marhold*, Europäisches Arbeitsrecht, 2. Teil III B 3, S. 177. Vgl. zu den Reaktionen auf diese Entwürfe *Weiss*, ZRP 1992, 422, 425 f.

253 *Weiss*, ZRP 1992, 422, 423.

254 *Steinmeyer*, in: *Hanau/Steinmeyer/Wank*, Handbuch des Europäischen Arbeitsrechts, S. 285. Dieses Abkommen über die Sozialpolitik wurde daraufhin gleichzeitig mit dem EUV am 07.02.1992 in Maastricht von elf Mitgliedstaaten verabschiedet; *Steinmeyer*, in: *Hanau/Steinmeyer/Wank*, Handbuch des Europäischen Arbeitsrechts, S. 285. Das Vereinigte Königreich von Großbritannien und Nordirland hatten dagegen das Protokoll und das ASP nicht unterzeichnet, sondern die in Fragen der Sozialpolitik bestehende Möglichkeit des *„opt-out"* ergriffen; *Hanau*, in: *Hanau/Steinmeyer/Wank*, Handbuch des Europäischen Arbeitsrechts, S. 872.

255 *Kolvenbach*, RdA 1994, 279, 281.

256 *Kolvenbach*, RdA 1994, 279, 281.

Schließlich wurde die EBR-RL am 22.09.1994 verabschiedet. Sie galt zunächst nur für die damaligen elf Mitgliedstaaten ohne Großbritannien und Nordirland sowie für die drei Staaten des Europäischen Wirtschaftsraums Island, Liechtenstein und Norwegen.[257]

Diese Initiative auf Gemeinschaftsebene ist im Hinblick auf die SE-RL in zweierlei Hinsicht interessant. Zum einen wird in der SE-RL geregelt, dass die EBR-RL unter bestimmten Voraussetzungen auf die SE anwendbar ist, bzw. es ist ein entsprechendes Verfahren der Unterrichtung und Anhörung der Arbeitnehmer in der SE-RL vorgesehen. Zum anderen verhalf die im Rahmen der EBR-RL neu konzipierte Harmonisierungsstrategie auch der SE-RL zum Erfolg.[258] Anders als in dem Struktur-RLE 1983 oder den Entwürfen zu einem SE-Statut im Jahre 1989 und 1991 legte die EBR-RL keine verschiedenen Optionsmodelle fest, sondern verfolgte eine Harmonisierung im Wege der *„Prozeduralisierung“*[259]. Die Richtlinie gab nur ein bestimmtes Verfahren vor und stellte es grundsätzlich den Akteuren dieses Prozesses anheim, sich auf ein eigenständiges Informations- und Anhörungssystem zu einigen.

Neben dem Konzept der Regelungsvielfalt, das die nationalen Arbeitnehmervertretungsstrukturen unangetastet ließ und ein weiteres, von den nationalen Vertretungen getrenntes, europäisches Gremium schaffen wollte[260], lag der Erfolg der EBR-RL in der *„doppelten Berücksichtigung der Subsidiarität“*[261] begründet.[262] Die EBR-RL stützt sich auf Art. 2 Abs. 2 ASP (jetzt Art. 137 Abs. 2 EG), da diese Rechtsgrundlage die Rechtsangleichung im Bereich der *„Unterrichtung und Anhörung der Arbeitnehmer“* gestattet.

1. Inhalt

Der Regelungsgegenstand entspricht grundsätzlich der Unterrichtung und Anhörung im Rahmen der SE-RL. Allerdings ist für die Eröffnung des Anwendungsbereichs erforderlich, dass die Unternehmen bzw. Unternehmensgruppen bestimmte Schwellenwerte erreichen. Zudem folgt die EBR-RL, anders als die SE-RL, einem dreistufigen Aufbau.[263]

---

[257] Durch die Aufnahme von Finnland, Österreich und Schweden in die Europäische Gemeinschaft am 01.01.1995 fielen auch diese Mitgliedstaaten in den Anwendungsbereich.

[258] *Herfs-Röttgen*, NZA 2001, 424, 425.

[259] *Schmidt, M.*, Das Arbeitsrecht der Europäischen Gemeinschaft, IV. I. 3., Rn. 6; *Weiss*, ZRP 1992, 422, 426; *ders.*, FS Stahlhacke (1995), S. 657, 671.

[260] *Schmidt, M.*, Das Arbeitsrecht der Europäischen Gemeinschaft, IV. I. 3., Rn. 6.

[261] *Heinze*, AG 1997, 289, 291.

[262] Durch die Vorschrift des Art. 13 EBR-RL hatte der europäische Gesetzgeber der Aufnahme von Verhandlungen und damit der freiwilligen Vereinbarung Priorität eingeräumt und seine eigene Rechtsetzung als Absicherung subsidiär hinten angestellt; *Heinze*, AG 1997, 289, 291 f.

[263] *Weber*, FS 600 Jahre Würzburger Juristenfakultät (2002), S. 189, 201.

Zunächst schließt die sog. „*Bestandsschutzregelung*“[264] in Art. 13 EBR-RL solche Unternehmen und Unternehmensgruppen vom Anwendungsbereich aus, in denen bis zum Ablauf der Umsetzungsfrist eine Vereinbarung getroffen wird, die eine länderübergreifende Unterrichtung und Anhörung der Arbeitnehmer vorsieht. Grund für diese Regelung war unter anderem, dass zum Zeitpunkt der Annahme der EBR-RL bereits in zahlreichen gemeinschaftsweit operierenden Unternehmen solche freiwilligen Vereinbarungen geschlossen worden waren.[265] Anschließend folgt die später im Rahmen der SE-RL übernommene Systematik des Primats der Verhandlungen und der absichernden Auffangregelung. Auch bei den weiteren Vorschriften, wie beispielsweise zum Tendenzschutz und zum Schutz der Arbeitnehmervertreter, ist die Vorbildfunktion für die SE-RL erkennbar.

2. Umsetzung der EBR-RL und weitere Entwicklung

Ein Großteil der Mitgliedstaaten setzte die Richtlinie fristgerecht bzw. nur mit geringfügiger Überschreitung dieses Zeitrahmens um.[266] In Deutschland wurde die EBR-RL durch das EBRG, das am 01.11.1996 in Kraft trat, mit einigen Tagen Verspätung implementiert. Dieses EBRG folgt weitgehend den Vorgaben der EBR-RL, so dass für die Rechtsanwendung in Deutschland in erster Linie dieses Gesetz zu berücksichtigen und die Richtlinie nur zu seiner Auslegung heranzuziehen ist.[267] Inzwischen hat auch Großbritannien durch seine Unterzeichnung des Vertrags von Amsterdam, der für die Integration des ASP in den EG-Vertrag sorgte[268], und durch die Ausweitung des Geltungsbereichs der EBR-RL[269] seine Sonderrolle in Fragen der Sozialpolitik formell beendet.[270]

Die Privilegierung der vor dem Stichtag des 22.09.1996 geschlossenen Vereinbarungen in Art. 13 EBR-RL führte zu einer geradezu boomenden Anwendung

---

264 *Höland*, Mitbestimmung in Europa, S. 96.

265 Vgl. *Schmidt, M.*, Das Arbeitsrecht der Europäischen Gemeinschaft, IV. II. 2. a) cc), Rn. 18.

266 Vgl. den Bericht der Kommission an das Europäische Parlament und den Rat über den Stand der Anwendung der Richtlinie über die Einsetzung eines Europäischen Betriebsrats oder die Schaffung eines Verfahrens zur Unterrichtung und Anhörung der Arbeitnehmer in gemeinschaftsweit operierenden Unternehmen und Unternehmensgruppen vom 04.04.2000, KOM (2000) 188 endg.

267 D/K/K/*Däubler*, Vorbem. EBRG, Rn. 14.

268 Das Sozialprotokoll wurde unter dem Titel XI „*Sozialpolitik, allgemeine berufliche Bildung und Jugend*“ in Art. 136 ff. EG eingegliedert.

269 Richtlinie 97/74/ EG des Rates vom 15.12.1997 zur Ausdehnung der Richtlinie 94/45/EG über die Einsetzung eines Europäischen Betriebsrats oder die Schaffung eines Verfahrens zur Unterrichtung und Anhörung der Arbeitnehmer in gemeinschaftsweit operierenden Unternehmen und Unternehmensgruppen auf das Vereinigte Königreich, ABl. EG Nr. L 10/22.

270 *Blanke*, EBRG, Einleitung Rn. 8.

dieser Richtlinie.[271] Die Kommission war verpflichtet, spätestens bis zum 22.09.1999 die Anwendung der EBR-RL und insbesondere die Zweckmäßigkeit der Schwellenwerte für die Beschäftigtenzahl zu überprüfen. In ihrem Bericht werden hauptsächlich die nationalen Umsetzungsmaßnahmen analysiert und verschiedene rechtliche und praktische Probleme dargestellt.[272] Obwohl die Kommission eine Fortsetzung der Überprüfung der Anwendung der EBR-RL und eine mögliche Revision in Aussicht stellt, sieht sie momentan von der Vorlage eines solchen Änderungsvorschlags ab.[273]

D. Entwicklung von 1996 bis 2001

Beflügelt vom Erfolg der Verabschiedung der EBR-RL setzte die Kommission 1996 eine Expertengruppe unter Vorsitz des ehemaligen Vizepräsidenten der Kommission, *Etienne Davignon*, ein. Diese sollte Vorschläge für die Ausgestaltung der Arbeitnehmermitbestimmung in der Europäischen Aktiengesellschaft erarbeiten.[274]

I. Davignon-Bericht von 1997

Bereits im Mai 1997 legte die Sachverständigengruppe ihren Abschlussbericht vor,[275] der der Verhandlungslösung eindeutige Priorität einräumte und in dem präzise Vorschläge zum Verhandlungsverfahren ausgearbeitet worden waren. Die Möglichkeit der SE-Gründung durch Umwandlung einer nationalen Gesellschaft wurde von Anfang an ausgeklammert. Zudem wurde auf die Einführung von Schwellenwerten im Hinblick auf einen nach Beschäftigungszahlen differenzierenden Ansatz verzichtet.[276] Im Falle des Scheiterns einer Vereinbarung sollte eine Auffangregelung zur Anwendung kommen.

---

271 Es kann davon ausgegangen werden, dass ca. ein Viertel aller in den Anwendungsbereich der EBR-RL fallenden Unternehmen oder Unternehmensgruppen von der Option des Art. 13 EBR-RL Gebrauch gemacht haben; *Höland*, Mitbestimmung in Europa, S. 102.

272 Dies sind beispielsweise das niedrige Niveau transnationaler Unterrichtung und Anhörung in manchen Vereinbarungen, das Fehlen von Regelungen in der EBR-RL zur Anpassung des EBR im Falle von Umstrukturierungen innerhalb eines Unternehmens oder einer Unternehmensgruppe oder die fehlende Festlegung eines exakten Zeitpunkts, zu dem die Information und Konsultation zu erfolgen hat; vgl. *Schmidt, M.*, Das Arbeitsrecht der Europäischen Gemeinschaft, IV. II. 4., Rn. 54.

273 *Schmidt, M.*, Das Arbeitsrecht der Europäischen Gemeinschaft, IV. II. 4., Rn. 55.

274 Die Kommission hatte zuvor das Mandat der Sachverständigengruppe sehr konkret dahingehend bestimmt, dass zunächst eine Bestandsaufnahme der Mitbestimmungsmöglichkeiten in den Unternehmensorganen der Mitgliedstaaten zu erstellen und diese zu bewerten war. Anschließend sollte das Risiko einer Aushöhlung dieser nationalen Systeme untersucht und entschieden werden, ob für die SE ein Rechtssetzungsverfahren oder der Vorrang von Verhandlungen einzuführen ist; vgl. Davignon-Bericht, S. 2 f. Nr. 23.

275 Vgl. ausführlich *Heinze*, AG 1997, 289 ff.; *Lambach*, Die Beteiligung in der SE, S. 129 ff.; *Mävers*, Die Mitbestimmung der Arbeitnehmer, S. 296 ff.

276 *Heinze*, ZGR 2002, 66, 71.

1. Verhandlungsverfahren

Das Verhandlungsverfahren war überaus flexibel gestaltet, da bei den Verhandlungen selbst uneingeschränkte Freiheit gelten und auf Mindestvorschriften verzichtet werden sollte. Anders als in der jetzigen SE-RL war demnach auch eine Absage an jegliche Arbeitnehmerbeteiligung möglich. Des Weiteren erarbeitete die Sachverständigengruppe einen Katalog von Themen, die in eine Vereinbarung aufgenommen werden sollten. Diese nur fakultativ gestalteten Vorschläge finden sich größtenteils und sogar in der entsprechenden Reihenfolge in Art. 4 Abs. 2 SE-RL als zwingend festzulegende Mindestbestimmungen in einer Vereinbarung wieder.

Zwar sollten die Verhandlungen möglichst frühzeitig stattfinden, jedoch mussten sie nicht notwendigerweise bereits vor Eintragung der SE abgeschlossen sein. Die Gründung war daher, anders als nach Art. 12 Abs. 2 SE-VO, auch nicht vom vorherigen Abschluss einer Vereinbarung abhängig. Damit wurde eine durchaus effiziente und sinnvolle Abkoppelung des Gesellschaftsrechts vom Arbeitsrecht vorgeschlagen.[277] Auf Seiten der Arbeitgeber verhandelten die zuständigen Organe der beteiligten Gesellschaften oder die von diesen bevollmächtigte Vertreter. Auf Arbeitnehmerseite war vergleichbar mit der EBR-RL ein Verhandlungsgremium vorgesehen, bei dessen Zusammensetzung der Grundsatz der Proportionalität aber stärkere Berücksichtigung erfahren sollte. Die Ernennung der Arbeitnehmervertreter erfolgte nach den einzelstaatlichen Rechtsvorschriften oder Gepflogenheiten. Demnach waren auch die Einbeziehung von Gewerkschaftsvertretern sowie die Hinzuziehung von Sachverständigen möglich.

2. Auffangregelung

Die Auffangregelung sollte zum einen als *„Übergangslösung"*[278] eingreifen, wenn zum Zeitpunkt der Eintragung der SE noch keine Vereinbarung geschlossen worden war. Zum anderen kam sie bei einem Scheitern der Verhandlungen automatisch zur Anwendung. Die in der Auffangregelung vorgeschlagenen Formen der Arbeitnehmerbeteiligung betrafen allein transnationale Angelegenheiten und ließen insbesondere die Unterrichtung und Konsultation auf nationaler Ebene unberührt. Zwischen der Partizipation auf betrieblicher und auf unternehmerischer Ebene wurde bereits genau differenziert.

a) Information und Anhörung

Auf betrieblicher Ebene schlug die Sachverständigengruppe ausführliche Informations- und Anhörungsrechte für die Arbeitnehmervertreter in der SE vor. Die die Unterrichtungs- und Konsultationspflichten auslösenden Angelegenheiten waren zwar noch nicht, wie im Anhang der SE-RL, katalogisiert, doch ging es

---

277 *Heinze*, AG 1997, 289, 294.

278 *Lambach*, Die Beteiligung in der SE, S. 135.

bereits um Vorgänge mit signifikanter Auswirkung auf die Lage der Arbeitnehmer sowie über den Stand und die voraussichtliche Entwicklung der Geschäfte der SE, ihrer Tochtergesellschaften und Niederlassungen. Da auch bestimmte Einsichtsrechte in Dokumente sowie die Tagesordnungen geregelt wurden, entsprachen die Vorgaben denen der EBR-RL und wurden in die SE-RL übernommen. Die Zusammensetzung des Arbeitnehmervertretungsorgans sollte nach denselben Regelungen wie die Errichtung des Verhandlungsgremiums erfolgen.

b) Mitbestimmung

Besonders problematisch gestaltete sich die Regelung der Arbeitnehmermitbestimmung in den Unternehmensorganen, da an diesem Diskussionspunkt aufgrund der sehr unterschiedlichen Standards in den Mitgliedstaaten bisher alle Vorschläge für eine SE gescheitert waren. Die Sachverständigengruppe sprach sich eindeutig gegen eine Lösung aus, die die Einführung von Mitbestimmung in eine SE davon abhängig machte, ob in einer der an der Gründung der SE beteiligten Gesellschaften bereits eine solche nationale Partizipationsform bestand oder nicht. Auf diese Weise fände nur eine Konsolidierung der jetzigen unterschiedlichen Regelungslage in den einzelnen Mitgliedstaaten statt, und es komme zu einer Ungleichbehandlung der an der SE-Gründung beteiligten Gesellschaften.[279] Mit diesen Ausführungen wurden zugleich auch die bisherigen Optionsmöglichkeiten in den Kommissionsvorschlägen verworfen.[280] Darüber hinaus plädierten die Verfasser des Berichts eindeutig für eine Mitbestimmung von Arbeitnehmervertretern im Aufsichts- oder Verwaltungsorgan auf der Basis einer gleichberechtigten Stellung der Mitglieder. Demnach sollten die Arbeitnehmervertreter nicht bloß als Beobachter fungieren, sondern auch stimmberechtigt sein. Bei der Besetzung des betreffenden Organs einer SE wurde vorgeschlagen, dass die Arbeitnehmervertreter ein Fünftel der Sitze bzw. mindestens zwei Mitglieder stellen dürfen.

3. Sonstige Empfehlungen

Anschließend nahm die Sachverständigengruppe noch einige Empfehlungen, wie beispielsweise die Garantie der Unabhängigkeit und den Schutz der Arbeitnehmervertreter, die Sicherung der finanziellen und materiellen Unterstützung der Arbeitnehmervertretergremien sowie die Vertraulichkeit bestimmter Informationen, auf. Diese Bereiche wurden allesamt in die aktuelle SE-RL übernommen; allerdings wird in der SE-RL teilweise lediglich auf das jeweilige nationale Recht verwiesen.

---

279 Vgl. Davignon-Bericht, S. 9 f., Nr. 77 f.

280 *Heinze*, AG 1997, 289, 295.

4. Fazit

Im Vergleich zum deutschen Recht war auf der Ebene der betrieblichen Beteiligung zwar ein umfassendes Informations- und Anhörungsrecht, aber kein echtes Mitbestimmungsrecht vorgesehen. Für die überwiegende Zahl der Mitgliedstaaten bedeuteten diese Regelungen aber eine erhebliche Ausweitung der betrieblichen Interessenvertretung der Arbeitnehmer.[281] Die Empfehlungen der Autoren, keinen unterschiedlichen Mitbestimmungsstandard und eine Art von *„Sockellösung"*[282] zur Absicherung der Arbeitnehmerbeteiligung im Aufsichts- bzw. Verwaltungsrat einer SE einzuführen, konnten sich letztlich nicht durchsetzen.[283]

Insgesamt kann der Davignon-Bericht aber als Erfolg gewertet werden, da er die Diskussion über das Statut einer SE wieder in Gang brachte. Die Ausführungen stießen in den Mitgliedstaaten auf ein überwiegend positives Echo und regten wiederum zu einer Reihe von Stellungnahmen an.[284] Obwohl der Davignon-Bericht letztlich politisch nicht durchsetzbar war[285], führte er, wie von der Kommission erhofft[286], zu einem *„Weg (...) aus der Sackgasse"*[287].

II. Nachfolgende Kompromissvorschläge

Auf der Grundlage dieses Berichts legten nun die jeweiligen Mitgliedstaaten, die gerade die Ratspräsidentschaft innehatten, weitere Vorschläge vor. Diese Konzepte konzentrierten sich vor allem auf die Problematik der Mitbestimmung, wobei diese Partizipationsform primär durch Verhandlungen festgelegt werden sollte.[288]

1. Vorschlag des luxemburgischen Vorsitzes vom Sommer 1997

Der erste Entwurf[289] wurde unter luxemburgischer Präsidentschaft verfasst und behandelte allein den Vorschlag für die Richtlinie zur Arbeitnehmerbeteiligung in der SE.[290] In diesem Kompromissvorschlag wurde die Rechtsgrundlage aus

---

281 Vgl. zum Ganzen *Heinze*, AG 1997, 289, 295.

282 *Kuffner*, Beteiligung der Arbeitnehmer, S. 36.

283 Gerade diese Bereiche sind im jetzigen SE-Statut vehementer Kritik ausgesetzt, da sich die Gesellschaften aus Mitgliedstaaten mit einem hohen Mitbestimmungsniveau diskriminiert fühlen und eine fehlende Attraktivität für das Verhandlungsverfahren befürchten.

284 Vgl. *Heinze*, AG 1997, 289, 296; *Mävers*, Die Mitbestimmung der Arbeitnehmer, S. 308 ff.

285 *Heinze*, ZGR 2002, 66, 73.

286 *Monti*, WM 1997, 607, 608.

287 *Monti*, WM 1997, 607, 608.

288 *Schwarz*, Europäisches Gesellschaftsrecht, 4. Teil XVI. 2., Rn. 1222.

289 Ratsvorschlag 10020/97 = BR-Drucks. 728/97. Vgl. zu diesem nicht amtlich veröffentlichten Entwurf *Kolvenbach*, NZA 1998, 1323, 1324 ff.; *Kuffner*, Beteiligung der Arbeitnehmer, S. 38 f.; *Mävers*, Die Mitbestimmung der Arbeitnehmer, S. 313 ff.

290 *Kolvenbach*, NZA 1998, 1323, 1325.

den Vorschlägen von 1989 und 1991 beibehalten[291] und der Gründungsfall der Umwandlung sowie die Gründung einer Tochter-SE durch eine bereits bestehende SE ausgespart.[292] Die luxemburgische Präsidentschaft plädierte für eine möglichst weitgehende Berücksichtigung der Erkenntnisse aus der EBR-RL und folgte den Vorgaben des Davignon-Berichts.[293] Neben den entsprechenden Regelungen zum Verhandlungsverfahren und zur Auffangregelung wurden die Begriffe der Unterrichtung, Anhörung und Mitbestimmung ausführlich definiert.[294] Dieser Vorschlag wurde allerdings in den Mitgliedstaaten Deutschland, Österreich und Schweden aufgrund der ihrer Meinung nach nicht ausreichenden Absicherung der Mitbestimmung abgelehnt.[295]

2. Vorschlag des britischen Vorsitzes vom Frühjahr 1998

Während ihrer Amtzeit im ersten Halbjahr 1998 erarbeitete die britische Ratspräsidentschaft sowohl für eine Verordnung als auch eine Richtlinie[296] Vorschläge, wobei der Schwerpunkt auch hier auf der Richtlinie beruhte.[297] Im Verordnungsentwurf wurde die im RL-Entwurf 1991 geregelte Möglichkeit, dass die Mitgliedstaaten für eine SE mit Sitz in ihrem Hoheitsgebiet zwingend das monistische oder dualistische System festlegen konnten, aufgehoben. Es bestand daher Wahlfreiheit für die SE. Während der Gründungsfall der Umwandlung anfänglich, verknüpft mit einer zeitlichen Komponente, einbezogen wurde, wurde er in einer späteren Überarbeitung wieder herausgenommen.[298]

Im Richtlinienentwurf wurde zwar auf den luxemburgischen Vorschlag zurückgegriffen, doch erfolgte eine Reihe von Präzisierungen und Änderungen. Insgesamt entsprach dieser Vorschlag bereits in vielen Punkten der endgültigen Fassung der SE-RL. So enthielt er hinsichtlich des Verhandlungsverfahrens eine detaillierte Regelung für die Einsetzung des BVG, die bereits den Zeitpunkt der Aufnahme von Verhandlungen sowie die Berücksichtigung des Repräsentationsgrundsatzes und, unter zu Hilfenahme einer Staffelung in Zehn-Prozent-Schritten, des Proportionalitätsprinzips beinhaltete. Vorgesehen war ebenfalls schon eine Sonderregelung bei der Zusammensetzung des BVG für den Gründungsfall der Verschmelzung, die Beteiligung externer Gewerkschaftsangehöri-

---

291 *Mävers*, Die Mitbestimmung der Arbeitnehmer, S. 314.

292 *Kolvenbach*, NZA 1998, 1323, 1325.

293 *Kolvenbach*, NZA 1998, 1323, 1325.

294 Vgl. zum Ganzen *Kolvenbach*, NZA 1998, 1323, 1325.

295 *Hopt*, ZIP 1998, 96, 101; *Kolvenbach*, NZA 1998, 1323, 1325. Zu anderweitigen Stellungnahmen vgl. *Mävers*, Die Mitbestimmung der Arbeitnehmer, S. 315 ff.

296 Ratsvorschlag 7391/98 bzw. 7816/98 = RdA 1998, 239 ff.
Vgl. zu diesem nicht amtlich veröffentlichten Entwurf *Hanau*, RdA 1998, 231 ff.; *Heinze*, ZGR 1999, 54, 64 ff.; *Kolvenbach*, NZA 1998, 1323, 1326 ff.; *Kuffner*, Beteiligung der Arbeitnehmer, S. 39 f.; *Mävers*, Die Mitbestimmung der Arbeitnehmer, S. 320 ff.

297 *Mävers*, Die Mitbestimmung der Arbeitnehmer, S. 320 f.

298 Vgl. zum Ganzen *Mävers*, Die Mitbestimmung der Arbeitnehmer, S. 322 f.

ger, die Beiziehung von Sachverständigen und die Kostentragungspflicht. Des Weiteren waren bereits die bei Abschluss einer Vereinbarung erforderlichen Mindestbestimmungen vorhanden. Außerdem bestand die Möglichkeit des Abbruchs oder der Nichtaufnahme von Verhandlungen bzw. der Vereinbarung einer Mitbestimmungsminderung oder der Abwahl jeglicher Mitbestimmung. Bei den für solche Beschlüsse erforderlichen Mehrheiten im Abstimmungsverfahren innerhalb des Verhandlungsgremiums bestanden aber große Differenzen, so dass die britische Präsidentschaft zwei Optionen zur Verfügung stellte.

Auch bei den Vorschriften zur Auffangregelung sind weitere Weichenstellungen in Richtung der SE-RL unverkennbar. Die Regelungen über die Zusammensetzung und Amtszeit des Organs zur Vertretung der Arbeitnehmer sowie das Verfahren der Unterrichtung und Anhörung entsprechen größtenteils der aktuellen Fassung in Teil 1 und 2 An. SE-RL. Auch bei den Vorschriften zur Mitbestimmung wurde nun von dem Davignon-Bericht und dem luxemburgischen Vorschlag abgewichen, da die Sockellösung mit ihrer Mindestgarantie von zwei in den Aufsichts- bzw. Verwaltungsrat zu wählenden oder zu entsendenden Mitgliedern gestrichen wurde. Grundsätzlich war nach der *„Vorher-Nachher-Lösung“*[299] der einzuführende Mitbestimmungsstandard davon abhängig, ob und inwieweit die an der SE-Gründung beteiligten Gesellschaften der Mitbestimmung nach dem Repräsentations- oder Kooptationsmodell unterlagen. Damit wurde wieder eine Differenzierung nach den Mitbestimmungssystemen der beteiligten nationalen Gesellschaften eingeführt, da statt des festen Referenzrahmens des Davignon-Berichts das nationale Modell mit dem höchsten Grad der Mitbestimmung zur Anwendung kommen sollte.[300] Anders als in der SE-RL konnte das BVG, wie im Verhandlungsverfahren, aber auch eine Mitbestimmungsminderung vereinbaren bzw. diese Form der Partizipation gänzlich abschaffen. Wiederum waren die erforderlichen Mehrheitsverhältnisse für die Beschlussfassung im BVG streitig, so dass insgesamt fünf verschiedene Varianten in den Vorschlag aufgenommen wurden. Schließlich waren noch einige sonstige Bestimmungen vorgesehen, die insbesondere die Vertraulichkeit bestimmter Informationen, Verschwiegenheitspflichten, Tendenzschutz und Vorschriften zum besonderen Schutz der Arbeitnehmervertreter enthielten.

Auch die Vorschläge der britischen Ratspräsidentschaft wurden lebhaft diskutiert.[301] So lehnte die deutsche Wirtschaft die britischen Vorschläge insbesondere aufgrund des Vorher-Nachher-Prinzips geschlossen ab, da sie eine Diskriminierung deutscher Unternehmen befürchtete.[302] Insbesondere an der Absicherung

---

299 *Kuffner*, Beteiligung der Arbeitnehmer, S. 39. Siehe unten S. 140 f.

300 *Hanau*, RdA 1998, 231, 232.

301 Vgl. hierzu ausführlich bei *Kolvenbach*, NZA 1998, 1323, 1326 f.; *Mävers*, Die Mitbestimmung der Arbeitnehmer, S. 338 ff.

302 *Heinze*, ZGR 2002, 66, 74 f.; *Kuffner*, Beteiligung der Arbeitnehmer, S. 40.

der Mitbestimmung durch die Auffangregelung scheiterten die anschließenden Beratungen. Grund hierfür waren wiederum die Differenzen zwischen den Mitgliedstaaten mit langer Mitbestimmungstradition und den Ländern, die einen Import ausländischer Mitbestimmungsstandards befürchteten.[303]

3. Vorschlag des österreichischen Vorsitzes vom Herbst 1998

Auch unter der anschließenden österreichischen Ratspräsidentschaft wurde im Herbst 1998 ein weiterer Vorschlag zur Schaffung eines SE-Statuts[304] erarbeitet. Diese Initiative blieb hauptsächlich auf den Bereich der Arbeitnehmerbeteiligung beschränkt und stellte im Ergebnis eine modifizierte Fassung des britischen Entwurfs dar.[305] Allerdings wurde nun wieder die Gründungsform der Umwandlung aufgenommen, die mit einer zeitlichen Komponente verknüpft wurde. Darüber hinaus war die Sitzverlegung in einen anderen Mitgliedstaat aus Anlass der Umwandlung untersagt.[306] Zur Absicherung des Partizipationsniveaus wurde die sog. *„Mitbestimmungsbeibehaltungsklausel"*[307] eingeführt, die sich so in Art. 4 Abs. 4 SE-RL wieder findet. Ferner konnte bei einer SE-Gründung durch Umwandlung die Mitbestimmung nicht abgewählt werden.

In Bezug auf das Verhandlungsverfahren wurden keine grundsätzlichen Änderungen, sondern nur vereinzelte Modifizierungen vorgenommen. Insbesondere die Abstimmungsmodalitäten im besonderen Verhandlungsgremium wurden auf den Stand der erforderlichen verschiedenen Mehrheitsverhältnissen in der aktuellen SE-RL gebracht. Für die Zusammensetzung des BVG wurde nun die Formulierung von der Tranche sowie dem Bruchteil dieser Tranche gewählt, und es fand eine besondere Absicherung des Repräsentationsprinzips bei Gründung einer SE durch Verschmelzung statt. Auch diese Änderungen wurden in die SE-RL übernommen.

In Bezug auf die Auffangregelung hielt der österreichische Vorschlag an dem Grundsatz der Übernahme des weitestgehenden Mitbestimmungsmodells fest. Bei den allgemeinen Voraussetzungen zur Eröffnung ihres Anwendungsbereichs wurde der Zustimmungsvorbehalt der zuständigen Organe der beteiligten Gesellschaften eingeführt. Für die Anwendbarkeit der mitbestimmungsrechtlichen Vorschriften war nun eine Differenzierung zwischen den verschiedenen Gründungsformen vorgesehen. Während bei der Umwandlung bereits das Bestehen von Mitbestimmung allein ausreichte, sollten für die anderen Gründungstatbe-

---

303 *Kolvenbach*, NZA 1998, 1323, 1328; *Mävers*, Die Mitbestimmung der Arbeitnehmer, S. 344.

304 Ratsvorschlag 11997/98.
Vgl. zu diesem nicht amtlich veröffentlichten Entwurf *Kuffner*, Beteiligung der Arbeitnehmer, S. 41 f.; *Mävers*, Die Mitbestimmung der Arbeitnehmer, S. 344 ff.

305 *Mävers*, Die Mitbestimmung der Arbeitnehmer, S. 344 f.

306 *Herfs-Röttgen*, NZA 2001, 424, 426.

307 *Mävers*, Die Mitbestimmung der Arbeitnehmer, S. 351.

stände bestimmte Schwellenwerte erforderlich sein, deren Höhe aber noch nicht festgelegt war.

Hinsichtlich der Zusammensetzung des Arbeitnehmervertretungsorgans wurde die Verpflichtung zur Berücksichtigung von Änderungen innerhalb der SE sowie ihrer Tochtergesellschaften und Betriebe aufgenommen. Auch erfolgten einige Präzisierungen und Ergänzungen im Bereich der Unterrichtung und Anhörung. Dieser erneute Vorschlag hätte aufgrund seines Kompromisscharakters beinahe den erhofften Erfolg herbeigeführt, da es am 02.12.1998 im Ministerrat gelang, eine Einigung zwischen 14 Mitgliedstaaten zu erzielen. Letztlich scheiterten die Bemühungen aber an der fehlenden Zustimmung Spaniens, welches seine Ablehnung damit begründete, dass die Mehrheit der Arbeitnehmer durch diese Regelungen gegen ihren Willen zur Übernahme eines bestimmten Mitbestimmungssystems gezwungen werden könnte.[308]

4. Vorschlag des deutschen Vorsitzes vom Frühjahr 1999

Das Projekt der SE wurde auch unter der deutschen Ratspräsidentschaft weiter vorangetrieben. Dabei erfolgten allerdings nur geringfügige Änderungen zum vorhergehenden österreichischen Entwurf. Unter anderem wurde der Wortlaut über die Zusammensetzung des BVG berichtigt und der Begriff der Mitbestimmungsminderung präzisiert. Während der Inhalt der Vorschriften zum Verhandlungsverfahren und zur Auffangregelung nicht nennenswert modifiziert wurde, nahm die deutsche Präsidentschaft eine bemerkenswerte Änderung in Bezug auf die Stellung eines Teils der Auffangregelung vor. So wurde die problematische Regelung über die besonderen Anwendungsvoraussetzungen zur Mitbestimmung mit den Schwellenwerten aus der Richtlinie entfernt und in die Verordnung übernommen. Grund für diesen *„Systembruch"*[309] war wohl, Spanien endgültig zur Zustimmung zu bewegen. Trotz dieses Kunstgriffs und einer Einigung zwischen Spanien und Großbritannien bezüglich Gibraltars[310] scheiterte auch der Vorschlag der deutschen Präsidentschaft im Juni 1999 am Veto Spaniens.

---

308 *Mävers*, Die Mitbestimmung der Arbeitnehmer, S. 356. Als weitere Gründe werden inoffiziell zum einen die Furcht Spaniens vor Sitzverlegungen nach Gibraltar genannt; vgl. *Kolvenbach*, NZA 1998, 1323, 1327. Zum anderen wird angeführt, dass Spanien als zweitgrößtes Agrarland seine durch die *„Agenda 2000"* bedrohten Interessen schützen wolle; *Hasselbach*, NZG 1999, 291.

309 *Kuffner* führt an, dass der spanische Gesetzgeber mit Hilfe dieser Vorgehensweise in diesem Bereich keine Umsetzungsmaßnahme hätte vornehmen müssen und damit keiner innerstaatlichen Kritik ausgesetzt gewesen wäre; vgl. *Kuffner*, Beteiligung der Arbeitnehmer, S. 41.

310 *Kuffner*, Beteiligung der Arbeitnehmer, S. 43; *Mävers*, Die Mitbestimmung der Arbeitnehmer, S. 403.

III. Kompromiss von Nizza im Dezember 2000

Während unter der anschließenden finnischen und portugiesischen Präsidentschaft die Initiative in der Öffentlichkeit vorübergehend zum Stillstand kam,[311] wurde hinter den Kulissen weiter verhandelt.[312] Daher gelang es unter französischer Präsidentschaft auf dem Gipfel von Nizza Anfang Dezember 2000 doch noch, eine politische Einigung über Verordnung und Richtlinie herbeizuführen. Grund für diesen Erfolg war wohl insbesondere, dass durch die Aufnahme des *„opting-out"*[313] für den Gründungsfall der Verschmelzung in den Richtlinienentwurf eine Forderung Spaniens erfüllt wurde.[314] Aufgrund dieser besonderen Regelung konnten auch die zum Teil in die Verordnung ausgelagerten mitbestimmungsrechtlichen Vorschriften wieder in den Richtlinienvorschlag zurückgeführt werden.

Nachdem der Verordnungs- und Richtlinienentwurf noch einmal dem Parlament vorgelegt worden war,[315] nahm der Rat am 8.10.2001 beide Texte mit geringfügigen Modifikationen endgültig an. Neben den Vorschriften zum Repräsentationsmodell übernimmt die jetzige SE-RL mit dem *„Vorher-Nachher-Prinzip"*[316] eine Tradition der deutschen Mitbestimmungsvorschriften, die vom Mitbestimmungsergänzungsgesetz bis zu § 325 Abs. 1 UmwG von 1994 reicht.[317]

§ 4 Weitere Initiativen der Gemeinschaft ab 2002

Bereits ein knappes halbes Jahr später konnte ein weiterer gemeinschaftlicher Erfolg auf dem Gebiet der Arbeitnehmerbeteiligung verzeichnet werden. Am 11.03.2002 wurde nach langjähriger politischer Auseinandersetzung die Richtlinie zur Unterrichtung und Anhörung der Arbeitnehmer verabschiedet.[318] Anders als die bisherigen den Bereich der Arbeitnehmerbeteiligung berührenden Richtlinien handelte es sich erstmals um ein Regelungswerk, das im Rahmen einer Harmonisierung gewisse Mindeststandards im Bereich der Information und

---

311 *Kuffner*, Beteiligung der Arbeitnehmer, S. 43.

312 *Mävers*, Die Mitbestimmung der Arbeitnehmer, S. 405.

313 Vgl. unten S. 243 ff.

314 Im Schrifttum findet sich allerdings zum einen der Hinweis, dass die eigentliche Motivation Spaniens das Versprechen der französischen Regierung zur Kooperation beim Kampf gegen den baskischen Terror gewesen sei; *Hopt*, EuZW 2002, 1. Zum anderen wird angeführt, dass das Einverständnis Spaniens durch finanzielle Zugeständnisse für seine Fischereiflotte herbeigeführt worden sei; *Heinze*, ZGR 2002, 66, 77.

315 Grund hierfür war, dass seit der letzten Anhörung des Parlaments weitreichende Änderungen vorgenommen worden waren; *Lambach*, Die Beteiligung der Arbeitnehmer in der SE, S. 40 f.

316 Siehe unten S. 140 f.

317 *Wißmann*, FS Wiedemann (2002), 685, 694.

318 Vgl. hierzu stv. *Reichold*, NZA 2003, 289 ff.; *Schäfer*, Der europäische Rahmen für Arbeitnehmermitwirkung, S. 108 ff.

Konsultation der Arbeitnehmer festsetzte.[319] Insbesondere wurde in dieser bis zum 23.03.2005 umzusetzenden Richtlinie das *„prozedurale Konzept der Arbeitnehmer-Beteiligung"*[320] weiter verfolgt, da die Mitgliedstaaten gem. Art. 5 UA-RL zumindest festlegen können, dass den Sozialpartnern die Möglichkeit der Aushandlung der Unterrichtung und Anhörung im Rahmen einer Vereinbarung zugestanden wird. Darüber hinaus wurden am 22.07.2003 die Verordnung über das Statut der Europäischen Genossenschaft[321] und die zur Ergänzung dieses Statuts dienende SCE-RL verabschiedet. Diese beiden Regelwerke sind größtenteils identisch mit der SE-VO und der SE-RL.[322]

Neben diesen beiden erfolgreich zum Abschluss gebrachten Initiativen wurden zwei gesellschaftsrechtliche Projekte wieder in Angriff genommen, die bisher insbesondere an der Frage der Mitbestimmung gescheitert waren.[323] In einem Aktionsplan zur *„Modernisierung des Gesellschaftsrechts und Verbesserung der Corporate Governance in der Europäischen Union"*[324] vom Mai 2003 hat die Kommission die Vorlage überarbeiteter Vorschläge, sowohl zu einer Zehnten gesellschaftsrechtlichen Richtlinie über grenzüberschreitende Verschmelzungen als auch zu einer Vierzehnten gesellschaftsrechtlichen Richtlinie über grenzüberschreitende Sitzverlegungen, in Aussicht gestellt. Nach der Vorlage des Sitzverlegungs-E am 22.04.1997[325] hat dieses Projekt damit einen erneuten Schub erhalten, so dass inzwischen bereits die öffentliche Konsultation abgeschlossen wurde.[326] Die Fusions-RL wurde mittlerweile am 26.10.2005 verabschiedet.[327] In diesem Regelwerk wurde, mit einigen wichtigen Modifikationen,

---

319 *Weber*, FS 600 Jahre Würzburger Juristenfakultät (2002), S. 189, 208.

320 *Reichold*, NZA 2003, 289, 294.

321 Verordnung (EG) Nr. 1435/2003 des Rates vom 22.07.2003 über das Statut der Europäischen Genossenschaft (SCE), ABl. EG Nr. L 207/1.

322 Vgl. zur SCE-VO die Kommentierung bei *Beuthien*, GenG, Statut der Europäischen Genossenschaft, S. 1192 ff.

323 *Wiesner*, DB 2005, 91. *Kloster* beschreibt das in der SE-RL entwickelte Mitbestimmungsmodell als *„Bremslöser"* für die bisher an der Mitbestimmung gescheiterten Initiativen; *Kloster*, EuZW 2003, 293.

324 Mitteilung der Kommission an den Rat und das Europäische Parlament; Modernisierung des Gesellschaftsrechts und Verbesserung der Corporate Governance in der Europäischen Union – Aktionsplan; KOM (2003) 284 endg.

325 Vorschlag für eine Vierzehnte Richtlinie des Europäischen Parlaments und des Rates über die Verlegung des Sitzes einer Gesellschaft in einen anderen Mitgliedstaat mit Wechsel des für die Gesellschaft maßgebenden Rechts; abgedruckt mit Begründung in ZIP 1997, 1721 ff. Dieser Vorentwurf enthält allerdings keinerlei Vorschriften zur Frage der Mitbestimmung.

326 Die Kommission hatte einen Fragebogen, der bis zum 15.04.2004 elektronisch beantwortet werden konnte, ins Internet gestellt. Abrufbar unter *htpp://europa.eu.int/comm/internal_market/company/seat-transfer/2004-consult_de.htm.*

327 Abl. EG Nr. L 310 v. 25.11.2005, S. 1 ff.

ebenfalls die Harmonisierungsstrategie der Prozeduralisierung mit Verhandlungslösung und Auffangregelung gewählt.[328]

§ 5 Auswirkungen der historischen Entwicklung auf die Gestaltung der heutigen SE-RL

Anhand der historischen Entwicklung wird das allgemeine Dilemma des europäischen Gesetzgebers bei der Schaffung eines SE-Statuts erkennbar. Auf der einen Seite brachte die Nichtaufnahme weitergehender Vorschriften in besonders problematischen Bereichen, wie des Konzernrechts oder der betrieblichen Arbeitnehmerbeteiligung, den Vorteil mit sich, dass strittige, das Vorhaben behindernde Regelungen vermieden werden konnten. Auf der anderen Seite hatte diese Vorgehensweise den Nachteil, dass eine geringere Regelungsdichte innerhalb des SE-Statuts zu einer vermehrten Anwendung der unterschiedlichen nationalen Rechtsnormen der Mitgliedstaaten führte. Dies brachte eine Beeinträchtigung der angestrebten Einheitlichkeit und des Europacharakters der SE mit sich.[329]

Diese Wechselwirkung erstreckte sich auch auf die im Rahmen der Mitbestimmung entwickelten Richtlinienvorschläge. Die in den Entwürfen von 1989 und 1991 verwendete Modellpolitik sorgte zwar einerseits für eine vermehrte Flexibilität und damit für eine Erweiterung der Durchsetzungschancen für ein SE-Statut[330], verstärkte aber andererseits die unterschiedliche Gestaltung Europäischer Aktiengesellschaften[331], so dass die *„Gefahr der Renationalisierung der Gesellschaften"*[332] drohte.

In der aktuellen SE-RL wurde durch die Konzeption aus Vereinbarung und Auffangregelung der Variantenreichtum zukünftiger Europäischer Aktiengesellschaften noch vergrößert. So treffen die Bestimmungen dieses Regelwerks aufgrund ihres Kompromisscharakters in einigen Bereichen sehr unterschiedliche Regelungen für die verschiedenen Gründungsformen und differenzieren dabei zusätzlich nach dem Mitbestimmungsniveau der beteiligten Gesellschaften. Während zudem das Primat der Verhandlungslösung zu großen Unterschieden in den einzelnen Europäischen Aktiengesellschaften führen kann, droht bei Geltung der Auffangregelung das quantitativ höchste nationale Mitbestimmungsniveau zementiert zu werden. Folglich wird die bereits in den gesellschaftsrechtlichen Vorgaben der SE-VO bestehende, als *„Flickenteppich"*[333] bezeichnete, Mannigfaltigkeit durch die komplizierten Vorschriften der SE-RL noch verviel-

---

328 Vgl. zum Inhalt dieser Fusions-RL unten S. 505 ff.
329 *Wiesner*, AG-Report 1988, R 287, R 288.
330 *Höland*, Mitbestimmung in Europa, S. 35.
331 *Wiesner*, AG-Report 1988, R 287, R 288.
332 *Kohlhepp*, RIW 1989, 88, 90.
333 *Schwarz/Lösler*, NotBZ 2001, 117, 124.

fältigt[334], sodass es nicht eine einzige einheitliche SE, sondern genauso viele Europäische Aktiengesellschaften wie beteiligte Staaten geben wird.[335] Insgesamt ist also mit einer SE in 28 verschiedenen Ausprägungen zu rechnen.[336]

Aber nicht nur das System der SE-RL selbst wurde durch ihre schwierige und langwierige Entstehung und den Versuch, die unterschiedlichen mitbestimmungsrechtlichen Besonderheiten der Mitgliedstaaten zu berücksichtigen, geprägt. Auch die einzelnen Vorschriften dieses Regelwerks tragen die Zeichen des Kompromisscharakters und fortwährender Änderungen der SE-RL. Insbesondere die Tatsache, dass nach dem Davignon-Bericht unter beinahe jeder Ratspräsidentschaft *„weitere Zellteilungen"*[337] vorgenommen wurden, um die gegensätzlichen Wünsche der Mitgliedstaaten einbeziehen zu können, führte zu einem *„inhaltlichen Monstrum"*[338]. Die komplexen und schwer verständlichen Vorschriften[339] müssen daher oftmals im Zusammenhang mit der historischen Entwicklung betrachtet werden, um ihren Sinngehalt erschließen zu können. Selbst dann erscheinen sie teilweise lückenhaft und nicht ausreichend durchdacht.

---

334 *Weber*, FS 600 Jahre Würzburger Juristenfakultät (2002), S. 189, 204.

335 Vgl. stv. *Bezzenberger*, JURA 2003, 229, 231; *Ebert*, EBLR 2003, 183, 188; *Hohloch*, in: *Schwarze* (Hrsg.), Wirtschaftsrechtliche Garantien, S. 121, 137; *Kuhn*, in: *Jannott/Frodermann* (Hrsg.), Handbuch der Europäischen Aktiengesellschaft, 2. Kap. II 1, Rn. 7; *Seibt/Saame*, AnwBl 2005, 225; *Slagter*, in: *Baums/Cahn* (Hrsg.), Die Europäische Aktiengesellschaft, S. 30.

336 *Jannott/Frodermann/Hagemann*, in: *Jannott/Frodermann* (Hrsg.), Handbuch der Europäischen Aktiengesellschaft, 16. Kap. I, S. 561.

337 *Wiesner*, ZIP 2001, 397.

338 *Wiesner*, ZIP 2001, 397.

339 *Mävers*, Die Mitbestimmung der Arbeitnehmer, S. 420.

Teil 3 Beteiligung der Arbeitnehmer in der SE

Zwar ist die Beteiligung der Arbeitnehmer, wie bereits bei den Entwürfen zu einem SE-Statut von 1989 und 1991, grundsätzlich in der SE-RL geregelt, dennoch betreffen einige Vorschriften innerhalb der SE-VO diesen Bereich direkt oder indirekt. Auch ist die enge Verknüpfung der beiden Regelwerke aufrechterhalten worden, da die Richtlinie bereits ausweislich ihres Namens *„zur Ergänzung des Statuts"* dient.[1] Wie in den Vorschlägen von 1989 und 1991 finden sich in den Erwägungsgründen und Vorschriften zahlreiche Anhaltspunkte für die Verbindung zwischen beiden Rechtsakten.[2] So wird im 19. Erwägungsgrund der SE-VO festgestellt, dass die Bestimmungen der Richtlinie eine untrennbare Ergänzung der Verordnung darstellen und zum gleichen Zeitpunkt anwendbar sein müssen. Demzufolge ist im 21. Erwägungsgrund der SE-VO vorgesehen, dass die Verordnung zeitlich verzögert in Kraft tritt, um allen Mitgliedstaaten eine Umsetzung der Richtlinie und damit eine gleichzeitige Anwendbarkeit beider Regelwerke zu ermöglichen. Zudem wird die Registrierung der SE gem. Art. 12 Abs. 2 SE-VO bzw. für den Sonderfall des *„opt-out"* gem. Art. 12 Abs. 3 SE-VO von einer Lösung der Frage der Arbeitnehmerbeteiligung abhängig gemacht.[3] Um eine abschließende Darstellung der Regelungen und Problempunkte auf diesem Gebiet gewährleisten zu können, ist die SE-VO, soweit die Bereiche der Arbeitnehmerpartizipation berührt werden, zu berücksichtigen.

§ 1 Rechtsgrundlage des Art. 308 EG

Sowohl die SE-VO als auch die SE-RL basieren auf Art. 308 EG[4] (früher Art. 235 EWGV). Laut Erwägungsgrund 28 SE-VO und Erwägungsgrund 17 SE-RL enthält der Vertrag **nur** in Art. 308 EG Befugnisse für die Annahme dieser Verordnung bzw. dieser Richtlinie. Erwägungsgrund 19 SE-VO stellt ebenfalls klar, dass dieser Artikel Rechtsgrundlage der SE-RL ist. Der Rat hat die SE-VO und die SE-RL einstimmig und ohne Widerspruch der Kommission auf

---

1 *Mävers*, Die Mitbestimmung der Arbeitnehmer, S. 415.

2 Daher werden beide Regelwerke im Schrifttum als Einheit angesehen; *Köstler*, Mitbestimmung 2001, 48.

3 Vgl. unten S. 243 ff.

4 Der Rat erlässt gem. Art. 308 EG nach Anhörung des Wirtschafts- und Sozialausschusses und des Europäischen Parlaments einstimmig die geeigneten Vorschriften für den Fall, dass ein Tätigwerden der Gemeinschaft erforderlich erscheint, um im Rahmen des gemeinsamen Marktes ihre Ziele zu verwirklichen. Bedingung dafür ist aber, dass im EG die erforderlichen Befugnisse nicht vorgesehen sind.

der Grundlage von Art. 308 EG angenommen.[5] Bereits die Verordnungsentwürfe von 1970 und 1975 wurden von der Kommission auf Art. 235 EWGV (jetzt Art. 308 EG) gestützt. Diese Wahl stieß in der Literatur aber auf Kritik.[6]

Das Europäische Parlament hat diese Rechtsgrundlage beanstandet und mit einer Nichtigkeitsklage gem. Art. 230 Abs. 3 EG zur Wahrung seiner Rechte[7] vor dem EuGH gedroht.[8] Bereits zuvor hatte der Ausschuss für Recht und Binnenmarkt des Europäischen Parlaments in seinem Bericht über den Verordnungsentwurf[9] deutlich gemacht, dass seiner Ansicht nach andere Normen des EG-Vertrages relevant seien. In dem Änderungsantrag dieses Ausschusses wurde Art. 308 EG gegen Art. 95 EG mit der Begründung ausgetauscht, dass der vom Rat geänderte Vorschlag auf der falschen Rechtsgrundlage beruhe.[10] Des Weiteren plädierte der Ausschuss für Recht und Binnenmarkt dafür, dass die SE-RL auf Art. 137 Abs. 3 3. Spstr. EG gestützt werden solle.[11] Zudem findet sich im Rahmen der

---

5 Vereinzelt wird vertreten, dass Art. 44 Abs. 2 Buchst. g EG (früher Art. 54 Abs. 3 Buchst. g EWGV) weiterhin die Rechtsgrundlage für die Richtlinie darstelle; *Lutter*, BB 2002, 1, 2.

6 Gefordert wurde der Abschluss eines Staatsvertrags zwischen den Mitgliedstaaten; vgl. stv. *von Caemmerer*, FS Kronstein (1967), S. 172, 187; *Steindorff*, FS Kastner (1972), S. 475, 484 f.; zumindest zweifelnd *Mertens*, JR 1970, 321, 324 f. Argumentiert wurde damit, dass Art. 235 EWGV nur in Ausnahmefällen Verwendung finden solle, da es der Gesetzgebung durch die Gemeinschaftsorgane an der demokratischen Legitimation fehle; *Steindorff*, FS Kastner (1972), S. 475, 484 f. Zudem verdränge Art. 220 EWGV (jetzt Art. 293 EG), der den Erlass von Staatsverträgen zu bestimmten gesellschaftsrechtlichen Bereichen ermögliche, Art. 235 EWGV; *Mertens*, JR 1970, 321, 324. Schließlich könne nur der Abschluss eines Staatsvertrags die angestrebte Schaffung von Einheitsrecht für die SE gewährleisten; *von Caemmerer*, FS Kronstein (1967), S. 172, 187 ff.
Nur vereinzelt wurde bereits zum damaligen Zeitpunkt diese Rechtsgrundlage befürwortet; vgl. stv. *Netta*, Das Recht der verbundenen Unternehmen, S. 20 ff.

7 Zu dem damaligen Zeitpunkt gehörte das Europäische Parlament noch gem. Art. 230 EG a.F. zu den lediglich teilprivilegierten Klageberechtigten. Aufgrund des Inkrafttretens des Vertrags von Nizza am 01.02.2003 ist es nun ebenso wie der Rat, die Kommission und die Mitgliedstaaten gem. Art. 230 Abs. 2 EG n.F. aktiv parteifähig; *Cremer*, in: *Calliess/Ruffert*, Kommentar zum EU-Vertrag und EG-Vertrag, Art. 230 Rn. 4.

8 *Neye*, ZGR 2002, 377 ff.

9 Bericht des Ausschusses für Recht und Binnenmarkt über den Entwurf einer Verordnung des Rates über das Statut der Europäischen Gesellschaft (SE), Dokument A5-0243/2001 v. 26.06.2001.

10 Folgerichtig wurde Erwägungsgrund 29 dahingehend abgeändert, dass der Vertrag nur in Art. 95 Befugnisse für die Annahme dieser Verordnung enthalte, vgl. Bericht des Ausschusses für Recht und Binnenmarkt über den Entwurf einer Verordnung des Rates über das Statut der Europäischen Gesellschaft (SE), Dokument A5-0243/2001 v. 26.06.2001, S. 11.

11 In seinem Abänderungsvorschlag zum Richtlinienentwurf verwendete der Ausschuss in der Präambel Art. 137 Abs. 3 3. Spstr EG anstelle des Art. 308 EG und wandelte Erwä-

Begründung bereits die Bemerkung, dass sich das Parlament vorbehalte, *„ein Verfahren vor dem EuGH zur Überprüfung der Rechtgrundlage anzustrengen"*[12]. Das Europäische Parlament hat in seiner Stellungnahme vom 04.09.2001 diese Vorschläge zur Änderung der Rechtgrundlage sowohl bezüglich des Verordnungs-[13] als auch des Richtlinienentwurfs[14] übernommen.

In den Vorschlägen von 1989 und 1991 über ein SE-Statut sollte die SE-RL dagegen noch auf Art. 54 Abs. 3 Buchst. g EWGV (jetzt Art. 44 Abs. 2 Buchst. g EG) basieren. Die bereits zu diesem Zeitpunkt vorgesehene Aufteilung der Vorschriften für ein SE-Statut in eine Verordnung und eine Richtlinie stieß in der Literatur auf heftige Kritik. Angesichts der beibehaltenen Aufspaltung sowie der lediglich subsidiären Geltung des Art. 308 EG[15] stellt sich die Frage, ob die Wahl zweier verschiedener Regelungsinstrumente und dieser Rechtsgrundlage europarechtskonform ist.

A. Regelung durch Verordnung und Richtlinie

Im Rahmen der Entwürfe von 1989 und 1991 wurde die Aufteilung der Regelungsmaterie in die Verordnung und die Richtlinie noch als *„Kunstgriff"*[16] bzw. *„Trick"*[17] bezeichnet, mit dessen Hilfe Art. 95 Abs. 2 EG (früher Art. 100 a Abs. 2 EWGV) umgangen werden sollte[18]. Diese vielfach vermutete Motivation

---

gungsgrund 17 dahingehend ab, dass der Vertrag die erforderliche Rechtsgrundlage in Art. 137 Abs. 3 3. Spstr biete; vgl. Bericht des Ausschusses für Recht und Binnenmarkt über den Entwurf einer Richtlinie des Rates zur Ergänzung des Statuts der Europäischen Gesellschaft hinsichtlich der Beteiligung der Arbeitnehmer, Dokument A5-0231/2001 v. 21.06.2001, S. 8.

12 Bericht des Ausschusses für Recht und Binnenmarkt über den Entwurf einer Richtlinie des Rates zur Ergänzung des Statuts der Europäischen Gesellschaft hinsichtlich der Beteiligung der Arbeitnehmer, Dokument A5-0243/2001 v. 26.06.2001, S. 17.

13 Legislative Entschließung des Europäischen Parlaments zu dem Entwurf einer Verordnung des Rates über das Statut der Europäischen Gesellschaft (SE), Abl. EG Nr. C 72 E v. 21.03.2002, S. 33 ff., S. 59 ff.

14 Legislative Entschließung des Europäischen Parlaments zum Entwurf einer Richtlinie des Rates zur Ergänzung des Statuts der Europäischen Gesellschaft hinsichtlich der Beteiligung der Arbeitnehmer, Abl. EG Nr. C 72 E v. 21.03.2002, S. 33 ff., S. 64 ff.

15 *Rossi*, in: *Calliess/Ruffert*, Kommentar zum EU-Vertrag und EG-Vertrag, Art. 308 Rn. 40.

16 *Wahlers*, AG 1990, 448, 455.

17 *Raiser*, FS Steindorff (1990), S. 201, 202.

18 Hintergrund der Auswahl der Artikel 100 a EWGV und 54 Abs. 3 Buchst. g EWGV war nach Auffassung vieler, dass dadurch eine Verabschiedung des Regelwerks im Rat mit qualifizierter Mehrheit anstatt mit Einstimmigkeit und damit die Lösung der umstrittenen Mitbestimmungsproblematik ermöglicht werden sollte. Die Abspaltung der Mitbestimmungsvorschriften sei aufgrund des Art. 100 a Abs. 2 EWGV erforderlich gewesen, da dieser die Nutzung des Art. 100 a EWGV als Rechtsgrundlage für die Regelung dieser

zur Aufspaltung des Regelwerks[19] liegt aufgrund der nun gewählten einheitlichen Rechtsgrundlage des Art. 308 EG aus heutiger Sicht nicht mehr vor, denn diese Vorschrift fordert eine Einstimmigkeit bei der Beschlussfassung.

Trotzdem wurde die Auslagerung der Arbeitnehmerbeteiligung in eine Richtlinie beibehalten, sodass sich die Frage nach dem Grund für diese Vorgehensweise stellt. Dieser ist wohl in dem bereits zu den Vorschlägen von 1989 und 1991 vorgebrachten Gedanken der unterschiedlichen Konzeption von Verordnung und Richtlinie zu finden. So hat der mit der Beratung des Verordnungsentwurfs betraute Ausschuss für Recht und Bürgerrechte des Europäischen Parlaments bereits 1990 vorgeschlagen, die Aufspaltung damit zu begründen, dass hinsichtlich der gesellschaftsrechtlichen Materie eine *„mehr oder weniger vollständige Regelung"* angestrebt werde, während bezüglich der Arbeitnehmerbeteiligung *„keine so vollständige Regelung"* beabsichtigt sei.[20]

Tatsächlich bestehen zwischen einer Verordnung und einer Richtlinie gewichtige Unterschiede.[21] Diese lassen die Aufspaltung in den Vorschlägen von 1989 und 1991, zumindest auf den ersten Blick, sinnvoll erscheinen. Einerseits war mit der Einführung einer SE die Schaffung einer supranationalen Gesellschaft beabsichtigt, die einheitlich für alle Mitgliedstaaten geregelt sein sollte. Zur Durchsetzung dieses Ziels ist eine Rechtsvereinheitlichung durch das Instrument der Verordnung mit seiner unmittelbaren und allgemein verbindlichen Geltung zweckdienlich. Andererseits hatte vor allem die Problematik der Arbeitnehmerbeteiligung aufgrund der unterschiedlichen Traditionen und Regelungen in den einzelnen Mitgliedstaaten zum Scheitern der Entwürfe von 1970 und 1975 bei-

---

Materie verhindere; vgl. stv. *Leupold*, Die Europäische Aktiengesellschaft, S. 12; *Lutter*, AG 1990, 413, 415. Zur Problematik des Art. 95 Abs. 2 EG; vgl. unten S. 79 ff.

19 Vgl. stv. *Grote*, Das neue Statut der Europäischen Aktiengesellschaft, S. 34 f.; *Liesegang*, Die Europäische Aktiengesellschaft und das Gesellschaftsrecht Portugals, S. 29; *Raiser*, FS Steindorff (1990), S. 201, 202 f.; *Wahlers*, AG 1990, 448, 455.

20 Zitiert nach *Nonnenmacher*, Arbeitnehmermitbestimmung auf Unternehmensebene, S. 77; *Wahlers*, AG 1990, 448, 455.

21 Eine Verordnung besitzt gem. Art. 249 Unterabs. 2 EG (früher Art. 189 Unterabs. 2 EWGV) allgemeine Geltung, ist in allen Teilen verbindlich und gilt unmittelbar in jedem Mitgliedstaat. Dagegen ist die Richtlinie gem. Art. 249 Unterabs. 3 EG (früher Art. 189 Unterabs. 3 EWGV) nur bezüglich des zu erreichenden Ziels verbindlich, überlässt zu dessen Durchsetzung aber den innerstaatlichen Stellen die Wahl der Form und Mittel.
Während die Verordnung aufgrund ihrer unmittelbaren Geltung keines Transformations- oder Inkorporationsaktes in innerstaatliches Recht bedarf, muss eine Richtlinie für die Beanspruchung von Verbindlichkeit grundsätzlich erst in innerstaatliches Recht umgesetzt werden. Darüber hinaus besteht auch eine wichtige Differenz in ihrer Zielsetzung, da die Verordnung hauptsächlich der Rechtsvereinheitlichung und die Richtlinie der Rechtsangleichung dient; vgl. zum Ganzen *Nettesheim*, in: *Grabitz/Hilf* (Hrsg.), EGV, Art. 249 Rn. 121.

getragen. Daher wurde nun versucht, mit Hilfe einer Richtlinie eine Rechtsangleichung in diesem Bereich vorzunehmen, die den einzelnen Mitgliedstaaten eine größere Flexibilität bei der Berücksichtigung nationaler Besonderheiten bietet.

Allerdings arbeitete die Kommission schon in den Verordnungsentwürfen von 1989 und 1991 mit zahlreichen Verweisungen auf bereits vom Rat verabschiedete gesellschaftsrechtliche Richtlinien und das jeweilige nationale Aktienrecht, um die entstandenen Lücken zu schließen.[22] Zudem beinhalteten diese Vorschläge verschiedene Regelungsaufträge und Wahlrechte für die Mitgliedstaaten, so dass bereits im Rahmen dieser Entwürfe der Charakter der SE als eine supranationale Gesellschaftsform in Frage gestellt wurde.[23] Die mit den Entwürfen von 1989 und 1991 herbeigeführte und stark kritisierte[24] Schaffung einer SE mit zahlreichen, unterschiedlichen nationalen Eigenheiten wurde durch die aktuelle SE-VO nicht nur beibehalten, sondern sogar verschärft. So werden laut Erwägungsgrund 20 SE-VO bestimmte Gebiete, wie z.B. das Steuer- und Wettbewerbsrecht, überhaupt nicht mehr vom Regelungsbereich der SE-VO erfasst. Zudem hat der Beitritt von zehn neuen Staaten zu einer noch weiter gefächerten Aufspaltung in Europäische Aktiengesellschaften nationaler Prägung geführt.

Folglich ist die mit einer Verordnung verbundene Zielsetzung der Rechtsvereinheitlichung im Rahmen der Schaffung eines SE-Statuts immer mehr aufgeweicht worden. Allerdings ist zu berücksichtigen, dass immerhin in den wichtigen Bereichen der Gründung und Sitzverlegung eine Vereinheitlichung vorgenommen wurde. Folge hiervon ist, dass die SE, anders als die einzelstaatlichen gesellschaftsrechtlichen Formen, diesbezüglich von nationalen Grenzen nicht beeinträchtigt wird. Trotz der zahlreichen Verweisungen innerhalb der SE-VO zeigen zudem die Erwägungsgründe der SE-VO, dass eine einheitliche supranationale Gesellschaft geschaffen werden soll, die zu einer gewissen juristischen Einheitlichkeit führt. Dies kann aber nicht durch eine Richtlinie, die gem. Art. 249 Abs. 3 EG erst in einzelstaatliches Recht umgesetzt werden muss, bewirkt werden.[25] Durch die Regelung des SE-Statuts in einer Richtlinie würde es zu noch größeren Unterschieden kommen, während bei einer Verordnung die SE immerhin in den dort geregelten Bereichen *„in allen Mitgliedstaaten einheitlichen und von den nationalen Rechten losgelösten Gemeinschaftsregeln unterworfen ist"*[26]. Für die Beibehaltung der Regelung der Arbeitnehmerbeteiligung in einer Richt-

---

22 *Leupold*, Die Europäische Aktiengesellschaft, S. 19.

23 *Lächler/Oplustil*, NZG 2005, 381, 382; *Leupold*, Die Europäische Aktiengesellschaft, S. 20; .

24 Vgl. u.a. *Hauschka*, EuZW 1992, 147, 148; *Lutter*, AG 1990, 413, 420 f.

25 *Abeltshauser*, AG 1990, 289, 291 f.; *Wenz*, Die Societas Europaea, S. 19.

26 *Wahlers*, AG 1990, 448, 451 f.

linie spricht ihre größere Flexibilität.[27] Daher ist die Aufspaltung des SE-Statuts in eine Verordnung und eine Richtlinie auch in ihrer aktuellen Fassung nachvollziehbar.

B. Mögliche Rechtsgrundlagen

Trotz dieser Trennung in Verordnung und Richtlinie basieren beide Regelwerke auf Art. 308 EG. Bei der zu klärenden Frage, ob diese Norm die richtige Rechtsgrundlage darstellt, wird auf den anfänglich vorgeschlagene Abschluss eines völkerrechtlichen Rahmenvertrags zwischen den Mitgliedstaaten mit der Verpflichtung zur Einführung eines *„loi uniforme"*[28] bzw. eines unmittelbar Recht setzenden Staatsvertrages[29] nicht eingegangen. Die nachfolgende Untersuchung beschränkt sich allein auf die bisher diskutierten Kompetenznormen des EG-Vertrags.

I. Rechtsgrundlage des Art. 44 Abs. 2 Buchst. g EG

Als die Kommission im Jahre 1989 erstmals ihren Entwurf zu einem SE-Statut in eine Verordnung und eine Richtlinie aufspaltete, verwendete sie mit Art. 100 a EWGV (jetzt Art. 95 EG) und Art. 54 Abs. 3 Buchst. g EWGV (jetzt Art. 44 Abs. 2 Buchst. g EG) unterschiedliche Rechtsgrundlagen. Dies führte in den folgenden Jahren zu kontroversen Diskussionen, wurde jedoch mehrheitlich abgelehnt. Die vorgebrachten Argumente können sowohl bezüglich des Art. 44 Abs. 2 Buchst. g EG als auch des Art. 95 EG zum heutigen Zeitpunkt noch berücksichtigt werden, da der Wortlaut der Artikel in den wesentlichen Punkten unverändert geblieben ist. Die Probleme der jeweils gewählten Rechtsgrundlage und der Verwendung zweier verschiedener Regelungsinstrumente stehen dabei in unmittelbarem Zusammenhang.[30]

Art. 44 Abs. 2 Buchst. g EG ist von großer Bedeutung für die Harmonisierung im Gesellschaftsrecht, da bis jetzt alle gesellschaftsrechtlichen Richtlinien auf dieser Grundlage erlassen wurden.[31] Anhand dieser Rechtsgrundlage können ausschließlich Richtlinien ergehen und es gilt das Verfahren des Art. 251 EG. Findet diese Norm Anwendung, so treten die allgemeinen Ermächtigungsgrundlagen der Art. 100, 100 a und 308 EG zurück.[32]

---

27 A.A. *Wagner*, der auch die Aufnahme des Mitbestimmungsrechts in die Verordnung für *„zweckmäßig"* hält; *Wagner*, NZG 2002, 985.

28 *von Caemmerer*, in: FS für Kronstein (1967), S. 171, 188.

29 *Netta*, Das Recht der verbundenen Unternehmen, S.20.

30 *Wahlers*, AG 1990; 448, 450.

31 *Schwarz*, Europäisches Gesellschaftsrecht, 2. Teil C I., Rn. 191.

32 *Eyles*, Das Niederlassungsrecht, S. 133.

1. Eröffnung des Anwendungsbereichs

Der Anwendungsbereich von Art. 44 Abs. 2 Buchst. g EG ist eröffnet, wenn es sich bei den anzugleichenden Vorschriften um den Gesellschaften vorgeschriebene Schutzbestimmungen zugunsten der Gesellschafter sowie Dritter handelt. Weitere Voraussetzung ist die Erforderlichkeit der Koordination dieser Bestimmungen. Demnach müssten die Regelungen über die Beteiligung der Arbeitnehmer solche Schutzbestimmungen für Gesellschafter bzw. Dritte darstellen. Im Rahmen dieser Anforderungen bestehen allerdings strittige Auslegungsprobleme, die auch hinsichtlich der Frage, ob die SE-RL auf dieser Norm basieren kann, von Bedeutung sind.

Umstritten ist insbesondere die Reichweite dieser Vorschrift. So gehen die vertretenen Ansichten zur Interpretation des Begriffs der *„Schutzbestimmungen"* von einer Begrenzung auf alleine die Niederlassungsfreiheit betreffende Vorschriften[33] bis zu der weiten Auslegung[34] der Loslösung von dieser Grundfreiheit.[35] Zudem besteht noch eine vermittelnde Auffassung[36], wonach zumindest ein Bezug zur Niederlassungsfreiheit bestehen müsse. Des Weiteren hinaus wird darüber diskutiert, welche Personengruppen unter den Begriff *„Dritter"* zu fassen seien und wann die *„Erforderlichkeit"* vorliege.[37]

2. Keine zulässige Rechtsgrundlage

Aufgrund der Auslegungsfragen innerhalb des Art. 44 Abs. 2 Buchst. g EG ist es nicht verwunderlich, dass gegen die Wahl dieser Rechtsgrundlage für eine Richtlinie über die Beteiligung der Arbeitnehmer in den Entwürfen von 1989

---

33 Begründet wird diese Ansicht vor allem mit der systematischen Stellung von Art. 44 EG im 2. Kapitel 2 EG, da dort das Niederlassungsrecht geregelt sei; *Everling*, Das Niederlassungsrecht im Gemeinsamen Markt, S. 41 ff.

34 Angeführt wird, dass der Begriff der *„Schutzbestimmungen"* keinen Bereich des Gesellschaftsrechts ausgrenze, da fast alle Regelungen dieses Rechtsbereichs eine solche Intention besäßen; *Bärmann*, Europäische Integration, S. 47 f.; *Timmermanns*, RabelsZ 48 (1984), 1, 6.

35 Teilweise wird diese Diskussion auch im Rahmen der Reichweite des Artikels bzw. der Prüfung der Erforderlichkeit geführt; *Randelzhofer/Forsthoff*, in: *Grabitz/Hilf* (Hrsg.), EGV, Art. 44 Rn. 16; Schwarze/*Müller-Huschke*, EU-Kommentar, Art. 44 EGV Rn. 18 ff. Vgl. umfassend zur Problematik des Begriffs *der „Schutzbestimmungen" Stork*, Sitzverlegung, S. 66 ff.

36 Argumentiert wird, dass Art. 44 Abs. 2 Buchst. g EG zum einen über den Bereich der reinen Niederlassungsfreiheit hinausgehe. Die Angleichung von gesellschaftsrechtlichen Schutzbestimmungen betreffe auch die Grundfreiheiten des Waren- und Kapitalverkehrs. Zum anderen könnten unter den Begriff *„Schutzbestimmungen"* nicht alle Vorschriften des Gesellschaftsrechts subsumiert werden; *Lutter*, NJW 1996, 273, 277; *Randelzhofer/-Forsthoff*, in: *Grabitz/Hilf* (Hrsg.), EGV, Art. 44 Rn. 13, 16; Schwarze/*Müller-Huschke*, EU-Kommentar, Art. 44 EGV Rn. 21; *Wunsch-Semmler*, Entwicklungslinien, S. 49 f.

37 Vgl. ausführlich bei *Randelzhofer/Forsthoff*, in: *Grabitz/Hilf* (Hrsg.), EGV, Art. 44 Rn. 15 f.

und 1991 zahlreiche Einwände vorgebracht wurden. So wurde bestritten, dass es sich um Schutzbestimmungen *„im Interesse der Gesellschafter und Dritter"* handele.[38] Des Weiteren wurde angeführt, dass die Regelung der Mitbestimmung auf Unternehmensebene keinen zulässigen Richtlinieninhalt darstelle, sondern dies ebenfalls in einer Verordnung geregelt werden müsse.[39] Zudem seien die Schutzbestimmungen nach dem Wortlaut der Rechtsgrundlage *„gleichwertig zu gestalten"*, doch fehle es den verschiedenen Mitbestimmungsoptionen im Richtlinienentwurf an dieser Gleichwertigkeit.[40] Auch solle die Richtlinie

---

38 Eine vergleichbare Diskussion über Art. 54 Abs. 3 Buchst. g EWGV als Rechtsgrundlage gab es bereits bei den Vorschlägen zu einer Fünften gesellschaftsrechtlichen Richtlinie. Übereinstimmung bestand zwar darin, dass Arbeitnehmer keine Gesellschafter darstellen, umstritten war aber, inwieweit es sich bei den vorgenommenen Regelungen um Schutzbestimmungen zugunsten *„Dritter"* handelt.
In der Literatur wurde dies mit unterschiedlichen Begründungen abgelehnt. So wurde angeführt, dass Arbeitnehmer bereits grundsätzlich nicht unter den Wortlaut dieses Artikels fielen, da *„Dritte"* nur solche Personen seien, die auf irgendeine Weise mit der Gesellschaft Rechtsbeziehungen eingingen, d.h. z.B. Gläubiger, Lieferanten oder Abnehmer; *Timmermanns*, RabelsZ 48 (1984), 1, 20. Die Vertreter einer anderen Auffassung nahmen eine differenzierende Betrachtung zwischen dem einzelnen Arbeitnehmer als Individuum und dem Kollektiv der Arbeitnehmer vor. Demnach könne zwar der einzelne Arbeitnehmer in seiner individuellen Beziehung zur Gesellschaft als *„Dritter"* angesehen werden. Zu verneinen sei dies aber bei der Regelung der Arbeitnehmerbeteiligung, da es dort gerade nicht um den Schutz der Arbeitnehmer als Individuen gehe, sondern um die Protektion von unter Umständen sogar unternehmensfremden Arbeitnehmervertretern; *Lutter*, EuR 1975, 44, 49; *Sonnenberger*, AG 1974, 1, 3; *Wahlers*, AG 1990, 448, 456.
Die kontroverse Meinung in der Literatur ließ dagegen mit unterschiedlicher Argumentation zu, dass die Richtlinie auf dem genannten Artikel beruht. So wurde angeführt, dass wegen der großen rechts- und gesellschaftspolitischen Bedeutung der Kapitalgesellschaften diese als *„Sozialgebilde Unternehmen"* angesehen werden müssten und daher auch Regelungen zur Mitbestimmung auf der Grundlage von Art. 54 Abs. 3 Buchst. g EWGV ergehen könnten; *Pipkorn*, ZHR 1972, 499, 513 f. Teilweise stützte man sich auf die Begründung, dass die Mitbestimmung im Aufsichtsrat Teil der Bestimmungen über die Zusammensetzung des Organs sei. Ferner sicherten gerade diese Beteiligungsrechte der Arbeitnehmer ihre Interessenwahrung gegenüber der Gesellschaft und dienten damit auch dem Schutz der einzelnen Arbeitnehmer; *Figge*, Mitbestimmung auf Unternehmensebene, S. 106. Schließlich wurde damit argumentiert, dass die Arbeitnehmer zwar auch bei der Regelung der unternehmerischen Mitbestimmung nicht als *„Dritte"* gelten könnten, durch die Beteiligung der Arbeitnehmer an unternehmerischen Entscheidungen aber auch *„Dritte"* betroffen würden; *Eyles*, Das Niederlassungsrecht, S. 137 f.; *Wunsch-Semmler*, Entwicklungslinien, S. 32.

39 Vorrangiges Regelungsziel der Richtlinie sei nämlich nicht die Harmonisierung der allgemeinen nationalen Mitbestimmungsvorschriften, da ein Mitwirkungsrecht für eine SE in keinem Mitgliedstaat vorhanden sei. Folglich gehe es primär um Rechtssetzung; *Figge*, Mitbestimmung auf Unternehmensebene, S. 224.

40 In der Literatur wurde die Gleichwertigkeit der zur Verfügung gestellten verschiedenen Mitbestimmungsmodelle mit großer Mehrheit verneint und angeführt, dass diese neue

„zur Ergänzung des SE-Statuts" dienen, doch könnten solche ergänzenden Regelungen zu einer Verordnung nicht Inhalt einer Richtlinie sein.[41] Im Zusammenhang mit dieser Kritik ist auch die Diskussion über die Aufspaltung des Statuts in die zwei verschiedenen Regelungsinstrumente der Verordnung und der Richtlinie zu sehen.[42] Als mögliche Rechtgrundlage für eine Richtlinie wurde Art. 100 Abs. 1 EWGV (jetzt Art. 94 EG) genannt, der aber eine vollständige Trennung beider Regelungsinstrumente erforderte.[43]

Diese gegen die Verwendung von Art. 44 Abs. 2 Buchst. g EG als Rechtgrundlage für die Richtlinienentwürfe von 1989 und 1991 vorgebrachten Argumente können auch gegen die aktuelle SE-RL verwendet werden bzw. treffen sogar in noch größerem Maße zu. Die SE-RL ist ebenfalls untrennbar mit der SE-VO verbunden,[44] sodass ihre Umsetzung auf die Installation einer SE gerichtet ist.[45] Die Verwirklichung einer solchen supranationalen Gesellschaft kann allerdings nicht auf Art. 44 Abs. 2 Buchst. g EG gestützt werden,[46] weil nach dessen Wortlaut diese Rechtsgrundlage lediglich die Koordination von Vorschriften, *„die in den Mitgliedstaaten den Gesellschaften* ***im Sinne des Artikels 48 Absatz 2***[47] *(...) vorgeschrieben sind"* betrifft. Art. 48 Abs. 2 EG stellt aber lediglich klar, um welche Gesellschaften es sich bei den *„nach den Rechtsvorschriften eines Mitgliedstaates gegründeten Gesellschaften"* gem. Art. 48 Abs. 1 EG handelt. Die SE als supranationale Gesellschaft kann darunter nicht subsumiert werden.

Auch wenn man der Ansicht in der Literatur folgte, wonach durch die Regelung der unternehmerischen Mitbestimmung direkt oder indirekt die Interessen *„Dritter"* betroffen seien, so geht der Inhalt der aktuellen SE-RL darüber hinaus. Während in den Entwürfen von 1989 und 1991 noch von einer eigenständigen Regelung einer europaweiten, betrieblichen Arbeitnehmerbeteiligung abgesehen wurde,[48] kann nun im Rahmen des Unterrichtungs- und Anhörungsverfahrens

---

Strategie sogar zu einem weiteren Verlust an Einheitlichkeit führe; vgl. stv. *Leupold*, Die Europäische Aktiengesellschaft, S. 207 ff.; *Nonnenmacher*, Arbeitnehmermitbestimmung auf Unternehmensebene, S. 188 ff.

41 *Figge*, Mitbestimmung auf Unternehmensebene, S. 225; *Mävers*, Die Mitbestimmung der Arbeitnehmer, S. 243.

42 Siehe oben S. 43 ff.

43 *Wenz*, Die Societas Europaea, S. 24.

44 Siehe oben S. 69.

45 *Blanquet*, ZGR 2002, 20, 63.

46 *Eyles*, Das Niederlassungsrecht, S. 132; Schwarze/*Müller-Huschke*, EU-Kommentar, Art. 44 EGV Rn. 32; *Randelzhofer/Forsthoff*, in: *Grabitz/Hilf* (Hrsg.), EGV, Art. 44 Rn. 11, 17. Zustimmend *Schwarz*, Kommentar zur SE-VO, Einl. Rn. 237.

47 Hervorhebung durch den Verfasser.

48 Nach Art. 10 RL-Entwurf 1989 und 1991 sollten sich Stellung und Aufgabe der betrieblichen Arbeitnehmervertretung nach den Gesetzen oder der jeweiligen Praxis in den Mitgliedstaaten richten. Damit betraf die in den Richtlinienentwürfen geregelte Beteiligung der Arbeitnehmer nur die Mitbestimmung in den Unternehmensorganen.

ein eigenes Vertretungsorgan der Arbeitnehmer eingerichtet werden. Anders als bei der unternehmerischen Mitbestimmung, die grundsätzlich in einem Gesellschaftsorgan besteht und in das Gesellschaftsrecht eingebunden ist, handelt es sich bei diesem Vertretungsorgan bzw. einem alternativ einzuführenden EBR um ein separates Organ, das mit dem Innenverhältnis von Arbeitgeber und Arbeitnehmer befasst ist.[49]

Zudem wird das Kriterium der Gleichwertigkeit, das schon bei den vier zur Verfügung gestellten Mitbestimmungsmodellen im Rahmen der Vorschläge von 1989 und 1991 heftig umstritten war, durch den Grundsatz der Priorität der Verhandlungen in noch größerem Maße ad absurdum geführt. Zwar wurde auch in Art. 6 RL-Entwurf 1989 und 1991 die Möglichkeit im Wege einer Vereinbarung Mitbestimmungsmodelle im Wege einer Vereinbarung festzulegen, geschaffen. Allerdings war im Rahmen dieses Modells der Verhandlungsspielraum limitierter[50] und nur eine Option unter vier verschiedenen Möglichkeiten. Die aktuelle SE-RL ist dagegen ganz auf die Installation flexibler und auf individuelle Bedürfnisse zugeschnittener Lösungen mittels Vereinbarungen ausgelegt, die sich in ihrem jeweiligen Mitbestimmungsniveau stark unterscheiden können. Zu Recht wird gegen Art. 44 Abs. 2 Buchst. g EG schließlich der Wortlaut des Art. 137 Abs. 3 EG a. F.[51] (früher Art. 118 EWGV) angeführt, da dessen Anwendungsbereich eröffnet ist.[52]

II. Rechtsgrundlage des Art. 95 EG

Die Verwendung von Art. 95 EG (früher Art. 100 a EWGV) als Rechtsgrundlage für die SE-VO in ihrer aktuellen Fassung wurde vom Europäischen Parlament befürwortet.[53] Diese Norm dient der funktionalen Rechtsangleichung zur Verwirklichung des Binnenmarktes.[54]

---

49 *Wunsch-Semmler*, Entwicklungslinien, S. 33.

50 Die Kommission dachte hier insbesondere an das drittelparitätische Kooptationsmodell des VO-Entwurfs 1975; vgl. KOM (89) 268 endg. S. 59.

51 Aufgrund des am 01.02.2003 in Kraft getretenen Vertrags von Nizza sind im Rahmen des Art. 137 EG einige Änderungen vorgenommen worden. So finden sich die in Art. 137 Abs. 3 EG a.F. aufgezählten Bereiche nun in Art. 137 Abs. 2 EG wieder, d.h. das Gebiet der Mitbestimmung ist nun in Art. 137 Abs. 1 Buchst. f. EG geregelt. Zwar bedarf es im Grundsatz für den Erlass von Richtlinien in diesem Bereich weiterhin gem. Art. 137 Abs. 2 S. 2 EG eines einstimmigen Beschlusses des Rates. Allerdings kann der Rat gem. Art. 137 Abs. 2 S. 3 EG nun einstimmig beschließen, dass auch auf diesen Bereich das Verfahren des Art. 251 EG anzuwenden ist.

52 *Blanquet*, ZGR 2002, 20, 62 f. Tatsächlich handelt es sich bei Art. 137 Abs. 3 EG a.F. um die Kompetenznorm, auf die der europäische Gesetzgeber die SE-RL hätte stützen müssen; vgl. unten S. 83 ff.

53 Siehe oben S. 69.

54 *Kahl*, in: *Callies/Ruffert* (Hrsg.), Kommentar zum EU-Vertrag und EG-Vertrag, Art. 95 Rn. 4; *Tietje*, in: *Grabitz/Hilf* (Hrsg.), EGV, Art. 95 Rn. 9.

1. Eröffnung des Anwendungsbereichs

Der Anwendungsbereich ist nur eröffnet, soweit der EGV keine spezielleren Vorschriften für diese Materie vorsieht und der Rechtsakt zur Verbesserung der Errichtung und des Funktionierens des Binnenmarktes erlassen wurde.[55] Anders als Art. 94 EG, der nur die Rechtsangleichung aufgrund von Richtlinien ermöglicht, gestattet Art. 95 EG den Erlass von *„Maßnahmen"*. Hierunter fallen unter anderem alle in Art. 249 EG genannten rechtrelevanten Handlungen, das heißt auch Verordnungen.[56] Allerdings ist umstritten, welche Arten von Verordnungen unter den Bereich der für Art. 95 EG erforderlichen Rechtsangleichung zu zählen sind.[57]

2. Keine zulässige Rechtsgrundlage

Zwar kann davon ausgegangen werden, dass die Einführung eines SE-Statuts der Verwirklichung des Binnenmarktes und damit der Zielsetzung des Art. 95 EG dient. Die Kommission hat bereits in ihrem Weißbuch von 1985 die Einführung einer SE bis zum Jahre 1992 gefordert, so dass in der Realisierung dieses Vorhabens eine Voraussetzung für die Schaffung des Binnenmarktes gesehen wurde. Zudem wird in den Erwägungsgründen 1 bis 4 SE-VO ausführlich dargestellt und begründet, dass die Schaffung einer SE zu den Voraussetzungen für die Verwirklichung des Binnenmarktes zu zählen ist. Neben dieser *„subjektive(n) Zielsetzung des Gemeinschaftsgesetzgebers"*[58] besteht auch ein *„objektiver Binnenmarktbezug"*[59], denn die Schaffung einer supranationalen Rechtsform fördert die Anpassung der *„Unternehmens- an die Europäische Marktordnung"*[60].

---

55 *Tietje*, in: *Grabitz/Hilf* (Hrsg.), EGV, Art. 95 Rn. 28.

56 Schwarze/*Herrnfeld*, EU-Kommentar, Art. 95 EGV Rn. 36.

57 In der Literatur wird vertreten, dass Verordnungen im Sinne des Art. 95 EG nur ergehen könnten, wenn dies zu einer Aufhebung oder zur Nichtanwendbarkeit entgegenstehender mitgliedstaatlicher Vorschriften führe. Dies sei aber bei einer Ergänzung des einzelstaatlichen Rechts, wie dies beispielsweise bei der Erschaffung gemeinschaftsweiter Gesellschaftsformen erfolge, nicht der Fall; Schwarze/*Herrnfeld*, EU-Kommentar, Art. 95 EGV Rn. 36 f.
Dagegen wird angeführt, dass die Rechtsangleichung nicht nur die Harmonisierung der nationalen Rechtsordnungen, sondern auch die Überwindung territorialer Beschränkungen zur Aufgabe habe. Da dies aber durch die einzelnen Mitgliedstaaten gar nicht erfolgen könne, müsse eine auf Art. 95 EG basierende Verordnung lediglich der Beseitigung von Rechtsunterschieden dienen, was beispielsweise bei dem Statut der SE gegeben sei; GTE/*Bardenhewer/Pipkorn*, Kommentar zum EU-/EG-Vertrag, Art. 100 a EGV Rn. 40 ff.

58 *Tietje*, in: *Grabitz/Hilf*, EGV, Art. 95 Rn. 27.

59 *Tietje*, in: *Grabitz/Hilf*, EGV, Art. 95 Rn. 28.

60 *Theisen/Wenz*, in: *Theisen/Wenz* (Hrsg.), Die Europäische Aktiengesellschaft, S. 1, 39, 41. Die Autoren behandeln ausführlich die mit der Schaffung einer SE einhergehenden

Trotzdem wurde gegen die Wahl dieser Rechtsgrundlage durch die Kommission im Jahre 1989 und 1991 vorgebracht, dass das Statut der SE nicht in den Anwendungsbereich des Art. 100 a EWGV (nun Art. 95 EG) falle. Argumentiert wurde damit, dass dieser Artikel aufgrund einer fehlenden Rechtsangleichung nicht einschlägig sei[61], bzw. diese Vorschrift keine zulässige Rechtsgrundlage für das Statut einer SE sein könne.[62] Darüber hinaus wurde gegen die Anwendbarkeit des Art. 100 a Abs. 1 EWGV (nun Art. 95 Abs. 1 EG) als Rechtsgrundlage dessen 2. Absatz angeführt,[63] da der VO-Entwurf von 1989 und 1991 eine Bestimmung mit steuerrechtlichem Bezug enthalte.[64] Zudem wiesen die Verordnungsvorschläge trotz der formellen Ausgliederung der Arbeitnehmerbeteiligung in die Richtlinie aufgrund der materiellen Einheit Regelungen *„über die Rechte und Interessen der Arbeitnehmer"* auf.[65]

Zielsetzungen; *Theisen/Wenz*, in: *Theisen/Wenz* (Hrsg.), Die Europäische Aktiengesellschaft, S. 1, 39 ff.

61 Eine für diese Vorschrift erforderliche Rechtsangleichung sei nämlich nur möglich, wenn bereits anzugleichende nationale Regelungen bestünden oder ergehen könnten. Dies sei hier nicht der Fall, da die supranationale Rechtsform der SE nicht durch das innerstaatliche Recht eines einzelnen Mitgliedstaates eingeführt werden könne; *Lutter*, AG 1990, 413, 415; *Wahlers*, AG 1990, 448, 454. Weiterhin wurde damit argumentiert, dass es sich aufgrund der Schaffung von supranationalem europäischen Aktienrecht nicht um die Frage der Rechtsangleichung nationaler Aktienrechte, sondern um eine Rechtsvereinheitlichung im Sinne des Art. 189 EWGV (jetzt Art. 249 EG) handle; *Abeltshauser*, AG 1990, 289, 294.
Dagegen wurde vorgebracht, dass die mitgliedstaatlichen Gesetzgeber diese Materie in ihrem jeweiligen Internationalen Privatrecht regeln könnten. Es gehe nicht um das Problem, ob der nationale Gesetzgeber ein solches Statut regeln, sondern ob er Normen zu grenzüberschreitenden Unternehmenszusammenschlüssen erlassen könne; *Figge*, Mitbestimmung auf Unternehmensebene, S. 220.

62 Angeführt wurde Art. 100 a Abs. 4 EWGV, da dieser im vorliegenden Fall der Schaffung einer supranationalen Gesellschaftsform seine übliche Schutzfunktion zugunsten der Mitgliedstaaten gar nicht entfalten könne; *Leupold*, Die Europäische Aktiengesellschaft, S. 10.

63 Nach dessen Wortlaut gilt diese Norm *„nicht für Bestimmungen über Steuern, die Freizügigkeit und über die Rechte und Interessen der Arbeitnehmer"*.

64 Art. 133 VO-Entwurf 1989 und 1991 enthielt eine steuerliche Vorschrift über die Zulässigkeit der grenzüberschreitenden Verrechnung von Verlusten, so dass diese Regelung auf andere Rechtsgrundlagen hätte gestützt werden müssen; *Leupold*, Die Europäische Aktiengesellschaft, S. 11; *Wahlers*, AG 1990, 448, 454. Im Ergebnis ebenso *Lutter*, AG 1990, 413, 415.
Nach anderer Ansicht erfüllt die steuerliche Regelung in Art. 133 VO-Entwurf 1989 und 1991 noch nicht die Voraussetzungen des Art. 100 a Abs. 2 EWGV; *Figge*, Mitbestimmung auf Unternehmensebene, S. 223.

65 Vgl. u.a. *Leupold*, Die Europäische Aktiengesellschaft, S: 11 f.; *Lutter*, AG 1990, 413, 415;, *von Maydell*, AG 1990, 442, 445; *Wahlers*, AG 1990, 448, 454 f.

Die gegen diese Rechtsgrundlage vorgebrachten Argumente treffen aus heutiger Sicht nur noch teilweise zu. Als die Diskussion über Art. 100 a EWGV als Rechtsgrundlage für ein SE-Statut entbrannte, handelte es sich bei diesem Artikel noch um eine relativ neue Vorschrift, die durch die EEA eingeführt wurde.[66] Daher bestanden zu diesem Zeitpunkt viele Unklarheiten und Streitpunkte, die inzwischen durch Art. 95 Abs. 4 bis 9 EG[67] zum Teil ausgeräumt wurden.[68] Darüber hinaus hat die aktuelle SE-VO im Vergleich zu den Entwürfen von 1989 und 1991 einige Änderungen erfahren, da weitere Regelungsbereiche ausgespart wurden. Der europäische Gesetzgeber arbeitet zudem mit einer noch größeren Anzahl von Verweisungen. Daher kann nicht mehr von einer Rechtsvereinheitlichung gesprochen werden, sondern es ist von einer Rechtsangleichung auszugehen.[69]

Gegen Art 95 EG spricht aber auch nach heutiger Rechtslage, dass mit der SE-VO eine supranationale Rechtsform geschaffen wird. Eine solche Materie entzieht sich der Regelungsbefugnis der einzelnen Mitgliedstaaten, auch wenn die SE-VO in einzelnen Bereichen den Mitgliedstaaten die Option zum Erlass von Vorschriften gibt. Da demzufolge keine nationalen Gesetze über die Gründung, Sitzverlegung usw. einer SE bestehen bzw. erlassen werden können, liegt auch keine Rechtsangleichung im Sinne des Art. 95 EG vor.[70] Schlagkräftigstes Ar-

---

66 *Kahl*, in: *Callies/Ruffert* (Hrsg.), Kommentar zum EU-Vertrag und EG-Vertrag, Art. 95 Rn. 1.

67 *Tietje*, in: *Grabitz/Hilf* (Hrsg.), EGV, Art. 95 Rn. 90.

68 Die Modifikation und die aktuelle Auslegung des früheren Art. 100 a Abs. 4 EWGV haben zur Folge, dass die diesbezüglich vorgebrachten Argumente gegen Art. 100 a EWGV nicht mehr greifen. Gem. Art. 95 Abs. 4 EG können die Mitgliedstaaten nun sowohl ihre einzelstaatlichen Bestimmungen beibehalten, als auch neue Vorschriften einführen. Angesichts dieser neuen Rechtslage ist davon auszugehen, dass die Mitgliedstaaten auch im Rahmen einer supranationalen Gesellschaft solche Regelungen einführen könnten. Allerdings erscheint angesichts der eingeschränkten Rechtfertigungsgründe des Art. 95 Abs. 5 EG eine solche Vorgehensweise fraglich.

69 Auch die vorherige Argumentation mit Art. 133 VO-Entwurf 1989 läuft nun ins Leere, denn die aktuelle SE-VO enthält keine Vorschriften über das Steuerrecht.

70 Dagegen wurde eingewendet, dass der nationale Gesetzgeber die betreffende gesellschaftsrechtliche Materie in seinem jeweiligen IPR regeln könne. Dieses Argument greift hier nicht, da auf nationaler Ebene zwar Kollisionsnormen über grenzüberschreitenden Verschmelzungen, Sitzverlegungen usw. erlassen werden können, doch kann es hierbei nur um Gesellschaften des nationalen Rechts gehen, nicht um eine supranationale Gesellschaft wie die SE.

Des Weiteren wurde vorgebracht, dass eine Rechtsangleichung neben der Harmonisierung der nationalen Rechtsvorschriften der Überwindung territorialer Beschränkungen diene. Auch dies hilft hier nicht weiter, denn primär bedeutet Rechtsangleichung die Koordination einzelstaatlicher Normen und die Herabstufung nationaler Grenzen ist nur dessen Folge. Zudem kann in den Bereichen, in denen Mitgliedstaaten keine Rechtsvorschriften erlassen können, eben keine Harmonisierung stattfinden.

gument gegen Art. 95 EG als Rechtsgrundlage ist Art. 95 Abs. 2 EG in Verbindung mit dem Inhalt der SE-RL. In der SE-RL hat der europäische Gesetzgeber mit den Vorschriften zur Arbeitnehmerbeteiligung Regelungen *„über die Rechte und Interessen der Arbeitnehmer"* im Sinne des Art. 95 Abs. 2 EG erlassen, so dass er die SE-RL nicht auf Art. 95 EG stützen konnte. Da die SE-RL auch in der aktuellen Fassung untrennbar mit der SE-VO verknüpft worden ist,[71] läge bei einer Verwendung des Art. 95 EG als Rechtsgrundlage für die SE-VO aufgrund der Auslagerung der Arbeitnehmerbeteiligung tatsächlich eine Umgehung des Art. 95 Abs. 2 EG vor.

III. Rechtsgrundlage des Art. 137 Abs. 3 EG

In Betracht kommt schließlich Art. 137 Abs. 3 EG a.F (jetzt Art. 137 Abs. 1 Buchst. f. EG). Diese Rechtsgrundlage wurde durch den zum 1. Mai 1999 in Kraft getretenen Vertrag von Amsterdam vom 02.10.1997[72] in den EG-Vertrag eingeführt. Durch Art. 137 EG wurden die gemeinschaftlichen Gesetzgebungsbefugnisse bezüglich des Arbeitsrechts erheblich erweitert und die Position der Sozialpartner gestärkt.[73]

1. Eröffnung des Anwendungsbereichs

Im Rahmen des Art. 137 EG können zur Förderung der in Art. 136 EG genannten Ziele Richtlinien als Mindestvorschriften auf dem Gebiet des Arbeitsrechts mit Ausnahme der in Art. 137 Abs. 6 EG genannten Bereiche erlassen werden. Die in der SE-RL verwendeten Begriffe der Unterrichtung, Anhörung und Mitbestimmung der Arbeitnehmer[74] finden sich auch in Art. 137 EG wieder. Gem. 137 Abs. 1 3. Spstr. EG a. F. (jetzt Art. 137 Abs. 1 Buchst. e EG) unterstützt und ergänzt die Gemeinschaft die Tätigkeit der Mitgliedstaaten auf dem Gebiet der ***„Unterrichtung und Anhörung der Arbeitnehmer"***[75]. Zu diesem Zweck kann der Rat gem. Art. 137 Abs. 2 EG (jetzt Art. 137 Abs. 2 Unterabs. 2 S. 1 EG) nach dem Verfahren des Art. 251 EG, d.h. mit qualifizierter Mehrheit, Richtlinien erlassen. Umstritten ist, ob unter Art. 137 Abs. 1 3. Spstr. EG a.F. allein die Informations- und Beratungsrechte fallen oder ob anhand dieser Rechtsgrundlage auch die zur Gewährleistung dieser Befugnisse erforderlichen Arbeitnehmervertreterstrukturen eingeführt werden können.[76] Gem. Art. 137 Abs. 3

---

[71] Siehe oben S. 69.

[72] Der Europäische Rat hatte sich am 16. und 17. Juni 1997 auf einen Vertragsentwurf geeinigt; dieser wurde am 02.10.1997 unterzeichnet; *Weiss*, FS Wiese (1998), S. 633, 634.

[73] *Schwarze*, in: *Oetker/Preis* (Hrsg.), EAS, B 8100, S. 16 f.

[74] Vgl. Art. 2 Buchst. h SE-RL.

[75] Hervorhebung durch den Verfasser.

[76] Nach einer Auffassung in der Literatur kann die Etablierung einer länderübergreifenden Arbeitnehmervertretung, wie dies durch die EBR-RL erfolgte, nur anhand des Art. 137 Abs. 3 3. Spstr EG eingeführt werden. Dies folge bereits aus dessen Wortlaut, wonach für den Bereich der *„Vertretung (...) der Arbeitnehmer- und Arbeitgeberinteressen"* ein

3. Spstr. EG ist im Bereich der *„Vertretung und kollektiven Wahrnehmung der Arbeitnehmer- und Arbeitgeberinteressen, einschließlich der **Mitbestimmung**[77]"* ein einstimmiger Ratsbeschluss auf Vorschlag der Kommission und nach Anhörung des Europäischen Parlaments und des WSA erforderlich.

Die auf der Grundlage von Art. 137 EG verabschiedeten Richtlinien[78] dürfen gem. Art. 137 Abs. 2 Unterabs. 1 S. 1 EG a.F. (jetzt Art. 137 Abs. 2 Unterabs. 1 Buchst. b S. 1 EG) nur Mindestvorschriften enthalten. Art. 137 Abs. 5 EG a. F. (jetzt Art. 137 Abs. 4 2. Spstr. EG) hindert die Mitgliedstaaten aber nicht daran, strengere Schutzmaßnahmen beizubehalten oder zu treffen, sofern sie mit dem EG-Vertrag vereinbar sind. Grundsätzlich gilt, dass die Gemeinschaftsorgane nach Möglichkeit die Kompetenzen des Art. 137 EG benutzen und nicht ohne Not auf etwaige Rechtsetzungsbefugnisse aus Art. 94, 308 EG ausweichen dürfen.[79] Die Kommission hat von beiden Regelungskompetenzen gedeckte Initiativen nach Möglichkeit auf Art. 137 EG zu stützen.[80]

2. Zulässige Rechtsgrundlage

Unzweifelhaft regelt die SE-RL die Bereiche, die von Art. 137 EG erfasst werden. Auf den Streit, ob auch die Etablierung von Arbeitnehmervertreterorganen unter Art. 137 Abs. 1 3. Spstr. EG a. F. fällt oder ob diese nur auf Art. 137 Abs. 3 3. Spstr. EG a. F. basieren kann, kommt es nicht an. Da in der SE-RL auch mitbestimmungsrechtliche Vorschriften bestehen, greift für den gesamten Inhalt letztere Rechtsgrundlage.[81]

---

einstimmiger Ratsbeschluss erforderlich sei; *Balze*, Die sozialpolitischen Kompetenzen, S. 260; *Schmidt, M.*, Das Arbeitsrecht der Europäischen Gemeinschaft, I. I. 2. a) (3), Rn. 12.

Nach der Gegenansicht in der Literatur schließt Art. 137 Abs. 1 3. Spstr EG a.F. auch die Installation der Unterrichtungs- und Anhörungsverfahren ein, soweit sie nicht eine Arbeitnehmermitbestimmung vorsehen; *Krebber*, in: *Callies/Ruffert* (Hrsg.), Kommentar zum EU-Vertrag und EG-Vertrag, Art. 137 Rn. 20; *Langenfeld*, in: *Grabitz/Hilf* (Hrsg.), EGV, Art. 137 Rn. 60.

77 Hervorhebung durch den Verfasser.

78 Obwohl in Art. 137 Abs. 3 EG a.F. bezüglich der Maßnahmen, die beschlossen werden können, keine Einschränkung auf die Richtlinie erfolgt, ist davon auszugehen, dass nur diese Form des sekundären Gemeinschaftsrechts zur Verfügung steht; vgl. *Krimphove*, Europäisches Arbeitsrecht, S. 38 f., Rn. 71, mit ausführlicher Begründung.

79 *Schwarze*, in: *Oetker/Preis* (Hrsg.), EAS, B 8100, S. 17, Rn. 13.

80 Nur so wird die Kommission ihrer Allgemeinen Förderungspflicht gem. Art. 138 Abs. 1 EG gerecht; *Schwarze*, in: *Oetker/Preis* (Hrsg.), EAS, B 8100, S. 42, Rn. 62.

81 *Schmidt, M.*, Das Arbeitsrecht der Europäischen Gemeinschaft, I. I.2. a) bb) (6), Rn. 26. Sobald eine Richtlinie über die Information und Konsultation hinausgehend auch eine Mitbestimmung vorsieht, muss diese Maßnahme auf Art. 137 Abs. 3 3. Spstr. EG a. F. basieren; *Schäfer*, Der europäische Rahmen für Arbeitnehmermitwirkung, S. 133 ff.; *Steinmeyer*, RdA 2001, 10, 14.

Dennoch wird in der Literatur diese Rechtsgrundlage aufgrund der Zielsetzung der SE-RL abgelehnt.[82] Einerseits werde entgegen dem Wortlaut von Art. 137 Abs. 1 EG mit der Richtlinie nicht angestrebt, die Tätigkeit der Mitgliedstaaten in den genannten Bereichen zu unterstützen und zu ergänzen. Zudem sei die Richtlinie untrennbar mit der SE-VO verknüpft. Des Weiteren enthalte die SE-RL auch keine Mindestvorschriften, da die Verwirklichung der SE eine einheitliche Umsetzung in sämtlichen Mitgliedstaaten verlange. Um die Funktionsfähigkeit der einzuführenden Arbeitnehmerbeteiligung zu gewährleisten, sei es den einzelnen Mitgliedstaaten nicht möglich, günstigere als die vorgesehenen Regelungen zu erlassen.[83]

Zuzustimmen ist aber den Vertretern der anderen Ansicht[84], die sich für die Kompetenznorm des Art. 137 Abs. 3 EG a.F. aussprechen. Begründet wird dies damit, dass diese Rechtsgrundlage ausdrücklich bei Regelungen über die Mitbestimmung gelte und sowohl gegenüber Art. 44 Abs. 2 Buchst. g EG als auch gegenüber Art. 308 EG lex specialis sei.[85]

Der Anwendungsbereich dieser Norm ist eröffnet, da die SE-RL die Tätigkeit der Mitgliedstaaten bei der Verwirklichung der sozialpolitischen Ziele des Art. 136 EG unterstützt. Diese Ziele sind auch auf wirtschaftspolitischem Gebiet von den Mitgliedstaaten zu beachten, wobei im Rahmen der Angleichung des Gesellschaftsrechts und der Schaffung einer supranationalen Rechtspersönlichkeit in Form der SE das Thema der Arbeitnehmerbeteiligung eine zentrale Rolle spielt.[86] Zudem fordert Nr. 17 der Gemeinschaftscharta der Sozialen Grundrechte der Arbeitnehmer die Weiterentwicklung der Unterrichtung, Anhörung und Mitwirkung der Arbeitnehmer insbesondere für Unternehmen und Unternehmenszusammenschlüsse mit Betriebsstätten bzw. Unternehmen in mehreren Mitgliedstaaten. Unter solche transnationale Unternehmen fällt aber auch die SE. Auch die Tatsache, dass die SE-VO und die SE-RL als Einheit anzusehen sind, spricht nicht gegen Art. 137 Abs. 3 3. Spstr. EG als Rechtsgrundlage. Anders als bei den Vorschlägen von 1989 und 1991, die auf Art. 44 Abs. 2

---

82 *Kuffner*, Beteiligung der Arbeitnehmer, S. 53; *Schwarz*, Kommentar zur SE-VO, Einl. Rn. 236.

83 Vgl. zum Ganzen *Kuffner*, Beteiligung der Arbeitnehmer, S. 53.

84 *Mävers*, Die Mitbestimmung der Arbeitnehmer, S. 381; *Schmidt, M.*, Das Arbeitsrecht der Europäischen Gemeinschaft, IV. III. 2., Rn. 64; *Weiss*, NZA 2003, 177, 181.

85 In der Literatur wird als Beweggrund für die Wahl des Art. 308 EG vermutet, dass der endlich gefundene fragile Kompromiss durch die Beteiligung der europäischen Sozialpartner nicht gefährdet werden sollte; *Schmidt, M.*, Das Arbeitsrecht der Europäischen Gemeinschaft, IV. III. 2., Rn. 64; *Weiss*, in: *Biagi* (Hrsg.), Quality of Work and Employee Involvement, S. 63, 70. Demnach seien taktische Gründe im Hinblick auf das unterschiedliche Gesetzgebungsverfahren maßgeblich gewesen; *Weiss*, NZA 2003, 177, 181.

86 *Langenfeld*, in: *Grabitz/Hilf* (Hrsg.), EGV, Vorbem. Art. 136 Rn. 15.

Buchst. g und Art. 95 EG gestützt wurden, besteht nicht das Problem, dass diese Normen gewählt wurden, um eine Durchsetzung im Mitentscheidungsverfahren des Art. 251 EG zu gewährleisten. Sowohl bei Art. 137 Abs. 3 3. Spstr. EG als auch bei Art. 308 EG ist ein einstimmiger Beschluss des Rats erforderlich.

Schließlich enthält der Regelungsgehalt der SE-RL auch Mindestvorschriften, sodass die Mitgliedstaaten die Möglichkeit zum Erlass günstigerer Vorschriften für die Arbeitnehmer besitzen. Bezüglich dieser Problematik kann auf die Literatur zur EBR-RL zurückgegriffen werden, da sich auch dort die Frage nach dem Vorliegen einer Mindestvorschrift stellt. Dabei wird festgestellt, dass es den Mitgliedstaaten sehr wohl möglich sei, günstigere als in der Richtlinie vorgesehene Regelungen für die Arbeitnehmer zu erlassen.[87] Zwar lässt sich dem Wortlaut der SE-RL, ebenso wie dem Wortlaut der EBR-RL, nicht entnehmen, ob den Mitgliedstaaten bei ihrer Umsetzung in das nationale Recht der Erlass günstigerer Regelungen gestattet ist. Gem. Art. 7 Abs. 1 SE-RL muss die von den Mitgliedstaaten einzuführende Auffangregelung *„den im Anhang niedergelegten Bestimmungen genügen"*, woraus sich aber, wie im Rahmen des Art. 7 Abs. 2 EBR-RL[88], nur entnehmen lässt, dass das im Anhang geregelte Niveau nicht abgesenkt werden darf. Allerdings greifen die Ausführungen, ob für die Mitgliedstaaten in tatsächlicher Hinsicht die Festsetzung von Regelungen, die die Arbeitnehmer über die Vorgaben der EBR-RL hinaus begünstigen, möglich sei, auch für den Anhang der SE-RL. So muss auch bei der in der SE-RL geregelten Arbeitnehmerbeteiligung wie im deutschen Recht *„zwischen Organisationsnormen und Bestimmungen über die den Arbeitnehmervertretungsorganen zustehenden Befugnisse(n)"*[89] unterschieden werden. Während sich bei ersteren Vorschriften ein Vergleich bezüglich des Vorliegens günstigerer Regelungen aufgrund der Komplexität der Materie schon gar nicht vornehmen lässt, ist dies hinsichtlich der Befugnisse der Arbeitnehmervertreter möglich. Als Beispiele für eine den einzelnen Mitgliedstaaten mögliche Besserstellung der Arbeitnehmer werden die Festlegung eines bestimmten Zeitraums, in dem die schriftliche Unterrichtung vor der anschließenden Anhörung vorgenommen werden muss,

---

87 *Weiss*, ArbuR 1995, 438, 440. Allerdings kann die dortige Argumentation, dass dies bereits aus der Vorschrift des Art. 2 Abs. 1 des Sozialprotokolls, auf dem die EBR-RL beruhe, folge, nicht übernommen werden. Denn im Rahmen der SE-RL geht es ja gerade um die Frage, ob Art. 137 EG überhaupt die Rechtgrundlage für die SE-RL sein kann, obwohl der europäische Gesetzgeber Art. 308 EG nennt.
Auch nach Ansicht von *Sandmann* können günstigere Regelungen erlassen werden. Möglich sei dies zum einen durch Maßnahmen, die von allen Mitgliedstaaten gemeinsam getragen würden. Zum anderen könne auch ein einzelner Mitgliedstaat sein nationales Niveau anheben, wenn diese Änderung auf sein Hoheitsgebiet beschränkt bleibe; *Sandmann*, Die Euro-Betriebsrats-Richtlinie, S. 130 f.

88 *Weiss*, ArbuR 1995, 438, 440.

89 *Weiss*, ArbuR 1995, 438, 440.

und die Bestimmung einer Frist, bis zu deren Ablauf die zentralen Leitungen die geplanten Maßnahmen nicht ausführen dürfen, genannt.[90] Solche Vorschriften können die einzelnen Mitgliedstaaten aber ebenso im Rahmen des Anhangs der SE-RL erlassen, so dass auch hier von sog. Mindestvorschriften ausgegangen werden kann. Demzufolge hätte die SE-RL auf Art. 137 Abs. 3 EG gestützt werden müssen.

C. Ergebnis

Durch die Entscheidung, das SE-Statut mit den unterschiedlichen Regelungsinstrumenten der Verordnung und Richtlinie einzuführen, wurde die Schaffung einer supranationalen Gesellschaftsform wesentlich vorangebracht. Die Tatsache, dass die SE-VO auf Art. 308 EG basiert, ist europarechtskonform, da keine anderweitigen Rechtsgrundlagen ersichtlich sind. Die SE-RL hätte aber auf Art. 137 Abs. 3 SE-RL a.F. gestützt werden müssen.

Eine solche Vorgehensweise führt aber nur dann zur Rechtswidrigkeit des Rechtsakts, wenn diese speziellere Rechtsgrundlage andere Verfahrensregeln beim Rechtsetzungsprozess enthält und sich dies auf den Inhalt der Regelung hätte auswirken können. Nur in einem solchen Fall läge die Verletzung einer wesentlichen Formvorschrift vor und eine Nichtigkeitsklage gem. Art. 230 EG hätte Aussicht auf Erfolg. Sieht die richtige Rechtsgrundlage dagegen dasselbe Beschlussverfahren vor, wie es aufgrund der unzutreffenden Norm tatsächlich vorgenommen wurde, handelt es sich lediglich um einen formalen Fehler. Dieser führt nicht zur Nichtigkeit des Rechtsakts.[91]

Art. 308 EG fordert eine einstimmige Beschlussfassung des Rates über den Erlass der Regelungen, doch sieht er lediglich eine einfache Anhörung des Parlaments vor. Auch nach Art. 137 Abs. 3 EG ist neben einem einstimmigen Beschluss nur die Durchführung eines Anhörungsverfahrens erforderlich, wobei dies gegenüber dem Parlament, dem Wirtschafts- und Sozialausschuss sowie dem Ausschuss der Regionen zu erfolgen hat. Zuvor ist allerdings gem. Art. 138 Abs. 2 EG eine Anhörung der Sozialpartner durch die Kommission erforderlich, die unter Umständen bis zum Prozess des Art. 139 EG führen kann. Anders als im Rahmen des Art. 137 Abs. 2 EG ist aber nicht das Mitentscheidungsverfahren des Art. 251 EG durchzuführen, dass dem Parlament ein echtes Vetorecht und damit einen erheblichen Einfluss auf den Inhalt eines Rechtsakts gewährt.

Demnach unterscheiden sich beide Verfahren zum einen darin, dass bei Art. 137 Abs. 3 EG zwei weitere Organe anzuhören sind. Ein Verstoß gegen bestehende Beteiligungs- und Anhörungsrechte wird stets als wesentlich im Sinne des Art. 230 EG angesehen, da nicht ausgeschlossen werden kann, dass der betref-

---

90 *Weiss*, ArbuR 1995, 438, 441.

91 *Gaitanides*, in: *von der Groeben/Schwarze* (Hrsg.), Kommentar zum EU-/EG-Vertrag, Art. 230 EG Rn. 122 ff.; Schwarze/*ders.*, EU-Kommentar, Art. 230 EGV Rn. 60 f.

fende Rechtsakt in diesem Fall anders ausgefallen wäre.[92] Zum anderen erfolgt ein sozialer Dialog gem. Art. 138, 139 EG, der unter Umständen zu einer Vereinbarung zwischen den Sozialpartnern führt. Auch dies beinhaltet die Möglichkeit, dass die erlassene Maßnahme einen anderen Inhalt gefunden hätte. Es handelt sich daher bei der Wahl dieser Rechtsgrundlage nicht lediglich um einen formalen Fehler.

Allerdings sind bei der SE-RL die Besonderheiten ihrer Entstehungsgeschichte zu berücksichtigen. Bis zur erfolgreichen Beschlussfassung über die SE-RL waren große Schwierigkeiten zu überwinden und es entstanden zahlreiche Diskussionen und Stellungnahmen. Angesichts des Kompromisscharakters der endgültigen Fassung ist fraglich, ob eine bloße Konsultation zweier weiterer Organe tatsächlich Auswirkungen auf den Inhalt der SE-RL gehabt hätte. Zudem haben die europäischen Sozialpartner die Rechtsgrundlage des Art. 308 EG und damit ihren Ausschluss vom Prozess der Schaffung von Regelungen der Arbeitnehmerbeteiligung für eine SE widerspruchslos hingenommen.[93] Daher erscheint es nicht unwahrscheinlich, dass es nach ihrer ersten Anhörung gem. Art. 138 Abs. 2 EG nicht zu der in Art. 138 und 139 EG geregelten Vorgehensweise gekommen wäre.

Die Entscheidung des Europäischen Parlaments keine Klage zu erheben, ist deshalb zu begrüßen. Zwar hätte sie wohl Aussicht auf Erfolg gehabt, doch ob das durch die Rechtsgrundlage des Art. 137 Abs. 3 EG bedingte Verfahren zu inhaltlichen Änderungen geführt hätte, ist angesichts der komplexen Problemgestaltung mehr als fraglich. Zumindest wäre eine weitere erhebliche zeitliche Verzögerung des Vorhabens der Schaffung eines SE-Statuts sehr wahrscheinlich gewesen. Bei der anschließenden Verabschiedung der SCE-RL, die ebenfalls nicht auf Art. 137 Abs. 3 EG gestützt wurde, hat das Europäische Parlament die Wahl des Art. 308 EG als Rechtsgrundlage hingenommen. Allerdings hat es hinsichtlich der SCE-VO, die ebenfalls auf Art. 308 EG basiert, Klage vor dem EuGH erhoben, um die Frage der Rechtsgrundlage grundlegend zu klären.[94]

§ 2 Anwendbares Recht

Eine Verordnung gilt gem. Art. 249 S. 2 EG unmittelbar in jedem Mitgliedstaat, während eine Richtlinie laut Art. 249 S. 3 EG der Umsetzung bedarf.

---

92 *Gaitanides*, in: *von der Groeben/Schwarze* (Hrsg.), Kommentar zum EU-/EG-Vertrag, Art. 230 EG Rn. 122; GTE/*Krück*, Kommentar zum EU-/EG-Vertrag, Art. 173 Rn. 79; Schwarze/*ders.*, EU-Kommentar, Art. 230 EGV Rn. 61.

93 *Weiss*, in: *Biagi* (Hrsg.), Quality of Work and Employee Involvement, S. 63, 70.

94 *Beuthien*, GenG, Einl SCE, Rn. 2.

A. Rechtsquellen des SE-Statuts

Anders als in den Verordnungsentwürfen von 1970 und 1975 wurde in der aktuellen SE-VO, wie schon in den Vorschlägen von 1989 und 1991[95], mit einer umfassenden Verweisungstechnik[96] gearbeitet, die zu einer *„Verzahnung der mitgliedstaatlichen und der gemeinschaftsrechtlichen Rechtsebene"*[97] führt. Ausgangspunkt ist **Art. 9 SE-VO**[98], der für alle nicht oder nur teilweise geregelten Bereiche generell das jeweilige nationale Recht für anwendbar erklärt.[99] Hinzu kommt eine Vielzahl von speziellen Verweisungsnormen.[100] Insgesamt ergibt sich eine *„Rechtsquellenpyramide"*[101], bestehend aus einer gemeinschaftsrechtlichen Ebene, die sich aus den primär geltenden Vorschriften der SE-VO gem. **Art. 9 Abs. 1 Buchst. a SE-VO** und den sekundär anwendbaren Satzungsbestimmungen der SE gem. **Art. 9 Abs. 1 Buchst. b SE-VO** zusammensetzt.[102] Anschließend folgt eine mitgliedstaatliche Ebene gem. **Art. 9 Abs. 1 Buchst. c SE-VO**, die ihrerseits dreistufig aufgebaut ist.[103]

B. Regelungsauftrag an die nationalen Gesetzgeber

Zwar ist die Regelung vieler Bereiche in der SE-VO bewusst unvollständig, doch folgt daraus nicht notwendigerweise ein Regelungsauftrag an die nationalen Gesetzgeber, diese bestehenden Regelungslücken[104] zu schließen.[105] Daher ist

---

95 Vgl. Art. 7 SE-Entwurf 1989 und 1991. Vor allem nachdem mit dem VO-Entwurf 1991 in Art. 7 zwei Spiegelstriche hinsichtlich der Satzungsbestimmungen eingefügt worden waren, bestand bereits eine vergleichbare Regelung zum aktuellen Art. 9 SE-VO. Diese Vorgehensweise in den Entwürfen von 1989 und 1991 wurde im Schrifttum kritisiert; vgl. stv. *Lutter*, AG 1990, 413, 416 ff.

96 Zur Konzeption der Verweisungen; vgl. ausführlich bei *Brandt*, Die Hauptversammlung der SE, S. 42 ff.

97 *Brandt/Scheifele*, DStR 2002, 547.

98 Vgl. ausführlich zur Problematik des Art. 9 SE-VO *Brandt/Scheifele*, DStR 2002, 547 ff.

99 *Teichmann*, ZGR 2002, 383, 395.

100 Vgl. *Brandt/Scheifele* nach deren Angaben in den 70 Artikeln der SE-VO insgesamt 84 Verweisungsvorschriften enthalten sind; *Brandt/Scheifele*, DStR 2002, 547, 547.

101 *Hommelhoff*, AG 2001, 279, 285; *ders.*, in: *Lutter/Hommelhoff* (Hrsg.), Die Europäische Gesellschaft, S. 5, 15 f.; zustimmend *Schwarz*, ZIP 2001, 1847, 1849, Fn. 20; *Theisen/Wenz*, in: *Theisen/Wenz* (Hrsg.), Die Europäische Aktiengesellschaft, S. 1, 50 f.; *Veelken*, FS Blomeyer (2004), S. 491, 500.

102 Nach Ansicht von *Schwarz* steht die Vereinbarung über die Arbeitnehmerbeteiligung in der Hierarchie nicht nur über der Satzung der SE, sondern unter Umständen auch über mitgliedstaatlichem Recht; *Schwarz*, Kommentar zur SE-VO, Einl. Rn. 292.

103 Zur Einordnung der SE-RL vgl. *Schwarz*, Kommentar zur SE-VO, Art. 1 Rn. 50 ff.

104 Die im Rahmen der SE-VO verwendete Bedeutung der Regelungslücke geht weiter als die diesbezügliche deutsche Begrifflichkeit. *„Regelungslücken in der SE sollen daher jede Unvollständigkeit sein, sei sie unbewusst, bewusst, plangemäß oder planwidrig"*; *Brandt*, Die Hauptversammlung der SE, S. 34. Ebenso *Koke*, Die Finanzverfassung, S. 16.

zunächst anhand einer Auslegung festzustellen, ob überhaupt eine planwidrige Lücke vorliegt.[106] Zum Teil müssen diese anhand der SE-VO im Wege der Rechtsfortbildung gefüllt werden,[107] größtenteils erfolgt dies aber gem. **Art. 9 Abs. 1 Buchst. c Ziff. ii SE-VO** durch die jeweiligen nationalen Rechtsvorschriften, das heißt das nationale Aktienrecht.[108] Gem. Art. 10 SE-VO wird eine SE grundsätzlich wie eine nationale Aktiengesellschaft ihres jeweiligen Sitzstaates behandelt.[109] Damit dürfen die nationalen Gesetzgeber bei Vorliegen von Regelungslücken grundsätzlich kein spezielles auf die SE zugeschnittenes eigenes Aktienrecht erlassen.[110] Ihnen verbleiben nur die Bereiche, in denen sie ausdrücklich durch die SE-VO zu einer Regelung verpflichtet oder ermächtigt werden.[111]

Diese Vorgehensweise des europäischen Gesetzgebers in Art. 9 SE-VO führt aber vielerorts zu Streitigkeiten über den Regelungsgehalt der Vorschriften.[112] Häufig bleibt unklar, ob dieser Aspekt in der SE-VO nicht geregelt wurde, da er für eine SE nicht gelten oder weil das jeweilige einzelstaatliche Recht für nationale Aktiengesellschaften Anwendung finden soll.[113]

§ 3 Gründungsformen

Der SE stehen gem. Art. 2 SE-VO für ihre Gründung vier verschiedene *„originäre"*[114], *„primäre"*[115] oder *„unmittelbare"*[116] Formen zur Verfügung.[117] Demzu-

---

105 *Hommelhoff*, in: *Lutter/Hommelhoff* (Hrsg.), Die Europäische Gesellschaft, S. 5, 17; *Teichmann*, in: *Theisen/Wenz* (Hrsg.), Die Europäische Aktiengesellschaft, S. 691, 697.

106 *Kuhn*, in: *Jannott/Frodermann* (Hrsg.), Handbuch der Europäischen Aktiengesellschaft, 2. Kap. II 2, Rn. 14 ff.; *Wagner*, NZG 2002, 985, 988 f.

107 Dies ist bei solchen Regelungslücken der Fall, die speziell die SE als supranationale Gesellschaft betreffen; *Brandt/Scheifele*, DStR 2002, 547, 552. Auch *Zöllter-Petzoldt* plädiert hier für eine Rechtsfortbildung durch den EuGH; *Zöllter-Petzold*, Die Verknüpfung von europäischem und nationalem Recht, S. 178.

108 *Brandt*, Die Hauptversammlung der SE, S. 36 ff.; *Brandt/Scheifele*, DStR 2002, 547, 552.

109 *Brandt/Scheifele*, DStR 2002, 547, 552.
Zu welchen unterschiedlichen Folgen dies bei der Gründung einer SE führen kann, zeigt *Zöllter-Petzoldt* bei einem Vergleich des deutschen, englischen und spanischen Rechts; *Zöllter-Petzold*, Die Verknüpfung von europäischem und nationalem Recht, S. 7 ff.

110 *Teichmann*, ZGR 2002, 383, 399.

111 *Teichmann*, ZGR 2002, 383, 399; *ders.*, in: *Theisen/Wenz* (Hrsg.), Die Europäische Aktiengesellschaft, S. 691, 697.

112 Es ist bereits umstritten, ob der Begriff des Regelungsbereichs überhaupt angebracht ist; vgl. *Lächler/Oplustil*, NZG 2005, 381, 382 ff.

113 Die Schwierigkeiten dieser Regelungstechnik haben in der Literatur bereits zu einer Vielzahl von Veröffentlichungen und Reaktionen geführt; vgl. stv. *Hommelhoff*, FS Ulmer (2003), S. 265 ff.; *Hommelhoff/Teichmann*, SZW/RSDE 2002, 1, 4 f.; *Lind*, Die Europäische Aktiengesellschaft, S. 75 ff.; *Wagner*, NZG 2002, 985 ff.

114 *Pluskat*, EuZW 2001, 524, 526.

folge kann eine Europäische Aktiengesellschaft durch Verschmelzung (Verschmelzungs-SE), Bildung einer SE-Holdinggesellschaft (Holding-SE), Gründung einer SE-Tochtergesellschaft (Tochter-SE) oder Umwandlung einer nationalen Aktiengesellschaft (Umwandlungs-SE) erschaffen werden. Darüber hinaus besteht gem. Art. 3 Abs. 2 SE-VO noch eine *„derivative"*[118], *„sekundäre"*[119] oder *„abgeleitete"*[120] Gründungsform durch die Ausgründung einer Tochter-SE aus einer bereits bestehenden Mutter-SE. Mit diesen verschiedenen Gründungsformen wird wieder an den Verordnungsentwurf von 1991 angeknüpft[121] und dem RL-Entwurf A gefolgt.[122]

Auf die einzelnen Gründungstatbestände und ihre Voraussetzungen soll kurz im Hinblick auf die Thematik der Arbeitnehmerbeteiligung eingegangen werden. Dies ist erforderlich, da die gesellschaftsrechtliche Anknüpfung der SE-RL zunächst durch die in der SE-VO vorgesehenen Gründungsarten herbeigeführt wird. Die Arbeitnehmerpartizipation in der SE-RL ist je nach Gründungsform und der daraus resultierenden Bedrohung für bereits existierende Beteiligungsrechte der Arbeitnehmer unterschiedlich ausgestaltet.[123] Darüber hinaus werden in den Vorschriften der SE-VO, die die einzelnen Gründungstatbestände behandeln, auch einige Regelungen im Hinblick auf die Arbeitnehmerbeteiligung getroffen.

A. Primäre Gründungsformen

Bei den primären Gründungstatbeständen existieren allgemeine Voraussetzungen, die allen Gründungsformen gemeinsam sind, und spezielle Anforderungen, die für jede Gründungsart einzeln geregelt sind.

I. Allgemeine Gründungsvoraussetzungen

Für alle unmittelbaren Gründungstatbestände bestehen grundsätzlich zwei Erfordernisse.

1. Erfordernis der Mehrstaatlichkeit

Zum einen muss dem *„Mehrstaatlichkeitsprinzip"*[124] Genüge geleistet werden, das heißt bei allen vier verschiedenen Gründungsformen müssen mindestens

---

115 *Hommelhoff*, AG 2001, 279, 280; *Lutter*, BB 2004, 1, 4.

116 *Hommelhoff*, AG 2001, 279, 280

117 Vgl. zu weiteren Möglichkeiten der Einteilung der Gründungsformen *Scheifele*, Die Gründung der SE, S. 14 ff.

118 *Pluskat*, EuZW 2001, 524, 526.

119 *Hommelhoff*, AG 2001, 279, 280; *Lutter*, BB 2004, 1, 4.

120 *Hommelhoff*, AG 2001, 279, 280.

121 *Hommelhoff*, AG 2001, 279, 280.

122 Siehe oben S. 63 f.

123 *Kleinsorge*, RdA 2002, 343, 346.

124 *Neun*, in *Theisen/Wenz* (Hrsg.), Die Europäische Aktiengesellschaft, S. 57, 66.

zwei Mitgliedstaaten involviert sein. Allerdings sind die Anforderungen an diese Mehrstaatlichkeit für die Gründungstatbestände nicht einheitlich ausgestaltet, sondern sie nehmen von der Gründungsform der Verschmelzung bis zur Umwandlung stetig ab.[125] Diese Abstufung führt zu der Frage, welcher Bedeutung diesem Kriterium tatsächlich beizumessen ist[126] und beinhaltet eine gewisse Umgehungsproblematik.[127] Gemeinsam ist den Gründungsarten, dass das jeweils erforderliche Niveau der Mehrstaatlichkeit über einen Zeitraum von zwei Jahren vorliegen muss.[128]

2. Sitz und Hauptverwaltung der beteiligten Unternehmen

Zum anderen müssen die beteiligten Gesellschaften gem. **Art. 2 Abs. 1 bis 4 SE-VO** sowohl nach dem Recht eines Mitgliedstaats gegründet worden sein als auch ihren satzungsmäßigen Sitz und ihre Hauptverwaltung innerhalb der Europäischen Gemeinschaft haben. Allerdings können die Mitgliedstaaten gem. **Art. 2 Abs. 5 SE-VO** auch die Beteiligung von Gesellschaften, die über eine außerhalb der EG liegende Hauptverwaltung verfügen, regeln. Da die dort geregelten Voraussetzungen nur der Gründungstheorie folgende Mitgliedstaaten erfüllen, steht diese Regelungsoption für Deutschland nicht zur Verfügung.[129]

II. Besondere Gründungsvoraussetzungen

Neben dem unterschiedlichen Niveau der Mehrstaatlichkeit unterscheiden sich die Gründungsarten vor allem in der Art der juristischen Personen, denen die jeweilige Gründungsform offen steht.

1. Gründungsform der Verschmelzungs-SE

Gem. **Art. 2 Abs. 1 SE-VO** kann eine SE durch Verschmelzung von mindestens zwei nationalen Aktiengesellschaften[130], die dem Recht verschiedener Mitgliedstaaten unterliegen, gegründet werden.

---

125 *Neun*, in *Theisen/Wenz* (Hrsg.), Die Europäische Aktiengesellschaft, S. 57, 66.

126 So wird im Rahmen der Gründungsarten der Holding-SE und der Tochter-SE die Auffassung vertreten, dass nur eine der an der Gründung beteiligten Gesellschaften einen Tochtergesellschaft oder eine Zweigniederlassung in einem anderen Mitgliedstaat benötige; *Hommelhoff*, AG 2001, 279, 281, Fn. 15.

127 Da die Anforderungen an die Mehrstaatlichkeit zwischen den verschiedenen Gründungstatbeständen differieren, werden sie zusammen mit der jeweiligen Umgehungsproblematik bei den besonderen Voraussetzungen der jeweiligen Tatbestände dargestellt.

128 *Neun*, in *Theisen/Wenz* (Hrsg.), Die Europäische Aktiengesellschaft, S. 57, 68.

129 Da die in Deutschland geltende Sitztheorie an den Ort des effektiven Verwaltungssitzes anknüpft, würde für eine solche Gesellschaft nach deutschem Recht allein die Rechtsordnung des außerhalb der Gemeinschaft liegenden Staates gelten; *Neun*, in: *Theisen/Wenz* (Hrsg.), Die Europäische Aktiengesellschaft, S. 57, 69; *Teichmann*, ZGR 2002, 383, 414.

130 Welche Gesellschaften dies auf der jeweiligen mitgliedstaatlichen Ebene sind wird in Anhang I der SE-VO erläutert.

a) Vorschriften zur Arbeitnehmerbeteiligung in den Art. 17 bis 31 SE-VO

In den **Art. 17 bis 31 SE-VO** ist dann das Verfahren der Fusion, die Rechtmäßigkeitskontrolle der Verschmelzung usw. geregelt, wobei auch einige Vorschriften die Beteiligung der SE betreffen. So muss der Verschmelzungsplan gem. **Art. 20 Abs. 1 Buchst. i SE-VO** Angaben zu dem Vereinbarungsverfahren über die Arbeitnehmerbeteiligung enthalten. Unterliegt eine der Gründungsgesellschaften dem deutschen Recht, ist gem. **Art. 18 SE-VO** der § 5 Abs. 3 UmwG anwendbar.[131] Nach dieser Vorschrift ist der Verschmelzungsvertrag oder sein Entwurf spätestens einen Monat vor der Hauptversammlung, die über die Verschmelzung beschließen soll, dem zuständigen Betriebsrat der betreffenden Gesellschaft zuzuleiten. In **Art. 23 SE-VO** ist festgelegt, dass die Hauptversammlung jeder der sich verschmelzenden Gesellschaften dem Verschmelzungsplan zustimmen muss. In diesem Zusammenhang kann jede dieser Hauptversammlungen gem. **Art. 23 Abs. 2 S. 2 SE-VO** die Eintragung der SE von ihrer ausdrücklichen Genehmigung der geschlossenen Vereinbarung über die Arbeitnehmerbeteiligung abhängig machen.[132] Über den Wortlaut dieser Vorschrift hinaus fällt in diesen Zustimmungsvorbehalt jegliche in die SE einzuführende Mitbestimmung, unabhängig davon, ob sie auf einer Vereinbarung, dem Abbruch bzw. der Nichtaufnahme der Verhandlungen oder dem ergebnislosen Fristablauf des Verhandlungsverfahrens beruht.[133]

---

131 *Jannott*, in: *Jannott/Frodermann* (Hrsg.), Handbuch der Europäischen Aktiengesellschaft, 3. Kap. III 1.2.4, Rn. 52 ff.; *Scheifele*, Die Gründung der SE, S. 190; *Teichmann*, ZGR 2002, 383, 421. Ebenso *Lambach*, die allerdings an Art. 17 Abs. 2 Buchst. b SE-VO anknüpft; *Lambach*, Die Beteiligung in der SE, S. 147.

132 Vgl. zum Verfahren, zur erforderliche Mehrheit bei der Beschlussfassung und zum möglichen Inhalt *Schwarz*, Kommentar zur SE-VO, Art. 23 Rn. 26 ff.
Bayer gibt zu Bedenken, dass eine solche Genehmigung nur in einer weiteren Hauptversammlung erfolgen könne und damit eine deutliche Verzögerung der SE-Gründung einhergehe; *Bayer*, in: *Lutter/Hommelhoff* (Hrsg.), Die Europäische Gesellschaft, S. 25, 41. Nach Ansicht von *Seibt* ist hingegen unabhängig von Art. 23 Abs. 2 S. 2 bzw. Art. 32 Abs. 6 S. 2 SE-VO stets ein solcher Hauptversammlungsbeschluss erforderlich; *Seibt*, AG 2005, 413, 418. Eine andere Ansicht vertreten *Heinze/Seifert/Teichmann*, die aus dieser Vorschrift folgern, dass die Vereinbarung über die Arbeitnehmerbeteiligung in den Zuständigkeitsbereich der Hauptversammlung eingreifen könne; *Heinze/Seifert/-Teichmann*, BB 2005, 2524, 2525.

133 *Hügel*, in: *Kalss/Hügel* (Hrsg.), Europäische Aktiengesellschaft, § 19 SEBG, Rn. 8; *Scheifele*, Die Gründung der SE, S. 216; *Schwarz*, Kommentar zur SE-VO, Einl. Rn. 277, Art. 23 Rn. 30. Nach Ansicht von *Schwarz* muss die Hauptversammlung auch dann zustimmen, wenn nach Gründung der SE ein erneutes Verhandlungsverfahren stattgefunden hat. Werde eine Vereinbarung geschlossen, folge dies aus den Parallelen zum Unternehmensvertrag und dem Rechtsgedanken der Art. 23 Abs. 2 S. 2 und Art. 32 Abs. 6 Unterabs. 2 S. 2 SE-VO. Voraussetzung für die Wirksamkeit der Vereinbarung sei folglich eine Zustimmung der Hauptversammlung nach Art. 59 Abs. 1 i.V.m. § 293 Abs. 1 S. 1 AktG analog; *Schwarz*, Kommentar zur SE-VO, Einl. Rn. 281 f., Art. 12 Rn. 37 ff.

Auch im „*zweistufigen Verfahren*“[134] der Rechtmäßigkeitskontrolle einer Fusion spielt die Beteiligung der Arbeitnehmer eine Rolle. Auf der zweiten Stufe dieser Überprüfung wird gem. **Art. 26 Abs. 1 SE-VO** die Durchführung der Verschmelzung und der Gründung der SE von der jeweils national zuständigen Stelle des künftigen Sitzstaats kontrolliert. Dabei wird laut **Art. 26 Abs. 3 SE-VO**[135] insbesondere ermittelt, ob eine Vereinbarung über die Arbeitnehmerbeteiligung geschlossen wurde. Aufgrund dieser Einbeziehung in die Rechtmäßigkeitskontrolle beeinflusst das Vorliegen einer Einigung über die Partizipation der Arbeitnehmer gem. **Art. 27 Abs. 2 SE-VO** auch die Eintragung der SE bzw. kann gem. **Art. 30 Unterabs. 2 SE-VO** zu einem Auflösungsgrund führen.[136]

b) Probleme in Verbindung mit der Arbeitnehmerbeteiligung

Im Schrifttum werden bereits verschiedene Gestaltungsmöglichkeiten behandelt, mit deren Hilfe die gesellschaftsrechtlichen bzw. mitbestimmungsrechtlichen Schutzbestimmungen umgangen werden können. So wird das grundsätzliche Problem angesprochen, dass die strengeren Anforderungen an die Bildung einer Verschmelzungs-SE, Holding-SE oder Tochter-SE durch eine vorhergehende Umwandlung eines der beteiligten Rechtsträger in eine SE relativ leicht vermieden werden könnten.[137] Hierbei handelt es sich aber um eine rein auf gesellschaftsrechtlicher Ebene zu diskutierende Frage, die die Beteiligung der Arbeitnehmer nicht betrifft. Im Vergleich zu den übrigen Gründungsformen bestehen im Hinblick auf die Sicherung der Arbeitnehmerpartizipation bei der Bildung einer SE durch Umwandlung weitergehende Anforderungen und Mechanismen.[138] Anders sieht es aber bei der Aufnahme einer eigenen ausländischen Tochtergesellschaft durch die Muttergesellschaft aus. In diesem Fall besteht das Problem der Abgrenzung von Verschmelzung oder Umwandlung, das aufgrund

---

134 *Hirte*, NZG 2002, 1, 3.

135 Diese Vorschrift führt in Verbindung mit Art. 12 Abs. 2 SE-VO nach Ansicht von *Oetker* zu einer materiellen Prüfungspflicht des deutschen Registergerichts im Hinblick auf die Einhaltung des gesamten Verfahrens der SE-RL. Dies gehe von der Bildung des BVG über eine ordnungsgemäße Beschlussfassung dieses Gremiums bis zur Vereinbarung. Nach Auffassung des Autors werden Fehler auch nicht durch eine Eintragung der SE durch das Registergericht geheilt. Vielmehr sei gem. § 142 FGG die Möglichkeit für das Registergericht gegeben, die Eintragung „*wegen Mangels einer wesentlichen Voraussetzung*“ von Amts wegen zu löschen. Vgl. zum Ganzen *Oetker*, in: *Lutter/Hommelhoff* (Hrsg.), Die Europäische Gesellschaft, S. 277, 287 ff.
Zu dem Problem des Nachweises vor dem Registergericht, dass die Vorschriften der SE-RL eingehalten wurden; vgl. *Kleindiek*, in: *Lutter/Hommelhoff* (Hrsg.), Die Europäische Gesellschaft, S. 95, 103 f.

136 Schließlich regelt **Art. 29 Abs. 4 SE-VO** den Übergang der Rechte und Pflichten der beteiligten Gesellschaften bezüglich der Beschäftigungsbedingungen auf die SE; vgl. *Lambach*, Die Beteiligung in der SE, S. 147 f.

137 *Teichmann*, ZGR 2002, 383, 411.

138 Siehe unten S. 230 ff., S. 242 ff. und S. 269 ff.

der stärkeren Absicherung der Arbeitnehmerbeteiligung im Rahmen der Umwandlung auch im Rahmen der vorliegenden Arbeit relevant ist.

aa) Aufnahme einer eigenen ausländischen Tochtergesellschaft als Gründungsfall der Verschmelzung

Nach einer Auffassung innerhalb der Literatur[139] sind die Voraussetzungen des Gründungsfalls der Verschmelzung nicht erfüllt, wenn eine Aktiengesellschaft ihre eigene ausländische Tochtergesellschaft aufnimmt und dabei in die Rechtsform der SE wechselt. Werde diese Gründungsvariante als Verschmelzung angesehen, so könnten die Anforderungen der Schaffung einer SE durch Umwandlung umgangen werden. Denn für die Umwandlung bestehe gem. Art. 2 Abs. 4 SE-VO eine Zeitschranke dahingehend, dass die Tochtergesellschaft *„seit mindestens zwei Jahren (...) dem Recht eines anderen Mitgliedstaats"* unterliege. Daher müsse die Gründungsform der Verschmelzung auf den Fall beschränkt werden, dass keine Abhängigkeit der einen Aktiengesellschaft von der anderen bestehe.[140]

Eine andere Ansicht in der Literatur[141] erkennt zwar das Problem der Umgehung der Zwei-Jahres-Frist, hält diese Art von Konzernverschmelzung jedoch trotzdem für zulässig. Zum einen wird mit Art. 31 SE-VO argumentiert, da dessen Wortlaut diese Fusionsart ausdrücklich zulasse. Zum anderen dürfe eine an sich gegebene Gründungsform nicht deshalb versagt bleiben, weil dadurch die Voraussetzungen anderer Gründungsformen übergangen würden. Hier liege lediglich eine Umgehung der Voraussetzung der Mehrstaatlichkeit vor, die nur eine formale Eintrittsschwelle der SE darstelle. Soweit diese Bedingung auf irgendeine Weise gesichert bleibe, könne sie nicht zu den elementaren Schutzvorschriften der jeweiligen Gründungsvarianten gezählt werden. Anders sei dies nur zu beurteilen, wenn die Umgehung von Schutzmechanismen für Gesellschafter oder Dritte drohe.[142]

bb) Stellungnahme

Gerade im Hinblick auf die in der SE-RL geregelte Beteiligung der Arbeitnehmer und aufgrund des Schutzes erworbener Rechte der Arbeitnehmer ist bei der vorliegenden Problematik der erstgenannten Ansicht zu folgen. Je nach dem Gefährdungspotenzial der Gründungsform für die Partizipation der Arbeitnehmer bestehen in der SE-RL unterschiedliche Schwellenwerte und anderweitige Anforderungen für die verschiedenen Gründungsformen. Gerade bei der Bildung einer SE durch Umwandlung hat die Möglichkeit der Flucht aus der Mitbestimmung dazu geführt, dass in der SE-RL umfangreiche Maßnahmen getroffen wurden, um dies zu verhindern. Für den Fall der Verschmelzung sieht die SE-

---

139 *Hirte*, NZG 2002, 1, 3.
140 Vgl. zum Ganzen *Hirte*, NZG 2002, 1, 3.
141 *Teichmann*, ZGR 2002, 383, 412.
142 Vgl. zum Ganzen *Teichmann*, ZGR 2002, 383, 412.

RL keine vergleichbaren Anforderungen und Ausnahmevorschriften vor. Nähme man im vorliegenden Fall die Gründungsform der Verschmelzung an, dann würden die in der Richtlinie für die Umwandlung festgelegten besonderen Regelungen bezüglich der Sicherung der Arbeitnehmerbeteiligung nicht mehr gelten.[143]

Schließlich wird von dem Vertreter der Gegenauffassung zugestanden, dass bei einer Umgehung von wesentlichen Schutzmechanismen eine anderweitige Beurteilung erforderlich sei. Dazu werden ausdrücklich die Schutzvorschriften für Gesellschafter und Dritte gezählt. Bereits beim Verordnungsentwurf von 1989 war aber im Rahmen der Rechtsgrundlage des Art. 54 Abs. 3 Buchst. g EWGV (jetzt Art. 44 Abs. 2 Buchst. g EG) umstritten, ob es sich bei den Regelungen zur Beteiligung der Arbeitnehmer um Schutzbestimmungen zugunsten *„Dritter"* handelt.[144] Selbst wenn der dortigen Argumentation nicht gefolgt wird, muss man zugestehen, dass es nicht nur um die Umgehung bloßer formaler Gründungsvoraussetzungen geht, sondern auch um elementare Schutzvorschriften für die Arbeitnehmer. Deren Beteiligungsrechte werden nämlich im Rahmen der Gründungsform der Umwandlung in größtem Maße geschützt. Aus diesen Gründen ist die Aufnahme einer ausländischen Tochtergesellschaft unter den Voraussetzungen der Art. 2 Abs. 4 und 37 SE-VO zu prüfen.

2. Gründungsform der Holding-SE

Die zweite Gründungsmöglichkeit besteht gem. **Art. 2 Abs. 2 SE-VO** darin, dass mindestens zwei Aktiengesellschaften oder Gesellschaften mit beschränkter Haftung[145] eine SE-Holdingsgesellschaft bilden. Dabei müssen mindestens zwei der beteiligten Gesellschaften entweder dem Recht verschiedener Mitgliedstaaten unterliegen oder aber seit mindestens zwei Jahren eine dem Recht eines anderen Mitgliedstaats unterliegende Tochtergesellschaft oder eine Zweigniederlassung in einem anderen Mitgliedstaat haben.

a) Vorschriften zur Arbeitnehmerbeteiligung in den Art. 32 bis 34 SE-VO

Vergleichbar mit den Vorschriften zur Verschmelzungs-SE ist das Verfahren der Bildung einer Holding-SE usw. in den **Art. 32 bis 34 SE-VO** geregelt, wobei ebenfalls die Beteiligung der Arbeitnehmer berührt wird. Als Vorbereitung für die Gründung einer Holding-SE ist ein Gründungsplan aufzustellen, der gem. **Art. 32 Abs. 2 S. 2 SE-VO** einen Bericht enthält, in dem die Auswirkungen des Übergangs zu einer SE für die Arbeitnehmer darzulegen sind. Bezüglich des

---

143 Auch würde Art. 37 Abs. 8 SE-VO, der den Mitgliedstaaten die Möglichkeit gibt, vorzusehen, dass das für die Mitbestimmung relevante Organ der umzuwandelnden Gesellschaft dieser Umwandlung zustimmt, nicht gelten.

144 Vgl. oben S. 75 f. Mit beachtlichen Argumenten wird vertreten, dass Arbeitnehmer solche *„Dritte"* darstellten bzw. durch die Beteiligung der Arbeitnehmer an unternehmerischen Entscheidungen zumindest auch *„Dritte"* betroffen seien.

145 Vgl. Anhang II der SE-VO.

weiteren Inhalts wird in **Art. 32 Abs. 2 S. 3 SE-VO** unter anderem auf Art. 20 Abs. 1 Buchst. i SE-VO verwiesen, d.h. es sind wie beim Verschmelzungsplan Angaben zu dem Verfahren, nach dem die Vereinbarung über die Beteiligung der Arbeitnehmer geschlossen wird, vorzunehmen. Anders als bei der Gründung einer Verschmelzungs-SE ist dieser Gründungsplan allerdings nicht von den beteiligten Gesellschaften an ihren jeweiligen zuständigen Betriebsrat weiterzuleiten, da § 5 Abs. 3 UmwG auch nicht analog anwendbar ist.[146]

Ebenso wie bei der Verschmelzung ist in **Art. 32 Abs. 6 SE-VO** vorgesehen, dass die Hauptversammlung jeder beteiligten Gesellschaft dem Gründungsplan zustimmen muss. Auch hier kann jede dieser Hauptversammlungen gem. **Art. 32 Abs. 6 Unterabs. 2 S. 2 SE-VO** die Eintragung der SE von ihrer ausdrücklichen Genehmigung der geschlossenen Vereinbarung über die Arbeitnehmerbeteiligung abhängig machen.[147] Gem. **Art. 33 Abs. 5 SE-VO** stellt der Nachweis, dass die eben genannten und die übrigen Formalitäten des Art. 32 SE-VO eingehalten wurden, die Voraussetzung für die Eintragung der SE dar. Anders als bei der Verschmelzung können die Mitgliedstaaten gem. **Art. 34 SE-VO** für die betreffenden Gesellschaften Vorschriften zum Schutz der Arbeitnehmer erlassen.

b) Probleme in Verbindung mit der Arbeitnehmerbeteiligung

Auch bei der Gründung der SE durch Bildung einer Holdinggesellschaft wird in der Literatur[148] das Problem der Umgehung des Erfordernisses der Mehrstaatlichkeit durch eine mögliche Gründung einer Umwandlungs-SE angesprochen.[149] Für die Arbeitnehmerbeteiligung von Bedeutung ist allerdings der umgekehrte Fall, dass durch die Gründung einer Holding-SE die Errichtung einer Umwandlungs-SE mit ihrer stärkeren Absicherung der Mitbestimmung umgangen werden soll. Zu Recht wird im Schrifttum[150] gefordert, dass immer dann, wenn die Gründung einer Holding-SE zur gleichen Konzernstruktur wie die Umwandlung der Muttergesellschaft in eine SE führe, die letztgenannte Gründungsform vorgenommen werden müsse. Dies bedeute, dass bei Bildung einer Holding-SE die Einbeziehung anderer, bisher unabhängiger Gesellschaften erforderlich sei, um diesen Gründungstatbestand mit seiner geringeren Absicherung des Mitbestimmungsstandards wählen zu können. Wären dagegen nur in

---

146 *Jannott*, in: *Jannott/Frodermann* (Hrsg.), Handbuch der Europäischen Aktiengesellschaft, 3. Kap. III 2.1.6, Rn. 152. Allerdings wird die Unterrichtung der Arbeitnehmervertretungen i.S.d. § 5 Abs. 3 UmwG durch § 4 Abs. 2 SEBG ersetzt; *Brandes*, AG 2005, 177, 182.

147 Vgl. hierzu oben S. 92.

148 *Teichmann*, ZGR 2002, 383, 411.

149 Allerdings betrifft diese Frage wegen der stärkeren Absicherung der Arbeitnehmerbeteiligung bei der Umwandlung nur den gesellschaftsrechtlichen Bereich.

150 *Henssler*, FS Heinze (2005), S. 333, 341.

die bisherige Konzernstruktur involvierte Gesellschaften an der Gründung der SE beteiligt, so habe diese in Form einer Umwandlungs-SE zu erfolgen, da sonst ein Missbrauchstatbestand i.S.d. Art. 11 SE-RL vorliege.[151]

3. Gründungsform der Tochter-SE

Als dritte Form der Gründung sieht **Art. 2 Abs. 3 SE-VO** vor, dass mehrere Gesellschaften im Sinne des Art. 48 Abs. 2 EG[152] sowie sonstige juristische Personen des öffentlichen oder privaten Rechts durch Zeichnung ihrer Aktien eine Tochter-SE gründen können. In diesem Fall ist das gleiche grenzüberschreitende Element erforderlich wie bei Gründung einer Holding-SE.

a) Vorschriften zur Arbeitnehmerbeteiligung in den Art. 35 bis 36 SE-VO

Anders als bei den anderen Gründungsformen sieht die SE-VO keine Regelungen über das Verfahren der Gründung einer Tochter-SE vor, das heißt es ist zum Beispiel kein Verschmelzungs- oder Gründungsplan bzw. eine Zustimmung durch die Hauptversammlung vorgesehen.[153] Stattdessen verweist **Art. 36 SE-VO** auf das jeweilige nationale Recht der beteiligten Gesellschaften und sonstigen juristischen Personen, das bei der Beteiligung an einer Gründung einer Tochtergesellschaft in Form einer Aktiengesellschaft anzuwenden ist.

b) Probleme in Verbindung mit der Arbeitnehmerbeteiligung

Da in der SE-VO keine speziellen Anforderungen an die Gründung einer Tochter-SE geregelt sind, besteht nach einer Ansicht in der Literatur[154] die Gefahr, dass wesentliche Schutzvorschriften der anderen Gründungsformen umgangen werden könnten. Wer die strengeren Vorschriften der Gründung durch Verschmelzung vermeiden wolle, könne eine Tochter-SE bilden und anschließend alle betriebsnotwendigen Wirtschaftsgüter der Gründungsgesellschaften im Wege der Einzelrechtsnachfolge auf die Tochter-SE übertragen.[155] Diese Umgehungsproblematik betrifft aber nicht nur die gesellschaftsrechtliche Ebene, sondern berührt auch die Arbeitnehmerbeteiligung. Dies liegt daran, dass bei einer Verschmelzung aufgrund der erhöhten Schutzbedürftigkeit der Arbeitnehmer bei dieser Gründungsform niedrigere Schwellenwerte als bei der Gründung einer Tochter-SE bestehen. Demzufolge wird die Sicherung der Arbeitnehmerbeteiligung bei der Gründung einer SE durch Fusion in einem stärkeren Maß gewähr-

---

151 Vgl. zum Ganzen *Henssler*, FS Heinze (2005), S. 333, 341.

152 Dies sind „*Gesellschaften des bürgerlichen Rechts und des Handelsrechts einschließlich der Genossenschaften und die sonstigen juristischen Personen des öffentlichen und privaten Rechts mit Ausnahme derjenigen, die keinen Erwerbszweck verfolgen*".

153 *Teichmann*, ZGR 2002, 383, 438. Nach Ansicht von *Schwarz* ist bei dieser Gründungsform auch keine analoge Anwendung der Art. 23 Abs. 2 S. 2, 32 Abs. 6 Unterabs. 2 S. 2 SE-VO zur Begründung eines Zustimmungsvorbehalts möglich; *Schwarz*, Kommentar zur SE-VO, Einl. Rn. 279.

154 *Teichmann*, ZGR 2002, 383, 438.

155 Vgl. zum Ganzen *Teichmann*, ZGR 2002, 383, 438.

leistet.[156] Zudem findet die Arbeitnehmerbeteiligung im Rahmen der Verschmelzung im Verschmelzungsplan Berücksichtigung, wird im Rahmen der Rechtmäßigkeitskontrolle überprüft, beeinflusst die Eintragung der SE und kann zu einem Auflösungsgrund führen.[157] Sollte also die Verschmelzung durch Bildung einer Tochter-SE und anschließender Übertragung der Wirtschaftsgüter umgangen werden, dann wird nicht nur den strengeren Gründungsvorschriften ausgewichen, sondern auch der stärkeren Absicherung der Arbeitnehmerbeteiligung. Dagegen wird bei der Umgehung der strengeren gesellschaftsrechtlichen Voraussetzungen der Gründung einer Holding-SE mit Hilfe der Errichtung eine Tochter-SE die Beteiligung der Arbeitnehmer nicht betroffen. Gerade zwischen diesen beiden Gründungsformen bestehen gem. Art. Abs. 4 Unterabs.1 S. 3 2. Spstr. SE-RL die gleichen Schwellenwerte, so dass ein gleichwertiges Schutzniveau herrscht.

Als Lösung dieser Umgehungsfrage wird in der Literatur[158] vorgeschlagen, dass immer dann, wenn über die Gründung einer Tochter-SE wirtschaftlich das Ziel einer Verschmelzungs-SE oder Holding-SE beabsichtigt sei, die Verfahrensregeln dieser Gründungsformen analog anzuwenden seien. Allerdings wird offen gelassen, ob sich diese analoge Anwendung aufgrund des europäischen Rechts ergebe, da dieses eine Umgehung seiner Schutzvorschriften verbiete, oder ob das jeweilige nationale Recht anwendbar sei.[159]

4. Gründungsform der Umwandlungs-SE

Die vierte primäre Gründungsform ist in **Art. 2 Abs. 4 SE-VO** geregelt. Danach kann eine Aktiengesellschaft in eine SE umgewandelt werden, wenn sie seit mindestens zwei Jahren eine dem Recht eines anderen Mitgliedstaats unterliegende Tochtergesellschaft hat.

---

156 Vgl. zu den Schwellenwerten und ihrer Bedeutung ausführlich unten S. 208 ff.

157 Siehe oben S. 92 ff.

158 *Teichmann*, ZGR 2002, 383, 438.

159 Nach dieser Ansicht wäre in Deutschland ein solcher Umgehungstatbestand nach den Grundsätzen der Holzmüller-Entscheidung zu behandeln, so dass ein eigener Hauptversammlungsbeschluss erforderlich wäre und möglicherweise sogar ein Verfahren eingehalten werden müsste, das dem bei Gründung einer Verschmelzungs- bzw. Holding-SE entspräche; vgl. zum Ganzen *Teichmann*, ZGR 2002, 383, 438.
Nach Ansicht von *Bayer* ist dagegen die Errichtung einer Tochter-SE zur Vermeidung des Verfahrens der Gründung einer Verschmelzungs- oder Holding-SE keine unzulässige Umgehung, sodass die Vorschriften der Art. 17 ff. bzw. Art. 32 ff. SE-VO nicht entsprechend anwendbar seien; *Bayer*, in: *Lutter/Hommelhoff* (Hrsg.), Die Europäische Gesellschaft, S. 25, 59. Diese Auffassung verkennt aber die Verknüpfung der Anforderungen in der SE-RL mit den verschiedenen Gründungsformen.

a) Vorschriften zur Arbeitnehmerbeteiligung in Art. 37 SE-VO

Vergleichbar mit der Gründung einer Holding-SE ist bei einer Umwandlung gem. **Art. 37 Abs. 4 SE-VO** durch das Leitungs- oder Verwaltungsorgan der betreffenden Gesellschaft ein Umwandlungsplan zu erstellen und ein Bericht abzufassen, in dem die Auswirkungen des Übergangs zu einer SE für die Arbeitnehmer dargelegt werden. Regelungen über die inhaltliche Ausgestaltung des Umwandlungsplans bzw. weitere der Gründungsform der Holding-SE entsprechende Vorschriften wurden nicht eingeführt. Im Schrifttum wird allerdings vertreten, dass wohl § 194 Abs. 2 UmwG analog anwendbar sei und daher der Umwandlungsplan spätestens einen Monat vor dem Zusammentreten der Hauptversammlung, die gem. Art. 37 Abs. 7 SE-VO dem Gründungsplan zustimmen müsse, dem zuständigen Betriebsrat zuzuleiten sei.[160] Des Weiteren wird gefordert, dass der Hauptversammlung vor der Gründung einer Umwandlungs-SE analog Art. 23 Abs. 2 S. 2, 32 Abs. 6 Unterabs. 2 S. 2 SE-VO ein Zustimmungsvorbehalt zuzugestehen sei.[161] Eine besondere Sicherungsmöglichkeit der Arbeitnehmermitbestimmung für die Mitgliedstaaten ergibt sich aus **Art. 37 Abs. 8 SE-VO.**[162] Sollte ein Mitgliedstaat eine entsprechende Regelung getroffen haben, dann verhindert zudem **Art. 37 Abs. 3 SE-VO,** dass sich die eine Umwandlung planende Gesellschaft dieser Anforderung durch Sitzverlegung entziehen kann.[163]

b) Probleme in Verbindung mit der Arbeitnehmerbeteiligung

Die Umwandlung einer nationalen Gesellschaft in eine SE wurde erst nach langjährigen Diskussionen als mögliche Gründungsform in die SE-VO aufgenommen. Grund hierfür war vor allem, dass eine Flucht aus der Mitbestimmung befürchtet wurde. Daher bestehen bei der Umwandlung die am weitest reichenden Sicherungsbestimmungen für die Arbeitnehmerbeteiligung.[164] Die Umgehungsproblematik bei der Gründung einer SE durch Umwandlung unter Benutzung einer anderweitigen Gründungsart wurde bereits erörtert.[165]

Fraglich ist, ob die Bestimmung in Art. 37 Abs. 3 SE-VO bezüglich der Sitzverlegung ausreichend ist. Der Wortlaut *„anlässlich der Umwandlung"* ist unbe-

---

160 *Jannott,* in: *Jannott/Frodermann* (Hrsg.), Handbuch der Europäischen Aktiengesellschaft, 3. Kap. III 4.1.2, Rn. 235.

161 *Schwarz,* Kommentar zur SE-VO, Einl. Rn. 278. Argumentiert wird insbesondere damit, dass auch bei der Gründung einer Umwandlungs-SE die Erhöhung des Mitbestimmungsniveaus und damit ein Eingriff in die Aktionärsrechte möglich sei.

162 Vgl. zum Streit, ob der deutsche Gesetzgeber von dieser Option Gebrauch machen sollte, unten S. 338 ff.

163 *Schmidt, M.*, Das Arbeitsrecht der Europäischen Gemeinschaft, IV. III. 1. a), Rn. 59. Nach dieser Vorschrift darf der Sitz der betreffenden Gesellschaft nicht anlässlich der Umwandlung in einen anderen Mitgliedstaat verlegt werden.

164 Vgl. unten S. 230 ff, S. 242 ff. und S. 269 ff.

165 Siehe oben S. 96 ff.

stimmt, da sich nicht erkennen lässt, wann dies vorliegt.[166] Zu verhindern gilt es, dass sich die nationalen Gesellschaften durch Umwandlung in eine SE mit anschließender Sitzverlegung in einen anderen Mitgliedstaat, in dem eine geringere oder keine Arbeitnehmerbeteiligung vorgeschrieben ist, der Mitbestimmung entziehen. Dies kann durch die Rückumwandlung der SE nach erfolgter Sitzverlegung in eine nationale Gesellschaft herbeigeführt werden, da sich deren Mitbestimmung nun nach dem nationalen Recht des neuen Sitzstaats richtet.

Im Schrifttum[167] wird der Wortlaut sehr eng dahingehend ausgelegt, dass lediglich bis zum Zeitpunkt der Eintragung der durch Umwandlung gegründeten SE die Sitzverlegung verboten sei. Sobald die Umwandlung formwirksam beendet sei, könne folglich eine Sitzverlegung beschlossen werden. Begründet wird dies damit, dass der ursprünglich mit dieser Vorschrift bezweckte Schutz vor einer Flucht aus der Mitbestimmung nun anderweitig durch die SE-RL gewährleistet werde[168] und im Vergleich zu Art. 66 Abs. 1 SE-VO keine weitergehende zeitliche Sperre ersichtlich sei.[169]

Zu denken ist bei der Formulierung *„anlässlich"* dennoch an einen gewissen Zeitraum, der ablaufen muss, bis der umgewandelten SE eine Sitzverlegung in einen anderen Mitgliedstaat erlaubt ist. Zwar ist es sinnvoll, die Schutzmechanismen in der SE-RL zu nutzen, damit sich eine SE nicht ihrer Arbeitnehmerbeteiligung durch Sitzverlegung entledigen kann, doch ist fraglich, inwieweit diese ausreichen. Daher wird bei Streitigkeiten vom EuGH zu klären sein, um welche Zeitspanne es ich bei Art. 37 Abs. 3 SE-VO nun handelt.

B. Sekundäre Gründungsformen

Besteht bereits eine SE, gibt es grundsätzlich zwei Wege der sekundären Gründung einer SE. Zum einen ist in **Art. 3 Abs. 2 SE-VO** die Möglichkeit geregelt, dass eine bereits existierende SE eine oder mehrere Tochtergesellschaften in Form einer SE gründen kann. Zum anderen kann sich eine bestehende SE mit einer oder mehreren anderen Gesellschaften an der Gründung einer neuen SE im Wege der oben genannten Gründungsformen der Verschmelzungs-SE, Holding-SE oder Tochter-SE beteiligen.[170]

---

166 Ebenso *Hunger*, in: *Jannott/Frodermann* (Hrsg.), Handbuch der Europäischen Aktiengesellschaft, 9. Kap. II 1.1, Rn. 10.

167 *Brandt*, BB-Special 3/2005, 1, 2; *Schröder*, in: *Manz/Mayer/Schröder* (Hrsg.), Europäische Aktiengesellschaft SE, S. 387, Rn. 9; *Schwarz*, Kommentar zur SE-VO, Art. 37 Rn. 9; *Zang*, Verlegung des Sitzes, S. 248 f.

168 *Zang*, Verlegung des Sitzes, S. 248 f.

169 *Brandt*, BB-Special 3/2005, 1, 2.

170 *Teichmann*, in: *Theisen/Wenz* (Hrsg.), Die Europäische Aktiengesellschaft, S. 691, 699. Das im Rahmen der sekundären Gründung entstehende Problem für die Arbeitnehmerbeteiligung wird im Rahmen der strukturellen Änderungen unten bei S. 295 ff. behandelt.

§ 4 Aufbau der SE

Eine SE besteht gem. **Art. 38 Buchst. b SE-VO** entweder aus einem Aufsichts- und einem Leitungsorgan entsprechend dem dualistischen System oder aus einem Verwaltungsorgan nach dem monistischen Modell. Daneben verfügt eine SE, unabhängig von der jeweiligen Verwaltungsstruktur, gem. **Art. 38 Buchst. a SE-VO** über eine Hauptversammlung.

A. Hauptversammlung

Die Hauptversammlung ist das Organ, das die Anteilseigner repräsentiert und in dem diese grundlegende Entscheidungen im Hinblick auf die Gesellschaft treffen können.[171] Die Bestimmungen in der SE-VO, die die Hauptversammlung betreffen, verweisen gem. **Art. 52 bis 60 SE-VO** größtenteils auf das einzelstaatliche Recht des jeweiligen Sitzstaates.[172]

I. Zuständigkeit der Hauptversammlung gem. Art. 52 SE-VO

Die Hauptversammlung einer SE ist gem. **Art. 52 Unterabs. 1 SE-VO** zum einen in Angelegenheiten entscheidungsbefugt, für die ihr, aufgrund der SE-VO oder der SE-RL erlassener nationaler Rechtsvorschriften des Sitzstaats, die alleinige Zuständigkeit übertragen wurde. Allerdings bestehen in der SE-RL keine solchen Zuständigkeitszuweisungen. Da solche Regelungen in dem Verordnungsvorschlag von 1991 vorhanden waren,[173] wird im Schrifttum[174] vermutet, dass es sich bei **Art. 52 Unterabs. 1 Buchst. b SE-VO** um ein historisches Überbleibsel handle, das nicht gestrichen worden sei. Zum anderen verfügt die Hauptversammlung gem. **Art. 52 Unterabs. 2 SE-VO** über die Kompetenzen, die auch den nationalen Aktiengesellschaften des Sitzstaates durch dessen Rechtsvorschriften bzw. im Rahmen der dortigen *„Satzungsdispositivität"*[175] übertragen wurden.[176]

II. Vorschriften in Verbindung mit der Arbeitnehmerbeteiligung

Auch im Hinblick auf die Vorschriften über die Einberufung der Hauptversammlung bzw. ihrer Kompetenzen bestehen Regelungen zum Aufsichts- bzw. Verwaltungsorgan, die damit auch die unternehmerische Mitbestimmung der Arbeitnehmer berühren. Gem. **Art. 39 Abs. 2 Unterabs. 2 SE-VO** können die

---

171 *Reinkensmeier*, Die Organisation der Geschäftsführung, S. 116.

172 *Theisen/Hölzl*, in: *Theisen/Wenz* (Hrsg.), Die Europäische Aktiengesellschaft, S. 269, 282. Bei einer SE mit Sitz in Deutschland gelten daher die §§ 118 bis 147 AktG.

173 Vgl. Art. 3 Abs. 2 und Art. 4 Unterabs. 2 Buchst. d RL-Entwurf 1991.

174 *Brandt*, Die Hauptversammlung der SE, S. 142.

175 *Theisen/Hölzl*, in: *Theisen/Wenz* (Hrsg.), Die Europäische Aktiengesellschaft, S. 269, 282.

176 Demnach gilt für eine SE mit Sitz in Deutschland insbesondere § 119 Abs. 1 AktG sowie weitere im AktG geregelte Zuständigkeiten; vgl. ausführlich zu den Zuständigkeiten der Hauptversammlung bei *Brandt*, Die Hauptversammlung der SE, S. 120 ff.

Mitgliedstaaten im dualistischen System regeln, dass die Hauptversammlung durch Festlegung in der Satzung die Befugnis zur Bestellung und Abberufung der Mitglieder des Leitungsorgans erhält.[177] Des Weiteren kann die Hauptversammlung aufgrund ihrer Befugnis zur Satzungsänderung und der damit einhergehenden Möglichkeit zum Übergang vom dualistischen zum monistischen System und umgekehrt auch in diesem Bereich die Mitbestimmung beeinflussen.[178]

B. Dualistisches und monistisches System

Die Vorschriften zum dualistischen bzw. monistischen System sehen zunächst spezielle Regelungen vor, wobei die Art. 39 bis 42 SE-VO das dualistische und die Art. 43 bis 45 SE-VO das monistische Modell betreffen. Anschließend folgen in den Art. 46 bis 51 SE-VO gemeinsame Vorschriften für beide Strukturen.

I. Dualistisches System

Das in der SE-VO geregelte dualistische System stimmt grundsätzlich mit der in Deutschland vorgesehenen Verwaltungsstruktur aus Vorstand und Aufsichtsrat überein.[179] Dabei weisen die Vorschriften in Art. 39 bis 42 SE-VO allerdings eine *„deutlich geringere (...) Regelungsdichte“*[180] als das deutsche Aktiengesetz auf. Aus dem Wortlaut von **Art. 39 Abs. 5 SE-VO**, wonach Mitgliedstaaten, die noch kein dualistisches System installiert haben, *„entsprechende Vorschriften in Bezug auf die SE erlassen“* können, folgt, dass diese Regelungen in der SE-VO keinen abschließenden Charakter besitzen.[181] Aufgrund des Fehlens einer speziellen Verweisungsnorm und der Generalverweisung in Art. 9 Abs. 1 Buchst. c SE-VO findet das jeweilige nationale Recht ergänzende Anwendung.[182] Darüber hinaus wird in der Literatur[183] aus der Formulierung des Art. 39 Abs. 5 SE-VO zu Recht gefolgert, dass diejenigen Mitgliedstaaten, die bereits das dualistische System für ihre nationalen Aktiengesellschaften eingeführt haben, grundsätzlich keine speziell für die SE geltenden Vorschriften erlassen dürfen. Eine Ausnahme besteht nur dann, wenn die SE-VO zum Erlass spezifischer Regelungen ermächtigt. Für eine SE mit Sitz in Deutschland gilt also ergänzend das deutsche Aktiengesetz ohne Befugnis für den deutschen Gesetzgeber, spezielle Vorschriften zur SE zu erlassen.

---

[177] Siehe unten S. 103 f.

[178] Siehe unten S. 121 ff.

[179] Vgl. stv. *Bungert/Beier*, EWS 2002, 1, 3.

[180] *Teichmann*, ZGR 2002, 383, 442.

[181] *Teichmann*, ZGR 2002, 383, 443. Dies ergibt sich aus der Schlussfolgerung, dass die betroffenen Mitgliedstaaten bei Vollständigkeit der Regelungen in den Art. 39 bis 42 SE-VO aufgrund der unmittelbaren Geltung der Verordnung keine eigenen Vorschriften in diesem Bereich einführen müssten.

[182] *Neye/Teichmann*, AG 2003, 169, 175; *Teichmann*, ZGR 2002, 383, 442.

[183] *Neye/Teichmann*, AG 2003, 169, 175; *Teichmann*, ZGR 2002, 383, 442.

1. Leitungsorgan

In **Art. 39 und 46 bis 51 SE-VO** sind die Befugnisse, die Bestellung bzw. Abberufung und die Zusammensetzung des Leitungsorgans der SE, das dem Vorstand einer deutschen Aktiengesellschaft entspricht, geregelt.

a) Befugnisse

Gem. **Art. 39 Abs. 1 S. 1 SE-VO** führt das Leitungsorgan die Geschäfte der SE in eigener Verantwortung. Da diese Formulierung dem Wortlaut von § 76 Abs. 1 AktG ähnelt, kann davon ausgegangen werden, dass die Befugnisse des Leitungsorgans einer SE und des Vorstands einer deutschen Aktiengesellschaft vergleichbar sind.[184]

b) Bestellung und Abberufung

Die Bestellung bzw. Abberufung des oder der Mitglieder des Leitungsorgans erfolgt gem. **Art. 39 Abs. 2 Unterabs. 1 SE-VO** durch das Aufsichtsorgan, das dem Aufsichtsrat einer deutschen Aktiengesellschaft entspricht.[185]

Regelungsoption des Art. 39 Abs. 2 Unterabs. 2 SE-VO

Allerdings können die Mitgliedstaaten gem. **Art. 39 Abs. 2 Unterabs. 2 SE-VO** regeln, dass die Hauptversammlung die Befugnis zur Bestellung und Abberufung der Mitglieder des Leitungsorgans erhält. Innerhalb dieser Regelungsoption können die nationalen Gesetzgeber wählen, ob sie eine solche Kompetenz zwingend *„vorschreiben"* oder fakultativ dahingehend gestalten, dass dieses Recht in die jeweilige Satzung der SE aufgenommen werden kann. In Deutschland gehört die Bestellung der Mitglieder des Vorstands und deren Widerruf gem. § 84 AktG zu den Aufgaben des Aufsichtsrats. Diese Zuweisung ist zwingend und ausschließlich.[186] Demzufolge ist selbst die Bestellung der Vorstandsmitglieder durch den Aufsichtsrat unter der Bedingung, dass die Hauptversammlung dieser Ernennung zustimmt, nicht zulässig.[187] Allerdings ist die in der SE-VO vorgesehene Regelungsoption in Deutschland aus der *„Aktienrechtshistorie"*[188] bekannt. Ihre erneute Einführung für die SE wird in der Literatur zumindest dann, wenn eine unternehmerische Mitbestimmung nicht besteht, empfoh-

---

[184] *Kuffner*, Beteiligung der Arbeitnehmer, S. 84; *Theisen/Hölzl*, in: *Theisen/Wenz* (Hrsg.), Die Europäische Aktiengesellschaft, S. 269, 286.

[185] Im deutschen Recht hat der Aufsichtsrat gem. § 84 Abs. 1 S. 1 AktG ebenfalls die Kompetenz der Bestellung und gem. § 84 Abs. 3 S. 1 AktG die Befugnis des Widerrufs einer solchen Ernennung, d.h. der Abberufung.

[186] *Mertens*, in: Kölner Kommentar zum AktG, Band 2, § 84 Rn. 9; Münch. Hdb. GesR IV/*Wiesner*, § 20, Rn. 18.

[187] *Mertens*, in: Kölner Kommentar zum AktG, Band 2, § 84 Rn. 9.

[188] *Bungert/Beier*, EWS 2002, 1, 3. Demnach war eine solche Regelungsoption in § 182 Abs. 2 Nr. 4 HGB 1987 vorgesehen.

len.[189] Dagegen spricht bereits der Wortlaut der Norm, wonach diese Befugnis nur *„unter den Bedingungen, die für Aktiengesellschaften mit Sitz in ihrem Hoheitsstaat gelten"* festgelegt werden kann. Solche Bedingungen existieren in Deutschland nicht.[190]

aa) Abberufungsmöglichkeit vor Ablauf des Bestellungszeitraums

Die Mitglieder des Leitungsorgans können gem. **Art. 46 Abs. 1 SE-VO** für den maximalen Zeitraum von sechs Jahren bestellt werden, wobei die genaue Zeitspanne in der Satzung festzulegen ist. Der Wortlaut dieser Vorschrift und des **Art. 39 Abs. 2 Unterabs. 1 SE-VO** wird dabei im Schrifttum unterschiedlich ausgelegt.

(1) Keine Möglichkeit der vorzeitigen Abberufung

Zum einen wird vertreten, dass die Mitglieder des Leitungsorgans einer SE für den in der Satzung festgelegten Zeitraum ohne Möglichkeit einer vorzeitigen Abberufung durch das Aufsichtsorgan bestellt seien.[191] Diese Schlussfolgerung resultiert wohl daraus, dass, anders als im deutschen AktG[192], in Art. 39 Abs. 2 SE-VO keinerlei weitere Ausführungen zur Abberufung der Mitglieder des Leitungsorgans erfolgen. Zudem wird in der SE-VO der Begriff der *„Abberufung"* verwendet, während in § 84 Abs. 3 S. 1 AktG vom *„Widerruf"* die Rede ist.

(2) Möglichkeit der vorzeitigen Abberufung ohne weitere Anforderungen

Zum anderen wird aus dem Wortlaut von Art. 39 Abs. 2 SE-VO gefolgert, dass die Mitglieder des Leitungsorgans sehr wohl vorzeitig abberufen werden könnten. Dabei sei für die Ausübung dieser Kompetenz, anders als bei einem Aufsichtsrat nach deutschem Recht, nicht einmal ein wichtiger Grund erforderlich.[193] Diese Auffassung stützt sich wohl darauf, dass der SE-VO bezüglich des Bestehens weiterer Voraussetzungen für eine Abberufung, wie z.B. das Erfordernis eines wichtigen Grundes, nichts zu entnehmen ist.

---

189 *Hommelhoff*, AG 2001, 279, 283. *Hirte* geht davon aus, dass aufgrund der Vorschriften für die GmbH solche Regelungen zumindest für kleine bzw. nicht der Mitbestimmung unterliegende Gesellschaften möglich wären; *Hirte*, DStR 2005, 653, 658.

190 Ebenso *Brandt*, Die Hauptversammlung der SE, S. 138 f; *Jahn/Herfs-Röttgen*, DB 2001, 631, 633; *Lambach*, Die Beteiligung in der SE, S. 209 f.; *Nagel/Köklü*, ZESAR 2004, 175, 177. So auch *Schindler*, Die Europäische Aktiengesellschaft, S. 59, allerdings zur österreichischen AG.

191 *Hommelhoff*, AG 2001, 279, 283.

192 Im deutschen Recht ist gem. § 84 Abs. 3 S. 1 AktG für den Widerruf der Bestellung des Vorstands ein wichtiger Grund erforderlich. Ein solcher Grund liegt gem. § 84 Abs. 3 S. 2 AktG bei grober Pflichtverletzung, Unfähigkeit zur ordnungsgemäßen Geschäftsführung oder Vertrauensentzug durch die Hauptversammlung vor.

193 *Kuffner*, Beteiligung der Arbeitnehmer, S. 86 ff.; *Lange*, EuZW 2003, 301, 305 f.; *Theisen/Hölzl*, in: *Theisen/Wenz* (Hrsg.), Die Europäische Aktiengesellschaft, S. 269, 288.

Als Lösung für das Problem, dass eine Abberufung jederzeit ohne wichtigen Grund erfolgen könne, wird die Regelungsoption des Art. 39 Abs. 2 Unterabs. 2 SE-VO vorgeschlagen. Aufgrund dieser Ermächtigung könnten die Mitgliedstaaten abweichende einzelstaatliche Regelungen vorsehen.[194] Andererseits wird ausgeführt, dass zwar nach dem Wortlaut der SE-VO nicht nur bei Vorliegen eines wichtigen Grundes abberufen werden könne, dies aber nicht problematisch sei, da ein solcher Grund im Zweifel immer gefunden werden könne.[195]

(3) Stellungnahme und Lösungsansatz

Gegen die erstgenannte Interpretation des Wortlauts wird von den Vertretern der Gegenauffassung eine Reihe von Argumenten angeführt.[196] Der Wortlaut des Art. 39 Abs. 2 SE-VO wird dabei mit den Art. 40 Abs. 2 und Art. 43 Abs. 3 SE-VO verglichen. Nach den beiden letztgenannten Vorschriften erfolge die Bestellung der Mitglieder des Aufsichtsrats bzw. des Verwaltungsorgans durch die Hauptversammlung, doch fehle dort gänzlich eine Regelung zu deren Abberufung. Der hieraus gezogenen Schlussfolgerung, dass die Mitgliedschaft im Aufsichts- bzw. Verwaltungsorgan automatisch mit Zeitablauf ohne vorzeitige Abberufungsmöglichkeit durch die Hauptversammlung erlösche,[197] kann aber nicht zugestimmt werden.[198] Allerdings ist zu berücksichtigen, dass nach dem Wortlaut des Art. 39 Abs. 2 Unterabs. 1 SE-VO jedenfalls ausdrücklich eine Abberufung möglich sein soll, sodass die erstgenannte Ansicht schon dem Wortlaut widerspricht. Zutreffend sind die Ausführungen, dass eine solche Maßnahme *„rechtspolitisch sinnvoll"*[199] sei. Ohne diese Möglichkeit für das Aufsichtsorgan wäre die ihm gem. Art. 40 Abs. 1 S. 1 SE-VO übertragene Aufgabe der Überwachung des Leitungsorgans stark geschwächt, da die wichtigste Sanktionsmöglichkeit wegfiele.[200] Somit ist die Frage, ob eine Abberufung überhaupt möglich ist, positiv zu beantworten.

Allerdings kann den weiteren Ausführungen der Vertreter dieser Ansicht über das *„Wie"* dieser Abberufung nicht gefolgt werden. Zum einen kann der einzelstaatliche Gesetzgeber nur in sehr begrenzten Fällen anhand der Ermächtigung des Art. 39 Abs. 2 Unterabs. 2 SE-VO das Erfordernis eines wichtigen Grundes der Abberufung aufstellen. Nach der Systematik der Rechtsquellenpyramide in Art. 9 SE-VO muss es sich dabei um Mitgliedstaaten handeln, die für ihre nationalen Aktiengesellschaften bereits die Bestellung der Mitglieder des Leitungsor-

---

194 Vgl. zum Ganzen *Theisen/Hölzl*, in: *Theisen/Wenz* (Hrsg.), Die Europäische Aktiengesellschaft, S. 269, 288.

195 *Kuffner*, Beteiligung der Arbeitnehmer, S. 86, Fn. 322.

196 *Kuffner*, Beteiligung der Arbeitnehmer, S. 86.

197 Vgl. zum Ganzen *Kuffner*, Beteiligung der Arbeitnehmer, S. 86.

198 Vgl. unten S. 109 ff.

199 *Kuffner*, Beteiligung der Arbeitnehmer, S. 86.

200 Vgl. zum Ganzen *Kuffner*, Beteiligung der Arbeitnehmer, S. 86.

gans durch die Hauptversammlung vorsehen. Des Weiteren muss für solche Aktiengesellschaften mit Sitz in diesem Mitgliedstaat auch schon geregelt sein, dass eine Abberufung dieser Mitglieder durch die Hauptversammlung nur aus wichtigem Grund erfolgen darf. Besteht eine solche Regelung auf nationaler Ebene nicht, kann sie nicht speziell für die SE eingeführt werden. Zum anderen greift auch der Einwand, dass das Erfordernis eines wichtigen Grundes keine Relevanz besäße, da ein solcher Grund im Zweifel immer gefunden werden könne, nicht. Als Beispiel kann § 84 Abs. 3 AktG angeführt werden. Zwar ist anerkannt, dass auch andere, als die in dieser Norm aufgezählten, Gründe zu einem Widerruf führen können, doch muss es sich hierbei um ähnlich schwere Fälle handeln.[201] Das Vorliegen solcher Konstellationen ist zudem gerichtlich überprüfbar, so dass sich dieses Erfordernis nicht einfach konstruieren lässt.

Die Lösung des Problems, dass der Wortlaut des Art. 39 Abs. 2 SE-VO keine weiteren Anforderungen an die Abberufung stellt, folgt aus der Systematik der SE-VO. Es handelt sich um eine Regelungslücke, damit den einzelstaatlichen Besonderheiten Rechnung getragen werden kann. Gem. Art. 9 Abs. 1 Buchst. c Ziff. ii SE-VO unterliegt ein Bereich, der in der SE-VO nur teilweise geregelt ist, im Übrigen den Rechtsvorschriften, die die Mitgliedstaaten für ihre nationalen Aktiengesellschaften erlassen haben. Daher finden für eine SE mit Sitz in Deutschland die in § 84 Abs. 3 AktG geregelten Anforderungen Anwendung.[202] War in einem Mitgliedstaat dagegen das dualistische System noch nicht vorgesehen, so kann er gem. Art. 39 Abs. 5 SE-VO entsprechende Vorschriften für eine SE mit Sitz in seinem Hoheitsgebiet erlassen. In Art. 39 Abs. 2 SE-VO ist also das *„Ob"* der Abberufung geregelt, während sich das *„Wie"* nach einzelstaatlichem Recht richtet.

c) Zusammensetzung

In der Satzung der SE werden gem. **Art. 39 Abs. 4 S. 1 SE-VO** die Mitgliederzahl des Leitungsorgans bzw. die Regeln zur Bestimmung dieser Anzahl festgelegt. Für die Mitgliedstaaten besteht gem. **Art. 39 Abs. 4 S. 2 SE-VO** die Möglichkeit, eine Mindest- und/oder Höchstzahl der Mitglieder festzusetzen. Darüber hinaus wird in **Art. 39 Abs. 3 S. 1 SE-VO** klargestellt, dass niemand zugleich Mitglied von Leitungs- und Aufsichtsorgan der SE sein darf.[203] Zum Vorsitz innerhalb des Leitungsorgans sind in Art. 39 SE-VO, anders als für das Aufsichtsorgan in Art. 42 SE-VO, keine Regelungen vorgesehen. Aus dem Wortlaut des Art. 50 Abs. 2 S. 1 SE-VO, wonach *„die Stimme des Vorsitzenden des jeweiligen Organs"* bei einem Beschluss den Ausschlag gibt, kann aber ge-

---

201 *Geßler*, in: Kommentar zum Aktiengesetz, § 84 Rn. 16.

202 Ebenso *Frodermann*, in: *Jannott/Frodermann* (Hrsg.), Handbuch der Europäischen Aktiengesellschaft, 5. Kap. II 2.2.2 23 ff.; *Lambach*, Die Beteiligung in der SE, S. 210.

203 In Deutschland regelt § 105 Abs. 1 AktG, dass ein Aufsichtsratsmitglied nicht zugleich Vorstandsmitglied sein kann.

folgert werden, dass ein solcher Vorsitzender auch für das Leitungsorgan vorgesehen ist.[204] Gem. Art. 9 Abs. 1 Buchst. c Ziff. ii und iii SE-VO gelten demnach für Deutschland die diesen Bereich regelnden gesetzlichen Vorschriften und Satzungsbestimmungen.[205]

2. Aufsichtsorgan

In **Art. 40 bis 42 und 46 bis 51 SE-VO** sind die Befugnisse, die Bestellung bzw. Abberufung und die Zusammensetzung des Aufsichtsorgans der SE, das dem Aufsichtsrat einer deutschen Aktiengesellschaft entspricht, geregelt.

a) Befugnisse

Die Aufgabe des Aufsichtsorgans besteht gem. **Art. 40 Abs. 1 S. 1 SE-VO** in der Überwachung der Führung der Geschäfte durch das Leitungsorgan. Dagegen ist es aufgrund der dem dualistischen System eigenen Trennung der Aufgaben der Organe gem. **Art. 40 Abs. 1 S. 2 SE-VO** nicht berechtigt, die Geschäfte der SE selbst zu führen.[206] In der SE-VO finden sich keine weiteren Angaben zu dem Umfang und dem genauen Inhalt der Überwachungsaufgabe des Aufsichtsorgans, so dass für eine SE mit Sitz in Deutschland gem. Art. 9 Abs. 1 Buchst. c SE-VO das deutsche Recht bzw. die diesen Bereich betreffende Rechtsprechung und Wissenschaft Anwendung finden.[207]

aa) Unterrichtung und Information gem. Art. 41 SE-VO

Um gewährleisten zu können, dass das Aufsichtsorgan seinem Auftrag in ausreichender Art und Weise nachkommen kann, sind in **Art. 41 SE-VO** die diesbezüglichen Befugnisse geregelt. Zum einen hat das Leitungsorgan das Aufsichtsorgan laut **Art. 41 Abs. 1 SE-VO** mindestens alle drei Monate über den Gang der Geschäfte und deren voraussichtliche Entwicklung zu unterrichten. Zum anderen besteht gem. **Art. 41 Abs. 2 SE-VO** eine Pflicht zur rechtzeitigen Unterrichtung durch das Leitungsorgan immer dann, wenn außergewöhnliche Ereignisse auftreten, die sich auf die Lage der SE spürbar auswirken können.[208]

---

204 *Theisen/Hölzl*, in: *Theisen/Wenz* (Hrsg.), Die Europäische Aktiengesellschaft, S. 269, 286.

205 *Theisen/Hölzl*, in: *Theisen/Wenz* (Hrsg.), Die Europäische Aktiengesellschaft, S. 247, 286.
Für die Bestellung des Vorsitzenden greift dann § 84 Abs. 2 AktG, wonach das Aufsichtsorgan die Befugnis zur Ernennung eines Mitglieds des Vorstands zu dessen Vorsitzendem innehat, sobald das Leitungsorgan aus mehreren Personen besteht.

206 In Deutschland ist die Überwachungsaufgabe des Aufsichtsrats in § 111 Abs. 1 AktG und die die Nichtübertragbarkeit von Geschäftsführungsmaßnahmen auf dieses Organ in § 111 Abs. 4 S. 1 AktG geregelt.

207 *Theisen/Hölzl*, in: *Theisen/Wenz* (Hrsg.), Die Europäische Aktiengesellschaft, S. 269, 291.

208 Der Zeitpunkt, zu dem die Unterrichtung in einem solchen Fall vorzunehmen ist, wurde im Vergleich zum VO-Entwurf 1991 etwas entschärft. In Art. 64. Abs. 2 VO-Entwurf

Neben diesem Recht auf Information kann das Aufsichtsorgan auch gem. **Art. 41 Abs. 3 S. 1 SE-VO** jegliche Information vom Leitungsorgan verlangen, die zur Ausübung seiner Überwachungsaufgabe erforderlich ist.[209] Zudem besteht für die Mitgliedstaaten gem. **Art. 41 Abs. 3 S. 2 SE-VO** die Regelungsoption, diese Möglichkeit der Informationsbeschaffung für jedes einzelne Mitglied des Aufsichtsorgans vorzusehen. Gem. **Art. 41 Abs. 4 SE-VO** kann das Aufsichtsorgan ferner alle zur Erfüllung seiner Aufgaben erforderlichen Überprüfungen vornehmen bzw. vornehmen lassen. Des Weiteren kann jedes einzelne Mitglied des Aufsichtsorgans gem. **Art. 41 Abs. 5 SE-VO** von allen Informationen, die diesem Organ übermittelt werden, Kenntnis nehmen.[210]

bb) Zustimmung zu bestimmten Geschäften gem. Art. 48 SE-VO

Schließlich bestehen bestimmte Arten von Geschäften, für deren Vornahme durch das Leitungsorgan eine Zustimmung des Aufsichtsorgans erforderlich ist. Grundsätzlich werden diese Geschäftsfelder gem. **Art. 48 Abs. 1 Unterabs. 1 SE-VO** in der Satzung der SE festgelegt. Allerdings bestehen zwei Regelungsoptionen für die Mitgliedstaaten. Zum einen können sie gem. **Art. 48 Abs. 1 Unterabs. 2 SE-VO** vorsehen, dass das Aufsichtsorgan selbst bestimmte Arten von Geschäften von seiner Zustimmung abhängig machen kann. Zum anderen können sie gem. **Art. 48 Abs. 2 SE-VO** für die in ihren Hoheitsbereich fallenden Europäischen Aktiengesellschaften die Geschäftstypen festlegen, die auf jeden Fall als zustimmungspflichtig in die Satzung aufzunehmen sind.[211] Damit ist eine Abkehr von der starren Aufzählung zustimmungspflichtiger Geschäfte in Art. 72 VO-Entwurf 1991 erfolgt. Diese neue Vorgehensweise wird in

---

1991 war das Leitungsorgan nämlich noch zur „*unverzüglichen Information*" verpflichtet; *Schwarz*, ZIP 2001, 1847, 1855.

209 Diese Formulierung bedeutet gegenüber dem SE-Entwurf 1991 eine Begrenzung, da dort noch jegliche Information verlangt werden konnte; *Schwarz*, ZIP 2001, 1847, 1855.

210 Im Vergleich zum VO-Entwurf 1991 wurde hier eine Erweiterung vorgenommen, da nach Art. 64 Abs. 6 SE-Entwurf 1991 nur eine Kenntnisnahme der Informationen, die das Leitungsorgan dem Aufsichtsorgan mitgeteilt hat, möglich war; *Schwarz*, ZIP 2001, 1847, 1855.

211 Zwar können nach dem Wortlaut des Art. 48 Abs. 2 SE-VO die nationalen Gesetzgeber nur festlegen, „*welche Arten von Geschäften*" in die Satzung aufzunehmen sind, doch wird aus dem Zusammenhang sowie dem Sinn und Zweck dieser Norm klar, dass es sich hier um die zustimmungspflichtigen (im Rahmen des dualistischen Systems) bzw. um die ausdrücklich beschlusspflichtigen (im Rahmen des monistischen Systems) Arten von Geschäften handelt. Zum einen ist Art. 48 Abs. 2 SE-VO nämlich im Zusammenhang mit Art. 48 Abs. 1 SE-VO zu sehen, der die Arten von Geschäften zum Inhalt hat, für die laut Satzung der SE eine Zustimmung bzw. ein ausdrücklicher Beschluss erforderlich ist. Zum anderen ergibt der Wortlaut in Art. 48 Abs. 2 SE-VO nur Sinn, wenn es sich bei den genannten Arten von Geschäften um solche zustimmungs- bzw. beschlusspflichtigen Geschäfte handelt.

der Literatur aufgrund ihrer größeren Flexibilität begrüßt.[212] Die Gesetzeslage für deutsche Aktiengesellschaften[213] entspricht folglich der für Europäische Aktiengesellschaften mit dualistischem System.[214]

b) Bestellung und Abberufung

Gem. **Art. 40 Abs. 2 S. 1 SE-VO** erfolgt die Bestellung durch die Hauptversammlung bzw. bei der erstmaligen Zusammenstellung des Aufsichtsorgans können seine Mitglieder auch gem. **Art. 40 Abs. 2 S. 2 SE-VO** durch die Satzung bestellt werden. Allerdings darf eine getroffene Vereinbarung über die Arbeitnehmermitbestimmung nicht beeinträchtigt werden. Daher besteht die Möglichkeit der Mitgliederbestellung durch Satzung nur hinsichtlich der Personen, die von den Anteilseignern bestellt werden.[215] Dagegen findet sich in der SE-VO, anders als in früheren Verordnungsvorschlägen[216], keine Vorschrift zur Abberufung der Mitglieder durch die Hauptversammlung. Aus dieser fehlenden Regelung werden in der Literatur unterschiedliche Schlüsse gezogen.

---

212 *Hommelhoff*, AG 2001, 279, 283. Dieser starre Zustimmungskatalog im Verordnungsentwurf von 1991 sorgte damals in der Literatur für Kritik; vgl. u.a. *Kallmeyer*, AG 1990, 103, 105; *Trojan-Limmer*, RIW 1991, 1010, 1016.
Auf Seiten des DGB wird allerdings eine Nutzung der Ermächtigung in Art. 48 Abs. 2 SE-VO gefordert, um einen gesetzlichen Mindestkatalog zustimmungspflichtiger Angelegenheiten festzulegen; vgl. Stellungnahme des DGB zur Verordnung über das Statut der Europäischen Gesellschaft (SE) v. 04.12.2002, S. 10, abgerufen unter *www.boeckler.de/pdf/the_dgb_se_staut.pdf* am 02.04.2003.

213 In Deutschland bestimmt § 111 Abs. 4 S. 2 AktG, dass entweder in der Satzung oder vom Aufsichtsrat die zustimmungspflichtigen Geschäfte festgelegt werden müssen. Das in § 111 Abs. 4 S. 2 AktG a. F. enthaltene Ermessen, wonach die Satzung oder der Aufsichtsrat diese Geschäftsarten bestimmen konnten und nicht mussten, wurde durch Art. 1 Nr. 9 TransPuG aufgehoben; *Hüffer*, Aktiengesetz, § 111, Rn. 17.

214 Nach Ansicht von *Lange* besteht aufgrund der Formulierung als „*Kann*"-Vorschrift in Art. 48 Abs. 1 und 2 SE-VO keine Verpflichtung, durch die Satzung oder das Aufsichtsorgan zustimmungsbedürftige Tätigkeiten festzulegen. Daher bestehe im dualistischen System der SE eine strikte Trennung zwischen Geschäftsführung im Leitungsorgan und Überwachung im Aufsichtsorgan; vgl. *Lange*, EuZW 2003, 301, 305. Im Ergebnis ebenso *Nagel*, der eine Differenz zwischen § 19 SEAG und § 111 Abs. 4 S. 2 AktG sieht, da es sich bei der ersten Norm um eine Kann-Vorschrift und bei der zweiten um eine Muss-Vorschrift handle; *Nagel*, NZG 2004, 833, 836. Siehe unten S. 342 ff.

215 *Brandt*, Die Hauptversammlung der SE, S. 139.

216 Die Möglichkeit der Abberufung durch die Hauptversammlung war dagegen ausdrücklich in Art. 75 Abs. 3 VO-Entwurf 1970 und 1975, in Art. 75 VO-Entwurf 1989 und in Art. 63 Abs. 2 S. 1 VO-Entwurf 1991 geregelt.

aa) Abberufungsmöglichkeit vor Ablauf des Bestellungszeitraums

Während einerseits vertreten wird, dass damit auch die Möglichkeit der Abberufung der Aufsichtsorganmitglieder beseitigt worden sei,[217] wird andererseits ausgeführt, dass aufgrund des Fehlens einer diesbezüglichen Vorschrift das Recht des jeweiligen Sitzstaates gelte.[218] In Deutschland seien dies § 103 AktG und ergänzend die mitbestimmungsrechtlichen Vorschriften von § 11 Montan-MitbestG, § 10 m Montan-MitbestErgG, § 12 DrittelbG (früher § 76 Abs. 5 BetrVG 1952) und § 23 MitbestG.[219]

bb) Stellungnahme und Lösungsansatz

Ursache dieser Streitigkeit ist wiederum die Frage, aus welchem Grund keine Regelung einer Abberufung der Aufsichtsratsmitglieder durch die Hauptversammlung in der SE-VO erfolgt ist. Einerseits könnte dies bedeuten, dass es sich um eine abschließende Reglung handelt und eine solche Möglichkeit daher nicht bestehen soll. Andererseits könnte es sich um eine Regelungslücke handeln, mit der Folge, dass gem. Art. 9 Abs. 1 Buchst. a Ziff. ii SE-VO die bestehenden Vorschriften der Mitgliedstaaten für ihre nationalen Aktiengesellschaften Anwendung finden.[220]

Die Auslegung der fraglichen Vorschriften spricht für eine Regelungslücke und damit für die Anwendung nationalen Rechts. Zwar finden sich hinsichtlich des **Wortlauts** keine Argumente für eine solche Annahme, und auch die **historische Betrachtung** deutet auf eine abschließende Regelung hin. Die **systematische Auslegung** spricht ebenso eher für das Fehlen einer solchen Möglichkeit. Der Vergleich des Art. 40 Abs. 2 SE-VO mit den betreffenden Vorschriften der Berufung von Mitgliedern des Leitungsorgans gem. Art. 39 Abs. 2 SE-VO bzw. des Verwaltungsorgans gem. Art. 43 Abs. 3 SE-VO zeigt, dass nur in Art. 39 Abs. 2 SE-VO die ausdrückliche Regelung einer Abberufung besteht.[221]

---

217 *Hirte*, NZG 2002, 1, 5; *Hommelhoff*, AG 2001, 279, 283; *Kuffner*, Beteiligung der Arbeitnehmer, S. 87; *Schwarz*, ZIP 2001, 1847, 1855.

218 *Brandt*, Die Hauptversammlung der SE, S. 146; *Theisen/Hölzl*, in: *Theisen/Wenz* (Hrsg.), Die Europäische Aktiengesellschaft, S. 269, 292. Im Ergebnis ebenso *Frodermann*, in: *Jannott/Frodermann* (Hrsg.), Handbuch der Europäischen Aktiengesellschaft, 5. Kap. II 3.23.3, Rn. 103 ff.

219 *Brandt*, Die Hauptversammlung der SE, S. 148, Fn. 845.

220 Ebenso *Brandt*, Die Hauptversammlung der SE, S. 146.

221 Der Vergleich dieser drei Vorschriften zeigt allerdings auch eine mögliche Erklärung dafür auf, warum die Abberufung für die Mitglieder des Leitungsorgans ausdrücklich geregelt wurde, während diese Thematik bei den anderen Organmitgliedern unerwähnt blieb. So könnte dieser Bereich in Art. 39 Abs. 2 Unterabs. 1 SE-VO aufgrund des folgenden Art. 39 Abs. 2 Unterabs. 2 SE-VO explizit festgelegt worden sein. Dieser zweite Unterabsatz regelt die besondere Ermächtigung der Mitgliedstaaten, eine Bestellung und Abberufung der Leitungsorganmitglieder durch die Hauptversammlung zuzulassen. Daher könnte es sich bei der Regelung im ersten Unterabsatz nur um die Klarstellung handeln,

Allerdings spricht die **teleologische Auslegung** für eine Regelungslücke in der SE-VO, die zu einer Abberufungsmöglichkeit der Aufsichtsorganmitglieder aufgrund der nationalen Vorschriften führt. Es erscheint nicht sinnvoll, wenn die Mitglieder des Aufsichtsorgans während ihrer gesamten Amtszeit von bis zu sechs Jahren nicht vorzeitig von ihrer Position entbunden werden können.[222] Es liegt im Interesse des Aufsichtsrats und damit sowohl der Anteilseigner- als auch der Arbeitnehmervertreter, dass ein Mitglied in bestimmten Fällen[223] vorzeitig abberufen werden kann. Ohne diese Eingriffsmöglichkeit erhielte ein Mitglied des Aufsichtsorgans zu Beginn seiner Bestellung eine Art Freibrief für sein weiteres Vorgehen, ohne unmittelbar Folgen für seine Position fürchten zu müssen. Letztendlich stünde eine fehlende Abberufungsmöglichkeit auch im Widerspruch zum Letztentscheidungsrecht der Anteilseigner.[224] Zudem ist es nicht zweckmäßig, dass Mitglieder des Leitungsorgans anders als Mitglieder des Aufsichts- bzw. Verwaltungsorgans behandelt werden. Gerade der Vergleich zwischen Leitungs- und Verwaltungsorgan zeigt, dass eine gewisse Parallelität bei der Behandlung aller Organmitglieder zu erfolgen hat. Die Aufgabe des Leitungsorgans, dem die Geschäftsführung der SE obliegt, überschneidet sich mit der Tätigkeit des Verwaltungsorgans im monistischen System. Unstreitig können die Mitglieder des Leitungsorgans abberufen werden, streitig ist nur ob dies jederzeit oder nur unter bestimmten Voraussetzungen möglich ist.[225] Wenn also beide Organe zum Teil die gleichen Aufgaben innehaben, stellt sich die Frage,

---

dass die Abberufung grundsätzlich vom Aufsichtsorgan vorgenommen wird. Die weiteren Anforderungen hierfür richten sich dann nach dem jeweiligen nationalen Recht des Sitzstaates der SE. Dagegen findet sich eine solche besondere Ermächtigung bezüglich der Aufsichtsorgan- bzw. Verwaltungsorganmitglieder nicht, so dass dem europäischen Gesetzgeber eine ausdrückliche Regelung der Abberufung in diesem Bereich nicht als erforderlich erschienen sein könnte. Es werden in der SE-VO auch an anderen Stellen bewusst Lücken gelassen, damit für diese Bereiche gem. Art. 9 Abs. 1 Buchst. c SE-VO das nationale Recht Anwendung findet.

Die Bestellung der Mitglieder der verschiedenen Organe könnte dagegen jeweils explizit festgelegt worden sein, da dem europäischen Gesetzgeber zu allen Organen weitere Ausführungen erforderlich erschienen. Tatsächlich finden sich in Art. 40 Abs. 2 und Art. 43 Abs. 3 SE-VO weitere Regelungen über die Bestellung, die nach einer gesonderten Darstellung verlangen. Die Möglichkeit in Art. 40 Abs. 2 S. 2 bzw. Art. 43 Abs. 3 S. 2 SE-VO, dass die Mitglieder des ersten Aufsichts- bzw. Verwaltungsorgans durch die Satzung bestellt werden können, bedingt die vorhergehende Klarstellung im jeweiligen ersten Satz, wer denn grundsätzlich für die Bestellung zuständig ist.

222 Ebenso *Brandt*, Die Hauptversammlung der SE, S. 147.

223 Solche Konstellationen liegen zum Beispiel bei schwerwiegenden Verfehlungen, bei einer Pflichtenkollision oder bei Wegfall der persönlichen Voraussetzungen für dieses Amt vor.

224 *Brandt*, Die Hauptversammlung der SE, S. 147.

225 Vgl. oben S. 104 ff.

warum nur die Mitglieder eines dieser Organe vorzeitig abberufen werden können.

Aus diesen Gründen ist der Ansicht in der Literatur[226] zuzustimmen, wonach es sich hier um einen bewusst ungeregelten Bereich handle, damit die einzelstaatlichen Besonderheiten bei der Abberufung zum Tragen kommen könnten.[227] Dies hat zur Folge, dass in den Mitgliedstaaten, die von Art. 39 Abs. 5 SE-VO Gebrauch machen, gem. Art. 9 Abs. 1 Buchst. c Ziff. i SE-VO die diesbezüglich erlassenen Vorschriften über die Abberufung gelten. In den Mitgliedstaaten, die bereits das dualistische System eingeführt haben, finden dagegen gem. Art. 9 Abs. 1 Buchst. c Ziff. ii SE-VO die Vorschriften über die Abberufung, die für ihre nationalen Aktiengesellschaften bestehen, Anwendung. Der deutsche Gesetzgeber hat in § 37 SEBG eine gewisse Modifizierung vorgenommen.[228]

c) Zusammensetzung

Vergleichbar mit Art. 39 Abs. 4 SE-VO bestimmt **Art. 40 Abs. 3 S. 1 SE-VO,** dass die Mitgliederzahl des Aufsichtsorgans bzw. die Regeln zur Bestimmung dieser Anzahl durch die Satzung festgelegt werden. Allerdings besteht für die Mitgliedstaaten die Möglichkeit, die Zahl der Mitglieder bzw. deren Mindest- und/oder Höchstzahl festzusetzen.[229]

In **Art. 42 SE-VO** ist die Wahl des Aufsichtsorganvorsitzenden geregelt, die durch das Aufsichtsorgan erfolgt. Besteht das Organ zur Hälfte aus Arbeitnehmervertretern, so darf nur ein von der Hauptversammlung der Aktionäre bestelltes Mitglied zum Vorsitzenden gewählt werden. Durch diese Regelung wird in Verbindung mit Art. 50 Abs. 2 SE-VO ein Übergewicht der Stimmen der Anteilseigner im Rahmen der Beschlussfassung im Aufsichtsorgan auch bei paritätischer Mitbestimmung geschaffen, da bei Stimmengleichheit die Stimme des Vorsitzenden den Ausschlag gibt. Weitere Vorschriften zur Wahl des Vorsitzenden finden sich nicht in der SE-VO, sodass aufgrund dieser unzureichenden Regelung immer dann, wenn eine gleiche Anzahl von Arbeitnehmer- und Anteilseignervertretern im Aufsichtsorgan vorhanden ist, die Arbeitnehmervertreter eine Pattsituation herbeiführen könnten. In einem solchen Fall bestünde für sie

---

226 *Brandt*, Die Hauptversammlung der SE, S. 146 ff.

227 Vgl. zu den verschiedenen einzelstaatlichen Modalitäten; *Brandt*, Die Hauptversammlung der SE, S. 148, Fn. 844.

228 Vgl. unten auf S. 471 f.

229 In Deutschland besteht mit § 95 AktG eine Vorschrift, die als Mindestzahl drei Mitglieder und eine nach dem Grundkapital gestaffelte Höchstzahl festlegt. Da in § 95 AktG aber ausdrücklich angeordnet ist, dass anderweitige Regelungen in MitBestG, Montan-MitbestG und Montan-MitBestErgG unberührt bleiben, gehen § 4 Montan-MitbestG, § 5 Montan-MitBestErgG und § 7 MitbestG vor. Im DrittelbG findet sich dagegen keine Vorschrift zur Zahl der Aufsichtsratsmitglieder. Vgl. ausführlich zur Festlegung der Zahl der Aufsichtsorganmitglieder bei der SE und zur Durchführung von Veränderungen *Schwarz*, Kommentar zur SE-VO, Art. 40 Rn. 71 ff.

theoretisch die Möglichkeit, durch stetige einheitliche Ablehnung des zwingend aus den Reihen der Anteilseigner zu besetzenden Vorsitzenden, eine erfolgreiche Wahl dauerhaft zu blockieren.[230] Da dieser Bereich des Wahlverfahrens in der SE-VO folglich nur unvollständig geregelt ist, findet für Deutschland gem. Art. 9 Abs. 1 Buchst. c Ziff. ii SE-VO das nationale Recht und somit § 27 Abs. 2 MitbestG Anwendung.[231] Überhaupt entspricht die Regelung in Art. 42 und 50 SE-VO grundsätzlich deutschem Recht.[232]

II. Monistisches System

In **Art. 43 bis 45 und Art. 46 bis 51 SE-VO** sind die Befugnisse, die Bestellung bzw. Abberufung und die Zusammensetzung des Verwaltungsorgans geregelt. Anders als im dualistischen System besteht im Rahmen der monistischen Struktur neben der Hauptversammlung mit dem Verwaltungsorgan nur ein weiteres Organ, welches im Grundsatz die gleichen Aufgaben wie das Leitungs- und Aufsichtsorgan in der dualistischen Gestaltungsweise übernimmt. Daher gleichen die Vorschriften der SE-VO zum Verwaltungsorgan in vielen Bereichen den Regelungen in Bezug auf das Leitungs- bzw. Aufsichtsorgan.[233] Ebenso wie Art. 39 Abs. 5 SE-VO für das dualistische System bestimmt **Art. 43 Abs. 4 SE-VO** für die monistische Struktur, dass ein Mitgliedstaat, dessen Recht noch keine Vorschriften über die monistische Struktur für seine nationalen Aktiengesellschaften enthält, solche Regelungen erlassen kann.

---

230 *Teichmann*, ZGR 2002, 383, 443.

231 *Teichmann*, ZGR 2002, 383, 443.

232 Auch in Deutschland wird durch § 29 Abs. 2 S. 1 MitbestG, wonach der Aufsichtsratsvorsitzende bei Stimmenparität im ersten Abstimmungsvorgang zwei Stimmen bei einer erneuten Abstimmung erhält, das Letztentscheidungsrecht der Anteilseigner gesichert. Allerdings besteht im Rahmen der paritätischen Mitbestimmung ein Unterschied dahingehend, dass in § 27 Abs. 1 MitbestG nicht zwingend vorgeschrieben wird, dass der Aufsichtsratsvorsitzende dem Lager der Anteilseigner entstammen muss. Im MitbestG wird bewusst darauf verzichtet, die Leitungskompetenz im Aufsichtsrat gesetzlich zu regeln, wenn sich die große Mehrheit von zwei Dritteln der Mitglieder auf einen Vorsitzenden verständigt hat; *Fitting/Wlotzke/Wißmann*, Kommentar zum MitbestG, § 27 Rn. 8. Die Möglichkeit, dass hierdurch ein Arbeitnehmervertreter zum Vorsitzenden gewählt wird, ist aber richtigerweise nur als theoretisch anzusehen; *Teichmann*, ZGR 2002, 383, 443. In der Praxis führt die weitergehende Regelung des Wahlverfahrens in § 27 Abs. 2 MitbestG, wonach bei einem Scheitern des ersten Wahlgangs nun die Vertreter der Anteilseigner den Vorsitzenden und die Vertreter der Arbeitnehmer dessen Stellvertreter wählen, stets zu einem Anteilseignervertreter als Vorsitzenden; MünchArbR/*Wißmann*, § 380 Rn. 1.

233 *Kuffner*, Beteiligung der Arbeitnehmer, S. 89.

1. Befugnisse

Das Verwaltungsorgan hat sowohl die Führung als auch die Kontrolle des Unternehmens zu bewerkstelligen.[234]

a) Geschäftsführung gem. Art. 43 Abs. 1 SE-VO

Gem. **Art. 43 Abs. 1 S. 1 SE-VO** führt das Verwaltungsorgan die Geschäfte der SE. Diesbezüglich kann ein Mitgliedstaat laut **Art. 43 Abs. 1 S. 2 SE-VO** vorsehen, dass ein oder mehrere Geschäftsführer die laufenden Geschäfte in eigener Verantwortung führt bzw. führen. Dies hat unter denselben Voraussetzungen zu erfolgen, die für die nationalen Aktiengesellschaften des betreffenden Mitgliedstaates gelten. Strittig ist, ob die Einführung dieser zwei verschiedenen Arten von Mitgliedern des Verwaltungsorgans und damit der amerikanischen Variante einer Differenzierung zwischen *„inside directors"* und *„outside directors"*[235] anhand dieser Vorschrift möglich ist.

Während einerseits[236] Art. 43 Abs. 1 S. 2 SE-VO für die Installation geschäftsführender Direktoren herangezogen wird, wird dies andererseits[237] abgelehnt und Art. 43 Abs. 4 SE-VO als Rechtsgrundlage angeführt.[238] Die in der Literatur vertretene Auffassung[239], dass Unklarheit bestehe, ob der deutsche Gesetzgeber eine solche Unterscheidung zwischen den Verwaltungsorganmitgliedern für Europäische Aktiengesellschaften einführen dürfe, überzeugt nicht. Argumentiert wird wohl mit dem Wortlaut des Art. 43 Abs. 1 S. 2 SE-VO, wonach ein Mitgliedstaat diese Differenzierung der Verwaltungsorganmitglieder *„unter denselben Voraussetzungen, wie sie für Aktiengesellschaften mit Sitz im Hoheitsgebiet des betreffenden Mitgliedstaates gelten"* vorsehen kann. Die Auslegung dieser Formulierung dahingehend, dass nur die Mitgliedstaaten, die in ihrem nationalen Recht bereits eine solche Aufspaltung des einheitlichen Organs im monistischen System geregelt haben, von dieser Ermächtigung Gebrauch machen dürfen[240],

---

234 *Theisen/Hölzl*, in: *Theisen/Wenz* (Hrsg.), Die Europäische Aktiengesellschaft, S. 269, 300.

235 *Hirte*, NZG 2002, 1, 8; *Hommelhoff*, AG 2001, 279, 284.

236 *Brandt*, DStR 2003, 1208, 1212; *Habersack*, Europäisches Gesellschaftsrecht, Dritter Teil § 12 IV. 2. d), Rn. 415; *Hirte*, DStR 2005, 700, 701; *Ihrig/Wagner*, BB 2003, 969, 975; *Kallmeyer*, ZIP, 1531; *Reichert/Brandes*, ZGR 2003, 767, 789; *Schiessl*, ZHR 167 (2003), 235, 251.

237 *Hoffmann-Becking*, ZGR 2004, 355, 372 f.; *Manz*, in: *Manz/Mayer/Schröder* (Hrsg.), Europäische Aktiengesellschaft SE, S. 476, Rn. 123; *Neye*, in: *Baums/Cahn* (Hrsg.), Die Europäische Aktiengesellschaft, S. 131, 136 f.; *Teichmann*, BB 2004, 53, 59 f.

238 Vereinzelt werden auch Zweifel geäußert, ob der deutsche Gesetzgeber eine solche Unterscheidung zwischen den Verwaltungsorganmitgliedern für Europäische Aktiengesellschaften überhaupt einführen dürfe; *Hirte*, NZG 2002, 1, 8.

239 *Hirte*, NZG 2002, 1, 8.

240 Dies wirft *Hirte* wohl ein, wenn er schreibt, dass die Möglichkeit der Einführung dieser Unterscheidung für Deutschland zumindest zweifelhaft sei, da es das gesamte monisti-

erscheint aber als zu eng. Ebenso wie im Rahmen des dualistischen Systems bedeutet dieser Wortlaut, dass Mitgliedstaaten, die bereits das entsprechende Organisationsmodell für ihre nationalen Aktiengesellschaften eingeführt haben, von den genannten Regelungsoptionen nur in dem bereits auf nationaler Ebene bestehenden Maße Gebrauch machen können.

Die Vorschriften des Art. 39 Abs. 1 S. 2 und Art. 43 Abs. 1 S. 2 SE-VO wurden nach Angaben in der Literatur[241] auf Wunsch von Schweden aufgenommen. Grund hierfür sei die Vermeidung von Unsicherheiten gewesen, da das skandinavische Modell weder eindeutig dem dualistischen noch dem monistischen System zugeordnet werden könne. Folglich sei eine solche Regelung für beide möglichen Verwaltungsformen einer SE eingefügt worden.[242] Gegenüber Mitgliedstaaten mit monistischer Struktur sind diese Ermächtigungen demzufolge dahingehend eingeschränkt, dass ein Gleichlauf zwischen deren nationalen Aktiengesellschaften und den Europäischen Aktiengesellschaften mit Sitz in diesen Mitgliedstaaten erreicht wird. Hat dagegen ein Mitgliedstaat das monistische System noch nicht eingeführt, so kann er gem. Art. 43 Abs. 4 SE-VO entsprechende Vorschriften für eine SE erlassen, denn die Beschränkung des Art. 43 Abs. 1 S. 2 SE-VO gilt für ihn nicht. Da diese Ermächtigung keine inhaltlichen Beschränkungen bei der Ausgestaltung des monistischen Systems beinhaltet,[243] besteht für diese Mitgliedstaaten weitgehende Gestaltungsfreiheit. Der deutsche Gesetzgeber kann folglich gem. Art. 43 Abs. 4 SE-VO die Einrichtung von geschäftsführenden Direktoren vorsehen. Hierfür spricht auch die **historische Betrachtung**, da bereits in Art. 66 Abs. 2 VO-Entwurf 1991 eine Option zur Übertragung von Geschäftsführungsbefugnissen an außerhalb des Verwaltungsorgans stehende Personen vorgesehen war.

Die Unterschiede zwischen einer Vorgehensweise nach Art. 43 Abs. 4 SE-VO oder Art. 43 Abs. 1 S. 2 SE-VO zeigen sich auch bei den Befugnissen der geschäftsführenden Direktoren. In der SE-VO findet sich keine Definition über den Begriff der *„laufenden Geschäfte"*, die der oder die Geschäftsführer in eigener Verantwortung führen kann bzw. können. Daher kann auch nicht ein Umkehrschluss dahingehend gezogen werden, wann nicht laufende, das heißt *„außergewöhnliche"*[244], Geschäfte vorliegen, für die das gesamte Verwaltungsorgan die Entscheidung zu treffen hat. Diejenigen Mitgliedstaaten, die im Rahmen ihrer Vorschriften über das monistische System bereits eine Definition solcher lau-

---

sche System und demzufolge auch diese Differenzierung bisher nicht geregelt habe; *Hirte*, NZG 2002, 1, 8.

241 *Hoffmann-Becking*, ZGR 2004, 355, 372 f.; *Neye/Teichmann*, AG 2003, 169, 176, Fn. 38; *Teichmann*, ZIP 2002, 1109, 1113 f.; *ders.* BB 2004, 53, 60, Fn. 77f

242 Vgl. zum Ganzen *Neye/Teichmann*, AG 2003, 169, 176, Fn. 38; *Teichmann*, ZIP 2002, 1109, 1113 f..

243 *Teichmann*, BB 2004, 53, 60.

244 *Hommelhoff*, AG 2001, 279, 284.

fenden bzw. außergewöhnlichen Geschäfte vorgenommen haben, müssen diese Begriffsbestimmungen auch für die SE mit Sitz auf ihrem Hoheitsgebiet übernehmen. Diejenigen Mitgliedstaaten, die bis jetzt noch keine Regelung eines monistischen Systems vorgesehen haben, haben grundsätzlich freie Hand, sollten sich aber an die erprobten Regelungen der dieses Modell bereits praktizierenden Mitgliedstaaten halten.[245]

b) Unterrichtung und Information gem. Art. 44 SE-VO

Gem. **Art. 44 Abs. 1 SE-VO** tritt das Verwaltungsorgan zusammen, um über den Gang der Geschäfte der SE und deren voraussichtliche Entwicklung zu beraten. In der Satzung ist festzulegen, in welchen Abständen diese Beratungen stattfinden sollen, wobei diese Treffen mindestens alle drei Monate zu erfolgen haben. Ebenso wie im Rahmen des dualistischen Systems[246] kann jedes einzelne Mitglied des Aufsichtsorgans gem. **Art. 44 Abs. 2 SE-VO** von allen Informationen, die diesem Organ übermittelt werden, Kenntnis nehmen.[247]

c) Beschluss bei bestimmten Arten von Geschäften gem. Art. 48 SE-VO

Schließlich bestehen bestimmte Arten von Geschäften, für deren Vornahme ein ausdrücklicher Beschluss des Verwaltungsorgans erforderlich ist. Diese Geschäftsarten werden für das monistische System gem. **Art. 48 Abs. 1 Unterabs. 1 SE-VO** allein in der Satzung der SE festgelegt. Anders als für das Aufsichtsorgan im dualistischen System besteht für das Verwaltungsorgan die noch in Art. 72 Abs. 4 VO-Entwurf 1991 vorgesehene Möglichkeit, selbst bestimmte Arten von Geschäften einer Beschlusspflicht zu unterwerfen, nicht mehr.[248] Ebenso wie im Rahmen des dualistischen Systems können die Mitgliedstaaten gem. **Art. 48 Abs. 2 SE-VO** die Arten von Geschäften festlegen, die als beschlusspflichtig in die Satzung der SE aufzunehmen sind.

2. Bestellung und Abberufung

Die Vorschriften in der SE-VO zur Bestellung und Abberufung der Mitglieder des Verwaltungsorgans entsprechen den Regelungen zum Aufsichtsorgan im dualistischen System. So erfolgt die Bestellung des bzw. der Mitglieder des

---

[245] Anderer Ansicht ist *Schwarz*, der zwar ebenfalls Art. 43 Abs. 4 SE-VO als richtige Rechtsgrundlage für die Einführung geschäftsführender Direktoren ansieht, jedoch Art. 43 Abs. 1 S. 2 SE-VO als Begrenzung der Gestaltungsfreiheit für den deutschen Gesetzgeber betrachtet; *Schwarz*, Kommentar zur SE-VO, Einl. Rn. 312, Art. 43 Rn. 130.

[246] Vgl. Art. 41 Abs. 5 SE-VO.

[247] Auch hier wurde wie bei der Kenntnisnahme der Aufsichtsratsmitglieder im dualistischen System eine Erweiterung im Vergleich zu den Vorschlägen von 1989 und 1991 vorgenommen, da nach Art. 67 Abs. 4 VO-Entwurf 1989 und dem diesbezüglich unverändert gebliebenen Art. 67 Abs. 4 VO-Entwurf 1991 nur eine Kenntnisnahme über die Informationen, *„die das Organ über die in den Absatz 1- 3 genannten Angelegenheiten erhält"*, möglich war; vgl. *Schwarz*, ZIP 2001, 1847, 1854.

[248] *Schwarz*, ZIP 2001, 1847, 1856.

Verwaltungsorgans gem. **Art. 43 Abs. 3 S. 1 SE-VO** durch die Hauptversammlung bzw. kann bei der erstmaligen Zusammenstellung dieses Organs gem. **Art. 43 Abs. 3 S. 2 SE-VO** auch durch die Satzung erfolgen. Ebenso wird gem. **Art. 43 Abs. 3 S. 3 SE-VO** festgelegt, dass eine getroffene Vereinbarung über die Arbeitnehmerbeteiligung unberührt bleibt. Auch bezüglich der Abberufung der Mitglieder besteht Parallelität zwischen den Mitgliedern des Aufsichts- bzw. des Verwaltungsorgans. Zwar wurde auch hier eine Vorschrift zur Abberufung der Mitglieder durch die Hauptversammlung, anders als im VO-Entwurf 1991[249], nicht aufgenommen, doch gelten gem. Art. 9 Abs. 1 Buchst. c SE-VO die jeweiligen nationalen Vorschriften.[250]

3. Zusammensetzung

Wie bei Art. 39 Abs. 4 SE-VO für das Leitungsorgan und bei Art. 40 Abs. 3 S. 1 SE-VO für das Aufsichtsorgan bestimmt **Art. 43 Abs. 2 Unterabs. 1 S. 1 SE-VO**, dass die Mitgliederzahl des Verwaltungsorgans bzw. die Regeln zur Bestimmung dieser Anzahl durch die Satzung festgelegt werden. Für die Mitgliedstaaten besteht dabei gem. **Art. 43 Abs. 2 Unterabs. 1 S. 2 SE-VO** die Möglichkeit, eine Mindest- und erforderlichenfalls eine Höchstzahl der Mitglieder festzusetzen. Damit umfasst diese Ermächtigung im monistischen System dem Wortlaut nach nicht die gesamte Regelungsbefugnis wie im dualistischen Modell.[251] Die Mitgliedstaaten können gem. **Art. 43 Abs. 2 S. 2 SE-VO** lediglich entweder die Mindestzahl oder, falls dies erforderlich erscheint, diese zusammen mit der Höchstzahl bestimmen. Eine Ermächtigung für die alleinige Festlegung der Höchstzahl oder für eine Festsetzung der genauen Zahl der Mitglieder im Verwaltungsorgan besteht demnach nicht.[252] Darüber hinaus bestimmt **Art. 43 Abs. 2 Unterabs. 2 SE-VO**, das bei Vorliegen von Arbeitnehmermitbestimmung das Verwaltungsorgan aus mindestens drei Mitgliedern bestehen muss.

Der Wortlaut von **Art. 45 SE-VO**, der die Wahl des Vorsitzenden des Verwaltungsorgans regelt, entspricht dem des Art. 42 SE-VO bezüglich der Wahl des Aufsichtsorganvorsitzenden. Auch hier wird folglich durch **Art. 45 S. 2** i.V.m. Art. 50 Abs. 2 SE-VO erreicht, dass im Falle einer paritätischen Anzahl von Arbeitnehmer- und Anteilseignervertretern im Verwaltungsorgan letztendlich ein

---

249 Während die Möglichkeit der Abberufung durch die Hauptversammlung in Art. 66 Abs. 3 VO-Entwurf 1989 noch nicht geregelt war, wurde sie in Art. 66 Abs. 3 VO-Entwurf 1991 ausdrücklich aufgenommen.

250 Vgl. zur Diskussion dieser Problematik oben S. 110 ff.

251 Dort können die Mitgliedstaaten die genaue Zahl der Mitglieder oder deren Höchst- und/oder Mindestzahl festlegen. Möglich ist demnach die Anordnung einer Mindestzahl oder einer Höchstzahl, einer Mindest- und Höchstzahl oder einer genauen Anzahl der Mitglieder.

252 A.A. *Schwarz*, Kommentar zur SE-VO, Art. 43 Rn. 73.

Übergewicht der Stimmen der Anteilseigner geschaffen wird. Aber auch dann, wenn keine paritätische Besetzung des Verwaltungsorgans besteht, kann davon ausgegangen werden, dass der Vorsitzende von der Seite der Anteilseigner gewählt wird. Denn diese besitzen in einem solchen Fall die Mehrheit der Sitze im Verwaltungsorgan und werden sich in der Regel bei der Wahl durchsetzen.

III. Gemeinsame Vorschriften für Leitungs-, Aufsichts- und Verwaltungsorgan

In **Art. 46 und 47 sowie 49 bis 51 SE-VO** sind Bereiche geregelt, die die Leitungs-, Aufsichts- und Verwaltungsorgane einer SE gleichermaßen betreffen.

1. Amtsdauer gem. Art. 46 SE-VO

Die Amtszeit der Mitglieder aller drei Organe kann gem. **Art. 46 Abs. 1 SE-VO** auf einen Zeitraum von maximal sechs Jahren festgelegt werden.[253] Dabei können die Mitglieder gem. **Art. 46 Abs. 2 SE-VO** einmal oder mehrmals für diese in der Satzung festgelegte Zeitspanne wiederbestellt werden, es sei denn, es bestehen in der Satzung Einschränkungen. Im deutschen Recht wird die Amtszeit von Vorstandsmitgliedern gem. § 84 Abs. 1 S. 1 AktG auf höchstens fünf Jahre und die von Aufsichtsratsmitgliedern gem. § 102 Abs. 1 AktG zwingend auf nicht einmal ganz fünf Jahre begrenzt.[254] Vorstandsmitglieder können gem. § 84 Abs. 1 S. 2 AktG wiederbestellt werden. Bei Aufsichtsratsmitgliedern ist dies zwar nicht gesetzlich geregelt, doch ist nach allgemeiner Auffassung ebenfalls eine Wiederbestellung zulässig.[255]

2. Art der Mitglieder und persönliche Anforderungen gem. Art. 47 SE-VO

Als Mitglieder der Organe können neben natürlichen Personen gem. **Art. 47 Abs. 1 Unterabs. 1 S. 1 SE-VO** auch Gesellschaften oder andere juristische Personen bestellt werden. Dies gilt allerdings nur, sofern das maßgebliche Sitzstaatrecht der SE nichts anderes bestimmt. Demzufolge besteht diese Möglichkeit für eine SE mit Sitz in Deutschland jedenfalls nicht, wenn sie das dualistische System übernommen hat.[256] Ob Personen Mitglieder in den Organen bzw. Vertreter einer solchen juristischen Person werden können, richtet sich gem.

---

[253] Vereinzelt werden gegen diese Amtszeit von sechs Jahren *„ernsthafte Bedenken"* geltend gemacht; *Minuth*, Führungssysteme der SE, S. 147 f.

[254] *Geßler*, in: Kommentar zum Aktiengesetz, § 102 Rn. 1.

[255] *Hüffer*, Aktiengesetz, § 103, Rn. 6.

[256] Gem. § 76 Abs. 3 S. 1 bzw. § 100 Abs. 1 S. 1 AktG können nach deutschem Recht nur natürliche, unbeschränkt geschäftsfähige Personen Mitglieder des Vorstands bzw. des Aufsichtsrats werden. In der Literatur wird allerdings angeregt, dass der deutsche Gesetzgeber die Übernahme der Möglichkeit auch juristische Personen als Organmitglieder zuzulassen, zumindest für die SE prüfen solle; *Brandes*, NZG 2004, 642 ff.; *Hommelhoff*, AG 2001, 279, 283.

Art. 47 Abs. 2 SE-VO nach dem Recht des Sitzstaates der SE, das für seine nationalen Aktiengesellschaften gilt, und den dort ergangenen diesbezüglichen Gerichts- oder Verwaltungsentscheidungen. In Deutschland gelten für Vorstandsmitglieder die Beschränkungen des § 76 Abs. 3 AktG und für die Mitglieder des Aufsichtsrats die Anforderungen der §§ 100 und 105 Abs. 1 AktG. Dabei stellt § 100 Abs. 3 AktG klar, dass sich für die Aufsichtsratsmitglieder der Arbeitnehmer sowie der weiteren Mitglieder andere persönliche Voraussetzungen aus den Mitbestimmungsgesetzen ergeben.[257]

3. Verschwiegenheitspflicht gem. Art. 49 SE-VO

In **Art. 49 SE-VO** ist eine Verschwiegenheitspflicht aller Mitglieder der SE-Organe festgelegt. Diese dürfen keine Informationen über die SE weitergeben, die im Falle ihrer Verbreitung den Interessen der SE schaden könnten. Dies gilt ebenfalls für die Zeit nach dem Ausscheiden aus ihrem Amt. Allerdings sind die Mitglieder in den Fällen, in denen eine solche Informationsweitergabe nach den Bestimmungen des für Aktiengesellschaften geltenden einzelstaatlichen Rechts vorgeschrieben oder zulässig ist oder im öffentlichen Interesse liegt, von dieser Verpflichtung entbunden. In Deutschland ist die Pflicht, Stillschweigen über vertrauliche Angaben und Gesellschaftsgeheimnisse zu bewahren, für Vorstandsmitglieder in § 93 Abs. 1 S. 2 AktG und für Aufsichtsratsmitglieder in § 116 i.V.m. § 93 Abs. 1 S. 2 AktG geregelt. Diese Verschwiegenheitspflicht gilt nach allgemeiner Meinung auch nach dem Ausscheiden aus dem jeweiligen Amt unverändert fort.[258]

4. Beschlussfähigkeit und Beschlussfassung der Organe gem. Art. 50 SE-VO

In **Art. 50 SE-VO** sind die allgemeinen Bestimmungen über die Beschlussfähigkeit und -fassung der Organe geregelt. Diese werden verdrängt, wenn in der SE-VO selbst oder in der jeweiligen SE-Satzung etwas anderes festgelegt wurde. Demzufolge sind die jeweiligen Organe der SE gem. **Art. 50 Abs. 1 Buchst. a SE-VO** beschlussfähig, wenn mindestens die Hälfte der Mitglieder anwesend oder vertreten ist. Eine wirksame Beschlussfassung liegt gem. **Art. 50 Abs. 1 Buchst. b SE-VO** vor, wenn die Mehrheit dieser Mitglieder für einen solchen Beschluss gestimmt hat. Besteht Stimmengleichheit, so gibt grundsätzlich gem. **Art. 50 Abs. 2 S. 1 SE-VO** die Stimme des jeweiligen Organvorsitzenden den Ausschlag. Zwar ist auch diese Bestimmung *„satzungsdispositiv"*[259], doch erfährt dies gem. **Art. 50 Abs. 2 S. 2 SE-VO** im Rahmen des dualistischen

---

257 *Hüffer*, Aktiengesetz, § 100, Rn. 8. Solche Vorschriften bestehen in § 7 Abs. 2 bis 4 MitbestG, §§ 4 Abs. 2, 6 Abs. 1 MontanMitbestG, §§ 5, 6 Montan-MitbestErgG und § 4 Abs. 2 bis 4 DrittelbG (früher § 76 Abs. 2 BetrVG 1952).

258 Münch. Hdb. GesR IV/ *Hoffmann-Becking*, § 33, Rn. 32.

259 *Hirte*, NZG 2002, 1, 5.

Systems immer dann eine Einschränkung, wenn im Aufsichtsorgan paritätische Mitbestimmung besteht. Anders als im deutschen Recht, das dem Aufsichtsratsvorsitzenden gem. § 29 Abs. 2 MitbestG bei Stimmengleichheit erst in einem zweiten Wahlgang sein Zweitstimmrecht zugesteht, besteht im Rahmen der SE-VO ein bereits im ersten Wahlgang greifendes Stichstimmrecht des jeweiligen Organvorsitzenden.[260] Zwar gilt Art. 50 Abs. 2 S. 2 SE-VO seinem Wortlaut nach allein für das dualistische System. Diese Vorschrift, die bei einem paritätisch besetzten Aufsichtsorgan das ausschlaggebende Stimmrecht des Vorsitzenden sichert, muss aber erst Recht für die monistische Struktur anwendbar sein, um das Letztentscheidungsrecht der Anteilseigner im Verwaltungsorgan abzusichern. Art. 50 Abs. 2 S. 2 SE-VO ist daher bei einer paritätischen Besetzung des Verwaltungsorgans analog anwendbar.[261]

Für den Fall, dass in der SE eine Mitbestimmung installiert wurde, ist zudem für die Mitgliedstaaten in **Art. 50 Abs. 3 SE-VO** die Ermächtigung vorgesehen, von den Bestimmungen des Art. 50 Abs. 1 und 2 SE-VO abzuweichen. Demnach können die einzelstaatlichen Gesetzgeber regeln, dass sich Beschlussfähigkeit und -fassung nach den Vorschriften richten, die auch für die nationalen Aktiengesellschaften nach dem jeweiligen mitgliedstaatlichen Recht gelten. Zwar ist auch diese Vorschrift ihrem Wortlaut nach auf das Aufsichtsorgan und damit das dualistische System beschränkt, doch muss sie analog ebenso für die monistische Struktur gelten. Sinn und Zweck des Art. 50 Abs. 3 SE-VO ist die Gewährleistung eines Gleichlaufs der SE mit den nationalen Aktiengesellschaften. Daher muss auch den Mitgliedstaaten, die ein monistisches Organisationssystem vorsehen, die Möglichkeit der Berücksichtigung ihrer nationalen Besonderheiten bei der Beschlussfähigkeit und -fassung gewährt werden.[262]

Die Beschlussfähigkeit und -fassung im Aufsichtsorgan ist in Deutschland in § 108 AktG und den verschiedenen Mitbestimmungsgesetzen geregelt. Nach § 108 Abs. 2 S. 1 AktG kann die Beschlussfähigkeit grundsätzlich durch die Satzung geregelt werden, soweit keine gesetzliche Regelung besteht. Solche gesetzlichen Bestimmungen finden sich in den Mitbestimmungsgesetzen und gehen der Satzung vor.[263] Gem. § 10 MontanMitbestG, § 11 MontanMitbestErgG und § 28 MitbestG wird für die Beschlussfähigkeit gefordert, dass mindestens die Hälfte der Aufsichtsratsmitglieder, aus denen dieses Organ zu bestehen hat, an der Beschlussfassung teilnimmt.[264] Dagegen findet sich im AktG keine Bestimmung über die erforderlichen Mehrheitsverhältnisse für eine Beschlussfas-

---

260 Ebenso *Minuth*, Führungssysteme in der SE, S. 198 f.

261 *Schwarz*, Kommentar zur SE-VO, Art. 50 Rn. 42.

262 *Schwarz*, Kommentar zur SE-VO, Art. 50 Rn. 48.

263 *Hüffer*, Aktiengesetz, § 108, Rn. 11.

264 Dabei kommt es nicht darauf an, dass die gleiche Anzahl der Anteilseigner- und Arbeitnehmervertreter daran partizipiert; *Hüffer*, Aktiengesetz, § 108, Rn. 12 f.

sung. Grundsätzlich genügt daher die einfache Mehrheit der abgegebenen Stimmen, wobei sich aber vor allem aus den Mitbestimmungsgesetzen oder der Satzung anderweitige Mehrheitserfordernisse ergeben können.[265]

5. Haftung bei Pflichtverletzung gem. Art. 51 SE-VO

Schließlich bestimmt **Art. 51 SE-VO**, dass die Organmitglieder nach den jeweiligen im Sitzstaat der SE geltenden Rechtsvorschriften für den Schaden, den sie der SE durch eine Verletzung ihrer ihnen obliegenden gesetzlichen, satzungsmäßigen oder sonstigen Pflichten verursachen, haften.[266] In Deutschland gilt für die Vorstandsmitglieder § 93 AktG und für die Mitglieder des Aufsichtsrats § 116 i.V.m. § 93 AktG.

IV. Einführung des monistischen und dualistischen Systems für die SE in allen Mitgliedstaaten

In **Art. 38 Buchst. b SE-VO** ist geregelt, dass die zu gründende SE in ihrer Satzung entweder das dualistische oder das monistische System wählen kann. Eine Vorschrift, die die Mitgliedstaaten wie im VO-Entwurf 1991 zu einer Beschränkung dieses Optionsrechts ermächtigt, wurde nicht wieder aufgenommen. Für Diskussionen sorgt der Wortlaut von Art. 39 Abs. 5 und Art. 43 Abs. 4 SE-VO, wonach ein Mitgliedstaat, der entweder die dualistische oder die monistische Struktur noch nicht geregelt hat, entsprechende Vorschriften in Bezug auf die SE erlassen ***„kann"***[267]. Aufgrund dieser Formulierung ist strittig, ob eine Verpflichtung der nationalen Gesetzgeber zur Einführung der jeweiligen, nicht in ihrem Land zugelassenen Verwaltungsstruktur für die SE besteht oder nicht.

---

265 *Hüffer*, Aktiengesetz, § 108, Rn. 6 f. Zu unterscheiden sind im Hinblick auf die Mitbestimmung dabei Mehrheitserfordernisse, die sich bezüglich einer bestimmten Gruppe im Aufsichtsrat ergeben, und Anforderungen, die über eine einfache Mehrheit hinausgehen; *Hüffer*, Aktiengesetz, § 108, Rn. 6 f.
Gruppenspezifische Erfordernisse sind in § 124 Abs. 3 S. 4 AktG und in § 32 Abs. 1 S. 2 MitbestG geregelt, wonach es für bestimmte Beschlüsse allein einer Mehrheit der Anteilseignervertreter bedarf. Weiterhin wählen im zweiten Wahlgang gem. § 27 Abs. 2 S. 2 MitbestG die Anteilseignervertreter den Aufsichtsratsvorsitzenden und die Arbeitnehmervertreter dessen Vertreter jeweils getrennt mit einfacher Mehrheit. Besondere Mehrheitserfordernisse bestehen in §§ 8 Abs. 1, 13 Abs. 1 MontanMitbestG und §§ 27 Abs. 1, 31 Abs. 2 bis 4 MitbestG. Das die Stimme des Aufsichtsratsvorsitzenden bei einem Abstimmungspatt im Rahmen der paritätischen Mitbestimmung zwingend den Ausschlag gibt, ist bereits in §§ 29 Abs. 2, 31 Abs. 4 MitbestG geregelt.

266 Dagegen sahen die früheren Verordnungsentwürfe eine zwingende gesamtschuldnerische Haftung der Organmitglieder für eigenes und fremdes Verschulden vor; *Lambach*, Die Beteiligung in der SE, S. 214.

267 Hervorhebung durch den Verfasser.

1. Wahlfreiheit der Mitgliedstaaten für die Einführung des jeweils anderen Verwaltungssystems

In der Literatur[268] besteht aufgrund des Wortlauts *„kann"* in beiden Vorschriften die Auffassung, dass dies für ein Wahlrecht der jeweiligen nationalen Gesetzgeber und damit gegen eine Pflicht zum Erlass von Regelungen spreche. Darüber hinaus wird zum Teil[269] vertreten, dass die Mitgliedstaaten anhand dieser Wahlfreiheit sogar die Möglichkeit der Gesellschaften, sich in ihrer Satzung für eines der beiden Organisationsmodelle zu entscheiden, beschneiden könnten.

2. Faktische Verpflichtung der Mitgliedstaaten zur Einführung des jeweils anderen Verwaltungssystems

Die herrschende Meinung im Schrifttum[270] geht dagegen davon aus, dass eine Verpflichtung zur Einführung der jeweils anderen, bisher nicht geregelten Verwaltungsstruktur für die SE bestehe. Zwar wird auch von den Vertretern dieser Ansicht anerkannt, dass es sich bei Art. 39 Abs. 5 und Art. 43 Abs. 4 SE-VO vom Wortlaut her um reine Ermächtigungsnormen handle.[271] Darüber hinaus wird aber ausgeführt, dass die Mitgliedstaaten trotz dieser Formulierung zumindest faktisch gezwungen seien, Vorschriften zum jeweils auf ihrem Gebiet noch nicht geregelten Verwaltungssystem einzuführen.[272]

Dieser Ansicht ist zuzustimmen, denn eine ganze Reihe von Argumenten weist auf eine solche faktische Verpflichtung hin. Zwar kann gegen diese Auffassung der Wortlaut der Vorschriften angeführt werden, der auch trotz der vom Europä-

---

268 *Ebert*, EBLR 2003, 183, 187; *Hirte*, NZG 2002, 1, 5; *Hommelhoff/Teichmann*, SZW/RSDA 2002, 1, 5; *Kübler*, ZHR 167 (2003), 222, 231; *Menjucq*, ZGR 2003, 679, 679. Ebenso auch *Schulz* und *Geismar*, die allerdings davon ausgehen, dass die betreffenden Passagen unter anderem in Art. 38 Abs. 4 lit. a SE-VO geregelt seien; *Schulz/Geismar*, DStR 2001, 1078, 1082.
Lange empfiehlt in diesem Zusammenhang, dass der deutsche Gesetzgeber zunächst nicht von der Option der Einführung des monistischen Systems in Deutschland Gebrauch machen, sondern erst die die Entwicklung in der Praxis abwarten und anschließend in problematischen Bereichen regelnd eingreifen solle; vgl. *Lange*, EuZW 2003, 301, 306.

269 *Schulz/Geismar*, DStR 2001, 1078, 1082.

270 Vgl. u.a. *Bungert/Beier*, EWS 2002, 1, 3; *Frodermann*, in: *Jannott/Frodermann*, Handbuch der Europäischen Aktiengesellschaft, 5. Kap I 2, Rn. 8 ff.; *Grundmann*, in: *von Rosen* (Hrsg.), Die Europa AG, S. 47, 55; *Heckschen*, DNotZ 2003, 251, 266; *Minuth*, Führungssysteme der SE, S. 69; *Schwarz*, ZIP 2001, 1847, 1854; *ders.*, Kommentar zur SE-VO, Art. 38 Rn. 11; *Thoma/Leuering*, NJW 2002, 1449, 1451; *Wißmann*, FS Wiedemann (2002), S. 685, 689.

271 Vereinzelt wird dagegen anscheinend vertreten, dass sich bereits aus Art. 43 Abs. 4 SE-VO eine Verpflichtung des nationalen Gesetzgebers ergebe, Ausführungen zum monistischen System in seinem nationalen Begleitgesetz zur SE vorzunehmen; vgl. *Lutter*, BB 2002, 1, 4.

272 *Bungert/Beier*, EWS 2002, 1, 3.

ischen Parlament geforderten[273] und vorgeschlagenen[274] Änderung nicht überarbeitet wurde. Allerdings wird die Argumentation mit der Verwendung des Wortes *„kann"* bereits durch die Angaben in der Literatur[275] entkräftet, wonach diese Formulierung aufgrund einer britischen Initiative aufgenommen worden sei. In Großbritannien habe nämlich die Auffassung bestanden, dass das im britischen Gesellschaftsrecht noch nicht geregelte dualistische System allein aufgrund der dort bestehenden allgemeinen Gestaltungsfreiheit auch ohne eine gesetzliche Ausgestaltung gewählt werden könne.[276] Diese für das dualistische System eingeführte *„Kann"*-Formulierung könnte dann in Art. 43 Abs. 4 SE-VO übernommen worden sein, um einen möglichst großen Gleichlauf in der SE-VO zwischen den Vorschriften für das dualistische und das monistische System zu gewährleisten.

Ferner spreche die Aufhebung der im Verordnungsentwurf von 1991 vorgesehenen Vorschrift, wonach die Mitgliedstaaten die Wahlmöglichkeit der SE für die Verwaltungsform hätten einschränken können, für eine nun bestehende Priorität der Wahlfreiheit der SE.[277] Es erscheint widersinnig, einerseits den Mitgliedstaaten die Beschränkungsoption durch Aufhebung der entsprechenden Vorschrift zu nehmen, ihnen aber andererseits über die Regelung einer bloßen Ermächtigung zur Einführung der jeweils anderen Verwaltungsstruktur wiederum eine solche Einschränkungsmöglichkeit zur Verfügung zu stellen. Zur Begründung für den Vorrang des Unternehmenswahlrechts wird auch Erwägungsgrund Nr. 14 der SE-VO herangezogen,[278] wonach dem Umstand Rechnung zu tragen sei, dass in der EU hinsichtlich der Verwaltung der Aktiengesellschaften derzeit

---

273 Vgl. Bericht über den Entwurf einer Verordnung des Rates über das Statut der Europäischen Gesellschaft (SE), Ausschuss für Recht und Binnenmarkt, Berichterstatter: *Hans-Peter Mayer*, Sitzungsdokument A5-0243/2001 vom 26.06.2001, S. 13.

274 Vgl. Abl. EG Nr. C 72 E vom 21.03.2002, S. 59 ff. Die legislative Entschließung des Europäischen Parlaments zu dem Entwurf einer Verordnung des Rates über das Statut der SE lautet bezüglich Art. 39 Abs. 5: *„Enthält das Recht eines Mitgliedstaates in Bezug auf Aktiengesellschaften mit Sitz in seinem Hoheitsgebiet keine Vorschriften über ein dualistisches System, erlässt dieser Mitgliedstaat entsprechende Vorschriften in Bezug auf SE."* Entsprechend zu diesem Änderungsvorschlag für das dualistische System lautet der Entwurf für Art. 43 Abs. 4 SE-VO.

275 *Neye/Teichmann*, AG 2003, 169, 175.

276 Vgl. zum Ganzen *Neye/Teichmann*, AG 2003, 169, 175. Besteht in Großbritannien diese Möglichkeit, dann erscheint die Auslegung, dass sich das Wort *„kann"* in Art. 39 Abs. 5 SE-VO nicht auf die Einführung des dualistischen Systems überhaupt, sondern nur auf die Installation dieser Verwaltungsstruktur aufgrund von Vorschriften beziehe, nachvollziehbar. Die Einrichtung dieses Modells soll durch Normen, aber eben auch auf einem anderen Weg, erfolgen können.

277 *Hommelhoff*, AG 2001, 279, 282.

278 *Schwarz*, ZIP 2001, 1847, 1854.

zwei verschiedene Systeme bestünden und der SE die Auswahl überlassen bleibe.

Schließlich führt die in Art. 9 Abs. 1 SE-VO geregelte Normenhierarchie zu einem faktischen Einführungszwang für die Mitgliedstaaten. So geht aus Art. 9 Abs. 1 Buchst. b und c Ziff. i SE-VO hervor, dass die Bestimmungen der Satzung einer SE gegenüber den von den Mitgliedstaaten erlassenen Rechtsvorschriften vorrangig sind. Aus dem Umstand, dass sich die SE gem. Art. 38 Buchst. b SE-VO in ihrer Satzung für eine der beiden Verwaltungsformen entscheiden kann, ergibt sich wiederum, dass diese eingeräumte *„Satzungsfreiheit"*[279] dem jeweiligen mitgliedstaatlichen Recht vorgeht. Daraus folgt, dass bei einer SE, die sich in ihrer Satzung beispielsweise für das monistische System entschieden hat, die Bestimmungen der SE-VO gelten, selbst wenn der betreffende Sitzstaat die Ermächtigung des Art. 43 Abs. 4 SE-VO nicht berücksichtigt hätte.

Allerdings führt dies, isoliert betrachtet, noch nicht zu einer tatsächlichen Verpflichtung der Mitgliedstaaten, da für die SE auch ohne Einführung des noch nicht bestehenden Verwaltungssystems weiterhin ihre in Art. 38 Buchst. b SE-VO geregelte Wahlfreiheit vorhanden ist. Zwar könne eine SE, die eine in ihrem Sitzstaat nicht geregelte Organisationsstruktur gewählt habe, dieses fehlende Verwaltungssystem nicht durch ihre SE-Satzung näher ausgestalten.[280] Es bestehe aber dennoch eine SE mit einer wirksamen Unternehmensleitung in diesem Sitzstaat, da die in der SE-VO bestehenden Vorschriften für ein Funktionieren dieser Organisationsstruktur ausreichten.[281] Die faktische Verpflichtung ergebe sich daraus, dass die Nichteinführung des noch nicht geregelten Systems zu einem Standort- und Wettbewerbsnachteil für den Mitgliedstaat führen könne.[282] Da die diesbezüglichen Vorschriften in der SE-VO keine mit einem nationalen Gesetz vergleichbare Regelungsdichte aufweisen, droht den Gesellschaften bei einer Nichtregelung ihrer Verwaltungsstruktur aufgrund von Unklarheiten und Streitigkeiten eine Erschwerung ihres Geschäftsverkehrs.[283] Zudem haben die

---

279 *Schwarz*, ZIP 2001, 1847, 1854.

280 Laut Art. 9 Abs. 1 Buchst. b SE-VO unterliege die SE nur dann den Bestimmungen ihrer Satzung, wenn dies die SE-VO ausdrücklich zulasse. Art. 38 Buchst. b SE-VO ermächtige nur zur Wahl einer der beiden Verwaltungssysteme, nicht aber deren nähere Ausgestaltung. Diese Norm sei eng auszulegen, was sich aus einem Vergleich zu den folgenden Artikeln, die auch nur einzelne Satzungsermächtigungen mit eng begrenzter Reichweite enthielten, ergebe; vgl. zum Ganzen *Neye/Teichmann*, AG 2003, 169, 175.

281 *Teichmann*, ZGR 2002, 383, 442.

282 *Teichmann*, ZGR 2002, 383, 442.

283 So bedarf zum Beispiel die Integration der deutschen Mitbestimmung in das monistische System einer ausreichenden Normierung, um die Anforderungen der SE-RL zu erfüllen. Will ein Mitgliedstaat erreichen, dass eine SE ihn als Sitzstaat wählt, so wird er versu-

Mitgliedstaaten gem. Art. 68 Abs. 1 SE-VO alle geeigneten Vorkehrungen zu treffen, um das Wirksamwerden der SE-VO, also im vorliegenden Fall das besagte Wahlrecht, zu gewährleisten. Auch das deutsche Bundesministerium der Justiz und der deutsche Gesetzgeber vertreten wohl diese Auffassung, da im SEAG ausführliche Regelungen für die Einführung eines monistischen Systems für die SE vorgesehen sind.

Wenig überzeugend erscheint einzig die Argumentation mit der in der SE-RL geregelten Verhandlungslösung. So wird erklärt, dass aufgrund des dort geregelten Vorrangs von Verhandlungen die Verhandlungsparteien auch die jeweilige Organisationsstruktur der SE bestimmen könnten. Daher seien die Mitgliedstaaten zur Zulassung beider Systeme verpflichtet.[284]

V. Möglichkeit der Einflussnahme auf die Organisationsstruktur der SE durch Arbeitnehmervertreter

Dieser Ansicht in der Literatur[285], wonach die Verhandlungspartner bei der SE-Gründung im Vereinbarungsweg zwischen den beiden Organisationssystemen wählen könnten, kann nicht gefolgt werden.[286] Eine solche Maßnahme fällt in die Entscheidungsbefugnis der Satzungsgeber der SE.[287] Bereits im Rahmen des Art. 72 VO-Entwurf 1989 wurde eine ähnliche Problematik bei den in dieser Vorschrift aufgelisteten Tätigkeiten, die der Zustimmung des Aufsichtsorgans

---

chen, der SE Standardvorteile gegenüber anderen Mitgliedstaaten anbieten zu können. Hierunter fällt auch eine überschaubare und gut handhabbare Rechtslage.

284 *Kleinsorge/Neye*, BArbBl 2001, 5, 7.

285 *Kleinsorge/Neye*, BArbBl 2001, 5, 7. Von dieser Ansicht scheinen die Autoren wieder abgekommen zu sein. Auf der Fachkonferenz *„Zukunft des sozialen Europas – durch Teilhabe und Demokratie in Betrieben und Unternehmen"* des DGB am 24.09.2003 haben sowohl Ministerialrat *Neye* als auch Regierungsdirektor *Kleinsorge* auf Nachfrage darauf hingewiesen, dass allein die Anteilseigner über die Einführung des monistischen oder dualistischen Systems entscheiden könnten. Grund hierfür sei, dass es sich um die Ausgestaltung der Unternehmensverfassung handle und es für ein Mitentscheidungsrecht der Arbeitnehmer an einer verfassungsrechtlichen Grundlage fehle.
Dagegen besteht in der Literatur die Einschätzung, dass *„es auch bei Vereinbarungen kaum Verhandlungen über die Organstruktur geben (dürfte)"*; *Köstler*, in *Theisen/Wenz* (Hrsg.), Die Europäische Aktiengesellschaft, S. 331, 349. Dies lässt den Umkehrschluss zu, dass nach Ansicht des Autors grundsätzlich die Möglichkeit einer Vereinbarung mit diesem Inhalt besteht.

286 Ebenso *Buschak*, Arbeitspapier Nr. 2/2, 11; *Hennings*, in: *Manz/Mayer/Schröder* (Hrsg.), Europäische Aktiengesellschaft SE, S. 665, Rn. 8; *Thümmel*, BB 2005, Heft 40, 1. Auch *Oetker* geht davon aus, dass allein den an der Gründung beteiligten Gesellschaften diese Entscheidung obliegt; *Oetker*, in: *Lutter/Hommelhoff* (Hrsg.), Die Europäische Gesellschaft, S. 277, 282 f.

287 *Hennings*, in: *Manz/Mayer/Schröder* (Hrsg.), Europäische Aktiengesellschaft SE, S. 665, Rn. 8, S. 669, Rn. 28; *Schwarz*, Kommentar zur SE-VO, Einl. Rn. 290; *Theisen/Hölzl*, in: *Theisen/Wenz* (Hrsg.), Die Europäische Aktiengesellschaft, S. 269, 279.

bedurften, diskutiert. Behandelt wurde die Frage, ob der Wandel der Organisationsstruktur in einer bereits bestehenden SE von einer Zustimmung des Aufsichtsorgans abhängig gemacht werden könne.[288]
Bei der aktuellen Diskussion geht es zwar um das Bestehen einer Verhandlungsbefugnis der Arbeitnehmervertreter im BVG bei erstmaliger Einrichtung eines bestimmten Verwaltungssystems in eine zu gründende SE. Doch in beiden Fällen handelt es sich grundsätzlich um eine parallele Problemstellung, denn es droht jeweils eine Einschränkung der Entscheidungsbefugnis der Anteilseigner bzw. Gesellschafter über die Organisationsform der SE. So entscheiden über die Bildung einer SE deren Gründer, das heißt nationale Aktiengesellschaften.[289] Für die erforderliche Willensbildung in diesen Gesellschaften sind aber bei Aktiengesellschaften bzw. deren mitgliedstaatlichen Pendants die Anteilseigner zuständig. Nachdem eine SE gegründet wurde, besteht die Möglichkeit, dass von dem einmal gewählten System zur jeweils anderen Organisationsform gewechselt werden kann.[290] Gem. Art. 38 Buchst. b SE-VO kann durch eine Satzungsänderung auch eine Umwandlung des jeweiligen Organisationsmodells herbeigeführt werden.[291] Da es für Änderungen der SE-Satzung gem. Art. 59 Abs. 1 SE-VO eines Beschlusses der Hauptversammlung bedarf, besitzt dieses Organ für den Wechsel der Verwaltungsstruktur in einer bereits bestehenden SE die alleinige Zuständigkeit. Dagegen führt die Annahme, dass in der aktuellen SE-VO diese Wahlmöglichkeit bei der Gründung einer SE in die Vereinbarungslösung bzw. in dem Verordnungsentwurf von 1991 in den Katalog zustimmungspflichtiger Tätigkeiten des Aufsichtsrats einzubeziehen sei, zu einer Beteiligung der Arbeitnehmervertreter. Dies widerspricht aber den Vorschriften und der Systematik im europäischen und nationalen Recht über die Zuständig-

---

288 Gerade der Wortlaut des Art. 72 Abs. 1 S. 1 Buchst. c VO-Entwurf 1989, wonach auch *„wichtige Änderungen in der Organisation der SE"* nur im Einvernehmen mit dem Aufsichtsrat ergehen konnten, sorgte für Kritik. Unter solche Änderungen könne nämlich auch der Wechsel von einem Verwaltungssystem in das andere subsumiert werden, so dass, wenn dies von einer Einwilligung des Aufsichtsorgans abhängig sei, letztlich aus deutscher Sicht ein Eingriff in den verfassungsrechtlich geschützten Eigentumsschutz der Aktionäre drohe; *Hommelhoff*, AG 1990, 422, 430.

289 Die Formen der Holding-SE, bei deren Gründung auch Gesellschaften mit beschränkter Haftung beteiligt sein können, und der Tochter-SE, an deren Gründung weitere Gesellschaftsformen teilnehmen können, sollen aus Gründen der Übersichtlichkeit ausgespart bleiben. Das zu behandelnde Problem wird bei der AG ausreichend deutlich, so dass die Diskussion nicht noch auf weitere Gesellschaftskonstruktionen ausgeweitet werden muss.

290 *Hommelhoff*, AG 2002, 279, 283; zustimmend *Hirte*, NZG 2002, 1, 5 und *Thoma/-Leuering*, NJW 2002, 1449, 1451.

291 *Hommelhoff*, AG 2002, 279, 283; zustimmend *Hirte*, NZG 2002, 1, 5 und *Thoma/-Leuering*, NJW 2002, 1449, 1451.

keitsverteilung bei der Gründung oder bei einer bereits bestehenden SE bzw. nationalen Aktiengesellschaft.

1. Zuständigkeitsverteilung nach der SE-VO

Art. 38 Buchst. b SE-VO zeigt, dass die Form der Unternehmensleitung in der Satzung gewählt wird. Auch in den Verordnungsvorschlägen von 1989 und 1991 war vorgesehen, dass die Satzung der SE die jeweilige Organisationsstruktur bestimmt.[292] Dies bedeutet, dass das Organ bzw. die Personen, die über den Inhalt der Satzung bestimmen, die Zuständigkeit für die Festlegung des jeweiligen Organisationssystems besitzen. Zu unterscheiden ist dabei zwischen der erstmaligen Errichtung der Satzung und ihrer Änderung.

a) Satzungserstellung

In der SE-VO findet sich keine Vorschrift über den Vorgang der Satzungsfeststellung und über die Festlegung des dualistischen oder monistischen Systems. Es liegt aber in der Natur der Sache, dass die erstmalige Erstellung der Satzung einer SE, die in der Regel gem. Art. 6 SE-VO mit der Gründungsurkunde identisch ist, in die Kompetenz der SE-Gründer fällt.[293] Zwar haben die Leitungs- oder Verwaltungsorgane der nationalen Gesellschaften nach Offenlegung des Gründungsplans gem. Art. 3 Abs. 1 SE-RL das Verhandlungsverfahren einzuleiten, doch findet sich weder in der SE-RL noch in der SE-VO ein Hinweis, dass hiervon auch die Organisationsstruktur umfasst wird. Anhand der Definition der Arbeitnehmerbeteiligung[294] wird dagegen deutlich, dass es sich bei der Mitbestimmung i.S.d. der SE-RL erst um die Wahrnehmung bestimmter Rechte in bereits bestehenden Organen der SE handelt, nicht aber bereits um die Einrichtung dieser Organe durch die Wahl des monistischen oder dualistischen Systems. Diese Partizipationsform der Arbeitnehmer ist folglich nur in die jeweilige bestehende organisatorische Struktur einer SE zu integrieren.[295] Daher ist davon

---

292 Vgl. Art. 61 VO-Entwurf 1989 und Art. 61 1. Spstr VO-Entwurf 1991.

293 *Reinkensmeier*, Die Organisation der Geschäftsführung, S. 140; allerdings zum VO-Entwurf 1991.
Umstritten ist lediglich, durch wen die Satzung festgestellt wird. Nach Ansicht von *Scheifele* erfolgt dies nicht durch die Erstaktionäre, sondern durch die Gründungsgesellschaften; *Scheifele*, Die Gründung der SE, S. 162 f. Nach Auffassung von *Kersting* geschieht dies dagegen anhand des Zustimmungsbeschlusses der Hauptversammlung; *Kersting*, DB 2001, 2079, 2081.

294 Aus der Definition der Mitbestimmung in Art. 2 Buchst. k SE-RL wird erkennbar, dass es bei dieser Form der Arbeitnehmerpartizipation um die Einflussnahme auf Unternehmensorgane geht. Diese erfolgt entweder über die Wahl oder Bestellung eines Teils der Mitglieder oder über die Empfehlung und/oder Ablehnung eines Teils oder aller Mitglieder des bestehenden „*Aufsichts- oder des Verwaltungsorgans der Gesellschaft*".

295 Auch im deutschen Recht wurde die unternehmerische Mitbestimmung in das bestehende Gesellschaftsrecht eingebaut, mit dem Unterschied, dass allein das dualistische System zur Verfügung steht.

auszugehen, dass eine alleinige Zuständigkeit der Anteilseigner bzw. Gesellschafter für die erstmalige Installation eines der beiden Organisationssysteme besteht.[296]

b) Satzungsänderung

Für die Vornahme einer Satzungsänderung ist nach der SE-VO alleine die Hauptversammlung zuständig. Gem. Art. 52 Unterabs. 1 Buchst. a SE-VO beschließt dieses Organ über die Angelegenheiten, für die ihr durch die SE-VO die alleinige Zuständigkeit übertragen wurde, und gem. Art. 59 Abs. 1 SE-VO bedarf die Änderung der Satzung eines Beschlusses der Hauptversammlung. Hinzu kommt, dass ein solcher Wechsel der Organisationsstruktur in einer SE nicht unter die zustimmungs- bzw. beschlusspflichtigen Tätigkeiten des Aufsichts- bzw. Verwaltungsorgans der SE fällt.[297]

2. Zuständigkeitsverteilung nach nationalem Recht

Auch die Analyse mitgliedstaatlicher Rechtsvorschriften für nationale Aktiengesellschaften zeigt, dass nur diese Zuständigkeitsverteilung den nationalen Gepflogenheiten entspricht.

a) Satzungserstellung

Der deutsche Gesetzgeber hat eine Wahlmöglichkeit zwischen zwei Organisationsstrukturen nicht geregelt, sondern deutschen Gesellschaften nur das dualistische Verwaltungssystem zur Verfügung gestellt. Das BVerfG hat in seinem sog. *„Mitbestimmungsurteil"* aber betont, dass die Anteilseignerversammlung alleine für die Grundlagenentscheidungen zuständig sei.[298]. Des Weiteren hat es ausge-

---

296 Allerdings kann als Argument gegen die Wahl der Organisationsform in einer Vereinbarung nicht angeführt werden, dass eine Vereinbarung anhand einer anschließenden Satzungsänderung gem. Art. 59 Abs. 1 SE-VO durch die Hauptversammlung der SE wieder ausgehebelt werden könnte. Gem. Art. 12 Abs. 4 SE-VO darf die Satzung der SE nicht im Widerspruch zu dieser Vereinbarung stehen.

297 Dies zeigt schon die ersatzlose Aufhebung des problematischen Art. 72 Abs. 1 S. 1 Buchst. c VO-Entwurf 1989 durch den Verordnungsvorschlag von 1991, obwohl in Art. 72 VO-Entwurf 1991 sogar noch eine Präzisierung des Katalogs zustimmungspflichtiger Tätigkeiten stattgefunden hatte. Zudem sind die Gründer der SE für die Festlegung der Satzung zuständig, das heißt sie bestimmen grundsätzlich gem. Art. 48 Abs. 1 Unterabs.1 SE-VO *„in der Satzung der SE"* die zustimmungs- bzw. beschlusspflichtigen Tätigkeiten des Aufsichts- bzw. Verwaltungsorgans. Die Anteilseigner bzw. Gesellschafter der beteiligten Gesellschaften werden wohl kaum eine Entscheidung über die Umwandlung des bestehenden Organisationssystems von einer Zustimmung bzw. einem Beschluss eines anderen Organs abhängig machen.
Schließlich führen auch die Ermächtigungen der Mitgliedstaaten in Art. 48 Abs. 1 Unterabs. 2 und Abs. 2 SE-VO nicht zu einem solchen Ergebnis. Dagegen spricht bereits die für die nationalen Aktiengesellschaften bisher bestehende Zuständigkeitsverteilung zwischen den einzelnen Organen.

298 BVerfG v. 01.03.1979, BVerfGE 50, 290, 323 = NJW 1979, 699, 700.

führt, dass das Anteilseigentum der Aktionäre *„gesellschaftsrechtlich vermitteltes Eigentum“*[299] darstelle und damit unter den Schutz des Art. 14 Abs. 1 GG falle. Demnach werden die Kompetenzen der Hauptversammlung bei allen Grundlagenentscheidungen durch das MitbestG nicht beeinträchtigt.[300] Im Gesetzgebungsprozess zum MitbestG wurde die Frage, ob einige dieser unternehmerischen Entscheidungsgegenstände nicht in die Zuständigkeit des Aufsichtsrats fallen sollten, nicht einmal angedacht.[301] Auch im AktG ist ein Handeln des Aufsichtsrats neben der Hauptversammlung nicht vorgesehen, sondern der Aufsichtsrat kann grundsätzlich die Entscheidungen der Hauptversammlung nicht beeinflussen.[302] Aus der Systematik des AktG folgt, dass der Aufsichtsrat nicht für Fragen der Grundstruktur der Aktiengesellschaft zuständig ist.[303] Darüber hinaus ergibt sich aus § 23 Abs. 5 S. 1 AktG, dass von der im AktG festgelegten Zuständigkeitsverteilung nicht abgewichen werden kann.[304] Zu den ausdrücklich im AktG geregelten Grundlagenentscheidungen sind weitere Fälle getreten, in denen ein Beschluss der Hauptversammlung erforderlich ist.[305] Diese zeigen, dass die Hauptversammlung sogar in einem über das im AktG geregelten Maße hinaus Kompetenzen besitzt.[306] Wäre eine Wahlmöglichkeit zwischen den beiden Organisationssystemen für deutsche Aktiengesellschaften geregelt, müsste sie nach deutschem Recht bei Errichtung einer AG in den alleinigen Kompetenzbereich der Gründer fallen. Gem. §§ 2, 23 AktG wird eine Aktiengesellschaft von den Gründern, das heißt von den Aktionären i.S.d. § 28 AktG, durch die Feststellung der Satzung in notarieller Form errichtet. Diese Gründer bestellen gem. § 30 Abs. 1 AktG auch den ersten, vorläufigen Aufsichtsrat, der gem. §§ 30 Abs. 2, 31 Abs. 1 AktG im Falle einer Bargründung nur aus Anteilseignern besteht.[307]

---

[299] BVerfG v.01.03.1979, BVerfGE 50, 290, 342 = NJW 1979, 699, 704.

[300] *Raiser*, MitbestG, Einl., Rn. 65, § 25 Rn. 63; *Schaub*, Arbeitsrechts-Handbuch, § 260, Rn. 1.

[301] *Raiser*, MitbestG, Einl., Rn. 65.

[302] Vgl. ausführlich *Timm*, DB 1980, 1201 ff.

[303] Denn während eine solche Kompetenz für die Hauptversammlung ausdrücklich geregelt ist, finden sich zum Aufsichtsrat keine solchen normierten Befugnisse im Gesetz; *Timm*, DB 1980, 1201, 1204.

[304] *Hüffer*, Aktiengesetz, § 23, Rn. 36; *Timm*, DB 1980, 1201, 1204; Münch. Hdb. GesR IV/*Wiesner*, § 6, Rn. 10.

[305] *Grunewald*, AG 1990, 133. Begründet wurde diese Entwicklung durch die sog. *„Holzmüller-Entscheidung“*, BGH v. 25.02.1982, BGHZ 83, 122 = NJW 1982, 1703. Dort hat der BGH für eine Vorstandsmaßnahme, die *„tief in die Mitgliedschaftsrechte der Aktionäre und deren im Anteilseigentum verkörpertes Vermögensinteresse eingreift“*, der Hauptversammlung auch in nicht geregelten Fällen eine Kompetenz zugesprochen.

[306] Dies sind zum Beispiel Änderung der Satzung und des Unternehmensgegenstandes, Sitzverlegung, Rechtsform, Verschmelzung mit anderen Unternehmen und Umwandlung.

[307] *Schmidt, K.*, Gesellschaftsrecht, § 27 II 2 c.

Des Weiteren bietet sich ein Vergleich mit dem französischen Recht an, da der SA dieses in die SE-VO eingeführte Wahlrecht der Organisationsform bereits seit 1966[308] zusteht. Demzufolge kann in einer solchen SA entweder ein in Art. L 225-17 bis 56 C.Com. geregelter *„conseil d'administration"* (Verwaltungsorgan) oder gem. Art. L 225-57 bis 93 C.Com. ein *„directoire"* (Vorstand) und ein *„conseil de surveillance"* (Aufsichtsrat) eingerichtet werden. Bei der Errichtung einer solchen Gesellschaft obliegt nach französischem Recht diese Wahl den Gründern, die dann in die Satzung Bestimmungen über die Zusammensetzung, innere Organisation sowie Befugnisse und Zuständigkeiten des bzw. der diesbezüglichen Gesellschaftsorgane aufzunehmen haben.[309] In einer *„assemblée générale"*, das heißt in einer aus den Zeichnern der Aktien bestehenden Gründungshauptversammlung, wird über die Annahme der Satzung beschlossen.

Auch im niederländischen Recht besteht bei einer NV ein Wahlrecht bezüglich der Einführung eines Aufsichtsrats und damit des dualistischen Systems. Gem. Art. 140 Abs. 1 S. 1 bzw. Art. 250 Abs. 1 S. 1 BW[310] kann durch die Satzung bestimmt werden, dass es einen Aufsichtsrat gibt. Soweit diese Option besteht,[311] wird sie durch die Satzung wahrgenommen. In den Niederlanden erfolgt die Errichtung einer NV gem. Art. 64 Abs. 2 BW mittels eines mehrseitigen Rechtsakts durch notarielle Urkunde, wobei die Gründer sich zugleich am Kapital beteiligen. Demzufolge stellen die Gründer ebenfalls die Anteilseigner dar. Nach den nationalen Vorschriften in Deutschland, Frankreich und den Niederlanden sind für die Erstellung der Satzung bzw. Grundlagenentscheidungen folglich allein die Anteilseigner bzw. Gesellschafter zuständig.

b) Satzungsänderung

Aufgrund der Zuständigkeitsverteilung nach deutschem Recht müsste die Wahlmöglichkeit zwischen den beiden Verwaltungsformen, wenn sie für bereits existente deutsche Aktiengesellschaften bestünde, in den alleinigen Kompetenzbereich der Hauptversammlung fallen. Haben sich im französischen Recht die Gründer für eines der beiden Modelle entschieden, muss diese Wahl nicht endgültig sein, sondern auch in einer bestehenden SA ist die Umwandlung von einer Organisationsform in die andere möglich. Dabei obliegt gem. Art. L 225-96

---

[308] *Peter*, S.A.S., S. 126.

[309] *Schwanna*, Die Gründung von Gesellschaften, S. 282.

[310] In dem Buch 2 des BW (Bürgerliches Gesetzbuch), das am 26.07.1976 in Kraft trat, wurden die Bestimmungen über die Kapitalgesellschaften aus dem Wetboek van Koophandel (Handelsgesetzbuch) übernommen. Eine deutsche Übersetzung des Burgerlijk Wetboek findet sich in: Das Handels- und Gesellschaftsrecht der Niederlande, 3. Aufl., Düsseldorf 1976, S. 111-275.

[311] Diese Option besteht gem. Art. 158 Abs. 1 bzw. Art. 268 Abs. 1 BW nicht bei einer großen Aktiengesellschaft bzw. einer großen Gesellschaft mit beschränkter Haftung, da dort die Installation eines Aufsichtsrats obligatorisch ist.

C.Com. die Änderung der Satzung allein der *„l'assemblée générale extraordinaire"* (außerordentliche Hauptversammlung), die sich aus der Gesamtheit der Aktionäre zusammensetzt.[312] Im niederländischen Recht ist in einer bereits bestehenden NV ebenfalls der Wechsel von einer Verwaltungsform zur anderen durch eine Satzungsänderung möglich. Die Kompetenz dafür hat gem. Art. 121 Abs. 1 BW die Hauptversammlung. Demnach sind auch für Satzungsänderungen in diesen Mitgliedstaaten die Anteilseigner zuständig.

3. Ergebnis

Folglich kann die Wahl zwischen dualistischer und monistischer Organisationsform aufgrund der Zuständigkeitsverteilung innerhalb der SE-VO und dem nationalen Recht kein Gegenstand des Verhandlungsverfahrens darstellen.

VI. Wechsel der Verwaltungsstruktur durch Satzungsänderung

Im Rahmen des laut Art. 38 Buchst. b SE-VO gewährten Wahlrechts ergibt sich aber ein weiteres Problem, da durch eine Satzungsänderung von dem einmal gewählten System zur jeweils anderen Organisationsform gewechselt werden kann. Sollte dies erfolgen, stellt sich die Frage nach den Konsequenzen für eine bereits bestehende Mitbestimmung der Arbeitnehmer in der SE.[313]

§ 5 Regelungen zur Arbeitnehmerbeteiligung in der SE-RL

Die Beteiligung der Arbeitnehmer ist grundsätzlich in der SE-RL geregelt, die allerdings eng mit der SE-VO verknüpft ist.[314] Die Richtlinie besteht aus insgesamt 20 Erwägungsgründen, 17 Artikeln, die in drei Teile untergliedert sind, und einem Anhang, der ebenfalls drei Teile umfasst. Im 1. Teil der Richtlinie befinden sich die allgemeinen Bestimmungen, die den Regelungsgegenstand der Richtlinie und die verwendeten Begriffe definieren. Der 2. Teil behandelt das Verhandlungsverfahren und der letzte Teil besteht aus sonstigen Bestimmungen.

A. Anwendungsbereich und Regelungsgegenstand

Gem. **Art. 1 Abs. 1 SE-RL** regelt die Richtlinie *„die Beteiligung der Arbeitnehmer in der Europäischen Aktiengesellschaft (...), die Gegenstand der Verordnung (...) ist"*. Der Anwendungsbereich der SE-RL erstreckt sich folglich auf jede SE, die die Anforderungen der SE-VO erfüllt und ist unabhängig von

---

312 *Schwanna*, Die Gründung von Gesellschaften, S. 270.

313 Nach Ansicht von *Hommelhoff* muss ein solcher Systemwechsel zwar mit einer nach den Art. 3 ff. SE-RL getroffenen Vereinbarung abgeglichen werden, allerdings finden sich keine Hinweise, wie dies bewerkstelligt werden soll, *Hommelhoff*, AG 2002, 279, 283. Zur Frage, ob die Änderung der Verwaltungsstruktur eine strukturelle Änderung darstellt; vgl. unten S. 294 ff.

314 Siehe oben S. 71.

der Anzahl der dort beschäftigten Arbeitnehmer.[315] Regelungsgegenstand der SE-RL ist die Beteiligung der Arbeitnehmer, wobei gem. **Art. 1 Abs. 2 SE-RL** *„zu diesem Zweck (...) in jeder SE gemäß dem Verhandlungsverfahren(...) oder (...) gemäß dem Anhang eine Vereinbarung über die Beteiligung der Arbeitnehmer getroffen (wird)"*. Zentrale Begriffe sind daher zum einen die *„Beteiligung der Arbeitnehmer"*, die in Art. 2 Buchst. h bis k SE-RL ausführlich definiert wird, und zum anderen das Wort *„Vereinbarung"* und die damit einhergehende Verfahrenslösung. Anders als die EBR-RL folgt die SE-RL aber keinem dreistufigem Aufbau, sondern es sind nur die Schritte der Verhandlungslösung und der Auffangregelung vorgesehen.

B. Begrifflichkeiten in der SE-RL

Neben der Beteiligung der Arbeitnehmer werden in **Art. 2 SE-RL** aber noch eine ganze Reihe weiterer Begriffe definiert bzw. eingegrenzt.[316] Ähnlich wie bei den meisten arbeitsrechtlichen Richtlinien arbeitet der europäische Gesetzgeber bei seinen Begriffsbestimmungen zum einen mit eigenständigen europarechtlichen Definitionen. Zum anderen verweist er in das nationale Recht, um den Mitgliedstaaten die Möglichkeit zur Berücksichtigung ihrer einzelstaatlichen Besonderheiten zu geben. Die zentrale Bedeutung des Begriffs der **Arbeitnehmerbeteiligung** wird auch dadurch deutlich, dass seine Bestimmung ungefähr die Hälfte des gesamten 2. Artikels der SE-RL einnimmt.[317] In der SE-RL wird bezüglich der Frage, bei wem es sich um **Arbeitnehmervertreter** handelt, gem. **Art. 2 Buchst. e SE-RL** auf das jeweilige nationale Recht verwiesen. Bei dem **Vertretungsorgan** handelt es sich gem. **Art. 2 Buchst. f SE-RL** um *„das Organ zur Vertretung der Arbeitnehmer, das (...) eingesetzt wird, um die Unterrichtung und Anhörung der Arbeitnehmer in der SE und ihrer Tochtergesellschaften und Betriebe in der Gemeinschaft vorzunehmen und* ***gegebenenfalls Mitbestimmungsrechte in Bezug auf die SE***[318] *wahrzunehmen"*. Während die Information und Konsultation von Arbeitnehmervertretergremien aus deutscher Sicht hinreichend bekannt ist, ist bemerkenswert, dass ein solches Gremium un-

---

315 *Schmidt, M.*, Das Arbeitsrecht der Europäischen Gemeinschaft, IV. III. 2., Rn. 63. Eine Benachteiligung kleinerer und mittlerer Unternehmen durch die Beteiligung an den mit der Einführung der Arbeitnehmerpartizipation einhergehenden Kosten ist bereits deswegen abzulehnen, da gem. Art. 4 Abs. 2 SE-VO ein Mindestkapital von 120.000 Euro und damit eine nicht unerhebliche Unternehmensgröße vorausgesetzt wird; *Schäfer*, Der europäische Rahmen für Arbeitnehmermitwirkung, S. 80.

316 Im Folgenden wird nur auf die wichtigsten Begrifflichkeiten eingegangen, da etwaige Problemstellungen bezüglich der Definitionen dort behandelt werden, wo sie Diskussionen hervorrufen

317 Die Besonderheiten dieser Definitionen wurden bereits in S. 8 ff. behandelt.

318 Hervorhebungen durch den Verfasser.

ter Umständen auch zur Ausübung unternehmerischer Mitbestimmungsrechte befugt sein kann.[319]

In **Art. 2 Buchst. g SE-RL** wird klargestellt, dass das **BVG** die Aufgabe hat, mit dem jeweils zuständigen Organ der beteiligten Gesellschaften die Vereinbarung über die Arbeitnehmerbeteiligung auszuhandeln. Anders als in der EBR-RL, in der die *„zentrale Unternehmensleitung"* den Verhandlungspartner des BVG darstellt und dieser Begriff in Art. 2 Buchst. e EBR-RL genau definiert wird, wird die Formulierung des *„jeweils zuständigen Organs"* in der SE-RL nicht näher erläutert. In der Literatur wird diese Vorgehensweise aufgrund ihrer Flexibilität begrüßt.[320] Allerdings ist davon auszugehen, dass es einer genauen Bestimmung gar nicht bedurfte, da sie sich bereits aus der SE-RL selbst ergibt. Aus der Vorschrift des Art. 3 Abs. 1 SE-RL folgt, dass die Leitungs- oder Verwaltungsorgane der beteiligten Gesellschaften, die die Gründung der SE planen und auch die erforderlichen Schritte zur Bildung eines BVG einleiten, die jeweils für die Verhandlungen zuständigen Organe darstellen.[321] Wird jedoch eine SE mit monistischer Struktur und Sitz in Deutschland gegründet und partizipiert diese SE an der Gründung einer neuen Europäischen Aktiengesellschaft, so stellt sich die Frage, wer in diesem Fall handelt.[322]

I. Keine Definition des Arbeitnehmerbegriffs

Der europäische Gesetzgeber hat in der SE-RL, ebenso wie in der MassEntlRL und der SCE-RL, keine Ausführungen zum Arbeitnehmerbegriff vorgenommen. Dagegen finden sich in anderen arbeitsrechtlichen Richtlinien entweder Verweise auf das nationale Recht oder eine eigenständige und auf den Schutzzweck der Richtlinie zugeschnittene Definition oder sowohl die Bezugnahme auf das eigene Recht als auch auf das Recht der anderen Mitgliedstaaten.

So verweist **Art. 2 Buchst. d UA-RL** bezüglich des Arbeitnehmerbegriffs auf die Rechtsvorschriften und/oder Gepflogenheiten des nationalen Rechts. Nach **Art. 2 Buchst. d BetrÜbergRL** sind Arbeitnehmer alle Personen, die aufgrund des jeweiligen einzelstaatlichen Rechts geschützt sind. In **Art. 2 Unterabs. 1**

---

319 Als Beispiel für die Einrichtung einer solchen Kompetenz wird das monistische System genannt; *Kuffner*, Beteiligung der Arbeitnehmer, S. 105, Fn. 393.

320 Anders als bei der Bildung eines EBR sei bei der Gründung einer SE nämlich nicht unbedingt immer die oberste Ebene einzelner Unternehmen involviert, sondern es könne auch eine Zwischenkonzernspitze zuständig sein; *Kuffner*, Beteiligung der Arbeitnehmer, S. 106.

321 Diese Organe sind mit der Leitung ihrer Unternehmen betraut und vertreten die Gesellschaft nach außen. Deutsche Gesellschaften werden also je nach Rechtsform vom Vorstand oder von den Geschäftsführern vertreten; *Lambach*, Die Beteiligung in der SE, S. 153.

322 Zwar obliegt die Leitung der SE dem Verwaltungsrat, doch vertreten die geschäftsführenden Direktoren die Gesellschaft gem. § 41 Abs. 1 SEAG gerichtlich und außergerichtlich.

InsSchRL[323] wird der jeweilige einzelstaatliche Arbeitnehmerbegriff ausdrücklich unberührt gelassen, doch dürfen die Mitgliedstaaten laut Art. 2 Unterabs. 2 InsSchRL Teilzeitarbeitnehmer, Arbeitnehmer mit befristetem Arbeitsvertrag und Leiharbeitnehmer vom Anwendungsbereich nicht ausnehmen. Darüber hinaus bezieht sich **Art. 2 Abs. 2 EBR-RL** immerhin zur Berechnung der im Rahmen der Richtlinie relevanten Schwellenwerte explizit auf die entsprechend den einzelstaatlichen Rechtsvorschriften und/oder Gepflogenheiten berechnete Zahl der Arbeitnehmer und stellt klar, dass auch die Teilzeitbeschäftigten erfasst werden.

Nach **Art. 2 Abs. 2 AEntRL**[324] richtet sich der Arbeitnehmerbegriff nach dem Recht des Mitgliedstaats, in dessen Hoheitsgebiet der Arbeitnehmer entsandt wird. Auch im Rahmen der ElternUrlRL[325] wird auf das nationale Recht verwiesen, da nach **Anhang § 1 Abs. 2 ElternUrlRL** die geschlossene Rahmenvereinbarung für alle Arbeitnehmer gilt, die nach den Rechtsvorschriften, Tarifverträgen oder Gepflogenheiten in dem jeweiligen Mitgliedstaat einen Arbeitsvertrag oder ein Arbeitsverhältnis innehaben. Eine vom Wortlaut her beinahe identische Formulierung findet sich in **Anhang § 2 Abs. 1 TeilzeitRL**[326]. Schließlich wird in **Anhang § 2 Abs. 1 BefristungsRL**[327] die Definition des Vorliegens eines Arbeitsvertrags oder -verhältnisses und damit indirekt die Bestimmung des Arbeitnehmerbegriffs den mitgliedstaatlichen Gesetzen, Tarifverträgen oder Gepflogenheiten überlassen.

Dagegen definiert **Art. 3 Buchst. a ArbSchRL**[328] den für diese Richtlinie geltenden Arbeitnehmerbegriff explizit dahingehend, dass es sich dabei um alle von einem Arbeitgeber beschäftigten Personen, einschließlich der Praktikanten und Lehrlinge, handelt. Ausgeschlossen werden nur die Hausangestellten. Nach

---

323 Richtlinie 80/987/EWG des Rates vom 20.10.1980 über den Schutz der Arbeitnehmer bei Zahlungsunfähigkeit des Arbeitgebers, Abl. Nr. L 283/23; zuletzt geändert durch RL 2002/74/EG des Europäischen Parlaments und des Rates vom 23.09.2002, Abl. EG Nr. L 270/10.

324 Richtlinie 96/71/EG des Europäischen Parlaments und des Rates vom 16.12.1996 über die Entsendung von Arbeitnehmern im Rahmen der Erbringung von Dienstleitungen, ABl. EG Nr. L 18/1.

325 Richtlinie 96/34/EG des Rates vom 03.06.1996 zu der von UNICE, CEEP und EGB geschlossenen Rahmenvereinbarung über Elternurlaub, ABl. Nr. L 145/4; geändert durch RL 97/75/ EG vom 15.12.1997, ABl. EG Nr. L 10/24.

326 Richtlinie 97/81/EG des Rates vom 15.12.1997 zu der von UNICE, CEEP und EGB geschlossenen Rahmenvereinbarung über Teilzeitarbeit, ABl. EG Nr. L 14/9; geändert durch RL 98/23/ EG vom 07.04.1998, ABl. EG Nr. L 131/10.

327 Richtlinie 1999/70/EG des Rates vom 28.06.1999 zu der EGB-UNICE-CEEP-Rahmenvereinbarung über befristete Arbeitsverträge, ABl. EG Nr. L 175/43.

328 Richtlinie des Rates 89/391/EWG vom 12.06.1989 über die Durchführung von Maßnahmen zur Verbesserung der Sicherheit und des Gesundheitsschutzes der Arbeitnehmer bei der Arbeit, ABl. EG Nr. L 183/1.

Art. 1 Abs. 1 NachwRL[329] müssen die Mitgliedstaaten zum einen alle Personen, die nach ihrem jeweiligen nationalen Recht einen Arbeitsvertrag bzw. ein Arbeitsverhältnis innehaben, in den Anwendungsbereich der Richtlinie einbeziehen. Zum anderen steht es ihnen frei, den Geltungsbereich auch auf solche Personen auszudehnen, deren Beschäftigung nach der Rechtsordnung eines der anderen Mitgliedstaaten einen Arbeitsvertrag oder ein Arbeitsverhältnis darstellt.[330] Folglich verweist die NachwRL einerseits verbindlich auf die jeweiligen nationalen Beschäftigungsverhältnisse, andererseits wird den Mitgliedstaaten die Erweiterung auf in den anderen Mitgliedstaaten bestehende Gegebenheiten zugestanden.

Der Vergleich der arbeitsrechtlichen Richtlinien untereinander zeigt, dass der europäische Gesetzgeber bei der Bestimmung des Arbeitnehmerbegriffs in der Regel auf das nationale Recht verweist.[331] Fraglich ist, ob sich daher die Bestimmung dieses Begriffs in der SE-RL trotz Fehlens einer solchen ausdrücklichen Bezugnahme nach dem einzelstaatlichen Recht richten kann oder doch allein gemeinschaftsrechtlich festzulegen ist.

1. Behandlung des Arbeitnehmerbegriffs in verschiedenen arbeitsrechtlichen Richtlinien

Dabei ist zunächst zu untersuchen, ob und inwieweit aus der Behandlung des Arbeitnehmerbegriffs in arbeitsrechtlichen Richtlinien eine Methodik erkennbar ist. Von Interesse ist hier die MassEntlRL, da in dieser Richtlinie ebenfalls eine Bezugnahme auf das nationale Recht bzw. eine ausdrückliche gemeinschaftsrechtliche Definition fehlt und sich in diesem Zusammenhang in der deutschen Literatur unterschiedliche Ansichten entwickelt haben. Der deutsche Gesetzgeber hat die §§ 17 ff. KSchG zur Umsetzung der MassEntlRL bestimmt. Dort werden gem. § 17 Abs. 5 Nr. 3 KSchG *„Geschäftsführer, Betriebsleiter und ähnliche leitende Personen"* von dem Arbeitnehmerbegriff ausgeschlossen. Daher wird in der Literatur überwiegend vertreten, dass diese Einschränkung hinsichtlich der leitenden Angestellten nicht mit der MassEntlRL übereinstimme und gegen Gemeinschaftsrecht verstoße.[332] Dieser Ansicht zufolge kann der verwendete Arbeitnehmerbegriff nicht durch das nationale Recht eingeschränkt werden, da es an einer ausdrücklichen Verweisung auf die jeweiligen nationalen Rechtsvorschriften bzw. auf die einzelstaatliche Praxis fehle.

---

329 Richtlinie des Rates 91/533/EWG vom 14.10.1991 über die Pflicht des Arbeitgebers zur Unterrichtung des Arbeitnehmers über die für seinen Arbeitsvertrag oder sein Arbeitsverhältnis geltenden Bedingungen, ABl. EG Nr. L 288/32.

330 *Birk*, NZA 1996, 281, 285.

331 *Zach*, Die Verwirklichung der sozialen Dimension, S. 225.

332 Vgl. stv. *Hinrichs*, Massenentlassungen, S. 94 ff.; *Wißmann*, RdA 1998, 221, 222 f.; zweifelnd *von Hoyningen-Huene/Linck*, KSchG, § 17 Rn. 8.

Andererseits zeigt die Entwicklung im Rahmen der BetrÜbergRL, dass eine solche fehlende Bezugnahme auf das jeweilige nationale Recht nicht per se die Geltung eines europarechtlichen Arbeitnehmerbegriffs mit sich bringt. Zwar fehlte in der ursprünglichen Fassung dieser Richtlinie[333] die Behandlung des Arbeitnehmerbegriffs gänzlich, doch wies die hierzu ergangene Rechtsprechung des EuGH[334] bereits frühzeitig die Tendenz zu einer Beurteilung dieses Begriffs nach nationalem Recht auf.[335] Während sich die Kommission für eine europarechtliche, auf Art. 39 EG beruhende Begriffsbestimmung einsetzte,[336] verwies der EuGH mit dem Argument des konkreten Schutzzwecks dieser Richtlinie auf das einzelstaatliche Recht. Die BetrÜbergRL bezwecke nämlich nicht, ein *„für die gesamte Gemeinschaft aufgrund gemeinsamer Kriterien einheitliches Schutzniveau"* zu schaffen, sondern wolle *„hauptsächlich den den Arbeitnehmern durch die Rechtsvorschriften der einzelnen Mitgliedstaaten selbst gewährten Schutz auch auf den Fall des Unternehmensübergangs (ausdehnen)"*[337]. Nach Ansicht des EuGH führt dieses Vorliegen einer *„Teilharmonisierung"*, die das unterschiedliche Schutzniveau für Arbeitnehmer innerhalb der Mitgliedstaaten nicht beseitigt, sondern gemeinschaftsweit auf den Fall des Betriebsübergangs ausdehnt, zu einer Geltung der nationalen Arbeitnehmerbegriffe.[338] Folgerichtig hat der europäische Gesetzgeber in der 1998 verabschiedeten neuen Fassung der BetrÜbergRL[339] in Art. 2 Abs. 1 Buchst. d BetrÜbergRL festgelegt, dass Arbeitnehmer jede nach dem betreffenden nationalen Recht geschützte Person ist.[340] Diese Regelungen wurden in der aktuellen Fassung der BetrÜbergRL aus dem Jahr 2001 beibehalten. Im Fall der BetrÜbergRL bestand folglich kein expliziter Verweis auf die Rechtsvorschriften und/oder Gepflogenheiten der ein-

---

333 Richtlinie 77/187/EWG vom 14.02.1977 zur Angleichung der Rechtsvorschriften der Mitgliedstaaten über die Wahrung von Ansprüchen der Arbeitnehmer beim Übergang von Unternehmen, Betrieben oder Betriebsteilen, ABl. Nr. L 61/26.

334 EuGH, Urteil v. 08.06.1994, Rs. 105/84, Slg. 1985, 2639.

335 *Fuchs/Marhold*, Europäisches Arbeitsrecht, 2. Teil II C 2 a, S. 133.

336 *Fuchs/Marhold*, Europäisches Arbeitsrecht, 2. Teil II C 2 a, S. 133.

337 EuGH, Urteil v. 08.06.1994, Rs. 105/84, Slg. 1985, 2639.

338 *Willemsen/Annuß*, NJW 1999, 2073, 2075.

339 Richtlinie 98/50/EG vom 29.06.1998 zur Änderung der Richtlinie 77/187/EWG vom 14.2.1977 zur Angleichung der Rechtsvorschriften der Mitgliedstaaten über die Wahrung von Ansprüchen der Arbeitnehmer beim Übergang von Unternehmen, Betrieben oder Betriebsteilen, ABl. Nr. L 201/88. Mit dieser Fassung wurde die grundsätzlich fortbestehende ursprüngliche Richtlinie teilweise abgeändert und an die Rechtsprechung des EuGH angepasst; *Willemsen/Annuß*, NJW 1999, 2073.

340 Allerdings erfolgt durch Art. 2 Abs. 2 BetrÜbergRL die Vorgabe, dass Teilzeitarbeitnehmer, befristete Arbeitsverhältnisse und Leiharbeitsverhältnisse nicht allein aufgrund der Art des Arbeitsverhältnisses ausgeschlossen werden können; *Fuchs/Marhold*, Europäisches Arbeitsrecht, 2. Teil II C 2 a, S. 134.

zelnen Mitgliedstaaten und dennoch sollte nach der Rechtsprechung des EuGH das nationale Recht gelten.

Bei der Behandlung des Arbeitnehmerbegriffs im Rahmen der EBR-RL wird in der Literatur teilweise angeführt, dass dieser Begriff dort nicht näher bestimmt sei und daher das jeweilige nationale Recht Anwendung finden müsse.[341] Dem ist insoweit zuzustimmen, als sich tatsächlich eine grundsätzliche Definition oder Verweisung auf das nationale Recht oder nationale Gepflogenheiten in der Richtlinie nicht finden lässt. Allerdings verweist Art. 2 Abs. 2 EBR-RL zur Berechnung der im Rahmen der Richtlinie relevanten Schwellenwerte explizit auf die *„entsprechend den einzelstaatlichen Rechtsvorschriften und/oder Gepflogenheiten berechneten Zahl der (...) Arbeitnehmer"* und bezieht auch die Teilzeitbeschäftigten mit ein. Immerhin richtet sich folglich bei der Bestimmung der Beschäftigungsschwellen der Arbeitnehmerbegriff nach dem Recht des jeweiligen Mitgliedstaates.[342] Aufgrund dieser Verweisung hat der deutsche Gesetzgeber in § 4 EBRG bei der Berechnung der Arbeitnehmerzahlen den Arbeitnehmerbegriff des § 5 Abs. 1 BetrVG für anwendbar erklärt und damit, entgegen der Forderung eines Teils der Literatur[343], die Gruppe der leitenden Angestellten grundsätzlich nicht in den Arbeitnehmerbegriff des EBRG einbezogen.[344] Gefolgert wird dies entweder aus § 4 EBRG, der bei der Berechnung der Arbeitnehmerzahlen auf § 5 Abs. 1 BetrVG verweist,[345] oder aus einem Umkehrschluss zu §§ 11 Abs. 4, 23 Abs. 6 EBRG.[346] Gerade die §§ 11 Abs. 4, 23 Abs. 6 EBRG verdeutlichen, dass der deutsche Gesetzgeber nicht nur bezüglich der Berechnung der Schwellenwerte den nationalen betriebsverfassungsrechtlichen Arbeitnehmerbegriff für anwendbar hält, sondern für den gesamten Regelungsgegenstand des EBRG.[347]

---

341 Vgl. stv. *Hromadka*, DB 1995, 1125, 1126; *Weiss*, ArbuR 1995, 438, 442.

342 Ebenso *Müller, C.* der aber anschließend ausführt, dass die Mitgliedstaaten dennoch den Arbeitnehmerbegriff nach ihrem jeweiligen einzelstaatlichen Recht bestimmen könnten; vgl. *Müller, C.*, EBRG, § 4 Rn. 1 ff.

343 *Gaul*, NJW 1996, 3378, 3379, 3384; *Hromadka*, DB 1995, 1125, 1126.

344 Vgl. BT-Drucks. 13/4520, S. 18.

345 *Wißmann*, RdA 1998, 221, 223.

346 So *Oetker* in einem bisher nicht veröffentlichten Vortrag zum Symposium *„Europäische Aktiengesellschaft – Auswirkungen auf die deutsche Mitbestimmung/Gefahr für Mitbestimmungskultur in Deutschland oder Chance für Europa?"*, das die Vereinigung Cockpit gemeinsam mit der ULA – Deutscher Führungskräfteverband und dem VAA – Verband angestellter Akademiker und leitender Angestellter der chemischen Industrie e. V. am 10. März 2004 in Frankfurt am Main veranstaltete. Vgl. hierzu auch *Kraushaar*, NZA 2004, 591, 592.

347 Denn sonst wäre die Vorschrift des § 11 Abs. 4 EBRG, wonach auch leitende Angestellte im Sinne des § 5 Abs. 3 BetrVG zu Mitgliedern im BVG bestellt werden können, ebenso wenig erforderlich wie die Sonderregelung in § 23 Abs. 6 EBRG.

Allerdings ist es durchaus problematisch, diesen betriebsverfassungsrechtlichen nationalen Arbeitnehmerbegriff bezüglich des Regelungsgehalts der gesamten EBR-RL anzuwenden, da es eben an einer allgemeinen Verweisung auf die Rechtsvorschriften und/oder Gepflogenheiten fehlt.[348] Die im Schrifttum vorgebrachten Argumente erscheinen aus gemeinschaftsrechtlicher Sicht vielfach nicht überzeugend.[349] Allein die Argumentation mit dem Sinn und Zweck der EBR-RL kann weiterhelfen. Nach einer Ansicht in der Literatur liegt die Zielsetzung dabei richtigerweise nicht in der Errichtung eines gemeinschaftsweit einheitlichen Standards der Arbeitnehmervertretungen, sondern deren Anpassung an die länderübergreifende Struktur der Unternehmen.[350] Nur aus diesem Grund ist nicht nur bezüglich der Schwellenwerte, sondern insgesamt bei der Bestimmung dieses Begriffs nationales Recht anzuwenden.

Während es in der EBR-RL daher im Hinblick auf einen für den gesamten Anwendungsbereich der Richtlinie geltenden Arbeitnehmerbegriff zumindest an einer expliziten Verweisung auf das nationale Recht fehlt, besteht eine solche wiederum im Rahmen der UA-RL, die einen ähnlichen Regelungsbereich wie die EBR-RL besitzt. In den dargestellten Richtlinien ist folglich bei der Festlegung des Arbeitnehmerbegriffs keine einheitliche Systematik des europäischen Gesetzgebers erkennbar, die Rückschlüsse auf die Bedeutung dieses Begriffs im Rahmen der SE-RL zulässt. Die Entscheidung des EuGH im Rahmen der

---

348 Ebenso wohl *Wißmann*, der bereits die Verwendung des nationalen Arbeitnehmerbegriffs in § 4 EBRG problematisiert; vgl. *Wißmann*, RdA 1998, 221, 223.

349 So wird angeführt, dass eine solche Geltung des nationalen Arbeitnehmerbegriffs aus Art. 2 Abs. 1 Buchst. d EBR-RL folge, der bezüglich des Begriffs der Arbeitnehmervertreter auf die Rechtsvorschriften und/oder Gepflogenheiten der Mitgliedstaaten verweise; *Müller, C.*, EBRG, § 4 Rn. 3. Dann stellt sich aber die Frage, warum der europäische Gesetzgeber es zum Beispiel in der BetrÜbergRL und der UA-RL für erforderlich hält, neben dem Arbeitnehmervertreterbegriff auch hinsichtlich des Arbeitnehmerbegriffs explizit auf das nationale Recht Bezug zu nehmen. Zu bedenken ist auch, dass der EuGH in seiner Entscheidung über den Arbeitnehmerbegriff im Rahmen der BetrÜbergRL nicht auf eine solche Begründung zurückgegriffen hat.
Des Weiteren wird mit der Zielsetzung des EBRG und mit einer Aushebelung der meisten im Vorfeld der Geltung der EBR-RL abgeschlossenen freiwilligen Vereinbarungen argumentiert, da in diesen die Gruppe der leitenden Angestellten überwiegend nicht einbezogen worden sei; *Müller, C.*, EBRG, § 4 Rn. 3. Allerdings kann bei der Beurteilung des Arbeitnehmerbegriffs nicht auf die Zielsetzung des EBRG abgestellt werden, sondern es sind Sinn und Zweck der EBR-RL maßgeblich. Schließlich unterliegen auch die freiwilligen Vereinbarungen gem. Art. 13 Abs. 1 EBR-RL zumindest der Anforderung, dass sie eine länderübergreifende Unterrichtung und Anhörung für alle Arbeitnehmer vorsehen. Fiele aufgrund einer etwaigen Geltung eines gemeinschaftsrechtlichen Arbeitnehmerbegriffs auch die Gruppe der leitenden Angestellten darunter, so wären diese Vereinbarungen eben ungültig.

350 Vgl. zum Ganzen *Wirmer*, DB 1994, 2134, 2137; *Zach*, Die Verwirklichung der sozialen Dimension, S. 266.

BetrÜbergRL sowie die Diskussion bei der EBR-RL zeigen aber, dass selbst dann, wenn es an einer Verweisung in das nationale Recht fehlt, eine einzelstaatliche Begriffsbestimmung vorzunehmen ist, falls es die Zielsetzung des Regelwerks erfordert.

2. Rechtsprechung des EuGH

Darüber hinaus ist die Rechtsprechung des EuGH dahingehend zu untersuchen, ob sich aus ihr eine Systematik erkennen lässt, wie Richtlinien ohne explizite Definition des Arbeitnehmerbegriffs zu behandeln sind. So war der EuGH auf der Ebene des sekundären Gemeinschaftsrechts mit der Bedeutung des Arbeitnehmerbegriffs befasst und hat zudem zur Auslegung anderer Begriffe Entscheidungen erlassen, die zum Vergleich herangezogen werden können.

Die Rechtsprechung des EuGH zur BetrÜbergRL wurde bereits behandelt.[351] Zu Recht wird aber bezweifelt, dass sich allein aus dieser Entscheidung die Formel ableiten lasse, bei Fehlen einer Definition oder Verweisung bezüglich des Arbeitnehmerbegriffs im Zweifel das einzelstaatliche Recht anzuwenden.[352] Gegen eine solche Vorgehensweise spricht bereits die Diskussion, ob leitende Angestellte durch das deutsche Recht vom Anwendungsbereich der MassEntlRL ausgeschlossen werden können.[353]

Ferner wird dies durch ein weiteres Urteil des EuGH[354] zur MassEntlRL verdeutlicht. Zwar betrifft diese Entscheidung des EuGH den Betriebs- und nicht den Arbeitnehmerbegriff, doch ist die Ausgangssituation vergleichbar. Es geht ebenfalls um einen nicht in der Richtlinie selbst oder durch Verweisung auf das nationale Recht definierten Ausdruck. Nach Auffassung des EuGH ist dieser Betriebsbegriff aufgrund einer fehlenden Definition im Rahmen der Richtlinie *„ein gemeinschaftsrechtlicher Begriff“*[355], der *„anhand der allgemeinen Systematik und des Zwecks der Regelung ausgelegt werden“*[356] müsse. In dieser Entscheidung hat der EuGH im Falle einer nicht vorhandenen Definition oder Verweisung, anders als bei der BetrÜbergRL, nicht das nationale Recht für anwendbar erklärt, sondern eine gemeinschaftsrechtliche Bestimmung vorgenommen. Im Schrifttum wird aus diesem Urteil gefolgert, dass grundsätzlich nur im Falle einer ausdrücklichen Bezugnahme auf das nationale Recht in einer Richtlinie die

---

351 Siehe oben S. 135 ff.

352 *Wißmann*, RdA 1998, 221, 223.

353 Vgl. oben S. 135.

354 EuGH, Urteil v. 07.12.1995, Rs. C-449/93, Slg. 1995, I-4291 ff., *„Rockfon“* = NZA 1996, 471 ff.

355 EuGH, Urteil v. 07.12.1995, Rs. C-449/93, Slg. 1995, I-4291, 4306, *„Rockfon“* = NZA 1996, 471 ff., 472.

356 EuGH, Urteil v. 07.12.1995, Rs. C-449/93, Slg. 1995, I-4291, 4306, *„Rockfon“* = NZA 1996, 471 ff., 472.

jeweiligen nationalen Begriffsbestimmungen berücksichtigt werden könnten.[357] Aber auch die Aufstellung einer solchen Regel erscheint verfrüht und müsste durch weitere Urteile des EuGH untermauert werden.

Aus diesen Entscheidungen wird erkennbar, dass es, anders als im primären Gemeinschaftsrecht, bei den arbeitsrechtlichen Richtlinien an einer einheitlichen Definition durch den EuGH fehlt. Der EuGH beurteilt die Bedeutung des Arbeitnehmerbegriffs folglich je nach Sinn und Zweck der jeweiligen Richtlinie.

3. Sinn und Zweck der SE-RL

Folglich ist zu untersuchen, ob der Sinn und Zweck der SE-RL einen gemeinschaftsrechtlichen Arbeitnehmerbegriff erfordert oder ob das jeweilige nationale Recht gelten soll. Ziel der SE-RL ist laut den Erwägungsgründen 3, 7 und 18 sicherzustellen, dass durch die Gründung einer SE nicht die Gepflogenheiten der Arbeitnehmerbeteiligung, die in den an der Gründung der SE beteiligten Gesellschaften bestehen, beseitigt oder eingeschränkt werden. Bei diesem Vorher-Nachher-Prinzip handelt es sich um die Absicherung des spezifischen Standards der Arbeitnehmerpartizipation in den einzelnen Gesellschaften und damit in den verschiedenen Mitgliedstaaten. Durch die SE-RL soll laut Erwägungsgrund 5 gerade nicht versucht werden, diesen Bereich durch ein *„auf die SE anwendbares einheitliches europäisches Modell der Arbeitnehmerbeteiligung"* zu harmonisieren. Es geht folglich, vergleichbar mit der BetrÜbergRL, darum, das in den einzelnen Mitgliedstaaten bestehende Schutz- (bei der BetrÜbergRL) bzw. Beteiligungsniveau (bei der SE-RL) auszuweiten. Während die nationalen Standards bei der BetrÜbergRL auf den Fall des Betriebsübergangs übertragen werden sollen, wird mit der SE-RL die Sicherung der einzelstaatlichen Beteiligungssysteme für den Fall der Gründung einer supranationalen Gesellschaftsform bezweckt.

Des Weiteren kann die Argumentation in der Literatur[358] im Rahmen des Arbeitnehmerbegriffs der EBR-RL herangezogen werden, wonach nicht nur bezüglich der Schwellenwerte, sondern insgesamt bei der Bestimmung dieses Begriffs nationales Recht anzuwenden sei. Auch bei der SE-RL soll nicht für die gesamte Europäische Gemeinschaft aufgrund gemeinsamer Kriterien ein einheitliches Niveau hergestellt werden, sondern bezüglich der Arbeitnehmerbeteiligung ist die Sicherung erworbener Rechte und bezüglich der Anhörung und Unterrichtung die Einführung eines bestimmten Standards beabsichtigt.

II. Ergebnis

Aufgrund der angestrebten Teilharmonisierung durch die SE-RL kann davon ausgegangen werden, dass sich der Arbeitnehmerbegriff der SE-RL nach dem

---

357 *Hinrichs*, Massenentlassungen, S. 95.

358 *Wirmer*, DB 1994, 2134, 2137; *Zach*, Die Verwirklichung der sozialen Dimension, S. 266.

jeweiligen nationalen Recht und/oder den einzelstaatlichen Gepflogenheiten der Mitgliedstaaten richten soll. Zu beachten ist dabei die Rechtsprechung des EuGH zur InsSchRL, wonach die Mitgliedstaaten einzelne Gruppen, die unter ihren nationalen Arbeitnehmerbegriff fallen, grundsätzlich nicht aus dem Anwendungsbereich der SE-RL ausklammern können.[359] Daher stellt sich die Frage, wie die Gruppe der leitenden Angestellten bei der Umsetzung der SE-RL zu behandeln ist.[360]

C. Verhandlungsverfahren gem. Art. 3 bis 7 SE-RL

Zum Zweck der Beteiligung der Arbeitnehmer in der SE wird nach dem Vorbild der EBR-RL[361] gem. Art. 1 Abs. 2 SE-RL eine Vereinbarung entweder im Rahmen des Verhandlungsverfahrens oder der Auffangregelung getroffen.

I. Einleitung des Verhandlungsverfahrens

Die Arbeitnehmerbeteiligung in der SE soll dem Erwägungsgrund 8 der SE-RL zufolge primär in freien Verhandlungen zwischen den an der Gründung einer SE beteiligten Unternehmen und dem BVG vereinbart werden. Nach Offenlegung des Gründungsplans einer SE haben die Leitungs- oder Verwaltungsorgane gem. **Art. 3 Abs. 1 SE-RL** *„die erforderlichen Schritte (...) für die Aufnahme von Verhandlungen mit den Arbeitnehmervertretern der (betroffenen) Gesellschaften"* einzuleiten.

1. Zuständigkeit

Zuständig für die Einleitung des Verfahrens sind die Leitungs- und Verwaltungsorgane der unmittelbar an der Gründung der SE beteiligten Gesellschaften. Es bedarf folglich keines besonderen Antrags der Arbeitnehmerseite, sondern die Verantwortung und Initiative liegt allein bei den Leitungen.[362]

2. Einleitung der erforderlichen Schritte

Zu den einzuleitenden Schritten gehört zunächst die Unterrichtung der Arbeitnehmerseite. Es muss eine Information über die Pläne der Gründung einer SE und eine Aufforderung zur Benennung von Mitgliedern für das BVG erfolgen.[363]

---

[359] Nach der Entscheidung des EuGH kann ein Mitgliedsstaat die Gruppe der leitenden Angestellten nicht vom Geltungsbereich der Richtlinie ausschließen, wenn sie vom nationalen Recht bereits als Arbeitnehmer qualifiziert wird; EuGH, Urteil v. 16.12.1993, Rs. C-334/92, Slg. 1994, I-2479, *„Miret/Salarial"* = NJW 1994, 921. Gilt demzufolge der nationale Arbeitnehmerbegriff, so ist es den Mitgliedstaaten außer in explizit geregelten Fällen grundsätzlich nicht gestattet, bestimmte Gruppen, die nach ihrem einzelstaatlichen Recht Arbeitnehmer darstellen, vom Anwendungsbereich der betreffenden Richtlinie auszunehmen.

[360] Vgl. unten S. 384 ff.

[361] *Müller, E.*, ArbRB 2004, 221, 222.

[362] *Buschak*, Arbeitspapier Nr. 3/2, 1.

[363] *Buschak*, Arbeitspapier Nr. 3/2, 2.

In Art. 3 Abs. 1 SE-RL ist ausdrücklich geregelt, dass eine Aufklärung über die Identität aller beteiligten Gesellschaften[364], betroffenen Tochtergesellschaften[365] und Betriebe sowie die Zahl ihrer jeweiligen Beschäftigten vorzunehmen ist. Diese Informationen müssen präzise und vollständig sein, damit sich die Arbeitnehmerseite einen ausreichenden Eindruck von der zu gründenden SE machen und das BVG ordnungsgemäß gebildet werden kann.[366] Um eine zügige Bildung eines BVG zu gewährleisten, empfiehlt sich für die nationalen Gesetzgeber die Erarbeitung eines Katalogs über die erforderlichen Unterrichtungsgegenstände.[367] Allerdings fehlt es in Art. 3 Abs. 1 SE-RL an einer Regelung, welche Ebene auf der Arbeitnehmerseite überhaupt mit diesen Angaben versorgt werden soll.

a) Unterrichtung des Europäischen Betriebsrats und der jeweiligen höchsten nationalen Arbeitnehmervertretung

In der Literatur[368] wird vertreten, dass in den jeweiligen einzelstaatlichen Umsetzungen der SE-RL die zu unterrichtenden Arbeitnehmervertretungen festzulegen seien. Dies folge aus der Ermächtigung in Art. 3 Abs. 2 Buchst. b Unterabs. 1 S. 1 SE-RL.[369] Der zu informierende Kreis der Arbeitnehmervertretungen ergebe sich bereits aus der in Art. 3 Abs. 1 SE-RL geregelten Informationspflicht. Die alleinige Unterrichtung des Europäischen Betriebsrats oder der Europäischen Betriebsräte der beteiligten Unternehmen könne nicht ausreichen, da diese Institution in einem solchen Fall kein Verhandlungsmandat besitze. Zudem könne innerhalb des EBR auch eine anderweitige Zusammensetzung bestehen, als von der SE-RL für das BVG gefordert werde. Aus diesen Gründen wird dafür plädiert, dass sowohl der EBR als auch die jeweils höchsten nationalen Arbeitnehmervertretungen von den Leitungs- und Verwaltungsorganen mit den ge-

---

364 Bei den beteiligten Gesellschaften handelt es sich gem. **Art. 2 Buchst. b SE-RL** um *„die Gesellschaften, die unmittelbar an der Gründung einer SE beteiligt sind"*.

365 Die Tochtergesellschaft einer Gesellschaft stellt gem. **Art. 2 Buchst. c SE-RL** ein Unternehmen dar, *„auf das die betreffende Gesellschaft einen beherrschenden Einfluss im Sinne des Artikels 3 Absätze 2 bis 7 der Richtlinie 94/45/ EG ausübt"*.

366 *Buschak*, Arbeitspapier Nr. 3/2, 2.

367 Zum einen bietet ein solcher Katalog für die betroffenen Leitungs- oder Verwaltungsorgane Rechtssicherheit bezüglich der Informationen, die sie weitergeben müssen, um ihren Verpflichtungen aus der SE-RL Genüge zu leisten. Zum anderen lässt sich bei einer Verzögerung oder einer fehlerhaften Bildung des BVG leichter feststellen, ob dies auf einer ungenügenden Unterrichtung beruht und damit eventuell die Frist des Art. 5 SE-RL noch nicht zu laufen begonnen hat. Der deutsche Gesetzgeber hat in § 4 Abs. 3 SEBG folglich einen solchen Katalog von Unterrichtungsgegenständen aufgestellt.

368 *Buschak*, Arbeitspapier Nr. 3/2, 2 f.; *Köstler*, in *Theisen/Wenz* (Hrsg.), Europäische Aktiengesellschaft, 1. Aufl., Stuttgart 2002, S. 301, 307.

369 Nach dieser Vorschrift bestimmen die Mitgliedstaaten das Verfahren für die Wahl und die Bestellung der Mitglieder des BVG für ihr jeweiliges Hoheitsgebiet.

nannten Informationen versorgt werden müssten. Die Vorgehensweise wird anhand des folgenden Beispiels erläutert:

> *„Die Gesellschaften A, B und C beschließen, zu einer SE zu verschmelzen. Alle drei haben einen Europäischen Betriebsrat (EBR), A und B zudem einen Konzernbetriebsrat, Comité de groupe oder Group Works Council, C Gewerkschaftsvertretungen in drei ihrer Betriebe, im vierten Betrieb aber überhaupt keine Arbeitnehmervertretung."*[370]

Primär müsse hier zum einen der EBR und zum anderen die höchste nationale Arbeitnehmervertretung informiert werden. Dies sei bei den Gesellschaften A und B der Konzernbetriebsrat bzw. Comité de groupe oder Group Works Council. Da eine solche zentrale Arbeitnehmervertretung bei C nicht bestehe, seien dort alle bestehenden Arbeitnehmervertretungen, das heißt die Gewerkschaftsvertretungen in ihren drei Betrieben, zu unterrichten. Aufgrund des Fehlens einer solchen Einrichtung im vierten Betrieb seien dort alle Beschäftigten selbst zu informieren.[371]

Den Ausführungen ist dahingehend zuzustimmen, dass sich aus der Aufzählung der Unterrichtungsgegenstände in Art. 3 Abs. 1 SE-RL ergibt, wem gegenüber die Einleitung der erforderlichen Schritte zu erfolgen hat. Außerdem sind nach dieser Vorschrift die Informationen *„für die Aufnahme von Verhandlungen mit den* ***Arbeitnehmervertretern***[372]*"* erforderlich. Dagegen erscheinen die Argumente gegen die alleinige Einschaltung eines oder mehrerer Europäischer Betriebsräte, soweit solche Gremien vorhanden sind, nicht stichhaltig. Darauf, dass der EBR kein Verhandlungsmandat besitzt und er nicht das von der SE-RL geforderte Repräsentationsprinzip für das BVG erfüllt, kommt es nämlich nicht an.[373] Des Weiteren bedeutet es eine Erleichterung für die Leitungs- und Verwaltungsorgane der betroffenen Gesellschaften, von der Institution des EBR Gebrauch machen zu können. Die Unterrichtung des oder der EBR allein genügt nur dann nicht, wenn auch Unternehmen an der Gründung einer SE teilnehmen, für die eine solche Einrichtung nicht besteht. Dann ist es sinnvoll, die vorgeschlagene

---

370 *Buschak*, Arbeitspapier Nr. 3/2, 3.

371 Vgl. zum Ganzen *Buschak*, Arbeitspapier Nr. 3/2, 2 f.

372 Hervorhebung durch den Verfasser.

373 Besteht ein EBR, so ist er zu unterrichten und hat dann seinerseits diese Informationen an die Arbeitnehmervertreter der jeweiligen Unternehmen und Betriebe weiterzuleiten. Die Tatsache, dass sich nicht aus jedem Mitgliedstaat, in dem sich eine betroffene Gesellschaft befindet, ein Arbeitnehmervertreter im EBR befindet, bedeutet nicht, dass die Arbeitnehmervertreter dieses Landes nicht vom EBR zu informieren sind.
Die anschließenden Verhandlungen werden von den Arbeitnehmervertretern der Gesellschaften und nicht von den Mitgliedern des EBR aufgenommen, das heißt es bedarf keines Verhandlungsmandates für den EBR. Auch setzen sich die Mitglieder des BVG nicht aus den Mitgliedern des EBR, sondern aus den jeweiligen nationalen Arbeitnehmervertretern zusammen. Folglich ist es ohne Folge für die Zusammensetzung des BVG, wenn die Verteilung der Mitglieder im EBR dem Repräsentationsprinzip nicht vollständig entspricht.

Vorgehensweise zu übernehmen und die jeweils höchste Arbeitnehmervertretung dieser Gesellschaft, ihrer Tochtergesellschaften und Betriebe zu unterrichten. Besteht keinerlei Arbeitnehmervertretung, ist der Ansicht in der Literatur zu folgen und es sind alle Arbeitnehmer der betreffenden Gesellschaft oder des Betriebs zu informieren. Hierfür spricht auch Art. 3 Abs. 2 Buchst. b Unterabs. 3 SE-RL, wonach die Mitgliedstaaten vorsehen, dass die Arbeitnehmer der Unternehmen und Betriebe, in denen keine Arbeitnehmervertreter vorhanden sind, selbst Mitglieder für das BVG wählen oder bestellen dürfen. Der deutsche Gesetzgeber hat in § 4 Abs. 2 SEBG keinerlei Unterrichtung des EBR vorgesehen, sich im Übrigen aber für die Information der jeweils auf höchster Ebene bestehenden Arbeitnehmervertretung entschieden.

b) Zeitpunkt

Die Leitungs- und Verwaltungsorgane leiten nach Offenlegung des jeweiligen Gründungsplanes ***„so rasch wie möglich“***[374] die erforderlichen Schritte ein. Folglich ist die Arbeitnehmerseite zum frühestmöglichen Zeitpunkt nach Veröffentlichung dieses Gründungsplans zu informieren.[375]

In der Literatur[376] wird allerdings die Unterrichtung zu einem noch früheren Zeitpunkt gefordert. Demzufolge habe eine Information bereits bei der Beratung der zuständigen Organe über die Pläne zur Errichtung einer SE zu erfolgen. Argumentiert wird mit den Interessen der Arbeitnehmer, da ihre rechtzeitige Berücksichtigung und Einbindung nur durch eine solche Vorverlagerung gewährleistet werden könne. Dagegen beinhalte die Information zum in der SE-RL vorgesehenen Zeitpunkt die Gefahr, dass die wesentlichen Entscheidungen innerhalb der Unternehmensleitung bereits getroffen worden seien. Der Einwand, dass das Interesse der Unternehmensleitungen an der Geheimhaltung ihrer Gründungsabsichten durch eine Unterrichtung der Arbeitnehmerseite in einer solch frühen Phase unterlaufen werden könne, wird abgelehnt. Angeführt wird, dass die SE-RL ausreichenden Schutz vor einer frühzeitigen Offenlegung der Gründungspläne durch die Verpflichtung der Arbeitnehmervertreter zur Geheimhaltung und Verschwiegenheit biete.[377]

---

374 Hervorhebungen durch den Verfasser.

375 *Buschak*, Arbeitspapier Nr. 3/2, 2; *Köstler*, in *Theisen/Wenz* (Hrsg.), Europäische Aktiengesellschaft, S. 331, 338.

376 *Mävers*, Die Mitbestimmung der Arbeitnehmer, S. 373 und 386 f. Allerdings behandelt der Autor der aktuellen SE-RL zeitlich vorhergehende Entwürfe. Seine Argumentation ist aber auf das jetzige Regelwerk übertragbar, da keine Änderung des Wortlauts vorgenommen wurde.

377 Der Autor empfiehlt, diese Pflichten im Zusammenhang mit den Verhandlungen ausdrücklich zu normieren und eine Missachtung nachhaltig zu sanktionieren; vgl. zum Ganzen *Mävers*, Die Mitbestimmung der Arbeitnehmer, S. 373 und 386 f.

Im übrigen Schrifttum wird diesbezüglich nur erläutert, dass die Leitungen der beteiligten Gesellschaften selbst an einer Zeitverzögerung nicht interessiert sein könnten.[378] Gem. Art. 12 Abs. 2 SE-VO könne die SE erst eingetragen werden, wenn auf die eine oder andere Weise die Frage nach der Arbeitnehmerbeteiligung gelöst sei. Somit ergebe es, anders als bei der Einsetzung eines EBR, gar keinen Sinn auf Zeit zu spielen.[379] Teilweise wird darüber hinaus kritisiert, dass diese Verpflichtung zur möglichst frühen Information zumindest den Gründungsfall der Verschmelzung faktisch ausschließe.[380]

Tatsächlich handelt es sich bei dem in Art. 3 Abs. 1 SE-RL festgelegten Zeitpunkt der Offenlegung des Gründungsplans um einen für die Arbeitgeber- wie auch die Arbeitnehmerseite tragbaren Kompromiss. Auf Seiten der Arbeitgeber spricht für den genannten Termin, dass den jeweiligen Unternehmensleitungen ein ausreichender Zeitraum zur Verfügung steht, um in Ruhe die Vor- und Nachteile einer SE-Gründung auszuloten. Die Gefahr, dass die Öffentlichkeit von den Gründungsabsichten erfährt, wird zudem in dem Maße verringert, in dem der Zeitpunkt der Informationsweitergabe an die Arbeitnehmerseite verzögert wird. Im Stadium der Gründung einer SE wird das Geheimhaltungsinteresse der Gesellschaften nicht ausreichend durch die SE-RL geschützt. Laut Art. 8 Abs. 1 SE-RL können die Mitgliedstaaten für die Mitglieder des BVG und des Vertretungsorgans sowie für die Arbeitnehmervertreter im Rahmen des Verfahrens zur Unterrichtung und Anhörung eine solche Verpflichtung aufstellen. Es handelt sich hier folglich nur um Fälle, in denen bereits eine Information der Arbeitnehmerseite mit anschließender Einsetzung des BVG erfolgt ist. Somit müssten die Unternehmen darauf vertrauen, dass die Arbeitnehmerseite nach ihrer jeweiligen nationalen Gesetzeslage zur Verschwiegenheit gezwungen ist. Daher bestünde die Gefahr, dass interessierte Unternehmen von der Gründung einer SE Abstand nehmen, da die Geheimhaltung ihrer Verhandlungen nicht gewährleistet ist. Aber auch die Interessen der Arbeitnehmer sind ausreichend geschützt, wenn die Information durch die Unternehmensleitungen erst zum Zeitpunkt der Veröffentlichung des Gründungsplans erfolgt. Denn die Eintragung der SE hängt davon ab, dass die Verhandlungsparteien eine Lösung bei der Frage der Arbeitnehmerbeteiligung finden. Je später die Arbeitnehmerseite demnach die erforderlichen Informationen zur Einsetzung eines BVG erhält, desto mehr wird eine Eintragung der SE verzögert. Aufgrund dieser starken

---

378 *Buschak*, Arbeitspapier Nr. 3/2, 2; *Köstler*, in *Theisen/Wenz* (Hrsg.), Europäische Aktiengesellschaft, S. 331, 338 f.

379 Vgl. zum Ganzen *Buschak*, Arbeitspapier Nr. 3/2, 2; *Köstler*, in *Theisen/Wenz* (Hrsg.), Europäische Aktiengesellschaft, S. 331, 338 f. Hiervon geht auch der deutsche Gesetzgeber aus; vgl. BR-Drucks. 438/04, Begründung zum SEEG, S. 113.

380 *Götz, J.*, ZIP 2003, 1067.

Verhandlungsposition der Arbeitnehmerseite ist der in der SE-RL geregelte Zeitpunkt der Informationsübermittlung für beide Seiten tragbar.[381]

3. Auskunftsanspruch der Arbeitnehmervertreter

Nicht geregelt ist, inwieweit den Arbeitnehmervertretern ein Auskunftsanspruch bezüglich der Unterrichtung über die in Art. 3 Abs. 1 SE-RL genannten Informationen gegen die Leitungs- und Verwaltungsorgane zusteht bzw. ob die Mitgliedstaaten Maßnahmen zur Gewährleistung dieser Informationspflicht treffen sollen. Die Notwendigkeit eines solchen eigenen Anspruchs der Arbeitnehmervertreter könnte sich zum einen bei der erstmaligen Gründung einer SE und zum anderen bei Wiederaufnahme der Verhandlungen gem. Art. 3 Abs. 6 Unterabs. 4 SE-RL bzw. bei strukturellen Veränderungen einer bereits bestehenden SE ergeben.

a) Anspruch auf Auskunft bei erstmaliger Gründung einer SE

In Art. 3 Abs. 1 SE-RL ist nur eine Verpflichtung zur Information durch die Leitungs- und Verwaltungsorgane der SE geregelt. Dagegen hat der europäische Gesetzgeber in Art. 11 Abs. 2 EBR-RL ausdrücklich einen Auskunftsanspruch normiert.[382] Der deutsche Gesetzgeber hat diese Vorschrift in § 5 EBRG umgesetzt. Dieser Auskunftsanspruch hat bereits zu Streitigkeiten vor deutschen Gerichten und zu Entscheidungen des EuGH im Vorabentscheidungsverfahren des Art. 234 EG geführt.[383] Allerdings ist die Regelung eines solchen Auskunftsanspruchs in der SE-RL nicht erforderlich, da in der EBR-RL eine anderweitige Interessenlage und eine geringere Schutzbedürftigkeit der Arbeitnehmerseite bestehen. Bei der EBR-RL geht es grundsätzlich um die Installation einer grenzüberschreitenden Unterrichtung und Anhörung der Arbeitnehmer in bereits existierenden Unternehmen oder Unternehmensgruppen. Dabei ist davon auszugehen, dass zumindest manche Unternehmensleitungen die Arbeitnehmervertreter nicht ausreichend unterstützen bzw. sogar behindern werden, in dem sie die für

---

381 Für den Gründungstatbestand der Verschmelzungs-SE ist zumindest erwägenswert, ob nicht bei einer Revision der SE-RL die in Art. 14 Abs. 3 1. Spstr. 3. Fusions-E vorgesehene Möglichkeit übernommen werden sollte. Um eine geplante grenzüberschreitende Verschmelzung durch das langwierige Verhandlungsverfahren nicht zu verzögern, können die betreffenden Organe der beteiligten Gesellschaften aufgrund dieser Vorschrift direkt, ohne Aufnahme von Verhandlungen, die Anwendung der Auffangregelung i.S.d. Teil 3 Buchst. b An. SE-RL vereinbaren.

382 Nach dieser Vorschrift ist von den Mitgliedstaaten die Angabe der Beschäftigtenzahl in den betroffenen Unternehmen auf Anfrage der unter die Richtlinie fallenden Parteien sicherzustellen

383 Vgl. BAG v. 27.06.2000, EzA RL 94/45 Nr. 1 EG-Vertrag 1999 Nr. 1 = NZA 2000, 1330 ff.; EuGH v. 29.03.2001 Rs. C-62/99, Slg. 2001 I-02579, *„Betriebsrat der Bofrost"* = ZESAR 2002, 82 ff.; EuGH v. 15.07.2004 Rs. C-349/01, Slg. 2004, *„Betriebsrat der ADS Anker"* = NZA 2004, 1167 ff.

die Bildung des BVG notwendigen Auskünfte zurückhalten.[384] Dies verdeutlichen gerade die bisherigen Vorabentscheidungsverfahren vor dem EuGH. Die anderweitige Interessenlage gegenüber der SE-RL wird auch daran erkennbar, dass den Arbeitnehmern gem. Art. 5 Abs. 1 EBR-RL ein Antragsrecht zur Aufnahme von Verhandlungen zusteht, damit überhaupt die Errichtung eines EBR in Gang gesetzt werden kann.

Im Rahmen der SE stellt sich die Situation anders dar, denn dort geht es um die Gründung einer neuen Gesellschaft. Haben sich die Unternehmensleitungen auf die Bildung einer SE geeinigt und den Gründungsplan veröffentlicht, wird es den betroffenen Leitungs- und Verwaltungsorganen darum gehen, diese Gründung schnellstmöglich umzusetzen. Aufgrund der Verknüpfung der Eintragung der SE mit der Lösung der Frage der Arbeitnehmerbeteiligung in Art. 12 Abs. 2 SE-VO werden die Leitungs- und Verwaltungsorgane alles daran setzen, die erforderlichen Verhandlungen nicht zu verzögern. Dies könnte aber gerade bei einer unpräzisen oder unvollständigen Information der Arbeitnehmerseite durch Rückfragen bzw. eigene Ermittlungen der Arbeitnehmervertreter zur Informationsbeschaffung hervorgerufen werden. Sollte die Zusammensetzung des BVG aufgrund der unzureichenden Unterrichtung der Arbeitnehmervertreter nicht den Anforderungen der SE-RL genügen, dann drohen den Unternehmen noch weiterreichende Folgen.[385] Geht es im Rahmen der EBR-RL folglich den Arbeitnehmern um eine schnellstmögliche und ausführliche Information zur Aufnahme von Verhandlungen, so besteht dieses Interesse bei der SE-RL auf der Seite der Unternehmensleitungen. Bei der Gründung einer SE werden die Arbeitnehmer dagegen nichts gegen einen Aufschub einzuwenden haben, denn es drohen ihnen hierbei einige Unwägbarkeiten. Daher ist eine solche Regelung in der SE-RL bei Gründung einer SE nicht erforderlich.

---

[384] Zwar tragen die Mitgliedstaaten gem. Art. 11 Abs. 1 EBR-RL dafür Sorge, dass die Betriebs- und Unternehmensleitungen ihren Verpflichtungen aus der Richtlinie nachkommen und sehen gem. Art. 11 Abs. 3 EBR-RL Maßnahmen vor, damit die Erfüllung dieser Verpflichtungen durchgesetzt werden kann. Zudem stellen sie gem. Art. 11 Abs. 2 EBR-RL auch sicher, dass die Arbeitnehmervertreter über die Beschäftigtenzahlen informiert werden. Allerdings sind die von den Unternehmen zu tragenden Konsequenzen bei einer Verzögerung der Auskunftserteilung nicht mit denen der SE-RL vergleichbar. So liegt beispielsweise im deutschen Recht bei Verletzung der Auskunftspflicht gem. § 45 EBRG nur eine mit einer Geldbuße von höchstens 15.000 Euro zu ahndende Ordnungswidrigkeit vor.

[385] So müsste ein BVG eventuell – mit entsprechendem Zeitverlust – neu eingesetzt werden oder bei bereits abgeschlossenen Verhandlungen ist sogar an die Ungültigkeit der getroffenen Vereinbarung zu denken.

b) Anspruch auf Auskunft bei Wiederaufnahme der Verhandlungen oder bei strukturellen Änderungen

Anders könnte sich die Situation aber bei Wiederaufnahme der Verhandlungen gem. Art. 3 Abs. 6 Unterabs. 4 SE-RL oder bei strukturellen Veränderungen einer bereits bestehenden SE[386] darstellen. Auch in diesen Fällen ist die Arbeitnehmerseite zur Bildung des BVG auf Informationen[387] angewiesen. In Art. 3 Abs. 1 SE-RL ist aber nur die Informationspflicht bei Gründung einer SE, nicht aber die Unterrichtung in einer bereits bestehenden SE, geregelt. Daher ist die Frage zu klären, ob die SE-RL für solche Konstellationen ausreichende Mechanismen bereit hält oder ob die nationalen Gesetzgeber aufgrund einer Regelungslücke spezielle Vorschriften erlassen sollten.

aa) Unterrichtung bei Bestehen eines Arbeitnehmervertretungsorgans

Wurde in einer SE ein Arbeitnehmervertretungsorgan aufgrund der Auffangregelung des Art. 7 SE-RL installiert, so ist dieses Gremium in zweierlei Hinsicht zu informieren. Gem. Teil 2 Buchst. b An. SE-RL hat eine regelmäßige Unterrichtung sowie die Übermittlung bestimmter Unterlagen an das Arbeitnehmervertretungsorgan zu erfolgen. Diese Verpflichtung besteht unter anderem in Bezug auf die Struktur der SE, auf Fusionen, Verkleinerungen oder Schließungen von Unternehmen oder Betrieben. Demzufolge werden die Fälle struktureller Änderungen mit Auswirkungen auf die Arbeitnehmerbeteiligung von der regelmäßigen Informationspflicht grundsätzlich umfasst. Problematisch ist allerdings, ob dies auch rechtzeitig erfolgt. Das Erfordernis einer regelmäßigen Unterrichtung ist unbestimmt und kann einen gewissen Zeitrahmen beinhalten, sodass sich der Beginn eines erneuten Verhandlungsverfahrens verzögern könnte.

Eine rechtzeitige Information des Arbeitnehmervertretungsorgans müsste aber gem. Teil 2 Buchst. c Unterabs. 1 S. 1 An. SE-RL beim Eintritt von *„außergewöhnliche(n) Umständen"* mit erheblichen Auswirkungen auf die Interessen der Arbeitnehmer erfolgen. Allerdings werden nur die Konstellationen der Verlegungen, Verlagerungen, Betriebs- oder Unternehmensschließungen oder Massenentlassungen genannt. Dies sind stets Fälle, die sich direkt auf die Arbeitsplätze der Beschäftigten durch ihre Veränderung oder ihren Wegfall auswirken. Anders als bei der regelmäßigen Unterrichtung wird beispielsweise der Vorgang einer Fusion vom Wortlaut des Teil 2 Buchst. c Unterabs. 1 An. SE-RL nicht umfasst. Zwar zeigt die Formulierung *„insbesondere"*, dass es sich nur um eine beispielhafte Aufzählung handelt. Doch wird durch den Vergleich mit dem Katalog in Teil 2 Buchst. b Unterabs. 3 An. SE-RL deutlich, dass die dort zusätzlich genannten Konstellationen nicht von der außergewöhnlichen Informationspflicht tangiert werden. Sonst hätte es zum einen einer gesonderten Liste in

---

386 Zu den Konstellationen solcher möglichen Fälle; vgl. unten in S. 290 ff.

387 Bei solchen Informationen handelt es sich beispielsweise um zwischenzeitliche Änderungen in der Beschäftigtenzahl der beteiligten Gesellschaften.

Teil 2 Buchst. b Unterabs. 3 An. SE-RL nicht bedurft, da ein einfacher Verweis auf den vorherigen Absatz ausgereicht hätte. Zum anderen wäre eine regelmäßige Unterrichtung ihres Sinns enthoben, wenn in den gleichen Fällen stets auch eine besondere Information vorzunehmen ist. Demzufolge reicht die im Anhang der SE-RL geregelte Pflicht zur Unterrichtung eines aufgrund der Auffangregelung gebildeten Arbeitnehmervertretungsorgans zumindest nicht immer aus, um eine rechtzeitige Information der Arbeitnehmerseite zu gewährleisten.

Wird durch das zuständige Organ der SE und das BVG die Einrichtung eines Arbeitnehmervertretungsorgans bzw. ein Verfahren zur Unterrichtung und Anhörung der Arbeitnehmer vereinbart, so schreibt die SE-RL keinen Katalog bezüglich der Vornahme bestimmter Informationen vor. Daher sollte in der Vereinbarung eine Auskunftspflicht des Leitungs- bzw. Verwaltungsorgans der SE über den bevorstehenden Eintritt struktureller Änderungen festgelegt werden.

bb) Unterrichtung bei Bestehen von Mitbestimmung

Auch wenn neben der Unterrichtung und Anhörung der Arbeitnehmer eine unternehmerische Mitbestimmung aufgrund einer Vereinbarung bzw. kraft der Auffangregelung besteht, so ist dennoch die Information der Arbeitnehmerseite nicht ausreichend gewährleistet. Zwar werden sowohl im dualistischen als auch im monistischen System die Mitglieder der Arbeitnehmer im Aufsichts- bzw. Verwaltungsorgan gem. Art. 41 bzw. Art. 44 SE-VO von strukturellen Änderungen erfahren. Doch ist es nicht ihre Aufgabe, sämtliche örtliche Arbeitnehmervertreter bzw. die einzelnen Arbeitnehmer über diese Vorgänge zu unterrichten.

c) Ergebnis

Daher haben die nationalen Gesetzgeber bei Wiederaufnahme der Verhandlungen gem. Art. 3 Abs. 6 Unterabs. 4 SE-RL und bei strukturellen Änderungen eine Auskunftspflicht festzulegen, die gerichtlich geltend gemacht werden kann.[388]

II. Einsetzung des BVG

Nach der Information der Arbeitnehmer erfolgt gem. **Art. 3 Abs. 2 SE-RL** die Einsetzung des BVG, das die Arbeitnehmer der beteiligten Gesellschaften vertritt und den Leitungs- oder Verwaltungsorganen der beteiligten Gesellschaften als Verhandlungspartner gegenüber steht. Seine Hauptaufgabe besteht darin, mit diesen Organen gem. **Art. 3 Abs. 3 Unterabs. 1 SE-RL** *„in einer schriftlichen Vereinbarung die Beteiligung der Arbeitnehmer in der SE"* festzulegen.

---

[388] Der deutsche Gesetzgeber hat gem. § 18 Abs. 4 SEBG die Informationspflichten auf diese beiden Fälle erstreckt. Zudem wird bei Nichtvornahme der Information bei Vorliegen einer strukturellen Änderungen gem. § 43 S. 2 SEBG ein Missbrauch vermutet, der gem. § 45 Abs. 1 Nr. 2 SEBG sogar mit Freiheitsstrafe bestraft werden kann.

1. Rechtsnatur des BVG

Ebenso wie das BVG im Rahmen der EBR-RL kann das BVG der SE-RL als *„transnational besetztes Arbeitnehmerorgan nationalen Rechts"*[389] bezeichnet werden. In der Literatur ist bezüglich des BVG der EBR-RL umstritten, ob dieses Organ von dauerhafter oder nur vorübergehender Existenz ist. Einerseits wird vertreten, dass es sich um ein sog. *„ad-hoc-Gremium"* handle, dessen Amtszeit mit dem Abschluss einer Vereinbarung oder der Beendigung der Verhandlungen ablaufe.[390] Andererseits wird angeführt, dass das BVG *„ein auf längere Frist angelegtes Gremium"* darstelle, denn es habe neben dem Abschluss einer Vereinbarung auch deren Überwachung zur Aufgabe.[391] Da die Regelungen über das BVG im Rahmen der SE-RL in weiten Teilen den diesbezüglichen Vorschriften der EBR-RL entsprechen, stellt sich das gleiche Problem. Es kann grundsätzlich die im Rahmen der EBR-RL vorgebrachte Argumentation übernommen werden, die für eine nur vorübergehende Daseinsberechtigung des BVG spricht.

Aus dem **Wortlaut** der EBR-RL bzw. des EBRG lassen sich für beide Ansichten Anhaltspunkte ableiten.[392] Dies trifft auch hinsichtlich der SE-RL zu, denn gem. Art. 3 Abs. 6 Unterabs. 4 S. 1 SE-RL wird das BVG *„wieder einberufen"* und laut § 18 Abs. 1 SEBG wird es *„erneut gebildet"*. Im Rahmen der **systematischen Auslegung** sprechen die besseren Argumente für ein zeitlich beschränktes Bestehen des BVG.[393] Auch diese Begründung kann im Rahmen der SE-RL

---

389 *Müller, C.*, EBRG, § 8 Rn. 1.

390 Vgl. u.a. *Hromadka*, DB 1995, 1125, 1128; *Müller, C.*, EBRG, § 8 Rn. 1; *Oetker*, in: *Oetker/Preis* (Hrsg.), EAS, B 8300, Rn. 79 f.; *Sandmann*, Die Euro-Betriebsrats-Richtlinie, S. 241.

391 *Weiss*, ArbuR 1995, 438, 441 f.

392 Der Wortlaut in Art. 5 Abs. 5 Unterabs. 3 EBR-RL, wonach *„ein neuer Antrag auf Einberufung des besonderen Verhandlungsgremiums"* grundsätzlich erst zwei Jahre nach einem Beschluss i.S.d. Art. 5 Abs. 5 Unterabs. 1 EBR-RL gestellt werden könne, spreche für ein immer noch bestehendes Gremium, welches nach dem Fristablauf eben erneut einberufen werde; *Weiss*, ArbuR 1995, 438, 441. Andererseits hat der deutsche Gesetzgeber in § 15 Abs. 2 EBRG die Formulierung *„neuer Antrag auf Bildung eines besonderen Verhandlungsgremiums"* gewählt. Dies deutet eher auf eine Auflösung und anschließende Neubildung des BVG hin.

393 Zwar wird von der anderen Ansicht angeführt, dass Art. 6 Abs. 2 Buchst. f EBR-RL für ein Weiterbestehen dieses Gremiums auch nach Abschluss der Vereinbarung spreche; *Weiss*, ArbuR 1995, 438, 441.
Doch zeige Nr. 1 Buchst. f Unterabs. 2 An. EBR-RL, dass das BVG nicht neben einem EBR bestehen solle; *Oetker*, in: *Oetker/Preis* (Hrsg.), EAS, B 8300, Rn. 80. Nach dieser Vorschrift werde dann, wenn ein EBR aufgrund der Auffangregelung eingerichtet worden sei und einen Beschluss über die Neuaufnahme von Verhandlungen gefasst habe, kein erneutes BVG gebildet, sondern der bereits bestehende EBR übernehme diese Rolle. Auch Nr. 1 Buchst. f Unterabs. 1 An. EBR-RL spreche für die Auflösung des BVG, da

übernommen werden, da mit Teil 1 Buchst. g Unterabs. 1 und 2 An. SE-RL sowie Art. 2 Buchst. g und Art. 3 Abs. 3 Unterabs. 1 SE-RL entsprechende Regelungen bestehen. Die **teleologische Auslegung** der EBR-RL zeigt, dass das BVG nach dem Sinn und Zweck der SE-RL nur eine begrenzte Existenzberechtigung haben soll.[394] Wiederum greifen aufgrund der vergleichbaren Regelung in Teil 1 Buchst. g An. SE-RL diese Argumente auch im Rahmen der SE-RL.

Schließlich ist zu berücksichtigen, dass sich innerhalb des Zeitraums von bis zu zwei Jahren oder sogar mehr bis zur Wiedereinberufung des BVG gem. Art. 3 Abs. 6 Unterabs. 4 SE-RL aufgrund struktureller Veränderungen die Arbeitnehmerzahlen für die Einsetzung des BVG verändern können.[395] Ein noch immer unverändert bestehendes BVG verletzt unter Umständen den Repräsentations- und Proportionalitätsgrundsatz, sodass auf jeden Fall eine Neubildung erforderlich wäre. Es handelt sich demnach bei dem BVG um ein ad-hoc-Gremium, dass

vier Jahre nach der Installation eines EBR dieses Gremium und nicht das BVG prüfe, ob erneut Verhandlungen aufgenommen werden sollten.

Darüber hinaus deute Art. 2 Buchst. h und Art. 5 Abs. 3 EBR-RL auf einen nur vorübergehenden Bestand des BVG hin, da nach dieser Vorschrift seine Aufgabe alleine im Abschluss einer schriftlichen Vereinbarung bestehe, *Oetker*, in: *Oetker/Preis* (Hrsg.), EAS, B 8300, Rn. 80. Wurde eine solche Vereinbarung getroffen bzw. das Verhandlungsverfahren anderweitig beendet, so hat das BVG seinen Auftrag erfüllt und ist aufzulösen.

394 Aus Sinn und Zweck der Regelungen ergibt sich keine über den Abschluss einer Vereinbarung hinausgehende Überwachungsaufgabe des BVG. Zwar wird argumentiert, dass sowohl bei einem durch eine Vereinbarung eingerichteten EBR als auch bei einem auf diesem Weg installierten Verfahren der Anhörung und Unterrichtung eine Kontrolle der Einhaltung dieser Vereinbarung nicht möglich sei; *Weiss*, ArbuR 1995, 438, 441. Doch da es sich in einem solchen Fall um eine Vereinbarung handelt, für die unter anderem gem. Art. 6 Abs. 2 Buchst. b EBR-RL auch die Befugnisse des EBR festzulegen sind, können die Parteien wirksame Kontrollmechanismen beschließen, die das BVG als weitere Instanz unnötig erscheinen lassen.

Folgte man der anderen Ansicht gefolgt, so bestünde bei einer Vereinbarung das BVG auch bei der Einrichtung eines EBR weiterhin. Dagegen existiert ein BVG nach dem Wortlaut von Nr. 1 Buchst. f Unterabs. 2 An. EBR-RL nicht, wenn zunächst ein EBR aufgrund der Auffangregelung eingerichtet wurde und dieser anschließend an Stelle des BVG eine Vereinbarung i.S.d. Art. 4 SE-RL ausgehandelt hat. Wenn aber im zweiten Fall der EBR für eine Überwachung der getroffenen Vereinbarung genügen soll, so kann davon ausgegangen werden, dass dies auch in der ersten Variation zutrifft. Zudem wird durch die Annahme, dass es sich auch bei dem BVG um ein ad-hoc-Gremium handelt, ein Gleichlauf zwischen diesen beiden Situationen erreicht und die Gefahr von Kompetenzstreitigkeiten bei einem Nebeneinander von BVG und Vertretungsorgan vermieden.

395 Ebenso *Kuffner*, Die Beteiligung der Arbeitnehmer, S. 143.

mit Beendigung des Verhandlungsverfahrens bzw. mit Abschluss einer Vereinbarung seine Kompetenz verliert.[396]

2. Zeitraum der Bildung des BVG

In der deutschen Literatur wird zu Recht kritisiert, dass in der SE-RL kein Zeitrahmen für das Verfahren der Einsetzung des BVG festgelegt wird.[397] Daher wird gefordert, dass der nationale Gesetzgeber eine bestimmte Frist festzusetzen habe, innerhalb derer die Arbeitnehmerseite die Bildung eines BVG vorzunehmen sei. Als Sanktion bei Überschreitung dieser Zeitspanne wird vorgeschlagen, dass nach dem Rechtsgedanken des Art. 3 Abs. 6 SE-RL eine Anwendung der Auffangregelung auszuschließen sei.[398]

Die **systematische Auslegung** der SE-RL zeigt, dass tatsächlich eine Regelung erforderlich ist. So hat der europäische Gesetzgeber bei den anderen beiden Schritten, die bis zum Abschluss einer Vereinbarung i.S.d. Art. 1 Abs. 2 SE-RL zu vollziehen sind, einen Zeitraum festgesetzt. Demnach haben gem. Art. 3 Abs. 1 SE-RL die Leitungs- oder Verwaltungsorgane im Vorfeld der Bildung eines BVG *„so rasch wie möglich"* die erforderlichen Schritte zur Einrichtung dieses Gremiums einzuleiten. Des Weiteren bestimmt Art. 5 SE-RL, dass nach der Einsetzung des BVG eine Verhandlungsfrist von grundsätzlich bis zu sechs Monaten zu laufen beginnt. Es fehlt folglich allein bei der zwischen diesen beiden Akten liegenden Einsetzung des BVG an einer zeitlichen Bindung. Zudem verstößt das Fehlen eines Zeitlimits gegen den **Sinn und Zweck** der Einsetzung des BVG, da dies zu einer Umgehung der beiden anderen Zeitspannen führen kann. Nach dem Wortlaut des Art. 5 SE-RL *„beginnen (die Verhandlungen) mit der Einsetzung des besonderen Verhandlungsgremiums"*. Der Verhandlungszeitraum fängt folglich mit dem Beginn der Verhandlungen an und dieser hängt von der Einsetzung des BVG ab. Besteht aber bezüglich der Errichtung des BVG keine Frist für die Arbeitnehmerseite, so könnte diese durch eine Verzögerung in diesem Bereich zugleich den Beginn der Verhandlungsfrist hinausschieben. Eine solche ungewisse Rechtslage, bei der die Dauer des gesamten Verhandlungsverfahrens nicht absehbar ist, wird die Unternehmen von der Gründung einer SE abschrecken. Die Arbeitnehmer könnten darüber hinaus die Bildung einer SE sogar dauerhaft blockieren, da ohne ihre Mitwirkung nur der Ablauf der Verhandlungsfrist gem. Art. 7 Abs. 2 Unterabs. 2 Buchst. b SE-RL zur Geltung der Auffangregelung führt. Davon hängt aber gem. Art. 12 Abs. 2 SE-VO die Eintragung der SE ab. Setzen die Arbeitnehmer dagegen kein BVG ein, beginnt die Verhandlungsfrist überhaupt nicht.

---

[396] Ebenso *Thümmel*, Die Europäische Aktiengesellschaft (SE), D.II.2.a), Rn. 276. Auch der deutsche Gesetzgeber geht davon aus, dass das BVG nur eine zeitliche begrenzte Aufgabe zu erfüllen hat; BR-Drucks. 438/04, Begründung zum SEEG, S. 122.

[397] *Reichert/Brandes*, ZGR 2003, 767, 773.

[398] Vgl. zum Ganzen *Reichert/Brandes*, ZGR 2003, 767, 773.

Aus der Vorschrift des Art. 3 Abs. 2 Buchst. b Unterabs. 1 S. 1 SE-RL kann auch auf eine Kompetenz der Mitgliedstaaten geschlossen werden. Demnach ist es Aufgabe der einzelstaatlichen Gesetzgeber, das Verfahren für die Wahl oder die Bestellung der Mitglieder des BVG, die in ihrem Hoheitsgebiet zu wählen oder zu bestellen sind, festzulegen. Zu einer solchen Regelung des Wahl- bzw. Bestellungsverfahrens der Mitglieder gehört aber auch die Festsetzung eines bestimmten Zeitraums, in dem dieser Vorgang abgeschlossen sein muss.[399] Dagegen erscheint die in der Literatur geforderte Sanktion des Ausschlusses der Auffangregelung als zu hart, da dann in der SE lediglich die EBR-RL Anwendung fände.[400]

3. Keine Festlegung der Voraussetzungen für die Einsetzung des BVG

Ebenfalls kritisiert wird, dass in der SE-RL nicht näher erläutert werde, unter welchen Voraussetzungen eine solche *„Einsetzung"* des BVG überhaupt vorliege.[401] Zwar liegt es in der Natur der Sache, dass diese erst dann erfolgen kann, wenn alle Mitglieder des BVG gewählt oder bestellt wurden. Da aber erst mit einer Einsetzung die Verhandlungen und damit die Frist des Art. 5 SE-RL zu laufen beginnt, sollte der Abschluss der Einrichtung des BVG als formeller schriftlicher Akt ausgestaltet werden. Durch eine solche formale Vorgehensweise lassen sich Streitigkeiten über den Zeitpunkt des Fristbeginns vermeiden.[402]

4. Zusammensetzung des BVG gem. Art. 3 Abs. 2 SE-RL

In **Art. 3 Abs. 2 SE-RL** ist ausführlich geregelt, welche Prinzipien und Maßstäbe bei der Zusammensetzung des BVG zu beachten sind. Die Bildung des BVG im Rahmen der SE-RL ist ebenso wie die Bildung des BVG bei der EBR-RL von den Grundsätzen der Repräsentation und der Proportionalität geprägt. Allerdings hat der europäische Gesetzgeber dabei das Verhältnis dieser beiden Prinzipien im Vergleich zur EBR-RL verschoben.[403] Zwar soll im Sinne der Repräsentation jeder Mitgliedstaat, in dem von der SE-Gründung betroffene Arbeit-

---

[399] Der deutsche Gesetzgeber hat in § 11 Abs. 1 S. 1 SEBG eine Zehn-Wochen-Frist festgelegt. Allerdings stellt sich das Folgeproblem, dass die einzelnen Mitgliedstaaten unterschiedlich lange Fristen für die in ihrem Hoheitsgebiet zu wählenden oder bestellenden Mitglieder festlegen können.

[400] Vgl. unten S. 192 ff.

[401] *Reichert/Brandes*, ZGR 2003, 767, 773.

[402] Der deutsche Gesetzgeber hat in § 12 Abs. 1 S. 1 SEBG folgerichtig den Abschluss der Bildung des BVG durch eine konstituierende Sitzung geregelt.

[403] *Kuffner*, Beteiligung der Arbeitnehmer, S. 114. So ist nach Art. 5 Abs. 2 Buchst. b 1. Spstr EBR-RL *„zunächst"* sicherzustellen, dass alle Mitgliedstaaten, in denen sich betroffene Betriebe befinden, im BVG repräsentiert werden. *„Sodann"*, das heißt anschließend, erfolgt gem. Art. 5 Abs. 2 Buchst. b 2. Spstr EBR-RL erst die Berücksichtigung der proportionalen Verteilung der Arbeitnehmer und zwar nur im Hinblick auf die Aufteilung der zusätzlichen Sitze.

nehmer beschäftigt sind, mit mindestens einem Mitglied im BVG vertreten sein.[404] Allerdings wird in der SE-RL die Verteilung **aller** Sitze im BVG auch dem Proportionalitätsgrundsatz unterworfen, denn aufgrund bestimmter Prozentzahlen soll das Verhältnis der Anzahl der in jedem Mitgliedstaat beschäftigten Arbeitnehmer berücksichtigt werden. Anders als in der EBR-RL wird die Festlegung dieser Schwellen zudem nicht mehr allein in die Hände der einzelnen Mitgliedstaaten gegeben.[405] Wie bei der EBR-RL kommt grundsätzlich der Vertretung aller Mitgliedstaaten, in denen von der Gründung der SE betroffene Arbeitnehmer beschäftigt sind, Vorrang vor der Repräsentation aller Gesellschaften zu.[406]

Die Regelung der Besetzung des BVG wird einerseits als *„unnötig kompliziert"*[407] kritisiert.[408] Ferner sei durch den Versuch, die Arbeitnehmer der einzelnen Gesellschaften möglichst gerecht zu repräsentieren und die Einarbeitung zahlreicher Kompromissvorschläge die Praktikabilität der Regelungen vernachlässigt worden.[409] Andererseits werden die Vorschriften ebenso als kompliziert, aber zudem als *„rundum ausgewogene Besetzungsregelung"*[410] bezeichnet. Tatsächlich fängt die Verkomplizierung der Vorschriften über die Besetzung des BVG bereits mit der äußerlichen Gestaltung dieser Passage an.[411] Die Unübersichtlichkeit dieser Regelungen wird noch dadurch verstärkt, dass die Aufteilung des **Art. 3 Abs. 2 Buchst. a Ziff. ii SE-RL** auf den ersten Blick nicht stimmig erscheint.[412] Nur anhand des Wortlauts, in dem von *„gemäß Unterabsatz 1 verfügbaren **zusätzlichen**[413] Mitglieder(n)"* die Rede ist, wird erkennbar, dass der

---

404 *Buschak*, Arbeitspapier Nr. 3/2, 3.

405 Dies ist allerdings umstritten; vgl. unten S. 156 ff.

406 Während gem. **Art. 3 Abs. 2 Buchst. a Ziff. i SE-RL** pro Mitgliedstaat zumindest der Anspruch auf einen Vertreter im BVG besteht, soll gem. **Art. 3 Abs. 2 Buchst. b Unterabs. 1 S. 2 SE-RL** die Vertretung aller beteiligten Gesellschaften nur nach Möglichkeit gewährleistet werden. Sobald sich aber die Mitgliederzahl im BVG erhöhen würde, besteht diese Möglichkeit nicht mehr.

407 *Heinze*, ZGR 2002, 66, 81.

408 Nach Ansicht von *Kübler* wurden diese Vorschriften *„mit einer die Grenze der Skurrilität streifenden Akribie"* erlassen; *Kübler*, ZHR 167 (2003), 222, 224.

409 *Heinze*, ZGR 2002, 66, 81.

410 *Lambach*, Die Beteiligung in der SE, S. 156.

411 So besteht **Art. 3 Abs. 2 Buchst. a SE-RL** aus zwei Sätzen, wovon sich der erste Satz über ein Viertel der Seite des Amtsblatts erstreckt. Dieser Satz wird von einem Semikolon getrennt und besteht aus zwei Unterpunkten, von denen der zweite durch zwei Spiegelstriche unterteilt ist.

412 Da in Satz 2 ein *„Unterabsatz 1"* erwähnt ist, soll es sich bei diesem Satz wohl um den Unterabsatz 2 handeln. Allerdings ist dies nicht anhand des optischen Erscheinungsbildes erkennbar, denn dieser Unterabsatz 2 ist nicht wie der Unterabsatz 1 eingerückt. Er befindet sich aber auf einer Ebene mit Satz 1, sodass darauf geschlossen werden könnte, dass es sich bei dem gesamten Satz 1 um den erwähnten Unterabsatz handelt.

413 Hervorhebung durch den Verfasser.

Wortlaut „*Unterabsatz 1*“ allein Ziff. ii betrifft.[414] Zudem findet sich, anders als in Art. 5 Abs. 2 Buchst. b EBR-RL, keine explizite Begrenzung der Mitgliederzahl in der SE-RL. Dies und die teilweise unpräzisen bzw. unklaren Formulierung in Art. 3 Abs. 2 SE-RL führen zu einer Vielzahl von Streitpunkten und Problemen.

a) Gründungsformen der Holding-SE, Tochter-SE und Umwandlungs-SE

Nach **Art. 3 Abs. 2 Buchst. a Ziff. i SE-RL** kann pro Mitgliedstaat für jeden Anteil der dort in den beteiligten Gesellschaften, betroffenen Tochtergesellschaften bzw. Betrieben beschäftigten Arbeitnehmer, der zehn Prozent der Gesamtzahl der in allen Mitgliedstaaten beschäftigten Arbeitnehmer der zukünftigen SE oder einem Bruchteil dieser Tranche entspricht, ein Sitz im BVG beansprucht werden. Gem. **Art. 3 Abs. 2 Buchst. b Unterabs. 1 S. 2 SE-RL** sollen die Mitgliedstaaten sicherstellen, dass nach Möglichkeit jede Gesellschaft, die in dem jeweiligen Mitgliedstaat Arbeitnehmer beschäftigt, durch ein Mitglied im Verhandlungsgremium vertreten ist. Allerdings darf sich die Gesamtzahl der Mitglieder im BVG laut **Art. 3 Abs. 2 Buchst. b Unterabs. 1 S. 3 SE-RL** durch diese Maßnahme nicht erhöhen. Zunächst erfolgt eine Darstellung der erforderlichen Vorgehensweise bei der Ermittlung der Sitze und deren Verteilung. Anschließend werden die Streitpunkte behandelt.

aa) Ermittlung der Gesamtzahl der beschäftigten Arbeitnehmer

Der erste Schritt zur Ermittlung der Anzahl der Vertreter im BVG stellt die Berechnung der Gesamtzahl aller beschäftigten Arbeitnehmer in der zukünftigen SE dar.[415] Dies wird dadurch erleichtert, dass die Leitungs- und Verwaltungsorgane der beteiligten Gesellschaften gem. Art. 3 Abs. 1 SE-RL die Anzahl der bei ihnen beschäftigten Arbeitnehmer übermitteln müssen. Die Arbeitnehmervertreter brauchen diese Angaben dann nur noch addieren.[416] Bereits bei der Berechnung der Anzahl aller Arbeitnehmer ist daher relevant, welche Beschäftigten unter diesen Arbeitnehmerbegriff zu subsumieren sind.[417]

bb) Verteilung eines Sitzes pro zehn Prozent oder eines Bruchteils dieser Tranche

Anschließend muss ermittelt werden, wie viele Arbeitnehmer der beteiligten Gesellschaften und betroffenen Tochtergesellschaften oder Betriebe in jedem Mit-

---

[414] Demzufolge wird in **Art. 3 Abs. 2 Buchst. a SE-RL** Satz 1 in Ziff. i und ii unterteilt, Ziff. ii wiederum in zwei Unterabsätze, wobei Unterabs. 1 aus zwei Spiegelstrichen besteht.

[415] *Buschak*, Arbeitspapier Nr. 3/2, 3 f.; *Kuffner*, Beteiligung der Arbeitnehmer, S. 120; *Köstler*, in *Theisen/Wenz* (Hrsg.), Europäische Aktiengesellschaft, S. 331, 340.

[416] *Buschak*, Arbeitspapier Nr. 3/2, 4. Nach dem deutschen Umsetzungsgesetz haben diese Berechnung gem. § 4 Abs. 3 Nr. 3 SEBG allerdings die Leitungen der beteiligten Gesellschaften zu erbringen.

[417] Vgl. zu diesem Problem oben S. 133 ff.

gliedstaat beschäftigt sind. Daraufhin ist der Anteil dieser Anzahl an der Gesamtzahl aller Arbeitnehmer in der zukünftigen SE in Prozent zu errechnen und schließlich anhand des ermittelten Prozentsatzes die Mitgliederzahl im BVG zu benennen. Relevant für die Aufteilung der Sitze im BVG ist demnach die Anzahl der Arbeitnehmer im jeweiligen Mitgliedstaat und nicht die jeweilige Anzahl der Beschäftigten in den an der SE-Gründung beteiligten Gesellschaften. Auch hier kann wiederum der Arbeitnehmerbegriff von Bedeutung sein.[418]

cc) Beurteilung des Bruchteils der Tranche von zehn Prozent

Umstritten ist aber, ob die einzelnen Mitgliedstaaten den zu berücksichtigenden *„Bruchteil dieser Tranche"* individuell festlegen können bzw. was unter dieser Formulierung überhaupt zu verstehen ist.

(1) Festlegung eines beliebigen Bruchteils dieser Tranche

Nach einer Ansicht in der Literatur besteht für die Mitgliedstaaten die Möglichkeit, *„kleinere als Tranchen in Höhe von 10 % festzusetzen"*[419]. Dies bedeutet im Umkehrschluss, dass die Mitgliedstaaten auch eine alleinige Berücksichtigung der Tranche von zehn Prozent regeln können. Es wird daher davon ausgegangen, dass es jedem Mitgliedstaat, auf dessen Hoheitsgebiet Arbeitnehmer der zukünftigen SE beschäftigt sind, freisteht, ob er sich auf die Zuteilung von Sitzen im BVG nach der Tranche von zehn Prozent richtet oder ob er auch einen geringeren Prozentsatz zulässt. Folgerichtig wird ein Beispiel verwendet, in dem von einer alleinigen Berücksichtigung der Tranche von zehn Prozent ausgegangen wird:

> *„Sind in einem Mitgliedstaat (...) 36 Prozent aller in den Mitgliedstaaten beschäftigten Arbeitnehmer der beteiligten Gesellschaften und der betroffenen Tochtergesellschaften tätig, so werden diese 36 Prozent im besonderen Verhandlungsgremium durch 3 Arbeitnehmervertreter repräsentiert."*[420]

(2) Berücksichtigung jedes Bruchteils dieser Tranche

Im Schrifttum wird andererseits vertreten, dass jeder Bruchteil der Tranche von zehn Prozent stets zu berücksichtigen sei, das heiße *„die Zahl der Sitze für einen Mitgliedstaat immer aufzurunden ist"*[421]. Zur Darstellung dieser Ansicht wird folgendes Rechenbeispiel übernommen[422]:

> *„Die Gesellschaften A und B beschließen, eine SE-Holdinggesellschaft zu gründen. Gesellschaft A hat 3.000, Gesellschaft B 4.000, die SE somit insgesamt 7.000 Beschäftigte.*

---

418 Vgl. zu diesem Problem oben S. 133 ff.

419 *Schmidt, M.*, Das Arbeitsrecht der Europäischen Gemeinschaft, IV. III. 3. a) aa), Rn. 68.

420 *Schmidt, M.*, Das Arbeitsrecht der Europäischen Gemeinschaft, IV. III. 3. a) aa), Rn. 68.

421 *Kuffner*, Beteiligung der Arbeitnehmer, S. 120. Ebenso wohl *Buschak*, der dies zwar nicht explizit vertritt, dessen Ansicht aber aufgrund des von ihm verwendeten Beispiels deutlich wird; vgl. *Buschak*, Arbeitspapier Nr. 3/2, 4.

422 *Buschak*, Arbeitspapier Nr. 3/2, 4.

Für jeweils 10 % (700) oder einen Bruchteil hiervon wird ein Sitz je Land im BVG vergeben."

Land	*Gesellschaft A*	*Gesellschaft B*	*Gesamtzahl pro Land*	*Sitze im BVG*
Belgien	*1.000*	*500*	*1.500*	*21% = 3 Sitze*
Frankreich	*30*	*90*	*120*	*1,7% = 1*
Spanien	*5.000*	*320*	*5.320*	*76% = 8*
Luxemburg	*40*	*20*	*60*	*0,85% = 1*
Gesamtzahl				*13 Sitze*

Anhand dieses Beispiels wird deutlich, dass neben der Tranche von zehn Prozent jeder auch noch so kleine Bruchteil dieser Tranche als berücksichtigungsfähig verstanden wird. Dies erfolgt unabhängig davon, ob die Arbeitnehmer eines Mitgliedstaates auch ohne Berücksichtigung dieses Bruchteils bereits im BVG vertreten sind oder nicht. Obwohl Belgien mit 21 Prozent an der Gesamtzahl der Arbeitnehmer bereits zwei Mitglieder im BVG stellen darf, wird diesem Land aufgrund des weiteren Prozentpunktes ein zusätzlicher Sitz zugesprochen. Gleiches gilt für Spanien.[423]

(3) Berücksichtigung eines Bruchteils dieser Tranche nur im Ausnahmefall

Schließlich führen die Vertreter einer weiteren Ansicht aus, dass grundsätzlich nur für eine Tranche von zehn Prozent, die die Anzahl der Arbeitnehmer eines Mitgliedstaates an der Gesamtzahl sämtlicher Beschäftigten ausmache, dem Mitgliedstaat ein Sitz im BVG zustehe.[424] Erreiche aber die Anzahl der von der SE-Gründung betroffenen Arbeitnehmer in einem Mitgliedstaat nicht die zehn Prozent, könne dieser Mitgliedstaat trotzdem für diesen Bruchteil der Tranche einen Sitz beanspruchen. Dadurch werde eine Vertretung von jedem in die SE-Gründung involvierten Mitgliedstaat gewährleistet. Daraus wird gefolgert, dass eine *„stark mitgliedstaatenbezogene Berechnung"*[425] vorliege, zumal da nicht sichergestellt werde, dass jedes beteiligte Unternehmen wenigstens mit einem Sitz im BVG vertreten sei. Dies könne bei der Gründung einer SE durch zwei Unter-

423 Dieses darf aufgrund der Prozentzahl von 76 bereits sieben Vertreter entsenden und erhält wegen der restlichen sechs Prozent nun einen weiteren Platz.

424 *Herfs-Röttgen*, NZA 2001, 424, 426; *dies.*, NZA 2002, 358, 360; *Kleinsorge*, RdA 2002, 343, 348 f. Ebenso wohl *Lambach*, Die Beteiligung in der SE, S. 154, S. 156 f. Mittlerweile vertritt *Kleinsorge* aber die Ansicht, dass jeder Bruchteil der Tranche von zehn Prozent zu berücksichtigen sei; vgl. *Kleinsorge*, in: *Baums/Cahn* (Hrsg.), Die Europäische Aktiengesellschaft, S. 140, 142 f.

425 *Kleinsorge*, RdA 2002, 343, 349.

nehmen mit vergleichbarer Arbeitnehmerzahl zur Folge haben, dass ein Unternehmen wesentlich mehr Vertreter im BVG stellen dürfe.[426]

(4) Stellungnahme

Anhand der verschiedenen Ansichten wird deutlich, dass der Wortlaut dieser Vorschrift Interpretationsmöglichkeiten zulässt, so dass eine Auslegung unumgänglich ist.

(a) Wörtliche Auslegung

Ein Vergleich des deutschen, englischen und französischen Wortlauts[427] dieser Bestimmung lässt in seinen verschiedenen sprachlichen Fassungen keine Diskrepanzen erkennen. Den Mitgliedstaaten soll für jeden Anteil, der zehn Prozent entspricht („*which equals 10 %*", „*qui représente 10 %*") oder für einen Bruchteil dieser Tranche („*or a fraction thereof*", „*ou une fraction de ladite tranche*") ein Sitz im BVG zustehen.[428]

Das zwischen der Tranche von zehn Prozent und dem Bruchteil dieser Tranche verwendete „*oder*" lässt zwei Auslegungsmöglichkeiten zu. Zum einen kann dies bedeuten, dass pro Mitgliedstaat für jeden Anteil von 10 Prozent oder eines Bruchteils dieser Tranche von 10 Prozent ein Anspruch auf einen Sitz bestehen soll. Das heißt dieses Wort „*oder*" wäre wie ein „*und*" zu lesen. Wird dieser Auslegung gefolgt, stützt dies die Ansicht in der Literatur, wonach jeder Bruchteil berücksichtigungsfähig sein. Es stellt sich dann aber die Frage, warum nicht gleich das Wort „*und*" verwendet wurde. Zum anderen ist eine Auslegung dahingehend möglich, dass pro Mitgliedstaat für einen Anteil von zehn Prozent an der Gesamtzahl der beschäftigten Arbeitnehmer oder für einen Bruchteil von genau dieser Tranche in Höhe von zehn Prozent Anspruch auf einen Sitz bestehen soll. Das würde bedeuten, dass nicht für jeden Bruchteil von 10, 20 bis zu 90 Prozent Anspruch auf einen weiteren Sitz besteht. Folgt man dieser Interpretation, unterstützt dies die Auffassung, dass der Bruchteil der Tranche von zehn Prozent nur im Ausnahmefall zu beachten sei. Aus dem alleinigen Wortlaut des

---

426 Vgl. zum Ganzen *Kleinsorge*, RdA 2002, 343, 348 f. Als Beispiel führt der Autor an, dass eines dieser Unternehmen in vielen anderen Mitgliedstaaten Tochtergesellschaften unterhält und dies für das zweite Unternehmen nicht zutrifft.

427 In der englischen Fassung dieser Passage heißt es: „*by allocating in respect of a Member State one seat per portion of employees employed in that Member State which equals 10 %, or a fraction thereof, of the number of employees employed (...) in all the Member States taken together*".
Die französische Version lautet: „*en allouant pour chaque État membre un siège par tranche de travailleurs employés dans cet État membre qui représente 10 % du nombre de travailleurs employés (...) dans l'ensemble des États membres, ou une fraction de ladite tranche*".

428 Allerdings spricht der englische Wortlaut bei näherer Betrachtung eher für eine alleinige Berücksichtigung der Tranche von zehn Prozent, da „*a fraction thereof*" unmittelbar auf 10 Prozent folgt und sich damit genau auf diese Prozentzahl beziehen könnte.

Art. 3 Abs. 2 Buchst. a Buchst. i SE-RL ergeben sich dagegen für die Auffassung, dass die Mitgliedstaaten ein Wahlrecht bezüglich der Festlegung dieser Tranche besäße, keinerlei Anhaltspunkte.

(b) Historische Auslegung

Bereits im Davignon-Bericht wird gefordert, dass *„bei der Zusammensetzung der Arbeitnehmervertretung das Kriterium der Proportionalität stärker zum Tragen kommen (muss) (...) als das geographische Kriterium, dem im Falle des Europäischen Betriebsrats eindeutig Priorität eingeräumt wurde"*[429]. Im RL-Entwurf GB findet sich eine ausführliche Regelung über die Zusammensetzung des BVG. Neben dem in Art. 3 Abs. 2 Buchst. a Ziff. i RL-Entwurf GB[430] geregelten Grundsatz der Repräsentation findet sich in Art. 3 Abs. 2 Buchst. a Ziff. ii RL-Entwurf GB[431] auch der Proportionalitätsgrundsatz. Zur Gewährleistung dieses Grundsatzes wurde vorgeschlagen, dass ein Mitgliedstaat für jeden Anteil von zehn Prozent, den die auf seinem Hoheitsgebiet beschäftigten Arbeitnehmer an der Gesamtzahl der Arbeitnehmer erreichen, ein zusätzliches Mitglied im BVG stellen darf. Diese Staffelung ging von einem zusätzlichen Mitglied für den Mitgliedstaat für die Erreichung dieser zehn Prozent bis zu neun zusätzlichen Mitgliedern für den Mitgliedstaat, in dem 90 Prozent aller Arbeitnehmer arbeiten.

Im RL-Entwurf A wurde Art. 3 Abs. 2 Buchst. a RL-Entwurf GB überarbeitet und die explizite Regelung des Repräsentationsprinzips gestrichen.[432] Nunmehr sollte bei der Zusammensetzung des BVG sichergestellt sein, dass *„für jede Tranche von 10 % der Gesamtzahl der in einem einzigen Mitgliedstaat beschäftigten Arbeitnehmer oder für einen Bruchteil dieser Tranche"* Anspruch auf einen Sitz besteht. Aus dieser Berücksichtigung des Bruchteils der Tranche von zehn Prozent folgt automatisch, dass jeder Mitgliedstaat, egal welche Anzahl von Arbeitnehmern der zukünftigen SE in seinem Hoheitsgebiet beschäftigt ist, zumindest durch ein Mitglied im BVG vertreten sein wird. Durch diese Regelung wurde folglich weiterhin die Geltung des Repräsentationsgrundsatzes gesichert. Schließlich wurde im RL-Entwurf D die Formulierung des Art. 3 Abs. 2 Buchst. a Ziff. i RL-Entwurf A sprachlich überarbeitet.[433] Durch diese Änderung

---

429 Davignon-Bericht, S. 8 Nr. 61.

430 Nach dieser Vorschrift ist bei der Wahl oder der Bestellung der Mitglieder des BVG *„die Vertretung durch ein Mitglied für jeden Mitgliedstaat, in dem Arbeitnehmer zumindest einer beteiligten Gesellschaft oder einer betroffenen Tochtergesellschaft oder eines betroffenen Betriebs beschäftigt sind"* zu gewährleisten.

431 Nach dieser Vorschrift soll *„die Vertretung durch zusätzliche Mitglieder entsprechend der Zahl der Arbeitnehmer in den beteiligten Gesellschaften und den betroffenen Tochtergesellschaften und Betrieben"* sichergestellt werden.

432 *Mävers*, Die Mitbestimmung der Arbeitnehmer, S. 347 f.

433 *Mävers*, Die Mitbestimmung der Arbeitnehmer, S. 359. Nach dem Wortlaut der Vorschrift sollte nun sichergestellt werden, dass *„pro Mitgliedstaat für jeden Anteil der in*

des Wortlautes sollte aber nur klargestellt werden, dass sich der Anteil von zehn Prozent auf die Gesamtzahl aller beschäftigten Arbeitnehmer bezieht, da dies im österreichischen Vorschlag missverständlich formuliert war.[434]

Anhand der historischen Betrachtungsweise lässt sich erkennen, dass bei der Zusammensetzung des BVG die Grundsätze der Repräsentativität und der Proportionalität verfolgt wurden. Dabei ging es bei der Repräsentation vorrangig um die Vertretung aller Mitgliedstaaten, in denen Arbeitnehmer der zukünftigen SE beschäftigt sind, und erst zweitrangig um die Vertretung der Arbeitnehmer aller beteiligten Gesellschaften. In der Literatur[435] wird ausgeführt, dass durch die Änderungen im Richtlinienvorschlag der österreichischen Präsidentschaft eine gerechtere Abbildung der tatsächlich vorherrschenden Beschäftigungsverhältnisse erreicht und die komplizierte Vorschrift im britischen Entwurf vereinfacht worden sei. Die Gefahr von Doppelvertretungen werde vermieden und die Vertretung eines Mitgliedstaats sei auch dann sichergestellt, wenn dort nicht zumindest zehn Prozent aller Arbeitnehmer beschäftigt seien, ohne dass es einer expliziten Regelung bedürfe.[436] Es wird folglich davon ausgegangen, dass die Formulierung *„oder einen Bruchteil dieser Tranche"* eingefügt wurde, um im Sinne des Repräsentationsgrundsatzes die Vertretung jedes von der Gründung einer SE betroffenen Mitgliedstaates zu gewährleisten. Demnach wurde dadurch Art. 3 Abs. 2 Buchst. a Ziff. i RL-Entwurf GB ersetzt, der jedem Mitgliedstaat explizit zumindest einen Sitz zusicherte. Dies stützt die Ansicht, dass nur eine Tranche von unter zehn Prozent und nicht weitere Bruchteile von mehr als zehn Prozent bei der Zusammensetzung des BVG zu berücksichtigen seien.

(c) Systematische Auslegung

Wird der gesamte Wortlaut des Art. 3 Abs. 2 Buchst. a und b SE-RL berücksichtigt, so ergeben sich erstmals Anhaltspunkte für die Vertreterin der Ansicht, die von einer Regelungsoption der Mitgliedstaaten bezüglich der Berücksichtigung der Tranche von zehn Prozent ausgeht. Da die jeweiligen Mitgliedstaaten das Verfahren für die Wahl oder die Bestellung der Mitglieder aus ihrem Hoheitsgebiet gem. Art. 3 Abs. 2 Buchst. b Unterabs. 1 S. 1 SE-RL selbst regeln, lässt dies die Interpretation zu, dass sie dabei auch die Gewährleistung eines Sitzes pro zehn Prozent oder eines Bruchteils hiervon sicherzustellen haben. Demnach könnte es den Mitgliedstaaten frei stehen, entweder für die Tranche von zehn Prozent oder eines Bruchteils hiervon einen Sitz zu gewähren. Es stellt sich dann

---

diesem Mitgliedstaat beschäftigten Arbeitnehmer, der 10 % der Gesamtzahl der in allen Mitgliedstaaten beschäftigten Arbeitnehmern der beteiligten Gesellschaften und der beteiligten Tochtergesellschaften und Betriebe entspricht, oder für einen Bruchteil dieser Tranche Anspruch auf einen Sitz besteht".

434 *Mävers*, Die Mitbestimmung der Arbeitnehmer, S. 359.

435 *Mävers*, Die Mitbestimmung der Arbeitnehmer, S. 348.

436 Vgl. zum Ganzen *Mävers*, Die Mitbestimmung der Arbeitnehmer, S. 348.

aber die Frage, warum nicht die Konstruktion von *„entweder...oder"* sondern nur das Wort *„oder"* verwendet wurde. Des Weiteren kann ein Vergleich mit den Vorschriften zur Zusammensetzung des BVG bei der EBR-RL und der SCE-RL vorgenommen werden. Allerdings hilft eine Gegenüberstellung mit der SCE-RL nicht weiter, da in Art. 3 Abs. 2 Buchst. a Ziff. i SCE-RL der gleiche Wortlaut verwendet wird. Der Vergleich mit der EBR-RL zeigt, dass dort die Mitgliedstaaten gem. Art. 5 Abs. 2 Buchst. c 2. Spstr. EBR-RL ausdrücklich zur Festsetzung der Prozentzahlen, die zu einem zusätzlichen Mitglied im BVG berechtigen, ermächtigt sind.[437] Allerdings fehlt es in der SE-RL gerade an einer solchen Befugnis der Mitgliedstaaten. Hätte der europäische Gesetzgeber den Mitgliedstaaten diese Option offen halten wollen, hätte er eine der EBR-RL entsprechende Formulierung übernehmen müssen. Die Tatsache, dass er das nicht getan hat, spricht gegen eine solche Regelungsmöglichkeit bei einer SE.

(d) Teleologische Auslegung

Bei der Zusammensetzung des BVG geht es primär um die Repräsentation aller Mitgliedstaaten und sekundär um die proportionale Verteilung der Sitze im BVG. Darüber hinaus ist zu berücksichtigen, dass die Größe des BVG, anders als bei der EBR-RL, durch die SE-RL nicht explizit beschränkt wird.[438] Je größer aber die Anzahl der Mitglieder im BVG ist, desto mehr kann die Flexibilität dieses Gremiums beeinträchtigt werden und desto mehr Schwierigkeiten drohen bei der Mehrheitsfindung im Rahmen der Beschlussfassung. Nicht vernachlässigt werden sollte in diesem Zusammenhang auch der Kostenfaktor, der mit der Anzahl der Mitglieder im BVG ebenfalls steigt. Daher birgt eine Ansicht, die eine Ausuferung der Anzahl der möglichen Sitze im BVG verhindert, Vorteile gegenüber anderweitigen Lösungsvorschlägen.

Die Ansicht, wonach die Mitgliedstaaten selbst bestimmen können, ob sie die Tranche von zehn Prozent oder irgendeinen beliebigen Bruchteil hiervon für den Anspruch auf einen Sitz im BVG genügen lassen, bringt eine Gefährdung des Repräsentations- und Proportionalitätsgrundsatzes mit sich. Wird davon ausgegangen, dass diese Regelungsoption auf Art. 3 Abs. 2 Buchst. b Unterabs. 1 S. 1 SE-RL beruht, dann könnte jeder Mitgliedstaat, in dem von der SE-Gründung betroffene Arbeitnehmer beschäftigt sind, die Prozentzahlen für *„seine"* Arbeitnehmer eigenständig festlegen.[439] Die bisherige historische Entwick-

---

437 Nach dieser Vorschrift richtet sich die jeweilige Berücksichtigung des Proportionalitätsgrundsatzes nach den Regelungen, die *„in den Rechtsvorschriften des Mitgliedstaats, in dessen Hoheitsgebiet die zentrale Leitung ansässig ist,"* besteht.

438 Vgl. zur Diskussion darüber, ob zumindest konkludent eine Einschränkung der Anzahl der Mitglieder im BVG besteht, unten S. 165 ff.

439 Die Möglichkeit der Verletzung dieser Grundsätze zeigt folgendes Beispiel:
Gesellschaften aus den Mitgliedstaaten A, B, C und D wollen eine Holding-SE gründen. Die Mitgliedstaaten A und B haben dabei die Regelung getroffen, dass die auf ihrem Hoheitsgebiet beschäftigten Arbeitnehmer pro zehn Prozent an der Gesamtzahl der Arbeit-

lung und die Diskussion über die Beteiligung der Arbeitnehmer in der SE zeigen, dass die Mitgliedstaaten in diesem Bereich ein großes Interesse daran haben, ihr jeweiliges System durchzusetzen. Um dies auch im Rahmen einer SE zu gewährleisten, bestünde eine große Wahrscheinlichkeit, dass einzelne Mitgliedstaaten jeweils eine wesentlich geringere Staffelung als die zehn Prozent an der Gesamtzahl der Arbeitnehmer einführt. Je geringer der Prozentsatz wäre, desto mehr Sitze und damit Einfluss im BVG könnten die Arbeitnehmer aus den einzelnen Mitgliedstaaten beanspruchen. Je größer aber der Anteil der Arbeitnehmervertreter aus einem Mitgliedstaat im BVG aber ist, desto größer ist die Wahrscheinlichkeit, dass sich das dortige Mitbestimmungssystem durchsetzt. Es droht damit ein Wettlauf zwischen den Mitgliedstaaten, welches Land den niedrigsten Bruchteil der Tranche geregelt hat. Aber selbst wenn davon ausgegangen wird, dass nur der Mitgliedstaat, in dessen Hoheitsgebiet die SE ihren Sitz hat, die Tranche oder den Bruchteil der Tranche festsetzen kann, ist eine solche Regelungsoption abzulehnen. Bei der Vorschrift des Art. 3 Abs. 2 Buchst. a SE-RL handelt es sich um eine Regelung, die anhand der jeweiligen Vorschläge unter der Ratspräsidentschaft verschiedener Mitgliedstaaten[440] weiterentwickelt bzw. verfeinert wurde und einen Kompromiss darstellt. Die Festsetzung, dass grundsätzlich pro zehn Prozent der Anspruch auf einen Sitz besteht, wäre aber hinfällig, wenn die einzelnen Mitgliedstaaten eigenhändig anderweitige Prozentsätze festlegen dürften. Zudem könnte ein Mitgliedstaat festlegen, dass erst ab zehn Prozent der Gesamtzahl der Arbeitnehmer ein Anspruch auf einen Sitz besteht. Diese starre Grenze birgt die Gefahr, dass die Arbeitnehmer aus manchen Mitgliedstaaten überhaupt nicht im BVG vertreten sind. Es träte demnach eine Verletzung des Grundsatzes der Repräsentation ein. Darüber hinaus droht bei Einführung niedrigerer Tranchen die Gefahr, dass aufgrund keiner explizit geregelten Obergrenze der Sitze im BVG die Anzahl aller Mitglieder im BVG auf ein nicht mehr praktikables Niveau steigt.

Auch die Ansicht, wonach neben den zehn Prozent jeder noch so kleine Bruchteil von zehn Prozent berücksichtigungsfähig sei, stößt an Grenzen. Zwar droht

---

nehmer der zukünftigen SE Anspruch auf einen Sitz im BVG haben. Der Mitgliedstaat C hat einen Bruchteil dieser Tranche in Höhe von zwei Prozent an der Gesamtzahl festgelegt und der Mitgliedstaat D einen Bruchteil in Höhe von fünf Prozent. In A sind 190 von der Gründung der SE betroffene Arbeitnehmer beschäftigt, in B 1.080, in C 250 und in D 480, d.h. insgesamt 2.000 Arbeitnehmer.

Da A die Tranche von zehn Prozent festgesetzt hat, sind die Arbeitnehmer aus diesem Mitgliedstaat nicht im BVG vertreten, denn in A sind nur 9,5 Prozent der Gesamtzahl der Arbeitnehmer beschäftigt. Die Gesellschaften aus B dürfen fünf Mitglieder entsenden (54 Prozent aller Arbeitnehmer bei einer Tranche von zehn Prozent), die Unternehmen aus C sechs Arbeitnehmervertreter (12,5 Prozent aller Arbeitnehmer bei zwei Prozent) und die Gesellschaften aus D vier Mitglieder (24 Prozent aller Arbeitnehmer bei fünf Prozent).

440 Vgl. zu diesen Vorschlägen oben S. 61 ff.

keine Verletzung des Repräsentationsgrundsatzes, da die Arbeitnehmer jedes Mitgliedstaates, dessen Arbeitnehmer von der Gründung der SE betroffen sind, im BVG vertreten wären. Zur Sicherung dieses Grundsatzes ist auch die damit unter Umständen einhergehende Beeinträchtigung der Proportionalität gerechtfertigt.[441] Anders ist dies aber zu bewerten, wenn jeder Bruchteil der Zehn-Prozent-Tranche berücksichtigt werden soll, auch wenn mehr als zehn Prozent aller Arbeitnehmer in den Mitgliedstaaten beschäftigt sind. Dann kann der Grundsatz der Proportionalität noch weitergehend beeinträchtigt werden, und es droht eine Ausuferung der Größe des BVG. Dies soll folgendes Beispiel verdeutlichen:

> *Gesellschaften aus den Mitgliedstaaten A, B, C, D und E wollen eine Holding-SE gründen. In A sind 10 von der Gründung der SE betroffene Arbeitnehmer beschäftigt, in B 205, in C 220, in D 230 und in E 1.335, d.h. insgesamt 2.000 Arbeitnehmer.*

Dann hätte A bei einem Anteil von 0,5 Prozent an der Gesamtzahl der Arbeitnehmer Anspruch auf einen Sitz, B bei einem Anteil von 10,25 Prozent Anspruch auf zwei Sitze, C bei einem Anteil von 11 Prozent ebenfalls auf zwei Sitze, D bei einem Anteil von 11,5 Prozent ebenfalls auf zwei und E bei einem Anteil von 66,75 Prozent Anspruch auf sieben Sitze. Dies bedeutet, dass das BVG insgesamt aus 14 Mitgliedern besteht, wovon der Mitgliedstaat E, in dem 66,75 Prozent aller Arbeitnehmer beschäftigt sind, aber nur 50 Prozent stellt. Demzufolge führt eine stets vorzunehmende Aufrundung bei der Involvierung vieler Mitgliedstaaten mit verhältnismäßig wenig betroffenen Arbeitnehmern und weniger Mitgliedstaaten mit einem großen Anteil an beteiligten Arbeitnehmern zu einer Aufwertung der erstgenannten Mitgliedstaaten. Einigkeit zwischen den Arbeitnehmervertretern dieser Mitgliedstaaten vorausgesetzt, können diese bei Vorliegen der notwendigen Mehrheiten im Beschlussverfahren den anderen Arbeitnehmervertretern ihren Willen aufzwingen.[442] Darüber hinaus liegt es in der Natur der Sache, dass bei der Berücksichtigung jedes Bruchteils die Vergrößerung des BVG mit den bereits angesprochenen Folgen forciert wird.

Am überzeugendsten erscheint die Ansicht, wonach grundsätzlich ein Anspruch auf einen Sitz pro zehn Prozent an der Gesamtzahl bestehe und nur im Ausnahmefall ein Bruchteil dieser Tranche Berücksichtigung finde. Dies führt dazu, dass bis zu dem Anteil von zehn Prozent immer Anspruch auf einen Sitz besteht und ab zehn Prozent die Anzahl der Mitglieder stets abzurunden ist. Durch diese Vorgehensweise wird ebenfalls der Grundsatz der Repräsentation gewahrt, da damit die Arbeitnehmer aller betroffenen Mitgliedstaaten vertreten sind. Aller-

---

441 Nach dieser Auffassung hat nämlich ein Mitgliedstaat, in dem nur 0,1 Prozent der Gesamtzahl der Arbeitnehmer beschäftigt sind, genauso einen Anspruch auf einen Sitz im BVG wie ein Mitgliedstaat, in dem 9,99 Prozent aller Arbeitnehmer tätig sind.

442 Allerdings gewährleistet die SE-RL bei der Beschlussfassung durch die Regelung in Art. 3 Abs. 4 Unterabs. 1 S. 1 SE-RL, dass die die Mehrheit der Arbeitnehmer repräsentierenden Arbeitnehmervertreter nicht einfach überstimmt werden können.

dings findet auch hier eine Beeinträchtigung des Grundsatzes der Proportionalität statt, die mit den Folgen einer steten Aufrundung vergleichbar ist.[443] Ferner ergibt sich zwar bei dem gerade verwendeten Beispiel mit den Mitgliedstaaten A bis E bei einer Abrundung auf ein den tatsächlichen Mehrheitsverhältnissen eher entsprechenden Ergebnis,[444] doch kann es auch in einem solchen Fall aufgrund der ab der Schwelle von zehn Prozent vorzunehmenden Abrundung zu Verschiebungen kommen. Dies zeigt folgendes Beispiel:

Gesellschaften aus den Mitgliedstaaten A, B, C und D wollen eine Holding-SE gründen. In A sind 370 von der Gründung der SE betroffene Arbeitnehmer beschäftigt, in B 380, in C 390 und in D 860, d.h. insgesamt 2.000 Arbeitnehmer.

A hätte bei einem Anteil von 18,5 Prozent an der Gesamtzahl der Arbeitnehmer, B bei einem Anteil von 19 Prozent und C bei einem Anteil von 19,5 Prozent jeweils Anspruch auf einen Sitz im BVG. D hätte bei einem Anteil von 43 Prozent Anspruch auf vier Sitze. Insgesamt bestünde das BVG demnach aus sieben Mitgliedern. Obwohl in D nur 43 Prozent aller Arbeitnehmer beschäftigt sind, stellt dieser Mitgliedstaat mit 57 Prozent der Sitze im BVG die Mehrheit in diesem Gremium. Damit kann es auch bei dieser Vorgehensweise zu einer Gefährdung der Interessen der Mehrheit der in der SE beschäftigten Arbeitnehmer kommen. Dagegen führt die von der anderen Auffassung vertretene stete Aufrundung in diesem Beispielsfall zu einem den tatsächlichen Mehrheitsverhältnissen eher entsprechenden Ergebnis.[445] Demzufolge kann es, sowohl bei der steten Auf- als auch der Abrundung, zu einem ungenauen Abbild der Verteilung der Arbeitnehmer in den Mitgliedstaaten im BVG kommen.

Zugunsten einer Abrundung kann aber die Regelung in Art. 3 Abs. 4 SE-RL über die notwendigen Mehrheitsverhältnisse bei der Beschlussfassung im BVG zugunsten einer Abrundung angeführt werden. Zwar wird jeder Mitgliedstaat ab

---

443 Zum einen ergibt sich durch die stete Aufrundung bis zur Schwelle von zehn Prozent die gleiche Beeinträchtigung der Verhältnismäßigkeit wie bei der vorhergehenden Ansicht. Zum anderen kann die ab der Schwelle von zehn Prozent zu erfolgende stete Abrundung in vergleichbarem Maße wie eine stets vorzunehmende Aufrundung zu einem verzerrten Bild der Mehrheitsverhältnisse im BVG führen.

444 Denn A hätte bei einem Anteil von 0,5 Prozent an der Gesamtzahl der Arbeitnehmer Anspruch auf einen Sitz, B bei einem Anteil von 10,25 Prozent Anspruch auf einen Sitz, C bei einem Anteil von 11 Prozent und D bei einem Anteil von 11,5 Prozent ebenfalls auf einen Sitz sowie E bei einem Anteil von 66,75 Prozent Anspruch auf sechs Sitze. Dies bedeutet, dass das BVG insgesamt aus 10 Mitgliedern besteht, wovon der Mitgliedstaat E, in dem 66,75 Prozent aller Arbeitnehmer beschäftigt sind, immerhin 60 Prozent stellt. Anders als nach dem Lösungsansatz der stets vorzunehmenden Aufrundung wird hier dem Grundsatz der Proportionalität eher entsprochen.

445 Die Mitgliedstaaten A, B und C dürften je zwei Sitze im BVG und D fünf Sitze stellen, so dass das BVG insgesamt aus elf Mitgliedern bestünde. D hätte mit einem Anteil von 43 Prozent aller beteiligten Arbeitnehmer im BVG einen Anteil von 45 Prozent der Sitze, d.h. die beiden Prozentsätze entsprechen sich beinahe.

zehn Prozent Arbeitnehmeranteil von einer Auf- oder Abrundung betroffen. Nur wirkt sich dies je nach Verteilung der Beschäftigten unterschiedlich aus. So schwächt die stete Aufrundung die Stellung eines Mitgliedstaates, in dem ein großer Anteil der betroffenen Arbeitnehmer beschäftigt ist. Sie kann dazu führen, dass die Arbeitnehmervertreter aus einem Mitgliedstaat, der mehr als 50 Prozent der Beschäftigten der SE stellt, nicht einmal die doppelte absolute Mehrheit des Art. 3 Abs. 4 Unterabs. 1 S. 1 SE-RL erreichen. Dagegen wird die Position eines solchen Mitgliedstaates durch eine ab der Schwelle von zehn Prozent vorzunehmenden Abrundung gestärkt. Diesen Mitgliedstaat trifft es nämlich nur einmal, dagegen ist bei allen anderen Mitgliedstaaten mit mehr als zehn Prozent der Gesamtzahl der Arbeitnehmer jeweils ebenfalls abzurunden. Daher sorgt die Abrundung einerseits dafür, dass den Arbeitnehmervertretern aus dem einen Mitgliedstaat entsprechend den Mehrheitsverhältnissen eine Beschlussfassung, zum Beispiel über die Einführung ihrer Mitbestimmung, ermöglicht wird. Andererseits gewährleistet die SE-RL durch das Erfordernis der *„dreifach qualifizierten"*[446] Mehrheit in Art. 3 Abs. 4 Unterabs. 1 S. 3 und Abs. 6 Unterabs. 2 SE-RL, dass die Arbeitnehmervertreter aus einem einzigen Mitgliedstaat nicht allein für die Mitbestimmung besonders relevante Entscheidungen treffen können. Auch die Rechte der übrigen Arbeitnehmer aus den anderen beteiligten Mitgliedstaaten werden so gewahrt.

Darüber hinaus hat die stete Abrundung ab einer Schwelle von zehn Prozent den Vorteil der Begrenzung der Gesamtzahl der Mitglieder im BVG auf ein überschaubares Maß. Dies ist für die Findung von Mehrheiten im BVG und dessen Handlungsfähigkeit von großem Wert. Dagegen führt die stete Aufrundung zu einer Erschwernis für die Beschlussfassung, da die Mitgliedstaaten mehr Arbeitnehmervertreter stellen können und diese sich wohl meistens für das bei ihnen bestehende Beteiligungssystem einsetzen werden.

dd) Gesamtzahl der Mitglieder im BVG

Der europäische Gesetzgeber hat im Rahmen der SE-RL, anders als bei der EBR-RL, keine Mindest- bzw. Höchstzahl der Mitglieder des BVG explizit festgelegt. Umstritten ist jedoch, ob nicht doch indirekt eine zahlenmäßige Begrenzung der Mitglieder im BVG vorgenommen worden ist.

(1) Keine Beschränkung auf eine Höchstzahl

Einerseits wird erklärt, dass sich keine Regelung einer zahlenmäßigen Begrenzung des BVG in der SE-RL finde.[447] Dies wird zudem kritisiert, da eine hohe

---

[446] Vgl. zu dieser besonderen Mehrheit unten S. 197 ff.

[447] *Heinze*, ZGR 2002, 66, 81; *Kienast*, in: *Jannott/Frodermann* (Hrsg.), Handbuch der Europäischen Aktiengesellschaft, 13. Kap. II 1.3, Rn. 30.

Mitgliederzahl im BVG unnötige Kosten verursache und die Verhandlungsfähigkeit des BVG sachwidrig erschwere.[448]

(2) Beschränkung auf eine Höchstzahl

Andererseits wird vertreten, dass die Gesamtzahl der Mitglieder im BVG durch Art. 3 Abs. 2 Buchst. a Ziff. i und Buchst. b SE-RL verbindlich nach oben begrenzt werde, da sie sich nach der Gesamtzahl aller Arbeitnehmer der an der Gründung der SE beteiligten Gesellschaften richte.[449] Aber auch die Mindestanzahl der Teilnehmer im BVG lasse sich anhand der Regelungen der SE-RL berechnen und betrage demnach zumindest zehn Mitglieder.[450] Dies sei immer dann der Fall, wenn es bei allen beteiligten Mitgliedstaaten zu einer genauen Einhaltung der Tranche von zehn Prozent komme und nicht auch der Bruchteil einer solchen Tranche berücksichtigt werden müsse.[451]

Bei der Begründung für die indirekte Festlegung einer Höchstzahl von Sitzen im BVG wird allerdings voneinander abgewichen, da unterschiedliche Ansichten bezüglich der Berücksichtigung des Bruchteils der Zehn-Prozent-Tranche vertreten werden.[452] So wird einerseits eine stete Aufrundung bezüglich der Anzahl der Arbeitnehmer befürwortet, eine Begrenzung auf höchstens 24 Mitglieder errechnet und folgendes Beispiel aufgestellt:

> *„Gesellschaft A aus A-Land hat 9.900 Arbeitnehmer. Die 14 Gesellschaften B bis O aus B-Land bis O-Land haben insgesamt nur 100 Arbeitnehmer. Die 15 Gesellschaften wollen eine Holding-SE gründen.*
>
> *(...) ergibt sich für A-Land ein Anteil von 99%, aufgerundet erhält es 10 Sitze. Für die Länder B-Land bis O-Land ergibt sich jeweils ein Anteil von unter einem Prozent, den-*

---

448 Vgl. zum Ganzen *Heinze*, ZGR 2002, 66, 81. Ebenso *Kienast*, in: *Jannott/Frodermann* (Hrsg.), Handbuch der Europäischen Aktiengesellschaft, 13. Kap. II 1.3, Rn. 30.

449 *Herfs-Röttgen*, NZA 2001, 424, 426; *dies.*, NZA 2002, 358, 360; *Kuffner*, Beteiligung der Arbeitnehmer, S. 117 f., S. 121 f. Ebenso *Veelken*, der ohne weitere Ausführungen noch die Höchstgrenze von weiteren 20 Prozent im Falle der Verschmelzung gem. Art. 3 Abs. 2 Buchst. a Ziff. ii SE-RL hinzuzieht; *Veelken*, FS Blomeyer (2004), S. 491, 511 f. Auch *Lambach* kommt mit der Schlussfolgerung, dass sich eine Höchstgrenze automatisch aus den tatsächlichen Ergebnissen reguliere, zu diesem Ergebnis; *Lambach*, Die Beteiligung in der SE, S. 156 f.

450 *Kuffner*, Beteiligung der Arbeitnehmer, S. 117 f., 121 f.

451 Angeführt wird dabei folgendes Rechenbeispiel:
„Gesellschaft A aus A-Land hat exakt 2.000 Arbeitnehmer. Gesellschaft B aus B-Land hat exakt 8.000 Arbeitnehmer. Die Gesamtzahl der Arbeitnehmer beträgt 10.000. Die jeweiligen Quoten betragen exakt 20 % bzw. exakt 80 %. Mitgliedstaat A hat Anspruch auf zwei Sitze, Mitgliedstaat B hat Anspruch auf acht Sitze. Insgesamt hat das BVG zehn Sitze." *Kuffner*, Beteiligung der Arbeitnehmer, S. 121.

452 Vgl. oben S. 156 ff.

> *noch erhält jedes Land wenigstens einen Sitz (insgesamt für diese 14 Länder also 14 Sitze). In der Summe hat das BVG daher maximal 24 Sitze."*[453]

Aufgrund des Beitritts zehn weiterer Mitgliedstaaten zur EU und den drei EWR-Staaten Island, Liechtenstein und Norwegen[454] beträgt die Höchstzahl der Sitze nach dieser Berechnungsweise inzwischen 37.[455] Diese Anzahl ist bei einer steten Aufrundung die absolute Obergrenze, da auch andere extreme Beispiele zu diesem Wert führen. Andererseits kommt auch die Ansicht, die ab einer Schwelle von zehn Prozent zu Recht eine Abrundung fordert, nach der Natur der Sache an eine Höchstgrenze.[456] Sie liegt bei 36 Sitzen, da bei dem gerade genannten Beispiel dem A-Land mit 99 Prozent der Arbeitnehmer nur neun statt zehn Sitze zugestanden werden. Dies ist allerdings der einzig denkbare Fall der Erreichung dieser Obergrenze.

(3) Stellungnahme

Dem **Wortlaut** der SE-RL lässt sich tatsächlich keine Festlegung einer Unter- bzw. Obergrenze für die Anzahl der Mitglieder im BVG entnehmen. Auch wurden weder im Davignon-Bericht Empfehlungen aufgestellt noch in den anschließenden Kompromissvorschlägen Regelungen hierzu aufgenommen. Dies stützt keine der beiden Ansichten, denn zum einen lässt sich argumentieren, dass eine solche Begrenzung nicht geregelt werden sollte. Zum anderen könnte aber auch darauf geschlossen werden, dass eine explizite Vorschrift nicht erforderlich ist, da sich eine zahlenmäßige Begrenzung automatisch aufgrund der anderen Regelungen ergibt.

Im Rahmen der **systematischen Auslegung** ist die SE-RL wiederum mit der EBR-RL und der SCE-Richtlinie zu vergleichen. Während in Art. 5 Abs. 2 Buchst. b EBR-RL die Obergrenze der Mitglieder im BVG ausdrücklich auf 18 festgelegt wird,[457] finden sich in Art. 3 Abs. 2 Buchst. a und b SCE-RL keine Regelungen zu einer Höchstgrenze im BVG. Aus dem systematischen Textzusammenhang innerhalb von Art. 3 Abs. 2 Buchst. a und b SE-RL ist immerhin eine Einschränkung der Mitgliederanzahl erkennbar, ohne dass aber eine konkrete Zahl festgelegt wird. So sollen zwar möglichst alle an der SE beteiligten Gesellschaften durch Mitglieder im BVG vertreten sein, die Gesamtzahl der

---

453 *Kuffner*, Beteiligung der Arbeitnehmer, S. 122. Die Autorin geht bei ihrer Berechnung allerdings noch von 15 Mitgliedstaaten der EG aus.

454 *Jannott*, in: *Jannott/Frodermann* (Hrsg.), Handbuch der Europäischen Aktiengesellschaft, 3. Kap. I 3, Rn. 3; *Jannott/Frodermann/Hagemann*, in: *Jannott/Frodermann* (Hrsg.), Handbuch der Europäischen Aktiengesellschaft, 16. Kap. I, S. 561.

455 A-Land erhält bei einem Anteil von 99 Prozent wiederum 10 Sitze und die anderen 27 Länder haben mit einem Anteil von unter einem Prozent jeweils Anspruch auf einen Sitz.

456 *Herfs-Röttgen*, NZA 2001, 424, 426; *dies.*, NZA 2002, 358, 360.

457 Nach dem Beitritt zehn weiterer Mitgliedstaaten kann davon ausgegangen werden, dass der Anwendungsbereich auch auf diese Staaten ausgeweitet wird, so dass die Höchstzahl auf 28 steigt.

Mitglieder darf gem. Art. 3 Abs. 2 Buchst. b Unterabs. 1 S. 3 SE-RL dadurch aber nicht erhöht werden.

Anhand der **teleologischen Auslegung** ist zu untersuchen, inwieweit sich eine zahlenmäßige Beschränkung aus dem Sinn und Zweck der Vorschriften ergibt. So ist zu berücksichtigen, dass das BVG nach den Grundsätzen der Repräsentation und Proportionalität aufgebaut sein soll und seine Funktionalität gewahrt werden muss. Dabei kommt der Vertretung aller betroffenen Mitgliedstaaten im BVG Priorität vor der Repräsentation aller Gesellschaften zu. Eine genaue Begrenzung der Mitgliederzahl im BVG ist nicht erforderlich, denn sie ergibt sich zumindest indirekt durch die Regelungen in Art. 3 Abs. 2 Buchst. a und b SE-RL. Aufgrund der Einteilung in Art. 3 Abs. 2 Buchst. a SE-RL, wonach grundsätzlich eine Staffelung in zehn Prozent Schritten zu erfolgen hat, hängt die Anzahl der Mitglieder im BVG von der Anzahl der beteiligten Mitgliedstaaten sowie den Arbeitnehmeranteilen und den damit verbundenen Auf- oder Abrundungen ab. Die Problematik des Vorliegens einer zahlenmäßigen Beschränkung des BVG ist dabei im Zusammenhang mit der Diskussion um den Bruchteil der Zehn-Prozent-Tranche zu betrachten.[458] Gegen die Ansicht in der Literatur, die die Festlegung berücksichtigungsfähiger Tranchen in das Belieben der Mitgliedstaaten stellen will, spricht unter anderem, dass dann die Befürchtung einer beinahe unbegrenzten Anzahl von Sitzen im BVG Realität zu werden droht.

Wird dagegen der in der vorliegenden Arbeit vertretenen Auffassung über die stets vorzunehmende Abrundung ab der Schwelle von zehn Prozent gefolgt, so ergeben sich eine Untergrenze von sechs[459] und eine Obergrenze von 36 Sitzen. Auch bei einer Beteiligung von Mitgliedstaaten, in denen weniger als zehn Prozent der Gesamtzahl der Arbeitnehmer beschäftigt ist, bleibt die Mitgliederzahl im BVG überschaubar. Durch diese Vorgehensweise wird auch die Kritik an einer fehlenden ausdrücklichen Eingrenzung der Anzahl der Sitze im BVG entkräftet, da der Mitgliederkreis möglichst gering gehalten wird, ohne die Repräsentation jedes einzelnen Mitgliedstaats zu gefährden. Es ist davon auszugehen, dass die Verhandlungs- und Beschlussfähig des BVG garantiert ist und die Kosten ein überschaubares Maß erreichen.

---

[458] Vgl. oben S. 156 ff.

[459] Zur Erreichung dieser Untergrenze kommt es beispielsweise in folgendem Fall: *Gesellschaften aus den Mitgliedstaaten A, B, C, D, E und F wollen eine Holding-SE gründen. In A sind 250 von der Gründung der SE betroffene Arbeitnehmer beschäftigt, in B 300, in C 330, in D 350, in E 380 und in F 390, d.h. insgesamt 2.000 Arbeitnehmer.* Da in allen Mitgliedstaaten mehr als zehn, aber weniger als 20 Prozent der Gesamtzahl der Arbeitnehmer beschäftigt sind, steht ihnen jeweils ein Sitz zu, das heißt insgesamt sechs.

ee) Berücksichtigung der einzelnen Gesellschaften

Ergibt sich aber anhand der Regelung des Art. 3 Abs. 2 Buchst. a SE-RL eine Obergrenze bezüglich der Mitgliederzahl im BVG, so stellt sich die Frage, wie die Mitgliedstaaten den Anforderungen von **Art. 3 Abs. 2 Buchst. b Unterabs. 1 S. 2 und 3 SE-RL** gerecht werden können. Diese Vorschriften enthalten einen ausdrücklichen Regelungsauftrag an die Mitgliedstaaten, denn sie müssen die erforderlichen Maßnahmen ergreifen, um nach Möglichkeit die Vertretung jeder der an der SE-Gründung beteiligten Gesellschaft im BVG zu gewährleisten. Dabei darf aber die berechnete Anzahl der Sitze im BVG nicht überschritten werden. Die Regelung erinnert in abgeschwächter Form an die Sicherung der Einbeziehung aller beteiligten Gesellschaften für den Gründungsfall der Verschmelzung in Art. 3 Abs. 2 Buchst. a Ziff. ii Unterabs. 1 SE-RL.[460] Zwar können die Mitgliedstaaten grundsätzlich jeweils nationale und individuelle Lösungen finden, da der europäische Gesetzgeber keine exakten Anforderungen aufgestellt hat. Dies wird aber dadurch eingeschränkt, dass der Sinn und Zweck der Vorschriften über die Zusammensetzung des BVG beachtet und eingehalten werden müssen. Folglich ist primär die Vertretung aller betroffenen Mitgliedstaaten und sekundär die Vertretung aller beteiligten Gesellschaften[461] zu gewährleisten.

(1) Vergabe der Sitze bis zur Erreichung der verfügbaren Gesamtzahl

Neben dieser Repräsentation der Mitgliedstaaten und beteiligten Gesellschaften ist zudem bei der Verteilung der Sitze an die einzelnen Mitgliedstaaten der Proportionalitätsgrundsatz zu wahren. Dieser Grundsatz sollte daher auch bei der Verteilung der einem Mitgliedstaat zustehenden Sitze im BVG auf die einzelnen beteiligten Gesellschaften gewahrt werden. Dabei erscheint es sinnvoll, die Gewichtung der beiden Prinzipien bei der Berücksichtigung der Gesellschaften analog der Vorgehensweise hinsichtlich der Mitgliedstaaten vorzunehmen. Daher muss im Sinne des Priorität genießenden Repräsentationsprinzips zunächst sichergestellt werden, dass alle beteiligten Gesellschaften im BVG vertreten sind, und anschließend werden noch nicht besetzte Sitze nach der jeweiligen Anzahl der in den Gesellschaften beschäftigten Arbeitnehmer verteilt. Zur Veranschaulichung soll folgendes Beispiel dienen:

Die Gesellschaften A, B und C aus dem Mitgliedstaat A-Land, die Gesellschaften D und E aus dem Mitgliedstaat B-Land und die Gesellschaft F aus dem Mitgliedstaat C-Land wollen eine Holding-SE gründen. In der Gesellschaft A werden 1.500 Arbeitnehmer beschäftigt, in B 700 und in C 400, d.h. im Mitgliedstaat A-Land arbeiten insgesamt 2.600 Beschäftigte. Gesellschaft D besteht aus 900 Arbeitnehmern und E aus 200, d.h. im

---

460 Allerdings darf dort die errechnete Gesamtzahl um bis zu 20 Prozent überschritten werden und die SE-RL enthält diesbezüglich genaue Vorgaben.

461 Ebenso wie im Rahmen der Verschmelzung gem. Art. 3 Abs. 2 Buchst. b Ziff. ii SE-RL sollen nach dem Wortlaut nur beteiligte Gesellschaften, nicht aber betroffene Tochtergesellschaften und Betriebe im BVG repräsentiert sein; vgl. zu dieser Problematik S. 174 ff.

Mitgliedstaat B-Land sind 1.100 Arbeitnehmer tätig. Gesellschaft F hat 300 Arbeitnehmer, d.h. im Mitgliedstaat C-Land sind 300 Arbeitnehmer beschäftigt. Die Gesamtzahl der Arbeitnehmer beträgt 4.000.

Dies bedeutet, dass der Mitgliedstaat A-Land mit 62,5 Prozent aller beschäftigten Arbeitnehmer einen Anspruch auf sechs Sitze im BVG hat und Mitgliedstaat B-Land mit 25 Prozent der Arbeitnehmer Anspruch auf zwei Sitze. Aufgrund des Repräsentativitätsprinzips ist der Mitgliedstaat C-Land, in dem nur 7,5 Prozent aller Arbeitnehmer beschäftigt sind, mit einem Sitz im BVG vertreten.

Nun ist weiterhin im Sinne des Grundsatzes der Repräsentation zu gewährleisten, dass, soweit möglich, alle beteiligten Gesellschaften im BVG ein Mitglied stellen dürfen. Dabei muss der Proportionalitätsgrundsatz zunächst zurücktreten. Im Mitgliedstaat C-Land erhält die Gesellschaft F den einen Sitz. Im Mitgliedstaat B-Land dürfen Gesellschaft D und E je ein Mitglied des BVG stellen, obwohl D wesentlich mehr betroffene Arbeitnehmer beschäftigt. Im Mitgliedstaat A-Land erhalten zunächst alle drei Gesellschaften einen Sitz. Anschließend ist bei der Verteilung der übrigen drei Sitze nach dem Proportionalitätsprinzip vorzugehen. Da eine Vertretung jeder Gesellschaft bereits gewährleistet ist, erscheint es nicht erforderlich, die Vorgehensweise des Art. 3 Abs. 2 Buchst. a Ziff. ii Unterabs. 2 SE-RL zu übernehmen und die drei restlichen Sitze der Reihe nach zuzuteilen. Bei einem solchen Prozedere würden alle drei Gesellschaften noch je einen Sitz erhalten, so dass die Größe der jeweiligen Arbeitnehmerzahl ungenügend Berücksichtigung fände. Stattdessen ist das Verhältnis der Arbeitnehmerzahl untereinander festzustellen, das 1.500 zu 700 zu 400 lautet. In A sind demnach 57,7 Prozent aller betroffenen Arbeitnehmer aus dem Mitgliedstaat A-Land beschäftigt, in B 27 Prozent und in C 15,4 Prozent. Daher erhält A zwei weitere Sitze und B einen zusätzlichen Sitz, während C leer ausgeht. Eine genaue Berechnungsmethode, die die proportionale Verteilung möglichst exakt berücksichtigt, ist dabei von den einzelnen Mitgliedstaaten festzulegen.[462]

(2) Vergabe der Sitze bei drohender Überschreitung der verfügbaren Gesamtzahl

Eine andere Vorgehensweise könnte aber dann erforderlich sein, wenn die Vertretung aller beteiligten Gesellschaften im BVG mit **Art. 3 Abs. 2 Buchst. b Unterabs. 1 S. 3 SE-RL** kollidiert.

(a) Anwendung des Regelungsgedankens aus Art. 3 Abs. 2 Buchst. a Ziff. ii SE-RL

Nach einer Ansicht in der Literatur[463] ergibt sich eine solche Konstellation dann, wenn auf der einen Seite in einem Mitgliedstaat mehrere Gesellschaften mit jeweils geringer Arbeitnehmerzahl bestehen und auf der anderen Seite in den an-

---

462 Der deutsche Gesetzgeber hat in § 7 Abs. 4 SEBG diesen Fall geregelt und dabei als Berechnungsmethode das d'Hondtsche Höchstzahlverfahren festgesetzt.

463 *Herfs-Röttgen*, NZA 2002, 358, 360.

deren Mitgliedstaaten jeweils lediglich ein Unternehmen mit großer Belegschaft an der Gründung der SE beteiligt ist. Zur Untermauerung wird folgendes Beispiel angeführt:

> *„6 Unternehmen aus den Mitgliedstaaten A, B und C beschließen die (...) Gründung einer gemeinsamen Tochter-SE. Auf Seiten des Mitgliedstaates A sind an der Errichtung der SE 4 Gesellschaften beteiligt, die 80, 70, 30 bzw. 20 Arbeitnehmer beschäftigen, während die der Mitgliedstaaten B und C nur jeweils eine Gründungsgesellschaft mit 1000 bzw. 300 Mitarbeitern stellen. Mitgliedstaat B erhält nach Maßgabe des Art. 3 II lit. a, i SE-RL im Verhandlungsgremium 6, Mitgliedstaat (...)(C)*[464] *2 Sitze, während Mitgliedstaat A nur (...) (1 Mitglied)*[465] *in das Verhandlungsgremium entsenden kann, da andernfalls die durch Art. 3 II lit. b SE-RL gezogene Obergrenze überschritten würde.“*[466]

In einem solchen Fall stellt sich die die Frage, welche der einzelnen Gesellschaften von Mitgliedstaat A berechtigt sein soll, ein Mitglied für das BVG zu stellen, und welchen Unternehmen dies nicht zugestanden werden kann. Nach Ansicht der Autorin besteht in der SE-RL hier eine Regelungslücke, die durch die Anwendung des Regelungsgedankens des Art. 3 Abs. 2 Buchst. a Ziff. ii Unterabs. 2 SE-RL geschlossen werden solle.[467] Werde diese Bestimmung auf den Beispielsfall angewendet, so könne die Gesellschaft mit 80 Arbeitnehmern aus dem Mitgliedstaat A einen Vertreter in das BVG entsenden, während den übrigen Unternehmen dieses Recht versagt bliebe.[468]

---

464 Gemeint ist hier ersichtlich die Gesellschaft *„C“*.

465 Zwar führt die Autorin aus, dass A zwei Sitze zustünden. Werden aber ihre vorherigen Ausführungen berücksichtigt, so dürfte A nur einen einzigen Sitz beanspruchen können. Die Gesamtzahl aller Arbeitnehmer beträgt 1500, so dass sich folgende Prozentzahlen ergeben:
Aus A stammen insgesamt 200 Arbeitnehmer, d.h. **13,3 Prozent** der Gesamtzahl. Aus B stammen 1000 Arbeitnehmer, d.h. **66,6 Prozent** der Gesamtzahl. Aus C stammen 300 Arbeitnehmer, d.h. **20 Prozent** der Gesamtzahl. Eindeutig ist, dass C zwei Mitglieder entsenden kann. Allerdings kann A mit 13,3 Prozent nur zwei Sitze beanspruchen, wenn die – die Tranche von zehn Prozent überschreitenden – 3,3 Prozent als Bruchteil der Zehn-Prozent-Tranche Berücksichtigung finden können. Dies steht aber im Widerspruch zu den vorhergehenden Ausführungen der Autorin, wonach nur dann für einen solchen Bruchteil ein Sitz beansprucht werden kann, wenn die Belegschaftsstärke keine zehn Prozent erreicht. Zudem soll B nur sechs Sitze erhalten, obwohl dieser Mitgliedstaat 66,6 Prozent aller Arbeitnehmer stellt. Dies bedeutet, dass bei B der Bruchteil in Höhe von 6,6 Prozent unberücksichtigt bliebe, während bei A die zusätzlichen 3,3 Prozent einen weiteren Sitz brächten. Daher ist davon auszugehen, dass A nur einen einzigen Sitz beanspruchen kann. Mit diesem Ansatz soll das Beispiel auch behandelt werden.

466 *Herfs-Röttgen*, NZA 2002, 358, 360.

467 Ebenso wohl *Kleinsorge*, in: *Baums/Cahn* (Hrsg.), Die Europäische Aktiengesellschaft, S. 140, 145.

468 Vgl. zum Ganzen *Herfs-Röttgen*, NZA 2002, 358, 360.

(b) Stellungnahme und Lösungsansatz

Tatsächlich findet sich in der SE-RL keinerlei Hinweis, wie die Vorgaben des Art. 3 Abs. 2 Buchst. b Unterabs. 1 S. 2 und 3 SE-RL zu erfüllen sind.[469] Es handelt sich entgegen der Ansicht der Autorin aber nicht um eine Regelungslücke in der SE-RL, sondern gem. Art. 3 Abs. 2 Buchst. b Unterabs. 1 S. 1 SE-RL um einen ausdrücklichen Regelungsauftrag an die Mitgliedstaaten. Liegen Konstellationen vor, in denen aufgrund der Anzahl der beteiligten Gesellschaften nicht jede von ihnen im BVG Berücksichtigung finden kann,[470] bietet sich aufgrund des ähnlichen Problems bei der Gründung einer Verschmelzungs-SE eine vergleichbare Vorgehensweise wie bei Art. 3 Abs. 2 Buchst. a Ziff. ii Unterabs. 2 SE-RL an. Dort wird bei einer Überschreitung der Obergrenze von 20 Prozent der Sitze der Grundsatz der Repräsentativität mit dem Proportionalitätsprinzip verknüpft. Allerdings erfolgt eine Gewichtung zugunsten der einzelnen Gesellschaften und zulasten der proportionalen Verteilung der Arbeitnehmer in den Mitgliedstaaten. In einem solchen Fall erfolgt eine Zuteilung nämlich über die Grenzen der einzelnen Mitgliedstaaten hinweg.[471]

Dies verkennt die Autorin, wenn sie die Anwendung des Regelungsgedankens von Art. 3 Abs. 2 Buchst. a Ziff. ii SE-RL auf den vorliegenden Fall befürwortet. Während es bei der Verschmelzung darum geht, den in ihrer Rechtspersönlichkeit erlöschenden Gesellschaften ein Mindestmaß an Einflussnahme im BVG zu gewährleisten, ist dies bei den übrigen Gründungsfällen der SE nicht im gleichen Maße notwendig. Dort existieren die beteiligten Gesellschaften weiter, so dass gem. Art. 3 Abs. 2 Buchst. b Unterabs. 1 S. 2 SE-RL ihre Vertretung im BVG nur *„nach Möglichkeit"* sicherzustellen ist. Daher geht es in diesen Fällen nicht um die Verteilung der Sitze über die Grenzen der Mitgliedstaaten hinweg, sondern um die Aufteilung der Sitze innerhalb jedes einzelnen Mitgliedstaats.

Nur soweit es um eine Vergabe der jedem Mitgliedstaat zustehenden Mitgliederzahl im BVG geht, empfiehlt es sich daher, die Vorgehensweise in Art. 3 Abs. 2 Buchst. a Ziff. ii Unterabs. 2 SE-RL zu übernehmen. Sind beispielsweise im Mitgliedstaat A-Land die vier Gesellschaften A mit 400 Arbeitnehmern, die Gesellschaft B mit 350 Arbeitnehmer, die Gesellschaft C mit 300 Arbeitneh-

---

469 Auch ein Vergleich mit der SCE-RL hilft nicht weiter, da dort in Art. 3 Abs. 2 Buchst. b Unterabs. 1 S. 2 und 3 SCE-RL der entsprechende Wortlaut verwendet wird Der zusätzlich aufgenommene Satz 4 betrifft diese Problematik nicht, da hiernach die Mitgliedstaaten eine möglichst ausgewogene Vertretung von Frauen und Männern gewährleisten sollen.

470 Immer dann, wenn mehr als eine Gesellschaft aus einem Mitgliedstaat an der Gründung einer SE beteiligt ist und in diesem Mitgliedstaat im Vergleich zur Gesamtzahl der betroffenen Arbeitnehmer nur verhältnismäßig wenig Arbeitnehmer beschäftigt sind, kann es zu der Situation kommen, dass in diesem Mitgliedstaat mehr beteiligte Gesellschaften als Sitze im BVG vorhanden sind.

471 Vgl. unten S. 183 f.

mern und die Gesellschaft D mit 150 Arbeitnehmern eingetragen, und hat A-Land Anspruch auf zwei Sitze im BVG, so erhalten die Gesellschaften A und B je einen Sitz. Für solche Konstellationen sollten die Mitgliedstaaten demnach in ihrem Umsetzungsgesetz zur SE-RL eine dem Art. 3 Abs. 2 Buchst. a Ziff. ii Unterabs. 2 SE-RL entsprechende Vorschrift erlassen. Dabei ist aber explizit festzustellen, dass die Sitzverteilung ausschließlich innerhalb des Mitgliedstaats in absteigender Reihenfolge der Zahl der bei den einzelnen beteiligten Gesellschaften dieses Mitgliedstaats beschäftigten Arbeitnehmer vorzunehmen ist.[472]

ff) Ergebnis

Es besteht ein Anspruch auf einen Sitz pro zehn Prozent an der Gesamtzahl aller Arbeitnehmer und nur im Ausnahmefall findet ein Bruchteil dieser Tranche Berücksichtigung. Bei dieser Auslegung handelt es sich um den besten Kompromiss zwischen der Gewährleistung eines handlungs- und beschlussfähigen BVG und der Garantie der Repräsentation jedes einzelnen beteiligten Mitgliedstaats. Zwar findet sich in der SE-RL keine explizite zahlenmäßige Beschränkung der Sitze im BVG, doch ist die Gesamtzahl der Mitglieder verbindlich nach oben begrenzt, da sie sich nach der Gesamtzahl aller an der Gründung der SE beteiligten Arbeitnehmer richtet. Die Vorgehensweise für den Fall, dass eine Berücksichtigung aller beteiligten Gesellschaften zu einer Überschreitung der Mitgliederzahl im BVG führen würde, ist in der SE-RL nicht geregelt. Daher sollten die einzelstaatlichen Gesetzgeber eine Vorschrift erlassen, die die Sitzverteilung innerhalb des jeweiligen Mitgliedstaates nach der absteigenden Reihenfolge der Arbeitnehmerzahl in den Gesellschaften regelt.

b) Gründungsform der Verschmelzungs-SE

Die Gründung einer SE durch Verschmelzung spielt eine Sonderrolle, da die beteiligten Gesellschaften als eigene Rechtspersönlichkeit erlöschen und ihre Mitbestimmung folglich nicht erhalten bleibt.[473] Daher ist nach **Art. 3 Abs. 2 Buchst. a Ziff. ii Unterabs. 1 SE-RL** sicherzustellen, dass jede beteiligte Gesellschaft, die eingetragen ist und die als Folge der geplanten Eintragung der SE als eigene Rechtspersönlichkeit erlöschen wird, im BVG durch mindestens ein Mitglied vertreten ist. Um dies zu gewährleisten, wird jedem Mitgliedstaat, in dem eine solche Gesellschaft Arbeitnehmer beschäftigt, gestattet, weitere Mitglieder in das BVG zu entsenden. Dies geht gem. **Art. 3 Abs. 2 Buchst. a Ziff. ii 1. Spstr. SE-RL** aber nur soweit, bis die Zahl dieser zusätzlichen Vertreter mehr als 20 Prozent der sich aus der Anwendung von Art. 3 Abs. 2 Buchst. a Ziff. i SE-RL ergebenden Mitgliederzahl des BVG übersteigt. Zudem darf

---

472 Der deutsche Gesetzgeber hat in § 7 Abs. 3 SEBG eine solche Verteilung nach der Reihenfolge der Anzahl der Arbeitnehmer in den beteiligten Gesellschaften vorgesehen. Allerdings unterscheidet er nicht zwischen dem Gründungstatbestand der Verschmelzung und den anderen Gründungsfällen.

473 *Kleinsorge/Neye*, BArbBl 2001, 5, 8.

gem. **Art. 3 Abs. 2 Buchst a Ziff. ii Unterabs. 1 2. Spstr. SE-RL** eine solche Zusammensetzung des BVG nicht zu einer Doppelvertretung der betroffenen Arbeitnehmer führen. Übersteigt die Zahl der erlöschenden Gesellschaften die Zahl dieser verfügbaren zusätzlichen Mitglieder, so werden diese zusätzlichen Mitglieder gem. **Art. 3 Abs. 2 Buchst. a Ziff. ii Unterabs. 1 SE-RL** den Gesellschaften in verschiedenen Mitgliedstaaten in absteigender Reihenfolge der Zahl der bei ihnen beschäftigten Arbeitnehmer zugeteilt.

aa) Vorgehensweise wie bei den anderen Gründungsformen

Ebenso bei den anderen Gründungsarten ist gem. Art. 3 Abs. 2 Buchst. a Ziff. i SE-RL in einem ersten Schritt die Gesamtzahl aller beschäftigten Arbeitnehmer in der zukünftigen SE zu berechnen und anschließend die Anzahl der Mitglieder im BVG und die Sitzverteilung nach dem obigen Schema zu ermitteln.[474] Dabei kann es auch zu Gründungen kommen, in denen die Anzahl der nach Art. 3 Abs. 2 Buchst. a Ziff. i SE-RL ermittelten Sitze für die Berücksichtigung aller beteiligten Gesellschaften ausreicht. In einem solchen Falle ergeben sich gegenüber den anderen Gründungsformen für die Zusammensetzung des BVG keine Änderungen.

bb) Berücksichtigung noch nicht vertretener Gesellschaften

Anders als bei den übrigen Gründungstatbeständen ist aber in einem weiteren Schritt zu überprüfen, ob alle beteiligten Gesellschaften, die infolge der geplanten Verschmelzung zu einer SE erlöschen werden, im BVG vertreten sind.[475] Ist dies nicht der Fall, sind die betroffenen Gesellschaften berechtigt, zusätzliche Mitglieder für das BVG zu stellen. Die Einschränkung in Art. 3 Abs. 2 Buchst. b Unterabs. 1 S. 3 SE-VO greift folglich nicht.[476] Anschließend ist zu prüfen, ob die Zahl der zusätzlichen Mitglieder die Obergrenze von 20 Prozent der ermittelten Vertreter im BVG übersteigt bzw. ob eine Doppelvertretung vorliegt. Solange dies nicht eintritt, werden alle weiteren Sitze im BVG berücksichtigt.[477]

---

474 *Buschak*, Arbeitspapier Nr. 3/2, 4.

475 *Buschak*, Arbeitspapier Nr. 3/2, 5 f.

476 *Schmidt, M.*, Das Arbeitsrecht der Europäischen Gemeinschaft, IV. III. 3. a) aa), Rn. 69.

477 Zumindest missverständlich das Beispiel von *Lambach*, wonach eine deutsche Gesellschaft mit 51 Prozent der Gesamtzahl der Arbeitnehmer, eine weitere deutsche Gesellschaft mit neun Prozent aller Arbeitnehmer und eine niederländische Gesellschaft mit 40 Prozent der gesamten Beschäftigtenzahl fusionieren. Anschließend führt die Autorin aus, dass zwar die Rechtspersönlichkeiten aller drei Gesellschaften erlöschen werden, die Gesamtzahl der Sitze im BVG aber trotzdem nicht von zehn auf 13 gesteigert werden dürfe. Grund hierfür sei die Begrenzung auf die Obergrenze von 20 Prozent, d.h. auf zwölf Sitze, und das Verbot der Doppelvertretung, das für die größere der beiden deutschen Gesellschaften und die niederländische Gesellschaft gelte. Für den Fall, dass die kleinere deutsche Gesellschaft noch nicht im BVG vertreten ist, stünde daher allein ihr ein Sitz zu; vgl. *Lambach*, Die Beteiligung in der SE. S. 154 f.

Bevor die Vorgehensweise bei der Berechnung der zusätzlichen Mitglieder erläutert wird, muss allerdings die Frage beantwortet werden, für welche Fälle die besondere Sicherung des Art. 3 Abs. 2 Buchst. a Ziff. ii Unterabs. 1 SE-RL greift.

(1) Berücksichtigung der Arbeitnehmer aller Gesellschaften

In der Literatur wird eine ganze Reihe von Beispielen erstellt, die die Ermittlung der Sitzanzahl im BVG bei einer Verschmelzung betreffen.[478] Dabei wird davon ausgegangen, dass den erlöschenden Gesellschaften pro Mitgliedstaat, in dem sie Arbeitnehmer beschäftigen, zumindest ein Sitz zustehen soll. Zur Verdeutlichung wird ein Beispiel herausgegriffen, in dem das Problem der Obergrenze von 20 Prozent behandelt wird:

„Die Gesellschaften A und B und C gründen eine SE durch Verschmelzung. Die Mitarbeiter verteilen sich wie folgt:

	Anzahl AN Gesellschaft A	*Anzahl AN Gesellschaft B*	*Anzahl AN Gesellschaft C*	*Summe AN pro Mitgliedstaat*	*Quote AN pro Mitgliedstaat*	*Reguläre Sitze im BVG*	*Zusätzliche Sitze im BVG*
A-Land	*3.500*	*500*	*2.000*	*6.000*	*60%*	*6*	*0*
B-Land	*1.000*	*500*	*1.500*	*3.000*	*30%*	*(...) (3)*[479]	*0*
C-Land	*200*	*400*	*---*	*600*	*6%*	*1*	*1*
D-Land	*100*	*50*	*250*	*400*	*4%*	*1*	*(...) (2)*[480]

Wird aber streng nach der von Art. 3 Abs. 2 Buchst. a SE-RL vorgegebenen Reihenfolge bei der Ermittlung der Zusammensetzung des BVG vorgegangen, kommt es auf die Obergrenze und die Doppelvertretung im vorliegenden Beispielsfall gar nicht an. Grundsätzlich erscheint es zwar überhaupt wenig wahrscheinlich, dass die kleinere deutsche Gesellschaft mit 9 Prozent der Arbeitnehmer keinen der sechs an Deutschland fallenden Sitze erhalten soll. Aber selbst wenn dies der Fall wäre, so kann nur diese Gesellschaft allein einen weiteren Sitz im BVG beanspruchen, da die anderen beiden Gesellschaften aufgrund der Anzahl der bei ihnen beschäftigten Arbeitnehmer notwendigerweise im BVG vertreten sind.

478 *Brandt*, BB-Special 3/2005, 1, 4 f.; *Buschak*, Arbeitspapier Nr. 3/2, 4 f., 7 f.; *Kuffner*, Beteiligung der Arbeitnehmer, S. 123 f., S. 124 f., S. 127 f., S. 129 f., S. 131 f.

479 Gemeint sind ersichtlich drei Sitze, nicht vier. Zwar geht die Autorin auch in ihren schriftlichen Erläuterungen zu diesem Beispiel zunächst von vier Sitzen aus, kommt dann aber auf elf reguläre Sitze. Anschließend vertritt sie zwar die Anzahl von zwölf regulären Sitzen, doch lässt insbesondere die gewählte Quote von 30 Prozent keinen anderen Schluss zu.

480 Gemeint sind ersichtlich zwei zusätzliche Sitze, nicht lediglich einer. Zum einen führt die Autorin anschließend selbst aus, dass *„drei zusätzlich Sitze"* erforderlich seien. Zum anderen ergibt sich dies auch aus einem Vergleich mit dem Mitgliedstaat C-Land. Dort besteht nur ein Anspruch auf einen zusätzlichen Sitz, da die Gesellschaft C in diesem Land gar keine Arbeitnehmer beschäftigt.

Summen	*4.800*	*1.300*	*3.900*	*10.000*	*100%*	*(...) (11)*[481]	*(...) (3)*[482]
BVG						***14***	

(...) Die Gesamtzahl der Arbeitnehmer beträgt 10.000. Die jeweiligen Quoten betragen 60% für A-Land, 30% für B-Land, 6% für C-Land und 4% für D-Land. Aufgerundet erhält Mitgliedstaat A sechs reguläre Sitze, Mitgliedstaat B (...) (drei)[483] *reguläre Sitze und die Mitgliedstaaten C und D jeweils einen regulären Sitz. Das BVG hat elf reguläre Sitze.*

Die sechs Sitze für Mitgliedstaat A reichen aus, um zu gewährleisten, dass jede der Ausgangsgesellschaften A, B und C durch mindestens ein Mitglied im BVG vertreten ist. Ebenso reichen die (...) (drei)[484] *Sitze für Mitgliedstaat B aus, um zu gewährleisten, dass jede der Ausgangsgesellschaften A, B und C durch mindestens ein Mitglied im BVG vertreten ist. Allerdings reicht der eine Sitz für die Mitgliedstaaten C und D (d.h. insgesamt zwei Sitze für beide Staaten zusammen) nicht aus, um zu gewährleisten, dass jede der Ausgangsgesellschaften A, B und C durch mindestens ein Mitglied im BVG vertreten ist. Dafür wären drei zusätzliche Sitze erforderlich. Das regulär besetzte BVG hat jedoch nur (...) (11) Sitze und die Anzahl der zusätzliche Sitze darf nicht 20% von (...) (11) Sitzen überschreiten. (...) (20% von 11 sind 2,2). Drei zusätzliche Sitze würden die 20%-Grenze überschreiten. Folglich sind in diesem Fall nur zwei zusätzliche Sitze zulässig. Die Mitgliedstaaten C und D erhalten jeweils nur einen zusätzlichen Sitz."*[485]

Demnach wird den erlöschenden Gesellschaften für jeden Mitgliedstaat, in dem sie Arbeitnehmer beschäftigt haben, ein Sitz zugestanden.[486]

(2) Stellungnahme

Eine solche Ausweitung auf alle Arbeitnehmer der beteiligten Unternehmen ist mit den Vorschriften über die Zusammensetzung des BVG nicht vereinbar. Art. 3 Abs. 2 Buchst. a Ziff. i SE-RL präzisiert den Kreis der Unternehmen dahingehend, dass dies jede Gesellschaft ist, *„die **eingetragen**[487] ist und Arbeitnehmer in dem **betreffenden**[488] Mitgliedstaat beschäftigt und die als Folge der geplanten Eintragung der SE **als eigene Rechtspersönlichkeit erlöschen**[489] wird"*. Die drei Elemente der Eintragung, der Arbeitnehmerbeschäftigung und

---

481 Es ist von elf regulären Sitzen auszugehen, da B nur drei Sitze zustehen.

482 Da D-Land aufgrund der gewählten Arbeitnehmerverteilung zwei zusätzliche Sitze zustehen müssten, ergibt sich die Summe von drei weiteren Sitzen.

483 Gemeint sind ersichtlich drei Sitze, nicht vier.

484 Gemeint sind ersichtlich drei Sitze, nicht vier.

485 *Kuffner*, Beteiligung der Arbeitnehmer, S. 127 f. Dieses Beispiel wurde ausgewählt, da dort die strittige Frage, ob der Bruchteil der Tranche von zehn Prozent i.S.d. Art. 3 Abs. 2 Buchst. a Ziff. i SE-RL stets oder nur in Ausnahmefällen zu berücksichtigen ist (vgl. oben S. 156 ff.), keine Rolle spielt.

486 Vgl. zum Ganzen *Buschak*, Arbeitspapier Nr. 3/2, 4 ff.; *Kuffner*, Beteiligung der Arbeitnehmer, S. 123 ff.

487 Hervorhebung durch den Verfasser.

488 Hervorhebung durch den Verfasser.

489 Hervorhebung durch den Verfasser.

des Verlusts der Rechtspersönlichkeit stellen die Voraussetzungen für die Anwendung dar und sind daher in unmittelbarem Zusammenhang zu sehen. Dabei bezieht sich die Formulierung *„in dem betreffenden Mitgliedstaat"* auf die vorhergehende und durch ein *„und"* verknüpfte Eintragung der Gesellschaft. Nur in dem Mitgliedstaat, in dem die Gesellschaft ihren Sitz hat und eingetragen ist, verliert sie durch die Fusion auch ihre Rechtspersönlichkeit.[490] Auch dann, wenn es sich bei einer solchen Aktiengesellschaft um die Gesellschaft eines Konzerns[491] handelt, sind allein die Arbeitnehmer aus dem Sitzstaat, in dem die Gesellschaft ihre Rechtspersönlichkeit verliert, zu berücksichtigen. Nur deren Beteiligung wird durch das Erlöschen der juristischen Person in einem besonderen Maße betroffen.[492]

Der Vergleich von Art. 3 Abs. 2 Buchst. a Ziff. i SE-RL mit Art. 3 Abs. 2 Buchst. a Ziff. ii SE-RL im Rahmen der **systematischen Auslegung** spricht ebenfalls dafür, dass es nur um die Arbeitnehmer aus dem Mitgliedstaat, in dem die beteiligte Gesellschaft eingetragen ist, geht. Durch Art. 3 Abs. 2 Buchst. a Ziff. i SE-RL werden bei der Bildung des BVG neben den Arbeitnehmern der beteiligten Gesellschaften nämlich auch die der betroffenen Tochtergesellschaften und Betriebe berücksichtigt. Währenddessen geht es in Art. 3 Abs. 2 Buchst. a Ziff. ii SE-RL ausdrücklich nur um die Arbeitnehmer der beteiligten Gesellschaften ohne Berücksichtigung etwaiger Tochtergesellschaften und Betriebe. Dies erscheint auch sinnvoll, denn durch die Fusion erlöschen nur die beteiligten Gesellschaften und deren Arbeitnehmerpartizipation. Auch der Wortlaut des Art. 13 Abs. 4 SE-RL, der den Mitgliedstaaten die Ermächtigung gibt, das Weiterbestehen der Arbeitnehmervertretungsstrukturen sicherzustellen, nimmt ausdrücklich nur auf die *„beteiligten Gesellschaften, die als eigenständige juristische Person erlöschen"*, Bezug.

---

490 So entsteht beispielsweise nach deutschem Recht eine Aktiengesellschaft mit der Eintragung in das Handelsregister gem. §§ 37 ff. AktG als juristische Person und erlangt damit eigene Rechtspersönlichkeit in Deutschland; *Eisenhardt*, Gesellschaftsrecht, § 30 I 8, Rn. 543. Soll diese Aktiengesellschaft mit anderen Gesellschaften zu einer SE verschmelzen, so wird sie diese in Deutschland geltende Rechtspersönlichkeit durch die Eintragung der SE wieder verlieren.

491 Voraussetzung für einen Unterordnungs- bzw. Gleichordnungskonzern ist, dass mehrere rechtlich selbständige Unternehmen unter einer Leitung zusammengefasst sind; Münch. Hdb. GesR IV/*Krieger*, § 68, Rn. 67.

492 Stellt die betreffende Gesellschaft die an der Gründung einer Verschmelzungs-SE beteiligte Konzernobergesellschaft dar, so wird nur die Rechtspersönlichkeit dieser Obergesellschaft erlöschen, nicht dagegen die der Konzernuntergesellschaften. Handelt es sich dagegen bei der Gesellschaft um eine Konzernuntergesellschaft, die mit anderen Gesellschaften zu einer SE fusionieren will, so wird auch hier wiederum nur diese Gesellschaft ihre Rechtspersönlichkeit verlieren, während weitere Konzernuntergesellschaften bzw. die Konzernobergesellschaft als juristische Personen unberührt bleiben.

Schließlich unterstützt die **teleologische Auslegung** dieses Ergebnis, da die rechtliche Konzeption der Arbeitnehmerpartizipation in nationalen und internationalen Gesellschaften, die nationale Begrenzung der jeweiligen mitgliedstaatlichen Beteiligungsrechte[493] und Art. 13 Abs. 3 SE-RL dafür sprechen. Wie eben dargestellt, erlöschen bei der Verschmelzung zu einer SE nur die beteiligten Gesellschaften und damit deren Arbeitnehmerbeteiligung. Dagegen bleibt die Partizipation der Arbeitnehmer in den Tochtergesellschaften und Betrieben grundsätzlich unberührt. Hinzu kommt die Vorschrift des Art. 13 Abs. 3 SE-RL, die diesen Arbeitnehmern ihre nationalen Beteiligungsrechte weiterhin garantiert. Daher sind die Arbeitnehmer dieser Tochtergesellschaften bzw. Betriebe nicht in einem vergleichbaren Maße wie die Arbeitnehmer der beteiligten Gesellschaften schutzwürdig. Folglich sind nur die Arbeitnehmer aus den Mitgliedstaaten, in denen die an der Fusion beteiligten Gesellschaften ihre Rechtspersönlichkeit verlieren, zu berücksichtigen.[494]

cc) Besetzung mit weiteren Vertretern

Anders als bei den übrigen Gründungstatbeständen ist in einem weiteren Schritt zu überprüfen, ob alle eingetragenen Gesellschaften, die infolge der geplanten Verschmelzung zu einer SE erlöschen werden, im BVG vertreten sind.[495] Ist dies nicht der Fall, dann sind die hiervon betroffenen Gesellschaften berechtigt, zusätzliche Mitglieder für das BVG zu stellen.

dd) Keine Doppelvertretung der betroffenen Arbeitnehmer

Nachdem die Anzahl der noch nicht im BVG repräsentierten Gesellschaften ermittelt wurde, ist in einem nächsten Schritt festzustellen, ob nicht eine Doppelvertretung von beteiligten Gesellschaften i.S.d. **Art. 3 Abs. 2 Buchst. b Ziff. ii Unterabs. 1 2. Spstr. SE-RL** vorliegt. Erst nach Berücksichtigung und Herausnahme dieser Fälle ist die Überprüfung der 20-Prozent-Grenze sinnvoll. Bei der nach Art. 3 Abs. 2 Buchst. a Ziff. i SE-RL zu ermittelnden Zusammensetzung wird es bei Gesellschaften, Tochtergesellschaften bzw. Betrieben mit einer größeren Arbeitnehmerzahl des Öfteren zu einer Doppelvertretung kommen, da deren Arbeitnehmern je nach ihrem prozentualen Anteil an der Gesamtzahl aller Arbeitnehmer ein Anspruch auf mehrere Sitze im BVG zustehen kann. Eine solche Situation soll im Rahmen einer Verschmelzungs-SE vermieden werden.

---

493 *Theisen*, Der Konzern, H II, S. 420.

494 Da der Ansicht der Autorin nicht gefolgt wird, werden ihre zu den einzelnen Fällen aufgestellten Beispiele im Folgenden nicht mehr aufgegriffen.

495 *Buschak*, Arbeitspapier Nr. 3/2, 5 f.

Fraglich ist, unter welchen Umständen es zu einer solchen Konstellation kommen kann. In der Literatur[496] wird diese Problematik anhand eines Beispiels erläutert, in dem zunächst die Anzahl der regulären Sitze in Höhe von 16 Sitzen ermittelt und anschließend eine Obergrenze von 19 Sitzen errechnet wird. In diesem Zusammenhang wird untersucht, ob im Rahmen der regulären Sitze alle beteiligten Gesellschaften bereits vertreten seien. Daraufhin wird einer Gesellschaft einer der zusätzlichen Sitze zugestanden. Schließlich führt die Autorin aus, dass die zwei weiteren Sitze theoretisch noch besetzt werden könnten, dies aber aufgrund des Art. 3 Abs. 2 Buchst. a Ziff. ii 2. Spstr. SE-RL nicht möglich sei, da nun bei 17 Mitgliedern im BVG alle beteiligten Gesellschaften repräsentiert seien und sonst bei den restlichen zwei Sitzen eine Doppelvertretung vorliege.[497]

Sollten allerdings diese Konstellationen unter den Begriff der Doppelvertretung fallen, so handelt es sich bei dieser Vorschrift um eine unnötige und überflüssige Regelung. Zwar ist tatsächlich zunächst die Anzahl der regulären Sitze zu ermitteln. Anschließend ist aber festzustellen, wie viele beteiligte Gesellschaften bei dieser Zuteilung nicht im BVG vertreten sind und nicht wie viele Sitze bis zur Obergrenze von 20 Prozent verteilt werden können. Erst danach ist zu untersuchen, ob eine Doppelvertretung oder eine Überschreitung der Obergrenze eintritt. Da aber bei der Ermittlung der zusätzlichen Sitze nur die bisher nicht vertretenen Gesellschaften Berücksichtigung finden, kann es bei der Doppelvertretung nicht um die Beurteilung gehen, ob diese Gesellschaften bereits im BVG repräsentiert sind. Wäre dies gegeben, so hätten sie bereits für den Anspruch auf zusätzliche Sitze im BVG keine Beachtung gefunden. Demzufolge muss es sich bei dem Problem der Doppelvertretung um etwas anderes handeln als die Frage, ob die beteiligte Gesellschaft bereits im BVG vertreten ist.

Nach dem Wortlaut des Art. 3 Abs. 2 Buchst. a Ziff. ii 2. Spstr. SE-RL geht es auch nicht um eine Doppelvertretung der beteiligten Gesellschaften, sondern „***der betroffenen Arbeitnehmer***[498]“. Zu untersuchen ist demnach, ob die Arbeitnehmer aus einer beteiligten Gesellschaft, die aufgrund der Gründung der SE ihre Rechtspersönlichkeit verlieren wird, nicht bereits anderweitig mit einem Sitz im BVG vertreten sind. Eine solche Konstellation ist aus deutscher Sicht beispielsweise denkbar, wenn ein an der SE-Gründung beteiligtes Mutterunternehmen in Form einer AG mit einer kleinen Anzahl von Beschäftigten und dessen Tochterunternehmen mit einer großen Anzahl von Arbeitnehmern innerhalb Deutschlands liegen. Dann könnte der Fall eintreten, dass bei der Ermittlung der

---

496 *Kuffner*, Die Beteiligung der Arbeitnehmer, S. 129 f. Dieses Beispiel wird nur in seinen Grundzügen zitiert, da die Auffassung der Autorin über die zu berücksichtigenden Arbeitnehmer nicht geteilt wird; vgl. oben S. 158 ff.

497 Vgl. zum Ganzen *Kuffner*, Die Beteiligung der Arbeitnehmer, S. 129 f.

498 Hervorhebung durch den Verfasser.

Zahl der regulären Mitglieder im BVG nur die Arbeitnehmer dieser Tochtergesellschaft im BVG vertreten sind, nicht aber die Arbeitnehmer der Muttergesellschaft. Dennoch wäre es in einem solchen Fall nicht erforderlich, den übrigen Arbeitnehmern der beteiligten Gesellschaft aus diesem Mitgliedstaat einen weiteren Sitz im BVG zuzugestehen. Bei der Gewährung zusätzlicher Sitze für die beteiligten Gesellschaften geht es um die Einbringung der, in diesen Gesellschaften bestehenden, Arbeitnehmerbeteiligung, in Deutschland demnach hauptsächlich um die unternehmerische Mitbestimmung. Durch die Verschmelzung wird die deutsche Gesellschaft und damit das dort bestehende System der unternehmerischen Mitbestimmung zwar erlöschen, die Partizipation dieser Arbeitnehmer kann aber gleichzeitig durch das die Arbeitnehmer der Tochtergesellschaft repräsentierende BVG-Mitglied in die Verhandlungen eingebracht werden. Zudem können die Mitgliedstaaten gem. Art. 13 Abs. 4 SE-RL das Weiterbestehen der Arbeitnehmervertretungsstrukturen der erlöschenden Gesellschaft sicherstellen. Bei der Doppelvertretung geht es folglich allein darum, ob die von der Gründung der SE betroffenen Arbeitnehmer nicht bereits anderweitig durch ein Mitglied im BVG repräsentiert werden.[499]

ee) Vergabe der zusätzlichen Sitze bei drohender Überschreitung der 20-Prozent-Grenze

Übersteigt die Anzahl der zusätzlichen Sitze dagegen die Obergrenze von 20 Prozent, hat ein weiterer Schritt zur Ermittlung der Besetzung des BVG zu erfolgen. Es ist nun eine Auswahl vorzunehmen, da nicht alle Gesellschaften mit einem Mitglied im BVG vertreten sein können.[500]

(1) Verteilung der Sitze in absteigender Reihenfolge der beschäftigten Arbeitnehmer pro Mitgliedstaat

Im Schrifttum wird vertreten, dass die Sitze in absteigender Reihenfolge nach der Zahl der Arbeitnehmer in den beteiligten Gesellschaften im jeweiligen Mitgliedstaat zu verteilen seien.[501] Zum Teil wird aber keine Stellung zu dem Problem bezogen, wie überhaupt die Aufteilung der zusätzlichen Sitze auf die einzelnen Mitgliedstaaten vorgenommen werde.[502] Innerhalb dieser Ansicht wird angeführt, dass aufgrund der Formulierung *„in verschiedenen Mitgliedstaaten"*

---

499 Der deutsche Gesetzgeber hat diese Problematik allerdings durch die Privilegierung der beteiligten Gesellschaften in § 7 Abs. 2 SEBG vermieden; vgl. unten S. 403 ff.

500 *Buschak*, Arbeitspapier Nr. 3/2, 7.

501 *Buschak*, Arbeitspapier Nr. 3/2, 7 ff.; *Herfs-Röttgen*, NZA 2002, 358, 360; *Kuffner*, Die Beteiligung der Arbeitnehmer, S. 130 ff.

502 So behandelt *Herfs-Röttgen* in ihrem Beispiel den Fall, dass nur in einem einzigen Mitgliedstaat zusätzliche Sitze erforderlich sind; *Herfs-Röttgen*, NZA 2002, 358, 360. Bei *Buschak* geht es zwar um zwei betroffenen Mitgliedstaaten, doch stehen auch zwei zusätzliche Sitze zur Verfügung. Darüber hinaus ist bei einem dieser Mitgliedstaaten lediglich eine Gesellschaft noch nicht vertreten, so dass dort allein ein Sitz benötigt wird; *Buschak*, Arbeitspapier Nr. 3/2, 7 ff.

in Art. 3 Abs. 2 Buchst. a Ziff. ii Unterabs. 2 SE-RL jeder Mitgliedstaat, in dem noch nicht repräsentierte Gesellschaften vorhanden seien, höchstens Anspruch auf einen zusätzlichen Sitz haben könne.[503] Zugleich wird die Aufteilung der zusätzlichen Mitglieder des BVG auf die einzelnen Mitgliedstaaten kritisiert, da diese Entscheidung zugunsten des Repräsentationsprinzips dem Interesse der betroffenen Gesellschaften nicht diene.

Zur Veranschaulichung wird folgendes Beispiel übernommen:

	Anzahl AN Gesellschaft A	*Anzahl AN Gesellschaft B*	*Anzahl AN Gesellschaft C*	*Summe AN pro Mitgliedstaat*	*Quote AN pro Mitgliedstaat*	*Reguläre Sitze im BVG*	*Zusätzliche Sitze im BVG*
A-Land	*1.100*	*800*	*700*	*2.600*	*26%*	*3*	
B-Land	*850*	*850*	*400*	*2.100*	*21%*	*3*	
C-Land	*850*	*600*	*650*	*2.100*	*21%*	*3*	
D-Land	*450*	*450*	*100*	*1.000*	*10%*	*1*	*1*
E-Land	*350*	*350*	*300*	*1.000*	*!0%*	*1*	
F-Land	*400*	*200*	*100*	*700*	*7%*	*1*	*1*
G-Land	*100*	*250*	*150*	*500*	*5%*	*1*	
Summen	*4.100*	*3.500*	*2.400*	*10.000*	*100,00%*	*14*	*2*
BVG						***16***	

„(...) ist durch die Obergrenze von 20% die Zahl der zusätzlichen Sitze auf insgesamt zwei beschränkt. Diese zwei Sitze werden nun (...) nach einem Höchstzahlverfahren vergeben. Für die Höchstzahlen sind alle Gesellschaften, die noch keinen festen regulären Sitz im BVG haben, zu betrachten, weil die Richtlinie keinen Hinweis darauf enthält, wie die regulären Sitze zu vergeben sind. (...) (Daraus) ergibt sich, dass in D-Land in den Gesellschaften A und B jeweils 450 Arbeitnehmer beschäftigt sind; als Zwischenergebnis hätten also diese beiden Gesellschaften Anspruch auf einen zusätzlichen Sitz. Allerdings sieht die Richtlinie vor, dass die zusätzlichen Sitze Gesellschaften in verschiedenen Mitgliedstaaten zuzuteilen sind. D-Land erhält daher nur einen zusätzlichen Sitz, der zweite ist zu vergeben an die Gesellschaft mit der nächst höchsten Arbeitnehmerzahl, das ist Gesellschaft A in F-Land mit 400 Arbeitnehmern. Es erhalten daher D-Land und F-Land je einen zusätzlichen Sitz, selbst wenn insgesamt in E-Land mehr Arbeitnehmer beschäftigt sind als in F-Land."[504]

Unabhängig von der von der Autorin vertretenen Auffassung bezüglich des Bruchteils der Tranche von zehn Prozent und der Berücksichtigung der beteiligten Gesellschaften, erscheint ihre Vorgehensweise bei der Verteilung der Sitze problematisch. Zuzustimmen ist der Aussage, dass aufgrund des Wortlauts *„Gesellschaften in verschiedenen Mitgliedstaaten"* die Aufteilung nicht allein nach

---

503 *Kuffner*, Die Beteiligung der Arbeitnehmer, S. 130.

504 Dieses Beispiel wird dargestellt, obwohl eine andere Auffassungen bezüglich der Berücksichtigung der Tranche von zehn Prozent als in der vorliegenden Arbeit vertreten wird.

der Anzahl der beschäftigten Arbeitnehmer der jeweils noch nicht repräsentierten Gesellschaften erfolgen kann. Sonst könnte der Fall eintreten, dass aufgrund der großen Menge von Beschäftigten in den noch nicht berücksichtigten Gesellschaften eines Mitgliedstaats alle zusätzlichen Sitze auf diesen fielen. Dies soll durch die genannte Formulierung verhindert werden. Dennoch kann bei bestimmten Konstellationen auf einen einzelnen Mitgliedstaat mehr als ein zusätzlicher Sitz entfallen. Eine solche Situation liegt beispielsweise vor, wenn drei zusätzliche Sitze zu verteilen sind, aber drei Gesellschaften aus nur zwei Mitgliedstaaten noch nicht durch einen Sitz im BVG repräsentiert sind. In einem solchen Fall muss ein Mitgliedstaat zwei Sitze erhalten.

Darüber hinaus sind nach der Ansicht der Autorin D-Land und F-Land je ein zusätzlicher Sitz zuzusprechen, während E-Land und G-Land nur einen regulären Sitz erhalten. Dies liegt daran, dass die den einzelnen Mitgliedstaaten zustehenden regulären Sitze im BVG bei der Verteilung der zusätzlichen Sitze nicht berücksichtigt werden. Es werden alle Gesellschaften aus den betreffenden Mitgliedstaaten einbezogen, unabhängig davon, wie viele Mitglieder im BVG dieser Mitgliedstaat bereits nach der Berechnung i.S.d. Art. 3 Abs. 2 Buchst. a Ziff. i SE-RL stellen darf. Begründet wird dies damit, dass die SE-RL die Vergabe der regulären Sitze nicht explizit regle. Eine solche Vorgehensweise führt dazu, dass die Gesellschaften mit der größten Arbeitnehmerzahl unabhängig davon, wie viele reguläre Sitze die jeweiligen Mitgliedstaaten bereits erhalten haben, zusätzliche Mitglieder im BVG stellen dürfen. Dies trifft so aber nicht zu. Zwar enthält die SE-RL tatsächlich keine Angaben, wie die Verteilung der einzelnen regulären Sitze in den einzelnen Mitgliedstaaten zu erfolgen hat. Allerdings besteht gem. Art. 3 Abs. 2 Buchst. b Unterabs. 1 S. 2 SE-RL der Regelungsauftrag an die Mitgliedstaaten, bereits bei dieser Aufteilung die Vertretung jeder beteiligten Gesellschaft im BVG sicherzustellen. Zudem ist das Verfahren der Einsetzung des BVG auch von dem Prinzip der Proportionalität geprägt. Dies haben die Mitgliedstaaten, denen gem. Art. 3 Abs. 2 Buchst. b Unterabs. 1 S. 1 SE-RL die Regelung der Wahl oder Bestellung der Mitglieder des BVG auf ihrem Hoheitsgebiet obliegt, ebenfalls zu berücksichtigen. Daher ist zunächst eine Verteilung der regulären Sitze innerhalb der Mitgliedstaaten nach dem Repräsentationsprinzip vorzunehmen. Reichen die Sitze nicht aus, bzw. sind mehr Sitze als Gesellschaften vorhanden, so erfolgt deren Verteilung nach dem Grundsatz der Verhältnismäßigkeit. Diese Vorgehensweise ist von allen Mitgliedstaaten bei ihrer Umsetzung der SE-RL festzulegen[505], wobei die bei der Berücksichtigung des Proportionalitätsprinzips unter Umständen entstehenden Nuancen der Sitzverteilung hinzunehmen sind. Die dargestellte Ansicht erfasst

---

505 In Deutschland erfolgt diese Aufteilung gem. § 7 Abs. 4 SEBG nach dem *„d'Hondtschen Höchstzahlverfahren"*.

folglich nicht alle notwendigen Schritte bei der Sitzverteilung und ist abzulehnen.

(2) Lösungsansatz

Nach der in der vorliegenden Arbeit vertretenen Lösung geht es nicht um die Zuteilung der Sitze nach der absteigenden Reihenfolge der Arbeitnehmer in den beteiligten Gesellschaften im jeweiligen Mitgliedstaat, sondern der Vergleich der einzelnen noch nicht berücksichtigten Gesellschaften ist über die Grenzen der einzelnen betroffenen Mitgliedstaaten hinweg vorzunehmen. Durch diese Vorgehensweise wird die Repräsentation der erlöschenden Gesellschaften in der Reihenfolge ihrer Belegschaftsstärke im jeweiligen Mitgliedstaat erreicht.[506] Alle noch nicht im BVG vertretenen Gesellschaften[507] werden in der absteigenden Reihenfolge der bei ihnen beschäftigten Arbeitnehmer aufgeführt.

Die Auswirkungen dieses Lösungsansatzes können anhand des obigen Beispiels dargestellt werden. Die betroffenen Mitgliedstaaten D-Land, E-Land, F-Land und G-Land haben alle Anspruch auf je einen regulären Sitz. Diesen Sitz erhält, da mehr Gesellschaften als zu verteilende Sitze vorhanden sind, nach dem Proportionalitätsgrundsatz jeweils die Gesellschaft in diesen Mitgliedstaaten mit der höchsten Arbeitnehmerzahl. In D-Land steht demnach einer der beiden Gesellschaften A oder B mit je 450 Beschäftigten ein regulärer Sitz zu, in E-Land ebenfalls einer der beiden Gesellschaften A oder B mit je 350 Beschäftigten, in F-Land der Gesellschaft A mit 400 Beschäftigten und in G-Land der Gesellschaft B mit 250 Beschäftigten. Anschließend wird festgestellt, dass nicht alle beteiligten Gesellschaft im BVG vertreten sind und dass die Anzahl der zusätzlichen Sitze aufgrund der Obergrenze von 20 Prozent zwei beträgt. Bei deren Verteilung werden nun die noch nicht repräsentierten Gesellschaften in absteigender Reihenfolge der bei ihnen beschäftigten Arbeitnehmer berücksichtigt. Folglich geht der erste zusätzliche Sitz an die Gesellschaft A oder B aus dem Mitgliedstaat D-Land. Den zweiten Sitz erhält die Gesellschaft A oder B aus dem Mitgliedstaat E-Land. Stünde ein dritter Sitz zur Verfügung, müsste dieser der Gesellschaft B aus F-Land zugeteilt werden. Zwar gäbe es mit Gesellschaft C aus E-Land eine Gesellschaft mit mehr Arbeitnehmern, doch hat dieser Mitgliedstaat bereits einen zusätzlichen Sitz erhalten, so dass das Erfordernis der *„verschiedenen Mitgliedstaaten"* eingriffe. Einen weiteren zusätzlichen Sitz erhielte dann die Gesellschaft C aus G-Land mit 150 Arbeitnehmern. Wären nun noch weitere zusätzliche Sitze vorhanden, so könnten wieder alle übrigen noch nicht berücksichtigten Gesellschaften dieser vier Staaten in der absteigenden Reihenfolge der bei ihnen beschäftigten Arbeitnehmer berücksichtigt werden.

---

506 *Herfs-Röttgen*, NZA 2002, 358, 360.

507 Dabei sind nur die Arbeitnehmer der Gesellschaften aus den Mitgliedstaaten, in dem die Gesellschaften ihren Sitz haben, ins Handelsregister eingetragen sind und daher ihre Rechtspersönlichkeit verlieren, zu berücksichtigen; vgl. oben S. 174 ff.

c) Repräsentation von Unternehmen und Betrieben ohne Arbeitnehmervertreter im BVG

Gem. Art. 3 Abs. 2 Buchst. b Unterabs. 3 SE-RL müssen die Mitgliedstaaten vorsehen, dass die Arbeitnehmer der Unternehmen und Betriebe, in denen unabhängig von ihrem Willen keine Arbeitnehmervertretung besteht, die sie im BVG vertretenden Mitglieder selbst wählen oder bestellen können. Demzufolge dürfen auch die Arbeitnehmer, die keine Arbeitnehmervertreter gewählt oder sich sogar gegen die Einrichtung einer Arbeitnehmervertretung auf nationaler Ebene ausgesprochen haben, selbst Mitglieder für das BVG wählen oder bestellen. Dies muss *„unbeschadet der einzelstaatlichen Rechtsvorschriften und/oder Gepflogenheiten betreffend Schwellen für die Einrichtung eines Vertretungsorgans"* gewährleistet werden. Strittig ist, welche Bedeutung diesem Wortlaut zukommt.

aa) Überschreitung der nationalen Schwellenwerte erforderlich

Nach einer Ansicht bedeutet diese Formulierung, dass die Mitgliedstaaten zu einer solchen Regelung nur in den Fällen verpflichtet seien, in denen die jeweiligen nationalen Schwellenwerte für die Einrichtung eines Arbeitnehmervertretungsorgans im jeweiligen Betrieb oder Unternehmen auch tatsächlich überschritten würden.[508]

bb) Keine Überschreitung der nationalen Schwellenwerte erforderlich

Nach anderer Ansicht sind auch dann Mitglieder in das BVG zu entsenden, wenn beteiligte Gesellschaften über eine Arbeitnehmervertretung bislang nicht verfügten, weil dies in ihren nationalen Rechtsvorschriften erst bei Überschreitung einer bestimmten Belegschaftsgröße vorgesehen sei.[509] Nach dieser Auffassung müssen folglich die Mitgliedstaaten gerade für den Fall der Unterschreitung der nationalen Schwellenwerte zur Errichtung eines solchen Gremiums gewährleisten, dass die Arbeitnehmer selbst Mitglieder für das BVG wählen oder bestellen dürfen. In Deutschland geht es nach dieser Auffassung aufgrund von § 1 BetrVG grundsätzlich nur um Kleinstbetriebe unter fünf Mitarbeitern.[510]

cc) Stellungnahme

Wiederum ist eine Auslegung der Richtlinie erforderlich. Bezüglich des **Wortlauts** ist der Hauptaugenmerk auf das Wort *„unbeschadet"* und dessen Bedeutung zu richten. Dabei finden sich für beide Ansichten Anhaltspunkte. Einerseits kann vertreten werden, dass *„unbeschadet"* im Sinne von *„unbeschädigt"* auszulegen ist, das heißt die einzelstaatlich bestehenden Schwellenwerte dürfen

---

[508] *Schmidt, M.*, Das Arbeitsrecht der Europäischen Gemeinschaft, IV. III. 3. a) bb), Rn. 70.

[509] *Herfs-Röttgen*, NZA 2001, 424, 426; *Kuffner*, Beteiligung der Arbeitnehmer, S. 133 f.; *Lambach*, Die Beteiligung in der SE, S. 148 f., S. 158.

[510] *Kuffner*, Beteiligung der Arbeitnehmer, S. 133; *Lambach*, Die Beteiligung in der SE, S. 158.

nicht beeinträchtigt werden. Aus dieser Interpretation kann der Umkehrschluss gezogen werden, dass diese Schwellen folglich eingehalten werden müssen, um eine Beeinträchtigung zu vermeiden. Folglich müssten die Mitgliedstaaten nur bei einer tatsächlichen Überschreitung der nationalen Schwellenwerte sicherstellen, dass die Arbeitnehmer selbst Mitglieder für das BVG wählen oder bestellen dürfen. Andererseits kann *„unbeschadet"* auch im Sinne von *„unabhängig"* bzw. *„unberührt"* ausgelegt werden, das heißt die einzelstaatlich bestehenden Schwellenwerte blieben unberücksichtigt. Bei einer solchen Interpretation dürften die Arbeitnehmer Mitglieder für das BVG wählen bzw. bestellen, auch wenn in den betreffenden Betrieben oder Unternehmen die nationalen Schwellen nicht erreicht werden. Auch die Hinzuziehung der englischen und französischen Fassung von Art. 3 Abs. 2 Buchst. b Unterabs. 3 SE-RL[511] und die **historische Auslegung** führen nicht weiter.[512]

Anhand der **systematischen Auslegung** kann festgestellt werden, dass in der SE-RL selbst das Wort *„unbeschadet"* in anderen Artikeln Verwendung findet.[513] Die weitere Verwendung dieser Formulierung zeigt, dass beide Varianten der Auslegung im Sinne von *„unbeschädigt"* und *„unabhängig"* umfasst wer-

---

511 Der englische Wortlaut der SE-RL lautet: *„Without prejudice to national legislation and/or practice laying down thresholds for the establishing of a representative body".* Zwar bedeutet *"prejudice"* für sich genommen übersetzt u.a. *„Beeinträchtigung"* oder *„Schaden"*; *von Beseler/Jacobs-Wüstefeld*, Law Dictionary, 4. Aufl., Berlin/New York 1986. Folglich könnte die Hinzufügung von *„without"* die Bedeutung *„ohne Beeinträchtigung"* haben. Die Formulierung *„without prejudice to"* ist allerdings mit *„unbeschadet"* zu übersetzen; *von Beseler/Jacobs-Wüstefeld*, Law Dictionary, 4. Aufl., Berlin/New York 1986.
Der französische Wortlaut lautet: *„Sans préjudice de la législation et/ou de la practique nationales fixant des seuils pour l'établissement d'un organe de représentation".* Laut Wörterbuch ist *„sans préjudice de quelque chose"* mit *„unter Vorbehalt sämtlicher Rechte"* zu übersetzen; vgl. *Doucet/Fleck*, Wörterbuch der Rechts- und Wirtschaftssprache, 5. Aufl., Paris 1997.

512 Im Richtlinienvorschlag der britischen Präsidentschaft wurde in Art. 3 Abs. 2 Buchst. c Unterabs. 2 SE-Entwurf GB diese Regelung erstmalig mit beinahe identischem Wortlaut eingeführt. Anstelle von *„Schwellen für die Einrichtung eines Vertretungsorgans"* heißt es dort nur *„Schwellen für die Einrichtung eines Gremiums zur Vertretung der Arbeitnehmer".* In den folgenden Vorschlägen wurde die Formulierung von *„unbeschadet"* wohl als unproblematisch akzeptiert und erfuhr keine nennenswerten Änderungen.

513 So heißt es in Art. 4 Abs. 2 SE-RL, dass *„**unbeschadet** der Autonomie der Parteien (...) in der schriftlichen Vereinbarung Folgendes festgelegt (wird)"* und in Art. 4 Abs. 4 SE-RL, dass *„**unbeschadet** des Artikels 13 Absatz 3 Buchstabe a (...) im Falle einer durch Umwandlung gegründeten SE (...) zumindest das gleiche Ausmaß gewährleistet werden (muss)".* Weiterhin lautet Art. 7 Abs. 1 SE-RL: *„Zur Verwirklichung des in Artikel 1 festgelegten Ziels führen die Mitgliedstaaten **unbeschadet** des nachstehenden Absatzes 3".* Auch in Teil 2 Buchst. e An. SE-RL findet sich die Formulierung, dass *„**unbeschadet** des Artikels 8 unterrichten".*

den. So bedeutet beispielsweise die Benutzung dieses Wortes in Art. 4 Abs. 2 SE-RL, dass die Autonomie der Parteien einerseits weiterhin existiert und damit nicht beschädigt wird. Andererseits ist unberührt von dieser bestehenden Unabhängigkeit der Parteien ein Mindeststandard festzulegen. In Art. 7 Abs. 1 Unterabs. 1 SE-RL führt dies zum einen dazu, dass die Möglichkeit der Mitgliedstaaten, das Opting-Out bei einer Verschmelzung zu nutzen, von der Verpflichtung zur Festsetzung einer Auffangregelung unbeschädigt bleibt. Zum anderen wird die Pflicht zur Installation einer solchen Auffangregelung durch Art. 7 Abs. 3 SE-RL nicht berührt, das heißt sie besteht unabhängig hiervon. Während sich des Weiteren aus einem Vergleich mit der SCE-RL keine Rückschlüsse ziehen lassen,[514] hilft ein Vergleich mit der EBR-RL. Dort sieht Art. 5 Abs. 2 Buchst. a Unterabs. 3 EBR-RL vor, dass *„die einzelstaatlichen Rechtsvorschriften und/oder Gepflogenheiten, die Schwellen für die Einrichtung eines Gremiums zur Vertretung der Arbeitnehmer vorsehen,* ***nicht berührt***[515]*"* werden. Demzufolge spricht die übrige Anwendung dieses Begriffs bzw. der Wortlaut der EBR-RL für die Auslegung, dass trotz des Bestehens und der Nichterreichung nationaler Schwellenwerte die betroffenen Arbeitnehmer Mitglieder ins BVG wählen oder bestellen können.

Im Rahmen der **teleologischen Auslegung** ist nach dem Sinn und Zweck dieser Regelung zu fragen und zu untersuchen, welche der Ansichten diesem am besten gerecht wird. Dabei ist zu berücksichtigen, dass durch die Besetzung der Sitze im BVG die gesamte Einrichtung der betrieblichen und unternehmerischen Arbeitnehmerbeteiligung der SE beeinflusst werden kann. Daher sollen alle Arbeitnehmer, unabhängig von ihrem auf nationaler Ebene geäußerten Willen oder dem Erreichen gesetzlicher Schwellenwerte, die Gelegenheit zur Besetzung von Sitzen im BVG erhalten. Grundsätzlich geht es darum, auch Arbeitnehmern aus Betrieben oder Unternehmen, in dem kein Organ der Arbeitnehmervertretung besteht, die Wahl oder Benennung von sie im BVG repräsentierenden Mitgliedern zu ermöglichen. Dies zeigt gerade der Vergleich mit der ebenfalls in Art. 3 Abs. 2 Buchst. b Unterabs. 3 SE-RL geregelten Tatsache, dass den Arbeitnehmern diese Gelegenheit auch dann zu gewähren ist, wenn sie auf die Wahl oder Bestellung von Arbeitnehmervertretern auf nationaler Ebene verzichtet haben. Dabei ist unbeachtlich, ob ein solches Gremium der Arbeitnehmervertreter deshalb nicht besteht, weil die Arbeitnehmer sich dagegen ausgesprochen bzw. von ihren Rechten nicht Gebrauch gemacht haben.[516] Zu bedenken ist, dass zwischen

---

514 In Art. 3 Abs. 2 Buchst. b Unterabs. 3 SCE-RL wird die identische Formulierung benutzt.

515 Hervorhebung durch den Verfasser.

516 So können beispielsweise in Deutschland gem. § 1 BetrVG in Betrieben mit in der Regel fünf wahlberechtigten Arbeitnehmern Betriebsräte gewählt werden. Allerdings steht es den Arbeitnehmern frei, dies zu tun. Demnach besteht auch bei Erreichung des Schwel-

einem Verzicht auf die Einrichtung einer Arbeitnehmervertretung auf nationaler Ebene im jeweiligen Betrieb und der fehlenden Möglichkeit, auf die zukünftige gesamte Arbeitnehmerbeteiligung in der SE Einfluss nehmen zu können, ein beträchtlicher Unterschied besteht. Dies gilt aber ebenso für die fehlende Existenz von Arbeitnehmervertretern aufgrund der Unterschreitung nationaler Schwellenwerte.

Demnach bedeutet diese Formulierung zum einen, dass die nationalen Rechtsvorschriften bzw. Gepflogenheiten *„unbeschädigt"* bleiben sollen. Auf einzelstaatlicher Ebene gelten folglich die dortigen Gegebenheiten weiterhin. Zum anderen greift diese Regelung *„unabhängig"* von den nationalen Konstellationen. Die nationalen Schwellenwerte wirken sich nicht auf gemeinschaftlicher Ebene aus und sind daher nicht zu berücksichtigen.[517]

d) Einbeziehung von Gewerkschaftsvertretern in das BVG

Gem. Art. 3 Abs. 2 Buchst. b Unterabs. 2 SE-RL können die Mitgliedstaaten regeln, dass auch Gewerkschaftsvertreter, die nicht zugleich Arbeitnehmer einer beteiligten Gesellschaft bzw. einer betroffenen Tochtergesellschaft oder eines Betriebs sind, Mitglieder im BVG werden. Diese Option geht auf eine deutsche Anregung zurück und ist der Kritik ausgesetzt.[518] So wird beanstandet, dass dies sowohl für die Arbeitgeber als auch die Arbeitnehmer nachteilig sein könne. Zum einen könne durch die Bestellung von Gewerkschaftsvertretern das Interesse der betroffenen Unternehmen einschneidend beeinträchtigt werden. Zum anderen könne eine Einigung über die Arbeitnehmerbeteiligung für die Mitglieder im BVG im Rahmen der Verhandlungen deutlich erschwert werden. Da die Gewerkschaftsvertreter oftmals eine größere Durchsetzungsmacht als andere Arbeitnehmervertreter besäßen, könnten sie häufig eine stärkere Berücksichtigung ihrer Interessen erreichen.[519]

Diese Kritik erscheint im Hinblick auf die Problematik einer Aushandlung der Arbeitnehmerbeteiligung im BVG nicht berechtigt.[520] Gerade angesichts der zu

---

lenwertes die Möglichkeit, dass kein Betriebsrat als Arbeitnehmervertreterorgan errichtet wird.

517 Der deutsche Gesetzgeber hat folgerichtig in § 8 Abs. 4 SEBG ein direktes Wahlrecht geregelt, ohne auf die Schwellenwerte des BetrVG abzustellen.

518 *Heinze*, ZGR 2002, 66, 81; *Herfs-Röttgen*, NZA 2002, 358, 360.

519 Vgl. zum Ganzen *Heinze*, ZGR 2002, 66, 81; *Herfs-Röttgen*, NZA 2002, 358, 360.

520 Ebenso *Lambach*, die der Ansicht ist, dass diese Einbeziehung bereits aus dem Vorher-Nachher-Prinzip in Erwägungsgrund 8 SE-RL folge. Da in Deutschland in § 7 Abs. 2 MitbestG eine solche Einbeziehung von Gewerkschaftsvertretern in den Aufsichtsrat geregelt sei, müsse auf eine vergleichbare Stellung im BVG abgezielt werden; vgl. *Lambach*, Die Beteiligung in der SE, S. 159. Allerdings ist anzumerken, dass die SE-RL grundsätzlich einen Schutz des quantitativen Status quo, aber nicht des qualitativen Niveaus bezweckt. Zudem erscheint eine differenzierende Betrachtungsweise erforder-

erwartenden komplizierten Verhandlungen im BVG mit den verschiedensten Gestaltungsmöglichkeiten ist zu beachten, dass die Gewerkschaften die Möglichkeit besitzen, ausgebildete Fachleute zu entsenden. So können aufgrund des möglichen Variantenreichtums der Vereinbarungen beinahe nur „Experten", die Einblick in die verschiedenen einzelstaatlichen Mitbestimmungssysteme besitzen, die Interessen der Arbeitnehmer wirksam vertreten. Dies ist gerade auch im Hinblick darauf, dass in manchen Mitgliedstaaten die Arbeitnehmer mit den Möglichkeiten der Beteiligung an unternehmerischen Entscheidungen nicht vertraut sind, zu bedenken. Zudem werden die Gewerkschaftsvertreter durch ihre Arbeit in bestimmten Branchen in den dortigen Unternehmen häufig mit ähnlichen Problemen konfrontiert und können auf solche Fragestellungen hinweisen.[521] Somit stellen sie einen erforderlichen Gegenpol zur Arbeitgeberseite dar, da sich die betreffenden Unternehmensorgane bei der Gründung einer SE und den Verhandlungen im BVG sicherlich von namhaften Wirtschaftskanzleien beraten lassen werden.

Auch können sämtliche Arbeitnehmervertreter von der größeren Durchsetzungskraft der Gewerkschaftsvertreter profitieren, da sich diese vor allem gegen die Arbeitgeberseite richten wird. Dagegen ist das Argument, dass dadurch die Interessen der anderen Arbeitnehmervertreter zurückgedrängt werden, vernachlässigbar. Zu bedenken ist, dass auch die Gewerkschaftsrepräsentanten dem Interesse der Arbeitnehmer verpflichtet sind. Zudem werden sie versuchen, ein möglichst hohes Niveau der Arbeitnehmerbeteiligung zu sichern. Des Weiteren können die Mitgliedstaaten auch die Zahl der externen Gewerkschaftsvertreter begrenzen, da sie gem. Art. 3 Abs. 2 Buchst. b Unterabs. 1 S. 1 SE-RL das Verfahren für die Wahl oder Bestellung der Mitglieder des BVG festlegen.[522] Schließlich regelt Art. 3 Abs. 4 Unterabs. 1 S. 2 SE-RL, dass jedes Mitglied des BVG nur eine Stimme hat, so dass sich die Gewerkschaftsvertreter nicht gegen die Mehrheit der anderen Arbeitnehmervertreter durchsetzen können. Daher ist die Teilnahme auch externer Gewerkschaftsvertreter zur Verwirklichung des laut Erwägungsgrund 18 SE-RL fundamentalen Grundsatzes der Sicherung erworbener Arbeitnehmerbeteiligungsrechte geeignet.[523]

---

lich, da eine Einbeziehung von Gewerkschaftsvertretern in solchen Unternehmen, die in den Anwendungsbereich des DrittelbG fallen, nicht besteht.

521 *Jaeger, R.*, WSI-Mitteilungen 1996, 483, 488.

522 So hat der deutsche Gesetzgeber die Anzahl gem. § 8 Abs. 1 S. 3 SEBG auf jedes dritte Mitglied im BVG, das Deutschland stellen kann, begrenzt.

523 Im Ergebnis ebenso *Kuffner*, wonach alle Mitgliedstaaten mit diesem Kompromiss gut leben zu können scheinen; *Kuffner*, Die Beteiligung der Arbeitnehmer, S. 133.

5. Änderung der Arbeitnehmerzahl nach Beginn des Verhandlungsverfahrens

Der europäische Gesetzgeber hat keine Regelung darüber erlassen, inwieweit Änderungen der Arbeitnehmerzahl während des Verhandlungsverfahrens zu berücksichtigen sind. Ebenso wie bei strukturellen Änderungen in einer bereits bestehenden SE[524] könnte das spätere Hinzukommen oder Wegfallen von Beschäftigten der beteiligten Gesellschaften oder betroffenen Tochterunternehmen und Betriebe zu anderweitigen Ergebnissen bei der einzuführenden Arbeitnehmerbeteiligung führen.

Denkbar wäre, dass solche Änderungen nach Beginn des Verhandlungsverfahrens ohne Einfluss auf die Zusammensetzung des BVG und damit auf eine etwaige Vereinbarung bleiben. Dies ist aber bereits deswegen abzulehnen, da sonst die zum Schutz vor Mitbestimmungsminderung bestehenden Schwellenwerte leicht umgangen werden könnten. So wäre es beispielsweise denkbar, dass eine deutsche Gesellschaft zunächst nicht an der Gründung einer SE beteiligt und erst nach Beginn des Verhandlungsverfahrens in die Errichtung der SE einbezogen wird. Dies hätte zur Folge, dass zum einen die Arbeitnehmer der deutschen Gesellschaft aus den gesamten Verhandlungen ausgeschlossen wären. Zum anderen wäre ihr Mitbestimmungsniveau bei der Frage, ob eine Minderung der Arbeitnehmerpartizipation durch einen Beschluss des BVG vorliegt, nicht zu berücksichtigen.[525] Daher müssen auch während des Verhandlungsverfahrens eintretende Änderungen beachtet werden. Wegen der genannten Umgehungsgefahr hat dies während des gesamten Verhandlungszeitraums zu erfolgen. Der deutsche Gesetzgeber hat folgerichtig in § 5 Abs. 4 SEBG eine entsprechende Regelung aufgenommen.[526]

Zu bedenken ist darüber hinaus, dass sich der Verhandlungszeitraum bei der Eingliederung bisher unbeteiligter Arbeitnehmer grundsätzlich entsprechend dem Zeitpunkt der entstandenen Modifikation verlängern muss. Dies ist gerechtfertigt, da die gesellschaftsrechtlichen Gestaltungen allein in der Hand der beteiligten Unternehmen und damit in ihrer Verantwortung liegen. Haben sie die Gründung der SE nicht exakt geplant, müssen sie anschließend die Konsequenzen tragen. Dagegen ist kein Grund ersichtlich, warum dies für die später hinzukommenden Arbeitnehmer mit der Verkürzung ihres Verhandlungszeitraums einhergehen sollte. Anders ist dies dann zu sehen, wenn während des Verhandlungsverfahrens Arbeitnehmer wegfallen. In diesen Fällen wurden bisher alle betroffenen Beschäftigten durch ihre Vertreter im BVG in die Verhandlungen

---

524 Vgl. unten S. 290 ff.

525 Um dies zu verhindern, müsste auf das Missbrauchsverbot des Art. 11 SE-RL zurückgegriffen werden.

526 Auch der österreichische Gesetzgeber hat mit § 216 Abs. 5 ArbVG eine entsprechende Norm erlassen.

einbezogen. Es findet allein eine Änderung in der Zusammensetzung des BVG statt, sodass auch keine etwaigen neuen Mitbestimmungsmodelle eingebracht werden. Daher ist hier nur in Härtefällen, die insbesondere bei Änderungen kurz vor Ablauf des Verhandlungszeitraums vorliegen dürften, eine Verlängerung zu fordern.

6. Wahl- oder Bestellungsverfahren der Mitglieder im BVG

Die Mitgliedstaaten legen gem. **Art. 3 Abs. 2 Buchst. b Unterabs. 1 SE-RL** das Verfahren für die Wahl oder die Bestellung der in ihrem Hoheitsgebiet zu wählenden oder zu bestellenden Mitglieder des BVG fest.[527] Neben diesem Regelungsauftrag müssen sie zudem gewährleisten, dass Arbeitnehmer aus Betrieben und Unternehmen ohne Arbeitnehmervertretung selbst ihre Mitglieder für das BVG wählen oder bestellen können.[528]

III. Vornahme der Verhandlungen

Ist die Zusammensetzung des BVG abgeschlossen, dann können die Verhandlungen mit den zuständigen Organen der beteiligten Gesellschaften beginnen. Dabei hat das jeweils zuständige Organ der beteiligten Gesellschaften das BVG gem. **Art. 3 Abs. 3 Unterabs. 2 SE-RL** über das Vorhaben der SE-Gründung und den Verlauf des Verfahrens bis zur Eintragung der SE zu unterrichten. Zudem haben beide Parteien gem. **Art. 4 Abs. 1 SE-RL** *„mit dem Willen zur Verständigung"* zu verhandeln, um ein Konzept der Arbeitnehmerbeteiligung zu vereinbaren. In der EBR-RL ist dies in Art. 6 Abs. 1 EBR-RL in vergleichbarer Weise geregelt, sodass die im Rahmen der EBR-RL geführte Diskussion, ob aufgrund dieser Formulierung Maßnahmen des Arbeitskampfes ausgeschlossen sind, auch das Verhandlungsverfahren bei Gründung einer SE betrifft.[529] Da die-

---

[527] Vgl. dazu §§ 8 bis 10 SEBG.

[528] Vgl. oben S. 184 ff.

[529] In der deutschen Literatur wird aufgrund der Tatsache, dass diese Formulierung von dem Gedanken der *„vertrauensvollen Zusammenarbeit"* gem. § 2 Abs. 1, § 74 Abs. 2 BetrVG geprägt ist, das deutsche System auf die europäische Ebene übertragen. Demzufolge seien Maßnahmen des Arbeitskampfes zur Konfliktlösung bei strittigen Fragen über die Ausgestaltung von grenzüberschreitender Information und Konsultation untersagt; vgl. zum Ganzen *Müller, C.*, EBRG, § 8 Rn. 3, § 38 Rn. 2. Ebenso zum SEBG *Freis*, in: *Nagel/Freis/Kleinsorge* (Hrsg.), Die Beteiligung der Arbeitnehmer in der Europäischen Gesellschaft, S. 131 f., Rn. 5.
Dagegen wird zu Recht angeführt, dass diese Interpretation aufgrund ihrer spezifischen Verknüpfung mit den auf Kooperation ausgelegten Arbeitsrechtssystemen einzelner Mitgliedstaaten auf der gemeinschaftlichen Ebene keine allgemeine Geltung beanspruchen könne. In der Mehrzahl der Mitgliedstaaten sei eine mit §§ 2 Abs. 1, 74 Abs. 2 BetrVG vergleichbare Regelung unbekannt bzw. diese Begrifflichkeit *„schlicht nichts sagend"*, so dass sich deren Arbeitnehmervertreter wohl nicht dem Verbot des Arbeitskampfes und der Störung des Arbeitsablaufes sowie des Betriebsfriedens unterwerfen würden; vgl. zum Ganzen *Weiss*, ArbuR 1995, 438, 439 f. Ebenso *Heinze*, der allerdings zu

se Problematik aufgrund des Art. 4 Abs. 1 und des Art. 9 SE-RL in gleichem Maße die SE-RL berührt und noch keine Entscheidung des EuGH zur EBR-RL ergangen ist, drohen in einzelnen Mitgliedstaaten während des Verhandlungsverfahrens Streiks und andere Arbeitskampfmaßnahmen.[530]

1. Beginn und Dauer der Verhandlungen gem. Art. 5 SE-RL

Die Verhandlungen beginnen gem. **Art. 5 Abs. 1 SE-RL** mit der Einsetzung des BVG und können im Regelfall bis zu sechs Monaten dauern. Allerdings können die Verhandlungsparteien gem. **Art. 5 Abs. 2 SE-RL** einvernehmlich beschließen, die Verhandlungen bis zu einem Zeitraum von insgesamt einem Jahr fortzusetzen.

2. Nichtaufnahme bzw. Abbruch der Verhandlungen gem. Art. 3 Abs. 6 SE-RL

Das BVG kann aber auch gem. **Art. 3 Abs. 6 Unterabs. 1 S. 1 SE-RL** beschließen, überhaupt keine Verhandlungen mit den jeweils zuständigen Organen der beteiligten Gesellschaften aufzunehmen oder bereits begonnenen Verhandlungen abzubrechen. Ein solcher Beschluss des BVG beendet das eben dargestellte Verfahren. Zwar soll mit dem Willen zur Verständigung verhandelt werden, es besteht allerdings keine Verpflichtung für das BVG, sich auf Verhandlungen einzulassen bzw. aufgenommene Verhandlungen zu Ende zu bringen.[531]

a) Sonderrolle der Umwandlung

Auch in diesem Fall spielt die Gründungsform der Umwandlung eine Sonderrolle, denn gem. **Art. 3 Abs. 6 Unterabs. 3 SE-RL** ist Art. 3 Abs. 6 nicht anwendbar, wenn in der umzuwandelnden Gesellschaft Mitbestimmung vorhanden ist. Das BVG kann folglich im Rahmen dieses Gründungstatbestands nicht über die

---

Art. 9 EBR-RL Stellung bezieht; *Heinze*, AG 1995, 385, 396. Doch sind dessen Ausführungen aufgrund der vergleichbaren Formulierung in Art. 6 Abs. 1 EBR-RL auch auf das Verhandlungsverfahren übertragbar.
Zudem fehle es gem. Art. 137 Abs. 5 EG ausdrücklich an einer europarechtlichen Kompetenz für Regelungen über *„das Streikrecht sowie das Aussperrungsrecht"*. Demzufolge sei die Zulässigkeit entsprechender Arbeitskampfmaßnahmen allein auf der Grundlage des nationalen Rechts zu beurteilen; *Blanke, EBRG*, § 38 Rn. 4.

530 Nach anderer Ansicht kann das BVG dagegen nicht zur Durchsetzung des Abschlusses einer Vereinbarung einen Streik veranlassen. Ein solches Streikrecht widerspreche dem Aufbau der SE-RL, die gerade auch für den Fall des Scheiterns von Verhandlungen eine Auffangregelung vorsehe; *Brandt*, BB-Special 3/2005, 1, 5; *Hennings*, in: *Manz/Mayer/Schröder* (Hrsg.), Europäische Aktiengesellschaft SE, S. 663, Rn. 2; *Lambach*, Die Beteiligung in der SE, S. 162.

531 *Lambach*, Die Beteiligung in der SE, S. 161 f.; *Schmidt, M.*, Das Arbeitsrecht der Europäischen Gemeinschaft, IV. III. 3. a) ee), Rn. 86.

Einrichtung der Mitbestimmung überhaupt oder deren nähere Ausgestaltung disponieren.[532]

b) Rechtsfolgen des Beschlusses

Ist ein Beschluss über die Nichtaufnahme bzw. den Abbruch der Verhandlungen gefasst worden, so ist damit zum einen das Verhandlungsverfahren beendet. Zum anderen findet gem. **Art. 3 Abs. 6 Unterabs. 1 S. 3 SE-RL** keine der Bestimmungen des Anhangs Anwendung. Demnach gelten nicht die Auffangregelung und die dort vorgesehene grenzüberschreitende Unterrichtung und Anhörung der Arbeitnehmer, sondern gem. Art. 3 Abs. 6 Unterabs. 1 S. 1 SE-RL die jeweiligen mitgliedstaatlichen Vorschriften für die Unterrichtung und Anhörung der Arbeitnehmer.[533]

Des Weiteren gelangen gem. Art. 13 Abs. 1 Unterabs. 2 SE-RL die EBR-RL und die Bestimmungen zu ihrer Umsetzung in nationales Recht zur Anwendung. Dies bedeutet grundsätzlich, dass das BVG nach der Gründung der SE nun mit der zentralen Leitung über die Einrichtung eines Unterrichtungs- und Anhörungsverfahrens i.S.d. EBR-RL zu verhandeln hat. Da bei der Zusammensetzung des BVG im Rahmen der SE-RL das Repräsentations- und Proportionalitätsprinzip eine andere Gewichtung erfahren als bei Errichtung eines BVG nach der EBR-RL,[534] muss unter Umständen das BVG neu gebildet werden.[535] Zu Recht wird in der Literatur[536] ausgeführt, dass aufgrund des Sinns und Zwecks der SE-RL von der Verweisung nicht die gesamten Vorschriften der EBR-RL bzw. der Umsetzungsgesetze umfasst sein könnten. Sonst bestehe über Art. 5 Abs. 5 EBR-RL bzw. § 15 EBRG die Möglichkeit für das BVG, mit einem entsprechenden Beschluss über die Nichtaufnahme bzw. den Abbruch von Verhandlungen die Einrichtung einer grenzüberschreitenden Unterrichtung und Anhörung in der SE gänzlich zu verhindern. Dies widerspreche aber Erwägungsgrund 6 SE-RL, wonach in allen Fällen der SE-Gründung ein solches Verfahren sichergestellt werden solle.[537] Zudem ist zu bedenken, dass nach der in der vorliegenden Arbeit vertretenen Auffassung selbst im Rahmen einer Vereinbarung nicht vollständig auf die Information und Konsultation verzichtet werden kann.[538] Ließe man aber einen Beschluss i.S.d. Art. 5 Abs. 5 EBR-RL zu, so könnte über diese

---

532 *Schmidt, M.*, Das Arbeitsrecht der Europäischen Gemeinschaft, IV. III. 3. a) ee), Rn. 86.

533 Nach Auffassung von *Lambach* ist dafür ein weiterer eigener Beschluss erforderlich; *Lambach*, Die Beteiligung in der SE, S. 166.

534 Vgl. oben S. 153.

535 Ebenso *Krause*, BB 2005, 1221, 1225.

536 *Lambach*, Die Beteiligung in der SE, S. 166 f.
A.A. *Davies*, der davon ausgeht, dass die Arbeitnehmervertreter mit einem weiteren Beschluss auch die Anwendung der EBR-RL bzw. der nationalen Umsetzungsgesetze ausschließen könnten; *Davis*, ILJ 2003, 75, 81 f.

537 Vgl. zum Ganzen *Lambach*, Die Beteiligung in der SE, S. 166 f.

538 Siehe unten S. 221 ff.

Hintertür bei entsprechenden Mehrheiten im BVG dieses Ergebnis dennoch herbeigeführt werden.[539]

Trotz des Beschlusses des BVG ist somit zumindest ein gewisser Grad von grenzüberschreitender Information und Konsultation durch die EBR-RL und auf nationaler Ebene, soweit vorhanden, ein Verfahren der Unterrichtung und Anhörung gesichert.[540] Anderes gilt für Mitbestimmung in der SE, da für diese Ebene der Arbeitnehmerbeteiligung die EBR-RL nicht eingreift und auch die allgemeinen nationalen Bestimmungen nicht anwendbar sind.[541] Dies folgt bereits aus dem Wortlaut von Art. 3 Abs. 6 Unterabs. 1 S. 1 SE-RL, da dort nur die Geltung der *„Vorschriften für die Unterrichtung und Anhörung der Arbeitnehmer"* geregelt ist.[542]

c) Wiederaufnahme der Verhandlungen

Nach dem Beschluss der Nichtaufnahme oder des Abbruchs von Verhandlungen kann das BVG gem. **Art. 3 Abs. 6 Unterabs. 4 SE-RL** grundsätzlich frühestens nach zwei Jahren erneut einberufen werden, es sei denn es wurde von den Parteien ein früherer Zeitpunkt vereinbart. Zu der Wiedereinberufung bedarf es eines schriftlichen Antrags von mindestens zehn Prozent der Arbeitnehmer der SE, ihrer Tochtergesellschaften und Betriebe oder von den Vertretern dieser Arbeitnehmer.[543] Da das BVG aufgelöst wurde, muss es erneut eingesetzt werden. Hat keine Veränderung der Arbeitnehmerzahl stattgefunden, so gilt die bereits bei Gründung ermittelte Sitzverteilung weiter. Es erfolgt nur eine erneute Wahl oder Bestellung der Mitglieder des BVG. Dagegen muss bei einer nun abweichenden Arbeitnehmerzahl oder strukturellen Änderungen[544] das gesamte Einsetzungsverfahren nach Art. 3 Abs. 2 SE-RL erneut durchlaufen werden. Nach-

---

539 Allerdings verweist auch das deutsche Umsetzungsgesetz in § 47 Abs. 1 Nr. 2 SEBG allgemein auf sämtliche Vorschriften des EBRG.

540 Allerdings muss die Arbeitnehmerzahl der SE den Schwellenwert der EBR-RL erreichen; *Risak*, Ecolex 2004, 767, 768.

541 *Schmidt, M.*, Das Arbeitsrecht der Europäischen Gemeinschaft, IV. III. 3. a) ee), Rn. 87.

542 Weiterhin spricht Art. 13 Abs. 2 SE-RL, wonach einzelstaatliche Rechtsvorschriften und/oder Gepflogenheiten in Bezug auf die Arbeitnehmermitbestimmung, die nicht zur Umsetzung der SE-RL dienen, keine Anwendung finden, für eine Aussparung dieser Form der Arbeitnehmerbeteiligung; vgl. zum Ganzen *Schmidt, M.*, Das Arbeitsrecht der Europäischen Gemeinschaft, IV. III. 3. a) ee), Rn. 87. Schließlich zeigt auch Art. 13 Abs. 3 SE-RL, dass die Mitbestimmung in den Organen der SE, anders als die sonstigen Beteiligungsrechte und die Mitbestimmung in den Tochtergesellschaften, nicht besonders geschützt wird.

543 Die Vorgabe eines Prozentsatzes anstatt einer konkreten Arbeitnehmerzahl wird im Schrifttum kritisiert, da dies die Untersuchung erschwere, inwieweit ein wirksamer Antrag gestellt wurde. Allerdings wird zugestanden, dass dies erforderlich sei. Denn anders als in der EBR-RL hänge die Anwendbarkeit der SE-RL nicht von einer bestimmten Arbeitnehmerzahl ab; vgl. zum Ganzen *Lambach*, Die Beteiligung in der SE, S. 168.

544 Vgl. unten S. 290 ff.

dem das BVG einberufen worden ist, kann es einen Beschluss zur Wiederaufnahme der Verhandlungen fassen, wobei nun die Geschäftsleitung der SE Verhandlungspartner ist. Sollte in den Verhandlungen keine Einigung erzielt werden, dann findet ebenso wie bei einem Beschluss i.S.d. Art. 3 Abs. 6 Unterabs. 1 SE-RL keine der Bestimmungen des Anhangs der SE-RL Anwendung. Daher gelten weiterhin die jeweiligen nationalen Unterrichtungs- und Anhörungsrechte sowie die nationalen Umsetzungsgesetze zur EBR-RL.[545]

d) Stetige Möglichkeit der Wiederaufnahme von Verhandlungen

In der SE-RL findet sich ebenso wie in der EBR-RL und der SCE-RL kein Hinweis, ob auch nach diesem Scheitern der Verhandlungen von den Arbeitnehmern der SE bzw. deren Vertretern erneut eine Wiederaufnahme des Verfahrens beantragt werden kann.[546] Dennoch wird in der Literatur eine solche wiederholte Einberufungsmöglichkeit befürwortet, da sich der SE-RL kein Ausschluss dieser Option entnehmen lasse und das gesamte Regelungswerk darauf ausgerichtet sei.[547]

Tatsächlich ist die Möglichkeit einer erneuten Antragstellung zu fordern, wenn auch aus einem anderen Grund. Der Kosten-Nutzen-Faktor spricht gegen eine erneute Antragsmöglichkeit, da der SE durch ein solches Verhandlungsverfahren große Kosten entstehen können und der erfolgreiche Abschluss einer Vereinbarung im dritten Versuch fragwürdig ist. Ferner greift die Zielsetzung der Wiederaufnahme von Verhandlungen bei der Gewährung weiterer Antragsmöglichkeiten nicht mehr. Diese besteht darin, dass die Arbeitnehmer in der SE bzw. deren Vertreter in der genannten Zeitspanne zwar keiner Mitbestimmung unterliegen, jedoch mit den unterschiedlichen nationalen Arbeitnehmerbeteiligungssystemen, die in den Tochtergesellschaften und Betrieben der SE gem. Art. 13 Abs. 3 Buchst. a SE-RL weiterhin bestehen, konfrontiert werden. Sie können dabei die Vor- und Nachteile der einzelnen Partizipationsmodelle kennen lernen und ihre anfängliche Skepsis, die zu einem Beschluss im Sinne des Art. 3 Abs. 6 SE-RL geführt hat, überwinden. Daher wird ihnen durch Art. 3 Abs. 6 Unterabs. 4 SE-RL eine zweite Chance zum Abschluss einer Vereinbarung eröffnet. Allerdings greift diese Zielsetzung bei der Gewährung einer weiteren zweiten Antragsmöglichkeit nicht mehr. Die Sammlung von Erfahrungen mit den verschiedenen Beteiligungssystemen ist nun abgeschlossen und daher ein anderes Ergebnis in erneuten Verhandlungen unwahrscheinlich.

Die erneute Möglichkeit der Antragstellung ist vor allem notwendig, um der erstmaligen Wiederaufnahme von Verhandlungen Aussicht auf Erfolg zu geben. Grundsätzlich ist in diesem erneuten Verfahren die Wahrscheinlichkeit einer Einigung bzw. der Vereinbarung eines hohen Standards der Arbeitnehmerbeteili-

---

545 Ebenso *Lambach*, Die Beteiligung in der SE, S. 168 f.

546 *Kuffner*, Die Beteiligung der Arbeitnehmer, S. 143.

547 *Kuffner*, Die Beteiligung der Arbeitnehmer, S. 143.

gung zwischen BVG und der Geschäftsleitung der SE nämlich wesentlich geringer als bei Gründung der SE. Bei der Errichtung einer SE liegt es aufgrund des Art. 12 Abs. 2 SE-VO, der die Registrierung der SE von einer Vereinbarung abhängig macht, im Interesse der Leitungs- oder Verwaltungsorgane der beteiligten Gesellschaften, möglichst schnell zu einer Einigung zu gelangen. Anders ist dies im Fall der Wiederaufnahme der Gespräche, da nun die SE bereits eingetragen ist. Daher könnte die Geschäftsleitung der bereits bestehenden SE die Frist des Art. 5 SE-RL in Ruhe verstreichen lassen, ohne vergleichbare Konsequenzen befürchten zu müssen. Der Kostenfaktor eines etwas länger andauernden Verhandlungszeitraums wird sie jedenfalls nicht zu Zugeständnissen zwingen, denn ein Großteil der Kosten ist bereits durch die Einsetzung des BVG und den Beginn des Verfahrens entstanden.[548] Erschwerend kommt hinzu, dass gem. Art. 3 Abs. 6 Unterabs. 4 S. 2 SE-RL bei einem Scheitern der Verhandlungen auch die der Absicherung dienende Auffangregelung nicht zur Anwendung gelangt. Den Arbeitnehmern blieben daher nur noch Arbeitskampfmaßnahmen zur Durchsetzung ihrer Interessen, soweit sie nach ihrem nationalen Recht zugelassen sind.[549] Solche Maßnahmen halten aber den Ablauf der Verhandlungsfrist nicht auf, so dass die Geschäftsleitung der SE mit einer Verzögerungstaktik die Einrichtung unternehmerischer Mitbestimmung in der SE im zweiten Anlauf vermeiden könnte. Unter diesen Umständen ist es schwer vorstellbar, dass in eine bereits bestehende SE ohne den Eintritt struktureller Veränderungen unternehmerische Mitbestimmung eingeführt werden kann.[550]

Anders stellt sich die Situation aber dar, wenn die Arbeitnehmer der SE bzw. deren Vertreter bei einem erneuten Scheitern der Verhandlungen immer wieder einen Antrag auf die Wiedereinberufung des BVG stellen können. Dann bestünde ein Druckmittel gegenüber der Geschäftsleitung, da immerhin ein nicht unerheblicher Zeit- und Organisationsaufwand sowie ein gewisses Maß an Kosten durch das erneute Verhandlungsverfahren droht. Zwar ist die Verhandlungsposition der Mitglieder des BVG nicht so stark wie im Falle der Gründung einer SE. Doch liegt es unter diesen Umständen auch im Interesse der Geschäftsleitung, durch eine Vereinbarung zu einer dauerhaften Beendigung des Verfahrens zu

---

548 Im Ergebnis ebenso *Krause*, der darauf hinweist, dass die Machtverhältnisse nun anders verteilt seien und die Arbeitgeberseite nun ihrerseits *„mauern"* könne; *Krause*, BB 2005, 1221, 1225.

549 Vgl. zu der Problematik, dass die Formulierung in Art. 4 Abs. 1 SE-RL hinsichtlich der Verhandlung *„mit dem Willen der Verständigung"* in vielen Mitgliedstaaten sinnentleert ist; oben S. 190 f.

550 So wird sich beispielsweise die Geschäftsleitung einer Holding-SE mit Sitz in Großbritannien, an der eine deutsche Gesellschaft beteiligt ist, nach einem Antrag der deutschen Arbeitnehmervertreter wohl nicht auf eine Installation von Mitbestimmung einlassen, auch wenn jetzt alle Arbeitnehmervertreter im BVG für die Einführung eines gewissen Niveaus dieser Form der Arbeitnehmerpartizipation eintreten.

gelangen. Für eine erneute Möglichkeit der Wiederaufnahme von Verhandlungen spricht auch das in Erwägungsgrund 9 SE-RL festgeschrieben Primat der Vereinbarungslösung. Dieser Vorrang einer Vereinbarung rechtfertigt es, die Verhandlungsposition der Arbeitnehmerseite durch die Aussicht auf stete Wiederholung des Verfahrens bis zum Abschluss einer Vereinbarung aufzuwerten. Demnach können zehn Prozent der Arbeitnehmer der SE bzw. deren Stellvertreter nach Ablauf des genannten Zeitraums durch einen Antrag auf Wiedereinsetzung des BVG solange erneut das Verhandlungsverfahren in Gang setzen, bis entweder eine Vereinbarung getroffen oder die Auffangregelung für anwendbar erklärt wurde. Um die SE zu schützen, sollte der Geschäftsleitung allerdings gestattet werden, dieses Verfahren durch den Vortrag des Missbrauchs[551] bzw. der offensichtlichen Erfolglosigkeit[552] zu stoppen.

IV. Beschlussfassung im BVG gem. Art. 3 Abs. 4 bzw. Art. 3 Abs. 6 SE-RL

Die Vorschriften zur Beschlussfassung im BVG sind kompliziert gestaltet und spiegeln den Kompromisscharakter der SE-RL wieder. Gerade die Frage nach den erforderlichen Mehrheiten im BVG bei einer Abstimmung über die Mitbestimmung war heftig umstritten und ist *„politisch sehr sensibel“*[553]. Geprägt sind die Regelungen von den Zielsetzungen des 10. Erwägungsgrund SE-RL, wonach die *„Abstimmungsregeln (...) in einem angemessenen Verhältnis zur Gefahr der Beseitigung oder der Einschränkung der bestehenden Mitbestimmungssysteme und -praktiken stehen (sollen)“*. Des Weiteren wird dort festgestellt, dass eine solche Gefahr bei der Gründung einer SE im Wege der Umwandlung oder Verschmelzung größer ist als bei den anderen beiden Gründungsformen. Um diese Vorgaben zu gewährleisten, gibt es im Rahmen der Beschlussfassung zwei verschiedene Mehrheitsverhältnisse und insgesamt drei verschiedene Konstellationen.[554]

1. Beschlussfassung mit doppelter absoluter Mehrheit

Grundsätzlich beschließt das BVG gem. **Art. 3 Abs. 4 S. 1 SE-RL** mit der absoluten Mehrheit seiner Mitglieder, sofern diese Mehrheit auch die absolute Mehrheit der in der zukünftigen SE beschäftigten Arbeitnehmer vertritt. Bei der Abstimmung verfügt jedes Mitglied im BVG über eine Stimme. Damit genügt die einfache Mehrheit der anwesenden Mitglieder im BVG nicht. Aber auch wenn eine absolute Mehrheit dieser Mitglieder vorliegt, kommt ein Beschluss im BVG

---

551 Zu denken ist beispielsweise daran, dass eine Gruppe von Arbeitnehmern einen solchen Antrag androht, um gegenüber der SE-Leitung anderweitige Interessen durchzusetzen.

552 Ein solcher Fall könnte beispielsweise vorliegen, wenn die gleiche Gruppe von Arbeitnehmern erneut diesen Antrag stellt und sich die Mehrheit der Arbeitnehmer ersichtlich gegen eine Vereinbarung ausgesprochen hat.

553 *Kleinsorge*, RdA 2002, 343, 349.

554 *Köstler*, in: *Theisen/Wenz* (Hrsg.), Die Europäische Aktiengesellschaft, S. 331, 344 f.

nicht zustande, wenn diese Mitglieder nicht mindestens 50 Prozent aller in der SE beschäftigten Arbeitnehmer repräsentieren. Mit dieser *„doppelten absoluten Mehrheit"*[555] wird einerseits erreicht, dass das Prinzip der Proportionalität gegenüber dem Grundsatz der Repräsentativität wieder stärker gewichtet wird, da bei der Besetzung des BVG der Verhältnismäßigkeitsgrundsatz in den Hintergrund geraten kann.[556] Es wird ein Ausgleich dahingehend geschaffen, dass nicht über die Köpfe der absoluten Mehrheit aller Arbeitnehmer hinweg entschieden werden kann. Andererseits wird aber auch sichergestellt, dass die absolute Mehrheit der Vertreter im BVG Berücksichtigung findet.[557]

2. Beschlussfassung mit dreifach qualifizierter Mehrheit

Gerade aufgrund der Prämisse der *„Sicherung erworbener Rechte der Arbeitnehmer"*[558] und der damit einhergehenden *„Vorher-Nachher-Betrachtung"*[559] besteht immer dann, wenn eine Gefahr für die bestehende Mitbestimmung der Arbeitnehmer befürchtet wurde, das Erfordernis der *„dreifach qualifizierte(n) Mehrheit"*[560].

a) Beschluss über die Minderung der Mitbestimmungsrechte

Hätten die Verhandlungen zwischen den Parteien und folglich der Beschluss des BVG eine Minderung der Mitbestimmungsrechte zur Folge, so ist eine Mehrheit von zwei Dritteln der Stimmen der Mitglieder des BVG, die mindestens zwei Drittel der in mindestens zwei verschiedenen Mitgliedstaaten beschäftigten Arbeitnehmer vertreten, erforderlich. Dabei genügt es hinsichtlich der Repräsentation von Arbeitnehmern aus verschiedenen Mitgliedstaaten, dass auch nur eines der für eine Mitbestimmungsminderung stimmenden Mitglieder im BVG aus einem anderen Mitgliedstaat stammt als die übrigen Vertreter der einen solchen Beschluss unterstützenden Gruppe.[561]

aa) Vorliegen von Mitbestimmungsminderung

Eine Minderung der Mitbestimmungsrechte liegt gem. Art. 3 Abs. 4 Unterabs. 2 SE-RL immer dann vor, wenn der *„Anteil der Mitglieder der Organe der*

---

555 *Schmidt, M.*, Das Arbeitsrecht der Europäischen Gemeinschaft, IV. III. 3. a) dd), Rn. 83.

556 Vgl. oben S. 153 ff.

557 Vgl. dass Beispiel von *Kuffner*, die allerdings bei ihrem Exempel von einer steten Aufrundung bei Vorliegen eines Bruchteils der Tranche von zehn Prozent ausgeht; *Kuffner*, Die Beteiligung der Arbeitnehmer, S. 135.

558 Erwägungsgrund Nr. 18 SE-RL

559 *Kleinsorge/Neye*, BArbBl 2001, 5, 7.

560 *Schmidt, M.*, Das Arbeitsrecht der Europäischen Gemeinschaft, IV. III. 3. a) dd), Rn. 84.

561 Ebenso *Gahleitner* mit dem Hinweis auf den deutschen und englischen Wortlaut von Art. 3 Abs. 4 SE-RL, *Gahleitner*, in: *Kalss/Hügel* (Hrsg.), Europäische Aktiengesellschaft, § 221 ArbVG, S. 767, Rn. 3. Diese Auslegung ist auch nach Sinn und Zweck erforderlich, da eine anderweitige Interpretation das Erreichen der dreifach qualifizierten Mehrheit beinahe unmöglich gestaltet.

SE im Sinne des Artikels 2 Buchstabe k geringer ist als der höchste in den beteiligten Gesellschaften geltende Anteil".[562] Diese Formulierung hat aufgrund seiner Verweisung auf Art. 2 Buchst. k SE-RL im Schrifttum unterschiedliche Auslegungen hervorgerufen.

(1) Alleinige Relevanz des Repräsentationsmodells

Einerseits[563] wird ausgeführt, dass ein Mitbestimmungsverlust vorliege, wenn der Anteil der Arbeitnehmervertreter im Aufsichts- oder Verwaltungsorgan der zukünftigen SE niedriger sei als der höchste Anteil der Arbeitnehmervertreter in den beteiligten Gesellschaften. Nach dieser Auffassung wird demnach das Vorliegen einer Minderung der Mitbestimmung wohl allein danach beurteilt, in welchem Umfang die Arbeitnehmer im Aufsichts- oder Verwaltungsorgan vertreten sind. Dafür spricht auch folgendes verwendetes Beispiel:

> *„Für eine Verhandlungssituation unter Beteiligung deutscher Gesellschaften und Arbeitnehmervertretern würde dies also bedeuten, dass wenn in Deutschland auf die Gesellschaft das Mitbestimmungsgesetz von 1976 Anwendung fände, (...) unterhalb der Hälfte der Sitze im Aufsichts- oder Verwaltungsorgan der SE (...) (eine Minderung der Mitbestimmung vorliege)."* [564]

Die Vertreter dieser Auffassung berücksichtigen dagegen nicht die Möglichkeit, dass auch eine Verringerung der Anzahl der Mitglieder des Aufsichts- oder Verwaltungsorgans, deren Bestellung und/oder Ablehnung von den Arbeitnehmervertretern der SE vorgenommen werden darf, zu einer solchen Mitbestimmungsminderung führten könnte.

(2) Relevanz des Repräsentations- und Kooptationsmodells

Andererseits[565] wird zu Recht genauer differenziert und ein Verlust an Mitbestimmung auch dann angenommen, wenn die Arbeitnehmer bzw. ihre Vertreter in geringerem Umfang auf die Zusammensetzung des Aufsichts- oder Verwal-

---

562 Für den Fall der Gründung einer SE durch Umwandlung ist allerdings die Vereinbarung einer Mitbestimmungsminderung gem. Art. 4 Abs. 4 SE-RL überhaupt nicht möglich.

563 *Kleinsorge/Neye*, BArbBl 2001, 5, 7; *Köstler*, in: *Theisen/Wenz* (Hrsg.), Die Europäische Aktiengesellschaft, 1. Aufl. Stuttgart 2002, S. 301, 309. Im Ergebnis wohl ebenso *Grobys*, der im Rahmen des Gesetzesentwurfs zum SEEG Kritik an § 15 Abs. 4 Buchst. b SEBG übt. Nach Ansicht des Autors steht diese Ausweitung des Vorliegens eines Mitbestimmungsverlustes im Widerspruch zur Definition in Art. 3 Abs. 4 Unterabs. 2 SE-RL; *Grobys*, NZA 2004, 779, 781. Auch in der *Stellungnahme von BDA, BDI, DIHK, GDV, BdB und Dt. Aktieninstitut* wird mit dieser Argumentation gegen den deutschen Gesetzesentwurf vorgegangen; Stellungnahme v. 03.05.2004, S. 10.

564 *Köstler*, in: *Theisen/Wenz* (Hrsg.), Die Europäische Aktiengesellschaft, 1. Aufl., Stuttgart 2002, S. 301, 309.

565 *Herfs-Röttgen*, NZA 2002, 358, 361; *Reichert/Brandes*, ZGR 2003, 767, 777 f., 783 ff.; *Schäfer*, Der europäische Rahmen für Arbeitnehmermitwirkung, S. 83; *Wißmann*, FS Wiedemann (2002), S. 685, 691. Ebenso *Veelken*, wonach zwischen den Mitbestimmungsformen des Art. 2 Buchst. k SE-RL lediglich eine zahlenmäßige, aber keine qualitative Abstufung vorzunehmen sei; *Veelken*, FS Blomeyer (2004), S. 491, 512 f.

tungsorgans Einfluss nehmen können. Begründet wird dies mit dem **Wortlaut** der Vorschrift, da Art. 3 Abs. 4 SE-RL auf Art. 2 Buchst. k SE-RL verweise und dort das niederländische Kooptationsmodell dem deutschen Repräsentationsmodell gleichgestellt werde. Daneben spricht auch die **historische Auslegung** für diese Vorgehensweise. Bereits im Richtlinienentwurf unter britischer Ratspräsidentschaft findet sich in Art. 3 Abs. 7 RL-Entwurf GB eine Regelung, in der verschiedene Optionen für ein Mehrheitserfordernis bei einer Verringerung der Mitbestimmung im Hinblick auf beide Modelle vorgeschlagen werden.[566] Auch im Rahmen des österreichischen Kompromissvorschlags wurden in Art. 3 Abs. 4 Unterabs. 2 RL-Entwurf A beide Formen in die Definition der Mitbestimmungsminderung einbezogen.[567] Schließlich wurde im Entwurf der deutschen Präsidentschaft in dieser Hinsicht sogar eine Präzisierung des Begriffs der Mitbestimmungsminderung vorgenommen.[568] Demzufolge erstreckte sich die Definition der Mitbestimmungsminderung stets auf beide Formen. Darüber hinaus hat die Kommission diese beiden Mitbestimmungsmodelle in ihren die Mitbestimmung berührenden Richtlinienentwürfen stets als gleichwertig betrachtet.[569]

(3) Zusammentreffen beider Mitbestimmungsmodelle

Zugleich wird zum Teil[570] weiter ausgeführt, dass die Bezugnahme auf Art. 2 Buchst. k SE-RL bei der Feststellung, ob eine Verringerung des Mitbestimmungsniveaus im Sinne des Art. 3 Abs. 4 S. 4 SE-RL vorliege, zu Problemen führen könne. Dies wird an folgendem Beispiel dargestellt:

> *„Eine deutsche Aktiengesellschaft plant einen Zusammenschluss mit einer holländischen Aktiengesellschaft (N.V.). Auf die deutsche AG sind die Vorschriften des Mitbestimmungsgesetzes anwendbar, der Aufsichtsrat der holländischen N.V. wird nach dem so genannten Kooptationsmodell zusammengesetzt."*[571]

---

566 Dabei geht es in Art. 3 Abs. 7 Buchst. a RL-Entwurf GB um das Recht der Arbeitnehmer, einen Teil der Mitglieder des Verwaltungs- oder Aufsichtsorgans zu wählen oder zu bestellen und in Art. 3 Abs. 7 Buchst. b RL-Entwurf GB um das Recht der Arbeitnehmer, die Bestellung eines bestimmten Teils dieser Mitglieder zu empfehlen oder abzulehnen.

567 Nach dieser Vorschrift liegt eine Minderung vor, wenn der Anteil der Mitglieder der Gremien der Europäischen Aktiengesellschaft, der von den Mitarbeitern und/oder ihren Vertretern gewählt oder bestellt, empfohlen und/oder abgelehnt werden kann, geringer ist als der größte in den beteiligten Gesellschaften geltende Anteil.

568 Gem. Art. 3 Abs. 4 Unterabs. 3 RL-Entwurf D ist eine solche gegeben, wenn der Anteil der Mitglieder der Organe der Europäischen Aktiengesellschaft im Sinne des Art. 2 Buchst. k erster oder zweiter Gedankenstrich geringer ist als der höchste in den beteiligten Gesellschaften geltende Anteil.

569 *Reichert/Brandes*, ZGR 2003, 767, 786.

570 *Reichert/Brandes*, ZGR 2003, 767, 777 f., 783 ff.; *Wißmann*, FS Wiedemann (2002), S. 685, 692. Ebenso *Oetker*, in: *Lutter/Hommelhoff* (Hrsg.), Die Europäische Gesellschaft, S. 277, 304 f.

571 *Reichert/Brandes*, ZGR 2003, 767, 784.

Anhand dieser Ausgangsposition ergebe sich bei der geplanten Übernahme eines dieser beiden Mitbestimmungssysteme das Problem, dass jeweils die Arbeitnehmervertreter aus dem Mitgliedstaat, dessen Mitbestimmungsmodell nicht übernommen werden solle, das Vorliegen einer Mitbestimmungsminderung behaupten könnten. Einerseits führe aus der Sicht der deutschen Mitglieder im BVG die Annahme des niederländischen Systems zu einer solchen Verminderung, da in der deutschen Aktiengesellschaft eine unmittelbare Partizipation der Arbeitnehmervertreter im Aufsichtsorgan bestehe. Dagegen existiere für die holländischen Arbeitnehmervertreter nur ein Mitspracherecht bei der Bestellung der Mitglieder in diesem Organ. Andererseits könnten die holländischen Mitglieder im BVG bei der geplanten Annahme des deutschen Modells argumentieren, dass aus niederländischer Sicht eine Verschlechterung der Mitbestimmung vorliege. Die Arbeitnehmervertreter der holländischen NV könnten nämlich nicht nur auf die Bestellung eines Teils der Mitglieder des Aufsichtsrats, sondern auf die Bestellung aller Mitglieder dieses Organs Einfluss nehmen.[572]

Umstritten ist innerhalb dieser Ansicht, welche Folgen ein solches Zusammentreffen des Repräsentations- und Kooptationsmodell mit sich bringt. Einerseits[573] wird vertreten, dass das Recht, Arbeitnehmervertreter in den Aufsichtsrat zu wählen oder zu bestellen, höherwertig anzusehen sei als die Befugnisse im niederländischen System. Da zwischen beiden Modellen ein so grundlegender Unterschied bestehe, müsse dies bei der Frage nach dem Vorliegen einer Mitbestimmungsminderung berücksichtigt werden.[574] Diese Ansicht kommt folglich wohl zu dem Ergebnis, dass im Falle des Zusammentreffens die Wahl des Kooptationsmodells stets eine Mitbestimmungsminderung darstelle. Andererseits[575] wird ausgeführt, dass das niederländische System stets als höherwertig zu beurteilen sei, da in der SE-RL das Vorliegen von Mitbestimmungsminderung nach quantitativen und nicht nach qualitativen Merkmalen zu bewerten sei.

Die Vertreter einer vermittelnden Ansicht[576] plädieren mit überzeugenden Argumenten für eine differenzierende Betrachtungsweise, die diesen Konfliktfall gerade durch die Einbeziehung des Repräsentations- und Kooptationsmodells interessengerecht löst. Die Frage, ob eine Mitbestimmungsminderung eintreten werde, könne demnach nur durch den Vergleich einander entsprechender Sys-

---

572 *Wißmann*, FS Wiedemann (2002), S. 685, 692.

573 Vgl. zum Ganzen *Reichert/Brandes*, ZGR 2003, 767, 784 ff. Ebenso *Wißmann*, FS Wiedemann (2002), S. 685, 691 f.

574 Vgl. zum Ganzen *Wißmann*, FS Wiedemann (2002), S. 685, 692.

575 *Davies*, ILJ 2003, 75, 85 f., 94. Zugleich zeigt der Autor anhand von Beispielen allerdings, welche *„perverse results“* eine solche Vorgehensweise mit sich bringt. Auch nach Ansicht von *Oetker* liegt in einem solchen Fall stets eine Mitbestimmungsminderung vor; *Oetker*, in: *Lutter/Hommelhoff* (Hrsg.), Die Europäische Gesellschaft, S. 277, 304 f.

576 *Reichert/Brandes*, ZGR 2003, 767, 787; *Schwarz*, Kommentar zur SE-VO, Einl. Rn. 273, Art. 40 Rn. 33.

teme erfolgen. Entscheidend ist nach dieser Ansicht, für welches System die Mitglieder des BVG stimmen wollen. Werde die Einführung des Kooptationsmodells für die SE in Betracht gezogen, sei für die Frage der Mitbestimmungsminderung allein darauf abzustellen, ob der Anteil der Mitglieder im Aufsichts- oder Verwaltungsorgan, dessen Bestellung von den Arbeitnehmervertretern empfohlen und/oder abgelehnt werden könne, verringert werde oder zumindest gleich bleibe. Umgekehrt komme es dann, wenn das Repräsentationsmodell eingeführt werden solle, ausschließlich darauf an, ob der Anteil der von den Arbeitnehmern zu wählenden oder zu bestellenden Arbeitnehmervertreter im Aufsichts- oder Verwaltungsorgan der SE zumindest gleich bleibe.[577] Neben der historischen Entwicklung der SE-RL, in deren Verlauf die Kommission trotz aller Kritik diese beiden Mitbestimmungsmodelle in seinen die Mitbestimmung berührenden Richtlinienentwürfen stets als gleichwertig betrachtet habe, spreche auch die systematische Auslegung für diese Vorgehensweise. Argumentiert wird, dass die Legaldefinition des Begriffs der Mitbestimmung in Art. 2 Buchst. k SE-RL beide Systeme übernehme und nebeneinander stelle. Zudem würden für die Berechnung der Schwellenwerte in Art. 7 Abs. 2 Unterabs. 1 SE-RL *„eine oder mehrere Formen der Mitbestimmung"* berücksichtigt, ohne dass eine Differenzierung erfolge. Das BVG könne im Rahmen der Auffangregelung gem. Art. 7 Abs. 2 Unterabs. 2 S. 1 SE-RL bei Vorliegen mehrerer Mitbestimmungsformen auch über die Einführung eines dieser Modelle entscheiden, ohne dass die dreifach qualifizierte Mehrheit erforderlich sei.[578] Da das BVG sich demnach ohne diese besondere Mehrheit, die stets dem Schutz vor einer Mitbestimmungsminderung dient, gegen das Repräsentations- und für das Kooptationsmodell entscheiden kann, spricht dies dafür, dass beide Formen vom europäischen Gesetzgeber als gleichwertig und gleichberechtigt angesehen werden.[579]

---

[577] *Reichert/Brandes*, ZGR 2003, 767, 787. Zustimmend *Hennings*, in: *Manz/Mayer/-Schröder* (Hrsg.), Europäische Aktiengesellschaft SE, S. 727, Rn. 7.

[578] Vgl. zum Ganzen *Reichert/Brandes*, ZGR 2003, 767, 786 und *Schwarz*, Kommentar zur SE-VO, Einl. Rn. 273.

[579] Gegen diese Ansicht wendet sich *Oetker* mit dem Hinweis auf den Wortlaut *„oder"* in § 15 Abs. 4 SEBG, der auf die Alternativität der beiden Mitbestimmungsmodelle hinweise. Auch spreche der mit der dreifach qualifizierten Mehrheit verfolgte Sinn und Zweck gegen eine differenzierende Betrachtungsweise; *Oetker*, in: *Lutter/Hommelhoff* (Hrsg.), Die Europäische Gesellschaft, S. 277, 305.

Dagegen ist bereits einzuwenden, dass gerade die modellspezifische Vorgehensweise die Alternativität der beiden Partizipationssysteme berücksichtigt. Zudem kann von einem nationalen Gesetz kein Rückschluss auf die Auslegung der SE-RL und auf den Willen des europäischen Gesetzgebers gezogen werden.

bb) Definition der Mitbestimmungsminderung als sachgerechtes Kriterium

Die Legaldefinition des Art. 4 Abs. 4 Unterabs. 2 SE-RL beurteilt folglich das Vorliegen eines Mitbestimmungsverlusts allein nach quantitativen Kriterien.[580] Nach dem Wortlaut wird zudem nur der Anteil der Mitglieder im Aufsichts- oder Verwaltungsorgan und nicht deren bisher bestehende Anzahl geschützt. Demnach fehlt es bei einer Reduzierung der Anzahl der Arbeitnehmervertreter bei gleich bleibendem Anteil an einer Mitbestimmungsminderung.[581] Allerdings wird das Niveau der Arbeitnehmerbeteiligung im Unternehmen grundsätzlich nicht nur durch einen quantitativen Gesichtspunkt, sondern auch durch die gesellschaftsrechtlichen Regelungen selbst bestimmt. So können trotz einer Vereinbarung über exakt den gleichen Anteil von Arbeitnehmervertretern im entsprechenden Gesellschaftsorgan sehr unterschiedliche Mitbestimmungsstandards bestehen, da diese auch von anderen Vorschriften abhängig sind.[582] Daher wird an der Definition der Mitbestimmungsminderung in der SE-RL Kritik geäußert bzw. davon ausgegangen, dass unter diesen Begriff auch *„jede andere Einschränkung von Mitbestimmungsrechte(n)“*[583] fällt.

(1) Fehlende Einbeziehung aller möglichen Formen der Mitbestimmungsminderung

Im Schrifttum[584] werden Konstellationen und Beispiele aufgezeigt, in denen das alleinige Abstellen auf ein quantitatives Kriterium die unterschiedlichen Ausprägungen der Mitbestimmung nicht erfasse bzw. zu ungenau sei. Dabei kristallisieren sich verschiedene Problemfelder heraus, die zu untersuchen sind. Zu Recht geben die Autoren zu bedenken, dass aus deutscher Sicht eine Verringerung des Mitbestimmungsniveaus nicht nur durch das Ergebnis der Verhandlungen zwischen dem BVG und den jeweils zuständigen Organen der beteiligten Gesellschaften erfolgen könne. Möglich sei dies auch durch die SE-VO selbst, durch Regelungen der verschiedenen nationalen Gesetzgeber und durch die Satzung der SE, da in diesen Bereichen **gesellschaftsrechtliche Vorschriften** getroffen werden könnten. Zur Veranschaulichung wird folgendes Beispiel angeführt:

---

580 A.A. *Rehberg*, wonach die Vorschrift des Teil 3 Buchst. b Unterabs. 4 An. SE-RL zeige, dass die SE-RL auch die Verhinderung einer qualitativen Mitbestimmungsminderung bezwecke; *Rehberg*, ZGR 2005, 859, 889.

581 Ebenso *Freis*, in: *Nagel/Freis/Kleinsorge* (Hrsg.), Die Beteiligung der Arbeitnehmer in der Europäischen Gesellschaft, S. 142 f., Rn. 22 mit einem Beispiel und *Oetker*, in: *Lutter/Hommelhoff* (Hrsg.), Die Europäische Gesellschaft, S. 277, 304.

582 *Nagel*, ArbuR 2001, 406, 407.

583 *Gahleitner*, in: *Kalss/Hügel* (Hrsg.), Europäische Aktiengesellschaft, § 221 ArbVG, S. 766, Rn. 3.

584 *Herfs-Röttgen*, NZA 2002, 358, 361; *Nagel*, ArbuR 2001, 406, 407; *Reichert/Brandes*, ZGR 2003, 767, 784 ff.

„Unterstellt man rein hypothetisch, dass Deutschland bei der Umsetzung der SE-VO die Bestellung des Vorstandes beim Aufsichtsrat belässt, während die Niederlande sich im Rahmen des dualistischen Systems für eine Bestellung durch die Hauptversammlung entscheiden, dann kann im Rahmen einer Mitbestimmungsvereinbarung die jeweilige Systementscheidung des Gesetzgebers nicht mehr umgedreht werden. Nach niederländischem Recht wäre der Aufsichtsrat reines Kontrollorgan, nach deutschem Recht auch Wahlorgan für den Vorstand."[585]

Auch wenn die jeweils getroffene Mitbestimmungsvereinbarung für Europäische Aktiengesellschaften mit Sitz in Deutschland oder den Niederlanden eine identische Anzahl von Arbeitnehmervertretern im Aufsichts- oder Verwaltungsorgan der SE vorsähe, so bestünde trotzdem bei der Bestellung des Vorstandes ein unterschiedlicher Mitbestimmungsstandard. Ein ähnlicher Unterschied im Niveau der Mitbestimmung kann dieser Ansicht nach entstehen, wenn nationale Gesetzgeber auf der einen Seite einen zwingenden Katalog von zustimmungspflichtigen Geschäften installierten und auf der anderen Seite keine entsprechende Festsetzung vornähmen. Ferner wird ausgeführt, dass es auch bei den Regelungen über die Organisation und Beschlussfassung von Aufsichts- oder Verwaltungsorgan sowie über die Haftung der einzelnen Mitglieder dieser Gesellschaftsorgane zu Unterschieden im Mitbestimmungsstandard kommen könne. Daher wird die Befürchtung geäußert, dass die Mitgliedstaaten im Sinne eines Delaware-Effekts versucht sein könnten, ihr Land zu einem Anziehungspunkt für den Sitz einer SE zu gestalten. Um diese Attraktivität für die Anteilseigner und Manager von Unternehmen zu erreichen, könnte ein Wettbewerb bei der Verringerung der Mitbestimmung zwischen den Staaten entstehen.[586]

Auch der österreichische Gesetzgeber ist durch die Verwendung des Wortes *„jedenfalls"* in § 221 Abs. 4 ArbVG über den Wortlaut der SE-RL hinausgegangen, um klarzustellen, dass unter den Begriff der Mitbestimmungsminderung auch jede qualitative Verringerung der Mitbestimmung zu verstehen ist. Seiner Ansicht nach ist dies erforderlich, da die alleinige Bewertung nach der Anzahl der Arbeitnehmervertreter im betreffenden Organ nicht immer eine befriedigende Lösung darstelle.[587]

---

585 *Nagel*, ArbuR 2001, 406, 407.

586 Vgl. Zum Ganzen *Nagel*, ArbuR 2001, 406, 407.

587 Erläuterungen zur Regierungsvorlage der Änderung des ArbVG, S. 12, am 25.08.2005 unter *http://ris1.bka.gv.at/authentic/index.aspx?appl=begut&page=docbegut&docnr=6* abgerufen = *Gahleitner*, in: *Kalss/Hügel* (Hrsg.), Europäische Aktiengesellschaft, § 221 ArbVG, S. 764. Als Beispiele nennt *Gahleitner* unter anderem die Einschränkung von Stimmrechten oder die Festlegung von diskriminierenden Anwesenheitsquoren für die Arbeitnehmervertreter; *Gahleitner*, in: *Kalss/Hügel* (Hrsg.), Europäische Aktiengesellschaft, § 221 ArbVG, S. 766, Rn. 3.

Diese Problematik unterschiedlicher Mitbestimmungsstandards wird von einer anderen Auffassung im Schrifttum[588] aufgegriffen und die Einbeziehung der gesellschaftsrechtlichen Bereiche in die Verhandlungen richtigerweise abgelehnt. Demnach seien solche Fälle nicht unter die Definition der Mitbestimmungsminderung im Sinne der SE-RL zu subsumieren, da sie nicht im Rahmen einer Vereinbarung über die Beteiligung der Arbeitnehmer zwischen dem BVG und den jeweils zuständigen Organen der beteiligten Gesellschaften getroffen werden könnten. Es gebe bestimmte Bereiche, die allein in die Zuständigkeit der Anteilseigner fielen. So entscheide beispielsweise im Falle der Implementation des Art. 39 Abs. 2 Unterabs. 2 SE-VO in nationales Recht, dessen Umsetzung mit einer Schwächung der Befugnisse des Aufsichtsorgans einhergehe, der Satzungsgeber über die Wahrnehmung dieser Ermächtigung. Dies könne kein Verhandlungsgegenstand zwischen dem BVG und den zuständigen Organen der beteiligten Gesellschaften sein, da sonst die in der SE-VO geregelten Befugnisse der Mitgliedstaaten oder der Satzungsgeber der SE durch eine Vereinbarung eingeschränkt werden könnten. Gleiches gelte unter anderem für die Festlegung der Geschäfte, für die gem. Art. 48 Abs. 1 SE-VO das Aufsichtsorgan seine Zustimmung erteilen müsse bzw. ein Beschluss des Verwaltungsorgans erforderlich sei. Darüber hätten die der Satzungsgeber und damit die Anteilseigner zu entscheiden.[589]

Des Weiteren wird im Schrifttum[590] die Frage gestellt, ob sich aufgrund der **Wahlmöglichkeit zwischen monistischem und dualistischem System** nicht unter bestimmten Voraussetzungen eine Mitbestimmungsminderung geradezu zwingend ergeben müsse. Zwar sei dies unproblematisch, wenn sich beispielsweise eine dem MitBestG unterliegende deutsche AG mit einer luxemburgischen SA, deren Verwaltungsrat zu einem Drittel aus Arbeitnehmervertretern bestehe, zusammenschließe und das dualistische System in die SE eingeführt werde. Dann könne die paritätische Mitbestimmung in die SE integriert werden und es liege keine Mitbestimmungsminderung vor. Probleme ergeben sich aber nach Ansicht der Autoren dann, wenn in dem Beispielsfall die zukünftige SE die monistische Struktur einführen wolle und das BVG keine Mitbestimmungsminderung vereinbart habe. In einem solchen Fall müsse zwar das Verwaltungsorgan der SE zur Hälfte aus Arbeitnehmervertretern bestehen, doch gegen eine solche paritätische Besetzung spreche dessen Funktion als Leitungs- und Kontrollorgan.[591]

---

588 *Herfs-Röttgen* stellt dies anhand eines mit dem Beispiel von *Nagel* beinahe identischen Falls dar, nur das hier Österreich anstelle der Niederlande eine von Deutschland abweichende Vorschrift erlassen hat; *Herfs-Röttgen*, NZA 2002, 358, 361.

589 Vgl. zum Ganzen *Herfs-Röttgen*, NZA 2002, 358, 361.

590 *Reichert/Brandes*, ZGR 2003, 767, 787 ff.

591 Vgl. zum Ganzen *Reichert/Brandes*, ZGR 2003, 767, 784 ff.

Schließlich wird im Schrifttum[592] die Frage aufgeworfen, ob bei der Beurteilung einer Mitbestimmungsminderung nicht eine Gesamtbetrachtung in allen beteiligten Gesellschaften erforderlich sei. Vor allem bei deutscher Beteiligung könne eine Mitbestimmungsvereinbarung aus deutscher Sicht eine Minderung, aus der Sicht der Arbeitnehmer anderer Mitgliedstaaten aber eine Verbesserung darstellen. Zur Untermauerung dieser These wird folgendes Beispiel entwickelt:

> *„Eine britische Public Company Limited by Shares, die über eine unternehmerische Mitbestimmung ihrer Arbeitnehmer in den Gesellschaftsorganen nicht verfügt, und eine deutsche Aktiengesellschaft, die der Drittel-Mitbestimmung nach dem BetrVG 1952*[593] *unterliegt, entscheiden sich, eine gemeinsame Tochter-SE in der Bundesrepublik zu gründen. Im Rahmen der Verhandlungen über die künftige Arbeitnehmerbeteiligung wird Einvernehmen darüber erzielt, dass dem Aufsichtsrat der SE Arbeitnehmervertreter angehören sollen. Der auf die Arbeitnehmerseite entfallende Anteil der Aufsichtsratssitze liegt allerdings unter dem bisher in der deutschen Gesellschaft geltenden Drittel.“*[594]

Aufgrund der Definition des Art. 3 Abs. 4 S. 4 SE-RL liegt nach dieser Ansicht eine Mitbestimmungsminderung vor, da sich aus deutscher Sicht eine Reduzierung der Anzahl der Arbeitnehmervertreter im Aufsichtsrat ergebe. Insgesamt bedeute die Vereinbarung aber eine Verbesserung des Mitbestimmungsstandards, da nunmehr auch die Arbeitnehmer aus Großbritannien im Aufsichtsrat vertreten seien. Ferner wird die Frage aufgeworfen, nach welchen einheitlichen Kriterien eine Gesamtbetrachtung vorgenommen werden könne. Um die Problematik der unterschiedlichen einzelstaatlichen Sichtweisen zu verdeutlichen, wird als Beispiel die Bildung der *Aventis SA* im Jahre 1999 verwendet.[595] Die dort getroffene Vereinbarung, wonach die Arbeitnehmerseite im Ergebnis vier der 14 Sitze im Aufsichtsrat stelle, bedeute aus französischer Sicht eine Verbesserung, nach deutschem Ansatz eine Verschlechterung der Mitbestimmung. Ähnliche Schwierigkeiten bei der Bewertung bestünden, wenn auf der einen Seite der Anteil der Arbeitnehmervertreter im Aufsichtsrat verringert und auf der anderen Seite deren *„prozedurale oder materielle Rechtsstellung“*[596] aufgewertet werde. Daher wird vorgeschlagen, dass aus der Sicht der SE im Rahmen einer Gesamtbetrachtung zu bewerten sei, ob sich die Mitbestimmung bei allen betroffenen Arbeitnehmern aus den verschiedenen Mitgliedstaaten verschlechtert habe oder ob die Verminderung für einen Teil der Arbeitnehmer nicht durch die Verbesserung für den anderen Teil der Arbeitnehmer aufgewogen werde. Bei dieser Beurteilung sei auch die Anzahl der beteiligten Arbeitnehmer in den jeweiligen

---

592 *Gahleitner*, in: *Kalss/Hügel* (Hrsg.), Europäische Aktiengesellschaft, § 221 ArbVG, S. 766 f., Rn. 3; *Herfs-Röttgen*, NZA 2002, 358, 361; *Nagel*, ArbuR 2001, 406, 407.

593 Dies wäre nach heutigem Stand das DrittelbG.

594 *Herfs-Röttgen*, NZA 2002, 358, 361.

595 *Nagel*, ArbuR 2001, 406, 407. Siehe oben S. 1 ff.

596 *Nagel*, ArbuR 2001, 406, 407.

Mitgliedstaaten zu berücksichtigen.[597] Allerdings wird innerhalb dieser Auffassung zum Teil zugestanden, dass eine rein quantitative Betrachtungsweise in der SE-RL eine präzise Beurteilung ermögliche, während im Rahmen einer Gesamtbetrachtung aufgrund der vorzunehmenden Abwägungen in manchen Fällen Unstimmigkeiten entstehen könnten.[598]

(2) Stellungnahme

Den Autoren ist dahingehend zuzustimmen, dass das alleinige Abstellen auf die Quantität ein recht grobes Kriterium für die Beurteilung einer Mitbestimmungsminderung darstellt. Andererseits besteht mit dieser Definition die Möglichkeit, das Vorliegen einer Verschlechterung der Mitbestimmung schnell, präzise und gut durchführbar zu bewerten.[599] Dadurch werden Unklarheiten vermieden und die Möglichkeit individueller Anpassungen an die spezifischen Besonderheiten einer SE durch qualitative Änderungen gewährleistet.

Bei der Verknüpfung der Option zwischen dualistischer und monistischer Organisationsstruktur mit der Mitbestimmung handelt es sich tatsächlich um einen sehr problematischen Bereich. Die scheinbare Inkompatibilität der deutschen Mitbestimmung mit dem monistischen System darf jedoch nicht dazu führen, dass in einem solchen Fall die paritätische Besetzung der Mitglieder im Verwaltungsorgan durch Arbeitnehmervertreter vermindert wird.[600] Demzufolge obliegt es den einzelnen Mitgliedstaaten, befriedigende Lösungen für die Einpassung zum Beispiel der deutschen Mitbestimmung in die monistische Struktur zu finden. Die Definition von Mitbestimmungsminderung in Art. 4 Abs. 4 Unterabs. 2 SE-RL ist daher auch im Hinblick auf die Wahlmöglichkeit zwischen monistischem und dualistischem System zu akzeptieren.

Ferner kann über die gesellschaftsrechtlichen Regelungen, die ebenfalls die Mitbestimmung betreffen, nicht im Rahmen des Verhandlungsverfahrens abgestimmt werden.[601] Muss dieser Bereich aber ausgespart werden, so kann er auch nicht in eine Gesamtbetrachtung der Verringerung des Mitbestimmungsniveaus einbezogen werden. Die Definition des Vorliegens von Mitbestimmungsminderung ist nämlich nach dem Wortlaut des Art. 4 Abs. 4 Unterabs. 1 S. 3 SE-RL

---

597 Vgl. zum Ganzen *Nagel*, ArbuR 2001, 406, 407 f.

598 *Herfs-Röttgen*, NZA 2002, 358, 361.

599 Dies wird von *Herfs-Röttgen* zugestanden; *Herfs-Röttgen*, NZA 2002, 358, 361.

600 Dies erkennen auch die Autoren, wenn sie zum einen auf Art. 45 S. 2 SE-VO hinweisen, dessen Wortlaut von der Möglichkeit ausgehe, dass *„die Hälfte der Mitglieder des Verwaltungsorgans von den Arbeitnehmern bestellt"* werde. Zum anderen diskutieren sie verschiedene Gestaltungsmöglichkeiten innerhalb eines paritätisch besetzten Verwaltungsorgans, mit deren Hilfe sie innerhalb dieses Organs wiederum eine Trennung von Geschäftsführung und Überwachung herbeiführen wollen. Vgl. zum Ganzen *Reichert/Brandes*, ZGR 2003, 767, 788 ff.

601 Vgl. zu weiteren Beispielen aus diesem Bereich *Hennings*, in: *Manz/Mayer/Schröder* (Hrsg.), Europäische Aktiengesellschaft SE, S. 664 f, Rn. 7.

allein im Zusammenhang mit den Verhandlungen zu sehen. Darüber hinaus ist zum einen zu bedenken, dass es sich bei den Regelungen in der SE-RL um einen Kompromiss zwischen den Mitgliedstaaten mit ihren unterschiedlichen Mitbestimmungstraditionen handelt. Zum anderen ist zu berücksichtigen, dass innerhalb der EG verschiedenste Formen der Partizipation existieren, so dass sich eine einheitliche Bewertung als äußerst schwierig erweist.[602] Eine mit einer Gesamtbetrachtung einhergehende Abwägung, ob eine solche Vereinbarung für eine SE im Vergleich zu den einzelnen beteiligten Gesellschaften eine Verminderung des Mitbestimmungsniveaus mit sich bringt, erscheint angesichts dieses Variantenreichtums beinahe unmöglich.[603] Die geforderte Bewertung aller die Mitbestimmung beeinflussenden Faktoren würde zudem die Dauer des Verhandlungsverfahrens verlängern. Schließlich drohen aufgrund der vorzunehmenden Abwägung auch Streitigkeiten zwischen den Mitgliedern des BVG über die Frage des Vorliegens von Mitbestimmungsminderung. Auch dies wird eine weitere Verzögerung der Gründung der SE zur Folge haben.[604]

Schließlich kann auch eine Gesamtabwägung die Gefahr einer Minderung des Mitbestimmungsniveaus gegen den Willen eines Teils der Arbeitnehmervertreter nicht abstellen, da zahlreiche Bereiche existieren, die einer Vereinbarung zwischen den Parteien gar nicht zugänglich sind.

Dies soll anhand des folgenden Beispiels deutlich werden:

> *„Eine SE soll durch Verschmelzung gegründet werden. Im Rahmen der Verhandlungen wird vereinbart, dass die paritätische Mitbestimmung im Aufsichtsrat der beteiligten deutschen Gesellschaft beibehalten werden soll. Allerdings werden anschließend in der Satzung der SE gem. Art. 48 Abs. 1 SE-VO die zustimmungspflichtigen Geschäfte für den Aufsichtsrat im Vergleich zur deutschen Gesellschaft stark eingeschränkt."*

In einem solchen Fall kann auch eine Gesamtbetrachtung zu keinem anderen Ergebnis als die rein quantitative Betrachtungsweise in Art. 4 Abs. 4 Unterabs. 2 SE-RL kommen. Einerseits kann über den Katalog der zustimmungspflichtigen Geschäfte keine Vereinbarung getroffen werden und andererseits bestand zum Zeitpunkt einer etwaigen Gesamtbetrachtung diese Einschränkung für das Aufsichtsorgan noch gar nicht. Demzufolge könnte auch bei Abwägung aller Gesichtspunkte die Schwächung der Position der Arbeitnehmervertreter und damit der unternehmerischen Mitbestimmung nicht vermieden werden. Die De-

---

602 So zeigt bereits die Darstellung der vielfältigen möglichen Inhalte von Mitbestimmungsvereinbarungen aus deutscher Sicht, dass deren Vergleich auf rein nationaler Ebene bereits ein schwieriges Unterfangen bedeutet; vgl. *Nagel*, ArbuR 2001, 406, 408.

603 Dies gilt umso mehr im Hinblick auf die Ansicht von *Nagel*, der auch eine Abwägung dahingehend, ob eine Verschlechterung der Mitbestimmung eventuell anderweitig wieder wettgemacht wurde, fordert; *Nagel*, ArbuR 2001, 406, 407.

604 Es stellt sich – falls keine Einigung gefunden werden kann – die Frage, welche Instanz diese Streitigkeiten über das Vorliegen einer Verschlechterung der Mitbestimmung entscheiden soll.

finition der Mitbestimmungsminderung in der SE-RL führt zumindest dazu, dass in dem wichtigen Bereich der quantitativen Beteiligung ein gewisser weiterer Schutz eingebaut wurde. Aus diesen Gründen ist der Vorschlag einer Gesamtbetrachtung abzulehnen.

b) Erfordernis der Schwellenwerte

Die dreifach qualifizierte Mehrheit ist aber trotz Vorliegens einer Mitbestimmungsminderung nicht immer obligatorisch und es muss zwischen den verschiedenen Gründungsformen differenziert werden. Grund hierfür ist das Ziel, die unterschiedlichen nationalen Mitbestimmungsregelungen der Mitgliedstaaten angemessen zu berücksichtigen und der unterschiedlichen Gefährdung der Mitbestimmung je nach Gründungsart Rechnung zu tragen.[605] Daher wurde die Anwendung dieser besonderen Mehrheit an die Erreichung bestimmter Schwellenwerte gekoppelt, deren Höhe vom jeweiligen Gründungstatbestand abhängig ist.[606] In der SE-RL findet sich keine Regelung, zu welchem Zeitpunkt die Berechnung der Schwellenwerte zu erfolgen hat. Dem Vorschlag in der Literatur, eine zeitliche Verknüpfung mit der Ermittlung der Zusammensetzung des BVG vorzunehmen,[607] ist zuzustimmen. Allerdings müssen die jeweiligen nationalen Gesetzgeber auch in diesem Fall eine Regelung erlassen, inwieweit Änderungen der Arbeitnehmerzahl während des Verhandlungsverfahrens zu berücksichtigen sind.

aa) Gründungsform der Verschmelzungs-SE

Im Falle der Gründung einer SE durch Verschmelzung gem. **Art. 3 Abs. 4 S. 3 1. Spstr. SE-RL** ist eine solche dreifach qualifizierte Mehrheit nur dann erforderlich, wenn *„sich die Mitbestimmung auf mindestens 25 Prozent der Gesamtzahl der Arbeitnehmer der* ***beteiligten***[608] *Gesellschaften erstreckt"*. Der Begriff der beteiligten Gesellschaften wird in Art. 2 Buchst. b SE-RL definiert als *„die Gesellschaften, die unmittelbar an der Gründung einer SE beteiligt sind"*. Fraglich ist zum einen, ob nur die Anzahl der Arbeitnehmer aus den Muttergesellschaften Berücksichtigung finden oder ob auch die Arbeitnehmer der betroffenen Tochtergesellschaften erfasst werden sollen.[609] Zum anderen muss die Formulierung dahingehend präzisiert werden, welchem Mitbestimmungsniveau diese 25 Prozent aller Arbeitnehmer unterliegen sollen.[610] Klarzustellen ist, dass das

---

605 *Kleinsorge*, RdA 2002, 343, 349.
606 *Kleinsorge*, RdA 2002, 343, 349.
607 *Grobys*, NZA 2005, 84, 88.
608 Hervorhebung durch den Verfasser.
609 Da es sich bei der Regelung in § 15 Abs. 3 S. 2 SEBG um ein spezifisches Problem des deutschen Umsetzungsgesetzes handelt, wird dies erst unten in S. 418 ff. behandelt.
610 Da sich dieses Problem ebenso im Rahmen des anderen Schwellenwertes stellt, wird es erst im Anschluss an dessen Darstellung diskutiert.

Erreichen des Schwellenwertes von 25 Prozent keine Sperrminorität für die der Mitbestimmung unterliegenden Arbeitnehmer zur Folge hat.[611]

bb) Gründungsformen der Holding-SE und der Tochter-SE

Soll eine SE in Form einer Holding oder einer Tochtergesellschaft gegründet werden, so beträgt der Schwellenwert, ab dem die sog. dreifach qualifizierte Mehrheit erforderlich ist, gem. **Art. 3 Abs. 4 S. 3 2. Spstr. SE-RL** mindestens 50 Prozent der Gesamtzahl der Arbeitnehmer der beteiligten Gesellschaften. Auch hier ergibt sich somit das Problem, ob die Arbeitnehmer von Tochtergesellschaften im Rahmen des Schwellenwertes zu berücksichtigen sind.[612] Desgleichen stellt sich die Frage nach dem erforderlichen Grad an Mitbestimmung, der bei den Arbeitnehmern bestehen muss.

cc) Grad der Mitbestimmung

Aufgrund der allgemeinen Formulierung in Art. 3 Abs. 4 Unterabs. 1 S. 3 1. und 2. Spstr. SE-RL könnte entweder allein auf das Vorliegen von Mitbestimmung oder auf das höchste Maß an Mitbestimmung oder auf eine Gesamtbetrachtung aller betroffenen Mitbestimmungsgrade abzustellen sein.

(1) Berücksichtigung aller bestehenden Mitbestimmungsformen

In ihrer Begründung zum Gesetzentwurf des SEBG hat die Bundesregierung ausgeführt, dass der Wortlaut des Art. 3 Abs. 4 Unterabs. 3 SE-RL nicht fordere, *„dass für 25 Prozent bzw. 50 Prozent eine Minderung der Mitbestimmungsrechte eintreten würde"*[613]. Demzufolge geht der deutsche Gesetzgeber davon aus, dass für die Erreichung der Schwellenwerte allein darauf abzustellen ist, ob 25 bzw. 50 Prozent dieser Arbeitnehmer irgendeiner Form der Mitbestimmung im Sinne der SE-RL unterliegen. Diese Auslegung zeigt das Bemühen der Bundesregierung, die deutsche Mitbestimmung in höchstmöglichem Maße abzusichern. Auch im Schrifttum[614] wird zum Teil diese Auffassung vertreten.

(2) Alleinige Berücksichtigung der zu mindernden Mitbestimmung

Andererseits wird im Schrifttum[615] als Voraussetzung für das Erreichen der Schwellenwerte ausgeführt, *„dass sich im Falle der Verschmelzungs-SE die*

---

611 Zur Verdeutlichung wird das Beispiel genannt, dass bei der Gründung einer SE 30 Prozent der beteiligten Arbeitnehmer in Deutschland beschäftigt sind. Zwar ist dann der Schwellenwert von 25 Prozent überschritten, so dass für eine Minderung der Mitbestimmung die dreifach qualifizierte Mehrheit benötigt wird. Eine solche kann aber zustande kommen, da die Arbeitnehmer, die nicht der Mitbestimmung unterliegen, 70 Prozent ausmachen und daher die erforderliche Mehrheit bei einem Beschluss im BVG stellen können; vgl. zum Ganzen *Kallmeyer*, in: *von Rosen* (Hrsg.), Die Europa AG, S. 14, 25.

612 Vgl. unten S. 418 ff.

613 BR-Drucks. 438/04, Begründung zum SEEG, S. 124.

614 *Davies*, ILJ 2003, 75, 93 f. Zwar nimmt der Autor dazu nicht explizit Stellung, doch ergibt sich dies aus den von ihm verwendeten Beispielen.

615 *Nagel*, ArbuR 2004, 281, 284.

***(geminderte*[616]*) Mitbestimmung auf mindestens 25 % der Gesamtzahl der AN der beteiligten Gesellschaften erstreckt"*. Nach dieser Ansicht ist folglich darauf abzustellen, ob die von der Mitbestimmungsminderung betroffenen Arbeitnehmer einen Anteil von mindestens 25 bzw. 50 Prozent an der Gesamtzahl aller Beschäftigten der beteiligten Gesellschaften ausmachten.

(3) Stellungnahme und Lösungsansatz

Tatsächlich sollte bei diesen Schwellenwerten eine Gesamtbetrachtung erfolgen, um festzustellen, ob aufgrund des Beschlusses des BVG eine Mitbestimmungsminderung für insgesamt 25 bzw. 50 Prozent der Arbeitnehmer aus den beteiligten Gesellschaften eintreten wird. Dies bedeutet, dass eine Staffelung dahingehend zu erfolgen hat, welcher quantitative Grad an Mitbestimmung durch den Beschluss des BVG verringert zu werden droht. Bei der Berechnung der Schwellenwerte sollten daher nur die Beteiligungsformen berücksichtigt werden, die durch den geplanten Beschluss des BVG in quantitativer Hinsicht gemindert würden.

Zwar ist nach dem **Wortlaut** des Art. 3 Abs. 4 Unterabs.1 S. 3 1. und 2. Spstr. SE-RL nur erforderlich, dass sich *„die Mitbestimmung"* und nicht die geminderte Mitbestimmung auf die genannten Arbeitnehmeranteile erstreckt. Es geht es in dieser Vorschrift anfangs aber um *„die Minderung der Mitbestimmungsrechte"*, sodass die in den beiden Spiegelstrichen genannte Mitbestimmung in diesem Zusammenhang zu sehen ist. Die **historische Auslegung** hilft nicht weiter, da sich der Gedanke der Einführung von Schwellenwerten erstmals im Vorschlag der österreichischen Präsidentschaft in Art. 3 Abs. 4 RL-Entwurf A findet[617] und dort ebenfalls nur die Mitbestimmung an sich aufgeführt wird.

In **systematischer Hinsicht** kann der SCE-RL nichts entnommen werden, da dort die identische Formulierung gewählt wurde. Allerdings bestehen in Art. 7 Abs. 2 Unterabs. 1 Buchst. b und c SE-RL ebenfalls Vorschriften zum Erfordernis von Schwellenwerten, die einen Unterschied zu Art. 3 Abs. 4 Unterabs. 1 S. 3 SE-RL aufzeigen. Die Anwendbarkeit der Auffangregelung hängt nämlich für die drei Gründungsformen Verschmelzungs-SE, Holding-SE oder Tochter-SE stets davon ab, ob *„in einer oder mehreren der beteiligten Gesellschaften* ***eine oder mehrere Formen****[618] der Mitbestimmung bestanden"* und sich auf einen bestimmten Prozentsatz der Gesamtzahl der Arbeitnehmer erstreckten. Der europäische Gesetzgeber differenziert folglich in diesem Zusammenhang zwischen den verschiedenen Mitbestimmungsformen, die in den beteiligten Mitgliedstaaten bestehen können. Dagegen findet sich eine solche Unterscheidung nicht im

---

616 Hervorhebung durch den Verfasser.

617 Im Rahmen des deutschen Entwurfs wurden dann nur die genauen Prozentzahlen für die Schwellenwerte eingefügt.

618 Hervorhebung durch den Verfasser.

Rahmen des Verhandlungsverfahrens. Dies legt die Vermutung nahe, dass für die Erreichung der Schwellenwerte des Art. 7 Abs. 2 SE-RL jegliche Form von Mitbestimmung berücksichtigt werden soll, während bei Art. 3 Abs. 4 SE-RL nur auf die verringerte Mitbestimmungsform abzustellen ist. Verschiedene Formen der Mitbestimmung können daher nur dann Berücksichtigung finden, wenn die Verhandlungen zu einer Mitbestimmung führen, die unter dem Niveau mehrerer bestehender Mitbestimmungsformen in den beteiligten Gesellschaften liegt.

Jedenfalls spricht der **Sinn und Zweck** der Vorschrift für die alleinige Berücksichtigung der von der Mitbestimmungsminderung betroffenen Arbeitnehmer. Nach dem Erwägungsgrund 10 SE-RL sollen die Abstimmungsregeln in einem angemessenen Verhältnis zur Gefährdung der bestehenden Mitbestimmung stehen. Demnach dient die Einführung der Schwellenwerte im Rahmen der dreifach qualifizierten Mehrheit dazu, bis zu einem gewissen Grad im Sinne des Vorher-Nachher-Prinzips den vor der Gründung bestehenden Mitbestimmungsstandard abzusichern. Da dies gegenüber den Mitgliedern im BVG geschieht, wird folglich davon ausgegangen, dass den hohen Mitbestimmungsstandards mancher Mitgliedstaaten durch die Arbeitnehmervertreter anderer Länder Gefahr droht.[619] Dabei ist zwar zu berücksichtigen, dass die Sicherung der Mitbestimmung laut Erwägungsgrund 18 SE-RL den fundamentalen Grundsatz und das Ziel der SE-RL darstellt. Allerdings verdeutlichen Erwägungsgrund 8 SE-RL und die Konzeption dieses Regelwerks, dass dem Verhandlungsverfahren eindeutig Priorität gewährt wird. Dies beinhaltet aber zugleich das Zugeständnis einer gewissen Parteiautonomie, um eine von der Auffangregelung abweichende Vereinbarung interessant zu gestalten.

Wird aber bei der Errechnung der Schwellenwerte jede Mitbestimmungsform berücksichtigt, so wird die Verhandlungsfreiheit unverhältnismäßig eingeschränkt. Unter Umständen könnte ein tragbares Verhandlungsergebnis von einer Minderheit der Arbeitnehmervertreter sogar blockiert werden. Dies soll folgendes Beispiel verdeutlichen:

> *Das dem Montan-MitbestG unterliegende Unternehmen A aus Deutschland mit 2.100 Arbeitnehmern, das unter das DrittelbG fallende Unternehmen B aus Deutschland mit 1.400 Arbeitnehmern, das französische Unternehmen C, das einer 25 prozentigen Mitbestimmung unterliegt*[620]*, mit 2.500 Arbeitnehmern und das Unternehmen D aus Großbritannien ohne Mitbestimmung und mit 4.000 Arbeitnehmern wollen zu einer SE fusionieren.*

---

[619] Darauf hat *Heinze*, allerdings im Zusammenhang mit Art. 3 Abs. 6 RL-Entwurf GB, bereits im Rahmen des britischen Vorschlags hingewiesen; *Heinze*, RdA 1998, 231, 232.

[620] Im französischen Recht besteht eine rein fakultative Möglichkeit der Beteiligung der Arbeitnehmer, die gem. Art. 225-27 bzw. Art. 225-79 C.Com. höchstens die Anzahl von vier Arbeitnehmervertretern und eine Drittelbeteiligung im betreffenden Organ gestattet.

Wäre jede Mitbestimmung zu berücksichtigen, wäre nur bei einem Beschluss über die Einrichtung der paritätischen Mitbestimmung die doppelt qualifizierte Mehrheit ausreichend. Soll aber beispielsweise eine Drittelbeteiligung der Arbeitnehmer vereinbart werden, wäre die dreifach qualifizierte Mehrheit erforderlich. Dann könnte die Minderheit der deutschen Arbeitnehmervertreter zusammen einen solchen Beschluss blockieren, da sie mehr als 34 Prozent der Arbeitnehmer repräsentiert. Vielfach wäre in einem solchen Fall die Aufnahme von Verhandlungen nur Zeitverschwendung, da die Anwendung der Auffangregelung als einzige Abhilfe erschiene. Die durch die Möglichkeit des Abschlusses einer Vereinbarung gebotene Chance einer flexiblen und unternehmensangepassten Lösung, die sowohl der Arbeitgeber- als auch der Arbeitnehmerseite gerecht wird, würde unterlaufen. Nach dem hier vertretenen Lösungsansatz wäre dagegen bei der Einführung der Drittelbeteiligung nur die doppelt qualifizierte Mehrheit erforderlich, denn die Mitbestimmungsminderung beträfe nur die Arbeitnehmer von A, die lediglich 20 Prozent der Gesamtzahl ausmachen.

Auch wenn davon ausgegangen wird, dass die Arbeitnehmervertreter vielfach an der Vereinbarung eines hohen Mitbestimmungsniveaus interessiert sein werden, sollte der Mehrheit der Arbeitnehmer kein bestimmtes System aufgezwungen werden. Gerade das Zusammenspiel und der Vergleich mit der Auffangregelung sprechen für eine möglichst große Parteiautonomie zwischen den Verhandlungspartnern. Die Regelungen in Teil 3 An. SE-RL dienen zum einen als Druckmittel der Arbeitnehmervertreter für den möglichst günstigen Abschluss einer Vereinbarung und zum anderen als Absicherung der Mitbestimmung.[621] Gerade dieser weitgehende Schutz der unternehmerischen Partizipation spricht aber für die Gewährleistung eines möglichst großen Verhandlungsspielraums. Aufgrund der ausreichenden Absicherung durch Teil 3 An. SE-RL sollte einer Minderheit nicht die Gelegenheit gegeben werden, eine Vereinbarung zu blockieren.

Des Weiteren ist zu berücksichtigen, dass die Auffangregelung nach der in der vorliegenden Arbeit vertretenen Auffassung nicht zwangsläufig das höchste Mitbestimmungsniveau gegenüber der Mehrheit der Arbeitnehmervertreter im BVG absichert. Das BVG kann nämlich bei Vorliegen mehrerer Mitbestimmungsformen gem. Art. 7 Abs. 2 Unterabs. 2 S. 1 SE-RL durch Beschluss entscheiden, welche dieser Partizipationsarten in die SE eingeführt werden soll. In einem solchen Fall ist nur die allgemeine doppelte absolute Mehrheit i.S.d. Art. 3 Abs. 4 Unterabs. 1 S. 1 SE-RL im BVG erforderlich.[622] Die Auffangregelung schützt folglich nicht stets den höchsten Mitbestimmungsstandard, sondern

---

621 Aufgrund von Teil 3 Buchst. a und b An. SE-RL droht den beteiligten Gesellschaften bei einem Scheitern der Verhandlungen unter Umständen das höchste vorhandene Mitbestimmungsniveau in quantitativer Hinsicht.

622 Vgl. unten S. 250 ff.

lässt eine Abstimmung zwischen den Arbeitnehmervertretern im BVG über die Einführung einer Mitbestimmungsform, die nicht das quantitativ höchste Niveau erreicht, ohne besonderes Mehrheitserfordernis zu. Die Auslegung des deutschen Gesetzgebers hätte daher zur Folge, dass die Parteiautonomie der Mehrheit der Mitglieder des BVG bei den Verhandlungen teilweise in einem größeren Maße als bei Geltung der Auffangregelung eingeschränkt wäre. Auch erscheint es wenig sinnvoll, einen Beschluss des BVG im Verhandlungsverfahren bei Bestehen mehrerer Mitbestimmungsformen durch das Erfordernis der dreifach qualifizierten Mehrheit zu erschweren. Die Minderung der Mitbestimmung könnte auch einfach über die Auffangregelung herbeigeführt werden, die nur die doppelt qualifizierte Mehrheit erfordert.

Schließlich ist es nicht gerechtfertigt, bei der Erreichung der Schwellenwerte jegliche Mitbestimmungsform einzubeziehen, auf wenn einigen von ihnen durch den Beschluss des BVG gar keine Verminderung droht. Nach Erwägungsgrund 10 SE-RL sollen die Abstimmungsregeln einen besonderen Schutz gewährleisten, *„wenn Vereinbarungen getroffen werden, die ein geringeres Maß an Mitbestimmung vorsehen, als es in einer oder mehreren der sich beteiligten Gesellschaften gegeben ist"*. Besonderer Protektion bedarf demzufolge allein die bedrohte Mitbestimmung, nicht aber anderweitige Mitbestimmungsformen, die durch die geplante Vereinbarung eventuell sogar erweitert werden.

c) Ergebnis

Demnach ist bei der Prüfung, ob eine Mitbestimmungsminderung vorliegt, zweistufig vorzugehen. Zunächst ist wertneutral festzustellen, ob sich das BVG für das Repräsentations- oder das Kooptationsmodell entscheiden will. Anschließend ist zu untersuchen, inwieweit eine quantitative Minderung des zu wählenden Modells erfolgen soll. Unter die Definition der Mitbestimmungsminderung fallen zwar sowohl das Repräsentations- als auch das Kooptationsmodell, doch nachdem sich die Parteien für eines dieser beiden Systeme entschieden haben, findet eine rein quantitative Betrachtungsweise statt.[623] Bei der Berechnung der Schwellenwerte sind allein die Arbeitnehmer aus den beteiligten Gesellschaften, deren quantitatives Mitbestimmungsniveau durch einen Beschluss gemindert zu werden droht, einzubeziehen. Die Kritik, dass die Verhandlungsfreiheit in der SE-RL in einem zu weitgehenden Maße eingeschränkt sei,[624] erscheint angesichts dieser Vorgehensweise überzogen.

V. Inanspruchnahme von Sachverständigen gem. Art. 3 Abs. 5 SE-RL

Zur Unterstützung seiner Arbeit ist das BVG gem. **Art. 3 Abs. 5 S. 1 SE-RL** berechtigt, Sachverständige seiner Wahl hinzuzuziehen. Unter diesen Sachverstän-

---

623 Der deutsche Gesetzgeber lehnt ebenfalls einen qualitativen Vergleich bei der Mitbestimmungsminderung ab; BR-Drucks. 438/04, Begründung zum SEEG, S. 125.

624 *Heinze*, ZGR 2002, 66, 82 f.

digen können sich auch Vertreter einschlägiger Gewerkschaftsorganisationen auf Gemeinschaftsebene befinden. Aus dieser Formulierung kann der Schluss gezogen werden, dass Vertreter nationaler Gewerkschaften ebenso als Experten in Anspruch genommen werden können. Sofern es dem Wunsch des BVG entspricht, können diese Sachverständigen gem. **Art. 3 Abs. 5 S. 2 SE-RL** auch den Verhandlungen in beratender Funktion zur Förderung von Kohärenz und Stimmigkeit auf europäischer Ebene auch den Verhandlungen beiwohnen. Schließlich besteht gem. **Art. 3 Abs. 5 S. 3 SE-RL** für das BVG die Möglichkeit, die Vertreter geeigneter Organisationen lediglich vom Verhandlungsbeginn zu unterrichten und nicht als Berater hinzuzuziehen. Hiervon sind auch Gewerkschaftsvertreter umfasst. An diesen Vorschriften wird kritisiert, dass keine zahlenmäßige Begrenzung der Inanspruchnahme von Sachverständigen vorgenommen wurde.

1. Möglichkeit der Hinzuziehung von Sachverständigen in unbegrenzter Anzahl

Im Schrifttum wird das Fehlen einer Begrenzung der Zahl von Sachverständigen, die das BVG hinzuziehen kann, als *„grob sachwidrig“*[625] bezeichnet. Im Interesse aller Beteiligten sei daher entsprechend der EBR-RL eine zahlenmäßige Beschränkung vorzunehmen.[626]

2. Stellungnahme

Dieser Charakterisierung als *„grob sachwidrig“* kann nicht zugestimmt werden, denn es besteht die Möglichkeit, die Anzahl der Sachverständigen indirekt durch die Regelung einer Kostentragungspflicht zu beeinflussen. Darüber hinaus erscheint die Option der Hinzuziehung mehrerer Sachverständiger angesichts der vorzunehmenden Verhandlungen und zu treffenden Vereinbarung auch als gerechtfertigt. Schließlich drohen keine Verzögerungen durch deren beratende Tätigkeit.

Der europäische Gesetzgeber hat auch in der EBR-RL keine quantitative Einschränkung der Hinzuziehung von Sachverständigen vorgenommen.[627] Allerdings hat er im Rahmen der Kostentragungspflicht gem. Art. 5 Abs. 6 Unterabs. 2 S. 2 EBR-RL den Mitgliedstaaten die Möglichkeit überlassen, die Übernahme der Finanzierung durch die zentrale Leitung auf die Kosten für einen Sachverständigen zu begrenzen. Der deutsche Gesetzgeber hat in § 16 Abs. 1

---

[625] *Heinze*, ZGR 2002, 66, 81.

[626] Vgl. zum Ganzen *Heinze*, ZGR 2002, 66, 81. Auch *Schöpfe* geht davon aus, dass Sachverständige in beliebiger Anzahl hinzugezogen werden können; *Schöpfe*, Gewillkürte Unternehmensmitbestimmung, S. 112, Fn. 441.

[627] In Art. 5 Abs. 4 Unterabs. 2 EBR-RL ist nur geregelt, dass sich das BVG *„bei den Verhandlungen durch Sachverständige seiner Wahl unterstützen lassen (kann)“*.

S. 2 EBRG von dieser Ermächtigung Gebrauch gemacht.[628] Auch in der SE-RL findet sich eine solche Regelungsmöglichkeit für die Mitgliedstaaten. Gem. Art. 3 Abs. 7 Unterabs. 2 S. 2 SE-RL steht es ihnen frei, die Übernahme der Finanzierung durch die beteiligten Gesellschaften auf die Kosten für einen Sachverständigen zu begrenzen.[629] Unabhängig davon, wie diese Beschränkung auf einen Sachverständigen zu verstehen ist,[630] wird eine solche Regelung dafür sorgen, dass wohl allein schon aus finanziellen Gründen die Anzahl der Sachverständigen überschaubar bleibt. Aber selbst wenn Mitgliedstaaten eine solche indirekte Begrenzung der Sachverständigenzahl nicht vornehmen, droht den beteiligten Gesellschaften keine Kostenexplosion. Gem. Art. 3 Abs. 7 Unterabs. 1 SE-RL werden die Kosten getragen, *„damit das besondere Verhandlungsgremium seine Aufgaben* ***in angemessener Weise***[631] *erfüllen kann"*. In der EBR-RL findet sich in Art. 5 Abs. 6 Unterabs. 1 EBR-RL der gleiche Wortlaut. Zwar handelt es sich bei dieser Vorgabe nicht um eine genaue zahlenmäßige Abgrenzung, doch wird verhindert, dass ein BVG Sachverständige in beliebiger Anzahl hinzuziehen kann. Sollten Experten in überzogen erscheinender Zahl konsultiert werden, besteht nämlich die Gefahr, dass die beteiligten Unternehmen nur den Teil der Kosten tragen müssen, der angemessen erscheint.

Des Weiteren ist die Hinzuziehung von mehreren Sachverständigen, die die Arbeit des BVG in angemessener Weise ermöglichen, auch als gerechtfertigt anzusehen. Unzweifelhaft handelt es sich bei den Regelungen der SE-RL um komplizierte Vorschriften, die nur schwer durchschaubar sind. Eine Hinzuziehung von Sachverständigen ist daher bereits zur Erläuterung des Verhandlungsverfahrens und seiner Konsequenzen unverzichtbar. Darüber hinaus erfordert gerade die Materie der Arbeitnehmerbeteiligung den Gedankenaustausch mit Sachkundigen. So bestehen auf dem Gebiet der Mitbestimmung unterschiedlichste Ausgestaltungen und verschiedenste Niveaus auf Gemeinschaftsebene. Dies zu erläutern und den Arbeitnehmervertretern andere Mitbestimmungssysteme, für die sie in den Verhandlungen stimmen können, nahe zubringen, sollte von Fachleuten vorgenommen werden.

Auch kann davon ausgegangen werden, dass sich bei den Verhandlungen die jeweils zuständigen Organe der beteiligten Gesellschaften ebenfalls von Sachverständigen beraten lassen. Dabei wird wohl jedes beteiligte Unternehmen in allen relevanten Bereichen und demzufolge auch im Verhandlungsverfahren von einem eigenen Spezialistenteam einer Wirtschaftskanzlei betreut. Daher wäre es

---

628 Zunächst ist in § 13 Abs. 4 S. 1 EBRG geregelt, dass sich das BVG durch Sachverständige seiner Wahl unterstützen lassen kann, soweit dies zur ordnungsgemäßen Erfüllung seiner Aufgaben erforderlich ist. In § 16 Abs. 1 S. 2 EBRG ist die Kostentragungspflicht der zentralen Leitung auf einen Sachverständigen beschränkt.

629 Der deutsche Gesetzgeber hat von dieser Option keinen Gebrauch gemacht.

630 Vgl. zu diesem Problem unten S. 414 ff.

631 Hervorhebung durch den Verfasser.

im Sinne einer *„intellektuelle(n) Waffengleichheit"*[632] nur gerecht, wenn den Mitgliedern des BVG zumindest die gleiche Anzahl von Sachverständigen zur Verfügung steht.[633]

Auch das etwaige Argument, dass durch die Hinzuziehung einer größeren Anzahl von Sachverständigen die Verhandlungen verzögert werden, greift nicht. Diese Sachverständigen unterstützen das BVG und nehmen, wenn überhaupt, nur in beratender Funktion an den Verhandlungen teil. Sie vergrößern also nicht etwa die Anzahl der Mitglieder des BVG und beeinträchtigen damit nicht die Flexibilität dieses Gremiums, sondern könnten aufgrund ihrer Unterstützung und Beratung sogar zu einer zeitlichen Verkürzung des Verfahrens beitragen. Sowohl durch die Erläuterungen etwaiger Probleme im Vorfeld des Verfahrens, als auch durch die Darlegung aktueller Fragestellungen während der Verhandlungen können die Sachverständigen den Mitgliedern des BVG Arbeit abnehmen, da sich diese sonst das Wissen anderweitig aneignen müssen.

VI. Kostentragung gem. Art. 3 Abs. 7 SE-RL

Um dem BVG die Erfüllung seiner Aufgaben in angemessener Weise zu ermöglichen, sind die beteiligten Gesellschaften gem. **Art. 3 Abs. 7 Unterabs. 1 SE-RL** verpflichtet, die im Zusammenhang mit der Tätigkeit des BVG und generell mit den Verhandlungen entstehenden Kosten zu tragen. Für die Mitgliedstaaten besteht dabei gem. **Art. 3 Abs. 7 Unterabs. 2 SE-RL** die Ermächtigung, Regeln für die Finanzierung des BVG festzulegen. Dabei können sie insbesondere die Kostentragungspflicht auf einen Sachverständigen begrenzen.[634]

VII. Abschluss einer Vereinbarung

Ziel dieser Verhandlungen ist gem. **Art. 3 Abs. 3 Unterabs. 1 SE-RL** *„in einer schriftlichen Vereinbarung die Beteiligung der Arbeitnehmer in der SE"* festzulegen. Folglich wird auch in der SE-RL der Vereinbarungslösung der absolute

---

632 So *Bobke* im Rahmen der EBR-RL; *Bobke*, EuroAS 12/1994, 4, 7.

633 Denkbar ist beispielsweise bei der Beteiligung einer geringen Anzahl von Mitgliedstaaten an der SE-Gründung, die Zahl der Sachverständigen von der Anzahl der verschiedenen Mitgliedstaaten, aus denen die beteiligten Gesellschaften stammen, abhängig zu machen. Zum einen wird jeder nationale Experte mit der Mitbestimmung seines Herkunftslandes am Besten vertraut sein. Zum anderen werden die einzelnen Mitglieder des BVG dem Sachverständigen, der aus ihrem eigenen Land stammt, die meiste Kompetenz bei der Wahrung ihrer Interessen zutrauen. So ließe sich unter Umständen ein Streit darüber, welcher Experte aus welchem Land denn hinzuzuziehen ist, vermeiden.
Sind viele Mitgliedstaaten in die Gründung der SE involviert, so könnten beispielsweise Sachverständige aus den Mitgliedstaaten, in denen die größte Anzahl der Arbeitnehmer der zukünftigen SE beschäftigt sind, bestellt werden.

634 Während der deutsche Gesetzgeber im Rahmen der EBR-RL von dieser Einschränkungsmöglichkeit Gebrauch gemacht hat, hat er diese Option im SEBG nicht genutzt.

Vorrang eingeräumt.[635] Dies wird auch insbesondere durch Erwägungsgrund Nr. 8 SE-RL deutlich, wonach die „*Verfahren der grenzüberschreitenden Anhörung und Unterrichtung sowie gegebenenfalls der Mitbestimmung (...)* ***vorrangig***[636] *durch eine Vereinbarung (...) festgelegt werden (sollten)*".

1. Rechtsnatur der Vereinbarung

Fraglich ist, welche Rechtsnatur diese Vereinbarung hat und auf welche Weise sie wirken soll. Bei einer SE mit Sitz in Deutschland ist dies nach deutschem Recht zu beurteilen, da gem. § 3 Abs. 1 S. 1 SEBG dieses Gesetz für eine SE mit Sitz im Inland gilt und es sich dabei um den maßgeblichen Anknüpfungspunkt im Sinne des Internationalen Privatrechts handelt.[637] Allerdings gestaltet sich die Einordnung einer Vereinbarung in die zur Verfügung stehenden arbeitsrechtlichen Vereinbarungen und Verträge schwierig und ist umstritten.[638]

2. Inhalt der Vereinbarung gem. Art. 4 SE-RL

Im Vergleich zur EBR-RL ist die Verhandlungsfreiheit der Parteien eingeschränkt. Die Möglichkeit in Art. 13 EBR-RL, noch vor der Anwendung der Richtlinie Vereinbarungen zu treffen, deren Anforderungen an die Unterrichtung und Anhörung der Arbeitnehmer unterhalb der Auffangregelung liegen konnten, besteht im Rahmen der SE-RL nicht. Ebenso wie in Art. 6 Abs. 2 EBR-RL sind in **Art. 4 Abs. 2 SE-RL** eine Reihe von Mindestbestimmungen aufgezählt, die von den Parteien in der schriftlichen Vereinbarung über die Arbeitnehmerbeteiligung festzulegen sind.[639]

a) Vereinbarung über die Unterrichtung und Anhörung

Um eine Beteiligung der Arbeitnehmer auf betrieblicher Ebene sicherzustellen, soll dabei entweder ein Vertretungsorgan der Arbeitnehmer als Verhandlungspartner des zuständigen Organs der SE oder ein bzw. mehrere Verfahren der Un-

---

635 *Heinze*, ZGR 2002, 66, 82.

636 Hervorhebung durch den Verfasser.

637 *Herfs-Röttgen*, NZA 2002, 358, 364. Ebenso für den vergleichbaren § 2 Abs. 1 EBRG; MünchArbR/*Joost*, § 366, Rn. 98. Anderer Ansicht ist *Schwarz*, der von dem Erfordernis einer gemeinschaftsrechtlichen Beurteilung ausgeht, da sich die wesentlichen Rechtsfolgen der Vereinbarung aus den sekundärrechtlichen Regelungen ergäben; *Schwarz*, Kommentar zur SE-VO, Einl. Rn. 285.

638 Da die Rechtsnatur nach dem jeweiligen Recht des Sitzstaates der SE beurteilt wird, erfolgt eine Behandlung dieses Problems im Zusammenhang mit dem SEBG; vgl. unten S. 440 ff.

639 A.A. *Hennings*, der davon ausgeht, dass es sich nur um eine Orientierungshilfe handle. Die Vereinbarung sei daher auch wirksam, wenn einige der in Art. 4 Abs. 2 SE-RL genannten Bereiche nicht einbezogen worden seien; *Hennings*, in: *Manz/Mayer/Schröder* (Hrsg.), Europäische Aktiengesellschaft SE, S. 664, Rn. 4.

terrichtung und Anhörung eingerichtet werden.[640] Unabhängig davon, für welches der beiden Konzepte sich die Parteien entscheiden, müssen sie gem. **Art. 4 Abs. 2 Buchst. a SE-RL** den Geltungsbereich der Vereinbarung[641] und gem. **Art. 4 Abs. 2 Buchst. h SE-VO** den Zeitpunkt des Inkrafttretens der Vereinbarung und deren Laufzeit regeln. Des Weiteren sind die Fälle, in denen die Vereinbarung neu ausgehandelt werden soll, und das in einem solchen Fall anzuwendende Verfahren, festzulegen. Den Parteien steht neben der Vereinbarung der Mindestbestimmungen ein großer Verhandlungsspielraum offen, da sie dem Arbeitnehmervertretungsgremium beispielsweise die Befugnis zur Bestellung der Mitglieder der Arbeitnehmerseite in das Aufsichts- bzw. Verwaltungsorgan der SE zugestehen oder dieses Gremium mit Mitbestimmungsrechten ausstatten können. Denkbar ist auch die Erteilung einer Berechtigung, dass das Vertretungsorgan mit der Leitung der SE tarifvertragsähnliche Vereinbarungen über einzelne Arbeitsverhältnisse oder betriebsverfassungsrechtliche Fragen trifft.[642]

aa) Spezifische Mindestbestimmungen je nach gewählter Option

Die anderen Mindestanforderungen differenzieren zwischen den beiden Alternativen der Unterrichtung und Anhörung. Allerdings handelt es sich bei den Vorschriften in **Art. 4 Abs. 2 Buchst. b bis f SE-RL** nur um Bestimmungen zum *„gegenständlichen Rahmen“*[643] dieser Beteiligungsform und nicht um Vorgaben über den Inhalt einer solchen Vereinbarung.

(1) Einrichtung eines Vertretungsorgans

Das BVG und die Organe der beteiligten Gesellschaften können sich für die Einrichtung eines in Art. 2 Buchst. f SE-RL definierten Vertretungsorgans entscheiden. Soll ein solches Gremium installiert werden, so müssen die Parteien folgendes festlegen:

---

640 Diese Optionsmöglichkeit gleicht Art. 6 Abs. 2 und 3 EBR-RL; *Schmidt, M.*, Das Arbeitsrecht der Europäischen Gemeinschaft, IV. III. 3. a) cc) (1) (a), Rn. 73.

641 Nach Ansicht von *Schmidt, M.* soll wohl der Geltungsbereich der Vereinbarung nur im Rahmen der Einrichtung eines Vertretungsorgans und nicht bei der Installation eines Verfahrens der Unterrichtung und Anhörung zwingend zu regeln sein; vgl. *Schmidt, M.*, Das Arbeitsrecht der Europäischen Gemeinschaft, IV. III. 3. a) cc) (1) (a), Rn. 76 f.
Da aber auch das Verfahren der Unterrichtung und Anhörung durch eine schriftliche Vereinbarung festgelegt wird, bedarf es auch hier einer Regelung des Geltungsbereichs dieser Vereinbarung. Des Weiteren spricht dafür, dass nur in Art. 4 Abs. 2 Buchst. b bis e S-RL das Vertretungsorgan erwähnt ist, während Art. 4 Abs. 2 Buchst. a SE-RL allgemein von einer Vereinbarung handelt. Schließlich weist *Buschak* zu Recht darauf hin, dass die ausdrückliche Festlegung des Geltungsbereichs wohl nur aus Gründen der Klarheit vorgenommen werden soll, denn es besteht die Verpflichtung, alle Arbeitnehmer der künftigen SE einzubinden; *Buschak*, Arbeitspapier 3/2, 10.

642 *Hennings*, in: *Manz/Mayer/Schröder* (Hrsg.), Europäische Aktiengesellschaft SE, S. 667, Rn. 17 f.

643 *Weber*, FS 600 Jahre Würzburger Juristenfakultät (2002), S. 189 ff., 205.

gem. **Art. 4 Abs. 2 Buchst. b SE-RL** die Zusammensetzung, die Anzahl der Mitglieder und die Sitzverteilung des Vertretungsorgans, gem. **Art. 4 Abs. 2 Buchst. c SE-RL** die Befugnisse und das Verfahren zur Unterrichtung und Anhörung des Vertretungsorgans, gem. **Art. 4 Abs. 2 Buchst. d SE-RL** die Häufigkeit der Sitzungen des Vertretungsorgans und gem. **Art. 4 Abs. 2 Buchst. e SE-RL** die für das Vertretungsorgan bereitzustellenden finanziellen und materiellen Mittel.

Auch diese zu regelnden Punkte sind mit dem in Art. 6 Abs. 2 EBR-RL festzusetzenden Katalog vergleichbar.

(a) Zusammensetzung, Anzahl der Mitglieder und Sitzverteilung

Im Hinblick auf die Mitglieder des Vertretungsorgans wird die Frage aufgeworfen, ob diese zwingend von Arbeitnehmern der SE zu stellen seien oder ob auch externe Personen einbezogen werden könnten.[644] Zu Recht wird dies mit dem Hinweis auf die grundsätzliche Verhandlungsfreiheit und die vergleichbare Problematik im Rahmen der EBR-RL bejaht. Dagegen erscheint der Vergleich mit der Einsetzung des BVG, wo in Art. 3 Abs. 2 Buchst. b Unterabs. 2 SE-RL eine explizite Regelungsermächtigung zur Einbeziehung externer Gewerkschaftsangehöriger besteht, nicht erforderlich.[645] Zum einen geht es in Art. 4 Abs. 2 Buchst. b SE-RL nur um Zusammensetzung, Anzahl und Sitzverteilung im Vertretungsorgan und nicht auch um die Art der Mitglieder in diesem Gremium. Zum anderen existiert keine Regelung wie in Teil 1 Buchst. a An. SE-RL, wonach das Vertretungsorgan aus Arbeitnehmern der SE, ihrer Tochtergesellschaften und Betriebe besteht.

(b) Befugnisse und Verfahren zur Information und Konsultation

Bei der Installation des Vertretungsorgans im Rahmen einer Vereinbarung finden sich keine Vorschriften über die Befugnisse dieses Gremiums. Als Orientierungshilfe für die Verhandlungsparteien kann Teil 2 Buchst. a bis c An. SE-RL dienen. Allerdings können auch weitere Bereiche in das Unterrichtungs- und Anhörungsverfahren einbezogen[646] bzw. bestimmte Themen aus diesem Katalog herausgenommen werden. Hinsichtlich der Regelung des Verfahrens der Information und Konsultation finden sich zwar auch im Anhang der SE-RL keine Anhaltspunkte, doch kann diesbezüglich auf das Schrifttum[647], die Erfahrungen zur EBR-RL sowie auf nationales Recht zurückgegriffen werden.

---

644 *Kuffner*, Die Beteiligung der Arbeitnehmer, S. 153.
645 Vgl. zum Ganzen, *Kuffner*, Die Beteiligung der Arbeitnehmer, S. 153.
646 Vgl. die Aufzählung bei *Blanke*, EBRG, § 18 Rn. 10 und *Müller, C.*, EBRG, § 18 Rn. 7.
647 Vgl. zur Vielzahl möglicher Regelungsbereiche *Blanke*, EBRG, § 18 Rn. 10.

(c) Häufigkeit der Sitzungen und bereitzustellende finanzielle sowie materielle Mittel

Anders als in Art. 6 Abs. 2 Buchst. d EBR-RL muss lediglich die Häufigkeit der Sitzungen des Vertretungsorgans in die Vereinbarung aufgenommen werden. Allerdings empfiehlt es sich auch den Ort und die Höchstdauer dieser Sitzungen zu vereinbaren, um etwaige spätere Streitigkeiten über die Kostentragung zu vermeiden. Zu raten ist ebenfalls zur Aufnahme von Regelungen über interne Sitzungen zur Vor- und Nachbereitung der Treffen mit dem zuständigen Organ der SE und über Sitzungen bei Eintritt außergewöhnlicher Umstände.[648] Im Bereich der Bereitstellung der finanziellen und materiellen Mittel können sich die Verhandlungsparteien an Teil 2 Buchst. h An. SE-RL orientieren. Ist der Ort und die Höchstdauer für alle Arten von Sitzungen festgelegt, so muss die SE folglich zumindest die Aufenthalts- und Reisekosten der Mitglieder des Vertretungsorgans und etwaiger Ausschüsse tragen. Unter materiellen Mitteln ist vor allem die sachliche Ausstattung des Gremiums zu verstehen.[649]

(2) Einrichtung eines oder mehrerer Verfahren zur Unterrichtung und Anhörung

Für den Fall, dass die Parteien beschließen, eines oder mehrere Verfahren zur Unterrichtung und Anhörung zu schaffen, müssen sie gem. **Art. 4 Abs. 2 Buchst. f SE-RL** die Durchführungsmodalitäten dieses bzw. dieser Verfahren festlegen. Diese Formulierung ist im Vergleich zur EBR-RL allgemeiner gehalten.[650] Auch im Rahmen einer solchen Vereinbarung kann auf die Ausführungen der Literatur zur EBR-RL zurückgegriffen werden. Zudem empfiehlt sich eine ähnliche Vorgehensweise. Ein dezentrales Verfahren liegt demnach vor, wenn die grenzüberschreitende Information und Konsultation nicht mit einem zu diesem Zweck installierten Arbeitnehmervertretungsorgan erfolgt, sondern die in den einzelnen Niederlassungen bereits bestehenden oder unter Umständen neu zu bildenden Gremien bzw. die Arbeitnehmer direkt zu unterrichten und anzuhören sind.[651] Da die Parteien freien Verhandlungsspielraum haben, ist aber auch die Kombination zwischen einem transnationalen Vertretungsorgan und einem

---

648 Die Empfehlungen von *Blanke* und *Müller* im Rahmen des EBRG können hier übernommen werden; vgl. *Blanke*, EBRG, § 18 Rn. 14 und *Müller, C.*, EBRG, § 18 Rn. 8.

649 Dies sind zum Beispiel Büromittel, Computer usw.; vgl. die Aufzählung bei *Blanke*, EBRG, § 18 Rn. 15 und *Müller, C.*, EBRG, § 18 Rn. 9.

650 *Schmidt, M.*, Das Arbeitsrecht der Europäischen Gemeinschaft, IV. III. 3. a) cc) (1) (a), Rn. 77. Gem. Art. 6 Abs. 3 EBR-RL ist von den Parteien festzulegen, unter welchen Voraussetzungen die Arbeitnehmervertreter zum Meinungsaustausch über die ihnen übermittelten Informationen zusammentreten dürfen. Diese Informationen sollen sich insbesondere auf länderübergreifende Angelegenheiten mit erheblichen Auswirkungen auf die Arbeitnehmerinteressen beziehen.

651 Vgl. zu dieser Definition im Rahmen der EBR-RL; *Rademacher*, Der Europäische Betriebsrat, S. 118.

solchen alternativen Verfahren[652] sowie eine Vielzahl weiterer Gestaltungen[653] möglich.

Die Parteien sollten auf freiwilliger Basis die Regeln für den Meinungsaustausch zwischen den Arbeitnehmervertretungsgremien und die das Unterrichtungs- und Anhörungsrecht auslösenden, grenzüberschreitenden Angelegenheiten abstimmen, die nach der EBR-RL noch zwingend festzulegen sind.[654] Insgesamt ist zu befürworten, dass ein mit den Anforderungen an die Einrichtung eines Vertretungsorgans vergleichbares Niveau an Regelungen geschaffen wird, um Unklarheiten zu vermeiden und eine gleichwertige Alternative zur Installation eines transnationalen Gremiums bieten zu können.

bb) Keine Möglichkeit des Verzichts auf die Unterrichtung und Anhörung

Umstritten ist, ob die Verhandlungsparteien zu einer Installation dieser Mindestbestimmungen und damit einer Unterrichtung und Anhörung der Arbeitnehmer auf grenzüberschreitender Ebene verpflichtet sind oder ob sie darauf auch verzichten können.

Einerseits wird vertreten, dass diese Mindestbestimmungen nicht zwingend festzulegen seien.[655] Zwar spreche Erwägungsgrund Nr. 6 SE-RL, wonach in allen Gründungsfällen der SE Unterrichtungs- und Anhörungsverfahren auf grenzüberschreitender Ebene sicherzustellen seien, dagegen. Allerdings solle nach dem Wortlaut von Art. 4 Abs. 2 SE-RL der Vereinbarungsinhalt *„unbeschadet der Autonomie der Parteien"* festgelegt werden. Zudem komme der Beschluss des BVG, auf die Installation grenzüberschreitender Information und Konsultation zu verzichten, dem Beschluss des BVG über die Nichtaufnahme bzw. über den Abbruch von Verhandlungen i.S.d. Art. 3 Abs. 6 SE-RL gleich. Habe das BVG eine solche Entscheidung getroffen, dann fänden in einem solchen Fall die Auffangregelung und die dort geregelten Mindeststandards zur Sicherung der Arbeitnehmerbeteiligung keine Anwendung. Folglich sei das Ergebnis mit dem völligen Verzicht auf die Unterrichtung und Anhörung vergleichbar. Allerdings sei für eine solche Vorgehensweise ebenso wie für einen Beschluss i.S.d. Art. 3 Abs. 6 SE-RL die dreifach qualifizierte Mehrheit erforderlich.[656]

---

652 *Blanke*, EBRG, § 19 Rn. 1; *Müller, C.*, EBRG, § 19 Rn. 1.

653 Vgl. hierzu *Hromadka*, DB 1995, 1125, 1129.

654 *Kuffner*, Die Beteiligung der Arbeitnehmer, S. 156.

655 *Herfs-Röttgen*, NZA 2002, 358, 361, 363; zustimmend *Schäfer*, Der europäische Rahmen für Arbeitnehmermitwirkung, S. 83. Ebenso *Kuffner*, nach deren Ausführungen die Möglichkeit einer *„Nulllösung"* bestehe; *Kuffner*, Die Beteiligung der Arbeitnehmer, S. 149.

656 Zudem sei diese Verzichtsmöglichkeit von den Mitgliedstaaten im Rahmen der Umsetzung der SE-RL aus Gründen der Klarstellung explizit zu regeln; vgl. zum Ganzen *Herfs-Röttgen*, NZA 2002, 358, 361, 363.

Andererseits handelt es sich für die Vertreter der Gegenansicht[657] richtigerweise um eine Verpflichtung für die Verhandlungsparteien, in der Vereinbarung Vorkehrungen für die grenzüberschreitende Information und Konsultation zu treffen. Gegen die Möglichkeit eines Verzichts könne zum einen, wie bereits von der der anderen Auffassung zugestanden, Erwägungsgrund Nr. 6 SE-RL angeführt werden. Zum anderen sei der Wortlaut *„unbeschadet"* in Art. 4 Abs. 2 SE-RL anderweitig auszulegen.[658] Demnach müsse die Installation einer Information und Konsultation einvernehmlich festgelegt werden, und nur die konkrete Ausgestaltung werde von der Privatautonomie der Verhandlungsparteien umfasst. Dies zeige auch der Vergleich mit dem Wortlaut in Art. 4 Abs. 2 Buchst. g SE-RL, da dort explizit die Möglichkeit einer Mitbestimmungsvereinbarung geregelt sei.[659] Des Weiteren habe die Möglichkeit eines Verzichtsbeschluss auch weitergehende Folgen als ein Beschluss i.S.d. Art. 3 Abs. 6 SE-RL, da dann nicht nur Teil 1 und 2 der Auffangregelung, sondern auch die EBR-RL keine Anwendung finde. Anders als bei einer Entscheidung im Sinne des Art. 3 Abs. 6 SE-RL lägen nämlich die Voraussetzungen für Art. 13 SE-RL nicht vor.[660] Demnach können die Verhandlungsparteien nicht auf die Einführung von Information und Konsultation verzichten.

b) Vereinbarung über die Mitbestimmung

Neben dieser Verpflichtung können[661] die Parteien gem. **Art. 4 Abs. 2 Buchst. g SE-RL** auch beschließen, eine Vereinbarung über die Mitbestimmung zu treffen.

aa) Inhalt der Vereinbarung

In einem solchen Fall müssen das BVG und die jeweils zuständigen Organe der beteiligten Gesellschaften die Zahl der Mitglieder des Verwaltungs- oder Aufsichtsorgans der SE, die die Arbeitnehmer wählen oder bestellen dürfen bzw. deren Bestellung sie empfehlen oder ablehnen können, festlegen. Zudem haben sie das erforderliche Verfahren und die Rechte der Mitglieder zu regeln. Durch die Verwendung der Formulierung *„gegebenenfalls"* wird erneut deutlich, dass

---

657 *Hennings*, in: *Manz/Mayer/Schröder* (Hrsg.), Europäische Aktiengesellschaft SE, S. 664, Rn. 5; *Kleinsorge*, RdA 2002, 343, 347 f.; *Lambach*, Die Beteiligung in der SE, S. 169; *Freis*, in: *Nagel/Freis/Kleinsorge* (Hrsg.), Die Beteiligung der Arbeitnehmer in der Europäischen Gesellschaft, S. 162., Rn. 10; *Schmidt, M.*, Das Arbeitsrecht der Europäischen Gemeinschaft, IV. III. 3. a) cc) (1) (a), Rn. 73; *Thoma/Leuering*, NJW 2002, 1449, 1453.

658 Vgl. oben bei S. 184.

659 Dies folgt aus der Formulierung *„für den Fall, dass die Parteien im Laufe der Verhandlungen beschließen, eine solche Vereinbarung einzuführen"*.

660 Vgl. zum Ganzen *Kleinsorge*, RdA 2002, 343, 347 f.

661 Missverständlich hier *Buschak*, der ausführt: *„Die Vereinbarung muss schriftlich niedergelegt werden und Bestimmungen enthalten über: (...) – der Inhalt einer Vereinbarung über die Mitbestimmung einschließlich der Zahl der Mitglieder der Arbeitnehmer im Verwaltungs- oder Aufsichtsorgan der SE"*; *Buschak*, Arbeitspapier Nr. 3/2, 10 f.

auch Mitbestimmungssysteme vereinbart werden können, die keine Repräsentation in den betreffenden Unternehmensorganen beinhalten. Inhaltliche Vorgaben für eine Mitbestimmungsvereinbarung bestehen, ebenso wie bei der Einrichtung von Unterrichtung und Anhörung durch Art. 4 Abs. 2 SE-RL, nicht. Demnach können die Verhandlungspartner beispielsweise vereinbaren, die Mitbestimmung einer der an der SE-Gründung beteiligten Gesellschaften vollständig bzw. in abgeänderter Form zu übernehmen. Darüber hinaus können sich auch neuartige, auf ihren spezifischen Sonderfall abgestimmte Modelle entwickeln.[662] Umstritten aus deutscher Sicht ist allerdings, ob in der auszuhandelnden Vereinbarung neben dem Anteil der Arbeitnehmervertreter im Aufsichts- bzw. Verwaltungsorgan auch die konkrete Größe dieses Organs festgelegt werden kann.

(1) Größe des Aufsichts- bzw. Verwaltungsorgans kein Inhalt der Vereinbarung

Vertreten wird[663], dass im Rahmen des Verhandlungsverfahrens nicht die Größe des Aufsichts- bzw. Verwaltungsorgans der SE vereinbart werden könne, sondern nur der jeweilige Anteil der Arbeitnehmer in diesem Organ. Dies wird unter anderem mit dem Wortlaut der Definition der Mitbestimmungsminderung in Art. 3 Abs. 4 S. 4 SE-RL, wonach ein geringerer *„Anteil der Mitglieder der Organe"* maßgeblich ist, begründet. Zwar könne aus der Formulierung in Art. 4 Abs. 4 SE-RL, wonach im Gründungsfall der Umwandlung *„in Bezug auf alle Komponenten der Arbeitnehmerbeteiligung zumindest das gleiche Ausmaß gewährleistet werden (müsse)"*, geschlossen werden, dass dies auch bezüglich der bisher bestehenden Anzahl der Arbeitnehmersitze und damit der Größe des Aufsichts- bzw. Verwaltungsorgans gelte. Allerdings zeige die Definition des Begriffs der Mitbestimmung in Art. 2 Buchst. k SE-RL, in der jeweils nur auf einen Teil der Mitglieder des Aufsichts- bzw. Verwaltungsrats, nicht aber auf deren konkrete Anzahl abgestellt werde, dass es auch bei der Umwandlung nur um den Anteil der Arbeitnehmer im betreffenden Organ der SE gehe. Schließlich sprächen auch Art. 40 Abs. 3 und Art. 43 Abs. 2 SE-VO, wonach die Zahl der Mitglieder des Aufsichts- bzw. Verwaltungsorgans durch die Satzung bestimmt würden, dafür, dass die Größe dieser Organe eben nicht Gegenstand der Vereinbarung sein könne.[664]

---

[662] *Kleinsorge*, RdA 2002, 343, 350, Fn. 90. Zuzustimmen ist dabei aber den Ausführungen von *Schöpfe*, wonach keine Installation von Mitbestimmung im Leitungsorgan bzw. keine überparitätische Besetzung des Aufsichtsorgans mit Arbeitnehmervertretern vereinbart werden könne; *Schöpfe*, Gewillkürte Unternehmensmitbestimmung, S. 113 ff.

[663] *Kallmeyer*, AG 2003, 197, 199; *Reichert/Brandes*, ZGR 2003, 767, 777, Fn. 44.

[664] Vgl. zum Ganzen *Kallmeyer*, AG 2003, 197, 199; *Reichert/Brandes*, ZGR 2003, 767, 777, Fn. 44.

(2) Größe des Aufsichts- bzw. Verwaltungsorgans Inhalt der Vereinbarung

Nach anderer Auffassung kann das BVG über die Anzahl der Arbeitnehmervertreter im Aufsichts- bzw. Verwaltungsorgan verhandeln[665] bzw. ist sogar zu einer Regelung verpflichtet[666].

(3) Stellungnahme

Zunächst ist festzustellen, dass die Gründungsart der Umwandlung gem. Art. 4 Abs. 4 SE-RL entgegen der anderen Auffassung eine Sonderrolle spielt, da dort die bestehende Mitbestimmung und damit auch die Größe des Aufsichts- bzw. Verwaltungsorgans von der umzuwandelnden Gesellschaft im Verhältnis eins zu eins auf die SE zu übertragen ist.[667] Dies bedeutet, dass die Parteien die Gesamtzahl der Mitglieder im betreffenden Organ nicht selbst festlegen können.

Für die anderen Gründungsformen besteht im Schrifttum Einigkeit dahingehend, dass bei einer Vereinbarung über die Installation von Mitbestimmung in der SE gem. Art. 4 Abs. 2 Buchst. g SE-RL eine Verpflichtung zur Festlegung der *„**Zahl der Mitglieder**[668] des Verwaltungs- oder des Aufsichtsorgans der SE"*, auf die die Arbeitnehmer auf die eine oder andere Art Einfluss nehmen können[669], besteht. Legen aber die Verhandlungsparteien die Mitbestimmung im Sinne der Definition in Art. 2 Buchst. k SE-RL fest, so bestimmen sie auch den jeweiligen Anteil der zu wählenden oder zu bestellenden Mitglieder des Aufsichts- oder des Verwaltungsorgans. Dies ist zum einen erforderlich, um das Vorliegen einer Mitbestimmungsminderung i.S.d. Art. 3 Abs. 4 Unterabs. 2 SE-RL und die damit einhergehende besondere Mehrheit bei der Beschlussfassung feststellen zu können. Zum anderen läge ohne eine solche Regelung gar keine Vereinbarung über eine Mitbestimmung i.S.d. Art. 2 Buchst. k SE-RL vor.[670] Können die Verhandlungsparteien aber sowohl den Anteil als auch die Anzahl der Arbeitnehmervertreter im betreffenden Organ vereinbaren, so haben sie damit auch indirekt die Gesamtgröße des Aufsichts- bzw. Verwaltungsorgans festgelegt.[671]

Diese grundsätzlich bestehende Vereinbarungsfreiheit für die Größe des Aufsichts- bzw. Verwaltungsorgans könnte aber durch Regelungen aufgrund der Vorschriften von Art. 40 Abs. 3 und Art. 43 Abs. 2 SE-VO eingeschränkt sein.

---

665 *Hennings*, in: *Manz/Mayer/Schröder* (Hrsg.), Europäische Aktiengesellschaft SE, S. 669, Rn. 28; *Schwarz*, Kommentar zur SE-VO, Einl. Rn. 288; Art. 40 Rn. 81.

666 *Buschak*, Arbeitspapier 3/2, 12, allerdings ohne nähere Begründung.

667 Vgl. unten S. 230 ff.

668 Hervorhebung durch den Verfasser.

669 Im Folgenden erfolgt aus Gründen der Übersichtlichkeit allein eine Behandlung des Repräsentationsprinzips.

670 Dies ist eben die Wahrnehmung des Rechts, einen bestimmten Anteil der Aufsichts- oder Verwaltungsorganmitglieder der SE zu wählen oder zu bestellen.

671 Im Ergebnis wohl ebenso *Hennings*, in: *Manz/Mayer/Schröder* (Hrsg.), Europäische Aktiengesellschaft SE, S. 669, Rn. 28.

Demzufolge werden die Anzahl der Mitglieder des Aufsichts- oder Verwaltungsorgans oder die Regeln für ihre Festlegung durch die Satzung der SE bestimmt. Zudem besteht eine Ermächtigung für die Mitgliedstaaten, für die in ihrem Hoheitsgebiet eingetragenen SE die Zahl der Mitglieder im Aufsichtsrat bzw. die Mindest- und Höchstzahl der Mitglieder von Aufsichts- oder Verwaltungsorgan festzulegen. Ob und inwieweit die Verhandlungsparteien in der Vereinbarung die Größe des Aufsichts- bzw. Verwaltungsorgans festlegen können, hängt dabei von jedem einzelnen Mitgliedstaat ab.

(a) Festlegung der Mitgliederzahl in der Satzung

Aus den Regelungen in Art. 40 Abs. 3 S. 1 und Art. 43 Abs. 2 Unterabs. 1 S. 1 SE-VO lässt sich keine Einschränkung der Verhandlungsfreiheit der Parteien entnehmen. Zwar unterliegt eine SE gem. Art. 9 Abs. 1 Buchst. b SE-VO den Bestimmungen ihrer Satzung. Allerdings ist in den genannten Vorschriften nicht festgelegt, ob die Regelung der Mitgliederanzahl in der Satzung für alle Fälle gelten soll oder nur dann, wenn keine Vereinbarung über die Ausgestaltung der Mitbestimmung getroffen wurde. Zudem schränkt Art. 43 Abs. 2 Unterabs. 2 SE-VO bei Vorliegen einer Mitbestimmungsvereinbarung die Satzungsfreiheit bereits dahingehend ein, dass das Verwaltungsorgan aus mindestens drei Mitgliedern bestehen muss.

Besonders wichtig erscheint in diesem Zusammenhang Art. 12 Abs. 4 Unterabs. 1 S. 1 SE-RL, der regelt, dass die Satzung der SE zu keinem Zeitpunkt im Widerspruch zu der ausgehandelten Vereinbarung stehen darf.[672] Haben die Parteien beispielsweise vereinbart, dass im dualistischen System ein Drittel der Mitglieder des Aufsichtsorgans von den Arbeitnehmern gewählt werden darf und die Zahl der Arbeitnehmervertreter in diesem Organ auf neun festgelegt, so kann in der Satzung keine andere Gesamtzahl der Mitglieder als 27 festgelegt werden. Eine andere Regelung würde im Widerspruch zur Mitbestimmungsvereinbarung stehen. Demzufolge kann durch die Satzung die Möglichkeit einer Vereinbarung der Aufsichts- bzw. Verwaltungsorgangröße nicht eingeschränkt werden.[673]

(b) Bestehen einer Regelung im Sitzstaat

Anders könnte die Sachlage aber dann sein, wenn ein Mitgliedstaat von seiner Ermächtigung Gebrauch gemacht hat. Hat ein Mitgliedstaat, in dessen Hoheitsgebiet die SE eingetragen ist, eine Regelung über die Mitgliederanzahl im BVG

---

672 Vgl. zu den möglichen anderen Widersprüchen zwischen Satzung und der Vereinbarung über die Arbeitnehmerbeteiligung bzw. der Anwendbarkeit der Auffangregelung ausführlich bei *Schwarz*, Kommentar zur SE-VO, Art. 12 Rn. 31 ff.

673 Ebenso *Hennings*, in: *Manz/Mayer/Schröder* (Hrsg.), Europäische Aktiengesellschaft SE, S. 669, Rn. 28; *Schwarz*, Kommentar zur SE-VO, Einl. Rn. 288; Art. 40 Rn. 81; sowie *Grobys*, der allerdings als Beispiel nur eine Diskrepanz zwischen gerader und ungerader Anzahl von Arbeitnehmern nennt; *Grobys*, NZA 2005, 84, 88.

getroffen, so muss eine Vereinbarung über die Mitbestimmung der Arbeitnehmer dies berücksichtigen.[674] Gem. Art. 9 Abs. 1 Buchst. c Ziff. i SE-VO unterliegt die SE den Rechtsvorschriften, die die Mitgliedstaaten aufgrund von Ermächtigungen in der SE-VO erlassen.[675]

Allerdings können die Mitgliedstaaten gem. Art. 40 Abs. 3 und Art. 43 Abs. 2 SE-VO bestimmte Abstufungen bei der Eingrenzung der Mitgliederanzahl in den betreffenden Organen der SE vornehmen. Wurde nur die Mindestzahl der Mitglieder festgelegt, so muss diese zwar von den Verhandlungsparteien eingehalten werden, doch besteht im Übrigen Vereinbarungsfreiheit. Ebenso gilt dies bei der Regelung der Höchstzahl der Mitglieder. Bei einer Bestimmung von Mindest- und Höchstzahl ist die Verhandlungsfreiheit der Parteien weiter eingeschränkt, da sie sich nun in diesem Rahmen bewegen muss. Hat dagegen ein Mitgliedstaat gem. Art. 40 Abs. 3 S. 2 SE-VO die Zahl der Aufsichtsorganmitglieder festgelegt, so können die Parteien im Prinzip nur noch über den Anteil der Arbeitnehmer verhandeln.[676] Die einzelstaatlichen Gesetzgeber sind aber bei der Determinierung der genauen Mitgliederanzahl nicht völlig frei, sondern an den *„effet utile"* gebunden. Dies bedeutet, dass sie beispielsweise keine ungerade Mitgliederzahl verbindlich festlegen können, da dadurch die Einführung einer paritätischen Mitbestimmung in das Aufsichtsorgan unmöglich gemacht würde.[677] Dies gilt erst Recht für den Gründungsfall der Umwandlung, da dort

---

674 Ebenso *Hennings*, in: *Manz/Mayer/Schröder* (Hrsg.), Europäische Aktiengesellschaft SE, S. 669, Rn. 28.
Anderer Ansicht ist *Schwarz*, der aufgrund der in Art. 9 SE-VO geregelten Normenhierarchie davon ausgeht, dass die Vereinbarung über dem mitgliedstaatlichen Recht anzusiedeln sei. Daher gehe der Inhalt einer Vereinbarung dem Recht der Mitgliedstaaten, eine genaue Zahl der Aufsichts- bzw. Verwaltungsorganmitglieder festzulegen, vor; *Schwarz*, Kommentar zur SE-VO, Einl. Rn. 288, Art. 40 Rn. 81. Allerdings sind die in Art. 40 Abs. 3 und Art. 43 Abs. 2 SE-VO geregelten Ermächtigungen bereits unter Art. 9 Abs. 1 Buchst. c Ziff. i SE-VO anzusiedeln, während keine Angaben über die SE-RL enthalten sind.

675 Dies gilt für eine SE mit Sitz in Deutschland unabhängig davon, welcher Ansicht bezüglich der Rechtsnatur einer Vereinbarung gefolgt wird. Auch wenn vertreten wird, dass es sich um einen Tarifvertrag oder einen eigenständigen Kollektivvertrag mit normativer Wirkung handelt, so dürfen diese nicht gegen bestehende Gesetzesvorschriften verstoßen. Vgl. zur Rechtsnatur einer Vereinbarung unten S. 440 ff.

676 Zur Verdeutlichung solcher Bestimmungen kann das deutsche Recht herangezogen werden, da dort in § 4 Montan-MitbestG, § 5 Montan-MitBestErgG und § 7 MitbestG die Anzahl der Mitglieder im Aufsichtsrat starr bzw. abgestuft nach der Anzahl der beschäftigten Arbeitnehmer geregelt ist.

677 Daher hat der deutsche Gesetzgeber in § 17 Abs. 2 SEAG geregelt, dass die Arbeitnehmerbeteiligung von der in § 17 Abs. 1 SEAG festgelegten Staffelung der Mitgliederzahl unberührt bleibt.

die gesamte Mitbestimmung samt Größe des Aufsichtsorgans beibehalten werden muss.[678]

Im Rahmen des monistischen Systems ist die Möglichkeit der Mitgliedstaaten, die Zahl der Mitglieder des Verwaltungsorgans zu regeln, eingeschränkt. Anders als in Art. 40 Abs. 3 S. 2 SE-VO findet sich in Art. 43 Abs. 2 Unterabs. 1 S. 2 SE-VO keine entsprechende explizite Ermächtigung in der SE-VO. Damit umfasst die Befugnis der Mitgliedstaaten zur Bestimmung der Mitgliederzahl im monistischen System dem Wortlaut nach nicht die gesamte Regelungsbefugnis des dualistischen Modells. Laut Art. 43 Abs. 2 S. 2 SE-VO können die Mitgliedstaaten lediglich entweder die Mindestzahl allein oder, falls dies erforderlich erscheint, diese zusammen mit der Höchstzahl bestimmten. Eine Ermächtigung für die alleinige Festlegung der Höchstzahl oder für eine Festsetzung der genauen Zahl der Mitglieder im Verwaltungsorgan besteht demnach nicht.

(4) Ergebnis

Die Verhandlungsparteien können grundsätzlich die Anzahl der Arbeitnehmervertreter im Aufsichts- bzw. Verwaltungsorgan frei vereinbaren. Während gegenteilige Satzungsvorschriften die Parteiautonomie nicht einschränken, darf die Vereinbarung nicht gegen entgegenstehende nationale Rechtsvorschriften verstoßen. Eine absolute Einschränkung der Verhandlungsfreiheit der Parteien im Hinblick auf eine Vereinbarung der Anzahl der Arbeitnehmervertreter ist allerdings nur für das dualistische System möglich und nicht im Rahmen der monistischen Organisationsform.

bb) Möglichkeit des Verzichts auf die Mitbestimmung

In der Literatur wird einhellig die Auffassung vertreten, dass aufgrund der inhaltlichen Gestaltungsfreiheit der Mitbestimmung zwischen den Parteien auch ein Verzicht auf diese Form der Arbeitnehmerbeteiligung vereinbart werden könne.[679] Allerdings gelte dies aufgrund von Art. 4 Abs. 4 SE-RL nicht für die Gründungsform der Umwandlung. Begründet wird dies mit dem Wortlaut von Art. 4 Abs. 2 Buchst. g SE-RL, der den erforderlichen Inhalt einer Mitbestimmungsvereinbarung *„für den Fall, dass die Parteien im Laufe der Verhandlungen beschließen, eine solche Vereinbarung einzuführen"* festlege. Nach dieser Formulierung bestehe auch die Option einen solchen Beschluss nicht zu treffen und damit auf die Mitbestimmung überhaupt zu verzichten.[680] Des Weiteren wird mit einem *„Erstrechtschluss"* aus Art. 3 Abs. 6 SE-RL argumentiert.[681]

---

678 Vgl. unten S. 230 ff.

679 Vgl. stv. *Davies*, ILJ 2003, 75, 90; *Herfs-Röttgen*, NZA 2002, 358, 363; *Kleinsorge*, RdA 2002, 343, 350, Fn. 90; *Reichert/Brandes*, ZGR 2003, 767, 774;

680 *Herfs-Röttgen*, NZA 2002, 358, 363.

681 Die dort geregelte Möglichkeit, die Nichtaufnahme bzw. den Abbruch der Verhandlungen zu beschließen, führt dazu, dass aufgrund der Nichtanwendbarkeit der Auffangregelung keine Mitbestimmung in die SE eingeführt wird.

Aufgrund des Fehlens einer ausdrücklichen Regelung über die Möglichkeit der Vereinbarung eines solchen Verzichts, stellt sich aber die Frage, welche Mehrheit für einen wirksamen Beschluss des BVG über die Nichteinführung der Mitbestimmung erforderlich ist.

(1) Beschluss mit dreifach qualifizierter Mehrheit

So wird die Auffassung[682] vertreten, dass für einen solchen Beschluss die auch in Art. 3 Abs. 6 Unterabs. 2 SE-RL geforderte dreifach qualifizierte Mehrheit benötigt werde. Grund hierfür sei, dass sowohl der Beschluss der Nichtaufnahme oder des Abbruchs von Verhandlungen, als der Verzicht auf die Mitbestimmung zu demselben Ergebnis, nämlich der Nichteinführung dieser Form der Arbeitnehmerbeteiligung in die SE, führe. Ferner sei eine Einrichtung der Mitbestimmung über die Auffangregelung in beiden Fällen ausgeschlossen, da entweder gem. 3 Abs. 6 Unterabs. 1 S. 3 SE-RL oder gem. Art. 4 Abs. 3 SE-RL die Bestimmungen des Anhangs keine Anwendung fänden.[683]

(2) Stellungnahme und Lösungsansatz

Zwar lässt Art. 3 Abs. 4 SE-RL darauf schließen, dass grundsätzlich für alle nicht gesondert geregelten Fälle nur die doppelte absolute Mehrheit für eine Beschlussfassung des BVG erforderlich ist. Doch ist der Autorin dahingehend zuzustimmen, dass ein solcher Verzichtsbeschluss des BVG angesichts seiner weitreichenden Konsequenzen für die Mitbestimmung in der SE von der dreifach qualifizierten Mehrheit abhängig gemacht werden sollte.

Entgegen dieser Ansicht kann aber der Beschluss, die Mitbestimmung nicht einzuführen, in mehrfacher Hinsicht unterschiedliche Konsequenzen im Vergleich zu einem Beschluss i.S.d. Art. 3 Abs. 6 SE-RL herbeiführen. So besteht im Rahmen des Art. 3 Abs. 6 SE-RL für das BVG die Möglichkeit, nach Ablauf eines bestimmten Zeitraums die Wiederaufnahme der Verhandlungen zu beschließen und damit eventuell doch noch die Aufnahme von Mitbestimmung in die SE zu vereinbaren. Dagegen kann ein Verzichtsbeschluss, zumindest theoretisch, unbegrenzt Bestand haben.[684] Darüber hinaus hat eine solche Entscheidung, anders als der Beschluss im Sinne des Art. 3 Abs. 6 SE-RL, nicht notwendigerweise die Nichtanwendbarkeit der Auffangregelung zur Folge. Gem. Art. 4 Abs. 3 SE-RL gilt die Auffangregelung nicht, *„sofern in der Vereinbarung nichts anderes bestimmt ist“*. Dies bedeutet, dass die Parteien einerseits einen Verzicht auf die Mitbestimmung beschließen und andererseits die Anwendbar-

---

682 *Herfs-Röttgen*, NZA 2002, 358, 363.

683 Vgl. zum Ganzen *Herfs-Röttgen*, NZA 2002, 358, 363.

684 Da es sich hierbei ebenfalls um eine Vereinbarung handelt, ist ihre Geltung gem. Art. 4 Abs. 2 Buchst. h SE-RL von der festgelegten Laufzeit und des Eintritts einer Konstellation, die eine Neuaufnahme von Verhandlungen erforderlich erscheinen lässt, abhängig. Allerdings können die Parteien eine, dem Art. 3 Abs. 6 Unterabs. 4 SE-RL vergleichbare, Regelung treffen.

keit der Auffangregelung vereinbaren können. Liegen die Voraussetzungen für das Eingreifen der Auffangregelung vor, so könnte über diesen Weg die Mitbestimmung in die SE eingeführt werden. Schließlich bringt der Beschluss im Sinne des Art. 3 Abs. 6 auch über die Mitbestimmung hinausgehende Folgen mit sich, da die Auffangregelung in Bezug auf die Vorschriften zur Unterrichtung und Anhörung nicht anwendbar wäre. Dagegen kann trotz Vorliegens eines Verzichtsbeschluss entweder eine eigene Regelung der Unterrichtung und Anhörung oder eine Anwendung der Auffangregelung für diesen Bereich vereinbart werden.

Daher bietet sich für einen solchen Verzichtsbeschluss nicht nur die Übernahme der dreifach qualifizierten Mehrheit, sondern auch die entsprechende Anwendung des gesamten Art. 3 Abs. 4 SE-RL an. Der Verzicht auf die Einführung von Mitbestimmung überhaupt stellt die stärkste Form der in Art. 3 Abs. 4 Unterabs. 2 SE-RL definierten Mitbestimmungsminderung dar. Hierfür spricht auch Erwägungsgrund 10 SE-RL, wonach die *„Abstimmungsregeln (...) in einem angemessenen Verhältnis zur **Gefahr der Beseitigung oder der Einschränkung**[685] der bestehenden Mitbestimmungssysteme und -praktiken stehen (sollen)"*. Bereits der Wortlaut dieses Erwägungsgrundes zeigt, dass die Beseitigung der Mitbestimmung mit deren Einschränkung auf eine Stufe gestellt wird und damit eine Gleichbehandlung zu fordern ist. Diese Vorgehensweise führt dann je nach Fallgestaltung zu unterschiedlichen Konsequenzen. Bestand in keiner der beteiligten Gesellschaften Mitbestimmung, so liegt durch die Vereinbarung eines Verzichts keine Mitbestimmungsminderung vor. Dies bedeutet, dass der Beschluss des BVG nur der doppelten absoluten Mehrheit im Sinne des Art. 3 Abs. 4 S. 1 SE-RL bedarf. Hierfür spricht auch, dass in einem solchen Fall bei der Gründungsform der Umwandlung mit dieser Mehrheit ebenso auf die Mitbestimmung verzichtet werden kann.[686] War aber in mindestens einer der beteiligten Gesellschaften Mitbestimmung vorhanden, liegt auf jeden Fall eine Mitbestimmungsminderung vor, so dass die dreifach qualifizierte Mehrheit erforderlich ist, wenn die Schwellenwerte erreicht werden. Im Falle einer Umwandlung ist dagegen gem. Art. 4 Abs. 4 SE-RL ein solcher Beschluss nicht möglich.

Eine entsprechende Anwendung von Art. 3 Abs. 4 SE-RL erscheint demnach gegenüber dem Vorschlag einer steten Berücksichtigung der dreifach qualifizierten Mehrheit vorteilhaft, denn sie reagiert im Sinne der Systematik der SE-RL auf die Verteilung der Mitbestimmung innerhalb der beteiligten Gesellschaften. Damit steht sie im Einklang mit dem in Erwägungsgrund 10 SE-RL geforderten angemessenen Verhältnis zur Gefahr der Beseitigung der bestehenden Mitbestimmung in diesen Gesellschaften.

---

685 Hervorhebung durch den Verfasser.

686 Art. 4 Abs. 4 SE-RL greift nicht ein, wenn in der umzuwandelnden Gesellschaft keinerlei Mitbestimmung bestand.

c) Vereinbarung der Geltung der Auffangregelung

Schließlich können die Parteien auch vereinbaren, dass die Auffangregelung des Anhangs gelten soll.[687] Dies folgt aus dem Umkehrschluss zum Wortlaut des Art. 4 Abs. 3 SE-RL.[688] Dieser zeigt, dass auch etwas anderes, nämlich die Anwendung der Auffangregelung, vereinbart werden kann.

d) Sonderrolle der Umwandlung

Art. 4 Abs. 4 SE-RL bestimmt, dass im Gründungsfall der Umwandlung in der Vereinbarung *„in Bezug auf* ***alle Komponenten***[689] *der Arbeitnehmerbeteiligung"* zumindest das gleiche Ausmaß wie in der umzuwandelnden Gesellschaft sichergestellt sein muss. Dies soll unbeschadet des Art. 13 Abs. 3 Buchst. a SE-RL gelten, wonach die SE-RL – mit Ausnahme der Mitbestimmung in den Organen der SE – nicht die den Arbeitnehmern nach einzelstaatlichen Rechtsvorschriften und/oder Gepflogenheiten zustehenden Beteiligungsrechte berührt. Meist wird in der Literatur die Sonderrolle der Umwandlung nur im Hinblick auf die Problematik der Mitbestimmung dargestellt. Nach dem Wortlaut wird aber jede Form der Arbeitnehmerbeteiligung, das heißt jedes in Art. 2 Buchst. h SE-RL definierte Verfahren, erfasst.[690] Besonders relevant ist allerdings die Mitbestimmung, da die anderen Beteiligungsformen bereits durch Art. 13 Abs. 3 Buchst. a SE-RL ausreichend geschützt werden. Umstritten ist jedoch, ob von dieser Formulierung die jeweilige nationale unternehmerische Mitbestimmung in ihrer Gesamtheit umfasst ist.

aa) Keine zwingende Beibehaltung der Anzahl der Arbeitnehmersitze im betreffenden SE-Organ

Nach einer Ansicht[691] muss nur das quantitative Niveau hinsichtlich des Anteils der Mitglieder, die gewählt oder bestellt bzw. deren Bestellung empfohlen und/oder abgelehnt werden können, gewahrt bleiben. Dagegen könne die vor der Umwandlung bestehende Anzahl verringert werden. Als Argumente werden die

---

687 Ob dies aufgrund der dortigen hohen Absicherung der Mitbestimmung jemals vereinbart wird, ist eine andere Frage.

688 Dieser lautet, dass *„sofern in der Vereinbarung nichts anderes bestimmt ist, (...) die Auffangregelung des Anhangs nicht für diese Vereinbarung (gilt)"*.

689 Hervorhebung durch den Verfasser.

690 Ebenso *Pluskat*, wonach *„die ausgehandelte Vereinbarung in allen Fragen der Arbeitnehmerbeteiligung zumindest das gleiche Niveau (...) gewährleisten muss"*; *Pluskat*, DStR 2001, 1483, 1487. Zustimmend *Hennings*, in: *Manz/Mayer/Schröder* (Hrsg.), Europäische Aktiengesellschaft SE, S. 672, Rn. 38.

691 *Grobys*, NZA 2005, 84, 88; *Ihrig/Wagner*, BB 2004, 1749, 1755; *Kallmeyer*, AG 2003, 197, 199. Zustimmend *Minuth*, Führungssysteme der SE, S. 190. Ebenso *Seibt*, in: *Lutter/Hommelhoff* (Hrsg.), Die Europäische Gesellschaft, S. 67, 79 und *Schwarz*, Kommentar zur SE-VO, Einl. Rn. 287.

Definition der Mitbestimmung in Art. 2 Buchst. k SE-RL und die Verweisung in Teil 3 Buchst. a S. 2 An. SE-RL auf den anschließenden Buchst. b genannt.[692]

bb) Möglichkeit der inneren Ausgestaltung der beizubehaltenden Komponenten

Eine andere Auffassung im Schrifttum[693] geht zwar davon aus, dass die einzelnen Komponenten der Mitbestimmung nicht verändert werden könnten. Allerdings sieht sie zumindest innerhalb dieser Komponenten die Möglichkeit einer anderweitigen Ausgestaltung. Argumentiert wird mit der Formulierung *„das gleiche Ausmaß"*. Dies bedeute, dass eine Änderung insoweit vorgenommen werden könne, als das betroffene Beteiligungsrecht in Umfang und Qualität nicht berührt werde. Als Beispiel wird die Übertragung der Aufgabe der Unterrichtung der Arbeitnehmervertreter von der SE-Leitung auf das jeweilige örtliche Management genannt. Dagegen sei beispielsweise der Ausgleich einer Einschränkung der Mitbestimmung durch eine Ausweitung der Anhörungsrechte aus Gründen der Rechtssicherheit nicht möglich.[694]

cc) Zwingende Beibehaltung der äußeren und inneren Struktur im betreffenden SE-Organ

Schließlich wird vertreten[695], dass aufgrund des Wortlauts in Art. 4 Abs. 4 SE-RL alle die unternehmerische Mitbestimmung des umzuwandelnden Unternehmens betreffenden Regelungen durch die Vereinbarung nicht beeinträchtigt werden könnten. Um dies zu verdeutlichen, wird das Beispiel einer deutschen Aktiengesellschaft angeführt, die unter das MitbestG 1976 fällt und in eine SE umgewandelt werden soll. In einem solchen Falle könne *„die Hälfte der Sitze im Aufsichtsorgan für die Arbeitnehmerseite sowie deren innere Struktur (Beschäftigte des Unternehmens/Gewerkschaftsvertreter) (...) nicht verändert werden"*[696].

---

692 Vgl. zum Ganzen *Grobys*, NZA 2005, 84, 88; *Kallmeyer*, AG 2003, 197, 199.

693 *Hennings*, in: *Manz/Mayer/Schröder* (Hrsg.), Europäische Aktiengesellschaft SE, S. 672, Rn. 38; *Veelken*, FS Blomeyer (2004), S. 491, 512.

694 Vgl. zum Ganzen *Hennings*, in: *Manz/Mayer/Schröder* (Hrsg.), Europäische Aktiengesellschaft SE, S. 672, Rn. 38.

695 *Köstler*, in *Theisen/Wenz* (Hrsg.), Die Europäische Aktiengesellschaft, S. 331, 349; *ders.*, ZGR 2003, 800, 806; *ders.*, DStR 2005, 745, 747; *Pluskat*, DStR 2001, 1483, 1487; *Thümmel*, Die Europäische Aktiengesellschaft (SE), D.II.4.e), Rn. 310. Ebenso wohl auch *Freis*, wonach mit den Komponenten der Arbeitnehmerbeteiligung *„insbesondere konkret bestehende Mitbestimmungsrechte"* gemeint seien; *Freis*, in: *Nagel/Freis/Kleinsorge* (Hrsg.), Die Beteiligung der Arbeitnehmer in der Europäischen Gesellschaft, S. 166 f., Rn. 32 ff.

696 *Köstler*, in *Theisen/Wenz* (Hrsg.), Die Europäische Aktiengesellschaft, S. 331, 349; *ders.*, DStR 2005, 745, 747.

dd) Stellungnahme

Für die Klärung dieses Streits ist eine Auslegung des Art. 4 Abs. 4 SE-RL erforderlich. Der **Wortlaut** *„in Bezug auf* ***alle Komponenten****"* spricht dabei für eine Sicherung des gesamten bisher in der umzuwandelnden Gesellschaft bestehenden Standards der Arbeitnehmerbeteiligung. Diesbezüglich wird auch zugestanden, dass aus dieser Formulierung gefolgert werden könne, dass nicht nur der Anteil der Arbeitnehmer im Aufsichts- oder Verwaltungsorgan, sondern auch die Größe dieses Organs konstant bleiben müsse.[697]

Im Hinblick auf die **historische Auslegung** wird nur aus den nicht amtlich veröffentlichten Vorschlägen unter österreichischer und deutscher Präsidentschaft wird der Versuch erkennbar, den im Zusammenhang mit der Umwandlung geäußerten Bedenken über die Möglichkeit der Flucht aus der Mitbestimmung entgegenzutreten. Die Vorschrift des Art. 4 Abs. 4 SE-RL wurde im Rahmen des österreichischen Kompromissvorschlags eingeführt.[698] Im deutschen Vorschlag wurde diese Regelung übernommen und klarstellend hinzugefügt, dass dies unbeschadet des Art. 12 Abs. 3 Buchst. a (jetzt Art. 13 Abs. 3 Buchst. a SE-RL) gelte. Zur Absicherung der bestehenden Mitbestimmung im Falle der Umwandlung wurden in den österreichischen Vorschlag mit Art. 3 Abs. 6 Unterabs. 2 RL-Entwurf A und Art. 10 a RL-Entwurf A noch weitere Vorschriften einfügt.[699] Diese Regelungen wurden sämtlich in die SE-RL übernommen und zeigen zumindest den Versuch, das in der umzuwandelnden nationalen Gesellschaft bestehende Mitbestimmungsniveau in höchstem Maße abzusichern.

Sie können daher im Rahmen der **systematischen Auslegung** herangezogen werden. So zeigt Art. 3 Abs. 6 Unterabs. 3 SE-RL, dass der Gründungstatbestand der Umwandlung auch im Falle eines Beschlusses im Sinne des Art. 3 Abs. 6 SE-RL eine Sonderrolle spielt. Besonders deutlich wird die spezielle Absicherung der Mitbestimmung im Rahmen der Umwandlung aber bei der Auffangregelung. Zum einen ist diese gem. Art. 7 Abs. 2 Unterabs. 1 Buchst. a SE-RL unabhängig von irgendwelchen Schwellenwerten bereits anwendbar, wenn die umzuwandelnde Gesellschaft dieser Beteiligungsform unterlag. Zum anderen besteht in Teil 3 Buchst. a An. SE-RL die gleiche Formulierung wie in Art. 4 Abs. 4 SE-RL, wonach *„alle Komponenten der Mitbestimmung weiterhin Anwendung (finden)"*. Der Vergleich mit den in Teil 3 Buchst. b Unterabs. 1 An. SE-RL geregelten übrigen Gründungsarten zeigt, dass unter diesen Wortlaut nicht nur die Beibehaltung des vorherigen Anteils der Mitglieder im

---

697 *Kallmeyer*, AG 2003, 197, 199.

698 Demnach lautet Art. 4 Abs. 4 RL-Entwurf A, dass durch die Vereinbarung über die Beteiligung der Arbeitnehmer in Bezug auf alle Komponenten der Mitbestimmung der Arbeitnehmer zumindest das gleiche Ausmaß gewährleistet werden soll, das in der Gesellschaft besteht, die in eine Europäische Aktiengesellschaft umgewandelt werden soll.

699 Art. 3 Abs. 6 Unterabs. 2 RL-Entwurf A entspricht nun Art. 3 Abs. 6 Unterabs. 3 SE-RL und Art. 10 a RL-Entwurf A dem Art. 11 SE-RL.

Aufsichts- oder Verwaltungsorgan fallen soll. Denn wäre nur dieser Bereich bei der Umwandlung zu schützen, dann hätte es keiner eigenen Regelung bedurft. Die Übernahme des höchsten Anteils der Mitglieder im Aufsichts- oder Verwaltungsorgan, die von den Arbeitnehmern gewählt oder bestellt bzw. deren Bestellung empfohlen oder abgelehnt werden darf, wird nämlich bereits durch Teil 3 Buchst. b Unterabs. 1 An. SE-RL gewährleistet.[700] Daher hilft der Verweis der Vertreter der anderen Ansicht auf die Definition der Mitbestimmung in Art. 2 Buchst. k SE-RL nicht weiter. Zwar geht es im Rahmen des Art. 4 Abs. 4 SE-RL auch um die Beibehaltung dieses quantitativen Niveaus der Einflussnahme, doch werden darüber hinaus die übrigen Komponenten geschützt.

Nach dem **Sinn und Zweck** ergibt sich diese Schlussfolgerung ebenso, da der unternehmerischen Mitbestimmung im Falle der Gründung einer SE der weitestgehende Schutz gewährt werden soll. Wie Erwägungsgrund 10 der SE-RL zeigt, wird die Gefahr der Beeinträchtigung bestehender Mitbestimmungssysteme und -praktiken bei den Gründungstatbeständen der Umwandlung und der Fusion am höchsten eingeschätzt. Für eine exakte Übertragung aller Bereiche der bisher in der umzuwandelnden Gesellschaft geltenden Mitbestimmung spricht auch, dass sich *„die Identität der Belegschaft nicht ändert"*[701]. Bei den anderen Gründungsformen muss es darum gehen, zwischen den aufeinander prallenden verschiedenen nationalen Mitbestimmungstraditionen und -systemen einen tragfähigen Kompromiss zu finden. Es geht einerseits darum, die einzelnen Standards der Mitbestimmung zu sichern und andererseits eine Aufoktroyierung solcher Systeme gegen den Willen der Mehrheit der Arbeitnehmer zu verhindern. Dieses Problem stellt sich bei einer Umwandlung nicht, da keine verschiedenen einzelstaatlichen Gestaltungen miteinander konfrontiert werden, sondern ein einheitliches Mitbestimmungssystem in der beteiligten Gesellschaft besteht.

Daher ist das jeweilige in der umzuwandelnden Gesellschaft bestehende Beteiligungssystem der Arbeitnehmer zu 100 Prozent in die SE zu übernehmen. Dies gilt selbstverständlich auch dann, wenn bei der Umwandlung der nationalen Gesellschaft in eine SE das Organisationssystem gewechselt wird, das heißt das monistische Modell gegen das dualistische oder umgekehrt getauscht wird.[702] Neben der unternehmerischen Mitbestimmung hat zudem die gesamte Übernahme anderweitiger Beteiligungsrechte zu erfolgen. Wird beispielsweise eine deutsche Gesellschaft umgewandelt, so besteht auch ihre betriebliche Mitbestimmung nach dem BetrVG in all ihren Facetten weiter. Geringfügige Modifizierungen innerhalb der einzelnen Beteiligungskomponenten, wie sie das Bei-

---

700 Im Ergebnis ebenso *Krause*, der explizit auf den Unterschied zwischen Teil 3 Buchst. a und b An. SE-RL hinweist; *Krause*, BB 2005, 1221, 1226.

701 BR-Drucks. 438/04, Begründung zum SEEG, S. 130.

702 Vgl. unten S. 294 ff. Ebenso *Thümmel*, Die Europäische Aktiengesellschaft (SE), D.II.4.e), Rn. 310.

spiel der Übertragung der Informationsverpflichtung innerhalb der Leitungsebenen einer SE mit sich bringt, sind allerdings zuzulassen. Dafür spricht bereits Teil 2 Buchst. c Unterabs. 1 S. 2 An. SE-RL, wonach bei außergewöhnlichen Umständen ein Treffen auch mit einer geeigneteren Leitungsebene innerhalb der SE stattfinden kann.[703]

VIII. Maßgebliches Recht für das Verhandlungsverfahren gem. Art. 6 SE-RL

Gem. **Art. 6 SE-RL** ist für das Verhandlungsverfahren das Recht des Mitgliedstaates maßgeblich, in dem die SE ihren Sitz haben wird. Dies gilt allerdings nur dann, wenn und soweit in der SE-RL nichts anderes vorgesehen ist.[704]

D. Auffangregelung gem. Art. 7 SE-RL i.V.m. An. SE-RL

Zur Verwirklichung des Ziels der Einführung von Arbeitnehmerbeteiligung in die SE sind die Mitgliedstaaten gem. **Art. 7 Abs. 1 Unterabs. 1 SE-RL** verpflichtet, eine Auffangregelung einzuführen, deren Inhalt den im Anhang der SE-RL geregelten Bestimmungen entsprechen muss. Damit werden auch Mitgliedstaaten, die bis jetzt keine Mitbestimmungsform kodifiziert hatten, zu einer Regelung dieser Materie im Rahmen ihrer Umsetzungsgesetze gezwungen.[705]

---

703 Nach Ansicht von *Oetker* sprechen zwar der Wortlaut, der Normzweck und weitere Argumente für eine Beibehaltung sämtlicher Mitbestimmungsregelungen, allerdings führe dies *„zu einer schwer lösbaren Konfliktlage"*. Insbesondere bei einem im Rahmen der Umwandlung vorzunehmenden Wechsel vom dualistischen zum monistischen System ergäben sich unter anderem aufgrund der §§ 31 und 33 MitbestG Anwendungsprobleme. Daher gehe eine Beibehaltung sämtlicher Mitbestimmungsregeln über den Sinngehalt von § 35 Abs. 1 SEBG hinaus und sei zudem gesetzestechnisch nicht zu realisieren. Vgl. zum Ganzen *Oetker*, in: *Lutter/Hommelhoff* (Hrsg.), Die Europäische Gesellschaft, S. 277, 287.
Dagegen spricht aber bereits, dass sich eine Auslegung des Wortlauts und Sinn und Zwecks an die betreffenden Vorschriften der SE-RL und nicht etwa an § 35 Abs. 1 SEBG als nationales Umsetzungsgesetz halten muss. Aufgrund der bestehenden Unterschiede zwischen dualistischer und monistischer Struktur liegt es zudem in der Natur der Sache, dass die Mitbestimmungsrechte einer gewissen Veränderung unterliegen. Diese ist aber möglichst gering zu halten, sei es auch um den Preis, dass mit der Bestellung ausschließlich externer geschäftsführender Direktoren im monistischen System eine Annäherung an die dualistische Form erfolgt. Schließlich zeigt § 38 Abs. 2 SEBG, dass der deutsche Gesetzgeber die Übernahme der Funktion des Arbeitsdirektors in die monistische Struktur sehr wohl für möglich hält.

704 Zu den Bereichen, die dem Recht der Mitgliedstaaten unterliegen; vgl. *Hennings*, in: *Manz/Mayer/Schröder* (Hrsg.), Europäische Aktiengesellschaft SE, S. 676, Rn. 1.

705 *Hirte*, NZG 2002, 1, 7.

I. Eröffnung des Anwendungsbereichs der Auffangregelung

Die Vorschriften in **Art. 7 SE-RL** legen die Voraussetzungen fest, unter denen der Anwendungsbereich der Auffangregelung eröffnet ist. Dabei kann zwischen allgemeinen und besonderen Voraussetzungen unterschieden werden.[706] Gem. **Art. 7 Abs. 1 Unterabs. 2 SE-RL** gilt die Auffangregelung des Mitgliedstaates, in dem die SE ihren Sitz haben wird.

1. Allgemeine Voraussetzungen gem. Art. 7 Abs. 1 SE-RL

Eine der in **Art. 7 Abs. 1 Unterabs. 2 SE-RL** geregelten Voraussetzungen muss auf jeden Fall vorliegen, damit der An. SE-RL ab dem Zeitpunkt der Eintragung der SE Anwendung finden kann.

a) Vereinbarung über die Anwendbarkeit der Auffangregelung

Zunächst können die Parteien gem. **Art. 7 Abs. 1 S. 2 Buchst. a SE-RL** einfach vereinbaren, dass die Auffangregelung ab dem Zeitpunkt der Eintragung der SE Anwendung finden soll. Da diese Vorschrift nicht zwischen den einzelnen Teilen des Anhangs der SE-RL differenziert, kann auf den ersten Blick davon ausgegangen werden, dass eine solche Vereinbarung auch hinsichtlich des Teil 3 An. SE-RL und damit der Mitbestimmung getroffen werden kann. Für diesen Teil gelten allerdings besondere Anwendungsvoraussetzungen, die sich je nach Gründungsart unterscheiden und von bestimmten Schwellenwerten abhängen.[707] Der Wortlaut des Art. 7 Abs. 2 S. 1 SE-RL lautet diesbezüglich: *„Ferner findet die Auffangregelung (...) gemäß Teil 3 des Anhangs* ***nur***[708] *Anwendung, wenn“*. Nach dieser Formulierung wären immer die besonderen Anforderungen für die Anwendbarkeit von Teil 3 relevant, auch wenn die Parteien bereits dessen Geltung vereinbart hätten.

Folglich liegt vom Wortlaut her ein Widerspruch vor, der aber zugunsten der Parteiautonomie zu lösen ist, denn die Möglichkeit der Parteien, die Geltung auch von Teil 3 zu vereinbaren, kollidiert nicht mit den besonderen Voraussetzungen des Art. 7 Abs. 2 SE-RL. Die dort geregelten Fälle sind primär dazu gedacht, eine Anwendbarkeit des Bereichs der Mitbestimmung auch gegen den Willen von Mitgliedern im BVG zu gewährleisten. Sie dienen der Absicherung der bestehenden Mitbestimmungsstandards in den beteiligten Gesellschaften. Haben sich die Parteien über eine Anwendbarkeit der Auffangregelung gem. Art. 7 Abs. 1 Unterabs. 2 Buchst. a SE-RL geeinigt, so kann Teil 3 unabhängig von dem Parteiwillen Anwendung finden.[709] Erst wenn die Schwellen-

---

706 *Lambach*, Die Beteiligung in der SE, S. 173 f.; *Schmidt, M.*, Das Arbeitsrecht der Europäischen Gemeinschaft, IV. III. 3. b) aa), Rn. 91 ff.

707 Vgl. unten S. 241 ff.

708 Hervorhebung durch den Verfasser.

709 Im Falle der Umwandlung muss nur irgendeine Form der Mitbestimmung in der umzuwandelnden Gesellschaft bestehen bzw. bei den anderen Gründungsformen ist die Überschreitung der Schwellenwerte erforderlich.

werte nicht erreicht werden und eine Mitbestimmungsform in einer der beteiligten Gesellschaften existiert, kommt es auf eine Abstimmung der Arbeitnehmervertreter im BVG an. Durch einen Beschluss mit der doppelten absoluten Mehrheit kann das BVG auch in einem solchen Fall die Geltung von Teil 3 herbeiführen. Nichts anderes geschieht aber, wenn die Parteien eine Vereinbarung im Sinne des Art. 7 Abs. 1 Unterabs. 2 Buchst. a SE-RL treffen, da auch in einem solchen Fall ein Beschluss der Arbeitnehmervertreter im BVG mit dieser Mehrheit erforderlich ist. Damit werden die besonderen Anwendungsvoraussetzungen für Teil 3 durch die Möglichkeit der Vereinbarung nicht unterlaufen, sondern es findet eine Überschneidung statt. Denkbar ist sogar eine Ausweitung des Anwendungsbereichs von Teil 3, denn für eine Vereinbarung im Sinne des Art. 7 Abs. 1 Unterabs. 2 Buchst. a SE-RL ist es, anders als bei den Erfordernissen in Art. 7 Abs. 2 SE-RL, nicht notwendig, dass überhaupt Mitbestimmung in einer der beteiligten Gesellschaften bestand.

b) Ergebnisloser Ablauf des Verhandlungszeitraums

Zum anderen ist gem. **Art. 7 Abs. 1 S. 2 Buchst. b SE-RL** der Anwendungsbereich eröffnet, wenn bis zum Ablauf des in Art. 5 SE-RL geregelten Verhandlungszeitraums keine Vereinbarung geschlossen wurde und die jeweils zuständigen Organe der beteiligten Gesellschaften der Anwendung der Auffangregelung, das heißt der Verfahrensfortsetzung, zugestimmt haben. Des Weiteren darf vom BVG kein Beschluss über die Nichtaufnahme bzw. den Abbruch der Verhandlungen im Sinne des Art. 3 Abs. 6 SE-RL gefasst worden sein. Anders als in Art. 7 EBR-RL besteht für die Anwendbarkeit der Auffangregelung ein Zustimmungserfordernis der zuständigen Organe.[710] Zwar wird in der Literatur dieser Unterschied zur EBR-RL damit begründet, dass nach Art. 12 Abs. 2 SE-VO die SE ohne eine Lösung der Arbeitnehmerbeteiligung gleich welcher Art nicht eingetragen werden könne[711], doch besteht ein Abstimmungsproblem zwischen der SE-VO und der SE-RL.

aa) Erfordernis der Zustimmung der Organe der beteiligten Gesellschaften

Im Schrifttum[712] wird ausgeführt, dass dieses Zustimmungserfordernis im Widerspruch zu Art. 12 Abs. 2 SE-VO stehe. Nach dem Wortlaut von Art. 7 Abs. 1 Unterabs. 2 Buchst. b 1. Spstr. SE-RL sei trotz Zeitablaufs bei fehlender Zustimmung die Auffangregelung nicht anwendbar. In Art. 12 Abs. 2 SE-VO sei unter anderem geregelt, dass eine SE erst eingetragen werden könne, wenn *„die Verhandlungsfrist nach Artikel 5 der genannten Richtlinie abgelaufen ist, ohne*

---

710 *Schmidt, M.*, Das Arbeitsrecht der Europäischen Gemeinschaft, IV. III. 3. b) aa) (1), Rn. 92.

711 *Kuffner*, Die Beteiligung der Arbeitnehmer, S. 162.

712 *Schmidt, M.*, Das Arbeitsrecht der Europäischen Gemeinschaft, IV. III. 3. b) aa) (1), Rn. 92; ebenso *Schwarz*, Kommentar zur SE-VO, Art. 12 Rn. 23.

dass eine Vereinbarung zustande gekommen ist"[713]. Nach diesem Wortlaut werde somit allein auf den ergebnislosen Fristablauf abgestellt und nicht auf das Vorliegen der Anwendbarkeit der Auffangregelung. Dies bedeute, dass trotz fehlender Zustimmung der Organe die SE wirksam eingetragen werden könne und eine Ablehnung der Auffangregelung keine Folgen nach sich ziehe.

Aus diesem Grund vermutet die Autorin ein Redaktionsversehen in Art. 12 Abs. 2 SE-VO, da bei der Einarbeitung des Zustimmungserfordernisses in Art. 7 SE-RL dem Gesetzgeber wohl die Konsequenzen im Rahmen des Art. 12 Abs. 2 SE-VO entgangen seien. Aufgrund der geänderten Anforderungen hätte auch Art. 12 Abs. 2 SE-VO dahingehend modifiziert werden müssen, dass es für die Eintragung der SE auf die Anwendbarkeit der Auffangregelung und nicht auf den alleinigen Fristablauf ankomme. Auch die Tatsache, dass in der SE-RL nicht bestimmt werde, welche Folgen die Nichtanwendbarkeit der Auffangregelung aufgrund der fehlenden Zustimmung mit sich bringe, spricht nach dieser Ansicht für eine solche Regelungslücke. Allerdings ist es nach Auffassung der Autorin fraglich, ob trotz dieser Problematik das Zustimmungserfordernis vernachlässigt werden könne.[714]

bb) Stellungnahme und Lösungsansatz

Der Autorin ist zuzugeben, dass Art. 7 Abs. 1 S. 2 Buchst. b 1. Spstr. SE-RL und Art. 12 Abs. 2 SE-VO nicht aufeinander abgestimmt sind und dies aufgrund eines Redaktionsversehens wohl übersehen wurde. Der deutsche Gesetzgeber hat diese Problematik dadurch gelöst, dass er diese zusätzliche Voraussetzung für die Anwendbarkeit der Auffangregelung im SEBG nicht aufgenommen hat, obwohl im Übrigen der Wortlaut von § 22 Abs. 1 SEBG beinahe identisch mit dem der SE-RL ist.

Der **Wortlaut** von Art. 7 Abs. 1 Unterabs. 2 Buchst. b SE-RL zählt drei Voraussetzungen für die Eröffnung des Anwendungsbereichs der Auffangregelung auf, die kumulativ vorliegen müssen. Dabei haben die Erfordernisse, dass keine Vereinbarung innerhalb des Verhandlungszeitraums zustande gekommen ist und kein Beschluss im Sinne des Art. 3 Abs. 6 SE-RL gefasst wurde, deklaratorischen Charakter.[715] Ist nun der Verhandlungszeitraum ergebnislos abgelaufen

---

713 Ungenau daher *Schulz/Geismar*, wonach Eintragungsvoraussetzung gem. Art. 11 Abs. 2 (jetzt Art. 12 Abs. 2) SE-VO sei, dass *„die gesetzliche Auffangregelung gilt"*; vgl. *Schulz/Geismar*, DStR 2001, 1078, 1082.

714 Vgl. zum Ganzen *Schmidt, M.*, Das Arbeitsrecht der Europäischen Gemeinschaft, IV. III. 3. b) aa) (1), Rn. 92.
Anderer Ansicht ist wohl *Schwarz*, da dieser davon ausgeht, dass die erforderliche Zustimmung inzident in der Anmeldung der SE zur Eintragung im Handelsregister durch die zuständigen Gesellschaftsorgane enthalten sei; *Schwarz*, Kommentar zur SE-VO, Art. 12 Rn. 23

715 Die Nichtanwendbarkeit des Anhangs ist bei Vorliegen eines Beschlusses im Sinne des Art. 3 Abs. 6 SE-RL bereits ausdrücklich in Art. 3 Abs. 6 Unterabs. 1 S. 4 SE-RL gere-

und wurde vom BVG kein entsprechender Beschluss gefasst, so obliegt es nach der dortigen Formulierung nun der Entscheidung der zuständigen Organe, ob die Auffangregelung Geltung erlangen soll. Dies steht im Widerspruch zum Wortlaut des Art. 12 Abs. 2 SE-VO, wonach die weitere Verfolgung der Eintragung nicht von einer Zustimmung abhängig ist.[716]

Die **historische Betrachtung** zeigt, dass nach dem Davignon-Bericht die Eintragung der SE auch ohne Ablauf des Verhandlungszeitraums möglich sein sollte.[717] Allerdings wurde anschließend empfohlen, dass, falls eine Vereinbarung noch nicht zustande gekommen war, die in der Auffangregelung vorgesehenen Bestimmungen zur Information und Anhörung gelten sollten.[718] Dadurch wurde einerseits sichergestellt, dass eine Eintragung und damit die rechtliche Existenz der SE nicht durch die Debatten der Verhandlungsparteien über die Arbeitnehmerbeteiligung verzögert werden konnte.[719] Andererseits sollte aber durch die Anwendbarkeit der Auffangregelung zum Zeitpunkt der Eintragung der SE zumindest ein Mindestmaß an Arbeitnehmerpartizipation gewährleistet sein. Dagegen findet in der heutigen Version des Art. 12 Abs. 2 SE-VO eine Absicherung auf wesentlich höherem Niveau statt, da zum einen die Eintragung von einer Lösung der Beteiligungsfrage abhängig gemacht und zum anderen gerade die Problematik der Mitbestimmung einbezogen wurde. Das Zustimmungserfordernis für die Anwendbarkeit der Auffangregelung wurde im Rahmen des österreichischen Kompromissvorschlags in Art. 7 Abs. 1 Unterabs. 2 Buchst. b RL-Entwurf A eingeführt,[720] wobei sich aber die genauen Beweggründe nicht erschließen lassen. Jedenfalls widerspricht die Formulierung in Art. 12 Abs. 2 SE-

---

gelt und im Falle des Bestehens einer Vereinbarung ergibt sie dies aus dem Primat des Verhandlungsverfahrens.

716 Nach Ansicht von *Schwarz* ist eine Umsetzung dieser Vorschrift in das deutsche Recht entbehrlich. Bei der Anmeldung der SE zur Eintragung sei der Zustimmungsbeschluss inzident enthalten, da auch die jeweils zuständigen Leitungen einzubeziehen seien; *Schwarz*, Kommentar zur SE-VO, Einl. Rn. 297.

717 So sollten *„im Anschluss an die Hauptversammlung (...) die weiteren im Zusammenhang (...) mit der Eintragung der SE erforderlichen Schritte eingeleitet (werden), unabhängig davon, ob die Verhandlungen abgeschlossen sind oder nicht"*; Davignon-Bericht, S. 7, Nr. 54 Buchst. d. Dies zeigt auch die Formulierung: *„Wenn zum Zeitpunkt der Eintragung der SE bereits eine Vereinbarung geschlossen wurde, so findet diese Anwendung."* Vgl. Davignon-Bericht, S. 7, Nr. 54 Buchst. e. Im Umkehrschluss kann diesem Wortlaut entnommen werden, dass eine Eintragung ohne abgeschlossene Vereinbarung möglich sein sollte.

718 Davignon-Bericht, S. 7 Nr. 54 Buchst. e.

719 *Mävers*, Die Mitbestimmung der Arbeitnehmer, S. 302.

720 Hingegen geht *Schmidt, M.* davon aus, dass diese Bestimmung erst im Rahmen der Verhandlungen in Nizza erarbeitet wurde; *Schmidt, M.*, Das Arbeitsrecht der Europäischen Gemeinschaft, IV. III. 3. b) aa) (1), Rn. 92.

VO der Tatsache, dass die historische Entwicklung der SE-RL einen stetig ansteigenden Schutz der bestehenden Beteiligungsrechte vorweist.

In **systematischer Hinsicht** ist der Ablauf der Verhandlungsfrist die dritte Variante in Art. 12 Abs. 2 SE-VO, bei deren Vorliegen die Eintragung der SE möglich ist. Der Vergleich mit den beiden anderen Alternativen zeigt, dass die Registrierung der SE mit einem Beschluss des BVG einhergehen soll. Dagegen macht die wörtliche Anwendung beim Ablauf der Verhandlungsfrist die Lösung der Mitbestimmungsfrage von den zuständigen Organen der beteiligten Gesellschaften abhängig. Für das BVG und damit für die Arbeitnehmervertreterseite bestünde keine weitere Einflussmöglichkeit. Auch der im Zusammenhang mit der Eintragung stehende Art. 12 Abs. 3 SE-VO sieht vor, dass im Rahmen des *„Opting-Out"* eine Eintragung grundsätzlich nur möglich ist, wenn eine Vereinbarung über die Beteiligung der Arbeitnehmer getroffen wurde. Daher zeigt die systematische Beziehung, in der die fragliche Textpassage steht, dass die Eintragung der SE von einer Lösung der Frage der Arbeitnehmerbeteiligung abhängig gemacht wird. Demnach dienen Art. 12 Abs. 2 und Abs. 3 SE-VO grundsätzlich der Sicherstellung der Arbeitnehmerpartizipation und nicht der Schwächung der Verhandlungsposition der Arbeitnehmer, welche die wörtliche Auslegung mit sich bringt.

Zielsetzung der SE-RL ist laut Erwägungsgrund 18 SE-RL die Sicherung erworbener Arbeitnehmerrechte. Das Niveau der bereits auf nationaler Ebene bestehenden Beteiligungsrechte der von der Gründung betroffenen Arbeitnehmer soll grundsätzlich beibehalten werden und dessen Absenkung nur mit deren Zustimmung möglich sein.[721] Des Weiteren dient die Auffangregelung als Druckmittel der Arbeitnehmerseite, da in ihr das in den beteiligten Gesellschaften bestehende höchste Mitbestimmungsniveau festgeschrieben werden kann.

Wird die Gewichtung des Zustimmungserfordernisses auf den 1. Teil von Art. 7 Abs. 1 Unterabs. 2 Buchst. b 1. Spstr. SE-RL gelegt, hätte dies erhebliche Konsequenzen. Die Auffangregelung wäre nicht anwendbar, auch wenn, mit Ausnahme der Zustimmung, die weiteren Voraussetzungen des Art. 7 Abs. 1 Unterabs. 2 Buchst. b SE-RL vorliegen. Selbst die EBR-RL fände gem. Art. 13 Abs. 1 Unterabs. 1 SE-RL keine Anwendung auf die SE[722] und die einzelstaatlichen Mitbestimmungsregelungen im Aufsichts- bzw. Verwaltungsorgan der SE wären gem. Art. 13 Abs. 2 SE-RL nicht anwendbar. Die SE könnte eingetragen werden, obwohl nur die nationalen Beteiligungsrechte gem. Art. 13 Abs. 3 Buchst. a und b SE-RL eingriffen. Dies hätte zur Folge, dass einerseits die Position des BVG im Verhandlungsverfahren stark geschwächt wäre und andererseits die Stellung der jeweils zuständigen Organe der beteiligten Gesellschaften eine

---

721 *Köstler*, in: *Theisen/Wenz* (Hrsg.), Die Europäische Aktiengesellschaft, S. 331, 352.

722 Aufgrund des fehlenden Beschlusses des BVG im Sinne des Art. 3 Abs. 6 SE-RL wäre die Voraussetzung von Art. 13 Abs. 1 Unterabs. 2 SE-RL nicht erfüllt.

starke Aufwertung erfahren hätte. Sobald die Arbeitgeberseite auf ein möglichst geringes Niveau der Arbeitnehmerbeteiligung abzielt und eine Blockadehaltung einnimmt, bestünde für das BVG kein Spielraum mehr. Verweigern die Leitungen im Rahmen des Verhandlungsverfahrens eine Vereinbarung und droht ihre Ablehnung der Anwendung der Auffangregelung, so wäre das BVG noch innerhalb der Frist des Art. 5 SE-RL zu einem Beschluss über den Abbruch der Verhandlungen im Sinne des Art. 3 Abs. 6 SE-RL gezwungen. Dieser hätte zur Folge, dass zumindest die Bestimmungen der EBR-RL Anwendung fänden, so dass eine grenzüberschreitende Unterrichtung und Anhörung stattfände.

Dagegen erscheint es sinnvoll, den Schwerpunkt in Art. 7 Abs. 1 Unterabs. 2 Buchst. b 1. Spstr. SE-RL auf die Fortführung des weiteren Verfahrens nach dem Anhang der SE-RL zu legen. Die Regelung eines Zustimmungserfordernisses gibt den beteiligten Gesellschaften einen gewissen Schutz, da die Anwendung der Auffangregelung nicht gegen ihren Willen durch Ablauf der Verhandlungsfrist herbeigeführt werden kann. Diese Protektion benötigen sie aber nur in Bezug auf die Fortführung des Verfahrens der Einrichtung der Arbeitnehmerbeteiligung nach dem Anhang der SE-RL. Bei einem Scheitern der Verhandlungen mit dem BVG über die Einführung einer Arbeitnehmerpartizipation bestünde für sie immer die Möglichkeit, die Gründung einer SE einfach nicht weiter zu betreiben, falls die aufgrund der Auffangregelung zu installierende Mitbestimmungsform nicht ihren Vorstellungen entspricht. Ohne Zustimmungserfordernis wären die zuständigen Organe aber von einer nicht unerheblichen Kostentragungspflicht bedroht. Wollten die beteiligten Gesellschaften aufgrund der mit der Auffangregelung einzuführenden Arbeitnehmerbeteiligung die Eintragung der SE aufgeben, so fände dies stillschweigend statt. Für die Arbeitnehmerseite wäre damit zunächst das weitere Verfahren noch nicht beendet. Da gem. Art. 3 Abs. 7 Unterabs. 1 SE-RL die Kosten, *„die im Zusammenhang mit der Tätigkeit des besonderen Verhandlungsgremiums (...) entstehen"* zu tragen sind, wären trotz Beendigung des Verhandlungsverfahrens beispielsweise die Kosten eines Beschlusses im Sinne des Art. 7 Abs. 2 Unterabs. 2 S. 1 SE-RL zu erstatten.[723] Zudem könnte die Arbeitnehmerseite nach fruchtlosem Ablauf des Verhandlungszeitraums mit dem Verfahren zur Einsetzung des Vertretungsorgans im Sinne von Teil 1 An. SE-RL beginnen und auch diese Kosten wären zu tragen.[724] Diese Gefahr besteht aufgrund der Einführung des Zustimmungserfordernisses

---

723 Nach dieser Vorschrift kann das BVG immer dann, wenn in den verschiedenen beteiligten Gesellschaften mehr als eine Mitbestimmungsform bestand, einen Beschluss über die einzuführende Art der Beteiligung fassen.

724 Obwohl in Teil 2 Buchst. h An. SE-RL nur eine Kostentragungspflicht für *„die Ausgaben des Vertretungsorgans"* geregelt ist, ergibt sich aus der Natur der Sache, dass die beteiligten Gesellschaften auch für die Unkosten bei der Einsetzung dieses Gremiums aufkommen müssen.

aber nicht mehr, da ohne die Einwilligung der zuständigen Organe der beteiligten Gesellschaften das weitere Verfahren beendet ist.

Diese Genehmigunganforderung muss daher in den nationalen Umsetzungsgesetzen Beachtung finden und kann nicht einfach beiseite gelassen werden. Als Lösungsmöglichkeiten kommen entweder eine Modifikation des Art. 12 Abs. 2 SE-VO durch den europäischen Gesetzgeber[725] oder eine Beschränkung des Zustimmungserfordernisses in den nationalen Umsetzungsgesetzen in Betracht. Dabei bietet sich eine Lösung über eine Regelung auf nationaler Ebene gegenüber der Modifikation bzw. Auslegung des Art. 12 Abs. 2 SE-VO an. Eine Verordnung gilt unmittelbar in den Mitgliedstaaten und die SE-VO trat bereits am 08.10.2004 in Kraft. Bei einer Revision des SE-Statuts besteht die Gefahr, dass alte Streitpunkte wieder aufflammen könnten.

Für die Regelung im Rahmen der nationalen Umsetzungsgesetze spricht, dass eine Richtlinie nur hinsichtlich des verfolgten Ziels verbindlich ist. Da den nationalen Gesetzgebern die Wahl der Mittel obliegt, besteht eine größere Flexibilität bei der Gestaltung dieses Regelwerks. Ferner ist zu beachten, dass zwar auch die SE-RL am 08.10.2004 in Kraft trat, die nationalen Gesetzgeber jedoch schneller reagieren und ihre Umsetzungsgesetze anpassen können. Die von der Gegenansicht vorgeschlagene Modifizierung von Art. 12 Abs. 2 SE-VO dahingehend, dass auf die Anwendbarkeit der Auffangregelung abzustellen sei, ist zudem unpräzise. Treten die in Art. 7 Abs. 2 Unterabs. 1 Buchst. b 2. Spstr. und Buchst. c 2. Spstr. SE-RL geregelten Konstellationen ein, so könnte aufgrund, zumindest theoretisch möglicher, fehlender Mehrheit im BVG bei der Beschlussfassung die Auffangregelung nicht anwendbar sein. Da dies aber von der Arbeitnehmerseite im Rahmen einer Abstimmung legitimiert wurde, muss die SE trotz Nichtanwendbarkeit der Auffangregelung eingetragen werden können. In diesem Zusammenhang erscheint folglich die Formulierung in Art. 12 Abs. 2 SE-VO, dass lediglich die Verhandlungsfrist abgelaufen sein muss, angemessen. Daher sollte Art. 12 Abs. 2 SE-VO unverändert bleiben und die Verknüpfung der Geltung der Auffangregelung mit einer Zustimmung durch die zuständigen Organe aufgehoben werden.

2. Besondere Voraussetzungen gem. Art. 7 Abs. 2 SE-RL

Die besonderen Voraussetzungen gem. **Art. 7 Abs. 2 SE-RL** müssen erfüllt sein, damit der dritte Teil des Anhangs der SE-RL anwendbar ist. Dabei wird, ähnlich wie bei der Verhandlungslösung, zwischen den einzelnen Gründungstatbeständen unterschieden.

[725] Dies schlägt *Schmidt, M.* vor; *Schmidt, M.*, Das Arbeitsrecht der Europäischen Gemeinschaft, IV. III. 3. b) aa) (1), Rn. 92.

a) Gründungsform der Umwandlung

Im Falle der Gründung einer SE durch Umwandlung ist gem. **Art. 7 Abs. 2 Unterabs. 1 Buchst. a SE-RL**[726] weitere Voraussetzung, dass in der umgewandelten Gesellschaft zuvor die nationalen Bestimmungen über die Mitbestimmung im Verwaltungs- oder Aufsichtsorgan anwendbar waren. Demzufolge besteht im Vergleich zu den anderen primären Gründungstatbeständen auch hier die weitestgehende Absicherung der Mitbestimmung. Nur wenn in der umzuwandelnden Gesellschaft diese Form der Arbeitnehmerbeteiligung überhaupt nicht bestand, wird die SE mitbestimmungsfrei.

b) Gründungsform der Verschmelzung

Bei der Gründung einer SE durch Verschmelzung spielen die gleichen Schwellenwerte wie bei der Beschlussfassung in Art. 3 Abs. 4 Unterabs. 1 S. 3 1. Spstr. SE-RL eine Rolle.

aa) Erreichung des Schwellenwertes von 25 Prozent bzw. Vorliegen eines Beschlusses des BVG

Zunächst ist für die Anwendbarkeit von Teil 3 An. SE-RL – ähnlich wie bei der Umwandlung – erforderlich, dass bereits vor der Eintragung der SE in einer oder mehreren der beteiligten Gesellschaften eine oder mehrere Formen der Mitbestimmung bestanden. Hinzu kommt gem. **Art. 7 Abs. 2 Unterabs. 1 Buchst. b 1. Spstr. SE-RL** die Voraussetzung, dass mindestens 25 Prozent der Gesamtzahl der Arbeitnehmer der beteiligten Gesellschaften bereits mitbestimmt waren. Da Art. 7 Abs. 2 Unterabs. 1 Buchst. b SE-RL ausdrücklich davon ausgeht, dass lediglich *„eine oder mehrere Formen der Mitbestimmung"* existiert haben müssen, reicht jegliche unter die Definition des Art. 2 Buchst. k SE-RL fallende Partizipationsform aus. Anders als bei der Regelung des Schwellenwerts im Rahmen der Beschlussfassung gem. Art. 3 Abs. 4 Unterabs. 1 S. 3 1. Spstr. SE-RL stellt sich demnach nicht die Frage, welchem Mitbestimmungsniveau die Arbeitnehmer unterliegen müssen. Aufgrund der Formulierung *„aller beteiligten Gesellschaften"* ergibt sich allerdings wiederum das Problem, ob auch die Arbeitnehmer aus den betroffenen Tochtergesellschaften zu berücksichtigen sind.[727] Wird dagegen der Schwellenwert von 25 Prozent nicht erreicht, so muss gem. **Art.7 Abs. 2 Unterabs. 1 Buchst. b 2. Spstr. SE-RL** ein entsprechender Beschluss des BVG über die Anwendbarkeit von Teil 3 An. SE-RL vorliegen.

[726] Aufgrund der hier in der vorliegenden Arbeit vertretenen Auffassung soll der letzte Abschnitt des Art. 7 Abs. 2 SE-RL als Unterabsatz 2 bezeichnet werden und die vorherigen Buchstaben a bis c als Unterabsatz 1, obwohl die Umwandlung von der dort geregelten Vorgehensweise ausgespart bleiben muss; vgl. unten S. 248 f.

[727] Vgl. unten S. 418 ff.

Die für einen solchen Beschluss erforderliche Mehrheit wird allerdings nicht festgelegt.[728]

bb) Optionslösung des Art. 7 Abs. 3 SE-RL

In **Art. 7 Abs. 3 SE-RL** ist die *„Optionslösung"*[729] bzw. das *„Opting Out"* geregelt. Demnach besteht für die Mitgliedstaaten die Möglichkeit Regelungen zu treffen, wonach Teil 3 An. SE-RL im Falle der SE-Gründung durch Verschmelzung nicht anwendbar ist. Dies gilt unabhängig davon, ob in einer der fusionierenden Gesellschaften Mitbestimmung bestand oder nicht.[730] Da die Optionslösung nach dem Wortlaut des Art. 7 Abs. 3 SE-RL eingreift, wenn die Voraussetzungen des Art. 7 Abs. 2 Unterabs. 1 Buchst. b SE-RL vorliegen, muss von den Parteien eine freiwillige Vereinbarung getroffen werden.[731] Diese Anforderung erfüllt die Vereinbarung von Mitbestimmung bzw. keiner Mitbestimmung[732] oder die Vereinbarung, dass die Auffangregelung Anwendung finden soll.[733] Ebenso ist ein Beschluss des BVG gem. Art. 3 Abs. 6 SE-RL über die Nichtaufnahme bzw. den Abbruch von Verhandlungen möglich, da eine solche Entscheidung unabhängig vom Bestehen einer Auffangregelung ergeht.[734]

Laut Erwägungsgrund 9 SE-RL soll diese Option angesichts der unterschiedlichen Gegebenheiten bei den nationalen Systemen der Mitbestimmung bestehen. Allerdings muss die Beibehaltung der bestehenden Mitbestimmungssysteme und -praktiken durch eine Anpassung der Vorschriften über die Eintragung der SE sichergestellt werden. Diese Absicherung einer bereits vor der SE-Gründung bestehenden Mitbestimmung erfolgt durch den mit Art. 7 Abs. 3 SE-RL korrespondierenden Art. 12 Abs. 3 SE-VO. Demzufolge kann die Registrierung einer SE in einem von der Optionslösung Gebrauch machenden Mitgliedstaat erst erfolgen, wenn eine Vereinbarung im Sinne von Art. 4 SE-RL über die Beteiligung der Arbeitnehmer geschlossen wurde. Allerdings gilt dies nicht, wenn in keiner der fusionierenden Gesellschaften vor der Registrierung der SE Mitbestimmungsvorschriften bestanden.

---

728 Da sich diese Problem auch parallel bei den Gründungsarten der Holding-SE und der Tochter-SE stellt, wird dies erst im Anschluss an deren Darstellung unten auf S. 246 ff. erörtert.

729 *Kleinsorge*, RdA 2002, 343, 350.

730 *Schmidt, M.*, Das Arbeitsrecht der Europäischen Gemeinschaft, S. 317.

731 *Schmidt, M.*, Das Arbeitsrecht der Europäischen Gemeinschaft, S. 317.

732 *Herfs-Röttgen*, NZA 2001, 424, 427; *dies.*, NZA 2002, 358, 363. Zustimmend *Schwarz*, Kommentar zur SE-VO, Art. 12 Rn. 27 f.

733 *Veelken*, FS Blomeyer (2004), S. 491, 516. A.A. *Schwarz*, Kommentar zur SE-VO, Art. 12 Rn. 28.

734 *Schwarz*, Kommentar zur SE-VO, Art. 12 Rn. 30.

Während im Schrifttum die Optionslösung einerseits als weitreichende Möglichkeit zum Ausschluss einer Installation von Mitbestimmung[735] und zur Attraktivitätssteigerung des jeweiligen Sitzstaates für die einzelstaatlichen Gesetzgeber[736] angesehen wird, wird andererseits der Sinn dieser Vorschriften zu Recht in Frage gestellt.[737] Hat ein nationaler Gesetzgeber von dem Vorbehalt Gebrauch gemacht, kann dies dazu führen, dass von der Arbeitnehmerseite die Gründung einer SE durch Verschmelzung einseitig blockiert werden kann. Findet sich keine doppelte absolute Mehrheit für eine Vereinbarung egal welchen Inhalts, fehlt es dauerhaft an dieser Voraussetzung für die Eintragung einer durch Fusion gegründeten SE.

Ein weiterer Nachteil für die beteiligten Gesellschaften folgt aus der Tatsache, dass das Scheitern der Verhandlungen nicht notwendigerweise zur Geltung der Auffangregelung führt. In einem solchen Fall kann bei einem Unterschreiten des Schwellenwerts von 25 Prozent in Art. 7 Abs. 2 Unterabs. 1 Buchst. b 1. Spstr. SE-RL und bei dem Scheitern eines Beschlusses im Sinne des Art. 7 Abs. 2 Unterabs. 1 Buchst. b 2. Spstr. SE-RL eine mitbestimmungsfreie SE entstehen, gerade weil von dem Opting-Out kein Gebrauch gemacht wurde. Zudem kann die Anwendbarkeit der Auffangregelung bei einer Beteiligung von Gesellschaften mit verschiedenen Mitbestimmungsformen für einen Teil der beteiligten Gesellschaften sogar zu einer Minderung ihrer Mitbestimmung führen.[738] Schließlich ist eine Eintragung gem. Art. 12 Abs. 3 SE-VO zwar möglich, wenn in keiner der verschmelzenden Gesellschaften Mitbestimmung bestand. Doch wäre in einem solchen Fall auch ohne das Opting-Out bei einem Scheitern der Verhandlungen die Eintragung einer mitbestimmungsfreien SE wahrscheinlich.[739]

Als Lösung dieses unter Umständen zu weit greifenden Art. 12 Abs. 3 SE-VO wird daher im Schrifttum[740] eine teleologische Reduktion gefordert. Demzufolge solle diese *„Eintragungssperre"* nur in den Fällen greifen, in denen ein kausaler Zusammenhang zwischen dem Opting-Out und der Nichtanwendbarkeit von Teil 3 AN. SE-RL bestehe. Allerdings hilft eine solche Auslegung auch nicht

---

735 *Mävers*, Die Mitbestimmung der Arbeitnehmer, S. 424. Auch nach Ansicht von *Buschak* wird es aufgrund dieser Vorschrift zur Entstehung mitbestimmungsfreier Europäischer Aktiengesellschaften kommen; *Buschak*, Arbeitspapier Nr. 2/2, 3.

736 *Kübler*, ZHR 167 (2003), 222, 227.

737 *Heinze*, ZGR 2002, 66, 89.

738 Vgl. unten S. 250.

739 Gem. Art. 7 Abs. 2 Unterabs. 1 Buchst. b SE-RL findet der die Mitbestimmung betreffende Teil 3 An. SE-RL nur Anwendung, wenn zumindest irgendeine Mitbestimmungsform bestanden hat. Fehlt es aber in den beteiligten Gesellschaften an einer solchen, kann auch durch einen Beschluss des BVG eine Anwendung der Auffangregelung in diesem Bereich nicht herbeigeführt werden.

740 *Veelken*, FS Blomeyer (2004), S. 491, 517.

über Nachteile, wie die Möglichkeit zur Blockade der Registrierung einer SE durch die Mitglieder des BVG, hinweg. Zudem legt diese Auffassung Art. 12 Abs. 3 SE-VO zu weit aus, ohne den Zusammenhang mit Art. 7 Abs. 3 SE-RL ausreichend zu beachten.[741] Da diese Optionslösung den beteiligten Gesellschaften keinerlei Vor-, sondern nur Nachteile bringt, wird den Mitgliedstaaten, die von dem Opting-Out Gebrauch machen werden, ein erheblicher Standortnachteil entstehen. Die Regelung kann dazu führen, dass die beteiligten Gesellschaften bei der Gründung einer SE durch Verschmelzung solche Mitgliedstaaten nicht zum Sitzstaat wählen werden. Folgerichtig wird wohl kein Mitgliedstaat von dieser Ermächtigung Gebrauch machen.[742]

c) Gründungsformen der Holding-SE und Tochter-SE

Die besonderen Voraussetzungen für die Anwendbarkeit von Teil 3 des Anhangs im Rahmen der Gründungsfälle Holding-SE und Tochter-SE sind in **Art. 7 Abs. 2 Unterabs. 1 Buchst. c SE-RL** geregelt. Dabei entsprechen diese Vorschriften denen zum Gründungsfall der Verschmelzung mit Ausnahme des Schwellenwertes, da anders als bei einer Fusion gem. **Art. 7 Abs. 2 Unterabs. 1 Buchst. c 1. Spstr. SE-RL** mindestens 50 Prozent der Gesamtzahl der Arbeitnehmer der beteiligten Gesellschaften einer Mitbestimmung unterliegen müssen. Wird dieser Anteil nicht erreicht, so ist laut **Art. 7 Abs. 2 Unterabs. 1 Buchst. c 2. Spstr. SE-RL** ebenfalls ein entsprechender Beschluss des BVG zur Anwendbarkeit von Teil 3 des Anhangs nötig. Des Weiteren bestehen, wie bei der Errichtung einer Verschmelzungs-SE, die Probleme der Berücksichtigung der Arbeitnehmer aus betroffenen Tochtergesellschaften[743] und der erforderlichen Mehrheit für den Beschluss des BVG.

---

741 So geht *Veelken* davon aus, dass aufgrund der Formulierung des Art. 12 Abs. 3 SE-VO auch dann, wenn bei den anderen Gründungsformen keine Vereinbarung zustande gekommen sei, die SE nicht eingetragen werden könne. Dies gelte sogar, wenn bei Bildung einer Holding- oder Tochter-SE der Schwellenwert von 50 Prozent erreicht worden sei. Weiterhin ist er der Auffassung, dass auch bei einem Beschluss des BVG im Sinne des Art. 3 Abs. 6 SE-RL unabhängig von der Gründungsart die SE gem. Art. 12 Abs. 3 SE-VO nicht registriert werden könne; vgl. *Veelken*, FS Blomeyer (2004), S. 491, 517. Demnach geht der Autor aufgrund des Wortlauts von Art. 12 Abs. 3 SE-VO davon aus, dass bei Gebrauchmachung von Art. 7 Abs. 3 SE-RL eine Eintragung immer nur bei Vorliegen einer Vereinbarung oder vorheriger Mitbestimmungsfreiheit möglich ist. Dies ist aber abzulehnen, da SE-VO und SE-RL eine untrennbare Einheit bilden und Art. 12 Abs. 3 SE-VO im Zusammenhang mit Art. 7 Abs. 3 SE-RL zu sehen ist. Bereits aus der Auslegung des Wortlauts kann gefolgert werden, dass auf die Fälle des Art. 7 Abs. 3 SE-RL verwiesen werden soll. Dies bedeutet, dass nur dann, wenn das Opting-Out genutzt wurde und ein Fall des Art. 7 Abs. 2 Unterabs. 2 Buchst. b SE-RL vorliegt, die besonderen Anforderungen des Art. 12 Abs. 3 SE-VO für eine Eintragung erfüllt werden müssen.

742 *Köstler*, DStR 2005, 745, 748.

743 Vgl. unten S. 418 ff.

d) Möglichkeit der Beschlussfassung über die Anwendbarkeit der Auffangregelung

Im Schrifttum ist umstritten, welche Mehrheit für den Beschluss des BVG im Sinne des Art. 7 Abs. 2 Unterabs. 1 Buchst. b 2. Spstr. bzw. Buchst. c 2. Spstr. SE-RL über die Anwendbarkeit der Auffangregelung erforderlich ist. Des Weiteren wird die Möglichkeit der Einführung von Mitbestimmung in die SE durch einen alleinigen Beschluss der Mitglieder im BVG kritisiert.

aa) Beschlussfassung mit doppelter absoluter Mehrheit

Eine Ansicht in der Literatur[744] nimmt zwar nicht explizit Stellung, doch geht sie in ihren verwendeten Beispielsfällen von dem Erfordernis der dreifach qualifizierten Mehrheit aus. Die Gegenauffassung[745] fordert richtigerweise lediglich die doppelte absoluten Mehrheit. Das Erfordernis der dreifach qualifizierten Mehrheit existiere nur in Ausnahmefällen, die grundsätzlich in der SE-RL ausdrücklich geregelt seien. Daher bestehe immer dann, wenn im Rahmen eines zu treffenden Beschlusses des BVG keine besondere Mehrheit genannt werde, eine Vermutung für die gewöhnliche Mehrheit i.S.d. Art. 3 Abs. 4 Unterabs. 1 S. 1 SE-RL.

Zwar wird für den Fall, dass sich das BVG gänzlich gegen die Einrichtung von Mitbestimmung in der SE entscheidet, zu Recht eine dreifach qualifizierte Mehrheit gefordert.[746] Doch handelt es sich dort um eine andere Ausgangsposition. Zum einen geht es um eine Konstellation, die in der SE-RL überhaupt nicht geregelt wird, so dass auch die erforderliche Mehrheit nicht geregelt werden konnte. Zum anderen hat dieser Beschluss eine Minderung der Mitbestimmung in höchstem Maße zur Folge, während dagegen durch einen Beschluss über die Anwendbarkeit von Teil 3 An. SE-RL eine Mitbestimmung in die SE eingeführt wird. Zudem widerspricht die Ausdehnung der dreifach qualifizierten Mehrheit auf diesen Fall dem Sinn und Zweck dieser besonderen Absicherung, der laut Erwägungsgrund 10 SE-RL in der Minderung der Gefahr einer Beeinträchtigung bestehender Mitbestimmung liegt. Wäre für einen Beschluss im Sinne des Art. 7 Abs. 2 Unterabs. 1 Buchst. b und c SE-RL eine solche Mehrheit erforderlich, dann wäre aber die Installation einer bestehenden Mitbestimmung in der SE erschwert und nicht, wie beabsichtigt, erleichtert.

bb) Anwendbarkeit der Auffangregelung aufgrund eines alleinigen Beschlusses des BVG

Auf Kritik stößt die Regelung, wonach das BVG einseitig durch Beschluss die Anwendbarkeit von Teil 3 An. SE-RL herbeiführen könne, sobald nur irgendei-

---

744 *Buschak*, Arbeitspapier Nr. 5/2, 8 (Beispiel IV), 11 (Beispiel VI), 12 (Beispiel VIII), allerdings ohne nähere Begründung.

745 *Hirte*, NZG 2002, 1, 7; *Kleinsorge*, RdA 2002, 343, 350; *Lambach*, Die Beteiligung in der SE, S. 177.

746 Vgl. oben S. 228 ff.

ne Mitbestimmung in einer der beteiligten Gesellschaften bestehe.[747] Angeführt wird zum einen, dass dies die Gleichstellung der beiden Verhandlungsparteien beeinträchtige und zu einer weiteren Unsicherheit im Verhandlungsprozess führe. Für die beteiligten Gesellschaften bestehe nur die Wahl zwischen der Hinnahme der aufgrund dieses Beschlusses einzuführenden Mitbestimmung oder der Aufgabe des Vorhabens der SE-Gründung.[748] Zum anderen gehe eine solche „*Letztentscheidungsbefugnis*"[749]des BVG auch über das mit der SE-RL verfolgte Ziel der Sicherung der erworbenen Arbeitnehmerbeteiligungsrechte weit hinaus. Allerdings wird zugestanden, dass ohne eine solche Regelung das BVG für den Fall, dass die Schwellenwerte in Art. 7 Abs. 2 Unterabs. 1 Buchst. b und c SE-RL nicht erreicht wurden, kein Druckmittel mehr bei den Verhandlungen besäße. Dann bestünde ein Übergewicht der anderen Verhandlungspartei. Als Mittel zu einer Herbeiführung eines Gleichgewichts zwischen den Verhandlungsparteien wird der Vorschlag des Wirtschafts- und Sozialausschusses[750] zur Einrichtung eines Mediationsverfahrens aufgegriffen. Durch die Vorschläge der von den Tarifpartnern der betroffenen Unternehmen auszuwählenden Schlichter könne eine festgefahrene Verhandlung wieder aufgenommen werden, ohne dass etwaige entstandene emotionale Spannungen oder der Verdacht einer Übervorteilung eine Einigung behindere.[751]

Diese Kritik und der damit verbundene Lösungsvorschlag vermögen nicht zu überzeugen. Zum einen ist die Regelung erforderlich, um das in der SE-RL verfolgte Ziel der Priorität von Verhandlungen zu gewährleisten. Gerade eine abschreckende Wirkung der Auffangregelung auf die zuständigen Organe der beteiligten Gesellschaften wird diese nach dem Abschluss einer Vereinbarung streben lassen. Auch geht die Vorschrift nicht über das Ziel der Sicherung der erworbenen Arbeitnehmerbeteiligungsrechte hinaus, sondern dient gerade seiner Durchsetzung. Durch diese Möglichkeit wird einerseits sichergestellt, dass auch dann, wenn nur eine Minderheit der betroffenen Arbeitnehmer der Mitbestimmung unterliegt, diese Beteiligungsform nicht notwendigerweise aufgehoben

---

747 *Lambach*, Die Beteiligung in der SE, S. 177 ff.; *dies.*, RIW 2005, 161, 165; Stellungnahme der deutschen Wirtschaftsverbände zum Nizza-Kompromiss über die Europäische Aktiengesellschaft vom 19.03.2001, S. 3; abgerufen unter *www.bdi-online.de/sbrecherche/infostartpage.asp?InfoID={407E292A-37E9-11D5-B972-0050DA2662B7}* am 07.02.2004.

748 Stellungnahme zum Nizza-Kompromiss über die Europäische Aktiengesellschaft der deutschen Wirtschaftsverbände vom 19.03.2001, S. 3; abgerufen unter *www.bdi-online.de/sbrecherche/infostartpage.asp?InfoID={407E292A-37E9-11D5-B972-0050DA2662B7}* am 07.02.2004.

749 *Lambach*, Die Beteiligung in der SE, S. 177.

750 Stellungnahme des Wirtschafts- und Sozialausschusses zum Thema „*Statut der Europäischen Aktiengesellschaft*" vom 11.12.1997, ABl. EG Nr. C 129 v. 27.04.1998, Ziff 4.4.2, S. 3.

751 Vgl. zum Ganzen *Lambach*, Die Beteiligung in der SE, S. 177 ff.

wird. Andererseits verhindert das Erfordernis der Beschlussfassung mit der doppelten absoluten Mehrheit, dass den übrigen Arbeitnehmern diese Mitbestimmung einfach aufoktroyiert werden kann. Zum anderen erscheint die Einführung eines Mediationsverfahrens nicht besser zur Herbeiführung der Verhandlungsparität zwischen den Parteien geeignet. Bereits aufgrund der vorgeschlagenen Auswahl der Schlichter durch die Tarifpartner kann wohl davon ausgegangen werden, dass die Schlichtungsstelle selbst bei der Ausarbeitung ihres Vorschlags einem großen Konfliktpotential unterliegen wird. Darüber hinaus stellt sich die Frage, mit welchem Druckmittel auf die zuständigen Organe der beteiligten Gesellschaft eingewirkt werden soll, damit diese den im Raum stehenden Entwurf akzeptieren werden. Kann das BVG nämlich nicht mehr durch Beschluss die Geltung von Mitbestimmung herbeiführen, dann besteht bei Unterschreitung der Schwellenwerte kein Grund für den Verhandlungspartner, irgendeinen Vorschlag zur Einführung dieser Form von Partizipation anzunehmen. Schließlich würde die Eröffnung eines solchen Verfahrens die Kosten weiter erhöhen und den Verhandlungszeitraum ausdehnen.

e) Vorliegen mehrerer Mitbestimmungsformen in den beteiligten Gesellschaften

Die besonderen Anwendungsvoraussetzungen für Teil 3 An. SE-RL greifen auch ein, wenn in einer oder mehreren der beteiligten Gesellschaften eine oder mehrere Formen der Mitbestimmung bestanden.

aa) Beschluss des BVG

Sind unterschiedliche Mitbestimmungsformen vorhanden, so entscheidet gem. **Art. 7 Abs. 2 Unterabs. 2 S. 1 SE-RL** grundsätzlich das BVG, welche in der SE eingeführt wird. Im Rahmen dieser Vorschrift bestehen mehrere Fragestellungen, die zu diskutieren sind. So ist bereits umstritten, für welche Gründungsformen diese Vorschrift überhaupt gelten soll. Des Weiteren stellt sich die Frage, wie weit die Wahlfreiheit über die in die SE einzuführende Mitbestimmungsform geht. Ferner ist wiederum nicht festgelegt, welche Mehrheit für den Beschluss des BVG über die anzuwendende Mitbestimmungsform erforderlich ist. Schließlich wird kritisiert, dass aufgrund dieses Bestimmungsrechts des BVG das Verhandlungsgleichgewicht der Parteien gestört sei.

(1) Geltung für alle Gründungsformen

Im Schrifttum[752] wird die Auffassung vertreten, dass diese Entscheidungsoption für das BVG nur im Rahmen der Gründungsformen der Holding-SE oder Tochter-SE bestehe. Als Begründung dient die Stellung dieser Vorschrift am Ende von Art. 7 Abs. 2 Unterabs. 1 Buchst. c SE-RL.[753] Eine andere Ansicht innerhalb

---

752 *Köstler*, in: *Theisen/Wenz* (Hrsg.), Die Europäische Aktiengesellschaft, S. 331, 355.

753 Vgl. zum Ganzen *Köstler*, in: *Theisen/Wenz* (Hrsg.), Die Europäische Aktiengesellschaft, S. 331, 355.

der Literatur[754] hält dagegen diese Regelung bezüglich aller Formen der SE-Gründung für anwendbar.

Diese Streitfrage folgt aus der unklaren systematischen Stellung der Vorschriften innerhalb von Art. 7 Abs. 2 SE-RL. Da das Ende dieses Absatzes auf gleicher Höhe wie die vorhergehenden Buchstaben a bis c eingerückt ist, entsteht optisch der Eindruck, dass sie sich allein auf Art. 7 Abs. 2 Unterabs. 1 Buchst. c SE-RL beziehen. Schon aus dem **Wortlaut** von Art. 7 Abs. 2 Unterabs. 2 SE-RL ist aber eine Einschränkung auf bestimmte Gründungsformen nicht ersichtlich. Im Rahmen des **systematischen Zusammenhangs** ist neben der Einrückung zu beachten, dass der letzte Abschnitt von Art. 7 Abs. 2 SE-RL schwerlich den ebenfalls dort geregelten Fall der Umwandlung betrifft. Bei dieser Gründungsform existiert lediglich eine beteiligte Gesellschaft, so dass sich Art. 7 Abs. 2 Unterabs. 2 SE-RL nach seinem Wortlaut nicht auf diesen Tatbestand bezieht. Für eine Einbeziehung der Gründungsart der Verschmelzung spricht jedoch Art. Art. 7 Abs. 2 Unterabs. 2 S. 3 SE-RL und dessen Wortlaut. Danach besteht eine Informationspflicht des BVG *„über die **Beschlüsse**, die es **gemäß diesem Absatz**[755] gefasst hat"*. Zum einen wird bezüglich der Beschlüsse der Plural verwendet, obwohl es sich bei der Entscheidung über die Einführung einer der verschiedenen Mitbestimmungsformen um einen einzigen Beschluss des BVG handelt. Zum anderen wird auf die Beschlüsse, die laut dieses gesamten Absatzes getroffen wurden, abgestellt. In Art. 7 Abs. 2 Unterabs. 1 Buchst. b und c SE-RL wird jeweils im 2. Spstr. tatsächlich ein weiterer Beschluss behandelt, so dass davon ausgegangen werden kann, dass die Unterrichtungsobliegenheit auch diese Beschlüsse betrifft.[756] Da sich Art. 7 Abs. 2 Unterabs. 2 S. 3 SE-RL somit auf den gesamten 2. Absatz bezieht, wird mit der optischen Einrückung dieses Abschnitts keine ausschließliche Bezugnahme auf Art. 7 Abs. 2 Unterabs. 2 Buchst. c SE-RL herbeigeführt. Auch aus dem **Sinn und Zweck** der Regelung ergibt sich kein Grund, warum die Gründungsform der Verschmelzung bei Vorliegen mehrerer Mitbestimmungsformen in den fusionierenden Gesellschaften anders behandelt werden sollte. Die Entscheidungsoption des BVG über die einzuführende Mitbestimmungsform besteht daher in den drei Gründungsfällen der Verschmelzungs-, der Holding- und der Tochter-SE.[757]

---

754 Vgl. *Schmidt, M.*, Das Arbeitsrecht der Europäischen Gemeinschaft, S. 318, allerdings ohne nähere Begründung. Aufgrund der Ausführungen wohl ebenso *Kleinsorge*, RdA 2002, 343, 350.

755 Hervorhebungen durch den Verfasser.

756 Zumal da die Information, dass trotz Nichterreichung der erforderlichen Schwellenwerte aufgrund eines Beschlusses des BVG Teil 3 An. SE-RL zur Anwendung kommen wird, für die jeweils zuständigen Organe der beteiligten Gesellschaften wohl von größerer Bedeutung ist als die Mitteilung, welche Mitbestimmungsform eingeführt werden soll.

757 Dies wird nun auch dadurch deutlich, dass die Kommission in Art. 14 Buchst. e Fusions-E auf Art. 7 Abs. 2 Unterabs. 1 Buchst. b und Unterabs. 2 SE-RL verweist und folglich

(2) Auswahl aus mehreren Formen von Mitbestimmung

Fraglich ist, unter welchen Formen der Mitbestimmung das BVG wählen kann. Einerseits erscheint eine Auslegung dahingehend möglich, dass nur die beiden in die Mitbestimmungsdefinition des Art. 2 Buchst. k SE-RL aufgenommenen Systeme darunter fallen.[758] Andererseits kann auch die Interpretation vorgenommen werden, dass es nicht nur um diese beiden Modelle, sondern um alle möglichen verschiedenen Gestaltungen von Mitbestimmung innerhalb dieser zwei Systeme geht. So könnte beispielsweise zwischen dem französischen und deutschen Repräsentationsmodell unterschieden oder sogar davon ausgegangen werden, dass in Deutschland vier verschiedene Formen von Mitbestimmung bestehen.

Nach dem **Wortlaut** der Vorschrift muss *„mehr als eine Mitbestimmungsform"* bestehen.[759] Sollen hiervon nur die beiden Modelle des Art. 2 Buchst. k SE-RL umfasst sein, stellt sich die Frage, warum die Formulierung nicht dahingehend lautet, dass *„beide Mitbestimmungsformen"* bestehen.

Bezüglich der **systematischen Auslegung** ist der Zusammenhang zu Art. 7 Abs. 2 Unterabs. 1 Buchst. b und c SE-RL zu beachten. In deren Wortlaut geht es stets um *„eine oder **mehrere**[760] Formen der Mitbestimmung"*.[761] Nach dem allgemeinen Sprachgebrauch beinhaltet eine solche Formulierung, dass es sich um mehr als zwei mögliche Formen handelt. Stünden nur die beiden Alternativen des Art. 2 Buchst. k SE-RL zur Auswahl, wäre wohl der Wortlaut *„eine oder beide Formen der Mitbestimmung"* gewählt worden. Allerdings scheint bei dieser weiten Auslegung zunächst ein Widerspruch zum Wortlaut von Teil 3 Buchst. b Unterabs. 1 An. SE-RL, wonach sich die Anzahl der Mitglieder im Aufsichts- oder Verwaltungsorgan nach dem *„höchsten maßgeblichen Anteil in den beteiligten Gesellschaften"* bemisst, vorzuliegen. Sind beispielsweise an der Gründung der SE eine unter das MitbestG fallende deutsche Gesellschaft sowie eine deutsche Gesellschaft, die dem DrittelbG unterliegt, beteiligt, könnte das

---

ebenfalls von der in der vorliegenden Arbeit vertretenen Aufteilung des Art. 7 Abs. 2 SE-RL ausgeht.

758 Dieser Interpretation folgt der deutsche Gesetzgeber; vgl. BR-Drucks. 438/04, Begründung zum SEEG, S. 136. Ebenso *Brandt*, BB-Special 3/2005, 1, 6; *Hennings*, in: *Manz/Mayer/Schröder* (Hrsg.), Europäische Aktiengesellschaft SE, S. 727, Rn. 7; *Nagel*, in: *Nagel/Freis/Kleinsorge* (Hrsg.), Die Beteiligung der Arbeitnehmer in der Europäischen Gesellschaft, S. 192 f., Rn. 11.

759 Aus der englischen und französischen Fassung ergeben sich keine Unterschiede, da der Wortlaut *„more than one form of participation"* bzw. *„plus d'une forme de participation"* lautet.

760 Hervorhebung durch den Verfasser.

761 Aus der englischen und französischen Fassung ergeben sich keine Unterschiede, da der Wortlaut *„one or more forms of participation"* bzw. *„une ou plusieurs formes de participation"* lautet.

BVG bei der genannten weiten Interpretation auch lediglich die Drittelbeteiligung auswählen. Dies hätte für die Arbeitnehmer der anderen deutschen Gesellschaft eine Verminderung der Mitbestimmung zur Folge. Dies könnte einen Verstoß gegen die Anforderung von Teil 3 Buchst. b Unterabs. 1 An. SE-RL darstellen. Bei dieser Formulierung ist jedoch besonders das Wort ***„maßgeblich"*** zu beachten. Es bedeutet in diesem Zusammenhang, dass nur der höchste Anteil der explizit ausgewählten Mitbestimmungsform relevant sein soll.[762] Eine andere Auslegung dahingehend, dass immer der höchste Anteil maßgeblich sein soll, erscheint gerade im Zusammenhang mit Art. 7 Abs. 2 Unterabs. 2 S. 1 SE-RL nicht sinnvoll. Zunächst müsste nämlich nach dieser Vorgehensweise bestimmt werden, wo der größte Anteil der durch die Arbeitnehmer beeinflussbaren Organmitglieder in den beteiligten Gesellschaften besteht. Wurde die Gesellschaft mit dem höchsten Anteil gefunden, so müsste nun auch deren Mitbestimmungsform in der SE installiert werden. Demzufolge bliebe für ein Wahlrecht des BVG zwischen den Mitbestimmungsformen kein Raum.

Zu bedenken ist auch, dass bei einer solchen Interpretation stets das Kooptationsmodell vorzuziehen wäre.[763] Wie bei der Definition der Mitbestimmungsminderung in Art. 3 Abs. 4 Unterabs. 2 SE-RL erfolgt bei Art. 7 Abs. 2 Unterabs. 2 S. 1 SE-RL eine Gleichstellung zwischen den beiden Alternativen des Art. 2 Buchst. k SE-RL. Beide Mitbestimmungsformen finden bei der Berechnung der Schwellenwerte in Art. 7 Abs. 2 SE-RL nebeneinander Berücksichtigung und werden, wie die Diskussion um die Rechtsgrundlage des Art. 44 Abs. 2 Buchst. g EG zeigt[764], zumindest von der Kommission als gleichwertig angesehen. Wären die Voraussetzungen für die Anwendbarkeit der Auffangregelung erfüllt, so käme es nach dem Wortlaut allein auf den *„höchsten maßgeblichen Anteil"* an. Nach dem bisherigen niederländischen Kooptationsverfahren bestand aber gem. Art. 158 Abs. 4 S. 1 bzw. Art. 268 Abs. 4 S. 1 BW[765] oder

---

[762] Auch *Brandt* legt den Wortlaut so aus, dass nur der höchste Anteil des ausgewählten Mitbestimmungsmodells relevant sei. Allerdings kann seiner Ansicht nach lediglich zwischen dem Repräsentations- und dem Kooptationsmodell gewählt werden; *Brandt*, BB-Special 3/2005, 1, 6. Ebenso *Hennings*, in: *Manz/Mayer/Schröder* (Hrsg.), Europäische Aktiengesellschaft SE, S. 727, Rn. 7.

[763] Ebenso *Davies*, ILJ 2003, 75, 85 f. Zwar besteht in den Niederlanden seit dem 01.10.2004 ein anderes Mitbestimmungsverfahren, doch ist das Kooptationsmodell bei der Auslegung weiterhin zu berücksichtigen. Bei der Schaffung der SE-RL hatte es noch Bestand, wurde folglich vom europäischen Gesetzgeber berücksichtigt und ist daher in die Vorschriften dieses Regelwerks eingeflossen.

[764] Vgl. oben S. 74 ff.

[765] Der Wortlaut dieser Vorschriften lautet übersetzt: *„Die Hauptversammlung der Anteilseigner, der Betriebsrat und der Vorstand können dem Aufsichtsrat Personen zur Ernennung zum Aufsichtsratsmitglied empfehlen"*.

gem. Art. 159 Abs. 2 S. 1 bzw. Art. 269 Abs. 2 S. 1 BW[766] ein Vorschlagsrecht des Betriebsrats für alle Aufsichtsratsmitglieder, das heißt für einen Anteil von 100 Prozent. Wäre demnach ein niederländisches Unternehmen an der Gründung einer SE beteiligt, so setzte sich dessen Mitbestimmung stets durch. Das deutsche Mitbestimmungsmodell folgt in quantitativer Hinsicht erst an zweiter Stelle. Auch die Tatsache, dass die Vorschrift des Teil 3 Buchst. b Unterabs. 1 An. SE-RL gem. § 35 Abs. 2 S. 2 SEBG in etwas abgewandeltem Wortlaut umgesetzt wurde und es auf den *„höchsten Anteil an **Arbeitnehmervertretern**[767]“* ankommen soll, hilft nicht weiter.[768] Die in der vorliegenden Arbeit vertretene Auslegung, wonach es auf den höchsten maßgeblichen Anteil der gewählten Mitbestimmungsform ankommt, führt dazu, dass bei einer Entscheidung des BVG für die Form des MitbestG ein gleicher Anteil an Arbeitnehmervertretern einzurichten ist. Wählt das BVG beispielsweise das französische Modell, so muss eine exakte Drittelbeteiligung in der SE eingerichtet werden, auch wenn in der beteiligten französischen Gesellschaft tatsächlich ein geringerer Anteil bestand. Dies ist folglich der höchste mögliche Anteil von Arbeitnehmervertretern in den betreffenden Organen in Frankreich i.S.d. Teil 3 Buchst. b Unterabs. 1 An. SE-RL.

Darüber hinaus spricht die **teleologische Auslegung** für diese Interpretation des Wortlauts. Zwar wird in der Literatur[769] die Auffangregelung immer wieder kritisiert, da sie stets zur Einführung des höchsten Mitbestimmungsniveaus führe und daher Verhandlungen für die Arbeitnehmerseite als unnötig erscheinen lasse. Gerade die beanstandete Expansion des am weitest gehenden Mitbestimmungsstandards trifft aber bei der vorliegenden Auslegung nicht zu, da eben durchaus eine Mitbestimmungsminderung im Rahmen des BVG beschlossen werden kann. Ferner wird der mit der Auffangregelung verfolgte Zweck der Absicherung des Verhandlungsverfahrens gewährleistet und das Primat der Verhandlungen unterstützt. Die Arbeitnehmervertreter im BVG aus den beteiligten Gesellschaften mit dem höchsten Mitbestimmungsniveau werden gezwungen, an der Einführung einer allen Seiten gerecht werdenden Arbeitnehmerbeteiligung in der SE aktiv mitzuwirken. Sind mehrere Mitbestimmungsformen in den betreffenden Gesellschaften vorhanden, können sie bei einem Scheitern der Verhandlungen nämlich keineswegs sicher sein, dass sich ihr Mitbestimmungsstandard bei der Beschlussfassung des BVG durchsetzen wird. Aber auch hinsichtlich der betreffenden Organe der beteiligten Gesellschaften ist die Funktion

---

766 Dieses Recht zur Empfehlung greift dann, wenn alle Aufsichtsratsmitglieder fehlen. Der Wortlaut dieser Vorschriften lautet übersetzt: *„Der Betriebsrat und der Vorstand können Personen zur Ernennung zu Aufsichtsratsmitgliedern empfehlen“.*

767 Hervorhebung durch den Verfasser.

768 Siehe unten S. 459 ff.

769 Vgl. stv. *Heinze*, ZGR 2002, 66, 92; *Krause*, BB 2005, 1221, 1227; *Kübler*, ZHR 167 (2003), 222, 227.

der Auffangregelung als Druckmittel in den Verhandlungen gewahrt, da lediglich die Möglichkeit besteht, dass bei Unterschreitung der Schwellenwerte nicht die quantitativ höchste Mitbestimmung einzurichten ist. Die Arbeitgeberseite kann sich aber nicht sicher sein, dass das BVG so entscheiden wird.

Schließlich sind in diesem Zusammenhang die Schwellenwerte in Art. 3 Abs. 4 S. 3 SE-RL und in Art. 7 Abs. 2 Unterabs. 1 SE-RL sowie die mit ihnen verfolgten Ziele zu vergleichen. Bei den Quoren in Art. 3 Abs. 4 S. 3 SE-RL geht es darum, die Arbeitnehmer vor einer Mitbestimmungsminderung durch die eigenen Reihen zu schützen. Demzufolge ist für das Erreichen der Schwellenwerte auch nur auf die zu mindernde Mitbestimmung abzustellen.[770] Sinn und Zweck der Prozentzahlen in Art. 7 Abs. 2 Unterabs. 1 SE-RL ist dagegen, die Anwendbarkeit der als Druckmittel dienenden Auffangregelung herbeizuführen. Da es dort nicht um die Verhinderung einer Mitbestimmungsminderung geht, sondern die Leitungen der beteiligten Gesellschaften an den Verhandlungstisch gezwungen und ihre Bereitschaft zu Kompromissen erhöht werden soll, reicht jede Mitbestimmungsform aus. Um bei einer Unterschreitung der Schwellenwerte diese Wirkung der Auffangregelung dennoch gewährleisten zu können, besteht die Möglichkeit der Beschlussfassung des BVG gem. Art. 7 Abs. 2 Unterabs. 1 SE-RL. Ebenso wie bei der Beschlussfassung i.S.d. Art. 7 Abs. 2 Unterabs. 1 Buchst. b 2. Spstr. und Buchst. c 2. Spstr. SE-RL muss verhindert werden, dass der Mehrheit der Arbeitnehmer eine bestimmte Mitbestimmungsform gegen ihren Willen aufgezwungen werden kann. Diese Gefahr bestünde aber immer dann, wenn sich unabhängig von ihrem prozentualen Anteil an der Gesamtzahl der Arbeitnehmer automatisch die quantitativ höchste Mitbestimmungsform durchsetzt.

Ist aber bei Unterschreitung der Schwellenwerte eine möglichst weit gefasste Auswahl zu gewährleisten, muss dies bereits aufgrund des Gleichlaufprinzips auch für den Fall des Erreichens der Quoren des Art. 7 Abs. 2 Unterabs. 1 SE-RL gelten. Zudem erscheint diese Vorgehensweise erforderlich, um zu verhindern, dass die dem höchsten Mitbestimmungsniveau unterliegenden Arbeitnehmervertreter ohne ein gewisses Risiko die Verhandlungen blockieren können. Nach der anderen Ansicht wäre nämlich unabhängig vom prozentualen Anteil der Arbeitnehmer, die von diesen Mitgliedern im BVG repräsentiert werden, bei Anwendbarkeit der Auffangregelung und Überschreitung der Schwellenwerte zwingend die quantitativ höchste Mitbestimmungsform zu installieren. Aus diesen Gründen können unter die zu wählende Mitbestimmungsform auch länderspezifische Besonderheiten der jeweiligen Mitbestimmungsmodelle fallen, das heißt beispielsweise käme eine Option zwischen dem französischen und dem deutschen Repräsentationsmodell in Betracht. Es kann aber auch zwischen ver-

---

[770] Vgl. oben S. 210 ff.

schiedenen Mitbestimmungsformen eines Landes, soweit sie in den an der SE-Gründung beteiligten Gesellschaften bestehen, gewählt werden.

(3) Beschlussfassung mit doppelter absoluter Mehrheit

Bei der Auswahl der Mitbestimmungsform geht es, anders als bei der Beschlussfassung im Rahmen der Unterschreitung der Schwellenwerte, nicht um eine Frage der Einführung von Mitbestimmung an sich, sondern um die nähere Ausgestaltung der Partizipation. Aufgrund der Wahlmöglichkeit zwischen verschiedenen Mitbestimmungsformen kann zwar unter Umständen auch für einen gewissen Anteil der Arbeitnehmer eine Mitbestimmungsminderung beschlossen werden, dennoch genügt die doppelte absolute Mehrheit i.S.d. Art. 3 Abs. 4 S. 1 SE-RL. Die dreifach qualifizierte Mehrheit ist grundsätzlich nur in explizit geregelten Fällen anzuwenden und eine Regelungslücke ist nicht ersichtlich. Des Weiteren sprechen auch der dargestellte Sinn und Zweck dieses Wahlrechts des BVG gegen das Erfordernis der besonderen Mehrheit. Schließlich zeigt der Vergleich mit Art. 3 Abs. 4 Unterabs. 1 S. 3 SE-RL, dass bei einer dreifach qualifizierten Mehrheit im Rahmen eines Beschlusses i.S.d. Art. 7 Unterabs. 2 S. 1 SE-RL eine höhere Protektion als im Verhandlungsverfahren bestünde. Dort ist nämlich diese besondere Mehrheit nur bei Überschreitung der Schwellenwerte erforderlich. Dagegen müsste bei einem Beschluss über die Auswahl einer Mitbestimmungsform hinsichtlich der Auffangregelung unabhängig von den Schwellenwerten oder des Vorliegens einer Mitbestimmungsminderung die dreifach qualifizierte Mehrheit erreicht werden.

(4) Alleinige Auswahlmöglichkeit des BVG

Ebenso wie die Vorschrift in Art. 7 Abs. 2 Unterabs. 1 Buchst. b 2. Spstr. und Buchst. c 2. Spstr. SE-RL, wonach das BVG durch einen Beschluss die Mitbestimmung in die SE einführen kann, stößt die alleinige Auswahlmöglichkeit des BVG bezüglich eventuell vorhandener verschiedener Mitbestimmungsformen auf Kritik.[771] Mit derselben Argumentation werden die fehlende Gleichberechtigung der beiden Verhandlungsparteien und die Gefährdung des Verhandlungsverfahrens angeführt. Diese Option für das BVG führe zu einer weiteren Unsicherheit, denn für die zuständigen Organe der beteiligten Gesellschaften sei im Verlaufe der Verhandlungen nicht erkennbar, welches Niveau an Mitbestimmung bei einem Scheitern des Abschlusses einer Vereinbarung in der SE zu installieren sei. Um die Verhandlungsposition des BVG nicht zu schwächen, kommen nach dieser Ansicht zwei Lösungsmöglichkeiten in Betracht. Zum einen könne die Option für die Mitgliedstaaten, gem. Art. 7 Unterabs. 2 S. 2 SE-

771 *Lambach*, Die Beteiligung in der SE, S. 203 f.; Stellungnahme zum Nizza-Kompromiss über die Europäische Aktiengesellschaft der deutschen Wirtschaftsverbände vom 19.03.2001, S. 3, abgerufen unter *www.bdi-online.de/sbrecherche/infostartpage.asp?InfoID={407E292A-37E9-11D5-B972-0050DA2662B7}* am 07.02.2004.

RL bei einem fehlenden Beschluss des BVG einzelstaatliche Regeln zu erlassen, auf alle Fälle des Bestehens mehrerer Mitbestimmungsformen ausgedehnt werden. Zum anderen könne festgelegt werden, dass in einer solchen Konstellation stets die Mitbestimmungsform, die vor der SE-Gründung für die Mehrheit der betroffenen Arbeitnehmer relevant gewesen sei, gelte.[772]

Diese Kritik und die damit verbundenen Lösungsvorschläge vermögen wiederum nicht zu überzeugen. Eine etwaige bestehende Unsicherheit bezüglich der in die SE einzuführenden Mitbestimmung dient gerade dazu, die zuständigen Organe der beteiligten Gesellschaften gegenüber einer Vereinbarung gewogen zu machen. Auch steht den Mitgliedern des BVG nur eine begrenzte Auswahl zur Verfügung, da die zu bestimmende Mitbestimmungsform bereits in einer der beteiligten Gesellschaften bestanden haben muss. Die Möglichkeit der Entscheidung für eine Mitbestimmungsform kann außerdem unter Umständen sogar dazu führen, dass eine Mitbestimmungsminderung beschlossen wird. Schließlich wird durch diese Abstimmungsoption wiederum verhindert, dass der Mehrheit der Arbeitnehmer gegen ihren Willen eine bestimmte Partizipationsform aufgezwungen werden kann.

bb) Regelungsoption der Mitgliedstaaten

Fasst das BVG keinen solchen Beschluss, so können die Mitgliedstaaten gem. **Art. 7 Abs. 2 Unterabs. 2 S. 2 SE-RL** Regelungen festlegen, die in einem solchen Fall anzuwenden sind. Fraglich ist, wie vorgegangen werden soll, wenn einerseits kein Beschluss des BVG besteht und andererseits der Sitzstaat der SE keine entsprechende Bestimmung vorgenommen hat.[773]

cc) Mitteilungspflicht des BVG

Hat das BVG dagegen einen solchen Beschluss getroffen, so ist es nach **Art. 7 Abs. 2 Unterabs. 2 S. 3 SE-RL** verpflichtet, das jeweils zuständige Organ der beteiligten Gesellschaften darüber zu unterrichten. Diese Pflicht besteht auch, wenn gem. Art. 7 Abs. 2 Unterabs. 1 S. 1 Buchst. b und c SE-RL Beschlüsse über die Anwendbarkeit von Teil 3 An. SE-RL trotz Nichterreichung der Schwellenwerte getroffen wurden.[774]

II. Anhang der SE-RL

Der Anhang der SE-RL, der den erforderlichen Inhalt der von den Mitgliedstaaten festzulegenden Auffangregelung bestimmt, ist in drei Abschnitte untergliedert. Im ersten Teil geht es um die Zusammensetzung und Amtszeit des Organs zur Vertretung der Arbeitnehmer, der zweite Teil enthält Bestimmungen über die Auffangregelung für die Unterrichtung und Anhörung und der dritte Teil be-

[772] Vgl. zum Ganzen *Lambach*, Die Beteiligung in der SE, S. 203 f.

[773] Der deutsche Gesetzgeber hat aber von dieser Ermächtigung Gebrauch gemacht; vgl. hierzu § 34 Abs. 2 S. 2 und 3 SEBG.

[774] Umgesetzt in § 34 Abs. 3 SEBG.

handelt die Mitbestimmung. Da die Vorschriften in den beiden ersten Teilen dieses Anhangs im Wesentlichen den Regelungen im Anhang der EBR-RL[775] entsprechen bzw. den Regelungen in der SE-RL ähneln, kann bezüglich vieler Fragestellungen auf das Schrifttum zur EBR-RL und dem EBRG sowie die Ausführungen zur SE-RL zurückgegriffen werden.

1. Art und Weise der Zusammensetzung des Arbeitnehmervertretungsorgans gem. Teil 1 An. SE-RL

In **Teil 1 An. SE-RL** sind die Regeln festgesetzt, nach denen das Vertretungsorgan der Arbeitnehmer einzusetzen ist.

a) Zusammensetzung

Das Arbeitnehmervertreterorgan besteht gem. **Teil 1 Buchst. a An. SE-RL** aus Arbeitnehmern der SE sowie ihrer Tochtergesellschaften und Betriebe, die von den Arbeitnehmervertretern aus ihrer Mitte oder, falls solche nicht vorhanden sind, von der Gesamtheit der Arbeitnehmer gewählt oder bestellt werden.[776] Ebenso wie in der EBR-RL und anders als für das BVG wird folglich ausdrücklich angeordnet, dass in diesem Gremium nur Arbeitnehmer Mitglieder werden können.[777] Dabei richtet sich die Festlegung des Arbeitnehmerbegriffs nach dem Mitgliedstaat, aus dem der betreffende Arbeitnehmer zu entsenden ist.[778]

Bei der Zusammensetzung des Vertretungsorgans gelten ebenso wie bei der Einrichtung des BVG gem. Art. 3 Abs. 2 Buchst. a Ziff. i SE-RL die Grundsätze der Repräsentation und Proportionalität, da sich in **Teil 1 Buchst. e Anh. SE-RL** der identische Wortlaut findet.[779] Aufgrund dieser Formulierung bestehen die gleichen Unklarheiten bezüglich des Bruchteils der Tranche von zehn Prozent wie im Rahmen der Einsetzung des BVG. Mit den bereits dargestellten Argumenten[780] wird ebenfalls der Lösungsansatz vertreten, dass ab einem Anteil von über zehn Prozent der Bruchteil der Tranche keine Berücksichtigung mehr finden soll. Ferner erlassen die Mitgliedstaaten laut **Teil 1 Buchst. b Unter-**

---

775 *Kuffner*, Die Beteiligung der Arbeitnehmer, S. 166.

776 Umgesetzt in § 23 Abs. 1 S. 2 SEBG.

777 *Kuffner*, Die Beteiligung der Arbeitnehmer, S. 168.

778 Vgl. oben S. 133 ff.
Kuffner verweist bezüglich des Arbeitnehmerbegriffs aus deutscher Sicht auf die Literatur zur EBR-RL und sieht allein § 5 Abs. 1 BetrVG als relevant an; *Kuffner*, Die Beteiligung der Arbeitnehmer, S. 168. Allerdings ist im Vergleich zur EBR-RL zu beachten, dass das Arbeitnehmervertreterorgan gem. Teil 3 Buchst. b Unterabs. 3 S. 1 An. SE-RL über die Verteilung bzw. über die Art und Weise der Bestellung oder Ablehnung der Sitze im Verwaltungs- oder im Aufsichtsorgan entscheidet. Zudem stellen nach dem deutschen Umsetzungsgesetz auch leitende Angestellte gem. § 2 Abs. 1 S. 1 SEBG Arbeitnehmer dar.

779 Umgesetzt in § 23 Abs. 1 S. 3 i.V.m. § 5 Abs. 1 SEBG.

780 Vgl. oben S. 158 ff.

abs. 2 An. SE-RL Vorschriften, um Änderungen innerhalb der SE sowie ihrer Tochtergesellschaften und Betriebe durch eine Anpassung der Mitgliederzahl und der Sitzverteilung im Vertretungsorgan zu berücksichtigen.[781]

b) Wahl oder Bestellung der Mitglieder

Die Wahl oder Bestellung dieser Mitglieder erfolgt gem. **Teil 1 Buchst. b Unterabs. 1 An. SE-RL** nach den einzelstaatlichen Rechtsvorschriften und/oder Gepflogenheiten.[782] Nach **Teil 1 Buchst. f An. SE-RL** besteht eine Mitteilungspflicht über die nach diesen Vorschriften ermittelte Zusammensetzung des Vertretungsorgans an das zuständige Organ der SE.[783] Dies ist je nach gewählter Unternehmensverfassung im Rahmen des dualistischen Systems das Leitungsorgan und im monistischen System das Verwaltungsorgan.[784]

c) Geschäftsordnung und Bildung eines Ausschusses

Das Vertretungsorgan gibt sich gem. **Teil 1 Buchst. d An. SE-RL** eine Geschäftsordnung[785] und wählt gem. **Teil 1 Buchst. c An. SE-RL** aus seiner Mitte einen aus höchstens drei Mitgliedern bestehenden engeren Ausschuss, sofern die Anzahl der Mitglieder des Vertretungsorgans dies rechtfertigt.[786] Ab welcher Zahl genau eine solche Rechtfertigung vorliegt, wie dieses Wahlverfahren vorzunehmen ist und ob auch hier die Prinzipien der Repräsentativität und Proportionalität zu berücksichtigen sind, ist nicht geregelt. Daher liegt eine Regelungslücke vor, die von den nationalen Gesetzgebern im Rahmen ihrer Umsetzungsgesetze zu schließen ist.

2. Neuaufnahme von Verhandlungen

Nach Ablauf von vier Jahren seit seiner Einsetzung prüft das Vertretungsorgan gem. **Teil 1 Buchst. g Unterabs. 1 An. SE-RL**, ob nun eine Vereinbarung im Sinne von Art. 4 SE-RL ausgehandelt oder die Anwendung der Auffangregelung beibehalten werden soll.[787] Wird der Beschluss zur Aushandlung einer Vereinbarung gefasst, so gelten gem. **Teil 1 Buchst. g Unterabs. 1 S. 2 An. SE-RL** die Art. 3 Abs. 4 bis 7 und Art. 4 bis 6 SE-RL sinngemäß.[788] Da dabei die Bezeich-

---

[781] Umgesetzt in § 25 SEBG.

[782] Umgesetzt in § 23 Abs. 1 S. 3 i.V.m. § 6 Abs. 1 und 2 S. 2 und 3, §§ 7 bis 10, § 23 Abs. 1 S. 4 bis 7 SEBG.

[783] Umgesetzt in § 23 Abs. 1 S. 3 i.V.m. § 11 Abs. 1 S. 2 SEBG.

[784] *Lambach*, Die Beteiligung in der SE, S. 181.

[785] Umgesetzt in § 24 Abs. 1 SEBG.

[786] Umgesetzt in § 23 Abs. 4 SEBG.

[787] Umgesetzt in § 26 Abs. 1 SEBG.

[788] Umgesetzt in § 26 Abs. 2 S. 1 SEBG.
Der Wortlaut von Teil 1 Buchst. g Unterabs. 1 An. SE-RL lautet, dass *„die Vereinbarung nach den Artikeln 4 und 7 ausgehandelt werden"* soll. Bezüglich des Art. 7 SE-RL handelt es sich wohl um ein Redaktionsversehen, denn dort ist die Auffangregelung geregelt. Diese gelangt aber zum einen vor allem bei einem Scheitern der Vereinbarungslösung

nung *„besonderes Verhandlungsgremium"* durch das Wort *„Vertretungsorgan"* zu ersetzen ist, nimmt dieses Gremium im Verhandlungsverfahren nun die Funktionen und Aufgaben des BVG wahr. In diesem Zusammenhang tritt ein Unterschied bezüglich der Zusammensetzung dieser beiden Gremien zu Tage. Während bei der Einrichtung des BVG im Rahmen der Gründung einer Verschmelzungs-SE bis zu einem gewissen Grad jede beteiligte Gesellschaft durch ein Mitglied vertreten wird,[789] findet sich diese besondere Absicherung nicht bei der Einsetzung des Arbeitnehmervertretungsorgans. Damit ist nicht gewährleistet, dass bei den jetzigen Verhandlungen die Arbeitnehmer aus allen beteiligten Gesellschaften im BVG repräsentiert werden. Dies erscheint aber gerechtfertigt, da die genannten Gesellschaften durch die Gründung der Verschmelzungs-SE ihre Rechtspersönlichkeit verloren haben.[790]

Das Vertretungsorgan kann auch gem. Art. 3 Abs. 6 SE-RL die Nichtaufnahme bzw. den Abbruch der Verhandlungen beschließen. Treffen die Parteien bis zum Ablauf des Verhandlungszeitraums keine Vereinbarung, so gilt nach **Teil 1 Buchst. g Unterabs. 2 S. 2 An. SE-RL** weiterhin die Auffangregelung.[791]

a) Verhandlungspartner des Arbeitnehmervertretungsorgans

Nicht geregelt ist, wer der Verhandlungspartner des Arbeitnehmervertretungsorgans sein soll. Auf jeden Fall muss das zuständige Organ der SE, das heißt entweder das Verwaltungs- oder das Leitungsorgan, an den Verhandlungen teilnehmen. Problematisch könnte im Rahmen des monistischen Systems sein, dass unter Umständen im Verwaltungsorgan auch die Arbeitnehmer Mitglieder stellen.[792] Bei Bestehen einer Holding-SE oder Tochter-SE sollten auch die zuständigen Organe der beteiligten Gesellschaften an den Verhandlungen partizipieren dürfen, denn auf ihre Initiative ist die jeweilige Gründung der SE zurückzuführen. Auch werden sie von der etwaigen Installation von Mitbestimmung mehr oder minder berührt. Dagegen ist eine solche Einbeziehung im Verschmelzungsfall nicht möglich, da die beteiligten Gesellschaften in ihrer Rechtspersönlichkeit erloschen sind.

b) Einmalige Neuaufnahme von Verhandlungen

Unklar ist, ob die Überprüfung bezüglich der Aufnahme von Verhandlungen einmalig vier Jahre nach Einsetzung des Vertretungsorgans oder im *„4-Jahres-*

---

zur Anwendung und zum anderen gilt sie ja in der jetzigen Situation der Überprüfung bereits.

789 Vgl. oben S. 173 ff.

790 Andererseits wäre die Einbeziehung der Arbeitnehmervertreter dieser Gesellschaften aber zumindest teilweise noch möglich, da die Mitgliedstaaten gem. Art. 13 Abs. 4 SE-RL Regelungen zum Fortbestand der Arbeitnehmerstrukturen treffen können.

791 Umgesetzt in § 26 Abs. 2 S. 2 SEBG.

792 Der deutsche Gesetzgeber hat dieses Problem dadurch gelöst, dass Leitung und damit Verhandlungspartner gem. § 2 Abs. 5 S. 2 SEBG die geschäftsführenden Direktoren sind.

Rhythmus"[793] erfolgen soll. Nach dem **Wortlaut** kann von einem einmaligen Vorgang ausgegangen werden, da auch die Einsetzung des Vertretungsorgans an sich nur einmal stattfindet. Eine Formulierung wie zum Beispiel *„alle vier Jahre"*, die auf eine regelmäßige Überprüfung im Rhythmus von vier Jahren schließen ließe, existiert nicht. Zudem lässt sich dem Wortlaut nicht entnehmen, zu welchem Zeitpunkt diese 4-Jahres-Frist erneut zu laufen begänne. Auch macht der **Sinn und Zweck** der Vorschrift eine mehrmalige Vornahme nicht erforderlich. Nach vier Jahren, in denen die Arbeitnehmer die Vor- und Nachteile der geltenden Auffangregelung kennen gelernt haben, besteht noch einmal die Gelegenheit, eine Vereinbarung zu treffen. Spricht sich das Vertretungsorgan gegen die Aushandlung einer Vereinbarung aus bzw. scheitern die Verhandlungen, so findet weiterhin die Auffangregelung Anwendung. Diese sichert aber grundsätzlich ein hohes Niveau der Arbeitnehmerbeteiligung ab. Darin liegt gerade der wichtige Unterschied zu der Situation des Art. 3 Abs. 6 Unterabs. 4 SE-RL, denn dort hat das Scheitern der Verhandlungen die Nichtanwendbarkeit der Auffangregelung zur Folge. Aus diesem Grund wird den Arbeitnehmervertretern im Falle des Vorliegens eines Beschlusses nach Art. 3 Abs. 6 SE-RL nach der in der vorliegenden Arbeit vertretenen Ansicht eine wiederholte Aufnahme von Verhandlungen zugestanden. Ein solches Druckmittel ist bei Teil 1 Buchst. g An. SE-RL nicht erforderlich, da hier der Abschluss einer Vereinbarung für die Seite der Anteilseigner von Interesse ist.[794] Dagegen brächte die Möglichkeit, alle vier Jahre eine solche Überprüfung vornehmen zu können und unter Umständen in das Verhandlungsverfahren einzutreten, eine weitere strukturelle und finanzielle Belastung der SE mit sich.[795] Aus diesen Gründen ist lediglich eine einmalige Überprüfung gerechtfertigt, wobei dies aber bei Vorliegen struktureller Änderungen anders zu bewerten ist.

---

793 *Herfs-Röttgen*, NZA 2001, 424, 428, allerdings ohne nähere Begründung. Auch *Kuffner* geht ohne weitere Ausführungen davon aus, dass die Überprüfung durch das Vertretungsorgan *„jeweils nach vier Jahren"* stattfinde; *Kuffner*, Die Beteiligung der Arbeitnehmer, S. 171. Schließlich folgert dies wohl auch *Lambach*, da sich nach ihren Ausführungen die Amtszeit um weitere vier Jahre verlängere, wenn das Vertretungsorgan die Weitergeltung der Auffangregelung beschließe; *Lambach*, Die Beteiligung in der SE, S. 184.

794 Eine Vereinbarung kann ihnen nämlich eine an ihr Unternehmen angepasste Lösung und im Vergleich zur Auffangregelung eine geminderte quantitative Mitbestimmung bieten.

795 Es müssten dann eventuell alle vier Jahre Verhandlungen vorgenommen werden, die mindestens sechs Monate in Anspruch nehmen könnten. Im Rahmen dieses Verfahrens müssten dem Vertretungsorgan gem. Art. 3 Abs. 7 SE-RL die Kosten, die im Zusammenhang mit den Verhandlungen entstehen, und die Kosten für Sachverständige ersetzt werden.

3. Auffangregelung für die Unterrichtung und Anhörung gem. Teil 2 An. SE-RL

In **Teil 2 An. SE-RL** sind die Zuständigkeiten und Befugnisse des Vertretungsorgans der SE bezüglich der Unterrichtung und Anhörung geregelt.

a) Zuständigkeit des Vertretungsorgans

Die Zuständigkeit des Vertretungsorgans beschränkt sich gem. **Teil 2 Buchst. a An. SE-RL** zum einen auf die Angelegenheiten, die die SE selbst oder einer ihrer Tochtergesellschaften oder einen ihrer Betriebe in einem anderen Mitgliedstaat betreffen. Zum anderen ist das Vertretungsorgan für die Angelegenheiten, die über die Befugnisse der Entscheidungsorgane auf der Ebene der einzelnen Mitgliedstaaten hinausgehen, zuständig.[796] Demzufolge besteht eine Kompetenz des Vertretungsorgans nur im Rahmen von *„transnationale(n) Sachverhalte(n)"*[797] bzw. eine *„Konzernzuständigkeit"*[798]. Diese Anforderung ist nur dann nicht erfüllt, wenn es sich um eine Angelegenheit handelt, die ausschließlich eine Tochtergesellschaft bzw. einen Betrieb im Sitzstaat der SE betrifft[799] und die in die nationalen Befugnisse ihrer Entscheidungsorgane fällt.

b) Unterrichtung und Anhörung

Die Unterrichtung und Anhörung des Vertretungsorgans erfolgt *„zweigleisig"*[800] dahingehend, dass einerseits eine regelmäßige und andererseits eine außergewöhnliche Beteiligung des Vertretungsorgans vorgesehen ist.

aa) Regelmäßige Beteiligung

Das Vertretungsorgan hat gem. **Teil 2 Buchst. b Unterabs. 1 S. 1 An. SE-RL** das Recht, auf der Grundlage regelmäßig von dem zuständigen Organ[801] erstellter Berichte über die Entwicklung der Geschäftslage und die Perspektiven der SE unterrichtet und dazu gehört zu werden. Zu diesem Zweck besteht die Berechtigung, mindestens einmal jährlich mit dem zuständigen Organ zusammenzutreten.[802] Die Einladung zu dieser Zusammenkunft obliegt dabei dem zuständigen Organ der SE, denn anders als bei der Unterrichtung und Anhörung über außergewöhnliche Umstände gem. Teil 2 Buchst. c Unterabs. 1 S. 2 An. SE-RL bedarf es keines Antrags des Vertretungsorgans.[803] Die örtlichen Geschäftslei-

---

796 Umgesetzt in § 27 SEBG.

797 *Herfs-Röttgen*, NZA 2001, 424, 428; *Lambach*, Die Beteiligung in der SE, S. 184; *Pluskat*, DStR 2001, 1483, 1488.

798 *Köstler*, in: *Theisen/Wenz* (Hrsg.), Die Europäische Aktiengesellschaft, S. 331, 358.

799 *Lambach*, Die Beteiligung in der SE, S. 186.

800 *Köstler*, in: *Theisen/Wenz* (Hrsg.), Die Europäische Aktiengesellschaft, S. 331, 358.

801 Dies ist je nach Vorliegen des dualistischen oder monistischen Organisationssystems in der SE entweder das Leitungs- oder das Verwaltungsorgan.

802 Umgesetzt in § 28 Abs. 1 SEBG.

803 *Lambach*, Die Beteiligung in der SE, S. 187.

tungen sind in Kenntnis zu setzen.[804] Das zuständige Organ der SE ist ferner gem. **Teil 2 Buchst. c Unterabs. 2 An. SE-RL** zur Übermittlung der Tagesordnung aller Sitzungen des Verwaltungsorgans oder des Leitungs- und Aufsichtsorgans an das Vertretungsorgan verpflichtet. Des Weiteren muss es dem Vertretungsorgan Kopien aller Unterlagen, die der Hauptversammlung der Aktionäre unterbreitet werden, zukommen lassen.[805] Dies ist im Rahmen der EBR-RL nicht vorgesehen.[806]

Die Gegenstände der Unterrichtung und Anhörung sind anschließend in **Teil 2 Buchst. b Unterabs. 3 An. SE-RL** aufgezählt und behandeln ein *„weites Themenfeld"*[807]. Dieser Katalog, der aufgrund des Wortes *„insbesondere"* als nicht abschließend anzusehen ist, entspricht exakt den Gegenständen der EBR-RL.[808]

Es handelt sich um:

> Die Struktur der SE; ihre wirtschaftliche und finanzielle Situation; die voraussichtliche Entwicklung der Geschäfts-, Produktions- und Absatzlage; die Beschäftigungslage und deren voraussichtliche Entwicklung; die Investitionen; grundlegende Änderungen der Organisation; die Einführung neuer Arbeits- und Fertigungsverfahren; Verlagerungen der Produktion; Fusionen; Verkleinerungen oder Schließungen von Unternehmen, Betrieben oder wichtigen Teilen derselben; Massenentlassungen.[809]

bb) Beteiligung bei außergewöhnlichen Umständen

Treten außergewöhnliche Umstände ein, die erhebliche Auswirkungen auf die Interessen der Arbeitnehmer haben, so hat das Vertretungsorgan gem. **Teil 2 Buchst. c Unterabs. 1 S. 1 An. SE-RL** ebenfalls einen Anspruch auf Unterrichtung. Als solche außergewöhnlichen Angelegenheiten werden beispielhaft Verlegungen, Verlagerungen, Betriebs- bzw. Unternehmensschließungen oder Mas-

---

804 Das heißt sowohl von der Unterrichtung und Anhörung als auch von dem Treffen mit dem zuständigen SE-Organ; *Schmidt, M.*, Das Arbeitsrecht der Europäischen Gemeinschaft, S. 319.
Umgesetzt in § 28 Abs. 3 SEBG.

805 Umgesetzt in § 28 Abs. 1 SEBG.

806 *Lambach* spricht daher von einer *„enorme(n) Qualitätssteigerung"*; *Lambach*, Die Beteiligung in der SE, S. 189.

807 *Schmidt, M.*, Das Arbeitsrecht der Europäischen Gemeinschaft, IV. III. 3. b) (2) cc), Rn. 102.

808 *Kuffner*, Die Beteiligung der Arbeitnehmer, S. 174.
Vereinzelt wird vertreten, dass die diesbezügliche Information und Konsultation in der SE-RL über die EBR-RL hinausgehe; *Köstler*, in: *Theisen/Wenz* (Hrsg.), Die Europäische Aktiengesellschaft, S. 331, 358. Dies wird allerdings nicht begründet, sondern es werden die Unterrichtungs- und Anhörungsgegenstände, die genau denen der EBR-RL entsprechen, aufgezählt.

809 Umgesetzt in § 28 Abs. 2 SEBG.

senentlassungen genannt.[810] Im Unterschied zur regelmäßigen Information muss es sich aufgrund des Wortlauts um Umstände handeln, die sich tatsächlich erheblich auf die Interessen der Arbeitnehmer auswirken.[811] Während die gewöhnliche Unterrichtung von dem zuständigen Organ vorzunehmen ist, findet sich hier keine solche Vorgabe. Im Zusammenhang mit der Tatsache, dass die anschließende Anhörung auch mit Vertretern einer besser geeigneten Leitungsebene erfolgen kann, lässt dies den Schluss zu, dass bereits eine Unterrichtung durch diese Ebene möglich ist.[812]

Zudem hat das Vertretungsorgan gem. **Teil 2 Buchst. c Unterabs. 1 S. 2 An. SE-RL** das Recht, ein Treffen mit dem zuständigen Organ der SE oder den Vertretern einer besser geeigneten, mit eigenen Entscheidungsbefugnissen ausgestatteten Leitungsebene innerhalb der SE zu beantragen.[813] Die Einbeziehung einer anderen Entscheidungsebene bietet sich an, wenn diese aufgrund ihrer Nähe zum betreffenden außergewöhnlichen Umstand bessere Sachkenntnis besitzt.[814] Es ist aber auch denkbar, dass die Leitung der höchsten Unternehmensebene, die trotz geringerer Sachnähe die eigentliche Entscheidungsbefugnis besitzt, eingeschaltet wird. Dies könnte beispielsweise bei Vorliegen einer Tochter-SE gegeben sein. Im Unterschied zur regelmäßigen Anhörung muss das Vertretungsorgan selbst die Initiative für die Vornahme der Konsultation ergreifen.[815] An der besagten Zusammenkunft kann anstelle des Vertretungsorgans auch der engere Ausschuss teilnehmen, wenn ein entsprechender Beschluss des Vertretungsorgans, insbesondere aufgrund von Dringlichkeit, vorliegt.[816] Um einen Antrag zur Anhörung stellen bzw. über die alleinige Teilnahme des engeren Ausschusses an der Sitzung beschließen zu können, müssen notwendigerweise die Arbeitnehmervertreter zu einer internen Sitzung zusammenkommen.[817]

Anders als bei der regelmäßigen Anhörung besteht gem. **Teil 2 Buchst. c Unterabs. 2 An. SE-RL** ein Anspruch der Arbeitnehmervertreter auf ein weiteres Treffen, falls das Leitungs- oder Verwaltungsorgan der SE beschließt, nicht im Einklang mit der vom Vertretungsorgan abgegebenen Stellungnahme zu handeln. Hierdurch soll doch noch eine Einigung herbeigeführt

---

810 Umgesetzt in § 29 Abs. 1 SEBG.

811 *Lambach*, Die Beteiligung in der SE, S. 193 f.

812 *Lambach*, Die Beteiligung in der SE, S. 194.

813 Umgesetzt in § 29 Abs. 2 SEBG.

814 BR-Drs. 438/04, Begründung zum SEEG, S. 134.

815 *Lambach*, Die Beteiligung in der SE, S. 195.

816 Umgesetzt in § 29 Abs. 3 S. 1 SEBG. Im Rahmen der EBR-RL wird dagegen laut Nr. 3 Unterabs. 1 An. EBR-RL grundsätzlich ein bestehender engerer Ausschuss und nicht das gesamte Vertretungsorgan unterrichtet. Auch partizipiert er automatisch, das heißt ohne entsprechenden Beschluss des Vertretungsorgans, an den Zusammenkünften.

817 *Lambach*, Die Beteiligung in der SE, S. 195.

werden.[818] Berücksichtigt das zuständige Organ wiederum die Einwände des Vertretungsorgans nicht, so sind zwar dessen Möglichkeiten erschöpft. Doch gibt die Befugnis, dass weitere Verfahren durch eine erneute Zusammenkunft verzögern zu können, den Arbeitnehmervertretern zumindest ein Mindestmaß an Sicherheit, dass ihre erste Stellungnahme tatsächlich zur Kenntnis genommen und diskutiert wird.[819] Eine solche Möglichkeit der Verzögerung war in der EBR-RL noch nicht vorgesehen. Im Schrifttum[820] wird vermutet, dass der europäische Gesetzgeber in der SE-RL auf die Rechtsprechung zur Schließung eines *Renault*-Werkes in *Vilvoorde*[821] reagiert habe. Findet eine Sitzung mit dem engeren Ausschuss anstelle des gesamten Vertretungsorgans statt, so dürfen zusätzlich auch die Mitglieder des Vertretungsorgans, die die von diesen Maßnahmen unmittelbar betroffenen Arbeitnehmer vertreten, teilnehmen.[822] Sie gelten damit als Ausschussmitglieder und nehmen an dessen Beschlüssen teil.[823]

Am Ende von Teil 2 Buchst. c An. SE-RL findet sich die Feststellung, dass diese Sitzungen die Vorrechte des zuständigen Organs unberührt lassen.[824] Dieser Formulierung kann insoweit zugestimmt werden, als es um eine der in Teil 2 Buchst. c An. SE-RL beispielhaft aufgezählten Entscheidungen geht. Diese unternehmerische Selbstbestimmung wird durch das Unterrichtungs- und Anhörungsverfahren nicht berührt. Allerdings zeigt die Möglichkeit, bei Nichtberücksichtigung der Stellungnahme gem. Teil 2 Buchst. c Unterabs. 2 An. SE-RL ein erneutes Zusammentreffen zu erzwingen, dass zumindest in zeitlicher Hinsicht

---

818 Umgesetzt in § 29 Abs. 4 SEBG.

819 *Schäfer* spricht in diesem Zusammenhang von *„einem fortgesetzten Dialog"*; *Schäfer*, Der europäische Rahmen für Arbeitnehmermitwirkung, S. 89.

820 *Kuffner*, Die Beteiligung der Arbeitnehmer; S. 175.

821 Am 27.02.1997 gab der Generaldirektor der Gesellschaft *Renault* öffentlich die Schließung eines belgischen Betriebs in *Vilvoorde* bekannt. Hiervon war der im *Renault*-Konzern bestehende Europäische Konzernausschuss (EKA), der von seinen Aufgaben und Befugnissen grundsätzlich den Vorgaben der EBR-RL entsprach, nicht unterrichtet worden. Zwar wurde die erforderliche Sitzung nachgeholt, doch die Mitglieder des EKA hatten im Vorfeld nicht die zu ihrer Information notwendigen Unterlagen erhalten. Daraufhin versuchte der EKA mit Erfolg, die Schließung der belgischen Fabrik durch eine gerichtliche Verfügung aufzuhalten. Dem *Renault*-Konzern wurde untersagt, seine Ankündigung weiter zu verfolgen, solange nicht die erforderliche Sitzung zur Einhaltung des Unterrichtungs- und Anhörungsverfahrens ordnungsgemäß stattgefunden hatte. Zudem wurde er zur Zahlung eines Geldbetrags verurteilt. Vgl. *Cour d'Appel de Versailles* – Urteil v. 07.05.1997, Nr. 308, Reg. Nr. 2780/97 = ArbuR 1997, 299 ff., mit Anmerkung *Rudolph*. Vgl. ausführlich zu diesem Urteil *Kolvenbach/Kolvenbach*, NZA 1997, 695 ff.; *Lorenz/Zumfelde*, RdA 1998, 168 ff.

822 Umgesetzt in § 29 Abs. 3 S. 2 SEBG.

823 *Blanke*, EBRG, § 33 Rn. 22, allerdings zum EBRG. Zustimmend im Hinblick auf die SE-RL *Lambach*, Die Beteiligung in der SE, S. 195.

824 Da es sich hierbei um eine für Deutschland selbstverständliche Feststellung handelt, findet sich keine entsprechende Formulierung im SEBG.

die Entscheidungsfreiheit beeinträchtigt ist. Eine solche temporäre Beschränkung der unternehmerischen Selbstbestimmung droht vor allem bei nicht ordnungsgemäßer Durchführung des Unterrichtungs- und Anhörungsverfahrens. Aufgrund der Rechtsprechung zur EBR-RL im Verfahren gegen *Renault* ist davon auszugehen, dass durch die Anrufung nationaler Gerichte in einem solchen Fall die Verwirklichung der unternehmerischen Maßnahme bis zur Nachholung dieses Verfahrens verzögert werden kann.[825]

c) Zeitpunkt, Form und Inhalt der Unterrichtung und Anhörung

Im Anhang der SE-RL ist nicht spezifisch vorgegeben, zu welchem Zeitpunkt, in welcher Form und mit welchem Inhalt die regelmäßige Unterrichtung und Anhörung bzw. die Information und Konsultation bei Vorliegen von außergewöhnlichen Umständen erfolgen muss. Im Schrifttum[826] wird diesbezüglich auf Art. 2 Buchst. i und j SE-RL verwiesen, da diese Bereiche dort im Rahmen der Definition von Unterrichtung und Anhörung näher dargestellt werden.[827] Die Mitgliedstaaten können gem. **Teil 2 Buchst. d Unterabs. 1 An. SE-RL** Regeln für den Vorsitz in den Sitzungen zur Unterrichtung und Anhörung festlegen. Der Wortlaut dieser Vorschrift entspricht demjenigen von Nr. 6 S. 1 An. EBR-RL.[828] Der deutsche Gesetzgeber hat von dieser Option im Rahmen der EBR-RL keinen Gebrauch gemacht[829] und sollte sie auch nicht bei der Umsetzung der SE-RL berücksichtigen.[830]

---

825 *Köstler*, in *Theisen/Wenz* (Hrsg.), Die Europäische Aktiengesellschaft, S. 331, 359; *Lambach*, Die Beteiligung in der SE, S. 228. Dies kann durch eine einstweilige Verfügung erreicht werden.

826 *Lambach*, Die Beteiligung in der SE, S. 191; *Schmidt, M.*, Das Arbeitsrecht der Europäischen Gemeinschaft, IV. III. 3. b) (2) cc), Rn. 102. Auch *Buschak* verweist auf diese Vorschriften, allerdings nur im Zusammenhang mit der Frage, zu welchem Zeitpunkt ein Treffen zur Unterrichtung und Anhörung bezüglich außergewöhnlicher Umstände zu erfolgen hat; vgl. *Buschak*, Arbeitspapier Nr. 5/2, 15.

827 Demzufolge muss im Rahmen der Unterrichtung deren Zeitpunkt, Form und Inhalt dem Vertretungsorgan eine eingehende Prüfung der möglichen Auswirkungen und die Vorbereitung von Anhörungen mit dem zuständigen Organ einräumen. Für die Anhörung gilt, dass diesem Gremium eine Stellungnahme zu den geplanten Maßnahmen des zuständigen Organs ermöglicht werden muss, die im Rahmen des Entscheidungsprozesses innerhalb der SE berücksichtigt werden kann.

828 Diese Vorschrift wurde aufgrund der französisch-belgischen Mitbestimmungstradition aufgenommen, denn dort bestehen deren Betriebs-, Unternehmens- und Konzernausschüsse aus den gewählten Arbeitnehmervertretern, Gewerkschaftsvertretern und dem Arbeitgeber bzw. dessen Vertreter; *Blanke*, EBRG, § 27 Rn. 1. Da dort ein Vertreter der Unternehmensleitung das Recht zur Leitung solcher Sitzungen besitzt, soll diese Möglichkeit wohl auch im Rahmen der SE-RL gelten; *Buschak*, Arbeitspapier Nr. 5/2, 16.

829 *Blanke*, EBRG, § 27 Rn. 2.

Anderer Ansicht wohl *Kuffner*, die im Zusammenhang mit Nr. 4 Abs. 1 An. EBR-RL auf § 25 Abs. 1 S. 2 EBRG eingeht; *Kuffner*, Die Beteiligung der Arbeitnehmer, S. 175. Die-

d) Sonstige Befugnisse des Vertretungsorgans

Das Vertretungsorgan bzw. der engere Ausschuss hat gem. **Teil 2 Buchst. d Unterabs. 2 An. SE-RL** das Recht vor den Sitzungen mit dem zuständigen Organ der SE ohne dessen Beteiligung intern zu tagen.[831] Geht es um eine Sitzung des engeren Ausschusses, so können auch hier zusätzlich die Mitglieder des Vertretungsorgans, die die unmittelbar betroffenen Arbeitnehmer repräsentieren, teilnehmen.[832] Kritisiert wird an dieser Vorschrift, dass das Vertretungsorgan bzw. der engere Ausschuss zwar zur separaten Vorbesprechung zusammenkommen dürfe, aber keine Nachbesprechungen im Anschluss an die Sitzungen vorgesehen seien.[833] Solche Tagungen seien aber für die Analyse der vorhergehenden Sitzung, die Vorbereitung der Unterrichtung der Arbeitnehmer und die Besprechung des weiteren Vorgehens bzw. die Vorbereitung der nächsten Sitzung ebenso wichtig.[834] Der deutsche Gesetzgeber hat in § 27 Abs. 1 S. 4 EBRG und in § 24 Abs. 2 S. 2 SEBG darauf reagiert.[835]

Darüber hinaus können sich das Vertretungsorgan bzw. der engere Ausschuss **gem. Teil 2 Buchst. f An. SE-RL** durch Sachverständige ihrer Wahl unterstützen lassen.[836] Auch hier findet sich, wie im Rahmen des Verhandlungsverfahrens gem. Art. 3 Abs. 5 S. 1 SE-RL, keine zahlenmäßige Begrenzung bezüglich der Bestellung von Sachverständigen. Anders als bei Nr. 6 An. EBR-RL besteht nach dem Wortlaut auch keine Beschränkung dahingehend, dass die Unterstützung durch Sachverständige zur Aufgabenerfüllung des Vertretungsorgans erforderlich sein muss. Daher wird im Schrifttum[837] angeführt, dass dieses Erforderlichkeitskriterium vom europäischen Gesetzgeber bewusst weggelassen worden sei. Dies zeige auch der Vergleich mit der Vorschrift in Teil 2 Buchst. g An. SE-RL, da dort der Anspruch auf bezahlte Freistellung ausdrücklich von der Erforderlichkeit der Aufgabenerfüllung abhängig gemacht wird.[838]

---

se Vorschrift betrifft aber nur den Vorsitz innerhalb des Vertretungsorgans, nicht die Leitung in den Sitzungen zwischen dem zuständigen Organ der SE und dem Vertretungsorgan.

830 Vereinzelt wird allerdings vertreten, dass der deutsche Gesetzgeber von dieser Ermächtigung Gebrauch machen sollte; *Lambach*, Die Beteiligung in der SE, S. 197.

831 Umgesetzt in § 24 Abs. 2 S. 1 SEBG.

832 Diese Norm entspricht der Regelung in Nr. 4 Unterabs. 2 Anhang EBR-RL und wurde ebenfalls aufgrund der französisch-belgischen Mitbestimmungstradition eingeführt; *Blanke*, EBRG, § 27 Rn. 1.

833 *Mävers*, Die Mitbestimmung der Arbeitnehmer, S. 373 und 397. Zwar äußert der Autor dies im Zusammenhang mit dem Vorschlag der deutschen Ratspräsidentschaft, doch besteht die Problematik auch noch nach dem Wortlaut der SE-RL.

834 Vgl. zum Ganzen *Mävers*, Die Mitbestimmung der Arbeitnehmer, S. 397.

835 Allerdings bedürfen diese Sitzungen des Einverständnisses der SE-Leitung.

836 Umgesetzt in § 32 SEBG.

837 *Kuffner*, Die Beteiligung der Arbeitnehmer, S. 177.

838 Vgl. zum Ganzen *Kuffner*, Die Beteiligung der Arbeitnehmer, S. 177.

Allerdings entspricht die anschließend in **Teil 2 Buchst. h An. SE-RL** geregelte Kostentragungspflicht der des Art. 3 Abs. 7 SE-RL für die Finanzierung der Tätigkeit des BVG. Auch hier sind die Kosten zu tragen, damit die Mitglieder des Vertretungsorgans ihre Aufgaben *"**in angemessener Weise**"*[839] erfüllen können und es besteht die Möglichkeit der Begrenzung der Kostenübernahme auf einen Sachverständigen. Folglich kann auf die obigen Ausführungen verwiesen werden, wonach das Vertretungsorgan bereits aus Kostengründen Sachverständige nicht in beliebiger Zahl hinzuziehen wird.[840] Damit ist die explizite Einführung eines Erforderlichkeitskriteriums in Teil 2 Buchst. g SE-RL nicht notwendig und durch dessen Auslassung wird ein Gleichlauf zu Art. 3 Abs. 7 SE-RL erreicht.[841] Schließlich haben die Mitglieder des Verwaltungsorgans, anders als im Rahmen der EBR-RL[842], laut **Teil 2 Buchst. g An. SE-RL** Anspruch auf bezahlte Freistellung für Fortbildungsmaßnahmen, sofern dies zur Erfüllung ihrer Aufgaben erforderlich ist.[843]

e) Unterrichtungspflicht durch das Vertretungsorgan

Die Mitglieder des Verwaltungsorgans informieren die Arbeitnehmervertreter der SE sowie ihrer Tochtergesellschaften und Betriebe gem. **Teil 2 Buchst. e An. SE-RL** über den Inhalt und die Ergebnisse der Unterrichtungs- und Anhörungsverfahren.[844] Dies hat aber *„unbeschadet des Artikels 8"* zu erfolgen, das heißt es müssen die dort geregelten Verschwiegenheitsverpflichtungen gewahrt werden.[845] Zu Recht wird in der Literatur[846] darauf hingewiesen, dass im Vergleich zu Nr. 5 An. EBR-RL keine direkte Unterrichtungsmöglichkeit der Belegschaft für den Fall des Fehlens von Arbeitnehmervertretern bestehe. Dabei handle es sich aber wohl nur um ein Redaktionsversehen.[847] Der deut-

---

839 Hervorhebung durch den Verfasser.

840 Vgl. oben S. 214 ff.

841 Zudem gesteht die Autorin zu, dass dieses Kriterium wohl im Rahmen der nationalen Umsetzungsgesetze eingefügt werden könne; *Kuffner*, Die Beteiligung der Arbeitnehmer, S. 177. Zwar ist dies nach der in der vorliegenden Arbeit vertretenen Ansicht nicht erforderlich, doch aus Klarstellungsgesichtspunkten empfehlenswert. Der deutsche Gesetzgeber hat in § 32 S. 1 SEBG diese Anforderung auch explizit aufgenommen.

842 Das Fehlen einer solchen Regelung ist im deutschen Schrifttum gerade angesichts des § 37 Abs. 6 und 7 BetrVG auf Erstaunen bzw. Kritik gestoßen; vgl. *Bachner/Kunz*, ArbuR 1996, 81, 86; *Gaul*, NJW 1996, 3378, 3382.

843 Umgesetzt in § 31 SEBG.

844 Umgesetzt in § 30 SEBG.

845 *Lambach*, Die Beteiligung in der SE, S. 198; *Schmidt, M.*, Das Arbeitsrecht der Europäischen Gemeinschaft, IV. III. 3. b) (2) cc), Rn. 105.

846 *Kuffner*, Die Beteiligung der Arbeitnehmer, S. 176.

847 Anderer Ansicht ist *Lambach*, die davon ausgeht, dass im Unterschied zur EBR-RL eine Verpflichtung zur Unterrichtung der einzelnen Arbeitnehmer in einem solchen Fall nicht bestehe; *Lambach*, Die Beteiligung in der SE, S. 198. Dagegen spricht aber zum einen der Vergleich mit Art. 3 Abs. 2 Buchst. b Unterabs. 3 SE-RL. Nach dieser Vorschrift

sche Gesetzgeber hat eine entsprechende Unterrichtungspflicht folglich in § 30 S. 2 SEBG normiert.

Ferner wird problematisiert, dass es bei Vorliegen bestimmter gesellschaftsrechtlicher Konstruktionen an der Unterrichtung aller Arbeitnehmervertreter fehle.[848] Der Informationsfluss in der SE-RL bewege sich hierarchisch abwärts von der SE über die Tochtergesellschaften bis zu den Betrieben. Handle es sich daher bei der SE selbst um eine Tochtergesellschaft, so seien die Arbeitnehmervertreter der übergeordneten Muttergesellschaft ausgenommen. Zwar sei auch in der EBR-RL eine solche hierarchische Informationspflicht vorgesehen, doch umfasse dies dort alle Arbeitnehmervertreter bzw. Arbeitnehmer, da beim herrschenden Unternehmen angesetzt und alle Betriebe und Unternehmen der Unternehmensgruppe erfasst würden.[849] Schließlich wird im Zusammenhang mit dieser Berechtigung und Verpflichtung zur Unterrichtung der nationalen Arbeitnehmervertreter die Frage aufgeworfen, ob dies nicht eine faktische Erweiterung der einzelstaatlichen Rechte zur Folge haben könne.[850]

f) Kostentragung

Die Ausgaben des Vertretungsorgans gehen zu Lasten der SE. Sie hat dessen Mitglieder gem. **Teil 2 Buchst. h Unterabs. 1 An. SE-RL** mit den erforderlichen finanziellen und materiellen Mitteln auszustatten, damit sie ihre Aufgaben in angemessener Weise wahrnehmen können.[851] Beispielhaft[852] werden in **Teil 2 Buchst. h Unterabs. 2 An. SE-RL** die Kosten für die Veranstaltung der Sitzungen einschließlich der Dolmetscher sowie die Aufenthalts- und Reisekosten für die Mitglieder des Vertretungsorgans und des engeren Ausschusses aufgezählt.[853] Dies gilt allerdings nur, soweit nicht etwas anderes vereinbart wurde. Vergleichbar mit Art. 3 Abs. 7 Unterabs. 2 SE-RL beim Verhandlungsverfahren besteht für die Mitgliedstaaten gem. **Teil 2 Buchst. h Unterabs. 3 An. SE-RL** die Möglichkeit, im Einklang mit diesen Grundsätzen Regeln für die Finanzie-

---

dürfen Arbeitnehmer aus Unternehmen oder Betrieben ohne Arbeitnehmervertretung selbst Mitglieder für das BVG wählen oder bestellen. Demzufolge können sie am Verhandlungsverfahren zur Einrichtung von Arbeitnehmerbeteiligung teilnehmen, auch wenn sie auf kein Arbeitnehmervertretungsgremium zurückgreifen können. Dann stellt sich aber die Frage, warum sie bei Anwendbarkeit der Auffangregelung nicht einmal vom Inhalt und den Ergebnissen des Unterrichtungs- und Anhörungsverfahrens erfahren sollen. Zum anderen erscheint es wenig sinnvoll, die Arbeitnehmer von Informationen auszunehmen, die gerade für sie relevant sein können.

848 *Kuffner*, Die Beteiligung der Arbeitnehmer, S. 176.

849 Vgl. zum Ganzen *Kuffner*, Die Beteiligung der Arbeitnehmer, S. 176.

850 *Herfs-Röttgen*, NZA 2002, 358, 362. Dieses Problem wird aufgrund seiner Anknüpfung an das deutsche Recht erst auf S. 455 f. behandelt.

851 Umgesetzt in § 33 S. 1 SEBG.

852 Dies zeigt auch hier die Wahl des Ausdrucks „*insbesondere*“.

853 Umgesetzt in § 33 S. 2 i.V.m. § 19 S. 2 SEBG.

rung der Arbeit des Vertretungsorgans festzulegen. Des Weiteren kann auch hier die Übernahme der Kosten für Sachverständige auf einen Experten beschränkt werden.[854]

4. Auffangregelung für die Mitbestimmung gem. Teil 3 An. SE-RL

Liegen auch die besonderen Voraussetzungen des Art. 7 Abs. 2 SE-RL vor, so finden die Bestimmungen von **Teil 3 An. SE-RL** über die Mitbestimmung Anwendung. Die Formulierung in **Teil 3 Buchst. b Unterabs. 2 An. SE-RL**, wonach eine Mitbestimmung nicht eingeführt werden muss, wenn in den beteiligten Gesellschaften keine solche Partizipationsform bestand, dient nur zur Klarstellung, da in einem solchen Fall Teil 3 An. SE-RL ohnehin nicht anwendbar wäre.[855]

a) Bemessung der Mitbestimmung nach quantitativem Maßstab

In den Fällen der Gründung einer Verschmelzungs-, Holding- oder Tochter-SE haben die Arbeitnehmer der SE, ihrer Tochtergesellschaften und Betriebe und/oder ihr Vertretungsorgan gem. **Teil 3 Buchst. b Unterabs. 1 An. SE-RL** das Recht, einen Teil der Mitglieder des Verwaltungs- oder des Aufsichtsorgans der SE zu wählen oder zu bestellen oder deren Bestellung zu empfehlen oder abzulehnen.[856] Dies entspricht der Definition der Mitbestimmung in Art. 2 Buchst. k SE-RL. Die Zahl dieser Mitglieder richtet sich dabei nach dem höchsten maßgeblichen Anteil in den beteiligten Gesellschaften vor der Eintragung der SE. Im Schrifttum[857] wird gefolgert, dass sich immer dann, wenn ein deutsches Unternehmen bei einer der genannten Gründungsformen beteiligt sei, das deutsche Mitbestimmungssystem durchsetzen werde. Die unternehmerische Partizipation in Deutschland reiche nämlich im Vergleich zu den übrigen Mitgliedstaaten am Weitesten.[858] Dieser Ansicht kann so nicht zugestimmt werden. Zum einen würde sich bei einer Vorgehensweise, die die einzurichtende Mitbestimmungsform stets von dem höchsten Anteil der besagten Mitglieder abhängig macht, stets das Kooptationsmodell durchsetzen.[859] Zum anderen kann das BVG

---

854 Diese Option wurde vom deutschen Gesetzgeber allerdings nicht wahrgenommen.

855 *Buschak*, Arbeitspapier Nr. 5/2, 18; *Schmidt, M.*, Das Arbeitsrecht der Europäischen Gemeinschaft, IV. III. 3. b) (2) dd), Rn. 106. Demzufolge findet sich diese Formulierung auch nicht explizit im Umsetzungsgesetz, sondern ergibt sich aufgrund der §§ 34 und 35 SEBG.

856 Umgesetzt in § 35 Abs. 2 SEBG.

857 Vgl. stv. *Schmidt, M.*, Das Arbeitsrecht der Europäischen Gemeinschaft, IV. III. 3. b) (2) dd), Rn. 108. Ebenso zumindest im Hinblick auf die Beteiligung eines dem MitbestG unterliegenden deutschen Unternehmens *Reichert/Brandes*, ZGR 2003, 767, 781.

858 Vgl. zum Ganzen *Schmidt, M.*, Das Arbeitsrecht der Europäischen Gemeinschaft, IV. III. 3. b) (2) dd), Rn. 108.

859 Vgl. oben S. 250 ff. Allerdings besteht nun seit dem 01.10.2004 in den Niederlanden eine anderweitige Mitbestimmungsregelung.

vor Eingreifen des Teil 3 Buchst. b Unterabs. 1 An. SE-RL bei Bestehen mehrerer Mitbestimmungsformen aus diesen auswählen und sich daher auch beispielsweise für das französische Repräsentationsmodell entscheiden.[860]

b) Sonderrolle der Umwandlung

Im Falle der Gründung einer SE durch Umwandlung wird der Mitbestimmungsstandard gem. **Teil 3 Buchst. a S. 1 An. SE-RL** wiederum stärker abgesichert als bei den anderen Gründungsformen. So muss nicht nur der Anteil der Arbeitnehmervertreter im Verwaltungs- oder Aufsichtsorgan gleich bleiben, sondern es *„finden alle Komponenten der Mitbestimmung der Arbeitnehmer weiterhin Anwendung“*.[861] Diese Formulierung gleicht Art. 4 Abs. 4 SE-RL.

Aufgrund der grenzüberschreitenden Komponente der SE findet sogar indirekt eine Ausweitung der bestehenden Mitbestimmung statt. Während beispielsweise die Arbeitnehmer der ausländischen Tochtergesellschaften eines deutschen mitbestimmten Unternehmens aufgrund des Territorialitätsprinzips nicht an der Wahl der Arbeitnehmervertreter in den dortigen Aufsichtsrat beteiligt sind, können sie bei einer Umwandlung dieser deutschen Muttergesellschaft in eine SE gem. Teil 3 Buchst. a S. 2 i.V.m. Teil 3 Buchst. b Unterabs. 3 An. SE-RL unter Umständen nun eigene Arbeitnehmervertreter in das betreffende Organ der SE entsenden. Zwar findet keine Einrichtung von Mitbestimmung in den Tochtergesellschaften selbst statt, doch ihre Arbeitnehmer werden auf Konzernebene an dieser Partizipationsform beteiligt.[862]

aa) Einbeziehung aller Formen von Mitbestimmung

Im Schrifttum[863] wird vertreten, dass allein gesetzliche und tarifvertragliche Mitbestimmungsregelungen unter diesen besonderen Schutz fielen. Dagegen seien vertraglich vereinbarte Mitbestimmungsformen ausgenommen, da es nach dem Wortlaut des Teil 3 Buchst. a An. SE-RL ausschließlich um *„**Vorschriften**[864] eines Mitgliedstaats über die Mitbestimmung der Arbeitnehmer im Verwaltungs- oder im Aufsichtsorgan“* gehe. Als Beispiel für das Vorliegen von Mitbestimmung aufgrund einer Vereinbarung wird der Bereich der deutschen Montanindustrie genannt, in dem das Fortbestehen dieser Partizipationsform auf diesem Weg abgesichert wird. Allerdings erkennt die Autorin an, dass es damit am Gleichlauf zur Absicherung der Mitbestimmung im Rahmen des Verhandlungsverfahrens gem. Art. 4 Abs. 4 SE-RL fehle. Unter den Schutzbereich dieser Vorschrift fielen nämlich auch bestehende vertragliche Vereinbarungen. Dieser Unterschied führe dazu, dass Unternehmen, deren unternehmerische Partizipati-

---

860 Innerhalb dieser Partizipationsform bestimmt sich allerdings die Zahl der Arbeitnehmervertreter nach dem höchstmöglichen Anteil, das heißt nach einem Drittel.
861 Umgesetzt in § 35 Abs. 1 SEBG.
862 Ebenso *Davies*, ILJ 2003, 75, 88.
863 *Lambach*, Die Beteiligung in der SE, S. 201 ff.
864 Hervorhebung durch den Verfasser.

on nicht durch Vorschriften installiert worden sei, in einer Vereinbarung eine über das mit der Auffangregelung abgesicherte Niveau hinausgehende Mitbestimmung festlegen müssten. Zwar wird zunächst zugestanden, dass dieses Ergebnis mit der Zielsetzung der SE-RL nicht vereinbar sei. Anschließend wird aber vermutet, dass es in diesen Fällen wohl nicht zu einer Auswirkung dieser Unstimmigkeit kommen werde.[865]

Dieser engen Auslegung kann nicht zugestimmt werden. Zwar besteht tatsächlich ein Unterschied im **Wortlaut** von Art. 4 Abs. 4 SE-RL und Teil 3 Buchst. a An. SE-RL.[866] Allerdings läge bei der von der Autorin vertretenen Interpretation des Worts *„Vorschriften"* in diesem Fall bereits keine Anwendbarkeit von Teil 3 An. SE-RL vor, denn nach dem Wortlaut des Art. 7 Abs. 2 Unterabs. 1 Buchst. a SE-RL, der die Geltung der Auffangregelung festlegt, müssen *„die **Bestimmungen**[867] eines Mitgliedstaats über die Mitbestimmung"* für die umzuwandelnde Gesellschaft gegolten haben. Zwischen den Ausdrücken *„Vorschriften"* und *„Bestimmungen"* ist aber kein Unterschied zu erkennen. Zudem sind die Begriffe in der englischen und französischen Fassung bei beiden Normen identisch.[868]

Die **systematische Auslegung** spricht gegen die Interpretation der anderen Auffassung, da zum einen eine Diskrepanz zu Art. 4 Abs. 4 SE-RL besteht.[869] Zum anderen liegt aber auch ein Widerspruch im Vergleich zur Absicherung der Mitbestimmung bei den anderen Gründungstatbeständen der SE vor. Bei den drei weiteren Gründungsformen wäre das bestehende Mitbestimmungsniveau in diesem Bereich nun besser abgesichert, da hinsichtlich der Anwendbarkeit von Teil 3 An. SE-RL in Art. 7 Abs. 2 Unterabs. 1 Buchst. b und c SE-RL nicht zwischen vereinbarter und gesetzlicher Mitbestimmung differenziert wird. Zudem führt diese Interpretation zu einem Verstoß gegen den **Sinn und Zweck** der SE-RL, denn die Sicherung der erworbenen Mitbestimmungsrechte wird nicht mehr gewährleistet. Greift die Auffangregelung bei einer vereinbarten Mitbestimmung im Falle der Umwandlung nicht ein, so stellt sich die Frage, warum sich das zuständige Organ der umzuwandelnden Gesellschaft überhaupt auf den Abschluss einer Vereinbarung über die Fortschreibung der Mitbestimmung der zukünftigen SE einlassen sollte. Bei einem Scheitern der Verhandlungen wäre Teil 3 An. SE-RL nämlich nicht anwendbar und die SE damit mitbestimmungsfrei. Die Gefahr der Flucht aus der Mitbestimmung bei Gründung einer SE durch Umwandlung wäre damit Realität. Die Begriffe der *„Vorschriften"* bzw. *„Bestimmungen"*

---

865 Vgl. zum Ganzen *Lambach*, Die Beteiligung in der SE, S. 201 ff.

866 Auch in der englischen Fassung geht es um *„rules"* und in der französischen Version um *„règles"*.

867 Hervorhebung durch den Verfasser.

868 In der englischen Fassung des Art. 7 Abs. 2 Unterabs. 1 Buchst. a SE-RL handelt es sich stets um „rules" und in der französischen Version um „règles".

869 Darauf hat die andere Ansicht bereits explizit hingewiesen.

sind folglich so auszulegen, dass sie sämtliche einzelstaatlichen Rechtsvorschriften und/oder Gepflogenheiten eines Mitgliedstaates bezüglich der Mitbestimmung der Arbeitnehmer i.S.d. Art. 2 Buchst. k SE-RL umfassen,[870] also auch vertragliche Vereinbarungen.

bb) Zwingende Beibehaltung der Anzahl der Arbeitnehmersitze im betreffenden SE-Organ

Darüber hinaus findet sich wieder eine Ansicht in der Literatur[871], nach deren Ansicht von diesem Bestandsschutz nicht die Anzahl der Arbeitnehmermitglieder im Aufsichts- bzw. Verwaltungsorgan, sondern nur ihr Anteil an den Sitzen des betreffenden Organs umfasst ist. Dies folge aus der Verweisung von **Teil 3 Buchst. a S. 2 An. SE-RL**[872] auf Teil 3 Buchst. b Unterabs. 1 An. SE-RL. Dort werde geregelt, dass sich die Zahl der Arbeitnehmervertreter nach dem Anteil der betreffenden Mitglieder im Verwaltungs- oder Aufsichtsorgan und nicht nach ihrer tatsächlichen Anzahl richte.[873]

Zu berücksichtigen ist aber, dass laut Teil 3 Buchst. a S. 2 An. SE-RL der anschließende Buchstabe b nur *„sinngemäß"* gelten soll. Dieser betrifft die anderen drei Gründungsformen einer SE, denn die Umwandlung spielt wiederum eine Sonderrolle. Der Verweis in Buchst. a bezieht sich wohl nur auf die Vorschriften von Teil 3 Buchst. b An. SE-RL über die Sitzverteilung und die Rechte der Mitglieder. Zudem kann auf die Ausführungen zu Art. 4 Abs. 4 SE-RL verwiesen werden.[874] Daher beinhaltet die Absicherung der Mitbestimmung im Rahmen der Umwandlung auch, dass die Anzahl der zu wählenden bzw. zu bestellenden Mitglieder oder die Anzahl der Mitglieder, deren Bestellung empfohlen bzw. abgelehnt werden kann, gleich bleibt.[875]

c) Sitzverteilung im Verwaltungs- oder Aufsichtsorgan

Das nach den Vorschriften von Teil 1 An. SE-RL zusammengesetzte Vertretungsorgan entscheidet gem. **Teil 3 Buchst. b Unterabs. 3 S. 1 An. SE-RL** bei Vorliegen einer Mitbestimmung i.S.d. Repräsentationsmodells über die Verteilung der Sitze an die Arbeitnehmervertreter im Verwaltungs- oder im Aufsichts-

---

870 Diese Begrifflichkeit wurde Art. 13 Abs. 3 Buchst. a SE-RL entnommen.

871 *Grobys*, NZA 2005, 84, 90; *Kallmeyer*, AG 2003, 197, 200; *Thümmel*, Die Europäische Aktiengesellschaft (SE), D.III.3.b)bb), Rn. 329.

872 Diese Verweisung findet sich nicht explizit im deutschen Umwandlungsgesetz. Sie ergibt sich aber daraus, dass die §§ 36 bis 38 SEBG auch für die Gründungsform der Umwandlung gelten.

873 Vgl. zum Ganzen *Grobys*, NZA 2005, 84, 88, 90; *Kallmeyer*, AG 2003, 197, 200.

874 Vgl. oben S. 230 ff.

875 Ebenso allerdings ohne nähere Begründung *Lambach*, Die Beteiligung in der SE, S. 201. Nach Ansicht von *Schwarz* kann aus Teil 3 Buchst. a An. SE-RL nicht gefolgert werden, dass die vor der Gründung der SE geltenden nationalen Regelungen zur Mitbestimmung weiterhin Anwendung finden; *Schwarz*, Kommentar zur SE-VO, Art. 43, Rn. 79, Fn. 78. Vgl. dazu aber bereits oben S. 232 ff.

organ. Besteht dagegen eine Mitbestimmung nach dem Kooptationsmodell, so entscheidet dieses Gremium über die Art und Weise, wie die Arbeitnehmer der SE Mitglieder der betreffenden Organe empfehlen oder ablehnen können. Die Auswahl der Arbeitnehmervertreter für das Verwaltungs- oder Aufsichtsorgan erfolgt dabei zweistufig unter Berücksichtigung einer europäischen und einer nationalen Komponente.

aa) Europäische Komponente

Zunächst entscheidet das Vertretungsorgan über die Sitzverteilung auf die einzelnen Mitgliedstaaten bzw. über die Art und Weise der Einflussnahme auf die Zusammensetzung des Verwaltungs- oder Aufsichtsorgans. In beiden Fällen hat dies unter Berücksichtigung der jeweiligen Anteile der in den einzelnen Mitgliedstaaten beschäftigten Arbeitnehmer der SE zu erfolgen.[876] Anders als im Rahmen der Bildung des BVG gem. Art. 3 Abs. 2 Buchst. a SE-RL, bei der die Vertretung jedes Mitgliedstaats sichergestellt werden soll, stellt die Auffangregelung hier aufgrund des Wortlauts *„entsprechend den jeweiligen Anteilen"* zunächst nur auf den Proportionalitätsgrundsatz ab.[877] Bleiben Arbeitnehmer aus einem oder mehreren Mitgliedstaaten bei dieser anteilsmäßigen Verteilung unberücksichtigt, so bestellt das Vertretungsorgan gem. **Teil 3 Buchst. b Unterabs. 3 S. 2 An. SE-RL** aus einem dieser nicht vertretenen Mitgliedstaaten ein Mitglied. Dabei wird, sofern dies angemessen ist, der Mitgliedstaat, in dem die SE ihren Sitz haben wird, bevorzugt.[878] In diesem Fall wird folglich das Proportionalitätsprinzip durch den Repräsentationsgrundsatz durchbrochen, wobei diesem Grundsatz nicht vollständig Geltung verschafft wird. Auch wenn mehrere Mitgliedstaaten betroffen sind, darf nämlich nur einer von ihnen ein Mitglied stellen. In dieser Hinsicht gilt es mehrere Fragestellungen zu klären. Tritt die eben dargestellte Konstellation ein, dass ein Mitgliedstaat bisher nicht vertreten ist und diesem daher nun ein Sitz einzuräumen ist, stellt sich die Frage, wie dies bewerkstelligt werden soll.[879] Mit einer Ansicht im Schrifttum[880] kann davon

---

876 Umgesetzt in § 36 Abs. 1 S. 1, 2 und 5 SEBG.

877 Ebenso *Kleinsorge*, in: *Baums/Cahn* (Hrsg.), Die Europäische Aktiengesellschaft, S. 140, 148.

878 Umgesetzt in § 36 Abs. 1 S. 3 und 4 SEBG.

879 Aus Gründen der Übersichtlichkeit beschränken sich die folgenden Ausführungen allein auf die Verteilung der Sitze im Verwaltungs- bzw. Aufsichtsorgan nach dem Repräsentationsmodell. Sie gelten aber in gleichem Maße für die Zuteilung der Sitze, auf die die Arbeitnehmer der Mitgliedstaaten im Sinne des Kooptationsmodells Einfluss ausüben können.

880 *Buschak*, Arbeitspapier Nr. 5/2, 19. Der Autor begründet dies damit, dass die Anzahl der den Arbeitnehmern zustehenden Sitze aufgrund der zwischen dem BVG und den jeweils zuständigen Organen der SE geschlossenen Vereinbarung bereits feststehe.
Diese Begründung erscheint zunächst nicht überzeugend, da gerade keine Vereinbarung getroffen wurde, sondern die Auffangregelung Anwendung findet. Für diese Sichtweise

ausgegangen werden, dass dadurch kein Anspruch auf einen zusätzlichen Sitz entstehe.[881]

(1) Abzug eines Sitzes bei einem bereits repräsentierten Mitgliedstaat

Um den Vorgaben der Beteiligung eines weiteren Mitgliedstaates gerecht zu werden, muss daher einem Mitgliedstaat ein ihm nach der alleinigen Anwendung des Proportionalitätsgrundsatzes zustehender Sitz abgezogen werden.[882] Allerdings ist im Anhang der SE-RL nicht geregelt, nach welchen Grundsätzen eine solche Aberkennung zu erfolgen hat. In der Literatur wird diese Problematik anhand des folgenden Beispiels dargestellt:

> *„In einem Aufsichtsrat mit 15 Sitzen bei Drittelparität herrsche folgende Struktur: In A-Land sind 60 % der Gesamtzahl der Arbeitnehmer beschäftigt, in B-Land 35 %, in C-Land und in D-Land je 2,5 %. Die fünf Sitze der Arbeitnehmerbank sind auf die (...) (vier)*[883] *Länder folgenderweise zu verteilen:*
>
> *(...) A-Land erhält 60 % der fünf Sitze, das wären drei Sitze. B-Land erhält 35 % der fünf Sitze, also rechnerisch 1,75 Sitze, aufgerundet zwei Sitze. C-Land und D-Land erhielten je 2,5 % der fünf Sitze, das wären 0,125 Sitze; allerdings ist kein Sitz übrig. Nach der Regelung (...) bekäme zumindest C-Land oder D-Land auch einen Sitz (...).“*[884]

Anschließend wird davon ausgegangen, dass es sich bei C-Land um den Sitzstaat der SE handele. Um diesem Mitgliedstaat einen Sitz gewähren zu können, wird ohne nähere Begründung befürwortet, dem A-Land einen Sitz abzuerkennen.[885]

Diese Vorgehensweise, bei dem Mitgliedstaat mit den meisten Sitzen einzugreifen, ist aber angesichts des Proportionalitätsgrundsatzes abzulehnen. Da sich die Sitzverteilung grundsätzlich auch nach diesem Prinzip richtet, ist es in diesem

---

spricht aber der Wortlaut von Teil 3 Buchst. b Unterabs. 3 S. 1 An. SE-RL, wonach das Vertretungsorgan „über die Verteilung der Sitze“ entscheidet. Dies bedeutet, dass keine Entscheidung über die Anzahl der Sitze, sondern nur über die Verteilung der bereits feststehenden Anzahl getroffen werden kann. Zudem ergibt sich aus dem anhand von Teil 3 Buchst. b Unterabs. 1 An. SE-RL zu ermittelnden Anteil auch indirekt die Anzahl der Mitglieder des Verwaltungs- bzw. Aufsichtsorgans, da diese grundsätzlich gem. Art. 41 Abs. 3 bzw. Art. 43 Abs. 2 SE-VO durch die Satzung festgelegt wird. Die Mitglieder des Arbeitnehmervertretungsorgans haben daher zur Ausweitung der Sitzzahl keine Befugnis. Selbst wenn sie ein solches Recht hätten, so würde dies dazu führen, dass dann auch den Anteilseignern ein oder mehrere Sitze zugesprochen werden müssten, um die anteilsmäßige Verteilung zu wahren. Dies würde aber zu zahlenmäßig noch größeren Verwaltungs- bzw. Aufsichtsorganen führen.

881 Hiervon geht auch der deutsche Gesetzgeber aus; vgl. § 36 Abs. 1 S. 3 SEBG.

882 Kuffner, Die Beteiligung der Arbeitnehmer, S. 182.

883 Die Autorin geht hier von der Beteiligung von lediglich drei Ländern aus; Kuffner, Die Beteiligung der Arbeitnehmer, S. 182.

884 Kuffner, Die Beteiligung der Arbeitnehmer, S. 182.

885 Vgl. zum Ganzen Kuffner, Die Beteiligung der Arbeitnehmer, S. 182.

Fall ebenso zu berücksichtigen. Dies würde bedeuten, dass B-Land ein Sitz abzuerkennen ist, denn dort hat eine rechnerische Aufrundung von 1,75 Sitzen auf zwei Sitze und damit eine Beeinträchtigung des Grundsatzes der Verhältnismäßigkeit stattgefunden. Dagegen ergibt der Anteil von 60 Prozent bei A-Land genau drei Sitze. Im Hinblick auf den Proportionalitätsgrundsatz erscheint es daher wohl am Besten, bei dem Mitgliedstaat, der im Vergleich zu den anderen berücksichtigten Mitgliedstaaten aufgrund der höchsten Aufrundung einen weiteren Sitz erhalten hat, diese Zuteilung rückgängig zu machen. Dies führt dann zu einem Problem, wenn dem fraglichen Mitgliedstaat aufgrund seines Anteils an Arbeitnehmern nur ein einziger Sitz im Verwaltungs- bzw. Aufsichtsorgan zusteht.[886] Daher ist in einem solchen Fall dem Mitgliedstaat, dem aufgrund der nächst niedrigeren Aufrundung mehr als ein Sitz zugeteilt wurde, ein Vertreter abzuerkennen. Schließlich muss, wenn wie im Beispielsfall zwei Mitgliedstaaten den gleichen Prozentsatz an Arbeitnehmern stellen, die höhere Anzahl der beschäftigten Arbeitnehmer entscheidend sein.[887]

(2) Bevorzugte Berücksichtigung des Sitzstaates

Erfolgt eine solche spezielle Verteilung eines Sitzes, so ist zudem der Sitzstaat der zukünftigen SE zu bevorzugen. Fraglich ist aber, was der Wortlaut *„sofern angemessen"* zu bedeuten hat. Da die gesamte Vorschrift des Teil 3 Unterabs. 3 An. SE-RL vom Grundsatz der Proportionalität geprägt ist, bietet es sich an, den Begriff der Angemessenheit auch darauf zu beziehen. Demnach wäre diese Formulierung so zu lesen, dass der Sitzstaat bevorzugt zu behandeln ist, sofern dies unter Berücksichtigung des Verhältnismäßigkeitsprinzips angemessen ist. Ungeklärt ist dann aber, wann dies nicht mehr vorliegt. Dabei ist zu berücksichtigen, dass es den Arbeitnehmern des Sitzstaates einer SE schwer vermittelbar sein wird, wenn sie im Verwaltungs- bzw. Aufsichtsorgan der SE nicht vertreten sind, während Arbeitnehmervertreter aus anderen Ländern die Aufgaben in diesen Organen wahrnehmen. Daher sollte nur bei einer markanten Verletzung des Proportionalitätsgrundsatzes der zur Disposition stehende Sitz einem anderen Mitgliedstaat zugeteilt werden.[888]

---

886 Es wäre nämlich widersinnig, diesen Mitgliedstaat von der Besetzung des betreffenden Gesellschaftsorgans auszuschließen, um einen anderen Mitgliedstatt mit einem noch geringeren Anteil an Arbeitnehmern zu beteiligen.

887 Ist schon der gleiche Anteil an Arbeitnehmern in zwei verschiedenen Mitgliedstaaten höchst unwahrscheinlich, so wird die Anzahl der Arbeitnehmer wohl nie identisch sein.

888 So besteht beispielsweise die Möglichkeit, dass ein Mitgliedstaat zum Sitzstaat auserkoren wird, in dem nur ein Betrieb mit 100 Arbeitnehmern vorhanden ist. Da im Rahmen der Sitzverteilung nicht zwischen Arbeitnehmern aus den beteiligten Gesellschaften oder betroffenen Tochtergesellschaften bzw. Betrieben unterschieden wird, haben die Arbeitnehmer dieses Staates grundsätzlich Anspruch auf einen Sitz im Verwaltungs- bzw. Aufsichtsorgan. Handelt es sich aber um eine SE, in der nun zukünftig Zehntausende von Arbeitnehmern beschäftigt sind, ergibt diese Arbeitnehmeranzahl einen verschwindend

bb) Nationale Komponente

Steht die Sitzverteilung auf die einzelnen Mitgliedstaaten fest, so hat jeder Mitgliedstaat gem. **Teil 3 Buchst. b Unterabs. 3 S. 3 An. SE-RL** das Recht, die Verteilung der ihm im Verwaltungs- oder Aufsichtsorgan zugewiesenen Sitze festzulegen. Dazu werden die einzelstaatlichen Gesetzgeber eigene Vorschriften schaffen, nach denen die Arbeitnehmer des jeweiligen Mitgliedstaats ihre Vertreter im Verwaltungs- bzw. Aufsichtsorgan wählen bzw. bestellen.[889]

d) Rechtsstellung der Mitglieder des Verwaltungs- oder Aufsichtsorgans

Schließlich regelt **Teil 3 Unterabs. 4 An. SE-RL**, dass es sich bei den von dem Vertretungsorgan oder den Arbeitnehmern gewählten, bestellten oder empfohlenen Personen um vollberechtigte Mitglieder des Verwaltungs- bzw. Aufsichtsorgans der SE handelt. Dies bedeutet, dass ihnen dieselben Rechte – einschließlich des Stimmrechts – und Pflichten zustehen wie den Mitgliedern, die die Anteilseigner vertreten.[890] Diese Vorschrift führt im monistischen System zu Problemen, da die Mitglieder des Verwaltungsorgans, anders als im Aufsichtsorgan mit seiner Aufgabe der Überwachung des Vorstands, neben der Kontrolle auch die Geschäftsführung der SE wahrnehmen.[891]

E. Sonstige Bestimmungen

Der dritte Teil der SE-RL, der Art. 8 bis 14 SE-RL umfasst, enthält sonstige Bestimmungen, die sowohl im Rahmen einer getroffenen Vereinbarung als auch bei Anwendung der Auffangregelung gelten.[892]

I. Vorschriften des Art. 8 SE-RL

In **Art. 8 SE-RL** sind die Vorschriften zur Verschwiegenheit und Geheimhaltung von Informationen sowie dem Tendenzschutz geregelt.[893]

1. Verschwiegenheitspflicht gem. Art. 8 Abs. 1 SE-RL

Die Mitgliedstaaten müssen gem. **Art. 8 Abs. 1 SE-RL** Vorschriften erlassen, die den Mitgliedern des BVG und des Vertretungsorgans sowie den sie unter-

---

kleinen Anteil. Existiert nun einer oder mehrere Mitgliedstaaten, dem oder denen trotz mehr als 1000 beschäftigter Arbeitnehmer kein Sitz zugeteilt wurde, so erscheint die bevorzugte Berücksichtigung der Arbeitnehmer des Sitzstaats nicht mehr angemessen. Auch nach Ansicht von Hennings handelt es sich um Fälle, in denen in dem Sitzstaat unverhältnismäßig wenig Arbeitnehmer beschäftigt sind; Hennings, in: Manz/Mayer/-Schröder (Hrsg.), Europäische Aktiengesellschaft SE, S. 727, Rn. 4.

889 Der deutsche Gesetzgeber hat von dieser Ermächtigung in § 36 Abs. 2 und 3 SEBG Gebrauch gemacht.

890 Umgesetzt in § 38 Abs. 1 SEBG.

891 Vgl. zur Problematik der Anpassung der deutschen Mitbestimmung an das monistische System unten S. 356 ff.

892 Schmidt, M., Das Arbeitsrecht der Europäischen Gemeinschaft, IV. III. 3. c), Rn. 111.

893 Diese entsprechen grundsätzlich den Regelungen in Art. 8 und Art. 11 Abs. 4 EBR-RL.

stützenden Sachverständigen die Weitergabe als vertraulich mitgeteilte Informationen an Dritte untersagen.[894] Dies gilt auch für die Arbeitnehmervertreter im Rahmen des Unterrichtungs- und Anhörungsverfahrens.[895] Diese Verpflichtung ist den betreffenden Personen gem. **Art. 8 Abs. 1 Unterabs. 3 SE-RL** unabhängig von ihrem Aufenthalt aufzuerlegen und besteht auch nach Ablauf ihres Mandats weiter.[896] Nicht in Art. 8 Abs. 1 SE-RL geregelt ist die Verschwiegenheitspflicht der Arbeitnehmervertreter, die gegebenenfalls im Rahmen der Mitbestimmung Mitglieder des Verwaltungs- bzw. Aufsichtsorgans sind.[897] Diesen Fall regelt Art. 49 SE-VO.

Ebenso wie bei Art. 8 Abs. 1 EBR-RL ergibt sich ein Problem dahingehend, dass die Verschwiegenheitspflicht allein durch die Bezeichnung der Informationen als vertraulich entsteht. Da keine weiteren objektivierenden Anforderungen geregelt seien, könnten die zuständigen Organe der beteiligten Gesellschaften bzw. der SE allein über die Reichweite dieser Verpflichtung bestimmen.[898] Anders als in Art. 8 Abs. 1 EBR-RL fehlt es in Art. 8 Abs. 1 Unterabs. 1 SE-RL auch an der Anforderung, dass die Information *„ausdrücklich"* als vertraulich mitgeteilt werden muss. Demzufolge wird vertreten, dass die einfache Erklärung, es handle sich um eine *„vertrauliche"* Information, im Rahmen der SE-RL ausreiche.[899] Des Weiteren wird ausgeführt, dass die nationalen Gesetzgeber,

---

894 Umgesetzt in § 41 Abs. 2 S. 1, Abs. 3, Abs. 4 Nr. 1, 2 und 4, Abs. 5 S. 1 und S. 2 Nr. 1 SEBG.

895 Umgesetzt in § 41 Abs. 2 S. 1, Abs. 4 Nr. 3, Abs. 5 S. 1 und S. 2 Nr. 2 SEBG.

896 Umgesetzt in § 41 Abs. 2 S. 1 und 2 SEBG.

897 Zumindest missverständlich ist die Ausführung von Kleinsorge, wonach eine „solche Verschwiegenheitspflicht (…) auch die Mitglieder im Verwaltungs- und Aufsichtsorgan (trifft), wenn es sich um Informationen handelt, deren Bekannt werden bei Zugrundelegung objektiver Kriterien den Geschäftsbetrieb der SE oder ihrer Tochtergesellschaften und Betriebe erheblich beeinträchtigen oder ihnen schaden würde"; Kleinsorge, RdA 2002, 343, 350. Der Autor zitiert hier größtenteils den Wortlaut von Art. 8 Abs. 2 SE-RL, der das Recht auf Geheimhaltung seitens des Aufsichts- bzw. Verwaltungsorgans regelt.

898 Zu der Kritik an dieser Vorschrift im Rahmen der EBR-RL vgl. *Weiss*, ZIAS 1995, 633, 638; *ders.*, ArbuR 1995, 438, 443. Zustimmend *Schmidt, M.*, Das Arbeitsrecht der Europäischen Gemeinschaft, IV. II. 3. c) aa), Rn. 46.
Gefordert wird die Aufzählung ähnlicher Kriterien, wie sie in § 79 BetrVG geregelt sind, wonach es sich um *„Betriebs- und Geschäftsgeheimnisse, die (...) (den Mitgliedern des Betriebsrats) wegen ihrer Zugehörigkeit zum Betriebsrat bekannt geworden sind"*, handeln muss.
Der deutsche Gesetzgeber hat in § 41 Abs. 2 S.1 SEBG wie in § 39 Abs. 2 S. 1 EBRG die Regelung der SE-RL präzisiert und eine dem § 79 BetrVG entsprechende Formulierung gewählt, wonach nur *„Betriebs- oder Geschäftsgeheimnisse"* unter diese Pflicht zur Vertraulichkeit fallen.

899 *Kuffner*, Die Beteiligung der Arbeitnehmer, S. 197. Allerdings hat der deutsche Gesetzgeber in § 41 Abs. 2 S. 1 SEBG das Erfordernis der ausdrücklichen Bezeichnung der In-

ebenso wie bei der Umsetzung der EBR-RL[900], Ausnahmen von der Geheimhaltungspflicht regeln könnten, um Erwägungsgrund 6 SE-RL nachzukommen.[901]

2. Recht auf Geheimhaltung gem. Art. 8 Abs. 2 SE-RL

Des Weiteren hat jeder Mitgliedstaat gem. **Art. 8 Abs. 2 Unterabs. 2 SE-RL** vorzusehen, dass das Aufsichts-[902] bzw. Verwaltungsorgan einer SE bzw. einer beteiligten Gesellschaft mit Sitz in seinem Hoheitsgebiet bestimmte Informationen nicht weiterleiten muss. Dieses Recht auf Geheimhaltung gilt nur in besonderen Fällen und unter Beachtung der Bedingungen und Beschränkungen des jeweiligen einzelstaatlichen Rechts. Es dürfen lediglich solche Informationen zurückgehalten werden, deren Weitergabe unter Zugrundelegung objektiver Kriterien den Geschäftsbetrieb der SE oder gegebenenfalls der beteiligten Gesellschaft bzw. ihrer Tochtergesellschaften und Betriebe erheblich beeinträchtigen oder ihnen schaden würde.[903] Diesbezüglich besteht für jeden Mitgliedstaat gem. **Art. 8 Abs. 2 Unterabs. 2 SE-RL** die Option, eine solche Befugnis des Aufsichts- oder Verwaltungsorgans von einer vorher zu erteilenden behördlichen oder gerichtlichen Genehmigung abhängig zu machen.[904]

In der Literatur[905] wird diese Regelung kritisiert, da sie nicht erforderlich sei[906] und aufgrund ihrer dehnbaren Formulierung zu weiten Geheimhaltungsmöglichkeiten führe. Um dies einzuschränken, wird die Einführung von Genehmigungsverfahren gefordert.[907] Allerdings ist bei dieser Informationsweitergabe zwischen den Arbeitnehmervertretern im Aufsichts- bzw. Verwaltungsorgan und den nur im Unterrichtungs- und Anhörungsverfahren beteiligten Arbeitnehmer-

---

formation als vertraulich aufgenommen und damit an § 39 Abs. 2 S. 1 EBRG bzw. § 79 Abs. 1 S. 1 BetrVG angeglichen. Für eine SE mit Sitz in Deutschland gelten daher die zu diesen Vorschriften entwickelten Anforderungen.

900 Vgl. hierzu *Rademacher*, Der Europäische Betriebsrat, S. 136 f.

901 *Lambach*, Die Beteiligung in der SE, S. 216 f.

902 Zu Recht wird im Schrifttum angeführt, dass es sich bei der Nennung des Aufsichtsorgans in diesem Zusammenhang um einen Redaktionsfehler handle. Für die Weitergabe von Informationen an die Arbeitnehmervertreter sei nämlich die Unternehmensleitung einer Gesellschaft zuständig, das heiße, das jeweilige Leitungs- bzw. Verwaltungsorgan der SE oder der beteiligten Gesellschaften; *Buschak*, Arbeitspapier Nr. 10, 1 f. In § 41 Abs. 1 SEBG ist folgerichtig geregelt, dass es sich um Informationspflichten der Leitungsorgane handelt

903 Umgesetzt in § 41 Abs. 1 SEBG.

904 Von dieser Option hat der deutsche Gesetzgeber keinen Gebrauch gemacht.

905 *Buschak*, Arbeitspapier Nr. 7, 5 f.

906 Nach Ansicht von *Buschak* handelt es sich bei der Vorschrift des Art. 8 Abs. 2 SE-RL um eine unnötige Bestimmung, da aufgrund der in Art. 8 Abs. 1 SE-RL geregelten Verschwiegenheitspflicht das Interesse der SE und beteiligten Gesellschaften an der Vertraulichkeit von Informationen ausreichend gewahrt werde; *Buschak*, Arbeitspapier Nr. 7, 5 f.

907 Vgl. zum Ganzen *Buschak*, Arbeitspapier Nr. 7, 5 f.

vertretern zu unterscheiden. Den Mitgliedern im Aufsichts- bzw. Verwaltungsorgan kann die Unternehmensleitung grundsätzlich keine Informationen vorenthalten, da dann deren Überwachungsfunktion eingeschränkt würde.[908] Die Verpflichtung zur Geheimhaltung ist für diese Mitglieder, unter denen sich gegebenenfalls auch Arbeitnehmervertreter befinden können, bereits in Art. 49 SE-VO geregelt.[909] Gegenüber den übrigen Arbeitnehmervertretern ist die Befugnis zur Zurückhaltung von Informationen aber sinnvoll, da sie in einem früheren Stadium als ihre Verschwiegenheitsverpflichtung eingreift. Die Leitung wird bereits von der Weitergabe der Informationen an die Mitglieder des BVG und des Vertretungsorgans sowie die Arbeitnehmervertreter im Rahmen eines Verfahrens zur Unterrichtung und Anhörung entbunden. Damit wird ein zusätzlicher und unabhängiger Schutz der wirtschaftlichen Unternehmensinteressen gewährleistet. Es besteht immer die Gefahr, dass die Arbeitnehmervertreter gegen ihre Verschwiegenheitspflicht verstoßen. Sind ihnen aber bestimmte Informationen nicht zugänglich, so ist ihre Geheimhaltung zumindest in dieser Hinsicht gesichert.[910] Demnach ist diese Regelung zum Schutz der unternehmerischen Interessen erforderlich.

3. Tendenzschutz gem. Art. 8 Abs. 3 SE-RL

In **Art. 8 Abs. 3 SE-RL** wird jedem Mitgliedstaat die Möglichkeit eröffnet, für die Europäischen Aktiengesellschaften mit Sitz auf seinem Hoheitsgebiet, die in Bezug auf Berichterstattung und Meinungsäußerung unmittelbar und überwiegend eine bestimmte weltanschauliche Tendenz verfolgen, besondere Bestimmungen festzulegen. Bedingung ist allerdings, dass solche Regelungen im innerstaatlichen Recht dieses Mitgliedstaats zum Zeitpunkt der Annahme der SE-RL am 08.10.2001 bereits vorhanden waren. Aufgrund dieser Anforderung kommt die Aufnahme solcher Bestimmungen nur für Deutschland[911], Österreich und Schweden in Betracht.[912] Zu trennen ist im Hinblick auf den Tendenzschutz zwi-

---

908 So ist es im deutschen Recht unstrittig, dass der Vorstand gem. § 90 AktG und ergänzenden Bestimmungen dem Aufsichtsrat zu umfassenden Informationen verpflichtet ist und sich auch nicht auf seine Verschwiegenheitspflicht gem. § 93 Abs. 1 S. 2 AktG berufen kann; *Hüffer*, Aktiengesetz, § 90, Rn. 3. Für das Verwaltungsorgan regelt Art. 44 Abs. 2 SE-VO ein umfangreiches Recht zur Kenntnisnahme.

909 Ebenso *Köstler*, wonach in Art. 49 SE-VO die Geheimhaltung bestimmter Informationen bei der Kommunikation zwischen den Mitgliedern des Aufsichtsorgans und den Mitgliedern des Arbeitnehmervertretungsorgans geregelt ist; *Köstler*, in: *Theisen/Wenz* (Hrsg.), Die Europäische Aktiengesellschaft, S. 331, 364.

910 Die Regelung entspricht im Übrigen Art. 8 Abs. 2 EBR-RL und die Vorschrift des § 41 Abs. 1 SEBG ähnelt der des § 39 Abs. 1 EBRG. Demnach kann auf die Ausführungen zum EBRG und BetrVG verwiesen und von einer Orientierung an § 106 Abs. 2 BetrVG ausgegangen werden; vgl. zu § 39 Abs. 1 EBRG *Müller, C.*, EBRG, § 39 Rn. 2.

911 Vgl. § 118 BetrVG, § 1 Abs. 4 MitbestG und § 1 Abs. 2 DrittelbG.

912 *Buschak*, Arbeitspapier Nr. 7, 6; *Sandmann*, Die Euro-Betriebsrats-Richtlinie, S. 226.

schen der Unterrichtung und Anhörung sowie der Mitbestimmung. Bezüglich der Information und Konsultation besteht eine Parallele zur EBR-RL und dem EBRG. Dagegen ist ein Tendenzschutz bei der Mitbestimmung aufgrund des weitergehenden Regelungsgegenstands der SE-RL neu. Doch im Grunde stellen sich die identischen Fragen wie bei der Unterrichtung und Anhörung.[913]

4. Einrichtung von verwaltungsrechtlichen oder gerichtlichen Verfahren gem. Art. 8 Abs. 4 SE-RL

Schließlich haben die Mitgliedstaaten gem. **Art. 8 Abs. 4 Unterabs. 1 SE-RL** verwaltungsrechtliche oder gerichtliche Verfahren einzuführen, die den Arbeitnehmervertretern Rechtsbehelfe gegen die Auferlegung der Verschwiegenheitspflicht oder die Verweigerung von Informationen durch das Aufsichts- bzw. Verwaltungsorgan der SE zur Verfügung stellen. Der deutsche Gesetzgeber hat in Art. 6 SEEG, ebenso wie bei der Umsetzung des entsprechenden Art. 11 Abs. 4 EBR-RL, mit einer Angleichung seines arbeitsgerichtlichen Verfahrens reagiert.[914] Im Rahmen dieser Verwaltungs- oder Gerichtsverfahren können laut **Art. 8 Abs. 4 Unterabs. 2 SE-RL** auch Regelungen festgelegt werden, mit deren Hilfe die Vertraulichkeit der betreffenden Informationen gewahrt wird.[915]

II. Zusammenarbeit der verschiedenen Organe und der Arbeitnehmervertreter gem. Art. 9 SE-RL

In **Art. 9 SE-RL** werden das zuständige Organ der SE und das Arbeitnehmervertretungsorgan bzw. das Aufsichts- oder Verwaltungsorgan der SE und die Arbeitnehmervertreter zu einer Zusammenarbeit mit dem Willen zur Verständigung unter Beachtung der jeweiligen Rechte und Pflichten verpflichtet.[916] Diese Formulierung entspricht zum einen Art. 9 EBR-RL, zum anderen findet sich die Forderung nach dem *„Willen zur Verständigung"* auch in Art. 4 Abs. 1 SE-RL bzw. dem vergleichbaren Art. 6 Abs. 1 EBR-RL. Daher kann bezüglich der Frage, inwieweit in Mitgliedstaaten, in denen keine dem § 74 Abs. 2 BetrVG entsprechende Regelung besteht, Arbeitskampfmaßnahmen trotz dieses Gebots zu-

---

913 Der deutsche Gesetzgeber hat in § 39 SEBG einen umfangreichen Tendenzschutz installiert; vgl. unten S. 479 ff.

914 Danach ist dem § 2 a Abs. 1 ArbGG eine neue Nummer 3 d anzufügen; in dem zu ändernden § 10 ArbGG werden die nach dem SEBG beteiligten Stellen und Personen zu Beteiligten erklärt; § 82 ArbGG wird in einzelne Absätze unterteilt und in Absatz 3 wird eine örtliche Zuständigkeit für Angelegenheiten aus dem SEBG eingerichtet; in § 83 Abs. 3 ArbGG werden die nach dem SEBG Beteiligten in die Anhörung einbezogen.

915 Diese Option hat der deutsche Gesetzgeber nicht wahrgenommen.

916 Umgesetzt in § 40 SEBG. Ebenso wie in Art. 8 Abs. 2 Unterabs. 1 SE-RL liegt bei der Nennung des Aufsichtsorgans in **Art. 9 Unterabs. 2 SE-RL** ein Redaktionsversehen vor. In § 40 SEBG ist folgerichtig geregelt, dass es sich um die Leitung der SE handelt.

lässig sind, auf die Ausführungen zu Art. 4 Abs. 1 SE-RL[917] sowie die Literatur zu Art. 9 EBR-RL[918] verwiesen werden.

III. Schutz der Arbeitnehmervertreter gem. Art. 10 SE-RL

Die Mitglieder des BVG und des Arbeitnehmervertretungsgremiums sowie die Arbeitnehmervertreter im Rahmen des Unterrichtungs- und Anhörungsverfahrens bzw. im Aufsichts- oder Verwaltungsorgan der SE genießen gem. **Art. 10 Unterabs. 1 SE-RL** bei der Wahrnehmung ihrer Aufgaben Schutz und Sicherheiten. Diese Protektion erstreckt sich auf sie in dem gleichen Maße, welches auf die Arbeitnehmervertreter nach den innerstaatlichen Rechtsvorschriften und/oder Gepflogenheiten des Landes, in dem sie beschäftigt sind, zutrifft.[919] Dies gilt gem. **Art. 10 Unterabs. 2 SE-RL** insbesondere für die Teilnahme an den Sitzungen des BVG, des Vertretungsorgans, des Verwaltungs- oder Aufsichtsorgans sowie an allen sonstigen Zusammenkünften im Rahmen eines alternativen Unterrichtungs- und Anhörungsverfahrens. Zudem betrifft es die Lohn- und Gehaltszahlungen an die Mitglieder, die in einer der beteiligten Gesellschaften, der SE, ihrer Tochtergesellschaften oder Betriebe beschäftigt sind, für die Dauer der zur Wahrnehmung ihrer Aufgaben erforderlichen Abwesenheit.[920]

Ebenso wie im Rahmen des Art. 10 EBR-RL[921] hat die Bezugnahme auf die jeweiligen nationalen Vorschriften, wie zum Beispiel des Kündigungsschutzes

---

917 Vgl. oben S. 190 f.

918 Einerseits wird im Rahmen des Art. 9 EBR-RL vertreten, dass eine solche Befugnis für die ausdrücklich genannten Arbeitnehmervertreter der Mitgliedstaaten nicht bestehe; *Müller, C.*, EBRG, § 38 Rn. 2; *Schmidt, M.*, Das Arbeitsrecht der Europäischen Gemeinschaft, IV. II. 3. c) cc), Rn. 49. Andererseits wird vorgebracht, dass zumindest in den Mitgliedstaaten, in denen ein betriebsverfassungsrechtliches Arbeitskampfverbot nicht bestehe, solche Maßnahmen gestattet seien; *Goos*, NZA 1994, 776, 779; *Heinze*, AG 1995, 385, 395 f.; *Rademacher*, Der Europäische Betriebsrat, S. 114; *Weiss*, ArbuR 1995, 438, 439. Folgerichtig führt *Gahleitner* im Rahmen des § 214 ArbVG aus, dass das dort geregelte Gebot der Zusammenarbeit den Mitgliedern des SE-Betriebsrats nicht die Teilnahme an rechtmäßigen, gewerkschaftlichen Kampfmaßnahmen verbiete; *Gahleitner*, in: *Kalss/Hügel* (Hrsg.), Europäische Aktiengesellschaft, § 215 ArbVG, S. 737, Rn. 1.

919 Umgesetzt in § 42 S. 1 SEBG.

920 Umgesetzt in § 42 S. 2 Nr. 2 und 3 SEBG.

921 Auch in der EBR-RL wurde durch Art. 10 EBR-RL ein unterschiedliches Schutzniveau der Mitglieder des BVG, des EBR und der am Unterrichtungs- und Anhörungsverfahren beteiligten Arbeitnehmervertreter festgeschrieben. Dies sorgte in der Literatur für Kritik, da hierdurch Unstimmigkeiten zwischen den Arbeitnehmervertretern aus verschiedenen Mitgliedstaaten entstehen könnten und damit eine konstruktive Arbeit der verschiedenen Gremien gefährdet werde; *Hohenstatt*, EuZW 1995, 169, 170; *Weiss*, ArbuR 1995, 438, 440; *ders.*, ZIAS 1995, 633, 638. Zustimmend *Schmidt, M.*, Das Arbeitsrecht der Europäischen Gemeinschaft, IV. II. 3. c) dd), Rn. 50.

und des Benachteiligungsverbots[922], zur Folge, dass die einzelnen Mitglieder und Arbeitnehmervertreter unter sehr unterschiedliche Schutzniveaus fallen.[923] Besonders kritisiert wird, dass die großen Differenzen zwischen den einzelnen Mitgliedstaaten bezüglich der Freistellung der Arbeitnehmervertreter zu unterschiedlich intensiver Vorbereitung der Sitzungen des Vertretungsorgans führten, was für die Zusammenarbeit untereinander nicht förderlich sei.[924] Dieses Ergebnis ist jedoch hinzunehmen, denn im Rahmen der SE-RL geht es nicht um die Schaffung einheitlichen Rechts. Zudem hätte der Versuch einer Harmonisierung der unterschiedlichen nationalen Schutzbestimmungen den labilen Kompromiss, der zur Verabschiedung von SE-VO und SE-RL geführt hat, erneut gefährdet.[925] Zu hoffen bleibt, dass sich die Arbeitnehmer aus den verschiedenen Mitgliedstaaten ihrer unterschiedlichen Schutzniveaus bewusst werden und eine Angleichung auf nationaler Ebene zu erreichen suchen.

IV. Maßnahmen gegen den Verfahrensmissbrauch gem. Art. 11 SE-RL

Die Mitgliedstaaten sind gem. **Art. 11 SE-RL** verpflichtet, im Einklang mit den gemeinschaftlichen Rechtsvorschriften Maßnahmen vorzusehen, die die Entziehung oder Vorenthaltung von Beteiligungsrechten der Arbeitnehmer im Rahmen der SE verhindern.[926] Allerdings findet sich keine nähere Eingrenzung des Missbrauchsbegriffs.[927]

Klinkammer und *Welslau* sehen zumindest die Gefahr der Entstehung einer *„Zwei- oder Mehrklassengesellschaft"*, ohne sich bezüglich der Folgen für die Arbeit im BVG oder EBR festzulegen; *Klinkhammer/Welslau*, AG 1994, 488, 495. Nach Ansicht von *Weiss* wäre die beste Lösung zur Vermeidung solcher Schutzgefälle die Implementierung des höchsten Schutzniveaus aller Mitgliedstaaten der Gemeinschaft in die EBR-RL gewesen; *Weiss*, ArbuR 1995, 438, 440.

922 Vgl. Erwägungsgrund 12 SE-RL, wonach die Arbeitnehmervertreter keiner Diskriminierung infolge ihrer Tätigkeit unterliegen und einen angemessenen Schutz vor Kündigungen und anderen Sanktionen genießen sollen.

923 *Kuffner*, Die Beteiligung der Arbeitnehmer, S. 194; *Lambach*, Die Beteiligung in der SE, S. 222.

924 Vgl. mit Beispielen *Lambach*, Die Beteiligung in der SE, S. 224.

925 Bereits im Rahmen der EBR-RL wurde vermutet, dass es zu keiner Einigung über die Einrichtung eines einheitlichen Schutzniveaus gekommen wäre; *Müller, C.*, EBRG, § 40 Rn. 2.

926 Umgesetzt in § 43 SEBG.

927 *Rehberg* versucht daher, die Regelung des Art. 11 SE-RL einzuordnen und kommt zu dem Ergebnis, dass sie *„nicht als eigenständiges Rechtsinstitut, sondern vielmehr als Maxime einer vornehmlich an Sinn und Zweck der SE-Richtlinie ausgerichteten Rechtsanwendung zu verstehen"* sei; *Rehberg*, ZGR 2005, 859, 877 f. Allerdings weitet der Autor den Missbrauchsbegriff auch auf den Tatbestand von strukturellen Änderungen aus. Nach seiner Ansicht gibt eine solche Maßnahme nur einen Anspruch auf die erneute Aufnahme von Verhandlungen, wenn dadurch Vorschriften der SE-RL umgangen würden; *Rehberg*, ZGR 2005, 859, 885 f.

Diese Vorschrift, die in der EBR-RL keine Entsprechung findet, wird im Schrifttum[928] als unnötig kritisiert. In der SE-RL bestünden genügend Regelungen, die einen solchen Missbrauch der SE verhindern könnten. Zudem sei mit Art. 12 SE-RL, der die Mitgliedstaaten zur Gewährleistung der Einhaltung der SE-RL verpflichte, eine Vorschrift vorhanden, durch die in ausreichendem Maße die Durchsetzung der SE-RL sichergestellt werde. Schließlich existierten in jedem einzelnen Mitgliedstaat vergleichbare Bestimmungen zu §§ 134, 138 BGB, die bei Vorliegen eines Rechtsmissbrauchs eingriffen.[929]

Die Notwendigkeit einer besonderen Missbrauchsregelung zeigen aber bereits die Diskussionen im Schrifttum und in der juristischen Praxis über Varianten der SE-Gründung[930] bzw. der strukturellen Änderungen[931], mit deren Hilfe der Schutz der SE-RL vollständig umgangen bzw. zumindest das bestehende Niveau der Arbeitnehmerbeteiligung beeinträchtigt werden könnte.[932] Dies macht deutlich, dass die Regelungen in der SE-RL, insbesondere hinsichtlich struktureller Änderungen, keine ausreichende Protektion gewähren können. Auch Art. 12 SE-RL hilft nicht weiter, da er laut seiner Überschrift nur die *„Einhaltung der Richtlinie"* bzw. nach seinem Wortlaut die Befolgung der Verpflichtungen aus dieser Richtlinie absichert. Dies greift folglich nicht bei Maßnahmen, mit denen bereits der Anwendungsbereich der SE-RL umgangen wird. Auch der Verweis auf das jeweilige nationale Recht kann nicht immer weiter helfen, wie bereits die §§ 134 und 138 BGB zeigen. So ist Voraussetzung für § 134 BGB stets das Vorliegen eines Verbotsgesetzes. Um eine solche Norm installieren zu können, ist aber gerade eine Ermächtigung wie in Art. 11 SE-RL erforderlich.[933] Eine ausdrückliche Normierung eines Missbrauchsverbots hat auch den Vorteil, dass auf die Generalklausel[934] des § 138 Abs. 1 BGB nicht zurückgegriffen werden müsste. Angesichts des unbestimmten Rechtsbegriffs[935] der *„guten Sitten"*, der

---

Nach der in dieser Arbeit vertretenen Auffassung ist aber zwischen dem Vorliegen struktureller Änderungen, die automatisch einen Anspruch auf Verhandlungen auslösen können, und dem absichernden Missbrauchsverbot grundsätzlich zu differenzieren.

928 *Heinze*, ZGR 2002, 66, 87. Zustimmend *Kuffner*, Die Beteiligung der Arbeitnehmer, S. 201.

929 Vgl. zum Ganzen *Heinze*, ZGR 2002, 66, 87.

930 Vgl. oben bei den einzelnen Gründungstatbeständen in S. 91 ff.

931 Vgl. unten S. 290 ff.

932 Vgl. auch die zahlreichen Beispiele bei *Rehberg*, ZGR 2005, 859, 861 ff.

933 Erst wenn aufgrund des Art. 11 SE-RL im deutschen Umsetzungsgesetz eine Vorschrift gegen den Missbrauch der SE erlassen wurde, kann gegen diese im Sinne des § 134 BGB verstoßen werden bzw. eine Umgehung dieser Norm vorliegen.

934 MünchKommBGB/*Mayer-Maly/Armbrüster*, § 138 Rn. 4.

935 MünchKommBGB/*Mayer-Maly/Armbrüster*, § 138 Rn. 11.

sich daraus ergebenden Unsicherheiten sowie der Beweislastverteilung[936] ist die explizite Regelung eines Verbots dem Schutz der Arbeitnehmer vor einer Aushöhlung ihrer Beteiligungsrechte dienlicher.[937]

V. Maßnahmen zur Sicherung der Einhaltung der SE-RL gem. Art. 12 SE-RL

Jeder Mitgliedstaat hat gem. **Art. 12 Abs. 1 SE-RL** dafür zu sorgen, dass die Leitung der SE-Betriebe sowie die Aufsichts- und Verwaltungsorgane der Tochtergesellschaften und der beteiligten Gesellschaften, die sich auf seinem Hoheitsgebiet befinden, den Verpflichtungen der SE-RL nachkommen. Dies gilt ebenso für ihre Arbeitnehmervertreter oder gegebenenfalls ihre Arbeitnehmer. Dabei ist irrelevant, ob die SE ihren Sitz im Hoheitsgebiet des betreffenden Mitgliedstaats hat.[938] Für den Fall der Nichteinhaltung der SE-RL müssen die Mitgliedstaaten gem. **Art. 12 Abs. 2 SE-RL** geeignete Maßnahmen vorsehen. Hierzu gehören insbesondere Verwaltungs- oder Gerichtsverfahren, mit deren Hilfe die sich aus der SE-RL ergebenden Verpflichtungen durchgesetzt werden können.[939] Die Vorschrift entspricht im Übrigen Art. 11 Abs. 1 und 3 EBR-RL.[940]

1. Keine Regelung der jeweiligen nationalen Zuständigkeit

Aufgrund der Parallelität von Art. 12 SE-RL zu Art. 11 Abs. 1 und 3 EBR-RL wird von der Literatur zum Teil die gegen die Regelung in der EBR-RL vorgebrachte Kritik übernommen. So wird im Schrifttum[941] zu Recht vorgebracht, dass Art. 12 SE-RL eine erhebliche Rechtsunsicherheit mit sich bringe. Die Einführung verwaltungsrechtlicher oder gerichtlicher Verfahren in jedem Mitgliedsstaat, die unabhängig vom Sitz der SE in Anspruch genommen werden

---

936 Die Beweislast für das Vorliegen der objektiven und subjektiven Voraussetzungen der Sittenwidrigkeit liegt bei demjenigen, der sich auf die Nichtigkeit des betreffenden Rechtsgeschäfts beruft; Palandt/*Heinrichs*, § 138 Rn. 23.

937 Der deutsche Gesetzgeber hat folgerichtig in § 43 SEBG ein Missbrauchsverbot geregelt.

938 Umgesetzt in §§ 3 Abs. 1 S. 2, 44 SEBG.

939 Umgesetzt in §§ 45, 46 SEBG.

940 Da die §§ 44 bis 46 SEBG den §§ 43 bis 45 EBRG gleichen, kann davon ausgegangen werden, dass auch hier die §§ 119 bis 121 BetrVG inhaltlich als Vorbild gedient haben; vgl. zum EBRG *Müller, C.*, EBRG, § 42 Rn. 1.

941 *Herfs-Röttgen*, NZA 2002, 358, 364. Allerdings etwas ungenau, da nach Ansicht der Autorin den *„Leitungen der einzelnen Betriebe und Unternehmen im jeweiligen Mitgliedstaat Verpflichtungen"* auferlegt werden könnten. Dagegen heißt es in Art. 12 Abs. 1 SE-RL, dass *„die Leitung der Betriebe einer SE und die Aufsichts- oder die Verwaltungsorgane der Tochtergesellschaften und der beteiligten Gesellschaften"* ihren Verpflichtungen nachkommen müssen. Demnach geht es in der SE-RL nicht nur um die Leitung, sondern auch um die Aufsichtsorgane der Gesellschaften. Das Aufsichtsorgan stellt im dualistischen Organisationssystem aber eben nicht das Leitungs-, sondern das Kontrollorgan dar.

könnten, führe zu einer *„Zersplitterung des Rechtsweges“*[942]. Grund hierfür sei, dass sich ebenso wie in der EBR-RL keine Regelungen dahingehend fänden, ob und inwieweit nationale Urteile auch in anderen Mitgliedstaaten befolgt werden müssten, ob in derselben Streitigkeit Gerichtsverfahren in verschiedenen Mitgliedstaaten anhängig zu machen seien, oder welches Verhältnis zwischen Urteilen aus unterschiedlichen Mitgliedstaaten bestehe.[943] Daher sei die Gefahr vorhanden, dass gegen jedes der genannten Organe bzw. gegen die Arbeitnehmer oder ihre Vertreter in ihrem jeweiligen Sitzstaat vorgegangen werden und dies, je nach dem nationalen Recht des Mitgliedstaats, zu unterschiedlichen Ergebnissen führen könne.[944] Als Lösungsmöglichkeit wird bei der EBR-RL zum einen eine Vereinbarung zwischen den Mitgliedstaaten und deren Berücksichtigung in den nationalen Umsetzungsgesetzen und zum anderen die Aufnahme von Zuständigkeitsregelungen im Rahmen einer freiwilligen Vereinbarung vorgeschlagen.[945] Hinsichtlich dieser drohenden Unsicherheiten erscheint der Einwand, dass eine Schieds- bzw. Einigungsstelle hätte eingerichtet werden sollen,[946] durchaus angebracht. Im Falle des Abschlusses einer Vereinbarung sollten deshalb die jeweiligen Zuständigkeiten der nationalen Gerichte genau festgelegt werden.[947]

---

942 *Herfs-Röttgen*, NZA 2002, 358, 364.

943 *Mävers*, Die Mitbestimmung der Arbeitnehmer, S. 289.

944 Im Rahmen des Art. 11 EBR-RL wurde diese Vorschrift ebenfalls kritisiert, da sie nach Ansicht von *Heinze* zu einer *„fatalen Zersplitterung der Verantwortlichkeiten, des Rechtsweges und der jeweils anzuwendenden nationalen Normen“* führe; *Heinze*, AG 1995, 385, 392. *Hohenstatt* entwickelt zur Verdeutlichung dieser Problematik das Beispiel, dass Arbeitnehmer aus verschiedenen Mitgliedstaaten in der geschlossenen Vereinbarung zur Unterrichtung und Anhörung eine Benachteiligung sähen und daher nationale Gerichte anriefen. Da in der EBR-RL nicht geregelt sei, welches nationale Recht bezüglich dieser Streitigkeit zur Anwendung gelange bzw. welches nationale Gericht zuständig sei, sei die Anrufung verschiedener nationaler Gerichte möglich. Dann könne auch der Fall eintreten, dass ein französisches Gericht die Wiederaufnahme von Verhandlungen fordere, während ein deutsches Gericht eine solche für unzulässig erkläre; vgl. zum Ganzen *Hohenstatt*, EuZW 1995, 169, 171.
Im Rahmen der parallelen Problematik bei Art. 11 EBR-RL wird zudem noch vorgebracht, dass die Einführung von Verfahren auf der jeweiligen nationalen Ebene nicht den grenzüberschreitenden Aspekt der Verpflichtungen aus der Richtlinie berücksichtige; *Mävers*, Die Mitbestimmung der Arbeitnehmer, S. 289. *Hanau* fordert daher eine Klarstellung durch den europäischen Gesetzgeber oder den EuGH; *Hanau*, FS Vieregge (1995), S. 319, 332.

945 *Heinze*, AG 1995, 385, 392.

946 Vgl. *Kuffner*, die diesbezüglich auch Vorteile aufgrund der größeren Sachnähe der Mitglieder dieser Stelle sieht; *Kuffner*, Die Beteiligung der Arbeitnehmer, S. 203.

947 Der deutsche Gesetzgeber hat keine Vorschriften zur Lösung dieses Problems erlassen; vgl. unten S. 493 ff.

2. Keine Regelung der Sicherung der Auskunftsverpflichtung

In Art. 12 SE-RL fehlt es an einer dem Art. 11 Abs. 2 EBR-RL entsprechenden Regelung, wonach die Mitgliedstaaten verpflichtet sind, die Einhaltung des Auskunftsverlangens bei der Beschäftigtenzahl sicherzustellen. Zwar wird im Falle der erstmaligen Gründung einer SE eine solche Absicherung nicht benötigt,[948] doch bei Wiederaufnahme der Verhandlungen gem. Art. 3 Abs. 6 Unterabs. 4 SE-RL oder aufgrund von strukturellen Änderungen ist eine mit Art. 11 Abs. 2 EBR-RL vergleichbare Vorschrift erforderlich. In einer solchen Situation fehlt es den Arbeitnehmern bzw. deren Vertretern an einem Druckmittel, um die Leitung der SE zu einer entsprechenden Auskunft, die beispielsweise für die Ermittlung der Schwellenwerte relevant ist, bewegen zu können.[949]

VI. Verhältnis der SE-RL zu anderen Bestimmungen gem. Art. 13 SE-RL

In **Art. 13 SE-RL** ist das Verhältnis der Vorschriften der SE-RL zur EBR-RL bzw. zu den einzelstaatlichen Rechtsvorschriften und/oder Gepflogenheiten, die die Arbeitnehmerbeteiligung betreffen, geregelt.

1. Verhältnis zur EBR-RL gem. Art. 13 Abs. 1 SE-RL

Laut **Art. 13 Abs. 1 Unterabs. 1 SE-RL** sind auf eine SE und deren Tochtergesellschaften, auch wenn sie als gemeinschaftsweit operierende Unternehmen oder herrschende Unternehmen i.S.d. EBR-RL an sich deren Anwendungsbereich unterliegen, die EBR-RL und die Bestimmungen zu ihrer Umsetzung in einzelstaatliches Recht nicht anwendbar.[950] Grundsätzlich geht demnach die SE-RL der EBR-RL vor.[951] Anders ist dies gem. **Art. 13 Abs. 1 Unterabs. 2 SE-RL**, wenn ein Beschluss des BVG über die Nichtaufnahme oder den Abbruch von Verhandlungen i.S.d. Art. 3 Abs. 6 SE-RL vorliegt. In einem solchen Fall findet die EBR-RL sowie deren jeweiliges nationales Umsetzungsgesetz Anwendung.[952] Die Beurteilung dieser Vorschrift bzw. des Verhältnisses von SE-RL und EBR-RL ist im Schrifttum uneinheitlich. Einerseits[953] wird diese Regelung begrüßt, da damit verhindert werde, dass zwei Gremien mit ähnlicher Zusammensetzung und gleicher Aufgabe nebeneinander bestünden. Andererseits[954] wird angeführt, dass die gesamte Regelung des Unterrichtung- und Anhörungs-

---

948 Dies ergibt sich aus der Verknüpfung der Frage der Einrichtung von Arbeitnehmerbeteiligung mit der Möglichkeit der Eintragung der SE gem. Art. 12 Abs. 2 SE-RL; vgl. oben S. 146 f.

949 Siehe oben S. 148 ff.

950 Umgesetzt in § 47 Abs. 1 Nr. 2 SEBG.

951 *Schmidt, M.*, Das Arbeitsrecht der Europäischen Gemeinschaft, IV. III. 3. d) aa), Rn. 113.

952 Umgesetzt in § 47 Abs. 1 Nr. 2 SEBG.

953 *Heinze*, ZGR 2002, 66, 87; *Schmidt, M.*, Das Arbeitsrecht der Europäischen Gemeinschaft, IV. III. 3. d) aa), Rn. 114. *Lambach* bezeichnet diese Regelung zumindest als *„sinnvoll"*; *Lambach*, Die Beteiligung in der SE, S. 230.

954 *Weiss*, NZA 2003, 177, 182.

verfahrens in der SE-RL unnötig sei, da es wesentlich sinnvoller gewesen wäre, einfach die SE in den Geltungsbereich der EBR-RL aufzunehmen. Schließlich wird vertreten, dass es sich bei den Regelungen der EBR-RL um *„dünnere(...) Rechte"*[955] als bei den Vorschriften der SE-RL handele.

In der Literatur wurden bereits die jeweiligen Regelungen in EBR-RL und SE-RL bezüglich der Information und Konsultation einander gegenüber gestellt und eingehend untersucht.[956] Anhand dieser Darstellung sowie der im Schrifttum[957] und in der vorliegenden Arbeit gezogenen Vergleiche zwischen beiden Richtlinien wird deutlich, dass diese Regelwerke *„sehr ähnlich formuliert"*[958] wurden. Grund hierfür ist, dass die EBR-RL in den Bereichen des Verhandlungsverfahrens, der Auffangregelung sowie der Unterrichtung und Anhörung als Vorbild gedient hat. Daher ist der Ansicht zuzustimmen, die den gegenseitigen Ausschluss von EBR-RL und SE-RL begrüßt. Bei der Unterrichtung und Anhörung der Arbeitnehmer verfolgen beide Gremien vergleichbare Aufgaben, so dass es bei einem Nebeneinander dieser Organe nur zu Kompetenzstreitigkeiten und einer unnötigen Zweigleisigkeit des Verfahrens gekommen wäre.

Allerdings bestehen auch signifikante Unterschiede in den Bereichen der Information und Konsultation, die eine eigenständige Regelung in der SE-RL notwendig machen. So finden sich bereits bei der Definition der Unterrichtung und Anhörung Unterschiede;[959] auch gehen die Regelungen im Anhang der SE-RL teilweise weiter als im Anhang der EBR-RL.[960] Das Gremium der Arbeitnehmervertreter hat, anders als in der EBR-RL, gem. Teil 2 Buchst. c Unterabs. 2 An. SE-RL unter Umständen das Recht, ein weiteres Mal mit dem zuständigen Organ der SE zusammenzutreffen.[961] Ferner wird dem Vertretungsorgan gem. Teil 3 Buchst. b Unterabs. 3 An. SE-RL die Kompetenz zugestanden, die Verteilung der Sitze im Aufsichts- bzw. Verwaltungsorgan auf die Arbeitnehmervertreter vorzunehmen. Aber auch im Verhandlungsverfahren finden sich bedeutsame Differenzen. So besteht in der SE-RL bei der Einrichtung von Un-

---

955 *Köstler*, in: *Theisen/Wenz* (Hrsg.), Die Europäische Aktiengesellschaft, S. 331, 366.

956 *Buschak*, Arbeitspapier Nr. 4/2, 3 ff.

957 Vgl. ausführlich bei *Kuffner*, die zu jeder Vorschrift der SE-RL einen Vergleich mit der EBR-RL gezogen hat; *Kuffner*, Die Beteiligung der Arbeitnehmer, S. 48 ff.

958 *Buschak*, Arbeitspapier Nr. 4/2, 8.

959 In der EBR-RL gibt es keine Definition des Begriffs der *„Unterrichtung"* und die Bestimmung der *„Anhörung"* in Art. 2 Buchst. j SE-RL geht weiter als die in Art. 2 Buchst. f EBR-RL; *Buschak*, Arbeitspapier Nr. 4/2, 9.

960 Ebenso *Nagel/Köklü*, ZESAR 2004, 175, 179. So muss beispielsweise das zuständige Organ der SE gem. Teil 2 Buchst. b An. SE-RL dem Arbeitnehmervertretungsorgan die Tagesordnungen aller Sitzungen sowie Kopien von Unterlagen übermitteln. Diese Verpflichtung besteht in Nr. 2 An. EBR-RL nicht.

961 Eine solche Regelung fehlt in der EBR-RL. Darauf weist auch *Davies* hin; *Davies*, ILJ 2003, 75, 82.

terrichtung und Anhörung einerseits nicht die Möglichkeit, eine eigenständige Vereinbarung wie in Art. 13 EBR-RL zu treffen. Andererseits ist der Verhandlungsspielraum bei der Installation eines Arbeitnehmervertretungsgremiums im Rahmen der SE-RL durch die Einbeziehung des Bereichs der Mitbestimmung weit größer als bei Errichtung eines EBR. Die Parteien können gem. Art. 2 Buchst. f SE-RL nämlich vereinbaren, dass das Vertretungsorgan selbst Mitbestimmungsrechte gegenüber der SE wahrnimmt.[962] Darüber hinaus berücksichtigt die SE-RL bei der Zusammensetzung des BVG, durch das auch die Installation des Unterrichtungs- und Anhörungsverfahrens beeinflusst werden kann, in höherem Maße den Proportionalitätsgrundsatz. Zu beachten ist zudem, dass die Anwendbarkeit der EBR-RL gem. Art. 2 Abs. 1 EBR-RL, anders als die SE-RL, von der Erreichung bestimmter Schwellenwerte abhängig ist.[963] Außerdem ist die EBR-RL immer noch nicht überarbeitet worden, obwohl nach Art. 15 EBR-RL die Kommission bis spätestens 22.09.1999 deren Anwendung zu überprüfen hatte und einige Kritikpunkte bestehen. Da bei einer Einarbeitung der SE in die EBR-RL das Ziel der Errichtung eines SE-Statuts wohl weiter verzögert worden wäre, erscheint die eigenständige Regelung der Unterrichtung und Anhörung in der SE-RL als guter Kompromiss. Die autonome Einführung von Information und Konsultation in der Europäischen Aktiengesellschaft im Rahmen der SE-RL stellt daher die sinnvollste Lösung dar.

2. Verhältnis zu einzelstaatlichen Rechtsvorschriften und/oder Gepflogenheiten der Arbeitnehmerbeteiligung gem. Art. 13 Abs. 2 und 3 SE-RL

Laut **Art. 13 Abs. 2 SE-RL** finden einzelstaatliche Rechtsvorschriften bzw. Gepflogenheiten zur Mitbestimmung der Arbeitnehmer in den Gesellschaftsorganen keine Anwendung auf die SE, soweit sie nicht der Umsetzung dieser Richtlinie dienen.[964] Dagegen gelten gem. **Art. 13 Abs. 3 Buchst. b SE-RL** die jeweiligen nationalen Mitbestimmungsregelungen in den Tochtergesellschaften der SE.[965] Folglich wird die Beteiligung der Arbeitnehmer in den Organen der SE selbst zwar ausschließlich von der SE-RL und ihrer nationalen Umsetzung be-

---

962 Ebenso *Hennings*, in: *Manz/Mayer/Schröder* (Hrsg.), Europäische Aktiengesellschaft SE, S. 667, Rn. 17.

963 Zwar erscheint es nicht sehr wahrscheinlich, dass eine SE nicht die in der EBR-RL genannten Beschäftigtenzahlen erreicht. Doch hätte ein einfacher Verweis in der SE-RL auf die EBR-RL im Rahmen der Unterrichtung und Anhörung zumindest theoretisch dazu führen können, dass bei einer SE keinerlei grenzüberschreitende Information und Konsultation der Arbeitnehmer einzuführen wäre. Auch *Schäfer* weist auf diesen unterschiedlichen Anwendungsbereich von EBR-RL und SE-RL hin; vgl. *Schäfer*, Der europäische Rahmen für Arbeitnehmermitwirkung, S. 80 f.

964 Diese Vorschrift mit ihrer klarstellenden Funktion wurde nicht in das SEBG übernommen.

965 Umgesetzt in § 47 Abs. 1 SEBG.

stimmt, in den Tochtergesellschaften bestehen aber weiterhin allein die jeweiligen nationalen Mitbestimmungsvorschriften.[966]

Zudem legt **Art. 13 Abs. 3 Buchst. a SE-RL** fest, dass auch sonstige Beteiligungsrechte der Arbeitnehmer der SE bzw. ihrer Tochtergesellschaften und Betriebe, die ihnen aufgrund einzelstaatlicher Rechtsvorschriften und/oder Gepflogenheiten zustehen, von der SE-RL unberührt bleiben.[967] Daher gilt die gesamte sonstige Arbeitnehmerbeteiligung nach nationalem Recht weiterhin, das heißt aus deutscher Sicht insbesondere die Rechte aufgrund des BetrVG.[968] Neben dem Gründungstatbestand der Umwandlung bleiben folglich auch in den Gründungsfällen der Holding- und Tochter-SE die nationalen Unternehmens- und Beteiligungsstrukturen erhalten, da eine zusätzliche europäische Ebene installiert wird.[969] Die Parteien können die Geltung dieser nationalen Beteiligungsrechte auch nicht im Rahmen einer Vereinbarung ausschließen.[970]

3. Fortbestand von Strukturen der Arbeitnehmervertretung gem. Art. 13 Abs. 4 SE-RL

Etwas anderes könnte sich aber bei der Gründungsform der Verschmelzung ergeben, weil in einem solchen Fall die beteiligten Gesellschaften nach Eintragung der SE als eigenständige juristische Personen erlöschen.[971] Da ein Gesamtbetriebsrat oder ein Wirtschaftsausschuss nach dem BetrVG für ihre Existenz einen nationalen Rechtsträger benötigen[972], gingen diese nationalen Beteiligungsstrukturen unter. Daher besteht gem. **Art. 13 Abs. 4 SE-RL** die Möglichkeit für die Mitgliedstaaten, geeignete Bestimmungen zur weiteren Sicherstellung der nationalen Beteiligungsrechte der Arbeitnehmer zu erlassen. Sie können vorsehen, dass die Strukturen der Arbeitnehmervertretung in den beteiligten Gesellschaften, die als eigenständige juristische Personen erlöschen, nach der Eintragung der SE fortbestehen.[973]

Es stellt sich aber die Frage, gegenüber welchem Ansprechpartner die weiter bestehenden Arbeitnehmervertretungsgremien ihre Beteiligungsrechte geltend machen sollen. Da die beteiligten nationalen Gesellschaften als juristische Personen nicht mehr bestehen, muss die Leitung der gegründeten SE diese Lücke ausfül-

---

966 *Schmidt, M.*, Das Arbeitsrecht der Europäischen Gemeinschaft, IV. III. 3. d) bb), Rn. 115.

967 Umgesetzt in § 47 Abs. 1 Nr. 1 SEBG.

968 *Heinze*, ZGR 2002, 66, 88; *Kienast*, in: *Jannott/Frodermann* (Hrsg.), Handbuch der Europäischen Aktiengesellschaft, 13. Kap. 1.6, Rn. 42; *Kleinsorge*, RdA 2002, 343, 351.

969 *Buschak*, Arbeitspapier Nr. 7, 7.

970 *Hennings*, in: *Manz/Mayer/Schröder* (Hrsg.), Europäische Aktiengesellschaft SE, S. 665, Rn. 9.

971 *Buschak*, Arbeitspapier Nr. 7, 7; *Kleinsorge*, RdA 2002, 343, 351.

972 *Köstler*, in: *Theisen/Wenz* (Hrsg.), Die Europäische Aktiengesellschaft, S. 331, 366.

973 Der deutsche Gesetzgeber hat in § 47 Abs. 2 SEBG von dieser Option Gebrauch gemacht.

len.[974] Problematisch ist dies, wenn sich der Sitz der SE in einem anderen Mitgliedstaat als die weiter bestehenden nationalen Arbeitnehmervertretungsstrukturen befindet. Als Beispiel wird im Schrifttum[975] der Fortbestand eines deutschen Gesamtbetriebsrats und Wirtschaftsausschusses genannt, dessen Arbeitgeber in einem anderen Mitgliedstaat sitzt. Die Wahrnehmung ihrer Rechte werde für diese Gremien dadurch erschwert, dass sich die Leitung der SE im Ausland befinde und damit ein grenzüberschreitendes Element hinzukomme. Daher ist den Forderungen dieser Ansicht zu folgen, wonach die nationalen Gesetzgeber Vorschriften erlassen müssten, um den weiter bestehenden Arbeitnehmervertretungsstrukturen einen Verhandlungspartner des SE-Managements oder zumindest einen von diesem autorisierten und mit Kompetenzen ausgestatteten Beauftragten gegenüber zu stellen. Obwohl die betreffenden nationalen Gesellschaften als Rechtsperson nicht mehr bestünden, seien im Interesse einer sach- und zeitnahen Wahrnehmung der Beteiligungsrechte weiterhin Ansprechpartner auf nationaler Ebene erforderlich.[976]

VII. Schlussbestimmungen gem. Art. 14 SE-RL

Die Mitgliedstaaten haben die SE-RL gem. **Art. 14 Abs. 1 SE-RL** bis zum 08.10.2004 in ihr nationales Recht umzusetzen bzw. sicherzustellen, dass die Sozialpartner die erforderlichen Bestimmungen durch Vereinbarungen einführen. Dies korrespondiert mit dem Zeitpunkt in Art. 70 SE-VO, da die SE-VO am gleichen Tag in Kraft tritt.[977] Die Überschreitung dieser Umsetzungsfrist kann neben der drohenden Einleitung eines Vertragsverletzungsverfahrens durch die Kommission oder einen Mitgliedstaat nach Art. 226 und 227 EG auch andere Folgen haben. Im Falle der nicht rechtzeitigen Umsetzung von Richtlinien besteht nach der ständigen Rechtsprechung des EuGH[978] unter bestimmten Voraus-

---

974 *Kuffner*, Die Beteiligung der Arbeitnehmer, S. 192.

975 *Köstler*, in: *von Rosen* (Hrsg.), Die Europa AG, S. 36, 46.

976 Vgl. zum Ganzen *Köstler*, in: *Theisen/Wenz* (Hrsg.), Die Europäische Aktiengesellschaft, S. 331, 366 f.

977 Zudem bestimmt Erwägungsgrund 22 SE-VO, dass das Inkrafttreten der SE-VO zeitlich aufgeschoben erfolgen muss, um allen Mitgliedstaaten die Umsetzung der SE-RL und die Einführung der für die Gründung und den Geschäftsbetrieb der SE notwendigen Verfahren zu ermöglichen. Die zeitliche Verzögerung soll eine gleichzeitige Anwendung von Verordnung und Richtlinie herbeiführen. Aus dem Wortlaut lässt sich nicht entnehmen, dass die SE-VO nicht in Kraft tritt, wenn etwa Mitgliedstaaten die SE-RL noch nicht umgesetzt haben. Die Mitgliedstaaten sollen nur in die Lage der rechtzeitigen Umsetzung versetzt werden, sodass die SE-VO gem. Art. 70 SE-VO am 08.10.2004 in Kraft getreten ist.

978 Der EuGH hat bereits 1974 erstmals Rechte des Einzelnen aus einer Richtlinie abgeleitet und damit deren unmittelbare Anwendbarkeit bejaht; vgl. EuGH, Urteil v. 04.12.1974, Rs. 41/74, Slg. 1974, 1337, *„van Duyn/Home Office"*. Anschließend hat der EuGH in weiteren Entscheidungen die genauen Voraussetzungen für diese unmittelbare Geltung

setzungen die Möglichkeit, dass die Richtlinie trotz der Nichtumsetzung Wirkung entfaltet. Nach einer Ansicht im Schrifttum[979] scheinen diese Anforderungen nicht bei allen Bestimmungen der SE-RL vorzuliegen. Aufgrund der bei zahlreichen Vorschriften der SE-RL bestehen Differenzen über ihre Bedeutung bzw. ihre Auslegung ist dieser Auffassung zuzustimmen. Aber selbst wenn die Voraussetzungen erfüllt wären, bestände nur eine vertikale und keine horizontale Drittwirkung der Richtlinienvorschriften.[980] Dies bedeutet, dass die betroffenen Beschäftigten nur gegen den Staat und seine Behörden vorgehen, nicht aber ihre Rechte gegen die Arbeitgeber als Private durchsetzen könnten.[981] In Betracht kommen nach der Rechtsprechung des EuGH[982] daher insbesondere Schadensersatzansprüche aufgrund Amtshaftungspflichten.

VIII. Überprüfung durch die Kommission gem. Art. 15 SE-RL

Die Kommission ist gem. **Art. 15 SE-RL** verpflichtet, spätestens zum 08.10.2007, das heißt drei Jahre nach Ablauf der Umsetzungsfrist, im Benehmen mit den Mitgliedstaaten und den Sozialpartnern auf Gemeinschaftsebene die Anwendung der Richtlinie zu überprüfen. Ebenso wie bei der EBR-RL erfolgt dies, um dem Rat gegebenenfalls erforderliche Änderungen vorzuschlagen.

§ 6 Strukturelle Änderungen in einer bereits bestehenden SE

In Erwägungsgrund 18 SE-RL wird das Vorher-Nachher-Prinzip definiert. Anschließend wird klargestellt, dass dieses Prinzip *„nicht nur für die Neugründung einer SE, sondern auch für **strukturelle Veränderungen**[983] einer bereits gegründeten SE und für die von den **strukturellen Änderungsprozessen**[984] betroffenen Gesellschaften gelten (soll)“*. In den Vorschriften der SE-RL wird aber nur in Teil 1 Buchst. b Unterabs. 2 An. SE-RL bei der Zusammensetzung des Vertretungsorgans auf Umgestaltungen innerhalb einer SE eingegangen. Demnach haben die Mitgliedstaaten Vorschriften zu erlassen, die eine Berücksichtigung von *„Änderungen innerhalb der SE und ihrer Tochtergesellschaften und Betriebe“* durch eine Anpassung der Mitgliederzahl und der Sitzzuteilung innerhalb dieses

---

von Richtlinien entwickelt, wonach neben der nicht rechtzeitigen oder nicht ausreichenden Umsetzung der Inhalt der Richtlinie nicht bedingt und hinreichend bestimmt sein muss; vgl. stv. *Nettesheim*, in: *Grabitz/Hilf* (Hrsg.), EGV, Art. 249 Rn. 155 ff.

979 *Mävers*, Die Mitbestimmung der Arbeitnehmer, S. 415, Fn. 1612, allerdings ohne dies näher auszuführen.

980 *Wank*, in: *Hanau/Steinmeyer/Wank*, Handbuch des europäischen Arbeits- und Sozialrechts, S. 256 ff.

981 *Schwarz*, Europäisches Gesellschaftsrecht, 2. Teil D II. 2. b), Rn. 231.

982 EuGH, Urteil v. 19.11.1991, Rs. C-6/90 u. C-9/90, Slg. 1991, I-5357, 5414, *„Francovich“* = NJW 1992, 165 ff.

983 Hervorhebung durch den Verfasser.

984 Hervorhebung durch den Verfasser.

Gremiums ermöglichen. In den übrigen Artikeln der SE-RL finden sich keine Ausführungen über die Auswirkungen solcher Veränderungen auf ein Unterrichtungs- und Anhörungsverfahren bzw. auf die Mitbestimmung der Arbeitnehmer im Aufsichts- bzw. Verwaltungsorgan der SE.

Das Europäische Parlament hat diese Problematik bereits im Vorfeld des Erlasses der SE-RL erkannt und diesbezüglich einen neuen Erwägungsgrund 7a erarbeitet.[985] Begründet wird dieser Vorschlag damit, dass sich der Anspruch auf Verhandlungen nicht nur auf den Zeitraum der Gründung einer SE beschränken könne, sondern auch bei substantiellen strukturellen Veränderungen bestehen solle.[986] Im Schrifttum sind bereits verschiedene Problembereiche bezüglich struktureller Veränderungen aufgeworfen und unterschiedliche Lösungsansätze erarbeitet worden. Diese werden in der folgenden Darstellung diskutiert und anschließend wird eine eigene Lösung aufgezeigt.

A. Begriff der strukturellen Änderungen

In der SE-RL selbst besteht keine Definition des Begriffs der strukturellen Änderungen. In Teil 1 Buchst. b Unterabs. 2 An. SE-RL findet sich nur die Ausführung, dass es sich um *„Änderungen innerhalb der SE und ihrer Tochtergesellschaften und Betriebe"* handelt. Zu berücksichtigen ist, dass es in dieser Vorschrift lediglich um die Kompensation solcher Veränderungen geht, die sich auf die Zusammensetzung des Arbeitnehmervertretungsorgans auswirken. Aus diesem Grund sind Tochtergesellschaften und Betriebe einbezogen, da sich das genannte Gremium gem. Teil 1 Buchst. a An. SE-RL auch aus deren Arbeitnehmern zusammensetzt. Im Änderungsvorschlag des Europäischen Parlaments werden beispielhaft *„Fusionen, Integration anderer Unternehmen und Betriebe"* genannt.[987] In diesem Zusammenhang werden die Tochtergesellschaften und Betriebe der SE nicht erwähnt.

---

985 Der Wortlaut dieser Vorschrift lautet: *„Die Mitgliedstaaten sorgen durch entsprechende Vorschriften dafür, dass es auch im Falle substantieller Strukturveränderungen nach der Gründung einer SE Verhandlungen über die künftige Arbeitnehmerbeteiligung gibt."* Bericht des Ausschusses für Recht und Binnenmarkt über den Entwurf einer Verordnung des Rates über das Statut der Europäischen Gesellschaft (SE), Dokument A5-0243/2001 v. 26.06.2001, S. 7. Nach Angaben von *Kleinsorge* hat der Rat diesen Änderungsentwurf aber nicht berücksichtigt, um die politische Diskussion über die SE nicht wieder aufflammen zu lassen und den getroffenen Konsens nicht zu gefährden; *Kleinsorge*, RdA 2002, 343, 351, Fn. 99.

986 Bericht des Ausschusses für Recht und Binnenmarkt über den Entwurf einer Verordnung des Rates über das Statut der Europäischen Gesellschaft (SE), Dokument A5-0243/2001 v. 26.06.2001, S. 7.

987 Bericht des Ausschusses für Recht und Binnenmarkt über den Entwurf einer Verordnung des Rates über das Statut der Europäischen Gesellschaft (SE), Dokument A5-0243/2001 v. 26.06.2001, S. 7.

Laut Erwägungsgrund 18 SE-RL soll das Vorher-Nachher-Prinzip auch bei strukturellen Änderungen gelten. Um die Sicherung erworbener Arbeitnehmerbeteiligungsrechte als fundamentales Prinzip der SE-RL zu gewährleisten, muss dieser Begriff weit ausgelegt werden.

I. Definition der strukturellen Änderungen

Der österreichische Gesetzgeber hat in § 228 Abs. 2 ArbVG einen umfassenden und nicht abschließenden Katalog wesentlicher Strukturänderungen einer SE aufgestellt.[988] Gesellschaftsrechtliche Modifikationen sind demnach dann relevant, wenn sie entweder erheblichen Einfluss auf die Gesamtstruktur der SE besitzen oder erhebliche Veränderungen der Arbeitnehmerzahl in der SE und ihren Tochtergesellschaften mit sich bringen. Nach der in der vorliegenden Arbeit vertretenen Auffassung fallen allerdings manche der im ArbVG genannten Tatbestände nicht unter den Begriff der Strukturänderungen in der SE-RL. Zudem geht es aufgrund der Regelung in der SE-RL allein um etwaige Auswirkungen auf die Arbeitnehmerbeteiligung und nicht um den Einfluss auf die gesellschaftsrechtliche Struktur der SE an sich. Daher wird folgende Definition vorgeschlagen:

Bei einer strukturellen Änderung im Sinne der SE-RL handelt es sich um eine Veränderung der äußeren Struktur einer bereits bestehenden SE, durch die die in der SE bzw. in den beteiligten Gesellschaften oder den betroffenen Tochtergesellschaften bzw. Betrieben bestehende Arbeitnehmerbeteiligung vermindert oder innerhalb der SE eine Mitbestimmung eingeführt bzw. eine bestehende Mitbestimmung erhöht werden kann.

Der Begriff der *„äußeren Struktur"* wird als Abgrenzung zur inneren Struktur, das heißt der Organisationsstruktur der SE mit dem *„generellen Aufbau, (...) Zahl und Art ihrer Organe und deren Zusammenwirken innerhalb der SE"*[989] gewählt. Veränderungen einer bereits bestehenden SE mit Auswirkungen auf die Arbeitnehmerbeteiligung sind demnach insbesondere zu diskutieren bei der

> sekundären Gründung einer Tochter-SE, der Sitzverlegung einer SE, der Gründung einer neuen SE durch bereits bestehende Europäische Aktiengesellschaften, der Ein- bzw. Ausgliederung nationaler Gesellschaften und Betriebe bzw. Europäischer Aktiengesellschaften in eine SE, der Eingliederung einer SE in eine nationale Gesellschaft, der Änderung der nationalen

---

988 Demzufolge fallen insbesondere die Sitzverlegung, der Wechsel des Verwaltungssystems, die Stilllegung, Einschränkung oder Verlegung von Unternehmen oder Betrieben der SE, der Zusammenschluss von Betrieben oder Unternehmen der SE sowie der Erwerb wesentlicher Beteiligungen an anderen Unternehmen der SE, sofern diese erheblichen Einfluss auf die Gesamtstruktur der Europäischen Gesellschaft haben, sowie erhebliche Änderungen der Zahl der in der SE und ihren Tochtergesellschaften Beschäftigten darunter.

989 *Brandt*, Die Hauptversammlung der SE, S. 67.

Tochtergesellschaften einer Holding-SE bzw. der nationalen Muttergesellschaften einer Tochter-SE und der Renationalisierung einer SE.

II. Differenzierung zwischen der Unterrichtung und Anhörung sowie der Mitbestimmung

Im Schrifttum[990] wird angeführt, dass nur strukturelle Änderungen im Hinblick auf die Arbeitnehmermitbestimmung relevant seien. In der SE-RL gehe es allein in Erwägungsgrund 18 um strukturelle Änderungen und davon betroffen seien nur *„Rechte der Arbeitnehmer über ihre Beteiligung an Unternehmensentscheidungen"*. Der Bestandsschutz beziehe sich folglich nur auf die Mitbestimmung.[991]

Diese Auslegung von Erwägungsgrund 18 SE-RL erscheint allerdings zu eng. So beinhaltet schon der Begriff der *„Beteiligung an Unternehmensentscheidungen"* keine Begrenzung auf die Arbeitnehmermitbestimmung. Eine solche Beteiligung kann auch allein durch die Unterrichtung und Anhörung der Arbeitnehmer erfolgen, da es nach dem Wortlaut gerade nicht nur um die Vertretung in den Unternehmensorganen geht. Zudem bezieht sich der die strukturellen Änderungen betreffende Erwägungsgrund 18 S. 3 SE-RL auch auf das in Satz 2 geregelte Vorher-Nachher-Prinzip. Dieser Satz 2 bezieht nach seinem Wortlaut aber sämtliche Beteiligungsrechte mit ein. Zu beachten ist des Weiteren die Definition der Arbeitnehmerbeteiligung in Art. 2 Buchst. h SE-RL. Danach sind alle Verfahren, durch die die Arbeitnehmervertreter *„auf die Beschlussfassung innerhalb der Gesellschaft Einfluss nehmen können"*, eingeschlossen. Eine solche Beeinflussung der Beschlussfassung ist aber gerade eine Beteiligung an Unternehmensentscheidungen. Schließlich spricht auch Art. 4 Abs. 2 Buchst. h SE-RL für diese Interpretation, da dort für die Fälle einer Neuaushandlung der Vereinbarung nicht zwischen Unterrichtung und Anhörung bzw. Mitbestimmung differenziert wird.

Daher wird bei der Definition der strukturellen Änderungen der Begriff der *„Arbeitnehmerbeteiligung"* gewählt, um zu verdeutlichen, dass einerseits die Unterrichtung und Anhörung und andererseits die Mitbestimmung der Arbeitnehmer in der SE erfasst werden. Zu differenzieren ist allerdings bei den Auswirkungen der strukturellen Modifikationen auf diese unterschiedlichen Ebenen der Arbeitnehmerpartizipation. Im Rahmen der Information und Konsultation geht es nur um Anpassungen bei der Zusammensetzung der Arbeitnehmervertretungsorgane bzw. der entsprechenden Informations- und Konsultationsverfahren und nicht um die erneute Aufnahme von Verhandlungen.[992] Zum einen muss

---

990 *Grobys*, NZA 2005, 84, 91; *Kallmeyer*, ZIP 2004, 1442, 1444.

991 Vgl. zum Ganzen *Kallmeyer*, ZIP 2004, 1442, 1444.

992 Im Ergebnis ebenso *Hennings*, der eine Reihe von strukturellen Änderungen aufzählt, die eine Anpassung des Arbeitnehmervertretungsorgans erfordern. Als Beispiel nennt er den Fall, dass eine SE einen Betrieb in einem bisher noch nicht beteiligten Mitgliedstaat er-

diese Form der Arbeitnehmerbeteiligung zwingend auf die eine oder andere Weise in die SE eingeführt werden,[993] und zum anderen will der europäische Gesetzgeber in diesem Bereich nur einen gewissen Mindeststandard bei grenzüberschreitenden Angelegenheiten sichern. Die Folgen für die Mitbestimmung in der SE können dagegen weit gravierender sein, denn ihre Installation ist bei den Gründungsformen der Holding-, Verschmelzungs- und Tochter-SE nur fakultativ und von Beschlüssen des BVG abhängig. Zudem ergibt sich ein Unterschied dahingehend, ob diese Beteiligungsform durch Verhandlungen oder durch die Auffangregelung eingeführt bzw. nicht eingeführt wurde.

B. Wechsel der Organisationsstruktur

Teilweise[994] wird in dem Fall, das aufgrund einer Sitzverlegung ein Wechsel zwischen den beiden Organisationssystemen einer SE zu erfolgen hat, ein Problem für die bereits bestehende Arbeitnehmerbeteiligung gesehen. Eine solche Situation liege vor, wenn eine SE mit der jeweils anderen Verwaltungsstruktur ihren Sitz in einen Mitgliedstaat verlege, der sich alleine für das andere Modell entschieden habe, so dass ein Wechsel erforderlich sei. Um eine Anpassung der bestehenden Arbeitnehmerbeteiligung an das neue Organisationssystem ohne Minderung des Partizipationsniveaus gewährleisten zu können, wird die Aufnahme erneuter Verhandlungen vorgeschlagen.[995]

Neue Verhandlungen allein gewährleisten zum einen aber keine stete Sicherung des bisherigen Beteiligungsniveaus der Arbeitnehmer, weil auch eine Mitbestimmungsminderung vereinbart werden kann. Zum anderen sind sie nicht erforderlich, da ein solcher Zwang zum Wechsel der Organisationsform nicht besteht. Es widerspräche der in Art. 38 Buchst. b SE-VO geregelten Wahlfreiheit für eine der beiden Verwaltungsstrukturen, wenn die SE in einem solchen Fall aufgrund einer Sitzverlegung zu einer Umwandlung vom dualistischen ins monistische System bzw. umgekehrt gezwungen wäre. Hat der Mitgliedstaat, in den die SE ihren Sitz verlegt, seiner faktischen Verpflichtung zur Einführung beider

---

öffne, da nun aufgrund des Repräsentationsgrundsatzes die Zusammensetzung des Arbeitnehmergremiums anzupassen sei; *Hennings*, in: *Manz/Mayer/Schröder* (Hrsg.), Europäische Aktiengesellschaft SE, S. 667, Rn. 14.

993 Vgl. oben S. 221 ff.

994 Vgl. Kleinsorge, RdA 2002, 343, 351.

995 Vgl. zum Ganzen *Kleinsorge*, RdA 2002, 343, 351. Der österreichische Gesetzgeber gesteht gem. § 228 Abs. 2 ArbVG bei dem Wechsel des Verwaltungssystems der SE einen Anspruch auf erneute Verhandlungen zu. Als Begründung wird der Fall genannt, dass bei einem Übergang vom dualistischen ins monistische System das Organ, in dem die Mitbestimmung installiert ist, aufgelöst wird. Dies bringe eine Mitbestimmungsminderung mit sich; Erläuterungen zur Regierungsvorlage der Änderung des ArbVG, S. 15, abgerufen unter *http://ris1.bka.gv.at/authentic/index.aspx?appl=begut&page=docbegut&docnr=6* am 25.08.2005 = *Gahleitner*, in: *Kalss/Hügel* (Hrsg.), Europäische Aktiengesellschaft, § 228 ArbVG, S. 783.

Verwaltungsformen keine Folge geleistet, so bedeutet dies nicht, dass die SE als supranationale Gesellschaft ihr Organisationssystem wechseln muss. Sie stellt gerade keine nationale Gesellschaft dar und muss sich in diesem Bereich daher nicht den Vorschriften des jeweiligen Sitzstaates unterordnen. Aber auch bei einem freiwilligen Wechsel der Verwaltungsstruktur durch Satzungsänderung besteht kein Anspruch auf die erneute Vornahme von Verhandlungen. Ein solches Recht ginge zumindest faktisch mit einer erheblichen Beschränkung des Rechts der Anteilseigner, in der Hauptversammlung einen solchen Systemwechsel zu beschließen, einher. Durch ein erneutes Verhandlungsverfahren entstehen der SE zusätzliche Kosten und den Verantwortlichen droht ein erheblicher Zeitaufwand, so dass von einer Abschreckungswirkung ausgegangen werden kann. Die Arbeitnehmer könnten daher indirekt auf die allein in den Zuständigkeitsbereich der Anteilseigner fallende Wahl der Verwaltungsstruktur Einfluss nehmen. Daher muss ein solcher Wechsel ohne Verhandlungen möglich sein, sodass die bestehende Arbeitnehmerbeteiligung ohne quantitative Beeinträchtigung in das andere Organisationssystem zu integrieren ist.

C. Sekundäre Gründungsform der Ausgründung einer Tochter-SE

Eine bereits bestehende SE kann gem. Art. 3 Abs. 2 SE-VO selbst eine oder mehrere Tochtergesellschaften in Form einer SE gründen. Zwar bestimmt Art. 1 Abs. 2 SE-RL, dass in **jeder SE** eine Vereinbarung über die Beteiligung der Arbeitnehmer getroffen werden muss. Allerdings finden sich in den Vorschriften der SE-RL keine expliziten Bestimmungen zur sekundären Gründung einer Tochter-SE.[996] In Art. 3 Abs. 1 SE-RL ist geregelt, dass die Leitungs- oder die Verwaltungsorgane *„nach der Vereinbarung eines Plans zur Gründung einer Tochtergesellschaft"* die erforderlichen Schritte einleiten. Da es sich aber um die Organe *„der beteiligten Gesellschaften"* und nicht einer bereits bestehenden SE handelt und die Tochtergesellschaft im Zusammenhang mit den drei anderen primären Gründungsarten genannt wird, bezieht sich der Wortlaut nicht auf die sekundäre Form der Gründung einer Tochter-SE.[997] Auch bei der Formulierung in Art. 7 Abs. 2 Buchst. c SE-RL, der die Schwellenwerte *„im Falle einer durch Errichtung (...) einer Tochtergesellschaft gegründeten SE"* regelt, geht es wohl nicht um die sekundäre Gründungsform der Tochter-SE. Zwar handelt es sich bei der gesellschaftsrechtlichen Vorgehensweise i.S.d. Art. 3 Abs. 2 SE-VO ebenfalls um eine SE, die durch Errichtung einer Tochtergesellschaft gegründet wurde. Der Wortlaut steht aber im Zusammenhang mit den anderen drei primären Gründungsarten.[998] Schließlich kann nach Art. 12 Abs. 2 SE-VO eine SE erst eingetragen werden, wenn auf die eine oder andere Weise die Frage der Arbeit-

---

[996] *Kallmeyer*, in: *von Rosen* (Hrsg.), Die Europa AG, S. 14, 27; *Veelken*, FS Blomeyer (2004), S. 491, 513.

[997] Ebenso *Kallmeyer*, in: *von Rosen* (Hrsg.), Die Europa AG, S. 14, 27.

[998] Ebenso *Veelken*, FS Blomeyer (2004), S. 491, 513, Fn. 140.

nehmerbeteiligung geklärt wurde. Dabei wird auf die Bestimmungen der SE-RL verwiesen, die eben nicht den Fall der sekundären Gründung einer Tochter-SE betreffen. Daher gilt auch Art. 12 Abs. 2 SE-VO nicht für diese Gründungsform. Demzufolge ist der Ansicht in der Literatur[999] zuzustimmen, die von einer Regelungslücke in der SE-RL ausgeht.[1000]

I. Analoge Anwendbarkeit der Vorschriften der SE-RL

Zur Lösung dieses Problems wird, zumindest in Teilbereichen, die analoge Anwendung der Regelungen zur primären Gründungsform der Tochter-SE vorgeschlagen.[1001] Auch bei dieser sekundären Gründungsform solle das Primat von Verhandlungen gelten, die zwischen dem Vertretungsorgan der Mutter-SE und einem BVG stattfänden. Allerdings wird die analoge Anwendbarkeit der Schwellenwerte des Art. 3 Abs. 4 Unterabs. 1 S. 3 2. Spstr. SE-RL abgelehnt. Die Zahl von mindestens 50 Prozent richte sich nach der Gesamtzahl der Arbeitnehmer der **beteiligten Gesellschaften**, worunter allein die Mutter-SE zu subsumieren sei. Daher sei auch für den Beschluss über die Vereinbarung einer Mitbestimmungsminderung gegenüber dem in der Mutter-SE bestehenden Partizipationsniveau nur die doppelte absolute Mehrheit erforderlich.[1002]

II. Keine Mitbestimmung in der Tochter-SE

Nach einer anderen Ansicht[1003] soll es aus europarechtlicher Sicht allein bei der Mitbestimmung der Mutter-SE bleiben und die Tochter-SE selbst mitbestimmungsfrei sein. Dies wird wohl aus der fehlenden Einbeziehung der sekundären Gründung einer Tochter-SE in die SE-RL gefolgert. Zudem wird vertreten, dass die diesbezüglichen einzelstaatlichen Vorschriften gem. Art. 13 Abs. 2 SE-RL

---

999 *Kallmeyer*, in: *von Rosen* (Hrsg.), Die Europa AG, S. 14, 27; *Köstler*, in: *von Rosen* (Hrsg.), Die Europa AG, S. 36, 45.

1000 Nach Ansicht von *El Mahi* liegt wohl eine solche Regelungslücke nicht vor, denn sie geht von einer Geltung der Art. 3 Abs. 3 und Art. 4 Abs. 2 SE-RL auch für die derivative Gründung der Tochter-SE aus; *El Mahi*, Die Europäische Aktiengesellschaft, S. 30, Fn. 203. Ebenso *Jannott*, nach dessen Ansicht die §§ 4 ff. SEBG auch für diese sekundäre Gründungsform Anwendung finden sollen; *Jannott*, in: *Jannott/Frodermann* (Hrsg.), Handbuch der Europäischen Aktiengesellschaft, 3. Kap. III 5.1.2, Rn. 271 f.

1001 *Kallmeyer*, in: *von Rosen* (Hrsg.), Die Europa AG, S. 14, 27; *Köstler*, in: *von Rosen* (Hrsg.), Die Europa AG, S. 36, 45; *Thümmel*, Die Europäische Aktiengesellschaft (SE), B.V.2., Rn. 132. Auch der österreichische Gesetzgeber geht davon aus, dass in einem solchen Fall ein BVG einzusetzen sei; Erläuterungen zur Regierungsvorlage der Änderung des ArbVG, S. 15, abgerufen unter *http://ris1.bka.gv.at/authentic/index.aspx?appl=begut&page=docbegut&docnr=6* am 25.08.2005 = *Gahleitner*, in: *Kalss/Hügel* (Hrsg.), Europäische Aktiengesellschaft, § 228 ArbVG, S. 783.

1002 Vgl. zum Ganzen *Kallmeyer*, in: *von Rosen* (Hrsg.), Die Europa AG, S. 14, 27.

1003 *Veelken*, FS Blomeyer (2004), S. 491, 513 f.

nicht anwendbar seien. Darüber hinaus gelte Art. 13 Abs. 3 Buchst. b SE-RL nur für Tochtergesellschaften nationalen Rechts.[1004]

III. Stellungnahme und Lösungsansatz

Zwar finden sich in der SE-RL tatsächlich keine Regelungen zur Vorgehensweise bei der sekundären Gründung einer Tochter-SE, doch können die Vorschriften zur primären Gründung einer Tochter-SE nicht analog angewendet werden. Zwischen beiden Gründungsformen besteht aufgrund der unterschiedlichen Ausgangslage eine nicht vergleichbare Interessenlage. An der Gründung einer primären Tochter-SE müssen gem. Art. 2 Abs. 3 SE-VO mindestens **zwei** Gesellschaften beteiligt und das Mehrstaatlichkeitserfordernis erfüllt sein. Die Gründung selbst erfolgt dann durch Zeichnung der Aktien gem. Art. 36 SE-VO nach den jeweiligen nationalen Vorschriften zur Gründung einer Tochtergesellschaft. Aufgrund des Zusammentreffens der Mitbestimmungssysteme aus mindestens zwei verschiedenen Mitgliedstaaten erscheinen die Bildung eines BVG und die Vornahme von Verhandlungen notwendig. Zwar erfolgt auch bei der sekundären Gründung einer Tochter-SE die Gründung durch die Zeichnung ihrer Aktien und nicht etwa durch Ausgliederung.[1005] Dagegen ist aber nur die Mutter-SE als Gesellschaft und folglich allein ihr Mitbestimmungssystem beteiligt. Daher erscheint nicht nur die Berücksichtigung von Schwellenwerten, sondern auch die Aufnahme von Verhandlungen überhaupt wenig sinnvoll, zumal in der Mutter-SE bereits nach den Vorgaben der SE-RL auf die eine oder andere Art eine Lösung der Frage der Arbeitnehmerbeteiligung gefunden worden ist. Die erneute Aufnahme von Verhandlungen mit Arbeitnehmern, die bereits über ihre Arbeitnehmerbeteiligung mitbestimmt haben, ist überflüssig. Angesichts des enormen Zeit- und Kostenaufwands brächte dies eine nicht vertretbare Erschwerung der derivativen Gründung einer Tochter-SE mit sich. Dazu kommt, dass die zu installierende Arbeitnehmerbeteiligung in dieser Tochter-SE nicht endgültig ist, sondern bei strukturellen Änderungen, wie zum Beispiel der Übernahme nationaler Betriebsstätten, erneut Verhandlungen aufzunehmen wären.[1006]

Soweit nach den Ausführungen im Schrifttum bei der sekundären Gründung einer Tochter-SE Verhandlungen aufgenommen und die Arbeitnehmer von einzubringenden Tochtergesellschaften im BVG vertreten sein sollen, bezieht sich dies auf eine spezielle Fallgestaltung.[1007] Aber auch in dieser besonderen Kons-

---

1004 Vgl. zum Ganzen *Veelken*, FS Blomeyer (2004), S. 491, 513 f.

1005 *Hirte*, ZGR 2002, 1, 4. Zustimmend *El Mahdi*, Die Europäische Aktiengesellschaft, S. 26, Fn. 183.

1006 Vgl. unten S. 428 ff. Dort finden sich auch Ausführungen zu der speziellen Konstellation, dass es sich bei der Tochter-SE um eine arbeitnehmerlose Vorrats-SE handelt.

1007 *Kallmeyer* konstruiert zur Schaffung eines rein aus Europäischen Aktiengesellschaften bestehenden Konzerns folgende Vorgehensweise:

tellation besteht zum Zeitpunkt der derivativen Gründung der Tochter-SE kein Bedürfnis nach Verhandlungen, denn im BVG wären wiederum nur die Arbeitnehmervertreter der Mutter-SE zu beteiligen. Die Konstruktion des Autors besteht nämlich aus drei verschiedenen gesellschaftsrechtlichen Vorgängen, die auch im Hinblick auf die Einrichtung der Arbeitnehmerbeteiligung getrennt beurteilt werden müssen. Zunächst wird die Konzernobergesellschaft in eine SE umgewandelt, das heißt, es findet gem. Art. 4 Abs. 4 SE-RL bzw. Teil 3 Buchst. a An. SE-RL die Mitbestimmung zumindest im gleichen Ausmaß wie bei der nationalen Muttergesellschaft Anwendung. Anschließend werden Tochter-SE gegründet, ohne dass Verhandlungen erforderlich sind. Schließlich verschmelzen die nationalen Tochtergesellschaften in die Tochter-SE mit der Folge des Eintritts struktureller Änderungen. Aufgrund dieser Umgestaltung sind nun Verhandlungen zwischen den zuständigen Organen der Tochter-SE und der beteiligten Tochtergesellschaften sowie den Arbeitnehmern dieser Gesellschaften vorzunehmen. Wie dieses Beispiel zeigt, ist zur Absicherung der Arbeitnehmerbeteiligung in solchen Tochter-SE die Vornahme von Verhandlungen bereits bei Gründung nicht erforderlich. Ausreichend ist die Durchführung dieses Verfahrens erst bei Eintritt struktureller Änderungen, da dann auf das Problem der Sicherung der Arbeitnehmerpartizipation in ausreichendem Maße und flexibel reagiert werden kann.

Wird der in der vorliegenden Arbeit vertretenen Lösung gefolgt, so stellt sich die Frage, welcher Grad von Arbeitnehmerbeteiligung in einer sekundär gegründeten Tochter-SE zu installieren ist. In Betracht kommen mehrere Möglichkeiten:

Es könnte die Arbeitnehmerbeteiligung des zukünftigen Sitzstaates der jeweiligen Tochter-SE eingerichtet oder die in der Mutter-SE bestehende Arbeitnehmerpartizipation vollständig übernommen werden. Schließlich ist auch ein vollständiger Verzicht auf die Mitbestimmung möglich.

Die Errichtung einer Tochter-SE ohne die Installation von Beteiligungsrechten ist aber abzulehnen, da damit das mit der SE-RL verfolgte Ziel der Sicherung erworbener Beteiligungsrechte der Arbeitnehmer verfehlt wird. Auch die mögliche Berücksichtigung des jeweiligen nationalen Modells kann nicht überzeugen. Zum einen handelt es sich auch bei einer solchen Tochter-SE um eine supranationale Gesellschaft, die, soweit es die SE-VO und SE-RL erlauben, nicht nach

---

Zunächst erfolgt durch Umwandlung der Muttergesellschaft die Gründung einer SE. Anschließend gründet diese SE in den Mitgliedstaaten, in denen sich ihre nationalen Tochtergesellschaften befinden, jeweils auf sekundärem Wege eine Tochter-SE. Bei diesen Gründungsvorgängen werden die Beteiligungen der Mutter-SE an den nationalen Tochtergesellschaften als Sacheinlage in die jeweilige Tochter-SE eingebracht. Nun verschmelzen die jeweiligen nationalen Tochtergesellschaften auf die in ihrem jeweiligen Sitzstaat bestehende betreffende Tochter-SE; vgl. *Kallmeyer*, in: *von Rosen* (Hrsg.), Die Europa AG, S. 14, 25 f.

einzelstaatlichem Recht gestaltet werden sollte.[1008] Zum anderen stellt sich bei der Übernahme des jeweiligen nationalen Beteiligungssystems durch die Tochter-SE die Frage, wie bei einer Sitzverlegung dieser Gesellschaft vorzugehen wäre.[1009] Sowohl eine Lösung, wonach das nach dem bisherigen Sitzstaat ausgerichtete Mitbestimmungssystem beizubehalten wäre, als auch das Konzept einer Übernahme der Arbeiterbeteiligung des neuen Sitzstaats der Tochter-SE ist unbefriedigend. Angesichts des mit der SE-RL verfolgten Ziels der Sicherung erworbener Beteiligungsrechte der Arbeitnehmer sollte daher die Arbeitnehmerbeteiligung der Mutter-SE übernommen werden.[1010] Dort haben sich die Arbeitnehmer bereits für oder gegen ein bestimmtes Mitbestimmungsmodell und ein Unterrichtungs- und Anhörungsverfahren entschieden, das dann auf Grund von Erwägungsgrund 18 SE-RL Ausgangpunkt für die Tochter-SE ist.

D. Sitzverlegung einer bereits gegründeten SE gem. Art. 8 SE-VO

Die Sitzverlegung der SE in einen anderen Mitgliedstaat führt gem. Art. 8 Abs. 1 S. 2 SE-VO nicht zu ihrer Auflösung oder zur Gründung einer neuen Person. Sie hat demnach keinen Einfluss auf die supranationale Rechtsform und die Identität der SE.[1011] Zudem gelten gem. Art. 9 Abs. 1 Buchst. a SE-VO alle durch die SE-VO geregelten Bereiche weiterhin unverändert für die SE, das heißt es findet kein Wechsel des anwendbaren Rechts statt. Etwas anderes gilt nur, wenn die SE-VO zu einem bestimmten Bereich keine oder eine unvollständige Regelung enthält bzw. die Mitgliedstaaten zum Erlass eigener Vorschriften auf einem Gebiet ermächtigt.[1012] Obwohl die SE-VO keine Vorschriften zur Arbeitnehmerbeteiligung bei Sitzverlegung der SE aufweist, besteht Einigkeit, dass sich für die bestehenden Partizipationsrechte keine Änderungen ergeben dürfen.[1013] Für diese Auffassung spricht auch Erwägungsgrund 21 S. 4 SCE-RL,

---

[1008] Zwar wird im Falle einer grenzüberschreitenden Verschmelzung nationaler Gesellschaften nach Art. 14 des von der Kommission vorgelegten aktuellen Entwurfs der Fusionsrichtlinie vorgeschlagen, dass das innerstaatliche System der Arbeitnehmerbeteiligung im Sitzstaat der neuen Gesellschaft zu übernehmen ist. Doch handelt es sich bei einer solchen Gesellschaft auch nach der Fusion, im Unterschied zur SE, um eine juristische Person nationalen Rechts, die den Vorschriften ihres Sitzstaats unterliegt.

[1009] Die Sitzverlegung einer SE begründet nämlich keinen Anspruch auf erneute Vornahme von Verhandlungen, vgl. unten S. 299 ff.

[1010] Ebenso *Grobys*, NZA 2005, 84, 91.

[1011] *Hunger*, in: *Jannott/Frodermann* (Hrsg.), Handbuch der Europäischen Aktiengesellschaft, 9. Kap. I, Rn. 2; *Wenz*, in: *Theisen/Wenz* (Hrsg.), Die Europäische Aktiengesellschaft, S. 189, 225.

[1012] *Wenz*, in: *Theisen/Wenz* (Hrsg.), Die Europäische Aktiengesellschaft, 1. Aufl., Stuttgart 2002, S. 171, 212.

[1013] *Buchheim*, Europäische Aktiengesellschaft und Konzernverschmelzung, S. 279; *Kleinsorge*, RdA 2002, 343, 351; *Krause*, BB 2005, 1221, 1223; *Freis*, in: *Nagel/Freis/Kleinsorge* (Hrsg.), Die Beteiligung der Arbeitnehmer in der Europäischen Gewonach im Falle einer Sitzverlegung der SCE *„weiterhin mindestens das gleiche Maß an Rechten der Arbeitnehmer auf Beteiligung gelten"* soll. In Art. 8 Abs. 2 Unterabs. 2 SCE-RL ist ferner geregelt, dass bei einer grenzüberschreitenden Sitzverlegung einer mitbestimmten SCE *„den Arbeitnehmern zumindest dasselbe Niveau an Mitbestimmungsrechten zu gewährleisten"* ist.

Darüber hinaus wird gefordert, dass aufgrund der grenzüberschreitenden Sitzverlegung auch das Verhandlungsverfahren neu zu beginnen habe.[1014] Als Grund hierfür wird die Sicherung des bestehenden Mitbestimmungsniveaus[1015] bzw. Erwägungsgrund 18 SE-RL angeführt, da eine solche Sitzverlegung unter die dort genannten strukturellen Änderungen falle und demnach das gesamte Verfahren der SE-RL entsprechend anzuwenden sei.[1016]

Dieser Auffassung kann nicht zugestimmt werden, da es sich bei einer solchen Vorgehensweise nicht um eine für die Mitbestimmung relevante strukturelle Änderung handelt und eine Neuaufnahme des Verhandlungsverfahrens nicht erforderlich erscheint.[1017] Die Sitzverlegung lässt die Arbeitnehmerbeteiligung un-

---

sellschaft, S. 151., Rn. 11; *Rehberg*, ZGR 2005, 859, 864, 875; *Wenz*, in: *Theisen/Wenz* (Hrsg.), Die Europäische Aktiengesellschaft, S. 171, 215; *Zang*, Verlegung des Sitzes, S. 229 f. Als Beispiel wird im Schrifttum die Sitzverlegung einer durch Verschmelzung gegründeten SE, in der die Arbeitnehmermitbestimmung anhand der Auffangregelung installiert wurde, genannt. Handle es sich bei dem neuen Sitzstaat um einen Mitgliedstaat, der von der Möglichkeit des Opting Out in Art. 7 Abs. 3 SE-RL Gebrauch gemacht habe, dürfe dies trotzdem nicht dazu führen, dass die bestehende Arbeitnehmermitbestimmung in der SE verändert werden müsse; *Wenz*, in: *Theisen/Wenz* (Hrsg.), Die Europäische Aktiengesellschaft, S. 189, 234.

1014 *Grundmann*, in: *von Rosen* (Hrsg.), Die Europa AG, S. 47, 53, 59 f.; *Kleinsorge*, RdA 2002, 343, 351. Auch der österreichische Gesetzgeber gesteht für den Fall der Sitzverlegung gem. § 228 Abs. 2 ArbVG einen Anspruch auf erneute Verhandlungen zu. Begründet wird dies insbesondere mit durch die Sitzverlegung bedingte Änderungen in der Anzahl bzw. der Nationalität der Arbeitnehmer; Erläuterungen zur Regierungsvorlage der Änderung des ArbVG, S. 15, abgerufen unter *http://ris1.bka.gv.at/authentic/index.aspx?appl=begut&page=docbegut&docnr=6* am 25.08.2005 = *Gahleitner*, in: *Kalss/Hügel* (Hrsg.), Europäische Aktiengesellschaft, § 228 ArbVG, S. 783.

1015 *Kleinsorge*, RdA 2002, 343, 351.

1016 *Grundmann*, in: *von Rosen* (Hrsg.), Die Europa AG, S. 47, 60. Auch der österreichische Gesetzgeber sieht in der Sitzverlegung einer SE grundsätzlich eine wesentliche Strukturänderung; vgl. § 228 Abs. 2 ArbVG.

1017 Ebenso *Hunger*, in: *Jannott/Frodermann* (Hrsg.), Handbuch der Europäischen Aktiengesellschaft, 9. Kap. II 3.3, Rn. 37 ff.
Dagegen sieht es *Oechsler* zumindest als *„erörterungswürdig"* an, ob aufgrund der Sitzverlegung nicht ein Wegfall der Geschäftsgrundlage für die Vereinbarung über die Arbeitnehmerbeteiligung vorliege. Motivation für eine solche Einigung sei nämlich die davon abhängige An- oder Nichtanwendbarkeit der Auffangregelung, deren Geltung und Ausprägung wiederum vom jeweiligen Sitzstaat der SE abhänge; *Oechsler*, AG 2005, 373, 377. Allerdings spricht gegen diese Auffassung bereits, dass den nationalen Gesetz-

berührt, da sich die SE nicht den nationalen Vorschriften anpassen muss. Das Niveau der Mitbestimmung in der SE wird nicht vom dem jeweiligen Sitzstaat der SE, sondern von der bestehenden Partizipation in den beteiligten Gesellschaften beeinflusst. Ähnlich wie bei der Umstellung vom monistischen auf das dualistische System und umgekehrt, darf die bestehende Mitbestimmung in der SE durch eine Verlegung ihres Sitzes nicht beeinträchtigt werden. Dies gilt in gleichem Maße für das Verfahren der Unterrichtung und Anhörung. Des Weiteren ist ein Anspruch auf Neuaufnahme von Verhandlungen in einem solchen Fall weder erforderlich noch verhältnismäßig. Darf die in der SE installierte Mitbestimmung durch die Sitzverlegung nicht berührt werden, so ist ihr Niveau ausreichend geschützt.[1018] Begänne bei jeder Sitzverlegung der SE im Sinne des Art. 8 SE-VO erneut ein Verhandlungsverfahren, so wäre die Gesellschaftsform der SE einer ihrer größten Vorteile beraubt. Die Möglichkeit der grenzüberschreitenden Sitzverlegung verlöre ihre Attraktivität, wenn sie stets mit einem kosten- und zeitaufwendigen Verhandlungsverfahren einherginge.

Die eigentliche Problematik liegt auch nicht in der Sitzverlegung einer SE an sich, sondern in der anschließenden Rückumwandlung der SE in eine nationale Gesellschaft, die nun dem nationalen Recht des neuen Sitzstaats unterliegt.[1019] Diese Gefahr für das bestehende Mitbestimmungsniveau kann auch nicht durch den erneuten Beginn des Verhandlungsverfahrens bei Sitzverlegung gemindert werden. Schließlich wird zu Recht darauf hingewiesen, dass die Verweisung in Art. 8 Abs. 10 SE-VO auf Art. 12 SE-VO einschränkend auszulegen sei.[1020] Die Bezugnahme erfasse ausschließlich Art. 12 Abs. 1 SE-VO und nicht auch Art. 12 Abs. 2 SE-VO, wonach eine SE erst eingetragen werden könne, wenn die Frage der Arbeitnehmerbeteiligung auf die eine oder andere Weise gelöst worden sei. Während die Sitzverlegung keine strukturelle Änderung darstellt, kann es aufgrund dieses Gestaltungsaktes allerdings zu Verschiebungen der Arbeitnehmerzahlen aus den verschiedenen Mitgliedstaaten kommen. Die Sitzver-

---

gebern durch den Anhang der SE-RL die Umsetzung der Auffangregelung sehr detailliert vorgegeben wird. Daher werden sich die einzelstaatlichen Vorschriften in diesem Bereich nur unwesentlich unterscheiden, sodass diese geringfügige Diskrepanz nicht zu einem Wegfall des Motivs für den Abschluss einer Vereinbarung führen wird.

1018 Bei der Neuaufnahme von Verhandlungen kann es dagegen im Rahmen einer Vereinbarung sogar zu einer Mitbestimmungsminderung kommen.

1019 *Oplustil/Schneider*, NZG 2003, 13, 14. Ebenso bereits *Kraft* und *Hönn* zum VO-Entwurf 1975; *Kraft/Hönn*, in: *Lutter* (Hrsg.), Die Europäische Aktiengesellschaft, S. 327, 336. Sehen die Vorschriften in diesem Mitgliedstaat nun ein geringeres Maß oder gar keine Mitbestimmung der Arbeitnehmer vor, so droht eine Beeinträchtigung der in der SE bestehenden Arbeitnehmerpartizipation. Da es sich um einen Unterfall der Problematik der Renationalisierung der SE handelt, erfolgt eine Darstellung unten in S. 328 ff.

1020 *Hunger*, in: *Jannott/Frodermann* (Hrsg.), Handbuch der Europäischen Aktiengesellschaft, 9. Kap. II 3.3, Rn. 40.

teilung der Arbeitnehmervertreter im Aufsichts- bzw. Verwaltungsorgan und im Arbeitnehmervertretungsgremium ist dementsprechend zu modifizieren.[1021]

E. Auswirkungen aufgrund der Änderung der Arbeitnehmerzahl

Probleme sowohl bezüglich der Unterrichtung und Anhörung als auch der Mitbestimmung können sich ergeben, wenn sich die Gesamtzahl der beschäftigten Arbeitnehmer der SE, zum Beispiel durch eine Fusion der SE mit anderen Gesellschaften, Abspaltungen von Gesellschaften aus der SE, Veräußerungen von Betrieben bzw. Betriebsteilen oder Tochtergesellschaften[1022], verändert. Zunächst werden die möglichen unterschiedlichen Konstellationen der Änderungen der Arbeitnehmerzahlen dargestellt, die auf die in der SE bestehende Arbeitnehmerbeteiligung mehr oder weniger großen Einfluss nehmen können. Anschließend werden die bereits bestehenden Lösungsansätze aufgezeigt und diskutiert.

I. Folgen für die Mitbestimmung

Die Auswirkungen auf eine bestehende oder nicht bestehende Mitbestimmung der Arbeitnehmer in der SE sind aufgrund der geregelten Schwellenwerte in Art. 3 Abs. 4 Unterabs. 1 S. 3 bzw. Art. 7 Abs. 2 SE-RL von wesentlich größerer Tragweite als bei der Unterrichtung und Anhörung.

1. Vergrößerung der Gesamtzahl der Arbeitnehmer in der SE

Bei den Auswirkungen, die ein Zuwachs an Arbeitnehmern in der SE auf die Mitbestimmung haben kann, gibt es eine Vielzahl von Konstellationen je nachdem, ob in der SE bisher überhaupt Mitbestimmung bestand und wie sie installiert wurde, wie hoch der Anteil der neuen Arbeitnehmer an der Gesamtzahl aller Beschäftigten ist und ob die neu hinzukommenden Arbeitnehmer der Mitbestimmung unterliegen oder nicht.

a) Überschreitung der Schwellenwerte

In der SE-RL existieren zwei verschiedene Konstellationen, in denen Schwellenwerte eine Rolle spielen und deren Überschreitung demzufolge Auswirkungen auf die Mitbestimmung der Arbeitnehmer in der SE haben kann. Zum einen dienen sie gem. Art. 3 Abs. 4 SE-RL im Verhandlungsverfahren der Absicherung des bestehenden quantitativ höchsten Mitbestimmungsniveaus. Zum anderen führt bei Vorliegen der allgemeinen Voraussetzungen das Erreichen der Schwellenwerte in Art. 7 Abs. 2 Unterabs. 1 Buchst. b und c SE-RL automatisch zur Anwendbarkeit von Teil 3 An. SE-RL.

1021 Vgl. zum Ganzen *Hunger*, in: *Jannott/Frodermann* (Hrsg.), Handbuch der Europäischen Aktiengesellschaft, 9. Kap. II 3.3, Rn. 38 f.

1022 *Kleinsorge*, RdA 2002, 343, 351; *ders.*, in: *Baums/Cahn* (Hrsg.), Die Europäische Aktiengesellschaft, S. 140, 149.

Die Prozentzahlen differenzieren in ihrer Höhe zwar nur zwischen den einzelnen Gründungsformen und nicht zwischen Verhandlungsverfahren und Auffangregelung. Dennoch muss zwischen den Schwellenwerten des Art. 3 Abs. 4 und denen des Art. 7 Abs. 2 SE-RL unterschieden werden. In den folgenden Konstellationen ist allein auf die Erreichung der letztgenannten Schwellenwerte abzustellen, da es um die Frage geht, ob das Verhandlungsverfahren beginnen soll. Weil dessen weiterer Ablauf und sein Ergebnis[1023] nicht vorhersehbar sind, sind die Schwellenwerte des Art. 3 Abs. 4 SE-RL für die Beurteilung, ob überhaupt erneut mit Verhandlungen zu beginnen ist, nicht relevant. Zudem können die Schwellenwerte der Auffangregelung aufgrund der Berücksichtigung jeglicher Form der Mitbestimmung einfacher erreicht werden.

Eine relevante Überschreitung der Schwellenwerte liegt vor, wenn eine so große Anzahl der der Mitbestimmung unterliegenden Arbeitnehmer in die SE aufgenommen wird, dass diese Gruppe allein das erforderliche Quorum erreicht. Die Lösung einer solchen Konstellation erscheint zunächst unproblematisch. Zur Verdeutlichung soll folgender Beispielsfall dienen:

> *Auf eine mitbestimmungsfreie durch Verschmelzung gegründete SE mit Sitz in Frankreich und 6.000 Arbeitnehmern wird eine der französischen Mitbestimmung unterliegende SA mit 2.000 Arbeitnehmern verschmolzen.*

Die zur bestehenden SE hinzukommenden Arbeitnehmer stellen 30 Prozent der Gesamtzahl der Arbeitnehmer und erreichen damit bereits allein den Schwellenwert von 25 Prozent der mitbestimmten Beschäftigten. Damit liegen die Voraussetzungen für die Aufnahme von Verhandlungen vor.

Anders stellt sich die Situation aber dar, wenn die Gründung der SE und die spätere Aufnahme der Arbeitnehmer durch jeweils andere gesellschaftsrechtliche Gestaltungen erfolgt. Dies wird durch die Abwandlung des obigen Beispielfalls ersichtlich:

> *Auf eine mitbestimmungsfreie Tochter-SE mit Sitz in Frankreich und 6.000 Arbeitnehmern wird eine der französischen Mitbestimmung unterliegende SA mit 2.000 Arbeitnehmern verschmolzen.*

Während im ersten Beispielsfall stets eine Fusion vorlag, handelt es sich nun einerseits um die Gründung einer Tochter-SE mit dem Schwellenwert von 50 Prozent und andererseits um eine Verschmelzung mit dem Quorum von lediglich 25 Prozent. Wird auf die erstere Gründungsform abgestellt, dann würde der geforderte Anteil von 50 Prozent verfehlt, da die neu hinzukommenden Arbeitnehmer lediglich den Anteil von 30 Prozent an der Gesamtzahl der Beschäftigten erreichen. Wird allein die spätere strukturelle Änderung durch Verschmelzung berücksichtigt, so läge eine Überschreitung vor.

[1023] Dieses kann von einer Vereinbarung über die Anwendbarkeit der Auffangregelung bis zu einem Beschluss nach Art. 3 Abs. 6 SE-RL gehen.

Dieses Problem wird aber nicht nur dann relevant, wenn es um die Überschreitung der Schwellenwerte als Kriterium für den Beginn des Verhandlungsverfahrens geht. Fände ein solches Verfahren tatsächlich statt, so wären auch für die Beschlussfassung des BVG über eine Mitbestimmungsminderung bzw. für die Anwendbarkeit der Auffangregelung die Schwellenwerte zu beachten. Dann stellt sich aber ebenso die Frage, welche gesellschaftsrechtliche Gestaltung Berücksichtigung finden soll. In Erwägungsgrund 21 S. 5 SCE-RL findet sich zwar ein Hinweis auf den maßgeblichen Willen des europäischen Gesetzgebers bei Überschreitung der Schwellenwerte nach Eintragung der SCE.[1024] Doch auch aus dieser Vorschrift ist nicht ersichtlich, auf welchen Schwellenwert nun abzustellen ist.

Des Weiteren ist auch die Konstellation zu erfassen, dass allein durch das Hinzukommen von mitbestimmten Arbeitnehmern die Schwellenwerte noch nicht überschritten werden. Werden diese aufzunehmenden Arbeitnehmer aber zu den Arbeitnehmern gezählt, die bereits im Moment der Gründung der SE der Mitbestimmung unterlagen, so wäre zu dem damaligen Zeitpunkt der fragliche Schwellenwert erreicht worden. Zur Verdeutlichung wird folgender Beispielsfall übernommen:

> *„Durch eine nachträgliche Verschmelzung einer paritätisch mitbestimmten deutschen Aktiengesellschaft auf eine bereits durch Fusion gegründete SE nach deutschem SE-Statut werden gem. Art. 7 SE-RL erstmals überhaupt die Voraussetzungen für das Eingreifen der Auffangregelung und damit einer Unternehmensmitbestimmung erfüllt.“*[1025]

Dieser Fall ist unproblematisch, da sowohl die Gründung der SE als auch die Eingliederung der deutschen AG durch Fusion erfolgten. Damit kann nur der Schwellenwert von 25 Prozent relevant sein. Wiederum anders stellt sich die Situation dar, wenn die SE nicht durch eine Verschmelzung gegründet wurde, sondern es sich um eine Holding-SE oder Tochter-SE handelte. Bei diesen beiden Gründungsformen beträgt der Schwellenwert je 50 Prozent. Findet nun eine Fusion statt, so kann die Konstellation eintreten, dass zwar immer noch nicht die relevanten 50 Prozent der Arbeitnehmer einer Mitbestimmung unterlagen. Allerdings kann nun der bei einer Verschmelzung erforderliche Schwellenwert von 25 Prozent erreicht worden sein. Auch hier ist daher die Frage zu klären, auf welche Schwellenwerte abgestellt werden soll.

b) Unterschreitung der Schwellenwerte

Andererseits kann aber das Eintreten von Arbeitnehmern, die keiner Mitbestimmung oder einem geringeren Mitbestimmungsniveau unterliegen, in eine bereits

---

[1024] Erwägungsgrund 21 S. 5 SCE-RL lautet: *„Wird der Schwellenwert hinsichtlich der Beteiligung der Arbeitnehmer nach der Eintragung einer SCE erreicht oder überschritten, so sollten diese Rechte in gleicher Weise gelten, wie sie gegolten hätten, wenn dieser Schwellenwert schon vor Eintragung erreicht oder überschritten worden wäre.“*

[1025] *Herfs-Röttgen*, NZA 2002, 358, 365.

bestehende SE zur Folge haben, dass die bei Gründung der SE bereits erreichten Schwellenwerte nun unterschritten werden. Anders als bei ihrer Überschreitung kann davon ausgegangen werden, dass die Berücksichtigung einer solchen Konstellation häufig negative Folgen für die in der SE bestehende Mitbestimmung mit sich bringen wird. In einem solchen Fall ist es sinnvoll, zwischen den Schwellenwerten des Verhandlungsverfahrens und denen der Auffangregelung zu unterscheiden. Zwar können die Schwellenwerte des Art. 3 Abs. 4 SE-RL wesentlich schwerer unterschritten werden, da nur das Hinzukommen von den Arbeitnehmern Berücksichtigung findet, die der zu mindernden oder bereits geminderten Mitbestimmung nicht unterliegen. Allerdings haben sich die Prozentzahlen in dieser Konstellation je nach der Vorgehensweise des BVG bereits ausgewirkt. Entweder wurde trotz Erreichung der Schwellenwerte eine Vereinbarung getroffen oder der Anwendungsbereich der Auffangregelung eröffnet.

Wurde eine Vereinbarung zwischen dem BVG und den zuständigen Organen der beteiligten Gesellschaften abgeschlossen, so kann aufgrund der Erreichung der Schwellenwerte ein Beschluss des BVG über die Minderung von Mitbestimmung an dem Erfordernis der dreifach qualifizierten Mehrheit gescheitert sein. Das Hinzukommen neuer Arbeitnehmer, die keiner Mitbestimmung oder einem geringeren Mitbestimmungsniveau unterliegen, als dem, dessen Minderung bei Gründung der SE an der dreifach qualifizierten Mehrheit gescheitert ist, kann nun relevant werden. Werden sie nämlich in einer solchen Anzahl aufgenommen, dass zum Zeitpunkt der Gründung der SE die Schwellenwerte nicht erreicht worden wären, so hätte damals eine Mitbestimmungsminderung mit der doppelten absoluten Mehrheit beschlossen werden können. Dies soll anhand des folgenden Beispiels erläutert werden:

> *Die dem MitbestG unterliegende deutsche Gesellschaft A, die der Drittelbeteiligung unterliegende französische Gesellschaf B und die englische Gesellschaft C sind zu einer SE mit Sitz in Frankreich verschmolzen. Im Rahmen des Verhandlungsverfahrens sollte auf Initiative der britischen Arbeitnehmervertreter eine Minderung der in der deutschen Gesellschaft bestehenden Mitbestimmung beschlossen werden. Da aber A mehr als 25 Prozent der Gesamtzahl aller Arbeitnehmer der zukünftigen SE stellte, scheiterte das Vorhaben an der erforderlichen dreifach qualifizierten Mehrheit. Die Verhandlungsparteien einigten sich schließlich auf die Übernahme der deutschen Mitbestimmung.*
>
> *Nach einiger Zeit fusioniert die SE mit der französischen Gesellschaft D, deren Arbeitnehmer in die SE eingegliedert werden. Dadurch wäre der bei der Gründung der SE relevante Schwellenwert von 25 Prozent nun unterschritten, so dass bei einer Neuaufnahme von Verhandlungen nun zumindest die französische Drittelbeteiligung eingeführt werden könnte.*

Daher stellt sich die Frage, ob auch aufgrund dieser strukturelle Änderung erneut mit dem Verhandlungsverfahren zu beginnen ist. Zu bedenken ist, dass dadurch eine Verminderung der bereits in der SE bestehenden Mitbestimmung droht. Darüber hinaus besteht wiederum das Problem, auf welche Schwellenwerte abzustellen ist, wenn die Gründung der SE und die anschließende Eingliederung neuer Arbeitnehmer durch verschiedene gesellschaftsrechtliche Gestaltungsformen erfolgt.

Im Falle der Auffangregelung könnte die Berücksichtigung einer Unterschreitung der Schwellenwerte als Auslöser der erneuten Aufnahme von Verhandlungen noch schwerwiegendere Folgen für die in der SE bestehende Arbeitnehmerbeteiligung haben. Sobald die Anteile in Art. 7 Abs. 2 SE-RL nicht mehr erreicht werden, ist die automatische Anwendbarkeit von Teil 3 An. SE-RL ausgeschlossen und ein Beschluss des BVG erforderlich. Hätten dort die Mitglieder, die die Einführung der Mitbestimmung befürworten, keine Mehrheit, so fände die Auffangregelung in diesem Bereich keine Anwendung. Die SE unterläge nicht mehr dieser Partizipationsform.

c) Änderung der Mehrheitsverhältnisse im BVG

Aber selbst wenn das Hinzukommen weiterer Arbeitnehmer in die SE nicht zu einer Überschreitung oder Unterschreitung der relevanten Schwellenwerte führt, besteht die Möglichkeit der Änderung der Stimmverhältnisse im BVG. Dies könnte sich ebenfalls auf die Mitbestimmung der Arbeitnehmer in der SE auswirken, wenn ein gefasster Beschluss des BVG aufgrund der neu hinzutretenden Arbeitnehmer hätte anders ausfallen können.

aa) Im Rahmen des Verhandlungsverfahrens

Im Rahmen des Verhandlungsverfahrens sind mehrere Konstellationen denkbar, die ohne gleichzeitige Über- bzw. Unterschreitung der Schwellenwerte für die Mitbestimmung relevante Auswirkungen auf die Mehrheitsverhältnisse im BVG haben können. Ausgangspunkt ist, dass aufgrund der Überschreitung der Schwellenwerte in Art. 3 Abs. 4 SE-RL zwar die dreifach qualifizierte Mehrheit für eine Mitbestimmungsminderung benötigt worden war, diese aber nicht erreicht wurde. Werden nun neue mitbestimmte Arbeitnehmer eingegliedert, so können sich bei der Aufnahme erneuter Verhandlungen die Mehrheitsverhältnisse im BVG dahingehend ändern, dass sich diese besondere Mehrheit nicht mehr fände. Dagegen kann im Falle der Nichterreichung dieser speziellen Mehrheit bei Gründung der SE das Hinzukommen neuer Arbeitnehmer dazu führen, dass aufgrund der Veränderungen in der Zusammensetzung des BVG nun der Beschluss über eine Mitbestimmungsminderung möglich erscheint.

Wurden die Schwellenwerte in Art. 3 Abs. 4 SE-RL nicht erreicht, so war bei Gründung der SE für einen Beschluss über die Einführung von Mitbestimmungsminderung nur die doppelte absolute Mehrheit erforderlich. Sowohl hinsichtlich der Tatsache, dass diese Mehrheit bei Gründung der SE erreicht wurde, als auch, dass ein Beschluss daran scheiterte, kann das Hinzukommen neuer Arbeitnehmer Auswirkungen haben. Dabei sind im Prinzip die gleichen Konstellationen wie bei überschrittenen Schwellenwerten zu erwägen, nur dass sich die Mehrheitsverhältnisse bei der zweifach absoluten Mehrheit geändert haben müssen.

Schließlich kommt in Betracht, dass sich die Mehrheitsverhältnisse hinsichtlich der zweifach absoluten Mehrheit im BVG ändern können, ohne dass es auf das Erreichen oder Nichterreichen der Schwellenwerte ankommt. Eine solche Situation kann eintreten, wenn im BVG nicht über eine Minderung der Mitbestimmung, sondern über deren Beibehaltung bzw. deren Erweiterung abgestimmt wurde. Dann könnte durch die Eingliederung neuer Arbeitnehmer die erforderliche Mehrheit für einen solchen Beschluss bei Neuaufnahme von Verhandlungen, je nach Abstimmungsverhalten der Mitglieder im BVG, erreicht oder nicht erreicht werden.

bb) Im Rahmen der Auffangregelung

Im Rahmen der Auffangregelung kann das Hinzukommen neuer Arbeitnehmer in die SE dann relevant sein, wenn die Schwellenwerte in Art. 7 Abs. 2 Unterabs. 1 SE-RL bei Gründung der SE nicht erreicht wurden. In einem solchen Fall kommt es für die Anwendbarkeit von Teil 3 An. SE-RL auf eine Vereinbarung und demnach auf die Mehrheitsverhältnisse im BVG an. Der Beitritt neuer Arbeitnehmer könnte bei Neuaufnahme von Verhandlungen positive Effekte für die Mitbestimmung herbeiführen, wenn aufgrund des Scheiterns eines solchen Beschlusses Teil 3 An. SE-RL zum Zeitpunkt der Gründung der SE nicht zur Anwendung gekommen ist. Aufgrund der Änderung der Mehrheitsverhältnisse im BVG erscheint nun sogar der Abschluss einer Vereinbarung denkbar. Umgekehrt könnte ein bestehender Beschluss des BVG zur Anwendung von Teil 3 An. SE-RL wieder zu Fall gebracht werden.

Wurde über die Anwendbarkeit von Teil 3 An. SE-RL positiv entschieden und bestehen mehrere Mitbestimmungsformen in den verschiedenen beteiligten Gesellschaften der SE, dann kann das BVG durch Beschluss zwischen diesen Formen wählen.[1026] Auch in einem solchen Fall könnte die Änderung der Mehrheitsverhältnisse im BVG die Einführung eines bestimmten Systems beeinflussen.

cc) Weitere Konstellationen

Die Mehrheitsverhältnisse im BVG sind gem. Art. 3 Abs. 6 SE-RL auch für den Beschluss über die Nichtaufnahme bzw. über den Abbruch der Verhandlungen relevant. Hat das BVG mit der erforderlichen dreifach qualifizierten Mehrheit einen solchen Beschluss gefasst, so besteht in dem betreffenden Organ der SE keine Arbeitnehmermitbestimmung. Werden nun aber weitere Arbeitnehmer in die SE eingegliedert, so kann eine Verschiebung der Mehrheitsverhältnisse im BVG erfolgen. Zur Verdeutlichung soll folgendes Beispiel dienen:

> *Die deutsche Gesellschaft A mit 4.000 Arbeitnehmern, die irische Gesellschaft B mit 6.000 Arbeitnehmern und die englische Gesellschaft C mit 10.000 Arbeitnehmern verschmelzen zu einer SE mit Sitz in Deutschland. Noch vor Beginn des Verhandlungsverfahrens haben die irischen und britischen Arbeitnehmervertreter, die im BVG acht von*

[1026] Vgl. oben S. 250 ff.

zehn Sitzen innehaben, geschlossen für eine Nichtaufnahme der Verhandlungen gestimmt. Nach einiger Zeit fusioniert die SE mit der deutschen Gesellschaft D, deren 5.000 Arbeitnehmer nun in die SE eingegliedert werden.

Würde nun die erneute Bildung eines BVG erfolgen, so bestünde es aus drei deutschen, zwei irischen und vier britischen Arbeitnehmervertretern.[1027] Dies hätte zur Folge, dass bei einem Beschluss über die Nichtaufnahme von Verhandlungen die irischen und britischen Mitglieder allein nicht die erforderliche dreifach qualifizierte Mehrheit erreichen könnten. Es fehlt an der Anforderung, dass sie mindestens zwei Drittel der Arbeitnehmer vertreten, da der Anteil der deutschen Arbeitnehmer an der Gesamtzahl 36 Prozent beträgt.

Die Ausgangslage kann auch darin bestehen, dass ein solcher Beschluss aufgrund der fehlenden dreifach qualifizierten Mehrheit gerade nicht gefasst wurde. Dann könnte die Integration neuer Arbeitnehmer dazu führen, dass nun die erforderliche Mehrheit für ein solches Abstimmungsergebnis mit seinen negativen Folgen für eine Mitbestimmung in der SE erreicht wird.

Schließlich kann es der Eintritt neuer Arbeitnehmer in eine SE mit sich bringen, dass die SE erstmals überhaupt mit der Mitbestimmung in Berührung kommt bzw. das bestehende Mitbestimmungsniveau erhöht wird. Diesbezüglich wird im Schrifttum folgender Beispielsfall aufgeführt:

> *„Auf eine durch eine Public Company Limited by Shares und eine drittel-mitbestimmte deutsche Aktiengesellschaft gebildete Verschmelzungs-SE wird später eine weitere deutsche Aktiengesellschaft mit paritätischer Mitbestimmung verschmolzen."*[1028]

Es stellt sich dabei die Frage, ob durch die Neuaufnahme von Verhandlungen den Arbeitnehmern die Gelegenheit zur Einführung der paritätischen Mitbestimmung in die SE gegeben werden soll.[1029]

2. Verringerung der Gesamtzahl der Arbeitnehmer in der SE

Die Anzahl der in einer SE beschäftigten Arbeitnehmer kann sich aber auch, zum Beispiel durch Ausgliederung oder Schließung von Unternehmen oder Betrieben, verkleinern. Diese Änderungen können unter gewissen Umständen ebenfalls Auswirkungen auf die Mitbestimmung in der SE haben. Dies hängt davon ab, ob in der SE bisher überhaupt Mitbestimmung bestand, welches Niveau existierte, wie hoch der Anteil des Verlusts an Arbeitnehmern ist und welchem Mitbestimmungsniveau sie unterlagen.

1027 Nach der in vorliegenden Arbeit vertretenen Auffassung besteht ab zehn Prozent der Gesamtzahl kein Anspruch auf einen Sitz für einen Bruchteil dieser Tranche; vgl. oben S. 158 ff.

1028 *Herfs-Röttgen*, NZA 2002, 358, 365.

1029 Vgl. unten S. 324 ff.

a) Überschreitung der Schwellenwerte

Eine Überschreitung der in Art. 3 Abs. 4 und Art. 7 Abs. 2 SE-RL geregelten und bei der SE-Gründung nicht erreichten Schwellenwerte ist durch die Verringerung der Gesamtzahl der Arbeitnehmer möglich. Allerdings ist zu berücksichtigen, dass für die Schwellenwerte nur der Verlust von Arbeitnehmern aus den beteiligten Gesellschaften, nicht aber aus den Tochtergesellschaften und Betrieben relevant ist.

Wurden die Schwellenwerte des Art. 3 Abs. 4 SE zum Zeitpunkt der Gründung der SE nicht erreicht, so konnte im BVG mit lediglich doppelter absoluter Mehrheit eine Mitbestimmungsminderung beschlossen werden. Das Ausscheiden von Arbeitnehmern, die keiner oder einer niedrigeren Mitbestimmung als in der SE unterliegen[1030], könnte bei einer Neuaufnahme von Verhandlungen Änderungen mit sich bringen. Fallen diese Beschäftigten in einer solchen Größenordnung weg, dass danach die Schwellenwerte überschritten werden, so wäre nämlich für die Einführung von Mitbestimmungsminderung nun die dreifach qualifizierte Mehrheit erforderlich.

Durch den Wegfall nicht der Mitbestimmung unterliegender Arbeitnehmer können auch die zunächst nicht erreichten Schwellenwerte des Art. 7 Abs. 2 SE-RL überschritten werden. Würde den Arbeitnehmern der SE die Möglichkeit zur Neuaufnahme von Verhandlungen zugesprochen, hätte dies noch größere Relevanz, da unabhängig davon, ob sich die Mitglieder des BVG einigen, zumindest Teil 3 An. SE-RL anwendbar wäre.[1031]

b) Unterschreitung der Schwellenwerte

Die Verringerung der Gesamtzahl der Arbeitnehmer in einer SE kann aber auch die Unterschreitung der bei Gründung der SE eingreifenden Schwellenwerte in Art. 3 Abs. 4 bzw. Art. 7 Abs. 2 SE-RL zur Folge haben, wenn Arbeitnehmer aus der SE ausscheiden, die bisher in ihren Gesellschaften der Mitbestimmung unterlagen.

Eine Unterschreitung der Schwellenwerte des Art. 3 Abs. 4 SE-RL aufgrund der Ausgliederung von mitbestimmten Arbeitnehmern kann eintreten, wenn bei ihnen eine auf bzw. über dem Niveau der SE liegende Mitbestimmung besteht. Dies kann von Bedeutung sein, wenn bei Gründung der SE die aufgrund der Überschreitung der Schwellenwerte erforderliche dreifach qualifizierte Mehrheit für den Beschluss im BVG zur Mitbestimmungsminderung nicht erreicht wurde. Der Wegfall der Arbeitnehmer und der damit einhergehende Verlust des Gebots dieser besonderen Mehrheit könnte dazu führen, dass ein Neubeginn des Verhandlungsverfahrens einen Mitbestimmungsverlust mit sich bringt.

1030 Bzw. im Falle der Gründung einer Verschmelzungs-SE unterlagen.

1031 Allerdings könnte auch ein Beschluss i.S.d. Art. 3 Abs. 6 SE-RL gefasst werden.

Zu einer Unterschreitung der Schwellenwerte des Art. 7 Abs. 2 SE-RL kann es schneller kommen, da dafür das Ausscheiden von Arbeitnehmern mit jeglicher Form von Mitbestimmung von Bedeutung ist. Werden nun die erforderlichen Prozentzahlen in Art. 7 Abs. 2 SE-RL nicht mehr erreicht, wäre die automatische Anwendbarkeit von Teil 3 An. SE-RL ausgeschlossen und ein Beschluss des BVG erforderlich. Haben dort die die Einführung von Mitbestimmung befürwortenden Mitglieder keine Mehrheit, fände die Auffangregelung in diesem Bereich keine Anwendung. Die SE unterläge nicht mehr dieser Partizipationsform.

c) Änderung der Mehrheitsverhältnisse im BVG

Aber selbst wenn der Wegfall von Arbeitnehmern der SE nicht zu einer Über- bzw. Unterschreitung der relevanten Schwellenwerte führt, bestünde die Möglichkeit der Änderung der Mehrheitsverhältnisse im BVG. Immer dann wenn ein Beschluss des BVG gefasst wurde, der nun aufgrund der Änderung der Zusammensetzung des BVG durch das Ausscheiden von Arbeitnehmern anders ausfallen kann, könnten sich die Änderungen auf die Mitbestimmung in der SE auswirken.

aa) Im Rahmen des Verhandlungsverfahrens

Im Rahmen des Verhandlungsverfahrens sind mehrere Konstellationen denkbar, die ohne Über- bzw. Unterschreitung der Schwellenwerte Einfluss auf die Mehrheitsverhältnisse im BVG haben und damit mitbestimmungsrelevante Folgen auslösen können.

Wurde aufgrund der Überschreitung der Schwellenwerte des Art. 3 Abs. 4 SE-RL für die Verminderung der Mitbestimmung die dreifach qualifizierte Mehrheit benötigt und diese nicht erreicht, so könnte der Wegfall von mitbestimmten Arbeitnehmern relevant werden. Dies ist der Fall, wenn aufgrund der mit dem Ausscheiden von Beschäftigten einhergehenden Änderung der Zusammensetzung im BVG die erforderliche besondere Mehrheit nun erreichbar erscheint. Anders stellt sich die Situation dar, wenn mit dreifach qualifizierter Mehrheit bereits eine Mitbestimmungsminderung beschlossen wurde. Dann könnte die Ausgliederung nicht der Mitbestimmung bzw. einem geringeren Mitbestimmungsniveau unterliegender Arbeitnehmer dazu führen, dass diese besondere Mehrheit aus jetziger Sicht nicht mehr vorliegt. Ein erfolgreicher Beschluss über die Vornahme von Mitbestimmungsminderung wäre zumindest wenig wahrscheinlich.

Wurden die Schwellenwerte des Art. 3 Abs. 4 SE-RL nicht erreicht, so konnte die Mitbestimmungsminderung in die SE mit der zweifachen absoluten Mehrheit eingeführt werden. Hinsichtlich des Wegfalls von Arbeitnehmern kommen im Prinzip die gleichen Konstellationen in Betracht wie bei überschrittenen Schwellenwerte, nur dass sich die Mehrheitsverhältnisse im BVG lediglich hinsichtlich dieser Mehrheit ändern müssen.

Schließlich können sich die Mehrheitsverhältnisse bei der zweifach absoluten Mehrheit im BVG ändern, ohne dass es auf das Erreichen oder Nichterreichen der Schwellenwerte ankommt. Eine solche Situation kann entstehen, wenn im BVG nicht über eine Minderung der Mitbestimmung, sondern über deren Beibehaltung bzw. deren Erweiterung abgestimmt wurde. Durch den Wegfall von Arbeitnehmern könnte die erforderliche doppelte absolute Mehrheit für einen solchen Beschluss, je nach Abstimmungsverhalten der Mitglieder des BVG, erreicht oder nicht erreicht werden.

bb) Im Rahmen der Auffangregelung

Auch im Rahmen der Auffangregelung kann ein Ausscheiden von Arbeitnehmern unabhängig von den Schwellenwerten des Art. 7 Abs. 2 SE-RL zu Änderungen führen. Wurden die die automatische Anwendung von Teil 3 An. SE-RL herbeiführenden Quoren nicht erreicht, kommt es gem. Art. 7 Abs. 2 Unterabs. 1 Buchst. b 2. Spstr. und Buchst. c 2. Spstr. SE-RL auf einen entsprechenden Beschluss des BVG an. Je nachdem ob eine Ausgliederung von der Mitbestimmung unterliegenden oder nicht unterliegenden Arbeitnehmern stattfindet, könnte dies eine Verschiebung der Mehrheitsverhältnisse im BVG zugunsten oder zulasten eines solchen Beschlusses zur Folge haben. Wurde ein solcher Beschluss bei SE-Gründung gefasst, so ist bei Bestehen mehrerer Mitbestimmungsformen auch für deren Auswahl gem. Art. 7 Abs. 2 Unterabs. 2 S. 1 SE-RL die Verteilung der Arbeitnehmervertreter im BVG relevant.

cc) Weitere Konstellationen

Auch im Rahmen des Beschlusses gem. Art. 3 Abs. 6 SE-RL kann der Wegfall von Arbeitnehmern für die Mitbestimmung in der SE bedeutsam werden. Hat das BVG mit der erforderlichen dreifach qualifizierten Mehrheit einen solchen Beschluss gefasst, so besteht in dem betreffenden Organ der SE keine Arbeitnehmermitbestimmung. Werden nun aber Arbeitnehmer aus der SE entfernt, so könnte eine Verschiebung der Mehrheitsverhältnisse im BVG erfolgen. Dies kann zur Folge haben, dass in der jetzigen Situation die besondere Mehrheit für den Beschluss i.S.d. Art. 3 Abs. 6 SE-RL nicht mehr zustande käme. Es könnte die Installation von Mitbestimmung über die Neuaufnahme des Verhandlungsverfahrens erfolgen. Andererseits besteht die Möglichkeit, dass ein solcher Beschluss nicht gefasst worden ist, da es an der erforderlichen dreifach qualifizierten Mehrheit gefehlt hat. Dann kann der Wegfall von Arbeitnehmern dazu führen, dass nun ein solches Abstimmungsergebnis möglich erscheint.

Als Auslöser für die Neuaufnahme von Verhandlungen kann auch darauf abgestellt werden, ob durch den Verlust von Arbeitnehmern das Mitbestimmungsniveau in der SE verringert wird. Eine solche Konstellation ergibt sich beispielsweise dann, wenn die beteiligte Gesellschaft, die das höchste Mitbestimmungsniveau in der SE innehat, wegfällt. Dies kann folgendermaßen erfolgen:

Eine Muttergesellschaft A aus Japan hat in Frankreich, Deutschland und Großbritannien Vertriebstochtergesellschaften. Diese drei Vertriebsgesellschaften gründen nun eine Holding-SE, in der die in der deutschen Gesellschaft bestehende Mitbestimmung installiert wird. Als der Absatz in Deutschland einbricht, wird die deutsche Gesellschaft liquidiert. [1032]

Bei Neuaufnahme von Verhandlungen aufgrund dieser Änderung ist es sehr ungewiss, ob die nach dem deutschen Modell eingerichtete Mitbestimmung weiterhin Bestand hätte. Daher stellt sich die Frage, ob in einem solchen Fall stets erneut mit Verhandlungen zu beginnen ist.[1033]

d) Wegfall der nationalen Anwendungsvoraussetzungen für die Mitbestimmung

Des Weiteren können aufgrund des Verlusts von Arbeitnehmern die nationalen Anwendungsvoraussetzungen der Mitbestimmung von an der SE beteiligten Gesellschaften entfallen. Auch hier erscheint eine Veränderung der Mitbestimmung in der SE möglich, insbesondere wenn die betroffene nationale Gesellschaft die Einrichtung dieser Partizipationsform in der SE besonders beeinflusst hat. Im Schrifttum wurde folgender Fall konstruiert:

„Eine britische Public Company Limited by Shares ohne Unternehmensmitbestimmung und eine deutsche Aktiengesellschaft mit paritätischer Mitbestimmung nach dem MitbestG 1976 gründen im Wege der Verschmelzung eine SE mit Sitz in der Bundesrepublik. Eine Vereinbarung über die Unternehmensmitbestimmung ist nicht zustande gekommen, so dass sich die Arbeitnehmermitbestimmung nach Teil 3 des Anhangs richtet. ... Der Aufsichtsrat der SE ist (...) nach dem MitbestG 1976 zusammengesetzt. Durch die nachträgliche Abspaltung von Unternehmensteilen entfallen in Folge der nunmehr unter 2000 Mitarbeiter gesunkenen Arbeitnehmerzahl die Voraussetzungen für eine Unternehmensmitbestimmung nach Maßgabe des MitbestG 1976." [1034]

In einer solchen Konstellation wiegt der Wegfall der Voraussetzungen für die Anwendung der nationalen Mitbestimmungsregelungen am schwersten, da die Mitbestimmung der SE indirekt auf diesen Anforderungen beruht. Hätte die deutsche Gesellschaft bereits zum Zeitpunkt der SE-Gründung eine unter 2000 Arbeitnehmern liegende Beschäftigtenzahl gehabt, hätte eine Mitbestimmung nach dem DrittelbG bestanden und es wäre aufgrund von Teil 3 An. SE-RL lediglich eine drittelparitätische Mitbestimmung in die SE zu installieren gewesen.

II. Folgen für die Unterrichtung und Anhörung

Die Veränderung der Arbeitnehmerzahl in einer SE hat nur Auswirkungen auf die nähere Ausgestaltung der Unterrichtung und Anhörung.

[1032] Vgl. zur Gründung dieser Holding-SE *Wenz*, AG 2003, 185, 192.

[1033] Vgl. unten S. 324 ff.

[1034] *Herfs-Röttgen*, NZA 2002, 358, 364.

1. Unterrichtung und Anhörung aufgrund der Auffangregelung

Wurde eine solche Information und Konsultation aufgrund der Auffangregelung installiert, so müssen die Mitgliedstaaten laut Teil 1 Buchst. b Unterabs. 2 An. SE-RL Vorschriften erlassen, die Änderungen innerhalb der SE, ihrer Tochtergesellschaften und Betriebe regeln. Da sich die Anzahl der Mitglieder des Vertretungsorgans und dessen Zusammensetzung nach den Grundsätzen der Proportionalität und Repräsentation richtet, sind diese Variablen an die veränderten Arbeitnehmerzahlen anzupassen.

Werden neue Arbeitnehmer in die SE eingegliedert, so ergeben sich in zweierlei Hinsicht relevante Veränderungen. Zum einen könnten Arbeitnehmer aus einem Mitgliedstaat hinzukommen, der bis jetzt noch nicht an der bestehenden SE beteiligt war. Aufgrund des Repräsentationsgrundsatzes müsste daher eine Anpassung erfolgen. Zum anderen könnten weitere Arbeitnehmer aus einem bereits an der SE beteiligten Mitgliedstaat aufgenommen werden, sodass eine Angleichung aufgrund des Grundsatzes der Proportionalität vorzunehmen ist.

Wird die Anzahl der Arbeitnehmer einer SE verringert, besteht eine vergleichbare Problematik. Einerseits könnten nun Mitglieder im Vertretungsorgan aus einem Mitgliedstaat stammen, in dem keine Arbeitnehmer der SE mehr beschäftigt sind. Andererseits könnte die Anzahl der Arbeitnehmervertreter aus einem Mitgliedstaat in diesem Gremium nun außer Verhältnis zur Gesamtzahl der Mitglieder stehen, da sich die Zahl der dort beschäftigten Arbeitnehmer innerhalb der SE verringert hat.

2. Unterrichtung und Anhörung aufgrund einer Vereinbarung

Allerdings enthält die SE-RL keine Vorgaben für den Fall, dass sich die Änderung der Arbeitnehmerzahl auf ein vereinbartes Unterrichtungs- und Anhörungsverfahren auswirken kann. Wurde ein Vertretungsorgan eingerichtet, so werden zwar von der SE-RL keine Vorgaben über die Zusammensetzung, Mitgliederanzahl und Sitzverteilung getroffen. Unabhängig von den zwischen den Verhandlungsparteien vereinbarten Regelungen kann die Ein- bzw. Ausgliederung neuer Arbeitnehmer aber Auswirkungen auf dieses Gremium haben. Zu Reaktionen wird es beispielsweise kommen, wenn sämtliche Beschäftigte aus einem Mitgliedstaat aus der SE ausgeschieden sind und ihre Mitglieder im Vertretungsorgan folglich keine Arbeitnehmer mehr repräsentieren.

Darüber hinaus ist die Einführung anderweitiger Verfahren der Unterrichtung und Anhörung ohne Einrichtung eines speziellen Gremiums für die Arbeitnehmervertreter denkbar. Auch hier kann die Änderung der Arbeitnehmerzahl Auswirkungen mit sich bringen. Kommen, zum Beispiel durch die Fusion der SE mit einer nationalen Gesellschaft ihres Sitzstaats, Arbeitnehmer hinzu, so sind deren bestehende nationale Arbeitnehmervertretungen von dem in der SE bestehenden Verfahren der Unterrichtung und Anhörung zunächst ausgenommen. Findet dagegen eine Ausgliederung von Arbeitnehmern aus der SE statt, dürfen deren Vertreter nicht mehr über die Angelegenheiten der SE informiert und konsultiert werden.

3. Anwendung der EBR-RL aufgrund eines Beschlusses i.S.d. Art. 3 Abs. 6 SE-RL

Fasst das BVG einen Beschluss im Sinne des Art. 3 Abs. 6 SE-RL, so findet gem. Art. 13 Abs. 1 Unterabs. 2 SE-RL die EBR-RL Anwendung. Die Veränderung der Arbeitnehmerzahl könnte entweder einen Wechsel der Mehrheitsverhältnisse im Rahmen der Beschlussfassung mit sich bringen oder auf die Unterrichtung und Anhörung der anzuwendenden EBR-RL Einfluss haben. So kann bei Eröffnung des Anwendungsbereichs der EBR-RL die Änderung der Arbeitnehmerzahl Auswirkungen auf die Zusammensetzung des EBR bzw. auf das installierte Verfahren zur Unterrichtung und Anhörung der Arbeitnehmer haben.[1035]

Zwar fehlt es in Art. 6 Abs. 2 Buchst. f EBR-RL an der in Art. 4 Abs. 2 Buchst. h SE-RL geregelten Anforderung, dass auch die Fälle, in denen erneute Verhandlungen aufgenommen werden sollten, Inhalt einer Vereinbarung sind. Aber der deutsche Gesetzgeber hat in § 18 Abs. 1 Nr. 6 EBRG aufgenommen, dass in einer Vereinbarung insbesondere eine *„Klausel zur Anpassung der Vereinbarung an Strukturänderungen"* festgelegt werden soll. Des Weiteren besteht mit § 36 Abs. 2 EBRG eine ausführliche Regelung für den Fall, dass ein EBR kraft der Auffangregelung eingesetzt wurde.[1036] Folgerichtig wird im Schrifttum auch für die Einrichtung von Unterrichtung und Anhörung in eine SE durch eine Vereinbarung eine zu § 18 Abs. 1 Nr. 6 EBRG parallele Regelung und bei einer Information und Konsultation kraft der Auffangregelung eine dem § 36 EBRG entsprechende Vorschrift vorgeschlagen.[1037]

III. Lösungsalternativen

In der Literatur werden bereits verschiedene Lösungsansätze für solche strukturellen Änderungen in einer bestehenden SE diskutiert. Allerdings werden meist nur einzelne Konstellationen behandelt und keine Gesamtstrategie für die Vielzahl möglicher Modifikationen entwickelt.

1035 Zudem besteht die Möglichkeit, dass aufgrund der Ausgliederung von Arbeitnehmern die gem. Art. 2 Abs. 1 EBR-RL bzw. § 3 EBRG für die Eröffnung des Anwendungsbereichs erforderliche Anzahl der beschäftigten Arbeitnehmer unterschritten und damit in der SE nicht einmal mehr das Unterrichtungs- und Anhörungsverfahren der EBR-RL Anwendung findet. Doch ist dies angesichts der erforderlichen Arbeitnehmerzahl von lediglich 1.000 wohl sehr unwahrscheinlich.

1036 Vgl. hierzu ausführlich *Blanke*, der insbesondere auch Beispielsfälle anführt; *Blanke*, EBRG, § 18 Rn. 16 ff., § 36 Rn. 4 ff.

1037 *Herfs-Röttgen*, NZA 2002, 358, 364.

1. Keine Aufnahme neuer Verhandlungen bei strukturellen Änderungen

Von einer Ansicht[1038] wird zumindest ein Anspruch auf die erneute Aufnahme von Verhandlungen grundsätzlich abgelehnt. Begründet wird dies mit der Belastung, die einer SE im Falle eines neuen Verhandlungsverfahrens drohe. Auch könne sich dadurch keine Konstanz in der jeweils installierten Arbeitnehmerbeteiligung einstellen. Ein Vorschlag, wie auf die dargestellten Änderungen der SE anderweitig reagiert werden kann, findet sich nicht.[1039]

Diesen Ausführungen kann nicht zugestimmt werden, da bereits dem **Wortlaut** der SE-RL implizit eine Forderung nach Neuverhandlungen in bestimmten Konstellationen entnommen werden kann. Gem. Art. 4 Abs. 2 Buchst. h SE-RL haben die Parteien *„die Fälle, in denen die Vereinbarung neu ausgehandelt werden sollte"*, in die Vereinbarung aufzunehmen. Zwar bestimmt der europäische Gesetzgeber nicht explizit, dass hierunter auch strukturelle Veränderungen der SE fallen. Doch finden sich auch keine Hinweise in der SE-RL, welche Fälle, außer dem Ende der Laufzeit der Vereinbarung, davon erfasst werden. Der Wortlaut *„ausgehandelt werden **sollte**[1040]"* spricht dafür, dass die Verhandlungsparteien eigenständige Überlegungen anstellen sollen, wann ihrer Ansicht nach erneute Verhandlungen notwendig erscheinen. Dies ist gerade bei strukturellen Änderungen erforderlich.[1041] Zudem zeigt der aufgrund der **systematischen Auslegung** vorzunehmende Vergleich mit Art. 4 Abs. 2 Buchst. h SCE-RL, dass der europäische Gesetzgeber auf die in der SE-RL fehlende Eingrenzung reagiert hat. Dort ist in einer mit Ausnahme von Art. 4 Abs. 5 SCE-RL identischen Norm zu Art. 4 SE-RL nun ausdrücklich geregelt, dass eine Vereinbarung *„gegebenenfalls auch für den Fall **struktureller Veränderungen**[1042] in der SCE, ihren Tochtergesellschaften oder Betrieben, die nach der Gründung der SCE eintreten"*, auszuhandeln ist.

Schließlich ergibt sich aus dem **Sinn und Zweck** der SE-RL ein Anspruch auf Neuaufnahme von Verhandlungen. Ohne eine solche Reaktionsmöglichkeit der Arbeitnehmerseite könnten die Unternehmen durch zeitliche Verlagerung bestimmter Vorgänge die Mitbestimmungssicherung der SE-RL umgehen. Soll beispielsweise der hohe deutsche Mitbestimmungsstandard nicht in eine SE installiert und eine deutsche Gesellschaft dennoch an einer SE beteiligt werden, kann zunächst eine SE mit Sitz in Deutschland ohne Einbeziehung dieser Gesellschaft und damit deren Mitbestimmung gegründet werden. Anschließend

---

[1038] *Heinze*, ZGR 2002, 66, 93 f.

[1039] Vgl. zum Ganzen *Heinze*, ZGR 2002, 66, 93 f.

[1040] Hervorhebung durch den Verfasser.

[1041] Im Ergebnis ebenso *Wenz*, der vorschlägt, dass bei Vorliegen einer Vereinbarung die Verhandlungsparteien in dieser Absprache die Konstellationen bestimmen sollten, bei deren Vorliegen erneut Verhandlungen aufzunehmen seien; vgl. *Wenz*, in: *Theisen/Wenz* (Hrsg.), Die Europäische Aktiengesellschaft, S. 189, 234.

[1042] Hervorhebung durch den Verfasser.

wird die deutsche Gesellschaft durch Verschmelzung in die SE aufgenommen, ohne dass das höhere Mitbestimmungsniveau der deutschen Arbeitnehmer in der SE Berücksichtigung fände. Angesichts der zahlreichen gesellschaftsrechtlichen Gestaltungsvarianten drohen bei einer gänzlichen Verweigerung eines erneuten Verhandlungsanspruchs der fundamentale Grundsatz der Sicherung erworbener Arbeitnehmerbeteiligungsrechte und das Vorher-Nachher-Prinzip ausgehebelt zu werden. Daher kann der Anspruch auf die Vornahme neuer Verhandlungen bei strukturellen Änderungen nicht per se abgelehnt werden.

2. Aufnahme neuer Verhandlungen bei strukturellen Änderungen

Die Vertreter einer anderen Ansicht[1043] schlagen bei bestimmten strukturellen Änderungen die Aufnahme neuer Verhandlungen in Bezug auf die Mitbestimmung vor. Scheitern diese Verhandlungen, soll die Auffangregelung anwendbar sein.[1044] Innerhalb dieser Auffassung besteht aber bereits darüber Uneinigkeit, welche Konstellationen einen Anspruch auf Neuaufnahme von Verhandlungen auslösen und wie auf bestimmte Situationen zu reagieren ist.

a) Beibehaltung der Mitbestimmung während einer Übergangszeit bzw. Einleitung eines Überleitungsverfahrens

Es wird vorgeschlagen, dass sich der deutsche Gesetzgeber im Rahmen der Umsetzung der SE-RL grundsätzlich an seinen Regelungen für nationale Gesellschaften orientiere.[1045] Bei der Integration einer mit einem höheren Mitbestimmungsniveau ausgestatteten Gesellschaft in eine SE mit Sitz in Deutschland sei daher ein dem in §§ 96 Abs. 2, 97 ff. AktG geregelten Überleitungsverfahren vergleichbarer Vorgang einzuführen. Im Falle des Wegfalls der gesetzlichen Anwendungsvoraussetzungen für die Mitbestimmung nach deutschem Recht durch Abspaltung oder Ausgliederung von Unternehmensteilen aus einer SE sei eine an § 325 UmwG angelehnte Vorschrift zu schaffen. Dies gewährleiste die Beibehaltung der bisherigen Mitbestimmung über einen gewissen Zeitraum. Bei Vorliegen der Voraussetzungen des § 325 Abs. 1 S. 2 UmwG[1046] komme wiederum eine dem Statusverfahren gem. §§ 96 Abs. 2, 97 ff. AktG nachempfundene Vorgehensweise in Betracht. Dagegen wird die Neuaufnahme von Verhandlungen befürwortet, wenn aufgrund der Eingliederung einer mitbestimmten Gesellschaft in eine SE die Schwellenwerte für die Anwendbarkeit der Auffangregelung erstmalig überschritten würden. In einer solchen Situation seien die Voraussetzungen für die Einrichtung von Mitbestimmung in die SE erfüllt. Zur

---

1043 *Buschak*, Arbeitspapier Nr. 9, 1 ff.; *Herfs-Röttgen*, NZA 2002, 358, 364 f.; *Kleinsorge*, RdA 2002, 343, 351; *ders.*, in: *Baums/Cahn* (Hrsg.), Die Europäische Aktiengesellschaft, S. 140, 149 f.; *Köstler*, ZGR 2003, 800, 808.

1044 *Kleinsorge*, in: *Baums/Cahn* (Hrsg.), Die Europäische Aktiengesellschaft, S. 140, 150.

1045 *Herfs-Röttgen*, NZA 2002, 358, 364 f.

1046 Dies ist gegeben, wenn die Anzahl der Arbeitnehmer unter ein Viertel der für die Einführung von Mitbestimmung in deutschen Gesellschaften erforderlichen Mindestzahl fällt.

Problematik der Unterschreitung der Schwellenwerte sowie anderen Fallkonstellationen wird keine Stellung genommen.[1047]

Der von dieser Ansicht propagierte Rückgriff auf nationales Recht ist abzulehnen, da er gegen Sinn und Zweck der SE-RL verstößt und nur in bestimmten Fallgestaltungen weiter hilft. Es ist zwar sinnvoll, in den Fällen struktureller Änderungen nicht sofort zu reagieren, sondern zunächst die bereits installierte Mitbestimmungsregelung in der SE beizubehalten. Für die befristete Sicherung des Status quo wird aber kein Rückgriff auf das nationale Recht benötigt, sondern er ergibt sich aus der Natur der Sache, wenn in diesen Fällen ein Anspruch auf neue Verhandlungen gewährt wird. Der Verhandlungszeitraum beläuft sich grundsätzlich auf sechs Monate, so dass die bisherige Mitbestimmung zumindest für diese Frist bestehen bleiben kann. Auch eine Verkürzung dieses Zeitraums aufgrund eines Beschlusses im Sinne des Art. 3 Abs. 6 oder Art. 7 Abs. 1 Unterabs. 2 SE-RL schadet nicht, da die Arbeitnehmervertreter darüber selbst abstimmen können.

Soweit bei der Eingliederung einer mit einem höheren Mitbestimmungsniveau ausgestatteten Aktiengesellschaft in eine SE mit Sitz in Deutschland ein Überleitungsverfahren entsprechend den §§ 96 Abs. 2, 97 ff. AktG stattfinden soll, widerspricht dies jedoch der Zielsetzung der SE-RL. Zwar wird damit dem fundamentalen Grundsatz der Sicherung erworbener Mitbestimmungsrechte in Erwägungsgrund 18 SE-RL Folge geleistet, da es der Einführung der quantitativ höheren Mitbestimmung dient, doch wird gegen das in Erwägungsgrund 8 SE-RL geregelte Primat der Verhandlungslösung verstoßen. Die SE-RL sichert durch die Schwellenwerte und die Auffangregelung den höchsten Mitbestimmungsgrad bei Gründung einer SE in hohem Maße ab. Es bleibt aber den Arbeitnehmervertretern bei Erreichung gewisser Mehrheiten überlassen, eine Mitbestimmungsminderung zu beschließen. Die von dieser Ansicht vorgeschlagene automatische Übernahme des höheren Mitbestimmungsstandards kann dagegen zu seiner Einführung in die SE gegen den Willen der deutlich überwiegenden Mehrheit der Arbeitnehmer in der SE führen. Demokratische Aspekte fänden keine Berücksichtigung mehr. Auch ginge der Vorteil der Verhandlungslösung, die aufgrund ihrer Flexibilität zu maßgeschneiderten Lösungen für die einzelnen Europäischen Aktiengesellschaften führen kann, verloren.

Aus ähnlichen Gründen ist der Lösungsweg über § 325 UmwG im Falle des Wegfalls der gesetzlichen nationalen Anwendungsvoraussetzungen abzulehnen. Nach Ablauf des dort geregelten Zeitraums fände automatisch eine Reduzierung des in der SE festgelegten Mitbestimmungsstandards statt. Der Grundsatz der Sicherung erworbener Arbeitnehmerbeteiligungsrechte gilt aber laut Erwägungsgrund 18 SE-RL nicht nur vor der Gründung einer SE, sondern gerade auch für strukturelle Änderungen einer SE. Daher sollte den Arbeitnehmern

---

1047 Vgl. zum Ganzen *Herfs-Röttgen*, NZA 2002, 358, 364 f.

auch in einem solchen Fall durch die Neuaufnahme von Verhandlungen die Chance zu einer passenden und flexiblen Lösung gegeben werden. Ferner erschwert es die Möglichkeit für die SE-Leitung, durch gesellschaftsrechtliches Taktieren eine Verminderung des Mitbestimmungsniveaus der SE zu erreichen, ohne dass die Arbeitnehmer Einfluss darauf nehmen können. Zuzustimmen ist dieser Auffassung daher nur insoweit, als bei einer Überschreitung der Schwellenwerte des Art. 7 Abs. 2 SE-RL durch Aufnahme einer mitbestimmten Gesellschaft ein Anspruch auf Neuverhandlungen besteht.

b) Alleinige Relevanz der gesellschaftsrechtlichen Gestaltung der strukturellen Änderung

Eine andere Meinung in der Literatur[1048] macht bei der Aufnahme einer Gesellschaft mit einem höheren Mitbestimmungsniveau als dem Standard in der SE den Anspruch auf erneute Verhandlungen von der jeweiligen gesellschaftsrechtlichen Gestaltung abhängig. Mit Hilfe von drei abgewandelten Beispielen werden die Fusion einer bereits bestehenden SE mit einer nationalen Gesellschaft zu einer neuen SE, die Verschmelzung einer nationalen Gesellschaft in eine SE und die Übernahme einer nationalen Gesellschaft durch eine Holding-SE als Muttergesellschaft dargestellt. Im ersten Beispiel geht es um folgenden Fall:

> *„Die SE Harmonia ist auf dem Wege der Verschmelzung entstanden. Sie hat 8.000 Beschäftigte, davon 3.000 in Belgien, 4.000 in den Niederlanden und 1.000 in Deutschland. Sitz der SE ist Belgien. (...) Durch Vereinbarung ist festgelegt worden, dass die Arbeitnehmer ein Drittel der Sitze im 12-köpfigen Aufsichtsrat bekommen. Die SE Harmonia will das deutsche Unternehmen Accordia AG übernehmen, das drei Betrieb mit jeweils 800, 300 und 1.200 Beschäftigten hat und dem Mitbestimmungsgesetz von 1976 unterliegt, es gibt paritätische Mitbestimmung im Aufsichtsrat. Die SE Harmonia verschmilzt mit der Accordia AG zu einer neuen SE, Tremonia.“*

Nach dieser Auffassung muss erneut ein BVG gebildet und über die Arbeitnehmerbeteiligung der SE verhandelt werden. Bei einem Scheitern der Verhandlungen seien die Schwellenwerte des Art. 7 Abs. 2 Unterabs. 1 Buchst. b SE-RL erreicht, so dass die *Tremonia SE* paritätische Mitbestimmung besitze.

Anders soll es aber in folgender Konstellation aussehen:

> *„Die SE Harmonia will sich die Accordia AG auf dem Wege einer aufnehmenden Verschmelzung einverleiben. Aufnehmende Verschmelzung bedeutet, dass die Accordia AG erlischt (damit auch die Unternehmensmitbestimmung) und in der SE Harmonia aufgeht. In diesem Fall würden die Arbeitnehmerinnen und Arbeitnehmer der Accordia AG in Zukunft vom Organ zur Vertretung der Arbeitnehmer in der SE repräsentiert. Sie würden an den Wahlen zu diesem Organ und an der Wahl der 4 Arbeitnehmervertreter im Aufsichtsrat der SE Harmonia teilnehmen. Die paritätische Aufsichtsratmitbestimmung geht allerdings verloren, es findet eine Schwächung der Mitbestimmung statt.“*

[1048] *Buschak*, Arbeitspapier Nr. 9, 1 ff.

Diese gesellschaftsrechtliche Gestaltung einer strukturellen Änderung solle nicht zu einem Anspruch auf erneute Verhandlungen führen.[1049] Zwar gehe damit eine Minderung der Arbeitnehmermitbestimmung in der *Accordia* AG einher, doch sei dies auch heute schon ohne Beteiligung einer SE auf anderem Wege möglich.[1050] Schließlich wird noch eine dritte Abwandlung behandelt:

> *„Die SE Harmonia ist als Holding gegründet worden. Der Holding gehören eine deutsche Aktiengesellschaft mit 2.500 Beschäftigten (paritätische Mitbestimmung), eine deutsche GmbH mit 1.100*[1051] *Beschäftigten (Drittelbeteiligung im Aufsichtsrat), eine britische PLC mit 10.000 Beschäftigten (keine Beteiligung der Arbeitnehmer im Verwaltungsrat) sowie eine französische SE mit 1.800 Beschäftigten (ebenfalls keine Arbeitnehmerbeteiligung im Verwaltungsrat) an. (...) Durch Vereinbarung ist festgelegt worden, dass die Arbeitnehmer ein Drittel der Sitze im 12-köpfigen Aufsichtsrat bekommen. Die SE Harmonia übernimmt die Aktienmehrheit am deutschen Unternehmen Accordia AG, (...), es gibt paritätische Mitbestimmung. Durch die Übernahme der Aktienmehrheit durch die Holding SE-Harmonia wird die Accordia AG zu einer Tochtergesellschaft der SE."*

Auch in diesem Fall solle kein Anspruch auf Neuverhandlungen ausgelöst werden und die bestehende Mitbestimmung in der SE unverändert bleiben. Ein Anspruch auf erneute Verhandlungen sei aus Sicht der Arbeitnehmer der *Accordia AG* auch nicht erforderlich, denn zum einen bestehe aufgrund von Art. 13 Abs. 3 SE-RL weiterhin die paritätische Mitbestimmung auf nationaler Ebene in der Tochtergesellschaft. Zum anderen habe für diese Beschäftigten sogar der Gewinn einer zusätzlichen Mitbestimmungsebene stattgefunden, da sie an den Wahlen der Arbeitnehmervertreter für das Aufsichtsorgan der SE teilnehmen dürften.[1052]

Der von dieser Auffassung vorgeschlagenen Differenzierung kann nicht zugestimmt werden. Zwar ist beim ersten Beispiel der Ausführung, dass ein Anspruch auf erneute Verhandlungen bestehe, beizupflichten. Allerdings folgt er nicht aus den strukturellen Änderungen der bereits bestehenden *Harmonia SE*,

---

1049 Allerdings ist bereits zweifelhaft, ob dieses Fallbeispiel überhaupt gesellschaftsrechtlich zulässig ist. Da der Autor ersichtlich das erste Beispiel nur abgewandelt hat, hat die *SE Harmonia* wohl ihren Sitz ebenfalls in Belgien, während die *Accordia AG* als deutsches Unternehmen in Deutschland sitzt. Damit käme es in dem zweiten Beispiel zu einer grenzüberschreitenden, auflösenden Verschmelzung einer deutschen Gesellschaft.
Eine solche Gestaltung ist aber bei Beteiligung deutscher Gesellschaften über die Grenzen Deutschlands hinaus nicht möglich. Das deutsche Umwandlungsgesetz, dass diese Vorgehensweise für deutsche Gesellschaften regelt, ist nämlich gem. § 1 Abs. 1 UmwG in seinem Regelungsbereich ausdrücklich auf inländische Rechtsträger beschränkt. Daher müsste der Fall dahingehend abgewandelt werden, dass die *SE Harmonia* ihren Sitz ebenfalls in Deutschland hat und dort mit der *Accordia AG* verschmilzt.

1050 Als Beispiel wird die Übernahme von *Mannesmann* durch *Vodafone* genannt.

1051 Offensichtlich versehentlich hat die deutsche GmbH im Beispielsfall 1.1000 Beschäftigte.

1052 Vgl. zum Ganzen *Buschak*, Arbeitspapier Nr. 9, 1 ff.

sondern bereits aufgrund der Neugründung der *Tremonia SE* durch Verschmelzung.

Dagegen zeigt das zweite gewählte Beispiel, warum der Anspruch auf Neuverhandlungen gerade nicht allein von der gesellschaftsrechtlichen Gestaltung abhängig gemacht werden sollte. Es ist wenig sinnvoll zwischen den Auswirkungen der beiden Fälle zu unterscheiden. Während bei einer Verschmelzung zu einer SE ein Anspruch auf Neuverhandlungen besteht, soll dies bei einer aufnehmenden Verschmelzung in eine SE nicht gegeben sein. Aber auch in einem solchen Fall können die in der nationalen Gesellschaft bestehenden Arbeitnehmerbeteiligungsrechte beeinträchtigt werden, was dem Grundsatz der Sicherung dieser Rechte in Erwägungsgrund 18 SE-RL widerspricht. Zudem besteht bei einer Abhängigkeit von der jeweiligen gesellschaftsrechtlichen Gestaltungsform die Gefahr, dass die Leitungen der Gesellschaften und der SE auf die Arten von Unternehmenszusammenschlüssen ausweichen, die diesen Anspruch nicht gewähren. Wird das zweite Beispiel in eine nach deutschem Recht zulässige Verschmelzung dahingehend abgewandelt, dass die *SE Harmonia* ebenfalls ihren Sitz in Deutschland hat, wird erkenntlich, warum auch hier ein Anspruch auf Neuverhandlungen bestehen sollte. Zwar kann auch die Fusion zweier deutscher Gesellschaften eine etwaige Mitbestimmungsminderung für die Arbeitnehmer der aufzulösenden Gesellschaft mit sich bringen. Während dies aber aufgrund des deutschen Mitbestimmungsstatuts auf einem hohen Niveau stattfindet, besteht bei Beteiligung einer SE keine solche Absicherung. Handelt es sich um eine SE, in der keinerlei Mitbestimmung bzw. eine gänzlich andere Mitbestimmungsform als in der deutschen Gesellschaft besteht, führt dies für die deutschen Arbeitnehmer zu einer eklatanten Mitbestimmungsminderung.

Die Ausführungen zum dritten Beispiel überzeugen bereits deswegen nicht, weil ebenfalls ein Mitbestimmungsverlust der Arbeitnehmer der deutschen *Accordia AG* vorliegt. Zwar besteht die Partizipation im Aufsichtsrat dieser Gesellschaft weiterhin, doch wird in tatsächlicher Hinsicht eine Beeinträchtigung der unternehmerischen Mitbestimmung herbeigeführt. Parallel zur Gründung der *Aventis SA*[1053] kann davon ausgegangen werden, dass zumindest die den Gesamtkonzern betreffenden Entscheidungen in den Gremien der SE als Konzernobergesellschaft getroffen werden. Im Aufsichtsorgan der *SE Harmonia* besteht nach dem Beispiel aber lediglich eine Drittelbeteiligung der Arbeitnehmervertreter. Bereits der Schutz der Arbeitnehmerbeteiligungsrechte bei der Gründung einer Holding-SE zeigt, dass der europäische Gesetzgeber einen solchen Fall der Herabstufung der Mitbestimmung für schützenswert erachtet hat. Zwar dient die SE-RL grundsätzlich der rein quantitativen Absicherung der Mitbestimmung, doch besteht gerade bei dieser gesellschaftsrechtlichen Gestaltung die Protektion auch

---

[1053] Siehe oben S. 1 ff.

im qualitativen Bereich. Daher ist eine Abgrenzung nach der jeweiligen gesellschaftsrechtlichen Gestaltung der strukturellen Änderung abzulehnen.

c) Vereinbarung im Verhandlungsverfahren über die Aufnahme neuer Verhandlungen

Eine andere Ansicht[1054] schlägt vor, dass die Verhandlungsparteien bei Abschluss einer Vereinbarung die Konstellationen festlegen sollten, die zur Aufnahme neuer Verhandlungen führten. Dies folge aus der SE-RL selbst, da gem. Art. 4 Abs. 2 Buchst. h SE-RL in der schriftlichen Vereinbarung *„die Fälle, in denen die Vereinbarung neu ausgehandelt werden sollte"* zu bestimmen seien.[1055]

Diesen Ausführungen ist gerade im Hinblick auf die vorgenommene Modifikation in Art. 4 Abs. 2 Buchst. h SCE-RL zuzustimmen. Eine solche Vereinbarung sollte auch dann getroffen werden, wenn sich die Parteien auf die Nichteinführung einer Mitbestimmung in die SE geeinigt haben. Eine Vereinbarung mit diesem Inhalt fällt nämlich ebenso unter Art. 4 Abs. 2 Buchst. h SE-RL.[1056] Schließlich ist eine solche Vorgehensweise auch dann zu empfehlen, wenn die Verhandlungsparteien gem. Art. 7 Abs. 1 Unterabs. 2 Buchst. a SE-RL eine Vereinbarung über die Anwendbarkeit der Auffangregelung getroffen haben.[1057] Zwar erfüllt eine Absprache mit diesem Inhalt die Vorgaben des Art. 4 Abs. 2 SE-RL größtenteils nicht, da sie mit den zwingenden Vorschriften des Anhangs der SE-RL kollidieren; doch handelt es sich ebenfalls um eine Vereinbarung. Für diese ist zu empfehlen, dass entsprechend zu Art. 4 Abs. 2 Buchst. h SE-RL bestimmte Punkte, wie zum Beispiel die Fälle der Neuaufnahme von Verhandlungen, festgelegt werden.

Allerdings wird offengelassen, was in den Fällen zu geschehen hat, in denen keine Vereinbarung getroffen wurde.[1058] Auch hier kann es zu strukturellen Änderungen kommen, die die Aufnahme von erneuten Verhandlungen notwendig erscheinen lassen. Des Weiteren werden keine Anhaltspunkte genannt, in wel-

---

1054 *Wenz*, in: *Theisen/Wenz* (Hrsg.), Die Europäische Aktiengesellschaft, S. 189, 234.

1055 Vgl. zum Ganzen *Wenz*, in: *Theisen/Wenz* (Hrsg.), Die Europäische Aktiengesellschaft, S. 189, 234 f.

1056 In dieser Vorschrift geht es allein um eine Vereinbarung im Sinne des Art. 4 Abs. 1 SE-RL an sich, es wird aber nicht explizit eine Vereinbarung über die Einrichtung von Mitbestimmung gefordert.

1057 Dies soll für alle möglichen Fälle, d.h. die Geltung von Teil 3 An. SE-RL kraft Vereinbarung bzw. Gesetzes oder die fehlende Anwendbarkeit von Teil 3 aufgrund Unterschreitung der Schwellenwerte bzw. Umwandlung einer mitbestimmungsfreien nationalen Gesellschaft, greifen.

1058 Eine solche Situation liegt vor, wenn das BVG einen Beschluss im Sinne des Art. 3 Abs. 6 SE-RL gefasst hat bzw. die Voraussetzungen des Art. 7 Abs. 2 Unterabs. 2 Buchst. b SE-RL vorliegen.

chen Fällen konkret ein erneuter Beginn des Verhandlungsverfahrens sinnvoll erscheint.

d) Lösung des deutschen Gesetzgebers in § 18 Abs. 3 SEBG

Der deutsche Gesetzgeber hat auf die in der SE-RL fehlenden Regelungen zur Vorgehensweise bei strukturellen Änderungen mit der Schaffung von § 18 Abs. 3 SEBG reagiert. Auch bei einer großzügigen Auslegung des verwendeten Begriffs der *„Geeignetheit"* greift die vorgenommene zwingende Verknüpfung der strukturellen Änderungen mit einer Minderung der Beteiligungsrechte nicht weit genug. Von dieser Definition werden nämlich nicht alle für die bestehende Arbeitnehmerbeteiligung relevanten Konstellationen erfasst. Fraglich ist bereits, ob auch die Fälle unter § 18 Abs. 3 SEBG subsumiert werden können, in denen eine SE Arbeitnehmer, die in ihren nationalen Gesellschaften der Mitbestimmung unterliegen, verliert. Jedenfalls nicht unter § 18 Abs. 3 SEBG fallen nach dessen Wortlaut die Situationen, in denen die strukturellen Änderungen in der SE nicht für eine Mitbestimmungsminderung, sondern für deren Erhöhung geeignet erscheinen.[1059]

e) Entsprechende Anwendung des zweistufigen Verfahrens der SE-RL

Schließlich befürworten die Vertreter einer anderen Auffassung grundsätzlich die Anwendung von den in der SE-RL vorgegebenen Verfahrensweisen. Einerseits[1060] wird innerhalb dieser Ansicht die Problematik struktureller Änderungen lediglich im Hinblick auf die grenzüberschreitende Sitzverlegung einer SE[1061] und die grenzüberschreitende Verschmelzung zweier bereits bestehender Europäischer Aktiengesellschaften untersucht. Eine solche Verschmelzung sei demnach in zwei Varianten möglich. Zum einen könne dies durch die Gründung einer neuen SE bewerkstelligt werden, auf die die beiden bereits bestehenden Europäischen Aktiengesellschaften anschließend verschmolzen würden. In einem solchen Fall wird zu Recht die direkte Anwendbarkeit der Vorschriften der SE-RL angenommen, da es sich um eine originäre Neugründung einer SE handelt. Zum anderen könne eine solche Verschmelzung auch durch die grenzüberschreitende Fusion der einen SE mit der anderen SE vorgenommen werden. Dann sei das zweistufige Verfahren der SE-RL aber entsprechend anwendbar, da der europäische Gesetzgeber dies anhand von Erwägungsgrund 18 SE-RL gesetzlich bestimmt habe. Auch diesen Ausführungen ist im Interesse des Primats der Verhandlungslösung zuzustimmen.[1062]

[1059] Siehe unten S. 435 ff.

[1060] *Grundmann*, in: *von Rosen* (Hrsg.), Die Europa AG, S. 47, 59 f.

[1061] Dies ist aber abzulehnen; vgl. oben S. 299 ff.

[1062] Handelt es sich bei einer der beiden SE um eine Gesellschaft, in der keine oder eine geringere Mitbestimmung besteht und eine weit größere Arbeitnehmerzahl als in der anderen SE vorhanden ist, droht den Arbeitnehmern der anderen SE bei Vornahme der Verhandlungsprozedur eine Mitbestimmungsminderung. Allerdings kann das Verhandlungs-

Andererseits[1063] wird für die entsprechende Anwendung der SE-RL in einer Vielzahl von Fällen plädiert und unter gewissen Umständen eine zweistufige Vorgehensweise vorgeschlagen. Der erneute Beginn des Verhandlungsverfahrens wird gefordert, wenn die Aufnahme weiterer Arbeitnehmer in eine bereits bestehende SE zu einer erstmaligen Überschreitung der Schwellenwerte führe. Bei Eingliederung eines Unternehmens, in dem ein höheres Mitbestimmungsniveau als in der aufnehmenden SE bestehe, müsse ebenso vorgegangen werden. Dies sei erforderlich, um dem in Erwägungsgrund 18 SE-RL genannten fundamentalen Grundsatz der Sicherung erworbener Arbeitnehmerrechte Genüge zu tun. Im Falle der erstmaligen Unterschreitung der für die Anwendung der Auffangregelung relevanten Schwellenwerte durch den Wegfall von Arbeitnehmern wird als Lösung eine entsprechende Anwendung des Art. 7 Abs. 2 SE-RL vorgeschlagen. Demnach bestehe für das BVG die Möglichkeit, über die Fortgeltung der bisherigen Mitbestimmung abzustimmen. Komme die hierfür erforderliche Mehrheit nicht zustande, so seien wiederum Verhandlungen zwischen dem BVG und der Unternehmensleitung über die Mitbestimmung aufzunehmen. Diese Vorgehensweise sei interessengerecht, da es in der Hand der Arbeitnehmervertreter liege, ob die mit der Gründung der SE erworbene Mitbestimmung beibehalten oder eine neue Form eingeführt werden solle.[1064]

Den Ausführungen über den Anspruch auf Neuaufnahme von Verhandlungen in den genannten Konstellationen ist im Grundsatz beizupflichten. Allerdings ist das undifferenzierte Abstellen auf eine Überschreitung der Schwellenwerte problematisch, da bei Vorliegen unterschiedlicher gesellschaftsrechtlicher Gestaltungsformen unklar ist, welcher Prozentsatz zu berücksichtigen ist.[1065] Ferner wird eine Vielzahl von Situationen, die die Mitbestimmung in der SE beeinflussen können, nicht erfasst.

Anzuerkennen ist, dass die Vertreter dieser Auffassung für den Fall der erstmaligen Unterschreitung der Schwellenwerte aufgrund des Wegfalls von Arbeitnehmern eine Lösung gefunden haben, die sowohl die Interessen der Arbeitnehmer- als auch der Anteilseignerseite angemessen berücksichtigt. Für die Arbeitnehmer ist eine Vorgehensweise, die die Neuaufnahme von Verhandlungen von einem Beschluss ihrer Arbeitnehmervertreter abhängig macht, vorteilhaft, da bei erneutem Beginn von Verhandlungen immer auch die Vereinbarung einer Mitbestimmungsminderung droht. Durch eine solche Option der Arbeitnehmer

---

verfahren bei anderweitiger Verteilung der Beschäftigtenzahl auch zu einer Erhöhung des Mitbestimmungsniveaus für die Arbeitnehmer führen.

1063 *Kleinsorge*, RdA 2002, 343, 351; *Köstler*, ZGR 2003, 800, 808.

1064 Vgl. zum Ganzen *Kleinsorge*, RdA 2002, 343, 351; zustimmend *Köstler*, ZGR 2003, 800, 808.

1065 Immer dann, wenn die Gründung der SE und die darauf folgende strukturelle Änderung durch gesellschaftsrechtliche Gestaltungsformen mit unterschiedlichen Schwellenwerten stattfindet, stellt sich die Frage, welcher dieser Werte relevant sein soll.

kann zudem verhindert werden, dass die Leitung der SE aufgrund bestimmter gesellschaftsrechtlicher Gestaltungen die bestehende Mitbestimmung in der SE in Frage stellt. Im Fall der Neuaufnahme von Verhandlungen besteht nämlich nur eine schwache Verhandlungsposition der Arbeitnehmervertreter. Zum einen wird das Druckmittel der Auffangregelung geschwächt, da aufgrund der Nichterreichung der Schwellenwerte Teil 3 An. SE-RL nicht zwangsläufig anwendbar ist. Zum anderen ist die SE bereits eingetragen, so dass die Sicherung des Art. 12 Abs. 2 SE-VO nicht eingreift. Darüber hinaus ist problematisch, dass sich in der SE-RL keine Regelung für den Fall des ergebnislosen Ablaufs des Verhandlungszeitraums findet. Grundsätzlich besteht nur eine schwache Absicherung des in der SE bestehenden Mitbestimmungsstandards bei Neuaufnahme von Verhandlungen. Ein Scheitern der Verhandlungen darf aber auch nicht dazu führen, dass die eingeführte Mitbestimmung aufgehoben wird. Sonst könnte die Leitung der SE einfach das Verhandlungsverfahren über den Zeitraum des Art. 5 SE-RL hinaus laufen lassen, ohne ernsthaft eine Vereinbarung herbeiführen zu wollen. „Belohnt" würde sie dann mit einer Aufhebung der Mitbestimmung. Dies widerspricht aber dem Grundsatz der Sicherung bestehender Beteiligungsrechte in Erwägungsgrund 18 SE-RL. In Betracht kommt entweder die Beibehaltung der bereits in die SE integrierten Mitbestimmung oder die Möglichkeit für das BVG, einen Beschluss über die Anwendung von Teil 3 An. SE-RL zu treffen.

Aber auch die Seite der Anteilseigner kann von der vorgeschlagenen Vorgehensweise profitieren. Zwar wird bei einem Beschluss für die Weitergeltung der bisherigen Mitbestimmung in der SE die Möglichkeit der Vereinbarung einer Mitbestimmungsminderung vereitelt. Allerdings entbindet er die Leitung der SE auch von den vielfachen Belastungen, die ein Neubeginn des Verhandlungsverfahrens zwangsläufig mit sich bringt. Dieser finanzielle und zeitliche Aufwand ist aus Sicht der Anteilseigner nur dann sinnvoll, wenn die Neuaufnahme von Verhandlungen auf eine Reduzierung der bestehenden Mitbestimmung hinausläuft. Ob eine solche Chance besteht, zeigen die Arbeitnehmer bereits durch ihren Beschluss für oder gegen den erneuten Verhandlungsbeginn. Zu kritisieren ist an dieser Auffassung aber, dass weitere Fälle existieren, bei deren Vorliegen die Neuvornahme von Verhandlungen von einem Beschluss der Arbeitnehmervertreter abhängig gemacht werden sollte.

3. Stellungnahme und Lösungsansatz

Viele der im Schrifttum vorgeschlagenen Lösungen und auch die Vorschrift des § 18 Abs. 3 SEBG dienen dem in der SE-RL geregelten Grundsatz der Sicherung bestehender Arbeitnehmerbeteiligungsrechte. Allerdings gewährleisten sie nur in Teilbereichen einen ausreichenden Schutz. Die zahlreichen Variationen, die einen mehr oder weniger großen Einfluss auf die Arbeitnehmerbeteiligung der SE mit sich bringen können, werden von keiner der dargelegten Ansichten vollständig abgedeckt. Zudem wird der Fall, dass weder der SE noch den beteiligten Gesellschaften eine Mitbestimmungsminderung droht, die Neuaufnahme von Verhandlungen aber eine Verbesserung des Mitbestimmungsstandards der SE mit sich bringen kann, nicht behandelt.

Ausgangspunkt für die Behandlung struktureller Änderungen ist Erwägungsgrund 18 S. 3 SE-RL. Bemerkenswert ist, dass dort keine Gewichtung zwischen dem Schutz erworbener Rechte bei strukturellen Änderungen der SE und bei von diesen Änderungsprozessen betroffenen Gesellschaften stattfindet. Demnach ist die Konstellation, dass das Mitbestimmungsniveau einer mitbestimmten SE durch die Aufnahme einer nicht mitbestimmten Gesellschaft bedroht wird, genauso einzustufen, wie der umgekehrte Fall der Aufnahme einer mitbestimmten Gesellschaft in eine nicht mitbestimmte SE. In beiden Situationen droht einer der beiden Gesellschaften ein Partizipationsverlust, so dass grundsätzlich ein Anspruch auf erneute Verhandlungen bestehen müsste. Allerdings sollte nicht bei jeder Veränderung der Arbeitnehmerzahl einer SE das Vorliegen struktureller Änderungen angenommen und das zweistufige Verfahren der SE-RL angewendet werden. Zum einen darf die Unternehmensleitung nicht unnötig mit dem erneuten Verhandlungsverfahren belastet werden. Zum anderen liegt es auch im Interesse der Arbeitnehmer, dass die Fälle, in denen aufgrund des Wegfalls von Arbeitnehmern eine Gefährdung des bisher in der SE bestehenden Mitbestimmungsniveaus droht, von der sofortigen Aufnahme neuer Verhandlungen ausgenommen werden.

Festzustellen ist zunächst, dass der Wechsel der Organisationsstruktur einer SE, die sekundäre Gründungsform der Ausgründung einer Tochter-SE aus einer SE und die Sitzverlegung einer SE keinen Anspruch auf erneute Vornahme von Verhandlungen begründen.[1066] Insgesamt sollte nicht auf spezielle gesellschaftsrechtliche Gestaltungen abgestellt werden, da dies die Gefahr einer Umgehung der Sicherung bestehender Arbeitnehmerbeteiligungsrechte heraufbeschwört. Ausschlaggebend sollte daher allein sein, ob die strukturelle Änderung eine relevante Modifikation der Mitgliederzahl oder Zusammensetzung eines nach den jetzigen Verhältnissen zu bildenden BVG mit sich brächte. Eine solche Konstellation liegt vor, wenn die besagten Veränderungen im BVG bei einer erneuten Abstimmung ein anderes Ergebnis als bei der Beschlussfassung zum Zeitpunkt der SE-Gründung erwarten lassen. Dies kann alle möglichen Folgen erneuter Verhandlungen beeinflussen.[1067] Auch in diesem Bereich sollte grundsätzlich

---

1066 Anders diesbezüglich der österreichische Gesetzgeber, wonach gem. § 228 Abs. 2 ArbVG auch die Sitzverlegung und der Wechsel des Verwaltungssystems einen Anspruch auf erneute Verhandlungen auslösen.

1067 Ein Beschluss i.S.d. Art. 3 Abs. 4 SE-RL ist erforderlich über eine Vereinbarung, über die Nichtvornahme oder den Abbruch von Verhandlungen gem. Art. 3 Abs. 6 SE-RL und über die Anwendbarkeit der Auffangregelung gem. Art. 7 Abs. 2 Unterabs. 2 SE-RL. Selbst die Anwendbarkeit der Auffangregelung kraft Gesetzes ist von solchen Beschlüsnicht auf gesellschaftsrechtliche Besonderheiten abgestellt werden[1068], sondern allein berücksichtigt werden, ob die hinzukommenden Arbeitnehmer vorher einer Mitbestimmung unterlagen oder nicht und inwieweit dadurch eine Änderung der Mehrheitsverhältnisse im BVG zu erwarten ist. Allerdings liegt eine relevante Veränderung nur vor, wenn tatsächlich Auswirkungen auf das Ergebnis des Beschlusses möglich sind. Wurde beispielsweise ein Beschluss bei Gründung der SE einstimmig gefasst und käme aufgrund der vorliegenden strukturellen Änderung bei Neubildung des BVG ein zusätzlicher Sitz hinzu, so läge keine solche bedeutsame Modifikation vor. Demzufolge löst nur ein Zusammenspiel aus den vorherigen Mehrheitsverhältnissen bei Gründung einer SE und der nach dem jetzigen Sachverhalt vorzunehmenden Änderungen im BVG einen Anspruch auf neue Verhandlungen aus.

Die gesellschaftsrechtliche Gestaltung der strukturellen Änderung ist aber im Hinblick auf die Schwellenwerte bei der Beschlussfassung des BVG von Bedeutung. In den Konstellationen, in denen sich der Gründungstatbestand der SE von der Form der strukturellen Änderung unterscheidet und davon unterschiedliche Schwellenwerte abhängig sind, erscheint die Berücksichtigung der aktuell vorgenommenen gesellschaftsrechtlichen Variante angebracht. Auch bezüglich der Einschätzung, inwieweit sich die strukturelle Änderung auf die Mehrheitsverhältnisse im BVG auswirkt, wird auf die jetzige Situation abgestellt. Im Interesse eines Gleichlaufs sollte dies für die Schwellenwerte ebenfalls gelten.

Des Weiteren sind die Fälle, in denen aufgrund des Wegfalls von Arbeitnehmern der SE bei einer Neuaufnahme von Verhandlungen eine Mitbestimmungsminderung in der SE droht, von der sofortigen Aufnahme neuer Verhandlungen auszunehmen. In solchen Konstellationen ist den verbleibenden Arbeitnehmervertretern zunächst die Möglichkeit zu geben, einen Beschluss über den Fortbestand der bisherigen Mitbestimmung mit der doppelten absoluten Mehrheit zu fassen. Erst wenn eine solche Abstimmung scheitert, sind Verhandlungen aufzunehmen. Die vorgeschlagene Einfrierung der bestehenden Mitbestimmung[1069] wird weder den Anteilseigner- noch den Arbeitnehmerinteressen gerecht. Für die Seite der Aktionäre besteht immerhin die Möglichkeit, dass bei einer Neuaufnahme der Verhandlungen das bestehende Mitbestimmungsniveau abgesenkt wird. Den weiterhin in der SE beschäftigten Arbeitnehmern sollte bei einer Änderung der

---

sen abhängig, da kein Beschluss i.S.d. Art. 3 Abs. 6 SE-RL gefasst und keine Vereinbarung getroffen worden sein darf. Diese Voraussetzung kann unter Umständen auch durch das Scheitern eines Beschlusses i.S.d. Art. 3 Abs. 4 SE-RL entstehen.

1068 Im Schrifttum wird dagegen vertreten, dass es nicht darauf ankomme, ob die aufzunehmenden Arbeitnehmer bereits mitbestimmt gewesen seien. Relevant sei allein, ob das Unternehmen, in dem sie beschäftigt seien, auch ohne eine Verbindung mit der SE allein die nationalen Voraussetzungen für das Bestehen einer Mitbestimmung erfülle; vgl. *Wollburg/Banerja*, ZIP 2005, 277, 279. Vgl. unten S. 428 ff.

1069 Vgl. *Wollburg/Banerja*, ZIP 2005, 277, 282 f.

Mehrheitsverhältnisse allein schon aus demokratischen Gründen die Option zugestanden werden, über den Partizipationsstandard neu zu entscheiden.

a) Vorgehensweise bei Vorliegen einer Vereinbarung

Liegt eine Vereinbarung vor, so sollten die Verhandlungsparteien die genannten relevanten strukturellen Änderungen und Besonderheiten explizit festlegen.[1070] Als solche Vereinbarung kommt eine Einigung über die Einführung von Arbeitnehmerbeteiligung in die SE im Rahmen der Verhandlungslösung in Betracht, unabhängig davon ob darin die Einführung bzw. Nichteinführung von Mitbestimmung enthalten ist. Dies bezieht sich aber auch auf eine Vereinbarung über die Anwendbarkeit der Auffangregelung gem. Art. 7 Abs. 2 Unterabs. 2 Buchst. a SE-RL. Dabei ist allein auf den Tatbestand des Vorliegens einer solchen Einigung abzustellen und nicht darauf, ob Teil 3 An. SE-RL kraft Vereinbarung bzw. Gesetz gilt oder nicht.

b) Vorgehensweise bei fehlender Vereinbarung

Anders stellt sich die Sachlage dar, wenn ein Beschluss des BVG im Sinne des Art. 3 Abs. 6 SE-RL vorliegt oder wenn die allgemeinen Voraussetzungen der Anwendbarkeit der Auffangregelung gem. Art. 7 Abs. 1 Unterabs. 2 Buchst. b SE-RL eingreifen.[1071] In diesen Fällen besteht keine Vereinbarung, in der die Bedingungen für eine Neuvornahme von Verhandlungen festgelegt werden können. Daher obliegt es den jeweiligen nationalen Gesetzgebern in ihren Umsetzungsgesetzen solche Regelungen für die Europäischen Aktiengesellschaften mit Sitz in ihrem Hoheitsgebiet zu erlassen.

c) Anzuwendendes Verfahren

Art. 4 Abs. 2 Buchst. h SE-RL sieht vor, dass auch das im Rahmen dieser erneuten Gespräche anzuwendende Verfahren von den Parteien festgelegt werden soll. Dies bedeutet, dass grundsätzlich nicht mehr die in der SE-RL geregelte, komplizierte und umständliche Vorgehensweise eingehalten werden muss. So bestünde beispielsweise die Möglichkeit, anstelle der erneuten Bildung eines BVG das geschaffene Arbeitnehmervertretungsorgan oder den EBR mit den Verhandlungen zu betrauen. Außerdem kommt eine Verkürzung des Verhandlungszeitraums in Betracht, wenn die vorherigen Verhandlungen bereits zu einer Information und Diskussion über die etwaigen verschiedenen Mitbestimmungsformen der an der SE-Gründung beteiligten Gesellschaften geführt haben. Dies gilt jedenfalls dann, wenn Arbeitnehmer aus der SE wegfallen, da in einem solchen Fall keine neuen Systeme der Arbeitnehmerpartizipation auftreten.

1070 Ebenso *Kleinsorge*, in: *Baums/Cahn* (Hrsg.), Die Europäische Aktiengesellschaft, S. 140, 149.

1071 Dies gilt unabhängig davon, ob auch die besonderen Anwendungsvoraussetzungen von Teil 3 An. SE-RL erfüllt sind.

Bei einer fehlenden Vereinbarung über das Verhandlungsverfahren aufgrund struktureller Änderungen ist grundsätzlich das gesamte Verfahren des Art. 3 SE-RL durch die Geschäftsleitung der SE zu veranlassen. Es obliegt dem jeweiligen einzelstaatlichen Gesetzgeber aufgrund der bestehenden Regelungslücke in der SE-RL etwaige Vereinfachungen zu schaffen. In § 18 Abs. 3 S. 2 SEBG ist immerhin geregelt, dass auf eine erneute Bildung eines BVG verzichtet werden kann.[1072]

F. Renationalisierung einer SE

Soll eine SE in eine nationale Gesellschaftsform zurückgeführt werden, so können ihre Arbeitnehmerbeteiligungsrechte durch die Annahme der einzelstaatlichen Partizipationsform beeinträchtigt werden. Dies ist immer dann der Fall, wenn die Vorschriften im Sitzstaat der SE ein geringeres Niveau an Mitbestimmung als der in der SE bestehende Standard fordern. Diese „*Renationalisierung*"[1073] einer SE kann beispielsweise im Zusammenhang mit einer gem. Art. 8 SE-VO möglichen Sitzverlegung in einen anderen Mitgliedstaat und anschließender Umwandlung in eine Gesellschaft nationalen Rechts erfolgen.

Aber auch im Rahmen der primären und sekundären Gründungsformen werden im Schrifttum[1074] Beispiele aufgezeigt, in denen die Umwandlung der jeweiligen SE in eine nationale Gesellschaft eine Gefahr für das bestehende Mitbestimmungsniveau herbeiführen kann. Dieses Risiko erscheint bei einer Verschmelzungs-SE am größten, da im Rahmen dieser Gründungsform die beteiligten nationalen Gesellschaften untergehen. Es kann beispielsweise dann entstehen, wenn die fusionierenden Gesellschaften aus Mitgliedstaaten mit unterschiedlichem Mitbestimmungsniveau stammen, der höhere Mitbestimmungsstandard in der SE installiert wurde und die Europäische Aktiengesellschaft ihren Sitz in dem Mitgliedstaat mit dem niedrigeren Partizipationslevel hat. Soll nun die SE wieder in eine nationale Gesellschaft dieses Sitzstaates umgewandelt werden, so besteht die Gefahr einer Beeinträchtigung der Mitbestimmung durch die Übernahme des geringeren Niveaus des Sitzstaates. Obwohl bei der Gründung einer Holding-SE die beteiligten nationalen Gesellschaften nicht untergehen und ihre jeweilige Mitbestimmung auf nationaler Ebene gem. Art. 13 Abs. 3 Buchst. b SE-RL erhalten bleibt, ist auch hier eine Gefährdung des Mitbestimmungsniveaus möglich.[1075] Vergleichbar ist die Situation bei der Umwandlung

---

[1072] Allerdings lässt diese Vorschrift offen, wie die neuen Arbeitnehmervertreter bei einem Beschluss des SE-Betriebsrats zu beteiligen sind, damit der Proportionalitäts- und Repräsentationsgrundsatz gewahrt bleibt.

[1073] *Oplustil/Schneider*, NZG 2003, 13, 15.

[1074] *Oplustil/Schneider*, NZG 2003, 13, 14 f.

[1075] Dies ist der Fall, wenn in der Holding-SE ein höherer Mitbestimmungsstandard besteht als in ihrem Sitzstaat. Entscheidet das jeweils zuständige Organ der Konzernobergesellschaft, d.h. der SE, über eine Renationalisierung, so droht eine Mitbestimmungsmindeeiner Tochter-SE in eine nationale Gesellschaft in einem Sitzstaat mit einem niedrigeren Mitbestimmungsformat.

Dagegen ist die Transformation einer durch Umwandlung gegründeten SE in eine nationale Gesellschaft ohne Sitzverlegung wenig problematisch, da in einer solchen SE gem. Art. 4 Abs. 4 SE-RL zumindest das gleiche Mitbestimmungsniveau wie in der umgewandelten nationalen Gesellschaft des Sitzstaats bestehen muss. Eine Minderung des Mitbestimmungslevels wäre demnach nur denkbar, wenn in der SE ein höherer Mitbestimmungsstandard als in der umzustrukturierenden nationalen Gesellschaft installiert ist.[1076] Fraglich ist aber nun, wie in den genannten Fällen verhindert werden kann, dass die Leitung der SE mit Hilfe der Renationalisierung die bestehende Arbeitnehmerbeteiligung reduziert.

I. Rückumwandlung als Fall des § 18 Abs. 3 SEBG

Im Schrifttum[1077] wird davon ausgegangen, dass der Fall der Umwandlung einer deutschen Aktiengesellschaft in eine SE, deren anschließende Sitzverlegung in einen Mitgliedstaat mit niedrigerem Mitbestimmungsniveau und schließlich die Rückumwandlung in eine nationale Aktiengesellschaft von § 18 Abs. 3 SEBG erfasst werde.

Dem kann schon deswegen nicht zugestimmt werden, da diese Norm in anderen Mitgliedstaaten keine Anwendung findet. Es handelt sich um eine Vorschrift nationalen Rechts, deren Geltung aufgrund des Territorialitätsprinzips auf das deutsche Staatsgebiet beschränkt ist. Aber selbst wenn eine solche Regelung auch in dem neuen Sitzstaat der SE bestünde, sollen nach dem Willen der nationalen Gesetzgeber sicherlich die Fälle der Renationalisierung keinen Anspruch auf Neuverhandlungen herbeiführen. Dies würde zu einem massiven Eingriff in die Regelungskompetenz der Mitgliedstaaten führen.[1078] Könnte auch in einem solchen Fall eine Vereinbarung getroffen werden, wäre die Entstehung einer nationalen Gesellschaft möglich, deren Arbeitnehmerbeteiligung mit dem bestehenden innerstaatlichen Recht nicht kompatibel ist. Die Folge wäre dann beispielsweise eine Plc in Großbritannien mit einer Drittelbeteiligung im Aufsichtsrat oder eine deutsche AG ohne Mitbestimmung mit Sitz in Deutschland. Die Tatsache, dass diese Vorgehensweise in Deutschland nicht erwünscht ist, zeigt bereits die Diskussion, zu der die Rechtsprechung des EuGH zur Niederlassungsfreiheit bei nationalen Gesellschaften geführt hat.[1079]

---

rung in der nun nationalen Holdinggesellschaft durch die Übernahme des geringeren Mitbestimmungslevels des Sitzstaates.

1076 Vgl. zum Ganzen *Oplustil/Schneider*, NZG 2003, 13, 14 ff.

1077 *Nagel*, NZG 2004, 833, 839; zustimmend *Thümmel*, Die Europäische Aktiengesellschaft (SE), D.II.3.f)cc), Rn. 304.

1078 Vgl. *Eidenmüller*, JZ 2004, 24, 32, allerdings im Zusammenhang mit dem Sitzverlegungs-E.

1079 Siehe unten S. 501 ff.

II. Zeitlich befristeter Schutz vor einer Renationalisierung in der SE-VO

In Art. 66 Abs. 1 S. 2 SE-VO ist geregelt, dass ein Umwandlungsbeschluss erst zwei Jahre nach Eintragung der SE oder Genehmigung der ersten beiden Jahresabschlüsse gefasst werden kann. Eine solche Regelung war bereits in Art. 264 Abs. 2 der Verordnungsentwürfe von 1970 und 1975 vorgesehen, um zu verhindern, dass die SE nur als Mittel für einen Firmenwechsel missbraucht wird.[1080] Eine Verlängerung der Frist auf fünf Jahre wurde aufgrund der bestehenden Schutzvorschriften für die Mitbestimmung als nicht erforderlich angesehen.[1081] Im Hinblick auf die Vorschrift des Art. 66 SE-VO ist zwar anzumerken, dass der Zeitraum von zwei Jahren relativ kurz erscheint. Allerdings kann davon ausgegangen werden, dass die Flucht aus der Mitbestimmung in solchen Fällen nicht der Hauptgrund für eine Renationalisierung sein wird, sondern wirtschaftliche Faktoren eine entscheidendere Rolle spielen werden.

Neben diesem zeitlich befristeten Schutz vor einer Renationalisierung und dem damit einhergehenden Mitbestimmungsverlust bietet auch Art. 37 Abs. 3 SE-VO für den Fall der Transformation einer nationalen Gesellschaft in eine SE und deren Rückumwandlung nach erfolgter Sitzverlegung eine zusätzliche Sicherheit. Allerdings ist unklar, was bei dieser Vorschrift unter *„anlässlich"* zu verstehen ist.[1082] In Betracht kommt wohl eine zusätzliche zeitliche Schranke, die beispielsweise vergleichbar mit Art. 66 Abs. 1 S. 2 SE-VO auf zwei Jahre festgelegt werden könnte.

Im Schrifttum[1083] wird vorgeschlagen, dass im Fall einer aufgrund der Rückumwandlung der SE drohenden Mitbestimmungsminderung entweder die eingeführte Arbeitnehmerbeteiligung dauerhaft bestehen bleiben oder zumindest bis zum Ende der jeweiligen *„Funktionsperiode"* des SE-Betriebsrats aufrechterhalten werden solle. Existiere dagegen in der SE ein unter dem Standard des Sitzstaates liegendes Mitbestimmungsniveau, müsse dieses bei einer Renationalisierung ohne Übergangszeit übernommen werden.

III. Rückumwandlung als Fall des Art. 11 SE-RL bzw. § 43 SEBG

Des Weiteren kommt in Betracht, dass die Vorschrift des Art. 11 SE-RL bzw. die jeweilige entsprechende nationale Norm der einzelstaatlichen Umsetzungsgesetze eingreift. Zwar wird im Schrifttum[1084] vertreten, dass die Rückumwandlung einer SE in eine nationale Gesellschaft auch bei einer damit einhergehen-

---

[1080] Bulletin der Europäischen Gemeinschaften, Beilage 4/75, S. 191. Diese Regelung wurde allerdings als *„nicht ganz verständliche(...) Restriktion(...)"* kritisiert; *Kraft/Hönn*, in: *Lutter* (Hrsg.), Die Europäische Aktiengesellschaft, S. 327, 336.

[1081] Bulletin der Europäischen Gemeinschaften, Beilage 4/75, S. 191.

[1082] Vgl. oben S. 99 f.

[1083] *Gahleitner*, in: *Kalss/Hügel* (Hrsg.), Europäische Aktiengesellschaft, Vorbem., S. 720, Rn. 23 f.

[1084] *Oplustil/Schneider*, NZG 2003, 13, 14; *Rehberg*, ZGR 2005, 859, 879, Fn. 77, 881.

den Mitbestimmungsminderung der Arbeitnehmer nicht von Art. 11 SE-RL erfasst werde. Begründet wird dies damit, dass es sich bei einem solchen Entzug von Beteiligungsrechten um einen *„rein nationalen Sachverhalt"* handle, der folglich nicht dem Anwendungsbereich der SE unterliege.[1085] Diese Sichtweise erscheint aber als zu eng, da sie den Vorgang der Planung der Rückumwandlung und den anschließenden Verlust von Mitbestimmung aufgrund nationalen Rechts isoliert betrachtet. Um aber die Sicherung der bestehenden Arbeitnehmerbeteiligungsrechte im Sinne der SE-RL in ausreichendem Maße zu gewährleisten, muss der jeweilige nationale Gesetzgeber den Missbrauchstatbestand extensiv handhaben.

Die Regelung des deutschen Gesetzgebers in § 43 S. 2 SEBG umfasst nicht den Fall der Rückumwandlung einer SE, die gem. Art. 66 Abs. 1 S. 2 SE-VO frühestens nach zwei Jahren vorgenommen werden kann. Im Hinblick auf die Umwandlung einer SE in eine deutsche Aktiengesellschaft ist dies aber wohl unschädlich, da aufgrund des hohen Mitbestimmungsstandards im deutschen Recht kaum ein damit einhergehender Mitbestimmungsverlust zu befürchten ist.

Als geeignete Maßnahmen zum Schutz vor einem Mitbestimmungsverlust durch Renationalisierung sind beispielsweise Vermutungsregelungen für das Vorliegen von Missbrauch anzusehen, da der Arbeitnehmerseite ein Beweis über die Verwirklichung eines solchen Tatbestands schwer möglich sein dürfte. Daher muss es der Leitung der SE obliegen, nachvollziehbare Gründe für gesellschaftsrechtliche Veränderungen vorzuweisen, die das bestehende Mitbestimmungsniveau gefährden können. Folglich sollten alle einzelstaatlichen Gesetzgeber i.S.d. Art. 11 SE-RL eine Vorschrift aufnehmen, wonach die Leitung einer SE nachvollziehbare wirtschaftliche Gründe für eine Rückumwandlung vortragen muss, um eine Genehmigung für diesen Schritt zu erhalten.

§ 7 Fazit

Die Kritik an der SE-RL fokussiert sich zum einen auf die Gestaltung der einzelnen Vorschriften an sich, deren Kompromisscharakter *„zu Lasten der inneren Kohärenz, Klarheit und Praktikabilität"*[1086] gehe. Tatsächlich bestehen in der SE-RL zahlreiche Regelungslücken, kompliziert gestaltete Normen und Unstimmigkeiten. Selbst die äußere Gestaltung der SE-RL ist an einigen Stellen so ungenau bzw. widersprüchlich, dass dies zu unterschiedlichen Auslegungen geführt hat. Diese Problembereiche sind, soweit wie möglich, von den jeweiligen nationalen Gesetzgebern im Rahmen der einzelstaatlichen Umsetzungsgesetze zu beseitigen bzw. bedürfen der Klärung durch den EuGH. Zudem müssen bei der anstehenden Überarbeitung der SE-RL, die gem. Art.15 SE-RL spätestens

---

[1085] Vgl. zum Ganzen *Oplustil/Schneider*, NZG 2003, 13, 14.

[1086] *Wißmann*, FS Wiedemann (2002), S. 685, 687.

zum 08.10.2007 zu erfolgen hat, diese Unstimmigkeiten und Probleme endgültig beseitigt werden.

Zum anderen werden inhaltlich vor allem die Regelungen zur Mitbestimmung mit Kritik überhäuft und als *„Unglück"*[1087] bezeichnet. Es wird zwar vereinzelt beanstandet, dass die Auffangregelung bei einer fehlenden Mitbestimmung in den an der SE-Gründung beteiligten Gesellschaften keinerlei Einführung dieser Partizipationsform in die Europäische Aktiengesellschaft erzwinge.[1088] Die überwiegende Ansicht im Schrifttum lässt sich aber in folgendem Zitat zusammenfassen: *„SE-Verordnung und SE-Richtlinie zementieren nicht nur die deutsche Mitbestimmung, sondern sie mauern auch die deutschen mitbestimmten Unternehmen ein"*[1089]. Besondere Kritik ruft dabei die Absicherung der Mitbestimmung in der Auffangregelung hervor, die einen *„Standortnachteil"*[1090] für deutsche Gesellschaften mit sich bringe.[1091]

Werden die Vorschriften zur Mitbestimmung jedoch genauer betrachtet, dann ist zu konstatieren, dass trotz des Vorher-Nachher-Prinzips in der SE-RL zahlreiche Möglichkeiten zur Mitbestimmungsminderung bestehen, die keinen Verstoß gegen das Missbrauchsverbot in Art. 11 SE-RL darstellen. So ist in den Gründungsformen der Holding-, Verschmelzungs- und Tochter-SE stets, wenn auch insbesondere bei einer Fusion erschwert, die Vereinbarung einer Reduzierung des Mitbestimmungsniveaus möglich. Zu bedenken ist ferner, dass eine solche Vereinbarung lediglich den Schutz des quantitativen Standards gewährleistet, die qualitativen Anforderungen durch die Satzung und andere Gestaltungsmöglichkeiten aber durchaus reduziert werden können. Auch die Auffangregelung bietet, entgegen der pauschal geäußerten Kritik, durchaus Möglichkeiten der Mitbestimmungsreduzierung. Voraussetzung ist allein, dass in den beteiligten Gesellschaften zuvor mehr als eine solche Partizipationsform bestand. Dann kann entweder das BVG mit der doppelten absoluten Mehrheit die Mitbestimmungsform mit dem niedrigsten quantitativen Niveau auswählen oder es obliegt den einzelstaatlichen Gesetzgebern, die Auswahl zu steuern, falls dieses Gremium von dieser Option keinen Gebrauch macht.

Ferner bestehen gesellschaftsrechtliche Gestaltungsmöglichkeiten, die keine im Schrifttum bereits entworfenen komplizierten Umgehungstatbestände oder strukturellen Änderungen erfordern, sondern im alltäglichen Gebrauch der SE zu einer Mitbestimmungsminderung im Vergleich zum deutschen Standard führen. Einfaches Beispiel ist die sekundäre Gründung einer Tochter-SE mit Sitz in

---

[1087] *Lutter*, BB 2002, 1. 5.

[1088] *Weiss*, GM 50 (1999), 185, 191; allerdings zum RL-Entwurf GB.

[1089] *Schwark*, AG 2004, 173, 176.

[1090] Vgl. stv. *Habersack*, Europäisches Gesellschaftsrecht, Dritter Teil § 12 I. 1., Rn. 393; *Lange*, EuZW 2003, 301, 306; *Müller, K-P*, Die Bank 2002, 544, 546.

[1091] Vgl. stv. *Heinze*, ZGR 2002, 66, 94 f.; *Lutter*, BB 2002, 1, 5.

Deutschland. Besteht in der Mutter-SE ein geringeres Partizipationsniveau als in Deutschland, wird auch in der Tochter-SE dieser niedrigere Standard trotz ihres Sitzes in Deutschland fortgesetzt, da die Mitbestimmung der Obergesellschaft zu übernehmen ist.

Ebenso bringt die Tatsache, dass die Europäischen Aktiengesellschaften mit Sitz in Deutschland unabhängig von den Schwellenwerten der deutschen Mitbestimmungsgesetze sind, einige Gestaltungsmöglichkeiten mit sich, die gegenüber deutschen Gesellschaften zu Unterschieden im Mitbestimmungsniveau führen.[1092] Wird in eine SE mit Sitz in Deutschland beispielsweise aufgrund der Beteiligung einer deutschen Gesellschaft mit weniger als 2.000 Arbeitnehmern die Drittelbeteiligung eingeführt, so wird sie, auch wenn sie mit insgesamt 10.000 Arbeitnehmern den Schwellenwert des § 1 Abs. 1 Nr. 2 MitbestG deutlich überschreitet, nicht die paritätische Mitbestimmung übernehmen müssen.[1093] Im Schrifttum[1094] besteht ein Beispiel, in dem sogar der am stärksten geschützte Fall der Gründung einer Umwandlungs-SE zur Vermeidung einer zukünftigen Mitbestimmungssteigerung in einem deutschen Unternehmen genutzt wird. Sei in einem deutschen Unternehmen die baldige Überschreitung der Schwellenwerte von § 1 Abs. 1 DrittelbG bzw. § 1 Abs. 1 MitbestG absehbar, könne es demnach die Einführung bzw. Erweiterung von Mitbestimmung durch Gründung einer Umwandlungs-SE verhindern. Die Auffangregelung laufe nämlich in diesem Fall bei einer Arbeitnehmerzahl von unter 500 Arbeitnehmern leer oder sichere bei einer Beschäftigtenzahl von unter 2.000 lediglich die Drittelparität. Bestehe nun eine mitbestimmungsfreie oder mit der Drittelbeteiligung ausgestattete SE, so führe allein das Überschreiten der nationalen Schwellenwerte durch Neueinstellungen von Arbeitnehmern nicht zu einer erneuten Vornahme des Verhandlungsverfahrens.[1095]

Allein diese Fälle zeigen, dass die Gründung einer SE unter Beteiligung deutscher Unternehmen nicht notwendigerweise die Übernahme des deutschen Mitbestimmungsstandards mit sich bringen wird, sondern flexible Lösungen getrof-

---

[1092] Anderer Ansicht ist *Oetker*, der bei einer durch Umwandlung gegründeten SE in Deutschland bei einer absinkenden Anzahl der Beschäftigten die Schwellenwerte des § 1 Abs. 1 Nr. 2 MitbestG bzw. § 1 Abs. 1 DrittelbG zur Anwendung kommen lassen will; *Oetker*, in: *Lutter/Hommelhoff* (Hrsg.), Die Europäische Gesellschaft, S. 277, 308. Die Anwendung nationaler Schwellenwerte bei strukturellen Änderungen ist aber abzulehnen; vgl. oben S. 316 ff.

[1093] Vgl. zu diesem Beispiel *Teichmann*, BB 2004, 53, 56, Fn. 35.

[1094] *Jannott/Frodermann*, in: *Jannott/Frodermann* (Hrsg.), Handbuch der Europäischen Aktiengesellschaft, Einl. II 7.3, Rn. 26.

[1095] Vgl. zum Ganzen *Jannott/Frodermann*, in: *Jannott/Frodermann* (Hrsg.), Handbuch der Europäischen Aktiengesellschaft, Einl. II 7.3, Rn. 26. In einem solchen Fall greift auch Art. 11 SE-RL nicht, da die Mitbestimmung in der SE nicht vermindert wird und die neu hinzukommenden Arbeitnehmer noch gar keiner solchen Partizipationsform unterliegen.

fen werden können. Ferner führt das deutsche Partizipationsniveau nicht zwingend zu einer Unattraktivität der Bundesrepublik als Sitzstaat dieser supranationalen Gesellschaftsform.

Aus deutscher Sicht ist schließlich positiv, dass aufgrund der Auffangregelung auch die Mitgliedstaaten, die bis jetzt keine Mitbestimmungsform kodifiziert hatten, zu einer Regelung dieser Materie im Rahmen ihrer Umsetzungsgesetze gezwungen werden. Des Weiteren müssen sich die Arbeitnehmer- und Anteilseignervertreter aller Mitgliedstaaten im Rahmen des Verhandlungsverfahrens mit den verschiedenen Mitbestimmungssystemen in der EU auseinandersetzen. Dies beinhaltet die Möglichkeit, dass die in Deutschland bestehenden Formen, die unzweifelhaft auch ihre Vorteile haben, ihren Schrecken verlieren.

Teil 4 Umsetzung der SE-RL in das deutsche Recht

Zum Zeitpunkt des Ablaufs der Umsetzungsfrist am 08.10.2004 haben mit Belgien, Dänemark, Finnland, Island, Österreich und Schweden lediglich sechs Mitgliedstaaten die Umsetzung der SE-RL in ihr nationales Recht vollzogen.[1] Dabei ging es nicht nur um die rechtzeitige Umsetzung der SE-RL, sondern zu dem genannten Zeitpunkt trat gem. Art. 70 SE-VO auch die SE-VO in Kraft. Zwar gilt dieses Regelwerk seit dem 08.10.2004 unmittelbar in den Mitgliedstaaten, doch enthält es zahlreiche Regelungsaufträge und Optionen für die nationalen Gesetzgeber. Soweit in den einzelnen Mitgliedstaaten diesbezügliche Gesetze noch nicht in Kraft getreten sind, haben diese Regelungen ebenfalls noch keine Geltung erlangt.

§ 1 Verlauf der Umsetzung in Deutschland

Auch der deutsche Gesetzgeber hat weder bezüglich der Regelungsaufträge der SE-VO noch der Umsetzung der Vorschriften der SE-RL die genannte Frist eingehalten. In Deutschland erfolgte die Erarbeitung eines Gesetzes zu einem SE-Statut zweigeteilt dahingehend, dass für die SE-VO das Bundesministerium der Justiz und für die SE-RL das Bundesministerium für Wirtschaft und Arbeit zuständig waren.[2] Während für die Regelungsaufträge und -optionen der SE-VO am 28.02.2003 ein Diskussionsentwurf[3] für ein Artikelgesetz veröffentlicht wurde, erfolgte hinsichtlich der Umsetzung der SE-RL keine vergleichbare Initiative. Folglich war allein der Bereich der gesellschaftsrechtlichen Vorschriften Gegenstand von Stellungnahmen[4], Beiträgen in der Literatur[5] und Veranstaltungen[6]. Dagegen bestand bezüglich der problematischen arbeitsrechtlichen Be-

---

1 *Becker*, GmbHR 2004, R 445.

2 Im Bundesministerium der Justiz waren Ministerialrat *Neye* und im Bundesministerium für Wirtschaft und Arbeit Regierungsdirektor *Kleinsorge* mit den jeweiligen Regelwerken betraut.
Vgl. zum Gesetzgebungsverfahren auch die Darstellung bei *Kleinsorge*, in: *Nagel/Freis/Kleinsorge* (Hrsg.), Die Beteiligung der Arbeitnehmer in der Europäischen Gesellschaft, S. 18 ff., Rn. 40 ff. und bei *Neye*, Die Europäische Aktiengesellschaft, S. 1 ff.

3 Der „*Diskussionsentwurf eines Gesetzes zur Einführung der Europäischen Gesellschaft*" ist veröffentlicht in AG 2003, 204 ff. und bei *Neye*, Die Europäische Aktiengesellschaft, S. 301 ff.

4 Vgl. unter anderem die Stellungnahme der Spitzenverbände der deutschen Wirtschaft v. 11.06.2003, abgerufen unter *www.bdi-online.de* am 05.07.2003, und Stellungnahme Nr. 65/03 des DAV v. November 2003, abgerufen unter *www.anwaltverein.de* am 20.01.2004 = NZG 2004, 75 ff.

5 Vgl. unter anderem *Ihrig/Wagner*, BB 2003, 969 ff.; *Neye/Teichmann*, AG 2003, 169 ff.

6 Vgl. unter anderem 15. Bonner Europa-Symposium mit dem Thema „*Europäische AG und der Diskussionsentwurf zum deutschen Begleitgesetz*" am 09.05.2003 in Bonn und

stimmungen keine Gelegenheit zur Diskussion. Erst am 05.04.2004 erging ein Referentenentwurf zu einem Gesetz zur Einführung der Europäischen Gesellschaft[7], der neben den gesellschaftsrechtlichen Regelungen in Art. 1 SEAG auch die Implementierung der SE-RL in Art. 2 SEBG beinhaltete.[8]

Bereits am 26.05.2004 verabschiedete das Bundeskabinett einen Regierungsentwurf zu einem Gesetz zur Einführung der Europäischen Gesellschaft (SEEG)[9] und leitete ihn am 28.05.2004 dem Bundesrat zur Anfertigung einer Stellungnahme zu.[10] Dieser Vorschlag beinhaltete ebenfalls ein Artikelgesetz und behielt die vorgenommene Aufteilung in insgesamt neun Artikel bei. Somit enthielt Art. 1 das Ausführungsgesetz zur SE-VO und Art. 2 die Umsetzung der SE-RL. Die übrigen Artikel behandelten im Zusammenhang mit einem SE-Statut notwendige Änderungen in anderweitigen deutschen Gesetzen[11] und den Zeitpunkt des Inkrafttretens dieses Gesetzes. Die aufgrund der Einführung einer SE zu schaffenden steuerrechtlichen Vorschriften waren dagegen nicht enthalten, da sie anderweitig erarbeitet werden.[12]

Am 02.07.2004 befasste sich der Bundestag in erster Lesung mit diesem Entwurf und beschloss eine Überweisung an den Rechtsausschuss.[13] Das Parlament nahm dabei die anfänglich bereits auf den 30.09.2004 terminierte zweite und dritte Lesung dieses Vorschlags im Laufe der Sitzung von der Tagesordnung.[14]

---

das Symposium „*Europäische Aktiengesellschaft – Auswirkungen auf die deutsche Mitbestimmung/Gefahr für Mitbestimmungskultur in Deutschland oder Chance für Europa?*" am 10.03.2004 in Frankfurt a.M.

7 Der Referentenentwurf ist veröffentlich bei *Neye*, Die Europäische Aktiengesellschaft, S. 327 ff. bzw. abrufbar im Internet unter *http://www.aus-portal.de/aktuell/gesetze/01/index_1748.htm.*

8 Den Ausführungen von *Neye* zufolge stammt dieser Referentenentwurf vom 22.04.2004; *Neye*, BB 2004, 1973.

9 BT-Drucks. 15/3405 = BR-Drucks. 438/04. Abrufbar im Internet unter *http://www.aus-portal.de/aktuell/gesetze/01/index_1748.htm.* Dieser Gesetzesentwurf unterscheidet sich nur geringfügig von dem vorherigen Referentenentwurf; *Nagel*, NZG 2004, 833.

10 Abgerufen am 23.01.2006 unter *http://www.aus-portal.de/aktuell/gesetze/01/index_1748.htm.*

11 Art. 3 betrifft das Gerichtsverfassungsgesetz, Art. 4 das Gesetz über die Angelegenheiten der freiwilligen Gerichtsbarkeit, Art. 5 das Spruchverfahrensgesetz, Art. 6 das Arbeitsgerichtsgesetz und Art. 7 die Handelsregisterverordnung.

12 *Neye*, BB 2004, 1973.

13 Abgerufen am 23.01.2006 unter *http://www.aus-portal.de/aktuell/gesetze/01/index_1748.htm.* An der Beratung beteiligt waren weiterhin der Ausschuss für Wirtschaft und Arbeit, der Finanzausschuss und der Ausschuss für die Angelegenheiten der Europäischen Union; *Neye*, BB 2004, 1973, 1974.

14 Abgerufen am 23.01.2006 unter *http://www.aus-portal.de/aktuell/gesetze/01/index_1748.htm.*

Der Bundesrat gab am 09.07.2004 zu diesem Entwurf eine Stellungnahme[15] ab, in dem er neben einzelnen Vorschriften insbesondere die Ausgestaltung des monistischen Organisationssystems gerade auch im Hinblick auf die Arbeitnehmermitbestimmung kritisierte.[16] In ihrer Gegenäußerung[17] vom 24.08.2004 hat die Bundesregierung die vom Bundesrat geäußerten Beanstandungen größtenteils als nicht berechtigt zurückgewiesen. Am 18.10.2004 fand eine öffentliche Anhörung vor dem Rechtsausschuss statt, in der vor allem die mitbestimmungsrechtlichen Vorschriften im SEBG diskutiert wurden.[18] Daraufhin ergingen am 27.10.2004 eine Beschlussempfehlung und ein Bericht des Rechtsausschusses.[19]

Am 29.10.2004 erfolgte zwar die zweite und dritte Lesung vor dem Bundestag[20], doch beim zweiten Durchgang im Bundesrat beschloss dieser am 26.11.2004 die Einleitung eines Vermittlungsverfahrens.[21] Nachdem der Vermittlungsausschuss in seinen Verhandlungen zu keinem Ergebnis gelangte, beendete er am 15.12.2004 dieses Verfahren.[22] Der daraufhin am 17.12.2004 erhobene Einspruch des Bundesrats wurde vom Bundestag am selbigen Tag zurückgewiesen, so dass das SEEG zum Jahresende am 29.12.2004 in Kraft trat.[23]

Folglich ist die Einführung von Arbeitnehmerbeteiligung in die SE auch bei der Entwicklung des deutschen Umsetzungsgesetzes auf Schwierigkeiten gestoßen und die im Vorfeld aufgekommenen Diskussionen spiegeln erneut die gegensätzlichen Interessen wieder.

§ 2 SEAG und Arbeitnehmerbeteiligung

Die Vorschriften in der SE-VO, deren Wortlaut im SEAG aufgrund ihrer unmittelbaren Geltung nicht noch einmal wiederholt werden musste[24], betreffen zum Teil auf direktem oder indirektem Wege die Arbeitnehmerbeteiligung.[25] Ferner

---

15 BR-Drucks. 438/04. Abrufbar unter *http://www.aus-portal.de/aktuell/gesetze/01/index_1748.htm.*

16 BR-Drucks. 438/04 S. 3, 10, 12 f. Weiterhin protestierte der Bundesrat gegen die *„völlig unangemessene Frist"*, die das Bundesministerium der Justiz den Landesjustizverwaltungen und damit der gerichtlichen Praxis für die Erarbeitung von Stellungnahmen gesetzt hatte; BR-Drucks. 438/04 S. 17.

17 BT-Drucks. 15/3656. Abrufbar unter *http://www.aus-portal.de/aktuell/gesetze/01/index_1748.htm.*

18 Abgerufen: *http://www.aus-portal.de/aktuell/gesetze/01/index_1748.htm* am 23.01.2006.

19 Abgerufen: *http://www.aus-portal.de/aktuell/gesetze/01/index_1748.htm* am 23.01.2006.

20 Abgerufen: *http://www.aus-portal.de/aktuell/gesetze/01/index_1748.htm* am 23.01.2006.

21 Abgerufen: *http://www.aus-portal.de/aktuell/gesetze/01/index_1748.htm* am 23.01.2006.

22 Abgerufen: *http://www.aus-portal.de/aktuell/gesetze/01/index_1748.htm* am 23.01.2006.

23 Abgerufen: *http://www.aus-portal.de/aktuell/gesetze/01/index_1748.htm* am 23.01.2006.

24 *Nagel*, NZG 2004, 833.

25 Soweit diese Regelungen die Arbeitnehmerbeteiligung betreffen bzw. Probleme dahingehend auftraten, ob das jeweilige nationale Aktienrecht zur Anwendung gelangen sollte, wurde dies bereits ausführlich im 2. Teil der Arbeit, S. 89 ff., behandelt.

existieren auch einige Regelungsaufträge bzw. -optionen, von denen die Mitgliedstaaten Gebrauch machen konnten.[26]

A. Primäre Gründungsformen

Bei den primären Gründungsformen bestehen nur hinsichtlich der Regelungsoption des Art. 37 Abs. 8 SE-VO Meinungsverschiedenheiten darüber, ob der deutsche Gesetzgeber von diesem Wahlrecht Gebrauch machen sollte.

Einerseits[27] wird eine Umsetzung dieser Regelungsmöglichkeit in deutsches Recht befürwortet. Argumentiert wird mit den erheblichen Risiken für die Arbeitnehmermitbestimmung, die insbesondere der Rechtsformwechsel mit sich führe. Die Sicherung durch die SE-RL allein reiche nicht aus, um zu verhindern, dass sich Gesellschaften durch Umwandlung der Mitbestimmung entzögen.[28]

Andererseits stößt die mögliche Benutzung dieser Ermächtigungsgrundlage in der Literatur[29] zu Recht aus mehreren Gründen auf Ablehnung. Angeführt wird, dass die Aufstellung eines solchen Zustimmungserfordernisses zu einer Art von mitbestimmungsrechtlicher Kontrolle der Gründung einer SE durch Umwandlung führe. Des Weiteren setze eine solche Regelung ein falsches Zeichen für Konzerne, da diese gerade durch Umwandlung von Tochtergesellschaften relativ unkompliziert erste Erfahrungen mit einer SE sammeln könnten.[30] Auch sei ein solcher besonderer Schutz der Arbeitnehmer nicht erforderlich, weil dieser bereits durch Art. 3 Abs. 6 Unterabs. 3 SE-RL ausreichend gewährleistet werde.[31]

Darüber hinaus werden auch Bedenken im Hinblick auf das deutsche Recht geltend gemacht. Zum einen sei ein solcher Zustimmungsvorbehalt des Aufsichtsrats dem deutschen Recht fremd.[32] Zum anderen laufe bei einer solch zwingen-

---

26 Soweit diese Regelungsoptionen dem deutschen Gesetzgeber unstrittig nicht zur Verfügung standen, wurde dies ebenfalls bereits im 2. Teil, S. 89 ff., erörtert.

27 Stellungnahme des DGB zur Verordnung (EG) Nr. 2157/2001 des Rates vom 08.10.2001 über das Statut der Europäischen Gesellschaft (SE), S. 5 f. Abgerufen unter *www.boeckler.de* am 02.04.2003.

28 Vgl. zum Ganzen Stellungnahme des DGB zur Verordnung (EG) Nr. 2157/2001 des Rates vom 08.10.2001 über das Statut der Europäischen Gesellschaft (SE), S. 5 f. Abgerufen unter *www.boeckler.de* am 02.04.2003.

29 *Brandt*, NZG 2002, 991, 995; *Kübler*, ZHR 167 (2003), 222, 233; *Teichmann*, ZGR 2002, 383, 441. Zustimmend wohl *Schwarz*, Kommentar zur SE-VO, Art. 37 Rn. 63. *Bungert* und *Beier* sprechen sich zwar nicht gegen die Wahrnehmung dieser Ermächtigung aus, bringen aber unter Hinweis auf das Mitbestimmungsurteil des BVerfG ihre Zweifel zum Ausdruck, ob eine solche Regelung in Deutschland verfassungskonform wäre.

30 Vgl. zum Ganzen *Brandt*, NZG 2002, 991, 995.

31 *Teichmann*, ZGR 2002, 383, 441.

32 Im deutschen Aktienrecht wird der Aufsichtsrat durch § 124 Abs. 3 S. 1 AktG beteiligt, da er aufgrund dieser Vorschrift zu jedem Gegenstand der Tagesordnung einen Vorschlag zur Beschlussfassung macht; vgl. zum Ganzen *Teichmann*, ZGR 2002, 383, 441.

den Einwilligung durch den Aufsichtsrat das von Verfassung wegen bestehende Letztentscheidungsrecht der Anteilseigner ins Leere.[33]

Diesen Bedenken ist zuzustimmen. Das BVerfG hat betont, dass Grundsatzentscheidungen von der Hauptversammlung zu treffen seien und dass das Anteilseigentum unter den Schutz von Art. 14 GG falle.[34] Würde der deutsche Gesetzgeber von der Ermächtigungsgrundlage des Art. 37 Abs. 8 SE-VO Gebrauch machen, so müssten die Mitglieder des Aufsichtsrats mit qualifizierter Mehrheit oder sogar einstimmig der Umwandlung zustimmen. Gerade bei einer paritätischen Besetzung des Aufsichtsrats könnten demzufolge die Arbeitnehmervertreter in diesem Organ die Gründung einer SE durch Umwandlung dauerhaft blockieren. Anders als im deutschen Recht, das den Anteilseignern letztlich aufgrund einer erneuten Abstimmung gem. § 29 Abs. 2 MitbestG die Durchsetzung ihrer Position erlaubt, besteht diese Möglichkeit bei den hier geforderten Mehrheitsverhältnissen nicht. Es läge demnach ein gravierender Eingriff in das Eigentum der Anteilseigner vor, für den die potentielle Gefährdung der in Deutschland eingeführten Arbeitnehmermitbestimmung keine Rechtfertigung wäre.

Entgegen den Ausführungen der anderen Auffassung schützen die SE-VO und die SE-RL die Partizipation der Arbeitnehmer auch in ausreichendem Maße. Gerade für die Gründung einer SE durch Umwandlung bestehen mit Art. 3 Abs. 6 Unterabs. 3, Art. 4 Abs. 4, Art. 7 Abs. 2 Unterabs. 1 Buchst. a SE-RL und Teil 3 Abs. 1 Buchst. a An. SE-RL eine Reihe von Bestimmungen, die das bestehenden Mitbestimmungsniveau in besonderer Weise absichern. Hinzu kommt das Missbrauchsverbot in Art. 11 SE-RL. Des Weiteren verhindert Art. 37 Abs. 3 SE-VO die Sitzverlegung der Gesellschaft anlässlich der Umwandlung in einen anderen Mitgliedstaat und die damit eventuell einhergehende Gefährdung der bestehenden Mitbestimmung. Aufgrund dieses umfangreichen Schutzprogramms sowie des Eingriffs in die Rechte der Anteilseigner hat der deutsche Gesetzgeber von dieser Ermächtigungsgrundlage zu Recht keinen Gebrauch gemacht.[35]

B. Aufbau der SE

Eine SE kann sich gem. Art. 38 Buchst. b SE-VO entweder nach dem dualistischen oder dem monistischen System organisieren, das heißt neben der stets bestehenden Hauptversammlung existieren entweder ein Leitungs- und Aufsichtsorgan oder ein Verwaltungsorgan.[36]

---

33 *Brandt*, NZG 2002, 991, 995.

34 BVerfG v. 01.3.1979, BVerfGE 50, 290, 323 = NJW 1979, 699, 700. Vgl. oben S. 128 f.

35 Auch der österreichische Gesetzgeber hat diese Option nicht genutzt; *Zollner*, in: *Kalss/Hügel* (Hrsg.), Europäische Aktiengesellschaft, S. 381, 384, Rn. 5; *Gahleitner*, in: *Kalss/Hügel* (Hrsg.), Europäische Aktiengesellschaft, Vorbem. S. 716, Rn. 13.

36 Im SEAG finden sich keine für die Arbeitnehmerbeteiligung relevanten Vorschriften zur Hauptversammlung.

I. Dualistisches System

Im Hinblick auf das dualistische System bestehen aufgrund der grundsätzlichen Übereinstimmung der SE-VO mit dem deutschen Aktienrecht nur wenige Regelungen im SEAG.

1. Leitungsorgan

Der deutsche Gesetzgeber hat lediglich zum Teil von den Regelungsoptionen in Art. 39 SE-VO, die das Leitungsorgan einer SE betreffen, Gebrauch gemacht.[37] So hat er i.S.d. Art. 39 Abs. 4 S. 2 SE-VO in **§ 16 S. 1 SEAG** bei einem bestimmten Grundkapital grundsätzlich eine Mindestzahl von zwei Mitgliedern festgelegt, es sei denn, es besteht laut Satzung das Erfordernis eines einzigen Mitglieds.[38] Wurde allerdings eine Arbeitnehmermitbestimmung in die SE eingeführt, so müssen aufgrund des § 38 Abs. 2 SEBG mindestens zwei Mitglieder vorhanden sein, wobei eines für den Bereich Arbeit und Soziales zuständig ist.[39]

2. Aufsichtsorgan

Im Rahmen des Aufsichtsorgans hat der deutsche Gesetzgeber die bestehenden Regelungsoptionen benutzt, um die Vorschriften für die SE an das nationale Recht anzunähern und einen *„weitgehenden Gleichlauf"*[40] zu erreichen. Demzufolge hat er grundsätzlich von den das Aufsichtsorgan betreffenden Ermächtigungsgrundlagen Gebrauch gemacht. Eine Ausnahme bildet Art. 50 Abs. 3 SE-VO, wonach bei bestehender Mitbestimmung in einer SE mit Sitz in Deutschland die §§ 10 Montan-MitbestG, 11 Montan-MitbestErgG und 28 MitbestG zur Anwendung gelangt wären. Folglich kann in der Satzung stets festgelegt werden, dass für die Beschlussfähigkeit des Aufsichtsorgans auch die Teilnahme von weniger als 50 Prozent seiner Mitglieder an der Beschlussfassung ausreicht.

a) Zahl der Aufsichtsratsmitglieder und Zusammensetzung gem. § 17 SEAG

Gem. Art. 40 Abs. 3 S. 2 SE-VO hat der Gesetzgeber in **§ 17 Abs. 1 SEAG** die Mindestzahl der Mitglieder des Aufsichtsorgans auf drei festgelegt und die Höchstzahl nach dem jeweiligen Grundkapital gestaffelt.[41] Diese Vorschrift stellt den Gleichlauf zu § 95 S. 1 bis 4 AktG her.[42] Allerdings muss hiervon

---

37 Von der Ermächtigung des Art. 39 Abs. 2 Unterabs. 2 SE-VO konnte er keinen Gebrauch machen; siehe oben S. 103 f.

38 Diese Regelung entspricht § 76 Abs. 2 S. 2 und 3 AktG für nationale Aktiengesellschaften.

39 Vgl. unten S. 472 ff.

40 Vgl. *Hoffmann-Becking*, ZGR 2004, 355, 363 und *Neye/Teichmann*, AG 2003, 169, 176 zum Diskussionsentwurf des SEEG, sowie *Ihrig/Wagner*, BB 2004, 1749, 1753 zum SEEG selbst.

41 Vgl. hierzu ausführlich bei *Schwarz*, Kommentar zur SE-VO, Art. 40 Rn. 73 ff.

42 BR-Drucks. 438/04, Begründung zum SEEG, S. 89.

gem. **§ 17 Abs. 2 SEAG** die Arbeitnehmerbeteiligung unberührt bleiben[43], das heißt, die aufgrund einer Vereinbarung oder der Auffangregelung eingerichtete Mitbestimmung kann eine anderweitige zahlenmäßige Zusammensetzung des Aufsichtsrats mit sich bringen.[44]

b) Informationsverlangen einzelner Mitglieder des Aufsichtsorgans gem. § 18 SEAG

Des Weiteren hat der deutsche Gesetzgeber von Art. 41 Abs. 3 S. 2 SE-VO Gebrauch gemacht und in **§ 18 SEAG** geregelt, dass jedes einzelne Mitglied des Aufsichtsorgans jegliche Information vom Leitungsorgan verlangen kann, die für die Ausübung der Kontrolle erforderlich ist. Allerdings besteht die Einschränkung, dass das Mitglied nicht um eine Unterrichtung an seine Person, sondern nur an das gesamte Aufsichtsorgan ersuchen kann.

Da eine solche Beschränkung dem Wortlaut des Art. 41 Abs. 3 S. 2 SE-VO nicht zu entnehmen ist, ist in der Literatur umstritten, inwieweit eine dieser Ermächtigung entsprechende Vorschrift bereits in Deutschland existiert. Ähnlich wie bei der Problematik, ob die Mitglieder des Leitungsorgans vorzeitig abberufen werden können[45], führt wohl auch hier die unterschiedliche Formulierung in der SE-VO im Vergleich zu der deutschen Regelung zu einer uneinheitlichen Auslegung. So wird einerseits vertreten, dass eine Norm, die dem einzelnen Aufsichtsorgan ein solches Informationsrecht zugestehe, nicht bestehe.[46] Der von der anderen Ansicht angeführte § 90 Abs. 3 S. 2 AktG n. F.[47], der eine dem

---

Dagegen wird im Schrifttum gefordert, dass sich der deutsche Gesetzgeber bei der Regelung der Größe des Aufsichtsrats nicht an § 7 MitbestG orientieren, sondern geringere Mitgliederzahlen festlegen bzw. eine größere Satzungsfreiheit in diesem Bereich gewähren solle. Angeregt wird dabei auch eine Neuausrichtung für nationale Aktiengesellschaften; *Lambach*, Die Beteiligung in der SE, S. 206 f.

43 Diese Regelungen entspricht § 95 S. 5 AktG für nationale Aktiengesellschaften.

44 BR-Drucks. 438/04, Begründung zum SEEG, S. 89.

45 Vgl. oben S. 104 ff.

46 *Hirte*, NZG 2002, 1, 7; *Kuffner*, Beteiligung der Arbeitnehmer, S. 87, Fn. 332. Das einzelne Aufsichtsratsmitglied hat aber gem. § 170 Abs. 3 S. 1 AktG nur ein Recht zur Kenntnisnahme der Vorlagen und Prüfungsberichte. Anhand der Formulierung in der SE-VO wird von den Vertretern dieser Auffassung wohl gefolgert, dass die Mitgliedstaaten für jedes einzelne Mitglied des Aufsichtsrats nicht nur die Möglichkeit des Verlangens von Informationen, sondern auch die Kenntnisnahme der Information selbst regeln könnten. Diese Möglichkeit der Unterrichtung auch des einzelnen Aufsichtsorganmitglieds besteht aber in Deutschland tatsächlich nicht.

47 Auch vor den durch das TransPuG vorgenommenen Änderungen konnte ein einzelnes Aufsichtsratsmitglied gem. § 90 Abs. 3 S. 2 1. HS AktG a. F. nur einen Bericht an den Aufsichtsrat verlangen. Allerdings war bei einer Ablehnung der Berichterstattung durch den Vorstand gem. § 90 Abs. 3 S. 2 2. HS AktG die Unterstützung eines weiteren Aufsichtsratsmitglieds erforderlich. Diese Anforderung ist nun aufgehoben worden.

Art. 41 Abs. 3 S. 2 SE-VO entsprechende Vorschrift darstelle[48], stimmt nur dahingehend mit der Regelungsoption der SE-VO überein, dass ein einzelnes Mitglied des Aufsichtsrats die Erstellung eines Berichts des Vorstands an den Aufsichtsrat verlangen kann. Diese Norm sieht aber ebenso wie nun auch § 18 SEAG eine Einschränkung auf die Unterrichtung des gesamten Aufsichtsorgans und nicht des einzelnen Mitglieds vor. Da eine solche Beschränkung dem Wortlaut des Art. 41 Abs. 3 S. 2 SE-VO nicht zu entnehmen ist, bedeutet dies, dass nach der Ermächtigung in der SE-VO jedes einzelne Aufsichtsratsmitglied der SE die betreffenden Informationen verlangen kann und diese dem einzelnen Mitglied auch zugänglich zu machen sind. Dies stimmt mit der deutschen Gesetzeslage in § 90 Abs. 3 S. 2 AktG und in § 18 SEAG nicht überein. Allerdings ist davon auszugehen, dass der deutsche Gesetzgeber eine dem § 90 Abs. 3 S. 2 AktG entsprechende Regelung auch für die SE einführen kann, denn es handelt sich bei Art. 41 Abs. 3 S. 2 SE-VO nur um eine Regelungsoption und um keine verpflichtende Umsetzung. Macht der einzelne Mitgliedstaat hiervon Gebrauch, kann er diese Möglichkeit auch einschränken ohne gegen den *„effet utile"* zu verstoßen.

c) Festlegung zustimmungsbedürftiger Geschäfte gem. § 19 SEAG

Schließlich wurde die Option des Art. 48 Abs. 1 Unterabs. 2 SE-VO umgesetzt, da gem. **§ 19 SEAG** das Aufsichtsorgan selbst bestimmte Arten von Geschäften von seiner Zustimmung abhängig machen kann. Aufgrund der anders lautenden Formulierung in § 111 Abs. 4 S. 2 AktG n. F. werden wiederum unterschiedliche Schlussfolgerungen gezogen. Zwar ist der deutsche Gesetzgeber der Anregung des DAV gefolgt[49] und hat den Wortlaut in § 19 SEAG im Vergleich zu § 17 DiskE abgeändert. Die Unklarheiten scheinen aber nicht vollständig ausgeräumt, da besagte Regelung weiterhin eine *„Kann-Vorschrift"* für die Festlegung zustimmungspflichtiger Geschäfte darstellt. Dagegen wurde § 111 Abs. 4 S. 2 AktG durch das TransPuG dahingehend modifiziert, dass entweder der Satzungsgeber oder der Aufsichtsrat zur Anordnung von Zustimmungsvorbehalten verpflichtet ist.[50]

---

48 *Teichmann*, ZGR 2003, 383, 443; *Theisen/Hölzl*, in: *Theisen/Wenz* (Hrsg.), Die Europäische Aktiengesellschaft, S. 269, 293. Ebenso wohl *Ihrig/Wagner*, BB 2004, 1749, 1753, Fn. 58.

49 Vgl. Stellungnahme Nr. 65/03 des DAV durch den Handelsrechtsausschuss v. November 2003, abgerufen unter *www.anwaltverein.de* am 20.01.2004 = NZA 2004, 75, 81. § 17 DiskE besaß folgenden Wortlaut: *„Ungeachtet der Festlegung zustimmungsbedürftiger Geschäfte durch die Satzung nach Art. 48 Abs. 1 Satz 1 der Verordnung kann auch das Aufsichtsorgan selbst bestimmte Arten von seiner Zustimmung abhängig machen."*

50 *Hüffer*, Aktiengesetz, § 111, Rn. 17.

Daher führt ein Teil des Schrifttums[51] an, dass die Vorschrift des AktG über § 19 SEAG hinausgehe. Dennoch wird zu Recht von einem identischen Regelungsgehalt ausgegangen, da nach dem Sinn und Zweck des Art. 48 Abs. 1 SE-VO jedenfalls auf die eine oder andere Art die zustimmungspflichtigen Geschäfte festzulegen seien.[52] Nach dem Wortlaut des Art. 48 Abs. 1 Unterabs. 1 SE-VO müssten besagte Tätigkeiten in der Satzung einer SE aufgeführt werden und Art. 48 Abs. 1 Unterabs. 2 SE-VO stelle lediglich eine weitere über diese Verpflichtung hinausgehende Option dar.[53] Da der Gesetzgeber selbst auf einen möglichst weitgehenden Gleichlauf mit § 111 Abs. 4 S. 2 AktG abzielte[54], kann davon ausgegangen werden, dass auch bei einer SE mit dualistischem System und Sitz in Deutschland entweder der Satzungsgeber oder der Aufsichtsrat besagte Geschäfte festzulegen hat.

Von der Ermächtigung des Art. 48 Abs. 2 SE-VO hat der deutsche Gesetzgeber dagegen keinen Gebrauch gemacht und folglich keinen Mindestkatalog zustimmungspflichtiger Geschäfte für Europäische Aktiengesellschaften mit Sitz in Deutschland festgelegt. Dies ist zu Recht unterblieben, da der Erlass von allgemeingültigen Vorgaben nicht möglich erscheint.[55]

II. Monistisches System

Hinsichtlich des monistischen Systems in einer SE hat der Gesetzgeber dagegen Neuland betreten und in den **§§ 20 bis 49 SEAG**, die anstelle der das dualistische System betreffenden §§ 76 bis 116 AktG gelten, diese Organisationsform

---

51 *Frodermann*, in: *Jannott, Frodermann* (Hrsg.), Handbuch der Europäischen Aktiengesellschaft, 5. Kap. IV 3., Rn. 253 ff.; *Nagel*, NZG 2004, 833, 836; *Minuth*, Führungssysteme der SE, S. 146 f. Auch die Forderung von *Hoffmann-Becking* nach einer wortgetreuen Übernahme des § 111 Abs. 4 S. 2 AktG in das SEAG lässt zumindest den Rückschluss zu, dass er aufgrund der aktuellen Formulierung einen Gleichlauf der Vorschriften in Zweifel zieht; *Hoffmann-Becking*, ZGR 2004, 355, 365 f.

52 *Ihrig/Wagner*, BB 2004, 1749, 1753, Fn. 59. Auch *Hirte* geht davon aus, dass sich § 19 SEAG und § 111 Abs. 4 S. 2 AktG entsprechen; *Hirte*, DStR 2005, 653, 657. Zustimmend *Seibt*, in: *Lutter/Hommelhoff* (Hrsg.), Die Europäische Gesellschaft, S. 67, 79.

53 Vgl. hierzu auch die Formulierung in der Gesetzesbegründung zu § 19 SEAG; BR-Drucks. 438/04, Begründung zum SEEG, S. 90. Auch *Hoffmann-Becking* gesteht zu, dass sich die Verwendung von *„kann"* in Art. 48 Abs. 1 Unterabs. 2 SE-VO wohl nur auf das Gebrauchmachen von dieser Ermächtigung und nicht auf eine lediglich fakultative Festlegung der zustimmungspflichtigen Tätigkeiten an sich beziehe; *Hoffmann-Becking*, ZGR 2004, 355, 366.

54 BR-Drucks. 438/04, Begründung zum SEEG, S. 90. Zudem hält auch *Hoffmann-Becking* die Vornahme einer identischen Regelung für möglich; *Hoffmann-Becking*, ZGR 2004, 355, 366.

55 Aus diesem Grund hat der deutsche Gesetzgeber von einer Festlegung der einem Zustimmungsvorbehalt unterliegenden Geschäfte für nationale Aktiengesellschaften abgesehen; vgl. *Götz, H.*, NZG 2002, 599, 602; *Hüffer*, Aktiengesetz, § 111, Rn. 17.

umfassend geregelt.[56] Die ausführliche Regelung liegt vor allem daran, dass viele Vorschriften des AktG angepasst und übernommen wurden.[57] Eine SE mit Sitz in Deutschland ist gem. Art. 10 SE-VO in vielen Bereichen wie eine nationale Aktiengesellschaft zu behandeln. Allerdings ist das deutsche AktG vom dualistischen System durchdrungen[58], sodass der deutsche Gesetzgeber mit dem geltenden Aktienrecht kompatible Vorschriften für die monistische Struktur erschaffen musste.[59]

Aufgrund der Ermächtigung des Art. 43 Abs. 4 SE-VO können demzufolge zwar Regelungen für ein monistisches Organisationssystem erlassen werden, doch dürfen diese nicht mit den zwingenden Wertungen des AktG kollidieren.[60] Daher hat der deutsche Gesetzgeber für das monistische System vorgesehen, dass zumindest ein geschäftsführender Direktor zu bestellen ist und die nicht geschäftsführenden Mitglieder die Mehrheit im Verwaltungsrat stellen.[61] Letztlich ähneln die Vorgaben im SEAG für die monistische Organisationsform der Struktur in einer deutschen GmbH.[62]

1. Verwaltungsrat

In den **§§ 22 bis 39 SEAG** finden sich die Regelungen zum Verwaltungsrat, der eine der Gesellschafterversammlung in einer GmbH entsprechende Stellung innehat.[63]

a) Aufgaben und Rechte gem. § 22 SEAG

Der dem französischen Recht entnommene[64] **§ 22 Abs. 1 SEAG** lautet: *„Der Verwaltungsrat leitet die Gesellschaft, bestimmt die Grundlinien ihrer Tätigkeit*

---

56 Im Schrifttum ist die Einführung einer monistischen Verwaltungsstruktur als dogmatisch reizvolle, nicht zu unterschätzende Aufgabe für den deutschen Gesetzgeber angesehen worden. Weiterhin wurde angeführt, dass die verpflichtende Installation dieses Organisationssystems einige Vorteile für Deutschland mit sich bringe. So werde der deutsche Gesetzgeber gezwungen, die in der Mitbestimmungspraxis gewonnenen Erkenntnisse auf das monistische System anzuwenden, was dem deutschen Recht mittelfristig zu einem Wettbewerbsvorsprung verhelfen könne. Auch beinhalte das Unternehmenswahlrecht für die von der Mitbestimmung betroffenen deutschen Unternehmen die Chance, das anderweitige Modell des monistischen Systems zu testen; vgl. zum Ganzen *Hommelhoff*, AG 2001, 279, 282.

57 *Neye/Teichmann*, AG 2003, 169, 177.

58 Vgl. die Beispiele bei *Neye/Teichmann*, AG 2003, 169, 177.

59 *Teichmann*, BB 2004, 53, 58.

60 Als Beispiel hierfür nennt *Teichmann* § 111 Abs. 2 S. 3 AktG; vgl. zum Ganzen *Teichmann*, BB 2004, 53, 58.

61 *Teichmann*, BB 2004, 53, 58.

62 *Maul*, BB 2003, Heft 19, 1; *Nagel*, NZG 2004, 833, 836.

63 *Nagel*, NZG 2004, 833, 836.

64 BR-Drucks. 438/04, Begründung zum SEEG, S. 91. Ebenso *Frodermann*, in: *Jannott/Frodermann* (Hrsg.), Handbuch der Europäischen Aktiengesellschaft, 5. Kap. III 1.,

und überwacht deren Umsetzung." Damit wird klargestellt, dass die Leitung der SE beim Verwaltungsrat liegt und er hierfür verantwortlich ist.[65] Mit dieser Befugnis zum Erlass der strategischen Entscheidungen[66] und der letztendlichen Verantwortung des Verwaltungsrats korrespondieren die ihm im SEAG übertragenen weiteren Rechte und Pflichten.[67] Da dieses Organ folglich sowohl die Leitungs- als auch die Aufsichtsfunktionen wahrnimmt[68], sind davon auch Aufgaben und Rechte umfasst, die im dualistischen System der Aufsichtsrat zu erfüllen hat.

Demzufolge steht dem Verwaltungsorgan gem. **§ 22 Abs. 4 SEAG** wie dem Aufsichtsrat gem. § 111 Abs. 2 AktG ein Einsichts- und Prüfungsrecht zu und er erteilt dem Abschlussprüfer den Prüfungsauftrag.[69] Ebenso wie der Vorstand im dualistischen System gem. § 91 AktG für die Führung der Handelsbücher zu sorgen und ein Überwachungssystem einzurichten hat, obliegen dem Verwaltungsrat gem. **§ 22 Abs. 3 SEAG** diese Aufgaben.[70] Zudem treffen ihn gem. **§ 22 Abs. 5 SEAG** die Pflichten zur Verlustanzeige vor der Hauptversammlung und zur Stellung des Insolvenzantrags i.S.d. § 92 AktG.

Die Verantwortung des Verwaltungsrats für die Gesamtleitung der SE zeigt sich gerade in seiner Stellung zur Hauptversammlung,[71] da er diese gem. **§ 22 Abs. 2 SEAG** auch einzuberufen hat, wenn es das Wohl der Gesellschaft erfordert. Darüber hinaus ist er, entsprechend zu § 83 AktG, zur Vorbereitung und Ausführung von in den Zuständigkeitsbereich der Hauptversammlung fallenden Maßnahmen verpflichtet. Schließlich enthält **§ 22 Abs. 6 SEAG** eine Generalverweisungsnorm, wonach alle weiteren Vorschriften, die Rechte oder Pflichten für den Vorstand oder den Aufsichtsrat beinhalten, grundsätzlich auch für den Verwaltungsrat gelten.[72]

b) Bestellung und Abberufung

Die Bestellung der Mitglieder des Verwaltungsrats ist in **§ 28 SEAG** geregelt. Sie richtet sich nach Art. 43 Abs. 3 SE-VO und § 101 Abs. 2 AktG. Die Vor-

---

Rn. 139. Art. L 225-35 C.Com. lautet: „*Le conseil d'administration détermine les orientations de l'activité de la société et veille à leur mise en oeuvre.*"

65 *Neye/Teichmann*, AG 2003, 169, 177.

66 *Neye/Teichmann*, AG 2003, 169, 177.

67 BR-Drucks. 438/04, Begründung zum SEEG, S. 91.

68 *Ihrig/Wagner*, BB 2004, 1749, 1756; *Nagel*, NZG 2004, 833, 835.

69 § 22 Abs. 4 SEAG entspricht § 111 Abs. 2 AktG; BR-Drucks. 438/04, Begründung zum SEEG, S. 92.

70 § 22 Abs. 3 SEAG entspricht § 91 AktG; BR-Drucks. 438/04, Begründung zum SEEG, S. 92.

71 BR-Drucks. 438/04, Begründung zum SEEG, S. 91.

72 BR-Drucks. 438/04, Begründung zum SEEG, S. 92. Zu den aufgrund der Zuteilung an die geschäftsführenden Direktoren ausgenommenen Zuständigkeitsbereichen; siehe unten S. 353 ff.

schriften über die Stellvertretung bzw. die Bestellung eines Ersatzmitglieds in **§ 28 Abs. 3 SEAG** wurden weitgehend den Regelungen für den Aufsichtsrat in § 101 Abs. 3 AktG entnommen.[73]

Ist der Verwaltungsrat aufgrund einer Unterbesetzung beschlussunfähig, so regelt **§ 30 SEAG** die Ergänzung der Mitglieder entsprechend dem § 104 AktG.[74] Sind in diesem Organ auch Arbeitnehmervertreter vorhanden, so ist neben den Gremien und Personen des § 104 Abs. 1 S. 3 AktG auch der SE-Betriebsrat antragsberechtigt.

Die Vorschriften über die Nichtigkeit und Anfechtung der Wahl von Verwaltungsratsmitgliedern in **§§ 31 bis 33 SEAG** entsprechen weitgehend den §§ 250 bis 252 AktG. Die Parteifähigkeit für eine Klage auf Feststellung der Nichtigkeit der Wahl eines Verwaltungsratsmitglieds wird gem. **§ 31 Abs. 2 S. 2 SEAG** auf den SE-Betriebsrat ausgeweitet. Hinsichtlich der Anfechtbarkeit einer solchen Wahl wird gem. **§ 32 S. 1 SEAG** auf § 251 AktG verwiesen und diese demzufolge auch auf das gesetzwidrige Zustandekommen von Wahlvorschlägen für Arbeitnehmervertreter ausgedehnt. Allerdings richtet sich die Beurteilung, ob ein Wahlvorschlag gesetzeswidrig entstanden ist, nach den einzelstaatlichen Vorschriften des Mitgliedstaats, der diesen Arbeitnehmervertreter vorgeschlagen hat.[75] Daher stellt **§ 32 S. 2 SEAG** klar, dass sich diese Beurteilung für deutsche Arbeitnehmervertreter nach § 37 Abs. 2 SEBG richtet.

Die Vorschrift zur Abberufung der Verwaltungsratsmitglieder in **§ 29 SEAG** entspricht weitgehend dem § 103 AktG zur Abberufung von Aufsichtsratsmitgliedern.[76]

c) Zahl der Verwaltungsratsmitglieder und Zusammensetzung

Der deutsche Gesetzgeber hat von der Ermächtigung des Art. 43 Abs. 2 SE-VO Gebrauch gemacht und in **§ 23 SEAG** die Mindest- bzw. Höchstzahl der Mitglieder des Verwaltungsrats festgesetzt.[77] Diese Regelung entspricht dabei größtenteils § 17 Abs. 1 SEAG[78], der diesen Bereich in Anlehnung an den für den

---

[73] BR-Drucks. 438/04, Begründung zum SEEG, S. 94.

[74] BR-Drucks. 438/04, Begründung zum SEEG, S. 95.

[75] BR-Drucks. 438/04, Begründung zum SEEG, S. 95.

[76] BR-Drucks. 438/04, Begründung zum SEEG, S. 94.

[77] Der Bundesrat hatte sich allerdings gegen die Regelung des § 23 Abs. 1 S. 3 SEAG ausgesprochen, um eine größere Flexibilität zu erreichen. Zudem sei die Zahl der Organmitglieder im deutschen Aktienrecht überhöht; vgl. Stellungnahme des Bundesrats, BR-Drs. 438/04, S. 11. Ebenso Stellungnahme der Spitzenverbände der deutschen Wirtschaft v. 27.05.2004, S. 6, abgerufen unter *www.dihk.de/inhalt/themen/rechtundfairplay/archiv.de* am 16.06.2005.

[78] In der Satzung kann bis zu einem Grundkapital von drei Millionen Euro eine geringere Mindestzahl als drei Mitglieder im Verwaltungsrat festgelegt werden, während dies beim Aufsichtsrat nicht möglich ist.

Aufsichtsrat geltenden § 95 AktG regelt.[79] Auch hier bestimmt **§ 23 Abs. 2 SEAG**, dass eine bestehende Arbeitnehmerbeteiligung unberührt bleiben muss, das heißt aufgrund der Mitbestimmung die zahlenmäßige Zusammensetzung verändert werden kann.

Des Weiteren stellt **§ 24 SEAG** Vorschriften zur korrekten Zusammensetzung des Verwaltungsorgans auf. Diese Regelung orientiert sich an § 96 AktG und dient der Rechtssicherheit.[80] Demzufolge besteht der Verwaltungsrat aus Mitgliedern der Anteilseigner und, soweit eine Mitbestimmung aufgrund einer Vereinbarung oder der Auffangregelung eingeführt wurde, auch aus Mitgliedern der Arbeitnehmerseite.[81] Fragen über die Zusammensetzung des Verwaltungsrats müssen im Statusverfahren nach **§§ 25 und 26 SEAG**, die grundsätzlich den §§ 97 und 98 AktG entsprechen, geklärt werden.[82] Während allerdings im dualistischen System die Bekanntmachung der Zusammensetzung des Aufsichtsrats gem. § 97 Abs. 1 S. 1 AktG dem Vorstand obliegt, ist nach **§ 25 Abs. 1 S. 1 SEAG** in der monistischen Organisationsform der Vorsitzende des Verwaltungsrats, das heißt ein Mitglied dieses Organs, zuständig. Zusätzlich zu den in § 98 Abs. 2 AktG aufgezählten Personen und Gremien ist gem. **§ 26 Abs. 2 Nr. 4 SEAG** der SE-Betriebsrat antragsberechtigt.[83]

d) Persönliche Voraussetzungen der Verwaltungsratsmitglieder gem. § 27 SEAG

Auch die Vorschrift des **§ 27 SEAG** über die persönlichen Voraussetzungen von Verwaltungsratsmitgliedern entspricht grundsätzlich den Regelungen zum Aufsichtsrat bzw. zum Vorstand einer deutschen Aktiengesellschaft. Demzufolge bestehen für ein Mitglied des Verwaltungsrats gem. **§ 27 Abs. 1 SEAG** die gleichen Einschränkungen, die auch gem. § 100 Abs. 1 AktG für die Mitglieder des Aufsichtsrats gelten.[84] **§ 27 Abs. 2 SEAG** stellt klar, dass weitergehende persönliche Voraussetzungen, die sich aufgrund der Vorschriften des SEBG bzw. einer nach § 21 SEBG getroffenen Vereinbarung ergeben, unberührt bleiben. Schließ-

---

79 In der Begründung zum Gesetzesentwurf wird ausdrücklich ausgeführt, dass eine § 76 Abs. 2 S. 2 AktG entsprechende Regelung nicht vorgenommen werden konnte; BR-Drucks. 438/04, Begründung zum SEEG, S. 92.

80 BR-Drucks. 438/04, Begründung zum SEEG, S. 93.

81 Die in der Beschlussempfehlung und dem Bericht des Rechtsausschusses vorgenommene Änderung hat nur den Wortlaut des § 24 Abs. 1 SEAG geändert; vgl. Beschlussempfehlung und Bericht des Rechtsausschusses zur BT-Drucks. 15/4053, S. 23.

82 BR-Drucks. 438/04, Begründung zum SEEG, S. 93 f.

83 BR-Drucks. 438/04, Begründung zum SEEG, S. 94.

84 Grund für die Angleichung an die Regelungen für Aufsichtsratsmitglieder ist laut Begründung zum Gesetzesentwurf, dass die Mitglieder des Verwaltungsorgans gegenüber den geschäftsführenden Direktoren eine vergleichbare Aufsichtsfunktion verfolgen, wie die Mitglieder des Aufsichtsrats im dualistischen System gegenüber dem Vorstand; BR-Drucks. 438/04, Begründung zum SEEG, S. 94.

lich legt **§ 27 Abs. 3 SEAG** fest, dass juristische Personen keine Mitglieder des Verwaltungsrats werden können. Der deutsche Gesetzgeber hat damit nicht von der Ermächtigung in Art. 47 Abs. 1 SE-VO Gebrauch gemacht, sondern eine Angleichung an § 76 Abs. 3 S. 1 und § 100 Abs. 1 S. 1 AktG vorgenommen.[85]

e) Innere Ordnung des Verwaltungsrats gem. § 34 SEAG

Die Regelungen zur inneren Ordnung des Verwaltungsrats in **§ 34 SEAG** sind den Vorschriften des § 107 und zu § 77 Abs. 2 AktG angeglichen worden. Der Verwaltungsrat hat neben einem Vorsitzenden, dessen Wahl sich nach Art. 45 SE-VO richtet[86], gem. **§ 34 Abs. 1 SEAG** mindestens einen Stellvertreter aus seiner Mitte nach den Satzungsbestimmungen zu wählen.

In der SE-VO bzw. im SEAG findet sich keine Regelung, ob der Verwaltungsratsvorsitzende zugleich auch den Vorsitz in der Geschäftsführung wahrnehmen kann. Diese Personalunion ist in den Ländern mit monistischer Unternehmensverfassung durchaus geläufig, wie die Position des *„Président Directeur Général"* in Frankreich zeigt.[87] Auch in Großbritannien nimmt häufig der CEO zugleich die Stellung des *„chairman"* im board ein.[88] In diesen Fällen werden die Rollen des Vorstands- und des Aufsichtsratsvorsitzenden aus dem dualistischen System von einer einzigen Person ausgeübt.[89] Da die SE-VO und das SEBG keine diesbezüglichen Regelungen enthalten, erscheint eine solche Verbindung beider Funktionen für eine monistische SE mit Sitz in Deutschland möglich.[90]

Darüber hinaus kann sich der Verwaltungsrat gem. **§ 34 Abs. 2 SEAG** eine Geschäftsordnung geben, wie dies gem. § 77 Abs. 2 AktG im dualistischen System dem Vorstand gestattet wird. Auch kann der Verwaltungsrat gem. **§ 34**

---

85 BR-Drucks. 438/04, Begründung zum SEEG, S. 94. Allerdings stand dem deutschen Gesetzgeber die Option des Art. 47 Abs. 1 SE-VO auch nicht zur Verfügung; siehe oben S. 118.

86 BR-Drucks. 438/04, Begründung zum SEEG, S. 95.

87 *Merkt*, ZGR 2003, 650, 664.
Allerdings wurde in Frankreich diese automatisch eintretende Personalunion gem. Art. L 225-51-1, 225-56 C.Com. zugunsten eines Wahlrechts abgeschwächt.

88 *Theisen/Hölzl*, in: *Theisen/Wenz* (Hrsg.), Die Europäische Aktiengesellschaft, S. 269, 299.

89 *Theisen/Hölzl*, in: *Theisen/Wenz* (Hrsg.), Die Europäische Aktiengesellschaft, S. 269, 299.

90 *Brandt*, BB-Special 3/2005, 1, 3; *Frodermann*, in: *Jannott/Frodermann* (Hrsg.), Handbuch der Europäischen Aktiengesellschaft, 5. Kap. III 2.4.1, Rn. 157; *Kallmeyer*, ZIP 2003, 1531, 1534; *Merkt*, ZGR 2003, 650, 664. Zum Teil wird sogar eine solche Personalunion empfohlen; *Eder*, NZG 2004, 544, 546. Gegen diese Personenidentität mit beachtlichen Argumenten *Frodermann*, in: *Jannott/Frodermann* (Hrsg.), Handbuch der Europäischen Aktiengesellschaft, 5. Kap. III 2.4.1, Rn. 157 ff.; ebenso *Maul*, BB 2003, Heft 19, 1.

Abs. 4 SEAG wie der Aufsichtsrat gem. § 107 Abs. 3 AktG aus seiner Mitte einen oder mehrere Ausschüsse bestellen. Dabei unterscheiden sich aber die Aufgabenbereiche, die der Verwaltungsrat bzw. der Aufsichtsrat einem Ausschuss zur Beschlussfassung zuweisen kann. Dies liegt in der Natur der Sache begründet, denn der Verwaltungsrat nimmt ja auch die Aufgaben des Vorstands wahr.[91] Zudem entfallen einige Aufgaben, die der Aufsichtsrat im dualistischen System in Bezug auf die Kontrolle des Vorstands vornimmt.[92] Schließlich ergibt sich auch ein Unterschied aus der Tatsache, dass der Verwaltungsrat spezifische, auf das monistische System ausgerichtete Angelegenheiten wie die Bestellung der geschäftsführenden Direktoren zu verrichten hat.[93] Daher können bestimmte Aufgaben wie die Leitung der SE, die Bestimmung der Grundlinien ihrer Tätigkeit oder die Bestellung der geschäftsführenden Direktoren nicht auf Ausschüsse übertragen werden. Eine Vorschrift über die Mindestanzahl der abzuhaltenden Sitzungen wie in § 110 Abs. 3 AktG findet sich nicht, da dies bereits durch Art. 44 Abs. 1 SE-VO festgelegt wird.[94]

f) Beschlussfassung gem. § 35 SEAG

Zunächst war im Gesetzesentwurf zur Beschlussfassung gem. **§ 35 Abs. 1 und 2 SEAG** lediglich eine § 108 Abs. 3 und 4 AktG entsprechende Regelung über die Möglichkeit der schriftlichen Stimmabgabe von abwesenden Verwaltungsratsmitgliedern und der Beschlussfassung ohne Sitzung vorgesehen.[95] Im Rahmen des Beschlusses des Rechtsausschusses des Bundestags wurde in § 35 SEAG ein dritter Absatz eingeführt, der die Beschlussfassung für den Fall regelt, dass ein geschäftsführender Direktor zugleich Mitglied des Verwaltungsrats ist.[96] In einer solchen Konstellation wird dem Vorsitzenden des Verwaltungsrats gem. **§ 35 Abs. 3 SEAG** eine zusätzliche Stimme zugestanden, wenn ein geschäftsführender Direktor aus rechtlichen Gründen nicht an der Beschlussfassung teilnehmen kann. Diese rechtlichen Gründe liegen dann vor, wenn Beschlüsse gefasst werden, die Weisungen an die geschäftsführenden Direktoren

---

91 Dementsprechend verweist **§ 34 Abs. 4 S. 2 SEAG** auf die Vorschriften der §§ 68 Abs. 2 S. 2, 203 Abs. 2, 204 Abs. 1 S. 1 und 205 Abs. 2 S. 1 AktG, die allesamt Aufgaben des Vorstands in der dualistischen Struktur betreffen.

92 Aus diesem Grund finden sich in § 34 Abs. 4 S. 2 SEAG keine Verweise auf die §§ 59 Abs. 3, 77 Abs. 2 S. 1, 84 Abs. 1 S. 1 und 3, Abs. 2 und Abs. 3 S. 1 und 111 Abs. 3 AktG.

93 Daher wird in § 34 Abs. 4 S. 2 SEAG auf § 34 Abs. 1 S. 1, § 22 Abs. 1 und 3 und § 40 Abs. 1 S. 1 SEAG verwiesen.

94 BR-Drucks. 438/04, Begründung zum SEEG, S. 96. Allerdings wird hier versehentlich von Art. 44 Abs. 2 SE-VO ausgegangen.

95 BT-Drucks. 15/3405 = BR-Drucks. 438/04. Abrufbar im Internet unter *http://www.aus-portal.de/aktuell/geset-ze/01/index_1748.htm*. Dieser Gesetzesentwurf unterscheidet sich nur geringfügig von dem vorherigen Referentenentwurf; *Nagel*, NZG 2004, 833.

96 Beschluss Rechtsausschuss des BT, Drucks. 15/4053, S. 34.

beinhalten oder sie in sonstiger Weise persönlich und unmittelbar betreffen. Begründet wird dies damit, dass in solchen Fällen aufgrund des § 34 BGB analog und des Verbots des Richtens in eigener Sache ein Stimmrechtsausschluss zu erfolgen hat.[97]

Der Übergang dieses Stimmrechts auf den Vorsitzenden des Verwaltungsrats beruht auf der Situation, dass die Verwaltungsratsmitglieder der Anteilseignerseite teilweise zu geschäftsführenden Direktoren bestellt werden. Um nun bei einer Abstimmung zu gewährleisten, dass die Seite der Anteilseigner aufgrund des mit der Personalunion einhergehenden Stimmverlustes gegenüber der Seite der Arbeitnehmer nicht benachteiligt wird, erfolgt die Übertragung der Stimmen auf den, gem. Art. 45 SE-VO durch die Anteilseigner gewählten, Vorsitzenden.[98]

Nicht geregelt ist allerdings die denkbare Konstellation, dass der Verwaltungsratsvorsitzende selbst, der ebenfalls in Personalunion einen geschäftsführenden Direktor abgeben kann, einem Stimmverbot unterliegt. Im Schrifttum[99] wird vorgeschlagen, dass in einem solchen Fall der stellvertretende Vorsitzende diese zusätzliche Stimme erhalten solle. Falle auch dieser Stellvertreter unter das Stimmverbot, so habe eine Zuteilung der zusätzlichen Stimmrechte an das älteste nicht geschäftsführende Mitglied der Anteilseignerseite im Verwaltungsrat zu erfolgen.[100]

Im SEAG findet sich keine Vorschrift über die Beschlussfähigkeit des Verwaltungsrats, da diese in Art. 50 SE-VO festgelegt ist. Die Regelungen in dieser Vorschrift sind aber nicht zwingend, sondern in der Satzung der SE kann gem. Art. 50 SE-VO bzw. **§ 35 Abs. 2 SEAG** etwas anderes bestimmt werden.[101]

g) Rechte und Pflichten der Verwaltungsratsmitglieder

Jedes Verwaltungsratsmitglied hat gem. **§ 37 SEAG** das Recht, vom Vorsitzenden des Verwaltungsrats die Einberufung dieses Organs verlangen zu können.

---

97 Beschluss Rechtsausschuss des BT, Drucks. 15/4053, Begründung der Beschlussempfehlung, S. 123 f.

98 Vgl. zum Ganzen Beschluss Rechtsausschuss des BT, Drucks. 15/4053, Begründung der Beschlussempfehlung, S. 123 f.

99 *Frodermann*, in: *Jannott/Fordermann* (Hrsg.), Handbuch der Europäischen Aktiengesellschaft, 5. Kap. III 2.5.2.2, Rn. 202; *Manz*, in: *Manz/Mayer/Schröder* (Hrsg.), Europäische Aktiengesellschaft SE, S. 474, Rn. 112.

100 Vgl. zum Ganzen *Frodermann*, in: *Jannott/Fordermann* (Hrsg.), Handbuch der Europäischen Aktiengesellschaft, 5. Kap. III 2.5.2.2, Rn. 202.

101 Nach den Ausführungen des deutschen Gesetzgebers besteht Unklarheit, ob sich die in Art. 50 SE-VO normierte Satzungsfreiheit lediglich auf die dort aufgeführten Quoren zur Beschlussfähigkeit und -fassung bezieht oder auch auf die Beschlussfassung im Schriftweg oder durch technische Kommunikationsmittel erstrecke. Um Rechtssicherheit herbeizuführen, wurde daher in § 35 Abs. 2 SEAG die Satzungsfreiheit auch in diesem Bereich explizit genannt; vgl. BR-Drucks. 438/04, Begründung zum SEEG, S. 96.

Bei Nichtberücksichtigung dieses Anliegens kann aber anders als im Rahmen des § 110 Abs. 2 AktG ein einzelnes Mitglied gem. **§ 37 Abs. 2 SEAG** den Verwaltungsrat einberufen.

Hinsichtlich der Sorgfaltspflicht und Verantwortlichkeit der Verwaltungsratsmitglieder verweist **§ 39 SEAG** auf § 93 AktG. Damit gelten gem. Art. 51 SE-VO die maßgeblichen Haftungsvorschriften des Sitzstaates Deutschland. Nach der Begründung des Regierungsentwurfs entspreche diese Regelung dem § 116 AktG und lasse genügend Spielraum für eine individuelle und an der konkreten Aufgabenstellung ausgerichtete Haftung der Verwaltungsratsmitglieder.[102]

Diesen Ausführungen ist zwar insoweit zuzustimmen, als § 116 S. 1 AktG auch für die Verantwortlichkeit der Aufsichtsratsmitglieder auf § 93 AktG verweist. Allerdings obliegt den Aufsichtsratsmitgliedern im dualistischen System nicht die Leitung der Gesellschaft, sondern nur deren Überwachung. Die Wahrnehmung unterschiedlicher Aufgaben ist aber bei der Festlegung von Sorgfaltsmaßstab und Haftung zu berücksichtigen.[103] Demzufolge ist für eine Haftung der Aufsichtsratsmitglieder nur auf die Sorgfalt abzustellen, die für eine ordnungsgemäße und gewissenhafte Erfüllung ihrer Pflichten erforderlich ist, wobei die Überwachung der Geschäftsführung durch den Vorstand die wichtigste Pflicht darstellt.[104]

Nach der Rechtsprechung des BGH[105] kommt eine Haftung des Vorstandes einer AG in Betracht, *„wenn die Grenzen, in denen sich ein von Verantwortungsbewusstsein getragenes, ausschließlich am Unternehmenswohl orientiertes, auf sorgfältiger Ermittlung der Entscheidungsgrundlagen beruhendes unternehmerisches Handeln bewegen muß, deutlich überschritten sind, die Bereitschaft, unternehmerische Risiken einzugehen, in unverantwortlicher Weise überspannt worden ist oder das Verhalten des Vorstands aus anderen Gründen als pflichtwidrig gelten muß“*[106]. Eine Schadensersatzpflicht des Vorstands hängt folglich zunächst davon ab, ob er bei seinen geschäftlichen Aktivitäten den ihm zustehenden Handlungsspielraum überschritten hat, wobei der BGH dem Vorstand ein weites Ermessen in der Leitung der Gesellschaft zugesteht.[107] Allerdings sind die maßgeblichen Entscheidungsgrundlagen sorgfältig zu analysieren.[108] Die Zusammenfassung der Leitungs- und Überwachungsaufgabe in einem Organ hat nun zum einen zur Folge, dass dessen Mitglieder für ihre Pflichtverletzungen in

---

102 BR-Drucks. 438/04, Begründung zum SEEG, S. 97.

103 *Hüffer*, Aktiengesetz, § 116, Rn. 1; *Mertens*, in: Kölner Kommentar zum AktG, Band 2, § 116 Rn. 2.

104 Münch. Hdb. GesR IV/*Hoffmann-Becking*, § 33, Rn. 45 ff.

105 BGH v. 21.04.1997, BGHZ 135, 244 ff. = NJW 1997, 1926 ff.

106 BGH v. 21.04.1997, BGHZ 135, 244, 253 f. = NJW 1997, 1926, 1928.

107 *Götz, H.*, NJW 1997, 3275, 3276.

108 *Götz, H.*, NJW 1997, 3275, 3276.

beiden Bereichen haften müssen. Zum anderen ist der bei unternehmerischen Entscheidungen des Vorstands bestehende Ermessensspielraum im Rahmen des Verwaltungsrats nicht nur auf dessen entsprechende Verfügungen, sondern auch auf dessen Kontrolltätigkeit auszuweiten.[109] Anders als im Aufsichtsrat unterliegt auch die Überwachung diesem unternehmerischen Ermessen, da die Leitungsaufgabe des Verwaltungsrats erst mit der Kontrolle der geschäftsführenden Direktoren beendet ist.[110]

Für den Fall, dass der Verwaltungsrat in zulässiger Weise Aufgaben an die geschäftsführenden Direktoren übertragen hat und diese anschließend einen Schaden verursacht haben, wird im Schrifttum für die Möglichkeit eines Entlastungsbeweises plädiert.[111] Dies könne im deutschen Recht durch einen im SEAG geregelten Verweis auf die Exkulpation des § 831 Abs. 1 S. 2 BGB erfolgen.[112] Der deutsche Gesetzgeber hat diese Anregungen aber nicht aufgenommen. Jedenfalls unterliegen die Arbeitnehmervertreter als Mitglieder im Verwaltungsrat einem weit größeren Haftungsmaßstab als im dualistischen System.

2. Geschäftsführende Direktoren

Um eine klare funktionale Trennung der Aufgaben der Geschäfts- und der allgemeinen Unternehmensleitung zu ermöglichen, verpflichtet **§ 40 Abs. 1 S. 1 SEAG** zur Bestellung zumindest eines geschäftsführenden Direktors.[113]

Bei diesen geschäftsführenden Direktoren kann es sich gem. **§ 40 Abs. 1 S. 2 SEAG** zum Teil oder auch vollständig um Verwaltungsratsmitglieder handeln. Voraussetzung ist dann aber, dass die Mehrheit der Mitglieder des Verwaltungsrats aus nicht geschäftsführenden Personen besteht. Durch diese Regelung wird gewährleistet, dass auch in einem solchen Fall der Verwaltungsrat seine Kontrollaufgabe wirksam ausüben kann. Da auch die geschäftsführenden Verwaltungsratsmitglieder bei Abstimmungen im Verwaltungsrat Stimmrecht besitzen, ist für eine unabhängige Entscheidung eine Mehrheit an nicht geschäftsführenden Mitgliedern vonnöten.[114]

Der Verwaltungsrat bestellt gem. **§ 40 Abs. 1 S. 1 SEAG** den oder die geschäftsführenden Direktoren. Ihre Abberufung ist gem. **§ 40 Abs. 5 S. 1 SEAG** jederzeit auch ohne Vorliegen eines wichtigen Grundes durch Verwaltungsratsbeschluss möglich, es sei denn, die Satzung sieht etwas anderes vor.

---

109 *Merkt*, ZGR 2003, 650, 671 f.
110 *Merkt*, ZGR 2003, 650, 672.
111 *Merkt*, ZGR 2003, 650, 672 f.
112 *Merkt*, ZGR 2003, 650, 673.
113 BR-Drucks. 438/04, Begründung zum SEEG, S. 97.
114 Vgl. zum ganzen *Merkt*, ZGR 2003, 650, 667.

a) Aufgaben und Rechte

Als Folge der Trennung der Bereiche Geschäftsführung und Überwachung sind den geschäftsführenden Direktoren eine Vielzahl von Aufgaben und Befugnissen übertragen. Wie der Name bereits deutlich macht, führen die geschäftsführenden Direktoren gem. **§ 40 Abs. 2 S. 1 SEAG** die Geschäfte der Gesellschaft. Damit werden die Aufgaben der laufenden Geschäftsführung zwingend dieser Personengruppe unterstellt.[115]

Im Rahmen des Diskussionsentwurfs war noch umstritten, ob die geschäftsführenden Direktoren über die laufenden Geschäfte hinaus für die Geschäftsführung schlechthin zuständig sind bzw. welche Bereiche unter die laufende Geschäftsführung fallen.[116] Der Gesetzgeber hat aber darauf reagiert und gem. **§ 22 Abs. 3 SEAG** dem Verwaltungsrat den gem. § 24 Abs. 2 S. 2 und 3 DiskE ursprünglich den geschäftsführenden Direktoren unterliegenden Aufgabenbereich zugeordnet. Außerdem können die gesetzlich dem Verwaltungsrat obliegenden Aufgaben gem. **§ 40 Abs. 2 S. 3 SEAG** nicht auf die geschäftsführenden Direktoren übertragen werden. Durch diese Vorschriften wird klargestellt, dass die geschäftsführenden Direktoren allein für die laufende Geschäftsführung als einen Teil der Unternehmensleitung zuständig sind.[117] Zu den Geschäftsführungsaufgaben zählen gem. **§ 40 Abs. 2 S. 4 SEAG** auch die Anmeldung zum Handelsregister und die Einreichung der entsprechenden Unterlagen.[118]

Mit der Aufgabe der Geschäftsführung korrespondiert die in **§ 41 SEAG** geregelte Vertretungsbefugnis.[119] Gem. **§ 41 Abs. 1 SEAG** vertreten die geschäftsführenden Direktoren die SE gerichtlich und außergerichtlich. Diese Vertretungsbefugnis kann gem. **§ 44 Abs. 1 SEAG** nicht beschränkt werden. Allerdings sind die geschäftsführenden Direktoren gem. **§ 44 Abs. 2 SEAG** im Innenverhältnis verpflichtet, die Anweisungen und Beschränkungen, die von der Satzung, dem Verwaltungsrat, der Hauptversammlung und der Geschäftsordnung des Verwaltungsrats bzw. der geschäftsführenden Direktoren getroffen wurden, zu befolgen. Als Vorbild für diese Vorschrift dient § 82 AktG, wobei aber aufgrund der besonderen Weisungsbefugnis in § 44 Abs. 2 SEAG eine

---

115 BR-Drucks. 438/04, Begründung zum SEEG, S. 97.

116 So folgert *Kallmeyer* wohl aufgrund des Wortlauts von § 24 Abs. 2 S. 1 DiskE (jetzt § 40 Abs. 2 S. 1 SEAG), dass die geschäftsführenden Direktoren nicht nur die laufenden Geschäfte führten, sondern die Geschäftsführung an sich innehätten. Dies sei aber abzulehnen, da § 24 Abs. 2 S. 1 DiskE im Hinblick auf die SE-VO dahingehend auszulegen sei, dass nur die laufenden Geschäfte umfasst sein könnten. Allerdings seien dazu auch weite Teile des Bereichs der Unternehmensleitung zu zählen; *Kallmeyer*, ZGR 2003, 1531 f.

117 Vgl. *Neye/Teichmann*, AG 2003, 169, 178, allerdings zum DiskE. Zustimmend *Ihrig/Wagner*, BB 2004, 1749, 1758.

118 BR-Drucks. 438/04, Begründung zum SEEG, S. 97.

119 *Waclawik*, DB 2004, 1191, 1196.

Ahnlehnung an die Position des Geschäftsführers einer GmbH erfolgt.[120] Die SE selbst wird gegenüber den geschäftsführenden Direktoren gerichtlich und außergerichtlich gem. **§ 41 Abs. 5 SEAG** durch den Verwaltungsrat vertreten.

Die geschäftsführenden Direktoren sind zudem gem. **§ 40 Abs. 6 SEAG** dem Verwaltungsrat entsprechend § 90 AktG zur Berichterstattung verpflichtet.[121] Allerdings kann die Satzung oder Geschäftsordnung etwas anderes vorsehen. Durch diese Möglichkeit der Abänderung in Geschäftsordnung und Satzung geht das SEAG über § 90 AktG hinaus. Mit dieser Änderungsoption wird eine Verschärfung des Berichtswesens bezweckt, die aufgrund der gesteigerten Aufgaben des Verwaltungsrats im Vergleich zum Aufsichtsrat erforderlich ist.[122]

Des Weiteren trifft die geschäftsführenden Direktoren in **§ 46 SEAG** in Anlehnung an § 81 Abs. 1 und 2 sowie die §§ 106 und 107 AktG die Bekanntmachungs- und Anmeldungspflicht bezüglich bestimmter Änderungen hinsichtlich der Mitglieder des Verwaltungsrats und seines Vorsitzenden bzw. deren Stellvertreter und der geschäftsführenden Direktoren selbst. Ferner stellen die geschäftsführenden Direktoren gem. **§ 47 Abs. 1 S. 1 SEAG** den Jahresabschluss und den Lagebericht auf. Dies liegt zum einen daran, dass sie engeren Kontakt zum Tagesgeschäft haben als der Verwaltungsrat. Zum anderen wird durch die Verpflichtung, diesen Jahresabschluss und den Lagebericht unverzüglich nach Anfertigung dem Verwaltungsrat vorzulegen, dass im AktG geregelte *„Vier-Augen-Prinzip"*[123] gewahrt.[124]

b) Zusammensetzung

Werden Dritte, die keine Verwaltungsratsmitglieder sind, zu geschäftsführenden Direktoren berufen, stellt **§ 40 Abs. 1 S. 4 SEAG** durch die Verweisung auf § 76 Abs. 3 AktG klar, dass es sich auch hier um natürliche Personen handeln muss. Hinsichtlich der Bestellung von Mitgliedern aus dem Verwaltungsrat zu geschäftsführenden Direktoren schränkt das SEAG den Personenkreis nicht weiter ein.

---

120 BR-Drucks. 438/04, Begründung zum SEEG, S. 98.
Auch im Schrifttum wird davon ausgegangen, dass die Stellung der geschäftsführenden Gesellschafter mit der Position der Geschäftsführer in einer GmbH vergleichbar ist; *Brandt*, DStR 2003, 1208, 1212; *ders.*, BB-Special 3/2005, 1, 3; *Frodermann*, in: *Jannott/Frodermann* (Hrsg.), Handbuch der Europäischen Aktiengesellschaft, 5. Kap. III 1., Rn. 139 ff.; *Horn*, DB 2005, 147, 150; *Merkt*, ZGR 2003, 651, 663; *Neye/Teichmann*, AG 2003, 169, 179.

121 BR-Drucks. 438/04, Begründung zum SEEG, S. 98.

122 *Merkt*, ZGR 2003, 650, 668.

123 BR-Drucks. 438/04, Begründung zum SEEG, S. 99.

124 Vgl. zum Ganzen BR-Drucks. 438/04, Begründung zum SEEG, S. 99.
Vereinzelt wird zudem vertreten, dass die geschäftsführenden Direktoren auch die Zuständigkeit für die Einberufung der ordentlichen Hauptversammlung besäßen; *Ihrig/Wagner*, BB 2004, 1749, 1758.

Demzufolge besteht zumindest theoretisch die Möglichkeit, dass bei bestehender Mitbestimmung in diesem Organ sowohl Mitglieder der Anteilseigner- als auch der Arbeitnehmerseite geschäftsführende Direktoren werden können. Im Schrifttum[125] wird diese Gestaltungsmöglichkeit allerdings zu Recht abgelehnt, da dies, entgegen des mit der SE-RL verfolgten Zwecks der Sicherung des Status quo, zu einer erheblichen Erweiterung der bestehenden Mitbestimmung führe.[126] Aus den Ausführungen des Rechtsausschusses des Bundestags zur Einführung des § 35 Abs. 3 SEAG ist zudem ersichtlich, dass auch nach Ansicht des Gesetzgebers allein Verwaltungsratsmitglieder der Anteilseignerseite zu geschäftsführenden Direktoren bestellt werden können.[127] Darüber hinaus spricht die Vorschrift des § 35 Abs. 3 SEAG selbst gegen eine anderweitige Möglichkeit, weil in den Fällen der Personenidentität von geschäftsführendem Direktor und Mitglied des Verwaltungsrats der Vorsitzende des Verwaltungsrats eine zusätzliche Stimme erhält. Da dieser aber gem. Art. 45 SE-VO stets der Seite der Anteilseigner entstammen wird, erscheint eine solche Regelung für den Fall, dass Arbeitnehmervertreter aus dem Verwaltungsrat auch geschäftsführende Direktoren sein können, unüberlegt.[128] Schließlich zeigt auch die Vorschrift des § 2 Abs. 5 SEBG, dass eine Besetzung der Position des geschäftsführenden Direktors untragbare Folgen mit sich brächte. Nach dieser Norm stellen die geschäftsführenden Direktoren einer monistischen SE mit Sitz in Deutschland deren Leitung dar. Nähme die SE aufgrund des § 26 Abs. 1 SEBG erneut Verhandlungen über die Einführung von Mitbestimmung auf, so würden die geschäftsführenden Direktoren als Verhandlungspartei der Unternehmensseite tätig. Bestünden diese nun zum Teil auch aus Arbeitnehmern, dann wären am Verhandlungsverfahren aber auf beiden Seiten Arbeitnehmer bzw. deren Vertreter beteiligt.

In der Satzung können gem. **§ 40 Abs. 1 S. 5 SEAG** Regelungen getroffen werden, ob ein oder mehrere geschäftsführende Direktoren zu bestellen sind. Allerdings stellt **§ 40 Abs. 1 S. 6 SEAG** klar, dass in den Fällen, in denen gem. § 38 Abs. 2 SEBG ein Arbeitsdirektor vorhanden sein muss, mindestens zwei geschäftsführende Direktoren erforderlich sind.[129] Auch hier wird im Schrifttum die Frage aufgeworfen, ob ein Arbeitnehmervertreter als Mitglied des Verwal-

---

125 *Kallmeyer*, ZIP 2003, 1531, 1534; *Manz*, in: *Manz/Mayer/Schröder* (Hrsg.), Europäische Aktiengesellschaft SE, S. 477, Rn. 127; *Seibt*, AG 2005, 414, 425; *Schwarz*, Kommentar zur SE-VO, Art. 43 Rn. 48. Zustimmend *Ihrig/Wagner*, BB 2004, 1749, 1758 und *Wisskirchen/Prinz*, DB 2004, 2638, 2641, Fn. 41.

126 *Kallmeyer*, ZIP 2003, 1531, 1534.

127 Vgl. Beschluss Rechtsausschuss des BT, Drucks. 15/4053, Begründung der Beschlussempfehlung, S. 123 f.

128 Damit hat der deutsche Gesetzgeber der Forderung im Schrifttum nach einer Klärung dieser Problematik indirekt Folge geleistet; *Ihrig/Wagner*, BB 2004, 1749, 1758.

129 Zum Problem des Arbeitsdirektors vgl. unten S. 472 ff.

tungsrats diese Position ausfüllen könne.[130] Dies wird ebenso mit dem Argument der Expansion der in Deutschland bestehenden Mitbestimmung verneint.[131]

c) Innere Ordnung

Sobald mehrere geschäftsführende Direktoren vorhanden sind, können sie sich gem. **§ 40 Abs. 4 SEAG** eine Geschäftsordnung geben.[132] Zwar wurde die Möglichkeit der Bestimmung eines Vorsitzenden der Geschäftsleitung nicht explizit in das Gesetz aufgenommen, doch ergibt sich diese Option bereits aus der Satzungsautonomie.[133] Da sich der SE-VO bzw. dem SEAG nichts Gegenteiliges entnehmen lässt, kann auch der Vorsitzende des Verwaltungsrats zugleich den Vorsitz der Geschäftsleitung wahrnehmen.[134] Diese Option wird aber aufgrund der besonders starken Machtkonzentration kritisch betrachtet.[135]

3. Integration der Mitbestimmung in das monistische System

Während bereits die Angleichung der monistischen Organisationsform an die vom dualistischen System geprägten Vorschriften des AktG eine Herausforderung an den deutschen Gesetzgeber darstellte, wurde diese durch das bestehende System der unternehmerischen Mitbestimmung noch potenziert. Um den zwingenden Wertungen des AktG und den Anforderungen der Mitbestimmung gerecht zu werden, wurde eine Aufteilung in die Gremien des Verwaltungsrats und der geschäftsführenden Direktoren vorgenommen. Zudem hat der Gesetzgeber die Arbeitnehmerpartizipation für beide Organisationsformen parallel gestaltet.

Zum einen ist diese Aufspaltung des monistischen Systems auf starke Kritik gestoßen und wird als *„verdeckt dualistisches System“*[136] bzw. *„halbherzige Umsetzung des monistischen Konzepts“*[137] bezeichnet.[138] Zum anderen werden Zweifel dahingehend geäußert, ob diese Vorgehensweise tatsächlich eine Über-

---

130 *Ihrig/Wagner*, BB 2004, 1749, 1758; *Kallmeyer*, ZIP 2003, 1531, 1534.

131 *Kallmeyer*, ZIP 2003, 1531, 1534. Zustimmend *Ihrig/Wagner*, BB 2004, 1749, 1758.

132 Dies gilt allerdings nicht, wenn die Satzung den Erlass einer Geschäftsordnung an den Verwaltungsrat übertragen hat oder dieses Organ eine Geschäftsordnung erlässt.

133 BR-Drucks. 438/04, Begründung zum SEEG, S. 97.

134 *Brandt*, DStR 2003, 1208, 1212; *Ihrig/Wagner*, BB 2004, 1749, 1758; *Kallmeyer*, ZIP 2003, 1531, 1534.

135 BR-Drucks. 438/04, Begründung zum SEEG, S. 97. Andererseits wird diese Machtfülle im Schrifttum für bestimmte Fälle als sinnvoll angesehen; *Kallmeyer*, ZIP 2003, 1531, 1534.

136 Stellungnahme Nr. 65/03 des DAV v. November 2003, S. 19; abgerufen unter *www.anwaltverein.de* am 20.01.2004 = NZG 2004, 75, 82.

137 *Forstmoser*, ZGR 2003, 689, 713.

138 Aufgrund der Ähnlichkeit zum dualistischen Modell wird daher davon ausgegangen, dass kein echter Wettbewerb der beiden Systeme stattfinden werde; vgl. Stellungnahme des Bundesrats, BR-Drs. 438/04, S. 10 und Stellungnahme der Spitzenverbände der deutschen Wirtschaft v. 27.05.2004, S. 6, abgerufen unter *www.dihk.de/inhalt/themen/rechtundfairplay/archiv.de* am 16.06.2005.

nahme der deutschen Mitbestimmung ermöglicht. Schließlich werden im Schrifttum verschiedene andere Ausgestaltungsformen vorgeschlagen, die den Anforderungen an einer Erhaltung des Status quo der deutschen Mitbestimmung besser gerecht werden sollen.

a) Fehlende Kompatibilität zwischen der deutschen Mitbestimmung und dem monistischen System

In der Literatur wird vertreten, dass eine Integration des deutschen Mitbestimmungsmodells in das monistische System nicht möglich sei, da eine solche Partizipation im Verwaltungsorgan ein *„aliud“* [139] zur Beteiligung im Aufsichtsrat darstelle.[140]

Gegen eine solche pauschale Ablehnung der Beteiligung von Arbeitnehmervertretern unabhängig von ihrem prozentualen Anteil spricht bereits, dass innerhalb der Europäischen Gemeinschaft Mitgliedstaaten mit einer solchen Arbeitnehmerpartizipation existieren. So besteht in Frankreich gem. Art. L 225-27 C.Com. immerhin die Möglichkeit, dass sich der conseil d'administration bis zu einem Drittel aus Arbeitnehmervertretern zusammensetzt. Auch in Dänemark[141], Schweden[142] Finnland[143] und Luxemburg[144] ist auf die eine oder andere Weise eine Beteiligung der Arbeitnehmer durch Vertreter im board vorgesehen. Außerdem steht die Ablehnung im Widerspruch zum Primat des Verhandlungsverfahrens, denn zumindest in diesem Bereich muss den Parteien die Gelegenheit gegeben werden, durch flexible Lösungen die deutsche Mitbestimmung in das monistische System zu integrieren.

b) Problematik der Umsetzung der Vorgaben der SE-RL

Im übrigen Schrifttum ist strittig, ob die Mitbestimmung im Aufsichtsrat in den Verwaltungsrat übernommen werden kann, obwohl die SE-RL allein die Integration der quantitativen Mitbestimmung fordert. Die Diskussion fokussiert sich

---

139 *Lutter*, ZGR 2000, 1, 17.

140 Nähere Ausführungen finden sich nicht; vgl. *Lutter*, ZHR 159 (1995) 287, 297; *ders.*, ZGR 2000, 1, 17.
Daher war *Lutter* auch im Vorfeld der Gesetzgebungsarbeiten in Deutschland der Ansicht, dass eine Regelung, die eine Arbeitnehmervertretung im geschäftsführenden Board des monistischen Systems vorsehe, wohl eher unwahrscheinlich sein werde; *Lutter*, BB 2002, 1, 4.

141 *Hansen*, in: *Oplustil/Teichmann* (Hrsg.), The European Company, S. 72, 75 f.; *Rebhahn*, in: *Rieble* (Hrsg.), Zukunft der Unternehmensmitbestimmung, S. 41, 47 f., Rn. 11.

142 *Dejmek*, in: *Oplustil/Teichmann* (Hrsg.), The European Company, S. 293, 310 f.; *Rebhahn*, NZA 2001, 763, 771; *ders.*, in: *Rieble* (Hrsg.), Zukunft der Unternehmensmitbestimmung, S. 41, 49 f., Rn. 15.

143 *Rebhahn*, in: *Rieble* (Hrsg.), Zukunft der Unternehmensmitbestimmung, S. 41, 50, Rn. 16.

144 *Rebhahn*, in: *Rieble* (Hrsg.), Zukunft der Unternehmensmitbestimmung, S. 41, 48, Rn. 12.

hier insbesondere auf die gem. Teil 3 Buchst. b Unterabs. 1 An. SE-RL kraft Gesetzes einzuführende paritätische Arbeitnehmerbeteiligung.

aa) Pflicht zur Übernahme der paritätischen Mitbestimmung in den Verwaltungsrat

Nach einer Ansicht[145] ist auch eine paritätische Mitbestimmung im Aufsichtsrat bei Anwendbarkeit der Auffangregelung mit diesem quantitativen Niveau in den Verwaltungsrat zu übertragen. Grund hierfür sei zum einen, dass der europäische Gesetzgeber selbst in Art. 45 SE-VO von der Möglichkeit der paritätischen Besetzung des Verwaltungsorgans ausgegangen sei. Zum anderen fordere Teil 3 Buchst. b An. SE-RL, dass sich die Zahl der Mitglieder der Arbeitnehmerseite im Verwaltungs- oder Aufsichtsorgan nach dem höchsten Anteil in den beteiligten Gesellschaften bemesse.[146]

bb) Keine unmittelbare Übertragbarkeit der paritätischen Mitbestimmung in den Verwaltungsrat

Ein Großteil in der Literatur wendet sich mit zahlreichen Argumenten vor allem gegen die Übernahme der paritätischen Mitbestimmung in den Verwaltungsrat. Letztlich wird aber die Notwendigkeit der Einführung dieser Partizipationsform akzeptiert.[147] Die verschiedenen Argumente gegen die Installation der paritätischen Mitbestimmung dienen zumeist als Kritik am deutschen Ausführungsgesetz und zur Rechtfertigung für verschiedene Ausgestaltungsformen, mit denen eine bessere Erhaltung des Status quo der deutschen Mitbestimmung ermöglicht werden soll.

(1) Fehlen qualitativer Vergleichbarkeit

Dabei wird die These aufgestellt, dass es sich bei der Integration von Mitbestimmung in das Aufsichts- oder das Verwaltungsorgan um zwei wesensverschiedene Partizipationsformen handle. Dies zeige ein Vergleich mit der deut-

---

145 *Köstler*, ZGR 2003, 800, 804 f.; zustimmend *Frodermann*, in: *Jannott/Fordermann* (Hrsg.), Handbuch der Europäischen Aktiengesellschaft, 5. Kap. III 2.5.2.2, Rn. 186 ff. und *Schwarz*, Kommentar zur SE-VO, Art. 43 Rn. 81 ff. Ebenso Beschluss des DGB-Bundesvorstandes vom 03.02.2004, Teilhabe und Gestalten: Mitbestimmung – auf gleicher Höhe, S. 8; abgerufen am 16.01.2005 unter *http://www.dgb.de/themen/mitbestimmung/untern_mitbest/reform.htm*. Auch *Nagel* und *Köklü* gehen davon aus, dass dies die Intention der SE-RL sei; *Nagel/Köklü*, ZESAR 2004, 175, 179.

146 Vgl. zum Ganzen *Köstler*, ZGR 2003, 800, 804 f.

147 Ebenso *Frodermann*, in: *Jannott/Fordermann* (Hrsg.), Handbuch der Europäischen Aktiengesellschaft, 5. Kap. III 2.5.2.2, Rn. 197.
A.A. *Wolf*, der sich gegen die Integration der Mitbestimmung in den Verwaltungsrat ausspricht und für die Schaffung eines eigenständigen, neuen Organs bzw. im Rahmen der SE für eine Wahrnehmung dieser Aufgaben durch den SE-Betriebsrat plädiert; vgl. *Wolf*, FS Wißmann (2005), S. 489, 502.

schen Systematik und den Regelungen in Mitgliedstaaten, die in ihr monistisches System Mitbestimmung implementiert hätten.[148]

Eine andere Ansicht geht zumindest davon aus, dass aufgrund der unterschiedlichen Konzeption von Aufsichts- und Verwaltungsorgan die Einführung der deutschen Mitbestimmung in das monistische System zu einer deutlichen Ausweitung führe.[149] Dies werde dem mit der SE-RL verfolgten Vorher-Nachher-Prinzip nicht gerecht und stehe im Widerspruch zur bisherigen deutschen Mitbestimmung.[150] Die Funktion der Partizipation auf Unternehmensebene sei die Gewährleistung der aufgrund der Belegschaftsleistung berechtigten Arbeitnehmerinteressen. Hiervon erfasst sei aber nicht die aktive Mitwirkung an der Unternehmenspolitik.[151] Zwar zeige der sich ausweitende Katalog der Berichtspflichten in § 90 AktG, dass sich auch die Beteiligung des Aufsichtsrats an den Fragen der Unternehmensleitung vergrößere. Allerdings nehme der Aufsichtsrat hier eher eine beratende Funktion ein und das Initiativrecht bleibe eindeutig beim Vorstand.[152] Zudem seien auch die Informationsrechte der Arbeitnehmervertreter im Verwaltungsorgan größer als in § 111 Abs. 2 AktG, da sie gem. Art. 44 Abs. 2 SE-VO von allen an dieses Organ übermittelten Informationen Kenntnis nehmen könnten.[153]

(2) Bestehen verfassungsrechtlicher Bedenken

Des Weiteren stellt nach einer Ansicht im Schrifttum eine Einbeziehung der Arbeitnehmerseite in den Aufgabenbereich des Managements einen unzulässigen Eingriff in die durch Art. 12, 14 GG geschützte unternehmerische Entscheidungsfreiheit[154] bzw. das Eigentum der Anteilseigner[155] dar.[156] Der Verstoß ge-

---

148 *Henssler*, FS Ulmer (2003), S. 193, 203 ff. Ähnlich *Kallmeyer*, wonach die Beteiligung der Arbeitnehmer im Verwaltungsrat nicht mit der im Aufsichtsrat vergleichbar sei; *Kallmeyer*, ZIP 2003, 1531, 1534.

149 *Frodermann*, in: *Jannott/Fordermann* (Hrsg.), Handbuch der Europäischen Aktiengesellschaft, 5. Kap. III 2.5.2.2, Rn. 193, 206; *Gruber/Weller*, NZG 2003, 297, 299; *Hirte*, DStR 2005, 700, 701; *Müller-Bonanni/Melot de Beauregad*, GmbHR 2005, 195, 199; *Reichert/Brandes*, ZGR 2003, 767, 790; *Seibt*, AG 2005, 414, 425; *Thümmel*, Die Europäische Aktiengesellschaft (SE), D.III.3.b)cc), Rn. 331.

150 Stellungnahme des Bundesrats, BR-Drs. 438/04, S. 3, S. 10. Ähnlich die Spitzenverbände der deutschen Wirtschaft, die von einem *„Bruch mit der historischen Entwicklung und dem gesellschaftsrechtlichen Konsens"* und einer materiellen Ausweitung der Mitbestimmung ausgehen; vgl. Stellungnahme der Spitzenverbände der deutschen Wirtschaft v. 27.05.2004, S. 2, S. 7, abgerufen unter *www.dihk.de/inhalt/themen/rechtundfairplay/archiv.de* am 16.06.2005.

151 Vgl. zum Ganzen *Henssler*, FS Ulmer (2003), S. 193, 203 ff.

152 Vgl. zum Ganzen *Gruber/Weller*, NZG 2003, 297, 299.

153 *Henssler*, FS Ulmer (2003), S. 193, 207.

154 *Henssler*, FS Ulmer (2003), S. 193, 202; *Kallmeyer*, ZIP 2003, 1531, 1534; *Roth, M.*, ZfA 2004, 431, 445; Stellungnahme der Spitzenverbände der deutschen Wirtschaft v.

gen Art. 14 GG in Bezug auf das Anteilseigentum wird unter Hinzuziehung des Mitbestimmungsurteils des BVerfG ausführlich begründet.[157] In dieser Entscheidung wurde festgelegt, dass eine Inhalts- und Schrankenbestimmung durch die Arbeitnehmermitbestimmung zulässig sei, solange über das investierte Kapital nicht gegen den Willen aller Anteilseigner entschieden werden könne, die Anteilseigner nicht die Kontrolle über die Führungsauswahl verlören und ihnen das Letztentscheidungsrecht belassen werde.[158]

Ausgeführt wird insbesondere, dass mit einer paritätischen Mitbestimmung im Verwaltungsrat die Anteilseignerseite das Letztentscheidungsrecht und die Beherrschung der Führungsauswahl einbüße. Zwar könne zur Durchsetzung der Entscheidungen im Verwaltungsrat auf das besondere Stimmrecht des von der Seite der Anteilseigner gewählten Vorsitzenden zurückgegriffen werden. Dies reiche aber nicht aus, da die Aktionärsseite, unabhängig von ihren unterschiedlichen Interessen, zu einem einheitlichen Abstimmungsverhalten gezwungen werde.

Ein Rückgriff auf die Ausführungen des BVerfG, wonach im Fall der paritätischen Besetzung des Aufsichtsrats die Möglichkeit der Überstimmung der Anteilseignerseite keine grundlegende Veränderung des Anteilseigentums darstelle[159], sei nicht möglich. Bei dem Aufsichtsrat gehe es nämlich lediglich um die Kontrolle des Leitungsorgans, während der Verwaltungsrat die SE leite. Aufgrund dieser Aufgabenverteilung helfe auch der Hinweis auf die zustimmungspflichtigen Geschäfte in § 111 Abs. 4 S. 2 AktG nicht weiter. Gem. § 111 Abs. 4 S. 1 AktG sei ausdrücklich geregelt, dass diesem Organ keine Maßnahmen der Geschäftsführung übertragen werden könnten. Auch die Tatsache, dass die Bestellung der Mitglieder des Leitungsorgans im dualistischen System durch den Aufsichtsrat und damit unter Mitwirkung der dortigen Arbeitnehmervertreter erfolge, sei mit der paritätischen Besetzung des Verwaltungsrats selbst nicht vergleichbar. Bei der Bestimmung der Vorstandmitglieder setze sich stets die Anteilseignerseite durch, da im Aufsichtsrat das Zweitstimmrecht des Vorsitzenden bestehe.

Zudem könne die Anteilseignerseite auch nicht mehr in ausreichendem Maße über die Besetzung des Verwaltungsrats als Leitungsorgan bestimmen. Im dualistischen System setze sich bei der Auswahl der Mitglieder des Leitungsorgans letztlich stets die Seite der Aktionäre durch. Dagegen könne in der monistischen

---

27.05.2004, S. 2, abgerufen unter *www.dihk.de/inhalt/themen/rechtundfairplay/archiv.de* am 16.06.2005. Im Ergebnis ebenso *Wolf*, FS Wißmann (2005), S. 489, 501.

155 *Henssler*, FS Heinze (2005), S. 333, 338; *Kämmerer/Veil*, ZIP 2005, 369, 371 ff.

156 *Seibt/Saame*, AnwBl 2005, 225, 226.

157 *Kämmerer/Veil*, ZIP 2005, 369, 371 ff.

158 BVerfG v. 01.03.1979, BVerfGE 50, 290, 328 ff; 350 = NJW 1979, 699, 700 f, 705.

159 BVerfG v. 01.03.1979, BVerfGE 50, 290, 328 ff; 345 f. = NJW 1979, 699, 700 f., 704.

Struktur nur die Hälfte der Mitglieder des Verwaltungsorgans von der Anteilseignerseite bestimmt werden. Damit sei nicht mehr gewährleistet, dass eine den Eigentumsverhältnissen entsprechende Führungskontrolle erfolge. Aufgrund der Schwächung des Letztentscheidungsrechts sei für die Führungsauswahl stets eine qualifizierte Mehrheit von Mitgliedern der Anteilseignerseite im Verwaltungsrat erforderlich. Auch ein Verweis auf die Aufgabenverteilung im monistischen System zwischen geschäftsführenden Direktoren und Verwaltungsrat helfe nicht weiter. Zwar werde sich bei der Bestimmung der geschäftsführenden Direktoren die Anteilseignerseite durchsetzen, doch nehme diese Gruppe nur die laufende Geschäftsführung wahr. Die Unternehmensleitung verbleibe aber beim Verwaltungsrat.[160]

Von anderer Seite werden zumindest Bedenken hinsichtlich eines Verstoßes gegen Art. 14 GG[161] bzw. die unternehmerische Entscheidungsfreiheit[162] geäußert.[163] Zwar könne sich die Seite der Anteilseigner aufgrund des gem. Art. 50 Abs. 2 S. 2 SE-VO ausschlaggebenden Entscheidungsrechts des Verwaltungsratsvorsitzenden stets durchsetzen. Allerdings seien die Arbeitnehmervertreter im Verwaltungsrat vollständig in die Beratung über die Unternehmensplanung einbezogen. Auch sei sowohl bei der Bestimmung, wer die laufenden Geschäfte der SE wahrnehme, als auch bei jeder Entscheidung über die Unternehmenspolitik eine Beteiligung der Arbeitnehmerseite erforderlich.[164]

(3) Ausweitung der Haftung der Arbeitnehmervertreter

Gegen die Regelung im SEAG wird ergänzend angeführt, dass bei einer Beteiligung der Arbeitnehmer in diesem Aufgabenbereich eine Ausweitung ihrer Haftung bei Fehlentscheidungen drohe.[165] So bestehe in Rechtsprechung[166] und Literatur[167] die Auffassung, dass in einem der Mitbestimmung unterliegenden Aufsichtsrat die Haftung der Arbeitnehmer- und der Anteilseignervertreter grundsätzlich den gleichen Maßstäben unterliegen müsse. Würden aber die Arbeitnehmervertreter auch an den unternehmerischen Entscheidungen selbst direkt beteiligt, dann sei es nur konsequent, ihre Haftung gem. Art. 51 SE-VO i.V.m.

---

160 *Kämmerer/Veil*, ZIP 2005, 369, 371 ff.

161 *Gruber/Weller*, NZG 2003, 297, 299.

162 Stellungnahme der Spitzenverbände der deutschen Wirtschaft v. 27.05.2004, S. 8, abgerufen unter *www.dihk.de/inhalt/themen/rechtundfairplay/archiv.de* am 16.06.2005.

163 Auch *Horn* äußert Bedenken im Hinblick auf die verfassungsrechtliche Zulässigkeit; *Horn*, DB 2005, 147, 152.

164 Vgl. zum Ganzen *Gruber/Weller*, NZG 2003, 297, 299.

165 *Gruber/Weller*, NZG 2003, 297, 299. Im Ergebnis ebenso *Bungert/Beier*, EWS 2002, 1, 4; *Schwark*, AG 2004, 173, 176.

166 BGH v. 15.11.1982, BGHZ 85, 293, 295 f. = NJW 1983, 991.

167 Vgl. u.a. *Hanau/Ulmer*, MitbestG, § 25 Rn. 118; MünchArbR/*Hoffmann-Becking*, § 33, Rn. 46; *Hüffer*, Aktiengesetz, § 116, Rn. 2.

§ 93 AktG auch auf den Bereich auszudehnen, der einem ordentlichen und gewissenhaften Geschäftsleiters zugeschrieben werde.[168]

(4) Weitere Kritikpunkte

Darüber hinaus seien die Arbeitnehmer Vertragspartner des Unternehmens, so dass ein durch gegenläufige Interessen beeinflusstes Austauschverhältnis zwischen diesen Parteien bestünde. Auch dies spreche gegen einen unmittelbaren Einfluss der Arbeitnehmer auf die Geschäftsführung eines Unternehmens.[169] Die Integration der paritätischen Mitbestimmung in das monistische System verstoße zudem gegen den effet utile, da dies zu einer Beschränkung der Wahlfreiheit zwischen beiden Verwaltungsmodellen führe und allein auf die dualistische Organisationsstruktur hinauslaufe.[170] Schließlich sprächen auch praktische Überlegungen gegen eine Beteiligung der Arbeitnehmervertreter an der Geschäftsführung und Unternehmensleitung, da dies schnelle Entscheidungen verzögere und es den betreffenden Personen an Kompetenz fehlen könne.[171] Die Mitgliedschaft im Verwaltungsrat fordere aufgrund der Aufgabenpotenzierung eine weit größere Professionalität als die Beteiligung im Aufsichtsrat.[172]

cc) Lösung des deutschen Gesetzgebers im SEAG

Auf die mit der Personalunion von Verwaltungsratsmitgliedern und geschäftsführenden Direktoren einhergehende Problematik bei Abstimmungen im Verwaltungsrat hat der Gesetzgeber zunächst mit der Vorschrift des § 40 Abs. 1 S. 2 SEAG reagiert. Aufgrund der geäußerten Kritik hat er in der endgültigen Fassung des SEAG zudem eine Änderung vorgenommen. In § 35 Abs. 3 SEAG findet sich nun ein *„Konfliktlösungsmechanismus"*[173] für den Fall, dass Personenidentität zwischen Verwaltungsratsmitglied und geschäftsführendem Direktor besteht.[174]

Allerdings wird im Schrifttum[175] bereits darauf hingewiesen, dass diese Regelung keine vollständige Lösung dieses Problems beinhalte. Es seien durchaus Fälle denkbar, in denen bei diesen Verwaltungsratsmitgliedern trotzdem eine Stimmberechtigung vorläge. Aus der analogen Anwendung von § 34 BGB erge-

---

168 *Gruber/Weller*, NZG 2003, 297, 299 f.; *Henssler*, FS Ulmer (2003), S. 193, 202 f; *Kallmeyer*, ZIP 2003, 1531, 1534.

169 *Henssler*, FS Ulmer (2003), S. 193, 202.

170 *Roth, M.*, ZfA 2004, 431, 444 f.

171 *Gruber/Weller*, NZG 2003, 297, 300; *Schwark*, AG 2004, 173, 176.

172 *Kallmeyer*, ZIP 2003, 1531, 1534.

173 *Oetker*, BB-Special 1/2005, 2, 5; *Oetker*, in: *Lutter/Hommelhoff* (Hrsg.), Die Europäische Gesellschaft, S. 277, 287.

174 Siehe oben S. 349.

175 *Frodermann*, in: *Jannott/Frodermann* (Hrsg.), Handbuch der Europäischen Aktiengesellschaft, 5. Kap. III 2.5.2.2, Rn. 205; *Müller-Bonanni/Melot de Beauregard*, GmbHR 2005, 195 199; *Seibt*, AG 2005, 414, 425; *Teichmann*, in: *Lutter/Hommelhoff* (Hrsg.), Die Europäische Gesellschaft, S. 195, 216 f.

be sich nämlich kein allgemeiner Rechtsgrundsatz, wonach jeder Interessenwiderstreit zugleich den Verlust des Stimmrechts in dieser Sache mit sich bringe.[176] Verhindert werde allein eine Beteiligung an der Abstimmung über die Vornahme eines Rechtsgeschäfts sowie die Einleitung oder Erledigung eines Rechtsstreits mit diesem Mitglied.[177] Bestehe daher zwischen einem Verwaltungsratsmitglied, das in Personalunion auch geschäftsführender Direktor sei und einem Interessenwiderstreit unterliege, und den nicht geschäftsführenden Verwaltungsratsmitgliedern der Anteilseignerseite keine Einigkeit, dann besäßen die Arbeitnehmervertreter bei diesen Beschlüssen die Stimmmehrheit.[178]

Tatsächlich ist eine solche Personenidentität zwischen Verwaltungsratsmitgliedern und geschäftsführenden Direktoren bei Vorliegen einer paritätischen Mitbestimmung durch die Bestellung externer Geschäftsführer zu vermeiden.[179] Allerdings enthält § 35 Abs. 3 SEAG grundsätzlich eine verfassungskonforme Lösung des Problems, da durch diese Vorschrift das Übergewicht der Anteilseignerseite bei Beschlüssen im Verwaltungsrat gewährleistet wird. Die alleinige Möglichkeit, dass diese Allianz der Aktionärsvertreter aufgrund unterschiedlicher Interessen scheitert und sich die Arbeitnehmerseite durchsetzt, stellt nach dem Urteil des BVerfG noch keinen Verstoß gegen die Grundrechte dar.[180]

Im Schrifttum[181] werden die Vorschriften im SEAG aufgrund der dort bestehenden Gestaltungsfreiheit bei der Einrichtung des monistischen Systems in eine deutsche SE zum Teil befürwortet. Die Tatsache, dass den Arbeitnehmervertretern im Verwaltungsrat aufgrund der dortigen Fokussierung der Kompetenzen ein qualitativ höherwertiges Beteiligungsrecht als im Aufsichtsrat zustehe, sei zu akzeptieren. Die Mitglieder der Arbeitnehmerseite dürften daher auch nicht durch gesellschaftsrechtliche Gestaltungen von der Aufgabe der Unternehmensleitung ausgeschlossen werden.[182]

---

176 So zeigt *Oetker* anhand einer Reihe von Beispielen, dass es in diesem Bereich an der erforderlichen Rechtssicherheit fehlt; *Oetker*, in: *Lutter/Hommelhoff* (Hrsg.), Die Europäische Gesellschaft, S. 277, 314 f.

177 *Frodermann*, in: *Jannott/Frodermann* (Hrsg.), Handbuch der Europäischen Aktiengesellschaft, 5. Kap. III 2.5.2.2, Rn. 205.

178 Vgl. zum Ganzen *Frodermann*, in: *Jannott/Frodermann* (Hrsg.), Handbuch der Europäischen Aktiengesellschaft, 5. Kap. III 2.5.2.2, Rn. 205; *Müller-Bonanni/Melot de Beauregard*, GmbHR 2005, 195 199.

179 Auch *Schwarz* sieht dies als besonders geeignete Möglichkeit an, um bei einer paritätischen Besetzung des Verwaltungsrats die überschießende Tendenz der Mitbestimmung im monistischen System zu mildern; *Schwarz*, Kommentar zur SE-VO, Art. 43 Rn. 88.

180 Vgl. unten S. 366 ff.

181 *Teichmann*, BB 2004, 53, 53 ff.

182 Vgl. zum Ganzen *Teichmann*, BB 2004, 53, 56 f.

dd) Stellungnahme

Die Kritik an der Vorgehensweise des europäischen Gesetzgebers, der ohne Berücksichtigung der qualitativen Unterschiede bei einer Beteiligung von Arbeitnehmervertretern im Leitungs- oder Kontrollorgan allein auf eine quantitative Durchsetzung der Mitbestimmung abstellt, erscheint zwar berechtigt. Da es sich aber um zwingende Vorgaben der SE-RL handelt, sind sie so effektiv wie möglich umzusetzen.

(1) Nichtberücksichtigung qualitativer Unterschiede

Die Ausführungen, dass die Mitbestimmungsrechte der Arbeitnehmervertreter bei einer Beteiligung im Verwaltungsrat der SE im Vergleich zur dualistischen Struktur qualitativ aufgewertet würden, sind zutreffend. Aus dieser Schlussfolgerung lässt sich aber kein Argument gegen eine Integration der deutschen Arbeitnehmerpartizipation in das monistische System herleiten. Die Tatsache der qualitativen Ausweitung ist aufgrund der Vorgaben der SE-VO und der SE-RL zu akzeptieren.[183] Der europäische Gesetzgeber hat bei diesen Regelwerken allein eine Absicherung des quantitativen Mitbestimmungsstandards gewährleistet und die Unterschiede zwischen dualistischer und monistischer Organisationsstruktur nicht berücksichtigt.

Dies zeigt bereits die **historische Auslegung**, da in dem Struktur-RLE 1983[184] eine Angleichung des monistischen Systems an die dualistische Organisationsform durch die Aufteilung des Verwaltungsorgans in geschäftsführende Mitglieder und mit deren Aufsicht betraute, nicht geschäftsführende Mitglieder versucht worden war.[185] Des Weiteren regelte Art. 21 Buchst. d Abs. 1 Struktur-RLE 1983, dass von den Arbeitnehmern nur die nicht geschäftsführenden Mitglieder bestellt werden konnten. Art. 21 Buchst. d Abs. 2 Struktur-RLE 1983 sah für den Fall der paritätischen Besetzung dieser Gruppe der Verwaltungsorganmitglieder eine Absicherung der Interessen der Anteilseignerseite vor.

Eine entsprechende Regelung wurde aber gerade nicht in die späteren Verordnungsvorschläge für eine Europäische Aktiengesellschaft übernommen.[186] Auch dort findet sich eine Annäherung der monistischen Struktur an das dualistische System, da die Geschäftsführung bestimmten Mitgliedern aus dem Verwaltungsorgan bzw. außerhalb dieses Organs stehenden Personen überlassen wer-

---

[183] Ebenso *Schwarz*, Kommentar zur SE-VO, Art. 43 Rn. 81 ff.; *Teichmann*, BB 2004, 53, 56.

[184] Vgl. zu diesem Entwurf oben S. 32 ff.

[185] Vgl. Art. 21 a Abs. 1 Buchst. a Struktur-RLE 1983.

[186] Dennoch argumentiert *Teichmann* mit Art. 21 Buchst. d Abs. 1 Struktur-RLE 1983, um die Berücksichtigung der Mitbestimmung allein bei den nicht geschäftsführenden Mitgliedern im Verwaltungsrat zu begründen; *Teichmann*, in: *Lutter/Hommelhoff* (Hrsg.), Die Europäische Gesellschaft, S. 195, 215.

den konnte.[187] Diese Aufteilung war aber nicht zwingend und es bestand keine Begrenzung der Einführung von Mitbestimmung auf den Bereich der nicht geschäftsführenden Mitglieder. Gerade die vorgenommene Einfügung des Art. 67 a VO-Entwurf 1991 zeigt, dass sich eine paritätische Mitbestimmung auf das gesamte Organ beziehen sollte.[188] So stellte Art. 67 a Abs. 1 S. 2 VO-Entwurf 1991 bei Bestehen von Mitbestimmung sicher, dass der Anteilseignerseite stets ein Letztentscheidungsrecht zustand. In der aktuellen Fassung der SE-VO findet sich in Art. 45 S. 2 SE-VO eine vergleichbare Vorschrift, das heißt der europäische Gesetzgeber ist explizit von der Möglichkeit der paritätischen Besetzung des Verwaltungsorgans ausgegangen.[189] Zudem fordert Teil 3 Buchst. b An. SE-RL ohne Unterscheidung zwischen dualistischem oder monistischen System eine Bemessung der Mitbestimmung nach dem höchsten maßgeblichen Anteil in den betreffenden Organen der beteiligten Gesellschaften.[190] Mag auch dieser *„Schematismus"*[191] kritikwürdig sein, so ist er doch hinzunehmen und bei der Umsetzung der SE-RL zu berücksichtigen. Der Zuwachs an Rechten der Arbeitnehmerseite wird durch die weitergehende Haftung der Arbeitnehmervertreter im Verwaltungsrat zumindest teilweise wieder ausgeglichen.[192]

(2) Kein Verstoß gegen die Grundrechte

Die Einführung der deutschen paritätischen Mitbestimmung in den Verwaltungsrat einer SE verstößt auch nicht gegen deutsches Verfassungsrecht, da der deutsche Gesetzgeber bei der Umsetzung der SE-RL in diesem Bereich von der Bindungswirkung des Grundgesetzes in den Grenzen der *„Solange II"*- Rechtsprechung[193] befreit ist.[194] Der Gesetzgeber muss eine Richtlinie aufgrund des Art. 24 GG auch bei einem Verstoß gegen das deutsche Grundgesetz implementieren, wenn der Inhalt seiner Umsetzungsmaßnahme konkret vorgeschrieben wird.[195] Dies gilt nur dann nicht, wenn die Richtlinie selbst einen Ermessens-

---

[187] Vgl. zu den verschiedenen diesbezüglichen Gestaltungsmöglichkeiten *Reinkensmeier*, Die Organisation der Geschäftsführung, S. 109 ff.

[188] Vgl. hierzu auch *Reinkensmeier*, Die Organisation der Geschäftsführung, S. 113 f.

[189] Ebenso *Schwarz*, Kommentar zur SE-VO, Art. 43 Rn. 83.

[190] Ebenso *Köstler*, ZGR 2003, 800, 804 f.

[191] *Kallmeyer*, ZIP 2003, 1531, 1534.

[192] Im Ergebnis ebenso *Gruber/Weller*, NZG 2003, 297, 299 f.; *Henssler*, FS Ulmer (2003), S. 193, 202 f; *Kallmeyer*, ZIP 2003, 1531, 1534; *Teichmann*, BB 2004, 53, 57.

[193] BVerfG v. 22.10.1986, BVerfGE 73, 339 ff. = NJW 1987, 577 ff.

[194] Ebenso *Nagel*, in: *Nagel/Freis/Kleinsorge* (Hrsg.), Die Beteiligung der Arbeitnehmer in der Europäischen Gesellschaft, S. 48, Rn. 74 und *Schwarz*, Kommentar zur SE-VO, Art. 43 Rn. 94 und *Schwarz*, Kommentar zur SE-VO, Art. 43 Rn. 94.

[195] *Everling*, EuR 1990, 195, 213; *Timmermans*, RabelsZ 48 (1984), 1, 36.

bzw. Gestaltungsspielraum zugesteht,[196] woran es aber in dem hier relevanten Bereich der anteilsmäßigen Sicherung des Mitbestimmungsstandards fehlt.[197]

Aufgrund von Teil 3 Buchst. b Unterabs. 1 An. SE-RL ist unabhängig von dem betreffenden Organ die Absicherung des höchsten Arbeitnehmeranteils zu gewährleisten. Darüber hinaus bestimmt Teil 3 Buchst. b Unterabs. 4 An. SE-RL, dass die Mitglieder der Arbeitnehmerseite grundsätzlich dieselben Rechte und Pflichten wie die Mitglieder der Anteilseignerseite innehaben müssen. Auch die Möglichkeit des Opting-Out gem. Art. 7 Abs. 3 SE-RL[198] gibt den nationalen Gesetzgebern keinen Gestaltungsspielraum bei der Umsetzung der Vorschriften zur quantitativen Absicherung der Mitbestimmung. Diese Option gilt nur für den Gründungsfall der Verschmelzung und nicht für die übrigen Gründungstatbestände. Hat ein Mitgliedstaat von ihr Gebrauch gemacht, kann er dennoch nicht die Möglichkeit der paritätischen Mitbestimmung oder die Anwendbarkeit der Auffangregelung verhindern. Die jeweilige Mitbestimmungsform kann direkt vereinbart bzw. es kann auch eine Vereinbarung über die Anwendbarkeit der Auffangregelung getroffen werden.[199] Schließlich regelt Art. 7 Abs. 3 SE-RL keine Dispositionsbefugnis der nationalen Gesetzgeber über die Absicherung der quantitativen Mitbestimmung. Sobald ein Mitgliedstaat von dieser Option keinen Gebrauch macht, hat er zwingend die Vorgaben der SE-RL zu erfüllen.

(a) Vereinbarkeit mit dem deutschen Grundgesetz

Auch wenn ein solcher Gestaltungsspielraum bestünde, ist ein Verstoß des § 35 SEBG gegen die deutsche Verfassung bei der Übernahme der Arbeitnehmerbeteiligung nach dem MitbestG fraglich.[200] Dies wird zum einen durch § 35 Abs. 3 SEAG und zum anderen durch Art. 45 S. 2 SE-VO verhindert. Zu Recht wird ausgeführt, dass durch die Vorschrift des § 35 Abs. 3 SEAG die Grundrechte des Unternehmens selbst nicht verletzt werden.[201] Eine Handlungs- bzw. Funktionsunfähigkeit der SE wird verhindert. Zudem besteht die Möglichkeit durch Bildung von Ausschüssen eine effiziente Leitung der Gesellschaft zu fördern.

---

196 BVerfG v. 12.05.1989, NJW 1990, 974 = EuR 1989, 270 ff.; *Arndt*, Europarecht, 6. Teil C IV., S. 117; *Hünerbein*, Der EBR und Tendenzschutz, S. 147 .

197 Ebenso *Schwarz*, Kommentar zur SE-VO, Art. 43 Rn. 94.

198 Mit dem Hinweis auf diese Option wird im Schrifttum begründet, dass den nationalen Gesetzgebern ein Gestaltungsspielraum zustehe und sie daher bei Umsetzung der SE-RL an die Grundrechte gebunden seien; vgl. *Kämmerer/Veil*, ZIP 2005, 369, 371.

199 Vgl. oben S. 243.

200 Nach Ansicht von *Nagel* ist dies *„verfassungsrechtlich unbedenklich"*; *Nagel*, in: *Nagel/Freis/Kleinsorge* (Hrsg.), Die Beteiligung der Arbeitnehmer in der Europäischen Gesellschaft, S. 48, Rn. 74. Nach Auffassung von *Schwarz* *„liegt (...) eine Grundrechtskonformität nahe"*; *Schwarz*, Kommentar zur SE-VO, Art. 43 Rn. 95. Anders ist dies aber bei § 38 Abs. 3 SEBG zu beurteilen; siehe unten S. 474 ff.

201 *Kämmerer/Veil*, ZIP 2005, 369, 370.

Aber auch die Grundrechte der Anteilseigner werden gewahrt, da den Erfordernissen der Rechtsprechung des BVerfG Rechnung getragen wird. Zwar werden die Rechte der Anteilseigner durch die Beteiligung der Arbeitnehmervertreter im Verwaltungsrat unzweifelhaft in einem größeren Umfang als im dualistischen System beeinträchtigt. Das BVerfG hat in seinem Urteil bei der Frage der Eigentumsverletzung aber nicht darauf abgestellt, ob die Arbeitnehmer bei Fragen der Unternehmensleitung an der Beratung teilnehmen dürften, sondern allein darauf, ob in diesem Bereich gegen den Willen der Anteilseigner entschieden werden könne. Relevant ist demnach die Gewährleistung der *„Entscheidungsmöglichkeit und nicht bereits (...) der Beratungsmöglichkeit"*[202]. Aufgrund der Regelung der Art. 45 S. 2 und 50 Abs. 2 SE-VO und des § 35 Abs. 3 SEAG haben sie aber stets die Möglichkeit, ihre Position durchzusetzen.[203]

Die Argumentation, dass das besondere Stimmrecht des Vorsitzenden zur Sicherung des Letzt-entscheidungsrechts nicht ausreiche, überzeugt nicht. Im Mitbestimmungsurteil hat das BVerfG entschieden, dass die Gefahr für die Anteilseignerseite bei einem Votum im Aufsichtsrat überstimmt zu werden, wenn ein Teil ihrer Mitglieder auf Seiten der Arbeitnehmervertreter stehe, nicht als paritätische Mitbestimmung angesehen werden könne. Die allein potentiell bestehende Möglichkeit für die Seite der Aktionäre, in der Abstimmung aufgrund des ausschlaggebenden Stimmrechts des Vorsitzenden die Mehrheit zu erreichen, genüge, um ihr Übergewicht zu gewährleisten. Zwar geht es bei den Beschlüssen im Verwaltungsrat um Fragen der Unternehmensleitung, doch auch der Aufsichtsrat kann im dualistischen System über den Katalog der zustimmungspflichtigen Tätigkeiten einzelne Leitungsentscheidungen beeinflussen.[204] Ferner ist zu bedenken, dass die Arbeitnehmervertreter ebenfalls dem Unternehmensinteresse verpflichtet sind und dieses bei ihrem Abstimmungsverhalten zu berücksichtigen haben. Außerdem kann davon ausgegangen werden, dass auch die Arbeitnehmerseite im Verwaltungsrat keinen homogenen Block darstellen wird, da die aus verschiedenen Mitgliedstaaten stammenden Vertreter zum Teil unterschiedliche Interessen verfolgen werden.

---

202 *Frodermann*, in: *Jannott/Fordermann* (Hrsg.), Handbuch der Europäischen Aktiengesellschaft„ 5. Kap. III 2.5.2.2, Rn. 196.

203 Ebenso *Frodermann*, in: *Jannott/Fordermann* (Hrsg.), Handbuch der Europäischen Aktiengesellschaft„ 5. Kap. III 2.5.2.2, Rn. 196. Diese Auffassung vertritt auch *Schwarz*, der zudem zutreffend darauf hinweist, dass die Einschränkung des Art. 50 Abs. 2 S. 2 SE-VO analog auf Art. 45 S. 2 SE-VO Anwendung finden müsse. Zwar gelte diese Vorschrift, die bei einem paritätisch besetzten Aufsichtsorgan das ausschlaggebende Stimmrecht des Vorsitzenden sichere, nach dem Wortlaut nur für das dualistische System. Sie müsse aber erst recht für die monistische Struktur anwendbar sein, um das Letztentscheidungsrecht der Anteilseigner abzusichern; *Schwarz*, Kommentar zur SE-VO, Art. 50 Rn. 42.

204 Ebenso *Kämmerer/Veil*, ZIP 2005, 369, 373.

Schließlich verbleibt den Anteilseignern letztlich immerhin im Kern die Führungsauswahl. Zwar können sie bei paritätischer Mitbestimmung nur noch die Hälfte der Mitglieder im Verwaltungsrat bestimmen, aber die laufenden Geschäfte werden von dem oder den geschäftsführenden Direktoren wahrgenommen. Zudem können Ausschüsse gebildet werden, die mit der Planung und Vorbereitung der Beschlüsse befasst sind. Sowohl auf die Besetzung der Gruppe der geschäftsführenden Direktoren als auch auf die Zusammensetzung der Ausschüsse hat die Anteilseignerseite aufgrund des besonderen Stimmrechts des Vorsitzenden den entscheidenden Einfluss.

(b) Vereinbarkeit mit den Gemeinschaftsgrundrechten

Aufgrund des fehlenden Gestaltungsspielsraums ist die paritätische Besetzung des Verwaltungsrats einer SE allein an den Gemeinschaftsgrundrechten überprüfbar. Zwar fehlt es im EGV an einem Grundrechtskatalog und die im Dezember 2000 proklamierte Charta der Grundrechte der Europäischen Union ist rechtlich unverbindlich.[205] Der EuGH hat aber im Rahmen seiner Rechtsprechung im Verlauf der letzten Jahrzehnte einen umfangreichen Grundrechtsschutz entwickelt.[206] Dabei hat er versucht, eine größtmögliche Homogenität zwischen den auf nationaler Ebene sowie auf Gemeinschafts- und auf Völkerrechtsebene bestehenden Grundrechtsstandards zu gewährleisten.[207] Die bisherige Rechtsprechung des EuGH zu den Gemeinschaftsgrundrechten wurde durch die primärrechtliche Vorschrift des Art. 6 Abs. 2 EU bestätigt.[208] Demnach achtet die Europäische Union die Grundrechte, wie sie in der EMRK gewährleistet sind und wie sie sich aus den gemeinsamen Verfassungsüberlieferungen der Mitgliedstaaten als allgemeine Grundsätze des Gemeinschaftsrechts ergeben.

Die Rechtsprechung des EuGH bezieht mittlerweile eine große Anzahl von Grundrechten ein. Dies sind unter anderem das Eigentumsrecht und die Berufsfreiheit.[209] Auch der Schutz der selbstständigen unternehmerischen Betätigung wird gewährleistet und auf die Berufs- und Eigentumsfreiheit zurückgeführt.[210] Adressaten dieser Gemeinschaftsgrundrechte sind neben den Organen der EG auch die Mitgliedstaaten, wenn sie Gemeinschaftsrecht umsetzen oder vollziehen.[211] Gerade bei der Ausgestaltung des Eigentumsgrundrechts durch den EuGH bestehen in Verbindung mit Art. 1 1. Zusatzprotokoll EMRK viele Paral-

---

205 *Koenig/Haratsch*, Europarecht, Rn. 84 ff.

206 *Arndt*, Europarecht, 7. Teil, S. 119.

207 *Hilf/Hörmann*, NJW 2003, 1, 2.

208 *Streinz*, Europarecht, § 5 I 2 a, Rn. 358.

209 *Koenig/Haratsch*, Europarecht, Rn. 91. Vgl. zum Schutz des Eigentums und der Berufsfreiheit ausführlich *Penski/Elsner*, DÖV 2001, 265 ff.

210 *Hilf/Hörmann*, NJW 2003, 1, 6.

211 Vgl. stv. *Koenig/Haratsch*, Europarecht, Rn. 94; *Penski/Elsner*, DÖV 2001, 265, 266 f.

lelen zu Art. 14 GG.[212] Die EMRK enthält allerdings keine Sicherung von Berufs- und Gewerbefreiheit.[213]

Die unverbindliche Charta der Grundrechte der Europäischen Union schützt in Art. 15 die Berufsfreiheit, in Art. 16 die unternehmerische Freiheit und in Art. 17 das Eigentumsrecht. Die im Juni 2004 vereinbarte EU-Verfassung sieht einen geschriebenen Grundrechtskatalog vor, der sämtliche auch in Deutschland geregelten Grundrechte explizit aufgreift. Dabei wurde die Charta der Grundrechte beinahe unverändert in die Verfassung aufgenommen und kann daher Rechtsverbindlichkeit erlangen.[214] In Art. II-75 ist die Berufsfreiheit, in Art. II-76 die unternehmerische Freiheit und in Art. II-77 das Eigentumsrecht geschützt. Allerdings tritt die EU-Verfassung erst nach Abschluss der Ratifizierungsverfahren in den einzelnen Mitgliedstaaten in Kraft. Zudem bestehen im Hinblick auf die Charta der Grundrechte einige Unklarheiten. So sind zum Beispiel die Rechte aus der Charta nicht durch eine Chartabeschwerde oder ähnliches einklagbar. Eine Klagebefugnis besteht nur gem. Art. III-270 IV, doch ist dessen Wortlaut unklar und auslegungsbedürftig.[215]

Ob der EuGH trotz des ausschlaggebenden Stimmrechts des Vorsitzenden bei der paritätischen Besetzung des Aufsichts- bzw. Verwaltungsorgans einer SE anders als das BVerfG entscheiden wird, bleibt daher abzuwarten.

(3) Berechtigte Ausweitung der Haftung der Arbeitnehmervertreter

Angesichts der Tatsache, dass durch die Beteiligung im Leitungsorgan die Rechte der Arbeitnehmerseite stark erweitert werden, erscheint die damit einhergehende Ausweitung ihrer Haftung als gerechtfertigter Ausgleich. Zudem folgt aus der in Aussicht stehenden größeren Verantwortung der positive Nebeneffekt, dass die Arbeitnehmerseite im Verhandlungsverfahren wohl zu Zugeständnissen bereit sein wird.[216]

(4) Kein Eingreifen weiterer Kritikpunkte

Das Argument, dass die Arbeitnehmer als Vertragspartner des Unternehmens von anderen Interessen als die Anteilseignervertreter beeinflusst werden, spricht

---

212 Vgl. ausführlich zum Eigentumsschutz in Art. 1 1. Zusatzprotokoll *Frowein/Polkert*, EMRK-Kommentar, Artikel 1 des 1. ZP Rn. 1 ff.
So wird beispielsweise bei den Eingriffstatbeständen ähnlich der Differenzierung zwischen Enteignung und Sozialbindung im deutschen Recht zwischen einem Rechtsentzug und einer Beschränkung der Rechtsausübung unterschieden. Vgl. zum Ganzen *Arndt*, Europarecht, 7. Teil B I., S. 123; *Penski/Elsner*, DÖV 2001, 265, 269 f.

213 *Frowein/Polkert*, EMRK-Kommentar, Artikel 4 Rn. 1.

214 *Meyer/Hölscheidt*, EuZW 2003, 613, 618.

215 Vgl. zum Ganzen *Meyer/Hölscheidt*, EuZW 2003, 613, 619.

216 Auch *Brandes* weist auf die abschreckende Wirkung der Haftungsausweitung für die Arbeitnehmervertreter durch ihre Einbeziehung in die Leitung der SE hin; *Brandes*, AG 2005, 177, 184.

nicht gegen ihren Einfluss auf die Geschäftsführung. Auch die der Arbeitnehmerseite angehörenden Mitglieder im Verwaltungsrat sind ausschließlich dem Unternehmensinteresse verpflichtet.[217] Im Hinblick auf den effet utile ist anzumerken, dass insbesondere aufgrund dieses Prinzips die Einführung der paritätischen Mitbestimmung in das monistische System erforderlich ist. Der europäische Gesetzgeber hat ausdrücklich die Absicherung des quantitativen Beteiligungsstandards geregelt und den Mitgliedstaaten diesbezüglich keinen Gestaltungsspielraum eingeräumt. Schließlich greift auch die Anführung praktischer Erwägungen nicht, da mit Hilfe von Ausschüssen die schnelle und kompetente Vorbereitung von Entscheidungen im Verwaltungsrat möglich sein wird.[218]

c) Bestehende Vorschläge zur Gestaltung der Mitbestimmung im monistischen System

Die dargestellten Argumente dienen zur Rechtfertigung der verschiedenen Ausgestaltungsformen der Mitbestimmung im monistischen System, die vom Schrifttum bei der Umsetzung der SE-RL vorgeschlagen werden.

aa) Modifikation des SEAG

Die Vorschriften des SEAG werden mit der Argumentation verteidigt, dass die geregelte Grundstruktur einer SE mit Verwaltungsrat und mindestens einem geschäftsführenden Direktor flexibel gehandhabt und an die jeweilige Unternehmensform der SE angepasst werden könne.[219] Um der Gestaltungsform einer börsennotierten SE gerecht zu werden, werden keine weitergehenden Vorschriften im SEAG, sondern die Aufnahme von Empfehlungen in den deutschen Corporate Governance Kodex gefordert.[220]

---

217 Vgl. stv. *Seibt*, AG 2005, 414, 423; Münch. Hdb. GesR IV/*Hoffmann-Becking*, § 33, Rn. 1; allerdings für Mitglieder des Aufsichtsrats.

218 Vgl. zu den möglichen Ausschüssen und ihren Funktionen § 20 der Mustervereinbarung bei *Heinze/Seifert/Teichmann*, BB 2005, 2524, 2529.

219 *Teichmann* unterscheidet zwischen einer sog. kleinen SE, einer mittleren SE und einer großen SE. Die große SE zeichne sich dadurch aus, dass sie der Mitbestimmung unterliege oder an der Börse notiert sei bzw. beide Eigenschaften vorhanden seien; vgl. zum Ganzen *Teichmann*, BB 2004, 53, 54 ff. Im Folgenden werden daher die Ausführungen zu einer der Mitbestimmung unterliegenden SE dargestellt.

220 Die Gesellschaften können von diesen Empfehlungen auch abweichen. Dies müssen sie aber jährlich offen legen; vgl. Präambel DCorpGovK.
Dort soll der Verwaltungsrat zur Wahrnehmung seiner Aufgabe als oberstes Leitungsorgan der SE angehalten werden. Aufzunehmen sei unter anderem das Verbot für den Verwaltungsrat, die Unternehmensleitung oder strategische Entscheidungen den geschäftsführenden Direktoren zu übertragen. Weiterhin bedürfe es klarer Instruktionen, in welchen Fällen der Verwaltungsrat von den geschäftsführenden Direktoren zu konsultieren sei. Zudem zähle die personelle Trennung zwischen den geschäftsführenden Direktoren bzw. deren Vorsitzendem und dem Vorsitzenden des Verwaltungsrats hierzu; *Teichmann*, BB 2004, 53, 55.

(1) Konkrete Ausgestaltung

Hinsichtlich der quantitativen Einbeziehung der deutschen Mitbestimmung in das monistische System wird angesichts der Möglichkeit einer paritätischen Beteiligung der Arbeitnehmervertreter eine differenzierende Betrachtungsweise vorgeschlagen. Bestehe zwischen den Mitgliedern des Verwaltungsrats und den geschäftsführenden Direktoren keine Personenidentität, so könne auch die paritätische Mitbestimmung problemlos übernommen werden. Der Verwaltungsrat setze sich dann je zur Hälfte aus Anteilseigner- bzw. Arbeitnehmervertretern zusammen. Das Letzt-entscheidungsrecht der Anteilseigner werde durch Art. 45 S. 2 SE-VO gewahrt, wonach der Vorsitzende des Verwaltungsrats von der Aktionärsseite bestimmt werde. Anders sei die Situation aber dann zu beurteilen, wenn Mitglieder des Verwaltungsrats zugleich auch die Aufgaben der geschäftsführenden Direktoren wahrnähmen. In einem solchen Fall sei zwischen diesen besonderen geschäftsführenden Personen und den übrigen, nicht an der Geschäftsführung beteiligten Mitgliedern zu unterscheiden. Die quantitative Mitbestimmung erstrecke sich dann nur auf die letztgenannte Personengruppe, sodass lediglich bei den nicht geschäftsführenden Mitgliedern die Einbeziehung der Arbeitnehmervertreter gewährleistet werden müsse. Schließlich wird noch die Bildung von Ausschüssen angeregt, die aber nicht der Umgehung von Mitbestimmung dienen solle.

(2) Stellungnahme

Als Argument für diese gespaltene Lösung wird vorgebracht, dass nur so bei Übernahme der deutschen Mitbestimmung das der SE-RL innewohnende Vorher-Nachher-Prinzip beachtet werde. Im deutschen Recht bestehe eine Beteiligung der Arbeitnehmer allein im Aufsichtsrat ohne Berücksichtigung der Mitglieder des Vorstands. Daher müsse bei einer Aufteilung in geschäftsführende und nicht geschäftsführende Mitglieder im Verwaltungsrat auch nur die Arbeitnehmerrepräsentation in der zweiten Gruppe sichergestellt werden.

Zudem führe die Einführung einer paritätischen Mitbestimmung im gesamten Verwaltungsrat dazu, dass die Arbeitnehmervertreter im Kreis der nicht geschäftsführenden Mitglieder faktisch bei der Beschlussfassung die Mehrheit innehätten. Dies sei immer dann der Fall, wenn zwischen den geschäftsführenden Direktoren und den Vertretern der Anteilseigner bei der Beschlussfassung Uneinigkeit bestehe. Das Letztentscheidungsrecht des Vorsitzenden liefe bei einer solchen Konstellation aufgrund fehlender Stimmengleichheit ins Leere. Entscheidend für die Mehrheitsverhältnisse seien die Stimmen der geschäftsführenden Mitglieder im Verwaltungsrat, deren Tätigkeit aber im Rahmen dieser Beschlüsse gerade überwacht werden solle. Dies widerspreche aber dem Sinn und Zweck der SE-VO, die laut Erwägungsgrund 14 ausdrücklich die Möglichkeit einer internen Aufgabenteilung im monistischen System befürworte.[221] Zur Be-

---

[221] Vgl. zum Ganzen *Teichmann*, BB 2004, 53, 55 ff.

gründung dieser Ansicht wird zudem ausgeführt, dass durch diese Vorgehensweise die im Rahmen des monistischen System bestehende Gestaltungsfreiheit gewährleistet werde. Auch spreche Art. 67 a VO-Entwurf 1991 für diese Auslegung.[222]

Diese Ausführungen sind in sich widersprüchlich und können daher nicht überzeugen. Einerseits wird bezüglich der aufgrund der Auffangregelung einzuführenden Mitbestimmung ausdrücklich betont, dass es allein auf eine rein quantitative Beibehaltung des bisherigen Niveaus ankomme. Der qualitative Einfluss der Arbeitnehmervertreter habe außer Betracht zu bleiben. Solange keine Personalunion zwischen den Mitgliedern des Verwaltungsrats und den geschäftsführenden Direktoren besteht, wird dies auch erfüllt, obwohl die Arbeitnehmervertreter im Verwaltungsrat eine qualitativ stärkere Position innehaben. Andererseits erfolgt dann, wenn die Mitglieder des Verwaltungsrats teilweise auch die Funktion der geschäftsführenden Direktoren wahrnehmen, eine Differenzierung nach den Befugnissen der einzelnen Mitglieder in diesem Organ. Diese Personen dürfen nun nicht bei der paritätischen Besetzung mitgezählt werden. Begründet wird dies damit, dass nur dann eine Gleichwertigkeit zur Arbeitnehmerrepräsentation im dualistischen System bestehe.

Zu bedenken ist aber, dass über diesen Umweg eine qualitative Bewertung der Einflussmöglichkeiten der Arbeitnehmervertreter stattfindet. Diese Differenzierung ist eine Vorstufe zu der abzulehnenden Ausführung im Schrifttum[223], der zufolge die paritätische Besetzung im Aufsichtsrat mit Arbeitnehmervertretern im Vergleich zum monistischen System nur eine viertelparitätische Besetzung darstelle. Begründet wird dies damit, dass sich im mit der Unternehmensleitung

---

Auch könne dem Wortlaut des Teil 3 Buchst. b Unterabs. 1 An. SE-RL nicht unbedingt der Zwang zur Übernahme der paritätischen Mitbestimmung im gesamten Verwaltungsrat entnommen werden. Vielmehr sei diese Formulierung bewusst offen gestaltet worden, um eine Berücksichtigung der Vielfalt der Mitbestimmungssysteme zu ermöglichen. Anschließend wird als Beispiel das dänische Modell genannt, dessen Einbeziehung bei einer strikten Übernahme der Anteile der Arbeitnehmervertreter zu einer Mitbestimmung im Aufsichtsrat und Vorstand führen könne; *Teichmann*, in: *Lutter/Hommelhoff* (Hrsg.), Die Europäische Gesellschaft, S. 195, 215.

Gegen eine solche Möglichkeit spricht aber bereits der Wortlaut des Teil 3 Buchst. b Unterabs. 1 An. SE-RL, der allein einen Teil der Mitglieder des **Verwaltungs- oder Aufsichtsorgans** einbezieht. Der Vorstand ist nicht einbezogen, sodass die Mitbestimmung auf dieses Organ auch nicht ausgeweitet werden kann.

222 *Brandt*, BB-Special 3/2005, 1, 3. Allerdings folgt gerade aus Art. 67 a VO-Entwurf 1991, dass bereits in diesem Entwurf die paritätische Mitbestimmung im Verwaltungsorgan vorgesehen war; vgl. oben S. 364 ff.

Schließlich vermutet *Brandt*, dass Art. 42 SE-VO auf den Vorschriften der §§ 27, 29 MitbestG beruhe, die allerdings fälschlicherweise ohne Anpassung an das monistische System übernommen worden seien.

223 *Gruber/Weller*, NZG 2003, 297, 299, Fn. 24.

betrauten Vorstand keine Arbeitnehmervertreter befänden und daher eine paritätische Zusammensetzung nur in einem der beiden Leitungsorgane bestehe. Dies ergebe insgesamt eine Mitbestimmung von einem Viertel.[224]

Zudem fände auch dann, wenn der gesamte Verwaltungsrat paritätisch zu besetzen wäre, keine Beteiligung der Arbeitnehmervertreter an der Geschäftsführung statt, da diese nicht zugleich die Funktion geschäftsführender Direktoren wahrnehmen können. Ferner kommt es auf jeden Fall zu einer Ausweitung der qualitativen Mitbestimmung, da eine Beteiligung an der Unternehmensleitung erfolgt. Die Argumentation, dass die Arbeitnehmerseite bei paritätischer Besetzung des gesamten Verwaltungsrats zumindest faktisch bei Beschlüssen die Mehrheit besitze, greift nicht. Bereits im Mitbestimmungsurteil hat das BVerfG eine ähnliche Begründung abgelehnt.[225] Gegen eine Einschränkung der unternehmerischen Partizipation auf den nicht geschäftsführenden Anteil im Verwaltungsrat spricht auch ein Vergleich mit den Mitgliedstaaten, in denen bereits für nationale Gesellschaften eine Mitbestimmung im Verwaltungsorgan vorgesehen ist. Dort wird nicht zwischen geschäftsführenden und nicht geschäftsführenden Mitgliedern differenziert. Wäre beispielsweise eine drittelparitätisch besetzte schwedische Gesellschaft an der Gründung einer SE mit Sitz in Deutschland beteiligt, könnte die Übernahme dieser Mitbestimmung aufgrund der vorgeschlagenen Eingrenzung der Arbeitnehmervertreter auf den nicht geschäftsführenden Teil zu einer quantitativen Minderung führen.[226] Schließlich entspricht eine solche Begrenzung nicht dem Willen des Gesetzgebers, da eine solche Vorgehensweise im Gesetzgebungsverfahren diskutiert, letztendlich aber abgelehnt wurde.[227]

Die Verknüpfung einer unterschiedlichen Besetzung des Verwaltungsrats mit der Frage besagter Personalunion führt auch zu praktischen Schwierigkeiten. Aufgrund der Gestaltungsfreiheit im monistischen System kann die Kumulation von Aufgaben eines Verwaltungsratsmitglieds gewählt und diese innerhalb einer bestehenden SE auch wieder geändert werden. Da dies Änderungen in der Zusammensetzung des Verwaltungsrats mit sich brächte, wäre jeweils mit einem Statusverfahren nach §§ 25 f. SEAG zu rechnen. Schließlich bewahrt die Unterscheidung zwischen geschäftsführenden und nicht geschäftsführenden Mitgliedern im Verwaltungsrat nicht die größere Gestaltungsfreiheit des monistischen Systems, sondern stellt ebenfalls eine Annäherung an das dualistische System dar.

---

224 Vgl. zum Ganzen *Gruber/Weller*, NZG 2003, 297, 299, Fn. 24.

225 Vgl. oben S. 366 ff.

226 Vgl. zum Ganzen *Schwarz*, Kommentar zur SE-VO, Art. 43 Rn. 84.

227 *Horn*, DB 2005, 147, 152; *Thümmel*, Die Europäische Aktiengesellschaft (SE), D.III.3.b)cc), Rn. 332.

bb) Aufgabenverteilung zwischen geschäftsführenden und nicht geschäftsführenden Mitgliedern innerhalb des Verwaltungsrats

Andere Stimmen im Schrifttum[228] plädieren für eine Aufgabenaufteilung innerhalb des Verwaltungsrats und lehnen zum Teil die Aufspaltung in zwei Gremien im SEAG ab.[229] Im Verwaltungsrat selbst solle zwischen geschäftsführenden und nicht geschäftsführenden Mitgliedern je nach Aufgabenbereich differenziert werden.

(1) Konkrete Ausgestaltung

Die Vorschläge einer konkreten Ausgestaltung der Aufgabentrennung innerhalb des Verwaltungsorgans unterscheiden sich aber in Intensität und Detailreichtum. Einigkeit besteht dahingehend, dass einerseits geschäftsführende Mitglieder einzurichten seien, denen die Führung der laufenden Geschäfte obliege. Andererseits solle der Verwaltungsrat aus nicht geschäftsführenden Mitgliedern bestehen, die primär eine Kontroll- und Beratungsfunktion wahrnähmen. Allein bei dieser nicht an der Geschäftsführung beteiligten Gruppe komme eine unternehmerische Mitbestimmung durch die Einbeziehung von Arbeitnehmervertretern in Betracht.[230]

Zu berücksichtigen sei allerdings, dass gem. Art. 44 Abs. 2 SE-VO auch die nicht geschäftsführenden Mitglieder ein Recht auf Kenntnisnahme von allen an das Verwaltungsorgan übermittelten Informationen hätten. Folglich gehe das Informationsrecht der Arbeitnehmervertreter in einem Verwaltungsrat über das der Mitglieder eines Aufsichtsrats hinaus.[231] Zudem führe die Tatsache, dass das gesamte Verwaltungsorgan gem. Art. 44 Abs. 1 SE-VO mindestens alle drei Monate über den Gang der Geschäfte der SE und deren voraussichtlicher Entwicklung berate, zu einer mittelbaren Einbeziehung dieser Gruppe in die Geschäftsführung.[232]

Neben dieser allgemeinen Ausgestaltung besteht im Schrifttum[233] ein detailreicheres Konzept, das auch das SEBG mit einbezieht. Ausgangspunkt dieses Vorschlags ist die Verknüpfung der Regelungen im SEBG mit einer internen Aufgabenverteilung im Verwaltungsrat. Neben der Schaffung der zwei Gremien geschäftsführende Direktoren und Verwaltungsrat wird auch noch eine Aufteilung

---

228 *Henssler*, FS Ulmer (2003), S. 193, 208 f.; *Hoffmann-Becking*, ZGR 2004, 355, 378, 381 f.; *Lambach*, Die Beteiligung in der SE, S. 208 f.; *Reichert/Brandes*, ZGR 2003, 767, 791 ff.

229 *Hoffmann-Becking*, ZGR 2004, 355, 371, 378, 381.

230 Vgl. zum Ganzen *Heckschen*, DNotZ 2003, 251, 267; *Henssler*, FS Ulmer (2003), S. 193, 208 f.; *Hoffmann-Becking*, ZGR 2004, 355, 378 f., 381 f.; *Reichert/Brandes*, ZGR 2003, 767, 791 ff. Ebenso *Hirte*, DStR 2005, 700, 701 und *Manz*, in: *Manz/Mayer/Schröder* (Hrsg.), Europäische Aktiengesellschaft SE, S. 477, Rn. 129.

231 *Henssler*, FS Ulmer (2003), S. 193, 207, 210; *Reichert/Brandes*, ZGR 2003, 767, 792 f.

232 *Lambach*, Die Beteiligung in der SE, S. 209.

233 *Reichert/Brandes*, ZGR 2003, 767, 790 ff.

im Verwaltungsrat selbst zwischen geschäftsführenden und nicht geschäftsführenden Mitgliedern gefordert. Die geschäftsführenden Mitglieder des Verwaltungsrats seien dabei allein von der Anteilseignerseite zu stellen und es könne zudem Personenidentität zwischen ihnen und den geschäftsführenden Direktoren bestehen. Die Beteiligung der Arbeitnehmerseite an Fragen des Tagesgeschäfts werde hierdurch ausgeschlossen.

Die Mitbestimmung im Verwaltungsrat müsse auf die nicht geschäftsführenden Mitglieder begrenzt werden, wobei über diese Personengruppe die Einführung der von der SE-RL geforderten paritätischen Mitbestimmung möglich sei. Erfolge in einem solchen Fall eine Abstimmung zwischen den nicht geschäftsführenden Mitgliedern, müsse aber einem Vertreter der Anteilseigner ein Zweitstimmrecht zugestanden werden. Entsprechend den Aufgaben des Aufsichtsrats im dualistischen System wird die Wahrnehmung der Überwachungsaufgabe durch diese Verwaltungsratsmitglieder mit dem Schwerpunkt auf den Bereichen des § 90 Abs. 1 AktG befürwortet. Als weitere Kompetenzen für diese Personengruppe werden die Einführung bestimmter Vorschlagsrechte und die Vorbereitung von Entscheidungen im Personalbereich angeregt.[234] Bei der Besetzung des Verwaltungsrats wird ein Verhältnis zwischen non executive und executive Mitgliedern von zwei zu eins empfohlen, das aber zugunsten der geschäftsführenden Verwaltungsräte verändert werden könne. Bei einer paritätischen Mitbestimmung bestehe daher ein Drittel aller Verwaltungsratsmitglieder aus Arbeitnehmervertretern.

Dem Verwaltungsrat als Ganzes obliegen nach dieser Ansicht die Grundsatzentscheidungen hinsichtlich der Geschäftsführung und die Gesamtverantwortung für die Leitung und Kontrolle der SE. Die Befugnis zu diesen Entscheidungen ergebe sich aus dem Rechtsgedanken des § 111 Abs. 4 S. 2 AktG, wonach im Endeffekt auch im dualistischen System wesentliche Geschäftsentscheidungen aufgrund des Zustimmungserfordernisses von Vorstand und Aufsichtsrat gemeinsam getroffen würden. Dieser Regelung im AktG entspreche Art. 48 Abs. 1 Unterabs. 1 SE-VO, der für bestimmte Arten von Geschäften einen Beschluss des Verwaltungsorgans fordere.

Die Ausweitung der Haftung der Arbeitnehmervertreter aufgrund der Gesamtverantwortung sei aufgrund der Steigerung ihrer Informationsrechte gerechtfertigt. Trotz dieses Prinzips könne aber die Vorbereitung von Entscheidungen bzw. teilweise sogar die Beschlussfassung auf Ausschüsse übertragen werden.

---

[234] So sollen die nicht geschäftsführenden Mitglieder die Arten von Geschäften vorschlagen, die über die Satzung hinaus gem. Art. 48 Abs. 1 Unterabs. 1 SE-VO eines ausdrücklichen Beschlusses des gesamten Verwaltungsrats bedürfen. Weiterhin soll ein Vorschlagsrecht für die Geschäftsordnung der geschäftsführenden Direktoren und des Verwaltungsrats sowie bezüglich der Bestellung und Abberufung der geschäftsführenden Direktoren bestehen.

Ihre Besetzung richte sich dabei nach den von der Rechtsprechung im Rahmen von Aufsichtsratsausschüssen festgelegten Anforderungen.[235]

(2) Stellungnahme

Begründet wird die vorgeschlagene Aufgabenverteilung im Verwaltungsrat mit der Weisungsbefugnis dieses Organs gegenüber den geschäftsführenden Direktoren.[236] Einem solchen Einfluss entspräche im dualistischen System eine Weisungsbefugnis des Aufsichtsrats gegenüber dem Vorstand, die aber im deutschen Recht fehle. Ferner sei nach dem Wortlaut von Erwägungsgrund 14 SE-VO *„eine klare Abgrenzung der Verantwortungsbereiche jener Personen, denen die Geschäftsführung obliegt, und der Personen, die mit der Aufsicht betraut sind, wünschenswert“.*[237] Des Weiteren bestehe aufgrund des Art. 43 Abs. 1 SE-VO die gesetzliche Grundlage zu einer solchen Regelung. Diese Aufgabentrennung für das monistische System sei auch auf nationaler Ebene nicht unbekannt.[238] Schließlich sei bereits in Art. 21 a Abs. 1 Buchst. a Struktur-RLE 1983 eine Angleichung des monistischen Systems an die dualistische Organisationsform

---

[235] Vgl. hierzu BGH v. 25.02.1982, BGHZ 83, 144 ff. = NJW 1982, 1528 ff.; BGH v. 17.05.1993, BGHZ 122, 342 ff. = NJW 1993, 2307 ff. Ebenso *Nagel*, in: *Nagel/Freis/Kleinsorge* (Hrsg.), Die Beteiligung der Arbeitnehmer in der Europäischen Gesellschaft, S. 208 f., Rn. 8; *Seibt*, AG 2005, 414, 423; *ders.*, in: *Lutter/Hommelhoff* (Hrsg.), Die Europäische Gesellschaft, S. 67, 73; *Schwarz*, Kommentar zur SE-VO, Art. 40 Rn. 27.

Eine paritätische Verteilung der Sitze in diesen Ausschüssen zwischen der Anteilseiger- und Arbeitnehmerseite ist demnach dann nicht erforderlich, wenn sie auf sachlichen Erwägungen beruht. Dies bedeutet, dass für die Besetzung die Aufgaben des jeweiligen Ausschusses und die Eignung der Aufsichtsratsmitglieder zu berücksichtigen ist; *Hanau/Ulmer*, MitbestG § 25 Rn 127; *Hüffer*, Aktiengesetz, § 107, Rn. 21.

Bei der Bildung eines Personalausschusses dürfen daher die Arbeitnehmervertreter nicht übergangen werden. Allerdings wird auch in diesem Fall von der Rspr. keine paritätische Besetzung gefordert, sondern nur der Ausschluss von jeglicher Mitarbeit im Personalausschuss stellt eine missbräuchliche Diskriminierung der Arbeitnehmervertreter dar; BGH v. 17.05.1993, BGHZ 122, 342, 355 ff. = NJW 1993, 2307, 2311.

Ist ein Ausschuss einer SE paritätisch besetzt, gilt die Einschränkung des Art. 50 Abs. 2 S. 2 SE-VO auch für diese Konstellation. Demnach hat der Vorsitzende des Ausschusses ebenfalls ein ausschlaggebendes Stimmrecht; *Schwarz*, Kommentar zur SE-VO, Art. 43 Rn. 27.

[236] Die geschäftsführenden Direktoren sind im Innenverhältnis gem. § 44 Abs. 2 SEAG zur Beachtung bestimmter Anweisungen und Beschränkungen verpflichtet. Solche Anleitungen können auch vom Verwaltungsrat bzw. dessen Geschäftsordnung festgelegt werden; vgl. oben S. 353 f.

[237] *Henssler*, FS Ulmer (2003), S. 193, 208; *Hoffmann-Becking*, ZGR 2004, 355, 371; *Lambach*, Die Beteiligung in der SE, S. 208.

[238] *Henssler*, FS Peter Ulmer (2003), S. 193, 208.

durch die Aufteilung des Verwaltungsorgans in geschäftsführende Mitglieder und nicht geschäftsführende Mitglieder versucht worden.[239]

Diesen Ausführungen kann nur teilweise zugestimmt werden. Tatsächlich erscheint eine Aufgabenteilung in geschäftsführende und nicht geschäftsführende Mitglieder des Verwaltungsorgans nach der SE-VO möglich. Ob diese nun allein innerhalb dieses Organs oder nach dem SEAG infolge einer Personenidentität von Mitgliedern des Verwaltungsrats und geschäftsführenden Direktoren stattfindet, ist für die Frage der Mitbestimmung nicht relevant.

Aus dieser Trennung in verschiedene Aufgabenbereiche kann aber nicht eine Begrenzung der Arbeitnehmerpartizipation allein auf den Bereich der nicht geschäftsführenden Mitglieder hergeleitet werden. Diese Gestaltungsvariante entspricht im Ergebnis der in der Literatur vorgeschlagenen Vorgehensweise zum SEAG, wenn Verwaltungsratsmitglieder auch die Funktion von geschäftsführenden Direktoren wahrnehmen, und ist ebenso abzulehnen.[240] Auch die historische Auslegung spricht gegen eine solche quantitative Begrenzung der Mitbestimmung, da die Regelungen im Struktur-RLE 1983 eben nicht übernommen wurden.[241]

Schließlich ist zu berücksichtigen, dass das Verwaltungsorgan und damit auch die dort vorhandenen Arbeitnehmervertreter gegenüber den geschäftsführenden Direktoren weisungsbefugt sind. In der SE-VO existiert keine Vorschrift, wonach der Arbeitnehmerseite dieses Recht vorzuenthalten ist. Außerdem kann sich die Anteilseignerseite aufgrund der Art. 45 S. 2 und 50 Abs. 2 SE-VO auch in diesem Bereich durchsetzen.

cc) Alleinige Zulässigkeit externer geschäftsführender Direktoren

Nach einer anderen Ansicht[242] darf bei der Integration der paritätischen Mitbestimmung in den Verwaltungsrat keine Personalunion zwischen Verwaltungsratmitglied und geschäftsführendem Direktor bestehen. Eine solche Konstellation führe dazu, dass die Arbeitnehmerseite in der Gruppe der nicht geschäftsführenden Mitglieder des Verwaltungsrats die Mehrheit stelle. Dies bringe aber erhebliche Störungen mit sich. Bei mitbestimmten Europäischen Aktiengesellschaften müsse folglich dafür gesorgt werden, dass alle geschäftsführenden Direktoren von nicht dem Verwaltungsrat angehörenden Personen gestellt würden.

(1) Konkrete Ausgestaltung

Innerhalb dieser Ansicht bestehen aber Unterschiede bei den Vorschlägen zur konkreten Ausgestaltung der Mitbestimmung im Verwaltungsrat.

---

239 *Henssler*, FS Peter Ulmer (2003), S. 193, 209; *Fleischer*, AcP 204 (2004), 502, 522.

240 Vgl. oben S. 371 ff.

241 Vgl. oben S. 376 ff.

242 *Frodermann*, in: *Jannott/Frodermann* (Hrsg.), Handbuch der Europäischen Aktiengesellschaft, 5. Kap. III 2.5.2.2, Rn. 207 ff.; *Kallmeyer*, ZIP 2003, 1531, 1534 f.; *ders.*, ZIP 2004, 1442, 1444.

Einerseits[243] wird ausgeführt, dass die durch die weitergehenden Kompetenzen des Verwaltungsrats herbeigeführte qualitative Verstärkung der Arbeitnehmerbeteiligung in zweierlei Hinsicht neutralisiert werden könne. Zum einen müsse das Stimmrecht der Arbeitnehmervertreter im Verwaltungsrat auf bestimmte Bereiche beschränkt werden. Über sämtliche Entscheidungen zur Unternehmensleitung und die Weisungsbeschlüsse an die geschäftsführenden Direktoren müssten allein die Vertreter der Anteilseigner abstimmen. Die Arbeitnehmerseite sei dagegen nur bei den die Kontrolle betreffenden Beschlüssen zu beteiligen. An den übrigen Entscheidungen könnten sie nur in beratender Funktion mitwirken. Zum anderen könne die Vorbereitung der Entscheidungen über die Unternehmensleitung Ausschüssen übertragen werden, die nur aus Vertretern der Anteilseigner bestünden. Die Bildung solcher vorbereitenden Ausschüsse sei gem. § 38 Abs. 4 DiskE (jetzt § 34 Abs. 4 SEAG) zulässig.[244]

Andererseits[245] wird allein auf die Bildung von Ausschüssen verwiesen, die unter Berücksichtigung der Rechtsprechung des BGH[246] besetzt werden sollten. Dabei sei ein sachlicher Grund für die Besetzung eines solchen Ausschusses unter Ausschluss der Arbeitnehmerseite stets dann anzunehmen, wenn in diesem Gremium über Bereiche zu entscheiden sei, die im dualistischen System nicht in den Zuständigkeitsbereich des Aufsichtsrats fielen. So fehle es bei der Nichtberücksichtigung von Arbeitnehmervertretern in Ausschüssen an einer Diskriminierung, wenn in diesen Geschäftsführungsaufgaben wahrgenommen und über strategische Fragen der Unternehmensleitung entschieden würden.[247]

(2) Stellungnahme

Begründet wird die Einschränkung des Stimmrechts damit, dass mit der SE-RL lediglich ein Bestandsschutz und keine Ausweitung der Mitbestimmung angestrebt werde. Zudem sei sie auch richtlinienkonform, da das Recht auf paritätische Beteiligung gewahrt werde. Die Arbeitnehmervertreter dürften an allen Beschlüssen und Entscheidungen teilnehmen, nur ihr Stimmrecht sei eingeschränkt.[248] Der Ausschluss der Arbeitnehmervertreter aus bestimmten Ausschüssen wird mit der Zuständigkeitsverteilung im dualistischen System be-

---

243 *Kallmeyer*, ZIP 2003, 1531, 1534 f.; *ders.*, ZIP 2004, 1442, 1444.

244 Vgl. zum Ganzen *Kallmeyer*, ZIP 2003, 1531, 1534 f.; *ders.*, ZIP 2004, 1442, 1444.

245 *Frodermann*, in: *Jannott/Frodermann* (Hrsg.), Handbuch der Europäischen Aktiengesellschaft, 5. Kap. III 2.5.2.2, Rn. 210 ff.

246 Vgl. unten S. 380.

247 Vgl. zum Ganzen *Frodermann*, in: *Jannott/Frodermann* (Hrsg.), Handbuch der Europäischen Aktiengesellschaft, 5. Kap. III 2.5.2.2, Rn. 210 ff. Darüber hinaus wird der Vorschlag zur Bildung eines Exekutivausschusses und eines Planungsausschusses aufgegriffen; vgl. unten S. 379 ff.

248 Auch *Henssler* geht davon aus, dass ein Stimmverbot für die Arbeitnehmervertreter im Verwaltungsorgan der SE europarechtlich zulässig sei; vgl. *Henssler*, FS Heinze (2005), S. 333, 337, Fn. 16.

gründet. Dort beziehe sich die Mitbestimmung lediglich auf die Kontrolle der Unternehmensleitung und nicht auf die Ausübung der Leitung selbst. Dies gelte nur dann nicht, wenn beispielsweise in einem Personalausschuss auch der Mitbestimmung unterliegende Bereiche berührt würden.

Der Ausführung, dass bei paritätischer Mitbestimmung keine Personalunion zwischen Verwaltungsratsmitglied und geschäftsführendem Direktor bestehen dürfe, kann nicht zugestimmt werden. Zwar ist eine solche Vorgehensweise nicht zu empfehlen, rein rechtlich bietet § 35 Abs. 3 SEAG aber eine ausreichende Lösung.[249] Gegen die Beschränkung des Stimmrechts spricht bereits der ausdrückliche Wortlaut von Teil 3 Buchst. b Unterabs. 4 An. SE-RL.[250] Im Hinblick auf die Beteiligung der Arbeitnehmerseite in Ausschüssen des Verwaltungsrats kann die Rechtsprechung des BGH[251] herangezogen werden.

dd) Ausgliederung der Geschäftsführung und der Unternehmensleitung in Ausschüsse

Eine andere Ansicht im Schrifttum[252] schlägt vor, zwei Aufgabenbereiche aus dem Verwaltungsrat in Ausschüsse auszulagern. So seien ein *„Exekutivausschuss"* zur Ausführung der laufenden Geschäfte und ein *„unternehmerischer Planungsausschuss"* zur Ausarbeitung der Unternehmensstrategie einzurichten.

(1) Konkrete Ausgestaltung

Nach dieser Auffassung entscheidet der Exekutivausschuss über die laufenden Geschäfte der SE. Vorsitzender dieses Ausschusses sei ein Generaldirektor, der aber nicht zugleich die Funktion des Verwaltungsratsvorsitzenden wahrnehme. Damit spricht sich diese Ansicht explizit gegen eine Personalunion im Sinne eines PDG in Frankreich aus.[253] Dagegen plädiert sie aus Gründen eines besseren Zugangs zu relevanten Informationen durchaus dafür, dass Mitglieder des Exekutivausschusses zumindest teilweise zugleich Mitglieder des Verwaltungsrats sein könnten. Weiterhin wird vorgeschlagen, dass der Arbeitsdirektor in diesem Exekutivausschuss die Rolle eines für das Personalwesen zuständigen Mitglieds wahrnehme.

---

249 Siehe oben S. 349 f.

250 *Teichmann*, BB 2004, 53, 57; *Thümmel*, Die Europäische Aktiengesellschaft (SE), D.III.3.b)cc), Rn. 332. Vgl auch *Schwarz* mit weiteren Argumenten; *Schwarz*, Kommentar zur SE-VO, Art. 43 Rn. 90. Allerdings hatte der Bundesrat ebenso Regelungen über Stimmverbote bei der Beschlussfassung im Verwaltungsrat angeregt; vgl. Stellungnahme des Bundesrats, BR-Drs. 438/04, S. 10.

251 Vgl. unten S. 380.

252 *Gruber/Weller*, NZG 2003, 297, 300 f; zustimmend *Frodermann*, in: *Jannott/Frodermann* (Hrsg.), Handbuch der Europäischen Aktiengesellschaft, 5. Kap. III 2.5.2.2, Rn. 218 ff.

253 Siehe oben S. 348.

Dem unternehmerischen Planungsausschuss bleiben nach dieser Ansicht dagegen der Entwurf und die Konzeption der Unternehmensstrategie vorbehalten. Seine Tätigkeit beschränke sich dabei allerdings auf die Vorbereitung und Beratung solcher Entscheidungen, denn nur der Verwaltungsrat könne die eigentlichen Beschlüsse hierüber treffen. Dieser Ausschuss solle einem Vorstand im dualistischen System angeglichen werden und rekrutiere sich daher allein aus Anteilseignervertretern aus dem Verwaltungsrat. Gewählt würden seine Mitglieder allerdings vom gesamten Verwaltungsrat unter Einbeziehung der Arbeitnehmervertreter.

Darüber hinaus wird für eine Personalunion zwischen dem Generaldirektor des Exekutivausschusses und dem Vorsitzenden des Planungsausschusses plädiert. Dadurch werde einerseits eine enge Verknüpfung der Geschäftsführung mit der Unternehmensplanung sichergestellt. Andererseits würden die Kapazitäten des Verwaltungsrats, die er für seine Überwachungsaufgaben benötige, nicht durch die Wahrnehmung der laufenden Geschäfte und der Beratungen über die Unternehmensstrategie in Anspruch genommen.

(2) Stellungnahme

Begründet wird die Zulässigkeit der Einrichtung eines unternehmerischen Planungsausschusses mit § 34 Abs. 4 SEAG[254]. Die ausschließliche Besetzung dieses Ausschusses mit Vertretern der Anteilseignerseite sei einerseits möglich, da die Rechtsprechung des BGH[255] zur Bildung von Ausschüssen nicht gelte.[256] Grund dafür sei die Aufgabenverteilung im monistischen System, denn ein solcher Planungsausschuss entspreche in der dualistischen Struktur eher dem Vorstand als dem Aufsichtsrat. Andererseits regle § 34 Abs. 4 S. 2 SEAG lediglich, dass bestimmte Bereiche *„einem Ausschuss nicht (...) zur Beschlussfassung überwiesen werden“* könnten. Dies beinhalte aber kein Verbot, solche Entscheidungen in den Ausschüssen zu behandeln und vorzubereiten, da sonst eine Formulierung wie in § 40 Abs. 2 S. 2 SEAG gewählt worden wäre.[257]

Zur Rechtfertigung der Besetzung eines Exekutivausschusses mit geschäftsführenden Direktoren werden § 22 Abs. 1 SEAG[258] bzw. § 22 Abs. 2 S. 2 und § 40 SEAG[259] herangezogen.[260]

---

254 *Gruber* und *Weller* verweisen hier auf § 38 Abs. 4 SEAG-Entwurf, der nun endgültig in § 30 Abs. 4 SEAG geregelt ist; vgl. *Gruber/Weller*, NZG 2003, 297, 301.

255 BGH v. 25.02.1982, BGHZ 83, 106 ff. = NJW 1982, 1525 ff.; BGH v. 25.02.1982, BGHZ 83, 144 ff. = NJW 1982, 1528 ff.

256 A.A. wohl *Frodermann*, in: *Jannott/Frodermann* (Hrsg.), Handbuch der Europäischen Aktiengesellschaft, 5. Kap. III 2.5.2.2, Rn. 216.

257 *Frodermann*, in: *Jannott/Frodermann* (Hrsg.), Handbuch der Europäischen Aktiengesellschaft, 5. Kap. III 2.5.2.2, Rn. 221 ff.

258 *Frodermann*, in: *Jannott/Frodermann* (Hrsg.), Handbuch der Europäischen Aktiengesellschaft, 5. Kap. III 2.5.2.2, Rn. 218.

Entgegen einer Ansicht im Schrifttum[261], die mit einer den gemeinschaftsrechtlichen Vorgaben widersprechenden Annäherung des monistischen an das dualistische System argumentiert[262], ist die Verteilung der Aufgaben des Verwaltungsrats auf Ausschüsse mit Leitungs- oder Kontrollfunktion zwar nicht per se verboten. Aufgrund der Gestaltungsfreiheit der monistischen Struktur, des Erwägungsgrund 14 SE-VO und den bereits in einigen nationalen Systemen bestehenden Annäherungen an das dualistische Modell, ist dies möglich. Allerdings stellt sich in Bezug auf die Bildung eines Exekutivausschusses die Frage nach dessen Notwendigkeit, da durch die Gruppe der geschäftsführenden Direktoren ebenso die laufenden Geschäfte wahrgenommen werden können. Um die Funktionsfähigkeit der SE mit monistischer Struktur gewährleisten zu können, bietet sich die Einrichtung eines Planungsausschusses an.[263]

Abzulehnen sind die Ausführungen, wonach aufgrund der unterschiedlichen Aufgabenverteilung im Aufsichts- bzw. Verwaltungsrat das Urteil des BGH zur Besetzung von Ausschüssen nicht anwendbar sei. Die Entscheidung des BGH zur Besetzung von Ausschüssen beruht gerade nicht auf speziellen Vorschriften des MitbestG, sondern auf § 107 Abs. 3 AktG.[264] Der deutsche Gesetzgeber hat für den Verwaltungsrat in § 34 Abs. 4 SEAG eine entsprechende Vorschrift erlassen. Der BGH stellt bei den Anforderungen an die Einbeziehung der Arbeitnehmerseite in die Ausschüsse insbesondere darauf ab, ob *„eine missbräuchliche Diskriminierung der Arbeitnehmervertreter allein aufgrund ihrer Gruppenzugehörigkeit"* vorliege.[265] Dieser Grundsatz muss auch hinsichtlich sämtlicher Mitglieder im Verwaltungsrat der SE gelten, da es sich bei den Arbeitnehmervertretern ebenfalls um *„vollberechtigte Mitglieder"*[266] in diesem Organ handelt. Ferner werden in der SE-VO und der SE-RL keine qualitativen Differenzierungen getroffen und Teil 3 Buchst. b Unterabs. 3 An. SE-RL bzw. § 38 Abs. 1 SEBG regeln ausdrücklich die Gleichberechtigung aller Mitglieder im Verwaltungsorgan der SE. Schließlich ist den Ausführungen im Schrifttum[267] zuzustimmen, wonach eine Nichtberücksichtigung der Rechtsprechung des BGH

---

259 *Gruber* und *Weller* verweisen noch auf §§ 21 Abs. 1 S. 2 und 24 SEAG-Entwurf, deren Inhalt nun in § 22 Abs. 2 S. 2 und § 40 SEAG geregelt ist; vgl. *Gruber/Weller*, NZG 2003, 297, 301.

260 Vgl. zum Ganzen *Gruber/Weller*, NZG 2003, 297, 300 f.

261 *Kämmerer/Veil*, ZIP 2005, 369, 375; *Schwarz*, Kommentar zur SE-VO, Art. 43 Rn. 24.

262 Vgl. zum Ganzen *Kämmerer/Veil*, ZIP 2005, 369, 375.

263 Vgl. zu den zulässigen und nicht zulässigen Aufgabenbereichen etwaiger Ausschüsse; *Schwarz*, Kommentar zur SE-VO, Art. 43 Rn. 91 ff.

264 BGH v. 17.05.1993, BGHZ 122, 342, 355 = NJW 1993, 2307, 2310.

265 BGH v. 17.05.1993, BGHZ 122, 342, 358 = NJW 1993, 2307, 2311.

266 Vgl. Teil 3 Buchst. b Unterabs. 3 An. SE-RL.

267 *Frodermann*, in: *Jannott/Frodermann* (Hrsg.), Handbuch der Europäischen Aktiengesellschaft, 5. Kap. III 2.5.2.2, Rn. 216.

eine nicht gerechtfertigte Besserstellung der Anteilseigner mit sich brächte. In diesem Fall wäre nämlich sogar der gänzliche Ausschluss von Arbeitnehmervertretern bei der Bildung eines Personalausschusses im monistischen System zulässig.[268] Daher ist die Rechtsprechung des BGH, wonach die Besetzung der Ausschüsse auf sachlichen Erwägungen beruhen muss, zu berücksichtigen.[269]

d) Ergebnis

Aufgrund der zwingenden Vorgaben des europäischen Gesetzgebers ist die Einführung von Mitbestimmung im monistischen System auf das gesamte Verwaltungsorgan zu beziehen. Dies kann unter Umständen zu einer paritätischen Besetzung führen, trotzdem ist aufgrund des besonderen Stimmrechts des Vorsitzenden stets ein leichtes Übergewicht der Anteilseignerseite gegeben. Die Aufgabenverteilung zwischen geschäftsführenden Direktoren und dem Verwaltungsrat mag zwar eine Annäherung an das dualistische System mit sich bringen. Dies erscheint aber zur Sicherung der Funktionsfähigkeit der SE gerade hinsichtlich der paritätischen Mitbestimmung geboten. Die anderen vorgeschlagenen Gestaltungsmöglichkeiten beinhalten eine ähnliche Zuständigkeitsverteilung und damit ebenso eine Angleichung an die dualistische Struktur mit der Trennung von Geschäftsführung und Kontrolle. Die Personenidentität zwischen Verwaltungsratsmitgliedern und geschäftsführenden Direktoren ist zwar auch bei paritätischer Mitbestimmung möglich, doch ist ungeachtet des § 35 Abs. 3 SEAG davon abzuraten.[270] Schließlich ist die Bildung von Ausschüssen zu empfehlen. Deren Zusammensetzung muss nicht die im Verwaltungsrat bestehende Besetzung übernehmen, darf aber die Arbeitnehmervertreter nicht ohne sachliche Gründe gänzlich ausschließen.

Im Ergebnis ergeben sich, trotz der durch die Mitbestimmung bedingten Annäherung an das dualistische System, aufgrund der Verantwortlichkeit des gesamten Verwaltungsrats für die Geschäftsleitung und der unbeschränkten Weisungsgebundenheit der geschäftsführenden Direktoren weiterhin markante Unterschiede zwischen monistischer und dualistischer Struktur.[271]

§ 3 Umsetzung der SE-RL in das deutsche Recht

Der deutsche Gesetzgeber hat sich in seinem Gesetzesentwurf zur Einführung der Arbeitnehmerbeteiligung sowohl hinsichtlich des Aufbaus als auch des

---

268 Vgl. zum Ganzen *Frodermann*, in: *Jannott/Frodermann* (Hrsg.), Handbuch der Europäischen Aktiengesellschaft, 5. Kap. III 2.5.2.2, Rn. 216.

269 Vgl zu dieser Rspr. oben S. 380.

270 Ebenso *Teichmann*, in: *Lutter/Hommelhoff* (Hrsg.), Die Europäische Gesellschaft, S. 195, 214.

271 *Seibt/Saame*, AnwBl 2005, 225, 229.

Wortlauts meist streng an die Vorgaben der SE-RL gehalten.[272] Abweichungen in Reihenfolge und Formulierung der einzelnen Vorschriften ergeben sich größtenteils nur aus Gründen der Klarstellung und besseren Verständlichkeit.

A. Regelungsgegenstand und Geltungsbereich

Während die Vorschriften über den Regelungsgegenstand des SEBG grundsätzlich aus der SE-RL übernommen wurden, hat der Gesetzgeber in **§ 3 SEBG** den Geltungsbereich des SEBG klargestellt.

I. Regelungsgegenstand gem. § 1 SEBG

Hinsichtlich des Regelungsgegenstands wurde in **§ 1 SEBG** der Art. 1 SE-RL umgesetzt sowie Erwägungsgrund 18 SE-RL eingearbeitet.[273] In **§ 1 Abs. 1 S. 2 und 3 SEBG** ist das Ziel der Sicherung erworbener Beteiligungsrechte und das Vorher-Nachher-Prinzip aus Erwägungsgrund 18 S. 1 und 2 SE-RL in das Umsetzungsgesetz eingearbeitet worden. In **§ 1 Abs. 2 SEBG** wird die in der SE-RL verwendete missverständliche Formulierung, dass auch im Rahmen der Auffangregelung eine Vereinbarung geschlossen wird, berichtigt. Des Weiteren wird in **§ 1 Abs. 3 SEBG** klargestellt, dass die Vorschriften des SEBG und eine Vereinbarung über die Arbeitnehmerbeteiligung so auszulegen sind, dass die Ziele der Europäischen Gemeinschaft hinsichtlich der Gewährleistung von Arbeitnehmerpartizipation in der SE gefördert werden.[274] Schließlich bezieht **§ 1 Abs. 4 SEBG** auch strukturelle Änderungen einer SE sowie deren Auswirkungen auf die betroffenen Gesellschaften und ihre Arbeitnehmer ein. Dies fußt auf Erwägungsgrund 18 S. 3 SE-RL.

II. Geltungsbereich gem. § 3 SEBG

Da es sich bei dem SEBG um ein nationales Umsetzungsgesetz handelt, stellt **§ 3 SEBG** klar, dass die Vorschriften dieses Gesetzes dem Territorialitätsprinzip unterliegen. Demnach gilt das SEBG für eine SE, die mit Sitz in Deutschland gegründet wird bzw. ihren Sitz nach Deutschland verlegt hat. Darüber hinaus werden die beteiligten Gesellschaften sowie die betroffenen Tochtergesellschaften und Betriebe mit Sitz in Deutschland in den Anwendungsbereich einbezogen.[275] Schließlich werden auch alle Arbeitnehmer einer SE, die im Inland beschäftigt sind, unabhängig vom Sitz der Europäischen Aktiengesellschaft erfasst.

---

[272] Ebenso *Kallmeyer*, ZIP 2004, 1442; *Kienast*, in: *Jannott/Frodermann* (Hrsg.), Handbuch der Europäischen Aktiengesellschaft, 13. Kap. II 2, Rn. 45.

[273] Dabei entspricht **§ 1 Abs. 1 S. 1 SEBG** dem Art. 1 Abs. 1 SE-RL und in **§ 1 Abs. 2 SEBG** wird Art. 1 Abs. 2 SE-RL umgesetzt.

[274] Nach Auffassung von *Krause* ist diese Regelung abzulehnen, da sie zum einen über die bestehende Pflicht zur richtlinienkonformen Auslegung hinausgehe und durch die Einbeziehung der geschlossenen Vereinbarung den Parteiwillen beschränke; *Krause*, BB 2005, 1221, 1222 f.

[275] BR-Drucks. 438/04, Begründung zum SEEG, S. 112 f.

Da der Geltungsbereich der nationalen Umwandlungsgesetze folglich nicht nur vom Sitz der SE abhängt, kommen in einer SE jeweils mehrere verschiedene Durchführungsgesetze zur Anwendung.[276] **§ 3 Abs. 2 SEBG** stellt klar, dass neben den Mitgliedstaaten der EU auch die anderen Vertragsstaaten des Europäischen Wirtschaftsraums einbezogen sind.

B. Begriffsbestimmungen gem. § 2 SEBG

In **§ 2 SEBG** werden Begriffe definiert, die in deutschen Gesetzen bisher gar nicht oder mit einer abweichenden Bedeutung verwendet wurden.[277] Dabei werden vielfach die Bestimmungen der SE-RL beinahe wortgetreu wiedergegeben.

I. Arbeitnehmerbegriff gem. § 2 Abs. 1 SEBG

Obwohl die SE-RL auf den Arbeitnehmerbegriff nicht eingeht, richtet sich seine Bestimmung gem. **§ 2 Abs. 1 SEBG** nach den jeweiligen Rechtvorschriften und Gepflogenheiten der Mitgliedstaaten.[278] Demzufolge gilt gem. **§ 2 Abs. 1 S. 2 und S. 3 SEBG** der allgemeine Arbeitnehmerbegriff, der die Arbeiter und Angestellten einschließlich der zur Berufsausbildung Beschäftigten, die leitenden Angestellten sowie die in Heimarbeit Beschäftigten umfasst. Anders als im EBRG, das die leitenden Angestellten im Sinne des § 5 Abs. 3 BetrVG nur bei ausdrücklicher Anordnung mit einbezieht,[279] differenziert das SEBG grundsätzlich nicht zwischen § 5 Abs. 1 und Abs. 3 BetrVG.

Im Schrifttum[280] wird über diese grundsätzliche Gleichberechtigung der leitenden Angestellten hinaus ausgeführt, dass der nationale Gesetzgeber aufgrund der Vorgaben der SE-RL verpflichtet sei, im Rahmen des Art. 3 Abs. 2 Buchst. b SE-RL eine angemessene Beteiligung der leitenden Angestellten bei der Zusammensetzung des BVG zwingend festzusetzen. Dies müsse er aufgrund des SprAuG auch bei der Bildung des Arbeitnehmervertretungsorgans sicherstellen. Schließlich sei erforderlich, dass das in Deutschland bestehende Mitbestimmungsrecht der leitenden Angestellten auch für den Fall des Abschlusses einer Vereinbarung gewährleistet werde. Daher sei die Parteiautonomie in dieser Hinsicht einzuschränken.

Gefolgert wird die zwingende Einbeziehung dieser Gruppe zum einen aus den Erwägungsgründen 3, 7, 15 und 18 SE-RL. In diesen zwingenden Auslegungs-

---

276 *Kienast*, in: *Jannott/Frodermann* (Hrsg.), Handbuch der Europäischen Aktiengesellschaft, 13. Kap. IV, Rn. 78. Vgl. zur Reihenfolge der Anwendbarkeit der einzelstaatlichen Umwandlungsgesetze *Kienast*, in: *Jannott/Frodermann* (Hrsg.), Handbuch der Europäischen Aktiengesellschaft, 13. Kap. IV, Rn. 79 ff.

277 BR-Drucks. 438/04, Begründung zum SEEG, S. 109.

278 Aufgrund des Sinns und Zwecks der SE-RL ist dem zuzustimmen; siehe oben S. 140 ff. Vgl. ebenso BR-Drucks. 438/04, Begründung zum SEEG, S. 109.

279 Vgl. §§ 11 Abs. 4, 23 Abs. 6 EBRG.

280 *Heinze*, FS Schwerdtner (2003), S. 741, 745 ff.

sätzen sei der Grundsatz enthalten, dass die bestehenden Gepflogenheiten und Rechte der Arbeitnehmerbeteiligung durch die SE-RL und deren Umsetzung in nationales Recht zu sichern seien. Hierzu gehöre auch das MitbestG, das unter anderem die zwingende Einbeziehung mindestens eines leitenden Angestellten in den Aufsichtsrat beinhalte.

Zum anderen wird mit Art. 2 Buchst. e SE-RL und dem Anhang der SE-RL argumentiert. So seien für den Begriff der Arbeitnehmervertreter gem. Art. 2 Buchst. e SE-RL die nationalen Rechtsvorschriften relevant. Aufgrund der Regelungen im MitbestG müsse die Gruppe der leitenden Angestellten daher auch vom deutschen Gesetzgeber mit einbezogen werden. Zudem setze sich nach Teil 1 Buchst. a An. SE-RL das Vertretungsorgan im Bereich der Unterrichtung und Anhörung aus den Arbeitnehmern der SE, ihrer Tochtergesellschaften und Betriebe zusammen. Da sich deren Wahl oder Bestellung gem. Teil 1 Buchst. b Unterabs. 1 An. SE-RL nach den einzelstaatlichen Rechtsvorschriften richte, seien die leitenden Angestellten auch hier zu berücksichtigen. Das SprAuG gehöre nämlich ebenso zu diesen nationalen Regelungen. Schließlich fordere Teil 3 Buchst. a An. SE-RL im Falle der Umwandlung eine Beibehaltung der bisherigen Mitbestimmung mit allen ihren Komponenten. Darunter falle eben auch die Beteiligung der leitenden Angestellten an der Mitbestimmung nach dem MitbestG. Da die Auffangregelung die nationalen Mitbestimmungsregelungen umfassend einbeziehe, müsse dies auch für die anderen Gründungsfälle gelten.[281]

Zwar ist dieser Ansicht gegenüber zuzugeben, dass die leitenden Angestellten an der Arbeitnehmerpartizipation einer SE beteiligt werden sollten. Auch muss die Integration dieser Gruppe aufgrund ihrer geringen Anzahl im Vergleich zu den übrigen Arbeitnehmern durch zwingende Vorgaben, wie zum Beispiel in § 15 Abs. 1 S. 2 MitbestG, gewährleistet werden. Allerdings erscheinen die einzelnen Forderungen als zu weitgehend.

Zum einen ist nicht ersichtlich, inwiefern sich aus den nationalen Vorschriften für die Partizipation der leitenden Angestellten eine Verpflichtung für den deutschen Gesetzgeber ergibt, für eine stete Vertretung der leitenden Angestellten im BVG bzw. im Arbeitnehmervertretungsorgan zu sorgen. In den Mitbestimmungsgesetzen findet sich ihre zwingende Einbeziehung in den Aufsichtsrat nur im MitbestG. Daher stellt sich die Frage, warum in den Fällen ohne Beteiligung einer dem MitbestG unterliegenden deutschen AG an einer SE-Gründung die Repräsentation dieser Gruppe im BVG zwingend erforderlich sein sollte. Auch im Hinblick auf das Arbeitnehmervertretungsorgan ist anzumerken, dass die leitenden Angestellten gem. § 5 Abs. 3 BetrVG gerade aus dem die betriebliche Partizipationsebene regelnden BetrVG ausgenommen sind. Zwar finden sich

---

281 Vgl. zum Ganzen *Heinze*, FS Schwerdtner (2003), S. 741, 745 ff.

Vorschriften zu diesem Bereich im SprAuG, doch bleiben die dort geregelten Rechte hinter denen des BetrVG zurück.

Zum anderen widerspricht die geforderte Einschränkung der Parteiautonomie im Rahmen des Verhandlungsverfahrens den Vorgaben der SE-RL. Eine Sicherung aller Komponenten der Mitbestimmung findet allein für den Sonderfall der Umwandlung statt. In den übrigen Gründungsfällen besteht lediglich eine Absicherung des quantitativen Mitbestimmungsniveaus, die zudem bei Erreichung der erforderlichen Mehrheit überwunden werden kann. Es besteht sogar aufgrund der Verhandlungsfreiheit die Möglichkeit, die Vereinbarung über eine gänzlich mitbestimmungsfreie SE zu treffen. Angesichts dieser den Verhandlungsparteien zur Verfügung stehenden Autonomie kann keine Einschränkung im Hinblick auf die leitenden Angestellten erfolgen.

Schließlich handelt es sich bei der zwingenden Beteiligung eines leitenden Angestellten gem. § 15 Abs. 1 S. 2 MitbestG nicht um eine Regelung des quantitativen Mitbestimmungsniveaus, da sie keinen Einfluss auf die Anzahl der der Arbeitnehmerseite zustehenden Sitze hat. Sie betrifft daher allein den qualitativen Mitbestimmungsbereich.

II. Die sonstigen Begrifflichkeiten

Anders als in der EBR-RL, in der der Begriff der zentralen Unternehmensleitung als Verhandlungspartner in Art. 2 Buchst. e EBR-RL genau definiert wird, wird das **jeweils zuständige Organ auf Unternehmensseite** in Art. 2 Buchst. g SE-RL nicht näher bestimmt. In **§ 2 Abs. 5 S. 1 SEBG** wird klargestellt, dass es sich dabei um das Organ handelt, das für die Geschäftsführung zuständig ist und die Vertretungsmacht besitzt. Bei an der SE-Gründung beteiligten Gesellschaften geht es demnach gem. **§ 2 Abs. 5 S. 2 SEBG** um das Leitungs- oder Verwaltungsorgan und bei einer SE selbst um das Leitungsorgan bzw. die geschäftsführenden Direktoren. Folglich stellen der oder die geschäftsführenden Direktoren die Leitung einer monistisch organisierten SE mit Sitz in Deutschland dar.[282]

Da Art. 2 Buchst. e SE-RL hinsichtlich des Begriffs der **Arbeitnehmervertreter** explizit auf die Rechtsvorschriften und/oder Gepflogenheiten der einzelnen Mitgliedstaaten verweist, stellt **§ 2 Abs. 6 SEBG** klar, dass es sich nur um die im BetrVG geregelte Vertretung der Arbeitnehmer handelt.[283] Die Repräsentati-

---

282 BR-Drucks. 438/04, Begründung zum SEEG, S. 110.
Nach Ansicht von *Schwarz* entspricht dies nicht den Vorgaben von Art. 43 Abs. 1 S. 2 SE-VO, da demnach lediglich die laufenden Geschäfte auf die geschäftsführenden Direktoren übertragen werden können. Bei den Verhandlungen über die Arbeitnehmerbeteiligung handele es sich aber um Leitungsaufgaben. Daher sei hierfür der Verwaltungsrat zuständig und lediglich der formale Akt des Abschlusses der Vereinbarung obliege den geschäftsführenden Direktoren; *Schwarz*, Kommentar zur SE-VO, Einl. Rn. 247.

283 Darunter fallen auch durch Tarifvertrag gem. § 3 Abs. 1 Nr. 1 bis 3 BetrVG geschaffene abweichende Strukturen der Arbeitnehmervertretung; *Nagel*, in: *Nagel/Freis/Kleinsorge*

on der Arbeitnehmervertreter im Aufsichts- oder Verwaltungsrat bzw. in Gremien anderer Mitgliedstaaten fällt nicht unter diese Definition.[284] Ebenfalls ausgenommen sind die Sprecherausschüsse, da § 2 Abs. 6 SEBG ausdrücklich nur auf das BetrVG verweist.[285]

Bei den übrigen Begriffsbestimmungen weicht der Wortlaut des SEAG nicht oder nur geringfügig von der SE-RL ab.[286] Die Bestimmung der **betroffenen Tochtergesellschaften und betroffenen Betriebe** in Art. 2 Buchst. d SE-RL wurde beinahe identisch in **§ 2 Abs. 4 SEBG** übernommen. In der Gesetzesbegründung findet sich zum einen der Hinweis, dass es bei Bestehen eines Konzerns auch Tochtergesellschaften und Betriebe geben könne, die nicht von der Gründung einer SE betroffen seien. Zum anderen wird der Fall, dass bei Gründung einer Holding-SE die betroffenen Tochtergesellschaften der Gründungsgesellschaften zu Enkelgesellschaften der SE werden, explizit einbezogen.[287] Umfasst werden demnach sowohl sämtliche unmittelbar als auch mittelbar beherrschten Gesellschaften.[288] Das in Art. 2 Buchst. f SE-RL definierte **Vertretungsorgan** wird in **§ 2 Abs. 7 SEBG** *„SE-Betriebsrat"* genannt. Zudem wird

---

(Hrsg.), Die Beteiligung der Arbeitnehmer in der Europäischen Gesellschaft, S. 74, Rn. 17.

284 BR-Drucks. 438/04, Begründung zum SEEG, S. 110.

285 Ebenso *Nagel*, in: *Nagel/Freis/Kleinsorge* (Hrsg.), Die Beteiligung der Arbeitnehmer in der Europäischen Gesellschaft, S. 73, Rn. 16.

286 Der Definition des Begriffs der **beteiligten Gesellschaften** in Art. 2 Buchst. b SE-RL entspricht wörtlich **§ 2 Abs. 2 SEBG**. Bei der Festlegung, wann **Tochtergesellschaften** vorliegen, unterscheidet sich **§ 2 Abs. 3 SEBG** von Art. 2 Buchst. c SE-RL nur dahingehend, dass neben der Verweisung auf die EBR-RL auch deren Umsetzung in § 6 Abs. 2 bis 4 EBRG einbezogen wird. Die Erläuterung in Art. 2 Buchst. h SE-RL, welche Verfahren unter die **Beteiligung der Arbeitnehmer** fallen, findet sich in **§ 2 Abs. 8 SEBG**. Die Bestimmung der **Unterrichtung** in **§ 2 Abs. 10 SEBG** entspricht dem Art. 2 Buchst. i SE-RL. Schließlich gleicht die Definition der **Mitbestimmung** in **§ 2 Abs. 12 SEBG** derjenigen in Art. 2 Buchst. k SE-RL.

287 Vgl. zum Ganzen BR-Drucks. 438/04, Begründung zum SEEG, S. 110. Nach den Ausführungen von *Gahleitner* gilt dies auch im Rahmen des österreichischen Umsetzungsgesetzes; *Gahleitner*, in: *Kalss/Hügel* (Hrsg.), Europäische Aktiengesellschaft, § 211 ArbVG, S. 731, Rn. 4.

288 *Grobys*, NZA 2005, 84, 85.
Eine andere Ansicht vertritt wohl *Kuffner*, da nach deren Ausführungen bei mehrstufigen Konzernverbindungen lediglich die direkt abhängigen Tochtergesellschaften auf erster Ebene unter die Definition in Art. 2 Buchst. d SE-RL zu subsumieren seien; *Kuffner*, Die Beteiligung der Arbeitnehmer, S. 101 f.
Zu Recht führt *Grobys* dagegen an, dass dies zum einen nicht aus dem Wortlaut entnommen werden könne und zum anderen die gesellschaftsrechtliche Praxis nicht ausreichend berücksichtige. Gerade in solchen mehrstufigen Konzernen nehme nämlich diese erste Ebene nur die Funktion einer Zwischenholding dar, während das operative Geschäft in den nachfolgenden Ebenen erfolge; *Grobys*, NZA 2005, 84, 85, Fn. 10.

im SEBG darauf hingewiesen, dass dieses Gremium neben der Unterrichtung, Anhörung und Mitbestimmung auch sonstige Beteiligungsrechte der Arbeitnehmer wahrnehmen kann.

Anders als in der SE-RL findet sich in **§ 2 Abs. 9 SEBG** ferner eine Definition des Begriffs der *„Beteiligungsrechte"*. Dies sind die konkreten Rechte, die den Arbeitnehmern und ihren Vertretern im Bereich der Unterrichtung, Anhörung und Mitbestimmung zustehen. Ausdrücklich werden gem. **§ 2 Abs. 9 S. 2 SEBG** die Wahrnehmung dieser Rechte in den Konzernunternehmen der SE und damit auch die Wahlrechte der Arbeitnehmer aus den beherrschten Unternehmen i.S.d. § 5 MitbestG einbezogen.[289] Bei der Definition der **Anhörung** in **§ 2 Abs. 11 SEBG** findet sich anders als in Art. 2 Buchst. j SE-RL der Zusatz, dass dieser Dialog und Meinungsaustausch statt mit der SE-Leitung auch mit einer anderen zuständigen und mit eigenen Entscheidungsbefugnissen ausgestatteten Leitungsebene erfolgen kann. Eine ähnliche Formulierung besteht in Teil 2 Buchst. c Unterabs. 1 S. 2 An. SE-RL, wenn es um die Unterrichtung und Anhörung bei außergewöhnlichen Umständen geht. Allerdings stellt sich die Frage, warum die Möglichkeit der Einbeziehung einer anderen Leitungsebene nur hinsichtlich der Anhörung und nicht auch bezüglich der regelmäßigen Unterrichtung Eingang gefunden hat.

C. Verhandlungsverfahren gem. §§ 4 bis 20 SEAG

In Teil 2 des SEBG werden unter der Überschrift *„Besonderes Verhandlungsgremium"* Art. 3 bis 6 SE-RL umgesetzt.

I. Einleitung des Verhandlungsverfahrens gem. § 4 SEBG

Die Einleitung des Verhandlungsverfahrens und damit die Umsetzung von Art. 3 Abs. 1 SE-RL ist in **§ 4 SEBG** geregelt. Zuständig für die Eröffnung sind demnach die Leitungen der beteiligten Gesellschaften, die die Gründung einer SE planen.[290]

1. Einleitung der erforderlichen Schritte gem. § 4 Abs. 2 SEBG

Der deutsche Gesetzgeber hat in **§ 4 Abs. 2 SEBG** die in Art. 3 Abs. 1 SE-RL normierten Informationspflichten der Leitungen präzisiert bzw. ungeregelte Bereiche ausgefüllt.

a) Zeitpunkt der Information

So wurde der Zeitpunkt der Einleitung der erforderlichen Schritte dahingehend festgelegt, dass die Information gem. **§ 4 Abs. 2 S. 3 SEBG** *„unaufgefordert und unverzüglich"* erfolgen muss. Es kann davon ausgegangen werden, dass die Formulierung *„unverzüglich"* ebenso wie in § 121 BGB *„ohne schuldhaftes*

---

289 BR-Drucks. 438/04, Begründung zum SEEG, S. 111.

290 Zum Begriff der Leitungen; vgl. § 2 Abs. 5 SEBG.

Verzögern" bedeutet.[291] Von einer weiteren Konkretisierung in Form von bestimmten Fristen oder besonderen formellen Anforderungen wurde abgesehen, da aufgrund des Art. 12 Abs. 2 SE-VO ein rasches und ordnungsgemäßes Verfahren im Interesse der beteiligten Gesellschaften selbst liegt.[292]

Im Schrifttum[293] wird dennoch die Frage aufgeworfen, zu welchem Zeitpunkt die Einleitung der erforderlichen Schritte genau zu erfolgen habe. Dabei wird untersucht, ob aufgrund des Wortlauts *„wenn die Leitungen die Gründung einer SE* ***planen***[294]*"* darauf geschlossen werden könne, dass eine Gleichsetzung mit der Unterrichtungspflicht in § 111 BetrVG zu *„geplanten"* Betriebsänderungen zu erfolgen habe. Nach der Rechtsprechung des BAG[295] sei in diesem Fall eine Information des Betriebsrats bereits dann vorzunehmen, wenn die Überlegungen des Unternehmers in ein ernsthaftes Stadium eingetreten seien. Zu Recht wird aber eine Auslegung des Begriffs der Planung in § 4 Abs. 2 SEBG in dieser Hinsicht verneint, da nach dem Wortlaut dieser Vorschrift die Einleitung der erforderlichen Schritte erst nach der *„Offenlegung"* des Gründungsplanes einer SE zu erfolgen habe und dieser demnach bereits bestehen müsse.[296]

b) Katalog der Informationspflichten in § 4 Abs. 3 SEAG

In **§ 4 Abs. 3 SEBG** ist ein nicht abschließender[297] Katalog von Informationspflichten aufgeführt. Der deutsche Gesetzgeber geht bei dieser Aufzählung über die Anforderungen der SE-RL hinaus[298] und erfasst alle zur Bildung eines BVG erforderlichen Daten.[299] Entsprechend der Vorschrift des Art. 3 Abs. 1 SE-RL hat gem. **§ 4 Abs. 3 Nr. 1 SEBG** eine Unterrichtung über die jeweilige Identität

---

291 Ebenso *Grobys*, NZA 2005, 84, 86.

292 BR-Drucks. 438/04, Begründung zum SEEG, S. 113. Ebenso *Köstler*, DStR 2005, 745. Vgl. bereits oben S. 146 ff. Daher empfehlen *Walden/Meyer-Landrut*, dass die Informierung der Arbeitnehmervertretungen bei der Gründung einer SE durch Fusion bereits vor der Offenlegung des Verschmelzungsplans erfolgen sollte; *Walden/Meyer-Landrut*, DB 2005, 2119, 2126.

293 *Kienast*, in: *Jannott/Frodermann* (Hrsg.), Handbuch der Europäischen Aktiengesellschaft, 13. Kap. VI, Rn. 93 ff.

294 Hervorhebung durch den Verfasser.

295 BAG v. 14.09.1976, EzA § 113 BetrVG 1972 Nr. 2 = AP Nr. 2 zu § 113 BetrVG.

296 Vgl. zum Ganzen *Kienast*, in: *Jannott/Frodermann* (Hrsg.), Handbuch der Europäischen Aktiengesellschaft, 13. Kap. VI, Rn. 93 ff.

297 BR-Drucks. 438/04, Begründung zum SEEG, S. 114. Dies wird bereits anhand der Verwendung des Wortes *„insbesondere"* deutlich.

298 *Niklas*, NZA 2004, 1200, 1201.

299 BR-Drucks. 438/04, Begründung zum SEEG, S. 113.
Krause vertritt hier die Auffassung, dass diesbezüglich ein echter Auskunftsanspruch der Arbeitnehmervertretungen gegen die Leitungen bestehe; *Krause*, BB 2005, 1221, 1223. Dies ist aber abzulehnen, da die Arbeitnehmerseite, anders als in der EBR-RL, aufgrund des Art. 12 Abs. 2 SE-VO dieses Schutzes bei der Gründung einer SE nicht bedarf; vgl. oben S. 146 ff.

und Struktur sowie die Verteilung der beteiligten Gesellschaften, betroffenen Tochtergesellschaften und Betriebe auf die einzelnen Mitgliedstaaten zu erfolgen. Des Weiteren müssen die Leitungen gem. **§ 4 Abs. 3 Nr. 3 und 4 SEBG** über die Anzahl der in diesen Gesellschaften und Betrieben beschäftigten Arbeitnehmer, über die Gesamtzahl der pro Mitgliedstaat beschäftigten Arbeitnehmer und über die der Mitbestimmung unterliegenden Beschäftigten berichten. Für sämtliche Ermittlungen der Anzahl der Arbeitnehmer ist dabei gem. **§ 4 Abs. 4 SEBG** auf den Zeitpunkt der Unterrichtung vom Gründungsvorhaben Bezug zu nehmen.[300] Schließlich haben die Leitungen gem. **§ 4 Abs. 3 Nr. 2 SEBG** über die jeweils bestehenden Arbeitnehmervertretungen aufzuklären.

Zwar unterliegt die Übermittlung dieser Daten keinen Formvorschriften, doch sollte sie aus Dokumentations- und Beweiszwecken im Interesse der Leitungen schriftlich, eventuell zugleich mit der schriftlichen Aufforderung zur Bildung des BVG gem. § 4 Abs. 1 SEBG, erfolgen.[301] Ferner ist aus Gründen der Rechtssicherheit und Praktikabilität kein Zugang der Information bei jedem einzelnen Arbeitnehmer erforderlich, sondern eine zumutbare Gelegenheit zur Kenntnisnahme ausreichend. Abzustellen ist dabei auf die gebräuchlichen Informationsmittel im jeweiligen Konzern oder Unternehmen.[302]

In der Literatur werden als eventuell weitere von den Leitungen einzuleitende erforderliche Schritte unter anderem vorgeschlagen, dass es den verschiedenen Arbeitnehmervertretungen ermöglicht werde, sich gegenseitig zu informieren, sich zu Vorberatungen für die Errichtung des BVG zu treffen und sich gegebenenfalls rechtlich bei diesem Prozess beraten zu lassen.[303]

c) Unterrichtung der Arbeitnehmervertretungen

In **§ 4 Abs. 2 S. 1 und 2 SEBG** ist festgelegt, dass die Arbeitnehmervertretungen der beteiligten Gesellschaften, betroffenen Tochtergesellschaften und Betriebe sowie, wenn solche Gremien nicht bestehen, die Arbeitnehmer direkt über das Gründungsvorhaben zu unterrichten sind. Zu informieren sind auch die jeweiligen Sprecherausschüsse.[304]

---

300 Allerdings sieht § 5 Abs. 4 S. 2 SEBG unter bestimmten Umständen eine weitere Information bei Änderung der Arbeitnehmerzahlen vor.

301 *Grobys*, NZA 2005, 84, 86. Ebenso *Kienast*, in: *Jannott/Frodermann* (Hrsg.), Handbuch der Europäischen Aktiengesellschaft, 13. Kap. VI 1.4, Rn. 105.

302 *Grobys*, NZA 2005, 84, 86; *Kienast*, in: *Jannott/Frodermann* (Hrsg.), Handbuch der Europäischen Aktiengesellschaft, 13. Kap. VI 1.4, Rn. 105.

303 *Kienast*, in: *Jannott/Frodermann* (Hrsg.), Handbuch der Europäischen Aktiengesellschaft, 13. Kap. VI 1.5, Rn. 109.

304 Diese explizite Erwähnung in § 4 Abs. 2 S. 1 SEBG ist erforderlich, da es sich bei den leitenden Angestellten zwar gem. § 2 Abs. 1 SEBG um Arbeitnehmer handelt, die Sprecherausschüsse aber nicht von der Definition der Arbeitnehmervertretergremien in § 2 Abs. 4 SEBG erfasst werden; *Niklas*, NZA 2004, 1200, 1201. Die Sprecherausschüsse sind zu informieren, da der Gruppe der leitenden Angestellten unter Umständen gem. § 6

Aufgrund des Wortlauts dieser Vorschrift wird teilweise vertreten, dass sämtliche vorhandenen Arbeitnehmervertretungen zu unterrichten seien.[305] Im Schrifttum[306] wird aber zu Recht darauf hingewiesen, dass auch in einem solchen Fall die Kompetenzverteilung innerhalb des BetrVG eingreifen müsse. Da der Gründungsvorgang der SE unter den Tatbestand einer übergeordneten Angelegenheit i.S.d. § 50 Abs. 1 2. HS bzw. § 58 Abs. 1 S. 1 2. HS BetrVG subsumiert werden könne, finde eine Vertretung der betriebsratslosen Betriebe oder Unternehmen durch diese Gremien statt.[307] Die Tatsache, dass stets die auf höchster Ebene vorhandene Arbeitnehmervertretung zuständig sei, entspreche zudem der Regelung bei der Wahl der Mitglieder des Wahlgremiums in § 8 Abs. 2 SEBG.[308] Eine direkte Information betriebsratsloser Arbeitnehmer müsse erst dann erfolgen, wenn weder auf Konzern- noch auf Unternehmensebene ein Konzern- bzw. Gesamtbetriebsrat bestehe.[309]

Abs. 4 SEBG Sitze im BVG zustehen und von ihren Gremien hierfür gem. § 8 Abs. 1 S. 5 SEBG Wahlvorschläge erstellt werden. Anderen betrieblichen Gremien, wie den Schwerbehindertenvertretungen und Jugend- und Auszubildendenvertretungen, steht kein Recht auf Information zu; *Grobys*, NZA 2005, 84, 86.

Sind keine Sprecherausschüsse vorhanden, dann sind aufgrund des Vorschlagsrechts der leitenden Angestellten gem. § 8 Abs. 1 S. 7 SEBG diese direkt zu unterrichten; *Kleinsorge*, in: *Nagel/Freis/Kleinsorge* (Hrsg.), Die Beteiligung der Arbeitnehmer in der Europäischen Gesellschaft, S. 83, Rn. 11; *Oetker*, BB-Special 1/2005, 2, 6; *ders.*, in: *Lutter/Hommelhoff* (Hrsg.), Die Europäische Gesellschaft, S. 277, 292.

305 *Kleinsorge*, in: *Nagel/Freis/Kleinsorge* (Hrsg.), Die Beteiligung der Arbeitnehmer in der Europäischen Gesellschaft, S. 82 f., Rn. 10; *Oetker*, BB-Special 1/2005, 2, 6; *ders.*, in: *Lutter/Hommelhoff* (Hrsg.), Die Europäische Gesellschaft, S. 277, 291.

Andererseits wird aus Gründen der Rechtssicherheit eine Klarstellung dahingehend verlangt, dass nur die auf der jeweiligen obersten Ebene bestehenden Arbeitnehmervertretungen zu unterrichten seien; Stellungnahme der Spitzenverbände der deutschen Wirtschaft v. 27.05.2004, S. 8, abgerufen unter *www.dihk.de/inhalt/themen/rechtundfairplay/archiv.de* am 16.06.2005.

306 *Grobys*, NZA 2005, 84, 86; *Kienast*, in: *Jannott/Frodermann* (Hrsg.), Handbuch der Europäischen Aktiengesellschaft, 13. Kap. VI 1.3, Rn. 102 f. Im Ergebnis ebenso *Krause*, der darauf hinweist, dass bei der anschließenden Bildung des BVG auch die Arbeitnehmervertretungen auf den unteren Ebenen vom höchstrangigen Gremium repräsentiert würden; *Krause*, BB 2005, 1221, 1223. Vgl. zu diesem Problem bereits oben S. 142 ff.

307 *Grobys*, NZA 2005, 84, 86.

308 *Kienast*, in: *Jannott/Frodermann* (Hrsg.), Handbuch der Europäischen Aktiengesellschaft, 13. Kap. VI 1.3, Rn. 103.

309 Vgl. zum Ganzen *Grobys*, NZA 2005, 84, 86; *Kienast*, in: *Jannott/Frodermann* (Hrsg.), Handbuch der Europäischen Aktiengesellschaft, 13. Kap. VI 1.3, Rn. 102 f.

d) Bildung eines gemeinsamen Verhandlungsorgans der beteiligten Gesellschaften

Im Schrifttum[310] wird empfohlen, dass die beteiligten Gesellschaften spätestens nach der Einleitung der ersten Schritte durch ihre Leitungen ebenfalls ein gemeinsames Verhandlungsgremium bildeten. Dabei könnten unter anderem Regeln über die Zusammensetzung und die Beschlussfassung bzw. -fähigkeit in diesem Organ, das die Verhandlungen mit dem BVG führen solle, festgelegt werden. Die Errichtung eines solchen Gremiums sei auch zulässig, da zwar der Wortlaut des Art. 4 Abs. 1 und Art. 7 Abs. 1 Buchst. b SE-RL von dem *„jeweils zuständigen Organ der beteiligten Gesellschaften"* ausgehe, diese Zuständigkeit aber, mangels entgegenstehender Vorschriften, von den beteiligten Gesellschaften selbst geregelt werden könne.[311]

II. Einsetzung des besonderen Verhandlungsgremiums

Nach vorgenommener Information bzw. zeitgleich mit dieser erfolgt gem. **§ 4 Abs. 1 S. 1 SEBG** die Bildung eines BVG aufgrund einer schriftlichen Aufforderung durch die Leitungen.[312] Im Schrifttum wird vertreten, dass Unklarheit dahingehend bestehe, an wen sich die Leitungen mit dieser Aufforderung wenden sollten.[313] Zu Recht wird diesen Ausführungen aufgrund der Regelung des § 9 SEBG widersprochen.[314] Dort sei normiert, wer für die Einberufung des Wahlgremiums und damit für die Bildung des BVG verantwortlich sei. Diese zur Errichtung des BVG verpflichteten Personen seien notwendigerweise von den Leitungen hierzu aufzufordern.[315]

1. Zeitraum der Bildung des BVG

Der deutsche Gesetzgeber hat von der Ermächtigung des Art. 3 Abs. 2 Buchst. b Unterabs. 1 S. 1 SE-RL Gebrauch gemacht und durch die Festlegung eines Zeitrahmens für das Verfahren der Einsetzung des BVG in **§ 11 Abs. 1 S. 1 SEBG** die Regelungslücke in der SE-RL geschlossen.[316] Demzufolge soll die Wahl und Bestellung der Mitglieder des BVG innerhalb von zehn Wochen nach dem Zu-

---

310 *Kienast*, in: *Jannott/Frodermann* (Hrsg.), Handbuch der Europäischen Aktiengesellschaft, 13. Kap. VI 1.2, Rn. 100; *Schwarz*, Kommentar zur SE-VO, Einl. Rn. 246. Auch *Oetker* sieht zumindest die Möglichkeit der Bildung einer solchen *„Verhandlungskommission"*; *Oetker*, in: *Lutter/Hommelhoff* (Hrsg.), Die Europäische Gesellschaft, S. 277, 297 f.

311 Vgl. zum Ganzen *Kienast*, in: *Jannott/Frodermann* (Hrsg.), Handbuch der Europäischen Aktiengesellschaft, 13. Kap. VI 1.2, Rn. 100.

312 Hinsichtlich der wahrzunehmenden Aufgabe des BVG entspricht **§ 4 Abs. 1 S. 2 SEBG** dem Art. 3 Abs. 3 Unterabs. 1 SE-RL.

313 *Waclawik*, DB 2004, 1191, 1197.

314 *Kallmeyer*, ZIP 2004, 1442.

315 Vgl. zum Ganzen *Kallmeyer*, ZIP 2004, 1442.

316 Siehe oben S. 152 f.

gang der erforderlichen Informationen erfolgen.[317] Gem. **§ 11 Abs. 2 S. 1 SEBG** findet das Verhandlungsverfahren aber *„auch dann statt, wenn die (...) Frist, aus Gründen, die die Arbeitnehmer zu vertreten haben, überschritten wird".*

Damit hängt die weitergehende Vorgehensweise bei einer Fristüberschreitung vom Verschulden der Arbeitnehmerseite ab. Wird die Frist aus Gründen nicht eingehalten, die die Arbeitnehmer nicht zu vertreten haben, so beginnt die Verhandlungsfrist des § 20 SEBG nicht zu laufen.[318] Liegt dagegen ein Verschulden seitens der Arbeitnehmer für die Nichteinhaltung der Frist vor, wird das Verhandlungsverfahren trotzdem mit einem noch nicht vollständig besetzten BVG eröffnet. Die Arbeitnehmer, die noch keine Mitglieder im BVG stellen und daher nicht vertreten werden, werden bei etwaigen Abstimmungen dementsprechend nicht berücksichtigt. Allerdings sind verspätet gewählte oder bestellte Mitglieder keineswegs dauerhaft von der Teilnahme am Verhandlungsverfahren ausgeschlossen, sondern können sich jederzeit noch beteiligen. In einem solchen Fall haben sie aber das bis zu diesem Zeitpunkt bereits erreichte Verhandlungsstadium zu akzeptieren und es kommt zu keiner Verlängerung des Verhandlungszeitraums.[319]

Aufgrund dieser verschuldensabhängigen Regelung wird zum einen vermieden, dass einzelne Arbeitnehmergruppen bzw. deren Vertreter die Gründung einer SE verzögern bzw. verhindern können, da nicht repräsentierte Arbeitnehmer Gefahr laufen bei der zu treffenden Vereinbarung nicht berücksichtigt zu werden. Zum anderen wird erreicht, dass einzelne Arbeitnehmergruppen bei unverschuldeter Fristüberschreitung nicht ausgeschlossen werden, da die Leitungen solche Verzögerungen hinzunehmen haben.[320]

a) Folgen des Boykotts der Bildung eines BVG durch die Arbeitnehmer

Diese Regelung wird dennoch im Schrifttum kritisiert, da sie die Interessen der Leitungen der SE zu wenig berücksichtige.[321] Werde die Bildung eines BVG von den Arbeitnehmern aller beteiligten Gesellschaften und Betriebe boykottiert, so finde nach Ablauf der zehn Wochen Einsetzungsfrist des BVG und der sechs Monate Verhandlungsfrist die Auffangregelung Anwendung. In diesen Fällen bestehe zum einen keine Möglichkeit, eine Vereinbarung über die Arbeitneh-

---

[317] BR-Drucks. 438/04, Begründung zum SEEG, S. 121.

[318] Aus diesem Grund weisen *Walden/Meyer-Landrut* darauf hin, dass zwischen der Information der Arbeitnehmervertreter und dem Beginn der Verhandlungsfrist deutlich mehr als 10 Wochen liegen könne; *Walden/Meyer-Landrut*, DB 2005, 2119, 2126.

[319] Vgl. zum Ganzen BR-Drucks. 438/04, Begründung zum SEEG, S. 121.

[320] Unter einen solchen Fall fällt allerdings nicht die Konstellation, dass nicht alle Arbeitnehmergruppen rechtzeitig die für die Bildung eines BVG notwendigen Informationen erhalten haben. In einer solchen Situation beginnt die Zehn-Wochen-Frist erst gar nicht zu laufen; BR-Drucks. 438/04, Begründung zum SEEG, S. 121.

[321] *Kallmeyer*, ZIP 2004, 1442, 1443.

merbeteiligung zu schließen. Zum anderen könne kein Beschluss des BVG i.S.d. Art. 3 Abs. 6 SE-RL über die Nichtaufnahme bzw. den Abbruch der Verhandlungen mit seinen einschneidenden Folgen gefasst werden. Bei einer verzögerten Bildung des BVG durch die Arbeitnehmerseite werde zwangsläufig zumindest der zeitliche Rahmen für die genannten Beschlüssen des BVG beschnitten und dies mindere die Wahrscheinlichkeit einer solchen erfolgreichen Abstimmung.

Dementsprechend wird die Richtlinienkonformität dieser die Auffangregelung begünstigenden Vorschrift in Zweifel gezogen und das Verfahren des § 8 Abs. 7 SEBG als Lösung vorgeschlagen. Immer dann, wenn die Arbeitnehmervertretungen innerhalb von zwei Wochen nach ihrer Information über das Gründungsvorhaben nicht tätig würden, sei nach dieser Vorschrift vorzugehen. In einem solchen Fall finde demnach eine unmittelbare Wahl der Mitglieder des BVG durch die Arbeitnehmer ohne Einbeziehung der Arbeitnehmervertretergremien statt.[322]

Tatsächlich erscheint es zunächst problematisch, dass die Arbeitnehmerseite, sobald sie als Gesamtheit auftritt, die Bildung eines BVG boykottieren kann und damit die Auffangregelung zur Anwendung gelangt. Allerdings wird die vorgeschlagene Vorgehensweise nach § 8 Abs. 7 SEBG häufig zu keinen anderen Ergebnissen führen, denn auch in einem solchen Fall kann die Bildung eines BVG verhindert werden. Dazu müsste statt der Arbeitnehmervertreter nur die Arbeitnehmerschaft ihre Mitwirkung verweigern.

Zudem hat die Einführung der Arbeitnehmerbeteiligung kraft Gesetzes nach der in der vorliegenden Arbeit vertretenen Auffassung nicht notwendigerweise die Installation des höchsten Partizipationsniveaus zur Folge.[323] Besteht mehr als eine Mitbestimmungsform, können die Mitgliedstaaten gem. Art. 7 Abs. 2 Unterabs. 2 S. 2 SE-RL Regelungen für die Auswahl treffen. Da es im vorliegenden Fall an einem BVG und damit auch an einem Beschluss dieses Gremiums mangelt, würden diese einzelstaatlichen Vorschriften gelten.

Schließlich greift zwar der in Art. 4 Abs. 1 SE-RL geforderte Wille zur Verständigung erst nach Bildung des BVG ein. Die Mitgliedstaaten haben gem. Art. 12 Abs. 1 SE-RL jedoch dafür zu sorgen, dass auch die Arbeitnehmervertreter bzw. die Arbeitnehmer ihren Verpflichtungen nachkommen. Da auch ein Beschluss i.S.d. Art. 3 Abs. 6 SE-RL über die Nichtaufnahme des Verhandlungsverfahrens allein durch ein BVG gefasst werden kann, muss die Arbeitnehmerseite dieses Gremiums bilden. Unterlässt sie dessen Errichtung, so stellt dies eine Behinderung der Bildung des BVG gem. § 44 Nr. 1 SEBG dar, die gem. § 45 Abs. 2 Nr. 2 SEBG unter Strafe steht. Aufgrund dieser drohenden Strafmaßnahmen ist die angeführte Problematik von geringer praktischer Relevanz.

---

322 Vgl. zum Ganzen *Kallmeyer*, ZIP 2004, 1442, 1443.

323 Vgl. oben S. 250 ff.

b) Alleinige nationale Geltung der Zehn-Wochen-Frist

Darüber hinaus ergibt sich ein Problem aus der Tatsache, dass aufgrund der Rechtsgrundlage des Art. 3 Abs. 2 Buchst. b Unterabs. 1 S. 1 SE-RL jeder Mitgliedstaat die Frist zur Wahl oder Bestellung der Mitglieder des BVG aus seinem Hoheitsgebiet selbst festlegen kann. Demzufolge betrifft die Zehn-Wochen-Frist in § 11 Abs. 1 S. 1 SEBG nur die Mitglieder des BVG, die von in Deutschland beschäftigten Arbeitnehmern gewählt werden. Dagegen ist beispielsweise in Österreich, das in den §§ 218 ff. ArbVG die Vorschriften über das BVG umgesetzt hat, keinerlei Frist für dessen Bildung vorgesehen. Ist an der Gründung einer SE eine österreichische Gesellschaft beteiligt, so gilt die besagte Frist nicht für deren Arbeitnehmer.

c) Erforderliche Mehrheitsverhältnisse im BVG bei einer Beschlussfassung

Auch in einem noch nicht vollständig besetzten BVG können Abstimmungen vorgenommen werden, wobei dann aber die noch nicht vertretenen Arbeitnehmer nicht zu berücksichtigen sind.[324] Aufgrund fehlender weiterer Ausführungen ist davon auszugehen, dass dies für alle möglichen Beschlüsse des BVG gilt. Geht es um eine Beschlussfassung mit der doppelten absoluten Mehrheit, so sind für die Mehrheitsverhältnisse im BVG nur die bereits bestellten oder gewählten Mitglieder relevant. Hinsichtlich der absoluten Mehrheit der Arbeitnehmer, die von diesen Mitgliedern repräsentiert werden muss, ist nur auf die Arbeitnehmer abzustellen, die bereits im BVG vertreten werden. Ist die dreifach qualifizierte Mehrheit erforderlich, so muss sich die Nichtberücksichtigung der noch nicht im BVG repräsentierten Arbeitnehmer darüber hinaus auch auf die Bestimmung der Schwellenwerte i.S.d. Art. 3 Abs. 4 Unterabs. 1 S. 2 SE-RL beziehen.

d) Festlegung von Voraussetzungen für die Einsetzung des BVG

Gem. **§ 12 Abs. 1 S. 1 SEBG** haben die Leitungen unverzüglich nach der Benennung der Mitglieder des BVG bzw. des Ablaufs der Zehn-Wochen-Frist zur konstituierenden Sitzung des BVG einzuladen. Damit hat der deutsche Gesetzgeber einen formellen Akt festgelegt, der die Bildung des BVG abschließt.[325] Streitigkeiten, zu welchem Zeitpunkt die Verhandlungsfrist des § 20 SEBG zu laufen beginnt, werden dadurch vermieden.

2. Zusammensetzung des BVG gem. § 5 SEBG

In **§ 5 Abs. 1 bis 3 SEBG** wurde Art. 3 Abs. 2 Buchst. a SE-RL, der die Zusammensetzung des BVG regelt, nahezu wortgleich umgesetzt. **§ 5 Abs. 1 SEBG** schreibt die Bildung eines BVG in den Gründungsfällen der Holding-SE, Tochter-SE und der Umwandlungs-SE vor. In der Begründung zum Gesetzesentwurf findet sich der Hinweis, dass sich der deutsche Gesetzgeber für die Be-

---

[324] BR-Drucks. 438/04, Begründung zum SEEG, S. 121.
[325] BR-Drucks. 438/04, Begründung zum SEEG, S. 121.

rücksichtigung jedes Bruchteils der Tranche von zehn Prozent entschieden hat.[326] Damit wird entgegen der in der vorliegenden Arbeit vertretenen Auffassung[327] in Kauf genommen, dass das BVG unter Umständen aus einer hohen Anzahl von Mitgliedern mit entsprechender Minderung der Verhandlungsfähigkeit besteht. In **§ 5 Abs. 2 und 3 SEBG** sind die besonderen Anforderungen für den Gründungsfall der Verschmelzung umgesetzt.[328] Dabei ist in **§ 5 Abs. 3 S. 3 SEBG** geregelt, wie bei der Verteilung der zusätzlichen Sitze in einem solchen Fall vorzugehen ist. Demnach kann ein Mitgliedstaat nicht mehrere zusätzliche Sitze erhalten, solange nicht allen anderen Mitgliedstaaten, aus denen die von der Fusion betroffenen Gesellschaften stammen, ein Sitz zugeteilt wurde.[329] Folglich hat der Gesetzgeber hier das Proportionalitäts- und Repräsentationsprinzip miteinander verknüpft.[330]

Des Weiteren wurde mit **§ 5 Abs. 4 SEBG** eine Lücke in der SE-RL geschlossen.[331] Demnach führen Änderungen in der Struktur oder der Arbeitnehmerzahl der beteiligten Gesellschaften, betroffenen Tochtergesellschaften oder Betriebe, die die konkrete Zusammensetzung des BVG beeinflussen, eine Neubildung des BVG herbei. Die zuständigen Leitungen der beteiligten Gesellschaften haben in einem solchen Fall das BVG unverzüglich zu informieren und erneut das Unterrichtungsverfahren des § 4 SEAG durchzuführen. Die Berücksichtigung solcher Änderungen ist ausdrücklich auf die Tätigkeitsdauer des BVG begrenzt. Damit sind Modifikationen, die während der Bildung des BVG oder nach Beendigung des Verhandlungsverfahrens eintreten, nicht erfasst.

---

326 Dies wird zugleich durch ein Beispiel unterlegt; vgl. BR-Drucks. 438/04, Begründung zum SEEG, S. 115.

327 Vgl. oben S. 158 ff.

328 In **§ 5 Abs. 2 und Abs. 3 S. 1 SEBG** wurde Art. 3 Abs. 2 Buchst. a Ziff. ii Unterabs. 1 SE-RL ohne nennenswerte Abweichungen umgesetzt. Der die Vorgehensweise bei einer Überschreitung der Obergrenze von 20 Prozent regelnde Art. 3 Abs. 2 Buchst. a Ziff. ii Unterabs. 2 SE-RL findet sich in **§ 5 Abs. 3 S. 2 SEBG**.
Der Auffassung von *Kleinsorge*, wonach aufgrund der Vorschrift des § 15 Abs. 2 S. 2 SEBG die Regelung zur Doppelvertretung allein deklaratorischen Charakter habe, kann nicht zugestimmt werden; *Kleinsorge*, in: *Nagel/Freis/Kleinsorge* (Hrsg.), Die Beteiligung der Arbeitnehmer in der Europäischen Gesellschaft, S. 87 f., Rn. 5. Zwar vertritt jedes deutsche Mitglied im BVG die gleiche Anzahl an Arbeitnehmer, doch ist die Frage der Doppelvertretung allein im Vorfeld bei der Zuteilung zusätzlicher Sitze an den jeweiligen Mitgliedstaat relevant; vgl. oben S. 178 ff.

329 BR-Drucks. 438/04, Begründung zum SEEG, S. 115.

330 Diese Vorgehensweise wird im Rahmen der vorliegenden Arbeit ebenfalls vertreten; vgl. oben S. 172 ff. Ein Rechenbeispiel findet sich bei *Kleinsorge*, in: *Nagel/Freis/Kleinsorge* (Hrsg.), Die Beteiligung der Arbeitnehmer in der Europäischen Gesellschaft, S. 88 f., Rn. 6.

331 Siehe oben S. 189 f.

Die fehlende Einbeziehung von noch vor der konstituierenden Sitzung des BVG eintretenden Änderungen wird im Schrifttum[332] dahingehend interpretiert, dass sie aus Gründen der Rechtssicherheit nicht zu berücksichtigen seien. In den Fällen der rechtsmissbräuchlichen Gestaltung wird eine Korrektur über § 242 BGB empfohlen.[333] Aus dem Fehlen einer ausdrücklichen Regelung kann aber dieser Rückschluss nicht gezogen werden. Für eine solche Einbeziehung besteht gar keine Notwendigkeit, da bei der erstmaligen Einrichtung des BVG die Leitungen eine Verlängerung der Zehn-Wochen-Frist des § 11 Abs. 1 S. 1 SEBG zu gewähren haben. Bewilligen sie dies nicht, so ist eine Überschreitung dieser Frist durch die Arbeitnehmerseite unverschuldet und damit unschädlich. Nach Ablauf des Verhandlungsverfahrens greift § 18 Abs. 3 S. 1 SEBG und berücksichtigt strukturelle Änderungen. Demnach haben Umgestaltungen in der Beschäftigtenstruktur sowohl vor als auch nach Bildung des BVG Auswirkungen.

Problematisch an der Vorschrift des Art. 5 Abs. 4 SEBG ist allerdings zum einen, dass der deutsche Gesetzgeber keine, aufgrund der Änderungen in der Zusammensetzung des BVG, grundsätzlich erforderliche Verlängerung des Verhandlungszeitraums geregelt hat.[334] In der Literatur wird zumindest die Korrektur rechtsmissbräuchlicher Fälle über § 242 BGB[335] bzw. ein auf dem Grundsatz der vertrauensvollen Zusammenarbeit beruhender Anspruch auf eine gemäßigte Verlängerung der Frist in besonderen Fällen angeregt.[336] Zum anderen wird im Schrifttum[337] darauf hingewiesen, dass die Berücksichtigung nachträglicher Modifikationen nicht in allen Mitgliedstaaten bestehe, sodass dies zu widersprüchlichen Ergebnissen führen könne. Diese unterschiedliche Handhabung müsse entweder durch die Rechtsprechung des EuGH oder durch eine Änderung in der SE-RL selbst beseitigt werden.[338]

3. Wahl- oder Bestellungsverfahren der Mitglieder des BVG gem. §§ 6 bis 10 SEBG

Die Vorschriften zum Wahl- und Bestellungsverfahren der Mitglieder des BVG finden sich in **§§ 6 bis 10 SEBG**. Zu dessen Regelung sind die Mitgliedstaaten gem. Art. 3 Abs. 2 Buchst. b Unterabs. 1 S. 1 SE-RL ausdrücklich ermächtigt.[339]

---

332 *Grobys*, NZA 2005, 84, 87.

333 Vgl. zum Ganzen *Grobys*, NZA 2005, 84, 87.

334 Siehe oben S. 189 f.

335 *Grobys*, NZA 2005, 84, 90 f.

336 *Krause*, BB 2005, 1221, 1224.

337 *Krause*, BB 2005, 1221, 1224. Nach Angaben von *Krause* habe beispielsweise Großbritannien eine ähnliche Vorschrift in ihren Umsetzungsgesetzen festgeschrieben, während der belgische Gesetzgeber nicht darauf eingegangen sei.

338 Vgl. zum Ganzen *Krause*, BB 2005, 1221, 1224.

339 Diese Vorschrift wurde in **§ 7 Abs. 1 SEBG** umgesetzt.

a) Persönliche Voraussetzungen der Mitglieder des BVG gem. § 6 SEBG

In **§ 6 Abs. 1 SEBG** wird klargestellt, dass jeder Mitgliedstaat für die Bestimmung der persönlichen Voraussetzungen der Mitglieder des BVG, die aus seinem Hoheitsgebiet stammen, zuständig ist. Die besonderen Anforderungen an Mitglieder aus Deutschland sind in **§ 6 Abs. 2 bis 4 SEBG** geregelt. In Deutschland sind gem. **§ 6 Abs. 2 S. 1 SEBG** die Arbeitnehmer der Gesellschaften und Betriebe sowie Gewerkschaftsvertreter wählbar. Der deutsche Gesetzgeber hat hier von der Ermächtigung des Art. 3 Abs. 2 Buchst. b Unterabs. 2 SE-RL Gebrauch gemacht.[340] Demnach können auch Gewerkschaftsvertreter Mitglieder im BVG werden, die nicht in einer der beteiligten Gesellschaften bzw. betroffenen Tochtergesellschaften oder Betriebe beschäftigt sind. Darüber hinaus ist gem. **§ 6 Abs. 2 S. 2 SEBG** festgelegt, dass Frauen und Männer nach ihrem zahlenmäßigen Beschäftigungsverhältnis Berücksichtigung finden sollen. Schließlich ist laut **§ 6 Abs. 2 S. 3 SEBG** jeweils ein Ersatzmitglied zu wählen.

aa) Zwingende Beteiligung von Gewerkschaftsvertretern gem. § 6 Abs. 3 SEBG

Allerdings ist nicht nur die Wählbarkeit von Gewerkschaftsvertretern geregelt, sondern darüber hinaus auch ihre zwingende Beteiligung. Sobald aus Deutschland mehr als zwei Mitglieder des BVG zu stellen sind, muss gem. **§ 6 Abs. 3 SEBG** jedes dritte Mitglied aus dem Inland ein Gewerkschaftsvertreter sein.[341] Davon umfasst ist jede inländische Gewerkschaft, die in einem an der Gründung der SE beteiligten Unternehmen vertreten ist. Auch hier muss es sich nicht um Gewerkschaftsvertreter handeln, die in einer der beteiligten Gesellschaften bzw. betroffenen Tochtergesellschaften oder Betriebe beschäftigt sind. Ausreichend ist die Repräsentanz der Gewerkschaft in einem beteiligten Unternehmen.

In der Begründung zum Gesetzesentwurf wird angeführt, dass diese Einbeziehung der Gewerkschaften *„entsprechend der Tradition des Mitbestimmungsgesetzes"* erfolge.[342] Tatsächlich ist in § 7 Abs. 2 MitbestG und § 6 Abs. 1 Montan-MitBestErgG eine zwangsweise Repräsentation von Gewerkschaftsvertretern geregelt.[343] Allerdings finden sich im Montan-MitbestG und im DrittelbG keine

---

340 BR-Drucks. 438/04, Begründung zum SEEG, S. 116.

341 Diese Vorgehensweise hat *Lambach* aufgrund des § 7 Abs. 2 MitbestG bereits vor Veröffentlichung des Gesetzesentwurfs zum SEEG vorgeschlagen. Allerdings fordert sie wegen § 1 Abs. 1 MitbestG eine solche Regelung auf die Beteiligung von Unternehmen mit mehr als 2000 Arbeitnehmern zu begrenzen; *Lambach*, Die Beteiligung in der SE, S. 159 f.

342 BR-Drucks. 438/04, Begründung zum SEEG, S. 116.

343 Gem. § 7 Abs. 2 MitbestG erfolgt folgende Verteilung:
Bei einem Aufsichtsrat mit sechs Arbeitnehmervertretern müssen zwei davon Gewerkschaftsvertreter sein (das heißt 1/3), bei einem Aufsichtsrat mit acht Arbeitnehmervertretern ebenfalls zwei Gewerkschaftsvertreter (das heißt 1/4) und bei zehn Arbeitnehmervertretern drei Gewerkschaftsrepräsentanten (das heißt 3/10).

entsprechenden Vorschriften. Zudem erfolgt eine zwingende Einbeziehung von Gewerkschaftsrepräsentanten erst bei einer Anzahl von sechs Arbeitnehmervertretern. Da aber ein BVG zumindest aus sechs Mitgliedern besteht[344], erscheint die Schwelle von drei aus Deutschland stammenden Mitgliedern grundsätzlich akzeptabel. Anders könnte dies dann zu sehen sein, wenn auch aus anderen Mitgliedstaaten Gewerkschaftsvertreter in das BVG gewählt werden. In einem solchen Fall wäre aufgrund der geringen Schwelle unter Umständen eine Repräsentanz von mehr als einem Drittel an Gewerkschaftsvertretern möglich.

Im Schrifttum[345] wird die Regelung des § 6 Abs. 3 SEBG abgelehnt. Angeführt wird, dass diese Vorschrift keineswegs der deutschen Mitbestimmungstradition entspreche. Das Verhandlungsverfahren erstrecke sich nämlich nicht nur auf die unternehmerische Mitbestimmung, sondern auch auf die betriebliche Ebene der Unterrichtung und Anhörung. Dieser Bereich unterliege aber größtenteils nicht dem Einfluss der Gewerkschaften.[346] Diesen Ausführungen ist insoweit zuzustimmen, als die Verhandlungen auch die Information und Konsultation umfassen und den Gewerkschaften vom BetrVG neben der Generalklausel des § 2 BetrVG nur wenige Unterstützungs-, Überwachungs-, Initiativ- oder Teilnahmerechte gewährt werden.[347] Jedoch geht es bei dem Verhandlungsverfahren nur um eine weit hinter den Rechten des BetrVG zurückstehende Unterrichtung und Anhörung ohne betriebliche Mitbestimmungsrechte. Zudem wird lediglich die Repräsentation der Gewerkschaftsvertreter bei den Verhandlungen und nicht in einem späteren Arbeitnehmervertretergremium gesichert.[348]

Auch das Argument, dass aus der SE-RL selbst eine Prioritätensetzung zugunsten der Arbeitnehmer- und zu Lasten der Gewerkschaftsvertreter bei der Einflussnahme auf die Zusammensetzung des BVG erfolge[349], kann nicht überzeugen. Gefolgert wird dies aus Art. 3 Abs. 2 SE-RL und Erwägungsgrund 3 SE-RL.[350] In Erwägungsgrund 3 geht es nur allgemein um die Einführung von Bestimmungen zur Sicherung der Arbeitnehmerbeteiligung. Indessen regelt Art. 3

Gem. § 6 Abs. 1 Montan-MitBestErgG müssen sich bei sieben Arbeitnehmervertretern im Aufsichtsrat zwei Gewerkschaftsvertreter unter ihnen befinden (das heißt 2/7) und bei zehn Arbeitnehmervertretern drei Gewerkschaftsrepräsentanten (das heißt 3/10).

344 Vgl. oben S. 157 ff.

345 *Kallmeyer*, ZIP 2004, 1442, 1443; *Krause*, BB 2004, Heft 31, S. 1; *ders.*, BB 2005, 1221, 1225; *Schwarz*, Kommentar zur SE-VO, Einl. Rn. 255, Fn. 719; *Wisskirchen/Prinz*, DB 2004, 2638, 2638 f.

346 *Kallmeyer*, ZIP 2004, 1442, 1443; *Wisskirchen/Prinz*, DB 2004, 2638, 2639.

347 *von Hoyningen-Huene*, Betriebsverfassungsrecht, 1. Teil § 5 V, S. 101 ff.

348 Anders ist dies allerdings bei der Einrichtung von Mitbestimmung kraft Gesetzes, da gem. § 26 Abs. 3 SEBG bei der Ermittlung der inländischen Arbeitnehmervertreter im Aufsichts- oder Verwaltungsrat § 6 Abs. 2 bis 4 SEBG Anwendung findet; siehe unten S. 461.

349 *Kallmeyer*, ZIP 2004, 1442, 1443; *Wisskirchen/Prinz*, DB 2004, 2638, 2639.

350 *Wisskirchen/Prinz*, DB 2004, 2638, 2639.

Abs. 2 SE-RL ausdrücklich die Vertretung der Arbeitnehmer bei der Bildung des BVG nach dem Repräsentations- und Proportionalitätsprinzip. In diesen Bereich fällt jedoch auch Art. 3 Abs. 2 Buchst. b Unterabs. 2 SE-RL, der die Ermächtigung für die Mitgliedstaaten bezüglich der Einbeziehung unternehmensexterner Gewerkschaftsvertreter enthält. Anhand der Formulierung dieser Option wird zudem erkennbar, dass unternehmensangehörige Gewerkschaftsrepräsentanten auf jeden Fall zu Mitgliedern im BVG gewählt oder bestellt werden können. Schließlich ist durch die Regelung in § 6 Abs. 3 SEBG die Wahl von mindestens zwei Drittel der Mitglieder im BVG durch die Arbeitnehmer bzw. Arbeitvertreter gesichert, das heißt diese Gruppe hat stets den größten Einfluss auf die Zusammensetzung des BVG.

Des Weiteren sprechen die erhobenen Bedenken, ob die Beteiligung der Gewerkschaften im Verhandlungsverfahren zu einer aus Sicht der Unternehmen optimalen Vereinbarung führen werde[351], nicht gegen die Regelung des § 6 Abs. 3 SEBG. Angesichts der schwierigen Materie, der zu erwartenden Sprachbarrieren und aufeinander treffenden unterschiedlichen Beteiligungssysteme erscheint die Einbeziehung von ausgebildeten Gewerkschaftsvertretern eher hilfreich als hinderlich.[352]

Schließlich kann auch der Argumentation, dass diese Regelung mit Art. 3 Abs. 2 Buchst. a Ziff. ii SE-RL kollidiere und daher den Vorgaben der SE-RL widerspreche[353], nicht gefolgt werden. Der europäische Gesetzgeber hat in dieser Vorschrift die Repräsentation jeder durch die Verschmelzung erlöschenden beteiligten Gesellschaft durch ein Mitglied im BVG zwingend geregelt. Zwar besteht nach dem Gesetzeswortlaut von § 6 Abs. 3 SEBG bei einer Beteiligung von mindestens drei in Deutschland eingetragenen Gesellschaften an einer solchen SE-Gründung tatsächlich die Möglichkeit, dass aufgrund der obligatorischen Einbeziehung von Gewerkschaftsvertretern einer dieser Gesellschaften ihr zustehender Sitz im BVG entzogen wird. Zudem handelt es sich bei § 7 Abs. 2 SEBG, der die Vertretung jeder beteiligten Gesellschaft im BVG regelt, nur um eine *„Soll"*-Vorschrift. Nach der Gesetzesbegründung geht bei einer Kollision dieser Vorschrift mit dem Prinzip des § 6 Abs. 3 SEBG folglich die Einbeziehung der Gewerkschaftsvertreter vor.[354] Allerdings gilt § 7 Abs. 2 SEBG gerade nicht für den Gründungstatbestand der Verschmelzung, denn für diesen Sonderfall greift allein § 5 Abs. 2 SEBG. Bei dieser Vorschrift handelt es sich aber ebenfalls um eine zwingende Regelung, mit der Art. 3 Abs. 2 Buchst. a Ziff. ii SE-RL umgesetzt wurde. Anhaltspunkte, dass auch § 5 Abs. 2 SEBG durch § 6 Abs. 3 SEBG verdrängt wird, lassen sich nicht erkennen. Ebenso we-

---

351 *Wisskirchen/Prinz*, DB 2004, 2638, 2639.

352 Vgl. oben S. 187 f.

353 *Krause*, BB 2004, Heft 31, S. 1; *ders.*, BB 2005, 1221, 1225.

354 BR-Drucks. 438/04, Begründung zum SEEG, S. 117.

nig überzeugt die Ausführung, dass die Verpflichtung der Mitgliedstaaten, gem. Art. 3 Abs. 2 Buchst. b Unterabs. 1 S. 2 SE-RL für die Vertretung jeder beteiligten Gesellschaft zu sorgen, verletzt werde. Nach dem Wortlaut dieser Vorschrift ist dies lediglich *„nach Möglichkeit"* zu gewährleisten und bei der Gebrauchmachung von der Ermächtigungsgrundlage des Art. 3 Abs. 2 Buchst. b Unterabs. 2 SE-RL besteht eine solche eben nicht.

Somit widerspricht § 6 Abs. 3 SEBG nicht der SE-RL und ist damit mit dem Europäischen Recht kompatibel.[355] Die Tatsache, dass diese Vorschrift Vorrang vor § 7 Abs. 2 SEBG hat, schadet nicht. Bei § 7 Abs. 2 SEBG handelt es sich um die Umsetzung von Art. 3 Abs. 2 Buchst. b Unterabs. 1 S. 2 SE-RL, der schon von seinem Wortlaut her nicht den zwingenden Charakter des Art. 3 Abs. 2 Buchst. a Ziff. ii SE-RL besitzt. Auch die Tatsache, dass das Montan-MitbestG und das DrittelbG keine entsprechenden Vorschriften enthalten und in dieser Hinsicht eine Ausweitung des Einflusses der Gewerkschaften vorliegt, schadet nicht. Nach § 8 Abs. 1 S. 2 bis 5 SEBG besteht entsprechend der Konzeption in § 16 MitbestG und § 10 d Montan-MitbestErgG kein Entsenderecht der Gewerkschaften, sondern die Mitglieder des Wahlgremiums bzw. die Arbeitnehmer selbst wählen aus den Vorschlägen der Gewerkschaften aus. Außerdem geht es bei dieser Vorschrift allein um die Besetzung des BVG und nicht bereits um die Beteiligung der Gewerkschaften in den Organen einer SE. Letztendlich erscheint eine Einbeziehung von Gewerkschaftsvertretern dem Verhandlungsverfahren dienlich.[356]

bb) Zwingende Beteiligung von leitenden Angestellten gem. § 6 Abs. 4 SEBG

Schließlich sieht **§ 6 Abs. 4 SEBG** eine zwingende Einbeziehung der Gruppe der leitenden Angestellten bei der Zusammensetzung des BVG vor. Immer dann, wenn mehr als sechs Mitglieder im BVG aus Deutschland stammen, muss mindestens jedes siebte Mitglied ein leitender Angestellter sein. Auch bezüglich dieser Vorschrift wird ausgeführt, dass die Einbeziehung der leitenden Angestellten *„entsprechend der Tradition des Mitbestimmungsgesetzes"* erfolge.[357] Gem. § 15 Abs. 1 S. 2 MitbestG muss dem Aufsichtsrat tatsächlich ein leitender Angestellter angehören. In den übrigen Gesetzen zur unternehmerischen Mitbestimmung findet sich eine solche Vorschrift aber nicht. Allerdings ist auch diese Diskrepanz unschädlich, da das Vorschlagsrecht der leitenden Angestellten erst bei der Schwelle von mehr als sechs der deutschen Belegschaft zustehenden Sitzen im BVG entsteht und es sich nur um die Besetzung des BVG handelt. Darüber hinaus kann davon ausgegangen werden, dass diese Regelung ebenfalls

---

355 Ebenso *Oetker*, BB-Special 1/2005, 2, 7 Fn. 44; *ders.*, in: *Lutter/Hommelhoff* (Hrsg.), Die Europäische Gesellschaft, S. 277, 294, Fn. 59.

356 Vgl. oben S. 187 ff.

357 BR-Drucks. 438/04, Begründung zum SEEG, S. 116.

nicht gegen die Vorgaben der SE-RL verstößt. Zwar genießt auch § 6 Abs. 4 SEBG Vorrang vor § 7 Abs. 2 SEBG[358], doch gilt im Verschmelzungsfall ebenso § 5 Abs. 2 SEBG.

Im Schrifttum[359] wird zum Teil gefordert, dass eine zwingende Beteiligung der leitenden Angestellten bereits dann zu erfolgen habe, wenn den deutschen Arbeitnehmern zwei oder mehr Sitze im BVG zustünden. In das SEBG sei daher eine dem § 15 Abs. 1 S. 2, Abs. 2 Nr. 2 MitbestG entsprechende Regelung aufzunehmen. Eine anderweitige Berücksichtigung der leitenden Angestellten stelle eine *„strukturelle Diskriminierung"* dar, da diese Gruppe sonst ihre Interessen im BVG nicht vertreten könne. Dies verstoße gegen die Erwägungsgründe 3, 7 und 18 SE-RL.[360]

Gegen diese Ausführungen spricht aber bereits, dass eine zwingende Beteiligung leitender Angestellter im Aufsichtsrat nur im MitbestG geregelt ist. Während nach § 5 Abs. 3 Montan-MitbestErgG die Gruppe der leitenden Angestellten immerhin in gleicher Weise wie andere Angestellte wahlberechtigt und wählbar ist[361], ist sie nach dem Montan-MitbestG und dem DrittelbG von der Besetzung des Aufsichtsorgans ausgeschlossen.[362] Die Forderung nach steter Einbeziehung leitender Angestellte in das Aufsichtorgan der SE stellt folglich eine Ausweitung des Einflusses dieser Gruppe dar, die mit einer Verminderung und damit Diskriminierung der Arbeitnehmer einherginge.[363]

Anzuerkennen ist allerdings, dass die Schwelle von mindestens sieben aus Deutschland zu stellenden Mitgliedern im BVG sehr hoch ist und die Einbeziehung der leitenden Angestellten in das Verhandlungsverfahren unwahrscheinlich macht. Zumindest bei der Beteiligung einer dem MitbestG unterliegenden deutschen AG hätte eine anderweitige Regelung getroffen werden können.[364] In § 15

---

358 BR-Drucks. 438/04, Begründung zum SEEG, S. 117.

359 *Kraushaar*, BB 2003, 1614, 1617.

360 Vgl. zum Ganzen *Kraushaar*, BB 2003, 1614, 1617.

361 MünchArbR/*Wißmann*, § 382, Rn. 8.

362 Zwar findet sich im Montan-MitbestG keine Bestimmung des Arbeitnehmerbegriffs, doch gilt die betriebsverfassungsrechtliche Definition, die in § 5 Abs. 3 BetrVG die leitenden Angestellten ausschließt; MünchArbR/*Wißmann*, § 381, Rn. 2. Im DrittelbG wird diese Gruppe gem. § 3 Abs. 1 DrittelbG ausdrücklich herausgenommen. Auf die unterschiedliche Behandlung der Gruppe der leitenden Angestellten in den Mitbestimmungsgesetzen weist auch *Kleinsorge* hin; *Kleinsorge*, in: *Nagel/Freis/Kleinsorge* (Hrsg.), Die Beteiligung der Arbeitnehmer in der Europäischen Gesellschaft, S. 92, Rn. 4, Fn. 5.

363 Theoretisch ist auch der Fall möglich, dass den leitenden Angestellten im BVG zwei Sitze zustehen; *Kleinsorge*, in: *Nagel/Freis/Kleinsorge* (Hrsg.), Die Beteiligung der Arbeitnehmer in der Europäischen Gesellschaft, S. 93., Rn. 4.

364 Dass der deutsche Gesetzgeber durchaus auch Besonderheiten der einzelnen Mitbestimmungsgesetze berücksichtigt, zeigt § 38 Abs. 3 SEBG. Auch *Krause* spricht sich gegen die durch die Regelung im SEBG herbeigeführte Verringerung des Einflusses der Arbeitnehmervertreter aus; *Krause*, BB 2005, 1221, 1225.

Abs. 1 S. 2 MitbestG ist unabhängig von der Anzahl der Arbeitnehmervertreter im Aufsichtsrat aus Gründen des Minderheitenschutzes die zwingende Beteiligung eines leitenden Angestellten vorgesehen.[365] Ob die Arbeitnehmervertretungen der Anregung folgen, leitende Angestellte an die Stelle von Arbeitnehmern in ihren Wahlvorschlag aufzunehmen, um damit zu einer Einbeziehung dieser Gruppe beizutragen, ist fraglich.[366]

b) Verteilung der auf das Inland entfallenden Sitze des BVG gem. § 7 SEBG

In **§ 7 SEBG** ist die Verteilung der Sitze, die Deutschland aufgrund der Anzahl der in seinem Hoheitsgebiet beschäftigten Arbeitnehmer erhält, geregelt. In **§ 7 Abs. 2 SEBG** wurde die Prämisse des Art. 3 Abs. 2 Buchst. b Unterabs. 1 S. 2 SE-RL übernommen.[367] Die nach § 6 Abs. 3 und 4 SEBG einzubeziehenden Gewerkschaftsvertreter und leitenden Angestellten werden keiner der beteiligten Gesellschaften zugerechnet und ihre Vertretung im BVG ist gegenüber § 7 Abs. 2 SEBG vorrangig. Tritt beispielsweise die Konstellation ein, dass Deutschland drei Sitze im BVG zustehen und drei deutsche Gesellschaften an der SE-Gründung beteiligt sind, erhält eines dieser Unternehmen aufgrund der zwingenden Einbeziehung eines Gewerkschaftsvertreters keinen Sitz. Unter anderem in einem solchen Fall erfolgt gem. **§ 7 Abs. 3 SEBG** eine Verteilung der Sitze nach der absteigenden Reihenfolge der Zahl der in den Gesellschaften beschäftigten Arbeitnehmer.[368]

Sind dagegen mehr Sitze als zu repräsentierende Gesellschaften vorhanden, so werden die übrigen Sitze gem. **§ 7 Abs. 4 SEBG** nach dem d'Hondtschen Höchstzahlverfahren entsprechend der Größe der Arbeitnehmerzahl auf die übrigen Gesellschaften verteilt. Auch hier sind zuvor die den Gewerkschaftsvertretern bzw. leitenden Angestellten zustehenden Sitze zu berücksichtigen, so dass sich die noch zu verteilenden Sitze entsprechend vermindern.[369] Zu Recht wird im Schrifttum[370] darauf hingewiesen, dass der Wortlaut dieser Vorschrift, der

---

365 *Raiser*, MitbestG, § 15 Rn. 1.

366 Diese Vorgehensweise ist aufgrund der Definition des Arbeitnehmerbegriffs in § 2 Abs. 1 S. 2 SEBG möglich, da dort ausdrücklich auch leitende Angestellte i.S.d. § 5 Abs. 3 S. 2 BetrVG einbezogen werden. Vgl. zum Ganzen *Oetker*, BB-Special 1/2005, 2, 8. Ebenso *Kleinsorge*, in: *Nagel/Freis/Kleinsorge* (Hrsg.), Die Beteiligung der Arbeitnehmer in der Europäischen Gesellschaft, S. 93, Rn. 5.

367 Demnach soll jede beteiligte Gesellschaft mit Sitz in Deutschland, die dort auch Arbeitnehmer beschäftigt, im BVG repräsentiert sein.

368 Damit hat der deutsche Gesetzgeber die Vorgehensweise in Art. 3 Abs. 2 Buchst. a Ziff. ii Unterabs. 2 SE-RL, die grundsätzlich nur den Gründungsfall der Verschmelzung betrifft, für die anderen Gründungstatbestände übernommen.

369 BR-Drucks. 438/04, Begründung zum SEEG, S. 117.

370 *Kleinsorge*, in: *Nagel/Freis/Kleinsorge* (Hrsg.), Die Beteiligung der Arbeitnehmer in der Europäischen Gesellschaft, S. 97, Rn. 6 f.

nur von einer Verteilung der übrigen Sitze an die beteiligten Gesellschaften ausgeht, zu eng sei. In einem solchen Fall sollte dem Wahlgremium die Möglichkeit gewählt werden, auch Arbeitnehmervertreter aus betroffenen Tochtergesellschaften und Betrieben ins BVG zu wählen.[371]

Schließlich stellt **§ 7 Abs. 5 SEBG** klar, dass diese Vorgehensweise auch dann gilt, wenn keine Gesellschaften mit Sitz in Deutschland an der Gründung einer SE beteiligt sind. Aufgrund der gem. § 5 Abs. 1 SEBG vorzunehmenden Zuteilung der Sitze stellen in Deutschland beschäftigte Arbeitnehmer zumindest ein Mitglied im BVG. In einem solchen Fall werden der Sitz oder die Sitze nach den eben dargestellten Grundsätzen zwischen den Arbeitnehmern der deutschen Betriebe dieser ausländischen Gesellschaften verteilt.[372] Da im SEBG keine Regelung für den Fall getroffen wird, dass ausschließlich inländische Gesellschaften von der SE-Gründung betroffen werden ohne beteiligt zu sein, ist § 7 Abs. 5 SEBG für diese Konstellation entsprechend anwendbar.[373]

c) Wahl der Mitglieder des BVG gem. §§ 8 bis 10 SEBG

Die aus Deutschland kommenden Mitglieder des BVG werden grundsätzlich von einem Wahlgremium gewählt. Während **§ 8 Abs. 1 SEBG** die Grundsätze des Wahlverfahrens festlegt, ist in den folgenden Absätzen die Erstellung des Wahlgremiums bei den verschiedenen gesellschaftsrechtlichen Konstellationen bzw. die Direktwahl seiner Mitglieder durch die Arbeitnehmer geregelt.[374]

aa) Bildung eines Wahlgremiums

Bei der Bildung des Wahlgremiums wird nach Möglichkeit auf die bereits bestehenden Betriebsratsstrukturen in den beteiligten Gesellschaften und Betrieben zurückgegriffen, um den erforderlichen Aufwand und die Kosten zu begrenzen.[375]

(1) Grundsätze des Wahlverfahrens gem. § 8 Abs. 1 SEBG

Das Wahlgremium bestimmt gem. **§ 8 Abs. 1 S. 1 SEBG** in geheimer und unmittelbarer Wahl die Mitglieder des BVG aus Deutschland. Für die Sitze im BVG, die aufgrund der Vorschriften des § 6 Abs. 3 und 4 SEBG den Gewerkschaftsvertretern bzw. leitenden Angestellten zustehen, ist gem. **§ 8 Abs. 1 S. 2 bis 6 SEBG** ein an die Regelungen aus dem MitbestG angelehntes Wahlvorschlagsrecht vorgesehen.[376]

---

371 Vgl. zum Ganzen *Kleinsorge*, in: *Nagel/Freis/Kleinsorge* (Hrsg.), Die Beteiligung der Arbeitnehmer in der Europäischen Gesellschaft, S. 97, Rn. 6 f.

372 BR-Drucks. 438/04, Begründung zum SEEG, S. 117.

373 *Kleinsorge*, in: *Nagel/Freis/Kleinsorge* (Hrsg.), Die Beteiligung der Arbeitnehmer in der Europäischen Gesellschaft, S. 98, Rn. 8.

374 BR-Drucks. 438/04, Begründung zum SEEG, S. 118.

375 BR-Drucks. 438/04, Begründung zum SEEG, S. 117 f.

376 BR-Drucks. 438/04, Begründung zum SEEG, S. 118.

Dürfen die im Inland vertretenen **Gewerkschaften** ein Mitglied oder mehrere Mitglieder im BVG stellen, so verlangt **§ 8 Abs. 1 S. 4 SEBG**, dass jeder ihrer Wahlvorschläge für das Wahlgremium von einem Gewerkschaftsvertreter unterzeichnet wurde. Wird nur ein Wahlvorschlag vorgelegt, so sind in diesem gem. **§ 8 Abs. 1 S. 3 SEBG** mindestens doppelt so viele Bewerber zu nennen wie den Gewerkschaften Sitze zustehen.[377] Die Anforderung, dass bei Vorlage eines einzigen Wahlvorschlags mindestens doppelt so viele Bewerber wie zu wählende Kandidaten zu bestimmen sind, besteht gem. **§ 8 Abs. 1 S. 5 SEBG** auch bei den **leitenden Angestellten**. Hat diese Gruppe Anspruch auf einen oder mehr als einen Sitz, so sind grundsätzlich die Sprecherausschüsse zur Erstellung der Wahlvorschläge berechtigt. Nur dann, wenn in einem beteiligten Unternehmen oder einer Unternehmensgruppe ein solches Gremium nicht vorhanden ist, steht dieses Vorschlagsrecht gem. **§ 8 Abs. 1 S. 6 SEBG** den leitenden Angestellten direkt zu. In einem solchen Fall muss dieser Wahlvorschlag von 20 Prozent oder 50 der wahlberechtigten leitenden Angestellten unterzeichnet sein.[378]

(2) Beteiligung der bestehenden Arbeitnehmervertretungen gem. § 8 Abs. 2 bis 5 SEBG

Zur Vereinfachung des Verfahrens zur Bildung des Wahlgremiums versucht der deutsche Gesetzgeber die bereits gewählten Konzern-, Gesamt- und Betriebsräte zu nutzen. Dabei sollen diese Gremien nach Möglichkeit auch die Arbeitnehmer vertreten, die keinen eigenen Betriebsrat gewählt haben.[379]

Bei Beteiligung einer **einzigen Unternehmensgruppe** aus Deutschland setzt sich das Wahlgremium gem. **§ 8 Abs. 2 S. 1 SEBG** aus den Mitgliedern des ranghöchsten Arbeitnehmervertretungsgremiums zusammen. Dabei kann es sich je nach tatsächlicher Einrichtung um den Konzernbetriebsrat, den Gesamtbe-

---

377 Diese Regelung wird vom DGB aufgrund des hohen Zeitaufwands als unpraktikabel kritisiert. Daher wird eine Übertragung dieses Vorschlagsrechts an die Spitzenorganisationen vorgeschlagen. Diese sollen aber zur Beratung mit den beteiligten Gesellschaften verpflichtet werden; vgl. Stellungnahme des DGB v. 25.05.2004, abgerufen am 13.02.2005 unter *http://www.aus-portal.de/aktuell/gesetze/01/index_1748.htm.*

378 *Oetker* kritisiert diese Vorgehensweise, da sie im Widerspruch zu § 15 MitbestG stehe. Diese Vorschrift gewährleiste nämlich der Gruppe der leitenden Angestellten die Entscheidungsbefugnis über das sie im Aufsichtsrat vertretende Mitglied. Eine solche Absicherung erfolge aber im Rahmen des SEBG weder bei der Wahl durch ein Wahlgremium noch bei der unmittelbaren Wahl nach § 8 Abs. 7 SEBG; vgl. *Oetker*, BB-Special 1/2005, 2, 7.

Anzumerken ist, dass gem. § 15 Abs. 2 Nr. 2 MitbestG die leitenden Angestellten lediglich eine Vorwahl treffen und die Delegierten aus diesen Vorschlägen auswählen. Dennoch hätte diese zusätzliche demokratische Legitimation in das SEBG aufgenommen werden können.

379 BR-Drucks. 438/04, Begründung zum SEEG, S. 118.

triebsrat oder lediglich den Betriebsrat handeln. Soweit in dieser Unternehmensgruppe Betriebe und Unternehmen ohne Betriebsrat vorhanden sind, werden deren Arbeitnehmer gem. **§ 8 Abs. 2 S. 2 SEBG** von diesem Gremium mit vertreten. Ist nur ein **einziges Unternehmen** aus Deutschland beteiligt, so wird die Zusammensetzung des Wahlgremiums gem. **§ 8 Abs. 3 S. 1 SEBG** wiederum durch die hierarchische Rangliste der Arbeitnehmervertretungsorgane bestimmt. Aufgrund der gesellschaftsrechtlichen Struktur handelt es sich entweder um den Gesamtbetriebsrat oder den Betriebsrat. Auch hier werden die Arbeitnehmer aus Betrieben ohne Betriebsrat nach **§ 8 Abs. 3 S. 2 SEBG** von dem zuständigen bestehenden Gremium mit vertreten. Ist nur ein **einziger Betrieb** aus Deutschland von der SE-Gründung betroffen, setzt sich das Wahlgremium gem. **§ 8 Abs. 4 SEBG** aus den Mitgliedern des dort vorhandenen Betriebsrats zusammen.[380]

§ 8 Abs. 5 SEBG enthält spezielle Regelungen für den Fall, dass mehrere von diesen einheitlichen gesellschaftsrechtlichen Strukturen in Deutschland nebeneinander bestehen bzw. verschiedene von ihnen aufeinander treffen oder auch Niederlassungen ausländischer Gesellschaften einbezogen sind.[381] In diesen Fällen setzt sich das Wahlgremium gem. **§ 8 Abs. 5 S. 1 SEBG** aus den jeweiligen ranghöchsten Arbeitnehmervertretungen der verschiedenen Unternehmensgruppen, nicht verbundenen Unternehmen oder unternehmensunabhängigen Betriebe zusammen. Bei der Auswahl der einzelnen Gremien gelten gem. **§ 8 Abs. 5 S. 2 SEBG** die eben dargestellten Grundsätze der hierarchischen Berücksichtigung.

Fehlt es in einem oder mehreren der beteiligten Unternehmen oder betroffenen Betriebe an solchen Gremien, wählen diese Arbeitnehmer ihre Mitglieder für das Wahlgremium gem. **§ 8 Abs. 5 S. 3 SEBG** in Urwahl. Um eine solche Wahl zu ermöglichen, muss die zuständige Konzern-, Unternehmens- oder Betriebsleitung gem. **§ 8 Abs. 5 S. 4 SEBG** zu einer Versammlung der Arbeitnehmer einladen. Bei dieser Zusammenkunft wählen die Arbeitnehmer zunächst einen Wahlvorstand, der anschließend die eigentliche Urwahl einleitet und durchführt.[382] Für das Wahlverfahren verweist **§ 8 Abs. 5 S. 5 2. HS SEBG** auf die Vorschriften zur Urwahl der Mitglieder des BVG in § 8 Abs. 7 SEBG. Die Anzahl der in das Wahlgremium zu wählenden Mitglieder bestimmt sich gem. **§ 8 Abs. 5 S. 5 1. HS SEBG** danach, aus wie vielen Mitgliedern das jeweilige Ar-

---

380 In einem solchen Fall kann nicht auf das Arbeitnehmervertretungsgremium auf der Unternehmensebene abgestellt werden; BR-Drucks. 438/04, Begründung zum SEEG, S. 118. Bei einem solchen in Deutschland ansässigen Betrieb handelt es sich nämlich um eine Niederlassung eines Unternehmens mit Sitz im Ausland. Dieses Unternehmen unterliegt aber nicht der deutschen Rechtsordnung; *Niklas*, NZA 2004, 1200, 1202.

381 BR-Drucks. 438/04, Begründung zum SEEG, S. 119.

382 BR-Drucks. 438/04, Begründung zum SEEG, S. 119.

beitnehmervertretungsgremium bestünde, wenn es nach den Vorschriften des BetrVG gewählt worden wäre.[383]

(3) Höchstzahl der Mitglieder des Wahlgremiums gem. § 8 Abs. 6 SEBG

Um die Arbeitsfähigkeit des Wahlgremiums sicherzustellen[384], hat der Gesetzgeber in **§ 8 Abs. 6 S. 1 SEBG** dessen Größe auf höchstens 40 Mitglieder begrenzt. Sollte diese Höchstzahl überschritten werden, so ist die Mitgliederzahl gem. **§ 8 Abs. 6 S. 2 SEBG** zu verringern. Dies erfolgt entsprechend dem zahlenmäßigen Verhältnis der Mitglieder der einzelnen Arbeitnehmervertretungsgremien nach dem d'Hondtschen Höchstzahlverfahren. Folglich muss die größte Arbeitnehmervertretung den ersten Sitz abgeben.[385] Die Anzahl der Arbeitnehmer, die die verbleibenden Mitglieder im Wahlgremium bei ihrer Stimmabgabe vertreten, wird davon nicht berührt.[386] Die von der Streichung betroffenen Gremien repräsentieren gem. § 10 Abs. 2 S. 1 SEBG folglich weiterhin sämtliche Arbeitnehmer, die in ihren Zuständigkeitsbereich fallen.[387]

(4) Einberufung des Wahlgremiums gem. § 9 SEBG

Nachdem die Arbeitnehmer bzw. ihre Vertreter von den zuständigen Leitungen der Unternehmen die notwendigen Informationen zur Bildung eines BVG sowie eine schriftliche Aufforderung zu dessen Einrichtung erhalten haben, obliegt nun gem. **§ 9 SEBG** den Arbeitnehmervertretungsgremien die Organisation des weiteren Verfahrens.[388] Demzufolge hat der Vorsitzende der höchsten in den beteiligten Gesellschaften und Betrieben bestehenden Arbeitnehmervertretungsebene gem. **§ 9 Abs. 1 Buchst. a SEBG** Versammlungsort, -tag und -zeit des Wahlgremiums festzulegen, gem. **§ 9 Abs. 1 Buchst. b SEBG** bei Überschreitung der Höchstzahl von 40 Mitgliedern die Verteilung der zu streichenden Sitze vorzunehmen und gem. **§ 9 Abs. 1 Buchst. b SEBG** zur Versammlung einzuladen. Bestehen mehrere gleichrangige Arbeitnehmervertretungsgremien auf der jeweiligen höchsten Ebene, so hat gem. **§ 9 Abs. 2 SEBG** der Vorsitzende des Gremiums, das die größte Zahl an Arbeitnehmern repräsentiert, diese Aufgaben wahrzunehmen.[389]

---

383 BR-Drucks. 438/04, Begründung zum SEEG, S. 119. Vgl. ausführlich zum Verfahren bei *Kleinsorge*, in: *Nagel/Freis/Kleinsorge* (Hrsg.), Die Beteiligung der Arbeitnehmer in der Europäischen Gesellschaft, S. 105 ff., Rn. 12 ff

384 BR-Drucks. 438/04, Begründung zum SEEG, S. 119.

385 BR-Drucks. 438/04, Begründung zum SEEG, S. 119.

386 BR-Drucks. 438/04, Begründung zum SEEG, S. 119.

387 Vgl. ausführlich zum Verfahren bei *Kleinsorge*, in: *Nagel/Freis/Kleinsorge* (Hrsg.), Die Beteiligung der Arbeitnehmer in der Europäischen Gesellschaft, S. 111 ff., Rn. 35 ff.

388 BR-Drucks. 438/04, Begründung zum SEEG, S. 120.

389 Vgl. zu den möglichen Konstellationen *Kleinsorge*, in: *Nagel/Freis/Kleinsorge* (Hrsg.), Die Beteiligung der Arbeitnehmer in der Europäischen Gesellschaft, S. 118 f., Rn. 2.

bb) Wahl der Mitglieder des BVG gem. § 8 Abs. 7 bzw. § 10 SEBG

Die Vorschriften zur Wahl der Mitglieder des BVG durch das Wahlgremium finden sich in **§ 8 Abs. 7 bzw. § 10 SEBG**. Anders als bei der Anfechtbarkeit der Wahl der Arbeitnehmervertreter in die betreffenden Gesellschaftsorgane kraft Auffangregelung gem. § 37 Abs. 2 SEBG fehlt es an entsprechenden Vorschriften bei der Wahl der Arbeitnehmervertreter in das BVG. Daher ist der Anregung im Schrifttum zu folgen, das die analoge Anwendung von § 37 Abs. 2 SEBG mit der Maßgabe vorschlägt, dass über den § 37 Abs. 1 SEBG hinaus auch die einzelnen Leitungen der beteiligten Gesellschaften anfechtungsberechtigt sein müssten.[390]

(1) Wahl durch das Wahlgremium gem. § 10 SEBG

Für die Beschlussfähigkeit des Wahlgremiums ist die Erreichung einer *„doppelte(n) Schwelle"*[391] erforderlich. Bei der Wahl müssen gem. **§ 10 Abs. 1 S. 1 SEBG** zwei Drittel seiner Mitglieder, die wiederum mindestens zwei Drittel der Arbeitnehmer vertreten, anwesend sein. Die Wahl selbst erfolgt gem. **§ 10 Abs. 1 S. 3 SEBG** mit der einfachen Mehrheit der abgegebenen Stimmen. Dabei stehen jedem Mitglied gem. **§ 10 Abs. 1 S. 2 SEBG** so viele Stimmen zu, wie es Arbeitnehmer vertritt.

Die Verteilung der Stimmen auf die einzelnen Mitglieder ist in den nachfolgenden Absätzen geregelt. Demnach vertreten gem. **§ 10 Abs. 2 S. 1 SEBG** die Mitglieder der Arbeitnehmervertretungen bzw. die in Urwahl gewählten Mitglieder des Wahlgremiums alle Arbeitnehmer der organisatorischen Einheit, für die sie zuständig sind. Dies gilt unabhängig davon, auf welcher hierarchischen Ebene sich das betreffende Arbeitnehmergremium befindet. Ist beispielsweise innerhalb eines Konzerns lediglich ein einziger Betriebsrat vorhanden, so vertritt dieser sämtliche Arbeitnehmer.[392]

Sollte es innerhalb einer Unternehmensgruppe Arbeitnehmer geben, die nicht durch Vertreter im Wahlgremium repräsentiert werden, so sind sie gem. **§ 10 Abs. 2 S. 2 SEBG** den Arbeitnehmervertretungen innerhalb der jeweiligen Unternehmensgruppe zu gleichen Teilen zuzurechnen. Eine solche Verteilung der Stimmen ist nur dann vorzunehmen, wenn innerhalb eines Unternehmensverbundes einzelne Unternehmen oder Betriebe nicht von der Zuweisungsregel des § 8 Abs. 2 bis 5 SEBG erfasst werden und für ihre Arbeitnehmer kein Gremium besteht.[393]

Werden die Arbeitnehmer durch mehrere Mitglieder einer Arbeitnehmervertretung bzw. mehrere durch Urwahl gewählte Mitglieder vertreten, so erfolgt gem. **§ 10 Abs. 3 SEBG** eine gleichmäßige Aufteilung der Stimmenanteile entspre-

---

390 *Grobys*, NZA 2005, 84, 87.
391 BR-Drucks. 438/04, Begründung zum SEEG, S. 120.
392 BR-Drucks. 438/04, Begründung zum SEEG, S. 120.
393 BR-Drucks. 438/04, Begründung zum SEEG, S. 120.

chend der Anzahl der vertretenen Arbeitnehmer. Durch diese Verteilung der auf die Mitglieder fallenden Gesamtzahl von Stimmen *„nach Köpfen"* wird sichergestellt, dass jedes einzelne Mitglied eines Gremiums seine Stimmen unabhängig von den anderen Mitgliedern abgeben kann.[394] Es besteht folglich keine gesetzliche Verpflichtung für ein solches Organ, die ihm zustehenden Stimmen einheitlich abzugeben.[395]

(2) Direkte Wahl der Mitglieder des BVG durch die Arbeitnehmer gem. § 8 Abs. 7 SEBG

Sollte der Fall eintreten, dass in keinem der beteiligten Unternehmen und betroffenen Betriebe ein Arbeitnehmervertretungsgremium besteht, regelt **§ 8 Abs. 7 SEBG** die direkte Wahl der Mitglieder des BVG durch die Arbeitnehmer. Dabei orientiert sich der deutsche Gesetzgeber an den im Rahmen der verschiedenen Mitbestimmungsgesetze geltenden Wahlgrundsätzen.[396]

Demzufolge hat die Wahl gem. **§ 8 Abs. 7 S. 1 SEBG** geheim, unmittelbar und gem. **§ 8 Abs. 7 S. 3 SEBG** nach den Grundsätzen der Verhältniswahl zu erfolgen. Nur dann, wenn lediglich ein einziger Wahlvorschlag eingereicht wurde, gelten gem. **§ 8 Abs. 7 S. 4 SEBG** die Grundsätze der Mehrheitswahl. Jeder Wahlvorschlag der Arbeitnehmer muss gem. **§ 8 Abs. 7 S. 5 SEBG** von mindestens 20 Prozent der wahlberechtigten Arbeitnehmer unterzeichnet sein, wobei die Mindestzahl drei und die Höchstzahl 50 Unterschriften beträgt. Handelt es sich um Betriebe mit in der Regel bis zu 20 wahlberechtigten Arbeitnehmern, so wird nur die Unterzeichnung durch zwei Wahlberechtigte benötigt. Hinsichtlich der Wahlvorschläge für Gewerkschaftsvertreter und leitende Angestellte greifen gem. **§ 8 Abs. 7 S. 6 SEBG** die gleichen Regelungen wie zur Bildung des Wahlgremiums. Die Wahl wird gem. **§ 8 Abs. 7 S. 2 SEBG** von einem in einer Versammlung der Arbeitnehmer zu wählenden Wahlvorstand eingeleitet und durchgeführt. Da keine Arbeitnehmervertretungen bestehen, muss die jeweils zuständige inländische Konzern-, Unternehmens- oder Betriebsleitung die Arbeitnehmer zu dieser Versammlung einladen.

cc) Vereinbarkeit des Wahlverfahrens mit den Vorgaben der SE-RL

Zwar sind die Mitgliedstaaten ausdrücklich zur Festlegung des Wahl- oder Bestellungsverfahrens der Mitglieder des BVG ermächtigt, doch dürfen durch dessen Gestaltung die Vorgaben der SE-RL nicht verletzt werden. Die SE-RL stellt genaue Anforderungen an die Zusammensetzung des BVG bzw. die Einflussmöglichkeiten der Arbeitnehmer auf die Sitzverteilung.

---

394 BR-Drucks. 438/04, Begründung zum SEEG, S. 121.

395 BR-Drucks. 438/04, Begründung zum SEEG, S. 120.

396 BR-Drucks. 438/04, Begründung zum SEEG, S. 119. Vgl. ausführlich zum Verfahren bei *Kleinsorge*, in: *Nagel/Freis/Kleinsorge* (Hrsg.), Die Beteiligung der Arbeitnehmer in der Europäischen Gesellschaft, S. 114 ff., Rn. 42 ff.

(1) Keine Einhaltung des Repräsentations- und Proportionalitätsprinzips

Die Vereinfachung der Wahlvorschriften ist begrüßenswert, da beispielsweise die 3. Wahlordnung zum MitbestG von 2002 immer noch eine Länge von 117 Paragrafen besitzt. Auch hat der deutsche Gesetzgeber in § 5 und § 7 Abs. 2 SEBG die Vorgaben der SE-RL bezüglich der Einhaltung des Repräsentations- bzw. Proportionalitätsprinzips umgesetzt bzw. in § 7 Abs. 3 und 4 SEBG präzisiert.

Fraglich ist allerdings, ob der im Gründungsfall der Verschmelzung gem. Art. 3 Abs. 2 Buchst. a Ziff. ii SE-RL bzw. § 5 Abs. 2 SEBG zwingend zu gewährleistende Repräsentationsgrundsatz durch die Vorschriften zur Wahl der Mitglieder des BVG durch ein Wahlgremium stets durchgesetzt wird. Zwar wird in § 8 SEBG sichergestellt, dass alle an einer Fusion beteiligten Gesellschaften und Betriebe mit Sitz in Deutschland entweder durch Entsendung ihrer Arbeitnehmervertretungen oder durch Urwahl im Wahlgremium vertreten sind. Doch bestehen keine Regelungen, die gewährleisten, dass auch jede beteiligte Gesellschaft ein Mitglied im BVG stellen kann. Zudem fehlt ein Verweis auf etwaige Wahlordnungen zu den Mitbestimmungsgesetzen.[397] Des Weiteren finden sich im SEBG keine Hinweise darauf, wie die in § 7 Abs. 2 bis 4 SEBG geregelte Sicherung des Repräsentations- und Proportionalitätsprinzips in den anderen Gründungsfällen gewährleistet werden soll. Auch nach diesen Vorschriften können nicht beliebig Mitglieder für die Deutschland zustehenden Sitze im BVG gewählt werden, sondern es ist die im Vorfeld festzulegende Sitzverteilung an die beteiligten Gesellschaften zu beachten.

Daher müssen die Vorschriften zum Wahlverfahren ergänzt werden.[398] Zum einen sind die Arbeitnehmervertretungsgremien bzw. die Arbeitnehmer der beteiligten Gesellschaften, für die auf jeden Fall ein Sitz im BVG zu gewährleisten ist, darüber zu informieren. Auch ein aufgrund des § 7 Abs. 4 SEBG bestehender Anspruch auf mehr als einen Sitz ist mitzuteilen. Diese Verpflichtung kann bei Bestehen eines Wahlgremiums durch Erweiterung des § 9 SEBG dem Vorsitzenden des höchsten Arbeitnehmergremiums und bei einer Direktwahl i.S.d. § 8 Abs. 7 SEBG dem Wahlvorstand auferlegt werden. Zum anderen sollte entsprechend zu den Vorschriften für die Einbeziehung von Gewerkschaftsvertretern und leitenden Angestellten in § 8 Abs. 1 SEBG bzw. zu der Regelung der

---

397 Während bei der Wahl der Gewerkschaftsvertreter und leitenden Angestellten gem. § 8 Abs. 1 SEBG und bei der Direktwahl durch die Arbeitnehmer gem. § 8 Abs. 7 S. 5 SEBG ein Vorschlagsrecht gewährleistet wird, fehlt bei den übrigen Wahlvorschriften eine solche Sicherung bestimmter Sitze. Anders als bei der Verteilung der Sitze an die Gewerkschaftsvertreter bzw. leitenden Angestellten findet sich auch in der Begründung zum Gesetzesentwurf kein Verweis auf das MitbestG.

398 *Kleinsorge* weist nur pauschal darauf hin, dass die Vorgaben der §§ 6 und 7 SEBG zu beachten seien; *Kleinsorge*, in: *Nagel/Freis/Kleinsorge* (Hrsg.), Die Beteiligung der Arbeitnehmer in der Europäischen Gesellschaft, S. 123, Rn. 7.

Direktwahl in § 8 Abs. 7 S. 5 SEBG ein solches Vorschlagsrecht für die betreffenden Arbeitnehmervertreter bzw. Arbeitnehmer explizit aufgenommen werden.

(2) Keine Umsetzung des Art. 3 Abs. 2 Buchst. b Unterabs. 3 SE-RL

Fraglich ist zudem, ob der deutsche Gesetzgeber mit seinen Regelungen dem Umsetzungserfordernis des Art. 3 Abs. 2 Buchst. b Unterabs. 3 SE-RL nachgekommen ist. Mit dieser Vorschrift soll allen Arbeitnehmern, ungeachtet ihres auf nationaler Ebene geäußerten Willens oder des Nichterreichens geregelter Schwellenwerte, die Gelegenheit zur Besetzung von Sitzen im BVG ermöglicht werden.[399]

Der deutsche Gesetzgeber hat die Schwelle des § 1 BetrVG nicht explizit übernommen und in § 8 Abs. 5 S. 3 bis 5 und Abs. 7 SEBG bei Fehlen einer Arbeitnehmervertretung eine direkte Wahl der Mitglieder des BVG durch die Arbeitnehmer zugelassen.[400] Allerdings werden in den Fällen des § 8 Abs. 2 S. 2 und Abs. 3 S. 2 SEBG die Arbeitnehmer aus Betrieben bzw. Unternehmen ohne Betriebsrat immer dann, wenn innerhalb ihrer Unternehmensgruppe bzw. ihres Unternehmens irgendeine Arbeitnehmervertretung besteht, automatisch von diesem Gremium im Wahlgremium repräsentiert. Haben sich beispielsweise Arbeitnehmer aus einem Betrieb gegen einen Betriebsrat entschieden, können diese Beschäftigten nicht auf die Zusammensetzung eines Gesamtbetriebsrats Einfluss nehmen, da gem. § 47 Abs. 2 BetrVG nur bestehende Betriebsräte ein Entsenderecht besitzen. Nach den Vorschriften im SEBG vertritt dieser Gesamtbetriebsrat bei der Besetzung des Wahlgremiums auch die betriebsratslosen Arbeitnehmer. Laut dem Wortlaut von Art. 3 Abs. 2 Buchst. b Unterabs. 3 SE-RL gilt die Möglichkeit der Direktwahl aber, wenn bei Arbeitnehmern von *„Unternehmen oder* ***Betriebe(n)***[401]*"* keine Arbeitnehmervertreter vorhanden sind. Bei dieser Norm handelt es sich um eine zwingende Vorschrift, die von den Mitgliedstaaten umzusetzen ist. Da § 8 Abs. 2 S. 2 und Abs. 3 S. 2 SEBG nicht gewährleisten, dass die betroffenen Arbeitnehmer selbst Mitglieder für das BVG wählen oder bestellen können, entspricht dies nicht den Vorgaben der SE-RL. Die Normen sind folglich europarechtswidrig.

---

399 Vgl. oben S. 184 ff.

400 Allerdings ist der Wortlaut der Gesetzesbegründung zu § 8 Abs. 7 SEBG nicht eindeutig. Demnach soll dies nur für *„den seltenen Fall gelten, dass in keinem inländischen Unternehmen oder Betrieb eine Arbeitnehmervertretung gewählt ist"*; BR-Drucks. 438/04, Begründung zum SEEG, S. 119. Dies lässt auch den Schluss zu, dass zumindest die Möglichkeit der Wahl einer Arbeitnehmervertretung in Form eines Betriebsrats bestanden haben muss. Dann wäre § 1 BetrVG doch zu berücksichtigen, da erst ab fünf ständig wahlberechtigten Arbeitnehmern eine Arbeitnehmervertretung gewählt werden kann.

401 Hervorhebung durch den Verfasser.

III. Verhandlungsverfahren gem. §§ 11 bis 20 SEBG

Im 3. Kapitel des 2. Teils des SEBG finden sich die Vorschriften zum Verhandlungsverfahren. Anders als in der SE-RL[402] hat der deutsche Gesetzgeber den Inhalt der Vereinbarung in einem späteren Kapitel geregelt. Neben der Umsetzung der Vorgaben der SE-RL[403] wurden die gegenseitigen Pflichten der Verhandlungsparteien präzisiert. So legen die Leitungen und das BVG gem. **§ 13 Abs. 2 S. 3 SEBG** einvernehmlich den Zeitpunkt, die Häufigkeit und den Ort der Verhandlungen fest.

Zudem bestehen für beide Seiten Informationspflichten. Nachdem zunächst die Arbeitnehmer bzw. deren Vertreter über das Gründungsvorhaben der SE zu unterrichten und ihnen die für die Bildung eines BVG erforderlichen Informationen zu erteilen waren,[404] sind nach der Wahl bzw. Bestellung der Mitglieder des BVG gem. **§ 11 Abs. 1 S. 2 SEBG** die Namen, Anschriften sowie die jeweilige Betriebszugehörigkeit der Mitglieder dieses Gremiums den Leitungen mitzuteilen. Diese wiederum haben anschließend gem. **§ 11 Abs. 1 S. 3 SEBG** die betreffenden Informationen an die örtlichen Betriebs- und Unternehmensleitungen, die dort bestehenden Arbeitnehmervertretungen und Sprecherausschüsse sowie die in den inländischen Betrieben vertretenen Gewerkschaften weiter zuleiten. Die Leitungen haben gem. **§ 13 Abs. 2 S. 1 SEBG** dem BVG rechtzeitig alle erforderlichen Auskünfte zu erteilen und die erforderlichen Unterlagen zur Verfügung zu stellen.[405]

Das BVG hat aus seiner Mitte gem. **§ 12 Abs. 1 S. 2 SEBG** einen Vorsitzenden und mindestens zwei Stellvertreter zu wählen.[406] Zur Vorbereitung auf das ei-

---

402 Dort finden sich im mit „*Verhandlungsverfahren*" überschriebenen Teil 2 auch die Vorschriften über den Inhalt der Vereinbarung.

403 **§ 13 Abs. 1 S. 1 SEBG** entspricht Art. 3 Abs. 3 Unterabs. 1 SE-RL und **§ 13 Abs. 1 S. 2 SEBG** dem Art. 4 Abs. 1 SE-RL. Der Gesetzgeber verwendet in § 13 Abs. 1 S. 2 SEBG lediglich anstelle der Formulierung in der SE-RL die im BetrVG benutzte Begrifflichkeit. Dies wird durch die Begründung zum Gesetzesentwurf deutlich, wonach beide Seiten mit dem ernstlichen Willen zur Einigung handeln sollen; BR-Drucks. 438/04, Begründung zum SEEG, S. 122.

404 Siehe oben S. 388 ff.

405 Dabei ist das BVG in Umsetzung des Art. 3 Abs. 3 Unterabs. 2 SE-RL gem. **§ 13 Abs. 2 S. 2 SEBG** insbesondere über das Gründungsverfahren der SE und den Verlauf des Verfahrens bis zu ihrer Eintragung zu informieren.
Krause weist darauf hin, dass man sich für die Auslegung des § 13 Abs. 2 S. 1 SEBG nach § 80 Abs. 2 S. 1 und 2 BetrVG richten könne; *Krause*, BB 2005, 1221, 1226. Vgl. zu weiteren Informationsgegenständen die Aufzählung bei *Freis*, in: *Nagel/Freis/Kleinsorge* (Hrsg.), Die Beteiligung der Arbeitnehmer in der Europäischen Gesellschaft, S. 132, Rn. 9.

406 Dagegen sieht § 13 Abs. 1 S. 2 EBRG die Wahl solcher Stellvertreter nicht vor. Vgl. zum möglichen Wahlverfahren und der fehlenden Befolgung dieser Verpflichtung bei *Freis*,

gentliche Verhandlungsverfahren kann der Vorsitzende des BVG, insbesondere zur Koordinierung der mitbestimmungsrechtlichen Problematik, gem. **§ 12 Abs. 2 SEBG** zu weiteren vorbereitenden Sitzungen einladen. Hinsichtlich der Kostentragungspflicht und des Schutzes der Mitglieder des BVG gelten § 19 bzw. § 42 SEBG.[407] Die Aufstellung einer Geschäftsordnung gem. **§ 12 Abs. 1 S. 3 SEBG** ist nur fakultativ.[408] Da dies mit der zeitlich begrenzten Aufgabe des BVG begründet wird,[409] handelt es sich hierbei auch nach Ansicht des deutschen Gesetzgebers um ein *„ad-hoc-Gremium"*.[410]

1. Einladung zur konstituierenden Sitzung

Der deutsche Gesetzgeber hat sowohl auf die Problematik einer fehlenden Frist zur Bildung des BVG als auch auf die fehlende Festlegung des genauen Zeitpunkts der Einsetzung des BVG[411] reagiert. Gem. **§ 12 Abs. 1 S. 1 SEBG** laden die Leitungen unverzüglich nach Benennung der Mitglieder des BVG bzw. nach einer von den Arbeitnehmern zu vertretenden Überschreitung der Zehn-Wochen-Frist zur konstituierenden Sitzung ein[412] und informieren die örtlichen Betriebs- und Unternehmensleitungen davon.

Zwar ist erst mit dieser konstituierenden Sitzung die Bildung des BVG abgeschlossen,[413] doch beginnt die Verhandlungsfrist gem. § 20 Abs. 1 S. 2 i.V.m. S. 1 SEBG bereits am Tage der wirksamen Einladung zu dieser Sitzung zu laufen. Streitigkeiten über den Zeitpunkt des Fristbeginns werden von Anfang an vermieden, da dieser Termin selbst dann gilt, wenn die Konstituierung aus irgendeinem Grund nicht zum festgesetzten Zeitpunkt stattfindet.[414] Allerdings können die Leitungen nicht automatisch mit Ablauf der Zehn-Wochen-Frist zur konstituierenden Sitzung einladen. Sie haben vielmehr bei einer drohenden Überschreitung dieses Zeitraums zu prüfen, ob überhaupt ein Verschulden der Arbeitnehmer an der Nichteinhaltung dieser Zeitspanne vorliegt. Ist dies nicht der Fall, müssen sie einen späteren Termin für die Sitzung festlegen.[415] Nehmen die Leitungen dagegen auf die Rechte der Arbeitnehmer keine Rücksicht, ist davon

---

in: *Nagel/Freis/Kleinsorge* (Hrsg.), Die Beteiligung der Arbeitnehmer in der Europäischen Gesellschaft, S. 128, Rn. 10.

407 BR-Drucks. 438/04, Begründung zum SEEG, S. 122.

408 Es handelt sich um eine *„Kann"*-Vorschrift.

409 BR-Drucks. 438/04, Begründung zum SEEG, S. 122.

410 Vgl. oben S. 150 ff.

411 Siehe oben S. 153 ff.

412 Da an die Einladung rechtliche Folgen geknüpft sind, sollte diese schriftlich erfolgen; *Freis*, in: *Nagel/Freis/Kleinsorge* (Hrsg.), Die Beteiligung der Arbeitnehmer in der Europäischen Gesellschaft, S. 127, Rn. 2.

413 BR-Drucks. 438/04, Begründung zum SEEG, S. 121.

414 BR-Drucks. 438/04, Begründung zum SEEG, S. 128. Die Einsetzung des BVG wird folglich fingiert; *Grobys*, NZA 2005, 84, 87.

415 BR-Drucks. 438/04, Begründung zum SEEG, S. 122.

auszugehen, dass ihre Einladung nicht wirksam ist. Diese ist aber wiederum Voraussetzung für den Beginn der Verhandlungsfrist von sechs Monaten.[416]

2. Inanspruchnahme von Sachverständigen

Der deutsche Gesetzgeber hat die Vorschrift des Art. 3 Abs. 5 SE-RL mit nahezu identischem Wortlaut und kleinen Kürzungen in **§ 14 SEBG** umgesetzt.[417]

a) Möglichkeit der Hinzuziehung von Vertretern nationaler und europäischer Gewerkschaften

Im Schrifttum wird vertreten, dass gem. **§ 14 Abs. 1 S. 1 SEBG** allein solche Gewerkschaftsvertreter als Sachverständige bestellt werden könnten, die aus einer gemeinschaftsweit tätigen Organisation stammten.[418] Dieser Ausführung kann nicht zugestimmt werden. Zwar wird in der Gesetzesbegründung betont, dass gerade die Vertreter einschlägiger Gewerkschaftsorganisationen auf Gemeinschaftsebene als besonders qualifiziert erscheinen. Doch anschließend findet sich der Hinweis, dass hierdurch nicht die Hinzuziehung nationaler Gewerkschaftsrepräsentanten ausgeschlossen sei.[419] Außerdem ist nach dem Wortlaut von § 14 Abs. 1 S. 1 SEBG *„auch"* die Berufung von Gewerkschaftsvertretern auf Gemeinschaftsebene als Sachverständige möglich. Dies zeigt, dass Personen aus anderen Organisationen ebenso in dieser Funktion tätig werden können.

b) Begrenzung der Sachverständigenzahl durch Kostentragungspflicht

In § 14 Abs. 1 SEBG fehlt es an der in § 13 Abs. 4 S. 1 EBRG geregelten Anforderung, dass die Hinzuziehung des Sachverständigen *„zur ordnungsgemäßen Erfüllung seiner Aufgaben erforderlich ist"*.[420] Ferner hat der deutsche Gesetzgeber von der Möglichkeit der Kostenbegrenzung gem. Art. 3 Abs. 7 Unterabs. 2 S. 2 SE-RL keinen Gebrauch gemacht, während er im Rahmen der EBR-RL diese Option in § 16 Abs. 1 S. 2 EBRG umgesetzt hat. Dennoch besteht ebenso wie im Rahmen des EBRG keine Gefahr, dass das BVG Sachverständige in nahezu unbegrenzter Anzahl konsultieren wird.[421] Begründet wird dies im

---

416 BR-Drucks. 438/04, Begründung zum SEEG, S. 128.

417 Dabei entspricht **§ 14 Abs. 1 S. 1 SEBG** dem Art. 3 Abs. 5 S. 1 SE-RL, **§ 14 Abs. 1 S. 2 SEBG** dem Art. 3 Abs. 5 S. 2 SE-RL und **§ 14 Abs. 2 SEBG** dem Art. 3 Abs. 5 S. 3 SE-RL.

418 *Oetker*, BB-Special 1/2005, 2, 8; *ders.*, in: *Lutter/Hommelhoff* (Hrsg.), Die Europäische Gesellschaft, S. 277, 296.

419 BR-Drucks. 438/04, Begründung zum SEEG, S. 123. Ebenso *Freis*, in: *Nagel/Freis/Kleinsorge* (Hrsg.), Die Beteiligung der Arbeitnehmer in der Europäischen Gesellschaft, S. 135, Rn. 5 f.

420 *Freis*, in: *Nagel/Freis/Kleinsorge* (Hrsg.), Die Beteiligung der Arbeitnehmer in der Europäischen Gesellschaft, S. 136, Rn. 9; *Oetker*, BB-Special 1/2005, 2, 8; *ders.*, in: *Lutter/Hommelhoff* (Hrsg.), Die Europäische Gesellschaft, S. 277, 296.

421 Vgl. bereits oben S. 214 ff.

Schrifttum[422] damit, dass das Recht auf Hinzuziehung solcher Fachleute aufgrund allgemeiner Prinzipien unter dem Vorbehalt der Erforderlichkeit stehe. Angeführt werden der Grundsatz der Verhältnismäßigkeit, der beim Eingriff in fremde Rechte zu beachten sei, sowie die Maxime der vertrauensvollen Zusammenarbeit.[423]

Das tragende Argument dürfte aber die Verknüpfung des Rechts auf Sachverständige mit der Kostentragungspflicht in § 19 Abs. 1 S. 1 SEBG darstellen.[424] Nach dem Wortlaut dieser Vorschrift sind nur die *„erforderlichen Kosten"* zu tragen. In der Begründung zum Gesetzesentwurf wird ausdrücklich klargestellt, dass dieses Kriterium eine Zahlungsbegrenzung für die beteiligten Gesellschaften und die SE mit sich bringt.[425] Diese Einschränkung entspricht auch den Vorgaben der SE-RL, da in Art. 3 Abs. 7 Unterabs. 1 SE-RL zwar ein anderer Wortlaut verwendet wird[426], dieser im Ergebnis aber eine vergleichbare Limitierung beinhaltet.[427]

Schließlich zeigen auch die Meinungsverschiedenheiten im Schrifttum über die Kostentragungspflicht im Rahmen des § 16 Abs. 1 S. 2 EBRG,[428] dass eine Um-

---

422 *Oetker*, BB-Special 1/2005, 2, 8; *ders.*, in: *Lutter/Hommelhoff* (Hrsg.), Die Europäische Gesellschaft, S. 277, 296.

423 Vgl. zum Ganzen *Oetker*, BB-Special 1/2005, 2, 8.

424 Ebenso *Freis*, in: *Nagel/Freis/Kleinsorge* (Hrsg.), Die Beteiligung der Arbeitnehmer in der Europäischen Gesellschaft, S. 136, Rn. 9.

425 BR-Drucks. 438/04, Begründung zum SEEG, S. 127. Ebenso *Brandt*, BB-Special 3/2005, 1, 5.

426 Danach sind die Kosten zu erstatten, die das BVG benötigt, um seine Aufgaben in angemessener Weise zu erfüllen.

427 Siehe oben S. 216.

428 In der Literatur wird diskutiert, ob der Wortlaut dieser Vorschrift tatsächlich die Begrenzung auf einen einzigen Experten beinhaltet.
Vereinzelt wird die Beschränkung der Kostentragungspflicht auf einen Sachverständigen betont; *Müller, C.*, EBRG, § 13 Rn. 7 und § 16 Rn. 2, allerdings ohne nähere Begründung. Daher wird die Auslösung der Kostentragungspflicht sowohl bei gleichzeitiger Tätigkeit mehrerer Sachverständiger als auch bei Ablösung des einzigen Sachverständigen durch einen anderen Fachmann verneint; MünchArbR/*Joost*, § 366, Rn. 84.
Überwiegend findet aber zu Recht eine weitergehende Auslegung dahingehend statt, dass die Kostentragungspflicht nicht zeit-, sondern sachbezogen zu interpretieren sei. Sie werde demzufolge für einen Sachverständigen pro Beratungs- bzw. Verhandlungsgegenstand des BVG ausgelöst.
Umstritten ist jedoch, ob und inwieweit auch die gleichzeitige Tätigkeit mehrerer Sachverständiger in verschiedenen Bereichen die Kostentragungspflicht auslösen kann.
Einerseits wird dies verneint und gefordert, dass hinsichtlich der zeitlichen Abfolge immer nur die Kosten für einen einzigen Sachverständigen zu tragen seien. Erst nachdem dieser eine Sachverständige seine Tätigkeit für das BVG beendet habe, könne die Einstellung eines weiteren Sachverständigen die Kostentragungspflicht auslösen; DKK/*Klebe*, § 16 EBRG Rn. 7.

setzung dieser Regelungsoption im SEBG nicht zu größerer Rechtssicherheit beigetragen hätte. Allein der Vorbehalt der Erforderlichkeit hat eine Diskussion in der Literatur verhindert, da die beteiligten Gesellschaften einerseits für die Kosten mehrerer Sachverständiger aufkommen müssen. Anderseits sind sie ausreichend vor Missbrauch geschützt, da die Mitglieder des BVG nicht beliebig Sachverständige bestellen bzw. einen Experten gegen einen anderen austauschen können.[429] Folglich ist die Anzahl der Sachverständigen, die vom BVG hinzugezogen werden kann, tatsächlich durch die Verknüpfung mit der Kostentragungspflicht begrenzt.

3. Beschlussfassung im BVG gem. § 15 SEBG

Die Vorschriften in Art. 3 Abs. 4 SE-RL zur Beschlussfassung des BVG wurden in **§ 15 SEBG** umgesetzt. Dabei gilt gem. **§ 15 Abs. 1 S. 1 SEBG** der Grundsatz, dass die in einem Mitgliedstaat gewählten oder bestellten Mitglieder im BVG alle im jeweiligen Herkunftsland beschäftigten Arbeitnehmer vertreten. Demnach ist irrelevant, bei welcher konkreten Gesellschaft die Mitglieder des BVG als Arbeitnehmer tätig sind.[430] Haben die Arbeitnehmer aus einem Mitgliedstaat bis zum Ablauf der Zehn-Wochen-Frist zur Bildung des BVG keine Mitglieder gewählt oder bestellt, so gelten sie gem. **§ 15 Abs. 1 S. 2 SEBG** als nicht vertreten. Solange dies nicht nachgeholt wurde, sind sie demnach bei der Beschlussfassung zahlenmäßig als nicht vorhanden anzusehen.[431]

Die in Art. 3 Abs. 4 Unterabs. 1 S. 1 SE-RL geregelte grundsätzlich erforderliche doppelte absolute Mehrheit wurde in **§ 15 Abs. 2 S. 1 SEBG** umgesetzt. Dabei vertritt jedes auf Deutschland entfallende Mitglied unabhängig vom Sitz der zukünftigen SE gem. **§ 15 Abs. 2 S. 2 SEBG** jeweils die gleiche Anzahl von Arbeitnehmern.[432] Ebenso wie in Art. 3 Abs. 4 Unterabs. 1 S. 3 SE-RL sieht **§ 15 Abs. 3 S. 1 SEBG** vor, dass im Falle des Beschlusses über eine Mitbestimmungsminderung eine dreifach qualifizierte Mehrheit benötigt wird.

Von den Vertretern einer anderen Auffassung wird dagegen die Kostenerstattungspflicht abgelehnt, wenn die Ablösung eines Sachverständigen im gleichen Themenbereich durch einen anderen Experten erfolge. Pro Problempunkt, für den das BVG die Beratung durch Sachverstand benötige, könne eben nur der Ausgleich der finanziellen Belastungen von einem Experten verlangt werden; vgl. *Boecken*, ZfA 2000, 379, 425.
Am weitestgehend ist die Ansicht, wonach es für die Kostentragungspflicht unerheblich sei, ob in einem bestimmten Bereich bereits vorher ein Sachverständiger tätig gewesen sei oder ob zeitgleich mehrere Sachverständige auf verschiedenen Beratungsgebieten tätig seien; *Bachner/Nielebock*, ArbuR 1997, 129, 131; *Blanke*, EBRG, § 13 Rn. 20, § 16 Rn. 9.

429 Siehe unten S. 438 f.

430 BR-Drucks. 438/04, Begründung zum SEEG, S. 123.

431 BR-Drucks. 438/04, Begründung zum SEEG, S. 123. Siehe oben S. 395 f.

432 BR-Drucks. 438/04, Begründung zum SEEG, S. 124.

a) Minderung der Mitbestimmung gem. § 15 Abs. 4 SEBG

Bei der Definition der Minderung von Mitbestimmungsrechten in Art. 3 Abs. 4 Unterabs. 2 SE-RL ist umstritten, ob sowohl das Repräsentations- als auch das Kooptationsmodell erfasst sind.[433] In **§ 15 Abs. 4 SEBG** werden ausdrücklich beide in § 2 Abs. 12 SEBG bzw. Art. 2 Buchst. k SE-RL geregelten Mitbestimmungsformen einbezogen.

Gem. **§ 15 Abs. 4 Nr. 1 SEBG** liegt eine Mitbestimmungsminderung einerseits vor, wenn der Anteil der Arbeitnehmervertreter im Aufsichts- oder Verwaltungsorgan der SE geringer ist als der höchste in den beteiligten Gesellschaften bestehende Anteil. Dies hat zur Folge, dass nur das Bestehen eines gleich bleibenden Verhältnisses zwischen den Arbeitnehmer- und Anteilseignervertretern im betreffenden Organ geschützt wird. Protektion erfährt demnach nicht die absolute Zahl der Arbeitnehmervertreter, sondern nur die prozentuale Quote.[434] Andererseits ist eine Verringerung der Mitbestimmungsrechte gem. **§ 15 Abs. 4 Nr. 2 SEBG** gegeben, wenn das Recht zur Wahl, Bestellung, Empfehlung oder Ablehnung von Mitgliedern des Aufsichts- oder Verwaltungsorgans der SE beseitigt oder eingeschränkt wird. Mit dieser Definition wird auch das Kooptationsmodell in den Schutz der dreifach qualifizierten Mehrheit einbezogen.[435]

Diese Aufteilung lässt zunächst den Eindruck entstehen, dass der deutsche Gesetzgeber in Bezug auf die Mitbestimmungsminderung über die Vorgaben in der SE-RL hinausgegangen ist.[436] Der Wortlaut des § 15 Abs. 4 Nr. 1 SEBG übernimmt nur zum Teil die Definition des Art. 3 Abs. 4 Unterabs. 2 SE-RL, da er allein den *„Anteil der Arbeitnehmervertreter"* umfasst. Diese Beschränkung auf das Repräsentationsmodell findet sich dagegen in der SE-RL nicht. Dort wird ausdrücklich der *„Anteil der Mitglieder der Organe der SE"* eingeschlossen und nicht nur auf die Arbeitnehmervertreter abgestellt. Anschließend wird in § 15 Abs. 4 Nr. 2 SEBG das Kooptationsmodell aufgegriffen und erneut das bereits geregelte Repräsentationsmodell erfasst. Dies erfolgt ohne ausdrückliche Bezugnahme auf einen rein quantitativen Aspekt. Bei beiden Modellen liegt nach dem Wortlaut eine Minderung bereits vor, wenn die genannten Rechte beseitigt oder eingeschränkt werden. Nach dem Gesetzestext drängt sich demnach der Eindruck auf, dass zum einen der prozentuale Anteil der Arbeitnehmervertreter

---

433 Vgl. oben S. 197 ff.

434 BR-Drucks. 438/04, Begründung zum SEEG, S. 125.

435 BR-Drucks. 438/04, Begründung zum SEEG, S. 125. Vgl. zu diesem Problem oben S. 197 ff.

436 So kritisiert *Krause*, dass § 15 Abs. 4 Nr. 2 SEBG über die Vorgaben der SE-RL hinausgehe; *Krause*, BB 2005, 1221, 1226. Auch *Hennings* sieht diese Definition als richtlinienwidrig an; *Hennings*, in: *Manz/Mayer/Schröder* (Hrsg.), Europäische Aktiengesellschaft SE, S. 658, Rn. 92. Ebenso *Schwarz*, wonach ein *„qualitatives Mitbestimmungselement"* eingeführt werde; *Schwarz*, Kommentar zur SE-VO, Einl. Rn. 269. *Rehberg* bezeichnet die Definition zumindest als *„problematisch"*; *Rehberg*, ZGR 2005, 859, 889.

beim Repräsentationsmodell und zum anderen das Recht der Einflussnahme auf die Mitglieder des Aufsichts- oder Verwaltungsorgans einer SE nach beiden Modellen allgemein geschützt werden. Erst aus der Lektüre der Begründung zum Gesetzesentwurf wird erkennbar, dass der Gesetzgeber von einer rein formalen Betrachtungsweise bei der Beurteilung einer Mitbestimmungsminderung in der SE-RL ausgeht. Ein qualitativer Vergleich wird zu Recht abgelehnt.[437]

Die Definition der Mitbestimmungsminderung in § 15 Abs. 4 SEBG ist daher zumindest als undeutlich zu bezeichnen. Für eine exakte Umsetzung wäre folgender Wortlaut zu empfehlen:

> *„Minderung der Mitbestimmung bedeutet, dass der Anteil der Mitglieder der Organe der SE, der von den Mitgliedern des Arbeitnehmervertretungsorgans und/oder den Arbeitnehmervertretern gewählt oder bestellt bzw. empfohlen und/oder abgelehnt werden kann, geringer ist als der höchste in den beteiligten Gesellschaften bestehende Anteil."*

§ 15 Abs. 5 SEBG stellt klar, dass eine Mitbestimmungsminderung für den Fall der Gründung einer SE durch Umwandlung nicht beschlossen werden kann.[438]

b) Erfordernis der Schwellenwerte

Das in Art. 3 Abs. 4 Unterabs. 1 S. 3 1. und 2. Spstr. SE-RL geregelte zusätzliche Erfordernis der Schwellenwerte findet sich in **§ 15 Abs. 3 S. 2 Nr. 1 und 2 SEBG**. Dabei hat der deutsche Gesetzgeber in zweifacher Hinsicht die Erreichung dieser Prozentzahlen entgegen den Vorgaben der SE-RL vereinfacht.

aa) Berücksichtigung jeglicher Mitbestimmungsform

Einerseits geht er davon aus, dass bei der Berechnung der Schwellenwerte im Rahmen der Mitbestimmungsminderung allein berücksichtigt werden müsse, ob 25 bzw. 50 Prozent der beschäftigten Arbeitnehmer irgendeiner Form der Mitbestimmung unterlägen.[439]

bb) Berücksichtigung der Arbeitnehmer betroffener Tochtergesellschaften

Andererseits bezieht der Gesetzgeber in **§ 15 Abs. 3 S. 2 Nr. 1 und 2 SEBG** ausdrücklich die Arbeitnehmer der *„betroffenen Tochtergesellschaften"* bei der Berechnung der Gesamtzahl der der Mitbestimmung unterliegenden Arbeitneh-

---

[437] BR-Drucks. 438/04, Begründung zum SEEG, S. 125. Vgl. zu diesem Problem oben S. 206 ff.

[438] Dies ist in der SE-RL nicht explizit geregelt, ergibt ich aber aus Art. 3 Abs. 6 Unterabs. 3 und Art. 4 Abs. 4 SE-RL.

[439] BR-Drucks. 438/04, Begründung zum SEEG, S. 124. Dagegen kommt es nach der in der vorliegenden Arbeit vertretenen Ansicht darauf an, dass bei diesen 25 bzw. 50 Prozent der Arbeitnehmer tatsächlich auch eine Mitbestimmungsminderung vorliegt; vgl. oben S. 210 ff.

mer ein. Auch im Schrifttum[440] wird zum Teil vertreten, dass die Arbeitnehmer von Tochtergesellschaften ebenso zu berücksichtigen seien. Zwar finde sich die Definition von Tochtergesellschaften nicht in Art. 2 Buchst. b SE-RL, der den Begriff der beteiligten Gesellschaft erläutere, sondern in Art. 2 Buchst. c SE-RL. Auch fehle es an einer Regelung, die dem Inhalt des § 5 Abs. 3 MitbestG entspreche. Allerdings sei der Wortlaut der SE-RL auszulegen und gegebenenfalls zu korrigieren, da eine anderweitige Lösung nicht interessengerecht sei. Zudem zeige Art. 3 Abs. 2 Buchst. a SE-RL, dass der europäische Gesetzgeber eine Differenzierung zwischen den Arbeitnehmern der beteiligten Gesellschaften und den Arbeitnehmern, die aufgrund von Konzernunternehmen in einem Mitgliedstaat beschäftigt seien, bewusst vornehme. Gegen eine Begrenzung auf die Arbeitnehmer der Konzernobergesellschaft sprächen schließlich die Erwägungsgründe der SE-RL.[441] Ähnlich fällt die Begründung der Bundesregierung aus.[442] Es wird auf Erwägungsgrund 18 SE-RL verwiesen, wonach die Sicherung der erworbenen Beteiligungsrechte der Arbeitnehmer Grundsatz und Ziel dieses Regelwerks sei. Zu diesen Rechten gehöre aus deutscher Sicht auch, dass den Arbeitnehmern der Tochtergesellschaften bei den Aufsichtsratswahlen der Konzernobergesellschaft ein Wahlrecht zustehe.[443] Werde dies nicht berücksichtigt, so entstünden insbesondere bei Holdinggesellschaften für die Arbeitnehmer unbefriedigende Ergebnisse. Gerade bei solchen Gesellschaftsstrukturen erreiche die Anzahl der Arbeitnehmer in der Muttergesellschaft oft nicht die für die Anwendbarkeit der Mitbestimmungsgesetze erforderlichen Schwellenwerte, während dies in den Tochtergesellschaften gegeben sei.[444]

---

440 *Götz, J.*, AG 2002, 552, 555, Fn. 25; *Freis*, in: *Nagel/Freis/Kleinsorge* (Hrsg.), Die Beteiligung der Arbeitnehmer in der Europäischen Gesellschaft, S. 141, Rn. 13 f.; *Niklas*, NZA 2004, 1200, 1203. Mittlerweile vertritt *Götz, J.* aber die Ansicht, dass die Arbeitnehmer aus Tochtergesellschaften nicht zu berücksichtigen seien; *Götz, J.*, in: *Baums/Cahn* (Hrsg.), Die Europäische Aktiengesellschaft, S. 152, 161.

441 Vgl. zum Ganzen *Niklas*, NZA 2004, 1200, 1203.

442 BR-Drucks. 438/04, Begründung zum SEEG, S. 124.

443 Vgl. zum Ganzen BR-Drs. 438/04, Begründung zum SEEG, S. 124.

444 *Freis*, in: *Nagel/Freis/Kleinsorge* (Hrsg.), Die Beteiligung der Arbeitnehmer in der Europäischen Gesellschaft, S. 141 f., Rn. 14; *Nagel*, in: *Nagel/Freis/Kleinsorge* (Hrsg.), Die Beteiligung der Arbeitnehmer in der Europäischen Gesellschaft, S. 191 f., Rn. 8. *Freis* nennt als Beispiel den Fall, dass eine Konzernmutter mit 200 Arbeitnehmern und drei Tochterunternehmen mit je 4000 Arbeitnehmern an einer SE-Gründung beteiligt sei. Die bestehenden Wahlrechte der Arbeitnehmer aus den Tochtergesellschaften könnten nur gewahrt werden, wenn diese Beschäftigten auch bei der die Berechnung der Schwellenwerte Berücksichtigung fänden.

Die Gegenauffassung[445] stellt bei der Ermittlung der Schwellenwerte zu Recht allein auf die Anzahl der Arbeitnehmer der Konzernobergesellschaften ab. Ein Argument für diese Ansicht liefert der **Wortlaut** von Art. 3 Abs. 4 Unterabs. 1 S. 3 SE-RL, da dort nur auf die Arbeitnehmer *„der beteiligten Gesellschaften"* abgestellt werde und unter diesen in Art. 2 Buchst. b SE-RL definierten Begriff nur die unmittelbar an der SE-Gründung beteiligten Gesellschaften fielen.[446] Das Vorliegen eines Redaktionsversehens des europäischen Gesetzgebers sei nicht ersichtlich.[447] Weiterer Anhaltspunkt sei auch die Definition der Begriffe *„beteiligte Gesellschaft"* und *„Tochtergesellschaft bzw. betroffener Tochtergesellschaft"* in Art. 2 Buchst. a bis c SE-RL, da diese zeige, dass sich der europäische Gesetzgeber sehr wohl des Unterschieds zwischen herrschenden und beherrschten Unternehmen bewusst sei.

Gegen die versehentliche Nichtberücksichtigung der Arbeitnehmer aus den Tochtergesellschaften spricht, dass diese Auslassung bereits bei der erstmaligen Einarbeitung der Schwellenwerte im Rahmen des Vorschlags unter österreichischer Präsidentschaft vorgenommen wurde.[448] Gerade die **historische Entwicklung** dieser Vorschrift, in der zwischen den Mitgliedstaaten um Formulierungen und Prozentsätze bei den Schwellenwerten gefeilscht wurde[449], macht das Vorliegen eines Redaktionsfehlers unwahrscheinlich.

In **systematischer Hinsicht** wird der abschließende Charakter von Art. 3 Abs. 4 S. 3 SE-RL angeführt. Dies wird mit dem Kompromisscharakter dieser Vorschrift und ihrer Entstehungsgeschichte begründet. Eine Erweiterung auf die Arbeitnehmer der betroffenen Tochtergesellschaften sei daher regelungstechnisch nicht möglich.[450] Tatsächlich wurden die Vorschriften zum Beschlussverfahren des BVG im Laufe der nach dem Davignon-Bericht erarbeiteten Richtlinienentwürfe immer weiter ausdifferenziert und aufgrund von Meinungsverschieden-

---

445 *Brandt*, BB-Special 3/2005, 1, 6; *Grobys*, NZA 2004, 779, 781; *ders.*, NZA 2005, 84, 89; *Hennings*, in: *Manz/Mayer/Schröder* (Hrsg.), Europäische Aktiengesellschaft SE, S. 658, Rn. 93 f.; *Kallmeyer*, AG 2003, 197, 201; *ders.*, ZIP 2004, 1442, 1443; *Krause*, BB 2004, Heft 31, 1; *ders.*, BB 2005, 1221, 1227; *Minuth*, Führungssysteme der SE, S. 194; *Rehberg*, ZGR 2005, 859, 889; *Reichert/Brandes*, ZGR 2003, 767, 777, Fn. 43; *Schwarz*, Kommentar zur SE-VO, Einl. Rn. 269. Auch der österreichische Gesetzgeber hat die Arbeitnehmer der betroffenen Tochtergesellschaften in § 221 Abs. 2 S. 2 ArbVG nicht berücksichtigt; vgl. dazu auch *Gahleitner*, in: *Kalss/Hügel* (Hrsg.), Europäische Aktiengesellschaft, § 221 ArbVG, S. 767 f., Rn. 3.

446 *Hennings*, in: *Manz/Mayer/Schröder* (Hrsg.), Europäische Aktiengesellschaft SE, S. 658, Rn. 93; *Kallmeyer*, AG 2003, 197, 201.

447 *Kallmeyer*, ZIP 2004, 1442, 1443.

448 Nach Art. 3 Abs. 4 RL-Entwurf A geht es um einen Anteil der Gesamtzahl der Arbeitnehmer der beteiligten Gesellschaften.

449 Vgl. oben 60 ff.

450 *Kallmeyer*, ZIP 2004, 1442, 1443.

heiten zwischen den Mitgliedstaaten abgeändert.[451] Dieser mühsam gefundene Kompromiss darf nicht durch nationale Gesetzgeber dadurch unterlaufen werden, dass durch die Hinzuziehung der Arbeitnehmer aus den betroffenen Tochtergesellschaften eine zusätzliche Absicherung der Mitbestimmung eingeführt wird.

Gegen eine solche Ausweitung spricht auch die Benutzung der Begriffe *„beteiligte Gesellschaften"* und *„betroffene Tochtergesellschaften"* an anderer Stelle in der SE-RL. Bei der Berechnung der Schwellenwerte im Rahmen der Anwendbarkeit der Auffangregelung nach dem Wortlaut von Art. 7 Abs. 2 Unterabs. 1 Buchst. b und c SE-RL werden auch nur die Arbeitnehmer *„aller beteiligten Gesellschaften"* berücksichtigt. Zudem zeigt Art. 3 Abs. 2 Buchst. a SE-RL, dass der europäische Gesetzgeber ausdrücklich regelt, wenn auch die Arbeitnehmer der betroffenen Tochtergesellschaften einbezogen werden sollen.[452] Schließlich gewährleistet die Vorschrift des Art. 3 Abs. 2 Buchst. a Ziff. ii Unterabs. 1 SE-RL, dass *„jede beteiligte Gesellschaft"* durch ein Mitglied im BVG vertreten wird, während die betroffenen Tochtergesellschaften ausgespart werden.[453]

Gegen die Begründung der Bundesregierung wird ausgeführt, dass die deutschen mitbestimmungsrechtlichen Besonderheiten bezüglich der Anrechnung der Arbeitnehmer der Tochtergesellschaften keine Rechtfertigung für einen nationalen Alleingang böten. Gem. Art. 13 Abs. 2 SE-RL fänden spezifische einzelstaatliche Mitbestimmungsregelungen, wie beispielsweise solche Wahlrechte der Arbeitnehmer aus Tochtergesellschaften, keine Anwendung.[454] Auch dem Erwägungsgrund 18 SE-RL lasse sich keine Ermächtigung zu einer Ausweitung der genau festgelegten Berechnung der Schwellenwerte entnehmen.[455] Zwar hat die SE-RL nach **Sinn und Zweck** keine Vereinheitlichung der verschiedenen nationalen Mitbestimmungsrechte bei Gründung einer SE zum Ziel. Auch handelt es sich bei dem Vorher-Nachher-Prinzip um einen zu befolgenden Grundsatz. Die einzelstaatlichen Gesetzgeber können jedoch ihre spezifischen nationalen mitbestimmungsrechtlichen Besonderheiten nur dann einbringen, wenn sie hierzu durch die SE-RL ermächtigt werden oder die SE-RL zu diesem Bereich keine Regelung trifft. Laut Art. 6 SE-RL ist für das Verhandlungsverfahren nämlich

---

451 Vgl. ausführlich *Mävers*, Die Mitbestimmung der Arbeitnehmer, S. 313 ff.

452 Dies wir zum Teil auch von der Gegenauffassung angeführt; *Götz, J.*, AG 2002, 552, 555, Fn. 25.

453 Vgl. zu diesem Problem oben S. 174 ff.

454 *Schwarz*, Kommentar zur SE-VO, Einl. Rn. 269.

455 *Grobys*, NZA 2004, 779, 781. Ebenso *Hennings*, der zudem ausführt, dass dem europäischen Gesetzgeber die deutschen Besonderheiten bekannt und er sie dennoch nicht berücksichtigt habe; *Hennings*, in: *Manz/Mayer/Schröder* (Hrsg.), Europäische Aktiengesellschaft SE, S. 658, Rn. 94.

nur dann das Recht des Sitzstaates der SE maßgeblich, wenn und soweit in der SE-RL nichts anderes vorgesehen ist.

Auch die in der Literatur dargestellten Möglichkeiten, aufgrund der fehlenden Berücksichtigung von Arbeitnehmern aus Tochtergesellschaften die Schwellenwerte durch gesellschaftsrechtliche Gestaltungen wie Ausgliederungen, Bildung einer Holding oder Outsourcing umgehen zu können,[456] sind keine Rechtfertigung für einen deutschen Alleingang. In solchen Fällen können die nationalen Gesetzgeber über das Missbrauchsverbot des Art. 11 SE-RL einen ausreichenden Schutz bestehender Beteiligungsrechte gewährleisten. Ferner führt eine solche Regelung im SEBG zu einer Besserstellung der deutschen Arbeitnehmer und einer noch stärkeren Absicherung der deutschen Mitbestimmung.[457] Während die Arbeitnehmer der Tochtergesellschaften mit Sitz in Deutschland bei der Berechnung der Schwellenwerte hinzuzuzählen sind, bleiben die Arbeitnehmer der betroffenen Tochtergesellschaften aus anderen Mitgliedstaaten unberücksichtigt. In ihren nationalen Umsetzungsgesetzen fehlt es an einer entsprechenden Regelung[458] und das SEBG hat keine grenzüberschreitende Wirkung.[459] Dies führt folglich zu einer Ungleichbehandlung und einer Verschärfung des Problems, dass eine Minderheit von Arbeitnehmern die Privatautonomie der Mehrheit der Beschäftigten einschränken kann.[460]

---

456 *Götz, J.*, in: *Baums/Cahn* (Hrsg.), Die Europäische Aktiengesellschaft, S. 152, 161.

457 Dagegen kann die Regelung in § 15 Abs. 3 S. 2 SEBG nach Ansicht von *Krause* unter Umständen sogar zu einer geringeren Absicherung des bestehenden Mitbestimmungsstandards beitragen. Als Beispiel nennt der Autor die Verschmelzung einer mitbestimmungsfreien ausländischen Holding mit 100 Arbeitnehmern sowie ihrer (wohl ebenfalls mitbestimmungsfreien) Tochtergesellschaften mit 2300 Beschäftigten mit einer deutschen Gesellschaft, die 600 Arbeitnehmer beschäftigt. Während nach dem SEBG aufgrund der Hinzurechnung der Arbeitnehmer der Tochtergesellschaften für einen Beschluss über eine Mitbestimmungsminderung die dreifach qualifizierte Mehrheit erforderlich sei, reiche nach dem SEBG bereits die doppelte absolute Mehrheit aus; *Krause*, BB 2005, 1221, 1227. Der Verfasser gesteht allerdings zu, dass es sich um ein spezielles Beispiel handelt.

458 Vgl. stv. § 221 Abs. 2 S. 2 Nr. 1 und 2 ArbVG in Österreich.

459 Dies zeigt beispielsweise die beabsichtigte Verschmelzung eines britischen und eines deutschen Konzerns zu einer SE, wenn beide Muttergesellschaften jeweils im eigenen und im anderen Land Tochtergesellschaften unterhalten. Einerseits wären bei der Berechnung des Schwellenwertes nicht nur die Arbeitnehmer der deutschen Konzernobergesellschaft, sondern auch alle der Mitbestimmung unterliegenden Arbeitnehmer der Tochtergesellschaften mit Sitz in Deutschland hinzuzuzählen. Andererseits blieben bei der Ermittlung des Anteils von 25 Prozent sämtliche Arbeitnehmer der Tochtergesellschaften mit Sitz in Großbritannien, die nicht der Mitbestimmung unterliegen, unberücksichtigt. Auch *Hennings* führt an, dass die Rechtsordnungen der anderen Mitgliedstaaten einen solchen Zurechnungsmodus nicht kennen; *Hennings*, in: *Manz/Mayer/Schröder* (Hrsg.), Europäische Aktiengesellschaft SE, S. 658, Rn. 94.

460 Vgl. zu diesem Problem *Kuffner*, Beteiligung der Arbeitnehmer, S. 137.

Schließlich geht es bei der Berechnung der Schwellenwerte in Art. 3 Abs. 4 Unterabs. 1 S. 3 SE-RL allein um die Problematik der Absicherung vor einer Mitbestimmungsminderung durch eine etwaige Vereinbarung zwischen den Verhandlungsparteien. Das Vorliegen einer solchen Verringerung des Mitbestimmungsstandards ist aber in Art. 3 Abs. 4 Unterabs. 2 SE-RL genau definiert und betrifft allein die quantitative Schlechterstellung. Gerade nicht erfasst werden hiervon qualitative Beeinträchtigungen, die durch die Nichtanwendbarkeit bestimmter einzelstaatlicher Besonderheiten wie z.B. § 5 MitbestG, § 2 DrittelbG, § 1 Abs. 4 Montan-MitbestG und § 3 Abs. 2 Buchst. a Montan-MitBestErgG herbeigeführt werden können. Aus diesen Gründen ist daher bei der Berechnung der Schwellenwerte allein auf die Arbeitnehmer der beteiligten Gesellschaften abzustellen. Die Berücksichtigung dieser besonderen Vorschriften wird bereits dadurch ausreichend gewährleistet, dass die Arbeitnehmer der Tochtergesellschaften bei der Bildung des BVG gem. Art. 3 Abs. 2 Buchst. a SE-RL einzubeziehen sind.

cc) Ergebnis

Sowohl die Berücksichtigung jeglicher Mitbestimmungsform als auch die Einbeziehung der Arbeitnehmer aus betroffenen Tochtergesellschaften sind europarechtswidrig, da sie dem Sinn und Zweck der SE-RL widersprechen.

4. Nichtaufnahme oder Abbruch von Verhandlungen gem. § 16 SEBG

Die Vorschriften des Art. 3 Abs. 6 Unterabs. 1 bis 3 SE-RL über einen Beschluss des BVG zur Nichtaufnahme oder zum Abbruch von Verhandlungen sind in **§ 16 SEBG** umgesetzt.[461] Es ist zwar ein Verhandlungsverfahren einzuleiten, doch das errichtete BVG wird de facto nicht verpflichtet, Verhandlungen aufzunehmen bzw. eine Vereinbarung abzuschließen.[462]

5. Wiederaufnahme von Verhandlungen gem. § 18 SEBG

Zu einer Wiederaufnahme der Verhandlungen kommt es gem. **§ 18 SEBG** in zwei Fällen.

a) Aufgrund der Nichtaufnahme bzw. des Abbruchs der Verhandlungen

Zum einen wurde in **§ 18 Abs. 1, 2 und 4 SEBG** die Vorschrift des Art. 3 Abs. 6 Unterabs. 4 SE-RL umgesetzt. Demnach kann nach einem Beschluss des BVG über die Nichtaufnahme oder den Abbruch der Verhandlungen mit schriftlichem Antrag eine Wiederaufnahme erreicht werden.[463] Das BVG ist nun aus

---

461 Art. 3 Abs. 6 Unterabs. 1 S. 1 SE-RL entspricht **§ 16 Abs. 1 S. 1 und S. 3 SEBG**, Art. 3 Abs. 6 Unterabs. 1 S. 2 SE-RL dem **§ 16 Abs. 2 S. 1 SEBG**, Art. 3 Abs. 6 Unterabs. 1 S. 3 SE-RL dem **§ 16 Abs. 2 S. 2 SEBG**, Art. 3 Abs. 6 Unterabs. 2 SE-RL dem **§ 16 Abs. 1 S. 2 SEBG** und Art. 3 Abs. 6 Unterabs. 1 S. 2 SE-RL dem **§ 16 Abs. 3 SEBG**.

462 BR-Drucks. 438/04, Begründung zum SEEG, S. 125.

463 Art. 3 Abs. 6 Unterabs. 4 S. 1 SE-RL entspricht dabei **§ 18 Abs. 1 S. 1 und 2 SEBG** und Art. 3 Abs. 6 Unterabs. 4 S. 2 SE-RL dem **§ 18 Abs. 2 SEBG**.

den Arbeitnehmern der bestehenden SE sowie ihrer Tochtergesellschaften und Betriebe zu bilden und dabei der aktuelle Stand der Arbeitnehmerzahlen zu berücksichtigen.[464]

b) Aufgrund struktureller Änderungen der SE

Zum anderen besteht gem. **§ 18 Abs. 3 SEBG** bei geplanten strukturellen Änderungen der SE, die zur Minderung der Arbeitnehmerbeteiligungsrechte geeignet sind, ein Anspruch der Arbeitnehmer auf Wiederaufnahme der Verhandlungen, da gem. **§ 18 Abs. 3 S. 1 SEBG** neben der Leitung der SE auch der SE-Betriebsrat die Aufnahme von Verhandlungen veranlassen kann. Als Beispiel für eine strukturelle Änderung wird in der Begründung des Gesetzesentwurfs der Fall genannt, dass eine mitbestimmungsfreie SE ein mitbestimmtes Unternehmen mit einer größeren Anzahl von Arbeitnehmern aufnimmt.[465]

§ 18 Abs. 3 S. 2 SEBG sieht ferner eine Möglichkeit vor, den bei der Neubildung eines BVG entstehenden organisatorischen Aufwand zu vermeiden und sich das bereits bestehende Arbeitnehmervertretungsorgan zu Nutze zu machen.[466] Folglich können die Verhandlungen auf Arbeitnehmerseite auch von dem SE-Betriebsrat zusammen mit Vertretern der von der geplanten strukturellen Änderung betroffenen, aber vom SE-Betriebsrat noch nicht repräsentierten Arbeitnehmer geführt werden. Diese Vorgehensweise muss einvernehmlich zwischen der Leitung der SE, dem SE-Betriebsrat und den noch nicht vertretenen Arbeitnehmern vereinbart werden.[467]

Es stellt sich die Frage, wie die Berücksichtigung der strukturellen Änderungen ohne Neubildung eines BVG zu erfolgen hat. Zu bedenken ist, dass auch in einem solchen Fall sowohl das Repräsentations- als auch das Proportionalitätsprinzip gewahrt werden muss. Um die Einhaltung dieser Grundsätze zu gewährleisten, ist davon auszugehen, dass nicht immer alle Mitglieder des SE-Betriebsrats an den Verhandlungen teilnehmen können.

Handelt es sich bei der strukturellen Änderung um eine Verringerung von Arbeitnehmern[468], so liegt es in der Natur der Sache, dass der SE-Betriebsrat zu verkleinern ist. Die Mitglieder, die die ausscheidenden Arbeitnehmer repräsen-

---

464 BR-Drucks. 438/04, Begründung zum SEEG, S. 126.
Schwarz meldet diesbezüglich Zweifel an der Richtlinienkonformität an, da nach dem Wortlaut von Art. 3 Abs. 6 Unterabs. 4 S. 1 SE-RL das BVG *„wieder einberufen"* wird; *Schwarz*, Kommentar zur SE-VO, Einl. Rn. 252.

465 BR-Drucks. 438/04, Begründung zum SEEG, S. 127. Zum Begriff und den möglichen Konstellationen der strukturellen Änderung; vgl. oben S. 291 ff.

466 BR-Drucks. 438/04, Begründung zum SEEG, S. 127.

467 BR-Drucks. 438/04, Begründung zum SEEG, S. 127.

468 Auch die Verminderung der Arbeitnehmerzahl kann nach der in der vorliegenden Arbeit vertretenen Ansicht ab einer gewissen Höhe eine solche Änderung darstellen; vgl. oben S. 308 ff.

tiert haben, dürfen nicht mehr an den Verhandlungen partizipieren. Haben sich aufgrund der Minderung der Arbeitnehmerzahl die proportionalen Verhältnisse bei den Arbeitnehmern geändert, so ist eine Berechnung der Sitzverteilung vorzunehmen, wie sie bei fiktiver Bildung eines BVG unter jetzigen Umständen zu erfolgen hätte. Aufgrund dieser neuen maßgeblichen Zahlenverhältnisse ist die Anzahl und Verteilung der Mitglieder des SE-Betriebsrats, die am Verhandlungsverfahren teilnehmen dürfen, zu bestimmen. Die errechnete fiktive Zusammensetzung eines BVG ist dann mit den bereits gewählten Mitgliedern des SE-Betriebsrats auszufüllen.

Aber auch bei Aufnahme weiterer Arbeitnehmer werden Mitglieder des SE-Betriebsrats im Hinblick auf das Verhandlungsverfahren zumindest ab und zu zurückstehen müssen. Das Hinzukommen neuer Arbeitnehmer ändert nämlich die gesamte proportionale Verteilung der Beschäftigten, so dass die einfache Hinzurechnung weiterer Vertreter für die neuen Arbeitnehmer dem Proportionalitätsgrundsatz nicht immer gerecht werden wird. In diesen Fällen ist wiederum eine Berechnung der Sitzverteilung nach den Grundsätzen der Bildung eines BVG unter jetzigen Umständen vorzunehmen. Aufgrund dieser neuen maßgeblichen Zahlenverhältnisse ist die Anzahl der Mitglieder des SE-Betriebsrats und der Vertreter der hinzugekommenen Arbeitnehmer zu bestimmen. Auch hier erfolgt die Verteilung der fiktiven Sitze an die bereits gewählten Mitglieder des SE-Betriebsrats. Die neu aufgenommenen Arbeitnehmer müssen dagegen ihre Vertreter wählen, wobei auf die Vorschrift des § 8 Abs. 7 SEBG zurückgegriffen werden kann.

Trotz der vorzunehmenden Berechnungen erspart diese Vorgehensweise organisatorischen Aufwand, da zum einen die Leitungen nicht mehr das gesamte Informationsverfahren des § 4 SEBG durchlaufen müssen. Zum anderen ist das Wahlverfahren gem. §§ 8 ff. SEBG mit Bildung eines Wahlgremiums usw. ebenfalls nicht mehr erforderlich.

Wird in den anschließenden Verhandlungen keine Einigung erzielt, so findet, anders als bei einer Wiederaufnahme der Verhandlungen nach einem Beschluss i.S.d. § 16 SEBG, gem. **§ 18 Abs. 3 S. 3 SEBG** zwingend die Auffangregelung Anwendung.

aa) Geeignetheit struktureller Änderungen zur Minderung von Arbeitnehmerbeteiligungsrechten

Die gesamten Vorschriften über strukturelle Änderungen einer SE in §§ 18 Abs. 3, 21 Abs. 4 und § 22 Abs. 2 SEBG stoßen im Schrifttum[469] auf Kritik. Ferner besteht Unsicherheit dahingehend, welche Sachverhalte gem. § 18

---

[469] *Kallmeyer*, ZIP 2004, 1442, 1443 f. Auch *Grobys* äußert Zweifel über die Wirksamkeit von § 18 Abs. 3 SEBG; *Grobys*, NZA 2005, 84, 91

Abs. 3 S. 1 SEBG von den geplanten strukturellen Änderungen, die geeignet sind, Arbeitnehmerbeteiligungsrechte zu mindern, umfasst werden.

(1) Entbehrlichkeit der Regelung des § 18 Abs. 3 SE-RL

Bereits der Wortlaut des § 18 Abs. 3 SEBG wird als in mehrfacher Hinsicht zu weit gehend kritisiert. Demnach müssten die strukturellen Änderungen lediglich *„geeignet (...) sein, Beteiligungsrechte der Arbeitnehmer zu mindern"*. Dabei werde bereits der Begriff der *„Beteiligungsrechte"* den Anforderungen der SE-RL nicht gerecht, da aufgrund von Erwägungsgrund 18 nur strukturelle Änderungen mit Auswirkungen auf die Arbeitnehmermitbestimmung relevant seien.[470] Diese Auslegung ist aber als zu eng abzulehnen.[471]

Des Weiteren wird auf die Definition des Begriffs der Beteiligungsrechte in § 2 Abs. 9 SEBG, die sämtliche Unterrichtungs-, Anhörungs- Mitbestimmungs- oder sonstigen Beteiligungsrechte beinhaltet, verwiesen. Demnach könne bereits dann, wenn die aufgrund der strukturellen Änderung entstehende neue Arbeitnehmerbeteiligungsregelung der SE in irgendeiner Art und Weise nicht den Anforderungen des deutschen BetrVG entspreche, der Anspruch auf Neuverhandlungen entstehen. Auch könne ein Scheitern der deswegen aufzunehmenden Verhandlungen über die betriebliche Mitbestimmung gem. § 18 Abs. 3 S. 3 SEBG zur Anwendung der Mitbestimmung kraft Gesetzes führen.[472] Diesen Ausführungen kann nicht gefolgt werden, da wohl davon ausgegangen wird, dass unter den Begriff der *„Rechte, die den Arbeitnehmern und ihren Vertretern im Bereich (...) der sonstigen Beteiligung zustehen"* sämtliche Beteiligungsrechte des BetrVG zu subsumieren sind. § 2 Abs. 9 SEBG ist aber im Zusammenhang mit § 2 Abs. 8 SEBG zu sehen, der die Definition der Arbeitnehmerbeteiligung des Art. 2 Buchst. h SE-RL übernimmt. Demzufolge handelt es sich bei diesen Beteiligungsrechten um die Rechte, die den Arbeitnehmern und ihren Vertretern im Rahmen der in § 2 Abs. 8 SEBG genannten Verfahren zustehen. Diese umfassen bei Anwendung der Auffangregelung in keiner Weise den Standard der Rechte des BetrVG und auch bei einer Vereinbarung wird wohl kein mit der deutschen betrieblichen Mitbestimmung vergleichbares Niveau eingeführt werden. Außerdem geht es im Rahmen der Information und Konsultation lediglich um die Sicherung eines Mindeststandards bei grenzüberschreitenden Angelegenheiten, sodass allein bei Abweichungen in diesem Bereich kein Anspruch auf Neuverhandlungen besteht.[473]

Zudem wird angeführt, dass der Wortlaut des § 18 Abs. 3 SEBG, wonach allein die Eignung zur Minderung von Beteiligungsrechten ausreiche, zu weit gehe. Im Hinblick auf § 15 Abs. 3 und 4 SEBG müsse diese Formulierung dahingehend

---

470 *Kallmeyer*, ZIP 2004, 1442, 1444.
471 Siehe oben S. 293 ff.
472 *Kallmeyer*, ZIP 2004, 1442, 1444.
473 Siehe oben S. 293 f.

geändert werden, dass die strukturellen Änderungen tatsächlich eine Minderung zur Folge hätten.[474] Eine solche Modifizierung ist aber abzulehnen, da hierunter nicht alle relevanten strukturellen Änderungen einer SE subsumiert werden können. Dazu zählen auch Veränderungen in der Zusammensetzung des BVG, die ein anderweitiges Verhandlungsergebnis möglich erscheinen lassen.[475] Diese Fälle werden aber nur von der Formulierung der Eignung erfasst, denn die Vereinbarung einer Mitbestimmungsminderung ist nur eines von mehreren möglichen Ergebnissen.[476]

Darüber hinaus wird eingewendet, dass der in § 18 Abs. 3 SEBG verwendete Begriff auch den Fall der Verminderung der in der SE bestehenden Mitbestimmung kraft Gesetzes aufgrund der Ausgliederung einer größeren Anzahl von Arbeitnehmervertretern umfasse. Für diese Konstellation gelte in Deutschland aber § 325 UmwG, das heiße, dass die bisherige Mitbestimmungsregelung noch fünf weitere Jahre bestehen bliebe. Erfülle dagegen die Ausgliederung die Voraussetzungen des § 325 UmwG nicht, so finde automatisch eine Reduzierung des in der SE festgelegten Mitbestimmungsstandards statt.[477] Auch diese Argumentation erscheint nicht überzeugend, da damit gegen das Primat der Verhandlungslösung und den Grundsatz der Sicherung erworbener Arbeitnehmerbeteiligungsrechte verstoßen wird.[478]

Schließlich wird noch auf Art. 10 SE-VO verwiesen, da nach dieser Vorschrift eine SE mit Sitz in Deutschland wie eine nach deutschem Recht gegründete Aktiengesellschaft zu behandeln sei. Es wird gefolgert, dass der Gesetzgeber § 18 Abs. 3 SEBG auf solche strukturellen Änderungen begrenzen müsse, die in einem zeitlichen und sachlichen Zusammenhang zur Gründung der SE stünden. Da damit größtenteils eine Deckung mit dem Missbrauchsverbot des § 43 SEBG eintrete, werde die Vorschrift des § 18 Abs. 3 SEBG nicht benötigt.[479] Der Verweis in Art. 10 SE-VO betrifft aber nur das AktG, denn die SE-VO enthält allein die gesellschaftsrechtlichen Vorschriften für eine SE. Das AktG selbst beinhaltet jedoch keine Regelungen zur Arbeitnehmerbeteiligung, sondern nimmt auf die verschiedenen Mitbestimmungsgesetze Bezug. Auch auf europäischer Ebene besteht durch die Aufspaltung des SE-Statuts in Verordnung und Richtlinie eine

---

474 *Kallmeyer*, ZIP 2004, 1442, 1444; zustimmend *Schwarz*, Kommentar zur SE-VO, Einl. Rn. 253.

475 Vgl. oben S. 306 ff. und S. 310 ff.

476 Auch der österreichische Gesetzgeber verwendet bei der Umsetzung des Missbruchsverbots des Art. 11 SE-RL in § 229 Abs. 1 S. 2 ArbVG den Begriff der Geeignetheit.

477 *Kallmeyer*, ZIP 2004, 1442, 1444.

478 Auch *Herfs-Röttgen* schlägt die Beibehaltung der Mitbestimmung während einer Übergangszeit bzw. die Einleitung eines Überleitungsverfahrens vor. Dies ist aber abzulehnen; vgl. oben S. 316 ff.

479 *Kallmeyer*, ZIP 2004, 1442, 1444.

solche Trennung. Ferner ist § 18 Abs. 3 SEBG keine zeitliche Begrenzung zu entnehmen.[480]

§ 18 Abs. 3 SEBG hat durchaus neben § 43 SEBG eine Daseinsberechtigung, da er das bei strukturellen Änderungen vorzunehmende Verfahren regelt, während § 43 SEBG die Voraussetzungen für einen Straftatbestand gem. § 45 Abs. 1 Nr. 2 SEBG schafft. Zudem ist die in § 43 S. 2 SEBG geregelte Missbrauchsvermutung nicht als abschließend anzusehen, denn es sind durchaus auch andere Möglichkeiten des Missbrauchs von strukturellen Änderungen zur Beeinträchtigung der Arbeitnehmerbeteiligungsrechte vorstellbar. § 43 S. 2 SEBG erfasst eben nur einen besonders markanten Verstoß, der mit einer Verschuldensvermutung einhergeht. Außerdem ist die Anwendbarkeit des § 43 S. 2 SEBG auf den Zeitraum eines Jahres beschränkt. Der europäische Gesetzgeber sieht aber eine solche Jahresfrist wohl nicht als ausreichend an, da die Renationalisierung einer SE gem. Art. 66 Abs. 1 S. 2 SE-VO zum Schutz der Beteiligungsrechte der Arbeitnehmer erst nach zwei Jahren möglich ist.

(2) Definition des Begriffs der Geeignetheit struktureller Änderungen

Während die allgemeine Kritik an der Vorschrift des § 18 Abs. 3 SEBG folglich nicht greift, wäre allerdings eine nähere Bestimmung wünschenswert gewesen, wann strukturelle Änderungen zur Minderung von Beteiligungsrechten geeignet sein sollen.

Im Schrifttum[481] besteht mittlerweile der Versuch anhand der Regelung im Gesetz und der Bildung von Beispielsfällen die Reichweite dieser Formulierung zu bestimmen. Demnach sei der Begriff der strukturellen Änderungen restriktiv auszulegen,[482] sodass es sich um *„gründungsähnliche Vorgänge (...) von ganz erheblichem Gewicht“* [483] handele. Dies zeige sich zum einen an dem vom Gesetzgeber selbst gewählten Beispiel[484] und zum anderen an der Regelung in §§ 43, 45 Abs. 1 Nr. 2 SEBG, da es sich um einen restriktiv auszulegenden Straftatbestand handle. In einem solchen Fall fordere Art. 103 Abs. 2 GG, § 1 StGB, dass die Strafbarkeit gesetzlich bestimmt sei, bevor die Tat begangen worden sei.[485]

Problematisch ist hinsichtlich dieser Ausführungen bereits, dass allein von den Regelungen im SEBG ausgegangen wird. Diese sind aber richtlinienkonform auszulegen, das heißt es ist danach zu fragen, welche Bedeutung der Begriff der

---

480 Ebenso *Grobys*, NZA 2005, 84, 91.

481 *Grobys*, NZA 2005, 84, 91; *Wollburg/Banerjea*, ZIP 2005, 277, 278 ff.

482 Ebenso *Schwarz*, Kommentar zur SE-VO, Einl. Rn. 253 und *Seibt*, AG 2005, 413, 427.

483 *Wollburg/Banerjea*, ZIP 2005, 277, 279. Zustimmend zumindest im Hinblick auf die gründungsähnlichen Fälle; *Krause*, BB 2005, 1221, 1228.

484 BR-Drucks. 438/04, Begründung zum SEEG, S. 127.

485 Vgl. zum Ganzen *Wollburg/Banerjea*, ZIP 2005, 277, 278 f.

strukturellen Änderungen im Rahmen der SE-RL beinhaltet.[486] Es ist weiter zu hinterfragen, inwieweit von einem einzigen Beispiel in der Gesetzesbegründung, das einen ganz offensichtlichen Fall einer strukturellen Änderung behandelt, auf einen allgemeinen Grundsatz geschlossen werden kann. Schließlich hilft auch der Verweis auf die missglückte Regelung der §§ 43, 45 SEBG nicht weiter. Die Verknüpfung des Missbrauchverbots in § 43 S. 2 SEBG mit einem Straftatbestand verstößt bereits gegen Verfassungsrecht, da diese Vorschrift eine Verschuldensvermutung beinhaltet.[487] Die daraus folgende Verpflichtung des Beschuldigten, seine Unschuld zu beweisen, verstößt gegen den aus dem Rechtsstaatsprinzip abgeleiteten Grundsatz *„in dubio pro reo"*[488]. Dem deutschen Gesetzgeber steht es nicht frei, eine restriktive Auslegung mit Hilfe der Aufnahme in einen Strafkatalog herbeizuführen. Die Interpretation des in der SE-RL verwendeten Begriffs der strukturellen Änderungen muss allein nach dem Sinn und Zweck dieses gemeinschaftsrechtlichen Regelwerks erfolgen.

Bei der Geeignetheit zur Minderung von Beteiligungsrechten ist zunächst den Ausführungen zuzustimmen, wonach hierunter auch die Partizipationsrechte von noch nicht in der SE oder deren Tochtergesellschaften beschäftigten Arbeitnehmern fielen. Allerdings wird eine Einschränkung dahingehend vorgenommen, dass diese Arbeitnehmer aus Gesellschaften stammen müssten, bei denen bereits, isoliert betrachtet, die gesetzlichen Voraussetzungen für eine Mitbestimmung vorlägen. Dies sei zum einen nicht der Fall, wenn es sich um ein Unternehmen handele, das nicht selbst diese Anforderungen erfülle, sondern nur im Verbund mit anderen Einheiten. Als Beispiel wird die Veräußerung eines Betriebs von einer mitbestimmten deutschen Gesellschaft in eine SE genannt, wenn dieser Betrieb allein noch nicht die erforderlichen zahlenmäßigen Schwellenwerte für die Anwendbarkeit der deutschen Mitbestimmungsgesetze erreiche. Zum anderen liege dies in den Konstellationen vor, in denen eine mitbestimmte Muttergesellschaft ihre aufgrund ihrer geringen Arbeitnehmerzahlen selbst mitbestimmungsfreie Tochtergesellschaft an eine SE veräußere.

Argumentiert wird damit, dass eine anderweitige Handhabe zu einer Ausweitung des Schutzes der Beteiligungsrechte der Arbeitnehmer in einer SE führe. Nehme beispielsweise eine arbeitnehmerlose AG eine Tochtergesellschaft, die weniger als 500 Arbeitnehmer beschäftige und aus einem mitbestimmten Konzern stamme, auf, bleibe sie weiterhin mitbestimmungsfrei. Dagegen führe die gleiche Vorgehensweise bei einer arbeitnehmerlosen SE zu erneuten Verhandlungen bzw. zur Geltung der Auffangregelung. Eine solche Ungleichbehandlung behin-

---

486 Ebenso *Köstler*, in *Theisen/Wenz* (Hrsg.), Die Europäische Aktiengesellschaft, S. 331, 370.

487 Ebenso *Grobys*, NZA 2004, 779, 781. Siehe auch unten S. 494 f.

488 Vgl. BVerfG v. 15.12.1965, BVerfGE 19, 342, 347= NJW 1966, 243 ff.; BVerfG v. 08.10.1974, BVerfGE 38, 105, 115 = NJW 1975, 103 ff.

dere die mit dem SE-Statut verfolgte Förderung der grenzüberschreitenden gemeinschaftlichen Tätigkeit. Des Weiteren falle das Beispiel des Betriebsübergangs auf eine SE schon nicht unter den Wortlaut von Erwägungsgrund 18 SE-RL, da es dort nur um *„von den strukturellen Änderungsprozessen **betroffene Gesellschaften**[489]“* gehe. Gegen die Berücksichtigung der konzerninternen Mitbestimmung spreche auch die Vorschrift des § 35 Abs. 2 S. 2 SEBG, wonach es allein auf den *„in den Organen der beteiligten Gesellschaften“* bestehenden Anteil an Arbeitnehmervertretern ankomme. Dieser Wortlaut umfasse gerade nicht die Mitbestimmung in den Organen der bisherigen Muttergesellschaft.[490]

Diesen Ausführungen kann nur zum Teil zugestimmt werden, da gesellschaftsrechtliche Gestaltungsformen grundsätzlich keine Berücksichtigung finden sollten. Relevant ist allein, ob die von den strukturellen Änderungen betroffenen Arbeitnehmer direkt nach den Vorschriften oder Gepflogenheiten des jeweiligen Mitgliedstaates der Mitbestimmung unterliegen oder nicht.[491] Handelt es sich um Arbeitnehmer aus einer mitbestimmungsfreien Tochtergesellschaft, die aus dem mitbestimmten Konzern in eine SE ausgegliedert wird, so geht es um eine indirekte Form der Arbeitnehmerbeteiligung. Der deutsche Gesetzgeber hat versucht, die Arbeitnehmer aus betroffenen Tochtergesellschaften durch ihre Einbeziehung bei der Berechnung der Schwellenwerte in § 15 Abs. 3 S. 2 und § 34 Abs. 1 Nr. 2 und 3 SEBG vor einer Mitbestimmungsminderung besonders zu schützen. Selbst diese Sicherung der auf nationalen Besonderheiten beruhenden Mitbestimmung[492] verstößt gegen die Vorgaben in Art. 3 Abs. 4 Unterabs. 1 und Art. 7 Abs. 2 Unterabs. 1 SE-RL.[493] Somit kann davon ausgegangen werden, dass der europäische Gesetzgeber die Minderung einer allein auf indirektem Wege bestehenden Mitbestimmung in einer Tochtergesellschaft nicht schützen wollte. Auch die Tatsache, dass bei der beschriebenen Aufnahme einer Konzerntochter in eine bereits bestehende SE diese Tochtergesellschaft wie eine beteiligte Gesellschaft im Sinne des Art. 2 Buchst. b SE-RL zu behandeln ist, ändert daran nichts.[494] Die indirekte Form der Partizipation in der Tochtergesellschaft entzieht sich bereits der Definition der Mitbestimmung in Art. 2 Buchst. k 1. Spstr. SE-RL. Bei dem Recht, einen Teil der Mitglieder des betreffenden Organs **der Gesellschaft** zu wählen oder zu bestellen, kann es nur um die beteiligte

---

489 Hervorhebung durch den Verfasser.

490 Vgl. zum Ganzen *Wollburg/Banerjea*, ZIP 2005, 277, 279 f., 281 f.

491 Vgl. oben S. 316 ff.

492 Vgl. § 5 MitbestG, § 2 DrittelbG, § 1 Abs. 4 Montan-MitbestG und § 3 Abs. 2 Buchst. a Montan-MitBestErgG.

493 Vgl. oben S. 418 ff.

494 Wird die strukturelle Änderung einer SE aus Gründen des Schutzes bestehender Arbeitnehmerbeteiligungsrechte mit der Gründung der SE gleich gesetzt, so stellt die Tochtergesellschaft und nicht die Obergesellschaft unmittelbar an der strukturellen Änderung beteiligte Gesellschaft dar.

Gesellschaft im Sinne des Art. 2 Buchst. b SE-RL gehen, wobei in der Tochtergesellschaft selbst dieses Recht aber nicht besteht. Noch deutlicher wird dies im Rahmen von Teil 3 Buchst. b Unterabs. 1 An. SE-RL, da sich die quantitative Mitbestimmung nach dem höchsten maßgeblichen Anteil in den **beteiligten Gesellschaften** richtet. In der Tochtergesellschaft ist solch ein Anteil überhaupt nicht vorhanden. Allerdings ist zu bedenken, dass den Arbeitnehmern dieser Tochtergesellschaft durch ihren späteren Eintritt in die SE jegliche Einflussmöglichkeit auf die Mitbestimmung genommen wird. Dagegen könnten die Arbeitnehmer dann, wenn sich diese Tochtergesellschaft bereits an der Gründung der SE beteiligt hätte, unter Umständen gem. Art. 3 Abs. 2 SE-RL ein oder mehrere Vertreter in das BVG entsenden. Diese Härte ist aber hinzunehmen, da die indirekte Form der Mitbestimmung nicht in gleichem Maße unter den Schutz der SE-RL fällt und eine Wiederaufnahme von Verhandlungen eine große Belastung für die bereits bestehende SE darstellt.

Bei dem anderen genannten Beispielsfall der Ausgliederung eines Betriebs aus einem Unternehmen und dessen Eingliederung in eine SE kann ein Anspruch auf Neuverhandlungen nicht von vornherein ausgeschlossen werden. Die Arbeitnehmer dieser Einheit unterliegen direkt der Mitbestimmung, sodass diese zu beachten ist. Die gänzliche Ablehnung des Betriebs als bei strukturellen Änderungen zu berücksichtigende Einheit entspricht nicht der Intention des europäischen Gesetzgebers. Dies zeigt die Modifikation des Erwägungsgrund 18 S. 3 SE-RL in Erwägungsgrund 21 S. 3 SCE-RL, mit der auf die unzureichenden Vorschriften der SE-RL reagiert wurde. Dort wird nun nicht mehr auf von den strukturellen Änderungen betroffene Gesellschaften, sondern allgemeiner auf *„**betroffene(...) Rechtspersönlichkeiten**[495]“* abgestellt. Die von den Autoren gestellte Anforderung, dass ein Betrieb oder eine Gesellschaft für sich genommen bereits die gesetzlichen Schwellenwerte der deutschen Mitbestimmungsgesetze erreichen müsse, bringt die Gefahr einer Umgehung des mitbestimmungsrechtlichen Bestandsschutzes mit sich.[496] Auch wenn das Missbrauchsverbot in § 43 SEBG in solchen Fällen einen Schutz gewährt, gilt es doch die Möglichkeit einer Aushöhlung des Schutzes bestehender Beteiligungsrechte bereits im Ansatz zu verhindern. Daher kann es nicht auf gesellschaftsrechtliche Gestaltungen und nationale Schwellenwerte ankommen. Es ist allein danach zu fragen, ob die Arbeitnehmer momentan direkt von einer Mitbestimmung profitieren und welche Auswirkungen ihre Einbeziehung bereits zum Zeitpunkt der SE-Gründung gehabt hätte.

---

[495] Hervorhebung durch den Verfasser.

[496] So könnte die Übertragung eines Betriebs derart erfolgen, dass eine Aufspaltung dieses Betriebs in einzelne Betriebsteile vorgenommen wird, die isoliert betrachtet unter den Schwellenwerten der Mitbestimmungsgesetze liegende Beschäftigtenzahlen aufweisen. Anschließend könnten diese mitbestimmungsfreien Betriebsteile auf die SE übertragen und dort wieder zu einem einheitlichen Betrieb zusammengefügt werden.

Schließlich wird anhand einiger Beispiele gezeigt, welche Folgen die restriktive Auslegung des Begriffs der Geeignetheit struktureller Änderungen mit sich bringt. Zuzustimmen ist den Ausführungen, wonach ein bloßes Ansteigen der Arbeitnehmerzahl durch Neueinstellungen nicht zu einem Anspruch auf erneute Verhandlungen führen könne.[497] In einem solchen Fall handelt es sich um Arbeitnehmer, die noch keinerlei Mitbestimmung unterliegen, sondern das Partizipationsniveau der sie nun beschäftigenden SE annehmen. Ein nationaler Schwellenwert, wie zum Beispiel in § 1 Abs. 1 Nr. 2 MitbestG, hat, entgegen einer Ansicht im Schrifttum[498], in der SE gem. Art. 13 Abs. 2 SE-RL unberücksichtigt zu bleiben.[499] Dagegen wird die vorgeschlagene Einfrierung der bestehenden Mitbestimmung bei sinkenden Arbeitnehmerzahlen weder den Anteilseigner- noch den Arbeitnehmerinteressen gerecht.[500]

Auch das Beispiel, wonach die Übernahme einer mitbestimmten deutschen GmbH durch eine mitbestimmungsfreie Holding-SE nicht unter § 18 Abs. 3 SE-RL falle,[501] ist abzulehnen. Dagegen spricht bereits die Protektion der Arbeitnehmerbeteiligungsrechte bei der Gründung einer Holding-SE, die zeigt, dass der europäische Gesetzgeber einen solchen Fall der Herabstufung der Mitbestimmung für schützenswert erachtet. In dieser Konstellation geht es ebenfalls darum, dass, ähnlich wie bei Gründung der *Aventis SA*[502], durch die Einfügung einer übergeordneten Entscheidungsebene mit geringerem Mitbestimmungsniveau eine Minderung dieser Partizipationsform eintritt.

Vergleichbar ist die Behandlung der Vorgehensweise, die beim Zusammenschluss der *Daimler Benz AG* und der *Chrysler Corporation* erfolgte. In diesem Fall wird eine SE durch Treuhänder neu gegründet und ist daher mitbestim-

---

497 Vgl. *Wollburg/Banerjea*, ZIP 2005, 277, 282; zustimmend *Schwarz*, Kommentar zur SE-VO, Einl. Rn. 253 und *Seibt*, AG 2005, 414, 427.

498 Nach Ansicht von *Köstler* liegt bei einer SE, deren Arbeitnehmerzahl aufgrund des Neuerwerbs von Betrieben oder Unternehmen nun die Schwellenwerte des MitbestG oder DrittelbG überschreitet, eine strukturelle Änderung i.S.d § 18 Abs. 3 SEBG vor; *Köstler*, in *Theisen/Wenz* (Hrsg.), Die Europäische Aktiengesellschaft, S. 331, 371. Mit der in dieser Arbeit vertretenen Ansicht ist aber die Anwendbarkeit solcher nationaler Anwendungsvoraussetzungen abzulehnen; vgl. oben 316 ff..

499 Ebenso *Wollburg/Banerjea*, ZIP 2005, 277, 279, 282 f.; zustimmend *Rehberg*, ZGR 2005, 859, 874. Anderer Ansicht ist *Oetker* für den Fall des Absinkens der Beschäftigtenzahl einer durch Umwandlung gegründeten SE in Deutschland unter die Schwellenwerte des § 1 Abs. 1 Nr. 2 MitbestG bzw. § 1 Abs. 1 DrittelbG. In einer solchen Konstellation sei § 35 Abs. 1 SEBG teleologisch zu reduzieren und die Mitbestimmung zu senken bzw. abzuschaffen; *Oetker*, in: *Lutter/Hommelhoff* (Hrsg.), Die Europäische Gesellschaft, S. 277, 308. Die Anwendung nationaler Schwellenwerte bei strukturellen Änderungen ist aber abzulehnen; vgl. oben S. 316 ff.

500 Vgl. oben S. 324 ff.

501 *Grobys*, NZA 2005, 84, 91.

502 Vgl. oben S. 1 ff.

mungsfrei. Anschließend übernimmt die SE die beiden zusammenzuschließenden Aktiengesellschaften durch ein öffentliches Übernahmeangebot.[503] Nach der Auffassung im Schrifttum besteht kein Anspruch auf Neuverhandlungen, da weder eine Mitbestimmungsminderung noch ein Missbrauch der SE im Sinne des § 43 SEBG vorliege und auch die Vorschriften über die Gründung einer Holding-SE nicht analog anwendbar seien.[504] Dies ist wiederum unter Verweis auf den Schutz der Arbeitnehmerbeteiligungsrechte bei der Gründung einer Holding-SE und auf das Beispiel der *Aventis SA* abzulehnen. Ferner ist danach zu fragen, wie die strukturelle Änderung im Moment der SE-Gründung hätte behandelt werden müssen. Zu diesem Zeitpunkt wäre eine mitbestimmungsrechtliche Rückstufung von mitbestimmten Gesellschaften ähnlich wie bei Gründung einer Holding-SE erfolgt. Es wäre eine mitbestimmungsfreie Obergesellschaft entstanden, in der über die Geschicke der mitbestimmten Gesellschaften mit entschieden worden wäre. Folglich liegt eine mit der Gründung einer Holding-SE vergleichbare Interessenlage für die Arbeitnehmerpartizipation vor. Darüber hinaus besteht auch eine Regelungslücke, weil die dargestellte gesellschaftsrechtliche Gestaltung bei erstmaliger Gründung einer SE nicht vorgesehen und bei strukturellen Änderungen nicht geregelt ist. Die vorzunehmende analoge Anwendung der Vorschriften in der SE-RL zur Gründung einer Holding-SE ist unproblematisch, da diese Gründungsform zusammen mit der Errichtung einer Tochter-SE der geringsten Absicherung unterliegt.[505]

Schließlich ist umstritten, wie bei einer arbeitnehmerlosen sog. „*SE-Vorratsgesellschaft*"[506] oder „*Vorrats-SE*"[507], mit deren Hilfe mitbestimmungsfreie Europäische Aktiengesellschaften entstehen können, vorzugehen ist. Diskutiert wird dabei die Gründung einer Holding-SE durch nationale arbeitnehmerlose Gesellschaften oder die Errichtung einer Tochter-SE durch eine bereits bestehende arbeitnehmerlose SE. Die Bildung einer solchen speziellen Form der SE wird einerseits im Schrifttum[508] als zulässig erachtet. Aufgrund des Fehlens

---

503 Denkbar ist selbstverständlich auch, dass lediglich eine mitbestimmte Aktiengesellschaft von der mitbestimmungsfreien, durch Treuhänder gegründeten SE erworben wird; vgl. *Wollburg/Banerja*, ZIP 2005, 277, 281.

504 Vgl. *Wollburg/Banerja*, ZIP 2005, 277, 280 f. Ebenso *Müller-Bonanni/Melot de Beauregard*, GmbHR 2005, 190, 200.

505 Nach Ansicht von *Nagel* liegt daher in der dargestellten gesellschaftsrechtlichen Gestaltungsweise unter Einbeziehung eines Treuhänders ein Missbrauch i.S.d § 43 SEBG vor, da die Mitbestimmungssicherung bei der Gründung einer Holding-SE umgangen werde; *Nagel*, in: *Nagel/Freis/Kleinsorge* (Hrsg.), Die Beteiligung der Arbeitnehmer in der Europäischen Gesellschaft, S. 223, Rn. 6.

506 *Kienast*, in: *Jannott/Frodermann* (Hrsg.), Handbuch der Europäischen Aktiengesellschaft, 13. Kap. VI, Rn. 210.

507 *Vossius*, ZIP 2005, 741, 746, 748; *Wollburg/Banerjea*, ZIP 2005, 277, 280.

508 *Enriques*, ZGR 2004, 735, 739; *Kienast*, in: *Jannott/Frodermann* (Hrsg.), Handbuch der Europäischen Aktiengesellschaft, 13. Kap. VI, Rn. 210 ff.; *Kallmeyer*, AG 2003, 197,

von Arbeitnehmern wird dabei von der Vornahme des Verhandlungsverfahrens als Eintragungsvoraussetzung gem. Art. 12 Abs. 2 SE-VO abgesehen.[509] Argumentiert wird damit, dass aufgrund der Abwesenheit von Beschäftigten schon gar nicht die erforderliche Information und die anschließende Bildung des BVG gem. Art. 3 SE-RL bzw. § 4 ff. SEBG erfolgen könne. Nehme eine solche auf Vorrat gegründete SE anschließend Arbeitnehmer auf, so bleibe sie dennoch mitbestimmungsfrei, da etwaige im Sitzstaat bestehende nationale Schwellenwerte für die Anwendbarkeit von Mitbestimmungsgesetzen keine Anwendung fänden.[510] Andererseits wird die Gründung einer solchen Vorrats-SE in der Literatur[511] abgelehnt, da die Eintragung einer SE gem. Art. 12 Abs. 2 SE-VO erst möglich sei, wenn die Frage der Arbeitnehmerbeteiligung auf die eine oder andere Weise geklärt wurde. Dies setzte daher zwingend voraus, dass überhaupt Arbeitnehmer in der zukünftigen SE vorhanden seien. Für das Erfordernis von Beschäftigten bereits bei Gründung einer SE sprächen auch Erwägungsgrund 18, 19 und 21 SE-RL sowie insbesondere Art. 11 und 13 SE-RL. Selbst wenn von der Möglichkeit der Gründung einer Vorrats-SE ausgegangen werde, sei diese aufgrund der Wertung der Rechtsprechung[512] zur Verwendung von nationalen Vorratsgesellschaften als wirtschaftliche Neugründung zu behandeln, sobald Arbeitnehmer einbezogen würden.[513] Die Relevanz dieser Diskussion zeigt sich bereits daran, dass in Deutschland mit der *„Beiten Burkhardt EU-Beteiligungen SE"* eine namhafte Großkanzlei eine solche Europäische Aktiengesellschaft auf Vorrat gegründet hat und diese *„maßgeschneiderte Gesellschaft"*[514] nun zum Verkauf anbietet. Allerdings sind die bestehenden Arbeitnehmerbeteiligungsrechte auch bei dieser speziellen Ausprägung einer SE ausreichend geschützt. Bleibt die SE ohne Arbeitnehmer, so bedarf es keiner Protektion von Partizipationsrechten.[515] Werden der Mitbestimmung unterliegende Arbeitnehmer in die Vorrats-SE aufgenommen, so liegt eine strukturelle Änderung vor und damit ein

---

198; *Vossius*, ZIP 2005, 741, 746, 748; *Walden/Meyer-Landrut*, DB 2005, 2119, 2120; *Wollburg/Banerjea*, ZIP 2005, 277, 280 f.

509 Voraussetzung ist jedoch, dass gegenüber dem Registergericht die Arbeitnehmerlosigkeit nachgewiesen wird; *Kienast*, in: *Jannott/Frodermann* (Hrsg.), Handbuch der Europäischen Aktiengesellschaft, 13. Kap. VI, Rn. 212, Fn. 198.

510 Vgl. zum Ganzen *Henssler*, RdA 2005, 330, 334 f.; *Kienast*, in: *Jannott/Frodermann* (Hrsg.), Handbuch der Europäischen Aktiengesellschaft, 13. Kap. VI, Rn. 210 ff.

511 *Köstler*, in *Theisen/Wenz* (Hrsg.), Die Europäische Aktiengesellschaft, S. 331, 372 ff.

512 Vgl. BGH v. 16.03.1992, BGHZ 117, 323 ff. = NJW 1992, 1824 ff.; BGH v. 09.12.2002, BGHZ 153, 158 ff. = NJW 2003, 892 ff.

513 Vgl. zum Ganzen *Köstler*, in *Theisen/Wenz* (Hrsg.), Die Europäische Aktiengesellschaft, S. 331, 372 ff.

514 Abgerufen am 27.01.2006 unter *http://www.bblaw.com/Single_Press_Releases.571.0.html?&L=1&cHash=0d7757209d&tx_ttnews[tt_news]=488* am 27.01.2006.

515 Dies gesteht auch *Köstler* zu; *Köstler*, in *Theisen/Wenz* (Hrsg.), Die Europäische Aktiengesellschaft, S. 331, 374.

Anspruch auf Verhandlungen. Allein die bloße Aufnahme von Arbeitnehmern durch Neueinstellungen kann zu Problemen führen, da nationale Schwellenwerte für die Anwendbarkeit von Mitbestimmungsgesetzen nicht zu berücksichtigen sind.[516] In solchen Fällen können aber diese von der Anzahl der Beschäftigten abhängigen Anwendungsvoraussetzungen immerhin als Anhaltspunkt dafür dienen, ob ein Missbrauchstatbestand i.S.d. Art. 11 SE-RL bzw. § 43 SEBG vorliegt. Hat beispielsweise eine Vorrats-SE mit Sitz in Deutschland innerhalb kurzer Zeit mehr als 500 Arbeitnehmer eingestellt, so spricht eine Vermutung dafür, dass diese SE zur Vorenthaltung von Beteiligungsrechten missbraucht wird.[517] Bei einer solchen Vorgehensweise muss die Leitung der SE, ähnlich wie bei einer Renationalisierung[518], nachvollziehbare wirtschaftliche Gründe für diesen Schritt vortragen.

Folglich kann den Vertretern im Schrifttum, die eine restriktive Auslegung des Begriffs der strukturellen Änderungen fordern, größtenteils nicht zugestimmt werden.[519] Letztendlich würde dies dazu führen, dass neben dem vom Gesetzgeber genannten Beispiel der Verschmelzung keine anderweitige Modifikation einen Anspruch auf Neuverhandlungen auslösen könnte.

bb) Von § 18 Abs. 3 SEBG nicht erfasste Sachverhalte

Der in der Gesetzesbegründung verwendete Beispielsfall lässt keinen Rückschluss über die Behandlung von gesellschaftsrechtlichen Gestaltungen mit geringeren strukturellen Änderungen zu.[520] Aber auch wenn der Begriff der *„Geeignetheit"* zum Schutz bestehender Arbeitnehmerbeteiligungsrechte weit ausgelegt wird, werden durch die zwingende Verknüpfung mit der Minderung der Arbeitnehmerbeteiligungsrechte nicht alle möglichen Konstellationen erfasst.

Fraglich ist bereits, ob auch die Fälle, in denen eine SE auf die eine oder andere Weise Arbeitnehmer, die in ihren nationalen Gesellschaften der Mitbestimmung

---

516 Vgl. oben S. 316 ff.

517 So will *Köstler* die Jahres-Frist des § 43 S. 2 SEBG heranziehen; *Köstler*, in *Theisen/Wenz* (Hrsg.), Die Europäische Aktiengesellschaft, S. 331, 374.

518 Vgl. hierzu oben S. 330.

519 Ebenso *Köstler*, in *Theisen/Wenz* (Hrsg.), Die Europäische Aktiengesellschaft, S. 331, 370.

520 Zum einen ist nicht ersichtlich, ob eine relevante Veränderung durch das Hinzukommen neuer Arbeitnehmer bereits bei einer Verschiebung der Mehrheitsverhältnisse im Arbeitnehmervertretungsgremium vorliegt oder ob die Überschreitung der Schwellenwerte erforderlich ist. Auch kann eine Änderung in der Zusammensetzung des Arbeitnehmervertretungsorgans bzw. eines fiktiven BVG ausreichen, da dies unter Umständen Auswirkungen auf eine Vereinbarung über die Arbeitnehmerbeteiligung ermöglicht; vgl. oben S. 306 ff. und S. 310 ff. Zum anderen droht bei einer fehlenden näheren Eingrenzung die Gefahr, dass der Begriff der strukturellen Änderungen auch auf nicht dem § 18 Abs. 3 SEBG unterliegende Fälle ausgedehnt wird; vgl. das Beispiel bei *Nagel*, NZG 2004, 833, 839.

unterliegen, verliert, unter § 18 Abs. 3 SEBG subsumiert werden können.[521] Sollte dies nicht der Fall sein, müsste nach der Einführung einer Arbeitnehmerbeteiligung in der SE auf solche Veränderungen grundsätzlich nicht reagiert werden. Zum einen findet sich in der SE-RL keine dem § 325 UmwG entsprechende Regelung, in der die Beibehaltung der Mitbestimmung nur für einen bestimmten Zeitraum angeordnet wird. Zum anderen sind in einer SE, anders als im deutschen Recht, in dem grundsätzlich die Anzahl der Arbeitnehmerzahl über das Bestehen von Mitbestimmung und deren näherer Ausgestaltung entscheidet, solche starren Grenzen die Ausnahme. Nur dann, wenn aufgrund der Ausgliederung von Arbeitnehmern die Schwellenwerte der Auffangregelung unterschritten würden und damit die Anwendbarkeit von Teil 3 An. SE-RL kraft Gesetzes wegfiele, wäre eine vergleichbare Situation gegeben. In den übrigen Fällen können nur Vermutungen angestellt werden, ob die Verminderung der Arbeitnehmerzahl bei einer Neuaufnahme der Verhandlungen auch zu anderen Vereinbarungsergebnissen führen würde. Folglich kann auch argumentiert werden, dass in solchen Situationen die strukturellen Änderungen nicht geeignet sind, Beteiligungsrechte der Arbeitnehmer zu mindern.[522]

Vom Wortlaut des § 18 Abs. 3 SEBG werden jedenfalls nicht die Konstellationen erfasst, in denen die strukturellen Änderungen in der SE nicht für eine Mitbestimmungsminderung, sondern für deren Erhöhung geeignet erscheinen.[523] Wird beispielsweise aus einer SE, in der keine Mitbestimmung eingerichtet wurde, eine nicht der Mitbestimmung unterliegende Gesellschaft ausgegliedert, so könnte nun die Mehrheit der Arbeitnehmer in der SE aus mitbestimmten Gesellschaften stammen bzw. eine Überschreitung der Schwellenwerte vorliegen. Es ist nicht ersichtlich, warum in solchen Konstellationen kein Anspruch auf erneute Aufnahme des Verhandlungsverfahrens gewährt werden sollte. Zwar bezieht sich die Berücksichtigung struktureller Änderungen in Erwägungsgrund 18 SE-RL auf die Sicherung bestehender Arbeitnehmerbeteiligungsrechte sowie das Vorher-Nachher-Prinzip. In der genannten Fallgestaltung handelt es sich dagegen um die Möglichkeit einer Verbesserung der in der SE bestehenden Mitbestimmung. Allerdings wurden zum Zeitpunkt der SE-Gründung die Partizipationsrechte einiger Arbeitnehmer gemindert. Da sich Erwägungsgrund 18 S. 3 SE-RL ausdrücklich auf Erwägungsgrund 18 S. 1 und 2 SE-RL bezieht, ist auf diesen Moment abzustellen. Nach Erwägungsgrund 18 S. 2 SE-RL sollen die *„**vor**[524] der Gründung von SE bestehenden Rechte der Arbeitnehmer Ausgangs-*

---

521 Vgl. zu diesen Konstellationen oben S. 308 ff.

522 Die eigentliche Gefahr für die bestehende Mitbestimmung in der SE ginge hier nämlich erst von der Neuaufnahme von Verhandlungen aus, da sich die Mehrheitsverhältnisse im Verhandlungsgremium geändert haben bzw. sogar die Schwellenwerte nicht mehr erreicht werden.

523 Vgl. bereits oben S. 308 ff.

524 Hervorhebung durch den Verfasser.

punkt (...) für die Gestaltung ihrer Beteiligungsrechte" sein. Auch geht es laut Erwägungsgrund 18 S. 1 SE-RL um die Sicherung eines einmal erworbenen Status quo.

Schließlich wäre die Gewährleistung bestehender Rechte dann zum Teil allein von der zeitlichen Abfolge der gesellschaftsrechtlichen Vorgänge abhängig. Zur Verdeutlichung sollen folgende Beispiele dienen:

> *Die der Mitbestimmung unterliegende deutsche Gesellschaft A wird in eine bestehende SE aufgenommen. Da ihre Arbeitnehmer 30 Prozent der Gesamtzahl der Beschäftigten der SE ausmachen, findet gem. § 18 Abs. 3 SEBG ein Verhandlungsverfahren statt. Daraufhin wird in die SE die Mitbestimmung der Gesellschaft A installiert.*
>
> *Die der Mitbestimmung unterliegende deutsche Gesellschaft A ist diesmal bereits an der Gründung einer SE beteiligt. Da ihre Arbeitnehmer nur 10 Prozent an der Gesamtzahl der zukünftigen Beschäftigten stellen, kommt es zur Entstehung einer mitbestimmungsfreien SE. Nach einem Jahr wird aus wirtschaftlichen Gründen eine Gesellschaft aus der SE ausgegliedert, so dass die deutschen Arbeitnehmer der Gesellschaft A nun wiederum 30 Prozent der Gesamtzahl der Beschäftigten stellen. Nach § 18 Abs. 3 SEBG findet aber kein Verhandlungsverfahren statt, das heißt die SE bleibt mitbestimmungsfrei.*

Die Vorschrift des § 18 Abs. 3 SEBG geht folglich zwar in die richtige Richtung. Allerdings muss der deutsche Gesetzgeber einen Anspruch auf Neuaufnahme von Verhandlungen auch dann schaffen, wenn die geplanten strukturellen Änderungen der SE geeignet sind, Beteiligungsrechte der Arbeitnehmer zu vergrößern.

c) Gemeinsamkeiten beider Wiederaufnahmegründe

Für beide Fälle der Wiederaufnahme gelten gem. **§ 18 Abs. 4 SEBG** im Übrigen die Vorschriften des gesamten Teil 2 SEBG. Folglich sind den Arbeitnehmervertretern gem. § 4 SEBG insbesondere bei strukturellen Änderungen die diesbezüglichen Informationen mitzuteilen. Verhandlungspartner ist bei Wiederaufnahme des Verfahrens stets die Leitung der SE, das heißt die Leitungen der an der Gründung beteiligten Gesellschaften werden nicht mehr einbezogen.[525] Das BVG bzw. der an dessen Stelle tretende SE-Betriebsrat kann gem. § 16 SEBG auch die Nichtaufnahme bzw. den Abbruch der Verhandlungen beschließen.

In einer SE, in der ein Beschluss i.S.d. § 16 SEBG gefasst wurde, können beide Wiederaufnahmegründe unter Umständen zusammentreffen. Eine solche Konstellation kann eintreten, wenn in dieser mitbestimmungsfreien SE innerhalb des Zeitraums von zwei Jahren nun strukturelle Änderungen, zum Beispiel durch die Aufnahme mitbestimmter Arbeitnehmer, geplant werden. Hier geht das Verfahren des § 18 Abs. 3 SEBG vor, da es der bestehenden SE gegenüber der Vorgehensweise nach § 18 Abs. 1 SEBG aufgrund des § 18 Abs. 3 S. 2 SEBG eine Verminderung des organisatorischen Aufwands bietet. Ferner beinhaltet das

---

[525] BR-Drucks. 438/04, Begründung zum SEEG, S. 127.

Scheitern der Verhandlungen weit weniger einschneidende Auswirkungen für die Arbeitnehmerbeteiligungsrechte. Während eine fehlende Einigung bei dem Verfahren des § 18 Abs. 3 SEBG zur Einführung der Partizipationsrechte kraft Gesetzes führt, finden diese Vorschriften bei der Vorgehensweise nach § 18 Abs. 1 SEBG gem. § 18 Abs. 2 SEBG keine Anwendung.

6. Anfertigung einer Niederschrift gem. § 17 SEBG

Über den Inhalt bestimmter Beschlüsse des BVG ist aufgrund ihrer weitreichenden Rechtsfolgen gem. **§ 17 SEBG** eine Niederschrift anzufertigen.[526] Hierunter fallen gem. **§ 17 S. 1 Nr. 1 SEBG** ein Beschluss über eine Vereinbarung mit dem Ziel der Einführung der Arbeitnehmerbeteiligung in die SE und gem. **§ 17 S. 1 Nr. 2 SEBG** ein Beschluss über die Nichtaufnahme oder den Abbruch der Verhandlungen. Diese Niederschriften sind vom Vorsitzenden und einem weiteren Mitglied des BVG zu unterzeichnen und müssen zudem gem. **§ 17 S. 1 Nr. 3 SEBG** die jeweils bei der Beschlussfassung vorliegenden Mehrheiten enthalten. Den Leitungen der beteiligten Gesellschaften ist zudem gem. **§ 17 S. 2 SEBG** eine Abschrift zu übermitteln.

7. Kosten des BVG gem. § 19 SEBG

Die in Art. 3 Abs. 7 Unterabs. 1 SE-RL geregelte Kostentragungspflicht der beteiligten Gesellschaften ist in **§ 19 S. 1 SEBG** umgesetzt. Zusätzlich wird die SE nach ihrer Gründung in den Kreis der Kostenpflichtigen einbezogen, sodass sie und die beteiligten Gesellschaften als Gesamtschuldner haften.[527] Während nach dem Wortlaut der SE-RL die Kosten, die das BVG zur angemessenen Erfüllung seiner Aufgaben verursacht, zu erstatten sind, stellt das SEBG auf die *„Erforderlichkeit"* ab.[528] Dabei ist davon auszugehen, dass Angemessenheit und Erforderlichkeit als Kriterien für die Entstehung der Kostentragungspflicht gleichwertig sind. Des Weiteren hat der Gesetzgeber von der Option des Art. 3 Abs. 7 Unterabs. 2 S. 1 SE-RL Gebrauch gemacht. Demzufolge sind gem. **§ 19 S. 2 SEBG** insbesondere für die Sitzungen des BVG Räume, sachliche Mittel, Dolmetscher und Büropersonal in erforderlichem Maße bereit zustellen und die erforderlichen Reise- und Aufenthaltskosten seiner Mitglieder zu tragen.

Dagegen wurde die in Art. 3 Abs. 7 Unterabs. 2 S. 2 SE-RL vorgesehene Möglichkeit der Kostenbegrenzung auf einen Sachverständigen nicht in Anspruch genommen. Die Übernahme dieser in der EBR-RL ebenfalls zur Verfügung ste-

---

526 BR-Drucks. 438/04, Begründung zum SEEG, S. 126.

527 Ähnlich § 16 Abs. 2 EBRG.

528 Obwohl es in § 16 Abs. 1 S. 1 EBRG an dem Erfordernis der *„Erforderlichkeit"* fehlt, wird dieses Kriterium auch bei der Bildung und Tätigkeit des dortigen BVG zugrunde gelegt; *Blanke*, EBRG, § 16 Rn. 2. Vgl. zum Begriff der *„Erforderlichkeit"* und den daraus folgenden Verpflichtungen für die Leitungen die Ausführungen bei *Freis*, in: *Nagel/Freis/Kleinsorge* (Hrsg.), Die Beteiligung der Arbeitnehmer in der Europäischen Gesellschaft, S. 154 ff., Rn. 4 ff.

henden Option in § 16 Abs. 1 S. 2 EBRG hat in der Literatur zu unterschiedlichen Ansichten geführt.[529] Da im Rahmen des SEBG die Kostentragungspflicht allein mit der *„Erforderlichkeit"* verknüpft ist, kann über die im Rahmen des EBRG vertretene Auslegung hinausgegangen werden. Bei § 16 Abs. 1 S. 2 EBRG wird zu Recht ausgeführt, dass die Kosten pro Beratungs- bzw. Verhandlungsgegenstand, für die die Hinzuziehung eines Sachverständigen erforderlich sei, zu tragen seien. Abzulehnen sei allein die zeitgleiche Beschäftigung von mehr als einem Experten mit der gleichen Thematik, nicht aber die Ablösung eines Sachverständigen durch einen anderen in der gleichen Angelegenheit.[530] Nach dem SEBG löst auch die parallele Einbeziehung zweier Experten zur gleichen Frage die Kostentragungspflicht aus, solange ihre Tätigkeit erforderlich ist.

Die Tatsache, dass die hierdurch entstehenden Kosten von den beteiligten Gesellschaften und der SE zu tragen sind, erscheint gegenüber diesen Unternehmen nicht unbillig.[531] Zum einen liegt die gleichzeitige Beschäftigung von Sachverständigen auch in ihrem Interesse. Da grundsätzlich erst nach Abschluss des Verhandlungsverfahrens die Eintragung der SE möglich ist, werden die beteiligten Gesellschaften eine schnellstmögliche Vorgehensweise begrüßen. Ein Weg, das Verhandlungsverfahren zu fördern, ist aber die Beratung des BVG durch mehrere, zeitgleich tätige Sachverständige. Zum anderen sind die beteiligten Gesellschaften auch ausreichend vor Missbrauch geschützt. Die Mitglieder des BVG können nicht beliebig Sachverständige bestellen bzw. einen Experten gegen einen anderen austauschen. Erscheint die Auswechslung eines Sachverständigen nicht erforderlich, so entfällt die Kostentragungspflicht. Die zeitgleiche Tätigkeit mehr als eines Experten im gleichen Themenbereich wird zudem nur im Ausnahmefall erforderlich sein. Unter diesen Umständen haben die beteiligten Gesellschaften und die SE die Unkosten für die zeitgleiche Tätigkeit mehrerer Sachverständiger bzw. den Austausch eines Sachverständigen gegen einen anderen Experten zu begleichen.

8. Dauer der Verhandlungen gem. § 20 SEBG

Die Regelungen über den Verhandlungszeitraum in Art. 5 Abs. 1 und 2 SE-RL sind mit identischem Wortlaut in **§ 20 Abs. 1 S. 1 und Abs. 2 SEBG** umgesetzt. Da das fristauslösende Ereignis der Einsetzung des BVG in der SE-RL nicht näher definiert wird, erfolgt diese erforderliche Festlegung in **§ 20 Abs. 1 S. 2 SEBG**. Demnach ist dies der Tag, zu dem die Leitungen gem. § 12 Abs. 1 S. 1 SEBG zur konstituierenden Sitzung des BVG einladen. Insgesamt wird der

---

529 Vgl. oben S. 414 ff.

530 Vgl. zum Ganzen *Bachner/Nielebock*, ArbuR 1997, 129, 131; *Blanke*, EBRG, § 13 Rn. 20, § 16 Rn. 9.

531 Ebenso *Freis*, in: *Nagel/Freis/Kleinsorge* (Hrsg.), Die Beteiligung der Arbeitnehmer in der Europäischen Gesellschaft, S. 155 f., Rn. 9 f.

gesamte Zeitraum von der Bildung des BVG bis zum Abschluss einer Vereinbarung nach Ablauf der sechsmonatigen Verhandlungsfrist auf neun Monate tangiert.[532]

IV. Abschluss einer Vereinbarung

In **§ 21 SEBG** sind die den gesamten Art. 4 SE-RL ausmachenden Mindestbestimmungen einer Vereinbarung implementiert. Während das BVG die geschlossene Vereinbarung durch Beschluss genehmigt, findet sich im SEBG, ebenso wie in der SE-RL, keine Regelung, durch welches Verfahren auf Seite der beteiligten Gesellschaften die getroffene Einigung Gültigkeit erlangt. Daher muss die Vereinbarung einstimmig von allen Leitungen der beteiligten Gesellschaften nach ihren jeweiligen einzelstaatlichen Vorschriften rechtswirksam unterzeichnet werden.[533]

1. Rechtsnatur der Vereinbarung

Der deutsche Gesetzgeber hat zur Rechtsnatur einer zwischen den Leitungen und dem BVG geschlossenen Vereinbarung keine Stellung genommen. Diese Frage spielt im deutschen Recht aber durchaus eine Rolle, da sich je nach Qualifikation unterschiedliche Formerfordernisse, Anforderungen an die Vertragspartner und Vertragsinhalte, Klageberechtigung und die Möglichkeit der Erstreikbarkeit eines Abschlusses ergeben können.[534] Zudem besteht die Möglichkeit, dass eine solche Vereinbarung über den einfachen Gesetzen steht. Dann könnte sie sich über die aufgrund der Ermächtigung in Art. 40 Abs. 3 und Art. 43 Abs. 2 SE-VO in § 17 und § 23 SEAG geregelte Eingrenzung der Mitgliederanzahl im Aufsichts- bzw. Verwaltungsorgan der SE hinwegsetzen. Immerhin zeigt Art. 12 Abs. 4 SE-VO, dass der europäische Gesetzgeber einer Vereinbarung Vorrang gegenüber der Satzung der SE gewährt.[535]

Im Schrifttum bestehen zur Frage der Rechtsnatur einer Vereinbarung im Rahmen des EBRG verschiedene Ansätze, die aufgrund der parallelen Problematik berücksichtigt werden können. Ausgangspunkt der Untersuchung ist der Inhalt einer Vereinbarung gem. 21 SEBG. Ebenso wie bei einer Vereinbarung im Sin-

---

532 *Kienast*, in: *Jannott/Frodermann* (Hrsg.), Handbuch der Europäischen Aktiengesellschaft, 13. Kap. V, Rn. 89.
Im Schrifttum wird zur Dauer des Verhandlungsverfahrens ausgeführt, dass sich bei der Gründung einer Verschmelzungs-SE Probleme bei der Aufstellung der Schlussbilanz, der Festlegung des Umtauschverhältnisses und der Ad-hoc-Publizitätspflicht ergeben könnten; vgl. *Jannott*, in: *Jannott/Frodermann* (Hrsg.), Handbuch der Europäischen Aktiengesellschaft, 3. Kap. III 1.2, Rn. 34, III 1.2.3.2, Rn. 41 und III 1.2.10, Rn. 72.

533 *Grobys*, NZA 2005, 84, 88; ebenso *Krause*, BB 2005, 1221, 1226.

534 *Blanke*, EBRG, § 41 Rn. 37 f.

535 Nach Ansicht von *Schwarz* steht die Vereinbarung über die Arbeitnehmerbeteiligung in der Hierarchie nicht nur über der Satzung der SE, sondern unter Umständen auch über mitgliedstaatlichem Recht; *Schwarz*, Kommentar zur SE-VO, Einl. Rn. 292.

ne des EBRG werden einerseits schuldrechtliche Verpflichtungen zwischen den Vertragsparteien begründet.[536] Andererseits werden auch Regelungen vorgenommen, die Dritte in den Vertragsinhalt mit einbeziehen. So werden auf Arbeitnehmerseite Rechte und Pflichten für die Arbeitnehmer begründet und auf Arbeitgeberseite die Tochtergesellschaften und Betriebe verpflichtet.[537] Ferner hat die Vereinbarung eine über diese vertragliche Gestaltung hinausgehende Wirkung, da unter anderem in einem Organisationsakt eine dauerhafte Arbeitnehmerrepräsentation geschaffen[538] und die Auffangregelung ausgeschlossen wird.[539] Aufgrund dieser Doppelnatur der Vereinbarung kommen zunächst aus deutscher Sicht die zwei Formen der Kollektivverträge, Tarifvertrag und Betriebsvereinbarung, in Betracht.

Tatsächlich wird im Schrifttum eine Vereinbarung im Sinne der EBR-RL als **Tarifvertrag** qualifiziert.[540] Eine tarifvertragliche Regelbarkeit ist aber auch im Rahmen der SE-RL mit dem Hinweis auf § 2 TVG abzulehnen. Zwar können gem. Art. 3 Abs. 2 Buchst. b Unterabs. 2 SE-RL auch Gewerkschaftsvertreter Mitglied im BVG werden, doch stellen sie keine eigenständigen Verhandlungsorgane dar. Sie bilden lediglich einen Teil dieses Gremiums.[541] Zudem ist der bei einem Tarifvertrag bestehende Grundsatz der Erstreikbarkeit einer Einigung nicht Mechanismus der SE-RL, da bei einem Scheitern der Verhandlungen eine Auffangregelung und damit eine anderweitige Lösung vorgesehen ist. Auch spricht gegen eine solche Konzeption, dass eine Eintragung der SE gem. Art. 12 Abs. 2 SE-VO erst nach Abschluss einer Vereinbarung bzw. einer anderweitigen Beendigung des Verhandlungsverfahrens möglich ist.

Das Vorliegen einer **Betriebsvereinbarung** wird nur vereinzelt vertreten[542] und ist ebenfalls abzulehnen, da das BVG weder die gem. § 77 Abs. 2 S. 1 BetrVG erforderliche Stellung noch die Funktion eines Betriebsrats wahrnimmt.[543]

---

536 *Blanke*, EBRG, § 41 Rn. 35.

537 *Blanke*, EBRG, § 41 Rn. 35 . So werden die Arbeitnehmer beispielsweise zur Geheimhaltung verpflichtet und die abhängigen Unternehmen sind an der Lohnfortzahlung und an der Freistellung der gewählten Arbeitnehmervertreter beteiligt.

538 MünchArbR/*Joost*, § 366, Rn. 98.

539 *Blanke*, EBRG, § 41 Rn. 35 .

540 *Blanpain/Schmidt/Schweibert*, Europäisches Arbeitsrecht, § 4 D 4 a, Rn. 616.

541 *Hanau*, ZGR 2001, 74, 105; *Herfs-Röttgen*, NZA 2002, 358, 364; *Kraushaar*, BB 2003, 1614, 1619; *Lambach*, Die Beteiligung in der SE, S. 172. Gem. § 6 Abs. 3 SEBG ist nur jedes dritte aus Deutschland kommende Mitglied im BVG ein Gewerkschaftsvertreter.

542 Innerhalb dieser Ansicht wird zwischen den verschiedenen möglichen Vereinbarungen differenziert. So ist nach Auffassung von *Hanau* eine Vereinbarung i.S.d. Art. 6 EBR-RL eine Europäische Betriebsvereinbarung mit schuldrechtlicher Wirkung zwischen dem BVG und dem an den Verhandlungen beteiligten herrschenden Unternehmen. Dagegen falle eine Vereinbarung i.S.d. Art. 13 EBR-RL allein unter nationales Recht, da sie die Geltung der EBR-RL gerade ausschließe; vgl. *Hanau*, FS Vieregge (1995), S. 319, 333 f. Auch *Sandmann* sieht nur in einer Vereinbarung i.S.d. Art. 6 Abs. 2 und 3 EBR-RL eine

Des Weiteren wird im Rahmen der EBR-RL ausgeführt, dass es sich um einen **schuldrechtlich wirkenden Vertrag** handele.[544] Dagegen spricht aber bereits, dass mit dieser Vereinbarung den an den Verhandlungen nicht beteiligten Arbeitnehmern, Gesellschaften und Betrieben auch Pflichten auferlegt werden und ein Vertrag zulasten Dritter nach deutschem Recht nicht zulässig ist.[545] Auch zeitigt die Vereinbarung Rechtswirkungen, die nicht durch einen schuldrechtlichen Vertrag begründet werden können.[546] Schließlich stellt das BVG ein *ad-hoc-Gremium* dar, so dass sich diese Vertragspartei mit Abschluss der Vereinbarung und damit der Erfüllung ihrer Aufgabe auflöst.[547] Somit könnte das BVG die Rechte aus dieser Vereinbarung gerichtlich nicht geltend machen.[548]

Daher geht die überwiegende Ansicht in der Literatur zu Recht davon aus, dass es sich bei einer solchen Vereinbarung um einen **eigenständigen Kollektivvertrag mit normativer Wirkung** handle.[549] Die Vereinbarung mit ihrem betriebsverfassungsrechtlichen bzw. eventuell auch mitbestimmungsrechtlichen Inhalt hat folglich eine *„gesetzesvertretende Funktion"*[550] und liegt im Bereich der Verbands-, Tarif-, und Betriebautonomie.[551] Auf diesem Weg kann keine anderweitige Mitgliederanzahl im Aufsichts- bzw. Verwaltungsrat der SE herbeigeführt werden, da der deutsche Gesetzgeber in § 17 und § 23 SEAG von der Er-

---

Gesamt- oder Konzernbetriebsvereinbarung; *Sandmann*, Die Euro-Betriebsrats-Richtlinie, S. 199. Zustimmend *Eckhoff*, Der Europäische Betriebsrat, S. 265, S. 274ff.

543 *Herfs-Röttgen*, NZA 2002, 358, 364; MünchArbR/*Joost*, § 366, Rn. 98; *Kraushaar*, BB 2003, 1614, 1619; *Limbach*, Die Beteiligung in der SE, S. 172. Dies liegt unter anderem daran, dass seine Mitglieder auch aus Mitgliedstaaten stammen, die aufgrund einer alleinigen gewerkschaftlichen Interessenvertretung keine vergleichbare Legitimation besitzen; DKK/*Däubler*, § 17 EBRG Rn. 8.

544 *Oetker*, in *Oetker/Preis* (Hrsg.), EAS, B 8300, Rn. 119. Zum Teil wird allerdings vertreten, dass lediglich die Vereinbarung nach Art. 13 EBR-RL einen solchen schuldrechtlichen Vertrag darstelle, *Sandmann*, Die Euro-Betriebsrats-Richtlinie, S. 156 ff.

545 *Blanke*, EBRG, § 41 Rn. 31.

546 *Blanke*, EBRG, § 41 Rn. 31; MünchArbR/*Joost*, § 366, Rn. 98, allerdings zur EBR-RL. Zustimmend für die SE-RL *Herfs-Röttgen*, NZA 2002, 358, 364; *Hennings*, in: *Manz/Mayer/Schröder* (Hrsg.), Europäische Aktiengesellschaft SE, S. 671, Rn. 33; *Kraushaar*, BB 2003, 1614, 1619.

547 MünchArbR/*Joost*, § 366, Rn. 98. Ebenso für die SE-RL *Kraushaar*, BB 2003, 1614, 1619

548 *Kraushaar*, BB 2003, 1614, 1619.

549 *Blanke*, EBRG, § 41 Rn. 31; DKK/*Däubler*, § 17 EBRG Rn. 9 ff.; *Hennings*, in: *Manz/Mayer/Schröder* (Hrsg.), Europäische Aktiengesellschaft SE, S. 671, Rn. 33; *Herfs-Röttgen*, NZA 2002, 358, 364; MünchArbR/*Joost*, § 366, Rn. 98; *Kraushaar*, BB 2003, 1614, 1619; *Limbach*, Die Beteiligung in der SE, S. 172; *Zang*, Verlegung des Sitzes, S. 263. Zustimmend *Freis*, in: *Nagel/Freis/Kleinsorge* (Hrsg.), Die Beteiligung der Arbeitnehmer in der Europäischen Gesellschaft, S. 132, Rn.5.

550 *Limbach*, Die Beteiligung in der SE, S. 172.

551 *Kraushaar*, BB 2003, 1614, 1619.

mächtigung in Art. 40 Abs. 3 und Art. 43 Abs. 2 SE-VO Gebrauch gemacht hat und eine anderweitige Vereinbarung der Verhandlungsparteien einen Kollektivvertrag sui generis ohne gesetzesverdrängende Wirkung darstellt.

2. Inhalt der Vereinbarung gem. § 21 SEBG

In **§ 21 SEBG** wurden die Regelungsgegenstände des Art. 4 Abs. 2 SE-RL mit einigen Ergänzungen übernommen.[552] Dabei verdeutlicht der Wortlaut des **§ 21 Abs. 1 SEBG**, wonach dieser Inhalt *„unbeschadet der Autonomie der Parteien **im Übrigen**[553]“* zu vereinbaren ist, dass die Parteien nicht auf ein Verfahren der Unterrichtung und Anhörung verzichten können.[554] Die Parteien können gem. **§ 21 Abs. 5 SEBG**[555] auch festlegen, dass die gesetzlichen Regelungen hinsichtlich der Unterrichtung und Anhörung bzw. der Mitbestimmung ganz oder zum Teil Anwendung finden.

a) Mindestbestimmungen für einen SE-Betriebsrat

In **§ 21 Abs. 1 Nr. 1 SEBG**, der Art. 4 Abs. 2 Buchst. a SE-RL umsetzt, findet sich die Ergänzung, dass auch außerhalb des Hoheitsgebiets der Gemeinschaft liegende Unternehmen und Betriebe in den Geltungsbereich der Vereinbarung einbezogen werden können. Da eine SE grundsätzlich nur von Unternehmen aus den Mitgliedstaaten gegründet werden kann, soll durch diese Möglichkeit internationalen Konzernstrukturen Rechnung getragen werden.[556] Allerdings können die Arbeitnehmer dieser exterritorialen Unternehmen und Betriebe keinen Einfluss auf diese Vereinbarung nehmen, da sich nur ihr Geltungsbereich auf diese Beschäftigten erstreckt.

In **§ 21 Abs. 1 Nr. 2 SEBG** ist über die bloße Umsetzung des Art. 4 Abs. 2 Buchst. b SE-RL hinaus geregelt, dass auch die Auswirkungen wesentlicher Änderungen der Anzahl der in der SE beschäftigten Arbeitnehmer auf die Zusammensetzung, die Anzahl der Mitglieder und die Sitzverteilung des SE-Betriebsrats festzulegen sind. Der deutsche Gesetzgeber erreicht durch diese Erweiterung eine Angleichung an Teil 1 Buchst. b Unterabs. 2 An. SE-RL bzw. § 25 SEBG, die bei einem SE-Betriebsrat kraft Gesetzes dessen Anpassung an geänderte Verhältnisse in der SE festlegen. Die übrigen Vorschriften bezüglich

---

552 Von *Heinze/Seifert/Teichmann* wurde bereits eine Mustervereinbarung über die Gestaltung der Arbeitnehmerbeteiligung in einer SE entworfen; vgl. *Heinze/Seifert/Teichmann*, BB 2005, 2524, 2526 ff.

553 Hervorhebung durch den Verfasser.

554 Vgl. zu diesem Problem oben S. 221 f.

555 Dieser setzt Art. 4 Abs. 3 SE-RL um.

556 BR-Drucks. 438/04, Begründung zum SEEG, S. 129.

der Einrichtung eines Arbeitnehmervertretungsorgans lassen hingegen keine Abweichungen erkennen.[557]

b) Mindestbestimmungen für das Verfahren der Unterrichtung und Anhörung

Hinsichtlich der Durchführungsmodalitäten der Verfahren zur Unterrichtung und Anhörung wurde Art. 4 Abs. 2 Buchst. f SE-RL in **§ 21 Abs. 2 S. 1 SEBG** implementiert. Allerdings gelten gem. **§ 21 Abs. 2 S. 2 SEBG** die Mindestbestimmungen des Absatz 1 entsprechend, sodass in der Vereinbarung dieselben Mindestinhalte sichergestellt werden müssen.[558] Zwar ist es zu befürworten, dass ein mit den Anforderungen an die Einrichtung eines Vertretungsorgans vergleichbares Niveau an Regelungen geschaffen wird. Allerdings geht das SEBG in diesem Bereich über die SE-RL hinaus, da sich dort ein entsprechender Verweis auf die Vorschriften zur Einrichtung eines Vertretungsorgans nicht findet. In den Art. 4 Abs. 2 Buchst. b bis e SE-RL ist stets ausdrücklich nur das Vertretungsorgan einbezogen.[559] Eine uneingeschränkte Bezugnahme auf sämtliche Mindestbestimmungen für ein Vertretungsorgan erscheint zudem wenig zweckmäßig, da bei einem Verfahren der Information und Konsultation i.S.d. § 21 Abs. 2 SEBG unter Umständen ein solches Gremium nicht besteht. Ein Verweis auf den allein die Zusammensetzung des SE-Betriebsrats regelnden § 21 Abs. 1 Nr. 2 SEBG trägt wenig zur Festlegung gewisser Parameter für das Unterrichtungs- und Anhörungsverfahren bei.

c) Mindestbestimmungen für die Einrichtung von Mitbestimmung

Der den Mindestinhalt einer Vereinbarung über die Einführung von Mitbestimmung regelnde Art. 4 Abs. 2 Buchst. g SE-RL ist in **§ 21 Abs. 3 SEBG** umgesetzt.[560] Anhand der Formulierung in **§ 21 Abs. 3 S. 1 SEBG** wird klar gestellt,

---

557 So entspricht Art. 4 Abs. 2 Buchst. c SE-RL dem **§ 21 Abs. 1 Nr. 3 SEBG,** Art. 4 Abs. 2 Buchst. d SE-RL dem **§ 21 Abs. 1 Nr. 4 SEBG,** Art. 4 Abs. 2 Buchst. e SE-RL dem **§ 21 Abs. 1 Nr. 5 SEBG** und Art. 4 Abs. 2 Buchst. h SE-RL dem **§ 21 Abs. 1 Nr. 6 SEBG.**

558 BR-Drucks. 438/04, Begründung zum SEEG, S. 129.

559 Bei Art. 4 Abs. 2 Buchst. b bis e SE-RL handelt es sich nach der in der vorliegenden Arbeit vertretenen Auffassung daher gerade nicht um zwingende Mindestvorschriften für die Einrichtung anderweitiger Informations- und Konsultationsverfahren; vgl. oben S. 218 ff.

560 Abweichend vom Wortlaut des Art. 4 Abs. 2 SE-RL stellt § 21 Abs. 3 SEBG allerdings nur eine Sollvorschrift dar. In Übereinstimmung mit der SE-RL ist diese Vorschrift daher als Mussvorschrift zu lesen; *Schwarz*, Kommentar zur SE-VO, Art. 40 Rn.46 Fn. 81. Vgl. zu den möglichen Inhalten einer solchen Vereinbarung *Heinze/Seifert/Teichmann*, BB 2005, 2524, 2525 ff. und die Aufstellung bei *Seibt*, AG 2005, 414, 422 ff. Dabei prognostiziert *Seibt*, dass sich bei einer SE mit deutscher Prägung sechs zu verhandelnde Standardmodelle der Organisationsstruktur herauskristallisieren werden. Vgl. zu diesen Modellen auch *Seibt*, in: *Lutter/Hommelhoff* (Hrsg.), Die Europäische Gesellschaft,

dass die Verhandlungsparteien über eine solche Vereinbarung frei entscheiden können.[561] Zwar verweist der deutsche Gesetzgeber nicht auf § 21 Abs. 1 Nr. 6 SEBG, doch ist dies auch nicht erforderlich.[562] Im Rahmen der Begründung zum Gesetzesentwurf wird ein Hinweis gegeben, um eine nach Ansicht des Gesetzgebers bestehende *„mitbestimmungsrechtliche Lücke"*[563] schließen zu können. Gem. § 30 Abs. 2 AktG erfolgt bei Gründung einer Aktiengesellschaft die erstmalige Bildung des Aufsichtsrats ohne Beteiligung der Arbeitnehmervertreter und dies kann durch eine anderweitige Vereinbarung verhindert werden. Die Anwendung dieser Vorschrift auf eine SE mit Sitz in Deutschland ist aber abzulehnen.[564] Schließlich wird darauf hingewiesen, dass auch Regelungen über die Einbeziehung von Arbeitnehmervertretern aus Drittstaaten vereinbart werden können.[565]

d) Berücksichtigung struktureller Änderungen

Darüber hinaus soll gem. **§ 21 Abs. 4 S. 1 SEBG** vereinbart werden, dass vor strukturellen Änderungen der SE erneut Verhandlungen über die Arbeitnehmerbeteiligung aufgenommen werden. Auch kann gem. **§ 21 Abs. 4 S. 2 SEBG** das dabei anzuwendende Verfahren von den Parteien festgelegt werden. Diese *„Soll"*-Vorschrift dient wohl zur Vermeidung von Streitigkeiten und einer Verfahrenserleichterung, da die Parteien gem. § 18 Abs. 3 SEBG auf jeden Fall zur Neuaufnahme von Verhandlungen gezwungen sind. In der Gesetzesbegründung

---

S. 67, 90 ff., wobei der Autor dort im dualistischen System keine Differenzierungen vornimmt.

561 BR-Drucks. 438/04, Begründung zum SEEG, S. 129.

562 Dort ist geregelt, dass der Zeitpunkt des Inkrafttretens und der Laufzeit der Vereinbarung sowie die Fälle ihrer Neuaushandlung und des diesbezüglichen Verfahrens festzulegen sind. Im Rahmen der SE-RL gilt Art. 4 Abs. 2 Buchst. h SE-RL allein aufgrund der äußeren Gestaltung dieses Artikels auch für die Mitbestimmung, da er Art. 4 Abs. 2 Buchst. g SE-RL nachfolgt.
Eine Verweisung im SEBG ist aber nicht erforderlich, da zum einen neben der Mitbestimmung zwangsläufig entweder ein SE-Betriebsrat oder ein anderweitiges Verfahren der Unterrichtung und Anhörung zu vereinbaren ist. Für diese letztgenannten Beteiligungsformen gilt aber § 21 Abs. 1 Nr. 6 SEBG, das heißt es sind zumindest der Zeitpunkt des Inkrafttretens und die Laufzeit der Vereinbarung festzulegen.
Zum anderen schadet die Tatsache nicht, dass es in einer Vereinbarung auch unter Berücksichtigung des § 21 Abs. 1 Nr. 6 SEBG an der Einbeziehung von Fällen mit Mitbestimmungsbezug, die eine Neuaushandlung der Vereinbarung auslösen, fehlen kann. Über diese Lücke hilft nämlich § 21 Abs. 4 SEBG hinweg. Aufgrund dieser Vorschrift sind die strukturellen Änderungen mit Auswirkungen auf die Mitbestimmung, die einen Anspruch auf Neuaufnahme des Verhandlungsverfahrens auslösen, ebenso festzulegen.

563 BR-Drucks. 438/04, Begründung zum SEEG, S. 129.

564 Vgl. zum Problem der Beteiligung der Arbeitnehmervertreter bei erstmaliger Bildung des Aufsichts- bzw. Verwaltungsorgans unten S. 468 ff.

565 BR-Drucks. 438/04, Begründung zum SEEG, S. 129.

wird explizit klargestellt, dass § 18 Abs. 3 SEBG im Rahmen einer Vereinbarung nicht abdingbar ist.[566]

e) Sonderrolle der Umwandlung

Ebenso wie in Art. 4 Abs. 4 SE-RL wird in **§ 21 Abs. 6 S. 1 SEBG** klar gestellt, dass bei dem Gründungsfall der Umwandlung alle bisherigen Komponenten der Arbeitnehmerbeteiligung weiterhin zumindest im gleichen Ausmaß bestehen bleiben müssen. Dabei wird in **§ 21 Abs. 6 S. 2 SEBG** explizit betont, dass dies auch bei einem damit einhergehenden Wechsel von der einen Organisationsstruktur in die andere gilt. Als Grund für diesen besonderen Schutz wird angeführt, dass bei einer Umwandlung die Identität der Belegschaft gleich bleibe.[567]

D. Beteiligung der Arbeitnehmer kraft Gesetzes gem. §§ 22 bis 39 SEBG

Im 2. Kapitel des 3. Teils des SEBG hat der Gesetzgeber die Vorschriften zur Auffangregelung in Art. 7 SE-RL und den gesamten Anhang der SE-RL mit dem Titel *„Beteiligung der Arbeitnehmer kraft Gesetzes"* umgesetzt. Dabei finden sich in den **§§ 22 bis 33 SEBG** die Normen zur Errichtung eines SE-Betriebsrats und anschließend in **§§ 34 bis 38 SEBG** die Regelungen zur Einrichtung der Mitbestimmung.

I. Allgemeine Anwendungsvoraussetzungen gem. § 22 SEBG

In **§ 22 SEBG** sind die allgemeinen Voraussetzungen, die für die Anwendbarkeit beider Beteiligungsformen erfüllt sein müssen, implementiert. Während **§ 22 Abs. 1 Nr. 1 SEBG** mit Art. 7 Abs. 1 Unterabs. 2 Buchst. a SE-RL übereinstimmt, besteht zwischen **§ 22 Abs. 1 Nr. 2 SEBG** und Art. 7 Abs. 1 Unterabs. 2 Buchst. b SE-RL ein erheblicher Unterschied. Ohne weitergehende Erläuterungen in der Gesetzesbegründung hat der Gesetzgeber hier das Zustimmungserfordernis des Art. 7 Abs. 1 Unterabs. 2 Buchst. b 1. Spstr. SE-RL weggelassen. Zwar hat er damit den Widerspruch zu Art. 12 Abs. 2 SE-VO beseitigt, doch besteht für die beteiligten Gesellschaften nun das Risiko der Haftung für weitere Kosten, die trotz Aufgabe des Vorhabens der SE-Gründung entstehen. Daher sollte dieses Zustimmungserfordernis nicht ersatzlos gestrichen, sondern klargestellt werden, dass davon nicht die Anwendbarkeit der nachfolgenden Regelungen über die Arbeitnehmerbeteiligung kraft Gesetzes abhängt.[568] Des Weiteren zeigt **§ 22 Abs. 2 SEBG**, dass die gesetzliche Auffangregelung auch bei einer Neuaufnahme von Verhandlungen aufgrund struktureller Änderungen im Sinne des § 18 Abs. 3 SEBG zur Anwendung gelangen kann.

---

566 BR-Drucks. 438/04, Begründung zum SEEG, S. 129.

567 BR-Drucks. 438/04, Begründung zum SEEG, S. 130.

568 Vgl. oben S. 237 ff.

Schließlich wird von Vertretern in der Literatur[569] vorgeschlagen, die Auffangregelung automatisch zur Anwendung gelangen zu lassen, wenn bereits vor dem Ablauf der Verhandlungsfrist die Verhandlungen gescheitert seien. Sei aus Sicht der beiden Verhandlungsparteien eine Einigung unmöglich, so bedeute der Aufschub bis zum Ende des Zeitraums von sechs Monaten eine *„reine Förmelei“*[570]. Die einvernehmliche Erklärung des Abbruchs der Verhandlungen entspreche daher einer Vereinbarung über die Anwendung der Auffangregelung i.S.d. § 21 Abs. 5 SEBG.[571] Da die SE-RL vom Primat der Verhandlungslösung geprägt ist, kann eine solche automatische Geltung der Arbeitnehmerbeteiligung kraft Gesetzes vor Ablauf der Verhandlungsfrist nur in Ausnahmefällen, wie einer Erklärung beider Seiten über das Scheitern einer Vereinbarung, eingreifen. In einem solchen Fall werden beide Parteien aber wohl auch eine Vereinbarung i.S.d. § 21 Abs. 5 SEBG schließen.

II. SE-Betriebsrat kraft Gesetzes

Zur Sicherung des Rechts auf Unterrichtung- und Anhörung in der SE ist gem. **§ 23 Abs. 1 S. 1 SEBG** ein SE-Betriebsrat einzurichten.

1. Art und Weise der Zusammensetzung

§ 23 Abs. 1 S. 2 SEBG stellt ebenso wie Teil 1 Buchst. a An. SE-RL klar, dass bei der Bildung des SE-Betriebsrats die Arbeitnehmer der SE sowie ihrer Tochtergesellschaften und Betriebe zu berücksichtigen sind. Da sich die Zusammensetzung dieses Gremiums gem. Teil 1 Buchst. e An. SE-RL nach den gleichen Repräsentations- und Proportionalitätsgrundsätzen wie bei der Bildung des BVG richtet, verweist **§ 23 Abs. 1 S. 3 SEBG** auf die diesbezüglichen Vorschriften im SEBG. Demzufolge wird auch bei Errichtung des SE-Betriebsrats, entgegen der in der vorliegenden Arbeit vertretenen Ansicht[572], von einer steten Aufrundung bei Überschreitung des Bruchteils von zehn Prozent ausgegangen.

Darüber hinaus stellt der Gesetzgeber durch die Aussparung einer Verweisung auf § 6 Abs. 1 S. 1, Abs. 3 und 4 SEBG klar, dass dieses Gremium ausschließlich aus Arbeitnehmern zu bestehen hat.[573] Die Rechte der leitenden Angestellten

---

569 *Grobys*, NZA 2005, 84, 88.

570 *Grobys*, NZA 2005, 84, 88.

571 Vgl. zum Ganzen *Grobys*, NZA 2005, 84, 88. Zustimmend *Freis*, in: *Nagel/Freis/Kleinsorge* (Hrsg.), Die Beteiligung der Arbeitnehmer in der Europäischen Gesellschaft, S. 158, Rn. 7.

572 Vgl. oben S. 256 ff.

573 Allerdings ist die anschließende Verweisung auf die gesamten §§ 7 bis 10 SEBG unglücklich. In § 8 Abs. 1 S. 2 bis 6 SEBG ist nämlich das Wahlverfahren für die Gewerkschaftsvertreter bzw. leitenden Angestellten geregelt. Dennoch schadet dies letztlich nicht, da sich diese Vorschriften ausdrücklich auf das Vorliegen der Voraussetzungen in § 6 Abs. 3 und 4 SEBG beziehen, diese Regelungen jedoch bei Bildung des SE-Betriebsrats nicht zu berücksichtigen sind.

werden im Vergleich zum EBRG sogar vermindert. Während dort die Sprecherausschüsse gem. § 23 Abs. 6 EBRG unter gewissen Voraussetzungen einen mit beratender Stimme ausgestatteten leitenden Angestellten zur Teilnahme an den Sitzungen des EBR bestimmen können, fehlt eine entsprechende Vorschrift im SEBG. Da die Sitzungen des SE-Betriebsrats laut § 24 Abs. 2 S. 3 SEBG nicht öffentlich sind, kann ein Vertreter dieser Personengruppe auch nicht nach dem Willen der Mitglieder des SE-Betriebsrats hinzugezogen werden.[574]

Schließlich sorgt der deutsche Gesetzgeber durch **§ 25 SEBG** dafür, dass er seiner Verpflichtung aus Teil 1 Buchst. b Unterabs. 2 An. SE-RL gerecht wird. So muss die Leitung der SE gem. **§ 25 S. 1 SEBG** alle zwei Jahre seit der Konstituierung des SE-Betriebsrats prüfen, ob Änderungen der SE und ihrer Tochtergesellschaften und Betriebe eingetreten sind. Diese Untersuchung hat *„insbesondere"* im Hinblick auf die mitgliedstaatlichen Arbeitnehmerzahlen zu erfolgen. Demzufolge sind in diese Analyse neben den bloßen Zahlenverhältnissen auch die bestehenden gesellschaftsrechtlichen Strukturen einzubeziehen.[575] Das Ergebnis der Überprüfung ist gem. **§ 25 S. 2 SEBG** dem SE-Betriebsrat mitzuteilen. Erscheint aufgrund dieser Informationen eine andere Zusammensetzung dieses Gremiums erforderlich, so liegt das weitere Verfahren nun in dessen Händen.[576] Gem. **§ 25 S. 3 SEBG** veranlasst er, dass die jeweils zuständigen Stellen der Mitgliedstaaten eine Neuwahl bzw. -bestellung aller ihrer Mitglieder einleiten. Mit dem Zeitpunkt der erfolgten Wahl oder Bestellung der neuen Mitglieder endet gem. **§ 25 S. 4 SEBG** die Mitgliedschaft der bisherigen Arbeitnehmervertreter aus diesen Mitgliedstaaten.

2. Wahl oder Bestellung der Mitglieder

Hinsichtlich der Errichtung des SE-Betriebsrats verweist **§ 23 Abs. 1 S. 3 SEBG** auf die meisten der die Bildung eines BVG regelnden Vorschriften in §§ 5 bis 11 SEBG. In der Literatur wird diese Bezugnahme als *„undeutlich"* bezeichnet, da ohne weitergehende Ausführungen sowohl die Normen zur Errichtung des BVG, als auch die des hierfür zu bildenden Wahlgremiums einbezogen würden.[577] Grundsätzlich ergeben sich aber alle relevanten Anforderungen anhand der Verweisungstechnik aus der Gesetzeslektüre, sodass auch die Mitglieder des SE-Betriebsrats prinzipiell durch ein Wahlgremium gewählt werden.

Da die Wahl oder Bestellung der Mitglieder des SE-Betriebsrats gem. Teil 1 Buchst. b Unterabs. 1 An. SE-RL nach den einzelstaatlichen Rechtsvorschriften und/oder Gepflogenheiten erfolgt, finden sich in den anschließenden Vorschrif-

574 Vgl. zum ganzen *Oetker*, BB-Special 1/2005, 2, 11.
575 BR-Drucks. 438/04, Begründung zum SEEG, S. 132.
576 BR-Drucks. 438/04, Begründung zum SEEG, S. 132.
577 *Krause*, BB 2004, Heft 31, S. 1. Zutreffend erscheint dies zumindest hinsichtlich des Verweises auf § 8 Abs. 1 S. 2 bis 6 SEBG, da dort das Wahlverfahren für die Gewerkschaftsvertreter bzw. leitenden Angestellten geregelt ist.

ten weitere speziell auf Deutschland zugeschnittene Regelungen. Im Fall der Errichtung eines SE-Betriebsrats aufgrund des Ablaufs der Verhandlungsfrist ist gem. **§ 23 Abs. 1 S. 4 SEBG** für die Ermittlung der beschäftigten Arbeitnehmerzahl auf diesen Zeitpunkt abzustellen. Die Mitgliedschaft im SE-Betriebsrat beginnt laut **§ 23 Abs. 1 S. 5 SEBG** mit der Wahl oder Bestellung und dauert gem. **§ 23 Abs. 1 S. 6 SEBG** im Regelfall für Mitglieder aus Deutschland vier Jahre. Allerdings ist eine vorzeitige Abberufung, die gem. **§ 23 Abs. 1 S. 7 SEBG** ebenfalls durch ein Wahlgremium erfolgt, oder eine frühere Beendigung aus anderen Gründen möglich. Da auch hier Regelungen zur Anfechtbarkeit der Wahl von Mitgliedern des SE-Betriebsrats fehlen, wird wiederum die analoge Anwendung von § 37 Abs. 2 SEBG vorgeschlagen.[578]

Durch die Verweisung in **§ 23 Abs. 1 S. 3 SEBG** auf § 11 Abs. 1 S. 2 SEBG ist auch der von Teil 1 Buchst. f An. SE-RL geforderten Mitteilung an das zuständige SE-Organ Genüge getan. Schließlich hat die Leitung der SE gem. **§ 23 Abs. 2 S. 1 SEBG,** ebenso wie bei der Bildung des BVG, unverzüglich nach der Benennung der Mitglieder zu einer konstituierenden Sitzung des SE-Betriebsrats einzuladen.

3. Binnenordnung des SE-Betriebsrats

Der SE-Betriebsrat wählt gem. **§ 23 Abs. 2 S. 2 SEBG** einen Vorsitzenden und dessen Stellvertreter, die dieses Gremium laut **§ 23 Abs. 3 S. 1 SEBG** im Rahmen seiner Beschlüsse vertreten. Sie sind gem. **§ 23 Abs. 3 S. 2 SEBG** auch zur Entgegennahme von gegenüber dem SE-Betriebsrat abzugebenden Erklärungen berechtigt. Des Weiteren soll der SE-Betriebsrat gem. **§ 24 Abs. 1 SEBG** mit der Mehrheit seiner Mitglieder über die Einführung einer schriftlichen **Geschäftsordnung** abstimmen. Diese auf Teil 1 Buchst. d An. SE-RL beruhende Vorschrift entspricht § 36 BetrVG und § 28 Abs. 2 EBRG.[579]

Gem. **§ 23 Abs. 4 S. 1 SEBG** bildet der SE-Betriebsrat aus seiner Mitte einen **Ausschuss** von drei Mitgliedern, dem stets der Vorsitzende angehört. Dieses Gremium führt als geschäftsführender Ausschuss gem. **§ 23 Abs. 4 S. 2 SEBG** die laufenden Geschäfte. Dagegen sieht Teil 1 Buchst. c SE-RL die Einschränkungen vor, dass ein solcher Ausschuss höchstens aus drei Mitgliedern bestehen und nur bei einer entsprechenden Mitgliederzahl im Vertretungsorgan gewählt werden soll. Die Einrichtung eines obligatorischen statt eines fakultativen Ausschusses wird in der Gesetzesbegründung damit gerechtfertigt, dass dies aufgrund der Größe des SE-Betriebsrats von mindestens zehn Mitgliedern sachgerecht sei.[580]

---

578 *Grobys*, NZA 2005, 84, 89, Fn. 29.

579 BR-Drucks. 438/04, Begründung zum SEEG, S. 131.

580 BR-Drucks. 438/04, Begründung zum SEEG, S. 131. Allerdings kann dieses Gremium nach der in der vorliegenden Arbeit vertretenen Auffassung auch aus weniger als zehn Mitgliedern bestehen. In diesen Fällen erscheint die zwingende Einrichtung eines Aus-

§ 24 Abs. 2 S. 1 SEBG gestattet den Arbeitnehmervertretern in Umsetzung des Teil 2 Buchst. d Unterabs. 2 An. SE-RL vor Sitzungen mit der SE-Leitung ohne deren Repräsentanten zu tagen. Anders als das BVG kann der SE-Betriebsrat gem. **§ 24 Abs. 2 S. 2 SEBG** darüber hinausgehende weitere **Sitzungen** nur mit Einverständnis der SE-Leitung abhalten. Die Sitzungen dieses Gremiums sind gem. **§ 24 Abs. 2 S. 3 SEBG** nicht öffentlich.[581] Von der Option in Teil 2 Buchst. d Unterabs. 1 An. SE-RL hat der deutsche Gesetzgeber zu Recht keinen Gebrauch gemacht.[582]

Der SE-Betriebsrat ist gem. **§ 24 Abs. 3 S. 1 SEBG** bei Anwesenheit von mindestens der Hälfte seiner Mitglieder beschlussfähig. Eine wirksame **Beschlussfassung** erfolgt gem. **§ 24 Abs. 3 S. 2 SEBG** grundsätzlich mit der Mehrheit dieser anwesenden Mitglieder, es sei denn im SEBG ist etwas anderes vorgesehen.

4. Neuaufnahme von Verhandlungen gem. § 26 SEBG

Die in Teil 1 Buchst. g An. SE-RL vorgesehene Möglichkeit der Aufnahme erneuter Verhandlungen ist in **§ 26 SEBG** sehr nahe am Wortlaut der SE-RL umgesetzt.[583] Allerdings ergeben sich aufgrund der Verweisungen in **§ 26 Abs. 2 S. 1 SEBG** und aufgrund der Erläuterungen in der Begründung zum Gesetzesentwurf Unterschiede zur SE-RL.

a) Keine Möglichkeit eines Beschlusses über die Nichtaufnahme bzw. den Abbruch von Verhandlungen

So wird in **§ 26 Abs. 2 S. 1 SEBG** die Vorschrift des § 16 SEBG und damit die Möglichkeit, einen Beschluss über die Nichtaufnahme bzw. den Abbruch von Verhandlungen zu treffen, ausgespart. Folgerichtig wird dem SE-Betriebsrat in der Gesetzesbegründung diese Option ausdrücklich abgesprochen.[584] Dagegen

---

schusses nicht unbedingt erforderlich. Nach Ansicht von *Schwarz* geht § 23 Abs. 4 SEBG über die Vorgaben der SE-RL hinaus; *Schwarz*, Kommentar zur SE-VO, Einl. Rn. 304.

581 Dies gilt ebenso im EBRG und im BetrVG; BR-Drucks. 438/04, Begründung zum SEEG, S. 131.

582 Siehe oben S. 264.

583 Teil 1 Buchst. g Unterabs. 1 An. SE-RL entspricht **§ 26 Abs. 1 SEBG**, Teil 1 Buchst. g Unterabs. 2 S. 1 An. SE-RL dem **§ 26 Abs. 2 S. 1 SEBG** und Teil 1 Buchst. g Unterabs. 2 S. 2 An. SE-RL dem **§ 26 Abs. 2 S. 2 SEBG**.
Zwar wird in § 26 Abs. 1 SEBG, anders als in Teil 1 Buchst. g Unterabs. 1 An. SE-RL, der ausdrücklich auf Art. 3 Abs. 7 SE-RL verweist, die Kostentragungspflicht des § 19 SEBG nicht einbezogen. Diese Verpflichtung ergibt sich aber aus der Vorschrift des § 33 SEBG.

584 BR-Drucks. 438/04, Begründung zum SEEG, S. 132. Ebenso *Nagel*, in: *Nagel/Freis/Kleinsorge* (Hrsg.), Die Beteiligung der Arbeitnehmer in der Europäischen Gesellschaft, S. 174, Rn. 3.

verweist Teil 1 Buchst. g Unterabs. 2 S. 1 An. SE-RL explizit auf Art. 3 Abs. 6 SE-RL, der die Beschlussfassung mit einem solchen Inhalt regelt.

In der Gesetzesbegründung finden sich keine weiteren Ausführungen, warum dem SE-Betriebsrat ein einseitiger Verzicht auf die Anwendbarkeit der Auffangregelung mit der Folge der Anwendung des EBRG nicht möglich sein soll. Denkbar wäre eine Schlussfolgerung aus dem Wortlaut von Teil 1 Buchst. g Unterabs. 2 S. 2 An. SE-RL, wonach bei Ablauf des Verhandlungszeitraums ohne Abschluss einer Vereinbarung *„die Regelung, die ursprünglich gemäß der Auffangregelung angenommen worden war, weiterhin Anwendung (findet)"*. Daraus könnte geschlossen worden sein, dass den Parteien nur die Option einer Vereinbarung oder eines Fortbestands der bisherigen Regelungen offen steht.

Gegen eine solche Überlegung spricht aber bereits der **Wortlaut** dieser Vorschrift. Nach der dortigen Formulierung findet die bisherige Gestaltung der Arbeitnehmerbeteiligung nur dann weiterhin Anwendung, wenn nach Ablauf der Verhandlungsfrist keine Vereinbarung zustande gekommen ist. Wurde dagegen ein Beschluss im Sinne des Art. 3 Abs. 6 SE-RL gefasst, so fällt dies eben nicht unter Teil 1 Buchst. g Unterabs. 2 S. 2 An. SE-RL.

Auch aufgrund des **Sinns und Zwecks** der Neuaufnahme von Verhandlungen überzeugt die Auffassung des Gesetzgebers nicht. Auf der einen Seite wird den Parteien die Möglichkeit gegeben, den gesamten Katalog des § 21 SEBG neu auszuhandeln.[585] Auf der anderen Seite darf der SE-Betriebsrat keine Nichtaufnahme bzw. keinen Abbruch der Verhandlungen mit den dargestellten Folgen beschließen. Dies erscheint wenig überzeugend, da die Parteien im Rahmen ihrer Verhandlungsfreiheit die Konsequenzen der vorzeitigen Beendigung auch einfach durch eine Vereinbarung herbeiführen können. Besteht bisher keine Mitbestimmung kraft Gesetzes in der SE, erfordert eine solche Vereinbarung sogar nur die doppelte absolute Mehrheit, während für einen Beschluss über die Nichtaufnahme bzw. den Abbruch von Verhandlungen stets die dreifach qualifizierte Mehrheit benötigt wird.

Zwar erscheint es zunächst widersprüchlich, dass der SE-Betriebsrat zunächst die Neuaufnahme von Verhandlungen und anschließend sofort deren Nichtaufnahme beschließen kann. Dies ist für ihn jedoch die schnellste Möglichkeit, eine ihm aufgrund der Auffangregelung aufgedrängte unliebsame Form der Arbeitnehmerbeteiligung zu beseitigen. Zudem werden damit die Kosten gering gehalten, da hierfür im Höchstfall zwei Sitzungen anzusetzen sind.[586] Des Weiteren spricht auch die Tatsache, dass die Auffangregelung nur aufgrund des vorheri-

---

585 In der Gesetzesbegründung wird ausdrücklich klar gestellt, dass auch eine bestehende Mitbestimmung geändert oder beendet werden kann; BR-Drucks. 438/04, Begründung zum SEEG, S. 132.

586 Diese Beschlüsse könne entweder zusammen in einer Sitzung gefasst werden oder es ist für jede Abstimmung eine Zusammenkunft anzusetzen.

gen Verzichts des BVG auf einen solchen Beschluss Anwendung gefunden haben mag,[587] nicht gegen die Möglichkeit, eine solche Entscheidung nun vorzunehmen. Es sollte den Arbeitnehmervertretern zugestanden werden, ihre Meinung zu ändern. Wenn es ihnen gestattet wird, das aufwendige Verhandlungsverfahren erneut zu eröffnen, dann sollten sie auch einen Beschluss über seine Nichtaufnahme bzw. den Abbruch fassen können. In einem solchen Fall droht auch keine Beeinträchtigung der Arbeitgeberseite, da besagter Beschluss stets eine Schwächung der kraft der Auffangregelung bestehenden Arbeitnehmerbeteiligungsrechte mit sich bringen wird.[588] Aus diesen Gründen entspricht der Ausschluss der Vorgehensweise nach § 16 SEBG nicht den Vorgaben der SE-RL und ist europarechtswidrig.

b) Möglichkeit des früheren Beginns erneuter Verhandlungen

Darüber hinaus findet sich in der Gesetzesbegründung der Hinweis, dass zwar der SE-Betriebsrat spätestens nach vier Jahren einen Beschluss über die Neuaufnahme von Verhandlungen fassen muss, mit dem Verhandlungsverfahren aber auch jederzeit zu einem früheren Zeitpunkt wieder begonnen werden kann.[589] Dies kann aber nicht bedeuten, dass eine frühere Neuaufnahme allein von einem Beschluss des SE-Betriebsrats abhängig ist. Der Wortlaut der SE-RL lässt keinen Spielraum für einen kürzeren Zeitraum als vier Jahre. Angesichts der finanziellen und organisatorischen Belastungen, die durch das Verhandlungsverfahren entstehen, erscheint die Einhaltung dieser Zeitspanne auch gerechtfertigt. Eine Verkürzung der Spanne von vier Jahren kann daher nur bei beiderseitigem Einverständnis zwischen der Leitung der SE und dem SE-Betriebsrat erfolgen.

5. Unterrichtung und Anhörung gem. §§ 27 bis 30 SEBG

In den **§§ 27 bis 30 SEBG** wurden die Vorschriften zum Unterrichtungs- und Anhörungsverfahren der SE-RL umgesetzt. Das SEBG differenziert entsprechend der Vorgaben aus der SE-RL zwischen einer regelmäßigen Unterrichtung und Anhörung sowie einer Information und Konsultation aufgrund außergewöhnlicher Umstände.

a) Zuständigkeit

Der Gesetzgeber hat die Regelung über die Zuständigkeit des Arbeitnehmervertretungsorgans in Teil 2 Buchst. a An. SE-RL bei grenzüberschreitenden Ange-

---

[587] Im Falle des Art. 7 Abs. 1 Unterabs. 2 Buchst. b SE-RL bzw. § 22 Abs. 1 Nr. 2 SEBG ist Voraussetzung für die Anwendbarkeit der Auffangregelung, dass das BVG keinen solchen Beschluss gefasst hat.

[588] Dies gilt selbst dann, wenn keine Mitbestimmung kraft Gesetzes in der SE besteht. Die Unterrichtungs- und Anhörungsrechte im Rahmen der SE-RL übertreffen nämlich die der EBR-RL; vgl. oben S. 285 ff.

[589] BR-Drucks. 438/04, Begründung zum SEEG, S. 132.

legenheiten unverändert in **§ 27 SEBG** übernommen.[590] Diese Zuständigkeit besteht auch dann, wenn die nationalen Arbeitnehmervertretungsorgane involviert sind. Gefolgert wird dies aus Art. 13 Abs. 3 Buchst. a SE-RL bzw. § 47 Abs. 1 SEBG, wonach die einzelstaatlichen Beteiligungsrechte mit Ausnahme der Mitbestimmung nicht berührt werden.[591]

b) Jährliche Unterrichtung und Anhörung

Die Vorschriften über die regelmäßig vorzunehmende Unterrichtung und Anhörung des SE-Betriebsrats in **§ 28 SEBG** entsprechen im Wesentlichen Teil 2 Buchst. b An. SE-RL.[592] Der Gesetzgeber hat den Wortlaut in Teil 2 Buchst. b Unterabs. 1 An. SE-RL dabei dahingehend präzisiert, dass die Unterrichtung und Anhörung zumindest einmal jährlich zu erfolgen hat.[593] Die vorzulegenden Unterlagen sind in **§ 28 Abs. 1 S. 2 SEBG** katalogisiert und um die Geschäftsberichte[594] sowie die Anforderung der „*Rechtzeitigkeit*" ergänzt worden. In der Begründung zum Gesetzesentwurf werden zudem Zeitpunkt und Form der Unterrichtung präzisiert. Demnach ist auch die Vorlage schriftlicher Unterlagen erfasst und die Information hat so zu erfolgen, dass eine sachgerechte Vorbereitung der gemeinsamen Sitzung ermöglicht wird.[595] Die anschließende Versamm-

---

590 BR-Drucks. 438/04, Begründung zum SEEG, S. 133.

591 BR-Drucks. 438/04, Begründung zum SEEG, S. 133.
Weiterhin wird als Argument angeführt, dass es an einer den §§ 50 Abs. 1, 58 Abs. 2 BetrVG entsprechenden Regelung über die Zuständigkeitsverteilung fehle; *Lambach*, Die Beteiligung in der SE, S. 186.

592 Teil 2 Buchst. b Unterabs. 1 S. 1 An. SE-RL entspricht **§ 28 Abs. 1 S. 1 und S. 2 Nr. 1 SEBG**, Teil 2 Buchst. b Unterabs. 1 S. 2 An. SE-RL dem **§ 28 Abs. 3 SEBG**, Teil 2 Buchst. b Unterabs. 2 An. SE-RL **dem § 28 Abs. 1 S. 2 Nr. 2 und 3 SEBG** und Teil 2 Buchst. b Unterabs. 3 An. SE-RL dem **§ 28 Abs. 2 SEBG**.

593 So weist *Lambach* darauf hin, dass aufgrund der Formulierung in Teil 2 Buchst. b Unterabs. 1 An. SE-RL der Eindruck erzeugt werde, dass vor der jährlichen Sitzung das Vertretungsorgan häufiger zu unterrichten und anzuhören sei. Dies folge aus dem Wortlaut, wonach „*das Vertretungsorgan das Recht (hat), auf der Grundlage regelmäßig (...) erstellter Berichte (...) unterrichtet und dazu gehört zu werden und zu diesem Zweck mindestens einmal jährlich (...) zusammenzutreten*"; vgl. zum Ganzen *Lambach*, Die Beteiligung in der SE, S. 187. Allerdings bezieht sich „*zu diesem Zweck*" auf die Information und Konsultation, so dass erkennbar ist, dass diese während der Zusammenkunft erfolgen soll.

594 Im Anhang der SE-RL werden die Geschäftsberichte nicht ausdrücklich erwähnt, sondern ergeben sich aus der Formulierung in Teil 2 Buchst. b Unterabs. 1 S. 1 An. SE-RL, wonach „*Berichte über die Entwicklung der Geschäftslage und die Perspektiven der SE*" zu erstellen sind.

595 BR-Drucks. 438/04, Begründung zum SEEG, S. 133.
Ebenso wie im Rahmen des § 32 EBRG hat der deutsche Gesetzgeber davon abgesehen, dass die von dem zuständigen Organ anzufertigenden Berichte schriftlich zu erfolgen haben. Dies stieß bereits im Rahmen des EBRG im Schrifttum auf Kritik, da bereits aufgrund der bestehenden Sprachbarrieren ein Schriftstück für eine angemessene Vorberei-

lung muss aufgrund der Definition in § 2 Abs. 11 SEBG so verlaufen, dass die Stellungnahme des SE-Betriebsrats im Rahmen des unternehmerischen Entscheidungsprozesses tatsächlich noch Berücksichtigung finden kann.[596]

Auch die Unterrichtungs- und Anhörungsgegenstände sind durch eine nummerierte Aufzählung in **§ 28 Abs. 2 SEBG** übersichtlicher gestaltet und zum Teil präzisiert bzw. ergänzt worden.[597] Der Gesetzgeber hat hier § 32 Abs. 2 EBRG grundsätzlich Wort für Wort übernommen. Daher kann hinsichtlich der Frage, welche Angelegenheiten noch von der nicht abschließenden Aufzählung[598] umfasst werden, auf das diesbezügliche Schrifttum verwiesen werden.[599] Für einen weit auszulegenden Bereich von Unterrichtungs- und Anhörungsgegenständen spricht, dass nach Teil 2 Buchst. b Unterabs. 2 An. SE-RL bzw. **§ 28 Abs. 1 S. 2 SEBG** dem Vertretungsorgan die Tagesordnungen **aller** Sitzungen der SE-Organe sowie die Kopien **aller** der Hauptversammlung vorzulegenden Unterlagen zu unterbreiten sind.[600]

c) Unterrichtung und Anhörung über außergewöhnliche Umstände

Bei der Umsetzung der Regelungen zur Unterrichtung und Anhörung bei außergewöhnlichen Umständen des Teil 2 Buchst. c An. SE-RL in **§ 29 SEBG** finden

---

tung des Vertretungsorgans von Vorteil sei; *Müller, C.*, EBRG, § 32 Rn. 3. Dieser Argumentation schließt sich *Lambach* auch bezüglich der SE-RL an und fordert in einem deutschen Umsetzungsgesetz die Regelung, dass der Bericht schriftlich abzufassen sei. Dies folgt nach ihrer Ansicht bereits aus dem Wortlaut von Teil 2 Buchst. b Unterabs. 1 S. 1 An. SE-RL, der *„erstellte(...) Berichte"* verlange; *Lambach*, Die Beteiligung in der SE, S. 188.

Anders als im Rahmen der EBR-RL, wonach gem. Nr. 2 An. EBR-RL die Vorlage eines Berichts gefordert wird und dies notwendigerweise nur schriftlich erfolgen kann, erlaubt der Wortlaut der SE-RL aber keine solche Schlussfolgerung. Ein Bericht allein kann durchaus auch mündlich erstellt werden. Zudem wird der SE-Betriebsrat ausreichend geschützt, da sämtliche Unterlagen schriftlich und vor allem rechtzeitig vorzulegen sind.

596 BR-Drucks. 438/04, Begründung zum SEEG, S. 133.

597 So findet sich bei **§ 28 Abs. 2 Nr. 4 SEBG** der Hinweis, dass es sich hier auch um Investitionsprogramme handelt. Gem. **§ 28 Abs. 2 Nr. 7 SEBG** ist nicht nur über die Verlagerung der Produktion, sondern weitergehend über die Verlegung von Unternehmen, Betrieben oder wesentlichen Betriebsteilen zu informieren. Schließlich enthält **§ 28 Abs. 2 Nr. 8 SEBG** die Ergänzung, dass neben Zusammenschlüssen auch Spaltungen von Unternehmen und Betrieben zu den besagten Gegenständen gehören.

Insgesamt gleichen die Unterrichtungs- und Anhörungsgegenstände einer Zusammenfassung der Angelegenheiten in § 106 Abs. 3 und § 111 S. 3 BetrVG; *Lambach*, Die Beteiligung in der SE, S. 191 f.

598 Dies folgt bereits aus der Formulierung *„insbesondere"*.

599 Vgl. stv. *Blanke*, EBRG, § 32 Rn. 15; *Müller, C.*, EBRG, § 32 Rn. 15; *Rademacher*, Der Europäische Betriebsrat, S. 127 f.

600 *Lambach*, Die Beteiligung in der SE, S. 192.

sich ebenfalls keine nennenswerten Abweichungen.[601] Auch hier ist das Erfordernis der „*Rechtzeitigkeit*" aufgenommen worden. Der Wortlaut entspricht mit Ausnahme von **§ 29 Abs. 1 S. 2 Nr. 1 SEBG**, der zusätzlich die „*Verlagerung*" nennt, dem § 33 S. 2 EBRG. Daher kann bezüglich der Unterrichtungsgegenstände wiederum auf das Schrifttum zu dieser Vorschrift verwiesen werden.[602] Hinsichtlich der Möglichkeit einer erneuten Anhörung in **§ 29 Abs. 4 SEBG** wird in der Begründung zum Gesetzesentwurf klargestellt, dass die SE-Leitung zum einen den SE-Betriebsrat vor dem Vollzug der beabsichtigten Maßnahme von ihrer Entscheidung zu unterrichten habe. Zum anderen sind mit der anschließenden zweiten Anhörung des Arbeitnehmergremiums dessen Mitwirkungsmöglichkeiten ausgeschöpft.[603] Angesichts dieser Vorschriften und Erläuterungen erscheint die Tatsache, dass sich keine dem Teil 2 Buchst. c Unterabs. 4 An. SE-RL entsprechende Vorschrift im SEBG findet, unschädlich. Die Einhaltung dieses Grundsatzes ergibt sich bereits aus den Regelungen des SEBG.

d) Unterrichtungsverpflichtung des SE-Betriebsrats

Die in Teil 2 Buchst. e An. SE-RL normierte Informationspflicht der Arbeitnehmervertreter der SE, ihrer Tochtergesellschaften und Betriebe durch den SE-Betriebsrat ist in **§ 30 SEBG** umgesetzt. In **§ 30 S. 2 SEBG** findet sich zudem die Klarstellung, dass immer dann, wenn keine Arbeitnehmervertreter vorhanden sind, die Arbeitnehmer direkt zu unterrichten sind. In der Begründung zum Gesetzesentwurf wird darauf hingewiesen, dass bei deutschen Gesellschaften und Betrieben in Anlehnung an § 35 Abs. 2 EBRG die bestehenden Sprecherausschüsse zu informieren seien.[604] Fraglich ist, warum der Gesetzgeber auf eine explizite Regelung im SEBG verzichtet hat. Die Einbeziehung der Sprecherausschüsse ergibt sich jedenfalls nicht aus dem Gesetzestext, denn gem. § 2 Abs. 6 SEBG fallen diese Gremien nicht unter den Begriff der Arbeitnehmervertretung. Auch zeigt § 4 Abs. 2 S. 1 SEBG, dass die Sprecherausschüsse grundsätzlich nur bei ausdrücklicher Benennung berücksichtigt werden.

Im Zusammenhang mit der Berechtigung und Verpflichtung zur Unterrichtung der nationalen Arbeitnehmervertreter wird im Schrifttum[605] das Problem aufgeworfen, dass dies eine faktische Erweiterung der einzelstaatlichen Informations-

---

601 Teil 2 Buchst. c Unterabs. 1 S. 1 An. SE-RL entspricht **§ 29 Abs. 1 S. 1 und 2 SEBG**, Teil 2 Buchst. c Unterabs. 1 S. 2 An. SE-RL dem **§ 29 Abs. 2 und Abs. 3 S. 1 SEBG**, Teil 2 Buchst. c Unterabs. 2 An. SE-RL dem **§ 29 Abs. 4 SEBG** und Teil 2 Buchst. c Unterabs. 3 An. SE-RL dem **§ 29 Abs. 3 S. 2 SEBG**.

602 Vgl. stv. *Blanke*, EBRG, § 33 Rn. 3 ff; *Müller, C.*, EBRG, § 33 Rn. 1; *Rademacher*, Der Europäische Betriebsrat, S. 128 f.

603 BR-Drucks. 438/04, Begründung zum SEEG, S. 134.

604 BR-Drucks. 438/04, Begründung zum SEEG, S. 134.

605 *Herfs-Röttgen*, NZA 2002, 358, 362 f. Nach Ansicht von *Grobys* sind die Sprecherausschüsse nicht zu unterrichten; *Grobys*, NZA 2005, 84, 90.

rechte zur Folge haben könne. Aus deutscher Sicht entsprächen die Gegenstände der Unterrichtungs- und Anhörungsrechte zwar weitestgehend den wirtschaftlichen Angelegenheiten, über die der Wirtschaftsausschuss gem. § 106 Abs. 3 BetrVG zu unterrichten sei und die er mit dem Unternehmen zu beraten habe. In den Konstellationen, in denen das an der SE-Gründung beteiligte deutsche Unternehmen oder eine betroffene deutsche Tochtergesellschaft aufgrund seiner Belegschaftsgröße über keinen Wirtschaftsausschuss verfüge, erfolge eine Ausweitung. Während nach deutschem Recht in einem solchen Fall eine Information- und Beratung gem. § 111 BetrVG allein bei Betriebsänderungen vorzunehmen sei, finde nach der SE-RL auch eine Unterrichtung und Konsultation über darüber hinausgehende Bereiche statt. Zwar gehe es im Rahmen der SE-RL allein um grenzüberschreitende Sachverhalte, doch sei eine Abgrenzung zu rein nationalen Gegebenheiten schwierig. Daher bestehe die Gefahr, dass trotz des Art. 13 Abs. 3 SE-RL die nationalen betrieblichen Arbeitnehmerbeteiligungsrechte allmählich einer Veränderung unterlägen.[606]

Die mögliche Erweiterung der deutschen betrieblichen Arbeitnehmerbeteiligungsrechte wird im übrigen Schrifttum weder im Rahmen der EBR-RL[607] noch der SE-RL als problematisch angesehen. In Bezug auf das EBRG wird stets darauf verwiesen, dass der Katalog der Unterrichtungs- und Anhörungsgegenstände im Wesentlichem dem des § 106 Abs. 2 und 3 BetrVG entspreche.[608] Zum Teil wird auch angeführt, dass § 32 Abs. 2 Nr. 5 bis 10 EBRG enger gefasst sei und daher eher den Betriebsänderungen gem. § 111 BetrVG gleiche.[609] Angesichts der wichtigen Intension von EBR-RL und SE-RL, ein Unterrichtungs- und Anhörungsverfahren auf grenzüberschreitender Ebene zu gewährleisten, erscheinen die vorgebrachten Befürchtungen einer Veränderung der nationalen Mitwirkungsrechte vernachlässigbar.[610] Auch handelt es sich lediglich um den Bereich

---

606 Vgl. zum Ganzen *Herfs-Röttgen*, NZA 2002, 358, 362 f.

607 Im Rahmen des § 32 EBRG geht *Gaul* aufgrund des Wortlauts allerdings zunächst von einer Ausdehnung des Unterrichtungsanspruchs gegenüber § 106 Abs. 3 BetrVG und einer fehlenden Beschränkung auf grenzüberschreitende Sachverhalte aus. Anschließend verweist er aber auf § 111 BetrVG und eine einschränkende Auslegung von § 32 EBRG; vgl. *Gaul*, NJW 1996, 3378, 3383.
Mayer erkennt eine Ausweitung im Vergleich zu § 106 BetrVG, da die Errichtung eines Wirtschaftsausschusses von der Beschäftigtenzahl abhängig sei. Allerdings sieht er darin einen Anlass für die Aufhebung des Schwellenwerts im BetrVG; vgl. *Mayer*, BB 1995, 1794, 1796.

608 Vgl. stv. *Blanke*, EBRG, § 32 Rn. 1; *Mayer*, BB 1995, 1794, 1796; *Rademacher*, Der Europäische Betriebsrat, S. 128.

609 *Fitting*, BetrVG, Anhang 3 EBRG, Rn. 70. Ebenso wohl *Kittner*, wonach § 32 Abs. 2 EBRG eine Kombination aus § 106 Abs. 3 und § 111 S. 2 BetrVG darstelle; DKK/*Kittner*, § 32 EBRG Rn. 3.

610 Vgl. hierzu die Untersuchung von *Eckhoff*, wonach die im BetrVG geregelten Informations- und Konsultationsrechte keine angemessene Unterrichtung der Beschäftigten bei

von Information und Konsultation in bestimmten, für die Beschäftigten bedeutenden wirtschaftlichen Angelegenheiten. Ferner fällt die Hälfte der Fälle des Katalogs in § 32 Abs. 2 EBRG bzw. § 28 Abs. 2 SEBG unter den Begriff der Betriebsänderungen im Sinne des § 111 BetrVG und für das dortige Unterrichtungs- und Anhörungsverfahren ist kein Wirtschaftsausschuss erforderlich. Schließlich bleibt abzuwarten, ob sich die genannte Ausweitung auch tatsächlich verwirklichen wird.

e) Sonstige Befugnisse der Mitglieder des SE-Betriebsrats

In **§ 31 S. 1 SEBG** findet sich der in Teil 2 Buchst. g An. SE-RL festgelegte Anspruch der Mitglieder des SE-Betriebsrats auf bezahlte Freistellung zum Zweck der Fortbildung. Da weder ein Mindest- noch ein Höchstmaß festgesetzt ist, ist das allein relevante Kriterium die Erforderlichkeit der Maßnahme.[611] Dieser Anspruch wird noch um die wesentlichen Grundsätze des § 37 Abs. 2 bis 6 BetrVG ergänzt.[612] Der SE-Betriebsrat hat folglich gem. **§ 31 S. 2 SEBG** die Teilnahme und zeitliche Lage der Schulungs- oder Bildungsveranstaltung rechtzeitig der SE-Leitung mitzuteilen, wobei er gem. **§ 31 S. 3 SEBG** die betrieblichen Notwendigkeiten zu berücksichtigen hat. Da gem. Art. 10 SE-RL bzw. § 42 SEBG die jeweiligen nationalen Vorschriften für die Lohn- und Gehaltsfortzahlung zur Anwendung gelangen, gelten für deutsche Mitglieder im SE-Betriebsrat die Grundsätze des § 37 BetrVG. Demnach besteht auch ein Anspruch auf Freizeitausgleich für Schulungszeiten, die außerhalb ihrer regulären Arbeitszeit liegen.[613]

Des Weiteren ist in **§ 32 SEBG** der in Teil 2 Buchst. f An. SE-RL normierte Anspruch auf die Hinzuziehung von Sachverständigen umgesetzt.[614] Der deutsche Gesetzgeber hat dabei auf das Fehlen des Kriteriums der Angemessenheit bzw. Erforderlichkeit in der SE-RL reagiert[615] und in **§ 32 S. 1 SEBG** klar gestellt, dass dies zur ordnungsgemäßen Erfüllung der Aufgaben des SE-Betriebsrats er-

---

grenzüberschreitenden Angelegenheiten gewährleisten können; *Eckhoff*, Der Europäische Betriebsrat, S. 84 ff.

611 BR-Drucks. 438/04, Begründung zum SEEG, S. 135.

612 BR-Drucks. 438/04, Begründung zum SEEG, S. 135. Vgl. hierzu die Ausführungen bei *Nagel*, in: *Nagel/Freis/Kleinsorge* (Hrsg.), Die Beteiligung der Arbeitnehmer in der Europäischen Gesellschaft, S. 182 f, Rn. 3 ff.

613 BR-Drucks. 438/04, Begründung zum SEEG, S. 135. Zu Recht weist *Nagel* darauf hin, dass die Anwendung der jeweiligen nationalen Vorschriften zu einem unterschiedlichen Fortbildungsniveau der nationalen Mitglieder im BVG führen könne. Dadurch bestehe die Möglichkeit, dass Vor- bzw. Nachteile bei der Interessenwahrnehmung für die jeweils vertretenen Arbeitnehmer entstünden; *Nagel*, in: *Nagel/Freis/Kleinsorge* (Hrsg.), Die Beteiligung der Arbeitnehmer in der Europäischen Gesellschaft, S. 184, Rn. 12.

614 Die Vorschrift entspricht grundsätzlich § 29 EBRG; BR-Drucks. 438/04, Begründung zum SEEG, S. 135.

615 Siehe oben S. 265 ff.

forderlich sein muss. Zudem nähert er diesen Anspruch weiter an Art. 3 Abs. 5 S. 1 SE-RL an, da gem. **§ 32 S. 2 SEBG** auch Gewerkschaftsvertreter als Sachverständige bestellt werden können.

f) Kostentragungspflicht

Schließlich enthält **§ 33 SEBG** die in Teil 2 Buchst. h An. SE-RL geregelte Kostentragungspflicht der SE für die Ausgaben des SE-Betriebsrats. Dabei kann wiederum davon ausgegangen werden, dass das Kriterium der Erforderlichkeit in **§ 33 S. 1 SEBG** mit der Anforderung der Angemessenheit in Teil 2 Buchst. h Unterabs. 1 An. SE-RL gleichwertig ist. Dem Katalog der zu tragenden Kosten in Teil 2 Buchst. h Unterabs. 2 An. SE-RL wird durch die Verweisung des **§ 33 S. 2 SEBG** auf § 19 S. 2 SEBG Rechnung getragen. Da die Fortbildungskosten im Sinne von § 31 SEBG von diesen Sachkosten umfasst werden, ist die SE alleinige Schuldnerin dieser Gelder.[616] Die Optionen des Teil 2 Buchst. h Unterabs. 3 An. SE-RL hat der deutsche Gesetzgeber nicht wahrgenommen.

III. Mitbestimmung kraft Gesetzes gem. §§ 34 bis 38 SEBG

Die besonderen Voraussetzungen für die Anwendbarkeit der Mitbestimmung aufgrund der Auffangregelung in Art. 7 Abs. 2 SE-RL und die Vorschriften in Teil 3 An. SE-RL sind in **§§ 34 bis 38 SEBG** umgesetzt.

1. Besondere Anwendbarkeitsvoraussetzungen gem. § 34 SEBG

Die in Art. 7 Abs. 2 SE-RL geregelten besonderen Voraussetzungen für die Anwendbarkeit der die Mitbestimmung betreffenden Auffangregelung finden sich beinahe wortgleich in **§ 34 SEBG.**[617] Allerdings hat der deutsche Gesetzgeber auch bei diesen Schwellenwerten europarechtswidrig die Arbeitnehmer der betroffenen Tochtergesellschaften mit einbezogen.[618] Die Auswirkungen dieses Verstoßes gegen die Vorgaben der SE-RL sind aber nicht mit den Folgen von § 15 Abs. 3 S. 2 SEBG vergleichbar, da auch bei einer Unterschreitung der Schwellenwerte die Einführung der Mitbestimmung kraft Gesetzes durch einen Beschluss des BVG möglich ist.[619]

Ferner geht der Gesetzgeber davon aus, dass diese besonderen Voraussetzungen inhaltlich den in § 15 Abs. 3 SEBG geregelten Anforderungen an eine Mitbe-

---

[616] BR-Drucks. 438/04, Begründung zum SEEG, S. 135.

[617] Art. 7 Abs. 2 Unterabs. 1 Buchst. a SE-RL entspricht **§ 34 Abs. 1 Nr. 1 SEBG,** Art. 7 Abs. 2 Unterabs. 1 Buchst. b SE-RL dem **§ 34 Abs. 1 Nr. 2 SEBG,** Art. 7 Abs. 2 Unterabs. 1 Buchst. c SE-RL dem **§ 34 Abs. 1 Nr. 3 SEBG,** Art. 7 Abs. 2 Unterabs. 2 S. 1 SE-RL dem **§ 34 Abs. 2 S. 1 SEBG,** Art. 7 Abs. 2 Unterabs. 2 S. 2 SE-RL dem **§ 34 Abs. 2 S. 2 und 3 SEBG** und Art. 7 Abs. 2 Unterabs. 2 S. 3 SE-RL dem **§ 34 Abs. 3 SEBG.**

[618] Vgl. oben S. 418 ff.

[619] Ebenso *Krause*, BB 2005, 1221, 1227.

stimmungsminderung entsprechen.[620] Nach der in der vorliegenden Arbeit vertretenen Auffassung besteht aber aufgrund des verschiedenen Wortlauts[621] ein erheblicher Unterschied zu den Mitbestimmungsformen, die bei der Berechnung des Schwellenwertes in § 15 Abs. 3 SEBG einbezogen werden können. Darüber hinaus wird der Wortlaut *„eine oder mehrere Formen der Mitbestimmung"* dahingehend ausgelegt, dass es sich hierbei ausschließlich um das Repräsentations- bzw. Kooptationsmodell handle.[622] Dagegen findet eine Differenzierung innerhalb dieser Modelle, zum Beispiel nach dem MitbestG und dem DrittelbG, nicht statt. Nach Ansicht des Gesetzgebers ist der Anteil der Mitglieder im Aufsichts- oder Verwaltungsorgan der SE, auf den die Arbeitnehmer auf die eine oder andere Weise Einfluss nehmen können, hier noch nicht relevant, sondern spielt erst im Rahmen des § 35 Abs. 2 SEBG eine Rolle.[623]

Schließlich wurde von der Option des Art. 7 Abs. 2 Unterabs. 2 S. 2 SE-RL Gebrauch gemacht. Demzufolge ist gem. **§ 34 Abs. 2 S. 2 SEBG** immer dann, wenn es an einem Beschluss des BVG fehlt und eine der Mitbestimmung unterliegende deutsche Gesellschaft an der Gründung einer SE beteiligt ist, das Repräsentationsmodell i.S.d. § 2 Abs. 12 Nr. 1 SEBG maßgeblich. Ist keine solche inländische Gesellschaft vorhanden, so gelangt gem. **§ 34 Abs. 2 S. 3 SEBG** das Mitbestimmungsmodell des § 2 Abs. 12 SEBG zur Anwendung, das sich auf die höchste Anzahl der in den beteiligten Gesellschaften beschäftigten Arbeitnehmer erstreckt. Folglich setzt sich in diesem Fall nicht das höchste quantitative Mitbestimmungsniveau durch, vielmehr kommt es allein auf die Anzahl der beschäftigten Arbeitnehmer an. Dagegen hat der deutsche Gesetzgeber keinen Gebrauch von der Möglichkeit des Opting-Out in Art. 7 Abs. 3 SE-RL für den Gründungstatbestand der Verschmelzung gemacht.[624]

2. Umfang der Mitbestimmung gem. § 35 SEBG

In **§ 35 SEBG** wurde Teil 3 Buchst. a und b Unterabs. 1 An. SE-RL, der den in die SE einzuführenden Mitbestimmungsumfang regelt, implementiert.[625] Für den Gründungsfall der Umwandlung stellt **§ 35 Abs. 1 SEBG** klar, dass die gesam-

---

620 BR-Drucks. 438/04, Begründung zum SEEG, S. 136.

621 In Art. 15 Abs. 3 SEBG bzw. Art. 3 Abs. 4 Unterabs. 1 S. 3 SE-RL geht es nur um *„die Mitbestimmung"*, während es nach § 34 Abs. 1 Nr. 2 und 3 SEBG bzw. Art. 7 Abs. 2 Unterabs. 1 Buchst. b und c SE-RL auf *„eine oder mehrere Formen der Mitbestimmung"* ankommt.

622 BR-Drucks. 438/04, Begründung zum SEEG, S. 136.

623 Vgl. zum Ganzen BR-Drucks. 438/04, Begründung zum SEEG, S. 136. Zur anderen Ansicht, die in der vorliegenden Arbeit vertreten wird; vgl. oben S. 250 ff.

624 Dies wird kritisiert, da die Nutzung dieser Ermächtigung die Attraktivität einer SE mit deutscher Beteiligung erhöhen könne; vgl. Stellungnahme des Bundesrats, BR-Drs. 438/04, S. 2. Vgl. aber zur Problematik des Art. 7 Abs. 3 SE-RL oben S. 243 ff.

625 Teil 3 Buchst. a S. 1 An. SE-RL entspricht **§ 35 Abs. 1 SEBG** und Teil 3 Buchst. b Unterabs. 1 An. SE-RL dem **§ 35 Abs. 1 SEBG**.

ten bisher bestehenden Mitbestimmungsregelungen erhalten bleiben. Der Gesetzgeber nimmt, anders als bei den übrigen Gründungsformen, keine Stellung zu der Frage, ob dies auch die bisherige Anzahl der Mitglieder der Arbeitnehmerseite betrifft.[626] Dies erlaubt den Umkehrschluss, dass bei der Gründung einer Umwandlungs-SE nicht nur der Anteil, sondern auch die konkrete Zahl der Sitze im betreffenden Organ beizubehalten ist.[627]

Die übrigen Gründungstatbestände sind in **§ 35 Abs. 2 SEBG** geregelt. Dabei wird nicht zwischen den beiden Mitbestimmungsmodellen des § 2 Abs. 12 SEBG differenziert, vielmehr ist in beiden Fällen allein auf den *„höchsten Anteil an* ***Arbeitnehmervertretern***[628]*, der in den beteiligten Gesellschaften im Aufsichts- bzw. Verwaltungsorgan bestanden hat"*, abzustellen.[629] Nach Ansicht des deutschen Gesetzgebers ist demnach bei beiden Modellen allein der konkrete Anteil der Arbeitnehmervertreter relevant und nicht die abstrakte Möglichkeit einer quantitativ höheren Beteiligung. Diese Formulierung hilft zunächst über die Tatsache hinweg, dass sich nach der vom Gesetzgeber vorgenommenen Auslegung von Teil 3 Buchst. b Unterabs. 1 An. SE-RL sonst bei Beteiligung einer dem Kooptationsmodell unterliegenden Gesellschaft stets diese Mitbestimmungsform durchsetzen würde. Es ist irrelevant, dass dort ein Vorschlagsrecht des Betriebsrats für alle Aufsichtsratsmitglieder, das heißt für einen Anteil von 100 Prozent, besteht. Maßgeblich ist allein, bei wie vielen der Aufsichtsratmitglieder es sich zum Zeitpunkt der Eintragung der SE um Arbeitnehmervertreter gehandelt hat und welchen Anteil diese demzufolge ausgemacht haben. Die Formulierung in § 35 Abs. 2 S. 2 SEBG ist aber europarechtswidrig[630], da das niederländische Modell stets im Nachteil wäre. Auch die durch das Vorschlagsrecht des Betriebsrats in den Aufsichtsrat gelangten Mitglieder stellen dort formell keine solchen Arbeitnehmervertreter dar[631], sodass sich immer das Repräsentationsmodell durchsetzen würde. Zudem können nur Anteilseigner, nicht aber Arbeitnehmer der Gesellschaft selbst oder einer abhängigen Gesellschaft Mitglieder im Aufsichtsrat werden.[632] Eine einseitige Durchsetzung des Reprä-

---

626 BR-Drucks. 438/04, Begründung zum SEEG, S. 137.

627 Dies entspricht auch der in der vorliegenden Arbeit vertretenen Auffassung; vgl. oben S. 271. A.A. aber *Hennings*, in: *Manz/Mayer/Schröder* (Hrsg.), Europäische Aktiengesellschaft SE, S. 727, Rn. 4.

628 Hervorhebung durch den Verfasser.

629 BR-Drucks. 438/04, Begründung zum SEEG, S. 137.

630 Auch der österreichische Gesetzgeber hat gem. § 245 Abs. 1 S. 2 ArbVG darauf abgestellt, dass sich die Anzahl der Mitglieder *„nach dem höchsten maßgeblichen Anteil der* ***Arbeitnehmervertreter*** *im Aufsichts- oder Verwaltungsorgan"* bestimmt.

631 *Geck*, Mitbestimmung durch Kooptation, S. 53, 119; *Gohde*, Mitbestimmung 2003, 64, 65 f.; *Timmerman/Spanjaard*, in: *Baums/Ulmer* (Hrsg.), Unternehmens-Mitbestimmung, S. 75, 89.

632 *Geck*, Mitbestimmung durch Kooptation, S. 46.

sentations- oder des Kooptationsmodells ließe sich aber vermeiden, wenn der in der vorliegenden Arbeit vertretenen Auslegung über das Wahlrecht des BVG gem. Art. 7 Abs. 2 Unterabs. 2 S. 1 SE-RL gefolgt wird.[633]

Schließlich wird in der Begründung zum Gesetzesentwurf klar gestellt, dass aufgrund des Abstellens auf den Anteil der Arbeitnehmervertreter in den betreffenden Organen die Anzahl der bisherigen Sitze nicht garantiert ist. Die Zahl der Mitglieder wird nämlich gem. Art. 40 Abs. 3 bzw. Art. 43 Abs. 2 SE-VO grundsätzlich in der Satzung festgelegt. Allerdings liegt es im Falle der paritätischen Mitbestimmung in der Natur der Sache, dass im betreffenden Organ der SE nur eine gerade Anzahl der Sitze vorgesehen werden kann.[634]

3. Sitzverteilung gem. § 36 Abs. 1 bis 3 SEBG

Die Verteilung der den Arbeitnehmern zustehenden Sitze in dem betreffenden Organ der SE, die in Teil 3 Buchst. b Unterabs. 3 An. SE-RL geregelt ist, ist in **§ 36 SEBG** umgesetzt.[635] Allerdings hat es der deutsche Gesetzgeber versäumt näher zu bestimmen, wie bei einer über die Mitgliederzahl im SE-Betriebsrat hinausgehenden Anzahl von involvierten Mitgliedstaaten die Zuteilung des letzten zu verteilenden Sitzes zu erfolgen hat. Auch führt er nicht aus, wann eine diesbezügliche Bevorzugung des Sitzstaates der zukünftigen SE nicht mehr angemessen erscheint.[636]

Der Gesetzgeber hat von seinem in Teil 3 Buchst. b Unterabs. 3 S. 2 An. SE-RL normierten Recht Gebrauch gemacht und die Verteilung der ihm zustehenden Sitze in **§ 36 Abs. 3 SEBG** festgelegt. Ebenso wie bei der Wahl des BVG und der Wahl des SE-Betriebsrats erfolgt die Bestimmung der Mitglieder gem. **§ 36 Abs. 3 S. 1 SEBG** durch ein Wahlgremium und für das Wahlverfahren greifen aufgrund der Verweisung in **§ 36 Abs. 3 S. 2 SEBG** die für die Wahl des BVG geltenden Grundsätze entsprechend ein.[637] Demzufolge muss jeder dritte Sitz der Arbeitnehmerseite im Aufsichts- bzw. Verwaltungsrat mit einem Gewerkschaftsvertreter und jeder siebte Sitz mit einem leitenden Angestellten besetzt

---

633 Vgl. oben S. 250 ff.

634 Vgl. zum Ganzen BR-Drucks. 438/04, Begründung zum SEEG, S. 137.

635 Teil 3 Buchst. b Unterabs. 3 S. 1 An. SE-RL entspricht **§ 36 Abs. 1 S. 1 und 2 SEBG**, Teil 3 Buchst. b Unterabs. 3 S. 2 An. SE-RL dem **§ 36 Abs. 1 S. 3 bis 5 SEBG** und Teil 3 Buchst. b Unterabs. 3 S. 3 An. SE-RL dem **§ 36 Abs. 2 und 3 SEBG**.

636 Nach Ansicht von *Nagel* liegt eine Angemessenheit jedenfalls dann vor, wenn keine erheblichen Unterschiede in der Anzahl der Arbeitnehmer des begünstigten und des nicht zu berücksichtigenden Mitgliedstaats liegen; *Nagel*, in: *Nagel/Freis/Kleinsorge* (Hrsg.), Die Beteiligung der Arbeitnehmer in der Europäischen Gesellschaft, S. 199, Rn. 4. Dem ist zwar zuzustimmen, doch hilft die Nennung eines solch eindeutigen Falls nicht weiter.

637 Im Schrifttum wird dagegen angeregt, dass die Arbeitnehmervertreter direkt ohne ein Wahlverfahren entsprechend den §§ 9 ff. MitbestG von dem bereits bestehenden Vertretungsorgan, d.h. in Deutschland dem SE-Betriebsrat, bestimmt werden sollten; vgl. *Lambach*, Die Beteiligung der Arbeitnehmer in der SE, S. 205 f.

werden.[638] Das Ergebnis dieser Wahl ist gem. **§ 36 Abs. 3 S. 3 SEBG** der SE-Leitung, dem SE-Betriebsrat, den Gewählten, den Sprecherausschüssen und Gewerkschaften mitzuteilen. Hat ein anderer Mitgliedstaat die Verteilung der ihm zustehenden Sitze nicht geregelt, so werden die Arbeitnehmervertreter gem. **§ 36 Abs. 2 SEBG** vom SE-Betriebsrat bestimmt.

4. Bestellung gem. § 36 Abs. 4 SEBG

Die von den einzelnen Mitgliedstaaten nach ihren Regeln bzw. vom SE-Betriebsrat bestimmten Arbeitnehmervertreter werden gem. **§ 36 Abs. 4 SEBG** der Hauptversammlung der SE zur Bestellung vorgeschlagen, wobei die Hauptversammlung an diese Vorschläge gebunden ist.[639] Der Gesetzgeber geht folglich davon aus, dass erst dieser gem. Art. 40 Abs. 2 bzw. Art. 43 Abs. 3 SE-VO durch die Hauptversammlung vorzunehmende konstitutive Akt den rechtlichen Status als Mitglieder des Aufsichts- oder Verwaltungsorgans begründet.[640]

a) Bindung der Hauptversammlung an die Vorschläge der Arbeitnehmerseite

Die Vorschrift des **§ 36 Abs. 4 S. 2 SEBG** ähnelt § 6 Abs. 6 Montan-MitbestG.[641] In Bezug auf diese deutsche Regelung ist umstritten, ob die Aktionärsversammlung nicht dennoch das Recht zur Ablehnung eines ihr ungeeignet erscheinenden, vorgeschlagenen Kandidaten hat. Einerseits wird vertreten, dass das Wahlorgan trotz der Bindung an die Wahlvorschläge eine solche Befugnis besitze. Es dürfe nur nicht einen anderen, nicht vorgeschlagenen Kandidaten in den Aufsichtsrat wählen.[642] Andererseits wird angeführt, dass kein Ablehnungsrecht der Hauptversammlung bestehe, da unter dem Gesichtspunkt der Subjektivität allein die Arbeitnehmer über die Eignung ihrer Kandidaten bestimmen

---

638 Laut Begründung zum Gesetzesentwurf ist das Wahlgremium ebenso zusammengesetzt wie bei der Wahl des SE-Betriebsrats; BR-Drucks. 438/04, Begründung zum SEEG, S. 138.
Aufgrund der unterschiedlichen Verweisungen in § 23 Abs. 1 S. 3 und § 36 Abs. 3 S. 2 SEBG kann dieser Aussage aber nicht zugestimmt werden. § 23 Abs. 1 S. 3 SEBG verweist lediglich auf § 6 Abs. 1, Abs. 2 S. 2 und 3 SEBG, während § 36 Abs. 3 S. 2 SEBG den § 6 Abs. 2 bis 4 SEBG einbezieht. Demzufolge gelten die Vorschriften über die Beteiligung von Gewerkschaftsvertretern und leitenden Angestellten für die Wahl der Arbeitnehmervertreter in das Aufsichts- bzw. Vertretungsorgan der SE, nicht aber für die Wahl zur Bestimmung der Mitglieder des SE-Betriebsrats.

639 Solche bindenden Wahlvorschläge finden sich in den deutschen Vorschriften gem. §§ 6 und 8 Montan-MitbestG allein bei den der Montanmitbestimmung unterliegenden Gesellschaften; Münch. Hdb. GesR IV/*Hoffmann-Becking*, § 30, Rn. 13.

640 BR-Drucks. 438/04, Begründung zum SEEG, S. 138.

641 Ebenso *Oetker*, in: *Lutter/Hommelhoff* (Hrsg.), Die Europäische Gesellschaft, S. 277, 310 f. und *Nagel*, in: *Nagel/Freis/Kleinsorge* (Hrsg.), Die Beteiligung der Arbeitnehmer in der Europäischen Gesellschaft, S. 200, Rn. 10.

642 Vgl. stv. *Erle*, AG 1970, 31.

könnten.[643] Eine vermittelnde Ansicht gesteht dem Wahlorgan aufgrund seiner eigenen Kompetenz- und Pflichtenstellung zumindest einen gewissen Entscheidungsrahmen zu. Danach bestehe keine Verpflichtung, einen Kandidaten zu wählen, der *„keine Gewähr für die ordnungsgemäße Erfüllung der organschaftlichen Pflichten bietet bzw. in dessen Person bereits Umstände bestehen, die einen wichtigen Grund für die Abberufung (...) ausmachen"*[644]. Schließlich wird angeführt, dass diese Diskussion wenig Relevanz besitze, da die Hauptversammlung zur Wahl des Vorgeschlagenen keinesfalls gezwungen werden könne. Selbst durch eine Klage gegen die Aktiengesellschaft könne dies nicht bewirkt werden, zumal da die Verurteilung zu einem Wahlbeschluss nicht möglich sei.[645]

Daher stellt sich die Frage, ob der deutsche Gesetzgeber für die Übernahme des Repräsentationsmodells[646] in eine SE nicht eine anderweitige Regelung hätte treffen können, um eine ähnliche Problematik im Rahmen der Bestellung der Mitglieder des Aufsichts- bzw. Verwaltungsrats einer SE zu vermeiden. Der deutsche Gesetzgeber folgert das Erfordernis eines konstitutiven Bestellungsakts aus Art. 40 Abs. 2 und Art. 43 Abs. 3 SE-VO.[647] Eine anderweitige Lösungsmöglichkeit wird nur bei Abschluss einer Vereinbarung zwischen den Verhandlungsparteien gesehen.[648]

Tatsächlich differenziert der **Wortlaut** nicht zwischen den Mitgliedern der Anteilseigner- und Arbeitnehmerseite, sondern legt allgemein die Bestellung durch die Hauptversammlung fest.[649] Im Vergleich zum deutschen Recht ist anzumerken, dass in § 101 AktG ebenfalls der Begriff der Bestellung verwendet wird. Dieser umfasst als Oberbegriff einerseits die Wahl der Mitglieder durch die Hauptversammlung mit oder ohne Bindung an die Wahlvorschläge und andererseits die Entsendung und Wahl durch Arbeitnehmer oder durch Delegierte.[650]

---

643 Vgl. stv. MünchArbR/*Wißmann*, § 381, Rn. 11.

644 *Seibt*, in: *Henssler/Willemsen/Kalb* (Hrsg.), Arbeitsrecht Kommentar, Montan-MitbestG § 8 Rn. 5.

645 Vgl. zum Ganzen *Mertens*, in: Kölner Kommentar zum AktG, Band 2, Anh. § 117 C Montan-MitbestG Rn. 21.

646 Da das SEAG und SEBG für die Übernahme des Kooptationsmodells keine Regelungen getroffen haben, gilt § 36 Abs. 4 SEBG in diesem Bereich nicht; *Schwarz*, Kommentar zur SE-VO, Art. 40 Rn. 45, Art. 43 Rn. 109.

647 BR-Drucks. 438/04, Begründung zum SEEG, S. 138. Zustimmend *Oetker*, in: *Lutter/Hommelhoff* (Hrsg.), Die Europäische Gesellschaft, S. 277, 311.

648 Dies folgt daraus, dass der Gesetzgeber bei Gründung der SE das Problem einer mitbestimmungsrechtlichen Lücke erkennt und zu deren Behebung im Rahmen des § 21 SEBG den Abschluss einer Vereinbarung empfiehlt; BR-Drucks. 438/04, Begründung zum SEEG, S. 129.

649 Die englische Fassung lautet: *„The member or members (...) shall be appointed by the general meeting."* Im Französischen heißt es: *„Le ou les membres (...) sont nommés par l'assemblée générale."*

650 Vgl. stv. *Hüffer*, Aktiengesetz, § 101, Rn. 3.

Nach dem deutschen Verständnis beinhaltet der Begriff der Bestellung folglich nicht notwendigerweise einen konstitutiven Akt, der durch die Hauptversammlung zu erfolgen hat.

Die **historische Betrachtung** zeigt, dass Art. 63 Abs. 2 bzw. Art. 66 Abs. 3 VO-Entwurf 1989 die Bestellung der Mitglieder des Aufsichts- bzw. Verwaltungsorgans durch die Hauptversammlung *„vorbehaltlich der in Anwendung von Artikel 4 der Richtlinie erlassenen Vorschriften"* vorsah. In Art. 4 RL-Entwurf 1989 und 1991 war die Bestellung von Mitgliedern durch die Arbeitnehmer bzw. durch ihre Vertreter oder durch Kooptation geregelt. Während die Formulierung in Art. 66 Abs. 3 VO-Entwurf 1991 beinahe unverändert blieb, fand in Art. 63 Abs. 2 VO-Entwurf 1991 durch die Einfügung eines zweiten Satzes eine Modifizierung statt. Aber auch hier wurde in Art. 63 Abs. 2 S. 3 VO-Entwurf 1991 klargestellt, dass *„die nach Maßgabe von Artikel 4 der Richtlinie (...) erlassenen Rechtsvorschriften (...) hiervon unberührt"* bleiben. In den früheren Entwürfen war somit ausdrücklich keine alleinige Zuständigkeit der Hauptversammlung für die Bestellung dieser Mitglieder vorgesehen.

Systematisch findet sich eine Bezugnahme auf die SE-RL in Art. 40 Abs. 2 S. 3 bzw. Art. 43 Abs. 3 S. 3 SE-VO, wonach eine geschlossene Vereinbarung über die Arbeitnehmermitbestimmung unberührt bleibt. Die erstmalige Bestellung der Mitglieder des Aufsichts- bzw. Verwaltungsorgans kann gem. Art. 40 Abs. 2 S. 2 bzw. Art. 43 Abs. 3 S. 2 SE-VO zudem durch die Satzung erfolgen. Schließlich bleiben gem. Art. 47 Abs. 4 SE-VO die einzelstaatlichen Rechtsvorschriften, die auch einer Minderheit von Aktionären oder anderen Personen und Stellen die Bestellung von Organmitgliedern gestatten, unberührt.[651] Der deutsche Gesetzgeber legt den Wortlaut des Art. 40 Abs. 2 S. 3 bzw. Art. 43 Abs. 3 S. 3 SE-VO streng aus und stellt ausschließlich auf den Abschluss einer Vereinbarung ab. Es stellt sich aber die Frage, ob der europäische Gesetzgeber nicht auf das Vorliegen von Mitbestimmung allgemein verweisen wollte. Während nach der englischen Fassung vergleichbar mit der deutschen Version *„any employee participation* ***arrangements***[652]*"* und damit ebenfalls eine Vereinbarung[653] erforderlich ist, geht es nach dem französischen Wortlaut allgemeiner um *„des modalités de participation des travailleurs fixées"*, das heißt die festgelegten Verfahren oder Bestimmungen der Arbeitnehmerbeteiligung[654]. Zudem un-

---

[651] Nach Ansicht von *Schwarz* handelt es sich bei der Tatsache, dass nach § 36 Abs. 4 SEBG die Arbeitnehmervertreter zwar formell von der Hauptversammlung bestellt würden, diese aber an die Wahlvorschläge gebunden sei, um die faktische Schaffung einer weiteren Ausnahme i.S.d. Art. 40 Abs. 2 S. 2 und S. 3 SE-VO; *Schwarz*, Kommentar zur SE-VO, Art. 40 Rn. 44.

[652] Hervorhebung durch den Verfasser.

[653] *von Beseler/Jacobs-Wüstefeld*, Law Dictionary, 4. Aufl., Berlin/New York 1986.

[654] *Doucet/Fleck*, Wörterbuch der Rechts- und Wirtschaftssprache, Teil 1 französisch-deutsch, 5. Aufl., Paris 1997.

terscheidet der europäische Gesetzgeber nach dem Wortlaut von Art. 1 Abs. 2 SE-RL nicht zwischen Verhandlungsverfahren und Auffangregelung. Nach dieser Vorschrift liegt sowohl bei Abschluss des Verhandlungsverfahrens als auch bei Geltung des Anhangs der SE-RL eine **Vereinbarung** über die Beteiligung der Arbeitnehmer vor. Gem. Art. 7 Abs. 1 Unterabs. 2 Buchst. a SE-RL können die Parteien auch die Anwendbarkeit der Auffangregelung explizit vereinbaren. Allerdings sind entgegen der Formulierung in Art. 1 Abs. 2 SE-RL die Vorschriften des Anhangs der SE-RL gem. Art. 7 Abs. 1 Unterabs. 2 Buchst. b SE-RL auch kraft Gesetzes anwendbar. Dennoch stellt der Wortlaut des Art. 1 Abs. 2 SE-RL zumindest ein Indiz dafür dar, dass in der Vorschrift des Art. 40 Abs. 2 S. 3 bzw. Art. 43 Abs. 3 S. 3 SE-VO nicht zwischen der Geltung von Mitbestimmung kraft Vereinbarung oder kraft Gesetzes unterschieden wurde. Auch zeigt der Vergleich mit der Regelung in Art. 42 S. 2 bzw. Art. 45 S. 2 SE-VO, dass hinsichtlich der Begrifflichkeit der *„Bestellung"* kein strenger Maßstab angewendet wurde. In diesen Vorschriften wird die Konstellation behandelt, dass die Hälfte der Mitglieder des Aufsichts- bzw. Verwaltungsorgans von den Arbeitnehmern *„bestellt"* werden.[655] Dies spricht dafür, dass die Bestellung, ebenso wie in § 101 AktG, als Oberbegriff für die Wahl oder Entsendung der Mitglieder in die betreffenden Organe gebraucht wird. Schließlich wird anhand des Wortlauts von Art. 42 S. 2 und Art. 45 S. 2 SE-VO deutlich, dass der europäische Gesetzgeber gerade zwischen der Bestellung durch die Hauptversammlung und der durch die Arbeitnehmer differenziert.[656]

In **teleologischer Hinsicht** ergibt sich kein Hinweis darauf, warum der europäische Gesetzgeber zwischen der Einführung von Mitbestimmung kraft Vereinbarung oder kraft Gesetzes differenzieren sollte. Der deutsche Gesetzgeber hätte eine anderweitige Regelung trotz des Art. 39 Abs. 5 SE-VO nicht nur für das monistische, sondern auch für das dualistische System erlassen können. Bei der Bestellung der Mitglieder der Arbeitnehmerseite geht es nicht um bereits bestehende gesellschaftsrechtliche Vorschriften, sondern um spezielle Regelungen aus dem Arbeitsrecht. Folgerichtig findet sich die fragliche Norm im SEBG und nicht im SEAG.

Würde der Ansicht des deutschen Gesetzgebers gefolgt, dann fände bei einer SE eine Ausweitung der speziellen Regelung des Montan-MitbestG auf die anderen Mitbestimmungsformen, die wesentlich häufiger auftreten, statt. Schließlich zeigt auch der Vergleich mit dem österreichischen Umwandlungsgesetz, dass

---

[655] Während in der englischen Fassung stets *„appointed by"* verwendet wird, differenziert der französische Wortlaut zwischen *„sont nommés"* bei Art. 40 Abs. 2 S. 1 bzw. Art. 43 Abs. 3 S. 1 SE-VO und *„ont été désignés"* bei Art. 42 S. 2 bzw. Art. 45 S. 2 SE-VO. Allerdings kann auch *„designer"* i.S.v. *„nommer"*, das heißt bestellen, verwendet werden; *Doucet/Fleck*, Wörterbuch der Rechts- und Wirtschaftssprache, Teil 1 französisch-deutsch, 5. Aufl., Paris 1997.

[656] *Ihrig/Wagner*, BB 2004, 1749, 1754 f.; *Schwarz*, Kommentar zur SE-VO, Art. 40 Rn. 44.

dem Wortlaut des Art. 40 Abs. 2 S. 3 bzw. Art. 43 Abs. 3 S. 3 SE-VO nicht die vom deutschen Gesetzgeber vertretene strenge Bedeutung beigemessen werden muss. Nach § 247 ArbVG hat die Entsendung der Mitglieder der Arbeitnehmerseite in den Aufsichts- oder Verwaltungsrat entweder durch den SE-Betriebsrat oder durch das zuständige nationale Organ der Arbeitnehmerschaft zu erfolgen. Gem. § 247 Abs. 4 ArbVG beginnt die Mitgliedschaft der österreichischen Vertreter mit der Bekanntgabe des Entsendebeschlusses ohne dass es eines konstitutiven Bestellungsakts seitens der Hauptversammlung bedarf. Im Interesse eines Gleichlaufs zwischen Verhandlungsverfahren und Auffangregelung hätte der deutsche Gesetzgeber eine dem § 247 ArbVG entsprechende Regelung treffen sollen. Mit der nun bestehenden Vorschrift drohen Streitigkeiten, wenn die Hauptversammlung die Bestellung verweigert.[657]

b) Beteiligung der Arbeitnehmervertreter an der erstmaligen Bildung des betreffenden SE-Organs

Das Abstellen auf einen formellen Bestellungsakt durch die Hauptversammlung kann zur Bildung eines ersten Aufsichts- oder Verwaltungsrats ohne Beteiligung der Arbeitnehmerseite führen, wenn § 30 AktG auch auf die SE anwendbar ist. Gem. § 30 Abs. 2 AktG findet bei der Neugründung einer Aktiengesellschaft die erstmalige Bildung des Aufsichtsrats ohne Arbeitnehmervertreter statt. Die Amtszeit des ersten mitbestimmungslosen Aufsichtsrats endet gem. § 30 Abs. 3 S. 1 AktG erst mit Beendigung der Hauptversammlung, die gem. § 120 AktG über die Entlastung des ersten Rumpf- oder Vollgeschäftsjahrs beschließt. Die Höchstdauer dieses Zeitraums kann bis zu 18 Monaten betragen.[658] Etwas anderes gilt nur in den Fällen des § 31 AktG bei einer Sachgründung oder gem. § 197 S. 2 UmwG bei einer Umwandlung.[659] Allerdings können die ersten Mitglieder der betreffenden Organe gem. Art. 40 Abs. 2 S. 2 bzw. 43 Abs. 3 S. 2 SE-VO auch durch die Satzung bestellt werden.

(1) Ausschluss der Arbeitnehmervertreter an der erstmaligen Bildung

Selbst diese Möglichkeit der Satzungsbestellung führt nach einer Ansicht im Schrifttum zu einem mitbestimmungsfreien ersten Aufsichts- bzw. Verwaltungsrat. Mit unterschiedlicher Begründung wird vertreten, dass die §§ 30 f. AktG zur

---

657 Nach Ansicht von *Schwarz* ist § 36 Abs. 4 SEBG europarechtswidrig und diese Vorschrift daher europarechtskonform auszulegen. Demnach habe der Bestellungsakt der Arbeitnehmervertreter anhand der Wahl durch das Wahlgremium bzw. anhand der Bestimmung durch den SE-Betriebsrat zu erfolgen. Die anschließende Bestätigung durch die Hauptversammlung sei nur noch deklaratorisch; *Schwarz*, Kommentar zur SE-VO, Art. 40 Rn. 44, Art. 43 Rn. 108.

658 *Schwarz*, Kommentar zur SE-VO, Art. 40 Rn. 52.

659 Vgl. hierzu *Raiser*, MitbestG, § 1 Rn. 21 ff.

Anwendung kommen müssten.[660] Auch der deutsche Gesetzgeber ist wohl dieser Auffassung, da er auf diese *„mitbestimmungsrechtliche Lücke"* explizit hinweist und ihre Beseitigung durch eine Vereinbarung empfiehlt.[661] Die entsprechende Anwendung der Vorschriften ergibt jedenfalls bei den Gründungsfällen der Verschmelzungs-SE und Holding-SE gem. § 30 Abs. 2 AktG einen zunächst mitbestimmungslosen Aufsichts- bzw. Verwaltungsrat, bei der Umwandlung dagegen gem. § 197 S. 2 UmwG einen Aufsichtsrat mit Arbeitnehmerbeteiligung.[662]

(2) Schnellstmögliche Berücksichtigung der Arbeitnehmervertreter

Eine andere Ansicht im Schrifttum[663] geht ebenfalls davon aus, dass bei erstmaliger Bildung des Aufsichts- bzw. Verwaltungsrats ein formaler Bestellungsakt entweder durch die Hauptversammlung oder durch die Satzung erforderlich sei. Außer in dem Sonderfall, dass bei der Gründung einer Umwandlungs-SE der Aufsichtsrat der SE in gleicher Weise wie in der transformierten AG zu bilden sei[664], sei für alle Gründungsformen grundsätzlich § 30 AktG anwendbar.

Anschließend werden allerdings die Konsequenzen dieser Vorgehensweise für die Arbeitnehmerseite entschärft. Immer dann, wenn bei den verschiedenen Gründungsarten zu einem bestimmten Zeitpunkt[665] die Verhandlungen über die

---

660 *Brandt* geht von einer Regelungslücke aus, so dass gem. Art. 9 Abs. 1 Buchst. c SE-VO nationales Recht zur Anwendung gelange; *Brandt*, Die Hauptversammlung der SE, S. 139.
Nach Ansicht von *Scheifele* liegt aufgrund der Verwendung von *„können"* in Art. 40 Abs. 2 S. 2 bzw. 43 Abs. 3 S. 2 SE-VO eine nicht abschließende Regelung vor. Verweisungsvorschrift auf das nationale Recht sei Art. 15 Abs. 1 SE-VO, da die Bestellung der betreffenden Organmitglieder zeitlich vor Eintragung der SE erfolge; *Scheifele*, Die Gründung der SE, S. 254.
Frodermann führt aus, dass sich in Art. 46 SE-VO keine Regelung für die erstmalige Bildung eines Aufsichtsrats finde und der Gesetzgeber einen möglichst großen Gleichlauf zwischen dem dualistischen System bei nationalen Aktiengesellschaften und bei der SE anstrebe; *Frodermann*, in: *Jannott/Frodermann* (Hrsg.), Handbuch der Europäischen Aktiengesellschaft, 5. Kap. II 3.2.4, Rn. 98.

661 BR-Drucks. 438/04, Begründung zum SEEG, S. 129.

662 *Scheifele*, Die Gründung der SE, S. 254, S. 367 f., S. 426.

663 *Brandes*, AG 2005, 177, 185; *Jannott*, in: *Jannott/Frodermann* (Hrsg.), Handbuch der Europäischen Aktiengesellschaft, 3. Kap. III 1.3.4, Rn. 86, 2.2.3, Rn. 163, 3.2.2, Rn. 213, 4.2.4, Rn. 255, 5.2.2, Rn. 279.

664 *Jannott*, in: *Jannott/Frodermann* (Hrsg.), Handbuch der Europäischen Aktiengesellschaft, 3. Kap. III 4.2.4, Rn. 254.

665 Dieser Moment hängt nach Ansicht von *Jannott* von dem jeweiligen Gründungstatbestand ab, sodass es sich bei der Fusions-SE um den Zeitpunkt der Verschmelzungsbeschlüsse, bei der Holding-SE um den Zeitpunkt der Zustimmungsbeschlüsse, bei der Tochter-SE bzw. der SE-Tochtergesellschaft um den Zeitpunkt der Gründung und bei der Umwandlungs-SE um den Zeitpunkt des Umwandlungsbeschlusses handle; vgl. *Jannott*,

Arbeitnehmerbeteiligung bereits abgeschlossen seien, könne bereits der erste Aufsichts- bzw. Verwaltungsrat ohne weiteres Verfahren mit Arbeitnehmervertretern besetzt werden. Die Wahl der Arbeitnehmervertreter könne allerdings erst nach der Eintragung der SE erfolgen.[666] Für den Fall, dass das Verhandlungsverfahren an diesem Termin noch nicht beendet sei, habe eine Besetzung des Aufsichts- bzw. Verwaltungsrats ohne Arbeitnehmervertreter zu erfolgen. Sobald jedoch eine Vereinbarung über die Einführung von Mitbestimmung getroffen worden sei, habe nach Eintragung der SE eine Bekanntmachung gem. § 97 Abs. 1 AktG bzw. § 25 Abs. 1 SEAG zu erfolgen und es sei eine Neubesetzung des betreffenden Organs, eventuell unter Zuhilfenahme des gerichtlichen Statusverfahrens, vorzunehmen. Dies sei möglich, da für die Amtszeit der Mitglieder im erstmalig gebildeten Aufsichts- bzw. Verwaltungsrat weder Art. 46 SE-VO noch §§ 30 Abs. 3, 31 AktG anwendbar seien.[667]

(3) Stellungnahme und Lösungsansatz

Beide Ansichten erscheinen aufgrund ihrer mitbestimmungsrechtlichen Konsequenzen nicht überzeugend. So würde die erstgenannte Auffassung zu einer Errichtung des Aufsichts- bzw. Verwaltungsrats ohne Beteiligung der Arbeitnehmerseite bis zu einem Zeitraum von sechs Monaten nach Abschluss des ersten Geschäftsjahres bzw. von 18 Monaten nach Gründung der SE führen.[668] Aber auch bei der anderen Ansicht kann es, jedenfalls bei Aufnahme eines Statusverfahrens, gem. § 97 Abs. 2 S. 1 und 2 AktG bzw. § 25 Abs. 1 S. 4, Abs. 2 S. 2 SEAG zu einer Zeitspanne von insgesamt sieben Monaten ohne Einbeziehung der Arbeitnehmervertreter kommen. Daher hätte der deutsche Gesetzgeber

---

in: *Jannott/Frodermann* (Hrsg.), Handbuch der Europäischen Aktiengesellschaft, 3. Kap. III 1.3.4, Rn. 86, 2.2.3, Rn. 163, 3.2.2, Rn. 213, 4.2.4, Rn. 255, 5.2.2, Rn. 279.

666 Der Verfasser weist dabei zu Recht darauf hin, dass immer dann, wenn von der Anteilseignerseite weniger als drei Mitglieder im Aufsichtsrat zu stellen seien, eine Übergangslösung gefunden werden müsse. Das betreffende Organ sei nämlich gem. § 108 Abs. 2 S. 3 AktG bei einer Besetzung mit weniger als drei Mitgliedern nicht beschlussfähig; vgl. *Jannott*, in: *Jannott/Frodermann* (Hrsg.), Handbuch der Europäischen Aktiengesellschaft, 3. Kap. III 1.3.4, Rn. 86, Fn. 179, 2.2.3, Rn. 163, Fn. 314, 3.2.2, Rn. 213, Fn. 388, 4.2.4, Rn. 255, Fn. 456, 5.2.2, Rn. 279, Fn. 501.

667 Vgl. zum Ganzen *Jannott*, in: *Jannott/Frodermann* (Hrsg.), Handbuch der Europäischen Aktiengesellschaft, 3. Kap. III 1.3.4, Rn. 86, 2.2.3, Rn. 163, 3.2.2, Rn. 213, 4.2.4, Rn. 255, 5.2.2, Rn. 279. Im Ergebnis ebenso *Brandes*, nach dessen Ansicht die aufgrund der Mitbestimmung bestehende Anzahl der Anteilseignervertreter im Aufsichts- bzw. Verwaltungsrat der SE zunächst geschätzt werden müsse. Entspreche diese Schätzung den kraft Vereinbarung oder kraft Auffangregelung einzuführenden Anforderungen, so seien die fehlenden Arbeitnehmervertreter einfach in das betreffende Organ zu wählen. Gebe es dagegen Abweichungen, so sei ein Statusverfahren durchzuführen; vgl. *Brandes*, AG 2005, 177, 185.

668 Vgl. Art. 54 Abs. 1 SE-VO.

einen dem § 247 Abs. 4 ArbVG entsprechenden Verzicht auf einen formellen Bestellungsakt aufnehmen können und müssen.

Zwar ist dem **Wortlaut** in Art. 40 Abs. 2 bzw. Art. 43 Abs. 3 SE-VO keine Differenzierung zwischen Mitgliedern der Anteilseigner- und der Arbeitnehmerseite zu entnehmen. Die **historische Auslegung** zeigt aber bereits, dass allein die Anteilseignerseite in die Regelungen der SE-VO über die erstmalige Bildung eines Aufsichts- bzw. Verwaltungsorgans einbezogen wird. Zunächst war in Art. 5 Abs. 1 Unterabs. 2 Buchst. d RL-Entwurf 1991 ausdrücklich vorgesehen, dass die ersten Mitglieder des Aufsichts- oder Verwaltungsorgans von der Hauptversammlung zu bestellen waren. Auch die Arbeitnehmervertreter waren davon erfasst, da ihnen ausdrücklich ein Vorschlags- und ein Widerspruchsrecht bei der Bestellung zugestanden wurde. Dagegen war in Art. 68 Abs. 1 Unterabs. 2 VO-Entwurf 1989 eine Höchstdauer der Mitgliedschaft im erstmals gebildeten Aufsichts- bzw. Verwaltungsorgan von drei Jahren geregelt. Diese Vorschrift war ausdrücklich auf die von der Anteilseignerseite bestellten Kandidaten begrenzt und galt demnach nicht für die Arbeitnehmervertreter in den betreffenden Organen. Zwar wurde die Vorschrift im VO-Entwurf 1991 aufgehoben, doch findet sich in Art. 63 Abs. 2 S. 2 VO-Entwurf 1991 nun die Regelung, dass die Mitglieder des ersten Aufsichtsorgans durch die Satzung bestellt werden können. Der anschließend eingeführte Art. 63 Abs. 2 S. 3 VO-Entwurf 1991 stellt klar, dass dies die Stellung der Arbeitnehmerseite nicht betrifft. Sowohl die Regelung zur Bestellung der Mitglieder durch die Hauptversammlung als auch durch die Satzung war somit allein auf die Anteilseignerseite begrenzt.

Bei **systematischer Betrachtung** lässt sich feststellen, dass sich die Vorschrift des Art. 40 Abs. 2 S. 3 bzw. Art. 43 Abs. 3 S. 3 SE-VO sowohl auf die Bestellung durch die Hauptversammlung als auch durch die Satzung bezieht. Daher kann im Hinblick auf den Begriff der Bestellung und der Problematik, ob zwischen der Einführung von Mitbestimmung kraft Vereinbarung oder Auffangregelung zu unterscheiden ist, auf die Ausführungen zu Art. 40 Abs. 2 S. 1 bzw. Art. 43 Abs. 3 S. 1 SE-VO verwiesen werden.[669] Daraus folgt, dass bei der Einführung von Mitbestimmung in die SE allein die Mitglieder der Anteilseignerseite durch Satzung in das Aufsichts- bzw. Verwaltungsorgan bestellt werden können.

Schließlich spricht auch **Sinn und Zweck** gegen einen mitbestimmungslosen Aufsichts- bzw. Verwaltungsrat über einen so langen Zeitraum. Grund für die Regelung des § 30 AktG ist, die Handlungsfähigkeit der Vor-AG und die Entstehung der AG zu gewährleisten.[670] Diese Zielsetzung kann aber im Fall der Gründung einer SE auch sichergestellt werden, ohne die Arbeitnehmer über ei-

---

[669] Vgl. oben S. 462 ff..

[670] So müssen bei der Gründung einer AG gem. §§ 33, 36 AktG alle Aufsichtsratsmitglieder mitwirken; vgl. *Hüffer*, Aktiengesetz, § 30, Rn. 1.

nen solchen Zeitraum von der Beteiligung im Aufsichts- bzw. Verwaltungsrat auszuschließen. Die SE kann gem. Art. 12 Abs. 2 SE-VO erst eingetragen werden, wenn über die Frage der Arbeitnehmerbeteiligung auf die eine oder andere Weise entschieden wurde. Zum Zeitpunkt der Eintragung steht folglich die Anzahl der in den Aufsichts- bzw. Verwaltungsrat aufzunehmenden Mitglieder der Arbeitnehmerseite bereits verbindlich fest. Spätestens nach der Anmeldung der SE durch die Mitglieder der Anteilseignerseite im Aufsichts- bzw. Verwaltungsrat können daher die Arbeitnehmervertreter dazu stoßen.

Der deutsche Gesetzgeber ist im Rahmen der Verhandlungslösung wohl selbst dieser Auffassung, da er auf diese *„mitbestimmungsrechtliche Lücke"* explizit hinweist und ihre Beseitigung durch eine Vereinbarung empfiehlt. Es stellt sich die Frage, warum bei der Einführung von Mitbestimmung kraft Gesetzes eine anderweitige Vorgehensweise angebracht sein sollte. Die über die Eintragung der SE hinausgehende Beibehaltung eines mitbestimmungsfreien Aufsichts- bzw. Verwaltungsrats widerspricht zudem bereits den Vorgaben der SE-RL, da für diesen Zeitraum die bestehenden Beteiligungsrechte der Arbeitnehmer ausgehebelt würden. Nach Sinn und Zweck der SE-RL ist vielmehr davon auszugehen, dass baldmöglichst die Mitbestimmung kraft Vereinbarung bzw. Auffangregelung in die SE einzuführen ist.

Selbst wenn mit der anderen Ansicht eine solche Regelungslücke im Gesellschaftsrecht angenommen wird, wäre dem Gesetzgeber gem. Art. 43 Abs. 4 SE-VO eine anderweitige Regelung jedenfalls für das monistische System möglich gewesen. Aber auch für die dualistische Struktur hätte der Zeitraum der erstmaligen Bildung eines Aufsichtsrats ohne Beteiligung der Arbeitnehmer verkürzt werden können und müssen. Wird der Ansicht des Gesetzgebers gefolgt, wonach auch für die Arbeitnehmer ein konstitutiver Bestellungsakt der Hauptversammlung erforderlich ist, dann würde Art. 54 Abs. 1 S. 2 SE-VO weiterhelfen. Diese Vorschrift ermächtigt die Mitgliedstaaten, einen Zeitraum von bis zu 18 Monaten für die Abhaltung der ersten Hauptversammlung nach SE-Gründung festzulegen. Der Wortlaut *„bis zu"* beinhaltet auch die Option, eine wesentlich kürzere Zeitspanne vorzusehen. Bereits dadurch hätte der deutsche Gesetzgeber durch eine explizite Regelung das Problem eines ersten Aufsichts- bzw. Verwaltungsrats ohne Beteiligung der Arbeitnehmerseite entschärfen können. Auch der österreichische Gesetzgeber differenziert in § 247 Abs. 4 ArbVG nicht zwischen erstmaliger und erneuter Zusammensetzung der betreffenden Organe und lässt stets die Bekanntgabe des Entsendebeschlusses genügen. Eine den Anforderungen an die SE-RL entsprechende Regelung könnte dahingehend erfolgen, dass das allein aus den Vertretern der Anteilseignerseite bestehende Rumpforgan grundsätzlich nach der Eintragung der SE durch die Arbeitnehmervertreter ergänzt wird.[671] Ein längerer Zeitraum ohne Mitbestimmung im Aufsichts- bzw. Verwaltungsrat i.S.d. § 30 AktG ist nur erforderlich, wenn die SE, zum Beispiel als Tochter-SE, noch keine Arbeitnehmer beschäftigt.

c) Vorzeitige Abberufung und Anfechtung der Wahl gem. § 37 SEBG

Hinsichtlich der vorzeitigen Abberufung von Arbeitnehmervertretern sowie der Anfechtbarkeit ihrer Wahl hat der deutsche Gesetzgeber in **§ 37 SEBG** die Grundsätze des AktG und der Mitbestimmungsgesetze auf die SE übertragen.[672] Antragsberechtigt für eine **vorzeitige Abberufung** eines inländischen Mitglieds bzw. Ersatzmitglieds der Arbeitnehmer sind gem. **§ 37 Abs. 1 S. 2 SEBG** die Personen bzw. -gruppen, die das betreffende Mitglied auch gewählt haben.[673] Für das Abberufungsverfahren gelten gem. **37 Abs. 1 S. 3 1. HS SEBG** die Vorschriften in §§ 8 bis 10 SEBG für das Wahlverfahren des BVG entsprechend. Allerdings ist für einen wirksamen Beschluss über eine solche Abberufung gem. **§ 37 Abs. 1 S. 3 2. HS SEBG** eine qualifizierte Mehrheit von drei Vierteln der abgegebenen Stimmen erforderlich. Liegt ein solcher Beschluss vor, so sind die betroffenen Arbeitnehmervertreter gem. **§ 37 Abs. 1 S. 4 SEBG** von der Hauptversammlung der SE abzuberufen, wobei dieser formale Akt regelmäßig mit der Neubestellung von Arbeitnehmervertretern durch die Hauptversammlung verbunden sein wird.[674] Allerdings sollte die Abberufung der Arbeitnehmervertreter, ebenso wenig wie ihre Bestellung[675], nicht durch die Hauptversammlungen wahrgenommen werden, sondern nach dem Verfahren des Art. 37 Abs. 1 bis 3 SEBG erfolgen.[676]

Die Anfechtung der Wahl[677] eines deutschen Mitglieds bzw. Ersatzmitglieds der Arbeitnehmer ist gem. **§ 37 Abs. 2 S. 1 SEBG** möglich, wenn ein Verstoß gegen wesentliche Vorschriften über das Wahlrecht, die Wählbarkeit oder das Wahlverfahren vorliegt und keine Berichtigung vorgenommen wurde. Zudem ist er-

---

671 Ebenso *Jannott*, in: *Jannott/Frodermann* (Hrsg.), Handbuch der Europäischen Aktiengesellschaft, 3. Kap. III 1.3.4, Rn. 86, 2.2.3, Rn. 163, 3.2.2, Rn. 213, 4.2.4, Rn. 255; allerdings nur für den Fall,`dass zu den von ihm genannten Zeitpunkten bereits eine Vereinbarung vorlag.

672 BR-Drucks. 438/04, Begründung zum SEEG, S. 139.

673 BR-Drucks. 438/04, Begründung zum SEEG, S. 139. Dies sind folglich bei der Bildung des Wahlgremiums die daran beteiligten Arbeitnehmervertretungen; bei der Vornahme einer Urwahl mindestens drei der teilnehmenden Arbeitnehmer; für einen Gewerkschaftsvertreter die Gewerkschaft, die ihn vorgeschlagen hat und für einen leitenden Angestellten der Sprecherausschuss, der ihn aufgestellt hat.

674 BR-Drucks. 438/04, Begründung zum SEEG, S. 139.

675 Vgl. oben S. 462 ff.

676 *Schwarz*, Kommentar zur SE-VO, Einl. Rn. 315, Art. 40 Rn. 66, Art. 43 Rn. 121.

677 Zur Nichtigkeit der Wahl vgl. die Ausführungen bei *Nagel*, in: *Nagel/Freis/Kleinsorge* (Hrsg.), Die Beteiligung der Arbeitnehmer in der Europäischen Gesellschaft, S. 204 ff., Rn. 15 ff.

forderlich, dass durch diese Zuwiderhandlung das Wahlergebnis geändert oder beeinflusst werden konnte.[678] Anfechtungsberechtigt sind neben den auch zur vorzeitigen Abberufung Berechtigten gem. **§ 37 Abs. 2 S. 2 SEBG** der SE-Betriebsrat und die SE-Leitung. Die Klagefrist beträgt gem. **§ 37 Abs. 2 S. 3 SEBG** einen Monat nach dem Bestellungsbeschluss der Hauptversammlung.[679] Zudem können formale Fehler bei der Bestellung durch die Hauptversammlung gem. § 17 Abs. 4 SEAG i.V.m. § 251 AktG geltend gemacht werden.[680]

5. Binnenordnung des Aufsichts- bzw. Verwaltungsorgans gem. § 38 SEBG

In **§ 38 Abs. 1 SEBG**, der Teil 3 Buchst. b Unterabs. 4 An. SE-RL umsetzt, wird klargestellt, dass die Arbeitnehmervertreter im Aufsichts- oder Verwaltungsorgan der SE die gleichen Rechte und Pflichten wie die Vertreter der Anteilseigner haben.

a) Zuständigkeit für den Bereich Arbeit und Soziales gem. § 38 Abs. 2 SEBG

Des Weiteren wird in **§ 38 Abs. 2 S. 1 SEBG** bei einer bestehenden Mitbestimmung kraft Gesetzes die Anzahl der Mitglieder des Leitungsorgans bzw. der geschäftsführenden Direktoren auf mindestens zwei festgesetzt. Grund hierfür ist, dass gem. **§ 38 Abs. 2 S. 2 SEBG** eines dieser Mitglieder für den *„Bereich Arbeit und Soziales zuständig"* ist. Nur bei einer solchen Mindestzahl kann dieser Aufgabenbereich eigenständig innerhalb der Leitung der SE wahrgenommen werden.[681] Zwar verzichtet der deutsche Gesetzgeber auf weitere Vorgaben[682] zur Person des Arbeitsdirektors.[683] Allerdings stellt sich die Frage, ob diese explizite

---

678 Diese Voraussetzungen entsprechen § 22 Abs. 1 MitbestG.

679 Dies entspricht § 246 AktG; BR-Drucks. 438/04, Begründung zum SEEG, S. 139.

680 BR-Drucks. 438/04, Begründung zum SEEG, S. 139.

681 BR-Drucks. 438/04, Begründung zum SEEG, S. 140.

682 So kann der Arbeitsdirektor gem. § 13 Abs. 1 S. 2 und 3 Montan-MitbestG in montanmitbestimmten Unternehmen nicht gegen den Willen der Mehrheit der Arbeitnehmervertreter im Aufsichtsrat bestellt oder abberufen werden.

683 Nach Ansicht von *Oetker* besteht ein Unterschied zwischen § 38 Abs. 2 SEBG und § 13 Montan-MitbestG bzw. § 33 MitbestG bereits dahingehend, dass auf die Verpflichtung zur Bestellung eines Arbeitsdirektors verzichtet werde. Folglich sei auch nicht erforderlich, dass die Übertragung eines Kernbereichs in Personal- und Sozialfragen sichergestellt werde; *Oetker*, BB-Special 1/2005, 2, 12; *ders.*, ZESAR 2005, 3, 11; *ders.*, in: *Lutter/Hommelhoff* (Hrsg.), Die Europäische Gesellschaft, S. 277, 311 f.
Allerdings stellt der Gesetzgeber ausdrücklich klar, dass mit dieser Regelung die bewährte Funktion des Arbeitsdirektors eingeführt werden soll; BR-Drucks. 438/04, Begründung zum SEEG, S. 140. Daher ist davon auszugehen, dass die für den Bereich Arbeit und Soziales zuständige Person auch einen entsprechenden Schwerpunkt an Kompetenzen in diesem Gebiet erhalten wird. Allein die Tatsache, dass keine Bezeichnung als Ar-

Aufgabenverteilung sowohl im dualistischen als auch im monistischen System nicht gegen die Vorgaben der SE-RL verstößt. In der Literatur wird diese Regelung noch als zulässig angesehen.[684] Gem. Art. 13 Abs. 2 SE-RL finden einzelstaatliche Rechtsvorschriften und/oder Gepflogenheiten hinsichtlich der unternehmerischen Mitbestimmung, die nicht zur Umsetzung dieser Richtlinie dienen, aber keine Anwendung auf eine SE. Demzufolge ist die Einführung eines Arbeitsdirektors in eine SE mit Sitz in Deutschland nur zulässig, wenn es sich entweder um keine einzelstaatliche mitbestimmungsrechtliche Vorschrift oder Gepflogenheit handelt bzw. diese gesetzlich geregelte Aufgabenverteilung der Umsetzung der SE-RL dient.

Für das Vorliegen spezieller mitbestimmungsrechtlicher Regelungen spricht bereits die Tatsache, dass ein solcher Arbeitsdirektor gem. §§ 13 Montan-MitbestG, 13 Montan-MitBestErgG und 33 MitbestG nur bei in den Anwendungsbereich dieser Gesetze fallenden Gesellschaften einzurichten ist.[685] Auch im Rahmen der SE besteht die Verpflichtung zu einer solchen Ressortverteilung nur, wenn es gem. §§ 22, 34 SEBG zu einer Anwendung der Mitbestimmung kraft Gesetzes gekommen ist. Da diese Zuständigkeitszuteilung eine deutsche Besonderheit darstellt, handelt es sich um eine spezifische nationale mitbestimmungsrechtliche Regelung.

Diese Vorschrift dient auch nicht der Umsetzung der SE-RL, da bereits die historische Auslegung zeigt, dass der europäische Gesetzgeber gegen die Einführung eines Arbeitsdirektors ist. Während diese zwingende Ressortverteilung im VO-Entwurf 1970 noch vorgesehen war,[686] wurde sie nicht in die endgültige Fassung der SE-RL aufgenommen.[687] Darüber hinaus handelt es sich um keine für die Umsetzung der SE-RL relevante Bestimmung, da bei der Einführung der Mitbestimmung aufgrund der Auffangregelung gem. Teil 3 Buchst. b Unterabs. 1 An. SE-RL lediglich das quantitative Partizipationsniveau im Verwaltungs- bzw. Aufsichtsorgan abzusichern ist. Hierunter fällt aber bereits nach dem Wortlaut des § 38 Abs. 2 SEBG nicht die Position des Arbeitsdirektors als Mitglied des Leitungsorgans bzw. der geschäftsführenden Direktoren.

Schließlich spricht, unabhängig von Art. 13 Abs. 2 SE-RL, gegen § 38 Abs. 2 SEBG, dass diese Regelung zu einer Ausweitung der bestehenden Mitbe-

---

beitsdirektor erfolgt, lässt noch keine Unterschiede im Zuständigkeitsbereich erkennen. Somit wird im Folgenden die mit diesem Ressort betraute Person auch als Arbeitsdirektor bezeichnet. Ebenso *Nagel*, in: *Nagel/Freis/Kleinsorge* (Hrsg.), Die Beteiligung der Arbeitnehmer in der Europäischen Gesellschaft, S. 208, Rn. 5.

684 *Krause*, BB 2005, 1221, 1228.

685 Im Ergebnis ebenso *Schwarz*, Kommentar zur SE-VO, Art. 43 Rn. 99.

686 Vgl. Art. 63 Abs. 6 S. 2 VO-Entwurf 1970. Dieser lautet: *„Der Aufsichtsrat bezeichnet ebenfalls das Mitglied des Vorstands, das mit der Behandlung von Personalfragen und Fragen der Arbeitsbeziehungen beauftragt ist.“*

687 *Grobys*, NZA 2004, 779, 780.

stimmung führen kann. Während das SEBG nämlich nicht zwischen den verschiedenen Mitbestimmungsformen differenziert, ist ein Arbeitsdirektor nach nationalem Recht nur zu bestellen, wenn eine unter §§ 13 Montan-MitbestG, 13 Montan-MitBestErgG oder 33 MitbestG fallende deutsche Aktiengesellschaft vorliegt. Ist allerdings aufgrund der Auffangregelung die Mitbestimmung aus dem DrittelbG[688] bzw. aus einem anderen Mitgliedstaat, wie zum Beispiel Frankreich, in die SE zu installieren, so muss in die Europäische Aktiengesellschaft dieses mitbestimmungsrechtliche Element nun zusätzlich aufgenommen werden. Es findet keine Sicherung bestehender Beteiligungsrechte, sondern eine Ausweitung der Arbeitnehmerpartizipation statt. Die Regelung eines zwingenden Ressorts in Arbeits- und Sozialangelegenheiten widerspricht daher Art. 13 Abs. 2 SE-RL[689] und ist europarechtswidrig. Allerdings kann die jeweilige Leitung einer SE einen solchen speziellen Aufgabenbereich jederzeit in ihrer Geschäftsordnung festlegen.

b) Wahl eines weiteren Mitglieds gem. § 38 Abs. 3 SEBG

§ 38 Abs. 3 SEBG sieht ein weiteres Mitglied im Aufsichts- bzw. Verwaltungsrat vor, wenn an der Gründung der SE eine dem Montan-MitbestG oder dem Montan-MitBestErgG unterliegende Gesellschaft beteiligt ist. Die Wahl dieses weiteren Mitglieds erfolgt dabei auf gemeinsamen Vorschlag der Anteilseigner- und Arbeitnehmervertreter. Laut Begründung zum Gesetzesentwurf soll diese Vorschrift gewährleisten, dass die im Rahmen der echten paritätischen Mitbestimmung gem. § 4 Abs. 1 S. 2 Buchst. c Montan-MitbestG bzw. § 5 Abs. 1 S. 1 Buchst. c Montan-MitBestErgG vorgesehene Funktion des neutralen Mitglieds auch in der SE erhalten bleibt.[690]

Diese Regelung wird im Schrifttum[691] überwiegend abgelehnt und als *„Infizierung"*[692] der SE mit einer deutschen Besonderheit bezeichnet. Angeführt wird, dass dies gegen das in der SE-VO geregelte Prinzip des Letztentscheidungs-

---

688 Ebenso *Oetker*, wonach § 38 Abs. 2 SEBG im Hinblick auf das DrittelbG über den mitbestimmungsrechtlichen Status quo hinausgehe; *Oetker*, BB-Special 1/2005, 2, 12, Fn. 100; *ders.*, ZESAR 2005, 3, 11, Fn. 76.

689 Ebenso *Grobys*, NZA 2004, 779, 780; *ders.*, NZA 2005, 84, 90 und *Schwarz*, Kommentar zur SE-VO, Art. 43 Rn. 99.

690 BR-Drucks. 438/04, Begründung zum SEEG, S. 140.

691 *Grobys*, NZA 2004, 779, 780; *ders.*, NZA 2005, 84, 90; *Krause*, BB 2005, 1221, 1228; *Schwarz*, Kommentar zur SE-VO, Einl. Rn. 312, Art. 40 Rn. 38, Art. 43 Rn. 97; *Wisskirchen/Prinz*, DB 2004, 2638, 2642. Ebenso wohl *Nagel*, DB 2004, 1299, 1302; *Niklas*, NZA 2004, 1200, 1204.
A.A. wohl *Oetker*, der nur die Vorschrift des § 38 Abs. 2 SEBG und nicht auch die des § 38 Abs. 3 SEBG *„über die Wahrung des bisherigen mitbestimmungsrechtlichen status quo"* hinausgehend ansieht; *Oetker*, in: *Lutter/Hommelhoff* (Hrsg.), Die Europäische Gesellschaft, S. 277, 311 f.

692 *Grobys*, NZA 2004, 779, 780.

rechts der Anteilseignerseite verstoße.[693] In Art. 42 S. 2, 45 S. 2 und 50 Abs. 2 SE-VO sei nämlich ausdrücklich geregelt, dass im Falle paritätischer Mitbestimmung bei Beschlüssen im Aufsichts- bzw. Verwaltungsorgan die Stimme des, der Seite der Aktionäre entstammenden, Vorsitzenden den Ausschlag gebe.[694] Dies gehe dem deutschen Montan-MitbestG bzw. Montan-MitBestErgG vor.[695]

Obwohl der Ablehnung einer Übernahme dieser speziellen Mitbestimmungsform in die SE zuzustimmen ist, erscheint die Begründung nicht zwingend. Zunächst ist darauf hinzuweisen, dass die genannten Vorschriften in der SE-VO nach ihrem strengen **Wortlaut** allein die Arbeitnehmerpartizipation nach dem MitbestG und nicht nach dem Montan-MitbestG bzw. Montan-MitBestErgG erfassen. Gem. Art. 42 S. 2 und 45 S. 2 SE-VO muss der Vorsitzende nur dann dem Lager der Anteilseigner entstammen, wenn *„die **Hälfte der Mitglieder**[696](...) von den Arbeitnehmern bestellt"* wird. Des Weiteren regelt Art. 50 Abs. 2 S. 1 SE-VO, dass die Stimme des Vorsitzenden lediglich *„bei Stimmengleichheit"* den Ausschlag gibt. Sobald im Aufsichtsorgan einer SE nach § 38 Abs. 3 SEBG die Wahl eines weiteren Mitglieds erforderlich ist, wird aber nicht mehr die Hälfte der Mitglieder in diesem Organ von den Arbeitnehmervertretern bestellt. Dieses zusätzliche Mitglied ist ausdrücklich auf gemeinsamen Vorschlag der Anteilseigner- und Arbeitnehmervertreter zu wählen. Auch kann es in einem solchen Fall aufgrund der ungeraden Zahl von Mitgliedern im Aufsichtsorgan gar nicht zu einer für Art. 50 Abs. 2 SE-VO erforderlichen Stimmengleichheit kommen.

Die **historische Betrachtung** zeigt, dass gem. Art. 65 Abs. 1 S. 2 bzw. Art. 67 a Abs. 1 S. 2 VO-Entwurf 1991 bei Geltung von Art. 4 RL-Entwurf 1991 nur ein von der Hauptversammlung bestelltes Mitglied zum Vorsitzenden im Aufsichts- bzw. Verwaltungsorgan gewählt werden durfte. Ausreichend war nach diesem Vorschlag folglich jegliche Art von Mitbestimmung, während nach der aktuellen Fassung der Vorsitzende nur dann dem Lager der Anteilseigner entstammen muss, wenn paritätische Mitbestimmung in den betreffenden Organen besteht. Das Stichstimmrecht des Vorsitzenden war gem. Art. 76 Abs. 3 a VO-Entwurf 1991 ebenfalls bei Stimmengleichheit vorgesehen. Bereits erkennbar ist jedenfalls das Bestreben, der Seite der Anteilseigner ein Übergewicht zu schaffen.

In **systematischer Hinsicht** zeigen sich allerdings Möglichkeiten der Aufweichung des ausschlaggebenden Stimmrechts des Vorsitzenden. So kann es nach

---

693 *Wisskirchen/Prinz*, DB 2004, 2638, 2642.

694 *Grobys*, NZA 2004, 779, 780; *Lambach*, RIW 2005, 161, 167.

695 *Nagel*, DB 2004, 1299, 1302; *Niklas*, NZA 2004, 1200, 1204. Zustimmend *Lambach*, RIW 2005, 161, 167.

696 Hervorhebung durch den Verfasser.

dem Wortlaut des Art. 50 Abs. 2 SE-VO im monistischen System durch die Satzung ausgeschlossen werden, da Art. 50 Abs. 2 S. 2 SE-VO nur für das Aufsichtsorgan gilt. In der dualistischen Struktur können die Mitgliedstaaten gem. Art. 40 Abs. 3 SE-VO nicht nur die Mindest- und/oder Höchstzahl der Mitglieder im Aufsichtsorgan bestimmen, sondern anders als in der monistischen Organisationsform auch die genaue Anzahl festlegen. Dies könnte auch die Ermächtigung beinhalten, bei Geltung des Montan-MitbestG und des Montan-MitBestErgG eine stets ungerade Anzahl von Mitgliedern im Aufsichts- bzw. Verwaltungsrat festzulegen. In diesem Fall käme es auf das Stimmrecht des Vorsitzenden nicht an und die Integration eines neutralen Mitglieds wäre möglich. Schließlich regelt Art. 50 Abs. 3 SE-VO ausdrücklich, dass die Mitgliedstaaten bei Bestehen von Mitbestimmung in der zukünftigen SE von den Vorschriften in Art. 50 Abs. 1 und 2 SE-VO hinsichtlich der Beschlussfähigkeit und -fassung im Aufsichtsorgan abweichen können. Den einzelstaatlichen Gesetzgebern wird die Option überlassen, diese Bereiche nach denselben Bedingungen zu regeln, die für ihre nationalen Aktiengesellschaften gelten. Auch dies könnte unter Umständen als Ermächtigung ausgelegt werden, wenn die Einführung eines neutralen Mitglieds in den Aufsichtsrat als Regelung zur Beschlussfassung betrachtet wird. In Deutschland bestehen verschiedene Formen der Mitbestimmung, die zum Teil auch unterschiedliche Regelungen bei der Beschlussfassung mit sich bringen. So sieht das Montan-MitbestG bzw. Montan-MitBestErgG eben kein Zweitstimmrecht des Vorsitzenden vor, da es gerade mit der Einrichtung des zusätzlichen Mitglieds eine ausreichende Vorkehrung gegen die Stimmgleichheit im Aufsichtsrat enthält.[697]

Die **teleologische Auslegung** ergibt aber, dass der europäische Gesetzgeber durch dieses Stichstimmrecht des Vorsitzenden für den Fall der paritätischen Besetzung des Aufsichts- bzw. Verwaltungsorgans einer SE stets ein Letztentscheidungsrecht der Anteilseigner sicherstellen wollte. Die Möglichkeit der Bestellung eines neutralen Mitglieds und damit einer echten Parität in den betreffenden Organen hat er nicht vorgesehen. Bei der Montanmitbestimmung handelt es sich um eine Ausnahmeregelung, die durch die historische Entwicklung in Deutschland bedingt ist.[698] Eine solche echte paritätische Mitbestimmung konnte sich in der Folgezeit in Deutschland nicht mehr durchsetzen und wird heute als

---

697 MünchArbR/*Wißmann*, § 381, Rn. 25.

698 Grund für diesen hohen Grad an Partizipation in dem Bereich Kohle und Stahl ist, dass es um die Schlüsselindustrie nach dem Zweiten Weltkrieg ging. Unmittelbar nach dessen Ende fand eine Entflechtung der Unternehmen aus Bergbau und Stahlindustrie durch die Alliierten statt, die mit der paritätischen Besetzung der Aufsichtsräte durch Anteilseigner- und Arbeitnehmervertreter einherging. Nach der Gründung der Bundesrepublik Deutschland gelang es den Gewerkschaften dieses Mitbestimmungsniveau zu verteidigen und durch das Montan-MitbestG auf den gesamten Bereich der Kohle und Stahlindustrie auszuweiten; vgl. *Junker*, Grundkurs Arbeitsrecht, Dritter Teil § 11, Rn. 808, 831.

„überholtes Modell"[699] bezeichnet. Daher kann nicht davon ausgegangen werden, dass der europäische Gesetzgeber diesen Sonderfall kraft der Auffangregelung auf Europäische Aktiengesellschaften ausdehnen wollte.

Im Schrifttum wird zugestanden, dass aufgrund der mitbestimmungsrechtlichen Thematik die SE-RL gem. Art. 1 Abs. 4 SE-VO gegenüber der Verordnung vorrangig sei. Anschließend wird ohne nähere Erläuterung eingewendet, dass die Einführung eines neutralen Mitglieds der SE-RL widerspreche.[700] Tatsächlich findet sich in der SE-RL keine explizite Rechtgrundlage für eine solche Regelung, da Teil 3 Buchst. b Unterabs. 3 S. 3 An. SE-RL nur die Fälle der Verteilung bereits zugewiesener Fälle im Aufsichtsorgan erfasst. Allerdings sollen nach den Erwägungsgründen 3, 7 und 18 SE-RL bestehende Arbeitnehmerbeteiligungsrechte im Rahmen der SE-Gründung gewahrt werden. Unzweifelhaft stellt die Wahl eines neutralen Mitglieds im Aufsichtsorgan einer montanmitbestimmten Aktiengesellschaft durch die Arbeitnehmer- und Anteilseignervertreter das stärkste Mitbestimmungsrecht in Deutschland dar.[701] Bestünde diese Möglichkeit in einer SE nicht mehr, sondern wäre auch in diesem Fall allein ein Stichstimmrecht des Vorsitzenden einzuführen, so läge eine Verminderung dieser Mitbestimmung vor.

Daher ist zu untersuchen, ob diese Einschränkung unter den in der SE-RL bestehenden alleinigen quantitativen Schutz der Arbeitnehmerbeteiligungsrechte fällt. Im Hinblick auf die Auffangregelung ist Teil 3 Buchst. b Unterabs. 1 An. SE-RL relevant. Die Anzahl der Mitglieder, auf deren Bestellung die Arbeitnehmer auf die eine oder andere Weise Einfluss nehmen können, richtet sich nach dem höchsten maßgeblichen Anteil in den beteiligten Gesellschaften. Demnach müsste auch die Wahl des neutralen Mitglieds im Aufsichtsrat unter diese Definition fallen. Die Wahl dieser Person selbst obliegt aber dem Wahlorgan, das heißt der Hauptversammlung bei einer AG oder der Gesellschafterversammlung bei einer GmbH. Zwar wird durch das Verfahren des § 8 Montan-MitbestG sichergestellt, dass dieses Mitglied das Vertrauen der Arbeitnehmer sowie der Anteilseigner genießt und grundsätzlich nicht gegen den Willen der Mehrheit ihrer jeweiligen Vertreter gewählt werden kann.[702] Es ist folglich nicht auf die Durchsetzung des von der Anteilseignerseite vorgebrachten Vorschlags gerichtet, sondern auf einen Kompromiss beider Seiten. Auch dient die Möglichkeit des Wahlorgans gem. § 8 Abs. 3 S. 7 Montan-MitbestG von sich aus dieses Mitglied wählen zu dürfen, eher nur theoretisch der Absicherung des Letztentscheidungsrechts der Aktionäre.[703] Dennoch fällt dies nicht unter den Wortlaut von Teil 3

---

699 *Junker*, Grundkurs Arbeitsrecht, Dritter Teil § 11, Rn. 833.
700 *Grobys*, NZA 2004, 779, 780.
701 *Hromadka/Maschmann*, Arbeitsrecht Band 2, § 15 II 2 a), Rn. 13.
702 ErfK/*Oetker*, § 8 Montan-MitbestG Rn. 1.
703 ErfK/*Oetker*, Einleitung Montan-MitbestG, Rn. 6.

Buchst. b Unterabs. 1 An. SE-RL, der das Repräsentationsmodell als Recht der Wahl oder Bestellung eines Mitglieds des Verwaltungs- oder Aufsichtsorgans durch die Arbeitnehmer bezeichnet. Auch eine etwaige Argumentation, dass es sich, ähnlich wie im Kooptationsverfahren, um ein Recht der Arbeitnehmer handeln könnte, die Bestellung eines der Mitglieder des Aufsichtsorgans zu empfehlen, greift nicht. Die Formulierung in Teil 3 Buchst. b Unterabs. 1 An. SE-RL differenziert ebenso wie die Definition in Art. 2 Buchst. k SE-RL zwischen dem Repräsentations- und Kooptationsmodell und sieht keine Mischformen vor.

Die Verpflichtung zur Einführung eines neutralen Mitglieds in den Verwaltungsrat einer SE ist zudem bereits als Verstoß gegen Gemeinschaftsgrundrechte abzulehnen. Bei einer solchen Gestaltung würde den Anteilseignern auch das aufgrund des Letztentscheidungsrechts des Vorsitzenden bestehende leichte Übergewicht gegenüber der Arbeitnehmerseite genommen und es herrschte echte Parität. Es läge zumindest in das Recht auf Eigentum ein eklatanter Eingriff vor, da sich die Aktionäre nicht mehr bei der Festlegung der Unternehmensstrategie im Verwaltungsrat durchsetzen könnten. Diese Beschränkung kann nicht mit den auf Gemeinschaftsebene bestehenden Rechtfertigungsgründen legitimiert werden[704] bzw. wäre zumindest unverhältnismäßig, da die Interessen der Arbeitnehmer auch ohne die Besonderheit des neutralen Mitglieds in ausreichendem Maße gewährleistet werden können.[705] Angesichts dieses erheblichen Eingriffs in die Entscheidungsprozesse der Leitung einer SE kann auch von einem unzulässigen Eingriff in die unternehmerische Entscheidungsfreiheit ausgegangen werden.

Der deutsche Gesetzgeber war auch nicht aufgrund der Grundrechte zu der Übernahme der Besonderheit des neutralen Mitglieds verpflichtet, da bei der Umsetzung von Teil 3 Buchst. b Unterabs. 1 An. SE-RL kein Gestaltungsspielraum besteht.[706] Die Vorschrift des § 38 Abs. 3 SEBG verstößt somit gegen die Vorgaben der SE-VO und der SE-RL und ist europarechtswidrig.

---

704 Vgl. zu den Rechtfertigungsgründen *Penski/Elsner*, DÖV 2001, 265, 272.

705 Vgl. zur Verhältnismäßigkeit *Penski/Elsner*, DÖV 2001, 265, 272 f.

706 Besteht kein solcher Ermessensspielraum für den nationalen Gesetzgeber, ist er zur Umsetzung verpflichtet, auch wenn diese gegen seine jeweilige Verfassung verstößt; siehe oben S. 365 f.
Wären die deutschen Grundrechte zu berücksichtigten, könnte auf das Mitbestimmungsurteil zurückgegriffen werden. Nach den dort festgelegten Grundsätzen läge zumindest bei Einführung dieser Mitbestimmungsform in das monistische System Verfassungswidrigkeit vor. In dieser Entscheidung wurde ein Verstoß gegen die Grundrechte durch das MitbestG unter anderem abgelehnt, weil es *„nicht auf eine unmittelbare Mitbestimmung von Arbeitnehmervertreter(n) in (...) der Unternehmensleitung“* ziele. Weiterhin wird angeführt, dass es an einer echten Parität fehle, da der von der Anteilseignerseite zu wählende Vorsitzende des Aufsichtsrats mit einem Zweitstimmrecht ausgestattet sei. Schließlich wird festgestellt, dass es aufgrund fehlender Parität im Aufsichtsrat auch nicht zu ei-

IV. Tendenzschutz gem. § 39 SEBG

Der deutsche Gesetzgeber hat von der Ermächtigung des Art. 8 Abs. 3 SE-RL Gebrauch gemacht und in **§ 39 SEBG** eine Vorschrift zum Tendenzschutz erlassen. Allerdings ist er dabei über den Wortlaut des Art. 8 Abs. 3 SE-RL hinausgegangen, der nur solche Europäische Aktiengesellschaften, die in Bezug auf Berichterstattung und Meinungsäußerung eine bestimmte Tendenz verfolgen, umfasst. Gem. **§ 39 Abs. 1 Nr. 1 SEBG** wurde auch eine SE, die unmittelbar und überwiegend politischen, koalitionspolitischen, konfessionellen, karitativen, erzieherischen, wissenschaftlichen oder künstlerischen Bestimmungen dient, in den Anwendungsbereich dieser Regelung einbezogen. Für solche Europäischen Aktiengesellschaften gelten einerseits die gesamten Vorschriften der §§ 34 bis 38 SEBG über eine Mitbestimmung kraft Gesetzes nicht. Andererseits ist ein SE-Betriebsrat kraft Gesetzes einzurichten, doch beschränkt sich seine Unterrichtung und Anhörung gem. **§ 39 Abs. 2 SEBG** auf die Gegenstände des § 28 Abs. 2 Nr. 5 bis 10 und § 29 SEBG.[707] Zudem erfolgt sie nur hinsichtlich des Ausgleichs oder der Milderung der wirtschaftlichen Nachteile, die den Arbeitnehmern infolge der Unternehmens- oder Betriebsänderung entstehen. Die Durchführung der Maßnahme selbst ist daher von der Information und Konsultation ausgenommen.[708]

Die Vorschrift des § 39 SEBG wirft zahlreiche Probleme auf. Soweit § 39 SEBG die Unterrichtung und Anhörung betrifft, kann grundsätzlich die Diskussion im Schrifttum zu Art. 8 Abs. 3 EBR-RL und § 34 EBRG aufgenommen werden, da Art. 8 Abs. 3 SE-RL und § 39 Abs. 2 i.V.m. Abs. 1 SEBG diesen Vorschriften entsprechen.

1. Aufnahme des Tendenzschutzes in das SEBG

Es stellt sich zunächst die Frage, ob der deutsche Gesetzgeber überhaupt von der Ermächtigung des Art. 8 Abs. 3 SE-RL hätte Gebrauch machen sollen. Dabei ist zwischen der Unterrichtung und Anhörung sowie der Mitbestimmung zu unterscheiden.

Im Schrifttum[709] wird zum Teil ausgeführt, dass der deutsche Gesetzgeber, insbesondere aus verfassungsrechtlichen Gesichtspunkten, zu der Einführung einer dem gesamten § 118 BetrVG entsprechenden Regelung unter Einbezug auch der Religionsgemeinschaften gezwungen werde.

---

ner paritätischen Besetzung des Vorstands komme; vgl. zum Ganzen BVerfG vom 01.03.1979, BVerfGE 50, 290, 323 ff. = NJW 1979, 699, 700 f.

707 Gänzlich weggefallen ist demzufolge die Information über Struktur sowie wirtschaftliche und finanzielle Lage der SE, voraussichtliche Geschäfts-, Produktions- und Absatzentwicklung, Beschäftigungslage und deren Entwicklung sowie die Investitionen.

708 BR-Drucks. 438/04, Begründung zum SEEG, S. 140 f.

709 *Heinze*, ZGR 2002, 66, 86.

Hinsichtlich der Aufnahme des Tendenzschutzes für die Unterrichtung und Anhörung in das SEBG kann auf die Kritik zurückgegriffen werden, die bei der Umsetzung des Art. 8 Abs. 3 EBR-RL in § 34 EBRG im Schrifttum geübt wurde.[710] Angesichts der bloßen Informations- und Konsultationsrechte über die in der SE-RL genannten Bereiche kann nicht davon ausgegangen werden, dass ein solch umfassender Tendenzschutz verfassungsrechtlich geboten erscheint. Auch im Rahmen des § 118 Abs. 1 S. 2 BetrVG wird ausgeführt, dass der deutsche Gesetzgeber sich auf den Ausschluss von Beratungsrechten hätte beschränken können.[711] Folglich wäre auf betrieblicher Ebene die Einführung eines Tendenzschutzes allein bei der Anhörung erforderlich gewesen,[712] jedoch führt die Einbeziehung der Unterrichtung zu einem begrüßenswerten Gleichlauf mit § 118 BetrVG.[713]

In Bezug auf die Mitbestimmung plädiert eine Ansicht im Schrifttum[714] für die Einführung eines solchen Schutzes in deutsche Tendenzunternehmen. Begründet wird dies damit, dass im Rahmen des Aufsichtsorgans einer SE, in dem auch Arbeitnehmervertreter Mitglieder sein könnten, durchaus Entscheidungen zu treffen seien, die durch den Tendenzcharakter des Unternehmens beeinflusst würden. Dies gelte beispielsweise bei Bestellung bzw. Abberufung der Mitglieder des Leitungsorgans eines Zeitungsunternehmens.[715]

Eine andere Ansicht[716] geht zwar von der Zulässigkeit einer solchen Regelung im deutschen Umsetzungsgesetz aus, hält diese aber für überflüssig. Werde ein

---

710 Vorgebracht wurde, dass es in der EBR-RL nur um Unterrichtung und Anhörung gehe und diese sehr wohl auch in Tendenzunternehmen erfolgen könne. Weiterhin gelte diese Ermächtigung aufgrund der Bedingung, dass solche besonderen Bestimmungen bereits zum Zeitpunkt der Annahme der EBR-RL in den einzelstaatlichen Rechtsvorschriften bestehen müssten, nur für wenige Mitgliedstaaten. Dies habe eine Benachteiligung für die Arbeitnehmer zur Folge, die unter diesen Tendenzschutz fielen, da Arbeitnehmer aus anderen Unternehmen, die aufgrund eines anderweitigen Sitzstaates nicht solchen Einschränkungen unterlägen, von einer unbegrenzten Unterrichtung und Anhörung profitieren könnten. Vgl. stv. *Bachner/Nielebock*, ArbuR 1997, 129, 137; *Sandmann*, Die Euro-Betriebsrats-Richtlinie, S. 226 f.; *Weiss*, ZIAS 1995, 633, 638 f.; *ders.*, ArbuR 1995, 438; 444.

711 Vgl. stv. *Oetker* DB 1996, Beilage 10/96, 14; GK-BetrVG/*Weber*, § 118 Rn. 134.

712 Ebenso, allerdings im Rahmen der EBR-RL, *Hünerbein*, Der EBR und Tendenzschutz, S. 158 ff.

713 Zum Teil wird die Umsetzung des Tendenzschutzes im Rahmen der EBR-RL allein deswegen befürwortet, da dies der Vermeidung von Systemwidersprüchen zum deutschen Recht diene; vgl. *Beckedahl*, Der Europäische Betriebsrat, S. 227 f.

714 *Kuffner*, Die Beteiligung der Arbeitnehmer, S. 199.

715 Vgl. zum Ganzen *Kuffner*, Die Beteiligung der Arbeitnehmer, S. 199.

716 *Nagel*, ArbuR 2004, 281, 285; *ders.*, DB 2004, 1299, 1302; *ders.*, in: *Nagel/Freis/Kleinsorge* (Hrsg.), Die Beteiligung der Arbeitnehmer in der Europäischen Gesellschaft, S. 211, Rn. 10..

deutsches Tendenzunternehmen in eine SE umgewandelt, so bestehe in dieser Gesellschaft aufgrund der nationalen Regelungen keine Mitbestimmung.[717]

Zwar gilt für deutsche Unternehmen bei der unternehmerischen Mitbestimmung tatsächlich ein *„absoluter Tendenzschutz"*[718], da auf solche Unternehmen aufgrund ihres Unternehmensgegenstandes sowohl das Montan-MitbestG, als auch das Montan-MitBestErgG nicht anwendbar sind. Ferner sind das DrittelbG gem. § 1 Abs. 2 Nr. 2 DrittelbG und das MitbestG gem. § 1 Abs. 4 MitbestG ausgeschlossen.[719] Dennoch erscheint die Aufnahme einer solchen Regelung auch im Hinblick auf deutsche Unternehmen nicht gänzlich überflüssig.[720] Es sind durchaus gesellschaftsrechtliche Gestaltungen denkbar, in denen eine Protektion im Interesse eines deutschen Tendenzunternehmens liegt. Dies ist beispielsweise der Fall, wenn ein solches Unternehmen an der Gründung einer Holding-SE mit Tendenzcharakter und Sitz in Deutschland beteiligt ist, da die SE dann, ohne eine entsprechende Maßnahme des deutschen Gesetzgebers, der Mitbestimmung unterläge. Da aber die grundlegenden, den Gesamtkonzern betreffenden Entscheidungen im mitbestimmten Leitungs- bzw. Verwaltungsorgan der Holding-SE stattfänden, wäre auch die deutsche, dem Tendenzschutz unterliegende, Tochtergesellschaft davon betroffen. Aber auch für die SE selbst kann der Tendenzschutz von Interesse sein, wenn es sich bei ihr um ein solches Tendenzschutzunternehmen handelt. Verschmelzen beispielsweise ein mitbestimmungsfreies deutsches und ein mitbestimmtes französisches Tendenzunternehmen zu einer SE mit Sitz in Deutschland, könnte diese Verschmelzungs-SE ohne die Einführung von Tendenzschutz grundsätzlich einer Mitbestimmung kraft Auffangregelung unterliegen.

Schließlich kann in Bezug auf die Mitbestimmung auf die gegen die Einführung von Tendenzschutz bei der Unterrichtung und Anhörung verwendete Argumentation nur beschränkt zurückgegriffen werden. Bei der Mitbestimmung in der SE kraft Auffangregelung geht es nämlich nicht um eine, im Vergleich zur deutschen Mitbestimmung, abgeschwächte Beteiligungsform. Gegen den Sonderweg nur einiger weniger Mitgliedstaaten kann daher allein die damit einhergehende Ungleichbehandlung der Arbeitnehmer je nach Sitzstaat der SE angeführt werden. Angesichts der überwiegenden Auffassung, dass der Tendenzschutz bei der Mitbestimmung in Deutschland verfassungsrechtlich geboten sei,[721] erscheint

---

717 Vgl. zum Ganzen *Nagel*, ArbuR 2004, 281, 285; *ders.*, DB 2004, 1299, 1302.

718 Richardi/*Thüsing*, BetrVG, § 118 Rn. 4.

719 Richardi/*Thüsing*, BetrVG, § 118 Rn. 4.

720 Ebenso *Schwarz*, Kommentar zur SE-VO, Einl. Rn. 300, Fn. 805.

721 Es handelt sich um den Schutz besonderer grundrechtlich abgesicherter Betätigungen und zwar der Sicherung der Glaubens- und Gewissensfreiheit in Art. 4 Abs. 1 und 2 GG, der Presse- und Rundfunkfreiheit in Art. 5 Abs. 1 S. 2 GG, der Freiheit von Kunst, Wissenschaft und Forschung in Art. 5 Abs. 3 GG und der Koalitionsfreiheit in Art. 9 Abs. 3 GG. Weiterhin geht es um die Verfassungsgarantie der Parteien gem. Art. 21 GG. Vgl. stv.

aus deutscher Sicht eher die Tatsache einer auf drei Mitgliedstaaten begrenzten Regelungsoption in diesem sensiblen Bereich beanstandenswert.[722] Jedenfalls ist gegen die Nutzung der Ermächtigung in Art. 8 Abs. 3 SE-RL durch den deutschen Gesetzgeber grundsätzlich nichts einzuwenden.

2. Überschreitung der Ermächtigungsgrundlage des Art. 8 Abs. 3 SE-RL

Es stellt sich aber die Frage, ob die Regelung des Tendenzschutzes in § 39 SEBG auch den Anforderungen des Art. 8 Abs. 3 SE-RL gerecht wird.

a) Im Bereich der Unterrichtung und Anhörung

Bereits im Rahmen der EBR-RL ist umstritten, ob der in § 34 EBRG geregelte Tendenzschutz den Vorgaben des Art. 8 Abs. 3 EBR-RL entspricht. Einerseits wird § 34 EBRG noch als richtlinienkonform angesehen.[723] Andererseits wird dagegen kritisiert, dass der Tendenzschutz auch auf den Bereich des § 118 Abs. 1 S. 1 Nr. 1 BetrVG ausgeweitet worden sei, obwohl sich nach dem Wortlaut der EBR-RL die Ermächtigung allein auf Unternehmen, die der *„Berichterstattung und Meinungsäußerung"* dienten, beziehe.[724] Gegen diese Ausweitung des Tendenzschutzes wird auch die teleologische Auslegung des Art. 8 Abs. 3 EBR-RL angeführt, der als Ausnahmevorschrift einen Konflikt zwischen den umzusetzenden Vorschriften der Richtlinie und der nationalen Rechtsordnung in einem grundgesetzlich besonders geschützten Bereich vermeiden wolle.[725] Diese Argumente können aufgrund des gleichen Regelungsgegenstandes auch gegen die Vorschrift des § 39 SEBG verwendet werden.

Gegen eine Ausweitung der Tendenzregelungen im Bereich der Unterrichtung und Anhörung spricht ferner der Vergleich mit der UA-RL und der SCE-RL. In der UA-RL hat der europäische Gesetzgeber in Art. 3 Abs. 2 UA-RL ausdrücklich in den Tendenzschutz die Unternehmen und Betriebe, die *„politischen, koalitionspolitischen, konfessionellen, karitativen, erzieherischen, wissenschaftlichen oder künstlerischen Bestimmungen"* dienen, einbezogen. Folglich ist ihm

---

MünchArbR/*Richardi*, § 241, Rn. 32; GK/*Weber*, § 118 Rn. 18. In Bezug auf die karitativen Bestimmungen mangelt es aber am Grundrechtsbezug. Dies gilt teilweise auch im erzieherischen Bereich, da die Gewährleistung der Privatschulfreiheit gem. Art. 7 Abs. 4 GG nur einen Teil abdeckt; GK/*Weber*, § 118 Rn. 18, 21. Vgl. ausführlich *Marino*, Die verfassungsrechtlichen Grundlagen, S. 143 ff.

722 So wird zum Teil im Schrifttum auch eine Option zur Einführung von Tendenzschutzbestimmungen für alle Mitgliedstaaten gefordert; vgl. stv. *Zügel*, Mitwirkung der Arbeitnehmer nach der EU-Richtlinie, S. 250.

723 Vgl. stv. *Giesen*, in: *Henssler/Willemsen/Kalb* (Hrsg.), EBRG, Rn. 68, mit weiteren Hinweisen. Zustimmend für § 39 SEBG *Nagel*, in: *Nagel/Freis/Kleinsorge* (Hrsg.), Die Beteiligung der Arbeitnehmer in der Europäischen Gesellschaft, S. 210 f., Rn. 8.

724 *Blanke*, EBRG, § 34 Rn. 11 ff.; *Hünerbein*, Der EBR und Tendenzschutz, S. 122 ff.; *Lörcher*, ArbuR 1996, 297, 300 f.

725 *Hünerbein*, Der EBR und Tendenzschutz, S. 123 f.

die Unterscheidung zwischen den beiden in § 118 Abs. 1 BetrVG geregelten Bereichen durchaus bewusst. Trotzdem hat er in der zeitlich nach der UA-RL erlassenen SCE-RL wiederum nur die auch in der EBR-RL und der SE-RL genannte Meinungsäußerung und Berichterstattung dem Tendenzschutz unterworfen. Bei der Beschränkung des Tendenzschutzes auf diesen Bereich in der SE-RL handelt es sich folglich nicht um ein Versehen des europäischen Gesetzgebers,[726] sondern er hat bewusst nur ein besonders schützenswertes Gebiet berücksichtigt.

Im Rahmen der SE-RL kann als Argument für eine Ausweitung des Tendenzschutzes zudem das Ratsprotokoll vom 22.09.1994 nicht herangezogen werden, da es lediglich die Konkretisierung von Art. 8 Abs. 3 EBR-RL betrifft.[727] Die Einbeziehung der Unterrichtung und Anhörung in den Tendenzschutz des Bereichs von § 39 Abs. 1 Nr. 1 SEBG verstößt folglich gegen die Vorgaben der SE-RL.

Schließlich ist im Rahmen der Umsetzung von Art. 8 Abs. 3 EBR-RL in § 34 EBRG umstritten, welche Rechte der Arbeitnehmervertreter durch den Tendenzschutz beschnitten werden können. Aufgrund der vergleichbaren Stellung des Art. 8 Abs. 3 SE-RL unter der Überschrift *„Verschwiegenheit und Geheimhaltung“* stellt sich bei § 39 SEBG das gleiche Problem. Von einer Ansicht im Schrifttum[728] wird vorgebracht, dass der deutsche Gesetzgeber einen Tendenzschutz nur hinsichtlich der Weitergabe von Informationen erlassen könne. Grund hierfür sei die Stellung dieser Regelung innerhalb der EBR-RL, da Art. 8 EBR-RL mit der Überschrift *„Vertrauliche Informationen“* gekennzeichnet sei.[729] Diese Interpretation wird von den Vertretern einer anderen Auffassung[730] zu Recht abgelehnt, da bereits aus dem Wortlaut von Art. 8 Abs. 3 EBR-RL deutlich werde, dass dieser Absatz im Gegensatz zu den beiden vorherigen Abschnitten nicht nur die Verschwiegenheit und Geheimhaltung betreffe. Zudem spreche gegen diese enge Auslegung auch der Sinn und Zweck des Art. 8 Abs. 3 EBR-RL, der systematische Widersprüche zwischen den nationalen Arbeitnehmervertretungsorganen und einem EBR in einzelnen Mitgliedstaaten vermeiden wolle. Da in Deutschland eine Beschränkung des Tendenzschutzes

---

726 So aber im Rahmen der EBR-RL *Giesen*, in: *Henssler/Willemsen/Kalb* (Hrsg.), EBRG, Rn. 68.

727 Vgl. zum Inhalt und der Problematik dieses Ratsprotokolls ausführlich bei *Hünerbein*, Der EBR und Tendenzschutz, S. 126 ff.

728 *Mayer*, BB 1995, 1794, 1796; *Zügel*, Mitwirkung der Arbeitnehmer nach der EU-Richtlinie, S. 356 f.

729 Vgl. zum ganzen *Mayer*, BB 1995, 1794, 1796; *Zügel*, Mitwirkung der Arbeitnehmer nach der EU-Richtlinie, S. 356 f.

730 *Hünerbein*, Der EBR und Tendenzschutz, S. 134; *Oetker*, DB 1996, Beilage 10/96, 10.

auf die bloße Weitergabe von Informationen nicht existiere,[731] entstehe nach der anderen Ansicht aber eine solche Diskrepanz.[732]

b) Im Bereich der Mitbestimmung

Auch im Rahmen der Mitbestimmung besteht das Problem der eventuell unzulässigen Ausweitung des Regelbereichs von Art. 8 Abs. 3 SE-RL. So finden die Vorschriften zur Mitbestimmung kraft Gesetzes im SEBG für alle in § 39 Abs. 1 Nr. 1 SEBG genannten Bereiche keine Anwendung. Da die Vorschriften des § 1 Abs. 4 MitbestG und des § 1 Abs. 2 S. 1 Nr. 2 DrittelbG dem § 118 BetrVG entsprechen, gilt ein vergleichbarer Tendenzschutz.[733] Ein Unterschied ergibt sich lediglich dahingehend, dass sich die Mitbestimmungsgesetze allein auf Tendenzunternehmen und nicht auf Tendenzbetriebe beziehen. Eine Einzelfallprüfung, ob die Eigenart des Unternehmens der Anwendung des Gesetzes entgegensteht, ist nicht erforderlich.[734] Daher geht auch die Einbeziehung der *„politischen, koalitionspolitischen, konfessionellen, karitativen, erzieherischen, wissenschaftlichen oder künstlerischen Bestimmungen"* in den Tendenzschutz bei einer Mitbestimmung kraft Gesetzes über die Ermächtigung in Art. 8 Abs. 3 SE-RL hinaus.[735] Der österreichische Gesetzgeber ist ebenfalls dieser Auffassung, da er aufgrund der Begrenzung des Art. 8 Abs. 3 SE-RL auf Medienunternehmen keinen diesen Bereich überschreitenden Schutz in § 249 ArbVG aufgenommen hat.[736]

Zudem stellt sich die Frage, welche Art von Bestimmungen von den Mitgliedstaaten erlassen werden können. Nach einer Ansicht im Schrifttum[737] können die Mitgliedstaaten nur besondere Vorschriften zur Geheimhaltung von Informationen festlegen. Die Möglichkeit, Tendenzunternehmen überhaupt vom Anwendungsbereich der SE-RL bzw. der Geltung der Auffangregelung auszunehmen, wird verneint.[738] Diese Auffassung bezieht sich damit wohl auf die Auseinandersetzung im Rahmen des § 34 EBRG, da dort für die Beschränkung des Tendenzschutzes auf die Weitergabe von Informationen plädiert wird. Sie ist aber mit den obigen Argumenten abzulehnen.[739]

---

731 *Zügel*, Mitwirkung der Arbeitnehmer nach der EU-Richtlinie, S. 249.

732 Vgl. zum Ganzen *Hünerbein*, Der EBR und Tendenzschutz, S. 134.

733 MünchKommAktG/*Gach*, § 1 MitbestG, Rn. 25; *Raiser*, MitbestG, § 1 Rn. 37. Die Autoren behandeln zwar nur das MitbestG, angesichts des identischen Wortlauts im DrittelbG gelten diese Ausführungen aber auch dort.

734 MünchKommAktG/*Gach*, § 1 MitbestG, Rn. 26; *Raiser*, MitbestG, § 1 Rn. 37.

735 Ebenso *Schwarz*, Kommentar zur SE-VO, Einl. Rn.300.

736 So wird in § 249 Abs. 1 ArbVG allein auf § 132 Abs. 2 ArbVG und nicht auch auf § 132 Abs. 1 ArbVG verwiesen. Vgl. auch *Gahleitner*, in: *Kalss/Hügel* (Hrsg.), Europäische Aktiengesellschaft, § 249 ArbVG, S. 845, Rn. 1.

737 *Buschak*, Arbeitspapier Nr. 7, 6.

738 Vgl. zum Ganzen *Buschak*, Arbeitspapier Nr. 7, 6.

739 Vgl. oben S. 482 f.

3. Rechtsfolge der fehlerhaften Umsetzung des Art. 8 Abs. 3 SE-RL

Fraglich ist, welche Rechtsfolgen die Überschreitung der Ermächtigung in Art. 8 Abs. 3 SE-RL mit sich bringt. Gerade auf deutscher Seite war lange Zeit umstritten, wie der Verstoß eines nationalen Umsetzungsgesetzes gegen die Vorgaben einer Richtlinie zu beurteilen ist. Nach ständiger Rechtsprechung des EuGH besteht ein Vorrang des Gemeinschaftsrechts vor jeder einzelstaatlichen Rechtsnorm.[740] Dies gilt auch gegenüber dem Verfassungsrecht der Mitgliedstaaten.[741] Diese sind daher verpflichtet zu gewährleisten, dass die Bestimmungen einer Richtlinie uneingeschränkt und genau in innerstaatliches Recht umgesetzt werden.[742] Folge einer Änderung des Wortlauts oder der Systematik einer Richtlinie im Rahmen der nationalen Implementierung ist, dass die entsprechende einzelstaatliche Vorschrift nicht angewendet werden darf. Seit seinem *„Solange II"*-Beschluss erkennt das BVerfG eindeutig den Vorrang des Gemeinschaftsrechts an. Gefolgert wird er aus den innerstaatlichen Zustimmungsgesetzen, die einen Rechtsanwendungsbefehl gegenüber Primär- und Sekundärrecht der Gemeinschaft enthalten.[743] Im deutschen Schrifttum hat sich mittlerweile die Ansicht vom Anwendungsvorrang des Gemeinschaftsrechts vor dem nationalen Recht durchgesetzt.[744] Demnach ist die nationale Vorschrift nicht aufzuheben oder nichtig, sondern sie ist auf Sachverhalte, die in den Anwendungsbereich der Richtlinie fallen, nicht anwendbar. Jedenfalls haben alle Ansichten gemeinsam, dass sich eine SE, die den in § 39 Abs. 1 Nr. 1 SEBG genannten Zwecken dient, nicht auf Tendenzschutz berufen kann.

a) Diskrepanz zwischen SE-RL und deutschem Verfassungsrecht

Etwas anderes könnte sich aber ergeben, wenn Art. 8 Abs. 3 SE-RL den deutschen Gesetzgeber im Rahmen seiner Umsetzung zum Verstoß gegen Verfassungsrecht zwingt. In einem solchen Fall kommt es darauf an, ob dem nationalen Gesetzgeber bei der Umsetzung der Richtlinie ein Gestaltungsspielraum zusteht oder nicht.[745] Der deutsche Gesetzgeber ist demnach nur dann von der Bindungswirkung des Grundgesetzes befreit, wenn der Inhalt der Umsetzungsmaßnahme in der SE-RL konkret vorgeschrieben ist.

Zwar lässt Art. 8 Abs. 3 SE-RL zunächst auf einen weiten Gestaltungsspielraum schließen, da es sich um eine bloße *„Kann"*-Vorschrift handelt und es nur allgemein um *„besondere Bestimmungen"* geht. Allerdings gilt dieser Ermessens-

---

740 EuGH, Urteil v. 15.07.1963, Rs. 6/64, Slg. 1964, 1251 ff. *„Costa/ENEL"* = NJW 1964, 2371 f. Vgl. auch *Streinz*, Europarecht, § 3 VII 2 b bb, Rn. 194 ff.

741 EuGH, Urteil v. 17.12.1970, Rs. 11/70, Slg. 1970, 1125 ff. *„Internationale Handelsgesellschaft"* = NJW 1971, 343 f.

742 EuGH, Urteil v. 28.02.1991, Rs. C-131/88, Slg. 1991, 825 ff., 881 = NVwZ 1991, 973 ff.

743 *Arndt*, Europarecht, 6. Teil C I 2, S. 108; *Streinz*, Europarecht, § 3 VII 3 a, Rn. 203 f

744 *Arndt*, Europarecht, 6. Teil C II, S. 109; *Streinz*, Europarecht, § 3 VII 2 c, Rn. 200 f.

745 Vgl. oben S. 365 f.

spielraum ausdrücklich nur hinsichtlich der Berichterstattung und Meinungsäußerung und nicht auch in anderen Bereichen. Zudem besteht diese Ermächtigung nur für Mitgliedstaaten, die bereits solche Tendenzschutzbestimmungen auf nationaler Ebene erlassen haben.[746] Der deutsche Gesetzgeber war daher bei der Umsetzung von Art. 8 Abs. 3 SE-RL im Bereich der Berichterstattung und Meinungsäußerung an die Grundrechte gebunden und aufgrund des Art. 5 Abs. 1 S. 2 GG zur Umsetzung eines diesbezüglichen Tendenzschutzes gezwungen. Dagegen besaß er für eine Erweiterung auf die in § 39 Abs. 1 Nr. 1 SEBG genannten Bestimmungen keinen Gestaltungsspielraum, da er zu einer solchen Regelung überhaupt nicht ermächtigt war. In diesem Bereich bestand folglich keine Grundrechtsbindung des Gesetzgebers. Daher hilft auch die Tatsache, dass es sich bei diesen Bereichen nach dem deutschen Recht größtenteils ebenfalls um eine *„schutzorientierte Ausgestaltung von Grundrechten“* [747] handelt, nicht weiter. Die gesetzgebende Gewalt kann sich nicht einmal darauf berufen, dass es sich bei einer solchen Schutzmaßnahme um einen Verfassungsauftrag handelt.[748]

b) Diskrepanz zwischen SE-RL und europäischem Recht

Schließlich stellt sich die Frage, ob der europäische Gesetzgeber den Tendenzschutz in Art. 8 Abs. 3 SE-RL nicht aufgrund europäischen Rechts auf ein dem Art. 3 Abs. 2 UA-RL bzw. § 34 EBRG und § 39 Abs. 1 Nr. 1 SEBG entsprechendes Niveau hätte ausweiten müssen. Im Rahmen des Art. 8 Abs. 3 EBR-RL ist bereits überprüft worden, ob die Grundrechte der EMRK, die nach der Rechtsprechung des EuGH[749] innerhalb der Europäischen Gemeinschaft unmittelbar anwendbar sind, einen über den in Art. 10 EMRK geschützten Bereich der Meinungsäußerung und der Berichterstattung hinausgehenden Tendenzschutz erfordern.[750] Im Ergebnis wird zumindest für die Einrichtung von Schutzmaßnahmen bei kirchlichen und parteipolitischen Einrichtungen plädiert.[751] Ferner schützt Art. 9 EMRK die Gedanken-, Gewissens- und Religionsfreiheit und Art. 11 EMRK die Versammlungs- und Vereinigungsfreiheit.[752]

Darüber hinaus fallen unter die Gemeinschaftsgrundrechte i.S.d. Art. 6 Abs. 2 EU[753] auch die Religions- und Gewissensfreiheit[754], die Meinungs- und Veröffentlichungsfreiheit[755] und die Versammlungs- und Vereinigungsfreiheit[756].

---

746 Im Ergebnis ebenso zu Art. 8 Abs. 3 EBR-RL *Hünerbein*, Der EBR und Tendenzschutz, S. 137 f.

747 GK/*Weber*, § 118 Rn. 18.

748 Vgl. stv. Richardi/*Thüsing*, BetrVG, § 118 Rn. 22; GK/*Weber*, § 118 Rn. 18.

749 Vgl. z.B. EuGH, Urteil v. 13.12.1979, Rs. 44/79, Slg. 1979, 3727 ff. = NJW 1980, 505 ff.

750 Vgl. zu dieser Überprüfung *Hünerbein*, Der EBR und Tendenzschutz, S. 103 ff.

751 *Hünerbein*, Der EBR und Tendenzschutz, S. 105.

752 Vgl. ausführlich *Frowein/Peukert*, EMRK-Kommentar, Art. 9 Rn 1 ff., Art. 11 Rn. 1 ff.

753 Vgl. zum Grundrechtsstandard auf Gemeinschaftsebene oben S. 368 f.

754 *Bernsdorff*, in: *Meyer*, Kommentar zur Charta der Grundrechte, Artikel 10 Rn. 4.

755 *Streinz*, Europarecht, § 5 I 2 e, Rn. 372.

Dagegen fehlt es bisher weitgehend an einem Schutz der Kunst- und Wissenschaftsfreiheit.[757] Schließlich werden in der unverbindlichen Charta der Grundrechte der Europäischen Union in Art. 10 die Gedanken-, Gewissens und Religionsfreiheit, in Art. 11 die Freiheit der Meinungsäußerung und Informationsfreiheit, in Art. 12 die Versammlungs- und Vereinigungsfreiheit und in Art. 13 die Freiheit von Kunst und Wissenschaft geschützt. Diese Grundrechte wurden in die EU-Verfassung übernommen.[758] Daher bleibt abzuwarten, ob die Ratifizierung der EU-Verfassung einen Tendenzschutz auf europäischer Ebene herbeiführen wird. Angesichts der Tatsache, dass aufgrund der Regelungen der SE-RL ein Presseunternehmen in Form einer SE der paritätischen Mitbestimmung im Verwaltungsorgan unterliegen kann, ist ein einheitliches Vorgehen in der Gemeinschaft zumindest im Bereich der Mitbestimmung wünschenswert.

E. Sonstige Bestimmungen gem. §§ 40 bis 44 SEBG

In Teil 4 des SEBG finden sich die restlichen Bestimmungen der SE-RL.

I. Zusammenarbeit der SE-Leitung und der Arbeitnehmervertreter gem. § 40 SEBG

In **§ 40 SEBG** ist die in Art. 9 SE-RL geregelte Kooperation zwischen der SE-Leitung und dem SE-Betriebsrat bzw. den Arbeitnehmervertretern umgesetzt, wobei der im BetrVG übliche Wortlaut der vertrauensvollen Zusammenarbeit verwendet wird.

II. Geheimhaltung und Vertraulichkeit gem. § 41 SEBG

In **§ 41 SEBG** sind die Vorschriften des Art. 8 SE-RL zum Geheimhaltungsrecht und zur Verschwiegenheitspflicht inkorporiert. Der deutsche Gesetzgeber schränkt in **§ 41 Abs. 1 SEBG** entsprechend den Vorgaben in Art. 8 Abs. 2 SE-RL die Informationspflichten der Leitungen der beteiligten Gesellschaften und der SE-Leitung ein. Die Option des Art. 8 Abs. 2 Unterabs. 2 SE-RL wurde nicht wahrgenommen. Die Vorschriften zur Verschwiegenheitspflicht in Art. 8 Abs. 1 SE-RL wurden durch **§ 41 Abs. 2 bis 5 SEBG** präzisiert. Während es in Art. 8 Abs. 1 Unterabs. 1 SE-RL an der Eingrenzung fehlt, dass die Information *„ausdrücklich"* als vertraulich mitgeteilt werden muss,[759] wurde diese Anforderung in **§ 41 Abs. 2 S. 1 SEBG** aufgenommen und somit eine Angleichung an die EBR-RL erreicht. Zudem greift der Gesetzgeber auf die in den Vorschriften

---

756 *Bernsdorff*, in: *Meyer*, Kommentar zur Charta der Grundrechte, Artikel 12 Rn. 2.

757 *Bernsdorff*, in: *Meyer*, Kommentar zur Charta der Grundrechte, Artikel 13 Rn. 4 f.

758 In Art. II-70 wird die Gedanken-, Gewissens und Religionsfreiheit, in Art. II-71 die Freiheit der Meinungsäußerung und Informationsfreiheit, in Art. II-72 die Versammlungs- und Vereinigungsfreiheit und in Art. II-73 die Freiheit von Kunst und Wissenschaft geschützt. Zur Rechtsverbindlichkeit der Verfassung siehe oben S. 368 f.

759 Siehe oben S. 275 f.

des BetrVG, des SprAuG, des AktG und des EBRG übliche Begrifflichkeit der *„Betriebs- und Geschäftsgeheimnisse"* zurück,[760] sodass ein objektives Kriterium hinzutreten muss. Dies wird auch in der Begründung zum Gesetzentwurf betont, wonach die Entstehung der Schweigepflicht von zwei Voraussetzungen abhänge.[761]

Bei den dieser Verpflichtung unterworfenen Personen sind im Hinblick auf den SE-Betriebsrat und auf das BVG jeweils die Ersatzmitglieder ausdrücklich erwähnt und die Gruppe der Arbeitnehmervertreter wird in **§ 41 Abs. 4 Nr. 2 und 3 SEBG** näher aufgeschlüsselt.[762] Schließlich wurden gem. **§ 41 Abs. 4 Nr. 4 SEBG** neben den in der SE-RL erwähnten Sachverständigen auch die Dolmetscher mit einbezogen.[763] Während Art. 8 Abs. 1 Unterabs. 1 SE-RL als Verletzungshandlung pauschal die *„Weitergabe"* regelt, differenziert **§ 41 Abs. 2 S. 1 SEBG** zwischen *„Offenbarung"* und *„Verwertung"*. Damit findet eine weitere Angleichung an § 79 BetrVG statt.[764]

In **§ 41 Abs. 3 und 5 SEBG** werden detailliert die Ausnahmen von dieser Schweigepflicht aufgeführt. Art. 8 Abs. 1 Unterabs. 1 SE-RL nimmt dagegen nur eine allgemeine Begrenzung vor, da demnach eine Weitergabe an *„Dritte"* nicht gestattet ist. Eine ausführliche Regelung erscheint aber erforderlich, damit das Vertraulichkeitsinteresse der Leitung nicht den, zwischen den verschiedenen Arbeitnehmervertretungen zur Wahrnehmung ihrer Aufgaben erforderlichen, Informationsaustausch behindert.[765] Gem. **§ 41 Abs. 3 SEBG** fallen für den SE-Betriebsrat folglich seine eigenen Mitglieder sowie die aufgrund einer vorge-

---

760 BR-Drucks. 438/04, Begründung zum SEEG, S. 141.

761 BR-Drucks. 438/04, Begründung zum SEEG, S. 141.
Vgl. zur Verschwiegenheitspflicht ausführlich bei *Nagel*, in: *Nagel/Freis/Kleinsorge* (Hrsg.), Die Beteiligung der Arbeitnehmer in der Europäischen Gesellschaft, S. 217 f., Rn. 3 ff.

762 Nach Ansicht von *Oetker* sind von § 41 Abs. 4 Nr. 3 SEBG auch die Arbeitnehmervertreter im Aufsichts- oder Verwaltungsorgan der SE umfasst; *Oetker*, in: *Lutter/Hommelhoff* (Hrsg.), Die Europäische Gesellschaft, S. 277, 316; zustimmend *Schwarz*, Kommentar zur SE-VO, Einl. Rn. 317. Für diese gilt aber auch während ihrer Tätigkeit im betreffenden SE-Organ allein Art. 49 SE-VO; vgl. auch BR-Drucks. 438/04, Begründung zum SEEG, S. 141.

763 Vereinzelt wird vertreten, dass die Pflicht zur Vertraulichkeit in § 41 Abs. 2 SEBG auch die Arbeitnehmervertreter in dem Aufsichts- bzw. Verwaltungsorgan betreffe. Weiterhin wird ausgeführt, dass diese Verpflichtung hinter den Bestimmungen in § 116 i.V.m. § 93 Abs. 1 S. 2 AktG zurückbleibe; vgl. zum Ganzen *Oetker*, BB-Special 1/2005, 2, 13. Allerdings wurden die Arbeitnehmervertreter in den betreffenden Organen der SE explizit nicht in § 41 SEBG einbezogen, da für sie die gesellschaftsrechtlichen Vorschriften des AktG gelten; vgl. BR-Drucks. 438/04, Begründung zum SEEG, S. 141. Dies folgt bereits aus Art. 49 SE-VO.

764 Vgl. zur EBR-RL *Rademacher*, Der Europäische Betriebsrat, S. 136.

765 BR-Drucks. 438/04, Begründung zum SEEG, S. 142.

nommenen Unterrichtung und Anhörung zu informierenden Arbeitnehmervertreter der SE, ihrer Tochtergesellschaften und Betriebe nicht unter den Begriff des Dritten. Ebenfalls ausgenommen sind die Arbeitnehmervertreter im betreffenden SE-Organ sowie die unterstützenden Dolmetscher und Sachverständigen. Des Weiteren stellt **§ 41 Abs. 5 S. 1 SEBG** klar, dass der in § 41 Abs. 4 Nr. 1 bis 3 SEBG genannte Personenkreis ebenfalls zum Informationsaustausch innerhalb seines jeweiligen Gremiums berechtigt ist. Zudem sind die Mitglieder des BVG gem. **§ 41 Abs. 5 S. 2 Nr. 1 SEBG** von der Schweigepflicht gegenüber den Dolmetschern und Sachverständigen entbunden. Schließlich erfolgt bei den Arbeitnehmervertretern, die in sonstiger Weise an einem Verfahren zur Unterrichtung und Anhörung teilnehmen, in **§ 41 Abs. 5 S. 2 Nr. 2 SEBG** eine differenzierte Regelung. Demnach ist diese Personengruppe von der Pflicht zur Vertraulichkeit gegenüber den Arbeitnehmervertretern im betreffenden Organ der SE sowie den, aufgrund einer vorgenommenen Unterrichtung und Anhörung zu informierenden, Arbeitnehmervertretern der SE, ihrer Tochtergesellschaften und Betriebe befreit. Dies gilt auch gegenüber unterstützenden Dolmetschern und Sachverständigen.

Zu berücksichtigen ist, dass von der SE-Leitung als geheimhaltungsbedürftig bezeichnete Informationen nur mit diesem Zusatz von den Arbeitnehmervertretern an die gerade genannten Personen und -gruppen weitergegeben werden dürfen. Wird ein entsprechender Hinweis, dass es sich bei den weitergeleiteten Angaben um vertrauliches Material handelt, unterlassen, stellt dies bereits einen Bruch der Verschwiegenheitspflicht dar.[766]

III. Schutz der Arbeitnehmervertreter gem. § 42 SEBG

Der in Art. 10 Unterabs. 1 SE-RL geregelte rechtliche Schutz aller Arbeitnehmervertreter bei Ausübung ihrer Tätigkeit ist beinahe wörtlich in **§ 42 S. 1 SEBG** umgesetzt.[767] Ausdrücklich werden gem. **§ 42 S. 2 SEBG** der Kündigungsschutz, die Teilnahme an den Sitzungen der Arbeitnehmervertretergremien und die Entgeltfortzahlung als schützenswert aufgezählt. In der Begründung zum Gesetzesentwurf wird klargestellt, dass auch die Entgeltzahlung für die Teilnahme an Fortbildungsveranstaltungen i.S.d. § 31 SEBG inbegriffen und der Katalog der Schutzbereiche nicht abschließend ist.[768] Da auf eine eigenständige Regelung im SEBG verzichtet wurde, sind aufgrund des Verweises auf die einzelstaatlichen Gesetze und damit auch auf § 40 EBRG die Vorschriften des § 15 Abs. 1 bis 3 KSchG und §§ 37 Abs. 1 bis 5, 103 BetrVG auf die deutschen Arbeitnehmervertreter im Aufsichts- bzw. Verwaltungsrat nicht anwendbar. Diese

---

766 BR-Drucks. 438/04, Begründung zum SEEG, S. 142.

767 Anders als in § 40 EBRG wird aber auf die Vorschriften im BetrVG bzw. KSchG nicht explizit verwiesen.

768 BR-Drucks. 438/04, Begründung zum SEEG, S. 143.

genießen allein den Tätigkeitsschutz in § 44 SEBG.[769] In der Gesetzesbegründung wird darauf hingewiesen, dass die Geltung der einzelstaatlichen Gesetze und Gepflogenheiten für die einzelnen Mitglieder desselben Gremiums zu einem unterschiedlichen Schutzniveau führen wird. Als Lösung wird zumindest bei Vorliegen einer Vereinbarung die Festlegung des höchsten Standards aufgezeigt.[770]

IV. Missbrauchsverbot gem. § 43 SEBG

§ 43 SEBG regelt das Missbrauchsverbot und setzt damit Art. 11 SE-RL um. Laut Gesetzesbegründung soll diese Vorschrift verhindern, dass die Rechtsform der SE gezielt zur Entziehung oder Vorenthaltung von Arbeitnehmerbeteiligungsrechten ausgenutzt werde. Allerdings sei bei der Festlegung des Missbrauchsbegriffs Sinn und Zweck der SE-VO zu berücksichtigen. Um die dort vorgesehene Förderung der grenzüberschreitenden unternehmerischen Tätigkeit zu gewährleisten, stelle daher die Nutzung der in der SE-VO vorgesehenen Handlungsmöglichkeiten allein noch keinen Missbrauch dar.[771] Gem. **§ 43 S. 2 SEBG** wird ein Missbrauch vermutet, wenn innerhalb eines Jahres nach SE-Gründung strukturelle Änderungen mit einer Beeinträchtigung der bestehenden Arbeitnehmerbeteiligungsrechte einhergehen, ohne dass ein erneutes Verhandlungsverfahren eingeleitet wird.[772] Die Ausführungen in der Begründung zum SEEG lassen vermuten, dass der Gesetzgeber von einer engen Auslegung des Missbrauchsbegriffs ausgeht.[773] Wird ein Missbrauch festgestellt, so ist nicht nur gem. § 45 Abs. 1 Nr. 2 SEBG ein Straftatbestand erfüllt, sondern nach einer Ansicht im Schrifttum[774] drohen auch zivilrechtliche Konsequenzen. Demnach liege

---

769 *Oetker*, BB-Special 1/2005, 2, 13; *ders.*, in: *Lutter/Hommelhoff* (Hrsg.), Die Europäische Gesellschaft, S. 277, 316.

770 BR-Drucks. 438/04, Begründung zum SEEG, S. 142; ebenso *Nagel*, in: *Nagel/Freis/Kleinsorge* (Hrsg.), Die Beteiligung der Arbeitnehmer in der Europäischen Gesellschaft, S. 220, Rn. 3. Vgl. zur Kritik an dieser Vorschrift oben § 5E.IIIS. 280 ff.

771 BR-Drucks. 438/04, Begründung zum SEEG, S. 143.

772 Der österreichische Gesetzgeber hat in § 229 ArbVG ein vergleichbares Missbrauchsverbot geregelt, das ebenso wie § 43 S. 2 SEBG in § 229 Abs. 2 ArbVG eine Beweislastverlagerung bei der Vornahme von strukturellen Änderungen innerhalb eines Jahres seit SE-Gründung vorsieht; Erläuterungen zur Regierungsvorlage der Änderung des ArbVG, S. 16, abgerufen unter *http://ris1.bka.gv.at/authentic/index.aspx?appl=begut&page=docbegut&docnr=6* am 25.08.2005 = *Gahleitner*, in: *Kalss/Hügel* (Hrsg.), Europäische Aktiengesellschaft, § 229 ArbVG, S. 788.

773 Nach Ansicht von *Nagel* wirkt der nicht definierte und damit unbestimmte Begriff des Missbrauchs aber an sich schon abschreckend, da die Leitung der SE keine Sicherheit darüber erlangen könne, wie die Gerichte bei einem Rechtsstreit entscheiden würden; *Nagel*, in: *Nagel/Freis/Kleinsorge* (Hrsg.), Die Beteiligung der Arbeitnehmer in der Europäischen Gesellschaft, S. 222, Rn. 2.

774 *Nagel*, in: *Nagel/Freis/Kleinsorge* (Hrsg.), Die Beteiligung der Arbeitnehmer in der Europäischen Gesellschaft, S. 223 f., Rn. 8.

in einem solchen Fall eine Verletzung des Grundsatzes von Treu und Glauben gem. § 242 BGB vor, der zur Unwirksamkeit der Maßnahme führen könne.[775] Wurden allerdings lediglich die Vorschriften der SE-RL umgangen, erscheint es ausreichend, den betroffenen Arbeitnehmern die Gelegenheit zur Aufnahme von Verhandlungen über die Arbeitnehmerbeteiligung zu gewähren.[776]

V. Errichtungs- und Tätigkeitsschutz gem. § 44 SEBG

Mit **§ 44 SEBG** ist der Gesetzgeber der Forderung in Art. 12 Abs. 2 SE-RL nachgekommen und hat in Verbindung mit **§ 45 SEBG** Maßnahmen zum Schutz der Errichtung und der Tätigkeit des BVG und der sonstigen Arbeitnehmervertreter vorgesehen.[777] Während in **§ 44 Nr. 1 SEBG** das Stadium der Errichtung eines BVG bzw. eines SE-Betriebsrats, der Einrichtung eines sonstigen Verfahrens zur Unterrichtung und Anhörung und der Einsetzung von Arbeitnehmervertretern in das betreffende SE-Organ geschützt wird, geht es in **§ 44 Nr. 2 SEGB** um die Protektion der Tätigkeit dieser Personengruppen und Bereiche. Als mögliche Tatbestände kommen bei der Einsetzung Behinderung, Zufügung bzw. Androhung von Nachteilen sowie Gewährung bzw. Versprechen von Vorteilen in Betracht. Bei der konkreten Aufgabenverrichtung geht es um deren Behinderung oder Störung. Schließlich ist in **§ 44 Nr. 3 SEBG** noch ein Benachteiligung- bzw. Begünstigungsverbot der Mitglieder und Ersatzmitglieder dieser Gremien und der einzelnen Arbeitnehmervertreter aufgrund ihrer Tätigkeit geregelt. Durch diese § 119 BetrVG und § 42 EBRG entsprechende Vorschrift werden folglich alle Stadien der Bildung und Betätigung der genannten Gremien umfassend geschützt.[778]

1. Fehlen eines Unterlassungsanspruchs

Der Forderung im Schrifttum[779], einen Unterlassungsanspruch des Vertretungsorgans bei Verletzung der Unterrichtungs- und Anhörungspflicht gesetzlich zu regeln, ist der deutsche Gesetzgeber nicht nachgekommen. Begründet wird das Bestehen eines solchen Anspruchs mit der Rechtsprechung bezüglich der Schließung des *Renault*-Werkes in *Vilvoorde*[780] und mit der UA-RL, da dort fak-

---

775 Vgl. zum Ganzen *Nagel*, in: *Nagel/Freis/Kleinsorge* (Hrsg.), Die Beteiligung der Arbeitnehmer in der Europäischen Gesellschaft, S. 223 f., Rn. 8.

776 Ebenso *Rehberg*, ZGR 2005, 859, 877, 891.

777 Durch diesen Schutz i.V.m. den Straf- und Bußgeldvorschriften und der Regelung des Geltungsbereichs in § 3 Abs. 1 SEBG hat der Gesetzgeber auch die Anforderungen des Art. 12 Abs. 1 SE-RL erfüllt. Vgl. zur Reichweite von § 44 SEBG *Nagel*, in: *Nagel/Freis/Kleinsorge* (Hrsg.), Die Beteiligung der Arbeitnehmer in der Europäischen Gesellschaft, S. 225 f., Rn. 3 ff.

778 BR-Drucks. 438/04, Begründung zum SEEG, S. 143.

779 *Lambach*, Die Beteiligung in der SE, S. 227 ff.

780 Vgl. oben S. 261 ff.

tisch ein Unterlassungsanspruch geregelt sei[781]. Auch im Rahmen des EBRG wird vertreten, dass jedenfalls in den Fällen der wiederholten oder besonders schwerwiegenden Missachtung dieser Beteiligungsrechte und der gezielten Behinderung des gesetzlichen Auftrags des EBR ein solcher Unterlassungsanspruch bestehe.[782]

Gegen diese Auffassung spricht im Hinblick auf die SE-RL, dass der europäische Gesetzgeber wohl bereits auf die Rechtsprechung zur EBR-RL reagiert hat. Gem. Teil 2 Buchst. c Unterabs. 2 An. SE-RL kann das Vertretungsorgan bei fehlender Berücksichtigung seiner Stellungnahme durch Einforderung einer weiteren Zusammenkunft die Durchführung der Maßnahme verzögern.[783] Zudem handelte es sich bei den gerichtlichen Verfahren über das Bestehen eines solchen Unterlassungsanspruchs bisher allein um nationale Rechtsprechung[784], wenn auch die Institutionen der EG Stellung genommen haben.[785] Schließlich ist in der endgültigen Fassung der UA-RL gerade die Vorschrift, aus der ein Unterlassungsanspruch gefolgert wird, gestrichen worden.[786]

Allerdings ist zu bedenken, dass die in Teil 2 Buchst. c Unterabs. 2 An. SE-RL geregelte Verzögerungsmöglichkeit nicht greift, wenn das Vertretungsorgan überhaupt nicht von der besagten Maßnahme unterrichtet bzw. diesbezüglich angehört wurde. In einem solchen Fall kommt es gar nicht zu einer Stellungnahme des Vertretungsorgans. Selbst nach einer erstmaligen Anhörung des Vertretungsorgans läuft die Möglichkeit einer erneuten Zusammenkunft ins Leere, wenn das zuständige Organ über seine Entscheidung, nicht im Einklang mit der Stellungnahme zu handeln, nicht informiert. Daher ist die Sanktionierung einer Verletzung der Unterrichtungs- und Anhörungsrechte gem. § 46 Abs. 1 Nr. 2, Abs. 2 SEBG als Ordnungswidrigkeit mit einer Geldbuße in Höhe von bis zu 20.000 Euro ungenügend. Angesichts der Summen, die bei den unter die Informations- und Anhörungspflicht fallenden Entscheidungen im Raum stehen, kann nicht von einer abschreckenden Wirkung dieses Betrags ausgegangen werden.

---

781 *Lambach*, Die Beteiligung in der SE, S. 228.

782 *Blanke*, EBRG, § 32 Rn. 32 ff., § 33 Rn. 24; DKK/*Kittner*, § 33 Rn. 5.

783 Vgl. oben S. 261 ff.

784 Auch im Fall der Schließung eines französischen Fertigungswerks in *Longwy* durch *PANASONIC FRANCE* untersagte ein französisches Gericht im Wege der einstweiligen Verfügung diese Maßnahme bis zur ordnungsgemäßen Vornahme der Unterrichtung und Anhörung; zitiert nach *Blanke*, EBRG, § 32 Rn. 39.

785 Vgl. zu diesen Stellungnahmen *Kolvenbach/Kolvenbach*, NZA 1997, 695, 696.

786 Tatsächlich war in den Entwürfen einer UA-RL zunächst in Art. 7 Abs. 3 und später in Art. 8 Nr. 3 in unterschiedlichen Formulierungen im Grundsatz eine Verpflichtung der Mitgliedstaaten vorgesehen, im Falle eines schwerwiegenden Verstoßes gegen die Informations- und Anhörungspflicht durch den Arbeitgeber bestimmte Entscheidungen ihrer Rechtswirkung in Bezug auf den Arbeitsvertrag und das Arbeitsverhältnis der betroffenen Arbeitnehmer zu berauben.

Schließlich greift die gegen die Normierung eines Unterlassungsanspruchs im Rahmen der EBR-RL vorgebrachte Argumentation, dass dadurch ein über den Regelungsbereich hinausgehendes *„Mitbestimmungsrecht auf Zeit"*[787] gewährt werde, gerade aufgrund der Verzögerungsmöglichkeit des Teil 2 Buchst. c Unterabs. 2 An. SE-RL nicht ein.[788] Um der Verpflichtung in Art. 12 Abs. 2 SE-RL Genüge zu leisten, ist die Aufnahme einer dem § 23 Abs. 3 BetrVG entsprechenden Regelung zu empfehlen.[789]

2. Gefahr der Zersplitterung des Rechtsweges

Der deutsche Gesetzgeber hat auch nicht auf die Gefahr einer Zersplitterung des Rechtswegs reagiert.[790] In § 3 Abs. 1 SEBG ist der Geltungsbereich des SEBG dahingehend festgelegt, dass es neben einer SE mit Sitz in Deutschland *„unabhängig vom Sitz der SE auch für Arbeitnehmer der SE, die im Inland beschäftigt sind sowie für beteiligte Gesellschaften, betroffene Tochtergesellschaften und betroffene Betriebe mit Sitz im Inland"* Anwendung findet. Folglich hängt die Zuständigkeit der deutschen Gerichte für die entsprechenden Streitigkeiten von der Beschäftigung im Inland bzw. vom Sitz im Inland ab, da die §§ 44 ff. SEBG für diese Personen bzw. Organe gelten. Dagegen finden sich im SEBG keine Vorschriften, die die Berücksichtigung bereits in anderen Mitgliedstaaten anhängiger Verfahren bzw. die Anerkennung ausländischer Urteile regeln. Auch wird keine bestimmte Reihenfolge der Zuständigkeiten der mitgliedstaatlichen Gerichte festgelegt. Diese könnte beispielsweise beinhalten, dass bei Anhängigkeit eines Verfahrens im Sitzstaat der SE Prozesse in anderen Mitgliedstaaten über die betreffende Rechtssache ruhen. Da davon ausgegangen werden kann, dass auch die anderen Mitgliedstaaten einen mit § 3 SEBG vergleichbaren Geltungsbereich für ihre Umsetzungsgesetze regeln, fehlt es bei den Verfahren vor den nationalen Gerichten, zumindest bei Geltung der Auffangregelung, an Rechtssicherheit. Daher sollte bei Abschluss einer Vereinbarung ein einheitlicher Gerichtsstand für Streitigkeiten festgelegt werden.

VI. Straf- und Bußgeldvorschriften gem. §§ 45 und 46 SEBG

Um zu gewährleisten, dass die sich aus Art. 12 Abs. 2 SE-RL ergebenden Verpflichtungen auch befolgt und durchgesetzt werden können, hat der Gesetzgeber in **§§ 45 und 46 SEBG** einen Katalog von Straf- und Bußgeldvorschriften erlassen.

---

787 *Hromadka*, DB 1995, 1125, 1130.

788 *Lambach*, Die Beteiligung in der SE, S. 228.

789 *Grobys* sieht dennoch mit dem Verweis auf die Entscheidung zur Schließung des *Renault*-Werkes die Gefahr, dass der SE-Betriebsrat etwaige Maßnahmen durch eine einstweilige Verfügung verzögern könne; *Grobys*, NZA 2005, 84, 90.

790 Vgl. oben S. 283 f.

1. Strafvorschriften gem. § 45 SEBG

Unter Strafe gestellt werden von dem den §§ 43, 44 EBRG nachgebildeten **§ 45 SEBG**[791] Verstöße gegen die §§ 41, 43 und 44 SEBG. Es handelt sich gem. **§ 45 Abs. 4 S. 1 SEBG** stets um Antragsdelikte, die nur auf Antrag des Verletzten verfolgt werden.[792] In den Fällen des Verstoßes gegen das Missbrauchsverbot und den Errichtungs- und Tätigkeitsschutz sind das BVG, der SE-Betriebsrat und die Mehrheit der Arbeitnehmervertreter im Rahmen eines Unterrichtungs- und Anhörungsverfahrens antragsberechtigt. Diese Befugnis steht zudem jedem Mitglied des Aufsichts- oder Verwaltungsorgans, einer im Unternehmen vertretenen Gewerkschaft sowie den Leitungen zu.

a) Verstoß gegen die Pflicht zur Verschwiegenheit

Ein Verstoß gegen die Verschwiegenheitspflicht in § 41 SEBG kann gem. **§ 45 Abs. 1 Nr. 1 SEBG** bei einer unzulässigen Verwertung des Betriebs- oder Geschäftsgeheimnisses mit einer Geldstrafe oder einer Freiheitsstrafe bis zu zwei Jahren geahndet werden. Dagegen droht bei einer bloßen Offenbarung gem. **§ 45 Abs. 2 Nr. 1 SEBG** eine Freiheitsstrafe bis zu einem Jahr, es sei denn der Täter handelte gegen Entgelt oder in der Absicht, sich oder einen anderen zu bereichern oder einen anderen zu schädigen. Dann gilt gem. **§ 45 Abs. 3 SEBG** wiederum das Höchstmaß von zwei Jahren Freiheitsstrafe.

b) Verstoß gegen das Missbrauchsverbot

Ein Verstoß gegen das Missbrauchsverbot des § 43 SEBG wird gem. **§ 45 Abs. 1 Nr. 2 SEBG** ebenfalls mit einer Geld- oder einer Freiheitsstrafe von bis zu zwei Jahren geahndet. Nach Auffassung des Gesetzgebers kommt dieser Strafandrohung bei der Verhinderung eines Missbrauchs der SE besondere Bedeutung zu, da sie aufgrund ihrer präventiven Wirkung bereits vor der gesellschaftsrechtlichen Maßnahme, mit der Arbeitnehmerbeteiligungsrechte beeinträchtigt werden könnte, einsetze. Sei der eigentliche gesellschaftsrechtliche Akt, der die Rechte der Arbeitnehmer berühre, dagegen bereits vollzogen, werde die Rückgängigmachung nur eingeschränkt möglich sein.[793]

Im Schrifttum wird zu Recht die erforderliche Bestimmtheit dieses Straftatbestandes bezweifelt[794] und gegen die Verknüpfung mit der Missbrauchsvermutung in § 43 S. 2 SEBG ein Verstoß gegen das in Art. 20 Abs. 3 GG normierte Rechtsstaatsprinzip angeführt.[795] In einem solchen Fall müsse der Betroffene

---

791 BR-Drucks. 438/04, Begründung zum SEEG, S. 143 f.

792 BR-Drucks. 438/04, Begründung zum SEEG, S. 144.

793 BR-Drucks. 438/04, Begründung zum SEEG, S. 143 f.

794 *Hennings*, in: *Manz/Mayer/Schröder* (Hrsg.), Europäische Aktiengesellschaft SE, S. 695, Rn. 4. Ebenso *Rehberg*, der eindrucksvoll die Schwierigkeiten bei der Eingrenzung des Missbrauchverbots darstellt; *Rehberg*, ZGR 2005, 859 ff.

795 *Grobys*, NZA 2004, 779, 781; ebenso *Lambach*, RIW 2005, 161, 167 f.; *Schwarz*, Kommentar zur SE-VO, Einl. Rn. 319.

entgegen der verfassungsrechtlich verankerten Unschuldsvermutung im Strafrecht nun seine Unschuld beweisen, das heiße der Grundsatz *„in dubio pro reo"* wäre außer Kraft gesetzt.[796] Die Tatsache, dass der Gesetzgeber in § 45 Abs. 1 Nr. 2 SEBG explizit allein auf § 43 S. 1 SEBG verweist, der das allgemeine Missbrauchsverbot regelt, reicht nicht zur erforderlichen Abgrenzung innerhalb dieser Vorschrift aus.[797] Anhand der Regelung in § 43 S. 2 SEBG wird vermutet, dass die Voraussetzungen des § 43 S. 1 SEBG vorliegen und dies erfüllt den Straftatbestand.[798]

c) Verstoß gegen den Errichtungs- und Tätigkeitsschutz

Schließlich wird die Behinderung, Beeinflussung oder Störung einer der in § 44 Nr. 1 und Nr. 2 SEBG genannten Tätigkeiten gem. **§ 45 Abs. 2 Nr. 2 SEBG** mit Geld- oder Freiheitsstrafe bis zu einem Jahr bestraft. Dies gilt gem. **§ 45 Abs. 2 Nr. 3 SEBG** ebenso bei einer Benachteiligung oder Begünstigung der in § 44 Nr. 3 SEBG genannten Arbeitnehmervertreter.

2. Bußgeldvorschriften gem. § 46 SEBG

Gem. **§ 46 SEBG** stellt die Verletzung wesentlicher Auskunfts- und Informationspflichten durch die Leitungen eine Ordnungswidrigkeit dar, die mit einer Geldbuße von bis zu 20.000 Euro geahndet werden kann.[799] Zum einen betrifft dies gem. **§ 46 Abs. 1 Nr. 1 SEBG** die fehlende, nicht richtige bzw. unvollständige oder die verspätete Information im Rahmen des Verhandlungsverfahrens. Zum anderen geht es gem. **§ 46 Abs. 1 Nr. 2 SEBG** um die fehlende, fehlerhafte bzw. nicht vollständige, nicht in der vorgeschriebenen Weise vorgenommene oder nicht rechtzeitige Unterrichtung des SE-Betriebsrats bei der regelmäßigen oder außergewöhnlichen Information und Konsultation. Diese § 121 BetrVG und § 45 EBRG entsprechenden Sanktionsregelungen sind geboten, da die mögliche Durchsetzung der Auskunftsansprüche vor den Arbeitsgerichten vielfach nicht rechtzeitig erreicht werden wird.[800]

---

796 Vgl. zum Ganzen *Grobys*, NZA 2004, 779, 781. *Schwarz* weist zu Recht darauf hin, dass diese Vorschrift anhand des deutschen Verfassungsrechts beurteilt werden könne, da dem deutschen Gesetzgeber in Art. 11 SE-RL ein entsprechender Umsetzungsspielraum gewährt worden sei; *Schwarz*, Kommentar zur SE-VO, Einl. Rn. 319.

797 *Hennings* sieht in dieser expliziten Verweisung auf § 43 S. 1 SEBG einen möglichen Hinweis, dass der Gesetzgeber die Vermutungsregel in § 43 S. 1 SEBG ausschließen wollte; *Hennings*, in: *Manz/Mayer/Schröder* (Hrsg.), Europäische Aktiengesellschaft SE, S. 695, Rn. 4; ebenso wohl *Rehberg*, ZGR 2005, 859, 890 f..

798 A.A. *Nagel*, in: *Nagel/Freis/Kleinsorge* (Hrsg.), Die Beteiligung der Arbeitnehmer in der Europäischen Gesellschaft, S. 228, Rn. 5.

799 BR-Drucks. 438/04, Begründung zum SEEG, S. 144.

800 BR-Drucks. 438/04, Begründung zum SEEG, S. 144.

VII. Geltung nationalen Rechts gem. § 47 SEBG

In **§ 47 SEBG** ist Art. 13 SE-RL in vereinfachter Form umgesetzt.[801] Die Regelungen des Art. 13 Abs. 2 und Abs. 3 Buchst. b SE-RL sind nämlich nicht explizit implementiert, sondern ergeben sich aus der Formulierung, dass das SEBG *„nicht die den Arbeitnehmern nach inländischen Rechtsvorschriften und Regelungen zustehenden Beteiligungsrechte (berührt)"*.[802] Zudem wird die Vorschrift des Art. 13 Abs. 4 SE-RL dahingehend ergänzt, dass die Leitung der SE gem. **§ 47 Abs. 2 S. 2 SEBG** sicherstellen muss, dass die trotz des Erlöschens der beteiligten Gesellschaften fortbestehenden Arbeitnehmervertretungen weiterhin ihre Aufgaben wahrnehmen können.

§ 4 Fazit

Das Bestreben des deutschen Gesetzgebers, die in der SE-RL bestehenden Regelungslücken zu beseitigen, ist begrüßenswert. So ist beispielsweise in § 5 Abs. 4 SEBG geregelt, dass Änderungen der Arbeitnehmerzahl während des Verhandlungsverfahrens zu berücksichtigen sind, und in § 11 Abs. 1 S. 1 SEBG ist der Zeitraum zur Bildung des BVG auf zehn Wochen beschränkt. So notwendig diese Klarstellungen erscheinen, sind sie dennoch mit einem großen Manko behaftet, da es an einer Absprache mit den anderen einzelstaatlichen Gesetzgebern und damit an einer einheitlichen Vorgehensweise aller Mitgliedstaaten fehlt. Gerade die beiden in § 5 Abs. 4 und § 11 Abs. 1 S. 1 SEBG geregelten Bereiche zeigen, dass dies zu großen Schwierigkeiten und Rechtsstreitigkeiten führen kann, da daraus eine Ungleichbehandlung der Arbeitnehmer bzw. Arbeitnehmervertreter der unterschiedlichen Mitgliedstaaten resultiert. Sind beispielsweise eine deutsche und eine österreichische Gesellschaft an der Gründung einer SE mit Sitz in Deutschland beteiligt, beginnt das Verhandlungsverfahren grundsätzlich nach dem Ablauf der Frist und der anschließenden Ladung zur konstituierenden Sitzung gem. § 12 Abs. 1 SEBG. Da sich eine solche Fristsetzung im österreichischen Umsetzungsgesetz aber nicht findet, stellt sich die Frage, wie zu verfahren ist, wenn die Arbeitnehmervertreter aus Österreich zu diesem Zeitpunkt noch nicht bestellt sind. Liegt dann ein unverschuldetes Fernbleiben vor, sodass das Verhandlungsverfahren noch nicht stattfinden darf, oder werden diese Arbeitnehmervertreter zunächst im BVG nicht berücksichtigt und stoßen erst später zu diesem Rumpfgremium dazu? Dieses Beispiel zeigt, dass

---

801 Art. 13 Abs. 1 SE-RL entspricht **§ 47 Abs. 1 Nr. 2 SEBG,** Art. 13 Abs. 3 Buchst. a SE-RL dem **§ 47 Abs. 1 Nr. 1 SEBG** und Art. 13 Abs. 4 SE-RL dem **§ 47 Abs. 2 S. 1 SEBG.**

802 Zur Rechtslage hinsichtlich der verschiedenen Arbeitnehmervertretungsgremien in Deutschland; vgl. *Hennings*, in: *Manz/Mayer/Schröder* (Hrsg.), Europäische Aktiengesellschaft SE, S. 701, Rn. 8 ff.

bei der Beseitigung der in der SE-RL bestehenden Regelungslücken eine bessere Zusammenarbeit der einzelnen Mitgliedstaaten erforderlich gewesen wäre.

Anzuerkennen ist das Bestreben des deutschen Gesetzgebers, die Vorgaben der SE-VO und SE-RL bei der Installierung der Mitbestimmung in das monistische System trotz der damit einhergehenden Schwierigkeiten umzusetzen. Mag dies bei der paritätischen Mitbestimmung auch zu einer starken Annäherung an die dualistische Struktur zwingen, so sind grundsätzlich die Vorgaben der SE-RL gewährleistet. Problematisch und kritikwürdig ist allerdings der Versuch nicht nur den quantitativen Status quo abzusichern, sondern auch qualitative Besonderheiten der deutschen Mitbestimmungsregelungen in einer SE aufrechterhalten zu wollen. Zum einen findet bei den Regelungen in § 6 Abs. 3 und 4 sowie § 38 Abs. 2 SEBG eine undifferenzierte Ausweitung von Besonderheiten einzelner Mitbestimmungsgesetze auf sämtliche Mitbestimmungsformen in einer SE statt. Zum anderen ist der Versuch, die Übernahme der echten Parität aus der Montanmitbestimmung mit der Vorschrift in § 38 Abs. 3 SEBG abzusichern, als unzulässiger Eingriff in die Rechte der Anteilseignerseite abzulehnen.

Schließlich bedürfen einige Regelungen des deutschen Gesetzgebers der Modifikation, da sie entweder, wie die Bestimmung struktureller Änderungen in § 18 Abs. 3 SEBG, nicht weit genug reichen oder, wie die Verknüpfung der Strafvorschrift in § 45 Abs. 1 Nr. 2 SEBG mit der Missbrauchsvermutung in § 43 SEBG, über das Ziel hinausschießen. Sollen Streitigkeiten vor nationalen Gerichten und Vorlageverfahren vor dem EuGH vermieden werden, besteht folglich in einigen Bereichen akuter Nachbesserungsbedarf im SEBG.

Teil 5 Ausblick

Auf europäischer Ebene bekundeten trotz der dargestellten Hindernisse die *Elcoteq Network Corporation* und die *Nordea Group* schnell ihre Absicht, sich in eine SE umzuwandeln.[1] Des Weiteren wurde die Gründung einer *Brenner Basistunnel SE* (BBT SE) verfolgt, auf die anschließend die österreichischen und italienischen Vorgesellschaften verschmolzen werden sollten.[2] Allerdings ist die mittlerweile erfolgreiche Errichtung dieser *Galleria di Brennero Brennerbasistunnel BBT SE* am 17.12.2004 in Bezug auf die Arbeitnehmerbeteiligung wenig aussagekräftig, da sie momentan keine bzw. fast keine Arbeitnehmer beschäftigt und dies auch zukünftig nicht der Fall sein soll.[3] Weitere bereits vorgenommene Gründungen von arbeitnehmerlosen Europäischen Aktiengesellschaften erfolgten mit der *MPIT Structured Financial Services SE* am 08.10.2004 als Tochter-SE mit Sitz in den Niederlanden, der *Schering-Plough Clinical Trials SE* am 22.02.2005 als Tochter-SE mit Sitz in Großbritannien und der *Go East Invest SE* am 17.03.2005 als Verschmelzungs-SE mit Sitz in Deutschland.[4] Bei der am 01.10.2005 durch Umwandlung gegründeten *Elcoteq SE* mit Sitz in Finnland wurde keine unternehmerische Mitbestimmung, immerhin aber ein System der Unterrichtung und Anhörung auf europäischer Ebene installiert.[5] Inwieweit Schlussfolgerungen aus der am 12.10.2004 vorgenommenen Umwandlung der *Bauholding Strabag AG* in die *Bauholding Strabag SE*[6] mit Sitz in Österreich gezogen werden können, bleibt abzuwarten. Die Gründung dieser SE erfolgte ohne Errichtung eines BVG, da lediglich eine Vereinbarung mit dem bestehen-

---

1 Im Internet abgerufen unter *http://www.seeurope-network.org/homepages/seeurope/companies.html* am 10.11.2004.

2 *Schwarz*, in: NotRV, Aktuelle Tendenzen und Entwicklungen im Gesellschaftsrecht, 2004, S. 148.

3 Im Internet abgerufen unter *http://www.seeurope-network.org/homepages/seeurope/companies.html* am 10.03.2005.

4 Im Internet abgerufen unter *http://www.seeurope-network.org/homepages/seeurope/companies.html* am 10.01.2006.

5 Im Internet abgerufen unter *http://www.seeurope-network.org/homepages/seeurope/companies.html* am 10.01.2006.

6 Im Internet abgerufen unter *http://www.seeurope-network.org/homepages/seeurope/companies/strabag.html* am 10.03.2005.

den EBR getroffen wurde.[7] Aufgrund dieser Vorgehensweise wurde bereits Klage gegen die Eintragung dieser SE erhoben.[8]

Ferner hat die Investment-Bank *Alfred Berg*, eine Tochtergesellschaft der dänischen *ABN AMRO*, mit der Umwandlung in eine SE begonnen.[9] Für Aufsehen sorgt die geplante Umwandlung des größten deutschen Versicherungsunternehmens, der *Allianz AG*, in eine SE.[10] Zwar soll die bestehende paritätische Mitbestimmung und das dualistische Organisationssystem übernommen werden, doch ist eine Reduzierung der 20 Aufsichtsratssitze auf 12 vorgesehen.[11] Unabhängig von der verfolgten Gründungsform kann aber eine solche Verminderung der Mitgliederanzahl im Aufsichtsrat nicht über die Köpfe der Arbeitnehmervertreter beschlossen werden.[12] Schließlich plant die deutsche *Mensch und Maschine Software AG* die Gründung einer Umwandlungs-SE, wobei dort die Einführung des monistischen Verwaltungssystems beabsichtigt wird.[13] Überlegungen im Hinblick auf die Schaffung einer SE werden von *Daimler Chrysler*, *SAP* und *Vossloh* angestellt.[14]

Aber auch wenn die Reaktionen in der Praxis, insbesondere bei deutschen Unternehmen, auf das Statut der SE überwiegend negativ ausfallen und keine Hochkonjunktur bei SE-Gründungen zu erwarten ist[15], ist dem Regelungskonzept der EBR- und der SE-RL sowohl bei der Fortentwicklung eines europäischen Systems der Arbeitnehmerbeteiligung als auch als Anstoß für die aktuell

---

7 Laut dieser Abmachung soll sowohl bezüglich der Unterrichtung und Anhörung der Arbeitnehmer als auch der Mitbestimmung die bisher in der Bauholding *Strabag AG* geltende Regelung übernommen werden. Im Internet abgerufen unter *http://www.seeurope-network.org/homepages/seeurope/companies/strabag.html* am 10.03.2005.

8 Im Internet abgerufen unter *http://www.seeurope-network.org/homepages/seeurope/companies/strabag.html* am 10.03.2005.

9 Im Internet abgerufen unter *http://www.seeurope-network.org/homepages/seeurope/companies/.html* am 18.05.2005.

10 So geht *Thümmel* davon aus, dass dieser Schritt der Allianz einer Akzeptanz der SE *„weitere Schubkraft verleihen"* könnte; *Thümmel*, BB 2005, Heft 40, 1.

11 Im Internet abgerufen unter *http://www.seeurope-network.org/homepages/seeurope/companies.html* und unter *http://www.allianz.com/azcom/dp/cda/0,,899077-49,00.html* am 10.01.2006.

12 Vgl. zum Inhalt einer Vereinbarung bei Gründung einer Umwandlungs-SE oben S. 232 ff. und bei den übrigen Errichtungsformen oben S. 224 ff.

13 Im Internet abgerufen unter *http://www.seeurope-network.org/homepages/seeurope/companies.html* am 10.01.2006

14 Im Internet abgerufen unter *http://www.seeurope-network.org/homepages/seeurope/companies.html* am 10.01.2006; ebenso *Henssler*, RdA 2005, 330, 333.

15 *Hopt*, ZIP 2005, 461, 471; *Müller, Hans-Friedrich*, ZIP 2004, 1790, 1796.
Vgl. aber zu den vielfältigen Einsatzmöglichkeiten einer SE *Maul/Wenz*, in: *Lutter/Hommelhoff* (Hrsg.), Die Europäische Gesellschaft, S. 261 ff. und *Wenz*, in: *Theisen/Wenz* (Hrsg.), Die Europäische Aktiengesellschaft, S. 655 ff.

in Deutschland bestehende Mitbestimmungsdiskussion große Bedeutung beizumessen.

§ 1 Einfluss auf das europäische System der Arbeitnehmerbeteiligung

Neben der Schaffung einer SE oder SCE als supranationale Gesellschaftsformen sind zwei weitere Entwicklungen im Gesellschaftsrecht zu beobachten, die Auswirkungen auf die Arbeitnehmerbeteiligung mit sich bringen. Zum einen ist durch die Rechtsprechung des EuGH mit den Entscheidungen *„Daily Mail“*[16], *„Centros“*[17], *„Überseering“*[18], *„Inspire Art“*[19] und *„SEVIC“*[20] zur Niederlassungsfreiheit nicht nur Druck auf das nationale Gesellschaftsrecht, sondern auch auf die einzelstaatlichen Mitbestimmungssysteme entstanden. Zum anderen hat der Durchbruch bei der Schaffung eines SE-Statuts dazu geführt, dass die Harmonisierungsbestrebungen im Bereich der Verschmelzung und Sitzverlegung nationaler Gesellschaften erneut in Angriff genommen wurden. Die in der EBR- und der SE-RL entwickelte Konzeption von Verhandlungen auf der Basis einer absichernden Auffangregelung ist dabei auch bei diesen beiden europäischen Initiativen als Lösung des Mitbestimmungsproblems vorgesehen.[21]

A. Rechtsprechung des EuGH

Der EuGH hat mit seinen Entscheidungen zur Niederlassungsfreiheit mitgliedstaatlicher Gesellschaften seine Bestrebungen deutlich gemacht, dieser in Art. 48 EG geregelten Grundfreiheit auch im Bereich des Gesellschaftsrechts Geltung zu verschaffen. Diese Urteile des EuGH haben in Deutschland die größte Beachtung innerhalb der EU erfahren.[22] Neben dem Wettbewerb des Gesellschaftsrechts und dem bereits bekannten *„Delaware-Effekt“*[23], der insbesondere

---

16 EuGH, Urteil v. 27.09.1988, Rs. 81/87, Slg. 1988, 5438, *„Daily Mail“* = NJW 1989, 2186 ff.

17 EuGH, Urteil v. 09.03.1999, Rs. C-212/97, Slg. 1999, I-1459, *„Centros Ltd“* = NJW 1999, 2027 ff.

18 EuGH, Urteil v. 05.11.2002, Rs. C-208/00, Slg. 2002, I-9919, *„Überseering BV“* = NJW 2002, 3614 ff.

19 EuGH, Urteil v. 30.09.2003, Rs. C-167/01, Slg. 2003, 5438, *„Inspire Art“* = NJW 2003, 3331 ff.

20 EuGH, Urteil v. 13.12.2005, Rs. C-411/03, noch nicht amtlich veröffentlicht; abgerufen unter *http://www.dnoti.de/DOC/Eugh/c411_03_de.pdf.*

21 Im Anschluss werden allein die direkt den Bereich der Arbeitnehmerbeteiligung betreffenden Fragen dargestellt. Probleme, die die Arbeitnehmerpartizipation indirekt beeinflussen, bleiben unbehandelt.

22 *Hopt*, ZIP 2005, 461, 463. Nach Angaben von *Schmidt, K.* haben Centros und Überseering zu Beiträgen in dreistelliger Höhe geführt, und im August 2004 lagen bereits 60 Veröffentlichungen zu Inspire Art vor; vgl. *Schmidt, K.*, ZHR 168 (2004), 493.

23 *Ebke*, JZ 2003, 927, 930; *Riegger*, ZGR 2004, 510, 511. *Enriques* geht davon aus, dass *„die Europäische Aktiengesellschaft ein attraktives Vehikel für die Auswahl unter ver-*

aufgrund der beiden letztgenannten Entscheidungen prognostiziert wird,[24] werden hauptsächlich die Auswirkungen dieser Urteile auf das deutsche Mitbestimmungssystem diskutiert[25] und das Stichwort der Flucht aus der Mitbestimmung wieder aufgeworfen.[26] Es geht um die Frage, ob im Falle des Zuzugs von Gesellschaften aus anderen Mitgliedstaaten diese Unternehmen das deutsche Mitbestimmungssystem übernehmen müssen. Dies hätte zur Folge, dass der in Deutschland gültige *„rechtsformspezifische Regelungsansatz"*[27] der Mitbestimmung, wonach die diesbezüglichen Vorschriften allein für bestimmte deutsche Gesellschaftsformen gelten, eine Ausdehnung auf ausländische Gesellschaftstypen erführe.

Im Schrifttum wird zum Teil mit unterschiedlicher Argumentation ausgeführt, dass die deutsche Mitbestimmung von den Sitz verlegenden Gesellschaften übernommen werden müsse. Nach einer Ansicht[28] handelt es sich bei der deutschen unternehmerischen Mitbestimmung um ein zwingendes Allgemeinwohlinteresse, sodass die Beschränkung der Niederlassungsfreiheit in diesem Bereich gerechtfertigt, geeignet und auch erforderlich sei. Bemerkenswert ist, dass dabei die Regelwerke zur SE in zweierlei Hinsicht zur Argumentation herangezogen werden. Einerseits[29] wird die Entwicklung der SE-RL angeführt, um zu unterlegen, dass einige Mitgliedstaaten die Arbeitnehmermitbestimmung als unverzichtbare Grundentscheidung ihres Rechts ansähen. Dies zeige wiederum, dass der Schutz dieses Bereichs eine Beschränkung der Niederlassungsfreiheit ermöglichen müsse.[30] Andererseits[31] wird das SE-Statut benutzt, um die von der

---

schiedenen Gesellschaftsrechtsordnungen in der EU werden" könnte; *Enriques*, ZGR 2004, 735, 737.

24 Vgl. stv. *Eidenmüller/Rehm*, ZGR 2004, 159, 185; *Müller, Hans-Friedrich*, ZIP 2004, 1790.

25 *Hopt*, ZIP 2005, 461, 468.

26 *Riegger*, ZGR 2004, 510, 511.

27 *Roth, W.*, IPRax 2003, 117, 125.

28 *Bayer, Walter*, AG 2004, 534, 537 ff.; *Kindler*, NJW 2003, 1073, 1079; *Thüsing*, ZIP 2004, 381, 383 ff.

29 Vgl. *Henssler*, FS Heinze (2005), S. 333, 351; *Kindler*, NJW 2003, 1073, 1079.

30 Vgl. zum Ganzen *Henssler*, FS Heinze (2005), S. 333, 351; *Kindler*, NJW 2003, 1073, 1079. A.A. *Ebke*, der gerade das Scheitern einer einheitlichen Mitbestimmungslösung im Rahmen der SE-RL anführt, um zu zeigen, dass die Sicherung der unternehmerischen Mitbestimmung keinen geeigneten Rechtfertigungsgrund für eine Beschränkung der Niederlassungsfreiheit darstelle; *Ebke*, JZ 2003, 927, 931. Im Ergebnis ebenso *Roth, W.*, wonach es sich bei der SE-RL um ein Regelwerk des europäischen und nicht des deutschen Gesetzgebers handle, das allein auf die SE beschränkt sei; *Roth, W.*, FS Heinze (2005), S. 709, 725 f.

31 *Bayer, Walter*, AG 2004, 534, 538. Allerdings weicht der Autor von den Vorgaben der SE-RL ab, da er dazu rät, die Arbeitnehmervertreter im monistischen System von dem Aufgabenbereich der Geschäftsführung auszunehmen. Auch *Henssler* und *Thüsing* wei-

Gegenansicht[32] ins Feld geführte Argumentation, dass ein *„Aufpfropfen"* der deutschen Mitbestimmungsregeln auf das für die ausländischen Gesellschaften geltende Gesellschaftsrecht unter praktischen Gesichtspunkten äußerst schwierig sei, zu entkräften. Da alle Mitgliedstaaten im Rahmen der SE die Implementierung der Mitbestimmung sowohl in das dualistische als auch das monistische System vornehmen müssten, könnte der jeweilige nationale Gesetzgeber auf seine diesbezüglich entwickelten Modelle ebenfalls im Rahmen der nationalen Gesellschaftsformen zurückgreifen.[33]

Während eine andere Ansicht in der Literatur die Anwendbarkeit der deutschen Mitbestimmungsgesetze für sämtliche Gesellschaften mit Sitz in Deutschland unter anderem über eine Sonderanknüpfung[34] oder mittels des *„ordre-public"*-Vorbehalts i.S.d. Art. 6 EGBGB[35] begründet, findet sich auch der Vorschlag, direkt die für die SE entwickelte Prozeduralisierung mit Verhandlungslösung und Auffangregelung einzuführen.[36] Allerdings besteht nach dieser Ansicht kein Zwang zum Abschluss einer solchen Vereinbarung, sondern die aufgrund des Davignon-Berichts erarbeiteten Beteiligungsrechte haben die Funktion einer *„unverbindliche(n), den Handlungsprozess unterstützende(n) Zielvorgabe"*[37]. In die gleiche Richtung geht ein weiterer Ansatz, wonach der deutsche Gesetzgeber

---

sen bei der Lösung dieses Problems auf die SE hin; vgl. *Henssler*, FS Heinze (2005), S. 333, 345, 354; *Thüsing*, ZIP 2004, 381, 383.

32 *Roth, W.*, IPRax 2003, 117, 125; *ders.*: FS Heinze (2005), S. 709, 715; *Sandrock*, AG 2004, 57, Fn. 5. Ebenso *Zimmer*, der ausdrücklich auf die Schwierigkeiten bei der Schaffung eines SE-Statuts und der Unterschiede bei einer Mitbestimmung im dualistischen oder monistischen System hinweist; vgl. *Zimmer*, NJW 2003, 3585, 3591.

33 Vgl. zum Ganzen *Bayer, Walter*, AG 2004, 534, 538; *Henssler*, FS Heinze (2005), S. 333, 345, 354; *Thüsing*, ZIP 2004, 381, 383. Anderer Ansicht dagegen *Zimmer*, der das SE-Statut gerade als Beispiel heranzieht, um zu zeigen, dass keine überzeugende Lösung für die Einführung der Mitbestimmung in den Verwaltungsrat bestehe; vgl. *Zimmer*, FS Heinze (2005), S. 1123, 1131. Ähnlich *Binz* und *Mayer*, nach deren Ansicht die Vorgehensweise der SE-RL aufgrund der Besonderheiten der SE nicht auf nationale Gesellschaftsformen angewendet werden könne; *Binz/Mayer*, GmbHR 2003, 249, 257; zustimmend *Müller-Bonanni*, GmbHR 2003, 1235, 1238.

34 *Großfeld/Erlinghagen*, JZ 1993, 217, 222.

35 Vgl. stv. *Großfeld/Erlinghagen*, JZ 1993, 217, 222. Ferner wird die analoge Anwendbarkeit der §§ 1, 4 MitbestG bzw. eine Anknüpfung des MitbestG nicht an der Rechtsform, sondern an der Betriebsstätte der ausländischen Gesellschaft vertreten; vgl. *Henssler*, FS Heinze (2005), S. 333, 343 ff.; *Müller-Bonanni*, GmbHR 2003, 1235, 1237 f.; *Veit/Wichert*, AG 2004, 14, 16 f.; *Zimmer*, FS Heinze (2005), S. 1123, 1128 f.

36 *Thüsing*, ZIP 2004, 381, 387 f. Ebenso *Schanze* und *Jüttner*, die sich allerdings ausschließlich auf die Empfehlungen des Davignon-Berichts beziehen; *Schanze/Jüttner*, AG 2003, 30, 35 f., *dies.*; AG 2003, 661, 668. *Henssler* sieht die analoge Anwendung der Verhandlungslösung zumindest als *„methodologisch besonders reizvoll"* an; *Henssler*, FS Heinze (2005), S. 333, 343.

37 *Schanze/Jüttner*, AG 2003, 661, 668.

für solche ausländischen Gesellschaften nur gesetzliche Mindestbestimmungen vorsehen und, nach dem Vorbild der SE-RL, die weitergehenden Feinheiten einer Vereinbarung überlassen solle.[38]

Die überwiegende Ansicht im Schrifttum[39] lehnt diese Begründungen und Vorschläge für eine Übernahme der deutschen Mitbestimmung aber ab. Dies hätte zur Folge, dass es zukünftig in Deutschland mitbestimmungsfreie oder einem geringeren Mitbestimmungsniveau als dem deutschen System unterliegende Gesellschaften gäbe, obwohl diese an sich die Schwellenwerte der deutschen Mitbestimmungsgesetze erreichten. Setzt sich diese Auffassung durch, könnte beispielsweise durch die Gründung einer Limited in Großbritannien und der anschließenden Verlegung ihres Verwaltungssitzes nach Deutschland das deutsche Mitbestimmungssystem ausgehebelt werden.[40]

Diese Bedrohung für die deutsche Mitbestimmung könnte sich durch das aktuelle Urteil des EuGH[41] zur Zulässigkeit der grenzüberschreitenden Verschmelzung einer luxemburgischen S.A. auf die deutsche *SEVIC System AG* mit Sitz in Neuwied noch verschärft haben. Während die in dieser Sache behandelte Hineinverschmelzung nach Deutschland keine Gefahr für die unternehmerische Partizipation mit sich bringt, wird aufgrund der Schlussanträge des Generalstaatsanwalts zu dieser Entscheidung bereits über die Möglichkeit einer Hinausverschmelzung spekuliert.[42] Bestünde diese Option tatsächlich, könnte beispielsweise ein deutsches Unternehmen einfach mit einer Tochtergesellschaft ausländischer Rechtsform fusionieren und anschließend den Verwaltungssitz aufgrund der Überseering-Entscheidung nach Deutschland verlegen. Ohne eine tatsächliche Bewegung der Muttergesellschaft über die nationale Grenze läge nun eine Rechtsform vor, die nicht mehr unter die deutschen Mitbestimmungsgesetze fiele.[43]

---

38 *Bayer, Walter*, AG 2004, 534, 538. Gegen diese Vorbildfunktion der SE-RL allerdings *Riegger*, ZGR 2004, 510, 520.

39 Vgl. stv. *Eidenmüller*, JZ 2004, 24, 28 f.; *Eidenmüller/Rehm*, ZGR 2004, 159, 184 f.; *Junker*, NJW 2004, 728, 729; *Koberski*, FS Wißmann (2005), S. 474, 481 f.; *Riegger*, ZGR 2004, 510, 518 ff.; *Sandrock*, ZVglRWiss 2003, 447, 486 ff.; *ders.*; AG 2004, 57 ff.; *Veit/Wichert*, AG 2004, 14, 16 ff.; *Wolf*, FS Wißmann (2005), S. 489, 499 f.; *Ziemons*, ZIP 2003, 1913, 1917 f.; *Zimmer*, NJW 2003, 3585, 3590 f.

40 Ebenso *Seibt*, in: *Willemsen/Hohenstatt/Schweibert/Seibt* (Hrsg.), Umstrukturierung und Übertragung, F. II. 11. b), Rn. 127.

41 EuGH, Urteil v. 13.12.2005, Rs. C-411/03, noch nicht amtlich veröffentlicht; abgerufen unter *http://www.dnoti.de/DOC/Eugh/c411_03_de.pdf*.

42 Schlussanträge des Generalstaatsanwalts v. 07.07.2005, Rs. C-411/03, veröffentlicht in ZIP 2005, 1227. Vgl. hierzu *Drygala*, ZIP 2005, 1995, 1997 ff.

43 Vgl. zum Ganzen *Drygala*, ZIP 2005, 1995, 1998 ff. Allerdings hält es der Autor für wahrscheinlich, dass mitbestimmte deutsche Unternehmen zumindest das In-Kraft-Treten der Fusions-RL abwarten müssten.

Anzuerkennen ist, dass der EuGH wiederum die Rolle des Integrationsmotors gegenüber den Mitgliedstaaten übernommen hat.[44] Seine Rechtsprechung wird dabei von einem Teil des Schrifttums bereits in einen Zusammenhang mit der Schaffung des SE-Statuts gesetzt, da gerade in den Vorschriften der SE-VO und der SE-RL eine Lösung für die Absicherung des hohen deutschen Mitbestimmungsniveaus gesehen wird. Nach einer Ansicht in der Literatur[45] haben diese Entscheidungen des EuGH direkte Auswirkungen auf die SE, da sie zu einem Attraktivitätsverlust dieser Gesellschaftsform geführt hätten. So könne nun eine britische Plc mit Satzungssitz in Großbritannien ihren tatsächlichen Verwaltungssitz in jeden Mitgliedstaat der EU verlegen oder mit Hilfe ebensolcher Tochtergesellschaften einen europaweiten Konzern aufbauen.[46] Schließlich wird anhand der Rechtsprechung des EuGH sogar gefolgert, dass das SE-Statut, welches eine zwingende Identität von Satzungs- und Hauptverwaltungssitz regle, gegen die Niederlassungsfreiheit verstoße.[47]

B. Weitere Initiativen auf dem Gebiet des Gesellschaftsrechts

Da einige Initiativen der Kommission im Bereich der Harmonisierung des nationalen Gesellschaftsrechts auch Vorschriften zur Arbeitnehmermitbestimmung enthielten, wurden diese Projekte bis zur Verabschiedung eines SE-Statuts zurückgestellt. Folgerichtig wurden die Vorhaben der Schaffung einer Richtlinie zur grenzüberschreitenden Verschmelzung und einer Richtlinie zur grenzüberschreitenden Sitzverlegung im Anschluss an die Verabschiedung der SE-VO und SE-RL wieder aufgenommen.[48]

I. Verabschiedung einer Verschmelzungsrichtlinie am 26.10.2005

Besonders bedeutsam bzw. sogar *„zukunftsweisend"*[49] erscheinen die im Rahmen des Fusions-E vom 18.11.2003 vorgenommenen und mittlerweile in der am 26.10.2005 verabschiedeten Fusions-RL weiter modifizierten Regelungen. Die

---

44 *Eidenmüller/Rehm*, ZGR 2004, 159, 185.

45 *Riegger*, ZGR 2004, 510, 529.

46 Vgl. zum Ganzen *Riegger*, ZGR 2004, 510, 529. Dabei wird die Limited bereits als *„supranationale(...) Rechtsform europäischer Prägung"* bezeichnet; Schäfer, NZG 2004, 785. Anderer Ansicht ist *Manz*, der die Vorteile der SE als supranationaler Gesellschaft gegenüber nationalen Gesellschaften anführt; *Manz*, in: *Schwarze* (Hrsg.), Wirtschaftsrechtliche Garantien, S. 141, 145 f. Auch *Braun* kommt zu dem Schluss, dass die SE als supranationale Gesellschaft durch die Entscheidungen des EuGH keinen Bedeutungsverlust erfahren habe; *Braun*, JURA 2005, 150, 156.

47 *Ziemons*, ZIP 2003, 1913, 1918; a.A. *Eidenmüller*, JZ 2004, 24, 31; *Schäfer*, NZG 2004, 785, 787 f.; ebenso *Teichmann* mit der Begründung, dass der europäische Gesetzgeber die europäische Rechtsform der SE durchaus Beschränkungen bei der Sitzverlegung unterwerfen könne; *Teichmann*, ZGR 2003, 366, 400 f.

48 *Maul/Teichmann/Wenz*, BB 2003, 2633.

49 *Wiesner*, DB 2005, 91, 92.

aktuelle Ausgestaltung der Richtlinie hat nun das bereits aus dem Kompromiss im Rahmen der SE-RL bekannte Schicksal ereilt.[50] Aufgrund weiterer Ergänzungen und Anpassungen besteht der die Mitbestimmung regelnde Art. 16 Fusions-RL inzwischen aus sieben Absätzen, die wiederum durch zahlreiche Unterabsätze untergliedert sind.

Zunächst regelt Art. 16 Abs. 1 Fusions-RL, dass eine fusionierte Gesellschaft grundsätzlich immer dann, wenn in ihrem angehenden Sitzstaat Vorschriften zur Mitbestimmung bestehen, diese Partizipation zwingend zu übernehmen hat. Folglich können in Deutschland keine Gesellschaften entstehen, die die Schwellenwerte der Mitbestimmungsgesetze[51] erreichen und dennoch nicht der Mitbestimmung unterliegen. Während der vorhergehende Entwurf der Kommission allerdings auch beinhaltete, dass es im Rahmen dieser Vorgehensweise zu einer automatischen Mitbestimmungsminderung kommen konnte[52], wurde dies durch die Neufassung von Art. 16 Abs. 2 Fusions-RL modifiziert.

1. Die Anwendbarkeit der Regelungen in der SE-RL

Diese Vorschrift macht die Übernahme der Partizipationsform des jeweiligen Sitzstaates gem. Art. 16 Abs. 1 Fusions-RL entweder von der Erreichung eines Schwellenwerts oder von einem Vergleich des Mitbestimmungsniveaus abhängig. Laut Art. 16 Abs. 2 Fusions-RL gilt das Sitzstaatprinzip nicht, wenn zumindest in einer der an der Verschmelzung beteiligten Gesellschaften durchschnittlich mehr als 500 Arbeitnehmer in dem Zeitraum von sechs Monaten vor Veröffentlichung des Verschmelzungsplans beschäftigt waren und zum anderen das Bestehen einer Mitbestimmungsform i.S.d. Art. 2 Buchst. k SE-RL in dieser Gesellschaft gegeben ist. Aus der SE-RL bekannt ist der in Art. 16 Abs. 2 Buchst. a Fusions-RL geregelte Fall, dass zwischen der Mitbestimmung zumindest einer der an der Verschmelzung beteiligten Gesellschaften und dem Partizipationsniveau des angehenden Sitzstaates eine Diskrepanz existiert. Ebenso wie bei der Beurteilung in Art. 3 Abs. 4 Unterabs. 2 SE-RL, ob durch den Beschluss des BVG eine Mitbestimmungsminderung droht, geht es um eine Bewertung des Mitbestimmungsstandards anhand des *„Anteils der Mitglieder"* und damit allein um das quantitative und nicht das qualitative Niveau.[53] Allerdings erfolgt diese

---

50 *Wiesner*, DB 2005, 91, 92.

51 Vgl. § 1 Abs. 1 S. 1 Nr. 1 DrittelbG, § 1 Abs. 1 Nr. 2 MitbestG.

52 Als Beispiel wird der Fall genannt, dass eine paritätisch mitbestimmte deutsche Gesellschaft grenzüberschreitend mit einer österreichischen Gesellschaft verschmilzt. Hätte diese Gesellschaft nun ihren Sitz in Österreich, wäre es zu einer automatischen Übernahme der dortigen Drittelbeteiligung gekommen; vgl. *Koberski*, FS Wißmann (2005), S. 474, 485; *Müller, Hans-Friedrich*, ZIP 2004, 1790, 1795.

53 Die Tatsache, dass ein qualitativer Vergleich der Mitbestimmungsrechte nicht vorgenommen wird, wird auch im Rahmen der Fusions-RL als problematisch angesehen; *Koberski*, FS Wißmann (2005), S. 474, 487.

Diagnose im Vergleich zu Art. 3 Abs. 4 Unterabs. 2 SE-RL und Art. 3 Abs. 4 Unterabs. 2 SCE-RL nach einer eigenständigen erweiterten Formel, da auf den *„Anteil der Mitglieder des Verwaltungs- oder des Aufsichtsorgans oder ihrer Ausschüsse oder des Leitungsgremiums, das für die Ergebniseinheit der Gesellschaft zuständig ist, die die Arbeitnehmer vertreten"* abgestellt wird. Schließlich findet die Konzeption der SE-RL gem. Art. 16 Abs. 2 Buchst. b Fusions-RL Anwendung, wenn Arbeitnehmer aus Betrieben, die zu der aus der Verschmelzung entstehenden Gesellschaft gehören und sich in einem anderen Mitgliedstaat als deren Sitzstaat befinden, nicht von dem *„gleichen Anspruch auf Ausübung von Mitbestimmungsrechten"* wie die Arbeitnehmer des Sitzstaates der verschmolzenen Gesellschaft profitieren. Mit dieser Formulierung soll die grenzüberschreitende Wahrnehmung von Mitbestimmung gewährleistet werden. Aufgrund des Territorialitätsprinzips gelten die Partizipationsrechte im Sitzstaat der fusionierten Gesellschaft nur für die dortigen Arbeitnehmer, sodass ohne diese Regelung die Arbeitnehmer aus einer an der Verschmelzung beteiligten Gesellschaft in einem anderen Mitgliedstaat nicht einbezogen wären.

2. Die Modifikation der Vorschriften zur Arbeitnehmermitbestimmung in der SE-RL

Während der Vorschlag der Kommission noch auf die Grundsätze und Modalitäten in Art. 12 Abs. 2 bis 4 SE-VO und auf den größten Teil der Vorschriften der SE-RL[54] verwies, hat er im Anschluss wichtige Modifikationen erfahren, die eine Fortentwicklung des Mitbestimmungskompromisses der SE-RL darstellen. Grundsätzlich bezieht Art. 16 Abs. 3 Fusions-RL zwar weiterhin den größten Teil der Vorschriften der SE-RL ein und übernimmt damit die Strategie der Prozeduralisierung mit dem Verhandlungsverfahren und der Absicherung durch die Auffangregelung. Allerdings wird das Primat von Verhandlungen abgeschwächt, die Eröffnung des Anwendungsbereichs der Auffangregelung sowohl erschwert als auch erleichtert und nicht mehr zwingend die Gewährleistung des quantitativ höchsten Mitbestimmungsniveaus vorgeschrieben. Aufgrund dieser Umgestaltungen wurden zum Teil auch die Verweisungen auf die SE-RL verändert, da Art. 16 Abs. 4 Buchst. b Fusions-RL eine Modifikation des Art. 3

---

[54] Einbezogen wurden Art. 3 Abs. 1 bis 3, Abs. 4 Unterabs. 1 1. Spstr. und Unterabs. 2, Abs. 5, Abs. 6 Unterabs. 1 und 2 und Abs. 7; Art. 4 Abs. 1, Abs. 2 Buchst. g und Abs. 3; Art. 5 und 6; Art. 7 Abs. 1, Abs. 2 Unterabs. 1 Buchst. b und Unterabs. 2 sowie Abs. 3; Art. 8 bis 12 SE-RL und Teil 3 An. SE-RL. Ausgespart wurden die Bereiche der Unterrichtung und Anhörung, spezielle Vorschriften zu den nicht die Verschmelzung betreffenden Gründungsformen und die Regelung des Verhältnisses der SE-RL zu anderen Bestimmungen über die Arbeitnehmerbeteiligung.

Abs. 6 SE-RL und Art. 16 Abs. 7 Fusions-RL eine Änderung des Art. 11 SE-RL darstellen.[55]

Das für das Verhandlungsverfahren wichtige Druckmittel der im Hintergrund stehenden Auffangregelung mit ihrer Sicherung eines hohen Mitbestimmungsniveaus wurde abgeschwächt, da nun gem. Art. 16 Abs. 3 Buchst. e Fusions-RL der Schwellenwert des Art. 7 Abs. 2 Unterabs. 1 Buchst. b 1. Spstr. SE-RL von 25 Prozent auf 33,33 Prozent erhöht wurde.

Während durch die Heraufsetzung des Schwellenwertes einerseits die Eröffnung des Anwendungsbereichs der Auffangregelung erschwert wurde, sieht die Fusions-RL andererseits einen erleichterten Zugang zu einer Mitbestimmung kraft Gesetzes vor. Um eine geplante grenzüberschreitende Verschmelzung durch das langwierige Verhandlungsverfahren nicht zu verzögern, können die betreffenden Organe der beteiligten Gesellschaften gem. Art. 16 Abs. 4 Buchst. a Fusions-RL direkt, ohne Aufnahme von Verhandlungen, die Anwendung der Auffangregelung vereinbaren. Diese Option besteht aufgrund einer fehlenden anderweitigen Regelung auch, wenn in keiner der beteiligten Gesellschaften eine Mitbestimmungsform i.S.d. Art. 2 Buchst. k SE-RL vorlag. Anders als in der SE-RL, in der den Arbeitnehmern bzw. ihren Vertretern stets die Möglichkeit zugestanden wird, die Einführung von Mitbestimmung in die SE zu vereinbaren, kann die Entstehung einer mitbestimmungsfreien fusionierten Gesellschaft gem. Art. 16 Abs. 4 Buchst. a Fusions-RL unmittelbar von den zuständigen Gesellschaftsorganen beschlossen werden. Diese Option stellt eine erhebliche Schwächung des Primats der Verhandlungen der SE-RL dar, da den Arbeitnehmern keine Gelegenheit zur Bildung eines BVG zugestanden wird.

Aber auch für den Fall, dass bei einem Scheitern der Verhandlungen die Auffangregelung gilt, können die Mitgliedstaaten gem. Art. 16 Abs. 4 Buchst. b Fusions-RL für das monistische System den Anteil der Arbeitnehmervertreter im Verwaltungsorgan begrenzen. Bestand in dem Verwaltungs- oder Aufsichtsorgan einer der an der Verschmelzung beteiligten Gesellschaften allerdings zumindest eine Drittelbeteiligung, muss auch mindestens ein Anteil von einem Drittel im Verwaltungsorgan der fusionierten Gesellschaft gewährleistet werden. Demnach kann bei einem Übergang von der dualistischen auf die monistische Organisationsstruktur trotz Anwendbarkeit der Auffangregelung eine

---

[55] Daher wird in Art. 16 Abs. 3 Buchst. a Fusions-RL nicht mehr auf Art. 3 Abs. 6 SE-RL und in Art. 16 Abs. 3 Buchst. f Fusions-RL nicht mehr auf Art. 11 SE-RL verwiesen. Hinzugefügt wurde die Verweisung in Art. 16 Abs. 3 Buchst. b Fusions-RL auf Art. 4 Abs. 2 Buchst. a und h SE-RL, da es sich hierbei um Vorschriften handelt, die nicht nur für den Bereich der Unterrichtung und Anhörung, sondern auch für die Mitbestimmung gelten. Zudem hat eine weitere Präzisierung bei Art. 16 Abs. 3 Buchst. h Fusions-RL stattgefunden, da richtigerweise nur noch auf Teil 3 Buchst. b An. SE-RL Bezug genommen wird. Teil 3 Buchst. a An. SE-RL betrifft nämlich nicht die grenzüberschreitende Verschmelzung, sondern regelt allein die Gründungsform der Umwandlung.

zwingende quantitative Mitbestimmungsminderung erfolgen, während bei Beibehaltung des dualistischen Systems oder bei einem Wechsel zu dieser Organisationsform grundsätzlich eine Absicherung des quantitativ höchsten Standards vorgenommen wird. Allerdings enthält diese Vorschrift immerhin einen Schutzmechanismus für die Arbeitnehmer, da sie nur dann gilt, wenn bereits Verhandlungen aufgenommen worden waren. Folglich greift eine im Sitzstaat geregelte Reduzierung des Anteils der Arbeitnehmervertreter im monistischen System nicht, wenn die zuständigen Gesellschaftsorgane gem. Art. 16 Abs. 4 Buchst. a Fusions-RL direkt die Anwendung der Auffangregelung beschließen.

Auch bei einem Beschluss des BVG über die Nichtaufnahme oder über den Abbruch von Verhandlungen sieht Art. 16 Abs. 4 Buchst. b Fusions-RL nun andere Rechtsfolgen als bei einer solchen Entscheidung im Rahmen der SE-RL vor. Während nach Art. 3 Abs. 6 SE-RL die SE in einem solchen Fall keiner Mitbestimmung unterliegt, gilt bei der Fusions-RL die Mitbestimmungsregelung des zukünftigen Sitzstaates der fusionierten Gesellschaft. Es besteht dann, wenn Verhandlungen abgebrochen wurden und der zukünftige Sitzstaat der fusionierten Gesellschaft von der Ermächtigung des Art. 16 Abs. 4 Buchst. c Fusions-RL Gebrauch gemacht hat, die Gefahr einer zwingenden Mitbestimmungsminderung. Bei einem Übergang von der dualistischen auf die monistische Organisationsstruktur, über deren Vornahme die Arbeitnehmer nicht mitentscheiden können[56], kann die Reduzierung auf eine Drittelbeteiligung erfolgen.

Zwar finden sich keine direkten Vorschriften zum Verhandlungsverfahren, doch haben die dargestellten Regelungen eine Schwächung des Primats der Verhandlungen zur Folge. Im Interesse einer möglichst schnellen Abwicklung der Verschmelzung wurde für beide Seiten die Attraktivität der Nichtaufnahme von Verhandlungen vergrößert.

3. Weitere Vorschriften

Des Weiteren existieren in Art. 16 Fusions-E eine Reihe von Regelungen, mit denen eine Flucht aus der Mitbestimmung mit Hilfe einer grenzüberschreitenden Verschmelzung vermieden werden soll. So wird in Art. 16 Abs. 3 Fusions-RL auf Art. 12 Abs. 2 bis 4 SE-VO[57] verwiesen, das heißt, dass die verschmelzende Gesellschaft erst eingetragen werden kann, wenn die Frage der Arbeitnehmerbeteiligung auf die eine oder andere Weise geklärt wurde. Darüber hinaus ist in Art. 16 Abs. 6 Fusions-RL zwingend geregelt, dass die aus der Fusion entste-

---

56 Vgl. oben S. 125 ff.

57 Diese Verweisung ist problematisch, da zum einen anders als in der SE-VO gem. Art. 13 Fusions-RL die Eintragung der neuen Gesellschaft nicht von einer Lösung der Mitbestimmungsfrage abhängig ist. Gem. Art. 11 Abs. 1 S. 2 Fusions-RL ist lediglich eine Kontrolle vorgesehen, ob eine Vereinbarung geschlossen wurde. Zum anderen ist der Verweis auf Art. 12 Abs. 3 SE-VO irreführend, da im Rahmen der Fusions-RL keine Möglichkeit eines opting-outs existiert.

hende Gesellschaft eine Rechtsform erhält, die die Wahrnehmung der bestehenden Mitbestimmung gewährleistet. Schließlich besteht mit Art. 14 Abs. 7 Fusions-RL eine *„Bestandssicherungsklausel"*[58], die die verschmolzene Gesellschaft verpflichtet, eine etwaige eingeführte Mitbestimmung im Falle nachfolgender innerstaatlicher Fusionen drei Jahre lang zu schützen. Da dies *„durch entsprechende Anwendung (des Art. 16)"* erfolgen soll, hat grundsätzlich wiederum ein Verhandlungsverfahren stattzufinden, das aber zu einer Mitbestimmungsminderung führen kann.[59] Diese als *„virtuelle(r) Gendefekt"* [60] bezeichnete Regelung stellt eine Art Schutz vor strukturellen Änderungen dar, erscheint aber angesichts der zahlreichen anderweitigen gesellschaftsrechtlichen Gestaltungsmöglichkeiten nur bedingt sinnvoll[61], zumal da in Art. 16 Abs. 2 Buchst. f Fusions-RL ausdrücklich die Verweisung auf das Missbrauchsverbot des Art. 11 SE-RL gestrichen wurde.

II. Vorschlag einer Sitzverlegungsrichtlinie

Obwohl die genannten Entscheidungen des EuGH die Niederlassungsfreiheit und damit auch die Sitzverlegung von Gesellschaften innerhalb der Mitgliedstaaten betreffen, besteht weiterhin ein Interesse an der Verabschiedung einer Sitzverlegungsrichtlinie.[62] Der EuGH hat nämlich noch keine Stellung zu der wichtigen Frage genommen, inwieweit auch eine identitätswahrende Verlegung des Satzungssitzes innerhalb der Gemeinschaft möglich sein soll.[63] Einerseits stellt sich, ebenso wie im Rahmen der dargestellten Rechtsprechung des EuGH, die Frage, ob mitbestimmungsfreie oder mit einem niedrigen Mitbestimmungsniveau ausgestattete Gesellschaften das System des Zuzugstaates übernehmen müssen. Andererseits kommt das Problem hinzu, ob und inwieweit die in den Gesellschaften des Wegzugsstaates bestehende Mitbestimmung gesichert werden kann, wenn sie ihren Sitz in Mitgliedsstaaten ohne oder mit einem geringeren Partizipationsstandard verlegen.

---

58 *Koberski*, FS Wißmann (2005), S. 474, 488.

59 Fand beispielsweise eine Fusion zwischen einer dem DrittelbG unterliegenden deutschen AG und einer britischen Plc mit Sitz in Großbritannien statt und wurde dabei die drittelparitätische Mitbestimmung übernommen, kann dieses Partizipationsniveau durch eine inländische Verschmelzung mit einer weiteren Plc aufgrund der geänderten Mehrheitsverhältnisse im BVG nun durchaus durch Beschluss beseitigt werden.

60 *Wiesner*, DB 2005, 91, 93.

61 Vgl. oben S. 428 ff.

62 *Eidenmüller*, JZ 2004, 24, 31 f.; *Kieninger*, ZEuP 2004, 685, 703 f.

63 *Leible*, ZGR 2004, 531, 535. Ein Vorabentscheidungsverfahren des AG Heidelberg zu dieser Frage wurde vom EuGH als unzulässig zurückgewiesen. In seinen bisherigen Entscheidungen hat der EuGH den Grundsatz festgelegt, dass dem Wegzugsstaat die Befugnis zustehe, die Vorschriften über die Verlegung des Verwaltungssitzes der nach seinem nationalen Recht gegründeten Gesellschaften festzulegen; vgl. zum Ganzen *Leible*, ZGR 2004, 531, 535 f.

Die Konzeption der SE-RL[64] bzw. der im Rahmen des Fusions-E erarbeitete Kompromiss[65] soll auch in den Sitzverlegungs-E übernommen werden. Sollte sich dies bewahrheiten, dann wäre ein Hauptargument des Schrifttums[66] gegen die Übernahme des Systems der SE-RL bei der Durchsetzung der Niederlassungsfreiheit durch den EuGH entkräftet. Dort wird gegen die Übertragbarkeit des Mitbestimmungsmodells der SE auf ausländische Gesellschaften mit Sitz in Deutschland insbesondere angeführt, dass diese Prozeduralisierung speziell auf die Europäische Aktiengesellschaft mit ihren Besonderheiten ausgerichtet sei. Daher sei eine entsprechende Anwendung der Verhandlungslösung auf allgemeine grenzüberschreitende Sitzverlegungen nicht möglich.[67]

C. Harmonisierung im Bereich der Unterrichtung und Anhörung

Anders als im Bereich der unternehmerischen Mitbestimmung ist auf dem Gebiet der Unterrichtung und Anhörung durch die Verabschiedung der UA-RL bereits ein endgültiger Schritt zu einer flächendeckenden Harmonisierung der betrieblichen Arbeitnehmerbeteiligung erfolgt. Diese Initiative wird im Schrifttum als *„Durchbruch zu einer europäischen Betriebsverfassung“*[68] gesehen, da die Eröffnung des Anwendungsbereichs weder von bestimmten gesellschaftsrechtlichen Gestaltungen abhängt, noch auf grenzüberschreitende Sachverhalte beschränkt ist, noch als bloßer Annex einer gegenstandsbezogenen Richtlinie fungiert.[69] Während von der EBR-RL lediglich grenzüberschreitende Konzerne und von der SE-RL allein Europäische Aktiengesellschaften erfasst werden, gilt die UA-RL für sämtliche, auch rein national tätige Unternehmen und Betriebe innerhalb der EG, die einen gewissen Schwellenwert hinsichtlich der Arbeitnehmerzahl erreichen.

Mit diesem *„kühnen Schritt“*[70] hat der europäische Gesetzgeber einen einheitlichen Mindeststandard an Informations- und Konsultationsrechten festgesetzt,[71] der die Mitgliedstaaten zwingt, allgemeine Vorschriften zur Unterrichtung und Anhörung der Arbeitnehmervertreter zu erlassen. Während im Rahmen der EBR-RL und der SE-RL noch kritisiert wurde, dass bezüglich des Schutzes der Arbeitnehmervertreter auf die innerstaatlichen Vorschriften und/oder Gepflogenheiten verwiesen wird, hat der europäische Gesetzgeber in Art. 7 UA-RL erstmals einen für alle Mitgliedstaaten geltenden Standard festgelegt. Zwar wird

---

64 *Eidenmüller*, JZ 2004, 24, 32; *Koberski*, FS Wißmann (2005), S. 474, 479.
65 *Wiesner*, DB 2005, 91.
66 *Binz/Mayer*, GmbHR 2003, 249, 257; *Veit/Wichert*, AG 2004, 14, 19.
67 Vgl. zum Ganzen *Binz/Mayer*, GmbHR 2003, 249, 257; *Veit/Wichert*, AG 2004, 14, 19.
68 *Reichold*, NZA 2003, 289, 299; zustimmend Schäfer, Der europäische Rahmen für Arbeitnehmermitwirkung, S. 197, Fn. 686.
69 *Weber*, FS 600 Jahre Würzburger Juristenfakultät, S. 189, 207 f.
70 *Weiss*, GM 50 (1999), 185, 191.
71 *Giesen*, RdA 2000, 298.

sich in diesem Bereich wohl nicht das hohe deutsche Protektionsniveau einpendeln,[72] doch werden die Mitgliedstaaten immerhin zu Maßnahmen gezwungen, die eine gewisse Angleichung der einzelstaatlichen Regelungen auf diesem Gebiet mit sich bringen dürften.

Die UA-RL verlangt von Mitgliedstaaten wie Großbritannien und Irland, in denen es an allgemeinen gesetzlichen Vorschriften sowohl für die Unterrichtung und Anhörung von Arbeitnehmern als auch für eine Arbeitnehmervertretung im Betrieb fehlt,[73] ein Umdenken. Die Brisanz, die die Umsetzungsmaßnahmen für diese Mitgliedstaaten beinhalten, wird bereits durch die Übergangsregelung in Art. 10 UA-RL deutlich, die sich diese Staaten ausbedungen haben.[74] Selbst für den deutschen Gesetzgeber besteht wohl Handlungsbedarf, obwohl die Intensität der Beteiligungsrechte aufgrund ihrer Beschränkung auf die Unterrichtung und Anhörung weit hinter den Vorschriften des BetrVG zurückbleibt. Im Schrifttum[75] werden bereits einige Bereiche aufgezeigt, in denen der deutsche Gesetzgeber Modifikationen vornehmen müsse, die eine Ausweitung der Arbeitnehmerrechte mit sich bringe.

Mit der Schaffung einer UA-RL hat sich auf europäischer Ebene bestätigt, was im Schrifttum[76] schon bei der Verabschiedung der EBR-RL vermutet wurde. Im Rahmen dieses Regelwerks wurde die Frage aufgeworfen, ob der Aufbau einer grenzüberschreitenden Unterrichtung und Anhörung nicht einen Anpassungsdruck auf die Mitgliedstaaten ausübe, die auf nationaler Ebene solche Verfahren nicht regelten. Begründet wurde dies mit der Ungleichbehandlung der Arbeitnehmer in diesen Mitgliedstaaten, da es allein von der grenzüberschreitenden Tätigkeit des sie beschäftigenden Unternehmens abhänge, ob sie von einer Information und Konsultation profitieren könnten oder nicht.[77] Auch im Rahmen der SE-RL wurde betont, dass die zwingende Einführung solcher Verfahren zumindest den *„Prozess einer Gewöhnung an eine solche Beteiligung"* in der EU fördere.[78] Anders als erwartet, haben aber nicht die einzelnen Mitgliedstaaten auf diese Diskrepanz reagiert, sondern sie werden nun durch die europäischen Vorgaben der UA-RL zu einer Angleichung ihrer nationalen Vorschriften gezwungen.

---

72 *Weiss*, NZA 2003, 177, 183.
73 *Weiss*, NZA 2003, 177, 183.
74 *Weiss*, NZA 2003, 177, 183.
75 Vgl. u.a. *Bonin*, AuR 2004, 321 ff.; *Reichold*, NZA 2003, 289, 298 f.
76 *Weiss*, FS Stahlhacke (1995), S. 657, 673.
77 Vgl. zum Ganzen *Weiss*, FS Stahlhacke (1995), S. 657, 673.
78 *Wißmann*, FS Wiedemann (2002), S. 695, 697, 699.

D. Folgen dieser Entwicklung

Die *„Akzeptanz der Vielfalt"*[79] in der SE-RL wurde in der SCE-RL kopiert und erscheint auch im Fusions-E und im Sitzverlegungs-E als gangbarer Weg. Die Übernahme der Konzeption von Verhandlungslösung und Auffangregelung bestätigt die Ausführungen im Schrifttum, die bereits frühzeitig im Rahmen der EBR-RL und der SE-RL eine neue Harmonisierungsstrategie der Kommission im Wege der Prozeduralisierung prognostizierten. Demnach führten diese Verfahrensregelungen zu einem *„kontrollierten Wettbewerb"*[80] der verschiedenen nationalen Mitbestimmungsmodelle, in dessen Verlauf sich die praktikabelsten Lösungen durchsetzen und andere Systeme verdrängt würden.[81]

Die Theorie von der Herausbildung einer einheitlichen Mitbestimmungsgestaltung durch den Lernprozess im Verhandlungsverfahren erhält zum einen Unterstützung durch die Initiativen des Fusions- und Sitzverlegungs-Entwurfs. Auch wenn die nationalen Unternehmen vor der Gründung einer SE zurückschrecken sollten, kann immerhin von einer umfangreicheren Nutzung dieser Richtlinien ausgegangen werden. Kommt es aber im Rahmen einer grenzüberschreitenden Verschmelzung oder Sitzverlegung zwischen nationalen Gesellschaften zu Verhandlungslösungen, so tritt ebenfalls der prognostizierte Effekt des Wettbewerbs der Mitbestimmungsmodelle ein. Zum anderen hat bereits die Verabschiedung der SE-RL und deren Umsetzung in das jeweilige nationale Recht dazu geführt, dass die einzelnen nationalen Mitbestimmungssysteme dargestellt und diskutiert werden. In der Literatur ist eine Reihe von Veröffentlichungen erschienen, in denen die jeweilige Implementierung der SE-RL in das nationale Recht und zugleich die Besonderheiten der bestehenden nationalen Mitbestimmungssysteme erörtert werden.[82] Auch ist eine vermehrte Anzahl von Veranstaltungen[83] zu konstatieren, die sowohl die europäische als auch die deutsche Mitbestimmungsproblematik zum Gegenstand haben. Dies führt in seiner Gesamtheit zu-

---

79 *Oetker*, BB-Special 1/2005, 2; *ders.*, in: *Lutter/Hommelhoff* (Hrsg.), Die Europäische Gesellschaft, S. 277, 279.

80 *Weber*, FS 600 Jahre Würzburger Juristenfakultät, S. 189, 216.

81 *Weber*, FS 600 Jahre Würzburger Juristenfakultät, S. 189, 213 ff.; *Weiss*, NZA 2003, 177, 184. Anderer Ansicht wohl *Wiesner*, der im Hinblick auf den Fusions-E ausführt, dass dies einen Versuch der Kommission darstelle, den durch die Rechtsprechung des EuGH eröffneten Wettbewerb der Rechtsordnungen einzuschränken; *Wiesner*, ZIP 2004, 243.

82 Vgl. u.a. *Oplustil/Teichmann* (Hrsg.), The European Company – all over Europe; *Jannott/Frodermann* (Hrsg.), Handbuch der Europäischen Aktiengesellschaft, 16. Kap., S. 561 ff.

83 Vgl. u.a. 1. ZAAR-Kongress am 23.06.2004 in München mit dem Thema *„Zukunft der Unternehmensmitbestimmung"*; 11. Würzburger Europarechtstage 10./11.06.2005 unter dem Titel *„Mobilität der Unternehmen in Europa"*; Abteilung Arbeitsrecht des 66. Deutscher Juristentages vom 19. bis 22.09.2006 in Stuttgart mit dem Thema *„Unternehmensmitbestimmung vor dem Hintergrund europarechtlicher Entwicklungen"*.

mindest zu dem positiven Nebeneffekt, dass sich sowohl die Wissenschaft als auch die Praxis[84] der einzelnen Mitgliedstaaten mit den Vor- und Nachteilen anderer Konzepte zur Einbeziehung von Arbeitnehmern in die Unternehmensentscheidungen auseinandersetzen.
Ob sich aber die im Schrifttum[85] aufgestellte These, dass die mit der Verhandlungslösung herbeigeführte *„Institutionalisierung eines Dialogs von Arbeitgeber- und Arbeitnehmerseite“*[86] auch die Entwicklung neuer, eigenständiger Elemente des Mitbestimmungsrechts mit sich bringen könne, bewahrheiten wird, bleibt abzuwarten. Problematisch erscheint in diesem Bereich bereits, dass die dieser Idee zugrunde liegende Verhandlungsfreiheit einer stetig wachsenden Einschränkung unterworfen wurde. Während gem. Art. 13 EBR-RL noch eine sehr weitgehende Privatautonomie der Verhandlungsparteien bestand, wurde diese durch die SE-RL mit ihrem Vorher-Nachher-Prinzip bereits stark beschränkt. Im Fusions- und Sitzverlegungsentwurf besteht zwar eine zur SE-RL vergleichbare Verhandlungsfreiheit, doch hat bei diesen Initiativen das Primat der Verhandlungslösung durch die Aufwertung der Auffangregelung eine Abschwächung erfahren. Jedenfalls wird im Schrifttum gefordert, dass die Konzeption der Verhandlungen mit der Absicherung durch Auffangregelungen *„zu einem europäischen Prinzip“*[87] werden müsse.[88] Ferner wird in diesem Modell eine über das jeweilige Unternehmen hinausreichende sozialpolitische Funktion[89] bzw. sogar ein wichtiger Schritt in Richtung eines europäischen Sozialmodells[90] gesehen.

§ 2 Einfluss auf das deutsche System der Mitbestimmung

Nicht nur die SE-RL ist mit harscher Kritik konfrontiert worden, sondern vielfach wurde die Gunst der Stunde genutzt, um auch das deutsche Mitbestimmungssystem zur Diskussion zu stellen. So wurde es als *„Sauriermodell“*[91] oder als *„Giftpille“* für ausländische Unternehmen[92] bezeichnet. Die Übertragung der Konzeption der SE-RL auf weitere europäische Vorhaben hat folglich sehr schnell zu einer Bewahrheitung der Prognose geführt, wonach diese Vorgaben

---

84 *Weiss* weißt hier bereits im Zusammenhang mit der EBR-RL auf die Gewerkschaften und Arbeitgeberverbände hin; *Weiss*, GM 50 (1999), 185, 192.
85 *Weber*, FS 600 Jahre Würzburger Juristenfakultät, S. 189, 217 f.
86 *Weber*, FS 600 Jahre Würzburger Juristenfakultät, S. 189, 217.
87 *Klebe/Köstler*, FS Wißmann (2005), S. 443, 454.
88 Auch *Junker* geht davon aus, dass in diesem Modell bereits eine europäische Lösung der Mitbestimmungsfrage zu erkenne sei; *Junker*, NJW 2004, 728, 730.
89 *Wißmann*, FS Wiedemann, (2002), S. 695, 696.
90 *Köstler*, DStR 2005, 745, 750.
91 *Baums*, nach einer Meldung der FAZ vom 27.06.2003, Nr. 146, S. 11.
92 *Sandrock*, AG 2004, 57, 61.

Druck auf das System der deutschen Mitbestimmung ausübten und damit zwangsläufig Reformdebatten auslösten.[93]

Es gilt der Grundsatz *„Wer alles halten will, wird alles verlieren“*[94].

Bemerkenswert an den bisherigen Beiträgen zu einem Wandel der unternehmerischen Mitbestimmung in Deutschland ist, dass vielfach zumindest die Idee von Verhandlungen aufgegriffen und als Chance angesehen wird.[95] Während einerseits die Vereinbarungslösung allein auf bestimmte gesellschaftsrechtliche Gestaltungen in Form von nationalen Umwandlungsfällen angewendet werden soll,[96] wird andererseits auf nationaler Ebene sogar ein Ausbau der zu verhandelnden Bereiche vorgeschlagen.[97] Zumindest ist der Wunsch erkennbar, dass dieser *„Paradigmenwechsel in Deutschland“*[98], der den direkt Beteiligten die Befugnis zu individuell maßgeschneiderten Lösungen überlässt, auch auf rein nationaler Ebene Fuß fasst.[99]

---

93 *Krause*, BB 2005, 1221, 1222; *Weiss*, NZA 2003, 177, 182. Ebenso *Wolf*, wonach die europäische und internationale Entwicklung eine zumindest teilweise Neuregelung der Mitbestimmung erzwinge; *Wolf*, FS Wißmann (2005), S. 489, 498. Zustimmend *Hennings*, in: *Manz/Mayer/Schröder* (Hrsg.), Europäische Aktiengesellschaft SE, S. 622, Rn. 23.

Anders dagegen der DGB, der in seinem Beschluss vom 03.02.2004 nicht nur an der paritätischen Mitbestimmung festhält, sondern in Teilbereichen eine Ausweitung fordert. So wird unter anderem eine stetige paritätische Besetzung der Ausschüsse im Aufsichtsrat und eine Begrenzung des Zweitstimmrechts des Aufsichtsratsvorsitzenden verlangt; vgl. Beschluss des DGB-Bundesvorstandes vom 03.02.2004, Teilhabe und Gestalten: Mitbestimmung – auf gleicher Höhe, abgerufen unter *http://www.dgb.de/themen/mitbestimmung/untern_mitbest/reform.htm* am 16.01.2005. Auch die IG Metall will am MitbestG festhalten und fordert unter anderem eine Abschaffung des Zweitstimmrechts des Aufsichtsratsvorsitzenden im Bereich der Geschäftsordnung dieses Organs. Darüber hinaus spricht sie sich gegen die Möglichkeit von Verhandlungen im Bereich der Mitbestimmung aus; *Huber*, Mitbestimmung 2005, 50, 51.

94 *Wolf*, FS Wißmann (2005), S. 489, 492.

95 *Seibt* plädiert in diesem Zusammenhang für eine *„behutsame Öffnung des deutschen Unternehmensmitbestimmungsrechts“* und sieht in den Vorschriften zur SE eine *„Blaupause“* hierfür; *Seibt*, AG 2005, 414, 428.

96 *Kersting*, NZG 2003, 9, 10.

97 Angeregt werden z. B. Verhandlungen über die Schwellenwerte der zu beschäftigenden Arbeitnehmer und die gesetzlichen Mitbestimmungsmodelle, die qualitativen Organkompetenzen und deren Beschluss-Quoren in thematischer und personeller Hinsicht; vgl. *Klebe/Köstler*, FS Wißmann (2005), S. 443, 455.

98 *Grobys*, NZA 2005, 84, 88

99 *Bezzenberger*, JURA 2003, 229, 231; *Henssler*, FS Heinze (2005), S. 333, 355; *ders.*, RdA 2005, 330; *Thüsing*, in: *Rieble* (Hrsg.), Zukunft der Unternehmensmitbestimmung, S. 95, 109 ff., Rn. 25 ff.; *Windbichler*, AG 2004, 190, 196; *Wißmann*, FS Wiedemann (2002), S. 685, 700; *Zimmer*, FS Heinze (2005), S. 1123, 1132 f. Ebenso *Wolf*, der allerdings bei seinen Lösungsansätzen zwischen dualistischem und monistischem System differenziert; vgl. *Wolf*, FS Wißmann (2005), S. 489, 502.

Allerdings befürwortet ein Teil des Schrifttums zwar eine Reform der Mitbestimmung, lehnt aber die Aufnahme von Verhandlungen auf nationaler Ebene als zu kostspielig ab und plädiert für die Einrichtung eines neu zu schaffenden Konsultationsrats.[100] Diesem neuen Arbeitnehmervertretungsorgan werden lediglich Informations- und Konsultationsrechte zugestanden,[101] sodass eine Ähnlichkeit zum SE-Betriebsrat erkennbar ist.[102] Ferner wird im Hinblick auf die europaweit einzigartige und den Erfolg vieler gemeinschaftsrechtlicher Vorhaben behindernde paritätische Mitbestimmung in der Konzeption der SE-RL und ihrer Modifikation im Fusions-E eine Möglichkeit der generellen Minderung der Mitbestimmung auf eine Drittelbeteiligung durch eine Vereinbarung gesehen.[103] Denkbar sei auch, die Auffangregelung, ähnlich wie im Fusions-E, mit einer konstanten Absicherung dieses Drittelanteils an Arbeitnehmervertretern auszustatten, ohne dabei allerdings zwischen dualistischem und monistischem System zu differenzieren.[104]

Eine Vorbildfunktion wird der SE-RL ebenfalls im Bereich der bisher fehlenden Einbeziehung von ausländischen Arbeitnehmervertretern bei der Besetzung der Sitze im Aufsichtsrat deutscher Gesellschaften zugesprochen.[105] Zumindest wird anerkannt, dass in dieser Hinsicht der Druck wachse, auch die Arbeitnehmer ausländischer Betriebe oder Tochtergesellschaften eines Konzerns einzubeziehen. Da der DGB in seinem Beschluss vom 03.02.2004 die bisherigen Regelun-

---

100 Vgl. Berliner Netzwerk *„Corporate Governance"*, 12 Thesen zur *„Modernisierung der Mitbestimmung"*, abgedruckt in AG 2004, 200 f.; *Kirchner*, AG 2004, 197 ff.; *Säcker*, AG 2004, 180 ff.; *von Werder*, AG 2004, 166 ff.

101 Berliner Netzwerk *„Corporate Governance"*, 12 Thesen zur *„Modernisierung der Mitbestimmung"*, These 11, abgedruckt in AG 2004, 201; *Kirchner*, AG 2004, 198, 199.

102 Ähnlich *Zimmer*, der für den Vorrang von Verhandlungen und für eine Auffangregelung, die eine Mitwirkung der Arbeitnehmer durch den SE-Betriebsrat vorsieht, eintritt; *Zimmer*, FS Heinze (2005), S. 1123, 1132 f.

103 *Oetker*, BB-Special 1/2005, 2, 13. Zum Teil werden auch die drittelparitätischen Mitbestimmungsmodelle anderer Mitgliedstaaten als Vorbild herangezogen; vgl. *Bernhardt*, BB 2004, 2480, 2482.

104 *Fleischer*, AcP 204 (2004), 502, 541 f. Dies fordert auch der BDA in seiner Stellungnahme zum Fusions-E vom 06.12.2004, S. 2, abgerufen im Internet unter *www.bda-online.de/www/bdaonline.nsf/id/Stellungnahmen2004* am 20.06.2005.

105 *Fleischer*, AcP 204 (2004), 502, 542 f.; *Henssler*, FS Heinze (2005), S. 333, 354; *ders.*, RdA 2005, 330, 330 f.; *Oetker*, BB-Special 1/2005, 2, 13; *ders.*, in: *Lutter/Hommelhoff* (Hrsg.), Die Europäische Gesellschaft, S. 277, 317. Im Ergebnis ebenso *Windbichler*, AG 2004, 190, 196; *Rieble*, in: *Rieble* (Hrsg.), Zukunft der Unternehmensmitbestimmung, S. 9, 12 f., Rn. 7 und *Thüsing*, der fordert: *„Wer mitwählt, der mitzählt."*; *Thüsing*, in: *Rieble* (Hrsg.), Zukunft der Unternehmensmitbestimmung, S. 95, 111 f., Rn. 28. Vgl. zu dieser Problematik ausführlich bei *Lubitz*, Unternehmensmitbestimmung, S. 123 ff.

gen als „*nicht mehr sachgerecht*"[106] bezeichnet und die Möglichkeit der Kandidatur ausländischer Arbeitnehmer für einen deutschen Aufsichtsrat fordert[107], hat sich auch diese Prognose bereits bewahrheitet. Schließlich wird sogar im Rahmen der betrieblichen Mitbestimmung eine über die Ansätze in § 3 BetrVG und § 28 a Abs. 2 BetrVG hinausgehende Ausweitung der Verhandlungslösung gefordert.[108]

§ 3 Fazit

Auch wenn die Regelungen der SE-RL selbst zu Kritik geführt haben, stößt die Konzeption des Vorrangs einer Verhandlungslösung und der Absicherung durch eine Auffangregelung für die Mitbestimmung zu Recht auf Zuspruch. Eine solche Regelung hilft auch nationalen Unternehmen, eine ihre individuellen Besonderheiten berücksichtigende Arbeitnehmerbeteiligung einzuführen.

In Anbetracht der Tatsache, dass in den Mitgliedstaaten, die eine Mitbestimmung in ihren nationalen Gesellschaftsformen vorsehen, zumeist eine Drittelbeteiligung besteht, erscheint die deutsche paritätische Mitbestimmung nun tatsächlich als Auslaufmodell.[109] Selbst im Rahmen der SE als supranationaler Gesellschaft sind zahlreiche Fälle denkbar, in denen eine Europäische Aktiengesellschaft mit Sitz in Deutschland das dortige Partizipationsniveau unterschreitet.[110] Hinzu kommen die Schwierigkeiten, die sich bei der Integration der paritätischen Beteiligung in das Verwaltungsorgan ergeben. Zu bedenken ist in diesem Zusammenhang ferner die von der Kommission in Aussicht gestellte Gleichstellung von dualistischer und monistischer Struktur in börsennotierten

---

106 Beschluss des DGB-Bundesvorstandes vom 03.02.2004, Teilhabe und Gestalten: Mitbestimmung – auf gleicher Höhe, S. 8; abgerufen unter *http://www.dgb.de/themen/mitbestimmung/untern_mitbest/reform.htm* am 16.01.2005.

107 Beschluss des DGB-Bundesvorstandes vom 03.02.2004, Teilhabe und Gestalten: Mitbestimmung – auf gleicher Höhe, S. 8; abgerufen unter *http://www.dgb.de/themen/mitbestimmung/untern_mitbest/reform.htm* am 16.01.2005. Auch die IG Metall spricht sich für eine „*Internationalisierung der Aufsichtsräte*" aus; *Huber*, Mitbestimmung 2005, 50, 52.

108 *Wolf*, FS Wißmann (2005), S. 489, 494 f.

109 Im Schrifttum wird die pauschale Einführung einer Drittelbeteiligung gefordert; vgl. *Wolf*, FS Wißmann (2005), S. 489, 502.
Oetker schlägt zumindest vor, dass eine Minderung der paritätischen Mitbestimmung auf eine Drittelbeteiligung zumindest durch eine in Anlehnung an § 15 SEBG zu treffende Vereinbarung mit dreifach qualifizierter Mehrheit ermöglicht werden könnte; *Oetker*, in: *Lutter/Hommelhoff* (Hrsg.), Die Europäische Gesellschaft, S. 277, 317.
Der Mustervertrag von *Heinze/Seifert/Teichmann* enthält die Vereinbarung einer Drittelbeteiligung für eine SE, die allerdings im Vergleich zum DrittelbG durch die Gewährung anderweitiger Rechte aufgewertet wird; *Heinze/Seifert/Teichmann*, BB 2005, 2524, 2526, 2528 ff.

110 Vgl. oben S. 331 ff.

Unternehmen[111] sowie die im Fusions-E geplante Absicherung einer Drittelbeteiligung im monistischen System. Auch ist abzusehen, dass viele deutsche Unternehmen aufgrund der aktuellen gemeinschaftsrechtlichen Entwicklung zukünftig dem hohen deutschen Mitbestimmungsstandard entfliehen werden. Bereits jetzt gibt es nicht wenige Gesellschaften, die trotz der Transaktionskosten auf Ausweichstrategien zurückgreifen, um den deutschen Regelungen zu entgehen.[112] Ob sich die Drittelbeteiligung allerdings auf politischer Ebene durchsetzen wird, ist angesichts des Inhalts der am 11.11.2005 unterzeichneten Koalitionsvereinbarung fraglich. Dort wird die deutsche Mitbestimmung als *„Erfolgsmodell"* bezeichnet und es der bereits unter der vorherigen Regierung eingesetzten Kommission unter Vorsitz von *Herrn Prof. Dr. Biedenkopf* überlassen, *„Vorschläge für eine moderne und europataugliche Weiterentwicklung der deutschen Unternehmensmitbestimmung zu erarbeiten"*[113].

Die Konzeption der SE-RL erscheint daher als Modell, das sowohl auf europäischer als auch auf nationaler Ebene zukunftsweisende Lösungen in Aussicht stellt. Ihre Entwicklung ist aber noch nicht abgeschlossen und muss modifiziert werden. Einerseits wird der EuGH seinen Beitrag leisten müssen, da einige wichtige zu klärende Rechtsfragen existieren. Andererseits kann die Weiterverfolgung der Idee einer Prozeduralisierung durch die gesellschaftsrechtlichen Richtlinien auf europäischem und eventuell auch auf nationalem Gebiet zu der Behebung offensichtlicher Mängel und einem Lerneffekt führen. Daher ist zu hoffen, dass bei einer Überarbeitung der SE-RL, die spätestens zum 08.10.2007 zu erfolgen hat, zumindest einige der dargestellten Unstimmigkeiten und Probleme beseitigt werden.

---

111 Mitteilung der Kommission an den Rat und das Europäische Parlament; Modernisierung des Gesellschaftsrechts und Verbesserung der Corporate Governance in der Europäischen Union – Aktionsplan; KOM (2003) 284 endg.; S. 18 f. Ferner führt die Kommission aus, dass in diesem Zusammenhang viele Lehren aus der Anpassung der einzelstaatlichen Vorschriften an die Vorgaben der SE-VO und der SE-RL gezogen werden könnten.

112 *Sandrock*, ZVglRWiss 2003, 447, 492. Vgl. zu solchen Mitbestimmungsvermeidungsmodellen stv. *Henssler*, RdA 2005, 330, 332 f.; *Lubitz*, Unternehmensmitbestimmung, S. 47 ff.; *Schöpfe*, Gewillkürte Unternehmensmitbestimmung, S. 32 ff.

113 2.7.4 der Koalitionsvereinbarung auf S. 31; abgerufen: *http://www.bundesregierung.de/Anlage920135/Koalitionsvertrag.pdf* am 08.01.2006.

Teil 6 Zusammenfassung der Ergebnisse

Aufgrund der Fülle der behandelten Vorschriften werden im Anschluss allein die problematischen und umstrittenen Bereiche dargestellt.[1]

§ 1 Zusammenfassung von Teil 1

1. Die SE-RL wurde durch ihre schwierige **historische Entwicklung** und die damit verbundenen Kompromisse geprägt, sodass ihre Konzeption letztlich auf Gegensätzen beruht. Während aufgrund der Verhandlungslösung grundsätzlich eine Gestaltungsfreiheit bei der Arbeitnehmerbeteiligung besteht, wird diese durch die Maßnahmen zum Bestandsschutz, wie die Schwellenwerte, die dreifach qualifizierte Mehrheit und die Auffangregelung, eingeschränkt. Einerseits hat die stete Modifizierung des Regelwerks in bestimmten Bereichen zu äußerst komplexen, detaillierten und schwer verständlichen Vorschriften geführt, die in jedem Mitgliedstaat zwingend identisch zu implementieren sind. Andererseits wurden bestimmte Bereiche gänzlich ausgespart oder ihre Ausgestaltung den nationalen Gesetzgebern mit dem entsprechenden Entscheidungsspielraum überlassen.

2. Diese Konzeption bringt neben der Tatsache, dass es bereits aufgrund der gesellschaftsrechtlichen Gestaltung ebenso viele Europäische Aktiengesellschaften wie beteiligte Staaten geben wird, einen **unüberschaubaren Variantenreichtum** mit sich.

§ 2 Zusammenfassung von Teil 2

1. Das SE-Statut ist aus nachvollziehbaren Gründen und zulässigerweise in eine Verordnung und eine Richtlinie aufgespalten, jedoch sind beide Regelwerke eng miteinander verknüpft. Während die SE-VO zu Recht auf Art. 308 EG basiert, hätte die SE-RL auf die **Rechtsgrundlage des Art. 137 Abs. 3 EG a.F.** gestützt werden müssen.

2. Die **Rechtsquellenpyramide in Art. 9 SE-VO** sowie die bewusst unvollständige Regelung vieler Bereiche in der SE-VO haben bereits zu Unstimmigkeiten über den Regelungsgehalt der Vorschriften geführt.

3. Bei den verschiedenen Gründungsformen besteht die Gefahr, dass die **stärkere Absicherung der Mitbestimmung** bei den Gründungstatbeständen der Verschmelzungs- und Umwandlungs-SE durch die Wahl der anderen Gründungsarten **umgangen** werden kann.

---

1 Zur Vereinfachung wird bei den problematischen Bereichen der SE-RL zugleich auch die Vorgehensweise des deutschen Gesetzgebers dargestellt.

4. Der Wortlaut in **Art. 37 Abs. 3 SE-VO** ist unbestimmt. Da es zu verhindern gilt, dass sich die nationalen Gesellschaften durch Umwandlung in eine SE mit anschließender Sitzverlegung in einen anderen Mitgliedstaat ihrer nationalen Mitbestimmung entziehen, ist von einer **gewissen Zeitspanne** auszugehen.

5. Der deutsche Gesetzgeber hat von der Ermächtigungsgrundlage des **Art. 37 Abs. 8 SE-VO** zu Recht keinen Gebrauch gemacht.

6. Aufgrund des **Art. 39 Abs. 5 SE-VO** darf der deutsche Gesetzgeber keine speziell für die SE geltenden Vorschriften in Bezug auf das dualistische System erlassen, es sei denn, er wurde ausdrücklich in der SE-VO dazu ermächtigt.

7. Der deutsche Gesetzgeber kann von der Option des **Art. 39 Abs. 2 Unterabs. 2 SE-VO** keinen Gebrauch machen. Die Mitglieder des Leitungsorgans können gem. Art. 39 Abs. 2 SE-VO **vorzeitig abberufen** werden, wobei sich das „*Wie*" in Deutschland nach § 84 Abs. 3 AktG richtet.

8. Bei der fehlenden Regelung einer **Abberufungsmöglichkeit der Aufsichtsratsmitglieder** handelt es sich um einen bewusst ungeregelten Bereich, sodass für Deutschland § 103 AktG und ergänzend die mitbestimmungsrechtlichen Vorschriften von § 11 Montan-MitbestG, § 10 m Montan-MitbestErgG, § 12 DrittelbG und § 23 MitbestG zur Anwendung gelangen.

9. Gem. **Art. 42 S. 2 SE-VO** darf bei paritätischer Mitbestimmung im Aufsichtsorgan der SE nur ein von der Hauptversammlung der Aktionäre bestelltes Mitglied zum Vorsitzenden gewählt werden. Da dessen Stimme gem. **Art. 50 Abs. 2 SE-VO** bei Stimmengleichheit den Ausschlag gibt, wird ein erforderliches Übergewicht der Anteilseignerseite geschaffen.

10. Da das Verwaltungsorgan im **monistischen System** im Grundsatz die gleichen Aufgaben wie das Leitungs- und Aufsichtsorgan in der dualistischen Struktur übernimmt, gleichen sich die Vorschriften der SE-VO in vielen Bereichen.

11. Aufgrund des **Art. 43 Abs. 4 SE-VO** darf der deutsche Gesetzgeber spezielle Vorschriften für das monistische System erlassen, sodass er die Einrichtung von geschäftsführenden Direktoren vorsehen kann und dabei weitgehende Gestaltungsfreiheit besitzt.

12. Es besteht für die SE gem. **Art. 38 Buchst. b SE-VO** sowohl bei der Gründung als auch zu einem späteren Zeitpunkt die Wahlfreiheit zwischen dualistischem und monistischem Organisationssystem. Auch bei erstmaliger Gründung einer SE kann diese Auswahl nicht von den Verhandlungsparteien im Wege einer Vereinbarung erfolgen, sondern ist Sache der Satzungsgeber der SE. Die Mitgliedstaaten, in deren Gesetzen noch nicht beide Verwaltungsstrukturen vorgesehen sind, sind zumindest faktisch zur Einführung der jeweils anderen, bisher nicht geregelten Organisationsform für die SE verpflichtet.

13. Der **Arbeitnehmerbegriff** ist in der SE-RL nicht definiert und richtet sich aufgrund des Sinns und Zwecks dieses Regelwerks nach dem jeweiligen nationalen Recht. Der deutsche Gesetzgeber hat in **§ 2 SEBG** auch die Gruppe der leitenden Angestellten mit einbezogen.

14. Bei der Einleitung der erforderlichen Schritte gem. **Art. 3 Abs. 1 SE-RL** ist das jeweils auf höchster Ebene bestehende Arbeitnehmervertretungsgremium zu unterrichten. Sind nur betriebsratslose Arbeitnehmer vorhanden, ist eine für die Beschäftigten zumutbare Gelegenheit zur Kenntnisnahme ausreichend.

Die Arbeitnehmerseite ist zum frühestmöglichen Zeitpunkt nach Veröffentlichung des Gründungplans zu informieren, wobei es sich um einen für beide Seiten tragbaren Termin handelt.

15. Während bei erstmaliger Gründung einer SE ein **Auskunftsanspruch der Arbeitnehmerseite** über die in Art. 3 Abs. 1 SE-RL genannten Informationen gegen die Leitungs- und Verwaltungsorgane nicht erforderlich ist, ist für den Fall von strukturellen Änderungen einer bereits bestehenden SE ein solches Recht von den nationalen Gesetzgebern vorzusehen. In Art. 12 SE-RL fehlt es an einer Regelung, die die Mitgliedstaaten verpflichtet, die Einhaltung des Auskunftsverlangens bezüglich der Beschäftigtenzahl bei Wiederaufnahme der Verhandlungen gem. Art. 3 Abs. 6 Unterabs. 4 SE-RL oder aufgrund von strukturellen Änderungen sicherzustellen. Der deutsche Gesetzgeber hat in **§ 18 Abs. 4 SEBG** darauf reagiert und die Informationspflichten auch auf diese Fälle erstreckt.

16. Bei dem BVG handelt es sich um ein **ad-hoc-Gremium**, dass mit Beendigung des Verhandlungsverfahrens bzw. mit Abschluss einer Vereinbarung seine Kompetenz verliert.

17. In der SE-RL besteht eine Regelungslücke, da **kein Zeitrahmen** für das Verfahren der Einsetzung des BVG festgelegt wird. Diese Lücke hat der deutsche Gesetzgeber zum einen durch **§ 11 Abs. 1 S. 1 SEBG** geschlossen, der eine Frist für das Verfahren der Einsetzung des BVG festlegt. Zum anderen hat er auf die fehlende Festlegung des genauen Zeitpunkts der Einsetzung des BVG reagiert, da die Leitungen gem. **§ 12 Abs. 1 S. 1 SEBG** unverzüglich nach der Benennung der Mitglieder des BVG bzw. des Ablaufs der Zehn-Wochen-Frist zur konstituierenden Sitzung des BVG einladen.

18. Die Vorschriften zur Bildung des BVG in **Art. 3 Abs. 2 SE-RL** sind sehr kompliziert gestaltet und haben bereits einige Unstimmigkeiten ausgelöst. Bei den Gründungsfällen der **Holding-SE, Tochter-SE und Umwandlungs-SE** ist zunächst die Gesamtzahl aller beschäftigten Arbeitnehmer in der zukünftigen SE zu berechnen. Anschließend muss ermittelt werden, wie viele Arbeitnehmer der beteiligten Gesellschaften und betroffenen Tochtergesellschaften oder Betriebe in jedem Mitgliedstaat beschäftigt sind. Daraufhin ist der Anteil dieser Anzahl an der Gesamtzahl aller Arbeitnehmer in der zukünftigen SE in Prozent zu errechnen und schließlich anhand des ermittelten Prozentsatzes die Mitgliederzahl im BVG zu benennen.

19. Jeder Mitgliedstaat kann gem. **Art. 3 Abs. 2 Buchst. a Ziff. i SE-RL** grundsätzlich pro zehn Prozent an der Gesamtzahl aller in die SE-Gründung involvierten Arbeitnehmer, die auf seinem Hoheitsgebiet beschäftigt sind, einen Sitz im BVG beanspruchen. Allein für den Sonderfall, dass in einem Mitgliedstaat weniger als zehn Prozent an der Gesamtzahl aller Arbeitnehmer beschäftigt sind, kann auch für den Bruchteil dieser Tranche ein Mitglied für das BVG gestellt werden.

20. Zwar findet sich in der SE-RL keine explizite **zahlenmäßige Beschränkung der Sitze** im BVG, doch ist die Zahl der Mitglieder verbindlich nach oben begrenzt, da sie sich nach der Gesamtzahl aller an der Gründung der SE beteiligten Arbeitnehmer richtet. Sie liegt daher zwischen sechs und 36.

21. Im Sinne des Priorität genießenden Repräsentationsprinzips muss zunächst sichergestellt werden, dass alle beteiligten Gesellschaften im BVG vertreten sind, und anschließend werden noch nicht besetzte Sitze nach der jeweiligen Anzahl der in den Gesellschaften beschäftigten Arbeitnehmer verteilt. Die Vorgehensweise für den Fall, dass eine **Berücksichtigung aller beteiligten Gesellschaften** zu einer Überschreitung der Mitgliederzahl im BVG führen würde, ist in der SE-RL nicht geregelt. Daher sollten die einzelstaatlichen Gesetzgeber eine dem Art. 3 Abs. 2 Buchst. a Ziff. ii Unterabs. 2 SE-RL entsprechende Vorschrift erlassen. In Deutschland ist gem. **§ 7 Abs. 4 SEBG** eine Verteilung nach dem d'Hondtschen Höchstzahlverfahren vorzunehmen.

22. Bei der **Gründung einer Verschmelzungs-SE** sind zunächst die Anzahl der Mitglieder im BVG und die Sitzverteilung nach der gleichen Vorgehensweise wie bei den anderen Gründungsarten zu ermitteln. In einem weiteren Schritt ist gem. **Art. 3 Abs. 2 Buchst. a Ziff. ii Unterabs. 1 SE-RL** zu überprüfen, ob alle beteiligten Gesellschaften, die infolge der geplanten Verschmelzung zu einer SE erlöschen werden, im BVG vertreten sind. Ist dies nicht der Fall, dann sind die betroffenen Gesellschaften berechtigt, zusätzliche Mitglieder für das BVG zu stellen.

Um dies zu gewährleisten, ist zunächst zu prüfen, ob eine **Doppelvertretung** vorliegt. Das ist der Fall, wenn die Arbeitnehmer aus einer beteiligten Gesellschaft, die aufgrund der Gründung der SE ihre Rechtspersönlichkeit verlieren wird, nicht bereits anderweitig mit einem Sitz im BVG vertreten sind. Liegen solche Konstellationen vor, werden sie nicht bei den zusätzlichen Sitzen berücksichtigt. Anschließend ist festzustellen, welche beteiligten Gesellschaften, die infolge der geplanten Verschmelzung zu einer SE erlöschen werden, im BVG noch nicht vertreten sind, und diesen Gesellschaften ist jeweils ein Sitz im BVG zuzuteilen. Nun ist zu überprüfen, ob die Anzahl der zusätzlichen Sitze die **Obergrenze von 20 Prozent** über den nach dem allgemeinen Verfahren ermittelten Vertretern im BVG übersteigt.

Ist dies der Fall, muss in einem letzten Schritt gem. **Art. 3 Abs. 2 Buchst. a Ziff. ii Unterabs. 2 SE-RL** eine Auswahl vorgenommen werden, da nicht alle Gesellschaften im BVG vertreten sein können. Zunächst sind die betroffenen Gesellschaften nach der absteigenden Reihenfolge der bei ihnen im Sitzstaat beschäftigten Arbeitnehmer aufzuführen. Anschließend erfolgt die Verteilung der zusätzlichen Sitze in dieser Abfolge jeweils an die Gesellschaft, die in ihrem jeweiligen Sitzstaat die meisten Arbeitnehmer beschäftigt, wobei pro Mitgliedstaat immer nur eine Gesellschaft berücksichtigt werden darf. Hat je eine der betroffenen Gesellschaften aus allen beteiligten Mitgliedstaaten einen zusätzlichen Sitz erhalten und ist die Obergrenze von 20 Prozent noch nicht ausgeschöpft, so werden die übrigen Sitze wiederum an die restlichen Gesellschaften nach der absteigenden Reihenfolge der beschäftigten Arbeitnehmer verteilt. Auch hier darf pro Mitgliedstaat immer nur eine Gesellschaft berücksichtigt werden. Dies wird solange fortgeführt, bis alle zusätzlichen Sitze vergeben wurden.

23. Die Arbeitnehmer aus Unternehmen und Betrieben dürfen gem. **Art. 3 Abs. 2 Buchst. b Unterabs. 3 SE-RL** auch dann, wenn sie über keine eigenen Arbeitnehmervertretungen verfügen, weil die in ihren nationalen Rechtsvorschriften vorgesehenen Schwellenwerte einer bestimmten Belegschaftsgröße nicht erreicht wurden, Mitglieder für das BVG wählen oder bestellen.

24. Die Möglichkeit, dass auch externe Gewerkschaftsvertreter gem. **Art. 3 Abs. 2 Buchst. b Unterabs. 2 SE-RL** als Mitglieder im BVG am Verhandlungsverfahren teilnehmen können, ist zu begrüßen. Der deutsche Gesetzgeber hat in **§ 6 Abs. 3 SEBG** von der Option Gebrauch gemacht und dabei nicht gegen die Vorgaben der SE-RL verstoßen.

25. In der SE-RL fehlt eine Regelung, inwieweit **Änderungen der Arbeitnehmerzahl während des Verhandlungsverfahrens** zu berücksichtigen sind. Diese Regelungslücke ist von den nationalen Gesetzgebern zu schließen, sodass über den gesamten Verhandlungszeitraum solche Modifikationen einzubeziehen sind. Aufgrund der Regelungen in **§ 11 Abs. 1 S. 1, § 5 Abs. 4 und § 18 Abs. 3 S. 1 SEBG** sind Umgestaltungen in der Beschäftigtenstruktur sowohl vor, während und nach der Bildung des BVG prinzipiell zu berücksichtigen.

Kommen neue Arbeitnehmer hinzu, muss sich der **Verhandlungszeitraum** grundsätzlich entsprechend dem Zeitpunkt der entstandenen Änderung **verlängern**. Bei einem Wegfall von Arbeitnehmern ist dies nur in Härtefällen erforderlich. Der deutsche Gesetzgeber hat keine entsprechende Regelung erlassen.

26. Trotz der Regelung, dass die Parteien gem. **Art. 4 Abs. 1 SE-RL** das Verhandlungsverfahren mit dem Willen zur Verständigung zu gestalten haben, drohen in einzelnen Mitgliedstaaten während dieses Prozesses Streiks und andere Arbeitskampfmaßnahmen. Dies gilt ebenso bei der Zusammenarbeit des zuständigen Organs der SE mit dem Arbeitnehmervertretungsorgan bzw. den Arbeitnehmervertretern gem. **Art. 9 SE-RL**.

27. Die **Verhandlungsfreiheit** ist durch das Vorher-Nachher-Prinzip und einer Reihe von Mindestbestimmungen, die von den Parteien in der schriftlichen Vereinbarung über die Arbeitnehmerbeteiligung festzulegen sind, **eingeschränkt.** Die Verhandlungsparteien können ferner nicht auf die **Unterrichtung und Anhörung** der Arbeitnehmer verzichten.

28. Vereinbaren die Verhandlungsparteien die Einführung einer Mitbestimmung nach dem Repräsentations- bzw. Kooptationsmodell, so können sie grundsätzlich auch inzident die **Gesamtgröße des Aufsichts- bzw. Verwaltungsorgans** festlegen. Während gegenteilige Satzungsvorschriften die Parteiautonomie nicht einschränken, kann eine solche Eingrenzung durch nationale Rechtsvorschriften erfolgen, wenn die einzelstaatlichen Gesetzgeber von der Ermächtigung des **Art. 40 Abs. 3 und Art. 43 Abs. 2 SE-VO** Gebrauch gemacht haben. Eine absolute Einschränkung der Verhandlungsfreiheit im Hinblick auf die Vereinbarung der Anzahl der Arbeitnehmervertreter ist allerdings nur für das dualistische System möglich und nicht im Rahmen der monistischen Organisationsform.

29. Die Verhandlungsparteien können auch den **Verzicht auf eine Mitbestimmung** vereinbaren, wobei dabei der gesamte Art. 3 Abs. 4 SE-RL analog anzuwenden ist.

30. Bei der Gründung einer Umwandlungs-SE sind in der Vereinbarung gem. **Art. 4 Abs. 4 SE-RL** sämtliche sowohl quantitative als auch qualitative Regelungen der in der umzuwandelnden Gesellschaft bestehenden Arbeitnehmerbeteiligung in die SE zu übernehmen. Dies gilt bei Anwendbarkeit der Auffangregelung gem. **Teil 3 Buchst. a S. 1 An. SE-RL** ebenso.

31. Beschließt das BVG gem. **Art. 3 Abs. 6 SE-RL** die Nichtaufnahme oder den Abbruch von Verhandlungen, so besteht, entgegen dem Wortlaut von Art. 13 Abs. 1 Unterabs. 2 SE-RL, die Beschlussmöglichkeit des Art. 5 Abs. 5 EBR-RL bzw. § 15 EBRG nicht.

32. Die Arbeitnehmer der SE bzw. deren Stellvertreter können nach Ablauf von frühestens zwei Jahren durch einen **Antrag auf Wiedereinsetzung des BVG** solange erneut das Verhandlungsverfahren in Gang setzen, bis entweder eine Vereinbarung getroffen oder die Auffangregelung für anwendbar erklärt wurde.

33. Bei der Prüfung, ob eine Minderung der Mitbestimmung i.S.d. **Art. 3 Abs. 4 Unterabs. 2 SE-RL** vorliegt, ist zweistufig vorzugehen. Zunächst ist wertneutral festzustellen, ob sich das BVG für das Repräsentations- oder das Kooptationsmodell entscheiden will. Anschließend ist anhand einer rein quantitativen Betrachtungsweise zu untersuchen, inwieweit eine Mitbestimmungsminderung des gewählten Modells erfolgen soll.

34. Bei der Untersuchung, ob die das Erfordernis der dreifach qualifizierten Mehrheit auslösenden Schwellenwerte in **Art. 3 Abs. 4 Unterabs. 1 S. 3 SE-RL** erreicht werden, ist allein der Anteil der Arbeitnehmer aus den beteiligten Gesellschaften, deren quantitatives Mitbestimmungsniveau durch einen Beschluss gemindert würde, einzubeziehen. Ferner dürfen die Arbeitnehmer aus den betroffenen Tochtergesellschaften nicht berücksichtigt werden. Die Regelung in **§ 15 Abs. 3 S. 2 Nr. 1 und 2 SEBG** widerspricht folglich den Vorgaben der SE-RL und ist europarechtswidrig.

35. Zwar enthält die SE-RL gem. **Art. 3 Abs. 5 SE-RL** keine explizite Begrenzung der Zahl von Sachverständigen, die das BVG hinzuziehen kann, doch verhindern die Vorschriften zur Kostentragungspflicht in Art. 3 Abs. 7 SE-RL, dass ein BVG Sachverständige in beliebiger Anzahl in Anspruch nehmen wird. Dies gilt ebenso bei der Unterstützung des aufgrund der Auffangregelung zu bildenden Arbeitnehmervertretungsorgans durch Sachverständige gem. **Teil 2 Buchst. f An. SE-RL.**

Als Sachverständige können gem. **§ 14 Abs. 1 S. 1 SEBG** auch Gewerkschaftsvertreter aus allein auf nationaler Ebene tätigen Organisation bestellt werden. Die Anzahl der Sachverständigen, die vom BVG hinzugezogen werden können, hat der deutsche Gesetzgeber in tatsächlicher Hinsicht durch die Verknüpfung mit der Kostentragungspflicht in **§ 19 Abs. 1 S. 1 SEBG** begrenzt.

36. Die Parteien können auch **vereinbaren**, dass die **Auffangregelung** mit dem gesamten Anhang der SE-RL Anwendung finden soll.

37. Das Zustimmungserfordernis der jeweils zuständigen Organe der beteiligten Gesellschaften in **Art. 7 Abs. 1 S. 2 Buchst. b 1. Spstr. SE-RL** und die Vorschrift des Art. 12 Abs. 2 SE-VO sind aufgrund eines Redaktionsversehens nicht aufeinander abgestimmt, sodass diese Verknüpfung aufzuheben ist. Die nationalen Gesetzgeber müssen in ihren Umwandlungsgesetzen regeln, dass dieses Erfordernis der Zustimmung allein die Durchführung des weiteren Verfahrens nach dem Anhang der SE-RL betrifft. Der deutsche Gesetzgeber hat in **§ 22 Abs. 1 Nr. 2 SEBG** diese besondere Anforderung nicht berücksichtigt.

38. Macht ein Mitgliedstaat von der Möglichkeit des Opting-Out in **Art. 7 Abs. 3 SE-RL** Gebrauch, wird ihm ein erheblicher Standortnachteil entstehen, da diese Regelung für die beteiligten Gesellschaften keinerlei Vor-, sondern nur Nachteile mit sich bringt.

39. Bei den Schwellenwerten in **Art. 7 Abs. 2 Unterabs. 1 Buchst. b 1. Spstr. bzw. Buchst. c 1. Spstr. SE-RL** dürfen die Arbeitnehmer aus den betroffenen Tochtergesellschaften nicht berücksichtigt werden. Die Regelung in **§ 34 Abs. 1 Nr. 2 Buchst. a und Nr. 3 Buchst. a SEBG** widerspricht folglich den Vorgaben der SE-RL und ist europarechtswidrig.

Bei einem Beschluss des BVG im Sinne des **Art. 7 Abs. 2 Unterabs. 1 Buchst. b 2. Spstr. bzw. Buchst. c 2. Spstr. SE-RL** über die Anwendbarkeit der Auffangregelung ist lediglich die doppelte absolute Mehrheit erforderlich.

40. In den drei Gründungsfällen der Verschmelzungs-, der Holding- und der Tochter-SE kann das BVG bei mehreren bestehenden Mitbestimmungsformen gem. **Art. 7 Abs. 2 Unterabs. 2 S. 1 SE-RL** entscheiden, welche in der SE eingeführt wird. Dabei ist die Wahlfreiheit nicht allein auf das Repräsentations- oder Kooptationsmodell begrenzt, sondern beinhaltet sowohl die Option zwischen länderspezifischen Besonderheiten der jeweiligen Mitbestimmungsmodelle als auch zwischen verschiedenen Mitbestimmungsformen eines Landes. Zwar kann dies unter Umständen auch für einen Teil der Arbeitnehmer zu einer Mitbestimmungsminderung führen, dennoch genügt die doppelte absolute Mehrheit für einen solchen Beschluss.

41. Anders als bei Art. 3 Abs. 6 Unterabs. 4 SE-RL findet bei **Teil 1 Buchst. g Unterabs. 1 An. SE-RL** eine Überprüfung, ob nach einem Zeitraum von vier Jahren erneut Verhandlungen aufgenommen werden sollen, nur einmalig statt.

42. Entgegen der Feststellung in **Teil 2 Buchst. c Unterabs. 4 An. SE-RL** beeinträchtigt das Verfahren der Unterrichtung und Anhörung bei außergewöhnlichen Umständen die unternehmerische Entscheidungsfreiheit, wenn auch lediglich in zeitlicher Hinsicht. Die Tatsache, dass sich keine dieser Vorschrift entsprechende Regelung im **SEBG** findet, ist unschädlich, da sich die Einhaltung dieses Grundsatzes bereits aus den Normen dieses Unsetzungsgesetzes ergibt.

43. Die Regelung in **Teil 2 Buchst. d Unterabs. 2 An. SE-RL**, die dem Vertretungsorgan bzw. dem engeren Ausschuss nur das Recht zu separaten Vorbesprechungen zugesteht, ist unzureichend. Folgerichtig hat der deutsche Gesetzgeber in **§ 24 Abs. 2 S. 2 SEBG** darauf reagiert und auch die Möglichkeit von Nachbesprechungen im Anschluss an die Sitzungen vorgesehen.

44. Bei der Verpflichtung des Arbeitnehmervertretungsorgans zur Weiterleitung der Informationen an die Arbeitnehmervertreter in **Teil 2 Buchst. e An. SE-RL** fehlt aufgrund eines Redaktionsversehens die direkte Unterrichtungsmöglichkeit der Belegschaft, falls keine solchen Repräsentanten vorhanden sind. Der deutsche Gesetzgeber hat darauf reagiert und eine entsprechende Unterrichtungspflicht in **§ 30 S. 2 SEBG** normiert.

Die in Bezug auf die, in **§ 30 SEBG** umgesetzten Informationspflichten des SE-Betriebsrats, geäußerten Befürchtungen einer Ausweitung und Veränderung der betrieblichen Arbeitnehmerbeteiligungsrechte in Deutschland sind vernachlässigbar.

45. Bei der Verteilung der Sitze im Verwaltungs- bzw. Aufsichtsorgan der SE bzw. bei der Art und Weise der Einflussnahme auf die Zusammensetzung des Verwaltungs- oder Aufsichtsorgans gem. **Teil 3 Buchst. b Unterabs. 3 S. 3 An. SE-RL** ist zunächst alleine nach dem Proportionalitätsgrundsatz vorzugehen. Erst wenn sich herausstellt, dass dabei ein oder mehrere Mitgliedstaaten keine Berücksichtigung finden, gilt auch das Repräsentationsprinzip. In diesem Fall ist einer der zur Verfügung stehenden Sitze einem bisher nicht berücksichtigten Mitgliedstaat zuzuteilen.

Dabei ist dem Mitgliedstaat, der im Vergleich zu den anderen berücksichtigten Mitgliedstaaten mit der größten Beeinträchtigung des Proportionalitätsgrundsatzes einen weiteren Sitz erhalten hat, dieser Sitz abzuziehen. Steht diesem Mitgliedstaat allerdings nur ein einziger Sitz zu, so ist dem Mitgliedstaat, dem aufgrund der nächst niedrigeren Aufrundung mehr als ein Sitz zugeteilt wurde, ein Vertreter abzuerkennen. Anschließend ist dieser freigewordene Sitz einem der noch nicht berücksichtigten Mitgliedstaaten zuzusprechen, wobei der zukünftige Sitzstaat der SE Vorrang genießt, soweit dies angemessen ist. Diese Angemessenheit ist nur bei einer markanten Verletzung des Proportionalitätsprinzips abzulehnen.

Der deutsche Gesetzgeber hat in **§ 36 SEBG** nicht näher festgelegt, wie die Zuteilung des letzten zu verteilenden Sitzes zu erfolgen hat und wann eine Bevorzugung des Sitzstaates der zukünftigen SE nicht mehr angemessen erscheint.

46. Die Vorschriften zur Verschwiegenheitspflicht in **Art. 8 Abs. 1 SE-RL** sind unzureichend, da nach dem Wortlaut die zuständigen Organe der beteiligten Gesellschaften bzw. der SE allein über die Reichweite dieser Verpflichtung bestimmen können und die Information auch nicht ausdrücklich als vertraulich bezeichnet werden muss. Der deutsche Gesetzgeber hat darauf in **§ 41 Abs. 2 S.1 SEBG** reagiert.

47. Die Bezugnahme auf die jeweiligen nationalen Vorschriften in **Art. 10 SE-RL** hat zur Folge, dass die einzelnen Mitglieder und Arbeitnehmervertreter unter sehr unterschiedliche Schutzniveaus fallen können. Dies kann für die Zusammenarbeit der Arbeitnehmervertreter aus den einzelnen Mitgliedstaaten hinderlich sein.

48. Das Missbrauchsverbots in **Art. 11 SE-RL** hat angesichts der zahlreichen gesellschaftsrechtlichen Gestaltungsmöglichkeiten seine Berechtigung.

49. Die Einführung verwaltungsrechtlicher oder gerichtlicher Verfahren gem. **Art. 12 Abs. 2 SE-RL** in jedem Mitgliedsstaat, die unabhängig vom Sitz der SE in Anspruch genommen werden können, führt zu einer Zersplitterung des Rechtsweges. Der deutsche Gesetzgeber hat dies im SEBG nicht berücksichtigt.

50. Die **autonome Einführung von Information und Konsultation** in die Europäische Aktiengesellschaft durch die SE-RL ist sinnvoller als die bloße Aufnahme der SE in den Geltungsbereich der EBR-RL. Zwar sind beide Regelwerke in diesem Bereich sehr ähnlich formuliert, doch bestehen auch signifikante Unterschiede.

51. Machen die nationalen Gesetzgeber von der Option des **Art. 13 Abs. 4 SE-RL** Gebrauch, müssen sie Vorschriften erlassen, um den weiter bestehenden Arbeitnehmervertretungsstrukturen einen geeigneten Verhandlungspartner auf nationaler Ebene gegenüber zu stellen. Der deutsche Gesetzgeber hat dies in **§ 47 Abs. 2 S. 2 SEBG** der SE-Leitung überlassen.

52. In der SE-RL findet sich keine Definition zum **Begriff der strukturellen Änderungen** und keine Anleitung, ob und inwieweit auf solche Modifikationen zu reagieren ist. Im Interesse eines möglichst weitgehenden Schutzes der bestehenden Arbeitnehmerbeteiligungsrechte ist dieser Begriff weit auszulegen als:

Bei einer strukturellen Änderung im Sinne der SE-RL handelt es sich um eine Veränderung der äußeren Struktur einer bereits bestehenden SE, durch die die in der SE bzw. in den beteiligten Gesellschaften oder den betroffenen Tochtergesellschaften bzw. Betrieben bestehende Arbeitnehmerbeteiligung vermindert oder innerhalb der SE eine Mitbestimmung eingeführt bzw. eine bestehende Mitbestimmung erhöht werden kann.

53. Während es bei strukturellen Änderungen **im Rahmen der Unterrichtung und Anhörung** nur um Anpassungen bei der Zusammensetzung der Arbeitnehmervertretungsorgane bzw. der entsprechenden Verfahren geht, können die **Folgen für die Mitbestimmung** in der SE weit gravierender sein.

54. Der **Wechsel der Organisationsstruktur** in einer bereits bestehenden SE stellt keine strukturelle Änderung dar, da die bestehende Arbeitnehmerbeteiligung ohne quantitative Beeinträchtigung in das andere Verwaltungssystem zu integrieren ist.

55. Die **sekundäre Gründungsform** der Ausgründung einer **Tochter-SE** aus einer SE ist in der SE-RL nicht geregelt. Diese Regelungslücke kann auch nicht mit der analogen Anwendung der für die primäre Gründung einer Tochter-SE geltenden Vorschriften geschlossen werden. Eine solche Gründung stellt **keine strukturelle Änderung** dar, sondern es ist die in der Mutter-SE bestehende Arbeitnehmerbeteiligung zu übernehmen.

56. Bei der **Sitzverlegung einer SE** handelt es sich ebenfalls nicht um eine strukturelle Änderung, sodass die bestehende Arbeitnehmerbeteiligung beizubehalten ist. Kommt es dabei zu Verschiebungen der Arbeitnehmerzahlen aus den verschiedenen Mitgliedstaaten, ist die Sitzverteilung der Arbeitnehmervertreter im Aufsichts- bzw. Verwaltungsorgan und im Arbeitnehmervertretungsgremium anzupassen.

57. Bei der Feststellung, ob eine für die Arbeitnehmerbeteiligung relevante strukturelle Änderung vorliegt, ist grundsätzlich nicht auf spezielle gesellschaftsrechtliche Gestaltungen, sondern auf die **Veränderung der Arbeitnehmerzahlen** abzustellen.

Ausschlaggebend ist, ob durch das **Hinzukommen weitere Arbeitnehmer** eine erhebliche Modifikation der Mitgliederzahl oder Zusammensetzung eines nach den jetzigen Verhältnissen zu bildenden BVG herbeigeführt wird. Dies liegt vor, wenn die besagten Veränderungen im BVG, im Vergleich zur Beschlussfassung bei der SE-Gründung, bei einem erneuten Beschluss ein anderes Ergebnis erwarten lassen. Folglich löst nur ein Zusammenspiel aus den vorherigen Mehrheitsverhältnissen bei der Gründung einer SE und der nach dem jetzigen Sachverhalt vorzunehmenden Änderungen im BVG einen Anspruch auf neue Verhandlungen aus.

In den Fällen der **Verringerung der Arbeitnehmerzahl** in der SE bestehen grundsätzlich die gleichen Voraussetzungen für die Neuaufnahme von Verhandlungen. Droht allerdings aufgrund der geänderten Verhältnisse eine Mitbestimmungsminderung der SE, ist ein zweistufiges Verfahren vorzunehmen. Zunächst ist den verbleibenden Arbeitnehmervertretern die Möglichkeit zu geben, einen Beschluss über den Fortbestand der bisherigen Mitbestimmung mit der doppelten absoluten Mehrheit zu fassen. Erst wenn eine solche Abstimmung scheitert, sind erneut Verhandlungen aufzunehmen.

58. Weichen die gesellschaftsrechtlichen Gestaltungen bei Gründung der SE und bei der strukturellen Änderung voneinander ab, so ist für die Beurteilung, welche **Schwellenwerte** relevant sind, auf die aktuelle gesellschaftsrechtliche Variante abzustellen.

59. Wird bei Gründung einer SE eine **Vereinbarung** getroffen, so ist die explizite Festlegung der strukturellen Änderungen, die erneute Verhandlungen auslösen, zu empfehlen. Ferner sollten auch Erleichterungen des aufwendigen Verhandlungsverfahrens vereinbart werden.

60. Für die übrigen Fälle eines Beschlusses i.S.d. **Art. 3 Abs. 6 SE-RL** oder der anderweitigen Anwendbarkeit der Auffangregelung gem. **Art. 7 Abs. 1 Unterabs. 2 Buchst. b SE-RL** obliegt es den jeweiligen nationalen Gesetzgebern, in ihren Umsetzungsgesetzen Regelungen für die Europäischen Aktiengesellschaften mit Sitz in ihrem Hoheitsgebiet zu erlassen. Die vom deutschen Gesetzgeber erlassene Vorschrift des **§ 18 Abs. 3 SEBG** ist unzureichend.

61. Durch die **Renationalisierung einer SE** kann, vor allem bei vorheriger Sitzverlegung, die bestehende Mitbestimmung gemindert oder vollständig beseitigt werden. Während für den Gründungsfall der Umwandlung in **Art. 66 Abs. 1 S. 2 SE-VO** und **Art. 37 Abs. 3 SE-VO** ein gewisser zeitlicher Schutzrahmen vorgesehen ist, fehlt bei den übrigen Gründungsformen eine ausdrückliche Protektion. Daher sollten alle einzelstaatlichen Gesetzgeber anhand des Missbrauchverbots in **Art. 11 SE-RL** eine Vorschrift aufnehmen, wonach die Leitung einer SE nachvollziehbare wirtschaftliche Gründe für eine Rückumwandlung vortragen muss, um eine Genehmigung für diesen Schritt zu erhalten. Der deutsche Gesetzgeber hat darauf in **§ 43 SEBG** keine ausreichende Rücksicht genommen.

§ 3 Zusammenfassung von Teil 3

1. Der deutsche Gesetzgeber hat in **§ 18 SEAG** von der Ermächtigung des Art. 41 Abs. 3 S. 2 SE-VO Gebrauch gemacht, dabei allerdings eine Einschränkung vorgenommen. Diese Regelung, wonach das einzelne Aufsichtsratsmitglied nicht um eine Unterrichtung an seine Person, sondern nur an das gesamte Aufsichtsorgan ersuchen kann, war aber rechtmäßig.

2. Obwohl der Wortlaut des **§ 19 SEAG** als „*Kann*"-Vorschrift ausgestaltet ist, ist der Regelungsgehalt mit § 111 Abs. 4 S. 2 AktG identisch, sodass entweder der Satzungsgeber oder der Aufsichtsrat zur Anordnung von Zustimmungsvorbehalten verpflichtet ist.

3. Die Regelung des **§ 35 Abs. 3 SEAG** gewährleistet im monistischen System für den Fall einer Personalunion zwischen Verwaltungsratsmitglied und geschäftsführendem Direktor ein ausreichendes Übergewicht der Anteilseigner bei paritätischer Mitbestimmung. Da nicht geregelt ist, wie vorgegangen werden soll, wenn der Verwaltungsratsvorsitzende selbst einem Stimmverbot unterliegt, hat in einem solchen Fall der stellvertretende Vorsitzende diese zusätzliche Stimme zu erhalten. Unterliegt auch dieser einem Stimmverbot, sind die zusätzlichen Stimmrechte einem anderen, nicht geschäftsführenden Mitglied der Anteilseignerseite im Verwaltungsrat zuzuteilen.

4. Die Arbeitnehmervertreter unterliegen als Mitglieder im Verwaltungsrat aufgrund der dortigen Zusammenfassung der Leitungs- und Überwachungsaufgabe gem. **§ 39 SEAG i.V.m. § 93 AktG** einem weit größeren Haftungsmaßstab als im dualistischen System.

5. Mitglieder der Arbeitnehmerseite im Verwaltungsrat können nicht zu geschäftsführenden Direktoren i.S.d. **§ 40 SEAG** bestellt werden.

6. Die **Einführung der Mitbestimmung** ist aufgrund der zwingenden Vorgaben der SE-RL **im monistischen System** stets auf den gesamten Verwaltungsrat zu beziehen. Dies verstößt auch bei der paritätischen Mitbestimmung nicht gegen die deutschen Grundrechte, da der deutsche Gesetzgeber aufgrund des fehlenden Gestaltungsspielraums der SE-RL in diesem Bereich von der Bindungswirkung des Grundgesetzes befreit ist. Zudem wird durch **§ 35 Abs. 3 SEAG** und durch **Art. 45 S. 2 und Art. 50 Abs. 2 SE-VO** das Letztentscheidungsrecht der Anteilseigner in ausreichendem Maße gewährleistet.

7. Um die Funktionsfähigkeit der SE bei einer **paritätischen Mitbestimmung im Verwaltungsrat** zu gewährleisten, ist eine Annäherung an die dualistische Struktur erforderlich.

Zum einen wird die Aufgabenverteilung zwischen Vorstand und Aufsichtsrat im dualistischen System bereits teilweise durch die Differenzierung zwischen **Verwaltungsrat und geschäftsführenden Direktoren** übernommen. Von einer Personenidentität zwischen Verwaltungsratsmitgliedern und geschäftsführenden Direktoren ist trotz des § 35 Abs. 3 SEAG abzuraten. Zum anderen ist die **Bildung von Ausschüssen** zu empfehlen, mit deren Hilfe eine weitere Angleichung an das dualistische System erfolgen kann. Ihre Zusammensetzung muss sich nicht nach der im Verwaltungsrat bestehenden Mitbestimmung richten, darf aber die Arbeitnehmervertreter ohne sachliche Gründe nicht gänzlich ausschließen.

8. Die **beteiligten Gesellschaften** sollten spätestens nach der Einleitung der ersten Schritte durch ihre Leitungsorgane ebenfalls ein **gemeinsames Verhandlungsgremium** bilden.

9. Die Tatsache, dass die Arbeitnehmerseite die **Bildung eines BVG boykottieren** und dadurch nach Ablauf des Verhandlungszeitraums die automatische Anwendung der Auffangregelung herbeiführen kann, stellt aufgrund der Verknüpfung mit dem Straftatbestand des § 45 Abs. 2 Nr. 2 SEBG in praktischer Hinsicht kein Problem dar.

10. Die Zehn-Wochen-Frist in **§ 11 Abs. 1 S. 1 SEBG** gilt nur für die Mitglieder des BVG, die von in Deutschland beschäftigten Arbeitnehmern gewählt werden, sodass eine Ungleichbehandlung zu den in anderen Mitgliedstaaten beschäftigten Arbeitnehmern bestehen kann.

11. Aufgrund der Regelungen in **§ 11 Abs. 1 S. 1, § 5 Abs. 4 und § 18 Abs. 3 S. 1 SEBG** können Umgestaltungen in der Beschäftigtenstruktur sowohl vor, während und nach der Bildung des BVG Auswirkungen haben. Aber auch in diesem Bereich bestehen Diskrepanzen zu den Vorschriften in anderen Mitgliedstaaten.

12. Zwar finden sich in der SE-RL keine Vorgaben für eine zwingende Beteiligung der leitenden Angestellten bei der Zusammensetzung des BVG, doch ist ihre Einbeziehung durch **§ 6 Abs. 4 SEBG** zu begrüßen und verstößt auch nicht gegen die Vorgaben der SE-RL. Aufgrund der hohen Schwelle für die Beteiligung dieser Gruppe ist deren Teilnahme am Verhandlungsverfahren allerdings äußerst unwahrscheinlich.

13. Da es sowohl bei der Wahl der Arbeitnehmervertreter in das BVG als auch der Besetzung der Mitglieder des SE-Betriebsrats an einer Regelung über die Anfechtbarkeit der Wahl fehlt, empfiehlt sich eine **analoge Anwendung von § 37 Abs. 2 SEBG.**

14. Die Vorschriften zum Wahlverfahren in **§§ 8 ff. SEBG** verstoßen gegen die Vorgaben der SE-RL, da sie nicht die zwingende Einhaltung des Repräsentations- und Proportionalitätsgrundsatzes garantieren. Um zu gewährleisten, dass die im Vorfeld festzulegende Sitzverteilung an die beteiligten Gesellschaften beachtet wird, sollten die Arbeitnehmervertretungsgremien bzw. die Arbeitnehmer dieser Gesellschaften entsprechend der Regelung in § 8 Abs. 1 SEBG Wahlvorschläge für ihren oder ihre Kandidaten erstellen.

Ferner widersprechen **§ 8 Abs. 2 S. 2 und Abs. 3 S. 2 SEBG**, die grundsätzlich eine Repräsentation der Arbeitnehmer aus Betrieben bzw. Unternehmen ohne Betriebsrat durch ein Arbeitnehmervertretungsgremium innerhalb ihrer Unternehmensgruppe bzw. ihres Unternehmens anordnen, der Vorgabe von Art. 3 Abs. 2 Buchst. b Unterabs. 3 SE-RL.

15. Die Definition der Mitbestimmungsminderung in **§ 15 Abs. 4 SEBG** ist missverständlich und sollte lauten:

„Minderung der Mitbestimmung bedeutet, dass der Anteil der Mitglieder der Organe der SE, der von den Mitgliedern des Arbeitnehmervertretungsorgans und/oder den Arbeitnehmervertretern gewählt oder bestellt bzw. empfohlen und/oder abgelehnt werden kann, geringer ist als der höchste in den beteiligten Gesellschaften bestehende Anteil."

16. Die Regelung des **§ 18 Abs. 3 SEBG** geht nicht zu weit und ist auch nicht überflüssig. Darüber hinaus ist der **Begriff der Geeignetheit struktureller Änderungen** nicht eng, sondern zum Schutz bestehender Arbeitnehmerbeteiligungsrechte weit auszulegen. Aber auch bei einer weiten Interpretation dieses Begriffs werden durch die zwingende Verknüpfung mit der Minderung der Arbeitnehmerbeteiligungsrechte nicht alle möglichen Konstellationen erfasst. Daher muss der deutsche Gesetzgeber aufgrund der Vorgaben der SE-RL einen Anspruch auf Neuaufnahme von Verhandlungen auch dann schaffen, wenn die geplanten strukturellen Änderungen der SE geeignet sind, Beteiligungsrechte der Arbeitnehmer in der SE zu vergrößern.

17. Zwar sieht **§ 18 Abs. 3 S. 2 SEBG** bei der Neuaufnahme von Verhandlungen aufgrund struktureller Änderungen die Möglichkeit vor, den bereits bestehenden SE-Betriebsrat für das Verhandlungsverfahren zu nutzen. Um die Einhaltung des Repräsentations- und Proportionalitätsprinzips zu gewährleisten, ist aber die Sitzverteilung im BVG prinzipiell an die geänderten Verhältnisse anzupassen.

18. Aufgrund der Tatsache, dass der deutsche Gesetzgeber in **§ 19 SEBG** nicht von der Option des Art. 3 Abs. 7 Unterabs. 2 S. 2 SE-RL Gebrauch gemacht hat, besteht die Kostentragungspflicht der beteiligten Gesellschaften auch für den Aufwand einer zeitgleichen Tätigkeit mehrerer Sachverständige bzw. den Austausch eines Sachverständigen gegen einen anderen.

19. Die **Rechtsnatur** der im Verhandlungsverfahren abgeschlossenen **Vereinbarung** ist als eigenständiger Kollektivvertrag mit normativer Wirkung anzusehen.

20. Der fehlende Verweis in **§ 26 Abs. 2 S. 1 SEBG** auf die Vorschrift des § 16 SEBG mit der Möglichkeit, bei der Neuaufnahme von Verhandlungen einen Beschluss über die Nichtaufnahme bzw. über den Abbruch von Verhandlungen zu treffen, entspricht nicht den Vorgaben der SE-RL und ist folglich europarechtswidrig.

21. Entgegen der Annahme des deutschen Gesetzgebers ist bei der Berechnung der Schwellenwerte in **§ 34 Abs. 1 SEBG** eine andere Vorgehensweise als bei § 15 Abs. 3 SEBG angebracht, da bei der Einrichtung von Mitbestimmung kraft Auffangregelung jede Mitbestimmungsform ausreicht.

22. Die Tatsache, dass in **§ 35 Abs. 2 SEBG** allein auf den höchsten Anteil von Arbeitnehmervertretern abgestellt wird, stellt eine Diskriminierung des als gleichwertig anzusehenden Kooptationsmodells dar und ist daher europarechtswidrig.

23. Die Regelung des deutschen Gesetzgebers in **§ 36 Abs. 4 SEBG**, der die Mitgliedschaft der Arbeitnehmervertreter im Aufsichts- bzw. Verwaltungsrat der SE von einem konstitutiven Bestellungsakt durch die Hauptversammlung abhängig macht, ist weder nach der SE-VO noch nach der SE-RL erforderlich und führt zu Problemen. Der deutsche Gesetzgeber hätte einen dem § 247 ArbVG entsprechenden Verzicht auf einen formellen Bestellungsakt aufnehmen können und müssen.

Zum einen ist trotz der Vorschrift des **§ 36 Abs. 4 S. 2 SEBG**, wonach die Hauptversammlung der SE an die Vorschläge der Arbeitnehmerseite für die zu bestellenden Arbeitnehmervertreter gebunden ist, nicht gewährleistet, dass die Hauptversammlung nicht doch die Bestellung bestimmter Kandidaten verweigert. Zum anderen kann dies bei der **erstmaligen Errichtung eines Aufsichts- bzw. Verwaltungsrats** dazu führen, dass das betreffende Organ zunächst über einen erheblichen Zeitraum mitbestimmungsfrei ist.

24. Die zwingende Ressortverteilung in Arbeits- und Sozialangelegenheiten gem. **§ 38 Abs. 2 S. 2 SEBG** widerspricht Art. 13 Abs. 2 SE-RL und ist europarechtswidrig.

25. Die Vorschrift des **§ 38 Abs. 3 SEBG** zur Sicherung der echten Parität i.S.d. Montanmitbestimmungsgesetze verstößt gegen die Vorgaben der SE-VO und der SE-RL und ist damit europarechtswidrig.

26. Der deutsche Gesetzgeber ist trotz fehlender Grundrechtsbindung bei der Regelung des Tendenzschutzes in **§ 39 Abs. 1 Nr. 1 SEBG** über die Vorgaben in Art. 8 Abs. 3 SE-RL hinausgegangen. Ob der EuGH die Einrichtung eines solchen Schutzes auf europäischer Ebene befürworten wird, bleibt abzuwarten.

27. Der deutsche Gesetzgeber hätte eine dem § 23 Abs. 3 BetrVG entsprechende Regelung eines **Unterlassungsanspruchs** bei einer Verletzung der Unterrichtungs- und Anhörungsrechte aufnehmen müssen, um der Verpflichtung in Art. 12 Abs. 2 SE-RL Genüge zu leisten.

28. Die Verknüpfung des Straftatbestandes in **§ 45 Abs. 1 Nr. 2 SEBG** mit der Missbrauchsvermutung in § 43 S. 2 SEBG verstößt gegen das in Art. 20 Abs. 3 GG normierte Rechtsstaatsprinzip und ist folglich verfassungswidrig.

§ 4 Zusammenfassung von Teil 4

1. Auf europäischer Ebene üben sowohl die **Rechtsprechung des EuGH** zur Niederlassungsfreiheit von Gesellschaften als auch die **gesellschaftsrechtlichen Harmonisierungsbestrebungen** im Bereich der grenzüberschreitenden Verschmelzung und Sitzverlegung weiteren Druck auf das deutsche Mitbestimmungssystem aus.

2. Das **Verfahren der Prozeduralisierung** mit Verhandlungslösung und Auffangregelung setzt sich dabei **auf europäischer Ebene** durch, da es in der SCE-RL kopiert sowie im Fusions-E und im geplanten Sitzverlegungs-E, wenn auch modifiziert, Eingang gefunden hat bzw. finden wird. Im Schrifttum wird diese Konzeption zudem als Lösung für die durch die Rechtsprechung des EuGH aufgeworfene Frage der Sicherung der deutschen Mitbestimmung auf der Ebene des Internationalen Privatrechts vorgeschlagen.

3. Beeinflusst von diesen europäischen Initiativen wird **auf nationaler Ebene** vielfach zumindest die **Idee von Verhandlungen** aufgegriffen und als Chance angesehen. Dabei ist auch eine zunehmende Befürwortung einer Abschaffung der paritätischen Mitbestimmung und der Einführung einer Drittelbeteiligung zu konstatieren.

Literaturverzeichnis

Abeltshauser, Thomas: Der neue Statutsvorschlag für eine europäische Aktiengesellschaft, Formelle und materiell-rechtliche Probleme, in: AG 1990, 289-297.

Arndt, Hans-Wolfgang: Europarecht, 6. Aufl., Heidelberg 2003.

Bachner, Michael/Kunz, Olaf: Gesetz über Europäische Betriebsräte (EBRG) – der Entwurf zur Umsetzung der Europäischen Richtlinie, in: ArbuR 1996, 81-87.

Bachner, Michael/Nielebock, Helga: Ausgewählte Aspekte des Gesetzes über Europäische Betriebsräte (EBRG), in: ArbuR 1997, 129-137.

Bärmann, Johannes: Supranationale Aktiengesellschaften?, in: AcP 156 (1957), 156-211.

Ders.: Einheitliche Gesellschaftsform für die Europäische Wirtschaftsgemeinschaft, in: AcP 160 (1961), 97-134.

Ders.: Europäische Integration im Gesellschaftsrecht, in: FIW-Schriftenreihe Heft 54, Köln, 1970 (Zitierweise: *Bärmann*, Europäische Integration).

Balze, Wolfgang: Die sozialpolitischen Kompetenzen der Europäischen Union, Baden-Baden 1994 (Zitierweise: *Balze*, Die sozialpolitischen Kompetenzen).

Bar, Carl Hans/Lutter, Marcus: Die Gründung der S.E., in: *Lutter, Marcus* (Hrsg.), Die Europäische Aktiengesellschaft, 2. Aufl., Köln/Berlin/Bonn/München 1978, S. 17-37 (Zitierweise: *Bar/Lutter*, in: *Lutter* (Hrsg.), Die Europäische Aktiengesellschaft).

Baums, Theodor: Verschmelzung mit Hilfe von Tochtergesellschaften, Festschrift für Wolfgang Zöllner, Köln/Berlin/Bonn/München 1998, S. 65-86.

Bayer, Walter: Auswirkungen der Niederlassungsfreiheit nach den EuGH-Entscheidungen Inspire Art und Überseering auf die deutsche Unternehmensmitbestimmung, in: AG 2004, 534-538.

Ders.: Die Gründung einer Europäischen Gesellschaft mit Sitz in Deutschland, in: *Lutter, Marcus/Hommelhoff, Peter* (Hrsg.), Die Europäische Gesellschaft, Köln 2005, S. 25-65 (Zitierweise: *Bayer*, in: *Lutter/Hommelhoff* (Hrsg.), Die Europäische Gesellschaft).

Bayer, Wilhelm: Die Europäische Aktiengesellschaft und die Entwicklung des europäischen Gesellschaftsrechts, in: RabelsZ 35 (1971), 201-225.

Beckedahl, Erik: Der Europäische Betriebsrat, Münster 1996.

Becker, Patricia: Europäische Aktiengesellschaft: Verzögerungen bei der Umsetzung der einschlägigen Rechtsvorschriften in den Mitgliedstaaten hindern Unternehmen an seiner Anwendung, in: GmbHR 2004, R 445.

Bernhardt, Wolfgang: BB-Forum: Deutsche (Unternehmens-)Mitbestimmung zwischen Wünschen und Wirklichkeit, in: BB 2004, 2480-2482.

Betz, Joachim: Die Repräsentation der leitenden Angestellten und Arbeitnehmervertreter bei Aventis, in: BB-Special 1/2005, 28-29.

Beuthien, Volker: Kommentar zum Genossenschaftsgesetz, 14. Aufl., München 2004 (Zitierweise: *Beuthien*, GenG).

Bezzenberger, Tilman: Die Europäische Aktiengesellschaft, in: JURA 2003, 229-232.

Binz, Mark K./Mayer, Gerd: Die ausländische Kapitalgesellschaft & Co. KG im Aufwind? Konsequenzen aus dem „Überseering"-Urteil des EuGH v. 05.11.2002 – Rs. C-208/00, GmbHR 2002, 1137, in: GmbHR 2003, 249-257.

Birk, Rolf: Unterrichtung und Anhörung der Arbeitnehmer in transnationalen Unternehmen, Einige Bemerkungen zum Vorschlag einer EG-Richtlinie, in: Gedächtnisschrift für Léontin-Jean Constantinesco, Köln/Berlin/Bonn/München 1983, S. 33-47 (Zitierweise: *Birk*, Unterrichtung und Anhörung der Arbeitnehmer).

Blank, Michael: Perspektiven der Mitbestimmung in der EG, in: ArbuR 1993, 229-235.

Blanke, Thomas: Europäisches Betriebsräte-Gesetz, EBRG- Kommentar, Baden-Baden 1999 (Zitierweise: *Blanke*, EBRG).

Blanpain, Roger/Schmidt, Marlene/Schweibert, Ulrike: Europäisches Arbeitsrecht, 2. Aufl., Baden-Baden 1996.

Blanquet, Francoise: Das Statut der Europäischen Aktiengesellschaft (Societas Europaea „SE"), in: ZGR 2002, 20-65.

Bleckmann, Albert: Zu den Auslegungsmethoden des Europäischen Gerichtshofs, in: NJW 1982, 1177-1182.

Bobke, Manfred: Euro-Betriebsräte – Praxistauglichkeit auf dem Prüfstand, in: EuroAS 12/1994, 4-7.

Boecken, Winfried: Die Entwicklung des arbeitsrechtlichen Schrifttums im Jahre 1999, in: ZfA 2000, 379-566.

Bonin, Birger: Die Richtlinie 2002/14/EG zur Unterrichtung und Anhörung der Arbeitnehmer und ihre Umsetzung in das Betriebsverfassungsrecht, in: ArbuR 2004, 321-328.

Brandes, Stephan: Europäische Aktiengesellschaft: Juristische Person als Organ?, in: NZG 2004, 642-649.

Ders.: Cross Border Mergers mittels der SE, in: AG 2005, 177-188.

Brandt, Ulrich: Überlegungen zu einem SE-Ausführungsgesetz, in: NZG 2002, 991-996.

Ders.: Der Diskussionsentwurf zu einem SE-Ausführungsgesetz, in: DStR 2003, 1208-1215.

Ders.: Die Hauptversammlung der Europäischen Aktiengesellschaft (SE), Würzburg 2003 (Zitierweise: *Brandt*, Die Hauptversammlung der SE).

Ders.: Ein Überblick über die Europäische Aktiengesellschaft (SE) in Deutschland, in: BB-Special 2005, 1-32.

Brandt, Ulrich/Scheifele, Matthias: Die Europäische Aktiengesellschaft und das anwendbare Recht, in: DStR 2002, 547-555.

Braun, Susanne: Die Europäische Aktiengesellschaft: nach »Inspire Art« bereits ein Auslaufmodell?, in: JURA 2005, 150-156.

Buchheim, Regine: Europäische Aktiengesellschaft und grenzüberschreitende Konzernverschmelzung, Wiesbaden 2001.

Bungert, Hartwin/Beier, Constantin H.: Die Europäische Aktiengesellschaft, Das Statut und seine Umsetzung in die Praxis, in: EWS 2002, 1-12.

Buschak, Willy: „Opting out" der Mitgliedstaaten im Falle von Fusionen, in: Arbeitnehmerbeteiligung in der SE, Arbeitspapier Nr. 2/2 für den EGB, 2001, 1-4.

Ders.: Verhandlungen über die Arbeitnehmerbeteiligung in der Europäischen Aktiengesellschaft, in: Arbeitnehmerbeteiligung in der SE, Arbeitspapier Nr. 3/2 für den EGB, 2001, 1-12.

Ders.: Die Arbeitnehmervertretung in der europäischen Gesellschaft, Entweder das Vertretungsorgan der Arbeitnehmer oder der Europäische Betriebsrat, Eine Schwächung der Unterrichtung und Anhörungsrechte der Arbeitnehmer und ihrer Vertreter?, in: Arbeitnehmerbeteiligung in der SE, Arbeitspapier Nr. 4/2 für den EGB, 2001, 1-9.

Ders.: Die Europäische Aktiengesellschaft = SE, Die Auffangregelungen, in: Arbeitnehmerbeteiligung in der SE, Arbeitspapier Nr. 5/2 für den EGB, 2001, 1-20.

Ders.: Die Umsetzung der Richtlinie über Arbeitnehmerbeteiligung in der SE in nationales Recht, Arbeitspapier Nr. 7 für den EGB, 2002, 1-9.

Ders.: Veränderungen in der Struktur der SE nach Abschluss einer Vereinbarung, in: Arbeitnehmerbeteiligung in der SE, Arbeitspapier Nr. 9 für den EGB, 2002, 1-3.

Ders.: Redaktionelle Fehler in der RiLi/SE, in: Arbeitnehmerbeteiligung in der SE, Arbeitspapier Nr. 10 für den EGB, 2003, 1-3.

von Caemmerer, Ernst: Europäische Aktiengesellschaft, in: Festgabe für Heinrich Kronstein, Karlsruhe 1967, S. 171-202.

Ders.: Entwurf einer europäischen Gesellschaftsform; Referat vor der Wissenschaftlichen Gesellschaft für Europarecht in Bad Ems am 6. Mai 1967, unter Beibehaltung der Vortragsform abgedruckt in: Europäische Handelsgesellschaft und Angleichung des nationalen Gesellschaftsrechts, Frankfurt a.M./Berlin 1968, S. 54-80 (Zitierweise: *von Caemmerer*, Entwurf einer europäischen Gesellschaftsform).

Calliess, Christian/Ruffert, Matthias: Kommentar des Vertrages über die Europäische Union und des Vertrages zur Gründung der Europäischen Gemeinschaft – EUV/EGV, 2. Aufl., Neuwied/Kriftel 2002 (Zitierweise: *Bearbeiter*, in: *Callies/Ruffert* (Hrsg.), Kommentar zum EU-Vertrag und EG-Vertrag).

Casper, Matthias: Der Lückenschluß im Statut der Europäischen Aktiengesellschaft, in: Festschrift für Peter Ulmer, Berlin 2003, S. 51-72.

Colneric, Ninon: Auslegung des Gemeinschaftsrechts und gemeinschaftskonforme Auslegung, in: ZEuP 2005, 225-233.

Däubler, Wolfgang: The Employee Participation Directive – A realistic Utopia, in: CMLR 1977, 457-467.

Ders.: Grenzüberschreitende Fusion und Arbeitsrecht, in: DB 1988, 1850-1854.

Ders.: Mitbestimmung – Ein Thema für Europa?, in: KJ 1990, 14-30.

Däubler, Wolfgang/Kittner, Michael/Klebe, Thomas: BetrVG, Kommentar für die Praxis, 9. Aufl., Frankfurt a.M. 2004 (Zitierweise: DKK/*Bearbeiter*).

Davies, Paul: Struktur der Unternehmensführung in Großbritannien und Deutschland: Konvergenz oder fortbestehende Divergenz?, in: ZGR 2001, 268-293.

Ders.: Workers on the Board of the European Company?, in: ILJ 2003, 75-96.

Dejmek, Paulina: Sweden, in: *Oplustil, Krzysztof/Teichmann, Christoph* (Hrsg.), The European Company – all over Europe, Berlin 2004, S. 293-315 (Zitierweise: *Dejmek*, in: *Oplustil/Teichmann* (Hrsg.), The European Company).

Dreher, Meinrad: Sockellösung statt Optionsmodell für die Mitbestimmung in der Europäischen Aktiengesellschaft?, in: EuZW 1990, 476-478.

Drygala, Tim: Die Mauer bröckelt – Bemerkungen zur Bewegungsfreiheit deutscher Unternehmen in Europa, in: ZIP 2005, 1995-2000.

Duden, Konrad: Internationale Aktiengesellschaften, in: RabelsZ 27 (1962/63), 89-111.

Ebert, Sabine: The European Company on the Level Playing Field of the Community, in: EBLR 2003, 183-192.

Ebke, Werner F.: Überseering: „Die wahre Liberalität ist Anerkennung", in: JZ 2003, 927-933.

Eckhoff, Katrin: Der Europäische Betriebsrat, Die Richtlinie 94/45/EG und das deutsche Umsetzungsgesetz, Hamburg 2004 (Zitierweise: *Eckhoff*, Der Europäische Betriebsrat).

Eder, Cajetan: Die monistisch verfasste Societas Europaea – Überlegungen zur Umsetzung eines CEO-Modells, in: NZG 2004, 544-547.

Eidenmüller, Horst: Mobilität und Restrukturierung von Unternehmen im Binnenmarkt, Entwicklungsperspektiven des europäischen Gesetzgebers im Schnittfeld von Gemeinschaftsgesetzgeber und EuGH, in: JZ 2004, 24-33.

Eidenmüller, Horst/Rehm, Gebhard M.: Niederlassungsfreiheit versus Schutz des inländischen Rechtsverkehrs: Konturen des Europäischen Internationalen Gesellschaftsrechts, in: ZGR 2004, 159-188.

Eisenhardt, Ulrich: Gesellschaftsrecht, 11. Aufl., München 2003.

Enriques, Luca: Schweigen ist Gold: Die Europäische Aktiengesellschaft als Katalysator für regulative Arbitrage im Gesellschaftsrecht, in: ZGR 2004, 735-759.

Erfurter Kommentar zum Arbeitsrecht, Hrsg. v. *Dieterich, Thomas/Müller-Glöge, Rudi/Preis, Ulrich/Schaub, H. C. Günter*, 5. Aufl., München 2005 (Zitierweise: ErfK/*Bearbeiter*).

Erle, Horst: Die Vorschläge zur Wahl des Aufsichtsrats nach dem Mitbestimmungsgesetz und nach dem Aktiengesetz, in: AG 1970, 31-34.

Everling, Ulrich: Brauchen wir „Solange III"?, in: EuR 1990, 195-227.

Eyles, Uwe: Das Niederlassungsrecht der Kapitalgesellschaften in der Europäischen Gemeinschaft, Die Überlagerung des deutschen Gesellschaftsrechts und Unternehmenssteuerrechts durch Europäisches Gemeinschaftsrecht, Baden-Baden 1990 (Zitierweise: *Eyles*, Das Niederlassungsrecht).

Ficker, Hans Claudius: Die europäische Entwicklung zu einem Aufsichtsratssystem für Großgesellschaften, in: Festschrift für Johannes Bärmann, München 1975, S. 299-320 (Zitierweise: *Ficker*, Die europäische Entwicklung).

Figge, Jutta: Mitbestimmung auf Unternehmensebene in Vorschlägen der Europäischen Gemeinschaften, Baden-Baden 1991 (Zitierweise: *Figge*, Mitbestimmung auf Unternehmensebene).

Finken, Manfred/Weitbrecht, Andreas: Zum gegenwärtigen Entwicklungsstand des Europäischen Gesellschaftsrechts, in: ZIP 1990, 959-966.

Fitting, Karl/Wlotzke, Otfried/Wißmann, Hellmut: Mitbestimmungsgesetz mit Wahlordnungen, Kommentar, 2. Aufl., München 1978 (Zitierweise: *Fitting/Wlotzke/Wißmann*, Kommentar zum MitbestG).

Fitting, Karl: Handkommentar Betriebsverfassungsgesetz, 22. Aufl., München 2004 (Zitierweise: *Fitting*, BetrVG).

Fleischer, Holger: Der Einfluß der Societas Europaea auf die Dogmatik des deutschen Gesellschaftsrechts, in: AcP 204 (2004), 502-543.

Forstmoser, Peter: Monistische oder dualistische Unternehmensverfassung? Das Schweizer Konzept, in: ZGR 2003, 688-719.

Frodermann, Jürgen: Leitungs- und Aufsichtsorgane, in: *Jannott, Dirk/Frodermann, Jürgen* (Hrsg.), Handbuch der Europäischen Aktiengesellschaft – Societas Europaea, Heidelberg 2005, S. 136-203 (Zitierweise: *Frodermann*, in: *Jannott, Frodermann* (Hrsg.), Handbuch der Europäischen Aktiengesellschaft).

Frowein, Jochen/ Peukert, Wolfgang: EMRK-Kommentar, 2. Aufl., Kehl/Straßburg/Arlington 1996.

Fuchs, Maximilian/Marhold, Franz: Europäisches Arbeitsrecht, Wien/New York 2001.

Ganske, Joachim: Internationale Fusionen von Gesellschaften in der Europäischen Gemeinschaft – ein neuer Ansatz, in: DB 1985, 581-584.

Gaul, Björn: Das neue Gesetz über die Europäischen Betriebsräte, in: NJW 1996, 3378-3385.

Geck, Barbara: Mitbestimmung durch Kooptation, Baden-Baden 1996.

Gemeinschaftskommentar zum Betriebsverfassungsgesetz, hrsg. v. *Wiese, Günther/Kreutz, Peter/Oetker, Hartmut/Raab, Thomas/Weber, Christoph/Franzen, Martin*, 8. Aufl., München/Neuwied 2005 (Zitierweise: GK-BetrVG/*Bearbeiter*)

Gessler, Ernst: Grundfragen der europäischen Handelsgesellschaft, in: BB 1967, 381-387.

Geßler, Jörg: Kommentar zum Aktiengesetz, Band 1, Loseblatt, Bonn (Zitierweise: *Geßler* in: Kommentar zum Aktiengesetz).

Giesen, Richard: EU-Richtlinienvorschlag zur Information und Anhörung der Arbeitnehmer, in: RdA 2000, 298-304.

Gitter, Wolfgang/Heinze, Meinhard: Der Betriebsrat der S.E., in: *Lutter, Marcus* (Hrsg.), Die Europäische Aktiengesellschaft, 2. Aufl., Köln/Berlin/Bonn/München 1978, S. 405-425 (Zitierweise: *Gitter/Heinze*, in: *Lutter* (Hrsg.), Die Europäische Aktiengesellschaft).

Gleichmann, Karl: Überblick über neue Kooperationsformen und über Entwicklungen im Gesellschaftsrecht der Europäischen Wirtschaftsgemeinschaft, in: AG 1988, 159-166.

Göke, Christian: Die Europäische Aktiengesellschaft im Verhältnis zum deutschen und italienischen Recht, Aachen 1995 (Zitierweise: *Göke*, Die Europäische Aktiengesellschaft).

Götz, Heinrich: Die Pflicht des Aufsichtsrats zur Haftbarmachung von Vorstandsmitgliedern – Besprechung des ARAG-Urteils des BGH, in: NJW 1997, 2375-2378.

Ders.: Rechte und Pflichten des Aufsichtsrats nach dem Transparenz- und Publizitätsgesetz, in: NZG 2002, 599-604.

Götz, Jürgen: Unternehmerische Mitbestimmung in der multinationalen Holdinggesellschaft, in: AG 2002, 552-556.

Ders.: Chancen und Risiken der SE aus Unternehmenssicht, in: *Baums, Theodor/Cahn, Andreas* (Hrsg.), Die Europäische Aktiengesellschaft, Umsetzungsfragen und Perspektiven,

Berlin 2004, S. 152-163 (Zitierweise: *Götz*, in: *Baums/Cahn* (Hrsg.), Die Europäische Aktiengesellschaft).

Ders.: Ist die Europäische Aktiengesellschaft eine überzeugende Option für die Praxis?, in: ZIP 2003, 1067.

Gohde, Hellmut: Erneuerung durch Kooptation, in: Mitbestimmung 2003, 64-67.

Goos, Wolfgang: Kommt der Europäische Betriebsrat?, in: NZA 1994, 776-781.

Grabitz, Eberhard/Hilf, Meinhard: Das Recht der Europäischen Union, Loseblatt, Stand: August 2003, München (Zitierweise: *Bearbeiter*, in: *Grabitz/Hilf* (Hrsg.), EGV).

Grobys, Marcel: Das geplante Umsetzungsgesetz zur Beteiligung von Arbeitnehmern in der Europäischen Aktiengesellschaft, in: NZA 2004, 779-781.

Ders.: SE-Betriebsrat und Mitbestimmung in der Europäischen Gesellschaft, in: NZA 2005, 84-91.

von der Groeben, Hans: Auf dem Wege zu europäischen Aktiengesellschaften, Zur Notwendigkeit und Möglichkeit der Schaffung einer europäischen Unternehmensform, in: AG 1966, 95-102.

von der Groeben, Hans/Thiesing, Jochen/Ehlermann, Claus-Dieter: Kommentar zum EU-/EG-Vertrag, 5. Aufl., Baden-Baden 1999 (Zitierweise: GTE/*Bearbeiter*, Kommentar zum EU-/EG-Vertrag).

von der Groeben, Hans/Schwarze, Jürgen: Kommentar zum EU-/EG-Vertrag, Band 4, 6. Aufl., Baden-Baden 2004 (Zitierweise: *Bearbeiter* in: *von der Groeben/Schwarze* (Hrsg.), Kommentar zum EU-/EG-Vertrag).

Großfeld, Bernhard/Erlinghagen, Susanne: Internationales Unternehmensrecht und deutsche unternehmerische Mitbestimmung, in: JZ 1993, 217-225.

Grote, Ralf: Das neue Statut der Europäischen Aktiengesellschaft zwischen europäischem und nationalem Recht, Göttingen 1990 (Zitierweise: *Grote*, Das neue Statut der Europäischen Aktiengesellschaft).

Grundmann, Stefan/Riesenhuber, Karl: Die Auslegung des Europäischen Privat- und Schuldvertragsrechts, in: JuS 2001, 529-536.

Grundmann, Stefan: Grenzüberschreitende Sitzverlegung und grenzüberschreitende Fusion, in: *von Rosen, Rüdiger* (Hrsg.): Die Europa-AG – Eine Perspektive für deutsche Unternehmen?, Dokumentation des Seminars vom 31. Oktober 2002, Studien des Deutschen Aktieninstituts, Heft 21, Frankfurt a.M. 2003, S. 47-62 (Zitierweise: *Grundmann*, in: *von Rosen* (Hrsg.), Die Europa AG).

Grunewald, Barbara: Rückverlagerung von Entscheidungskompetenzen der Hauptversammlung auf den Vorstand, in: AG 1990, 133-139.

Habersack, Mathias: Europäisches Gesellschaftsrecht, 2. Aufl., München 2003.

Hanau, Peter: Zum Entwurf einer EG-Richtlinie über die Unterrichtung und Anhörung der Arbeitnehmer, in: RdA 1984, 157-160.

Ders.: Nationale Regelungen für internationale (europäische) Betriebsräte, in: Festschrift für Ralf Vieregge, Berlin 1995, S. 319-334.

Ders.: Neuer Anlauf zur mitbestimmten SE, in: RdA 1998, 231-233.

Hanau, Peter/Steinmeyer, Heinz-Dietrich/Wank, Rolf: Handbuch des europäischen Arbeits- und Sozialrechts, München 2002.

Hanau, Peter/Ulmer, Peter: Mitbestimmungsgesetz, München 1981 (Zitierweise: *Hanau/Ulmer*, MitbestG).

Hanika, Heinrich Edgar: Die Beteiligung der Arbeitnehmer im Aufsichtsrat nach österreichischem und deutschem Recht und in den Vorschlägen für eine Verordnung (EWG) und eine Richtlinie des Rates über das Statut der Europäischen Aktiengesellschaft, Linz 1990 (Zitierweise: *Hanika*, Die Beteiligung der Arbeitnehmer im Aufsichtsrat).

Hansen, Søren Friis: Denmark, in: *Oplustil, Krzysztof/Teichmann, Christoph* (Hrsg.), The European Company – all over Europe, Berlin 2004, S. 72-75 (Zitierweise: *Hansen*, in: *Oplustil/Teichmann* (Hrsg.), The European Company).

Hasselbach, Kai: Aktuelle Entwicklungen im Europäischen Gesellschaftsrecht, in: NZG 1999, 291-292.

Hauschild, Winfried: Die europäische Aktiengesellschaft, in: *von Caemmerer, Ernst* (Hrsg.), Europäische Handelsgesellschaft und Angleichung des nationalen Gesellschaftsrechts, Frankfurt a.M. 1968, S. 81-99 (Zitierweise: *Hauschild*, in: *von Caemmerer* (Hrsg.), Europäische Handelsgesellschaft).

Hauschka, Christoph E.: Kontinuität und Wandel im Statut für die Europäische Aktiengesellschaft (SE) 1989, in: EuZW 1990, 181-184.

Ders.: Die Europäische Aktiengesellschaft (SE) im Entwurf der Kommission von 1991: Vor der Vollendung?, in: EuZW 1992, 147-149.

Hayder, Roberto: Neue Wege der europäischen Rechtsangleichung? Die Auswirkungen der Einheitlichen Europäischen Akte von 1986, in: RabelsZ 53 (1989), 622-698.

Heckschen, Heribert: Die Europäische AG aus notarieller Sicht, in: NotRV, Aktuelle Tendenzen und Entwicklungen im Gesellschaftsrecht, Symposium des Instituts für Notarrecht an der Universität Würzburg, 2004, S. 251-269.

Heinze, Meinhard: Ein neuer Lösungsweg für die Europäische Aktiengesellschaft, in: AG 1997, 289-297.

Ders.: Arbeitsrechtliche Probleme bei der grenzüberschreitenden Sitzverlegung in der Europäischen Gemeinschaft, in: ZGR 1999, 54-70.

Ders.: Die Europäische Aktiengesellschaft, in: ZGR 2002, 66-95.

Ders.: Die Vertretung der Führungskräfte in der Europäischen Aktiengesellschaft, in: Festschrift für Peter Schwerdtner, München/Unterschleißheim 2003, S. 741-750.

Heinze, Wolfgang/Seifert, Achim/Teichmann, Christoph: BB-Forum: Verhandlungssache – Arbeitnehmerbeteiligung in der SE, in: BB 2005, 2524-2530.

Henssler, Martin: Unternehmerische Mitbestimmung in der Societas Europaea, Neue Denkanstöße für die „Corporate Governance“ -Diskussion, in: Festschrift für Peter Ulmer, Berlin 2003, S. 193-210.

Ders.: Mitbestimmungsrechtliche Konsequenzen einer Sitzverlegung innerhalb der Europäischen Union – Inspirationen durch „Inspire Art“ –, in: Festschrift für Meinhard Heinze, München 2005, S. 333-355.

Ders.: Bewegung in der deutschen Unternehmensmitbestimmung, in: RdA 2005, 330-337.

Henssler, Martin/Willemsen, Heinz/Kalb, Heinz-Jürgen: Arbeitsrecht Kommentar, Köln 2004 (Zitierweise: *Bearbeiter*, in: *Henssler/Willemsen/Kalb* (Hrsg.)).

Herfs-Röttgen, Ebba: Arbeitnehmerbeteiligung in der Europäischen Aktiengesellschaft, in: NZA 2001, 424-429.

Dies.: Probleme der Arbeitnehmerbeteiligung in der Europäischen Aktiengesellschaft, in: NZA 2002, 358-365.

Hilf, Meinhard/Hörmann, Saskia: Der Grundrechtsschutz von Unternehmen im Europäischen Verfassungsverbund, in: NJW 2003, 1-9.

Hinrichs, Oda: Kündigungsschutz und Arbeitnehmerbeteiligung bei Massenentlassungen, Halle 2001 (Zitierweise: *Hinrichs*, Massenentlassungen).

Hirte, Heribert: Die Europäische Aktiengesellschaft, in: NZG 2002, 1-10.

Ders.: Die Europäische Aktiengesellschaft – ein Überblick nach In-Kraft-Treten der deutschen Ausführungsgesetzgebung (Teil I) und (Teil II), in: DStR 2005, 653-659 und 700-704.

Höland, Armin: Mitbestimmung in Europa, Rechtliche und politische Regelungen, Frankfurt a.M./New York 2000 (Zitierweise: *Höland*, Mitbestimmung in Europa).

Hohloch, Gerhard: Einheitliche Rechtsgrundlagen durch Rechtsangleichung der Gesellschaftsformen: Bemerkungen zur Entwicklung des „internationalen Gesellschaftsrechts" und zur „Europäischen Aktiengesellschaft", in: *Schwarze, Jürgen* (Hrsg.), Wirtschaftsverfassungsrechtliche Garantien für Unternehmen im europäischen Binnenmarkt, Baden-Baden 2001, S. 121-140 (Zitierweise: *Hohloch*, in: *Schwarze* (Hrsg.), Wirtschaftsverfassungsrechtliche Garantien).

Hoffmann, Jochen: Die Bildung der Aventis S.A. – ein Lehrstück des europäischen Gesellschaftsrechts, in: NZG 1999, 1077-1085.

Hoffmann-Becking, Michael: Organe: Strukturen und Verantwortlichkeiten, insbesondere im monistischen System, in: ZGR 2004, 355-389.

Hofmann, Harald: Mitbestimmung der Arbeitnehmer in Gesellschaftsorganen und grenzüberschreitende Unternehmenszusammenschlüsse in der Europäischen Gemeinschaft, Bonn 1976 (Zitierweise: *Hofmann*, Mitbestimmung der Arbeitnehmer in der Europäischen Gemeinschaft).

Hohenstatt, Klaus-Stefan: Der Europäische Betriebsrat und seine Alternativen, in: EuZW 1995, 169-172.

Hommelhoff, Peter: Zum revidierten Vorschlag für eine EG-Konzernrichtlinie, in: Festschrift für Hans-Joachim Fleck, Berlin/New York 1988, S. 125-150.

Ders.: Gesellschaftsrechtliche Fragen im Entwurf eines SE-Statuts, in: AG 1990, 422-435.

Ders.: Einige Bemerkungen zur Organisationsverfassung der Europäischen Aktiengesellschaft, in: AG 2001, 279-288.

Ders.: Satzungsstrenge und Gestaltungsfreiheit in der Europäischen Aktiengesellschaft, Festschrift für Peter Ulmer, Berlin 2003, S. 265-278.

Ders.: Normenhierarchie für die Europäische Gesellschaft, in: *Lutter, Marcus/Hommelhoff, Peter* (Hrsg.), Die Europäische Gesellschaft, Köln 2005, S. 5-23 (Zitierweise: *Hommelhoff*, in: *Lutter/Hommelhoff* (Hrsg.), Die Europäische Gesellschaft).

Hommelhoff, Peter/Teichmann, Christoph: Die Europäische Aktiengesellschaft – das Flaggschiff läuft vom Stapel, in: SZW/RSDA 2002, 1-12.

Hopt, Klaus J.: Grundprobleme der Mitbestimmung in Europa, Eine rechtsvergleichende Bestandsaufnahme und Einschätzung der Vorschläge zur Rechtsangleichung der Arbeitnehmermitbestimmung in den Europäischen Gemeinschaften, in: ZfA 1982, 207-235.

Ders.: Europäisches Gesellschaftsrecht – Krise und neue Anläufe, in: ZIP 1998, 96-106.

Ders.: Gemeinsame Grundsätze der Corporate Governance in Europa?, in: ZGR 2000, 779-818.

Ders.: Europäisches Gesellschaftsrecht und deutsche Unternehmensverfassung – Aktionsplan und Interdependenzen, in: ZIP 2005, 461-474.

Horn, Norbert: Die Europa-AG im Kontext des deutschen und europäischen Gesellschaftsrechts, in: DB 2005, 147-153.

von Hoyningen-Huene, Gerrick: Betriebsverfassungsrecht, 5. Aufl., München 2002.

von Hoyningen-Huene, Gerrick/Linck, Rüdiger: Kündigungsschutzgesetz, Kommentar, 13. Aufl., München 2002.

Hromadka, Wolfgang: Rechtsfragen zum Eurobetriebsrat, in: DB 1995, 1125-1131.

Hromadka, Wolfgang/Maschmann, Frank, Arbeitsrecht Band 2, 3. Aufl., Berlin/Heidelberg/New York 2004.

Huber, Berthold: Europäisierung braucht Zeit, in: Mitbestimmung 2005, 50-53.

Hüffer, Uwe: Aktiengesetz, 6. Aufl., München 2004.

Hünerbein, Silke: Der Europäische Betriebsrat und Tendenzschutz, Potsdam 1998 (Zitierweise: *Hünerbein*, Der EBR und Tendenzschutz).

Hunger, Markus: Grenzüberschreitende Sitzverlegung, in: *Jannott, Dirk/Frodermann, Jürgen* (Hrsg.), Handbuch der Europäischen Aktiengesellschaft – Societas Europaea, Heidelberg 2005, S. 303-331 (Zitierweise: *Hunger*, in: *Jannott, Frodermann* (Hrsg.), Handbuch der Europäischen Aktiengesellschaft).

Ihrig, Hans-Christoph/Wagner, Jens: Diskussionsentwurf für ein SE-Ausführungsgesetz, in: BB 2003, 969-976.

Dies.: Das Gesetz zur Einführung der Europäischen Gesellschaft (SEEG) auf der Zielgeraden, in: BB 2004, 1749-1759.

Jaeger, Carsten: Die Europäische Aktiengesellschaft – europäischen oder nationalen Rechts, Baden-Baden 1994 (Zitierweise: *Jaeger, C.*, Die Europäische Aktiengesellschaft).

Jaeger, Rolf: Euro-Betriebsräte und Entwicklung transnationaler Kommunikationsstrukturen, in: WSI-Mitteilungen 1996, 483-488.

Jahn, Andreas/ Herfs-Röttgen, Ebba: Die Europäische Aktiengesellschaft – Societas Europaea, in: DB 2001, 631-638.

Jannott, Dirk: Gründung, in: *Jannott, Dirk/Frodermann, Jürgen* (Hrsg.), Handbuch der Europäischen Aktiengesellschaft – Societas Europaea –, Heidelberg 2005, S. 35-117 (Zitierweise: *Jannott*, in: *Jannott, Frodermann* (Hrsg.), Handbuch der Europäischen Aktiengesellschaft).

Jannott, Dirk/Frodermann, Jürgen: Einsatzmöglichkeiten der SE, in: *Jannott, Dirk/Frodermann, Jürgen* (Hrsg.), Handbuch der Europäischen Aktiengesellschaft – Societas Europaea, Heidelberg 2005, S. 3-8 (Zitierweise: *Jannott/Frodermann*, in: *Jannott, Frodermann* (Hrsg.), Handbuch der Europäischen Aktiengesellschaft).

Junker, Abbo: Grundkurs Arbeitsrecht, 2. Aufl., München 2003.

Ders.: Sechsundsiebzig verweht – Die deutsche Mitbestimmung endet in Europa, in: NJW 2004, 728-730.

Kämmerer, Jörn Axel/Veil, Rüdiger: Paritätische Arbeitnehmermitbestimmung in der monistischen Societas Europaea – ein verfassungsrechtlicher Irrweg?, in: ZIP 2005, 369-376.

Kallmeyer, Harald: Die Europäische Aktiengesellschaft – Praktischer Nutzen und Mängel des Statuts, in: AG 1990, 103-106.

Ders.: Die Societas Europaea – Innovation für deutsche Unternehmen oder praxisuntauglicher Kompromiss?, in: *von Rosen, Rüdiger* (Hrsg.), Die Europa-AG – Eine Perspektive für deutsche Unternehmen?, Dokumentation des Seminars vom 31. Oktober 2002, Studien des Deutschen Aktieninstituts, Heft 21, Frankfurt a.M., 2003, S. 14-29 (Zitierweise: *Kallmeyer*, in: *von Rosen* (Hrsg.), Die Europa AG).

Ders.: Europa-AG: Strategische Optionen für deutsche Unternehmen, in: AG 2003, 197-203.

Ders.: Das monistische System in der SE mit Sitz in Deutschland, in: ZIP 2003, 1531-1536.

Ders.: Die Beteiligung der Arbeitnehmer in einer Europäischen Gesellschaft, Anmerkungen zum Regierungsentwurf des SE-Beteiligungsgesetzes, in: ZIP 2004, 1442-1445.

Kalss, Susanne/Hügel, Hanns F.: Europäische Aktiengesellschaft, SE-Kommentar, Wien 2004, S. 381-416 (Zitierweise: *Bearbeiter*, in: *Kalss/Hügel* (Hrsg.), Europäische Aktiengesellschaft).

Kersting, Christian: Societas Europaea: Gründung und Vorgesellschaft, in: DB 2001, 2079-2086.

Kienast, Rainer: Mitbestimmung, in: *Jannott, Dirk/Frodermann, Jürgen* (Hrsg.), Handbuch der Europäischen Aktiengesellschaft – Societas Europaea, Heidelberg 2005, S. 377-456 (Zitierweise: *Kienast*, in: *Jannott, Frodermann* (Hrsg.), Handbuch der Europäischen Aktiengesellschaft).

Kieninger, Eva-Maria: Internationales Gesellschaftsrecht nach „Centros", „Überseering" und „Inspire Art": Antworten, Zweifel und offene Fragen, in: ZEuP 2004, 685-704.

Kindler, Peter: Auf dem Weg zu einer europäischen „Briefkastengesellschaft"? Die „Überseering"-Entscheidung des EuGH und das internationale Privatrecht, in: NJW 2003, 1073-1079.

Kirchner, Christian: Grundstruktur eines neuen institutionellen Designs für die Arbeitnehmermitbestimmung auf der Unternehmensebene, AG 2004, 197-200.

Klebe, Thomas/ Köstler, Roland: Die Zukunft der Unternehmensmitbestimmung, in: Festschrift für Hellmut Wißmann, München 2005, S. 433-455.

Kleindiek, Detlef: Die Eintragung der Europäischen Gesellschaft im Handelsregister, in: *Lutter, Marcus/Hommelhoff, Peter* (Hrsg.), Die Europäische Gesellschaft, Köln 2005, S. 95-109 (Zitierweise: *Kleindiek*, in: *Lutter/Hommelhoff* (Hrsg.), Die Europäische Gesellschaft).

Kleinsorge, Georg: Europäische Gesellschaft und Beteiligungsrechte der Arbeitnehmer, in: RdA 2002, 343-352.

Ders.: Die Beteiligung der Arbeitnehmer in der SE, in: *Baums, Theodor/Cahn, Andreas* (Hrsg.), Die Europäische Aktiengesellschaft, Umsetzungsfragen und Perspektiven, Berlin 2004, S. 140-151 (Zitierweise: *Kleinsorge*, in: *Baums/Cahn* (Hrsg.), Die Europäische Aktiengesellschaft).

Kleinsorge, Georg/ Neye, Hans-Werner: Durchbruch erreicht, in: BArbBl 2001, 5-8.

Klinkhammer, Heiner/Welslau, Dietmar: Der Europäische Betriebsrat, in: AG 1994, 488-496.

Kloster, Lars: Societas Europaea und europäische Unternehmenszusammenschlüsse, in: EuZW 2003, 293-301.

Knobbe-Keuk, Brigitte: Wegzug und Einbringung von Unternehmen zwischen Niederlassungsfreiheit, Fusionsrichtlinie und nationalem Steuerrecht, in: DB 1991, 298-306.

Koberski, Wolfgang: Fusionsrichtlinie und Arbeitnehmerbeteiligung, in: Festschrift für Hellmut Wißmann, München 2005, S. 474-488.

Kölner Kommentar zum Aktiengesetz, Bd. 2 §§ 76-117, hrsg. v. Wolfgang Zöllner, 2. Aufl., Köln/Berlin/Bonn/München 1996 (Zitierweise: *Bearbeiter*, in Kölner Kommentar zum AktG, Band 2).

Koenig, Christian/Haratsch, Andreas: Europarecht, 4. Aufl., Tübingen 2003.

Köstler, Roland: Die Europäische Aktiengesellschaft ist beschlossene Sache, in: Mitbestimmung 2001, 48-49.

Ders.: Die Mitbestimmung in der Europäischen Aktiengesellschaft, in: *von Rosen, Rüdiger* (Hrsg.): Die Europa-AG – Eine Perspektive für deutsche Unternehmen?, Dokumentation des Seminars vom 31. Oktober 2002, Studien des Deutschen Aktieninstituts, Heft 21, Frankfurt a. M. 2003, S. 36-46 (Zitierweise: *Köstler*, in: *von Rosen* (Hrsg.), Die Europa AG).

Ders.: Mitbestimmung, in: *Theisen, Manuel René/Wenz, Martin* (Hrsg.), Die Europäische Aktiengesellschaft, 2. Aufl., Stuttgart 2005, S. 331-376 (Zitierweise: *Köstler*, in: *Theisen/Wenz* (Hrsg.), Die Europäische Aktiengesellschaft).

Ders.: Die Beteiligung der Arbeitnehmer in der Europäischen Aktiengesellschaft nach den deutschen Umsetzungsgesetzen, in: DStR 2005, 745-750.

Kohlhepp, Kay H.: Die Europäische Aktiengesellschaft, in: RIW 1989, 88-90.

Koke, Cornelius: Die Finanzverfassung der Europäischen Aktiengesellschaft (SE) mit Sitz in Deutschland, Würzburg 2004 (Zitierweise: *Koke*, Die Finanzverfassung).

Kolvenbach, Walter: EG-Richtlinie über die Information und Konsultation der Arbeitnehmer (Vredeling-Initiative), in: DB 1982, 1457-1466.

Ders.: Die Fünfte EG-Richtlinie über die Struktur der Aktiengesellschaft (Strukturrichtlinie), DB 1983, 2235-2241.

Ders.: Die Europäische Gemeinschaft und die deutsche Mitbestimmung, in: DB 1986, 1973-1978 und 2023-2026.

Ders.: Statut für die Europäische Aktiengesellschaft, in: DB 1988, 1837-1840.

Ders.: Statut für die Europäische Aktiengesellschaft (1989), in: DB 1989, 1957-1962.

Ders.: Die Europäische Aktiengesellschaft – eine wohlgemeinte Utopie?, in: Festschrift für Theodor Heinsius, Berlin/New York 1991, S. 379-395.

Ders.: Vom „Europäischen Betriebsrat" zum „Europäischen Ausschuß", in: RdA 1994, 279-284.

Ders.: Europäische Betriebsräte – Großbritannien, in: NZA 1998, 582-585.

Ders.: Scheitert die Europa AG an der Mitbestimmung?, in: NZA 1998, 1323-1331.

Kolvenbach, Walter/Kolvenbach, Dirk W.: Massenentlassungen bei Renault in Belgien, in: NZA 1997, 695-697.

Kraft, Alfons/Hönn, Günther: Verschmelzung und Umwandlung im Vorschlag des Statuts für Europäische Aktiengesellschaften, in: *Lutter, Marcus* (Hrsg.), Die Europäische Aktiengesellschaft, 2. Aufl., Köln/Berlin/Bonn/München 1978, S. 327-351 (Zitierweise: *Kraft/Hönn*, in: *Lutter* (Hrsg.), Die Europäische Aktiengesellschaft).

Krause, Rüdiger: Gesetzentwurf zum SE-Umsetzungsgesetz – das Problem der Mitbestimmung, in: BB 2004, Heft 31, 1.

Ders.: Die Mitbestimmung der Arbeitnehmer in der Europäischen Aktiengesellschaft, in: BB 2005, 1221-1229.

Kraushaar, Martin: Europäische Aktiengesellschaft (SE) und Unternehmensmitbestimmung, in: BB 2003, 1614-1620.

Ders.: Mindestrepräsentation leitender Angestellter in der Europäischen Aktiengesellschaft, in: NZA 2004, 591-592.

Krimphove, Dieter: Europäisches Arbeitsrecht, 2. Aufl., München 2001.

Kübler, Friedrich: Leitungsstrukturen der Aktiengesellschaft und die Umsetzung des SE-Statuts, in: ZHR 167 (2003), 222-234.

Kuffner, Andrea: Die Beteiligung der Arbeitnehmer in der Europäischen Aktiengesellschaft, Regensburg 2003 (Zitierweise: *Kuffner*, Beteiligung der Arbeitnehmer).

Kuhn, Martin: Rechtsgrundlagen, Wesen und Struktur, in: *Jannott, Dirk/Frodermann, Jürgen* (Hrsg.), Handbuch der Europäischen Aktiengesellschaft – Societas Europaea –, Heidelberg 2005, S. 23-34 (Zitierweise: *Kuhn*, in: *Jannott, Frodermann* (Hrsg.), Handbuch der Europäischen Aktiengesellschaft).

Lächler, Christoph/Oplustil, Krzysztof: Funktion und Umfang des Regelungsbereichs der SE-Verordnung, in: NZG 2005, 381-387.

Lambach, Inés Calle: Die Beteiligung der Arbeitnehmer in der Europäischen Gesellschaft (SE), Berlin 2004 (Zitierweise: *Lambach*, Die Beteiligung in der SE).

Dies.: Das Gesetz über die Beteiligung der Arbeitnehmer in einer Europäischen Gesellschaft (SE-Beteiligungsgesetz – SEBG), in: RIW 2005, 161-168.

Lange, Oliver: Überlegungen zur Umwandlung einer deutschen in eine Europäische Aktiengesellschaft, in: EuZW 2003, 301-306.

Lehmann, Jürgen: Kritische Anmerkungen zum geänderten Vorschlag für eine Richtlinie über die Unterrichtung und Anhörung der Arbeitnehmer (Vredeling-Richtlinie), in: RdA 1984, 160-164.

Leible, Stefan: Niederlassungsfreiheit und Sitzverlegungsrichtlinie, in: ZGR 2004, 531-558.

Leupold, Andreas: Die Europäische Aktiengesellschaft unter besonderer Berücksichtigung des deutschen Rechts, Chancen und Probleme auf dem Weg zu einer supranationalen Gesellschaftsform, Aachen 1993 (Zitierweise: *Leupold*, Die Europäische Aktiengesellschaft).

Leyens, Patrick C.: Deutscher Aufsichtsrat und U.S.-Board: ein- oder zweistufiges Verwaltungssystem? Zum Stand der rechtsvergleichenden Corporate Governance-Debatte, in: RabelsZ 67 (2003), 57-105.

Liesegang, Roberto: Die Europäische Aktiengesellschaft und das Gesellschaftsrecht Portugals, Baden-Baden 1994.

Lind, Michael: Die Europäische Aktiengesellschaft, Eine Analyse der Rechtsanwendungsvorschriften, Wien/Graz 2004.

Lorenz, Frank/Zumfelde, Meinhard: Der Europäische Betriebsrat und die Schließung des Renault-Werkes in Vilvoorde/Belgien, in: RdA 1998, 168-173.

Lubitz, Robert: Sicherung und Modernisierung der Unternehmensmitbestimmung, München 2005 (Zitierweise: *Lubitz*, Unternehmensmitbestimmung).

Lutter, Marcus: Die Entwicklung des Gesellschaftsrechts in Europa, in: EuR 1975, 44-72.

Ders.: Genügen die vorgeschlagenen Regelungen für eine „Europäische Aktiengesellschaft"?, in: AG 1990, 413-421.

Ders.: Die Auslegung angeglichenen Rechts, JZ 1992, 593-607.

Ders.: Umstrukturierung von Unternehmen über die Grenze: Versuch eines Resümees, in: ZGR 1994, 87-93.

Ders.: Defizite für eine effiziente Aufsichtsratstätigkeit und gesetzliche Möglichkeiten der Verbesserung, in: ZHR 159 (1995), 287-309.

Ders.: Die Angleichung des Gesellschaftsrechts nach dem EWG-Vertrag, in: NJW 1996, 273-278.

Ders.: Das Europäische Unternehmensrecht im 21. Jahrhundert, in: ZGR 2000, 1-18.

Ders.: Europäische Aktiengesellschaft – Rechtsfigur mit Zukunft?, in: BB 2002, 1-7.

Mävers, Gunther: Die Mitbestimmung der Arbeitnehmer in der Europäischen Aktiengesellschaft, Köln 2002 (Zitierweise: *Mävers*, Die Mitbestimmung der Arbeitnehmer).

EL Mahi, Farida: Die Europäische Aktiengesellschaft, Societas Europaea – SE, Frankfurt a.M. 2004 (Zitierweise: *Mahi*, Die Europäische Aktiengesellschaft).

Manz, Gerhard: Die Europäische Aktiengesellschaft – societas europaea: Hoffnungsvolles Baby – oder praxisuntaugliche Fehlkonstruktion?, in: *Schwarze, Jürgen* (Hrsg.), Wirtschaftsverfassungsrechtliche Garantien für Unternehmen im europäischen Binnenmarkt, Baden-Baden 2001, S. 141-154 (Zitierweise: *Manz*, in: *Schwarze* (Hrsg.), Wirtschaftsverfassungsrechtliche Garantien).

Manz, Gerhard/Mayer, Barbara/Schröder, Albert: Europäische Aktiengesellschaft SE, Baden-Baden 2005 (Zitierweise: *Bearbeiter*, in: *Manz/Mayer/Schröder* (Hrsg.): Europäische Aktiengesellschaft SE).

Marion, Gerhard: Die verfassungsrechtlichen Grundlagen des sogenannten Tendenzschutzes im Betriebsverfassungsrecht und im Unternehmensverfassungsrecht, Berlin 1986.

Maul, Silja: Die faktisch abhängige SE (Societas Europaea) im Schnittpunkt zwischen deutschem und europäischem Recht, München 1998 (Zitierweise: *Maul*, Die faktisch abhängige SE).

Dies.: Das Ausführungsgesetz zur SE – der Einzug des monistischen Verwaltungssystems in Deutschland, in: BB 2003, Heft 19, 1.

Maul, Silja/Teichmann, Christoph/Wenz, Martin: Der Richtlinienvorschlag zur grenzüberschreitenden Verschmelzung von Kapitalgesellschaften, in: BB 2003, 2633-2641.

Maul, Silja/Wenz, Martin: Einsatzmöglichkeiten der Europäischen Gesellschaft im Konzern, in: *Lutter, Marcus/Hommelhoff, Peter* (Hrsg.), Die Europäische Gesellschaft, Köln 2005, S. 261-275 (Zitierweise: *Maul/Wenz*, in: *Lutter/Hommelhoff* (Hrsg.), Die Europäische Gesellschaft).

von Maydell, Bernd: Die vorgeschlagenen Regeln zur Mitbestimmung für eine Europäische Aktiengesellschaft, in: AG 1990, 442-447.

Mayer, Udo R.: Richtlinie Europäische Betriebsräte – Harmonisierungsprobleme bei der Umsetzung, in: BB 1995, 1794-1798.

Menjucq, Michel: Das „monistische" System der Unternehmensleitung in der SE, in: ZGR 2003, 679-687.

Merkt, Hanno: Europäische Aktiengesellschaft: Gesetzgebung als Selbstzweck? – Kritische Bemerkungen zu dem Entwurf von 1991, in: BB 1992, 652-661.

Ders.: Die monistische Unternehmensverfassung für die Europäische Aktiengesellschaft aus deutscher Sicht, Mit vergleichendem Blick auf die Schweiz, das Vereinigte Königreich und Frankreich, in: ZGR 2003, 650-678.

Mertens, Hans-Joachim: Angleichung des Gesellschaftsrechts, europäische Handelsgesellschaft und europäischer Konzern, in: JR 1970, 321-328.

Ders.: Der Aufsichtsrat in der S.E., in: *Lutter, Marcus* (Hrsg.), Die Europäische Aktiengesellschaft, 2. Aufl., Köln/Berlin/Bonn/München 1978, S. 115-143 (Zitierweise: *Mertens*, in: *Lutter* (Hrsg.), Die Europäische Aktiengesellschaft).

Meyer, Jürgen: Kommentar zur Charta der Grundrechte der Europäischen Union, Baden-Baden 2003 (Zitierweise: *Bearbeiter*, in: *Meyer*, Kommentar zur Charta der Grundrechte).

Meyer, Jürgen/Hölscheidt, Sven: Die Europäische Verfassung des Europäischen Konvents, in: EuZW 2003, 613-621.

Minuth, Thorsten: Führungssysteme der Europäischen Aktiengesellschaft (SE), Berlin 2005 (Zitierweise: *Minuth*, Führungssysteme der SE).

Monti, Mario: Das Statut der Europäischen Aktiengesellschaft, in: WM 1997, 607-608.

Müller, Christopher: Europäische Betriebsräte-Gesetz (EBRG), Stuttgart 1997 (Zitierweise: *Müller, C.*, EBRG).

Müller, Elisabeth: Arbeitnehmerbeteiligung in der Europäischen Aktiengesellschaft, in: ArbRB 2004, 221-223.

Müller, Hans-Friedrich: Die grenzüberschreitende Verschmelzung nach dem neuen Richtlinienentwurf der EU-Kommission, in: ZIP 2004, 1790-1797.

Müller, Hans-Peter: Änderungen in der Organisation der deutschen Aktiengesellschaft durch die Angleichung des Aktienrechts in der EG?, in: DB 1977, 1883-1888.

Müller, Klaus-Peter: Die Europa AG – ein Problem für deutsche Unternehmen?, in: Die Bank 2002, 544-546.

Müller-Bonanni, Thomas: Unternehmensmitbestimmung nach „Überseering" und „Inspire Art", in: GmbHR 2003, 1235-1239.

Müller-Bonanni, Thomas/Melot de Beauregard, Paul: Mitbestimmung in der Societas Europaea, in: GmbHR 2005, 195-200.

Münchener Kommentar zum Bürgerlichen Gesetzbuch, Bd. 1 Allgemeiner Teil, hrsg. v. *Kurt Rebmann, Franz Jürgen Säcker* und *Roland Rixecker*, 4. Aufl., München 2001 (Zitierweise: MünchKommBGB/*Bearbeiter*).

Münchener Handbuch zum Arbeitsrecht, Bd. 3 Kollektives Arbeitsrecht, hrsg. v. *Reinhard Richardi* und *Otfried Wlotzke*, 2. Aufl., München 2000 (Zitierweise: MünchArbR/*Bearbeiter*).

Münchener Handbuch des Gesellschaftsrechts, Bd. 4 Aktiengesellschaft, hrsg. v. *Michael Hoffmann-Becking*, 1. Aufl., München 1999 (Zitierweise: Münch. Hdb. GesR IV/*Bearbeiter*).

Münchener Kommentar zum Aktiengesetz, Bd. 4 §§ 118-147, hrsg. v. *Bruno Kropff* und *Johannes Semler*, 2. Aufl., München 2004 (Zitierweise: MünchKommAktG/*Bearbeiter*).

Nagel, Bernhard: Erosion der Mitbestimmung und EG-Kommissionsentwürfe zur Europa-AG, in: ArbuR 1990, 205-213.

Ders.: Verschlechternde Regelungen und Vereinbarungen zur Mitbestimmung in der Europäischen Aktiengesellschaft, in: ArbuR 2001, 406-411.

Ders.: Die Europäische Aktiengesellschaft (SE) in Deutschland – der Regierungsentwurf zum SE-Einführungsgesetz, in: NZG 2004, 833-839.

Ders.: Ist die Europäische Aktiengesellschaft (SE) attraktiv?, in: DB 2004, 1299-1304.

Ders.: Die Europäische Aktiengesellschaft (SE) und die Beteiligung der Arbeitnehmer, in: ArbuR 2004, 281-286.

Nagel, Bernhard/Köklü, Alper: „Societas Europaea" und Mitbestimmung, in: ZESAR 2004, 175-181.

Nagel, Bernhard/Freis, Gerhild/Kleinsorge, Georg: Die Beteiligung der Arbeitnehmer in der Europäischen Gesellschaft – SE, München 2005 (Zitierweise: *Bearbeiter*, in: *Nagel/Fries/Kleinsorge*, Die Beteiligung der Arbeitnehmer in der Europäischen Gesellschaft).

Nagels, Karlheinz/Sorge, Arndt: Industrielle Demokratie in Europa, Frankfurt a.M./New York 1977.

Netta, Franz: Das Recht der verbundenen Unternehmen im Vorschlag eines Statuts für die Societas Europaea, Bochum 1974 (Zitierweise: *Netta*, Das Recht der verbundenen Unternehmen).

Neun, Josef: Gründung, in: *Theisen, Manuel René/Wenz, Martin* (Hrsg.), Die Europäische Aktiengesellschaft, 2. Aufl., Stuttgart 2005, S. 57-187 (Zitierweise: *Neun*, in: *Theisen/Wenz* (Hrsg.), Die Europäische Aktiengesellschaft).

Neye, Hans-Werner: Kein neuer Stolperstein für die Europäische Aktiengesellschaft, in: ZGR 2002, 377-382.

Ders.: BB-Gesetzgebungsreport: Der Gesetzentwurf zur Einführung der Europäischen Gesellschaft vor den Ausschussberatungen im Deutschen Bundestag, in: BB 2004, 1973-1974.

Ders.: Die Vorbereitung der Ausführungsgesetzgebung zur Societas Europaea in Deutschland, in: *Baums, Theodor/Cahn, Andreas* (Hrsg.), Die Europäische Aktiengesellschaft, Umsetzungsfragen und Perspektiven, Berlin 2004, S. 131-139 (Zitierweise: *Neye*, in: *Baums/Cahn* (Hrsg.), Die Europäische Aktiengesellschaft).

Ders.: Die Europäische Aktiengesellschaft, Einführung und Materialiensammlung zum Gesetz zur Einführung der Europäischen Gesellschaft (SEEG), München 2005.

Neye, Hans-Werner/Teichmann, Christoph: Der Entwurf für das Ausführungsgesetz zur Europäischen Aktiengesellschaft, in: AG 2003, 169-179.

Niessen, Hermann: Zum Vorschlag einer „europäischen" Regelung der Mitbestimmung für „nationale" Aktiengesellschaften, in: ZGR 1973, 218-229.

Niklas, Thomas: Beteiligung der Arbeitnehmer in der Europäischen Gesellschaft (SE) – Umsetzung in Deutschland, in: NZA 2004, 1200-1206.

Nonnenmacher, Britta: Arbeitnehmermitbestimmung auf Unternehmensebene in der Europäischen Aktiengesellschaft: formelle und materielle Probleme bei Realisierung des Verordnungsvorschlags der EU-Kommission über das Statut der Europäischen Aktiengesellschaft und des Richtlinienvorschlags zur Ergänzung des SE-Statuts hinsichtlich der Stellung der Arbeitnehmer, Augsburg 1998 (Zitierweise: *Nonnenmacher*, Arbeitnehmermitbestimmung auf Unternehmensebene).

Nowak, Alfons: Die EWG-Richtlinie über die Unterrichtung und Anhörung der Arbeitnehmer (sogenannte Vredeling- Richtlinie) und ihr Verhältnis zum Arbeitsrecht der Bundesrepublik Deutschland, Heidelberg 1985 (Zitierweise: *Nowak*, Die EWG-Richtlinie).

Oechsler, Jürgen: Die Sitzverlegung der Europäischen Aktiengesellschaft nach Art. 8 SE-VO, in: AG 2005, 373-380.

Oetker, Hartmut: Europäischer Betriebsrat und Pressefreiheit – Zugleich ein Beitrag zu den Schranken der Mitbestimmung im Tendenzunternehmen –, in: DB 1996, Beilage 10/96, 1-16.

Ders.: Die Beteiligung der Arbeitnehmer in der Europäischen Aktiengesellschaft (SE) unter besonderer Berücksichtigung der leitenden Angestellten, in: BB-Special 1/2005, 2-13.

Ders.: Beteiligung der Arbeitnehmer in der Europäischen Aktiengesellschaft (SE) im Überblick, in: ZESAR 2005, 3-12.

Ders.: Die Mitbestimmung der Arbeitnehmer in der Europäischen Gesellschaft, in: *Lutter, Marcus/Hommelhoff, Peter* (Hrsg.), Die Europäische Gesellschaft, Köln 2005, S. 277-318 (Zitierweise: *Oetker*, in: *Lutter/Hommelhoff* (Hrsg.), Die Europäische Gesellschaft).

Oetker, Hartmut/ Preis, Ulrich: Europäisches Arbeits- und Sozialrecht EAS, Teil B Systematische Darstellungen, Loseblatt, Heidelberg/München/Landsberg/Berlin (Zitierweise: *Bearbeiter*, in: *Oetker/Preis* (Hrsg.), EAS).

Oplustil, Krzysztof/Schneider, Maximilian: Zur Stellung der Europäischen Aktiengesellschaft im Umwandlungsrecht, in: NZG 2003, 13-17.

Palandt, Otto: Bürgerliches Gesetzbuch, 65. Aufl., München 2006 (Zitierweise: Palandt/*Bearbeiter*).

Penski, Ulrich/Elsner, Roland: Eigentumsgewährleistung und Berufsfreiheit als Gemeinschaftsgrundrechte in der Rechtsprechung des Europäischen Gerichtshofs, in: DÖV 2001, 265-275.

Perlitz, Manfred/Schulze, Lasse/Brellochs, Jochen A.: Strategische Optionen der Societas Europaea (SE) – Einsatzmöglichkeiten und betriebswirtschaftliche Bedeutung der Europäischen Aktiengesellschaft, Mannheim 2004 (Zitierweise: *Perlitz/Schulze/Brellochs*: Strategische Optionen der Societas Europaea (SE).

Peter, Johann-Volker: Société par actions simplifiée (S.A.S.), Die Vereinfachte Aktiengesellschaft in Frankreich, eine Rechtsform für die Kooperation von Unternehmen, Frankfurt a.M. 1999 (Zitierweise: *Peter*, S.A.S.).

Petri, Stephan: Bericht über einen grenzüberschreitenden Unternehmenszusammenschluss europäischer Aktiengesellschaften (Hoechst und Rhône-Poulenc), in: *von Rosen, Rüdiger* (Hrsg.): Die Europa-AG – Eine Perspektive für deutsche Unternehmen?, Dokumentation des Seminars vom 31. Oktober 2002, Studien des Deutschen Aktieninstituts, Heft 21, Frankfurt a.M., 2003, S. 95-106 (Zitierweise: *Petri*, in: *von Rosen* (Hrsg.), Die Europa AG).

Pipkorn, Jörn: Zur Entwicklung des europäischen Gesellschafts- und Unternehmensrechts, in: ZHR 136 (1972), 499-516 und ZHR 137 (1973), 34-69.

Ders.: Das Statut für Europäische Aktiengesellschaften nach dem geänderten Vorschlag der Kommission, in: AG 1975, 318-325.

Ders.: Die Mitwirkungsrechte der Arbeitnehmer aufgrund der Kommissionsvorschläge der Strukturrichtlinie und der Richtlinie über die Unterrichtung und Anhörung der Arbeitnehmer, in: ZGR 1985, 567-593.

Ders.: Arbeitnehmerbeteiligung in Unternehmen auf Europäischer Grundlage, in: RdA 1992, 120-127.

Pluskat, Sorika: Die neuen Vorschläge für die Europäische Aktiengesellschaft, in: EuZW 2001, 524-528.

Dies.: Die Arbeitnehmerbeteiligung in der geplanten Europäischen AG, in: DStR 2001, 1483-1490.

Pohl, Martin: Mitbestimmung der Arbeitnehmer „übersehen“, in: Mitbestimmung 2005, 43-45.

Rademacher, Ulf: Der Europäische Betriebsrat, Die Richtlinie 94/45/EG des Rates vom 22.9.1994 und ihre Umsetzung in nationales Recht, Baden-Baden 1996 (Zitierweise: *Rademacher*, Der Europäische Betriebsrat).

Raiser, Thomas: Führungsstruktur und Mitbestimmung in der Europäischen Aktiengesellschaft nach dem Verordnungsvorschlag der Kommission vom 25. August 1989, in: Festschrift für Ernst Steindorff, Berlin/New York 1990, S. 201-214.

Ders.: Mitbestimmungsgesetz, Kommentar, 4. Aufl., Berlin 2002 (Zitierweise: *Raiser*, MitbestG).

Rebhahn, Robert: Das Kollektive Arbeitsrecht im Rechtsvergleich, in: NZA 2001, 763-774.

Ders.: Unternehmensmitbestimmung in Deutschland – ein Sonderweg im Rechtsvergleich, in: *Rieble, Volker* (Hrsg.), Zukunft der Unternehmensmitbestimmung, München 2004, S. 41-85 (Zitierweise: *Rebhahn*, in: *Rieble* (Hrsg.), Zukunft der Unternehmensmitbestimmung).

Rehberg, Markus: Die missbräuchliche Verkürzung der unternehmerischen Mitbestimmung durch die Societas Europaea, in: ZGR 2005, 859-893.

Reichold, Hermann: Durchbruch zu einer europäischen Betriebsverfassung, Die Rahmen-Richtlinie 2002/14/EG zur Unterrichtung und Anhörung der Arbeitnehmer, in: NZA 2003, 289-344.

Reinkensmeier, Bettina: Die Organisation der Geschäftsführung und ihrer Überwachung in der Europäischen Aktiengesellschaft, Göttingen 1992 (Zitierweise: *Reinkensmeier*, Die Organisation der Geschäftsführung).

Richardi, Reinhard: Kommentar zum Betriebsverfassungsgesetz mit Wahlordnung, 10. Aufl., München 2006 (Zitierweise: Richardi/*Bearbeiter*, BetrVG).

Rieble, Volker: Mitbestimmung zwischen Legitimationslast und Modernisierungsdruck, in: *Rieble, Volker* (Hrsg.), Zukunft der Unternehmensmitbestimmung, München 2004, S. 9-32 (Zitierweise: *Rieble*, in: *Rieble* (Hrsg.), Zukunft der Unternehmensmitbestimmung).

Riegger, Bodo: Centros – Überseering – Inspire Art: Folgen für die Praxis, in: ZGR 2004, 510-530.

Risak, Martin E.: Die Arbeitnehmermitwirkung in der Societas Europaea, in: Ecolex 2004, 767-769.

Roth, Christian: Entwicklung des Gesellschaftsrechts: Kündigt die Europäische Gesellschaft die Europäische Privatgesellschaft an?, in: EuLF 2000, 396-404.

Roth, Markus: Die unternehmerische Mitbestimmung in der monistischen SE, in: ZfA 2004, 431-461.

Roth, Wulf-Henning: Internationales Gesellschaftsrecht nach Überseering, in: IPRax 2003, 117-127.

Ders.: Unternehmensmitbestimmung und internationales Gesellschaftsrecht, in: Festschrift für Meinhard Heinze, München 2005, S. 709-729.

Säcker, Franz Jürgen: Rechtliche Anforderungen an die Qualifikation und Unabhängigkeit von Aufsichtsratsmitgliedern, in: AG 2004, 180-186.

Sanders, Pieter: Auf dem Weg zu einer europäischen Aktiengesellschaft?, in: AWD 1960, 1-5.

Sandmann, Bernd: Die Euro-Betriebsrats-Richtlinie 94/45/EG – Europäischer Betriebsrat und alternative Verfahren zur Unterrichtung und Anhörung der Arbeitnehmer in transnationalen Unternehmen, Heidelberg 1996 (Zitierweise: *Sandmann*, Die Euro-Betriebsrats-Richtlinie).

Sandrock, Otto: Die Schrumpfung der Überlagerungstheorie, Zu den zwingenden Vorschriften des deutschen Sitzrechts, die ein fremdes Gründungsstatut überlagern können, in: ZVglRWiss 2003, 447-504.

Ders.: Gehören die deutschen Regelungen über die Mitbestimmung auf Unternehmensebene wirklich zum deutschen ordre public?, in: AG 2004, 57-66.

Schäfer, Carsten: Das Gesellschaftsrecht (weiter) auf dem Weg nach Europa – am Beispiel der SE-Gründung, in: NZG 2004, 785-791.

Schäfer, Dirk: Der europäische Rahmen für Arbeitnehmermitwirkung, Frankfurt a.M. 2005.

Schanze, Erich/Jüttner, Andreas: Anerkennung und Kontrolle ausländischer Gesellschaften – Rechtslage und Perspektiven nach der Überseering-Entscheidung des EuGH, in: AG 2003, 30-36.

Dies.: Die Entscheidung für Pluralität: Kollisionsrecht und Gesellschaftsrecht nach der EuGH-Entscheidung „Inspire Art“, in: AG 2003, 661-671.

Schaub, Günter: Arbeitsrechts-Handbuch, 11. Aufl., München 2005.

Scheifele, Matthias: Die Gründung der Europäischen Aktiengesellschaft (SE), Würzburg 2004 (Zitierweise: *Scheifele*, Die Gründung der SE).

Schiessl, Maximilian: Leitungs- und Kontrollstrukturen im internationalen Wettbewerb – Dualistisches System und Mitbestimmung auf dem Prüfstand –, in: ZHR 167 (2003), 235-256.

Schindler, Clemens Philipp: Die Europäische Aktiengesellschaft, Gesellschafts- und steuerrechtliche Aspekte, Wien 2002 (Zitierweise: *Schindler*, Die Europäische Aktiengesellschaft).

Schmidt, Karsten: Gesellschaftsrecht, 4. Aufl., Köln 2002.

Ders.: Verlust der Mitte durch „Inspire Art“? – Verwerfungen im Unternehmensrecht durch Schreckreaktionen der Literatur –, in: ZHR 168 (2004), 493-501.

Schmidt, Marlene: Das Arbeitsrecht der Europäischen Gemeinschaft, Baden-Baden 2001 (Zitierweise: *Schmidt, M.*, Das Arbeitsrecht der Europäischen Gemeinschaft).

Schöpfe, Birgit: Gewillkürte Unternehmensmitbestimmung, Aachen 2003.

Schulz, Andreas/Geismar, Bernhard: Die Europäische Aktiengesellschaft, Eine kritische Bestandsaufnahme, in: DStR 2001, 1078-1086.

Schwanna, André: Die Gründung von Gesellschaften in Deutschland, Frankreich und Großbritannien, Gemeineuropäische Prinzipien des Gesellschaftsrechts, Frankfurt a.M. 2002 (Zitierweise: *Schwanna*, Die Gründung von Gesellschaften).

Schwark, Eberhard: Globalisierung, Europarecht und Unternehmensmitbestimmung im Konflikt, in: AG 2004, 173-180.

Schwarz, Günther Christian: Europäisches Gesellschaftsrecht: Ein Handbuch für Wissenschaft und Praxis, Baden-Baden 2000.

Ders.: Zum Statut der Europäischen Aktiengesellschaft, in: ZIP 2001, 1847-1861.

Ders.: Die Europäische Aktiengesellschaft – Einführung und Überblick, in: NotRV, Aktuelle Tendenzen und Entwicklungen im Gesellschaftsrecht, Symposium des Instituts für Notarrecht an der Universität Würzburg, 2004, S. 148-167.

Ders.: Kommentar zur SE-VO, München 2006.

Schwarz, Günther Christian/Lösler, Thomas: Das Recht der Europäischen Aktiengesellschaft – ein Überblick, in: NotBZ 2001, 117-124.

Schwarze, Jürgen: EU-Kommentar, Baden-Baden 2000 (Zitierweise: Schwarze/*Bearbeiter*, EU-Kommentar).

Seibt, Christoph H.: Privatautonome Mitbestimmungsvereinbarungen: Rechtliche Grundlagen und Praxishinweise, in: AG 2005, 413-429.

Ders.: Satzung und Satzungsgestaltung in der Europäischen Gesellschaft deutschen Rechts, in: *Lutter, Marcus/Hommelhoff, Peter* (Hrsg.), Die Europäische Gesellschaft, Köln 2005, S. 67-94 (Zitierweise: *Oetker*, in: *Lutter/Hommelhoff* (Hrsg.), Die Europäische Gesellschaft).

Seibt, Christoph H./Saame, Carola: Die Societas Europaea (SE) deutschen Rechts: Anwendungsfelder und Beratungshinweise, in: AnwBl 2005, 226-232.

Skaupy, Walther: Europäisches Gesellschaftsrecht, Eine Betrachtung über die Harmonisierungsbestrebungen in der EWG, in: AG 1966, 13-24.

Slagter, Wick: Landesbericht Niederlande zum Begleitgesetz zur Europäischen Aktiengesellschaft, in: *Baums, Theodor/Cahn, Andreas* (Hrsg.), Die Europäische Aktiengesellschaft, Umsetzungsfragen und Perspektiven, Berlin 2004, S. 30-37 (Zitierweise: *Baums/Cahn* (Hrsg.), Die Europäische Aktiengesellschaft).

Sonnenberger, Hans Jürgen: Die Organisation der Aktiengesellschaften im Gemeinsamen Markt, in: AG 1974, 1-8.

Spindler, Gerald: Die Hauptversammlung in der Europäischen Gesellschaft und Anfechtungsklage gegen ihre Beschlüsse, in: *Lutter, Marcus/Hommelhoff, Peter* (Hrsg.), Die Europäische Gesellschaft, Köln 2005, S. 223-248 (Zitierweise: *Spindler*, in: *Lutter/Hommelhoff* (Hrsg.), Die Europäische Gesellschaft).

Staehelin, Rudolf: Mitbestimmung in Europa, Schweizer Schriften zum Handels- und Wirtschaftsrecht, Hrsg. v. *Peter Forstmoser*, Zürich 1979.

Steindorff, Ernst: Europäisches Gemeinschaftsrecht, in: Festschrift für Walther Kastner, Wien 1972, S. 475-490.

Steinmeyer, Heinz-Dietrich: Der Vertrag von Amsterdam und seine Bedeutung für das Arbeits- und Sozialrecht, in: RdA 2001, 10-22.

Stork, Stefan: Sitzverlegung von Kapitalgesellschaften in der Europäischen Union, Zur Reichweite der Niederlassungsfreiheit unter Berücksichtigung der positiven und negativen Integration, Frankfurt a.M. 2002 (Zitierweise: *Stork*, Sitzverlegung).

Streinz, Rudolf: Europarecht, 6. Aufl., Heidelberg 2003.

Teichmann, Christoph: Die Einführung der Europäischen Aktiengesellschaft, in: ZGR 2002, 383-464.

Ders.: Vorschläge für das deutsche Ausführungsgesetz zur Europäischen Aktiengesellschaft, in: ZIP 2002, 1109-1116.

Ders.: Minderheitenschutz bei Gründung und Sitzverlegung der SE, in: ZGR 2003, 367-401.

Ders.: Gestaltungsfreiheit im monistischen Leitungssystem der Europäischen Aktiengesellschaft, in: BB 2004, 53-60.

Ders.: Die monistische Verfassung der Europäischen Gesellschaft, in: *Lutter, Marcus/Hommelhoff, Peter* (Hrsg.), Die Europäische Gesellschaft, Köln 2005, S. 195-222 (Zitierweise: *Teichmann*, in: *Lutter/Hommelhoff* (Hrsg.), Die Europäische Gesellschaft).

Ders.: Ausführungsgesetz in Deutschland, in: *Theisen, Manuel René/Wenz, Martin* (Hrsg.), Die Europäische Aktiengesellschaft, 2. Aufl., Stuttgart 2005, S. 691-737 (Zitierweise: *Teichmann*, in: *Theisen/Wenz* (Hrsg.), Die Europäische Aktiengesellschaft).

Theisen, Manuel René: Der Konzern, Betriebswirtschaftliche und rechtliche Grundlagen der Konzernunternehmung, 2. Aufl., Stuttgart 2000.

Theisen, Manuel René/Hölzl, Michael: Corporate Governance, in: *Theisen, Manuel René/Wenz, Martin* (Hrsg.), Die Europäische Aktiengesellschaft, 2. Aufl., Stuttgart 2005, S. 269-330 (Zitierweise: *Theisen/Hölzl*, in: *Theisen/Wenz* (Hrsg.), Die Europäische Aktiengesellschaft).

Theisen, Manuel René/Wenz, Martin: Hintergründe, historische Entwicklung und Grundkonzeption, in: *Theisen, Manuel René/Wenz, Martin* (Hrsg.), Die Europäische Aktiengesellschaft, 2. Aufl., Stuttgart 2005, S. 1-56 (Zitierweise: *Theisen/Wenz*, in: *Theisen/Wenz* (Hrsg.), Die Europäische Aktiengesellschaft).

Thömmes, Otmar: Die steuerliche Fusionsrichtlinie, Was bleibt zu tun?, in: ZGR 1994, 75-86.

Thoma, Georg F./Leuering, Dieter: Die Europäische Aktiengesellschaft – Societas Europaea, in: NJW 2002, 1449-1454.

Thümmel, Roderich C.: Die Europa-AG nimmt Fahrt auf, in: BB 2005, Heft 40, 1.

Ders.: Die Europäische Aktiengesellschaft (SE), Leitfaden für die Unternehmens- und Beratungspraxis, Frankfurt a.M. 2005.

Thüsing, Gregor: Deutsche Unternehmensmitbestimmung und europäische Niederlassungsfreiheit, in: ZIP 2004, 381-388.

Ders.: Europäische Perspektiven der deutschen Unternehmensmitbestimmung, in: *Rieble, Volker* (Hrsg.), Zukunft der Unternehmensmitbestimmung, München 2004, S. 95-113 (Zitierweise: *Thüsing*, in: *Rieble* (Hrsg.), Zukunft der Unternehmensmitbestimmung).

Timm, Wolfram: Die Mitwirkung des Aufsichtsrates bei unternehmensstrukturellen Entscheidungen – Grenzen der Aufsichtsrats- und Verwaltungszuständigkeit in der Aktiengesellschaft –, in: DB 1980, 1201-1207.

Timmerman, Levinus/Spanjaard, Salco-Jan: Arbeitnehmermitbestimmung in den Niederlanden, in: *Baums, Theodor/Ulmer, Peter* (Hrsg.), Unternehmens-Mitbestimmung der Arbeitnehmer im Recht der EU-Mitgliedstaaten, Heidelberg 2004, S. 75-93 (Zitierweise: *Timmerman/Spanjaard*, in: *Baums/Ulmer* (Hrsg.), Unternehmens-Mitbestimmung).

Timmermans, Christian W. A.: Die europäische Rechtsangleichung im Gesellschaftsrecht, Eine integrations- und rechtspolitische Analyse, in: RabelsZ 48 (1984), 1-47.

Trojan-Limmer, Ursula: Die Geänderten Vorschläge für ein Statut der Europäischen Aktiengesellschaft (SE), in: RIW 1991, 1010-1017.

Ulmer, Peter: Die Europäische Handelsgesellschaft (SE) im Schnittpunkt zwischen europäischem und nationalem Recht, in: Probleme moderner Unternehmensführung, Berlin 1972, S. 259-270.

Veelken, Winfried: Zur Mitbestimmung bei der Europäischen Aktiengesellschaft, in: Gedächtnisschrift für Wolfgang Blomeyer, Berlin 2004, S. 490-523.

Veit, Martin/Wichert, Joachim: Unternehmerische Mitbestimmung bei europäischen Kapitalgesellschaften mit Verwaltungssitz in Deutschland nach „Überseering“ und „Inspire Art“, in: AG 2004, 14-20.

Vossius, Oliver: Gründung und Umwandlung der deutschen Europäischen Gesellschaft (SE), in: ZIP 2005, 741-749.

Waclawik, Erich: Der Referentenentwurf des Gesetzes zur Einführung der Europäischen (Aktien-)Gesellschaft, in: DB 2004, 1191-1199.

Wagner, Jens: Die Bestimmung des auf die SE anwendbaren Rechts, in: NZG 2002, 985-991.

Wahlers, Henning: Art. 100 EWGV – Unzulässige Rechtsgrundlage für den geänderten Vorschlag einer Verordnung über das Statut der Europäischen Aktiengesellschaft?, in: AG 1990, 448-458.

Walden, Daniel/Meyer-Landrut, Andreas: Die grenzüberschreitende Verschmelzung zu einer Europäischen Gesellschaft: Planung und Vorbereitung, in: DB 2005, 2119-2127.

Walther, Gottfried: Das Statut für Europäische Aktiengesellschaften aus der Sicht der Wirtschaft, in: AG 1972, 99-106.

Walther, Gottfried/ Wiesner, Peter M.: Zum geänderte Vorschlag eines Statuts für Europäische Aktiengesellschaften (I), in: GmbHR 1975, 247-252.

Dies.: Zum geänderte Vorschlag eines Statuts für Europäische Aktiengesellschaften (II), in: GmbHR 1975, 265-269.

Weber, Christoph: Arbeitnehmermitbestimmung im Europäischen Sozialraum, in: Festschrift 600 Jahre Würzburger Juristenfakultät, Berlin 2002, S. 189-218.

Weiss, Manfred: Europäische Betriebsräte, in: ZRP 1992, 422-426.

Ders.: Die Umsetzung der Richtlinie über Europäische Betriebsräte, in: ArbuR 1995, 438-444.

Ders.: Europäische Betriebsräte und Konzern – 20 Thesen, in: ZIAS 1995, 633-639.

Ders.: Arbeitnehmermitwirkung in der europäischen Gemeinschaft, in: Festschrift für Eugen Stahlhacke, Neuwied/Kriftel/Berlin 1995, S. 657-673.

Ders.: Zur künftigen Rolle der Europäischen Union im Arbeitsrecht, Festschrift für Günther Wiese, Neuwied/Kriftel 1998, S. 633-648.

Ders.: Schnittstelle Europa und Mitbestimmung, in: GM 50 (1999), 185-192.

Ders.: Worker's Involvement in the European Company, in: *Biagi, Marco* (Hrsg.), Quality of Work and Employee Involvement in Europe, The Hague 2002, S. 63-79 (Zitierweise: *Weiss*, in: *Biagi* (Hrsg.), Quality of Work and Employee Involvement).

Ders.: Arbeitnehmermitwirkung in Europa, in: NZA 2003, 177-184.

Wenz, Martin: Die Societas Europaea (SE), Analyse der geplanten Rechtsform und ihre Nutzungsmöglichkeiten für eine europäische Konzernunternehmung, Berlin 1993 (Zitierweise: *Wenz*, Die Societas Europaea).

Ders.: Grenzüberschreitende Sitzverlegung, in: *Theisen, Manuel René/Wenz, Martin* (Hrsg.), Die Europäische Aktiengesellschaft, 2. Aufl., Stuttgart 2005, S. 189-267 (Zitierweise: *Wenz*, in: *Theisen/Wenz* (Hrsg.), Die Europäische Aktiengesellschaft).

Ders.: Einsatzmöglichkeiten in der Unternehmenspraxis, in: *Theisen, Manuel René/Wenz, Martin* (Hrsg.), Die Europäische Aktiengesellschaft, 2. Aufl., Stuttgart 2005, S. 655-689 (Zitierweise: *Wenz*, in: *Theisen/Wenz* (Hrsg.), Die Europäische Aktiengesellschaft).

Ders.: Einsatzmöglichkeiten einer Europäischen Aktiengesellschaft in der Unternehmenspraxis aus betriebswirtschaftlicher Sicht, in: AG 2003, 185-196.

von Werder, Axel: Formen der Führungsorganisation einer Europäischen Aktiengesellschaft, in: RIW 1997, 304-310.

Ders.: Überwachungseffizienz und Unternehmensmitbestimmung, in: AG 2004, 166-172.

Westermann, Harm Peter: Tendenzen der gegenwärtigen Mitbestimmungsdiskussion in der Europäischen Gesellschaft, in: RabelsZ 48 (1984), 123-184.

Wiesner, Peter M.: Neuer Anlauf zur Europäischen Aktiengesellschaft, in: AG-Report 1988, R 287-R 288.

Ders.: Europäische Aktiengesellschaft im Meinungsstreit, in: AG-Report 1989, R 2-R 4.

Ders.: Neue Vorschläge zur Europa-AG, in: AG-Report 1989, R 307-R 308.

Ders.: Der Nizza-Kompromiss zur Europa AG – Triumph oder Fehlschlag?, in: ZIP 2001, 397-398.

Ders.: Mitbestimmungsexport durch grenzüberschreitende Fusion?, in: ZIP 2004, 243.

Ders.: Die grenzüberschreitende Verschmelzung und der neue Mitbestimmungskompromiss, in: DB 2005, 91-94.

Willemsen, Heinz Josef/Hohenstatt, Klaus-Stefan: Chancen und Risiken von Vereinbarungen gemäß Artikel 13 der „Euro-Betriebsrat"-Richtlinie, in: NZA 1995, 399-403.

Willemsen, Heinz Josef/Annuß, Georg: Neue Betriebsübergangsrichtlinie – Anpassungsbedarf im deutschen Recht?, in: NJW 1999, 2073-2080.

Willemsen, Heinz Josef/Hohenstatt, Klaus-Stefan/Schweibert, Ulrike/Seibt, Christoph: Umstrukturierung und Übertragung von Unternehmen – Arbeitsrechtliches Handbuch –, 2. Aufl., München 2003 (Zitierweise: Bearbeiter, in: Willemsen/Hohenstatt/-Schweibert/Seibt (Hrsg.), Umstrukturierung und Übertragung).

Windbichler, Christine: Arbeitnehmerinteressen im Unternehmen und gegenüber Unternehmen – eine Zwischenbilanz, in: AG 2004, 90-96.

Wirmer, Anton: Die Richtlinie Europäische Betriebsräte – Ein zentraler Baustein europäischer Sozialpolitik, in: DB 1994, 2134-2137.

Wisskirchen, Gerlind/Prinz, Thomas: Das Gesetz über die Beteiligung der Arbeitnehmer in einer Europäischen Gesellschaft (SE), in: DB 2004, 2638-2643.

Wißmann, Hellmut: Die Mitbestimmung der Arbeitnehmer in der Europäischen Aktiengesellschaft (SE), in: RdA 1992, 320-330.

Ders.: Probleme bei der Umsetzung der EG-Richtlinie über Massenentlassungen in deutsches Recht, in: RdA 1998, 221-228.

Ders.: „Deutsche" Europäische Aktiengesellschaft und Mitbestimmung, in: Festschrift für Herbert Wiedemann, München 2002, S. 685-700.

Wolf, Roland: Zukunft der Mitbestimmung – Eine Skizze, in: Festschrift für Hellmut Wißmann, München 2005, S. 489-503.

Wolff, Jürgen: Europäische Aktiengesellschaft, Grundzüge des Vorschlags der Kommission der Europäischen Gemeinschaften, in: AG 1970, 247-253.

Wollburg, Ralph/Banerjea, Nirmal Robert: Die Reichweite der Mitbestimmung in der Europäischen Gesellschaft, in: ZIP 2005, 277-283.

Würdinger, Hans: Bericht über das geänderte Statut für Europäische Aktiengesellschaften, DB 1975, 1301-1304.

Wunsch-Semmler, Bettina: Entwicklungslinien einer europäischen Arbeitnehmermitwirkung, Eine Untersuchung vor dem Hintergrund rechtlicher und politischer Machbarkeit und Notwendigkeit, Baden-Baden 1995 (Zitierweise: *Wunsch-Semmler*, Entwicklungslinien).

Zach, Brigitte: Die Verwirklichung der sozialen Dimension in der Europäischen Union am Beispiel der betrieblichen Mitwirkung durch Europäische Betriebsräte, Leipzig 2001 (Zitierweise: *Zach*, Die Verwirklichung der sozialen Dimension).

Zang, Axel: Sitz und Verlegung des Sitzes einer Europäischen Aktiengesellschaft mit Sitz in Deutschland, Würzburg 2004 (Zitierweise: *Zang*, Verlegung des Sitzes).

Ziemons, Hildegard: Freie Bahn für den Umzug von Gesellschaften nach Inspire Art?!, in: ZIP 2003, 1913-1920.

Zimmer, Daniel: Nach „Inspire Art“: Grenzenlose Gestaltungsfreiheit für deutsche Unternehmen?, in: NJW 2003, 3585-3592.

Ders.: Unternehmerische Mitbestimmung bei Auslandsgesellschaften mit Inlandssitz?, in: Festschrift für Meinhard Heinze, München 2005, S. 1123-1133.

Zöllter-Petzoldt, Irka: Die Verknüpfung von europäischem und nationalem Recht bei der Gründung einer Societas Europaea (SE), Frankfurt a.M. 2005 (Zitierweise: *Zöllter-Petzoldt*, Die Verknüpfung von europäischem und nationalem Recht).

Zügel, Johannes: Mitwirkung der Arbeitnehmer nach der EU-Richtlinie über die Einsetzung eines Europäischen Betriebsrats, Eine Untersuchung der Richtlinie 94/45 und der vorangegangenen Richtlinienvorschläge unter Berücksichtigung der Praxis multinationaler Unternehmen, Heidelberg 1994 (Zitierweise: *Zügel*, Mitwirkung der Arbeitnehmer nach der EU-Richtlinie).

Studien zum Arbeitsrecht und zur Arbeitsrechtsvergleichung

Herausgegeben von Manfred Weiss und Spiros Simitis

Band 1 Sebastian Fritzsche: Die Vereinbarkeit des Arbeitnehmer-Entsendegesetzes sowie der erfassten Tarifverträge mit höherrangigem Recht. 2001.

Band 2 Arnd Hermann: Outplacement. Eine Untersuchung der individualvertraglichen Gestaltung und kollektivarbeitsrechtlichen Aspekte eines neuen Instruments des Personalabbaus. 2001.

Band 3 Christoph Schmid: Das Personalrecht der Europäischen Zentralbank. Grundlagen und Grenzen der rechtlichen Bindungen der Europäischen Zentralbank unter besonderer Berücksichtigung der Bereiche Arbeitnehmervertretung, Kündigungsschutz und Datenschutz. 2002.

Band 4 Charis Chaldoupis: Auswirkungen neuer Technologien auf die Tarifautonomie. Funktionsfähigkeit und Legitimität qualitativer Tarifpolitik anhand der Rationalisierungsentwicklungen im industriellen Produktionsbereich. 2003.

Band 5 Robert Kretzschmar: Die Rolle der Koalitionsfreiheit für Beschäftigungsverhältnisse jenseits des Arbeitnehmerbegriffs. Zur Abgrenzung abhängiger von selbständiger Beschäftigung und zur Eröffnung kollektiver Handlungsformen für selbständig Beschäftigte durch Art. 9 Abs. 3 GG. 2003.

Band 6 Thilo Mahnhold: Compliance und Arbeitsrecht. Insiderrechtliche Verhaltenskonzepte im nationalen und multinationalen Unternehmen. 2004.

Band 7 Nicole Löblich: Transformation des kollektiven Arbeitsrechts in der Tschechischen Republik. 2004.

Band 8 Lena Huth: Voraussetzungen und Grenzen nachträglicher Sozialplanänderungen. 2004.

Band 9 Nisha Biswas: Vertrauensarbeitszeit und Arbeitszeitfreiheit im arbeitszeitrechtlichen und betriebsverfassungsrechtlichen Kontext. 2004.

Band 10 Dirk Schäfer: Der europäische Rahmen für Arbeitnehmermitwirkung. 2005.

Band 11 Jochen A. Keilich: Die Auswirkungen der Grundrechte / Menschenrechte für das Arbeitsrecht in Deutschland und England. 2004.

Band 12 Boris Kaehler: Rechtsprobleme betrieblicher Personalauswahl. Die Zulässigkeit eignungsdiagnostischer Maßnahmen im arbeitsvertraglichen Anbahnungsverhältnis. 2005.

Band 13 Natascha Ahmad: Rechtsschutz für und durch Gewerkschaften bei tarifwidrigem Arbeitgeberverhalten in Deutschland und Frankreich. 2005.

Band 14 Volker Güntzel: Die Richtlinie über die Arbeitnehmerbeteiligung in der Europäischen Aktiengesellschaft (SE) und ihre Umsetzung in das deutsche Recht. 2006.

www.peterlang.de

Peter Lang · Europäischer Verlag der Wissenschaften

Julia Kraft

Die Europäisierung der deutschen Mitbestimmung durch das SE-Beteiligungsgesetz

Eine europa- und verfassungsrechtliche Analyse der Richtlinienumsetzung 2001/86/EG zur Ergänzung des Statuts der Europäischen Gesellschaft hinsichtlich der Beteiligung der Arbeitnehmer

Frankfurt am Main, Berlin, Bern, Bruxelles, New York, Oxford, Wien, 2005. 278 S.
Schriftenreihe zum Gesellschafts- und Kapitalmarktrecht.
Herausgegeben von Lutz Michalski, Axel Jäger und Klaus-Rudolf Wagner. Bd. 14
ISBN 3-631-53969-X · br. € 51.50*

Durch das SE-Beteiligungsgesetz wurde die Richtlinie 2001/86/EG zur Ergänzung des Statuts der Europäischen Gesellschaft hinsichtlich der Beteiligung der Arbeitnehmer in das deutsche Recht implementiert. Das SE-Beteiligungsgesetz sieht erstmals eine Ausgestaltung der unternehmerischen Mitbestimmung im Wege freier Verhandlungen vor und integriert die Mitbestimmung deutscher Prägung in ein monistisches Leitungssystem. Diese Arbeit stellt die Umsetzung der Regelungen zur unternehmerischen Mitbestimmung der SE-Richtlinie im SE-Beteiligungsgesetz vor und zeigt bestehende Umsetzungsdefizite auf. Dabei werden auch die europa- und verfassungsrechtlichen Konfliktpunkte des deutschen Umsetzungsgesetzes aufgedeckt und bewertet.

Aus dem Inhalt: Grundzüge der historischen Entwicklung der deutschen Unternehmensmitbestimmung · Verfassungs- und europarechtliche Grenzen der deutschen Unternehmensmitbestimmung · Bedeutung der Unternehmensmitbestimmung auf europäischer Ebene · Entwicklung einer europäischen Mitbestimmungslösung am Beispiel der Europäischen Aktiengesellschaft · Umsetzung der SE-Richtlinie in das deutsche Recht · Unternehmerische Mitbestimmung im SE-Beteiligungsgesetz · SE-Beteiligungsgesetz als Ausdruck eines mitbestimmungsrechtlichen Bedeutungswandels?

Frankfurt am Main · Berlin · Bern · Bruxelles · New York · Oxford · Wien
Auslieferung: Verlag Peter Lang AG
Moosstr. 1, CH-2542 Pieterlen
Telefax 00 41 (0) 32 / 376 17 27

*inklusive der in Deutschland gültigen Mehrwertsteuer
Preisänderungen vorbehalten

Homepage http://www.peterlang.de

FSC
www.fsc.org
MIX
Papier | Fördert
gute Waldnutzung
FSC® C083411

Kolibri 360 GmbH
Ferdinand-Jühlke-Straße 7
99095 Erfurt, Deutschland
produktsicherheit@kolibri360.de

Druck:
CPI Druckdienstleistungen GmbH
im Auftrag der
Kolibri 360 GmbH
Ferdinand-Jühlke-Str. 7
99095 Erfurt